D1720925

Schriften des Archivs der Universität Wien
Fortsetzung der Schriftenreihe des Universitätsarchivs,
Universität Wien

Band 27

Herausgegeben von Kurt Mühlberger, Thomas Maisel
und Johannes Seidl

Universitätsarchiv

Die Bände dieser Reihe sind peer-reviewed.

Christina Traxler

Firmiter velitis resistere

Die Auseinandersetzung der Wiener Universität
mit dem Hussitismus vom Konstanzer Konzil
(1414–1418) bis zum Beginn des Basler Konzils
(1431–1449)

V&R unipress

Vienna University Press

Bibliografische Information der Deutschen Nationalbibliothek
Die Deutsche Nationalbibliothek verzeichnet diese Publikation in der Deutschen
Nationalbibliografie; detaillierte bibliografische Daten sind im Internet über
http://dnb.d-nb.de abrufbar.

**Veröffentlichungen der Vienna University Press
erscheinen im Verlag V&R unipress GmbH.**

Umschlagabbildung: Anti-hussitische Eidesformel. Abschrift eines Immatrikulationseides
in einem Kopialbuch der Universität Wien (Archiv der Universität Wien, Kodex R 5, fol. 2r,
Ende 15./Anfang 16. Jahrhundert).
Druck und Bindung: CPI books GmbH, Birkstraße 10, D-25917 Leck
Printed in the EU.

Vandenhoeck & Ruprecht Verlage | www.vandenhoeck-ruprecht-verlage.com

ISSN 2198-624X
ISBN 978-3-8471-0976-1

Inhalt

Vorwort

Die vorliegende Untersuchung wurde im Herbst 2018 von der Katholisch-Theologischen Fakultät der Universität Wien als Dissertation angenommen. Für die Drucklegung wurde sie geringfügig überarbeitet.

An dieser Stelle möchte ich für vielfältige Unterstützung von Herzen Dank sagen. Der erste und größte Dank gebührt meinem Lehrer, Prof. Thomas Prügl, der diese Arbeit mit hohem Anspruch, fachlicher Expertise und großherziger Unterstützung begleitet hat. Als wissenschaftliche Mitarbeiterin am Institut für Historische Theologie der Universität Wien stand mir ein Arbeitsumfeld zur Verfügung, das ich in höchstem Maße als fördernd und wertschätzend erfahren durfte. Für diese Chance und das damit verbundene Zutrauen bin ich von Herzen dankbar. Die großzügige Unterstützung bei Forschungsreisen, Tagungsteilnahmen und Handschriftendigitalisaten hat Vieles erst möglich gemacht. Frau Ingrid Tanzer gilt mein besonderer Dank für alle Aufmerksamkeit und Hilfe im Institutsalltag.

Mein Dank gilt weiters den beiden Gutachtern meiner Dissertation, Prof. Christian Lackner (Wien) und Prof. Volker Leppin (Tübingen), für wertvolle Anregungen, sowie Prof. Dieter Girgensohn (Göttingen) und Prof. Franz Machilek (Bamberg) für fachlichen Rat. Prof. Martin Wagendorfer (Innsbruck) war bei Spezialfragen zu den AFA II eine große Hilfe. Die Tschechische Akademie der Wissenschaften förderte durch die Zuerkennung des Josef Dobrovský Fellowships einen Forschungsaufenthalt am Zentrum für Mittelalterstudien (CMS) des Philosophischen Instituts der Akademie der Wissenschaften in Prag. Der Akademie und den Kollegen am CMS – besonders Dr. Pavel Soukup und Dr. Dušan Coufal – sei herzlich für ihre Gastfreundschaft und den regen Austausch zur Hussitenforschung gedankt. Auch Prof. David Holeton und Dr. Zdeněk David, Gastgeber der biennalen Konferenz *The Bohemian Reformation and Religious Practice*, haben mich warmherzig in Prag aufgenommen und meine Forschungen mit Interesse und Rat unterstützt. Ein besonderer Dank gilt zudem Prof. Howard Louthan (Center for Austrian Studies, University of Minnesota, Minneapolis) für die Möglichkeit, mein Projekt im Rahmen eines Workshops an der

University of Minnesota vorstellen und mit amerikanischen und europäischen Kollegen diskutieren zu können. Die »AKTION Österreich – Tschechische Republik« des Österreichischen Austauschdienstes ermöglichte durch ein Stipendium die Teilnahme an einem Sprachkurs für Tschechisch in Budweis; Mag. Jakub Jirovec (Prag) danke ich herzlich für geduldige Hilfestellungen bei Übersetzungen aus dem Tschechischen. Nicht zuletzt gilt mein Dank der Vienna Doctoral Academy – Medieval Academy unter der Leitung von Prof. Matthias Meyer für kollegialen Austausch, fachliche Anregungen und finanzielle Unterstützung.

Für die Untersuchung des »Wiener Hussitentraktats« waren zahlreiche Archiv- und Bibliotheksreisen sowie Handschriftendigitalisate notwendig. Allen Institutionen und Mitarbeitern gilt mein herzlicher Dank für ihre Kooperation und Hilfe. Besonderer Dank gebührt den Handschriftenabteilungen der Österreichischen Nationalbibliothek in Wien und der Bayerischen Staatsbibliothek in München für ihre Gastfreundschaft und Unterstützung, sowie Herrn Mag. Thomas Maisel seitens des Wiener Universitätsarchivs für die unkomplizierte und hilfsbereite Versorgung mit Digitalisaten (darunter auch das Titelbild dieses Bandes). Herr Mag. Bernhard Rameder, Kustos der Sammlungen des Benediktinerstiftes Göttweig, stellte großzügig Aufnahmen der Briefe des Peter von Pulkau vom Konstanzer Konzil an die Universität Wien zur Verfügung. Dr. Paul Herold von der Bibliothek des Instituts für Österreichische Geschichtsforschung half wiederholt und geduldig mit rarer Literatur aus.

Ein besonderer Dank gilt den Herausgebern der *Schriften des Archivs der Universität Wien*, allen voran Herrn Doz. Dr. Johannes Seidl, für die Aufnahme dieser Studie in die Reihe und für die organisatorische sowie großzügige finanzielle Unterstützung bei der Drucklegung dieses Bandes. Auch dem wissenschaftlichen Beirat der *Vienna University Press* gebührt dafür großer Dank. Seitens des Verlages sei zudem Herrn Oliver Kätsch und Frau Laura Haase für die professionelle, unkomplizierte Zusammenarbeit und alle Hilfestellung herzlich gedankt.

Von Herzen danke ich zuletzt meiner Familie für alle Geduld, kritischen Rückfragen und Unterstützung, ohne die Vieles nicht möglich gewesen wäre.

Wien, im Jänner 2019   Christina Traxler

Einführung

Winter 1425. Retz in Niederösterreich. Bei eisigen Temperaturen dringt, so berichtet die *Kleine Klosterneuburger Chronik*, ein hussitisches Heer von mehr als hundert tausend Kämpfern (wohl über unterirdische Weinkeller) in die Stadt ein. Retz, Pulkau und die umliegenden Orte werden niedergebrannt, hunderte Menschen getötet, Kirchen und Klöster vernichtet:

> *Anno 1425 an s. catharina tag haben die hussiten die däbrer, die weysen, die präger und ihr landtherren gewunen die stat recz und gruebben sie ab, dan sie die stat mit dem sturmen nicht möchten gewinen, der feindt war mer den hundert tausent nach guetter schaczung, sie fingen graff heinrichen von maydlburg und woll 6000 man edl und bauren in dem hauss zu recz, und fierten sie gefangen gehen prag und helten in der stat mer dan 6000 man erschlagen und pranten die stat auss und die häuser und zerstörten mehr den 30 khirchen, und pulca verwuestens gar mit dem prant und raub.*[1]

Die 100.000 hussitischen Krieger, die der Chronist *nach guetter schaczung* dokumentiert, sind freilich überzeichnet. Der erste gewaltsame Übergriff der Hussiten auf Österreich hatte dennoch verheerende Konsequenzen.

Der militärischen Eskalation im November 1425 ging ein Jahrzehnt des politischen, gesellschaftlichen, kirchlich-disziplinarischen und theologischen Ringens mit den hussitischen Böhmen voran. Ab 1420 lösten die berühmten Vier Prager Artikel den Laienkelch als Forderungsprogramm einer divergenten hussitischen Bewegung ab, deren radikale Flügel bereit waren, dieses Programm auch gewaltsam durchzusetzen. Durch die Ausbreitung der hussitischen Revolution und die weithin erfolglosen Versuche, mit militärischen Mitteln dagegen vorzugehen, wurde der Hussitismus in weiten Teilen des Römischen Reiches virulent. So auch in Österreich: Das böhmische Problem beeinflusste die Landes- und Kirchenpolitik bis zur Mitte des 15. Jahrhunderts auf vielfache Weise.

Die Frühgeschichten der hussitischen Bewegung und der Wiener Universität sind eng miteinander verknüpft. Nicht nur die geographische Nähe zu Böhmen

---

1 ZEIBIG (Hrsg.), Kleine Klosterneuburger Chronik, S. 248 f.; weitere Quellen zum Hussiteneinfall 1425 in STÖLLER, Österreich im Kriege gegen die Hussiten, S. 34, Anm. 7.

und der enge kulturelle Austausch mit dem nördlichen Nachbarn, auch die religiösen und politischen Interessen Herzog Albrechts V., der sich der Rein-erhaltung des Glaubens in seinen Landen verpflichtet fühlte und geordnete Verhältnissen in Böhmen als grundlegend erachtete, begründeten dies. Die Universität Wien spielte dabei eine zentrale Rolle:

> *Unter so vielen und oft so unverhofft sich folgenden und wieder aufhebenden politischen Wechselfällen, denen nie eine Verlässlichkeit abzugewinnen und gegen welche Schutz und Hilfe der weltlichen Macht fast nie zu erlangen, sondern jeder auf seine eigenen Kräfte angewiesen war, reifte bei der Universität mehr und mehr die Anschauung, dass sie eine rein geistliche, der Kirche allein angehörige Corporation sei, welche von den mancherlei Kämpfen und Gegensätzen der weltlichen Mächte, als neutraler Boden, principiell gar nicht berührt werde (…) Zunächst sprach man aus, dass die Universität für den Dienst und den Schutz der katholischen Kirche zu wirken habe, und formulirte diese Aufgabe noch genauer, indem man der Schule auftrug, für die Verbreitung und für die Vertheidigung des wahren Glaubens thätig zu sein (…) Die theologische Facultät bildete in der Universität recht eigentlich das stabile Element: nicht nur hielt sie sich am strengsten an die in den Statuten gegebenen Vorschriften, sondern sie opponirte auch überall, wo es sich um Neuerungen und Abweichungen von der kirchlichen Richtung handelte.*
>
> *Häretische Anklagen waren bei ihr [der Wiener Universität] öfter vorgekommen (…) Dass das Übel damals noch nicht weiter gegriffen hatte, bewies die Entschiedenheit, mit welcher man den hussitischen Lehren entgegentrat. Alle Angehörigen der Universität hatten im Jahre 1421 einen Eid schwören müssen, dass sie dieser Secte nicht zugethan seien, und kein Prager Doctor wurde in Wien zugelassen, bevor nicht positive Beweise über seine Orthodoxie vorlagen.*[2]

Das Bild, das Rudolph Kink und Joseph von Aschbach Mitte des 19. Jahrhunderts vom anti-häretischen Engagement der Wiener Universität zeichneten, prägt die Forschung bis heute. Schon durch ihre Gründungsstatuten der Verteidigung des »wahren Glaubens« verpflichtet, empfiehlt sich die Wiener Universität gleichsam von selbst als Vorreiterin im Kampf gegen den Hussitismus.[3] Diese Einschätzung ist wohl auch dem Umstand zu verdanken, dass sich die

---

2 KINK, Geschichte, S. 148f., 219, 234f.; ASCHBACH, Geschichte, S. 130f.; 154f.; 287. – Zum »antihäretischen Impuls« bei Universitätsgründungen (v. a. mit Blick auf Paris) vgl. jüngst LEPPIN, Weisheit und Bildung, hier S. 68, sowie RÜEGG, Geschichte der Universität, S. 105.
3 Vgl. etwa UIBLEIN, Zur Quellenlage, S. 543: »Da die theologische Fakultät auch über die Reinheit der Glaubenslehre zu wachen hatte, nehmen in ihren in den Akten niedergelegten Verhandlungen und Beschlüssen die Klagen über häretischer Lehren bezichtigte Personen, meist Prediger, einen großen Raum ein«; FRENKEN, Die Erforschung, S. 288: »Neben den Böhmen waren es vor allem Angehörige der Wiener Universität, die sich in den Reihen der aktiven Hus-Gegner befanden. Neben der geographischen Nähe dürfte das seinerzeitige Wirken des Hieronymus von Prag in Wien jene bereits früh mit den böhmischen Reformideen bekannt gemacht haben. Jedenfalls waren sie gut vorbereitet nach Konstanz gekommen, um sich der ›häretischen‹ Ansichten des Böhmen zu erwehren.«

Universität Paris, die der jüngeren Wiener Gründung nicht nur in organisatorischer Hinsicht als Vorbild und »Mutter« galt, im Großen Abendländischen Schisma als maßgebliche Kraft zur Lösung der Kirchenspaltung etablierte. Spätestens seit 1380 repräsentierte die Pariser Universität geradezu vorbildhaft das Ideal eines Gelehrtenzentrums, in dem die klügsten Köpfe selbstbewusst Lösungsvorschläge für aktuelle kirchliche Schwierigkeiten erarbeiteten und den kirchlichen und weltlichen Entscheidungsträgern als Ratgeber zur Seite standen.[4] Vor diesem Hintergrund wirkt die Sonderrolle der Wiener Universität im Kampf gegen die Hussiten beinahe selbstverständlich; schon ein kurzer Blick in die Quellen scheint ein klares Bild zu ergeben: Stand sie nicht als eine der wichtigsten Universitäten im Reich, die auf eine kompromisslose Verteidigung der Rechtgläubigkeit verpflichtet war, der hussitischen Häresie über Jahrzehnte als unnachgiebiges Bollwerk gegenüber? Verteidigten nicht ihre Theologen als idealistische Experten stets konsequent den wahren Glauben? Belegen nicht zahlreiche Beispiele in den Universitäts- und Fakultätsakten die kritische Aufmerksamkeit und das konsequente Einschreiten der Universitätsgelehrten, die sogar Predigten zur Anzeige brachten, wenn sie die Reinheit des Glaubens gefährdet sahen? Präsentierte sich die Wiener Universität des 15. Jahrhunderts nicht als »quasi-universitäre Inquisition«, unter deren Dach die klügsten Köpfe zur Bekämpfung von Glaubensirrtümern zusammenarbeiteten? Taten sich nicht die Wiener Gelehrten sogar auf den großen Kirchenversammlungen von Konstanz und Basel als anti-hussitische Experten hervor? Waren die Gelehrten der Wiener Universität also allesamt bevollmächtigte Akteure einer intoleranten mittelalterlichen Kirche, die eine kompromisslose Ablehnung und Verurteilung der böhmischen Häresie zum Programm erklärt hatte?

Die Realität war differenzierter, vielschichtiger und komplexer als dieses naheliegende, aber romantisierende Bild. Universitätsgelehrte, die losgelöst von politischen und gesellschaftlichen Einflüssen das hehre Ideal einer »reinen Lehre« verteidigten und alle dafür notwendigen Freiheiten genossen, entsprechen weder der mittelalterlichen noch der heutigen Realität. Die Universität und ihre Mitglieder sahen sich auch im 15. Jahrhundert in eine Vielzahl von Bezügen und Abhängigkeiten eingebunden. Neben den akademischen, theologisch-philosophischen Auseinandersetzungen stand nicht nur die kirchlich-disziplinarische Ketzerbekämpfung, sondern stets auch die Realpolitik; dem Landesfürsten war – trotz aller Ausgleichsversuche, bei denen er auf die Unterstützung seiner gelehrten Experten zurückgriff – primär an geordneten Verhältnissen im Land gelegen. Politisch-diplomatische Notwendigkeiten und theologische Ideale standen stets nebeneinander, gingen aber nicht notwendig Hand in Hand. Nicht

---

4 Vgl. RÜEGG, Geschichte der Universität, S. 102–104; SWANSON, Universities, bes. S. 36–44 und jüngst BECKER, Konrad von Gelnhausen, bes. S. 29–53.

nur Herzog Albrecht, auch König Sigismund, Papst Martin V. und seine päpstlichen Legaten, die Bischöfe von Salzburg, Passau und Olmütz und deren Offiziale, die Universitäten Prag, Paris und Krakau sowie die General- und Partikularkonzilien riefen in anti-hussitischen Fragen verschiedentlich die Wiener Universität als Expertin und Schiedsstelle an. Im Hintergrund stand stets ein komplexes Geflecht an Differenzen, Interessen und Zielen, innerhalb derer die Universität oftmals eher Spielball als Gestalterin war. Doch auch innerhalb der Universität gab es Spannungen zwischen den Aktionen einzelner Gelehrter und der Positionierung der »offiziellen« Universität. Wie heute erwies es sich auch im 15. Jahrhundert als schwierig, die individuellen Interessen der Universitätsmitglieder auszugleichen, Kompromisse auszuhandeln und Handlungskonsense zu finden; nicht nur, weil einzelne Gelehrte bei der Entsendung in Gremien und Ausschüsse, bei Sitzungen oder dem Entwurf von »Strategiepapieren« den plötzlichen Hang zur beschaulichen Langsamkeit entwickeln konnten.

Die vorliegende Studie untersucht die Rolle der Wiener Universität in der Auseinandersetzung mit dem Hussitismus in den knapp 15 Jahren zwischen dem Konzil von Konstanz (1414–1418) und dem Beginn des Konzils von Basel (1431–1449). Beide Konzilien markieren einerseits die Verurteilung der hussitischen Lehre (Konstanz), andererseits die theologische Verständigung zwischen der böhmischen und der lateinischen Kirche (Basel). Das Engagement der Universität Wien im Kampf gegen die Hussiten realisierte sich auf verschiedenen Ebenen. Im Fokus der Untersuchung stehen v. a. drei Bereiche: a) anti-hussitische Maßnahmen der Universität als Kollegium in der Überwachung des Studienablaufs und im akademischen Leben; b) die theologische Auseinandersetzung mittels diverser Schriften, Disputationen und im Unterricht; c) die Rolle von Universitätsprofessoren als Berater für weltliche und kirchliche Autoritäten auf Synoden, Gesandtschaften und bei Hof.

Der erste Teil der Studie untersucht das anti-hussitische Engagement Wiener Gelehrter auf dem Konstanzer Konzil. Neben der neuerlichen Verurteilung Wyclifs und den Prozessen gegen Jan Hus und Hieronymus von Prag wurde dort bereits ein zentrales Kontroversthema zwischen hussitischen und katholischen Theologen virulent: die Forderung böhmischer Reformkreise, die Eucharistie *sub utraque specie* auch den Laien zu spenden. Auf dem Konzil und in dessen Umfeld entstanden bereits ab 1415 Stellungnahmen für und gegen diese Praxis. Bei diesen Debatten spielten Professoren der Wiener Universität am Konzil, allen voran Peter von Pulkau und Nikolaus von Dinkelsbühl, eine wichtige Rolle. Konkret soll hier die Beteiligung Wiener Gelehrter an der Konzilsarbeit rekonstruiert und geprüft werden, inwieweit deren Expertentätigkeiten als programmatisch für die Haltung und Interessen ihrer Universität angesehen werden können.

Der zweite Teil rekonstruiert die anti-hussitischen Bemühungen der Wiener

Universität aus ihren amtlichen Quellen. Dazu werden alle Maßnahmen Wiener Gelehrter und der Gesamtkorporation gegen die Hussiten aus den Akten der Universität und der Fakultäten erhoben. Hierbei soll konkret untersucht werden, worin die spezifischen (organisatorischen und inhaltlichen) Konfliktpunkte lagen, welche Maßnahmen die Universität als Kollegium in der Überwachung des Studienablaufs und im akademischen Leben gegen die Hussiten ergriff und ob sich im Untersuchungszeitraum eine einheitliche Linie oder eine Entwicklung ihres Umgangs mit den böhmischen Reformern feststellen lässt.

Die Beteiligung von Wiener Universitätsgelehrten an Provinzial- und Diözesansynoden zwischen den Konzilien von Konstanz und Basel steht im Zentrum des dritten Teils. Dabei wird – vor allem auf Basis der erhaltenen Partikularstatuten – untersucht, wie die konkrete Rezeption der gesamtkirchlichen »Ketzergesetzgebung« des Konstanzer Konzils in der Kirchenprovinz Salzburg und den Diözesen Salzburg und Passau bis zum Vorabend des Basler Konzils vonstatten ging und welche Aufgaben den Wiener Gelehrten in diesen Prozessen zukamen.

Der vierte Teil der Untersuchung ergänzt diesen Befund durch eine Analyse der Rolle Wiener Gelehrter im theologischen, diplomatischen und militärischen Ringen um eine Einigung mit den Hussiten. Zwischen 1420 und 1430 gingen theologisch-diplomatische Verständigungsversuche und militärischer Kampf gegen die Hussiten Hand in Hand. Beide Seiten der Kontroverse verfolgten eine Doppelstrategie: die katholische Seite führte Streitgespräche und Kreuzzüge, die hussitische Seite forderte öffentliches Gehör und führte Verteidigungskriege. Auch die Wiener Universität und ihre Gelehrten wirkten auf beiden Ebenen: einerseits wurden Gelehrte von König Sigismund und Herzog Albrecht V. zu Debatten mit den Hussiten hinzugezogen, um eine Einigung auf dem Verhandlungsweg zu erzielen; andererseits wurden sie von Martin V. und seinen Legaten mit der Kreuzzugspredigt gegen die böhmischen Ketzer beauftragt, um eine möglichst breite Unterstützung des militärischen und geistlichen Kampfes gegen die Hussiten sicherzustellen.

Im abschließenden fünften Teil steht das umfangreichste literarische Produkt des anti-hussitischen Engagements der Wiener Universität im Mittelpunkt: der um 1424 im Auftrag Kardinal Brandas di Castiglioni verfasste *Tractatus contra quattuor articulos Hussitarum*, der sehr weit verbreitet wurde. Diese umfangreiche Schrift gegen die Prager Artikel darf als Modell und Paradebeispiel anti-hussitischer Kontroverstheologie gelten, die noch auf dem Basler Konzil als Arbeitspapier und Vorlage für die dortigen Debatten mit den Hussiten diente. Inhalt, Aufbau, Konzeption und Argumentation werden ebenso untersucht wie Abfassungskontext und Verbreitungswege dieser Schrift.

Die detaillierte Untersuchung und Zusammenschau dieser unterschiedlichen Tätigkeitsfelder soll nicht nur ein Gesamtbild anti-hussitischen Wirkens der

Wiener Universität bieten, sondern auch verdeutlichen, welcher Stellenwert dem Kampf gegen die Hussiten in den unterschiedlichen Phasen der Auseinandersetzung zukam, welche Entwicklungen die Universität in ihrer Standortbestimmung gegen die Hussiten durchmachte, wie sich Einzelinitiativen und Gesamtengagement der Korporation zueinander verhielten und welchen Motiven, Kontexten, Einflüssen und Interessen sie sich dabei ausgesetzt sah. Das pauschale, statische Bild einer Universität, die immer und grundsätzlich eine Vorreiterrolle im Kampf gegen die Hussiten spielte, soll dadurch spezifiziert, konkretisiert, korrigiert und erweitert werden.

Der Vorabend des Basler Konzils, mit dem die katholisch-hussitische Auseinandersetzung[5] in eine neue Phase eintrat, bildet den zeitlichen Schlusspunkt dieser Untersuchung. Die am Anfang der 1420er-Jahre so vielseitig ins Werk gesetzten Maßnahmen waren am Ende des Jahrzehnts einer realistischen Einsicht gewichen: Eine Lösung der Hussitenfrage konnte – trotz aller Bemühungen König Sigismunds, Herzog Albrechts, Papst Martins V., der Legaten und Gelehrten auf diplomatischer, theologischer, politischer und pastoraler Ebene – letztlich nur durch ein baldiges Generalkonzil erreicht werden. Eine Verhandlungslösung, wie sie das Basler Konzil anstrebte, war spätestens 1429 alternativlos geworden.

---

5 Die Unterscheidung zwischen »Katholiken« und »Hussiten« ist nicht im neuzeitlich-konfessionellen Sinn zu verstehen, sondern dient der einfacheren Fassung der Hussiten und ihrer Gegner.

1. Das anti-hussitische Engagement der Wiener Universitätsgelehrten auf dem Konstanzer Konzil (1414–1418)

1.1. Einleitung und Quellenlage

Als Papst Johannes XXIII. im November 1414 das Konstanzer Konzil eröffnete, auf dem die drängenden Fragen der Union, des Glaubens und der Reform gelöst werden sollten, griff er von Anfang an auf die *doctores et magistri* als Experten zurück, deren Vorarbeiten und Impulsen sich die Realisierung der *via concilii* überhaupt erst verdankte.[1] Mit der Mitte Dezember in Lodi ausgestellten Bulle *Ad pacem et exaltacionem* rief er die Universitäten seiner Obödienz, darunter auch die Wiener Hochschule, auf, Vertreter zum geplanten Generalkonzil in Konstanz zu entsenden.[2] Versuche, Rolle und Aufgaben der Universitätsmitglieder auf dem Konstanzer Konzil zu untersuchen und zu konkretisieren, wurden in der Forschung bereits mehrfach unternommen. Auf die dabei auftretenden Schwierigkeiten – hier seien nur Namensvarianten, Fehlerhaftigkeit und Uneinheitlichkeit der offiziellen Quellen, privat oder in Mehrfachvertretung am Konzil teilnehmende Gelehrte sowie schlichtweg der Mangel an Nachweisen zu ihren konkreten Aufgaben und Tätigkeiten genannt – wies zuletzt Ansgar Frenken nachdrücklich hin.[3]

---

1 MIETHKE, Die Prozesse, S. 149.

2 Text der Bulle in HARDT VI, S. 9f.; MANSI 27, S. 537f. und 28, S. 879ff. – Erhalten sind die Konvokationsschreiben für Wien, Köln und Erfurt (vgl. WRIEDT, Die deutschen Universitäten, S. 72 und FRENKEN, Gelehrte auf dem Konzil, S. 110).

3 FRENKEN, Theologischer Sachverstand; FRENKEN, Gelehrte auf dem Konzil; FRENKEN, Die Rolle der Kanonisten. – Die Teilnehmerzahlen in den Quellen schwanken und können nur als Annäherung verstanden werden. Riegel rekonstruierte aus den bestehenden Listen die Teilnahme von 27 Universitätsvertretern und insgesamt 409 Graduierten aller Fakultäten über den gesamten Konzilsverlauf (RIEGEL, Die Teilnehmerlisten, S. 74f.; siehe auch MIETHKE, Die Konzilien als Forum, S. 746f. und STUMP, The reforms, S. xiii). Riegel publizierte die Ergebnisse seiner Arbeit ohne die zugrunde liegenden Listen, die bis vor einigen Jahren als verschollen galten. Thomas Martin Buck gelang es, eine Kopie der Listen im Kirchengeschichtlichen Seminar der Theologischen Fakultät Freiburg, Signatur Jb 342 (Inv. Nr. 80/187) nachzuweisen (vgl. BUCK, Die Riegelschen Teilnehmerlisten). – Aktuell arbeitet Sabine Strupp unter der Leitung von Thomas Martin Buck am Institut für Politik- und Geschichts-

Die Quellenlage zur Rolle der Gelehrten auf dem Konzil ist ambivalent. Die offiziellen Konzilsakten,[4] Tagebücher[5] und Chroniken[6] beschränken sich weithin auf die Darstellung der offiziellen Konzilssitzungen und der dort verabschiedeten Beschlüsse. Die Unterlagen der Glaubenskommission und der sonstigen in der *causa fidei* eingesetzten Spezialkommissionen wurden wohl unter ihren Mitgliedern aufgeteilt und sind nicht erhalten. Die universitätsinterne Quellenlage zur Beteiligung der Wiener Universität an der Konstanzer Kirchenversammlung ist, verglichen mit jener anderer Hochschulen, sehr umfangreich. So sind nicht nur die Universitäts- und Fakultätsakten zur Konzilszeit[7] erhalten, mit den 37 Briefen Peters von Pulkau an seine Hochschule[8] verfügen wir auch über ausführliche ergänzende Nachrichten eines Konzilsteilnehmers, die in vergleichbarer Form nur für die Kölner Universität[9] vorliegen.

wissenschaft der Pädagogischen Hochschule Freiburg am Dissertations- und DFG-Projekt »Die Teilnehmerlisten des Konstanzer Konzils (1414–1418). Forschungsstand – Überlieferung – Analyse« (vgl. https://www.ph-freiburg.de/fileadmin/dateien/fakultaet3/sozialwissenschaft/geschichte/Buck/DFG-Antrag2013.pdf (S. 10–12, Projekt 2; Zugriff 2018-12-29)).

4 ACC I/II/III/IV (mit einem Überblick über das Quellenmaterial in der Einleitung sowie einem Namensregister in Bd. 4); HARDT I/II/III/IV/V/VI; MANSI 27 und 28. Daneben sind zahlreiche private Aktensammlungen erhalten (vgl. FINK, Zu den Quellen, S. 472). Zur Sammlung Hermann von der Hardts vgl. insbesondere CROWDER, Le concile de Constance sowie CROWDER, Constance Acta. – Ob ursprünglich eine einzige Aktensammlung, die vom zentralen Sekretariat des Konzils zusammengestellt wurde, existiert hat, ist unsicher. Zusätzlich zum offiziellen Protokoll scheinen parallele Sammlungen der Nationen zu existieren (vgl. ŠMAHEL, The *Acta* of the Constance Trial, mit kritischer Replik auf CROWDER, Le concile de Constance, und CROWDER, Constance Acta; a. a. O. auch ein Überblick über die verschiedenen (handschriftlichen und gedruckten) Ausgaben der Konzilsakten). Eine kritische Edition ist ein dringendes Desiderat.

5 Die Tagebücher des Kardinals Guillaume Fillastre sowie der beiden Kurienmitarbeiter Jacobus Cerretanus und Guillaume de Turre sind gedruckt in ACC II. Kritische Anmerkungen zum Genus dieser ›Tagebücher‹ in FRENKEN, Darstellende Quellen.

6 Dies ist zum einen die nach 1420 entstandene Chronik des Konstanzer Bürgers Ulrich von Richental, die jüngst von Thomas Martin Buck kritisch ediert (Ulrich von RICHENTAL, Chronik) und von Henry Gerlach und Monika Küble ins Neuhochdeutsche übersetzt wurde (GERLACH/KÜBLE, Augenzeuge), der zum anderen der zwischen 1421 bis 1423 entstandene Bericht des Andreas von Regensburg (Andreas RATISPONENSIS, Concilium Constantiense) sowie die von einem anonymen Zeitgenossen verfasste, aus 43 Büchern bestehende Chronique du Religieux de Saint-Denys.

7 Vgl. dazu unten Kapitel II, bes. S. 81 f. Einen Überblick über die Quellenlage an den anderen deutschen Universitäten Heidelberg, Köln, Erfurt, Leipzig und Rostock bietet WRIEDT, Die deutschen Universitäten, S. 20 f.

8 Gedruckt in Petrus de PULKA, Epistolae mit Korrekturen von GIRGENSOHN, Peter von Pulkau, S. 182–184. Eine korrigierte Neuedition dieser zentralen Quelle zum Konstanzer Konzil ist ein Desiderat. – Von Nikolaus von Dinkelsbühl ist nur ein Konzilsbericht zum 11. Mai 1415 überliefert (ed. in MADRE, Nikolaus von Dinkelsbühl, S. 287 ff.).

9 Die Korrespondenz des Kölner Gesandten Dietrich Kerkering mit seiner Universität ist gedruckt in Theodericus de MONASTERIO, Epistolae. Darüber hinaus sind die Berichte Peters von Wormditt, Generalprokurator des Deutschen Ordens an der Kurie, an seinen Orden überliefert (Petrus de WORMDITT, Epistolae). Erstaunlicherweise enthalten seine Berichte

1.2. Forschungsstand und -gegenstand

Mit der allgemeinen Rolle der Universitäten auf dem Konstanzer Konzil befasste sich bereits Lorenz Dax in seiner Dissertation *Die Universitäten und die Konzilien von Pisa und Konstanz*,[10] der darin allerdings unkritisch älteres Quellenmaterial übernahm. Otto Feger widmete 1964 der Rolle der Hochschulen in der Chronik des Ulrich von Richental[11] besondere Aufmerksamkeit, während sich Klaus Wriedt in seiner 1972 verteidigten Habilitation auf *Die deutschen Universitäten in der Auseinandersetzung des Schismas und der Reformkonzilien*[12] konzentrierte. Denselben Schwerpunkt legte Robert Swanson in seinem 1979 veröffentlichten Werk *Universities, Academics and the Great Schism*.[13] Auch Walter Rüegg (1993) und Hastings Rashdall (1997) gingen in ihren Geschichten zur Universität im Mittelalter[14] knapp auf die Konstanzer Kirchenversammlung ein. In jüngster Zeit legte Ansgar Frenken einschlägige Studien zur Rolle der Gelehrten auf dem Konstanzer Konzil vor, die sich insbesondere auf deren theologische und kanonistische Expertentätigkeit konzentrierten.[15] Mit der speziellen Rolle der Wiener Universitätsgelehrten in Konstanz befassten sich erstmals die beiden Universitätshistoriker des 19. Jahrhunderts, Joseph Aschbach und Rudolph Kink, die sich für ihre Darstellung ausschließlich auf die Universitäts- und Fakultätsakten stützten.[16] Alois Madre griff für seine Dissertation über den Wiener Theologieprofessor Nikolaus von Dinkelsbühl[17] auf die bei Kink verfügbaren Auszüge aus den Universitätsakten zurück, behandelte dessen Aufenthalt auf dem Konzil jedoch nur sehr knapp. Die ausführlichste und gründlichste Darstellung bot Dieter Girgensohn in seiner Monographie über *Peter von Pulkau und die Wiedereinführung des Laienkelches*,[18] der darin nicht

---

keinen einzigen Hinweis zur Hussitenthematik, was nur teilweise mit den Überlieferungslücken begründet werden kann.

10 Dax, Die Universitäten.
11 Feger, Die Hochschulen.
12 Wriedt, Die deutschen Universitäten.
13 Swanson, Universities.
14 Rüegg, Geschichte der Universität; Rashdall, The Universities.
15 Frenken, Theologischer Sachverstand; Frenken, Gelehrte auf dem Konzil; Frenken, Die Rolle der Kanonisten. – Ansgar Frenken plant die Veröffentlichung einer weiterführenden Studie zum Wirken von *facultas theologica, congregatio doctorum* und Glaubenskommission auf dem Konzil, die sich insbesondere mit den eingesetzten Untersuchungskommissionen und Gerichtsinstanzen beschäftigen soll (vgl. Frenken, Theologischer Sachverstand, S. 436, Anm. 4; Frenken, Gelehrte auf dem Konzil, S. 121, Anm. 53 und zuletzt Frenken, Die Rolle der Kanonisten, S. 398, Anm. 1). – Zur Geschäftsordnung vgl. grundsätzlich auch Stuhr, Die Organisation, und Woody, The Organization.
16 Kink, Geschichte; Aschbach, Geschichte.
17 Madre, Nikolaus von Dinkelsbühl; vgl. dazu die Korrekturen und Ergänzungen in Uiblein, Zur Lebensgeschichte, S. 317–324.
18 Girgensohn, Peter von Pulkau.

nur das Wirken des offiziellen Universitätsgesandten auf dem Konzil ausführlich darstellte, sondern auch dessen Briefe auswertete und sein Konstanzer Gutachten gegen den Laienkelch edierte.[19] Im selben Jahr stellte Girgensohn in seinem Aufsatz *Die Universität Wien und das Konstanzer Konzil* eine Zusammenschau aller in Konstanz nachweisbaren Wiener Universitätsmitglieder und ihrer Aufgaben vor, soweit sie aus den Quellen rekonstruierbar sind.[20] Zuletzt befasste sich Dušan Coufal im Rahmen seiner Behandlung der Kelchpolemik zwischen 1414 und 1431 mit den beiden Kelchtraktaten, die von Peter von Pulkau und Nikolaus von Dinkelsbühl auf dem Konzil verfasst wurden.[21]

Mit dem anti-hussitischen Engagement der Wiener Gelehrten steht ein spezieller Aspekt ihres Wirkens auf dem Konzil im Fokus dieser Untersuchung, zu dem bislang keine zusammenhängende Darstellung vorliegt.[22] Das Konzil hatte sich neben der Lösung des Schismas und der anstehenden Reform auch mit der böhmischen Häresie zu befassen. Die Auseinandersetzung mit dem »Hussitismus« in Konstanz manifestierte sich an vier konkreten Vorgängen: der erneuten Prüfung und Verurteilung der Wyclifschen Artikel im Frühjahr 1415, dem Prozess gegen Jan Hus und dessen Verurteilung im Juli 1415, der Verurteilung des Laienkelchs im Juni 1415 sowie im Juni 1417 und dem Prozess gegen Hieronymus von Prag im Sommer 1416. Im Folgenden soll die konkrete Beteiligung der Wiener Universitätsgelehrten an diesen anti-hussitischen Vorgängen untersucht und in mehrere Kontexte gestellt werden: Zum einen ist kritisch zu hinterfragen, ob und inwiefern – verglichen mit der Einbindung Gelehrter anderer Universitäten in diesen Aspekt der *causa fidei* – den Wiener Theologen, Kanonisten und Juristen tatsächlich eine besondere Stellung zukam, wie in der bisherigen Forschung proklamiert wurde.[23] Dazu sind Art und Kontext der Beteiligung im Einzelfall zu rekonstruieren und zu gewichten. Zum anderen ist zu prüfen, inwieweit diese Expertentätigkeiten einzelner Gelehrter als programmatisch für die Haltung und Interessen ihrer Universität angesehen werden können und welcher Stellenwert dem Kampf gegen die Hussiten in dieser frühen Phase der Auseinandersetzung zukam. Zudem soll bei der Beantwortung der Frage nach dem anti-hussitischen Engagement der Gelehrten genauer zwischen den verschiedenen Phasen des Konzils unterschieden werden. Dazu ist es nötig, die entsprechenden Aktivitäten in ihren jeweiligen Kontexten zu sehen, um

---

19 Petrus de PULKA, Confutatio.
20 GIRGENSOHN, Die Universität Wien.
21 COUFAL, Polemika o kalich, S. 42–48 und S. 60–80.
22 »Über diese Wiener Gruppe sind wir durch die Forschungen der letzten Jahrzehnte recht gut unterrichtet, auch wenn bislang noch keine zusammenfassende Studie zu dieser spezifischen Fragestellung vorliegt« (FRENKEN, Die Erforschung, S. 288, Anm. 167).
23 So in jüngerer Zeit etwa von FRENKEN, Gelehrte auf dem Konzil, S. 137 und S. 138f.; FRENKEN, Die Erforschung, S. 288.

nicht – ein angesichts der spärlichen Quellen verlockender Schritt – die Frühzeit der Auseinandersetzung im Licht ihrer späteren Entwicklungen zu interpretieren.

Wie Dieter Girgensohn aufzeigte, hielten sich mindestens 26 Wiener Dok-
toren und Magister für kürzere oder längere Zeit am Konzil auf.[24] Als offizielle
Vertreter der Universität wurden in einer Universitätsversammlung vom
29. September 1414[25] der Theologe Peter von Pulkau und der Kanonist Kaspar
Maiselstein bestimmt. Auch Herzog Albrecht V. entsandte einen Theologen –
Nikolaus von Dinkelsbühl – und einen Kanonisten – Heinrich Fleckel von
Kitzbühel – als Vertreter zum Konzil und beauftragte die beiden, mit den Abgesandten der Universität zu kooperieren. Kurz nach dem 18. Oktober 1414
dürften die beiden Gesandtschaften zum Konzil aufgebrochen sein.[26] Informationen zum konkreten Wirken der Gelehrten in den Quellen sind – insbesondere
zu jenen, die nicht als offizielle Vertreter am Konzil teilnahmen – rar. Nach
bisherigem Forschungsstand galten vier Wiener Doktoren als in die Hussiten-

---

24 Girgensohn, Die Universität Wien; vgl. auch Studt, Papst Martin V., S. 98; Uiblein, Die
  Universität Wien, S. 97 mit Anm. 90. – Peter von Pulkau lobte die Menge der Wiener Uni-
  versitätsangehörigen in Konstanz in seinen Briefen; es seien »so viele Wiener in Konstanz
  wie Angehörige der übrigen fünf deutschen Universitäten zusammen« (Studt, Papst Martin
  V., S. 98 mit Anm. 30). Nachweisbar sind: der Kanonist Heinrich von Kitzbühel, der Theo-
  loge Nikolaus von Dinkelsbühl, der Kanonist Kaspar Maiselstein, die Theologieprofessoren
  Peter von Pulkau, Lambert von Geldern, Bartholomäus von Ebrach, der Dekretist Konrad
  Seglauer, der Lizentiat im Kirchenrecht Peter Deckinger und der Bakkalar der Theologie
  Zacharias Ridler (Girgensohn, Die Universität Wien, S. 267 mit Anm. 101a, nach der ersten
  Seite der Handschrift BSB, Clm 5593 (*Varia de concilio Constantiensi*)). Diese Liste dürfte
  korrekter und aussagekräftiger als die beiden »offiziellen« Teilnehmerlisten sein. Diese
  »offiziellen« und gedruckten Listen – in Ulrich Richentals Chronik und im vierten Band der
  Sammlung Hermann von der Hardts – stammen aus den Jahren 1414/15, enthalten falsche
  Zuordnungen und Verballhornungen, sind direkt voneinander abhängig und vermitteln so
  ein stark verzerrtes Bild (für eine kritische Korrektur dieser Listen vgl. Girgensohn, Die
  Universität Wien, S. 266). – Auch einige Magister, die im Namen Anderer am Konzil teil-
  nahmen und nicht mehr in Wien lehrten, gaben bei den Treffen der Universitätsmitglieder
  auf dem Konzil der Wiener Universität ihre Stimme (ebd., S. 268): Johannes Keller von
  Stockach als Offizial des Bistums Konstanz; Heinrich Nithard als Gesandter der Erzbischofs
  von Mainz, Augsburg und Herzog Stephans von Bayern; Wilhelm Kircher, Kanoniker der
  Diözese Konstanz, Konrad Duvel von Hildesheim als Vertreter der Stadt Nürnberg; der
  Konstanzer Kleriker Alhardus von Geldern sowie Walter von Lenzburg, Johannes Huebner,
  Johannes Rapreswil und Johannes Stukel von Passau (biographische Informationen zu den
  einzelnen Magistern ebd. mit Anm. 103–112). – Als Boten sind Dietrich von Hammelburg,
  Matthias von Wallsee, Johannes von Hammelburg, Johannes von Thann, Berthold von Regensburg und Nikolaus von Matzen nachgewiesen (ebd., S. 269).
25 AU II, fol. 65r; AFA I, fol. 171v; vgl. Girgensohn, Peter von Pulkau, S. 51 mit Anm. 290.
26 Ob die Gesandtschaft der Universität das Eintreffen der Vertreter Albrechts V. tatsächlich
  abwartete, ist praktisch auszuschließen, da am 27. November bereits ein Brief der Universitätsvertreter in Wien eintraf, Jacobus Cerretanus für denselben Tag jedoch erst vom Einzug
  der Gesandten Herzog Albrechts in Konstanz berichtet (vgl. Girgensohn, Peter von Pulkau,
  S. 54 mit Anm. 301).

angelegenheiten involviert, nämlich die Theologen Peter von Pulkau,[27] Nikolaus von Dinkelsbühl,[28] Bartholomäus von Ebrach[29] und Lambert von Geldern.[30] Peter von Pulkau verfasste im Mai 1415 einen Traktat gegen den Laienkelch, Nikolaus von Dinkelsbühl und Lambert von Geldern waren mit der Untersuchung des Prozesses gegen Hieronymus von Prag betraut. Laut Madre und Wriedt[31] war Nikolaus von Dinkelsbühl zudem ein Mitglied jener Kommission, die die Lehren Wyclifs verurteilte, und nach Denzler wurde Bartholomäus von Ebrach am 17. April 1415 Mitglied jenes Ausschusses, der über Hus urteilen sollte.[32] Insbesondere die letzten beiden Zuweisungen bedürfen im Folgenden einer genauen Überprüfung.

1.3.   Die *causae* Wyclif und Hus (Frühjahr/Sommer 1415)

Bereits in der ersten offiziellen Sitzung des Konzils am 16. November 1414 beauftragte Johannes XXIII. die *facultas theologica* – offenbar ein Zusammenschluss aller am Konzil anwesenden Theologen – mit der Beratung dogmatischer Angelegenheiten, insbesondere der *causae* Wyclif und Hus. Die Ergebnisse dieser Beratungen sollten Papst und Konzil möglichst bald unterbreitet werden, bevor zur *causa unionis* geschritten werden sollte.[33] Entgegen dem Wunsch des Papstes wiesen die Konzilsväter der *causa fidei* gegenüber der *causa unionis* jedoch eine nachrangige Bedeutung zu. Dass Wyclif und Hus noch am Jahresende 1414 auf die Agenden des Konzils gelangten, hatte weniger mit einer prioritären Behandlung dieser Angelegenheiten als vielmehr mit dem Umstand zu tun, die Zeit bis zur Ankunft der Gesandten Benedikts XIII. und Gregors XII. zu überbrücken.[34] Folglich wurde die Beschäftigung mit Glaubensfragen im ersten Halbjahr 1415 immer wieder unterbrochen, weil sich das Konzil mit

---

27 Zu Peter von Pulkau vgl. bes. GIRGENSOHN, Peter von Pulkau, und GIRGENSOHN, Die Universität Wien; UIBLEIN, Zur Lebensgeschichte; KNAPP, Die Literatur, S. 185f. sowie die Artikel in VFLex VII (²1989), S. 443–448 (Dieter GIRGENSOHN); LThK VIII (³1993), S. 137 (ders.).

28 Zu Dinkelsbühl vgl. MADRE, Nikolaus von Dinkelsbühl; UIBLEIN, Zur Lebensgeschichte; KNAPP, Die Literatur, S. 147–163 sowie die Artikel in Dict. spirit. XI (1982), S. 273–276 (Alois MADRE); VFLex VI (²1987), S. 1048–1059 (ders.); LexMA VI (1993), S. 1178 (ders.).

29 Zu Bartholomäus von Ebrach vgl. KIST, Ebracher Zisterzienser; MACHILEK, Zur Geschichte, sowie den Artikel »Frowein, Bartholomäus von Ebrach«, in: VfLex 2 (1980), S. 982–985 (Franz MACHILEK).

30 Zu Lambert von Geldern vgl. AFA I, S. 543; AFT, Bd. 2, S. 674.

31 WRIEDT, Die deutschen Universitäten, S. 93.

32 DENZLER, Bartholomäus Fröwein, S. 156.

33 BRANDMÜLLER, Das Konzil von Konstanz, Bd. 1, S. 161; DAX, Die Universitäten, S. 67.

34 Vgl. GIRGENSOHN, Peter von Pulkau, S. 149.

wichtigeren Angelegenheiten zu befassen hatte.[35] Die Auseinandersetzung des Konzils mit dem englischen Reformer John Wyclif und dem Böhmen Jan Hus jedenfalls war von Anfang an eng verwoben.[36] Wyclifs Lehren, die zuvor schon mehrmals verurteilt worden waren,[37] gewannen durch Hussens Auftreten in Konstanz nun erneut an Brisanz.

Die Quellenlage zur Frage, welche speziellen Kommissionen und Ausschüsse sich mit Wyclif und Hus befassten, ist ambivalent. Zwar lässt sich rekonstruieren, welche Kommissionen mit dem Prozess gegen Wyclif und Hus betraut wurden, die Namen der Kommissionsmitglieder sind jedoch nur teilweise bekannt. Die entsprechenden Vorgänge auf dem Konzil wurden in jüngster Zeit mehrfach umfassend dargestellt, sodass hier ein kurzer Überblick genügen kann.[38] Nur einen knappen Monat, nachdem Hus am 3. November 1414 in Konstanz eingetroffen war, bestellt das Konzil in einer Generalsession vom 1. Dezember eine aus zwölf *cardinales, prelati et magistri deputati*[39] bestehende Kommission, die mit der Prüfung der Schriften Hussens beauftragt wurde. Namentlich bekannte Mitglieder dieser Kommission sind die Kardinäle d'Ailly, Fillastre, Brancaccio und Zabarella, der Franziskanergeneral Antonius de Pereto sowie der Dominikanergeneral Leonardo di Stagio Dati.[40] Über die übrigen

---

35 Schon Mitte Februar stellte Kardinal Fillastre fest: »Hiis mediis temporibus actum est de erroribus Wiclef, et scripta erat sentencia. Sed totum dilatum est per apericionem illius vie cessionis« (ACC II, S. 19); zur selben Zeit wussten die Kölner Universitätsgesandten zu berichten: »In materia fidei contra errores Wycleiff et Huyss et suorum sequentium procedetur isto negotio unionis aliquo modo fundato« (Theodericus de MONASTERIO, Epistolae, Nr. 5, S. 1614). Vgl. GIRGENSOHN, Peter von Pulkau, S. 150.

36 Zur Rezeption der Wyclifschen Ideenlehre an der Prager Universität und der Rolle Wyclifs in der Prager Reformbewegung vgl. MARIN, L'archeveque, S. 286–295; HEROLD, Prazská univerzita; HEROLD, Wyclifs Polemik; HEROLD, Magister Hieronymus; HEROLD, Wyclif und Hieronymus, und HEROLD, Magister Procopius.

37 Die erste Verurteilung der Lehren Wyclifs erfolgte bereits 1377 durch Gregor XI.; es folgten zwei Londoner Synoden 1382 und 1396. Im Jahr 1403 folgten Verurteilungen der Pariser und Prager Universität (dort erneut 1408), vom Erzbischof von Hasenburg 1410 und vom Konzil in Rom am 2. Februar 1413 (vgl. KEJŘ, Die Causa Johannes Hus, S. 136).

38 Der folgende Überblick folgt FUDGE, The trial, S. 238–295 (Kap. 7: »Legal Process at the Council of Constance«); KEJŘ, Die Causa Johannes Hus, S. 126–184 (Kap. IV: »Die Causa Hus am Konzil von Konstanz«) und BRANDMÜLLER, Das Konzil von Konstanz, Bd. 1, S. 323–363 (Kap. VI.1: »Der Prozeß gegen Wyclif und Hus«). - Zum Prozess gegen Wyclif und Hus in Konstanz vgl. weiters: MARIN, La patience, S. 61–87 (mit besonderem Fokus auf die französischen Vertreter auf dem Konzil); HRUZA, Die Verbrennung; SEIBT, Hus in Konstanz; SEIBT, Jan Hus; HILSCH, Johannes Hus; WERNER, Jan Hus; MIETHKE, Die Prozesse, sowie die weiterführenden Literaturhinweise in den in Anm. 327 genannten Veröffentlichungen. Zur älteren Literatur vgl. den Überblick in MACHILEK, Hus/Hussiten.

39 ACC II, S. 189.

40 Grundsätzlich ist dabei zu beachten, dass die prominente Rolle eines d'Ailly oder Zabarella auch daraus resultierte, dass der Vorsitz der Ausschüsse und Kommissionen anfangs ausschließlich Kardinälen vorbehalten war (vgl. dazu FRENKEN, Die Erforschung, S. 289).

sechs Mitglieder ist nichts bekannt. Dass sich unter den namentlich Genannten keine der angekündigten *magistri deputati* finden, lässt vermuten, dass sich diese unter den Nichtgenannten befanden; allein lässt sich dies weder verifizieren noch feststellen, um welche konkreten Personen es sich dabei handelte. Nur drei Tage später, am 4. Dezember 1414, bestellte Johannes XXIII. zudem drei Untersuchungsrichter, die den Prozess leiten, Zeugen vernehmen, Anklageartikel formulieren und über Hus zu Gericht sitzen sollten: den Titularpatriarch von Konstantinopel Jean de la Rochetaillée, Bischof Johann Borsnitz von Lebus und Bischof Bernhard von Castellmare.[41] Die Ernennung einer Kommission, welche die vorbereitenden Schritte für den folgenden Ketzerprozess durchzuführen hatte, entsprach den Regeln für Ketzerverhandlungen bei allgemeinen Konzilien.[42] Diese drei Bischöfe unterbreiteten Hus bereits am 6. Dezember die 43 Wyclifschen Artikel in Erwartung einer schriftlichen Stellungnahme, welche um den 10. Dezember erfolgte. Als Hussens Ankläger traten Stephan Paleč und Michael de Causis auf. Fokussiert wurde die Anklage gegen Hus auch durch die englische Nation, konkret durch die Forderung des Magisters Thomas Polton, den Prozess gegen Wyclif und Hus zu beschleunigen.[43] Paleč exzerpierte aus Hussens ekklesiologischem Hauptwerk *De ecclesia* 42 Artikel, die diesem von der Untersuchungskommission zur Stellungnahme vorgelegt wurden. Die Antwort des Hus folgte Anfang Jänner 1415. Am 22. Jänner 1415 traf mit dem Pariser Theologen Johannes Gerson ein weiterer wichtiger Gegner Hussens auf dem Konzil ein. Gerson führte eine Zusammenstellung von 20 Artikeln mit sich, die von Sorbonner Theologen aus Hussens *De ecclesia*[44] herausgearbeitet worden waren. Am selben Tag berichtete Peter von Pulkau seiner Universität, dass Hus, mittlerweile arretiert, auf die Vorwürfe gegen ihn geantwortet habe. Diese Antwort liege d'Ailly zur Prüfung vor, der damit mehrere *magistri* beauftragt habe. Weiters berichtet Peter davon, dass die Böhmen mit Verweis auf den angeblich gebrochenen *Salvus conductus* auf der Freilassung Hussens beharrten, obwohl dieser selbst schriftlich bestätigt habe, ohne Geleitbrief nach Konstanz gekommen zu sein. Sigismund sei nun unschlüssig, wie mit Hus weiter zu verfahren sei, die Nationen jedoch beharrten auf dessen Gefangenhaltung.[45] Diese Nachricht zeigt, dass Peter von Pulkau über die Vorgänge in der Untersu-

---

41 Die Haltung der drei Untersuchungsrichter ist klar: Jean de la Rochetaillée hatte zuvor bereits über das Prager Interdikt entschieden; der Prager Kanoniker Johann Borsnitz war Hus bei dessen Reise nach Konstanz vorausgereist, um überall vor dem böhmischen Ketzer zu warnen; Bischof Bernhard von Castellmare hatte Hieronymus von Prag in Krakau kennengelernt (Kejř, Die Causa Johannes Hus, S. 144).

42 Henner, Beiträge, S. 251f.; Kejř, Die Causa Johannes Hus, S. 144.

43 ACC II, S. 197f.

44 Diese Schrift war vor dem 24. Juni 1414 von Peter von Prag nach Paris gebracht worden.

45 Petrus de Pulka, Epistolae, S. 13; vgl. Brandmüller, Das Konzil von Konstanz, Bd. 1, S. 334.

chungskommission gut unterrichtet war. Dass er seiner Universität recht ausführlich darüber berichtet, deutet darauf hin, dass die Angelegenheit für die Wiener Hochschule von Interesse gewesen sein dürfte. Peters Berichte fallen jedenfalls deutlich umfang- und detailreicher aus als die knappen Verweise zum Hus-Prozess in den Briefen des Kölner Gesandten Dietrich von Kerkering. Eine aktive Beteiligung eines der Wiener Magister erwähnt Peter jedoch nicht.[46]

Das nächste Mal hören wir in den Quellen zur fünften Generalsession vom 6. April 1415 von den *causae* Wyclif und Hus, als – einem Beschluss der *facultas theologica* entsprechend – diese beiden Angelegenheiten auf die Tagesordnung gesetzt wurden.[47] Als Untersuchungsrichter für Hus wurden nun die Kardinäle d'Ailly und Fillastre, Bischof Stephan von Dol sowie der Abt des Klosters Cîteaux, Jean de Martigny, bestimmt.[48] Diese personelle Änderung war notwendig geworden, weil die bis dahin zuständige, von Johannes XXIII. beauftragte Kommission mit dessen Flucht ihre Legitimation verloren hatte.[49] Drei Tage später schickte der Hauptausschuss je einen Vertreter jeder Nation – Antonius von Ragusa, Gualterius von Rhodos, William Corff und Petrus Dettinger – zu d'Ailly, um das Vorgehen gegen Wyclif und Hus zu beschleunigen. D'Ailly sagte die Abfassung eines theologischen Gutachtens zur Lehre Wyclifs zu, während für den Prozess selbst die Juristen Fillastre und Zabarella verantwortlich zeichnen sollten. Die Quellen schweigen darüber, ob d'Ailly diese Untersuchung alleine durchführte oder auf die Beratung seiner Kollegen zurückgriff. Er war es jedenfalls, der Hussens Antworten auf Palečs 42 Artikel sowie weitere Zeugenaussagen prüfte und auf dieser Basis ein neues Paket an Anklageartikeln formulierte.

Da Fillastre und Zabarella ihren Aufgaben aufgrund konzilsinterner Differenzen, die nicht mehr rekonstruierbar sind,[50] jedoch nicht nachkamen, wurde in der sechsten Generalsession vom 17. April 1415 eine neue Kommission ernannt, die den Prozess gegen Hus *usque ad diffinitivam sententiam inclusive* vorantreiben sollte. Sie bestand mit Erzbischof Antonius von Ragusa, Bischof

---

46 Im Gegensatz zu Dietrich von Kerkering, der seiner Universität im Mai 1415 berichtete: »Et cras de mane domini cardinales Cameracensis cum octo deputatis de nationibus, quorum unus inutilis sum ego, ibunt ad castrum propinquum civitati Constantiensi, ubi pro nunc iste Huys detinetur, ad loquendum secum super certis« (Theodericus de MONASTERIO, Epistolae, S. 1633). – Peter von Pulkau erwähnt in seinen späteren Berichten zur Auseinandersetzung des Konzils mit Hieronymus von Prag allerdings die (nachgewiesene) Beteiligung des Nikolaus von Dinkelsbühl und des Lambert von Geldern ebenfalls nicht (siehe dazu unten), weshalb diesem Umstand nicht zu viel Gewicht beigemessen werden darf. Vermutlich war die konkrete Beteiligung der Wiener Gelehrten an theologischen oder kanonistischen Spezialdebatten für die Hochschule wenig relevant.

47 HARDT IV, S. 99f.

48 HARDT IV, S. 100; MANSI 27, S. 592.

49 Vgl. KEJŘ, Die Causa Johannes Hus, S. 148.

50 Dazu im Detail BRANDMÜLLER, Das Konzil von Konstanz, Bd. 1, S. 264–267.

Johann von Gudensberg von Schleswig, Magister Ursin de Talevande und William Corff aus je einem Vertreter der vier Nationen und ist als vom Konzil beauftragtes gerichtliches Organ zu sehen, dessen Aufgabe es war, die Berichte d'Aillys und Zabarellas zu Wyclifs Artikeln entgegenzunehmen und das Konzil darüber zu informieren.[51]

Mitglied dieser Kommission soll nun auch Bartholomäus von Ebrach gewesen sein. Maßgeblich für diese Zuweisung ist ein im Jahr 1977 erschienener Aufsatz von Georg Denzler, der sich wiederum auf ältere Literatur[52] und – als Ausgangspunkt – auf die Aussage des 1559 verstorbenen Dichters und Historikers Kaspar Brusch in dessen *Chronologia* stützt.[53] Denzler unternimmt keine Versuche, diese Angabe zu verifizieren, sondern übernimmt sie als Faktum in seine Darstellung.[54] In den Quellen zum Konzil findet sich allerdings kein Hinweis darauf, dass Bartholomäus tatsächlich Mitglied dieser Kommission gewesen ist; sein Name ist an keiner Stelle explizit genannt.[55] Möglicherweise resultierte die Annahme Bruschs – der letztlich der einzige Gewährsmann für die angebliche Beteiligung des Bartholomäus ist – daraus, dass er Bartholomäus irrtümlich als Vertreter des Ebracher Abtes in Konstanz vermutete. In der fraglichen Generalsession vom 17. April ernannte Johannes XXIII. auch einige Prokuratoren;

---

51 Hardt IV, S. 118; Mansi 27, S. 610. Die genauen Aufgaben dieser Kommission und die damit zusammenhängende Frage, ob es sich dabei um einer Erweiterung der ursprünglichen, am 6. April eingesetzten oder aber um eine unabhängige neue Kommission handelte, wurden in der Forschung kontrovers diskutiert. Einen Überblick bietet Kejř, Die Causa Johannes Hus, S. 177, Anm. 180, der für letzteres optiert.

52 »Fast alle Autoren, die biographische Notizen zu Bartholomäus bieten, weisen darauf hin, der gelehrte Zisterzienser habe beim Konstanzer Konzil zu jener Theologenkommission gehört, die sich in einer Stellungnahme für die Verurteilung des tschechischen Theologen Jan Hus aussprach. Zum ersten Mal begegnet uns diese Behauptung bei Kaspar Brusch« (Denzler, Bartholomäus Fröwein, S. 155).

53 »Bartholomaeus, sacrae Theologiae Doctor et professor eximius, disputator omnium sui seculi acerrimus, qui Philosophiam et S. literas didicerat in Academia Viennensi, ex qua Herbipolim vocatus ab Episcopo ejus urbis, publice illic sententias legit pro Doctoratu. Interfuit concilio Constantiensi, ad quod missus erat a suo Abbate. Ibi contra Hussium non disputavit tantum, sed finitivam etiam sententiam cum aliis novem, ad id deputatis, Doctoribus tulit de eo tollendo« (Kaspar Brusch, Chronologia, S. 153f.); vgl. Denzler, Bartholomäus Fröwein, S. 149, Anm. 8.

54 Denzler, Bartholomäus Fröwein, S. 156: »Nachdem Hus und viele andere Zeugen verhört worden waren, stand für die Kommissionsmitglieder, unter ihnen Bartholomäus, fest, daß Jan Hus ein Ketzer sei.« Dazu verweist Denzler in Anm. 42a auf Machilek, Ergebnisse und Aufgaben, S. 314, Anm. 63, der dort lediglich konstatiert: »Die Rolle einzelner Hus-Gegner in Konstanz ist noch undurchsichtig, so etwa die des Zisterziensers Bartholomäus von Ebrach.«

55 Auch die neuesten, die Quellen erschöpfend auswertenden Untersuchungen des Hus-Prozesses (wie etwa Fudge, The trial; Kejř, Die Causa Johannes Hus) erwähnen keine Beteiligung des Bartholomäus.

darunter etwa einen Abt Thomas von St. Maria vor den Mauern von Ebrach[56] und einen anonymen *legatus Ebroicensis*.[57] Diese beiden Hinweise finden sich in den Konzilsakten unmittelbar vor den Kommissionsmitgliedern im Hus-Prozess. Möglicherweise könnte darin der Grund für diese Verwechslung liegen. Festgehalten werden kann jedenfalls, dass es keinen Hinweis in den Quellen gibt, der Bartholomäus mit besagter Kommission in Verbindung bringt. Auch Peter von Pulkau, der seiner Universität von diesem Entschluss berichtet – und sich gleichzeitig dafür entschuldigt, dass er im Moment keine Kopien der entsprechenden Dokumente nach Wien senden könne, da er beabsichtige, in Kürze weitere Nachrichten zu schicken – erwähnt keine Beteiligung eines seiner Wiener Kollegen.[58]

In der achten Sitzung vom 4. Mai 1415 verurteilte das Konzil schließlich die Lehren Wyclifs, womit der Boden für Hussens Verurteilung endgültig bereitet war.[59] Es folgten drei öffentliche Verhöre des Prager Magisters am 5., 7. und 8. Juni 1415,[60] bevor er am 6. Juli 1415 verurteilt und hingerichtet wurde.

Zwischenresümee

In die Auseinandersetzung des Konzils mit Wyclif und Hus waren verschiedene Kommissionen involviert: eine zwölfköpfige, zu diesem speziellen Zweck eingesetzte Untersuchungskommission von *cardinales, prelati et magistri deputati* (1. Dezember 1414); eine Gruppe von Untersuchungsrichtern (1. Dezember 1414), die nach der Flucht Johannes' XXIII. neu zusammengesetzt wurde (6. April 1415), und eine weitere Kommission zur Durchführung des Prozesses gegen Hus *usque ad diffinitivam sententiam inclusive* (17. April 1415). Neben diesen Spezialkommissionen tritt jedoch auch die *facultas theologica* in Erscheinung, entsprechend deren Beschluss die beiden *causae* am 6. April 1415 auf die Tagesordnung gesetzt worden waren. Dieses Gremium mit seinen Aufgaben, Abläufen und Mitgliedern zu fassen ist schwierig, da es nur punktuell explizit in Erscheinung tritt.[61] Erstmals tritt die *facultas theologica* unmittelbar nach der Eröffnung des Konzils am 12. November 1414 auf, als sie für den Entwurf einer

---

56 »(…) Thomam abbatem sanctae Mariae extra muros Eboracenses, ordinis sancti Benedicti (…)« (Mansi 27, S. 609).

57 Mansi 27, S. 610 als Hinweis auf einen Zusatz einer für die Edition benutzten Handschrift: »In ms. adduntur nomina legatorum: Bisuntinus, Ebroicensis (…)«.

58 Petrus de Pulka, Epistolae, S. 18.

59 Auf diese Funktion des Urteils gegen Wyclif wies u. a. Tatnall, Die Verurteilung, hin.

60 Die einzige Quelle für diese Versammlungen ist der Bericht des Peter von Mladoniowicz; die Konzilsquellen bleiben fragmentarisch (Kejř, Die Causa Johannes Hus, S. 154). Zu den Verfahrensmodalitäten vgl. auch Studt, Papst Martin V., S. 41f. sowie Grundmann, Ketzerverhöre, S. 522f.

61 Brandmüller, Das Konzil von Konstanz, Bd. 1, S. 155; Miethke, Kirchenreform, S. 36; Hollnsteiner, Studien, S. 122.

ersten Geschäftsordnung nach dem Vorbild des Pisanums verantwortlich zeichnete.[62] Ob sie dezidiert vom Papst eingesetzt oder aus der Initiative der Gelehrten gebildet wurde, die dieses Gremium aus der Organisation ihrer Universitäten kannten,[63] ist unklar. Bedauerlicherweise enthalten die Quellen zur personellen Zusammensetzung, Arbeitsweise, Beschlussfassung oder Geschäftsordnung dieses Gremiums kaum Hinweise, was »mehr Fragen auf[wirft], als uns der bisherige Forschungsstand erlaubt, einigermaßen zuverlässig beantworten zu können«.[64] Offenkundig handelte es sich dabei jedoch um eine ständige Einrichtung. Eine zentrale Rolle innerhalb der *facultas theologica* spielte Kardinal d'Ailly, in dessen Quartier sich die versammelten Doktoren und Magister der Theologie und Kanonistik zu Beratungen trafen, wie Peter von Pulkau in einem Brief berichtet.[65] Es gibt keine Hinweise darauf, dass – im Gegensatz zu den Spezialkommissionen oder der Glaubenskommission – nur ausgewählte Theologen und Kanonisten in die *facultas theologica* gewählt wurden.[66]

Was bedeutet das nun für unsere Frage nach der konkreten Beteiligung der

---

62 Dies ist auch deshalb bemerkenswert, da zu diesem Zeitpunkt erst wenige Universitätsvertreter in Konstanz eingetroffen gewesen sein dürften. So waren die offiziellen Universitätsvertreter aus Wien, Peter von Pulkau und Kaspar Maiselstein, nicht aber Nikolaus von Dinkelsbühl und Peter Deckinger anwesend; vor Ort war weiters Kardinal Zabarella, nicht aber die offiziellen Vertreter der Pariser Universität, die Kardinäle d'Ailly oder Gerson. Auch die Gesandten aus Leipzig, Heidelberg und Köln trafen erst im Jänner 1415 in Konstanz ein (WRIEDT, Die deutschen Universitäten, S. 81; 85; 88).

63 Die *congregatio doctorum*, die Versammlung aller Doktoren und Lizenziaten, war jene Instanz, die – nach vorhergehender, nach Fakultäten getrennter Abstimmung über die Geschäftsfälle – in der Anfangszeit der Wiener Universität die Entscheidungen traf. An der Heidelberger Universität war die *congregatio doctorum et magistrorum* zwischen 1393 und 1451 jenes Gremium, das den Rektor wählte (DRÜLL, Über Heidelberger Universitätsämter, S. 18f.).

64 FRENKEN, Theologischer Sachverstand, S. 347.

65 Diese Gruppe der Konzilsteilnehmer dürfte somit nicht übermäßig groß gewesen sein. Eine analoge Vorgehensweise scheint auch schon auf dem Konzil von Pisa üblich gewesen zu sein, da dort in der 13. Konzilssitzung die Stellungnahme von Theologieprofessoren verlesen wurde, die von Kardinal Petros Philargis in dessen Wohnung zusammengerufen worden waren (vgl. GIRGENSOHN, Von der konziliaren Theorie, S. 84).

66 Insbesondere im November 1414, als die *facultas theologica* erstmals in den Quellen greifbar wird, dürfte sich angesichts der begrenzten Zahl der anwesenden Universitätsmitglieder die Notwendigkeit einer Auswahl wohl ohnehin nicht ergeben haben (vgl. oben, Anm. 62). – Dietrich Kerkering berichtet etwa am 23. Jänner 1415 an seine Universität, dass bislang die Vertreter von sechs deutschen Universitäten am Konzil eingetroffen seien: »Quotidie confluunt alii de omnibus mundi partibus, et praesertim de Alemannia, de qua habemus jam quatuor archiepiscopos, plures episcopos et abbates diversarum ecclesiarum, praelatorum ecclesiasticorum ac saecularium, ac sex Universitatum ambaxiatores, scilicet Pragensis, Viennensis, Heydelbergensis, Coloniensis, Erfordensis et Lybicensis« (Theodericus de MONASTERIO, Epistolae, S. 1612). Am 1. März ergänzt er: »Sunt etiam bene septem Universitates de Gallia et Anglia« (Theodericus de MONASTERIO, Epistolae, S. 1617).

Wiener Universitätstheologen an den *causae* Wyclif und Hus? Zum einen ist festzuhalten, dass in den Spezialkommissionen, die zur Klärung dieser Angelegenheit eingesetzt wurden, kein Wiener Universitätsmitglied nachweisbar ist. Weder scheint Nikolaus von Dinkelsbühl zum 4. Mai in den Quellen auf, als das Konzil die Lehren Wyclifs verurteilte,[67] noch wird Bartholomäus von Ebrach in der Kommission vom 17. April 1415 genannt. Von Nikolaus von Dinkelsbühl wissen wir lediglich, dass er am 15. Juni 1415 von der deutschen Konzilsnation zum Mitglied der (von König Sigismund initiierten) Glaubenskommission ernannt wurde, die jedoch weder mit Wyclif, noch mit Hus (dessen abschließendes Verhör bereits am 8. Juni stattgefunden hatte) befasst war.[68]

Wenn der *facultas theologica* als dauerhaft bestehendem Kollegium tatsächlich alle anwesenden Theologen und Kanonisten *eo ipso* angehörten, und wenn dieses Gremium parallel zu den explizit bestimmten Spezialausschüssen über Wyclif und Hus beriet, dürfte auch Nikolaus von Dinkelsbühl (wie auch Peter von Pulkau und Bartholomäus von Ebrach) an diesen Treffen und den dortigen Beratungen beteiligt (bzw. genauer zur Teilnahme berechtigt) gewesen sein. Dies gilt jedoch grundsätzlich für die Angehörigen aller Universitäten in gleicher Weise; es lässt sich nicht feststellen, wie diese Beratungen konkret vonstatten gingen und welche Rolle einzelne Gelehrte darin spielten.

1.4. Exkurs: Die Konflikte zwischen den Universitäten und Hieronymus von Prag als Vermittler der Lehren Wyclifs

Gewiss werden sich insbesondere jene Theologen, die sich bereits vor dem Konzil an ihren Heimatuniversitäten mit den Lehren Wyclifs auseinandersetzten, an den Debatten beteiligt haben. Dabei spielte die *peregrinatio academica* des Hieronymus von Prag eine wichtige Rolle, durch dessen Vermittlung Wyclifs Schriften im universitären Milieu verbreitet wurden.[69] Bereits 1399/1400 hatte Hieronymus von einer Reise nach Oxford die wichtigsten theologischen Schriften Wyclifs mitgebracht und sie in Böhmen bekanntgemacht.[70] Im Mai

---

67 WRIEDT, Die deutschen Universitäten, S. 93, Anm. 139 führt aus, dass in der *causa* Hus nur Nikolaus von Dinkelsbühl als Kommissar erwähnt sei und verweist dafür auf HARDT IV, S. 335. Dort ist jedoch die Rede von der Untersuchungskommission in der *causa* Petit, nicht der *causa* Hus.

68 HARDT IV, S. 335; vgl. GIRGENSOHN, Die Universität Wien, S. 272.

69 Vgl. STUDT, Papst Martin V., S. 49. Zu folgendem Überblick vgl. die biographischen Skizzen zu Hieronymus von Prag in ŠMAHEL, Život a dílo; ŠMAHEL, Mag. Hieronymus von Prag; BETTS, Jerome of Prague; ŠMAHEL, Jeroným Pražský.

70 Bei seinem Prozess in Konstanz legte Hieronymus später dar: »Verum hoc profiteor, quod cum eram adolescens, habens ardorem discendi, perveni in Angliam, et audiens famam

1403 verurteilte die Prager Universität erstmals (eine zweite Verurteilung sollte im Mai 1408 folgen) die Wyclifschen Artikel.[71] Von 1404 bis 1406 hielt sich Hieronymus an der Universität Paris auf, wo er sich 1406 in einer Disputation an der Artistenfakultät klar als Unterstützer Wyclifs positionierte und sich bereits hier mit Johannes Gerson, dem Kanzler der Universität, einem mächtigen Opponenten gegenübersah.[72] Aus Paris flüchtete Hieronymus an die Universität Köln, wo er in mindestens einer philosophischen Disputation Aufmerksamkeit und Widerspruch hervorrief.[73] Wiederum floh Hieronymus, diesmal an die Universität Heidelberg, wo er noch 1406, nachdem er in einer Disputation an der dortigen Artistenfakultät die Lehren Wyclifs verteidigt hatte, beim Wormser Bischof Matthäus von Krakau angeklagt wurde.[74] Bald darauf fand er sich bereits wieder an der Prager Universität, wo er im Jänner 1407 zum Magister ernannt wurde. Auf Geheiß des Prager Erzbischofs von Hasenburg erfolgte im Mai 1408 die erneute Verurteilung der 45 Wyclifschen Artikel durch die tschechischen Magister. Die folgenden intensiven Debatten um Wyclifs Lehren an der Prager Universität und die Vorgänge um den Erlass des Kuttenberger Dekrets 1409 brauchen hier nicht im Detail nachgezeichnet zu werden. Wichtig ist zum einen, dass 1408 die Heidelberger Universität die Bemühungen deutscher Magister aus Prag unterstützte, die an der Kurie gegen die Wyclifisten klagten. Zum anderen dürfte die Thematik aufgrund der Abwanderung Prager Magister nach Erfurt und Leipzig in der Folge des Kuttenberger Dekrets auch an diesen Universitäten bereits vor Konzilsbeginn erörtert worden sein. Während Erzbischof Zbyněk im Juni 1410 in Prag die Bücher Wyclifs verbrennen ließ, hielt sich Hieronymus in Ungarn auf, wo er allerdings mit der Verteidigung Wyclifscher Thesen im Rahmen einer Predigt den Ärger König Sigismunds auf sich zog. Entgegen dessen Anweisung, sich vor dem Prager Erzbischof zu verantworten, reiste Hieronymus im Spätsommer 1410 nach Wien, um sich vor der Universität gegen

---

Wicleff, quod fuit vir subtilis atque excellentis ingenii, dum exemplaria habere potui, Dialogum et Trialogum transcripsi, et mecum in Pragam traduxi« (HARDT IV, S. 635).

71 Vgl. SOUKUP, Jan Hus, S. 43–61; NOVOTNÝ, M. Jan Hus, S. 108–111.

72 Zum Streit zwischen Hieronymus und Gerson um die spätmittelalterliche Ideenlehre vgl. HEROLD, Der Streit; KALUŽA, Le chancelier.

73 Zuletzt ŠMAHEL, Život a dílo, S. 30 f., der die in der älteren Forschung vertretene Chronologie (zuerst Heidelberg, dann Köln) überzeugend umdrehte. Zum Aufenthalt des Hieronymus an der Universität Köln vgl. insbes. HEROLD, Magister Hieronymus. Der genaue Inhalt besagter Disputation ist nicht mehr festzustellen, jedoch handelte es sich sehr wahrscheinlich wiederum um die *universalia realia*, wie zuvor bereits in Prag, Paris und Heidelberg (ebd., S. 259).

74 Die Abgesandten der Heidelberger Universität griffen auf dem Konzil in die Prozesse gegen Wyclif, Hus und Hieronymus jedoch vermutlich nicht ein. Johannes Lagenator aus Frankfurt, seit dem Aufenthalt des Hieronymus in Heidelberg einer seiner Gegner, traf erst Ende Mai 1416 in Konstanz ein (ŠMAHEL, Mag. Hieronymus von Prag, S. 537 f.). Möglicherweise war Job Vener auf dem Konzil aktiv (BARTOŠ, Praha a Heidelberk); vgl. dazu HEIMPEL, Die Vener, Bd. 2, S. 352.

dort kursierende Verleumdungen zu verteidigen. Dies hatte einen aufsehenerregenden Prozess vor dem Provinzial des Passauer Bischofs Andreas von Grillenberg zur Folge.[75]

In der Forschung finden sich wiederholt Hinweise darauf, dass es dieser Prozess der Wiener Hochschule bereits 1410 ermöglicht habe, besondere Erfahrungen in der *causa* Wyclif zu sammeln, weshalb auch auf dem Konzil in diesem Fall eine zentrale Rolle der Wiener Gelehrten angenommen werden könne.[76] Gewiss war der Wiener Prozess gegen Hieronymus aufsehenerregend, und in der Tat zeugen die Prozessakten von der Präsenz der Wiener Theologen und Kanonisten. Ein genauer Blick in die Quellen zeigt jedoch, dass sich die Auseinandersetzung der Wiener Universität mit Wyclif (vermittelt durch Hieronymus) vom Vorgehen der anderen genannten Universitäten fundamental unterschied. In Wien fand ein Häretikerprozess gegen Hieronymus statt, keine Disputation über Wyclifs (primär philosophische) Lehren, die aus dem akademischen Betrieb erwachsen wäre. Da der Wiener Prozess gegen Hieronymus und die Rolle der Universität darin unten im zweiten Kapitel im Detail besprochen wird,[77] genügt es hier, festzuhalten, dass der Wiener Theologischen Fakultät dabei insgesamt ein sehr passives Verhalten zu konstatieren ist.[78] Auch in den folgenden Jahren unmittelbar vor dem Konzil, als nicht nur in den österreichischen Ländern, sondern auch in Polen, Ungarn und Kroatien die Kritik an der Verbreitung der Wyclifschen Lehren immer lauter wurde, befassten sich neben den Artisten nur wenige Wiener Theologen mit Wyclif und Hus (so etwa Johannes Sigwart aus Siebenbürgen). Die Theologische Fakultät als Ganze wusste hingegen, wie Walsh pointiert feststellte, »dazu auffallend wenig zu sagen« und nahm als Gesamtkorporation weder zur *causa* Wyclif, noch zur *causa* Hus Stellung.[79] Im Gegensatz dazu verbot etwa die Heidelberger Theologenfakultät im November 1412,[80] wie im Juli desselben Jahres bereits die Prager Universität,

---

75 Die Akten des Prozesses edierte Ladislaus Klicman nach BAV, Cod. Ottobon. lat. 348, in: KLICMAN, Processus. Eine deutschsprachige Besprechung der Prozessakten und des Prozessablaufs bietet derselbe in KLICMAN, Der Wiener Process.

76 Vgl. etwa WRIEDT, Die deutschen Universitäten, S. 70–72; BRANDMÜLLER, Das Konzil von Konstanz, Bd. 2, S. 126; FRENKEN, Die Erforschung, S. 288; FRENKEN, Gelehrte auf dem Konzil, S. 137.

77 Siehe unten Kapitel II, S. 86–92.

78 Auf diesen Umstand wies bereits Katherine Walsh in ihrer Untersuchung der Auseinandersetzung mit den Lehren Wyclifs in Prag und Wien hin (WALSH, Vom Wegestreit zur Häresie, hier bes. S. 39–43).

79 WALSH, Vom Wegestreit zur Häresie, S. 42.

80 »(…) conclusum fuit et statutum, quod nullus magistrorum aut baccalarius dogmatiset aut dogmatisare presumat perversa condempnataque dogmata Wicleff eciam universalia realia, verum pocius contraria« (zit. nach ŠMAHEL, Mag. Hieronymus von Prag, S. 537 mit Anm. 55, dort nach dem Urkundenbuch der Universität Heidelberg I, 106, Nr. 70).

die »falschen und verdammten Lehren« des Wyclif.[81] Die einzige Reaktion der Wiener Hochschule auf die Römische Synode, auf der Johannes XXIII. Wyclifs Schriften verurteilte, scheint im April 1413 ein Empfehlungsschreiben an den Papst, die Kardinäle und den König gewesen zu sein, »quia res seriosa est et nimis invalescit«.[82]

Zwischenresümee

Weder bei der Verurteilung der Wyclifschen Artikel, noch im Prozess gegen Jan Hus ist eine Beteiligung der Wiener Gelehrten nachweisbar. Der Wiener Prozess gegen Hieronymus von Prag deutet bei genauerer Betrachtung nicht auf eine besondere Expertise der Wiener Theologen, Kanonisten und Juristen hin. Die Leerstellen in den Quellen zu den Abläufen in den unterschiedlichen, parallel agierenden Gremien auf dem Konzil erlauben es weithin nicht, konkrete Gelehrte zu identifizieren. Die wenigen Ausnahmen lassen jedoch erkennen, dass in der *causa* Hus zweifellos die Prager[83] und Pariser Gelehrten – allen voran d'Ailly, einer der Richter des Hus – eine zentrale Rolle spielten. Gerson, der sich schon lange vor Konzilsbeginn mit Hussens Lehren beschäftigt hatte, brachte bei seiner Ankunft Mitte Jänner 1415 bereits an der Sorbonne angefertigte Exzerpte aus dessen ekklesiologischem Hauptwerk *De ecclesia* mit,[84] dürfte jedoch auch nicht direkt in den Prozess eingegriffen haben.[85] In der *causa* Wyclif sind nur Vorstöße eines englischen Magisters bekannt. John Stokes etwa, einer der englischen Konzilsteilnehmer, war an seiner Heimatuniversität Oxford bereits 1411 zum Mitglied einer Kommission bestimmt worden, die für die Zusammenstellung der Irrtümer Wyclifs für ein späteres Konzil eingesetzt wurde.[86] Die konkrete Beteiligung weiterer Universitätsgelehrter muss offen bleiben.[87] Legt man jene Erfahrungen zugrunde, die die einzelnen Hochschulen im Vorfeld des Konzils mit Wyclifs Lehren machten, ist eine besondere Rolle der Wiener Hochschule nicht zu belegen.[88] Wir haben keine Hinweise darauf, dass vor der

---

81 Vgl. WRIEDT, Die deutschen Universitäten, S. 94; FRENKEN, Gelehrte auf dem Konzil, S. 134.

82 WRIEDT, Die deutschen Universitäten, S. 93 nach AFA I, S. 395f.

83 Zur Prager Universität auf dem Konstanzer Konzil vgl. BARTOŠ, Zástupci Karlovy. – Zum Wirken von Jan Hus an der Prager Universität vgl. SVATOŠ, Das Kuttenberger Dekret; SOUKUP, Jan Hus, bes. S. 81–92.

84 Zur Auseinandersetzung zwischen Gerson und Hus vgl. bes. MARIN, La patience, S. 51–59; WERNER, Jan Hus, S. 191–200; KALUŽA, Le chancelier.

85 MARIN, La patience, S. 78.

86 FRENKEN, Gelehrte auf dem Konzil, S. 137, Anm. 113.

87 Hier kommt der erschwerende Umstand hinzu, dass Aufenthaltsdauer und -zeitraum der Gelehrten auf dem Konzil – abgesehen von jenen offiziellen Vertretern, für die entsprechende Nachrichten vorliegen – nur in wenigen Fällen genau bestimmt werden können.

88 Gegen FRENKEN, Die Erforschung, S. 288: »Neben den Böhmen waren es vor allem Angehörige der Wiener Universität, die sich in den Reihen der aktiven Hus-Gegner befanden. Neben der geographischen Nähe dürfte das seinerzeitige Wirken des Hieronymus von Prag

Abreise der Gelehrten an der Universität Vorbereitungen inhaltlicher Art getroffen worden wären. Abgesehen von einzelnen Häresiefällen, die im zweiten Kapitel näher besprochen werden, gab es in Wien vor dem Konstanzer Konzil keine systematische Beschäftigung mit der Lehre des Wyclif oder Hus.

1.5. Die Debatten um den Laienkelch: erste Phase (Mai/Juni 1415)

Noch während sich das Constantiense mit Wyclif und Hus beschäftigte, wurde mit dem Laienkelch[89] jene Thematik auf dem Konzil virulent, die zum zentralen Streitthema zwischen Hussiten und Katholiken avancieren sollte. In den Debatten um die Kommunion unter beiden Gestalten auf dem Konstanzer Konzil sind grundsätzlich zwei Phasen – April bis Juni 1415 sowie Juni 1417 bis Februar 1418 – zu unterscheiden. Den Anstoß für die erste Phase gab offenkundig eine kurze Stellungnahme des Auditors Johannes Naso für die *natio germanica*, datiert vom 7. April 1415, in welcher er die Väter aufforderte, angesichts der Ausschreitungen und Irrtümer der Anhänger Hussens umgehend in der *causa fidei* aktiv zu werden.[90] So mangle es etwa gewissen Priestern an der notwendigen Ehrfurcht bei der Konsekration des Altarssakraments, und sogar eine Frau habe behauptet, konsekrieren zu können.[91] Ob das Protestschreiben, das die böhmischen und polnischen Adeligen, die sich in Konstanz aufhielten, dem Gene-

---

in Wien jene bereits früh mit den böhmischen Reformideen bekannt gemacht haben. Jedenfalls waren sie gut vorbereitet nach Konstanz gekommen, um sich der ›häretischen‹ Ansichten des Böhmen zu erwehren« und FRENKEN, Gelehrte auf dem Konzil, S. 137: »Weitere Gegner des Prager Magisters [Jan Hus] sehen wir in den Reihen der nach ihrem Auszug aus Prag (1409) jetzt an den Neugründungen Leipzig und Erfurt lehrenden Professoren (…), vor allem aber auch unter den Wiener Professoren (Peter von Pulkau, Nikolaus von Dinkelsbühl, Bartholomäus von Ebrach u. a.).«

89 Zum Laienkelch vgl. allgemein SEDLÁK, Počátkové kalicha (1911); SEDLÁK, Počátkové kalicha (1913) und SEDLÁK, Počátkové kalicha (1914); AMANN, Jacobel et les debuts; BARTOŠ, Husitství a cizina; GIRGENSOHN, Peter von Pulkau; SEIBT, Die ›revelatio‹ des Jacobellus von Mies; DAMERAU, Texte; DE VOOGHT, Jacobellus de Stříbro; COOK, John Wyclif, und COOK, The Eucharist; KADLEC, Literární polemika, und KADLEC, Studien und Texte; HOLETON, The Communion of Infants and Hussitism; HOLETON, The Communion of Infants: The Basel Years; HOLETON, The Bohemian Eucharistic Movement; KRMÍČKOVÁ, Studie a texty; KRMÍČKOVÁ, The Fifteenth Century Origins; KRMÍČKOVÁ, K pramenům Husovy kvestie; KRMÍČKOVÁ, The Janovite Theory; KRMÍČKOVÁ, Utraquism in 1414; KRMÍČKOVÁ, Jakoubkova utrakvistická; PATAPIOS, Sub utraque specie; HALAMA/SOUKUP, Jakoubek ze Stříbra; COUFAL, Der Laienkelch im Hussitentum, und COUFAL, Polemika o kalich.

90 Druck in ACC IV, S. 511–513.

91 »(…) sanguinem Domini relinquunt in magna quantitate, ita quod ipsi laici utantur eo omni tempore iuxta libitum sue voluntatis« (ACC IV, S. 513); vgl. dazu GIRGENSOHN, Peter von Pulkau, S. 150; FRENKEN, Theologischer Sachverstand, S. 352.

ralausschuss am 13. Mai 1415 vortrugen, eine direkte Reaktion auf dieses Gutachten Nasos darstellte, ist unklar; jedenfalls gab es in den darauffolgenden Tagen Anstoß zu einer intensiven Auseinandersetzung zwischen Bischof Johannes von Leitomischl, der von der Praxis des Laienkelchs in Böhmen zu berichten wusste, und den am Konzil anwesenden Böhmen, die sich entschieden gegen diesen Vorwurf der Ketzerei wehrten.[92] Zur Klärung dieser Streitfrage dürfte das Konzil eine eigene Kommission eingesetzt oder die *facultas theologica* mit entsprechenden Beratungen beauftragt haben, wenngleich wir nur wenige Anhaltspunkte zu deren Ablauf oder den beteiligten Personen haben.

Dieser Phase der Auseinandersetzung sind zwei erhaltene Schriften zuzuordnen: zum einen die von Peter von Pulkau am 31. Mai 1415 beendete *Confutatio Jacobi de Misa*,[93] zum anderen die *Conclusiones doctorum*,[94] offenkundig ein Ergebnis der Beratungen einer Kommission, welches die unmittelbare Vorlage für das Konzilsdekret *Cum in nonnullis* bildete, das am 15. Juni 1415 den Laienkelch verbot. Wie sind diese beiden Schriften einzuordnen? Im Gegensatz zur Auseinandersetzung mit Wyclif und Hus, wo speziell eingesetzte Kommissionen und einzelne Mitglieder rekonstruiert werden können, sind zum Laienkelch nur die beiden erwähnten Schriften erhalten; Hinweise auf eigens gebildete Kommissionen enthalten die Konzilsakten nicht. Peters *Confutatio*, welche den Traktat *Pius Iesus* des Jakobell von Mies[95] widerlegt, enthält im – allerdings nachträglich hinzugefügten – Kolophon den Hinweis, die Schrift sei am Tag der hl. Petronilla (31. Mai 1415) beendet worden, während »diese Angelegenheit vom Konzil behandelt wurde«.[96] Wie Girgensohn rekonstruierte, hatte Pulkau um den 14. Mai mit der Abfassung dieses Gutachtens begonnen. Die in der Forschung geäußerte Annahme, Peter von Pulkau sei beauftragt worden, die Stellungnahmen des Jakobell von Mies und Andreas von Brod zu sichten und dazu Stellung zu nehmen,[97] dürfte nicht haltbar sein. Die Debatte zwischen Jakobell und Andreas von Brod ist nicht in Konstanz, sondern in Prag zu lo-

---

92 GIRGENSOHN, Peter von Pulkau, S. 152.

93 Petrus de PULKA, Confutatio.

94 *Conclusiones doctorum.* Vgl. MARIN, La patience, S. 374–377.

95 Iacobellus de MISA, Pius Iesus.

96 »Prescriptis ad Dei gloriam modo finem estimo imponendum in die sancte Petronelle filie beati Petri ecclesie pastoris, qui dignetur hunc Iacobelli et aliorum, presertim Wyklefitarum, omnes errores ab ecclesia suis extirpare meritis et precibus ipsam ecclesiam ad recte fidei tramitem reducendo, amen. Anno Domini 1415 Constantie, dum ibi materia in generali concilio tractaretur« (Petrus de PULKA, Confutatio, S. 250).

97 So BRANDMÜLLER, Das Konzil von Konstanz, Bd. 1, S. 364–374; ihm folgt STUDT, Papst Martin V., S. 60. Auch Ansgar Frenkens Einschätzung, dass Peter von Pulkau von der *facultas theologica* beauftragt worden sei, aufgrund der argumentativen Schwächen der Traktate des Andreas von Brod ein »abschließendes« Gutachten zu erstellen, welches dieser in seiner *Confutatio* vorlegte (FRENKEN, Theologischer Sachverstand, S. 354), hält einer inhaltlichen Analyse der besagten Schriften nicht stand.

kalisieren;[98] wir haben keine Hinweise, dass diese literarische Auseinandersetzung in irgendeiner Form auf dem Konzil rezipiert worden wäre. Die *Confutatio* Peters von Pulkau ist grundsätzlich anders angelegt als die Traktate des Andreas von Brod, und es gibt keine Hinweise, dass es Bemühungen gegeben hätte, die Stellungnahmen des Andreas in Konstanz zu sammeln und auszuwerten. Während Andreas von Brod in Prag in direkter Auseinandersetzung mit Jakobell stand, scheint Peter von Pulkau ein konzilsinternes Arbeitspapier ausgearbeitet zu haben, welches weder Spuren der Prager Debatte enthält, noch über Konstanz hinaus verbreitet wurde.[99] Mit welchen Argumenten Jakobell in Prag für den Kelch argumentierte, wird allerdings auf dem Konzil schon länger bekannt gewesen sein (wenn auch nicht klar ist, in welchem Umfang), als das Thema spätestens Mitte Mai auch in der Bodenseestadt virulent wurde.[100] Dafür spricht, dass Peter von Pulkau in einem Brief vom 7. Februar 1415 im Kontext der Ankunft des Christian von Prachatitz bereits davon berichtet, dass eine neue Häresie in Böhmen gelehrt werde, nach der gemäß Joh 3 und Joh 6 die Kommunion unter beiden Gestalten genauso heilsnotwendig wie die Taufe sei, und dass die Kommunion in der Pfarre des Christian auch bereits so gespendet werde. Offenkundig scheint der Pulkauer bereits zu diesem Zeitpunkt Einsicht in den Traktat *Pius Iesus* genommen zu haben, da er in seinem Brief sogar die entsprechenden Bibelzitate nach Wien schickte.[101]

Einen weiteren Hinweis darauf, dass der Laienkelch in der *facultas theologica* oder einem speziell zu diesem Zweck gebildeten Gremium diskutiert wurde, enthalten die sog. *Conclusiones doctorum* (*Theologorum Constantiensis concilii conclusiones contra Jacobum de Misa*). Diese stellten als konzise Sammlung der wichtigsten Argumente gegen den Laienkelch eine unmittelbare Vorlage für das Konzilsdekret dar, welches am 15. Juni 1415 die Kommunion unter beiden Gestalten für die Laien verbot. Stil und Form der *Conclusiones* sprechen in der Tat dafür, darin eine pointierte Stellungnahme der *theologi Constantiensis* zu sehen.

---

98 Vgl. dazu Traxler, Früher Antihussitismus.

99 Peters Traktat ist nur im Autograph und einer Wiener Abschrift überliefert.

100 Die Schrift *Pius Iesus* dürfte bereits Anfang Februar 1415 durch Christian von Prachatitz nach Konstanz gebracht worden sein. Vgl. Girgensohn, Peter von Pulkau, S. 153 mit Anm. 405; ebd., S. 148f.

101 »Post cito supervenerunt alii nuncii ejusdum regis Bohemiae, inter quos est Magister Cristiannus Brachadiez astronomus dicti regis rector ecclesiae Scti. Michaelis Prage qui asseritur ipsius Huss complex et sibi par aut eo pejor et est arrestatus. De isto asseritur quod novae favendo haeresi eorum, qui in Bohemia docescunt, quod sicut baptismus est de necessitate salutis juxta illud Joh 3tio *Nisi quis creatus fuerit etc.* ita omnibus fidelibus necessarium esse ad salutem sub utraque specie panis videlicet et vini eucharistiae sacramentum suscipere, quia eque praeceptive dicitur Joh 6to *Nisi manducaveritis carnem filii hominis et biberitis ejus sanguinem non habebitis vitam in vobis* et ideo in sua parochia etiam laycis sacramentum eucharistiae admittit sub utraque specie ministrare« (Petrus de Pulka, Epistolae, S. 15).

Wir haben keine Hinweise darauf, ob dies in einer ausgewählten Gruppe oder durch alle anwesenden Gelehrten geschah. Ob es sich bei Peter von Pulkaus *Confutatio* um eine Auftragsarbeit, also ein offizielles »Gutachten« für eine spezielle Kommission oder die *facultas theologica* handelt, kann nicht sicher geklärt werden. Die Formulierung am Schluss des Traktats *maioribusque meis maiora de hac materia reservans* könnte ein Hinweis darauf sein.[102]

1.5.1. Peter von Pulkau, ›Confutatio Iacobi de Misa‹

Im Folgenden soll die *Confutatio* des Pulkauers im Detail besprochen und untersucht werden, inwiefern sich daraus Rückschlüsse auf die Arbeit des Konzils ziehen lassen.[103] Peters Traktat besteht aus drei Teilen. Der erste Teil stellt eine in zwölf *Conclusiones* gegliederte Widerlegung der Argumente für den Laienkelch dar, die der »Pseudoprediger« Jakobell in seiner Schrift *Pius Iesus* entwickelte.[104] In der Tat habe, so Peter, Christus die Eucharistie unter beiden Gestalten eingesetzt und auch selbst so empfangen; diese Art der Kommunion blieb jedoch den Aposteln und ihren Nachfolgern vorbehalten.[105] Zwar dürfe die Kirche die *substantia* des Sakraments – dazu gehören die Materie (d. h. aus Mehl hergestelltes Brot, natürliches Wasser und Wein), die Form (d. h. die festgelegten Worte), der Priester als Spender und dessen rechte Intention – nicht verändern, zweifellos jedoch die *accidentia*. Als Beispiel führt Peter die eucharistische Nüchternheit an, die Christus seinen Jünger vorgeschrieben, die Kirche jedoch aus vernünftiger Eingebung des hl. Geistes abgeändert habe. Auch sei in der Urkirche, basierend auf der Einsetzung durch Christus selbst, gesäuertes Brot verzehrt worden, bis es Häresien notwendig gemacht hatten, diesen Brauch zu ändern. So wie die Farbe des Weines zu den Akzidenzien gehört und von der Kirche geändert werden kann, so auch die Form der Worte, die in lateinischer oder griechischer Sprache gleich gültig seien. Sogar die Bedingungen, die der Spender zu erfüllen habe (etwa, dass er nicht ausgeschlossen, suspendiert oder

---

102 Petrus de PULKA, Confutatio, S. 250; vgl. GIRGENSOHN, Peter von Pulkau, S. 153 mit Anm. 409.

103 Diese Schrift wurde in der Forschung bislang noch nicht eingehend besprochen; den Inhalt referiert kurz LEVY, Interpreting the Intention, S. 178–180. Einen Überblick über die zentralen Argumente in der Debatte gibt GIRGENSOHN, Peter von Pulkau, S. 159–163. – Vgl. außerdem KAEPPELI, Scriptores II, S. 318f., Nr. 2068; STUDT, Papst Martin V., S. 535–537; SOUKUP, Zur Verbreitung, S. 245f.; COUFAL, Polemika o kalich, S. 42–48.

104 Iacobellus de MISA, Pius Iesus. – Jakobell von Mies dürfte diese Schrift Ende 1414 / Anfang 1415 abgefasst haben. Zum historischen Ablauf der Kelchdebatte in Prag vgl. COUFAL, Sub utraque specie, und TRAXLER, Früher Antihussitismus, S. 152–158 (jeweils mit weiterführenden Literaturhinweisen).

105 Petrus de PULKA, Confutatio, S. 222f.

abgesetzt sei) könnten bei entsprechender Notwendigkeit verändert werden. Sollte jemand in diesen akzidentellen Dingen gegen die Vorgaben der Kirche verstoßen, habe dies keinen ungültigen, sondern nur einen unerlaubten Sakramentenempfang zur Folge, der insofern eine Sünde darstelle, als ein Brauch der Kirche übertreten werde.[106] Viele solcher Angelegenheiten habe Christus explizit den Aposteln und ihren Nachfolgern zu regeln überlassen, wie etwa auch den konkreten Ritus eines Sakraments, der nicht Teil der sakramentalen Substanz sei.[107] Die nun bereits so lange gepflegte Gewohnheit der Kirche, den Laien die Eucharistie nur unter der Gestalt des Brotes zu spenden, machte diese für die Gläubigen zu einer verpflichtenden Anordnung. Auch die Gefahr des Verschüttens und eines Mangels an Ehrfurcht wird hier gegen den Laienkelch ins Treffen geführt; ein Argument, das durch die Vorgänge in Böhmen neu in die Debatte eingebracht wurde. Zudem bestünde die Gefahr, bei den Gläubigen könne sich die Vorstellung durchsetzen, dass in jeder der beiden Gestalten nicht der ganze Christus enthalten sei. Grundsätzlich sei die Gewohnheit, die Kommunion nur unter einer Gestalt zu spenden, vergleichbar mit anderen Gewohnheiten, welche für die Gläubigen ebenso verpflichtend wurden, wie etwa die Besiegelung mit dem Kreuzzeichen, die der Canon Missae oft hinzufügte; die Segnung des Taufbrunnens mit Öl, die Salbung der Getauften, die Belehrung der Katechumenen und ähnliche Dinge. Auf diese Weise würde klar, wie gravierend Wyclif irrte und heute seine Nachfolger irren,[108] wenn sie solche Gewohnheiten als menschliche Traditionen bekämpfen, obwohl sie in Wahrheit doch von Gott stammten, der sie durch die Apostel, Evangelien und prophetischen Schriften tradierte. Eine solche Gewohnheit als verderbenbringend zu bezeichnen, sei gänzlich abzulehnen, da eine solche niemals in der ganzen Kirche eingeführt und von allen gleichermaßen ohne Reue oder Widerspruch beachtet werden hätte können. Dies wäre zudem nicht mit dem Versprechen Christi, bis zum Ende der Zeiten mit seinen Gläubigen zu sein, in Einklang zu bringen. Nicht einmal die Größten unter den Gelehrten hätten die Praxis der Kommunion unter einer Gestalt jemals getadelt.[109] So wie der Gläubige, der der Römischen Kirche angehört, gesäuertes Brot zu verzehren habe, so habe der Grieche, der der orientalischen Kirche angehört, ungesäuertes Brot zu verzehren, um nicht gegen den Brauch seiner Kirche zu sündigen. Entscheidend ist somit nicht eine bestimmte und für alle Zeiten und Orte verbindliche Praxis, sondern immer die

---

106 Petrus de PULKA, Confutatio, S. 223–229.
107 Petrus de PULKA, Confutatio, S. 229.
108 Jakobell von Mies übernahm von Wyclif in erster Linie dessen Remanenzlehre, verbunden jedoch mit der Lehre von der Realpräsenz. Den Laienkelch forderte Wyclif nicht. Vgl. dazu GIRGENSOHN, Peter von Pulkau, S. 142–144.
109 Petrus de PULKA, Confutatio, S. 229–234.

Vorschrift der jeweiligen Kirche.[110] Dass alle Gläubigen, wie Jakobell argumentierte, bis zum Tag des jüngsten Gerichts unter beiden Gestalten kommunizieren müssten, sei kein Gesetz Christi und entspräche auch nicht dem Glauben und der Gewohnheit der ganzen Christenheit. Vielmehr könne sowohl vom Spender als auch vom Empfänger die Kelchkommunion der Laien gänzlich ohne Sünde, ja vielmehr verdienstvoll unterlassen werden, da eine Beachtung der lobenswerten Gewohnheiten der Kirche Ausdruck des Gehorsams gegenüber Gott sei.[111] Der hl. Geist inspiriere die Gläubigen, so Peter von Pulkau weiter, damit diese erkennen können, dass die Kommunion unter der Gestalt des Brotes allein ausreiche und heilsam sei; im Gegensatz zur Argumentation Jakobells, demgemäß die Verschlagenheit des Teufels die Herzen beinahe der ganzen Christenheit blende.[112] Die abschließende zwölfte *Conclusio* unternimmt es, die inneren Widersprüche von Jakobells Argumenten aufzuzeigen. Wenn es nämlich, so Peter von Pulkau, für die Laien notwendig wäre, unter beiden Gestalten zu kommunizieren; wenn dies der Glaube aller Christen und ein Gesetz Jesu Christi wäre, dann wäre es nicht möglich, ihre Nichtbeachtung durch Unwissenheit zu entschuldigen, wie Jakobell es getan hatte. In jenen Dingen, die zum Glauben gehören und zum Heil notwendig sind, könne Unwissenheit nicht entschuldigt werden; andernfalls könnte die Sünde des Unglaubens vieler Juden und Heiden ebenfalls durch Unwissenheit entschuldigt werden, ähnlich wie der Unglaube oder andere kleinere Sünden, die von Prälaten oder Bischöfen begangen werden. Wenn also jenen, die die Kommunion unter beiden Gestalten aus Unwissenheit unterlassen, Nachsicht zugestanden würde, wie Jakobell in seiner zehnten Behauptung vorbringt, dann wäre dieses Unterlassen eben nicht immer eine große Sünde oder das Verbrechen der Gottlosigkeit, wie er hingegen in seiner fünften und sechsten Behauptung darlegt. Allein dies mache bereits, so der Pulkauer, die Widersprüche der Behauptungen Jakobells offenkundig.[113]

Im zweiten Teil des Traktats, der einen Einschub zur aktuellen Situation in Böhmen darstellt, übt Peter von Pulkau scharfe Kritik an der Nichtigkeit und Überheblichkeit der Argumentation Jakobells. Nichtig sei sie deshalb, weil er, angeblich die Frömmigkeit und Liebe fördernd, genau gegen diese ankämpfe und den vermeintlich Irrenden vorspiele, Mitleid mit deren irrenden Herzen zu haben. Mit schmeichelnder Zunge schicke er so die Rechtgläubigen in den Irrtum.[114] Jakobell empfehle den Katholiken seine »Wahrheiten« und schwachen Beweise so, als würde es sich dabei um mathematische Beweise handeln; manche Argumente interpretiere er gänzlich entgegen ihrer eigentlichen Intention.

---

110 Petrus de PULKA, Confutatio, S. 234.
111 Petrus de PULKA, Confutatio, S. 235 f.
112 Petrus de PULKA, Confutatio, S. 236.
113 Petrus de PULKA, Confutatio, S. 236 f.
114 Petrus de PULKA, Confutatio, S. 237.

Überdies mache sich Jakobells überaus große Überheblichkeit dadurch bemerkbar, dass er alle modernen Lehrer der Kirche als erleuchtet und heilig einstufe. Am überheblichsten jedoch sei sein Standpunkt, der Kirche habe es während der ganzen Zeit ihres Bestehens am Heilsnotwendigen gemangelt, und er selbst betrachte sich als gebildeter als die evangelischen und apostolischen Schriften. So unverschämt sei Jakobell gewesen, dass er selbst und auch andere nicht nur den Gesunden in der Kirche, sondern auch den Kranken in ihren Häusern die Eucharistie unter beiden Gestalten spendeten. Der Transport des Weines zu den Kranken widerspreche dem Kommunionritus, da dies für gewöhnlich nicht vonstatten gehen könne, ohne die Eucharistie der Gefahr des Verschüttens oder mangelnder Ehrfurcht auszusetzen, etwa durch die Verwendung ungewöhnlicher Gefäße. Auf welche Weise sollte denn ein Priester auf einem glatten Weg, sei es zu Fuß oder zu Pferd, den Wein ohne Verschütten transportieren, wenn nicht in einer Flasche, die mit einem Trichter gefüllt werden musste? Wie könne sichergestellt werden, dass in solchen Gefäßen keine Reste des konsekrierten Weines zurückbleiben, und wer habe überhaupt jemals von einem derartigen Gefäß gehört?[115]

Der dritte Teil des Traktats geht nun daran, die von Jakobell vorgebrachten Autoritäten aus der hl. Schrift, den Kirchenvätern und zeitgenössischen Theologen zu entkräften. Zwar habe Christus in Mt 26, Mk 14 und Lk 22 in der Tat den Jüngern die Kommunion unter beiden Gestalten gespendet, allerdings habe er nicht angeordnet, dass dies bis zum Ende der Zeiten für alle Menschen gelte.[116] Zu Joh 6,54, der zentralen Autorität in dieser Debatte, hält Peter von Pulkau fest, dass *communio* hier keineswegs als tatsächliche Kommunion, sondern als Gemeinschaft Christi und seiner Glieder – also als prädestinierte, gerufene, gerechtfertigte und verherrlichte Kirche – und damit als geistliche Kommunion zu verstehen sei. Dabei gehe es um jene, die durch die Liebe Christus und seiner Kirche inkorporiert werden, weil durch die Rechtfertigung den Gliedern Christi und der Kirche Gnade gewirkt werde; oder aber um jene, die bereits Teil der Kirche Christi sind, durch diesen Zuwachs der Gnade jedoch Christus ähnlicher werden. Zunächst sei hier ein genauerer Blick auf die *res sacramenti* bei Taufe und Eucharistie notwendig. Die *res baptismi* sei die Vergebung der Sünden durch die Gnade der Wiedergeburt; die *res eucharistiae* hingegen sei eine zweifache: zum einen Leib und Blut Christi in den Gestalten von Brot und Wein, und zum anderen die Gemeinschaft des Leibes Christi und seiner Glieder. Zwischen der erstgenannten und der zweitgenannten *res eucharistiae* bestehe nun ein entscheidender Unterschied. So wie ohne die Gnade, mit dem Leib Christi und seinen Gliedern verbunden zu sein (also die zweite *res eucharistiae*),

---

115 Petrus de PULKA, Confutatio, S. 237–239.
116 Petrus de PULKA, Confutatio, S. 239.

niemand das Leben in sich habe, so werde ohne die vergebende Gnade niemand von der Sünde reingewaschen (*res baptismi*) und könne so in das Reich Gottes eingehen. Die erste *res eucharistiae* hingegen, nämlich die unter den Gestalten von Brot und Wein tatsächlich empfangene, sei nicht in gleicher Weise notwendig. Weiters sei zu beachten, dass das Sakrament der Taufe für alle heilsnotwendig sei, so dass, wenn es jemand nicht tatsächlich oder wenigstens dem Wunsch nach empfange (Begierdetaufe), auch die Sünden des Betreffenden nicht abgewaschen werden. Aus diesem Grund seien auch die ungetauft verstorbenen Kinder auf ewig verdammt. Während die Taufe also für alle ein notwendiges Sakrament sei, sei das Sakrament der Eucharistie nur für Erwachsene notwendig, die über ausreichenden Vernunftgebrauch verfügen, um ihm die nötige Verehrung entgegenzubringen. Auch getaufte Kinder, die zu ausreichendem Vernunftgebrauch fähig sind, begehen keine Todsünde und können gerettet werden, sollten sie vom tatsächlichen Empfang der Eucharistie in irgendeiner Weise behindert werden. Dennoch sei es dem Erwachsenen nicht gestattet, den Empfang der Eucharistie zu jenen Zeiten zu verweigern, die von der Kirche festgesetzt seien, oder auch in der Situation unmittelbarer Todesgefahr. Wer es in diesen Fällen unterlasse, tatsächlich oder wenigstens willentlich zu kommunizieren, der begehe hingegen eine Todsünde. Dies ziehe nun aber nicht die Notwendigkeit nach sich, unter beiden Gestalten zu kommunizieren, da jede der beiden Gestalten auch die jeweils andere enthalte.[117] – Zu 1 Kor 11 verweist Peter von Pulkau darauf, dass es zur Zeit des Apostels Paulus gewiss üblich gewesen sei, unter beiden Gestalten zu kommunizieren, dass jedoch kein Gebot des Herrn bestünde, diese Praxis bis zum Tag des Gerichts beizubehalten. Dem Argument Jakobells, dass besagter Brief an alle Korinther geschrieben und somit nicht nur an die Priester gerichtet gewesen sei, stimmt der Pulkauer zu; allein die Konsequenz, daraus eine allgemeine Verpflichtung der ganzen Kirche abzuleiten, sei nicht gerechtfertigt. So gelte etwa die Stelle 1 Kor 7,2f. (»Ein jeder soll seine Frau haben, und eine jede Frau soll ihren Mann haben. Der Mann soll seine Pflicht gegenüber der Frau erfüllen, und ähnlich die Frau gegenüber dem Mann«) auch nicht für jene, die Enthaltsamkeit gelobt haben oder nicht verheiratet seien.[118] – Auf die Distinctio *Comperimus* des Kanon *De consecratione*[119] antwortet Peter mit der Glosse und Thomas von Aquin, dass zwar Brot und Wein vom Priester konsekriert, allerdings nicht beide Gestalten von den Gläubigen kommuniziert werden müssten.[120] – Auch die Autorität Bernhards von Clairvaux,[121] der laut Jakobell ebenso meinte, Christus habe mit seiner Aufforde-

---

117 Petrus de PULKA, Confutatio, S. 239–244.
118 Petrus de PULKA, Confutatio, S. 245.
119 Decretum Gratiani, d. 2, c. 12 *De cons.*, ed. FRIEDBERG I, S. 1318.
120 Petrus de PULKA, Confutatio, S. 245f.
121 (Ps.)-Bernhardus CLARAEVALLENSIS, Sermo de excellentia, S. 983f.

rung in 1 Kor 11,24 (»Tut dies zu meinem Gedächtnis«) ein Gebot erlassen, sei auf die Priester und nicht auf die Laien zu beziehen, da sonst auch die Laien konsekrieren könnten, was jedoch häretisch sei. Dass Bernhard diese Stelle nicht auf die Laien bezogen habe, werde schon daraus ersichtlich, dass auch heute im Orden der Zisterzienser alle nur unter der Gestalt des Brotes kommunizieren (mit Ausnahme jener, die am Altar in heiligen Kleidern dienen).[122] – Genauso referiere Jakobell die Autorität Cyprians[123] falsch, wenn er behaupte, dass dieser jene Bischöfe kritisiere, die den Laien den Kelch nicht reichten; in Wirklichkeit sei an besagter Stelle von Fehlern bei der Konsekration die Rede, die aus der Unwissenheit oder Einfalt gewisser Bischöfe resultieren. Zwar sei es wahr, dass es, wie Jakobell unter Berufung auf Cyprian[124] vortrage, nicht erlaubt sei, das geringste von den Geboten des Herrn zu verletzen, geschweige denn so bedeutende Gebote, die mit dem Sakrament des Leidens des Herrn und unserer Erlösung zusammenhingen. Die lobenswerte Gewohnheit der Kirche sei jedoch größer als die Autorität des Petrus oder jedes anderen Apostels.[125] Hier nimmt Peter von Pulkau eine konziliaristische Position ein, ohne jedoch grundsätzliche ekklesiologische Überlegungen anzustellen. – Zur Autorität des Ambrosius[126] erläutert Peter, dass die »Arznei des Blutes« auch unter der Gestalt des Brotes wahrhaft kommuniziert werde, da sowohl der Leib als auch das Blut Christi für das Heil des ganzen Menschen am Kreuz hingegeben wurde und nach wie vor am Altar dargebracht wird. Diese *significatio* und *repraesentatio* vollziehen sich aber durch die Darbringung der Priester, nicht durch die Kommunion der Laien.[127] – Dass Albert der Große[128] die Kommunion unter einer Gestalt angeklagt habe, stelle Jakobell wiederum falsch dar; im Gegenteil habe Albert mit Blick auf jene Länder, in denen es keinen Wein gibt, erläutert, dass die Kirche in solchen Fällen sehr wohl anordnen könne, dass die Gestalt des Brotes ausreichend sei.[129] – Auf die von Jakobell herangezogenen Autoritäten des Augustinus, Gregor und Hieronymus[130] erwidert der Pulkauer, dass das Blut Christi sowohl in den Venen, als auch im Leib Christi enthalten sei. Auch wenn zur Zeit der

---

122 Petrus de PULKA, Confutatio, S. 246.
123 Cyprianus CARTHAGINENSIS, Ep. 63, c. 1, S. 701.
124 Cyprianus CARTHAGINENSIS, Ep. 63, c. 14, S. 713.
125 Petrus de PULKA, Confutatio, S. 246–248.
126 Ambrosius MEDIOLANENSIS (dub.), De sacramentis, 4, 6, 28, S. 58; vgl. Decretum Gratiani, d. 2, c. 14 *De cons.*, ed. FRIEDBERG I, S. 1319.
127 Petrus de PULKA, Confutatio, S. 248.
128 Albertus MAGNUS, De corpore Domini, d. 6, tr. 4, c. 2,15, S. 136f.
129 Petrus de PULKA, Confutatio, S. 248.
130 Lanfrancus CANTUARIENSIS, De corpore et sanguine, c. 13, S. 423; im Decretum Gratiani (d. 2, c. 37 *De cons.*) ist diese Stelle Augustinus zugeschrieben (vgl. GIRGENSOHN, Peter von Pulkau, S. 249, Anm. 193). – Gregorius MAGNUS, Dialog., lib. 4, c. 60. – Sophronius Eusebius HIERONYMUS, In Sophon., S. 1375.

Urkirche oder der genannten Väter die Eucharistie unter beiden Gestalten gespendet wurde, hatte die Kirche doch das Recht, diesen Ritus später abzuändern.
Und auch die Autorität des hl. Cyprian[131] habe in ihrem ursprünglichen Kontext
eine ganz andere Bedeutung als jene, die ihr Jakobell zu unterschieben versuche:
So spreche Cyprian dort von dem Missstand, auf die Mischung von Wasser und
Wein zu verzichten, und nicht von der Praxis, nur unter der Gestalt des Brotes zu
kommunizieren.[132]

1.5.2. Einordnung und Interpretation

Peter von Pulkau sammelte in seiner *Confutatio* bereits alle Argumente, die für
die Kelchdebatte der folgenden Jahre maßgeblich werden sollten. Ausgehend
vom Zugeständnis, dass in der Urkirche die Kommunion unter beiden Gestalten
gespendet wurde, liegt sein Fokus darauf, aufzuzeigen, dass daraus keine immerwährende Verpflichtung abgeleitet werden kann und die Kirche diesen
Brauch vernünftigerweise abzuändern berechtigt war. Peters *Confutatio* ist nicht
nur inhaltlich, sondern auch in Stil und Ton direkt und polemisch gegen den
»Pseudoprediger« Jakobell gerichtet. Dies wird besonders am Einschub zur
aktuellen Situation in Böhmen deutlich, wo Peter Jakobells überhebliche Argumentation und falsche Sorge um die Gläubigen scharf kritisiert. Jakobell
präsentiere seine Argumente als unumstößliche Beweise, um die Gläubigen zu
beeindrucken, und schrecke dabei nicht davor zurück, Autoritäten sinnent-
stellend darzustellen. Pulkau widerlegt somit nicht nur Jakobells Argumente,
sondern weist auch die Mängel in dessen Argumentations- und Vorgangsweise
auf. Daneben kritisiert er die böhmische Praxis, die Kommunion zu den
Kranken zu transportieren; entsprechende Gerüchte hatten sich spätestens seit
Mai 1415 auf dem Konzil verbreitet.[133] Im Zentrum seiner Argumentation steht
die fundamentale Rolle der Kirche und ihrer Gewohnheit. Die Kirche, verstanden als Gemeinschaft Christi und seiner Glieder, ist für Peter die entscheidende
Größe. Daraus resultiert die Verbindlichkeit ihrer Gewohnheit, die für alle
Gläubigen als Richtschnur zu gelten habe. Der Pulkauer forciert den Aspekt,
dass jeglicher Ungehorsam gegen eine vernünftigerweise von der Kirche eingeführte und somit vom hl. Geist intendierte Gewohnheit eine schwere Sünde
darstelle. Er unternimmt jedoch keine Versuche, die Rolle der Römischen Kirche
besonders zu betonen; so wie die katholischen Gläubigen der Römischen Kirche
gegenüber zu Gehorsam verpflichtet seien, so gelte dasselbe genauso für die

---

131 Cyprianus CARTHAGINENSIS, Ep. 63, c. 17, S. 714f.
132 Petrus de PULKA, Confutatio, S. 249f.
133 Vgl. GIRGENSOHN, Peter von Pulkau, S. 151.

Griechen, die – auch wenn ihre Bräuche von denen der Römischen Kirche abweichen – nur ihrer Kirche Gehorsam schulden und sich schuldig machen würden, würden sie die römischen Vorschriften befolgen. Entscheidend sind somit immer die Vorgaben der eigenen Kirche, die als höchste Instanz und Richtschnur gilt. Diese starke Betonung der Verbindlichkeit der Bräuche der verschiedenen Rituskirchen findet sich bereits im dritten Teil der *Summa* des Thomas von Aquin.[134] Die Autorität der Kirche resultiert für Pulkau nicht aus einem höchsten Haupt, sondern aus der direkten, realisierten Gemeinschaft Christi und seiner Glieder. Im Gegenteil überrage die Gewohnheit der Kirche die Autorität des Petrus oder jedes anderen Apostels (eine nachvollziehbare Argumentation angesichts der Tatsache, dass in Konstanz parallel zur Abfassung dieser Schrift die Suspension und Absetzung Johannes' XXIII. vorbereitet wurden).[135] Auf diese Weise bindet der Pulkauer eine konziliaristische Kirchentheorie in seine Argumentation ein, der gemäß die *ecclesia universalis* immer mehr und größer ist als der Papst. Das Dekret *Haec sancta* identifizierte die *ecclesia universalis* mit dem Konzil. Peter von Pulkau unterlässt es jedoch, dessen Rolle und Autorität zu thematisieren. Es geht ihm nicht darum, das Vorgehen des Konzils gegen den Laienkelch zu rechtfertigen, das Verhältnis zwischen Universalkirche und Konzil zu reflektieren oder gar einen konziliaristischen Standpunkt zu verteidigen.

Was lässt sich daraus zur Auseinandersetzung des Konzils mit dem Laienkelch erheben? Seit April oder Mai wurden Stimmen laut, sich mit dem Thema des Laienkelchs zu befassen. Inhalt der Beschwerden, die vor dem Konzil erhoben wurden, war die böhmische Praxis; konkret, dass dort der Kelch bereits gespendet und in Flaschen zu den Kranken transportiert werde. Mitte Mai 1415 forderte Guiraud du Puy, Bischof von Carcassone, vom Konzil eine verbindliche Entscheidung, ob derartige Dinge erlaubt seien oder nicht. Unmittelbar danach dürfte Peter von Pulkau mit der Abfassung seiner Stellungnahme begonnen haben. Zeit für ausführliche Beratungen der Theologen scheint davor kaum gewesen zu sein, zumal das Thema eher unerwartet auf die Agenden des Konzils gelangt sein dürfte. Auch trägt Peters Schrift nicht den Charakter einer »offiziellen« Stellungnahme namens des Konzils, sondern scheint vielmehr eine erste, intensive Beschäftigung mit der neuen böhmischen Lehre zu sein. In der Einleitung der Schrift richtet er sich direkt an Jakobell und dessen Irrtümer, der mit seiner neuen, ungesunden Lehre die Einfachen und weniger gebildeten Priester

---

134 Thomas de Aquino, STh, III, q. 74 a. 4 c., S. 441: »Sicut peccat sacerdos in ecclesia Latinorum celebrans de pane fermentato, ita peccaret presbyter graecus in ecclesia Graecorum celebrans de azymo pane, quasi pervertens Ecclesiae suae ritum.« Vgl. Avvakumov, Die Entstehung des Unionsgedankens, bes. S. 368–371.

135 Girgensohn, Peter von Pulkau, S. 150.

(*simplices et minus litterati presbyteri*)[136] gefährde. Peter wolle in seiner Schrift darlegen, was sich bei aufmerksamer Prüfung dieser neuen Lehre ergeben habe, um die Falschheit dieser »waghalsigen Behauptungen« aufzuzeigen. Peter von Pulkau scheint somit – von wem konkret, wissen wir nicht – bestimmt worden zu sein, Jakobells Schrift *Pius Iesus* zu sichten und zu kommentieren. Vermutlich trug er seinen Traktat dem damit befassten Gremium vor. Eine Debatte dürfte frühestens während der Abfassung dieser Schrift, vielleicht auch erst nach ihrem Vortrag auf dem Konzil begonnen haben.[137] Möglicherweise wurde den versammelten Theologen durch Peters Ausführungen die Sprengkraft und Problematik der Kelchforderung bewusst; die folgenden Entwicklungen verliefen überaus rasch. Gerson jedenfalls verwies auf *multi congressus et frequentes deliberationes* im Vorfeld des Kelchverbots vom 15. Juni.[138] Wie intensiv diese Debatten gewesen sein müssen, zeigt schon die Tatsache, dass binnen zwei Wochen, nachdem Peter seine *Confutatio* beendet hatte, die versammelten Theologen nicht nur ihre *Conclusiones* formulierten, sondern das Konzil auch das Dekret *Cum in nonnullis* verabschiedete – angesichts der Tatsache, dass das Thema erst einen Monat zuvor virulent wurde, eine äußerst rasche Zuspitzung! Die *Conclusiones* scheinen in der Tat ein Gemeinschaftswerk der Theologen

---

136 Petrus de PULKA, Confutatio, S. 219.

137 Dafür spricht auch der Umstand, dass Peter von Pulkau die erste Fassung seines Traktats geringfügig überarbeitete und am Ende der Schrift nachträglich den Hinweis »Anno Domini 1415 Constantie, dum ibi materia in generali concilio tractaretur« ergänzte (Petrus de PULKA, Confutatio, S. 250). Die Überarbeitung geschah womöglich erst nach dem Vortrag der »Rohfassung«, von der eine Abschrift angefertigt wurde (CVP 4922, fol. 144r–151r; vgl. GIRGENSOHN, Peter von Pulkau, S. 207–211).

138 HARDT IV, S. 331; vgl. GIRGENSOHN, Peter von Pulkau, S. 152f. – In jüngster Zeit wurde die besondere Rolle d'Aillys und Gersons in der Kelchdebatte 1415 hervorgehoben und die These aufgestellt, dass hier bereits eine intensive Zusammenarbeit der Pariser und Wiener Theologen vorliegen könnte; so COUFAL, Polemika o kalich, S. 48: »Při formulaci dekretu nelze ovšem přehlédnout ani ideový podíl vídeňského teologa Petra z Pulky. Můžeme za vyhotovením dekretu proti kalichu spatřovat především kooperaci pařížských a vídeňských teologů? Do budoucna bude mít vzájemná a nápadná spolupráce zástupců obou univerzit ve věci husitské hereze nemalý význam.« [»Können wir bei der Ausarbeitung des Dekrets gegen den Kelch vor allem die Zusammenarbeit von Pariser und Wiener Theologen sehen? Später wird eine herausragende gegenseitige Zusammenarbeit von Vertretern beider Universitäten in Bezug auf die hussitische Ketzerei erhebliche Bedeutung erlangen.«]. Coufal weist hier allerdings auch bereits darauf hin, dass unklar ist, woher Gerson seine Informationen über die zahlreichen Beratungen im Vorfeld des Kelchdekrets bezog (die Kenntnis an sich impliziert nicht automatisch eine Beteiligung). – Grundsätzlich ist hier Zurückhaltung geboten: zum einen dürfte d'Ailly als Verfasser der *Conclusiones* nicht länger haltbar sein (vgl. TRAXLER, Früher Antihussitismus, S. 153, Anm. 101), zum anderen ist die Quellenbasis schlichtweg zu schmal, um die Beteiligung der Pariser und Wiener Theologen verlässlich einordnen und gewichten zu können (dass in den äußerst spärlichen Hinweisen nur Pariser und Wiener Theologen genannt werden – und auch diese nur indirekt –, ist zuallererst Resultat fehlender weiterer Quellen).

gewesen zu sein,[139] da sie kritisch aus den Argumenten, die Peter von Pulkau bot, auswählten, die Autoritätszitate überprüften und gelegentlich ergänzten sowie in eine knappe, übersichtliche Form brachten. Die charakteristischste Änderung der *Confutatio* ist ihr Bemühen, die Gegner als Häretiker zu qualifizieren und ihre Bestrafung zu unterstützen.[140] Das Problembewusstsein der Konzilstheologen scheint sich somit binnen kurzer Zeit eklatant vertieft zu haben. Während sich die Beschäftigung mit den Häretikern Wyclif und Hus über Monate erstreckte, wurde die böhmische Praxis des Laienkelchs innerhalb eines Monats von einem Randthema zu einer per Konzilsdekret verbotenen Häresie (noch bevor der Prozess gegen Hus zum Abschluss gekommen war).

Die Frage, warum Peter von Pulkau für diese Aufgabe ausgewählt wurde, kann nicht endgültig geklärt werden. Dass der Pulkauer bereits am 7. Februar 1415 – unmittelbar, nachdem die Schrift *Pius Iesus* nach Konstanz gebracht worden sein dürfte – in einem Brief an die Wiener Universität von der gefährlichen neuen Lehre der Heilsnotwendigkeit des Laienkelchs berichtete, deutet darauf hin, dass er sich bereits länger mit dem Thema befasst hatte, als es auf dem Konzil virulent wurde. Darüber hinaus waren die Gelehrten zeitgleich nicht nur mit der Vorbereitung der Absetzung Johannes' XXIII. beschäftigt, sondern auch mit dem Prozess gegen Hus.[141] Möglicherweise war seine Beauftragung das Resultat seines Interesses und seiner zeitlichen Verfügbarkeit.

1.6. Der Prozess gegen Hieronymus von Prag (April 1415 bis Mai 1416)

Die Auseinandersetzung des Konzils mit Hus und den Hussiten war mit der Verurteilung des Kelches erst eröffnet. Am 26. Juli 1415 sandte das Konzil die Bulle *Magnum temporis infortunium*[142] an den böhmischen Adel. Neben einer

---

139 Gerson verweist auf *Auctoritates* der Theologen gegen den Laienkelch, die »fuerunt sufficienter allegatae in hoc sacro concilio ante damnationem praedicti« (HARDT III, S. 776).

140 GIRGENSOHN, Peter von Pulkau, S. 214. Die *Confutatio* forciert dies in einer eigenen *Conclusio*: »Sexta Conclusio: Pertinaciter asserentes oppositum praemissorum, censendi sunt haeretici, et tanquam tales arcendi et puniendi« (Conclusiones doctorum, S. 588). – »Sexta Conclusio patet per hoc, quod ille, qui se pertinaciter opponit contra generalem, laudabilem, expedientem, et per doctores nullo contradicente approbatum ritum, ministrationem sacramenti concernentem, merito debet haberi pro suspecto de haeresi. Itaque novarum opinionum contra laudabiles mores Ecclesiae inventor vel sectator, tanquam talis arcendus et puniendus, et Praelati, si sunt ista dissimulantes, sunt multum arguendi« (Conclusiones doctorum, S. 590).

141 Am 18. Mai begab sich etwa d'Ailly mit je zwei Vertretern der vier Nationen nach Schloss Gottlieben, um Hus in seinem Gefängnis aufzusuchen.

142 ERŠIL, Acta II, S. 599–601, Nr. 1073.

Information über die Hinrichtung des Jan Hus enthielt diese Bulle die Aufforderung, gegen die in Böhmen grassierende hussitisch-wyclifitische Propaganda
vorzugehen, die durch den Tod Hussens angefacht worden war. Die Reaktion der
Böhmen ließ nicht lange auf sich warten. In einem Schreiben vom 2. September,
das wohl von Jan von Jesenice formuliert wurde, brachte der Adel *in pleno
concilio magnatum, baronum, procerum et nobilium* Böhmens und Mährens
seinen Protest gegen die Verurteilung und Hinrichtung des Hus und – eine irrige
Annahme – des Hieronymus zum Ausdruck.[143]

Hieronymus von Prag[144] hielt sich bereits seit dem 4. April 1415 in Konstanz
auf; dem Bericht des Peter von Mladoňovice[145] zufolge hatten ihn die Vorwürfe
gegen Hus und die damit zusammenhängende Verteidigung der Ehre Böhmens
bewogen, an den Bodensee zu reisen. Das Vorgehen gegen Hus und die zunehmende Kritik an seiner Person führten jedoch zu einem raschen Rückzug nach
Überlingen, von wo aus er in mehreren Briefen an Sigismund und das Konzil
Geleitbriefe erbat, um dem Konzil seine Sache darlegen zu können. Weder der
König, noch das Konzil kamen diesem Wunsch nach. Die daraufhin angetretene
Heimreise des Hieronymus wurde von den böhmischen Gegnern des Hus –
darunter Michael de Causis und Stephan Paleč – unterbrochen, die Hieronymus
vor das Konzil zitierten.[146] Unmittelbar nachdem Hieronymus am 4. April
erstmals in Konstanz erschienen war, wurde eine Untersuchungskommission
eingesetzt (unter anderem bestehend aus den beiden Konzilspromotoren
Heinrich von Piro und Johannes Scribanis, die gleichzeitig die führenden Ankläger im Prozess gegen Johannes XXIII. waren). Schon am 18. April hatten sie
eine große Gruppe von Zeugen verhört, darunter Michael von Brod, die alle
bezeugten, Hieronymus hätte die Liturgie gestört und die Öffentlichkeit zu

---

143 Zu den im Folgenden beschriebenen Ereignissen vgl. BRANDMÜLLER, Das Konzil von
     Konstanz, Bd. 1, S. 115–139.
144 Zu Hieronymus von Prag vgl. ŠMAHEL, Život a dílo; ŠMAHEL, Jeroným Pražský; ŠMAHEL,
     Leben und Werk; BETTS, Jerome of Prague; BERNARD, Jerome of Prague; WATKINS, The
     Death of Jerome. Die ertragreichsten, jedoch auch voreingenommenen Quellen zum Leben
     des Hieronymus sind die Akten des Wiener und Konstanzer Prozesses, wobei die amtlichen
     Akten zum Konstanzer Prozess weder vollständig noch unverderbt sind (ŠMAHEL, Leben
     und Werk, S. 83).
145 FRB VIII, S. 340.
146 MANSI 27, S. 611; Petrus de PULKA, Epistolae, S. 18f. Die ausführlichste Darstellung zum
     Konstanzer Prozess gegen Hieronymus findet sich in BARTOŠ, Kostnický proces, sowie in
     BARTOŠ, Husitská revoluce, Bd. 1, S. 25ff.; vgl. darüber hinaus die oben in Anm. 144 ge-
     nannte Literatur. – Eine deutschsprachige Darstellung des Prozesses gegen Hieronymus
     bietet BRANDMÜLLER, Das Konzil von Konstanz, Bd. 2, S. 115–139, der sich dabei (wie auch
     im Kapitel zum Prozess gegen Wyclif und Hus) allerdings stark auf die narrativen Quellen
     (v. a. den Bericht des Peter von Mladoňovice) stützt, ohne den Charakter dieses Genus
     kritisch zu thematisieren (dazu schon FRENKEN, Die Erforschung, S. 400–417, hier bes.
     S. 412f. mit Anm. 100). Die gebotenen Daten sind korrekt, allerdings nicht ganz vollständig
     und werden im Folgenden aus den Quellen ergänzt.

Gewalt angestachelt.[147] In der Generalsession vom 4. Mai wurde Hieronymus wegen seines hartnäckigen Fernbleibens vom Konzil verurteilt.[148] In Hirsau gefangengesetzt,[149] erreichte er Konstanz schließlich am 23. Mai 1415 als Gefangener. Unmittelbar nach seiner Ankunft wurde er vor dem Hauptausschuss mit Vorwürfen diverser Universitätsmagister konfrontiert, die er im Zuge seiner *peregrinatio academica* gegen sich aufgebracht hatte.[150] Unter diesen können Johannes Gerson, Dietrich Kerkering aus Köln und ein Heidelberger Gelehrter identifiziert werden, die ihm seine Äußerungen über die Universalien und Ideen (Paris) bzw. die Trinität (Heidelberg) vorwarfen.[151] Diesem Verhör folgten zwei Tage Haft. Am 11. Juli wusste Bischof Johannes von Leitomischl König Wenzel brieflich zu berichten, dass der Prozess gegen Hieronymus gerade vorbereitet werde. Kardinal d'Ailly sei der Vorsitzende einer Kommission, die zur Sammlung von Anklageartikeln gegen Hieronymus gebildet worden sei.[152] In der Tat wurden in der Angelegenheit die Kardinäle Pierre d'Ailly, Giordano Orsini, Antonio Panciera und Francesco Zabarella als Untersuchungsrichter bestimmt. Peter von Pulkau informiert seine Universität am 23. Juli über ein Verhör des Hieronymus, das am 19. Juli stattgefunden hatte.[153] Er wisse nicht, so Peter in einem weiteren Brief vom 24. August 1415, wie es mit Hieronymus nun weitergehen werde; dieser sei nicht bereit, einen Irrtum einzugestehen, und verspreche zudem, sich ganz dem Urteil des Konzils – auch über Wyclif und Hus – zu unterwerfen. Peter sah keine gravierenden Sachverhaltspunkte, abgesehen von dem Umstand, dass Hieronymus zugegeben habe, dass die Exkommunikation durch den Passauer Provinzial nach wie vor andauere und dass er nur von einem einfachen Priester in Prag um Absolution gebeten habe.[154]

Mehreren Verhören und Disputationen folgte schließlich am 11. September

---

147 HARDT IV, S. 146ff.; vgl. WATKINS, The Death of Jerome, S. 111.
148 Petrus de PULKA, Epistolae, S. 22.
149 Petrus de PULKA, Epistolae, S. 20.
150 BRANDMÜLLER, Das Konzil von Konstanz, Bd. 1, S. 120.
151 FRB VIII, S. 342f. – HEROLD, Magister Hieronymus weist darauf hin, dass der namentlich nicht genannte Kölner Magister mit Kerkering zu identifizieren ist, da dieser zu jener Zeit der einzige Vertreter der Universität Köln auf dem Konzil war (HEROLD, Magister Hieronymus, S. 259, Anm. 17 mit Verweis auf KEUSSEN, Die alte Universität Köln, S. 62).
152 PALACKÝ, Documenta, S. 563; vgl. BETTS, Jerome of Prague, S. 224.
153 Petrus de PULKA, Epistolae, S. 24.
154 »De Jeronymo nescio quid futurum sit; ipse nullam fatetur errorem, et promittit se velle stare determinationi concilii in omnibus, etiam quoad dampnationem articulorum et personarum Iohannis Wykleff et Iohannis Huss; non video adhuc contra ipsum gravius, nisi quod in excommunicatione d. officialis Patav. hucusque se perdurasse confessus est nec petivisse absolutionem nisi a quodam plebano in Praga, qui sibi suaserit ut pro absolutione laboraret, et sic ipsum absolverit sibique eucaristie sacramentum ministraverit. Negat se jurasse sed solum simplici verbo promisisse, quod non recederet etc. Attamen puto, quod omnes qui affuimus testati simus concorditer veritatem« (Petrus de PULKA, Epistolae, S. 29 mit Korrekturen von GIRGENSOHN, Peter von Pulkau, S. 183).

1415 der Widerruf des Hieronymus, den dieser in einer Kongregation der vier Nationen verlas.[155] Darin brandmarkte er die 45 Wyclifschen Artikel als häretisch und stimmte mit der rechtmäßigen Verurteilung Wyclifs überein. Auch die 30 Artikel des Hus, die er nunmehr einsehen hätte können, seien zu Recht verurteilt worden. In der neunzehnten Generalsession des Konzils am 23. September 1415 hatte Hieronymus seinen Widerruf öffentlichkeitswirksam zu wiederholen.[156] Peter von Pulkau sandte den Widerruf des Hieronymus am nächsten Tag an die Wiener Universität, da es nicht schade, sondern vielmehr nütze, wenn dieser bekannt werde.[157] In derselben Sitzung ernannte das Konzil den bereits bekannten Jean de la Rochetaillée sowie Bischof Jean d'Achery von Senlis zu Richtern in allen Fällen der böhmischen Häresie (ein sprechendes Beispiel dafür, wie sich die unterschiedlichen Ebenen der Auseinandersetzung und die zahlreichen Kommissionen überschnitten). In einem Brief vom 26. September 1415 wusste Peter von Pulkau davon zu berichten, dass einige Konzilsteilnehmer trotz seines Widerrufs an der Aufrichtigkeit des Hieronymus zweifelten.[158] In der Tat war die Angelegenheit damit noch nicht beendet. Bereits am 9. Dezember drängte die deutsche Nation darauf, den Fall des Hieronymus erneut zu verhandeln und zu einem endgültigen Abschluss zu bringen.[159] Schon am 24. Februar 1416 wurden die beauftragten Untersuchungsrichter – deren Aufgabe es war, Beweise gegen Hieronymus zu sammeln – durch Jean de la Rochetaillée (*doctor in utroque*) und Nikolaus von Dinkelsbühl ersetzt.[160] Peter von Mladoňovice berichtet von Bestechungsvorwürfen an die ursprünglichen Untersuchungsrichter, die sich von Prager Freunden des Hieronymus – oder König Wenzel selbst – beeinflussen lassen hätten, wodurch dieser Wechsel notwendig wurde.[161] Nikolaus von Dinkelsbühl war somit ursprünglich für diese Aufgabe nicht vorgesehen, sondern rückte als »Ersatzkandidat« nach.

Am 27. April 1416 waren die Vorarbeiten der Untersuchungsrichter so weit fortgeschritten, dass sich die Generalkongregation wieder mit dem Verfahren gegen Hieronymus befassen konnte. Rochetaillée informierte die vier Nationen über den aktuellen Verfahrensstand, während der Franziskanermagister Johannes de Rocca die Anklageartikel gegen Hieronymus verlas. Die in den

---

155 Petrus de PULKA, Epistolae, S. 31.
156 MANSI 27, S. 791–793; ACC II, S. 50f.
157 »Item transmitto per presentis exhibitorem scilicet professum ordinis s. Benedicti copiam professionis Jeronymi apertam, quia non nocet ymo verius prodest si aliis quibuslibet innotescat« (Petrus de PULKA, Epistolae, S. 33 mit Korrekturen von GIRGENSOHN, Peter von Pulkau, S. 183).
158 Petrus de PULKA, Epistolae, S. 31.
159 HARDT IV, S. 556; vgl. BETTS, Jerome of Prague, S. 227.
160 MANSI 27, S. 837; HARDT IV, S. 616.
161 FRB VIII, S. 345.

Konzilsakten gesammelten Artikel[162] gliedern sich in zwei Teile: der erste, 21 Artikel umfassende Teil bietet eine Kritik daran, dass Hieronymus Wyclifs Schriften als rechtgläubig verteidigt und verbreitet habe, obwohl deren häretischer Charakter bereits nachgewiesen worden war. Dies habe er auch nicht unterlassen, nachdem das Römische Konzil 1412 Wyclifs Artikel verurteilt habe; so wie er es bereits im Jänner 1409 in einem Prager Quodlibet getan hatte. Auch aus Ungarn sei er vertrieben worden und danach im Dezember (richtig: Mitte August) 1410 nach Wien gekommen.[163] Dort sei er wegen des üblen Gerüchts der Häresie, mit dem er beschmutzt wurde, arretiert worden. In Gegenwart vieler Doktoren der Theologie und Kanonistik, sowie weiterer Magister der Wiener Universität habe er geschworen, sich nicht aus Wien zu entfernen, solange er nicht auf die ihm vorgeworfenen Artikel geantwortet hätte.[164] Darauf antwortete Hieronymus, dass er in Wien gewaltsam und unrechtmäßig eingesperrt worden sei, da aufgrund seiner Zugehörigkeit zu einer anderen Diözese keine Jurisdiktionsgewalt über ihn bestanden hätte.[165] Zudem habe sich Hieronymus, so ein weiterer Anklagepunkt, noch bevor die Angelegenheit zu einem endgültigen Ende gekommen war heimlich, verstohlen und trotzig aus Wien entfernt und sei geflohen, ohne sein Urteil abzuwarten.[166] Weder sei er heimlich, noch trotzig

---

162 Die ursprüngliche Reihenfolge der Anklageartikel wird in den Editionen (HARDT IV, S. 630–646 und MANSI 27, S. 840–848) nicht oder nur teilweise rekonstruiert; die Zählung der Artikel weicht voneinander ab (ŠMAHEL, Leben und Werk, S. 83 mit Anm. 8).

163 »Item, quod ex post dictus Hieronymus expulsus ex dicto regno Hungariae pervenit ad Austriam, ad oppidum Viennense Pataviensis dioeceseos. Et sic fuit et est verum publicum et notorium.« – »Fatetur, quod venit ad Viennam.« – »Quod autem fuerit expulsus de regno Ungariae, dixit, ut supra, ad IX. articulum« (HARDT IV, S. 637). Vgl. auch die erneute Schilderung von Hieronymus' Aufenthalt in Wien in HARDT IV, S. 682.

164 »Item, quod de anno Domini M CCCC X, de mense Decembri, dictus Hieronymus, ascendens de Hungaria, venit ad Viennam. Ubi propter infamiam haereseos, qua respersus erat, per Officialem Curiae ac haereticae pravitatis inquisitorem, ad instantiam, et per scribam causarum consistorii ejusdem Pataviensis fuit arrestatus, et coram quibusdam, ac multis Theologiae sacrae et Decretorum doctoribus, atque aliis Magistris et suppositis universitatis studii Viennensis, ac in eorum praesentia tactis sacrosanctis evangeliis juravit, et sub poena excommunicationis latae sentenie, quam ab ipso Officiali latam sponte in se recepit, promisit, de oppido Viennensi nullatenus recedere, neque se quovismodo ab eodem oppido absentare, donec responsione facta ad articulos sibi objectos, et testibus contra ipsum productis, ipsa causa haeresis contra ipsum mota seu moveri incepta, sententiae calculo terminaretur. Et sic fuit et est verum, publicum et notorium« (HARDT IV, S. 637f.).

165 »Respondeo, quod violenter arrestatus fui, nec quicquam mecum juridice sed violenter actum est, nec habebant quicquam jurisdictionis super me, quia de alia eram dioecesi« (HARDT IV, S. 638).

166 »Item, quod in dicta causa aliqualiter per eundem Dominum Officialem processum, et testibus receptis in forma juris, ipsique Hieronymo certus terminus peremptorius in hujusmodi causa assignatus fuisset, Dictus Hieronymus de (dicto) anno Domini M CCCC IV clam, furtive et contumaciter de oppido Viennensi recessit, et aufugit, hujusmodi termino

verschwunden, so die umgehende Antwort des Hieronymus; vielmehr wollte er das ihm drohende Unrecht nicht abwarten, zumal auch kein Grund zum Verbleib in Wien bestanden habe.[167] Den ihm gesetzten Termin zu erscheinen habe er, so das Konzil weiter, verstreichen lassen, und sei aufgrund dieser Hartnäckigkeit als höchst verdächtiger Häretiker exkommuniziert worden.[168] Die weiteren Vorwürfe an Hieronymus haben die Konsequenzen des Wiener Prozesses zum Thema, vor allem die daraus resultierende Exkommunikation (von der er, so Hieronymus, nichts wisse).[169]

Darauf folgt eine Sammlung jener häretischen – insbesondere seine realistische Philosophie betreffenden – Aussagen, die Hieronymus in Paris, Köln, Heidelberg und an weiteren Orten dogmatisiert, gelesen, gehalten und hartnäckig verteidigt habe.[170] In Paris etwa habe er veröffentlicht, dass Gott nichts vernichten könne, wofür er von der Pariser Universität und ihrem Kanzler Johannes Gerson bereits zum Widerruf gezwungen worden wäre, hätte er sich nicht heimlich aus der Stadt entfernt.[171] Auch an den Universitäten Heidelberg und Krakau habe Hieronymus häretische Lehren vertreten.[172] Zu diesen 31 Artikeln seien bereits Zeugen gehört worden, und Rochetaillée und Dinkelsbühl wurden vom Konzil beauftragt, dem abwesenden Hieronymus diese Anklageartikel vorzulegen.[173] Im Anschluss daran findet sich eine Zusammenstellung von 104 weiteren Artikeln,[174] die Hieronymus ebenfalls vorgelegt werden sollten. Zu all jenen Artikeln, die Hieronymus leugne, sollten zudem Zeugen vernommen werden. Im Kern bilden diese Artikel eine Wiederholung und Erweiterung

---

sibi praefixo minime exspectato, praedictisque juramento et obligationibus spretis et contemtis« (HARDT IV, S. 638).

167 »Nec furtive, nec contumaciter recessi, sed violentiam mihi ab eis infligendam expectare non volui, prout nec tenebar, nec debui« (HARDT IV, S. 638).

168 »Item, quod hujusmodi termino sicut praemittitur praefixo adveniente, et dicto Hieronymo minime comparente, sed contumaciter absente, praefatus Dominus Officialis juxta exigentiam termini judicialiter decrevit, pronunciavit, et declaravit ipsum Hieronymum contumacem, et contumaciter recessisse, atque perjurium et excommunicationis sententias propter suspicionem haereseos damnabiliter incurrisse, ipsumque de haeresi notabiliter suspectum fore, prout sic vel aliter plus vel minus in processibus super hujusmodi sententia confectis et emanatis plenius et latius (clarius) continetur.« – »Dixit, quod post suum recessum poterant scribere, quicquid volebant« (HARDT IV, S. 638f.).

169 HARDT IV, S. 639f.

170 »Item, quod dictus Hieronymus saepe et saepius in diversis locis, et praesertim Parisiis, Coloniae, Heidelbergae, has infra scriptas conclusiones dogmatizavit, legit, tenuit et pertinaciter defendit, eas esse veras et catholicas asseruit« (HARDT IV, S. 645).

171 »Item, praedictus Hieronymus, Parisiis in quadam determinatione publicavit, quod Deus nihil poterat annihilare. Propter quod fuisset per universitatem et Cancell. Paris. compulsus ad revocandum, nisi clam a civitate recessisset« (HARDT IV, S. 646); vgl. auch HARDT IV, S. 681.

172 HARDT IV, S. 681.

173 MANSI 27, S. 840f.; besser bei HARDT IV, S. 645f. – Vgl. BETTS, Jerome of Prague, S. 227f.

174 MANSI 27, S. 848–863; HARDT IV, S. 646–689.

der bereits im ersten Teil vorgebrachten Vorwürfe. Während Hieronymus die ersten 31 Artikel schriftlich beantwortete, insistierte er für den zweiten Teil auf einer öffentlichen Anhörung.

Knapp zwei Wochen später, am 9. Mai 1416, berichten die Quellen von einer erneuten Mitteilung der Richter des Hieronymus – diesmal sind Rochetaillée, Bischof Vitalis von Toulon, Abt Kaspar von St. Johann in Perugia, der Kanonist Heinrich von Perugia, Bischof Thomas von Lübeck, der Kanonist Bernard de la Planche und der Wiener Theologieprofessor und vormalige Rektor der Universität, Lambert von Geldern, genannt – über den Stand der *causa* in der Generalkongregation.[175] Die nun genannten Richter unterscheiden sich wiederum vom zuvor bestimmten Kollegium und dürften zusätzlich zu diesem gewählt worden sein. Am 16. Mai 1416 leitete das Konzil darüber hinaus ein Untersuchungsverfahren gegen die Prager Universität ein;[176] als Untersuchungsrichter in dieser Sache wurden die Bischöfe Vitalis von Toulon und Analus von St.-Pol de Léon bestimmt.

Am 23. (und 26.) Mai 1416 wurde Hieronymus schließlich das geforderte öffentliche Gehör gewährt.[177] An dieser Generalkongregation, deren Vorsitz Johann von Vivari, der Kardinalbischof von Ostia, innehatte, nahmen als Ankläger Johannes Rochetaillée für die französische Nation, Abt Kaspar von Perugia für die italienische Nation, John Welles, der Prior von St. Mary's in York für die englische Nation und Lambert von Geldern für die deutsche Nation teil;[178] darüber hinaus auch die Kardinäle Branda, Fillastre und de Chalant. Abt Kaspar von Perugia verlas die Anklageartikel: Hieronymus sei schon in Wien wegen Häresie angeklagt gewesen, was durch einen Brief, den er an den Offizial von Wien geschrieben habe, bewiesen sei; darüber hinaus habe er an verschiedenen Universitäten häretische Thesen vertreten. Die darauf folgende Verteidigungsrede des Hieronymus[179] braucht hier nicht im Detail besprochen zu werden; er

---

175 MANSI 27, S. 881; HARDT IV, S. 732–735.
176 ACC II, S. 292–294; die Prager Universität wurde im Sommer oder Frühherbst 1417 suspendiert.
177 MANSI 27, S. 887–893; HARDT IV, S. 748–762; davon berichtet auch der Brief Peters von Pulkau vom 7. Juli 1416 (Petrus de PULKA, Epistolae, S. 44). – BETTS, Jerome of Prague, S. 228 wies darauf hin, dass der Umstand, dass Hieronymus öffentliches Gehör gewährt wurde, zwar vom eigentlich vorgesehenen Inquisitionsprozedere abwich, aufgrund der Wirkung einer solch öffentlichen Klärung der Angelegenheit von den Kardinälen jedoch gestattet wurde.
178 BETTS, Jerome of Prague, S. 228.
179 MANSI 27, S. 891–893; HARDT IV, S. 757–762. Peter von Pulkau erwähnt in seinem Brief vom 7. Juli 1416, dass Hieronymus dabei die falschen Zeugenaussagen »emuli sui theotonici« kritisiert habe. Möglicherweise sind damit die Wiener gemeint (vgl. BRANDMÜLLER, Das Konzil von Konstanz, Bd. 2, S. 132, Anm. 301). Zu seinem Widerruf hätte, so Peter in demselben Brief, die übergroße Frömmigkeit und der Rat (*nimia pietas et suasio*) der zwanzig Glaubensrichter geführt.

widerrief seinen früheren Widerruf und charakterisierte Hussens Verurteilung als unrechtmäßig. In der 21. Generalsession am 30. Mai 1416 wurde das Urteil gegen Hieronymus verkündet und vollstreckt.[180]

Zwischenresümee

Ein zentraler Unterschied zu den Prozessen gegen Wyclif und Hus ist der Charakter der Anklageartikel, die gegen Hieronymus vorgebracht wurden. Während Hussens Schriften in Konstanz gesammelt, exzerpiert und die Anklageartikel auf ihren korrekten Wortlaut hin überprüft wurden, sind für den Hieronymus-Prozess keine derartigen Bemühungen bekannt. Nur wenige schriftliche Äußerungen des Hieronymus dürften in Konstanz verfügbar gewesen sein.[181] Die Anklageartikel rekurrieren zum einen auf Äußerungen, die Hieronymus in Disputationen in Oxford, Prag, Köln und Heidelberg getätigt hatte, sowie auf seine grundsätzliche Verteidigung des Wyclif und Hus. Für diesen Teilbereich der Anklagepunkte dürfen die mündlichen Aussagen der anwesenden Vertreter der jeweiligen Hochschulen als wichtigste Quelle gelten. Der zweite Teilbereich der Anklage bezieht sich auf konkrete Vorkommnisse (vor allem in Prager Kirchen und Klöstern) und das Verhalten des Hieronymus; dazu zählen auch der Wiener Prozess und seine Folgen.[182] Damit finden wir hier erneut jene Unterscheidung, die sich auch im Zusammenhang des Wiener Prozesses gegen Hieronymus zeigt: Während Hieronymus' Aufenthalt an den Universitäten Prag, Paris, Köln und Heidelberg mit konkreten häretischen Aussagen, und damit inhaltlich konnotiert ist, steht beim Wiener Prozess der juristische Aspekt im Mittelpunkt. Im Konstanzer Verhör des Hieronymus ging es nicht um eine inhaltliche Analyse des Wiener Prozesses, nicht darum, welche konkreten Vorwürfe im Raum standen und auf welche Weise sich Hieronymus verteidigte (obwohl mit Nikolaus von Dinkelsbühl, Peter von Pulkau und Lambert von Geldern mindestens drei Theologen anwesend waren, die auch am Wiener Prozess teilgenommen hatten und die entsprechenden Auskünfte leicht hätten beibringen können).[183] Keiner der Wiener Anklagepunkte gegen Hieronymus wird in den Konstanzer Verhören angesprochen. Entscheidend an der Konstanzer Rezeption der Wiener Auseinandersetzung mit Hieronymus ist das Faktum des Prozesses an sich und die aus dem ungerechtfertigten Weggang des

---

180 MANSI 27, S. 893–897; ACC II, S. 61; Petrus de PULKA, Epistolae, S. 44.
181 ŠMAHEL, Leben und Werk, S. 85.
182 Diese Zweiteilung entspricht im Kern dem Wiener Prozess gegen Hieronymus, in dem ihm zum einen die 45 Wyclifschen Artikel, zum anderen sein Verhalten vorgeworfen wurde.
183 Dass im Zusammenhang mit dem Prozess gegen Hieronymus auf dem Konzil Peter von Pulkau in den Akten als Beteiligter genannt werde, wie WRIEDT, Die deutschen Universitäten, S. 93 ausführt, konnte in den Quellen nicht nachgewiesen werden. Auch die a.a.O., Anm. 140 genannten Belegstellen aus HARDT IV erwähnen Peter von Pulkau nicht.

Hieronymus resultierende Exkommunikation; eine Frage, die im Rahmen des Konstanzer Ketzerprozesses gegen Hieronymus freilich eine wichtige Rolle spielte. Der Umstand, dass keine inhaltliche Analyse von Hieronymus' Schriften erfolgte, ist wichtig, um die Beteiligung der (Wiener) Theologen an diesem Prozess einordnen zu können.

Mit Nikolaus von Dinkelsbühl und Lambert von Geldern finden sich zwei Wiener Theologen unter den Untersuchungsrichtern des Hieronymus. Beide hatten bereits am Wiener Prozess teilgenommen. Primäre Aufgabe der Untersuchungsrichter war es, Beweise gegen den Angeklagten zu sammeln, die Verhöre zu leiten und Anklageartikel zu formulieren. Wie oben dargestellt, änderte die Untersuchungskommission zur *causa* Hieronymus ihre Zusammensetzung mehrmals. Zwischen 4. April und 30. September 1415 werden die Konzilsprokuratoren Heinrich von Piro und Johannes Scribanis, die Kardinäle d'Ailly, Orsini, Panciera und Zabarella, daneben Rochetaillée und Dinkelsbühl sowie Bischof Vitalis von Toulon, Abt Kaspar von St. Johann in Perugia, der Kanonist Heinrich von Perugia, Bischof Thomas von Lübeck, der Kanonist Bernard de la Planche und Lambert von Geldern als Untersuchungsrichter genannt. Diese Auswahl basierte gewiss nicht in erster Linie auf einer besonderen fachlichen Qualifizierung in Hussitenfragen, vielmehr spielten der hierarchische Rang bzw. die Zugehörigkeit zu einer bestimmten Konzilsnation eine entscheidende Rolle. Wie Frenken aufwies, wurden Untersuchungskommissionen und Gerichtsinstanzen meist paritätisch mit Theologen und Kanonisten besetzt.[184] Soweit die Zusammensetzung der im Laufe des Konzils gebildeten Kommissionen – auch in den *causae* Hus und Wyclif[185] – rekonstruiert werden kann, wurden stets vorwiegend Kardinäle, Bischöfe und Äbte zu Untersuchungsrichtern bestellt. Dies untermauert, dass die Untersuchungsrichter, die – wie alle Kommissionen und Fachausschüsse – von den Nationen bestellt wurden,[186] weniger mit der eigentlichen theologischen Arbeit und Expertentätigkeit, als vielmehr mit der Leitung und Koordinierung der Verfahren befasst waren. Beim Prozess gegen Hieronymus finden sich neben Nikolaus von Dinkelsbühl und Lambert von Geldern nun auch Heinrich von Perugia und Bernard de la Planche, beides Kanonisten, die jedoch (noch) keine höheren kirchlichen Ämter bekleideten. Soweit uns die erhaltenen Quellen Auskunft geben, scheint dies ein Novum gewesen zu sein. Die Wiener Theologen waren gewiss Experten, was den Ablauf der Wiener Auseinandersetzung betraf, worin wohl auch der Grund für ihre Auswahl als Untersuchungsrichter zu sehen sein dürfte; eine besondere fachli-

---

184 Frenken, Die Rolle der Kanonisten, S. 410.
185 Während die gebildete Untersuchungskommission bei den *causae* Wyclif und Hus aus *cardinales, prelati et magistri deputati* zusammengesetzt war, war die Funktion der Untersuchungsrichter auf Bischöfe und Kardinäle beschränkt (s. o. S. 25f.).
186 Frenken, Gelehrte auf dem Konzil, S. 119.

che Expertise – im Sinne des Beibringens philosophischer und theologischer Argumente und Autoritäten zu Wyclif und Hus – scheint mit dieser Aufgabe jedoch nicht notwendigerweise verknüpft gewesen zu sein.[187]

Für die Wiener Universität dürfte die *causa* Hieronymus von nicht geringem Interesse gewesen zu sein, da Peter von Pulkau seine Hochschule recht ausführlich über die Vorgänge informierte. Von der Vorladung des Hieronymus im April 1415 bis zu seiner Verurteilung und Hinrichtung Ende Mai 1416 berichtete Peter in seinen Briefen von den wichtigsten Prozessschritten.[188] Die referierten Auskünfte dürfte er im Kern den offiziellen Konzilsakten entnommen haben; darüber hinausgehende Informationen finden sich – abgesehen von kurzen persönlichen Einschätzungen[189] – kaum. Auch die Beteiligung des Nikolaus von Dinkelsbühl und Lambert von Geldern erwähnt der Pulkauer nicht. Dennoch macht die *causa* Hieronymus den überwiegenden Großteil von Peters Berichten zur *causa fidei* aus. Von den insgesamt 15 Briefen, die von der Auseinander-

---

187 Die Beteiligung des Nikolaus ist somit differenzierter zu sehen, als dies etwa BRANDMÜL-LER, Das Konzil von Konstanz, Bd. 2, S. 126 tut: »Wenigstens Nikolaus von Dinkelsbühl besaß persönliche Kenntnis von Hieronymus und seinen philosophisch-theologischen Auffassungen. Ihretwegen war Hieronymus im Jahre 1410 zu Wien vor dem Gericht des Passauer Offizials gestanden und kurz vor dem Urteil entflohen. Überdies scheint es in Wien während all dieser Jahre, eventuell auch in Kreisen der Universität, Sympathien für Wiclif und Hus gegeben zu haben, innerhalb der Bürgerschaft gab es sie in nicht unerheblichem Ausmaß. Hier war es deshalb sogar 1411 zu einer Verbrennung gekommen. Das Konzil selbst hielt es für nötig, die Universität Wien zur Abwehr hussitischer Aktivitäten in der Stadt aufzufordern. Dies also war der Erfahrungshintergrund, vor dem Nikolaus von Dinkelsbühl an die Causa des Prager Magisters heranging.«

188 Am 18. April 1415 berichtet er von der Vorladung und dem Protest des Hieronymus (Petrus de PULKA, Epistolae, S. 18 f.); am 27. April von seiner Gefangennahme in Hirsau (ebd., S. 20); am 5. Mai von der Verurteilung des Hieronymus, weil er hartnäckig nicht am Konzil erschienen war (ebd., S. 22); am 23. Juli thematisiert Peter das Verhör des Hieronymus vom 19. Juli (ebd., S. 24), und am 24. August weiß er davon zu berichten, dass sich Hieronymus ganz dem Konzil unterwerfe (ebd., S. 29). Am 26. September teilt er seiner Universität mit, dass Hieronymus die Verurteilung Wyclifs und Hussens anerkenne (ebd., S. 31). Am 27. September schickt er dieses Bekenntnis des Hieronymus nach Wien (ebd., S. 33); am 15. Oktober und 22. Dezember teilt er mit, der Stand im Fall Hieronymus sei unverändert, jedoch scheine das Wohlwollen dem Böhmen gegenüber abzunehmen (ebd., S. 35 und S. 38). Am 7. Juli 1416 schließlich berichtet Peter von der Verurteilung und Hinrichtung des Hieronymus (ebd., S. 44). – Zu berücksichtigen sind die Korrekturen zur Edition in GIR-GENSOHN, Peter von Pulkau, S. 182–186.

189 Am 23. Juli 1415 schildert Peter von Pulkau etwa, dass von Hieronymus erwartet werde, dass dieser hoffentlich aufrichtig und von Herzen bereue (Petrus de PULKA, Epistolae, S. 24). Nach dem Widerruf des Hieronymus am 26. Oktober teilt Peter seiner Universität mit, dass die Richter dem Hieronymus große Gunst erweisen würden, während manch Anderer jedoch an seiner Aufrichtigkeit zweifle. Er glaube deshalb, das Urteil würde aufgeschoben und Hieronymus müsse bis zur Ankunft des Königs, oder vielleicht bis zum Ende des Konzils im Gefängnis bleiben (ebd., S. 31). Am 15. Oktober 1415 schildert Peter, der Stand im Fall Hieronymus sei unverändert, das Wohlwollen dem Böhmen gegenüber scheine jedoch zu schwinden (ebd., S. 35).

setzung des Konzils mit Wyclif und den Hussiten berichten, behandeln zehn den Prozess gegen Hieronymus. Dieser Befund ist jedoch mit Vorsicht zu interpretieren, da die großen Lücken zwischen den Briefdaten eindeutig zeigen, dass zahlreiche Briefe nicht erhalten sind.[190] Nichtsdestotrotz war Peter von Pulkau offenkundig bestrebt, die Wiener Universität umfassend über die *causa* Hieronymus zu informieren. Dietrich von Kerkering hingegen erwähnt lediglich die Verhaftung und Arretierung des Hieronymus in einem seiner Briefe an die Kölner Universität,[191] während die Angelegenheit danach nicht mehr zur Sprache kommt.

1.7. Erneute Diskussion um den Laienkelch (1417/1418)

Durch die Hinrichtung des Hieronymus von Prag spitzte sich die Situation in Böhmen erneut zu. Um Gegenmaßnahmen zu ergreifen, setzte das Konzil eine Untersuchungskommission gegen böhmische und mährische Adelige und Prälaten ein.[192] Am 10. Juni 1416 richtete das Konzil einen dringenden Appell an den bis dahin passiv agierenden König Wenzel, gegen die Häretiker vorzugehen, bevor es am 4. September 1416 die Anhänger des Jan Hus erneut zitierte[193] und Jean de la Rochetaillée damit beauftragte, in dieser Angelegenheit weiter zu verfahren.[194] Seit dem Beginn des Jahres 1417 gerieten nun die gemäßigten katholischen Universitätsmagister in Prag – auch an der Hochschule selbst – in zunehmende Auseinandersetzungen mit den radikalen Hussiten und deren Forderungen. Über einem Streit zur Erlaubtheit der Kinderkommunion verschärfte sich diese Kontroverse so weit, dass die katholischen Magister Prag

---

190 So sind keine Briefe für den Zeitraum zwischen dem 5. Mai und 23. Juli erhalten, die gewiss Nachrichten zu den Verhören, der Verurteilung und Verbrennung des Hus oder zum Verbot des Laienkelchs enthalten haben dürften. Wie diverse Notizen in den Universitätsakten und Bemerkungen Peters in seinen Briefen belegen, stellen die erhaltenen Briefe maximal die Hälfte der ursprünglichen Korrespondenz dar (vgl. GIRGENSOHN, Peter von Pulkau, S. 56).
191 Theodericus de MONASTERIO, Epistolae, S. 1637.
192 HARDT IV, S. 779–782.
193 HARDT IV, S. 821–852. Ebd., S. 847f. findet sich auch die *Executio citationis in valvis templi Viennensis* vom 10. Mai 1416, die von einem Notar Friedrich, Kleriker der Diözese Bamberg, an die Tür von St. Stephan angeschlagen worden war, wo sie viele Kanoniker, Magister, Priester und anderer Klerus gelesen hätten: »Sacrosancta et generalis synodus Constantiensis, universis et singulis, et praesertim Almanniae, et Bohemiae nationum Christi fidelibus auxilium fidei in benedictione coelesti. Quia structura militantis ecclesia pro fundamento innititur orthodoxae fidei, ceterarumque virtutum collegio, veluti aedificium, legibus vero ac moribus velut ornamentis utitur etc. Cum non sit verosimile, cuiquam eorum fore incognitum, quod tam patenter et solenniter, et praesertim in loco generalis Concilii extitit(?) omnibus publicatum. Datum Constantiae VI. Cal. Martii, anno a nativitate Domini M CCCC XVI apostolica sede vacante.«
194 Vgl. BRANDMÜLLER, Das Konzil von Konstanz, Bd. 1, S. 140f.

verlassen mussten. Die Prager Universität war damit fest in hussitischer Hand und formulierte am 10. März 1417 eine Schrift über die Notwendigkeit des Laienkelchs als einheitliches theologisches Programm der Hochschule.[195] Dadurch stellte sich erstmals eine Universität gegen das Konzil und reklamierte damit nicht nur akademische, sondern auch geistlich-kirchliche Gewalt für sich.[196] Zu Pfingsten 1417 versammelte sich der hussitische Adel und beschloss, das Konzil zu einer Wiederaufnahme der Kelchdiskussion zu bewegen. Zu diesem Zweck wurde Jan von Jesenice beauftragt, eine *Demonstratio per testimonia Scripturae, patrum atque doctorum communicationem calicis in plebe Christiana esse necessariam*[197] zu verfassen. Die Nachrichten über den Prager Pfingstlandtag erreichten Konstanz rasch. Unmittelbar danach bekräftigte das Konzil am 15. Juni 1417 – genau zwei Jahre nach dem ursprünglichen Erlass – das Kelchdekret von 1415.[198] Deutlich stärker als im ursprünglichen Dekret stehen darin nun ekklesiologische Ausführungen im Zentrum. Die Einheit der Kirche als Braut Christi dürfe nicht durch Widersprüche gefährdet werden; das Konzil sei von Christus ermächtigt, für die Einheit und Unversehrtheit der Kirche Sorge zu tragen. Um den 20. Juni legte Sigismund dem Konzil die *Demonstratio* als offizielles Dokument der Prager Universität und des hussitischen Adels vor, die zusammen mit einem Begleitschreiben des böhmischen Adels und der Universitätserklärung vom März nach Konstanz geschickt worden war[199] und nun zur Grundlage einer erneuten Auseinandersetzung des Konzils mit der Frage des Laienkelchs wurde.

Zum genauen Ablauf dieser Debatten auf dem Konzil und deren Beteiligten sind wiederum nur Bruchstücke bekannt. Wie bereits in der ersten Phase der Auseinandersetzung 1415 sind es auch hier in erster Linie die erhaltenen lite-

---

195 Ed. in HARDT III, S. 761–766. Darin wird die Frage behandelt, ob es für die Gläubigen heilsam und erlaubt sei, die Kommunion unter beiden Gestalten zu empfangen, und ob es dienlich sei, dass der Klerus sie so spende. Weil Christus das Sakrament für alle Gläubigen unter beiden Gestalten eingesetzt habe, müssten nun auch alle so kommunizieren. Vgl. dazu besonders KEJŘ, Deklarace pražské university; BRANDMÜLLER, Das Konzil von Konstanz, Bd. 1, S. 139–142; GIRGENSOHN, Peter von Pulkau, S. 157f.

196 »Damit erklärte sich die Carolina zugleich als eine von der Kirche unabhängige Instanz, die in Glaubensfragen, ohne Rückäußerung kirchlicher Instanzen, Entscheidungen treffen konnte (...) und konstituierte sich als theologische Autorität einer von Adel und Besitzbürgertum getragenen Föderativkirche« (WERNER, Jan Hus, S. 221; vgl. BRANDMÜLLER, Das Konzil von Konstanz, Bd. 1, S. 143).

197 Ed. in: Iohannes de JESENICE, Demonstratio (unter dem Namen des Jakobell von Mies). Bislang wurden 29 Abschriften der *Demonstratio* bekannt. Daraus lässt sich rekonstruieren, dass eine ursprüngliche Version des Textes (mit dem Incipit *Fieri nullo modo potest*) später überarbeitet (Incipit: *Cenantibus autem illis*) und mit verschiedenen Zusätzen versehen wurde. Die Angaben zweier Handschriften sichern die Urheberschaft des Magister Jan von Jesenice (vgl. KEJŘ, O několika spisech).

198 Ed. in: ERŠIL, Acta II, S. 630–632, Nr. 1100.

199 Vgl. COUFAL, Polemika o kalich, S. 61–64.

rarischen Produkte, die punktuell darüber Aufschluss geben. Ab dem zweiten Halbjahr 1417 wurden auf dem Konzil fünf Traktate gegen die *Demonstratio* des Jan von Jesenice verfasst: von Johannes Gerson,[200] Nikolaus von Dinkelsbühl,[201] Mauritius von Prag,[202] Jean de Roche[203] und Jean Mauroux.[204] Gersons Traktat wurde am 20. August 1417, die Schrift des Mauritius von Prag zwischen 22. November und 8. Dezember 1417 beendet. Der undatierte Traktat des Nikolaus von Dinkelsbühl entstand irgendwann zwischen dem 20. Juni 1417, als die *Demonstratio* nach Konstanz gebracht wurde, und dem 22. Februar 1418; die kurze Schrift des Jean de Roche wurde nach dem 20. Juni 1417 verfasst, jene des Jean Mauroux wohl 1418.[205] Die chronologische Abfolge der Traktate kann nicht sicher geklärt werden. Aufgrund der Konzeption von Gersons Traktat, der mit zehn allgemeinen Punkten zur Schriftauslegung beginnt, wurde in der Forschung die These vertreten, darin eine Arbeitsgrundlage für die folgenden Auseinandersetzungen und somit den chronologisch ersten Text vorliegen zu haben, auf dem die folgenden Schriften aufbauten.[206] Diese Annahme wird im Folgenden zu präzisieren sein. Gerson schlägt in dieser Schrift als Lösungsmöglichkeit jedenfalls – ein für diese frühe Phase der Auseinandersetzung interessanter Umstand! – theologische Gespräche mit den Hussiten vor. Von ka-

---

200 Ed. in: Iohannes GERSON, De necessaria communione; vgl. MARIN, La patience, S. 378–393.

201 Ed. in: Nicolaus de DINKELSBÜHL, Barones.

202 Ed. in: Mauritius de PRAGA, De communione.

203 Dieser kurze Traktat ist in drei Handschriften erhalten: Klosterneuburg, Stiftsbibliothek, Cod. 356, fol. 71r–74r; Vatikan, BAV, Vat. lat. 4063, fol. 80v–84r; Wien, ÖNB, CVP 4131, fol. 82v–85v (vgl. SOUKUP, Repertorium, und MARIN, La patience, S. 394). Johannes von Rocca führt in dieser Schrift eingangs aus, auf der Basis bereits früher von ihm verfasster Traktate (die jedoch nicht erhalten oder bislang nicht aufgefunden bzw. zugeordnet wurden) einige *conclusiones* zur Märzerklärung der Prager Universität und der *Demonstratio* bieten zu wollen. Ob er diese Schrift aus eigener Initiative verfasste oder dazu beauftragt wurde, wissen wir nicht. Da dieser Traktat lediglich eine knappe Auswahl der bereits bekannten und auch in den anderen Schriften enthaltenen Argumente darstellt, wird er hier nicht explizit behandelt. Eine Edition der Schrift besorgte MARIN, La patience, S. 415–422.

204 Dieser Traktat ist an Martin V. gerichtet und zum Jahreswechsel 1417/1418 entstanden (vgl. MARIN, La patience, S. 79). Handschriftliche Überlieferung: Klosterneuburg, Stiftsbibliothek, Cod. 356, fol. 70r–71r; Vatikan, BAV, Vat. lat. 4063, fol. 79r–80v; Wien, ÖNB, CVP 4131, fol. 81v–82r; Wien, ÖNB, CVP 4414, fol. 237r; Wolfenbüttel, HAB, Cod. Guelf. 473 Helmst., fol. 7ra–8va (vgl. SOUKUP, Repertorium, und MARIN, La patience, S. 395). Die Schrift ist ediert in MARIN, La patience, S. 412–414.

205 Da Johannes von Rocca die *conclusiones* des Nikolaus von Dinkelsbühl in seiner Argumentation verwendet, dürfte er den Traktat des Dinkelsbühlers bereits gekannt haben (»Si alique auctoritates inveniantur Christi vel apostolorum sive doctorum, quod oporteat sumere eukaristie sacramentum sub utraque specie sive corpus et calice aut habent intelligi pro sacerdotibus celebrantibus, aut secundum morem ecclesie primitive, aut de sumpcione per concomitanciam, aut de commestione et potacione spirituali« (Klosterneuburg, Stiftsbibliothek, Cod. 356, fol. 74rb)).

206 So BRANDMÜLLER, Das Konzil von Konstanz, Bd. 1, S. 144f.; DAMERAU, Der Laienkelch, S. 58–64.

tholischer Seite sollten dafür Gesprächspartner entsandt werden, die noch nie mit der Prager Universität in Konflikt geraten waren (wie etwa die Sorbonne). Bei diesem Gespräch sollten insbesondere die praktischen Schwierigkeiten der Kelchkommunion für Kranke, die Gefahr einer Nivellierung des Unterschieds zwischen Priestern und Laien sowie die angebliche Heilsnotwendigkeit des Laienkelchs zur Sprache kommen.[207] Zu einem solchen Gespräch ist es freilich nie gekommen. Im Folgenden soll nun der Traktat des Nikolaus von Dinkelsbühl im Kontext der anderen Stellungnahmen auf dem Konzil vorgestellt und untersucht werden, ob sich daraus Rückschlüsse auf Ablauf oder Intentionen der Konzilsarbeit ziehen lassen. Ferner soll insbesondere der Beitrag der Wiener Universität zur Kelchdebatte analysiert und überprüft werden, ob sich in dieser zweiten Phase der Auseinandersetzung ein Einfluss des Peter von Pulkau feststellen lässt.

1.7.1. Nikolaus von Dinkelsbühl, ›Barones regni Bohemie‹

Nikolaus von Dinkelsbühls Traktat, der mit den Worten »Barones regni Bohemie« beginnt,[208] ist direkt gegen die *Demonstratio* des Jan von Jesenice gerichtet. Bei dieser *Demonstratio* handelt es sich – mit Ausnahme einer kurzen Passage, die das Anliegen der Schrift schildert – um eine Sammlung von Autoritätsstellen, die sich in drei Teile untergliedern lässt: nach einem kurzen Verweis auf die

---

207 Iohannes GERSON, De necessaria communione, S. 63: »In expugnatione tali viderentur idonei esse quantum ad expugnationem doctrinalem, theologi Universitatum illarum quae non debent a dominis Bohemis de odio vel invidia haberi rationabiliter suspecti et quos constare potest in aliis materiis sinceriter et veraciter et constanter hactenus decertasse sine nota haeresis vel erroris in aliis materiis; et ad hoc non dubium est parati sunt inter ceteros, theologi de alma Universitate Parisiensi qui magno in numero praesentes sunt in hoc Concilio. Sunt et de aliis Universitatibus praeclaris tam numero quam merito theologi praecellentes.«

208 Ed. in: Nicolaus de DINKELSBÜHL, Barones. – Zwischen 1420 und 1424 kommentierte Nikolaus von Dinkelsbühl in Melk die Sentenzen. Im vierten Buch, di. 9, q. 3 befasst er sich mit der Frage »Utrum sit de lege evangelica et de necessitate salutis sacramentum eucharistiae sumere sub utraque specie?« (Wien, ÖNB, CVP 3657, fol. 89ra–98va). Der Text dieser Melker Vorlesung entspricht fast wörtlich Nikolaus' Ausführungen im Traktat *Barones regni Bohemie*. Als Rudolf Damerau 1964 diese Quaestio vorstellte, kannte er den Inhalt der Schrift *Barones regni Bohemie* jedoch noch nicht, obwohl er bereits darauf verwies und eine Edition ankündigte (DAMERAU, Der Laienkelch, S. 65, Anm. 34), die er 1969 auch vorlegte. Dadurch berücksichtigte Damerau bei seiner Interpretation der Melker Vorlesung nicht, dass diese primär aus ihrem Konstanzer, nicht aus ihrem Melker Kontext heraus zu verstehen ist. Die direkte literarische Abhängigkeit zwischen Gersons Traktat und Dinkelsbühls Melker Vorlesung, die Damerau annimmt, ist somit nicht aufrechtzuerhalten, sondern zu konkretisieren. – Einen Überblick über den Inhalt dieser Schrift bietet LEVY, Interpreting the Intention, S. 180–182.

Verbindlichkeit des Inhalts der hl. Schrift und die Praxis der Urkirche[209] werden im ersten Teil 61 Autoritätsstellen *ex sacris scripturis, sanctorum Doctorum, sacrorum canonum et ecclesiae universalis institutis et decretis*[210] zusammengetragen, mit deren Hilfe belegt werden soll, dass den Laien die Kommunion unter beiden Gestalten zu spenden sei.[211] Darauf folgt ein kurzer Einschub, der das Anliegen der Schrift pointiert umreißt: neben der genannten Notwendigkeit, den Laien den Kelch zu spenden, solle auch aufgewiesen werden, dass dies Wort, Gesetz, Wahrheit, Einsetzung und Evangelium Jesu Christi, seiner Apostel und der Urkirche sei, das durch keine Gewohnheit der Römischen Kirche, keinen Beschluss des römischen Bischofs, keine Bestimmung eines Konzils oder einer Synode, einer Sentenz oder eines Dekrets abgeändert werden dürfe.[212] Dies unternimmt die *Demonstratio* im darauffolgenden dritten Teil, in dem wiederum Autoritätsstellen aus der Schrift und den Kirchenvätern zusammengetragen werden.[213] Damit rekurriert die *Demonstratio* auf das Konzilsdekret *Cum in nonnullis* von Juni 1415.

Nikolaus von Dinkelsbühl stellt diese beiden Kernaussagen – die Heilsnotwendigkeit des Kelchs und das Verbot, den Kommunionbrauch zu ändern – ins Zentrum seiner Entgegnung. Beides sei falsch und den Lehren der Doktoren und Heiligen, der vernünftigen Gewohnheit der Kirche (*consuetudo ecclesiae*) sowie der Festlegung des heiligen Konstanzer Generalkonzils entgegengesetzt. Damit die Einfachen und weniger Gebildeten nicht in einen Irrtum geführt würden, wolle er die von der Gegenseite vorgebrachten Autoritätsstellen darlegen und einzeln erklären.[214] Entsprechend folgt der Aufbau seines Traktats strikt der *Demonstratio*.

Analog zum Beginn der *Demonstratio* schickt auch Dinkelsbühl knappe hermeneutische Überlegungen voran. Zwar sage in der Tat bereits Augustinus, dass es nicht sein könne, dass die Autoritäten der heiligen Schriften in irgendeinem Teil lügen. Freilich dürfe die Schrift auch nichts ausdrücklich Falsches enthalten; dennoch sei jener Sinn, den der hl. Geist als Autor der Schrift intendiert hat, entscheidend.[215] Nicht nur hinsichtlich der Bibel, auch bei den Schriften der Kirchenväter sei es sicherer, ihre Inhalte nicht wörtlich, sondern gläubig (*fideliter*) und entsprechend der Intention des Verfassers auszulegen. Deshalb sei es auch nicht möglich, jeden beliebigen Sinn in die Schrift hinein-

---

209 Iohannes de JESENICE, Demonstratio, S. 804f.
210 Iohannes de JESENICE, Demonstratio, S. 820.
211 Iohannes de JESENICE, Demonstratio, S. 806–821.
212 Wie es das Konstanzer Konzil mit seinem Verbot des Laienkelchs im Dekret *Cum in nonnullis* getan hatte.
213 Iohannes de JESENICE, Demonstratio, S. 822–827.
214 Nicolaus de DINKELSBÜHL, Barones, S. 33f.
215 Nicolaus de DINKELSBÜHL, Barones, S. 34f.

zulegen. Damit wendet sich Dinkelsbühl klar gegen die Bibelhermeneutik der Hussiten, die dem Wortlaut der Schrift (zumindest theoretisch) unbedingte Priorität einräumten. Die hl. Schrift allein ist also noch kein Kriterium für eine fundierte Argumentation, erst ihre rechtmäßige Auslegung. Dies gelte etwa auch, wenn in der *Demonstratio* mit Beda Venerabilis ins Treffen geführt werde, dass das vollkommene Leben der Urkirche immer nachzuahmen sei. Gewiss müssten, so Dinkelsbühl, die Handlungen und Riten der Urkirche nachgeahmt werden. Dies sei jedoch nicht in so allgemeiner Weise zu verstehen, dass erwartet würde, tatsächlich alle Handlungen und Riten der Urkirche zu kopieren. Schließlich tauften etwa die Apostel im Namen Christi, was nun nicht mehr erlaubt sei, auch die eucharistische Nüchternheit war früher noch nicht vorgeschrieben. So wie in der Urkirche gesäuertes, später jedoch ungesäuertes Brot verwendet wurde, durften die Geweihten früher auch heiraten. Auch wenn die Kommunion, was außer Zweifel stehe, in der Urkirche unter beiden Gestalten gespendet wurde, wäre dieser Brauch heute jedoch nur dann beizubehalten, wenn es die Gewohnheit der Gesamtkirche, vernünftig begründet, erlauben würde.[216] Hier bewegt sich Nikolaus von Dinkelsbühl im Rahmen gängiger Argumente, die auch schon in Peter von Pulkaus *Confutatio*, den *Conclusiones Doctorum* und im Dekret *Cum in nonnullis* vorgebracht worden waren.

Im Folgenden wendet sich Nikolaus von Dinkelsbühl den Synoptikerstellen Mt 26, Mk 14 und Lk 22 zu, die für die Kelchkommunion der Laien ins Treffen geführt wurden. Wohl habe Christus seinen Jüngern die Kommunion unter beiden Gestalten anvertraut; daraus sei jedoch keine allgemeine Verpflichtung abzuleiten. Davon abgesehen sei es notwendig, bei der Eucharistie genauer zwischen dem Sakrament (*sacramentum*), dessen Zustandekommen und äußeren Bestandteilen, also der Feier und dem Ritus (*confectio*) sowie dessen Konsekration (*consecratio*) zu unterscheiden. Diese Differenzierung ist ein Proprium der Argumentation des Dinkelsbühlers und findet sich in keinem der anderen Konstanzer Kelchtraktate. Unter *sacramentum* sei jene *res* zu verstehen, die nach der Konsekration am Altar oder in der Pixis dauerhaft bestehe. *Confectio* und *consecratio* hingegen bezeichnen beide den Vorgang des Wandels (*actus transiens*) von Brot und Wein zu Leib und Blut Christi. Zwischen diesen beiden bestehe aber ein fundamentaler Unterschied: So beziehe sich die *consecratio* auf die Wandlung der Substanz, die von der Kirche keinesfalls verändert werden dürfe. Alle äußerlichen, akzidentellen Bedingungen dieser substantiellen Dinge (*accidentales condiciones rerum substantialium*) und deren *confectio* hingegen, wie etwa die Feierlichkeiten in der Messe, die Art oder die Gewohnheit zu kommunizieren, dürfen abgewandelt werden. Christus habe beim letzten Abendmahl die Weihe der *essentialia* so festgelegt, dass die Kirche diese nicht

---

216 Nicolaus de DINKELSBÜHL, Barones, S. 35f.

verändern könne; die *accidentalia* jedoch überließ er der Verfügung der Kirche, um diesbezüglich anzuordnen, was der hl. Geist für die jeweilige Zeit eingebe. Als Beispiele führt Dinkelsbühl hier etwa die Uhrzeit für die Messe, die durch die Kirche eingeführte eucharistische Nüchternheit oder die Verwendung von gesäuertem oder ungesäuertem Brot an.[217] Wir kennen diese Argumentation bereits aus Peter von Pulkaus *Confutatio*, wobei Nikolaus von Dinkelsbühl nicht nur zwischen Substanz und Akzidenz unterscheidet, sondern die Wandlung dieser beiden Bestandteile des Sakraments zusätzlich differenziert und unterschiedlich bezeichnet. Wenn ein Priester, der der Römischen Kirchen angehört, gegen eine solche die *accidentalia* betreffende Vorgabe verstoße, sündige er zwar, weil es ihm am notwendigen Gehorsam gegenüber seiner Kirche mangle, dennoch kommuniziere er wahrhaft (*vere*). Obwohl Christus und seine Jünger unter beiden Gestalten kommunizierten, hat die Kirche das Recht, hier aus vernünftigen Gründen etwas anderes anzuordnen.[218]

Die zentrale Autorität in der Debatte um den Laienkelch, Joh 6,54, scheine, so Dinkelsbühl, oberflächlich betrachtet die Notwendigkeit zu bedeuten, unter beiden Gestalten kommunizieren zu müssen. Nun gehe es jedoch nicht an, die Schrift dem Willen gewisser privater Menschen entsprechend auszulegen; vielmehr müssten, unter Anwendung größerer Sorgfalt, die authentischen, heiligen und anerkannten Auslegungen die Richtschnur bilden. Entsprechend sei zwischen der tatsächlichen, sakramentalen Kommunion unter den Gestalten von Brot und Wein (verbunden mit der rechten Intention) und einer geistlichen Kommunion zu unterscheiden. Wäre Joh 6 auf die sakramentale Kommunion zu beziehen, würde das ihre Heilsnotwendigkeit implizieren. Im Gegensatz zur Taufe, die ein Gebot Christi und tatsächlich heilsnotwendig sei – weshalb auch Kinder ohne sie das Heil nicht *regulariter* erreichen können – treffe dies auf die Eucharistie aber nachweislich nicht zu, da auch Kinder ohne tatsächliche sakramentale Kommunion gerettet würden.[219] Deshalb sei klar, dass hier von der geistlichen Kommunion die Rede ist. Auch darin bewegt sich Dinkelsbühl im Rahmen der herkömmlichen Argumentation.[220] Im Folgenden differenziert er weiter: entsprechend der zweifachen *res sacramenti* sei auch die geistliche Kommunion eine zweifache. Die erste *res eucharistiae* sei das Empfangen des wahren Leibes und wahren Blutes Christi. Dazu sei es erstens nötig, dass sich der Mensch im wahren, demütigen Glauben daran erinnere, dass der wahre und

---

217 Nicolaus de DINKELSBÜHL, Barones, S. 36f.
218 Nicolaus de DINKELSBÜHL, Barones, S. 38f.
219 Nicolaus de DINKELSBÜHL, Barones, S. 39f.
220 Das Argument, dass Joh 6,54 als Verpflichtung zur geistlichen Kommunion zu interpretieren ist, findet sich seit dem Beginn der Debatten sowohl in Prager, als auch in Konstanzer Traktaten (vgl. etwa die Schriften des Andreas von Brod oder die *Confutatio* des Peter von Pulkau).

wirkliche ganze Christus, Gott und Mensch, mit seinem heiligsten Leib für uns vielfache Leiden ertrug, und uns Nahrung für die Seele gab. Dieser Akt des Empfangens ist für Dinkelsbühl somit bereits ein vorrangig geistlicher, durch den Glauben getragener Akt und daher als geistliche Kommunion zu qualifizieren. Zweitens sei es erforderlich, dass der Mensch durch Liebeshandlungen mit Christus vereinigt werde. Auch mit dieser Folge der Kommunion »spiritualisiert« Nikolaus den Kommunionempfang weiter. Die Spezies, die der Gläubige zu sich nimmt, zielen auf eine andere, tiefere, moralisch und geistlich zu realisierende Verbindung mit Christus. Die zweite *res sacramenti* sei die Einheit durch Glauben und Liebe mit den Gliedern der Kirche und dem Haupt Christus; diese Union werde durch das Sakrament bezeichnet. Darauf sei Joh 6 zu beziehen. Auch Kinder haben ewiges Leben, ohne die sakramentale Kommunion empfangen zu haben; ohne geistliche Kommunion, also ohne die Einheit des mystischen Leibes Christi, sei ihnen aber kein Heil möglich.[221]

Nun widmet sich Nikolaus der Stelle 1 Kor 11, nach der Christus das Sakrament unter beiden Gestalten einsetzte, selbst so kommunizierte und auch den Aposteln die Eucharistie auf diese Weise spendete. Paulus wollte hier, so Dinkelsbühl, lediglich die damalige Praxis beschreiben und herausstellen, dass die Urkirche diesen Brauch für eine gewisse Zeit beachtete. Der Apostel schreibe diese Praxis jedoch weder vor, noch sage er, dass dies ein Gebot des Herrn sei. Der Tod und das Leiden Christi würden unter einer oder beiden Gestalten in gleicher Weise zum Ausdruck gebracht.[222] Entsprechend sei es ausreichend, wenn der zelebrierende Priester beide Gestalten konsekriere und kommuniziere, da dieser es verstehe, das Sakrament mit der nötigen Vorsicht zu behandeln. In diesem Kontext führt Dinkelsbühl nun einen neuen Aspekt in die Debatte ein, den er von Bonaventura übernimmt. So sei dabei ein Zweifaches zu berücksichtigen: die Wirkung (*efficacia*) und Bezeichnung (*significatio*) des Sakraments.[223] Entsprechend sei auch das zweifach, was für die Unversehrtheit und das Zustandekommen dieses Sakraments notwendig ist. Bei der *efficacia* seien das jene Dinge, die für die vollständige Wirkung des Sakraments notwendig sind – entsprechend sei keine der beiden Gestalten notwendig für die *efficacia*. Jede der beiden Gestalten für sich reiche aus, um die Wirkung des gesamten Sakraments *ex opere operato* zu bewirken. Der Grund für die Wirkung des Sakraments liege schließlich im Sakrament selbst und nicht in der Zeichenhaftigkeit. Wie unter der Gestalt des Brotes der ganze Christus mit Leib, Seele, Blut und Göttlichkeit enthalten sei, so sei auch unter der Gestalt des Weines der

---

221 Nicolaus de Dinkelsbühl, Barones, S. 41–48. Die Unterscheidung zwischen *sacramentum* und *res sacramenti* ist seit Petrus Lombardus geläufig (vgl. Petrus Lombardus, Libri Sent. IV, d. 8, c. 7, S. 285).
222 Nicolaus de Dinkelsbühl, Barones, S. 49.
223 Bonaventura, In Sent., lib. 4, d. 11 p. 2 a. 1 q. 2 ad 1.2, S. 257.

ganze Christus enthalten. – Bei der *significatio* hingegen werden für die vollständige und komplette Bezeichnung beide Gestalten benötigt. Diese *significatio* vollziehen jedoch die Priester, die der Herr ermächtigt hat, die eucharistischen Gestalten zu konsekrieren und anderen zu spenden. Dies geschehe in der Messe, welche in erster Linie die Repräsentation des Leidens Christi sei. Aus diesem Grund müssten die Priester in der Messe beide Gestalten konsekrieren und unter beiden Gestalten kommunizieren. Das machen sie in Gegenwart des Volkes, damit das Volk, wenn es täglich am Gottesdienst teilnimmt, die Frucht dieser geistlichen Kommunion erlange: das Anfachen der demütigen Erinnerung an das Leiden des Herrn, an unsere Erlösung und an alle guten Dinge, die daraus folgen. So wie die vollkommene »leibliche« Mahlzeit nicht im Brot allein bestehe, sondern in Brot und Wein, könne auch nicht eine eucharistische Gestalt alleine Christus als vollkommene Mahlzeit bezeichnen. Deshalb setzte Christus fest, Leib und Blut gesondert zu bezeichnen: den Leib durch die Gestalt des Brotes und das Ausgießen des Blutes durch die Gestalt des Weines. Darüber hinaus bezeichne dieses Sakrament die Annahme der ganzen Menschlichkeit Christi, nämlich bis in die Seele und den Leib, und auch unsere vollkommene Erlösung in Seele und Leib.[224]

An dieser Stelle fügt Dinkelsbühl gleichsam als Zwischenresümee fünf den Kirchenvätern entnommene Gründe ein, die für eine Kommunion unter einer Gestalt sprechen. Als erstes sei hier die Gefahr des Verschüttens zu nennen: diese Gefahr würde bei einer großen Zahl von Kommunizierenden – darunter Junge und Alte, Gesunde und Kranke, oftmals auch Bauern oder weniger Begabte/Gebildete (*discreti*), die es nicht verstünden, die nötige Vorsicht hinsichtlich des Gebrauchs des Sakraments aufzubringen, vervielfacht. Auf diese Weise sei das Sakrament der Gefahr mangelnder Ehrfurcht ausgesetzt. Der zweite Grund sei die Gefahr des Irrtums; die Einfachen (*simplices*) könnten nämlich auf diese Weise glauben, dass in einer Gestalt nicht der ganze Christus enthalten sei, sondern in der Gestalt des Brotes nur der Leib und in der Gestalt des Weines nur das Blut, was jedoch ein Irrtum sei. Drittens kommunizieren die Gläubigen unter der Gestalt des Brotes ohnedies das ganze Sakrament und dessen *efficacia*. Die Kommunion unter beiden Gestalten sei daher nicht nur vergeblich und ohne Nutzen, sondern auch schädlich wegen der vorgenannten Gefahren. Als vierter Punkt wird vorgebracht, dass an den Ostertagen auch die Priester nur unter der Gestalt des Brotes kommunizieren, da diese Tage als Ganzes als Erinnerung an das Leiden Christi zu verstehen seien. Der fünfte und letzte Punkt vertieft dieses Argument: Entsprechend der apostolischen Verordnung und der Gewohnheit, die von allen Kirchen anerkannt sei, werde zwischen Gründonnerstag und dem Ostertag aus vielen Gründen nur das Brot, nicht aber der Wein konsekriert; einer

---

224 Nicolaus de DINKELSBÜHL, Barones, S. 50–54.

davon sei die bereits genannte Gefahr des Verschüttens. Deshalb müsse den Laien nicht täglich die Eucharistie unter der Gestalt des Weines gereicht werden, und auch müsse der Wein nicht durch Straßen oder Felder zu den Kranken transportiert werden.[225] Der Empfang der Kommunion an den Kartagen war im Mittelalter, von regionalen Ausnahmen abgesehen, in Form der *Missa praesanctificatorum* – der Spendung des am Vortag konsekrierten Sakraments – allgemein gebräuchlich. Seit dem 8. Jahrhundert war es üblich geworden, am Karfreitag und -samstag auf die Kommunion unter beiden Gestalten zu verzichten.[226] Dies dürfte, wie Dinkelsbühl richtig ins Treffen führt, in der Tat aus praktischen Gründen geschehen sein. Da die Kartage die bevorzugten Kommuniontage der Gläubigen darstellten, stieg mit der großen Menge an Kommunizierenden u. a. die Gefahr des Verschüttens.

Analog dazu stellt Nikolaus von Dinkelsbühl im Anschluss daran fünf *solutiones* vor, die er der Entkräftung aller in der *Demonstratio* vorgebrachten Autoritäten zugrundelegt: *Solutio 1*) Die Autoritätsstellen sprechen vom Essen des Leibes und Trinken des Blutes, nicht jedoch davon, dass dies eine Vorschrift oder ein Gebot Christi sei. – *Solutio 2*) Diese Autoritätsstellen sprechen nicht von der Kommunion der Laien unter beiden Gestalten, sondern von den Priestern, die das Sakrament unter beiden Gestalten zur vollkommenen Bezeichnung (*significatio*) des Leidens Christi kommunizieren müssen. – *Solutio 3*) Wo von den Laien und ihrer sakramentalen Kommunion gesprochen wird, ist von jenen Zeiten die Rede, in denen dieser Brauch in der Kirche beachtet wurde und auch den Laien die Kommunion unter beiden Gestalten gespendet wurde. – *Solutio 4*) Dass in diesen Autoritäten vom Verzehr des Leibes und dem Trinken des Blutes gesprochen wird, kann allgemein als Verzehr des Leibes und Blutes Christi verstanden werden, und dies geschieht in der Kommunion unter der Gestalt des Brotes alleine genauso wahr und wirklich wie unter beiden Gestalten. – *Solutio 5*) Wo die Autoritätsstellen vom Essen und Trinken sprechen, sprechen sie nicht von der sakramentalen, sondern von der geistlichen Kommunion. Wenn der Priester im Beisein des Volkes die Wandlung vollzieht und unter beiden Gestalten kommuniziert, dann isst und trinkt das anwesende Volk in Ehrfurcht geistlich den Leib und das Blut des Herrn, und es ist mit Christus durch die Liebe vereinigt.[227]

---

225 Nicolaus de DINKELSBÜHL, Barones, S. 54f.

226 Vgl. RÖMER, Die Liturgie, bes. S. 86–93, hier S. 88; JUNGMANN, Die Kommunion, bes. S. 466f.; JUNGMANN, Missarum Sollemnia, Bd. 2, bes. S. 496f.; BROWE, Die Kommunion, bes. S. 70–74. – Die erste Erwähnung der Karfreitagskommunion nur unter einer Gestalt findet sich bei Amalar von Metz (RÖMER, Die Liturgie, S. 88, Anm. 13).

227 Nicolaus de DINKELSBÜHL, Barones, S. 55–57. – Auch Gersons Traktat enthält in der Edition von Glorieux am Ende sieben solche Regeln, von denen fünf mit Dinkelsbühls *solutiones* übereinstimmen. Aus diesem Grund wurde in der älteren Forschung ein direkter

Mit diesen fünf *solutiones*, so Dinkelsbühl, sei auf alle Autoritäten, welche die *Demonstratio* ins Treffen führt, in ausreichender Weise geantwortet. Um dies zu verdeutlichen, wolle er dennoch kurz auf einzelne Autoritäten im Speziellen eingehen. Es ist nicht notwendig, hier alle Beispiele wiederzugeben, da Dinkelsbühl in seiner Argumentation in der Tat strikt im Rahmen der fünf *conclusiones* bleibt.[228] Festgehalten werden kann, dass er – entgegen seiner Ankündigung, nur einige exemplarische Autoritäten widerlegen zu wollen – alle 61 Autoritätsstellen der *Demonstratio* anführt und entkräftet. Dabei beschränkt er sich nicht auf jeweils eine *solutio*, sondern bietet für verschiedene Interpretationsmöglichkeiten unterschiedliche Auflösungen.[229] Nach dieser ausführlichen (beinahe den ganzen Traktat umfassenden)[230] Widerlegung der Behauptung, dass es für das Volk heilsnotwendig und ein Gebot Christi sei, unter beiden Gestalten zu kommunizieren, geht Nikolaus von Dinkelsbühl im letzten Teil des Traktats auf das zweite Argument der *Demonstratio* ein. Dieser Teil des Traktats unterscheidet sich nicht nur im Umfang – der deutlich geringer ausfällt –, sondern auch formal vom ersten Teil. Während Dinkelsbühl dort in strenger Orientierung am Aufbau der *Demonstratio* die vorgegebenen Autoritäten entkräftet, geht er hier nicht explizit auf die Autoritätsstellen der gegnerischen Schrift ein, sondern entfaltet eine eigene Argumentationslinie. Aus zweierlei Gründen sei die Behauptung, die Kommunion unter beiden Gestalten dürfe weder durch eine päpstliche Bestimmung, das Dekret eines Generalkonzils noch durch die Gewohnheit der Universalkirche aufgehoben werden, falsch und ein Irrtum:[231] Erstens könne keine Wahrheit der hl. Schrift, kein göttliches Gesetz und kein Gebot Christi durch eine kirchliche Gewohnheit oder eine Verordnung des Papstes oder eines Generalkonzils aufgehoben werden. Darüber hinaus

---

Zusammenhang dieser beiden Traktate angenommen. Seit jedoch aufgewiesen werden konnte, dass die sieben Regeln nicht von Gerson, sondern von Ragusa stammen und somit knapp 20 Jahre später zu datieren sind, ist von einer umgekehrten chronologischen Entwicklung auszugehen: damit bilden die fünf Regeln Dinkelsbühls den Ausgangspunkt für die weitere Entwicklung; 1421 entwickelte Johannes Hoffmann von Schweidnitz in seinem anti-hussitischen Traktat sechs Regeln, die Schrift des Johannes Nider von 1430 enthält sieben Regeln. In mindestens zwei bislang bekannten Handschriften sind die sieben Regeln als separater Text erhalten (vgl. Coufal, Polemika o kalich, S. 74, Anm. 51).

228 Nicolaus de Dinkelsbühl, Barones, S. 57–102.

229 Zur Autorität Cyprians sagt er zB., dass dieser *bibere* hier als allgemeines Synonym für *sumere* verstehe. Sollte sich *bibere* nur auf die Gestalt des Weines beziehen, werde dort von den Priestern gesprochen; sollte doch von den Laien die Rede sein, so sei es zu dieser Zeit in deren Kirche vielleicht Brauch gewesen, dass Laien unter beiden Gestalten kommunizieren (Nicolaus de Dinkelsbühl, Barones, S. 77).

230 Dinkelsbühl geht erst auf der siebzigsten Seite des Editionstextes zum zweiten Aspekt über (Nicolaus de Dinkelsbühl, Barones, S. 102), den er auf vergleichsweise knappen acht Seiten abhandelt (ebd., S. 103–111). Dies ist in erster Linie dem Aufbau der *Demonstratio* geschuldet, an der sich Dinkelsbühl orientiert.

231 Nicolaus de Dinkelsbühl, Barones, S. 103.

konnte und kann die Kirche den Kommunionritus ändern. Wäre sie dazu nicht in der Lage, würde dies bedeuten, dass der Ritus einem Gebot Christi unterliege oder entspreche, was aber nicht der Fall sei. Die Gewohnheit werde schließlich dadurch gestärkt und beibehalten, dass sie für lange Zeit beachtet wird.[232] Nun argumentiert Dinkelsbühl von den Konsequenzen dieser Behauptung her: Wäre die Kommunion nur unter der Gestalt des Brotes wirklich gegen das Gesetz Christi, wären alle Laien, die das Sakrament so empfangen hatten, verdammt. Obwohl diese der Meinung gewesen seien, gut zu handeln, könne sie diese Unwissenheit nicht entschuldigen, weil die Kommunion unter beiden Gestalten ein göttliches Recht und Gebot Christi wäre, das ausdrücklich in der hl. Schrift grundgelegt sei. Auch die Erwachsenen, die sich aus Unwissenheit nicht taufen ließen, könnten schließlich nicht entschuldigt werden. Darüber hinaus wären nicht nur die Laien, sondern auch alle Priester seit dem Beginn dieser Gewohnheit verworfen, weil sie dem Volk die Kommunion unter beiden Gestalten spenden hätten müssen. Auf diese Weise hätten sie – und das sei eine große Sünde – das Volk ihres Rechtes auf rechtmäßigen Sakramentenempfang beraubt. Darüber hinaus lehrten die Priester dem Volk auch, dass der Empfang des Brotes allein erlaubt sei, und dass es nicht notwendig sei, beide Gestalten zu spenden und zu empfangen. Auf diese Weise hätten alle Erwachsenen, seien sie Kleriker oder Laien, für sehr lange Zeit geirrt und eine Häresie begangen. Dies richte sich aber gegen den Glaubensartikel der einen heiligen Kirche: auf welche Weise wäre sie nämlich eine, wenn sie nicht durch den Glauben zusammengebunden wäre, und auf welche Weise heilig, wenn seit so langer Zeit schon alle Erwachsenen mit Häresie beschmutzt wurden? Niemand könne, so Nikolaus weiter, eine Häresie in solcher Weise in die Gesamtkirche einführen, dass sie von allen geglaubt und gehalten werde. Alle Häresien hätten ihre Gegner und Widerstände. Wäre also die Kommunion unter einer Gestalt ein Irrtum und gegen das Gebot Christi, wäre sie nie in der Gesamtkirche eingeführt, von allen beachtet und so lange Zeit praktiziert worden, zumal dies der Zusage des Herrn, immer bei seiner Kirche zu sein, widersprechen würde.[233] Dies alles zeige deutlich, wie schlecht und abscheulich es sei, wenn diese zwei *conclusiones* in öffentlichen Schulen nicht nur als Meinung oder im Rahmen einer Disputation, sondern als feste Behauptung dogmatisiert wurden oder heute dogmatisiert werden. Damit ist klar auf die Deklaration der Prager Universität von 1417 verwiesen, die als Hochschule und geistliche Institution für den Kelch Stellung bezogen hatte. Noch abscheulicher sei es, eine solche Lehre in öffentlichen Predigten und damit unmittelbar vor den Gläubigen zu verkündigen. Am schlechtesten und verabscheuungswürdigsten sei es aber, wenn sie die Kom-

---

232 Nicolaus de DINKELSBÜHL, Barones, S. 103 f.
233 Nicolaus de DINKELSBÜHL, Barones, S. 104–107.

munion unter beiden Gestalten für die Laien einzuführen wagten, ohne den Papst oder das Generalkonzil zu konsultieren, obwohl sie gleichsam an dessen Seite versammelt waren.[234]

Als Abschluss des Traktats fasst Dinkelsbühl den Schaden, den die Gegner mit ihrer Lehre anrichteten, nochmals zusammen: So verurteilten sie auf diese Weise hartnäckig die hl. Schrift, indem sie etwas zu Unrecht als göttliches Gesetz oder Gebot Christi charakterisierten. Dadurch führten sie zweitens einfache Kleriker und das Laienvolk in die Irre, damit diese glaubten, die Kommunion unter beiden Gestalten sei heilsnotwendig und ein Gebot Christi. Drittens schadeten sie dem Glaubensartikel der einen heiligen Kirche; viertens löschten sie in den Herzen der Gläubigen den Glauben und die Ehrfurcht aus, die für dieses heilbringende Sakrament notwendig seien. Fünftens brächten sie das Volk dazu, zu sündigen, weil es eine lobenswerte und anerkannte Gewohnheit der Gesamtkirche übertrat, die unerschütterlich beachtet werden und als Gesetz gelten müsse. Und sechstens entehrten und verdammten sie auf diese Weise ihre universale Mutter Kirche, die vom Generalkonzil und dem Apostolischen Stuhl repräsentiert werde. Wie sehr sei doch die Autorität dieser beiden vermindert, wenn die Gegner die von der Gesamtkirche anerkannte Gewohnheit nach eigenem Willen verändern, ohne die Kirche oder den Apostolischen Stuhl zu konsultieren![235]

1.7.2. Einordnung und Interpretation

Nikolaus von Dinkelsbühl bleibt bei seiner Argumentation weithin im Rahmen jener »Standardargumente«, die in der Debatte bereits bekannt waren und verwendet wurden. Dass in der Urkirche die Kommunion unter beiden Gestalten gespendet wurde, die zentrale Stelle Joh 6,54 als Verpflichtung zur geistlichen Kommunion zu interpretieren sei, sich die Pflicht zur Konsekration und Kommunion unter beiden Gestalten nur auf die Priester beschränke und die Kirche zudem das Recht habe, solche Riten aus vernünftigen Gründen zu ändern, war schon 1415 in Peter von Pulkaus *Confutatio* unbestritten.[236] Nikolaus von Dinkelsbühl vertieft diese Argumention jedoch in einigen Punkten. Seine Differenzierung zwischen der (veränderbaren) *confectio* der *accidentalia* – also der Feier und liturgischen Ausgestaltung – und der (unveränderlichen) *consecratio* der *substantia* sowie die Unterscheidung zwischen *efficacia* und *significatio* des

---

234 Nicolaus de DINKELSBÜHL, Barones, S. 107f.
235 Nicolaus de DINKELSBÜHL, Barones, S. 108–110.
236 Darin unterscheidet sich die Konstanzer von der Prager Debatte, in der Andreas von Brod eine legitime Praxis der Urkirche, die Kommunion unter beiden Gestalten zu spenden, bestritt (vgl. TRAXLER, Früher Antihussitismus).

Sakraments stellen eine theologische Vertiefung der bisherigen Argumentation dar. Die Differenz zwischen *efficacia* und *significatio* entnimmt Dinkelsbühl dem Sentenzenkommentar des Bonaventura.[237] Grundsätzlich ist festzuhalten, dass bei den ausführlichen Traktaten, die im Zuge der Konstanzer Debatten 1417 abgefasst wurden, nun auch hermeneutische Überlegungen in die Argumentation einzufließen beginnen. Johannes Gerson stellt seinem Traktat zehn ausführliche Regeln zur angemessenen Schriftauslegung voran, und auch Mauritius von Prag differenziert in seiner Interpretation der beiden sakramentalen Gestalten deren Bedeutung nach dem historischen, allegorischen, tropologischen und anagogischen Sinn.[238] Auch bei Nikolaus von Dinkelsbühl sind punktuelle Ansätze bibelhermeneutischer Überlegungen erkennbar, allerdings bleibt er dabei an der Oberfläche. So weist er zwar darauf hin, dass die Beschränkung auf den rein buchstäblichen Sinn nicht angemessen und stattdessen die Intention des jeweiligen Autors zu beachten sei, allerdings vertieft er diesen Einwand nicht weiter. Weder unterscheidet er verschiedene Schriftsinne, noch gibt er Kriterien an, wie die Intention des Autors festgestellt oder überprüft werden könnte oder wie die Autoritäten bei abweichenden Äußerungen zu gewichten seien. In seiner Widerlegung der gegnerischen Autoritäten argumentiert er mehrmals mit der analogen Bedeutung von *bibere* und *sumere*, ohne jedoch näher zu erläutern, woran diese Analogie in den konkreten Fällen festgemacht werden kann. Im Gegenteil relativiert Dinkelsbühl dieses Argument gleichsam, wenn er anführt, dass, sollten mit *bibere* und *sumere* doch zwei unterschiedliche Vorgänge ge-

---

237 Siehe oben, Anm. 223.
238 Mauritius de PRAGA, De communione, S. 795–798: »Quae duplicitas apud sapientes et industrios salubris plurimorum figuratorum posset esse figura, juxta quatuor sensus sacrae scripturae. Nam historice, perfectio corporalis cibationis in duplici specie, scilicet panis et vini, est expressum signum perfectae cibationis animae, per gratiam venerabilis Sacramenti, causatam sub duplici specie. – Allegorice vero. Postquam in creaturis non fit major aliquorum approximatio, quam per cibationem unius in alterum conversio, sive corporaliter alimenti in alitum, Aristot. II. De anima, sive spiritualiter aliti in alimentum. (…) Qui modus in hoc sacramento digne sumentibus obvenit, Christo B. Augustino inspirante (…). Et consequenter communiter omnibus pronunciante: *Qui manducat me, etiam ipse vivet propter me:* Et hoc dupliciter. Vel (1) *ad bonam vitam applicando,* per imutationem meae vitae in carnem. Quae mutatio figuratur in conversione panis in carnem, virtute sacramentali. Vel (2) a peccatis abstinendo, propter effusionem sanguinis, in peccatorum remissionem et detestationem. Quae figuratur in sacramento sanguinis conversi sub specie vini. – Tropologice sive mystice. Cuilibet viatori ad salutem duo sunt necessaria, scilicet Christi incarnatio, figurata per sacramentum corporis sub panis specie, (2) Christi passio, figurata per sacramentum sanguinis sub vini specie. Et quia sine istis figuratis non contingit quenquam salvari, jure istam figuram Salvator expressit dicens: *Nisi manducaveritis carnem filii hominis, et biberitis ejus sanguinem, non habebitis vitam in vobis.* – Anagogice. Panis cor hominis conservat, et vinum laetificat; sed firmitas in via non certe est nisi per fidem et spem, laetitia vero per charitatem, quae foris expellit timorem. Igitur cum fidei succedat clara visio, et charitati fruitio, in quibus perficitur patriae beatitudo: Liquet, duplicem speciem sacramenti in via, patriae fore figuram.«

meint sein, an diesen Stellen eben von den Priestern die Rede sei. Darüber hinaus bleibt unklar, inwiefern die Aussage Dinkelsbühls, für die *significatio* des Sakraments seien (im Gegensatz zur *efficacia*) die Konsekration und Kommunion des Leibes und Blutes Christi durch den Priester nötig (was auch daran erkennbar sei, dass Christus die beiden sakramentalen Gestalten mit zwei unterschiedlichen Bezeichnungen versehen habe), mit dieser tendenziellen Gleichsetzung von *bibere* und *sumere* in Einklang zu bringen ist. Zusammenfassend kann festgehalten werden, dass Dinkelsbühl zwar Ansätze hermeneutischer Überlegungen bietet, allerdings kein Interesse daran erkennen lässt, diese systematisch umzusetzen.

Auffällig an Dinkelsbühls Argumentation ist zudem, dass er bei seiner vergleichsweise knappen Widerlegung der Behauptung, Papst, Konzil oder die kirchliche Gewohnheit hätten nicht das Recht, die Praxis der Kommunionspendung zu verändern, gänzlich darauf verzichtet, die Autorität der Kirche, des Papstes oder des Konzils zu erläutern oder zu begründen. Auch unternimmt er keine Versuche, ein Kirchenbild zu entwickeln. Dass Dinkelsbühl als Teilnehmer eines Generalkonzils, das bereits zwei Mal den Laienkelch per Dekret verboten hatte, diese Steilvorlage der Gegner nicht für eine ausführliche ekklesiologische Klarstellung nutzt, sticht ins Auge. Immerhin stellte die namens des böhmischen Adels verfasste Kritik nicht nur die Autorität der Römischen Kirche insgesamt, sondern auch des Konstanzer Konzils selbst fundamental in Frage! Während Mauritius von Prag seine Widerlegung der *Demonstratio* mit einer ausführlichen Darlegung der Irrtumslosigkeit der Römischen Kirche und dem ihr geschuldeten Gehorsam beginnt und daraus ihre Stellung als Mutter aller Kirchen entwickelt,[239] fehlen bei Nikolaus von Dinkelsbühl analoge ekklesiologische Überlegungen. Auch finden sich nur marginale Versuche, die Autorität des Konstanzer Konzils oder des Papstes zu verteidigen. Im Gegensatz zu Mauritius von Prag, der das Generalkonzil als Repräsentation der Gesamtkirche vorstellt, dessen Haupt Christus selbst sei,[240] erwähnt der Dinkelsbühler die Autorität des Papstes und Konzils als Repräsentanten der Gesamtkirche nur in einem kurzen Satz am Ende des Traktats. Sein Fokus liegt vielmehr darauf, die Konsequenzen der gegnerischen Überzeugung, der Laienkelch sei heilsnotwendig, zu betonen: seit langen Zeiten hätten zahllose Menschen auf diese Weise ihr Heil verwirkt, und die Zusage Christi, bei seiner Kirche zu sein, hätte sich als haltlos herausgestellt. Wie im ersten Teil seines Traktats stellt Dinkelsbühl faktisch auch im zweiten Teil den Aspekt der Heilsnotwendigkeit ins Zentrum, der wiederum bei Mauritius von Prag nur kurz angesprochen wird.[241]

239　Mauritius de Praga, De communione, S. 783–788.
240　Mauritius de Praga, De communione, S. 789f.
241　Mauritius de Praga, De communione, Kap. IX und X.

Welche Rückschlüsse erlauben diese Schriften nun auf die Debatten zum Laienkelch auf dem Konzil? Gerson scheint in seinem Traktat, wie er selbst formuliert, in der Tat allgemeine Regeln aufstellen zu wollen, die für weitere Stellungnahmen von Theologen des Konzils herangezogen werden sollten.[242] Auch seine ausführliche Darlegung einer angemessenen Schriftauslegung spricht dafür.[243] Weder der Traktat Dinkelsbühls, noch jener des Mauritius von Prag (genauso wenig wie die kurzen Schriften von Jean de Roche und Jean Mauroux) bauen jedoch auf Gersons Schrift auf oder lassen Versuche erkennen, seine Ausführungen umzusetzen. Während sich Dinkelsbühl vor allem auf den

---

242 »Nihilominus in expugnatione tali possunt aliqui doctores de Concilio vel aliunde, scribere vel aliter agere contra tales errores et errantes per rationes et persuasiones et allegationes quemadmodum fit nunc pro errorum confutatione praesens opusculum sub generalibus regulis, quae possunt latius trahi et particularius applicari per rationes deductas ante decretum dicti Concilii« (Iohannes Gerson, De necessaria communione, S. 59).

243 »1) Scriptura Sacra est fidei regula, contra quam bene intellectam non est admittenda auctoritas vel ratio hominis cujuscumque; nec aliqua consuetudo, nec constitutio, nec observatio valet si contra Sacram Scripturam militare convincatur. (…) – 2) Scriptura Sacra dum consideratur in aliqua sui parte vel propositione, non est tenenda in solis terminis illius propositionis, ut in illo sensu quem illa propositio sic per se et nude consi-derata facit, sed conferenda est et concordanda est per comparationem ad alios Sacrae Scripturae passus. (…) – 3) Scriptura Sacra potest et debet in suis partibus et partialibus assertionibus reverenter et humiliter et diligenter expositionem recipere, concordando passum cum passu et unum per alterum judicando. (…) – 4) Scriptura Sacra in expositione partium suarum requisivit et requirit homines primo praeditos ingenio, secundo exerci-tatos studio; tertio humiles in judicio; quarto immunes ab affectato vitio. (…) – 5) Scriptura Sacra in sui primaria expositione habuit homines eruditos non solum humana ratiocinatione vel studio, sed divina revelatione et inspiratione Spiritus Sancti. (…) – 6) Scriptura Sacra non ita recipienda est nude et in solidum, contemptis aliis traditionibus hominum, quin debeat ad intelligentiam veram ipsius habendam, juribus humanis et canonibus et decretis et glossis sanctorum doctorum frequenter et humiliter uti. (…) – 7) Scriptura Sacra recipit interpretationem et expositionem nedum in suis verbis originalibus, sed etiam in suis expositoribus. (…) – 8) Scriptura Sacra dum per novellos homines in-ducitur tamquam credenda sit in suis nudis terminis absque alterius interpretis vel ex-positoris admissione, exponitur gravibus periculis et scandalis nisi solerter provideatur et confestim occurratur. (…) – 9) Scriptura Sacra in sua receptione et expositione authentica, finaliter resolvitur in auctoritatem, receptionem et approbationem universalis Ecclesiae, praesertim primitivae, quae recepit eam et ejus intellectum immediate a Christo revelante Spiritu Sancto in die Pentecostes, et alias pluries. (…) – 10) Scriptura Sacra patitur in suis lectoribus, permittente Deo, quod errent et proterve agant quatenus qui probati sunt fiant manifesti, sicut dicit Apostolus; et ut studia doctorum multipliciter excitentur, prout notat Augustinus; et ut particulares veritates quotidiano exercitio inveniantur et eliciantur juxta illud: pertransibunt plurimi et multiplex erit scientia: et illud: declaratio sermonum tuo-rum illuminat, cum similibus multis. Nihilominus dum Sacra Scriptura patitur in suis lectoribus aut allegatoribus perversum et protervum intellectum, adversus illa quae ma-nifeste sunt in eadem Scriptura tradita, et quae declarata sunt per Ecclesiam universalem et ita recepta per fidelium observationem, debet habere defensionem suam, magis judiciali severitate et executione punitiva, quam ratiocinatione curiosa per scripturas aut verba (…)« (Iohannes Gerson, De necessaria communione, S. 55–59).

Aspekt der Heilsnotwendigkeit des Laienkelchs konzentriert, liegt der Fokus des Mauritius von Prag auf dem Aspekt der Autorität der Römischen Kirche, des Papstes und des Konzils. Einige Handschriften des Traktats des Mauritius von Prag enthalten jedenfalls den Hinweis, dass er auf Anweisung des Konzils abgefasst und vor dem Konzil vorgetragen wurde,[244] wenngleich wir auch keine Details zum Inhalt einer solchen Anweisung oder zum Rahmen des Vortrags auf dem Konzil kennen.

Der Umstand, dass knapp ein halbes Dutzend Theologen Stellungnahmen zur *Demonstratio* verfassten, deutet auf eine konzertierte Aktion und gemeinsame Strategie hin. Diese Traktate dienten wohl entweder dazu, ein eventuelles konziliares Dokument vorzubereiten[245] (analog zur *Confutatio* des Peter von Pulkau); oder aber das Konzil verzichtete auf eine eigene Stellungnahme und ließ stattdessen halboffizielle wissenschaftliche Abhandlungen in höherer Zahl herstellen, um dem Text der *Demonstratio* auf gleicher Ebene, aber umfassend zu begegnen. In beiden Fällen scheint die Initiative von einem Beschluss der *facultas theologica* des Konzils ausgegangen zu sein.

Wenn auch das Begleitschreiben, welches gemeinsam mit der *Demonstratio* nach Konstanz geschickt worden war, nicht erhalten ist, gibt es doch Hinweise darauf, dass es die grundsätzliche Bereitschaft der Hussiten signalisierte, ihre Lehren auf dem Konzil zu verteidigen.[246] Die Erneuerung des Kelchdekrets im Juni 1417 dürfte seinen Teil zum Scheitern der geplanten Debatte beigetragen haben. Weder die Schrift des Dinkelsbühlers, noch jene des Mauritius von Prag, Jean de Roche oder Jean Mauroux deuten darauf hin, dass sie als Vorbereitung einer solchen Disputation verfasst worden wären. Ihr Duktus spricht klar dafür, dass sie nicht nur gegen die Hussiten, sondern auch an das eigene Lager gerichtet waren. Mauritius von Prag erwähnt etwa unmittelbar nach seiner Darlegung des vierfachen Schriftsinns der beiden eucharistischen Gestalten, dass diese Überlegungen für Laien aber nicht zuträglich seien und sich diese vielmehr an das

---

244 So Brandmüller, Das Konzil von Konstanz, Bd. 1, S. 148.
245 Darauf könnte auch die Aussage Gersons in seinem Traktat hindeuten: »(...) sub generalibus regulis, quae possunt trahi et particularius applicari per rationes deductas ante decretum dicti Concilii (!)« (vgl. oben, Anm. 242).
246 Coufal, Polemika o kalich, S. 62 mit Anm. 8 und 9. Im Jahr 1433 wissen Rokycana und Ragusa auf dem Basler Konzil von solchen geplanten Gesprächen zu berichten: Iohannes Rokycana, Replica, fol. 153r: »Fuerunt namque et tunc temporis aliquot magistri dispositi et deprecati ad concilium Constanciense aggrediendum et visitandum materiam conmunionis cum scripturarum fulcimentis exponere coram prefato concilio cupientes, sed videntes sentenciam contra se latam diram a proposito desierunt etc.« Siehe auch Iohannes de Ragusio, Replica, fol. 203r: »Ymmo, ut inquit, eramus in proposito eundi ad dictum concilium ad explicandum raciones nostras, motiva et allegaciones atque auctoritates, sed audita celeri sentencia contra nos dire lata destituimus et dimisimus venire, et sic remansimus et exinde atque extunc secuta sunt multa mala occasiones bella et multa alfa (...)« (zit. nach Coufal a. a. O.).

halten sollten, was der Klerus sage und tue.[247] Auch der Fokus des Dinkelsbühlers liegt auf den Gefahren einer behaupteten Heilsnotwendigkeit für die (katholischen) Gläubigen; sogar Im zweiten Teil seiner Argumentation, in der es eigentlich die Macht von Kirche, Papst und Konzil zu verteidigen gegolten hätte, erörtert er ausführlich die Folgen der proklamierten Heilsnotwendigkeit des Laienkelchs, nämlich den Verlust des Heils von Gläubigen und Priestern und den Fall großer Teile der Kirche in Häresie. Als noch empörender, als eine solche Lehre in universitären Disputationen zu vertreten, stellt Dinkelsbühl die Verbreitung derartiger Irrlehren in Predigten und die damit verbundene »Verankerung« in den Ohren der Gläubigen dar. Auch seine einfache und auf die Anwendung der fünf *conclusiones* beschränkte Widerlegung der gegnerischen Autoritäten deutet darauf hin, dass er bei der Abfassung des Traktats nicht nur die hussitischen Gegner vor Augen hatte, sondern damit auch der Klärung und Bekräftigung der katholischen Position diente. Der primäre Adressatenkreis dieser Schriften waren das Konzil und die theologischen Experten sowie jeder »wissenschaftlich« Interessierte. Neben dieser primär intendierten Rezeption zeigt die beachtliche Verbreitung der Traktate, dass auch ein starkes innerkatholisches Interesse an diesen Schriften bestand: während Dinkelsbühls Schrift in 21 und die Darlegung des Mauritius in 33 Abschriften erhalten ist, sind von Gersons Traktat bislang sogar 112 Abschriften bekannt.[248] Das Konzil und seine Teilnehmer, insbesondere wohl die anwesenden Bischöfe, dienten zweifelsohne als Multiplikatoren dieser Schriften. Eine unmittelbare – mündliche oder schriftliche – Auseinandersetzung mit den hussitischen Gegnern scheint hingegen nicht betrieben worden zu sein.[249]

Wenngleich es die dünne Quellenbasis nicht erlaubt, die konkreten Vorgänge am Konzil näher zu bestimmen, kann grundsätzlich festgehalten werden, dass sich mit Jean Gerson, Jean de Roche, Jean Mauroux, Nikolaus von Dinkelsbühl und Mauritius von Prag zu diesem Zeitpunkt der Auseinandersetzung bereits Theologen mindestens vier bedeutender Hochschulen – Paris, Toulouse, Wien und Prag – mit dem Thema befassten. Dass Gersons Traktat mit August, der des Mauritius mit November/Dezember 1417 datiert ist, zeigt, dass es auf dem Konzil jedenfalls eine längere – und, wie die drei ausführlichen Traktate zeigen,

---

247 »Verum, quia laici, habentes praefatam de Sacramento venerabili historiae fidem, non tenentur se occupare circa hujusmodi signorum relationes duplicis speciei, propter suam ruditatem et irreligiositatem (...)« (Mauritius de PRAGA, De communione, S. 797).

248 Vgl. SOUKUP, Repertorium, und MARIN, La patience, S. 378–393. Die kurze Schrift des Jean de Roche wurde bislang in nur drei Abschriften, die des Jean Mauroux in nur vier Abschriften bekannt (siehe oben Anm. 203 und 204).

249 Die von FINKE in ACC IV, S. 498 formulierte und von MADRE, Nikolaus von Dinkelsbühl, S. 256 übernommene Einschätzung, Gersons Arbeit sei die früheste und schärfste, während die des Nikolaus von Dinkelsbühl dem hussitischen Standpunkt am weitesten entgegenkomme, ist zweifelhaft.

intensive – Auseinandersetzung mit dem Thema gegeben haben muss. Gerson scheint dabei eine selbstbewusste Rolle gespielt zu haben, wobei seine theoretischen Vorgaben, so sie als solche gedacht waren, in den übrigen Traktaten nur rudimentär umgesetzt wurden. Im Vergleich zur Situation im Juni 1415, als Peter von Pulkau seine Stellungnahme schrieb, sind nun deutlich mehr Interesse und Bewusstsein für die Sprengkraft des Laienkelchs erkennbar. Dazu hatten zum einen gewiss die faktischen Ereignisse in Böhmen, die zunehmende Radikalisierung der Hussiten und die immer weitere Verbreitung ihrer Lehren ihren Teil beigetragen.[250] Dies zeigt auch der Aufruf Gersons an den weltlichen Arm, militärisch gegen die Hussiten vorzugehen.[251] Ein weiterer fundamentaler Unterschied zur Situation im Frühsommer 1415 bestand nun in der offenen Propagierung der Heilsnotwendigkeit des Laienkelchs durch die Hussiten, was die Konsequenzen dieser Forderung drastisch verschärfte. Der Traktat des Pulkauers, der dem Konzil zur Verfügung stand, reichte für diese neue Situation offenkundig nicht mehr aus. Die deutlich gesteigerte Relevanz und Brisanz der Kelchthematik zwischen 1415 und 1417 lässt sich auch an den bereits erwähnten zahlreichen Abschriften der späteren Traktate ablesen, während Peter von Pulkaus *Confutatio* nur im Autograph und einer einzigen (Wiener) Abschrift erhalten ist. Die Argumente gegen den Laienkelch waren im Frühsommer 1417 bereits ausgearbeitet und bekannt; darüber musste auf dem Konzil nicht mehr diskutiert werden (dies ist auch daran ersichtlich, dass praktisch alle Traktate, von Peter von Pulkau über Gerson bis hin zu Dinkelsbühl, im Kern dieselben Argumente vorbringen und keiner dieser Autoren Versuche unternimmt, neue Argumentationen zu entwickeln). Das von Dinkelsbühl eingefügte Novum der fünf knappen, einfachen *conclusiones* deutet vielmehr darauf hin, dass die Notwendigkeit erkannt wurde, der zunehmenden hussitischen Propaganda kompakte Argumente entgegenzusetzen. Zusammen mit der deutlich intensivierten Beschäftigung mit dem Thema kann dies als Hinweis auf einen Wandel des Bewusstseins hinsichtlich der Gefährdung der Gläubigen im Reich gelten, die aus der Ausbreitung des Hussitismus resultierte.

---

250 Schon am 20. Februar 1416 hatte der Konzilspromotor Heinrich von Piro das Konzil aufgefordert, gegen die in Konstanz kursierenden hussitischen Propagandaschriften vorzugehen (Mansi 27, S. 833f.; vgl. Brandmüller, Das Konzil von Konstanz, Bd. 1, S. 139).

251 »Debet potius hoc sacrum generale Concilium invocare auxilium brachii secularis, si opus fuerit, quam per ratiocinationes contra tales, attenta sua determinatione, quae jam transit in rem judicatam« (Iohannes Gerson, De necessaria communione, S. 771).

1.8. Fazit

Die Klärung der Angelegenheiten Wyclif und Hus wurde von Johannes XXIII. – der sich selbst als legitimer Papst sah und Konstanz als Bestätigung des Pisanums interpretierte – bereits in der Eröffnungssitzung des Konzils forciert, während die Konzilsväter in der Beseitigung des Schismas den dringendsten Handlungsbedarf sahen. Die Konzentration Johannes' XXIII. auf die *causa fidei* war gewiss nicht uneigennützig; vielmehr hatten ihn jene Stimmen, die auch seine Absetzung und die Wahl eines neuen Konzilspapstes forderten, in erhebliche Unruhe versetzt. Die ersten Vorschläge, Traktate und Flugschriften, die auf dem Konzil verbreitet wurden, forderten zuallererst die Beendigung der Kirchenspaltung (d'Ailly), die Reform gewisser Gebräuche des päpstlichen Hofes (Zabarella mit drei weiteren Kardinälen) und der Missbräuche an der Kurie (Dietrich von Niem).[252] Die *causa* Wyclif und Hus war für Johannes XXIII., der sich angesichts dieser Forderungen zunehmend unbehaglich fühlte, in der Tat die ungefährlichste. Die Hussitenfrage war zu Beginn des Konzils – angesichts der bereits 36 Jahre andauernden Kirchenspaltung – ein Randthema, die gewaltsame Entwicklung nach dem Tod Hussens noch nicht absehbar. Entsprechend wurde die Behandlung der *causa fidei* immer wieder zugunsten drängenderer Angelegenheiten unterbrochen. Sebastián Provvidente hat jüngst darauf hingewiesen, dass sich mit dem Erlass des Dekrets *Haec sancta* am 6. April 1415, mit dem sich das Konzil nach der Flucht Johannes' XXIII. sein Fortbestehen sicherte, das Tempo der Behandlung der *causae fidei* merklich verschärfte.[253] Unmittelbar nach der Verabschiedung von *Haec sancta* wurde das Vorgehen gegen Wyclif und Hus auf die Tagesordnung gesetzt. In der Tat scheinen die Häresieprozesse gegen Wyclif, Hus und Hieronymus, aber auch gegen Johannes XXIII. für das Konzil eine ideale Gelegenheit gewesen zu sein, nicht nur die eigene Superiorität in Glaubensfragen, sondern auch den Besitz der *plenitudo potestatis* zu demonstrieren.[254]

Die *causa fidei* beschränkte sich nicht nur auf Wyclif, Hus, Hieronymus und den Laienkelch. Auch der Fall des Jean Petit, der sich um die Erlaubtheit des Tyrannenmords drehte, sowie der Prozess gegen den Dominikaner Johannes Falkenberg, der sich in seiner *Satira* scharf gegen Polen gewendet hatte, mussten am Konzil behandelt werden. Die Behandlung dieser Themen auf dem Konzil war verschachtelt und komplex, zumal parallel dazu auch die Unions- und Reformfragen sowie die Absetzung Johannes' XXIII. behandelt werden mussten. Es finden sich Beratungen kleinerer Gruppen, etwa im Quartier d'Aillys oder Za-

---

252 GILL, Konstanz und Basel-Florenz, S. 51 f.
253 PROVVIDENTE, Hus's Trial.
254 Ebd., S. 256.

barellas, zusammen mit Treffen der *facultas theologica* (im April noch im
Quartier d'Aillys, im Juni bereits im großen Saal des Augustinerklosters); parallel dazu werden zahlreiche Spezialausschüsse und Untersuchungskommissionen gebildet, abgeändert und wieder neu zusammengesetzt sowie Untersuchungsrichter bestellt. Am 15. Juni 1415 wird auf Initiative König Sigismunds
hin zudem eine Glaubenskommission, bestehend aus den Kardinälen Orsini,
Panciera, Zabarella, d'Ailly und vier Deputierten der Nationen – darunter auch
Nikolaus von Dinkelsbühl – gebildet.

Für die Auseinandersetzung mit Wyclif und Hus von Frühjahr bis Sommer
1415 ist keine Beteiligung der Wiener Gelehrten in den Spezialkommissionen
nachweisbar. Auch eine besondere Rolle des Nikolaus von Dinkelsbühl oder des
Bartholomäus von Ebrach kann anhand den Quellen nicht belegt werden, womit
sie freilich auch nicht ausgeschlossen werden muss. Grundsätzlich gibt es keine
Hinweise, dass die Wiener Gelehrten vor ihrer Abreise besondere Vorbereitungen zur Hussitenthematik getroffen hätten. Während an der Pariser Universität bereits längere Zeit vor dem Konzil Hussens Schrift *De ecclesia* exzerpiert und durch Gerson nach Konstanz geschickt oder an der Universität Oxford
bereits 1411 eine Kommission zur Sammlung häretischer Aussagen des Wyclif
für ein kommendes Konzil eingesetzt worden war, beschäftigte sich die Wiener
Universität zu diesem frühen Zeitpunkt noch nicht in systematischer Weise mit
den Lehren des Wyclif oder Hus. Da Hieronymus als Vermittler Wyclifs im Zuge
seiner *peregrinatio academica* nicht nach Wien gekommen war, ergab sich diese
Notwendigkeit nicht. Damit ist ein grundsätzlicher Punkt angesprochen: anders
als zur Zeit des Basler Konzils, als sich die Wiener Hochschule klar gegen die
Hussiten positionierte und Thomas Ebendorfer mit einem konkreten Arbeits-
auftrag zum Konzil sandte, waren die Interessen der Wiener Universität an der
Konstanzer Kirchenversammlung, soweit rekonstruierbar, deutlich grundle-
genderer Natur. Aus den Korrespondenzen für Wien und auch für Köln wird
deutlich, dass für die Universitäten neben dem Schisma vor allem praktische
Fragen wie Benefizien oder universitäre Jurisdiktion im Vordergrund standen.[255]
Die hussitische Bewegung begann gerade erst, sich herauszubilden, ihre weit-
reichenden Folgen waren kaum absehbar.

Im Prozess gegen Hieronymus von Prag spielten Nikolaus von Dinkelsbühl
und Lambert von Geldern als Untersuchungsrichter eine zentrale Rolle. In dieser
Funktion hatten sie u. a. die Sammlung der Anklageartikel inne. Ihr inhaltlicher
Beitrag wird sich vor allem auf die Darstellung des formalen Ablaufs des Wiener
Prozesses – insbesondere jener Vorgänge, die zur Exkommunikation des Hie-
ronymus führten – erstreckt haben; die entsprechenden Anklageartikel zeugen

---

255 Vgl. Girgensohn, Peter von Pulkau, S. 58 (für Wien); Keussen, Die Stellung, S. 232 (für
     Köln).

von einer detaillierten Kenntnis der Wiener Vorgänge (bei denen die anwesenden Gelehrten nur eine Beobachterrolle eingenommen hatten; eine inhaltliche Debatte der Wyclifschen Artikel fand in diesem Zuge nicht statt). Bei der Ernennung solcher Spezialkommissionen ist grundsätzlich zu beachten, dass die Tatsache der Beauftragung nicht notwendigerweise eine besondere Expertise des Gewählten zum Ausdruck brachte. Die zuständigen Untersuchungsrichter waren in erster Linie Kardinäle, Bischöfe oder Äbte, das Ziel der Besetzung dieser Kommissionen war eine möglichst paritätische Beteiligung von Theologen und Kanonisten. Zudem dürfte auch eine geographische (bzw. nationale) Komponente bei der Auswahl der Kommissionsmitglieder eine Rolle gespielt haben, um zu vermeiden, dass bestimmte Prozesse von einzelnen Nationen oder Universitäten bestritten oder dominiert wurden. Diese breit gestreute Beteiligung kann als Ausdruck und Zeichen der *repraesentatio ecclesiae universalis* gelten. So wurde Nikolaus von Dinkelsbühl etwa auch in die Untersuchungskommission zur *causa* Petit entsandt, ohne sich zuvor oder danach je besonders mit dem politischen Konflikt zwischen Orléans und Burgund oder der Frage des Tyrannenmordes beschäftigt zu haben. In der *causa* Hieronymus hingegen dürfen Nikolaus und Lambert als Gewährsmänner für den (formalen) Ablauf des Wiener Prozesses gelten. Eine besondere Rolle hinsichtlich der philosophisch-theologischen Aspekte der Anklage ist weder nachweisbar noch wahrscheinlich.

Deutlich aussagekräftiger als Kommissionszugehörigkeiten sind am Konzil verfasste Traktate. So scheint Peter von Pulkau unmittelbar, nachdem die Schrift *Pius Iesus* des Jakobell von Mies im Februar 1415 nach Konstanz gebracht worden war, die Gefahr dieser Forderung erkannt zu haben. Seine *Confutatio*, wohl eine erste konzilsinterne Beschäftigung mit der neuen böhmischen Lehre, dürfte als »Expertenbericht« für die *facultas theologica* verfasst und in diesem Rahmen vorgetragen worden sein. Da die Angelegenheit des Laienkelchs für die Konzilsväter zu diesem Zeitpunkt noch neu und vergleichsweise unbedeutend gewesen sein dürfte, zog die *Confutatio* 1415 noch keine weiteren Abschriften nach sich. Dennoch dürfte diese Schrift die Debatten auf dem Konzil entschieden angeregt und die (erstaunlich) rasche Verurteilung der Kommunion unter beiden Gestalten für die Laien begünstigt haben. In der zweiten Jahreshälfte 1415 begann sich die Situation zu wandeln. In der Folge der Verurteilung und Hinrichtung des Hus radikalisierten sich Teile der bestehenden Reformgruppen in Böhmen; Reform und Revolution begannen verstärkt auf die Nachbarländer überzugreifen. Dies blieb auch auf dem Konzil nicht unbemerkt. Am 4. März 1416 beriet die Wiener Universität bereits über einen Brief Peters von Pulkau, in dem dieser davon berichtete, dass die Hussiten angeblich Angehörige ihrer Sekte in alle Nachbarländer Böhmens aussendeten, um ihre Irrlehre zu verbreiten. Die Universität ernannte daraufhin Deputierte zur Erörterung dieser Angelegenheit.[256] Zum 11. April 1416 findet sich der Hinweis in den Universitätsakten, dass der Universitätsnotar vor den versammelten Magistern eine von den Deputierten entworfene Stellungnahme in der hussitischen Angelegenheit verlesen habe; das weitere Vorgehen in dieser Sache solle nun eine gewählte Kommission erörtern.[257] Der Umstand, dass den Anlass für diese Auseinandersetzung der Universität mit der böhmischen Häresie ein Brief aus Konstanz bot (und nicht etwa die eigenen Erfahrungen in Wien), deutet darauf hin, dass die Hussitenthematik zuvor lediglich peripher wahrgenommen wurde. Am 16. August 1416 berichtet Peter von Pulkau in einem weiteren Brief an seine Hochschule, dass ihm soeben erstmals zu Ohren gekommen sei, Herzog Albrecht von Österreich habe seinen Offizial entlassen, da dieser gewisse der hussitischen Häresie verdächtige Personen ohne Freisprechungsurteil aus seiner Gefangenschaft entlassen und ihnen einen freien Weggang ermöglicht habe; er vermute, so Peter, dass besagter Ankläger wohl eine persönliche Zitation des Offizials erbitten werde, um vor den Richtern des Konzils den Prozess gegen ihn fortzusetzen.[258]

Zeitgleich begann sich das Konzil mit Hieronymus von Prag auseinanderzusetzen, dessen Verurteilung und Hinrichtung die Situation weiter zuspitzte. Als sich im Frühjahr 1417 mit der Prager Universität die erste Hochschule in der Frage des Laienkelchs offen gegen das Konzil stellte, hatte die Auseinandersetzung endgültig eine neue Stufe erreicht. Nach dem erneuten Verbot des Laienkelchs im Juni 1417 war den Theologen auf dem Konzil die Sprengkraft dieser hussitischen Forderung deutlich stärker bewusst. Gleich fünf Gelehrte vier bedeutender Universitäten – neben Nikolaus von Dinkelsbühl auch Jean Gerson, Jean de la Roche, Jean Mauroux und Mauritius von Prag – griffen nun, wohl im Auftrag der *facultas theologica*, gegen die Kommunion unter beiden Gestalten für die Laien zur Feder. Der ausführliche Traktat des Nikolaus von Dinkelsbühl bot sich mit seinen fünf kompakten Regeln zur Entkräftung aller gegnerischen Argumente und seiner starken Fokussierung auf die Folgen der hussitischen Lehren für die katholischen Gläubigen auch als Handreichung für die katholischen Bischöfe, Prälaten und Seelsorger an, die wohl u. a. als Multiplikatoren dieser Schrift auf dem Konzil dienten. Die Konsequenzen dieser hussitischen Forderung stand nun deutlich klarer vor Augen als noch im Frühsommer 1415.

Zwischen dem Jahresende 1414 und dem Jahresbeginn 1418 hatte sich die Situation somit markant verändert. Nach der anfänglichen Beschäftigung aus strategischen (Johannes XXIII.) oder zeitlichen (Konzilsväter) Gründen mit Wyclif und Hus hatte durch die Folgen der Hinrichtung des Hus und Hieronymus, die Proklamation der Heilsnotwendigkeit des Kelches durch die Prager

---

256 Siehe unten Kapitel II, S. 110, Anm. 117–119.
257 AU 2, fol. 76v; AFA I, S. 472.
258 Petrus de PULKA, Epistolae, S. 47.

Universität und die faktische politische Entwicklung, Ausbreitung und Radikalisierung der hussitischen Reformbewegung das Thema am Ende des Konzils enorm an Brisanz gewonnen. Am 22. Februar 1418 erließ der im November 1417 neu gewählte Papst Martin V. die beiden Bullen *Inter cunctas*[259] und *In eminentis*.[260] Martin bestätigte darin die Verurteilung des Wyclif, Hus und Hieronymus sowie die beiden Kelchdekrete,[261] da die Anhänger der drei »Häresiarchen« nach wie vor ihr Unwesen trieben und die Gläubigen auf ihre Seite zu ziehen versuchten. Die (unbelegte) These Madres, der Traktat *Barones regni Bohemie* habe die endgültige Verurteilung des Kelches durch Martin V. entscheidend beeinflusst, wie der »Wortlaut dieses zweiten Urteilsspruchs« nahelege,[262] dürfte nicht aufrechtzuerhalten sein. Konkret scheint sich Madre auf die Artikel 17 und 18 des Fragebogens an die Wyclifiten und Hussiten in der Bulle *Inter cunctas* zu beziehen. Die beiden Artikel[263] finden sich inhaltlich zwar in der Tat auch bei Dinkelsbühl. Zum einen handelt es sich dabei jedoch um Standardargumente in der Debatte, zum anderen lässt sich daraus – selbst wenn Martin V. sie aus dem Traktat des Dinkelsbühlers entnommen hätte – keine »entscheidende Beeinflussung« der päpstlichen Bulle ablesen. Die eigentliche Intention der beiden Bullen war es, den vom Konzil in der Schismasituation erlassenen Bestimmungen unbezweifelbare Gültigkeit zu verleihen.[264] Die Auseinandersetzung mit den Hussiten war mit dem Ende des Konzils allerdings erst eröffnet.

---

259 Ed. in: Hardt IV, S. 1518–1531.

260 Ed. in: Hardt IV, S. 1531; Mansi 27, S. 1215–1220; Schannat/Hartzheim, Concilia Germaniae VI, S. 91–93; Hardouin VIII, S. 918–924.

261 Konkret bestätigte Martin V. sieben Erlasse und Dekrete: das von Johannes XXIII. auf der Römischen Synode am 2. Februar 1413 erlassene Dekret gegen die Bücher Wyclifs und die dazugehörigen Ausführungsbestimmungen vom 8. Februar 1413; die Verurteilung der 45 Artikel Wyclifs (*Fidem catholicam*); das Dekret zum Verbot des Laienkelchs (*Cum in nonnullis*); die Verurteilung der 30 Artikel des Hus (*Quia teste veritate*); das Dekret über das sichere Geleit für Häretiker (*Praesens sancta synodus*) und die Verurteilung des Hieronymus von Prag (*Christus Deus*) (Pichler, Die Verbindlichkeit, S. 89).

262 Madre, Nikolaus von Dinkelsbühl, S. 29; ihm folgt Studt, Papst Martin V., S. 61, Anm. 13.

263 DH, S. 1247–1279, hier S. 1257f.: »17) Item, utrum credat et asserat, quod facta consecratione per sacerdotem, sub sola specie panis tantum, et praeter speciem vini, sit vera caro Christi et sanguis et anima et deitas et totus Christus, ac idem corpus absolute et sub unaqualibet illarum specierum singulariter. – 18) Item, utrum credat, quod consuetudo communicandi personas laicales sub specie panis tantum, ab ecclesia universali observata, et per sacrum Concilium Constantiae approbata, sit servanda sic, quod non liceat eam reprobare aut sine Ecclesiae auctoritate pro libito immutare. Et quod dicentes pertinaciter oppositum praemissorum, tamquam haeretici vel sapientes haeresim, sint arcendi et puniendi.«

264 Pichler, Die Verbindlichkeit, S. 85–90.

2. Die anti-hussitischen Bemühungen der Wiener Universität nach ihren amtlichen Quellen

2.1. Zur Quellenlage

Der überlieferte Bestand der amtlichen, d. h. für das Archiv bestimmten Quellen zur Geschichte der Universität Wien wurde von einem der besten Kenner der Universitätsgeschichte des 20. Jahrhunderts, Paul Uiblein, bereits gründlich dargestellt und zum Teil in Form seiner verdienstvollen Edition der *Acta Facultatis Artium I* und der *Acta Facultatis Theologiae* der Forschung erschlossen. Die Untersuchung dieser Quellen, insbesondere der Universitäts- und Fakultätsakten, bildet die Grundlage dieses Kapitels.[1] Von den *Universitätsakten*,[2] die vom Rektor oder Universitätsnotar verfasst wurden und primär finanzielle, disziplinarische oder personaladministrative Angelegenheiten behandeln, sind uns heute sechs Bände erhalten. Mit den Bänden I (1382–1401) und II (1401–1422) haben wir Aufzeichnungen zu den ersten vier Jahrzehnten des Bestehens der Universität vor uns; die Bände III und IV umfassen die Jahre 1466–1472 und 1472–1476, ein weiteres Blatt das Jahr 1512/13 und der letzte Band die Jahre 1576–1580. Die Aufzeichnungen der Jahre 1423–1465 sind verloren.[3]

Die von den Dekanen der jeweiligen Fakultäten verfassten Akten behandeln primär Angelegenheiten, die den Ablauf des Studiums, die Disziplin oder –

---

1 Zu folgenden Ausführungen vgl. bes. Uiblein, Zur Quellenlage und Uiblein, Mittelalterliches Studium, S. 35–57. Neben den Akten sind als offizielle Quellen zur Universitätsgeschichte ebenso die Matrikel zu nennen. Für den Untersuchungszeitraum relevant sind die jeweils erste Band der Matrikel der Gesamtuniversität (1377–1450) sowie der Rechtswissenschaftlichen Fakultät (1402–1442). Diese werden insofern berücksichtigt, als sie durch Herkunftsvermerke Aufschluss über die Anzahl an böhmischen Studenten geben, denen die Inskription in Wien gestattet wurde. Die Matrikel der Ungarischen Nation, der die Böhmen angehörten, beginnen erst im Jahr 1453.

2 Die ersten beiden Bände der AU (1382–1422) werden zur Zeit am Institut für Geschichte der Universität Wien ediert. Zum Umfang der AU und der Verluste vgl. Uiblein, Mittelalterliches Studium, S. 54–57, zur Tradierungsgeschichte der AU im Universitätsarchiv vgl. Mühlberger/Wakounig, Vom Konsistorialarchiv, hier S. 201 und S. 212.

3 Wien, ÖNB, Cod. Series nova 106. Vgl. Mazal/Unterkircher, Katalog, S. 43; Uiblein, Zur Quellenlage, S. 542.

insbesondere im Fall der Theologischen Fakultät – die Verteidigung der wahren Lehre und das Einschreiten gegen Häretiker betreffen. Für die *Artistische Fakultät* sind uns diese in zehn Bänden für die Jahre 1385–1873 erhalten; der erste Band (1385–1416) wurde 1968 von Paul Uiblein ediert und veröffentlicht.[4] Die Akten der Artistischen Fakultät wurden im Vergleich zu den anderen Fakultäts- und den Rektoratsakten am genauesten und ausführlichsten geführt. Die erhaltenen *Akten der Theologischen Fakultät* erstrecken sich in acht Bänden auf den Zeitraum von 1396–1849. Die ersten beiden Bände (1396–1508), ebenso von Paul Uiblein ediert, erschienen 1978 im Druck.[5] Während sich für die *Juristische Fakultät* keinerlei Akten erhalten haben,[6] besitzen wir für die *Medizinische Fakultät* Akten für die Jahre 1399–1815.[7] Die ersten drei Bände (1399–1435, 1436–1501 und 1490–1558) wurden von Karl Schrauf, die Bände IV–VI (1558–1604, 1605–1676 und 1677–1724) von Leopold Senfelder veröffentlicht.[8] Zum ersten Band (1399–1435) legten Sonia Horn und Anette Löffler 2012 eine Neubearbeitung vor.[9]

2.2.   Forschungsstand und -gegenstand

Die der Universität 1365 im Rudolfinischen Stiftsbrief übertragene Aufgabe der Vermehrung und Verteidigung des Glaubens, die in der Bestätigungsbulle der Theologischen Fakultät durch Papst Urban VI. 1384 bekräftigt wurde[10] und in deren Kontext die anti-hussitischen Bemühungen der Wiener Universität zu sehen sind, wurden von ihren Geschichtsschreibern in den vergangenen 160 Jahren bereits in unterschiedlicher Intensität behandelt. Schon 1854 ging Rudolf

---

4 Vgl. AFA I. Siehe auch die Berichtigungen und Ergänzungen Uibleins zur Edition der AFA I in Uiblein, Mittelalterliches Studium, S. 118–130. Eine Edition des zweiten Bandes (1416–1447) ist zur Zeit in Vorbereitung. Herrn Mag. Maisel (Archiv der Universität Wien) gebührt unser herzlicher Dank für die Bereitstellung von Handschriftenscans der Universitätsakten und der AFA II, auf die sich die folgenden Transkriptionen stützen. Wertvolle Hinweise lieferte auch Prof. Martin Wagendorfer (Innsbruck).

5 Vgl. AFT nach den Originalhandschriften AT-UAW/THK Th 1 und AT-UAW/THK Th 2 im Universitätsarchiv.

6 Erhalten sind nur die Matrikel der Juristischen Fakultät, deren erster Band (1402–1442) im Jahr 2011 und deren zweiter Band (1442–1557) im Jahr 2016 herausgegeben wurde: Mühlberger, Matrikel I und Maisel, Matrikel II.

7 ArUW, Cod. MED 01.1-15.

8 Schrauf, AFM; Senfelder, AFM.

9 Horn/Löffler, AFM I.

10 Die lateinische Fassung des Stiftsbriefs ist gedruckt in Csendes, Die Rechtsquellen, S. 141–156 (Nr. 29) und in Timp, 600 Jahre Universität Wien, S. 6–14; die deutsche Fassung des Stiftsbriefs in Csendes, Die Rechtsquellen, S. 94–104 (Nr. 27) und in Timp, 600 Jahre Universität Wien, S. 16–25. Die Bestätigungsbulle Urbans VI. ist gedruckt in Kink, Urkundliche Beilagen, S. 43–47 (Nr. 8).

Kink in seiner *Geschichte der kaiserlichen Universität zu Wien* – und hier insbesondere im zweiten Teil des ersten Bandes, den *Urkundlichen Beilagen* – daran, zahlreiche Passagen aus den Akten der Artistischen und Theologischen Fakultät »Häresien betreffend« zusammenzustellen und in Auszügen zu edieren.[11] Doch genau wie zehn Jahre später, als Joseph von Aschbach den ersten Band seiner *Geschichte der Wiener Universität* als Festschrift zur 500. Gründungsfeier veröffentlichte, galten die ersten beiden Bände der Universitätsakten (1382–1422) sowie die Akten der Medizinischen Fakultät als verschollen, weshalb die darin enthaltenen Eintragungen nicht berücksichtigt werden konnten.[12] Den Anspruch der möglichst vollständigen Erfassung des vorhandenen Materials zu antihäretischen Maßnahmen der Universität, der noch bei Kink zu konstatieren war, verfolgten die Schreiber von Universitäts- und Fakultätsgeschichten in der Folge angesichts des bereits bei Kink verfügbaren Materials nicht mehr. Zwar besprechen sowohl Anton Wappler in seiner *Geschichte der theologischen Facultät der K. K. Universität zu Wien*[13] als auch Karl Schrauf in seiner *Geschichte der Wiener Universität in ihren Grundzügen*[14] (so wie nach ihnen etwa Franz Gall in seinem Werk *Alma Mater Rudolphina*, Alphons Lhotsky in seiner Darlegung zur *Wiener Artistenfakultät* und Paul Uiblein in zahlreichen Aufsätzen seines posthum herausgegebenen Sammelbandes *Die Geschichte der Universität Wien im Mittelalter*) zum Teil bereits bekanntes Vorgehen der Universität gegen Häretiker und ergänzen auch einzelne bis dahin unbekannte Stellen aus den Akten. Eine Gesamtzusammenschau aller antihäretischen und damit auch der anti-hussitischen Bemühungen stand im Kontext einer umfassenden Universitätsgeschichte nach Kink jedoch nicht mehr im Zentrum des Interesses.[15]

Neben diesen Gesamtdarstellungen zur Universitätsgeschichte sind auch die zentralen Studien zu Wiener Universitätsgelehrten des 14. und 15. Jahrhunderts zu berücksichtigen, wie Gallus Häfeles Untersuchung zu Franz von Retz,[16] Al-

---

11 Vgl. KINK, Urkundliche Beilagen, Nr. XI, S. 19–30. Daneben griff er insbesondere auf die bereits gedruckten Auszüge aus den Akten in TILLMEZ, Conspectus Historiae Universitatis Viennensis zurück. Vgl. KINK, Geschichte, S. XVI–XX und UIBLEIN, Zur Quellenlage, S. 539.

12 Vgl. etwa ASCHBACH, Geschichte, S. 27 mit Anm. 1 und S. 109 mit Anm. 2; DENIFLE, Die Entstehung, S. 609. Die AU wurden noch 1725 von Anton Steyerer bei der Abfassung seiner *Commentarii pro Historia Alberti II* benutzt und vom Mediziner Karl Langer 1875/76 wieder aufgefunden. Vgl. MÜHLBERGER/WAKOUNIG, Vom Konsistorialarchiv, S. 212; UIBLEIN, Mittelalterliches Studium, S. 55.

13 WAPPLER, Geschichte.

14 SCHRAUF, Die Geschichte.

15 So verweist noch UIBLEIN, Zur Quellenlage, S. 543, Anm. 12 (Erstdruck 1963) bei der Besprechung der Aufgabe der Theologischen Fakultät, für die Reinheit des Glaubens Sorge zu tragen, ausschließlich auf KINK, Urkundliche Beilagen, Nr. XI, S. 19–30 (siehe oben Anm. 11).

16 HÄFELE, Franz von Retz.

phons Lhotskys Darlegung zu Thomas Ebendorfer,[17] Dieter Girgensohns Werk über Peter von Pulkau,[18] Alois Madres Monographie zu Nikolaus von Dinkelsbühl[19] sowie Isnard W. Franks Arbeit über das Haus- und Universitätsstudium der Wiener Dominikaner.[20] Auch Emma Scherbaum behandelte in ihrer 1972 fertiggestellten Dissertation zum Thema *Das hussitische Böhmen bei Thomas Ebendorfer* einige Fälle wyclifscher bzw. hussitischer Häresie in Wien, beschränkte sich dabei jedoch auf Beispiele, die in der Literatur bereits bekannt waren.[21] Der Verdienst dieser Arbeiten ist neben einem genauen Blick auf die Quellen, der gelegentlich neue, kontroverstheologisch relevante Quellenfunde mit sich bringt, auch die exemplarische Darlegung anti-hussitischen Bemühens in Schriften und Predigten einzelner Universitätsangehöriger, deren Gesamtfülle und Überlieferungssituation eine umfassende Darstellung im Rahmen dieser Studie unmöglich macht.

Wenngleich wir in der glücklichen Lage sind, für den für unsere Fragestellung relevanten Zeitraum auf Akten aller Fakultäten[22] und der Gesamtkorporation (hier zumindest bis 1422) zurückgreifen zu können, darf dennoch kein vollständiges Bild erwartet werden, wurden die Akten doch partiell sehr sporadisch geführt. Dokumentiert wurde, was von den Protokollanten als aktenwürdig befunden wurde. Am ausführlichsten sind die Einträge in den Akten der Artistischen Fakultät.[23] Da diese häufig auch über Universitätsversammlungen berichten, sind sie insbesondere für die Jahre ab 1422, für die keine Universitätsakten vorliegen, eine wertvolle Quelle. Zwar erlauben die Akten keine quantitativen Aufschlüsse über die Intensität der anti-hussitischen Bemühungen, durchaus jedoch qualitative im Blick auf konkrete Konfliktpunkte und die jeweils spezifische Vorgehensweise sowie allgemeine Haltung der Universität. Im Folgenden sollen all jene Notizen in den Universitäts- und Fakultätsakten besprochen werden, die sich mit der Häresie der Hussiten beschäftigen. Ausgehend vom vorliegenden Aktenmaterial erstreckt sich der dadurch zu behandelnde Zeitraum von ca. 29. September 1410 bis 27. Februar 1439. Die Darstellung erfolgt in thematisch zusammengehörigen Gruppen, und innerhalb dieser Grup-

---

17 Lноtsкy, Thomas Ebendorfer.
18 Girgensohn, Peter von Pulkau.
19 Madre, Nikolaus von Dinkelsbühl.
20 Frank, Hausstudium.
21 Scherbaum, Das hussitische Böhmen (1972), hier S. 29–34 (Kap. 2.B: »Die Gefahr der Ketzerei in Wien«); vgl. auch Scherbaum, Das hussitische Böhmen (1973).
22 Mit Ausnahme der Juristischen Fakultät, siehe oben, Anm. 6.
23 Die Akten der Artistischen Fakultät umfassen für den Zeitraum zwischen 1410 und 1437 175 fol., die Akten der Theologischen Fakultät für denselben Zeitraum 44 fol., und die Akten der Medizinischen Fakultät 54 fol. In den Akten der Theologischen Fakultät fehlen gelegentlich ganze Semester (z.B. 1419 II und 1420 I; vgl. AFT, S. 440, Anm. 276 und den Überblick in AFT, S. XVIII).

pen in chronologischer Reihenfolge. In den Fußnoten finden sich die entsprechenden Einträge in den Akten. Wo keine Editionen vorliegen, besorgen wir eine eigene Transkription. In jenen Fällen, in denen sowohl die Rektorats-, als auch die Fakultätsakten von derselben Angelegenheit berichten, wird aus jener Quelle zitiert, die ausführlichere Informationen bietet. Weichen beide Darstellungen in relevanten Details voneinander ab, finden sich beide Einträge in den Anmerkungen. Ein guter Teil der im Folgenden dargestellten Passagen wurde in der Forschung bereits an verschiedenen Stellen besprochen – teils wiederholt, teils nur vereinzelt und gelegentlich auch mit Ungenauigkeiten, während andere Aspekte bislang noch nicht behandelt wurden. Dieses Ungleichgewicht auf der Basis der heutigen Quellenlage auszugleichen soll Ziel dieses Kapitels sein.

Wenn im Folgenden von »anti-hussitischen« Bemühungen die Rede ist, ist zu beachten, dass die Auseinandersetzungen mit den Lehren Wyclifs und der »hussitischen« Lehre fließend ineinander übergingen. Für katholische Theologen waren die böhmischen Reformer gleichsam Anhänger des Wyclif und – spätestens ab Juni 1415 – des Hus, wie etwa die gemeinsame Behandlung der *causae* Wyclif und Hus auf dem Konstanzer Konzil zeigt.[24] Aus diesem Grund werden im Folgenden auch jene Ereignisse besprochen, die mit der Verbreitung wyclifscher Irrlehren in Zusammenhang stehen, bevor noch im eigentlichen Sinn von einer »hussitischen« Bewegung oder Lehre gesprochen werden kann. Dabei ist zwischen der akademischen, theologisch-philosophischen Auseinandersetzung und der politischen, kirchlich-disziplinarischen Ketzerbekämpfung zu unterscheiden. Im Fokus der Universität standen Lehren und Personen gleichermaßen.

Neben einer vollständigen Erfassung des vorhandenen Materials soll im Speziellen untersucht werden, ob sich im Untersuchungszeitraum eine einheitliche Linie der Universität im Umgang mit den böhmischen Reformern feststellen lässt oder ob zeitliche Schwankungen bzw. Entwicklungen erkennbar sind. Zudem soll die Frage nach den konkreten (organisatorischen und inhaltlichen) Konfliktpunkten gestellt und dargelegt werden, welche Maßnahmen die Universität als Kollegium in der Überwachung des Studienablaufs und im akademischen Leben gegen die Hussiten ergriff. Ein weiteres Augenmerk wird auf dem Verhältnis zwischen der Gerichtsbarkeit der Universität und der Jurisdiktion des Passauer Bischofs sowie möglichen daraus resultierenden Zuständigkeitsstreitigkeiten liegen.

---

24 Vgl. dazu SEIBT, Hussitica, S. 10–14.

2.3.   Die anti-hussitischen Bemühungen der Wiener Universität

2.3.1.   Der Wiener Prozess gegen Hieronymus von Prag (1410–1412)

Ende August 1410 machte die Wiener Universität erstmals nachweislich[25] als Gegnerin des Wyclifismus auf sich aufmerksam. Hieronymus von Prag war Ende August 1410 nach Wien gekommen, um zum Vorwurf der Verbreitung wyclifitischer Irrlehren Stellung zu nehmen, und wurde daraufhin der Ketzerei angeklagt. Die Einträge in den Akten der Wiener Universität fallen knapp aus.[26] Sie geben uns aber Aufschluss darüber, dass zum 29. September 1410 drei Gulden für einen Boten ausgegeben wurden, der in dieser Sache an den Erzbischof von Prag gesandt wurde.[27] Darüber hinaus zahlte die Artistische Fakultät am 17. Oktober dem Theologieprofessor Peter von Pulkau drei Gulden für die Unkosten des Verfahrens, wie die Fakultät beschlossen hatte.[28] Am 28. November

---

25   Schon 1404 beschuldigten Peter von Pulkau und Nikolaus von Dinkelsbühl einen ungenannten Professor der Artistischen Fakultät, im Rahmen einer *Disputatio de quolibet* häretische Äußerungen getätigt zu haben. Zur Lösung dieser Angelegenheit wurde eine Fakultätsversammlung einberufen. Da nur wenige Fakultätsmitglieder an der Versammlung teilnahmen, konnte kein Beschluss gefasst werden (AFT, S. 9: »Item anno Domini etc. CCCCIIII in die cinerum congregacio facta fuit propter magistrum Petrum de Pulka, qui accusavit quendam magistrum in artibus decano facultatis propter quedam, que dixisse debuisset in disputacione de quolibet facultatis arcium, et propter absenciam magistrorum nichil conclusum fuit.«). – Im selben Jahr erhoben Pulkau und Dinkelsbühl Anklage gegen einen Augustinermönch wegen gewisser Artikel, die dieser in einer deutschen Predigt vorgetragen hatte; *ex certis causis*, die jedoch nicht näher spezifiziert werden, wurde diese Anschuldigung jedoch nicht weiter verfolgt (AFT, S. 9: »Item mag. Nicolaus de Dinkil(spuchel) et mag. Petrus de Pulka post hoc accusantes quendam Augustinensem predicantem ad populum in wlgari decano, qui articulos illos proposuit facultati in sequente congregacione, que ex certis causis accusacionem eorundem non acceptavit neque curavit.«). Uiblein wies in AFT, S. 424, Anm. 73 bereits darauf hin, dass Aschbach, Geschichte, S. 298 (dem Bernard, Jerome of Prague, S. 4 folgt) hier irrtümlich von einem Priester aus Augsburg spricht. – Ob es sich bei diesen Anschuldigungen um wyclifsche Lehren handelte, kann nicht mit Sicherheit festgestellt werden. Die Einträge in den Akten spezifizieren die Vorwürfe nicht, und andere Quellen zu den Vorgängen sind nicht bekannt (gegen Bernard, Jerome of Prague, S. 4).
26   Vgl. Kink, Urkundliche Beilagen, S. 20; Aschbach, Geschichte, S. 298; Wappler, Geschichte, S. 42; Häfele, Franz von Retz, S. 116f.; Girgensohn, Peter von Pulkau, S. 42f.
27   »Item exposuit tres florenos pro nuncio, qui mittebatur ad archyepiscopum Pragensem in facto mag. Ieronimi« (AFT, S. 18, zum 29. September 1410). – Die dazugehörige Abrechnung dürfte sich in den Universitätsakten zum 14. April 1411 finden, wobei dort von vier Gulden die Rede ist: »Item 4 florenos nuncio misso ad archiepiscopum Pragensem cum processum contra mag. Ieronimum, quorum unum expedivit et dedit mag. Nicolaus de Dinkchelspuchel« (AU, fol. 45v).
28   »A venerabili viro mag. Hermanno de Treysa doctore medicine et mag. artium tunc rectore ego Petrus dictus de Pulka percepi nomine facultatis 3 florenos in auro, quos ipsa facultas ante concesserat pro sumptibus in causa mag. Ieronimi« (AFT, S. 19, zum 17. Oktober 1410). – Die entsprechende Abrechnung in den Universitätsakten findet sich zum 14. April

beriet schließlich eine Universitätsversammlung darüber, wer die Kosten des Verfahrens gegen Hieronymus zu tragen habe. Da der Offizial von Amts wegen gegen Hieronymus vorgehe, solle dieser, so die versammelte Universität, die Verfahrenskosten – wenigstens teilweise – tragen; sollte er mit dieser Kostenteilung nicht einverstanden sein, müsse die Universität dafür aufkommen.[29] Auffällig ist hier, dass es offenbar ausschließlich finanzielle Aspekte waren, die die Universität in dieser Angelegenheit beschäftigten bzw. die für aktenwürdig befunden wurden. Zum Inhalt des Prozesses und den Vorwürfen gegen Hieronymus erfahren wir aus den Akten nichts, jedoch hilft ein glücklicher Fund von Ladislaus Klicman Ende des 19. Jahrhunderts, diese Lücke zu schließen. Klicman war in der Lage, in Cod. Ottob. lat. 348 der Biblioteca Apostolica Vaticana alle relevanten Akten zu diesem Prozess aufzufinden: Artikel der Anklage, Protokolle der einzelnen Sitzungen, Zeugenaussagen, Vorladungen und Rechtssprüche.[30]

Hieronymus war Ende August 1410 von Ungarn nach Wien gekommen, um sich vor den Doktoren der Wiener Universität gegen verleumderische Gerüchte, die gegen ihn in Umlauf gebracht worden seien, zu verteidigen.[31] Bereits wenig später wurde gegen ihn vor Andreas von Grillenberg, dem Offizial des Passauer Bischofs in Wien,[32] Anklage wegen Verbreitung von Ketzerei erhoben. Der Inhalt der Prozessakten wurde in der Forschung bereits mehrfach ausgewertet und besprochen.[33] Unser Fokus soll im Folgenden auf der konkreten Beteiligung und

---

1411: »Item 3 florenos magistro Petro de Pulka expositos in facto magistri Ieronimi« (AU, fol. 45v).

29 »Item de sumptibus fiendis pro expedicionem processuum contra mag. Ieronimum fuit conclusum, quod dominus officialis solvat exquo ex officio processit contra ipsum. Et si non velit totum solvere solvat partem; si vero nec partem velit exsolvere universitas expediat et persolvat« (AU, fol. 44r, zum 28. November 1410).

30 Vgl. KLICMAN, Der Wiener Process, S. 445–457, hier bes. S. 445. Der Titel des Prozesses in der Handschrift lautet »Processus iudiciarius cum articulis contra Jeronimum de Praga hereticum, habitus in Wyenna coram officiali et doctoribus sacre theologie et iuris canonici universitatis Wyennensis«; dabei handelt es sich nicht um das Original, sondern um eine zeitnahe Abschrift (ebd., S. 457). Druck in: KLICMAN, Processus. – Verfasst wurden die Notariatsinstrumente von Heinrich von Mühldorf, Kleriker der Diözese Salzburg (vgl. KLICMAN, Der Wiener Process, S. 455). Laut STRNAD, Die Zeugen, S. 337, Anm. 25 dürfte dieser Mitglied der rheinischen Universitätsnation gewesen sein und sich im Wintersemester 1400/1401 an der Universität als »Henricus Spicz de Muldorf« immatrikuliert haben.

31 »Eciam fatetur, quod per viginti quatuor miliaria ad venerabiles dominos doctores et magistros predicte alme universitatis Wiennensis venerit, quia audiverit, quod apud illos fuerit diffamatus« (KLICMAN, Processus, S. 2).

32 Die erhaltenen Protokolle des Passauer Offizialats in Wien, die möglicherweise Hinweise auf diesen Prozess enthalten haben könnten, setzen erst 1505 ein (vgl. WEISSENSTEINER, Die Passauer Protokolle (1982); WEISSENSTEINER, Die Passauer Protokolle (2004); KRITZL, Sacerdotes incorrigibiles, S. 27 und die Zeittabelle der erhaltenen Passauer Protokolle in Anhang 2 (ebd., S. 259–273)).

33 KLICMAN, Der Wiener Process; BERNARD, Jerome of Prague; WALSH, Vom Wegestreit zur

Rolle der Wiener Universität und ihrer Mitglieder liegen. Wie Reginald R. Betts bereits feststellte, handelt es sich bei diesem Prozess in der Tat um eine eigentümliche Mischung eines erzbischöflichen Konsistoriums und eines universitären Disziplinargerichts.[34] Schauplatz des Prozesses war der »Passauer Hof« bei Maria am Gestade, das Amtsgebäude des Andreas von Grillenberg, Offizial des Passauer Bischofs.[35] Als öffentlicher Ankläger (*procurator fiscalis*) fungierte der Wiener Bakkalar des Kirchenrechts Johannes Gwarleich (Gwerleich),[36] der am 29. August 1410 die Anklage vortrug.[37]

Das Amt des *procurator fiscalis*, dessen ursprüngliche Aufgabe darin bestand, die Vermögensinteressen des Apostolischen Stuhls zu vertreten, war bereits seit dem 13. Jahrhundert verbreitet. Spätestens seit dem Ende des 13. Jahrhunderts war der *procurator fiscalis* allgemein für die Vertretung der bischöflichen Interessen zuständig und fungierte als Ankläger in kirchlichen Prozessen.[38] An der Universität Wien hingegen lässt sich das Amt des *procurator, sindicus et fiscalis*, der u. a. als Rechtsanwalt der Universität auftrat, erst im Jahr 1512 erstmals

---

Häresie, und jüngst FUDGE, Jerome of Prague, S. 112–140. Kurze Erwähnung des Wiener Prozesses auch in den biographischen Skizzen über Hieronymus von ŠMAHEL, Život a dílo; ŠMAHEL, Mag. Hieronymus von Prag; BETTS, Jerome of Prague; ŠMAHEL, Jeroným Pražský. – Die Studie von Paul Bernard (BERNARD, Jerome of Prague), eine der ausführlichsten Darstellungen zum Wiener Prozess gegen Hieronymus, scheint sich nicht auf die Quellen, sondern lediglich auf Sekundärliteratur zu stützen und übernimmt daraus zahlreiche Ungenauigkeiten und nicht belegbare Einschätzungen.

34 BETTS, Jerome of Prague, S. 211; FUDGE, Jerome of Prague, S. 116.
35 Zu Andreas von Grillenberg, auch bekannt als Andreas Pottenstein, Grippenperk oder Grippenberg, vgl. KRICK, Das ehemalige Domstift Passau, S. 41 f.; HAGENEDER, Die geistliche Gerichtsbarkeit, S. 267; AFA I, S. 497; LACKNER, Hof und Herrschaft, S. 330.
36 Zu Johannes Gwarleich vgl. STRNAD, Die Zeugen, S. 340, Anm. 36 (mit weiteren Literaturhinweisen): Johannes Gwarleich studierte seit 1406 an der Wiener Juristenfakultät, erschien dort 1409 als *baccalaureus in decretis* und erwarb 1419 die Lizenz. Von 1429 bis 1434 wurde er selbst Offizial des Passauer Bischofs für Niederösterreich. STRNAD erwähnt a. a. O. den interessanten Hinweis, dass das *Opus imperfectum* des Jan Milič von Kremsier, das sich im Besitz Gwarleichs befand, folgenden eigenhändigen Vermerk Gwarleichs enthielt: »videatur quid sit, quia venit de Bohemia«.
37 Die Darstellung von BERNARD, Jerome of Prague, S. 6, dass der Passauer Offizial den Hieronymus formal angeklagt und die Fortführung des Prozesses dann an Johannes Gwarleich übergeben habe, stützt sich auf Klicmans Einleitung der Edition der Prozessakten (KLICMAN, Processus, S. v). Die Quellen sagen jedoch aus, dass Johannes Gwarleich als öffentlicher Ankläger fungierte und der Passauer Offizial dem Prozess vorstand (ebd., S. 1). Ob Johannes Gwarleich vom Offizial oder jemand anderem (etwa dem Passauer Bischof) mit dem Amt des *procurator fiscalis* beauftragt wurde, geht aus den Quellen nicht hervor.
38 Zum *procurator fiscalis* im Speziellen vgl. nach wie vor GÖLLER, Der Gerichtshof, der dort die Entstehung des Amtes im kirchlichen Prozessverfahren nachzeichnet. Neuere Untersuchungen zu diesem konkreten Amt gibt es unseres Wissens nicht. Ein Blick in Lexika und rechtsgeschichtliche Überblickswerke zeigt, dass die Bezeichnung *procurator fiscalis* nicht eindeutig verwendet wurde, sondern – je nach Zeit und Kontext – unterschiedliche Ämter meinen konnte.

nachweisen.[39] Da die Prozessakten Johannes Gwarleich ausdrücklich als *procurator fiscalis* bezeichnen, dürfte er die Anklage gegen Hieronymus in seiner Funktion als Vertreter des Bischofs, nicht als Vertreter der Universität erhoben haben, an der sich dieses Amt erst ein Jahrhundert später herausbildete. Dieser Umstand ist für den Charakter des Prozesses zentral, weil somit davon auszugehen ist, dass nicht die Wiener Universität Anklage gegen Hieronymus erhob, sondern der Bischof von Passau.[40] Wenn der Ankläger auch Mitglied der Universität war, so dürfte er doch im Namen und Auftrag des Bischofs gehandelt haben.

Neben Johannes Gwarleich nahmen zahlreiche weitere Wiener Gelehrte am Prozess teil, nämlich Nikolaus von Dinkelsbühl, Peter von Pulkau, Lambert von Geldern, Michael Suchenschatz, Heinrich von Kitzbühel, Kaspar Maiselstein, Johannes Sindrami von Heiligenstadt sowie »andere Magister, Bakkalare und Scholaren der Universität«.[41] Aus den Akten geht nicht hervor, dass diesen eine besondere Funktion zugekommen wäre; festgestellt wird lediglich ihre Anwesenheit. Auch werden sie im weiteren Verlauf des Verfahrens nicht mehr erwähnt oder als Zeugen vernommen. Die genannten Wiener Universitätsangehörigen dürften daher lediglich als Beobachter am Prozess teilgenommen haben.[42] Möglicherweise zielte das Protokoll durch die prominente Nennung der Wiener

---

39 Der Vorgänger des Syndikus oder Prokurators an der Wiener Universität war der Universitätsnotar, seit 1481 daneben auch der Sekretär der Universität (UIBLEIN, Dr. Georg Läntsch, S. 251 mit Anm. 97; GALL, Alma Mater Rudolphina, S. 69).

40 Klicman charakterisierte diese Ereignisse in seiner Edition der Akten als Prozess der Wiener Universität gegen Hieronymus von Prag (KLICMAN, Der Wiener Process, S. 445: »Der Schreiber dieser Zeilen entdeckte vor einiger Zeit in einem Codex der vaticanischen Bibliothek ausführliche Akten über den ganzen Verlauf eines grossen canonischen Processes, welchen die Universität Wien im Jahr 1410 gegen Hieronymus von Prag, den bekannten Busenfreund des Magisters Johannes Hus, vor dem Forum des passauischen bischöflichen Officials in Wien angestrengt hat«). Vorsichtiger äußerte sich bereits WALSH, Vom Wegestreit zur Häresie, bes. S. 41f.

41 KLICMAN, Processus, S. 1.

42 Der Eintrag in den Akten lautet: »(...) venerabili patre domino Andrea de Grillemberg, can[onico] ecclesie et officiali curie Pataviensis, in quodam comodo amplo domus habitacionis sue Wyennensis pro tribunali sedente, presentibus venerabilibus dominis et magistris Lamberto de Gelria, Nicolao de Tinkelspuchel, Michaele Schuechenschacz, Petro de Pulka, sacre pagine professoribus, mag. Henrico de Kiczpuchl, Kasparo Mäuslstain et Johanne Sinderami, iuris canonici doctoribus, et ceteris magistris, baccalaureis et scolaribus alme universitatis Wiennensis, mag. Jeronimus de Praga vocatus ad iudicium comparuit« (KLICMAN, Processus, S. 1). – Bei der Charakterisierung der genannten Universitätsmitglieder als »trial assessors« (FUDGE, Jerome of Prague, S. 117) ist Vorsicht geboten, da die Akten lediglich deren Anwesenheit (*presentia*) beim Prozess, jedoch keine spezielle Funktion bezeugen. Auch die Aussage Bernards, dass »his [Jerome's] arrest followed upon his denunciation, by several members of the Faculty of Theology« (mit Verweis auf KRALIK, Geschichte, S. 102f. und KURZ, Oesterreich, Bd. 1, S. 145f.) ist ungenau. Ähnliches gilt für STRNAD, Die Zeugen, S. 338f., der die genannten Gelehrten als »Tribunal« bezeichnet.

Gelehrten dennoch darauf ab, herauszustellen, dass es sich um einen mit universitärer Kompetenz geführten und von der Hochschule mitgetragenen Prozess handelte.

Die Anklage gegen Hieronymus lautete, ein Anhänger gewisser Artikel, an denen auch Wyclif festgehalten hätte, gewesen zu sein, die dem katholischen Glauben entgegenstünden oder von heiligen Generalkonzilien verdammt worden seien.[43] Das Angebot, zu seiner Verteidigung einen Anwalt hinzuzuziehen, lehnte Hieronymus ab. Die Anklageartikel bestanden aus zwei Teilen: den 45 Artikeln Wyclifs[44] und 22 weiteren Artikeln, die das Leben und Wirken des Hieronymus betrafen. Allerdings waren nicht die 45 wyclifschen Lehren Gegenstand der Wiener Untersuchung – sie werden im Laufe des Prozesses gar nicht mehr erwähnt –, sondern nur die speziell Hieronymus betreffenden Artikel. Weder die philosophischen Aspekte der Artikel, die insbesondere mit dem Problem des Extremrealismus zusammenhingen, noch etwaige Fragen der Rechtgläubigkeit wurden diskutiert. Zwar hatte Hieronymus auf alle ihm vorgeworfenen Artikel zu antworten, die Verhöre beschränkten sich jedoch auf die zweite Gruppe der Anklagepunkte. Diese Anklageartikel bezogen sich auf das ärgerniserregende Auftreten des Hieronymus in Oxford, Prag, Paris, Heidelberg und Ungarn und dessen Aussagen in Predigten und Disputationen; kein einziger der 22 Artikel bezieht sich jedoch auf Ereignisse in Wien.

Um über diese 22 Anklageartikel (oder Teile davon) Auskunft zu geben, ließ der Prokurator Johannes Gwarleich 16 Zeugen in Wien zusammenkommen und am 2. bzw. 5. September 1410 vereidigen.[45] Dabei handelte es sich zum Großteil um Personen, die Prag nach dem Erlass des Kuttenberger Dekrets verlassen hatten und Hieronymus entsprechend feindlich gegenüberstanden. Sieben Zeugen waren *magistri in artibus* der Wiener Universität.[46] Deren Aussagen bezogen sich dennoch ausschließlich auf Ereignisse in Prag oder an anderen Stationen der *peregrinatio academica* des Hieronymus. Die einzige Erwähnung

---

43 »(...) quod predictus mag. Jeronimus super certis articulis fidei katholice contrariis ac aliis in sacris conciliis generalibus condempnatis esset infamatus, quibus Johannes appellatus Wikleph adhesit; propter quod super huiusmodi infamia inquiri peciit contra iamdictum Jeronimum« (KLICMAN, Processus, S. 1f.).

44 Die erste Verurteilung der Lehren Wyclifs erfolgte bereits 1377 durch Gregor XI.; sie wurde bekräftigt durch zwei Londoner Synoden 1382 und 1396. Im Jahr 1403 folgten Verurteilungen der Pariser und Prager Universität (dort erneut 1408), von Erzbischof von Hasenburg 1410 und vom Konzil in Rom am 2. Februar 1413 (vgl. KEJŘ, Die Causa Johannes Hus, S. 136 und oben Kapitel I, Anm. 37). Die Kenntnis der Lehre Wyclifs verbreitete sich maßgeblich in der Form dieser Verurteilungslisten. Die Aufnahme der 45 Artikel in den Prozess gegen Hieronymus dürfte der erste – mit 1410 relativ späte – Nachweis für das Bekanntwerden der Wyclifschen Artikel in Wien sein.

45 KLICMAN, Processus, S. 10f.; für ausführliche prosopographische Anmerkungen zu den Zeugen vgl. STRNAD, Die Zeugen.

46 STRNAD, Die Zeugen, S. 341; FUDGE, Jerome of Prague, S. 129.

eines Vorfalls in Wien findet sich in der Zeugenaussage des Konrad Kreuzer von Nürnberg. Konrad Kreuzer hatte sein Studium in Prag begonnen, wo er 1406 *baccalaureus artium* wurde, ist aber bereits ab 1407 als Mitglied der rheinischen Universitätsnation in Wien nachgewiesen. Ab 1410 lehrte er als *magister artium* an der Artistenfakultät.[47] Konrad von Nürnberg sagte nun aus, Hieronymus habe bei einem Spaziergang den Johannes Butzbach, Professor der Wiener Universität, zur Rede gestellt, weil dieser ihm in einer Vorlesung den Finger gezeigt habe, und beklagt, dass diese die nötige Liebe vermissen lassen; daraufhin hätten die Professoren geantwortet, Hieronymus habe selbst die christliche Liebe vermissen lassen, weil er gegen seinen Eid gehandelt habe. Darauf habe wiederum Hieronymus entgegnet, dass er, hätte er diese Scheidung an der Prager Universität (d.h. das Kuttenberger Dekret) noch nicht erwirkt, nun mit den übrigen Böhmen darauf hinarbeiten würde, da es würdig und gerecht sei, dass die Landeskinder den Vorzug hätten.[48] Interessant ist in diesem Zusammenhang, dass Johannes Butzbach, der ebenfalls 1406 in Prag *baccalaureus artium* wurde, 1410 nach Wien kam[49] und selbst auch als Zeuge aussagte, diese Episode nicht erwähnt.

Hieronymus entzog sich einem Urteil, indem er vermutlich zwischen 6. und 10. September aus Wien nach Mähren flüchtete;[50] nicht jedoch, ohne unterwegs dem Offizial Andreas von Grillenberg in einem spöttischen Brief mitzuteilen, dass ihn die ungerechte, ja geradezu feindselige Stimmung des Prozesses zur Flucht bewogen habe.[51] Hieronymus leistete erneuten Vorladungen im September 1410 keine Folge, woraufhin er des Meineides für schuldig befunden und exkommuniziert wurde. Bereits am 30. September sandte Andreas von Grillenberg Schreiben an den Erzbischof von Prag[52] und nach Gran, in dem er eine Zusammenfassung des Prozessverlaufs übermittelte und um die Bekanntmachung der Exkommunikation des Hieronymus ersuchte.[53] Zwei Jahre später, am

---

47 Strnad, Die Zeugen, S. 348f.
48 »(...) et sic increpaverit mag. Johannem Puczpach, quod digito eum in scolis monstrasset, et dixerit, quod caritative deberent vivere; et sic ipsi dixerint, quod ipse non caritative vixisset, quia laborasset contra iuramentum suum. Tunc dixerit, quod fuisset minimus inter laboratores contra deuthunicos, subiungendo predicta, scilicet si non fecisset etc.« (Klicman, Processus, S. 18f.; vgl. Klicman, Der Wiener Process, S. 448). – Bernard, Jerome of Prague, S. 7 schreibt die Schilderung dieser Episode (mit Verweis auf Klicman, Der Wiener Process, S. 448, den er hier jedoch missversteht) irrtümlich dem Hieronymus selbst, nicht dem Konrad Kreuzer zu.
49 Strnad, Die Zeugen, S. 436f.
50 Fudge, Jerome of Prague, S. 134.
51 Vgl. Fudge, Jerome of Prague, S. 133–135; Klicman, Der Wiener Process, S. 454. – Dieser Brief ist gedruckt in Klicman, Processus, S. 34f.; Hardt IV, S. 683; Palacký, Documenta, S. 416 sowie Fudge, Jerome of Prague, Appendix 3 (vgl. ebd., S. 135, Anm. 81).
52 Gedruckt in Palacký, Documenta, S. 417–420 (Nr. 32).
53 Bernard, Jerome of Prague, S. 20, Anm. 45 wies bereits auf den Widerspruch hin, der sich

31. August 1412, lud der Prokurator Johannes Gwarleich den Hieronymus erneut vor, damit dieser sich rechtfertige, warum er nicht binnen Jahresfrist durch entsprechende Reue und Buße darauf hingewirkt habe, sich von seiner Exkommunikation zu lösen. Sollte Hieronymus nicht in Wien erscheinen, würde er zu einem Ketzer erklärt werden müssen. Hieronymus kam nicht nach Wien, und die Akten des Prozesses schließen mit diesem Eintrag.[54]

2.3.2. Der Fall Hans Griesser (1411) – Beleg für die Missionstätigkeit des Hieronymus von Prag in Wien?

Im Kontext der Behandlung des Wiener Prozesses gegen Hieronymus findet sich in der Literatur wiederholt der Hinweis auf die rege Missionstätigkeit, die dieser in Wien entfaltet habe.[55] Als konkreter Beleg wird dabei der Fall des Hans Griesser 1411 angeführt, der einer jener Wyclifanhänger gewesen sei. Griesser war verdächtigt worden, häretischen Ansichten anzuhängen, weshalb ihm vor dem Stadtrat von Wien der Prozess gemacht wurde. In dessen Verlauf widerrief

---

aus der Datierung dieses Schreibens mit 30. September und der Datierung der Exkommunikation in den Prozessakten mit 22. Oktober ergibt. Am 20. September wurde die Zitation des Hieronymus an den Türen von St. Stephan angeschlagen (KLICMAN, Processus, S. 35f.), gemäß der sich dieser binnen acht Tagen in Wien einzufinden oder einen Vertreter zu schicken hätte. Da er dieser Aufforderung nicht nachkam, wurde die Exkommunikation am 28. September wirksam. Wenn nicht in einem der beiden Dokumente ein Schreibfehler vorliegt, sandte der Passauer Offizial offenbar unmittelbar nach Inkrafttreten der Exkommunikation ein entsprechendes Schreiben an den Prager Erzbischof (um die Exkommunikation im Wirkungsbereich des Hieronymus möglichst zeitnah bekannt zu machen), während die offizielle und feierliche Deklaration im Rahmen des Wiener Prozesses erst drei Wochen später erfolgte (KLICMAN, Processus, S. 36–39). Vgl. KLICMAN, Der Wiener Process, S. 454; GIRGENSOHN, Peter von Pulkau, S. 43.

54 Vgl. FUDGE, Jerome of Prague, S. 137–140; KLICMAN, Der Wiener Process, S. 454.

55 So etwa BERNARD, Jerome of Prague, S. 6: »Jerome did not fail to find attentive hearers and to make a number of them converts to his cause. Unfortunately, we are given no details as to number and names« oder ebd., S. 10: »But whatever one may think of Jerome's behavior, he had unquestionable made some converts in Vienna. This is borne out not only by the fact that Grippenperk had found it necessary to arrest him but also by subsequent events. Soon after Jerome's escape and excommunication, certainly not later than the first month of 1411, Grippenperk prevailed upon the secular authorities in Vienna to arrest a number of citizens on the suspicion of having been converted by Jerome and thus being Wyclyfistic heretics.« – Bernard stützt diese Aussagen auf Schilderungen in älteren Darstellungen von KURZ, Oesterreich, Bd. 1, S. 145f.; FRIESS, Herzog Albrecht V., S. 7; ASCHBACH, Geschichte, S. 298 und VANCSA, Geschichte, Bd. 2, S. 258. Keine dieser Darstellungen bringt jedoch Quellenbelege, vielmehr scheinen alle ein allgemeines, bereits verfestigtes Bild zu tradieren: »Manche Bewohner Wiens wurden folgsame Schüler des Hieronymus« (KURZ, Oesterreich, Bd. 1, S. 145f.); »Sie [d.h. die wyclifschen, später hussitischen Lehrsätze] fanden zwar bei der Universität keinen Eingang, wohl aber bei der Wiener Bürgerschaft« (ASCHBACH, Geschichte, S. 298).

Griesser seine häretischen Ansichten, woraufhin ihn der Stadtrat freilassen wollte. Dagegen trat jedoch der Offizial des Passauer Bischofs auf, der ein Gutachten der Wiener Universität forderte, wie mit Griesser zu verfahren sei. Im Gegensatz zum strengen Einschreiten des Offizials sprach sich die Theologische Fakultät für eine mildere Praxis aus, woraufhin der Offizial die Universität für den indirekten Schutz der Häresie mit der Exkommunikation bedrohte, sollte diese ihre Einschätzung nicht revidieren. Erst durch den Rektor konnte der Offizial in die Schranken gewiesen werden. Hans Griesser wurde jedoch trotzdem verbrannt.[56] Obwohl sich diese Episode bis in die neueste Forschungsliteratur als Beleg für die Missionstätigkeit des Hieronymus findet,[57] ist unwahrscheinlich, dass es sich bei Hans Griesser tatsächlich um einen Anhänger Wyclifs handelte. Karl Ubl wies jüngst bereits darauf hin, dass die detaillierten Vorwürfe gegen Hans Griesser, die sich in der Verurteilungssentenz des Passauer Offizials Andreas von Grillenberg[58] und in zwei kurze Zeit später gehaltenen Predigten des Nikolaus von Dinkelsbühl[59] und des Simon von Riegersburg[60] finden, vielmehr darauf hindeuten, dass Griesser ein Anhänger der Waldenser gewesen sei oder womöglich gar keiner Sekte angehört habe.[61] Als »Häresien« Griessers

---

56 So AFA I, S. 357 und AU, fol. 45v–46r (zum 2. Mai 1411); AFA I, S. 358 und AU, fol. 46r (zum 10. Mai 1411); AFA I, S. 359 und AU, fol. 46v (zum 21. Mai 1411) und die Verurteilungssentenz in Oblinger, Angelus Rumpler, S. 70 f. (für diesen Hinweis vgl. Ubl, Die Verbrennung, S. 61, Anm. 3 und S. 78, Anm. 93). Die Verbrennung des Hans Griesser ist außerdem zum 9. September 1411 in der *Anonymen Stadtchronik* belegt: Pez, Chronicon, S. 549: »Item an Mitichn nach unser Frawn Tag Nativitatis ward Hans der Griezzer verprant umb etleich Artikel, di wider Christum glawben waren, und wolt die nicht abtreten, alss ainer was umb das opfer.«

57 So jüngst Fudge, Jerome of Prague, S. 138 f. mit Verweis auf Bernard, Jerome of Prague, S. 11.

58 Siehe oben, Anm. 52.

59 Ed. in Ubl, Die Verbrennung (Teil 2), S. 52–55 (nach Wien, ÖNB, CVP 4353, fol. 180v–181v).

60 Ed. in Ubl, Die Verbrennung (Teil 2), S. 56–64 (nach Graz, UB, Cod. 524, fol. 95va–98ra; gehalten am 4. Oktober 1411).

61 »In der Geschichtsschreibung herrscht die Meinung vor, Grießer sei ein Anhänger des Hieronymus von Prag gewesen und stehe daher in der Nachfolge der Lehren John Wyclifs. Dieses Urteil ist jedoch nur wegen der zeitlichen Koinzidenz entstanden, weil Hieronymus ein Jahr zuvor ein Verfahren des Passauer Offizials über sich hatte ergehen lassen müssen, dem er nur durch eine überstürzte Flucht nach Böhmen entrinnen konnte. Da bei Grießer jede theologische Unterfütterung seiner Position zu fehlen scheint und auch keine Nähe zu den Thesen John Wyclifs zu erkennen ist, muss dieses Urteil revidiert werden. Vielmehr scheint sich die These nahezulegen, in Grießer einen Repräsentanten der Waldenser zu sehen. Dafür spricht nicht nur seine Herkunft aus Ybbs, einem Ort mit waldensischer Präsenz seit der Mitte des 13. Jahrhunderts, sondern auch seine kirchenkritische Lehre« (Ubl, Die Verbrennung, S. 82). »Nikolaus sah in Grießer nur den Vertreter einer einzigen Irrlehre, und zwar in Bezug auf Opfergaben. (…) Die anderen Irrlehren, welche Grießer im Prozess zugeschrieben wurden, sind vermutlich nichts anderes als Produkt inquisitorischer Phantasie oder theologischer Ableitungen. Gegen eine Zuordnung zu den Waldensern spricht

nennt die Verurteilungssentenz, dass dieser die Wirkung von Opfergaben und die Nützlichkeit von Seelenmessen bestritten sowie feierliche Bestattungen und Almosen, die Stiftung von Kapellen, die Exkommunikation von Unschuldigen und das Wirken, die Gewänder und Monstranzen der Priester insgesamt abgelehnt habe.[62] Auch Nikolaus von Dinkelsbühl charakterisiert Hans Griesser in besagter Predigt nicht als Häretiker, sondern in erster Linie als Sozialkritiker, der die finanziellen Zuwendungen an die Kirche besser für die bedürftigen Armen verwendet gesehen hätte.[63] Keine der genannten Quellen bringt die Vorwürfe mit Wyclif oder Hieronymus von Prag in Verbindung. Und auch die erhaltenen offiziellen Quellen der Universität für die Jahre 1410 bis 1412, in denen die Eintragungen durchaus umfang- und zahlreich sind, enthalten keine Hinweise auf eine Missionstätigkeit des Hieronymus. Obwohl Überlieferungslücken nicht ausgeschlossen werden können, ist dennoch festzuhalten, dass sich auch in keinen anderen bekannten Quellen explizite Hinweise darauf finden.

Die Frage, ob (und in welchem Ausmaß) Hieronymus in Wien Anhänger gewann, kann somit nicht sicher beantwortet werden. Da bereits wenige Tage, nachdem Hieronymus in Wien angekommen war, Anklage gegen ihn erhoben wurde, hätte er unmittelbar nach seiner Ankunft eine regelrechte »Missionierungsinitiative« ins Werk setzen müssen. Dass ein solches Vorgehen in den Anklageartikeln und Prozessakten mit keinem Wort erwähnt worden wäre, scheint jedoch wenig wahrscheinlich. Hätte sich Hieronymus in Wien als offenkundiger Verteidiger der Lehren Wyclifs erwiesen und binnen kürzester Zeit Wiener Bürger als Anhänger gewonnen, wäre es ein Leichtes gewesen, diesen Vorwurf in die Anklageartikel aufzunehmen und durch Zeugen zu belegen. Offenbar hielten jedoch weder der öffentliche Ankläger, noch die teilnehmenden Mitglieder der Universität das Ausmaß dieser Anhängerschaft für eklatant genug, um im Prozess erwähnt zu werden.

Darüber hinaus ist der Umstand bemerkenswert, dass sich die Wiener Theologische Fakultät für ein mildes Vorgehen gegen Hans Griesser ausgesprochen und dadurch sogar harsche Kritik des Offizials provoziert hatte. Offenkundig war Andreas von Grillenberg hier deutlich stärker daran gelegen, eine Verurteilung des Häresieverdächtigen zu erreichen, während die Fakultät auf Ausgleich bedacht war. Der Theologischen Fakultät war nicht daran gelegen, ein Exempel zu statuieren, um die eigene Autorität in Glaubensfragen zu betonen; vielmehr war sie bereit, einen Freispruch des Verdächtigen zu unterstützen, nachdem er seinen Irrtümern abgeschworen hatte.

---

darüber hinaus die Tatsache, dass die Zurückweisung des Eides, die zum Kern des waldensischen Glaubens zählte, in der Irrtumsliste fehlt« (UBL, Die Verbrennung, S. 83).

62 Vgl. UBL, Die Verbrennung, S. 79.

63 Ebd.

Fazit

Zusammenfassend kann festgehalten werden, dass Johannes Gwarleich, der *procurator fiscalis*, zwar Mitglied der Universität war, jedoch namens des Passauer Bischofs, nicht namens der Universität als offizieller Ankläger aufgetreten sein dürfte. Die beim Prozess anwesenden Gelehrten – darunter mit Nikolaus von Dinkelsbühl, Peter von Pulkau und Kaspar Maiselstein einige der führenden Köpfe der Universität – scheinen weder aktiv in den Prozess eingegriffen zu haben, noch treten sie als Zeugen auf. In den Anklageartikeln und den Zeugenaussagen kommt das Wirken des Hieronymus in Wien mit keinem Wort zur Sprache; einzige Ausnahme bildet die besprochene Schilderung Konrad Kreuzers von Nürnberg von einem Streit zwischen Hieronymus, Johannes Butzbach und weiteren Wiener Professoren. Weder im Rahmen des Prozesses, noch an der Universität selbst scheint eine Debatte über die philosophische und theologische Sprengkraft der Wyclifschen Artikel stattgefunden zu haben. Insgesamt ist der Wiener Theologischen Fakultät in dieser Angelegenheit ein sehr passives Verhalten zu konstatieren.[64] Dass der Rektor der Prager Universität, Johannes Andreas, am 3. November 1410 zur Verteidigung des Hieronymus und zur Betonung seiner Unschuld ein Schreiben an die Wiener Stadträte, nicht jedoch an die Universität sandte, könnte ebenfalls als Argument für die passive Haltung der Wiener Universität angeführt werden.[65] Obwohl dieses Schreiben in der tschechischen Forschung der jüngeren Zeit eher als rhetorische Übung denn als authentischer Brief interpretiert wurde, brachte zuletzt Aleš Pořízka überzeugende Argumente für die Authentizität des Briefes vor.[66] Dass allein die Artis-

---

64 Auf diesen Umstand wies bereits Katherine Walsh in ihrer Untersuchung der Auseinandersetzung mit den Lehren Wyclifs in Prag und Wien hin (WALSH, Vom Wegestreit zur Häresie, hier bes. S. 39–43).

65 »(...) Ecce prudentissimi domini! Dictorum superius res ponitur ad practicam, quia casus inopinatus sub honorabili viro M. Hieronymo de Praga, Parisiensis, Coloniensis, Heldberiensis universitatum magistro et nostrae universitatis membro nobili et valido, horrendus incubuit, quod in vestra civitate non zelo caritatis, sed rancoris et invidiae, ab aliquibus magistris et studentibus graviter est invasus. (...) Quapropter vestram humiliter rogamus prudentiam, ex animo supplicantes, quatenus praefati magistri innocentiam dignaretur gratiose respicere et ab insultibus suorum inimicorum protegere, nobis fidem firmam adhibentes, quod praefatus magister in suis actibus, scientia et moribus ab infantia in praefatis universitatibus se laudabiliter conservavit.« – Text in PALACKÝ, Documenta, S. 408 f. (vgl. BETTS, Jerome of Prague, S. 212).

66 Božena Kopičková und Anežka Vidmanová fanden bei der Untersuchung des Manuskripts dieses Schreibens (Wien, ÖNB, CVP 4902, fol. 119v) mehrere Anhaltspunkte dafür, dass es sich dabei um eine rhetorische Übung der Prager Artistenfakultät handeln könnte (KOPIČKOVÁ/VIDMANOVÁ, Listy, S. 57–59 und S. 166–169). Zum einen lautete die ursprüngliche Anrede des Briefes »universitati Wyenensi«, bevor der Schreiber »universitati« strich und durch »consulibus« ersetzte. Dem entspricht auch die Anrede »prudentissimi domini« im Text, die für die Wiener Stadträte gebräuchlich war, während die Mitglieder der Universität mit »honorabili« oder »venerabili domini« angesprochen wurden. Möglicherweise habe der

tische Fakultät Interesse für die Thematik aufgebracht zu haben scheint, deutet jedenfalls darauf hin, dass die *causa* Wyclif zu diesem Zeitpunkt in der Tat als philosophisches, nicht als theologisches Problem wahrgenommen wurde. Die Anklageartikel und die Auswahl der Zeugen zeigen, dass es in diesem Prozess in erster Linie darum ging, Hieronymus für seine Beteiligung am Kuttenberger Dekret zur Verantwortung zu ziehen. Die (auffallend) wenigen Eintragungen in den Akten sind erst nach der Flucht des Hieronymus aus Wien entstanden und behandeln ausschließlich Fragen der Verfahrenskosten. Der knappe Vermerk in den Akten der Theologischen Fakultät vom 29. September 1410, dass ein Bote an den Prager Erzbischof gesandt wurde,[67] dürfte unmittelbar mit der Flucht des Hieronymus und der damit einhergehenden Exkommunikation zu tun gehabt haben, von der der Erzbischof unterrichtet worden sein dürfte. Der Umstand, dass unklar war, ob der Offizial oder die Universität für die Verfahrenskosten

---

Schreiber diese Diskrepanz zwischen der ursprünglichen Überschrift und dieser Anrede bemerkt und die Überschrift entsprechend korrigiert. Würde es sich tatsächlich um ein offizielles Schreiben des Rektors der Prager Universität handeln, das zudem im Auftrag der Universitätsversammlung verfasst wurde, würden die Schreibkräfte diese Diskrepanz wohl kaum bemerkt haben. Zudem existiert in der Handschrift Třebon, Cod. A 16, fol. 211r–v eine fast wörtliche Kopie des Wiener Schreibens, das mit den Worten »Universitas Pragensis scribit civitati Constanciensi« beginnt. Václav Novotný, der Herausgeber des Třeboner Schreibens, vertrat die Ansicht, dass dieser Třeboner Brief als Abschrift des Wiener Textes eine rhetorische Übung war und nie nach Konstanz geschickt wurde (Novotný, Hus v Kostnici, S. 56f.). Kopičková und Vidmanová plädieren jedoch dafür, dass es sich bei beiden genannten Texten um Übungstexte handle, die von derselben, jeweils leicht überarbeiteten Vorlage stammen (der Třeboner Text spricht an jener Stelle, an der der Wiener Text Hiero-nymus und Wien nennt, von Hus und Konstanz; davon abgesehen stimmen beide Texte fast wörtlich überein) und in den 1420er- oder 1430er-Jahren geschrieben wurden. Ein weiteres Argument für diese These sei, dass noch weitere Briefe, jeweils mit unterschiedlichen Empfängern und Absendern und denselben minimalen Varianten und Anpassungen, exis-tieren; so etwa in einem Schreiben der Prager Universität an das Kardinalskollegium, von dem es zwei Ausführungen gibt: die Abschrift Třebon, Cod. A16, fol. 211v, handelt von Hus und Hieronymus, während die Abschrift in Wien, ÖNB, CVP 4937, fol. 211r–212r, die an-sonsten fast wörtlich übereinstimmt, an der entsprechenden Stelle Stanislaus von Znaim und Stephan Paleč nennt. – Šmahel, Život a dílo, S. 52 bemerkte ergänzend, dass auch die feh-lende Rezeption dieser Schreiben und der Umstand, dass sie offenbar nicht beantwortet wurden, für die Theorie von Kopičková und Vidmanová sprechen könnte. – Aleš Pořízka hingegen wandte sich gegen die Ergebnisse dieser Studie (Pořízka, Listy) und argumen-tierte überzeugend, dass die Briefe durchaus im universitären Milieu entstanden sein könnten, vermutlich im Umfeld des Jan von Jesenice, des juristischen Beraters von Jan Hus. Die späte Datierung in die 1420er- bis 1430er-Jahre sei wenig plausibel, da in diesem Fall die Kenntnisse zu den erwähnten Personen und Ereignissen mühsam aus den Akten und Ar-chiven recherchiert hätten werden müssen. Wenn letztlich auch nicht festgestellt werden kann, ob die Briefe tatsächlich abgeschickt wurden, geht Pořízka doch davon aus, dass es bei der Abfassung des besagten Briefes durchaus intendiert war, ihn nach Wien zu schicken. Selbst wenn der Brief also nicht nach Wien gesandt wurde, ist der Umstand dennoch be-deutsam, dass er an die Wiener Stadträte, nicht an die Universität adressiert wurde.

67 Siehe oben, Anm. 27.

aufzukommen habe, zeigt wiederum den eigentümlichen Charakter dieses Prozesses als »Mischung eines erzbischöflichen Konsistoriums und eines universitären Disziplinargerichts«.[68]

2.3.3. Zum Briefwechsel des Jahres 1413 zwischen Johannes Sigwart, Jan Hus, dem Bischof und Domkapitel von Agram sowie den Universitäten Wien und Prag

Die *causa* Hieronymus sollte 1413 in einem Briefwechsel zwischen der Wiener und der Prager Universität noch einmal zum Thema werden. Johannes Sigwart, der 1412 Dekan der Theologischen Fakultät gewesen und danach in ein Kartäuserkloster eingetreten war, sandte 1413 zwei Schreiben an den Bischof und das Domkapitel von Agram, in dem er sich über das offene Bekenntnis einiger kroatischer Kleriker zu Wyclif auf ihrer Durchreise in Wien beklagte.[69] Nicht nur würden diese »Häresiarchen« die Gläubigen gegen den Klerus aufstacheln und die Mächtigen zum Raub der Kirchengüter überreden, auch versuchten sie, ihre Lehren in den Nachbarländern zu verbreiten. Aus diesen Gründen habe der Bischof die Pflicht, gegen diese Anfänge in aller Schärfe vorzugehen.[70] In seinem Brief an das Domkapitel von Agram erwähnt Sigwart zudem die Propaganda, die Hieronymus in Krakau für die Lehren Wyclifs verbreitet hätte.[71] Auch die Krakauer Universität selbst bat im Mai 1413 die Wiener Universität darum, ihr die Akten des Prozesses gegen Hieronymus zuzusenden, und die Universität sandte die erbetenen Unterlagen auf eigene Kosten nach Krakau.[72] Ob die Wiener

---

68 Siehe oben, Anm. 34.

69 Vgl. zu Folgendem bes. LOSERTH, Ueber die Versuche, S. 98–101, der die besprochenen Briefe sammelte, eine kurze Inhaltsangabe bot, eine Übersicht über vorhandene Editionen vorlegte und ungedruckte Schriften im Anhang edierte. Druck des Textes nach Wien, ÖNB, CVP 4299, fol. 230r–v in SIGWART, Copia litere.

70 »(...) quod certe de transeuntibus hic Wyenne nonnullos vestre diocesis clericos seu scolares, quod dolenter refero, singularis et perversi deprehendi Wiclefistarum dogmatis sectatores. Unde quia et nunc huius erroris heresiarce inter alia plura sue temeritatis absurdissima deliramenta contra clerum conantur et ad spoliaciones ecclesiarum potentes seculi provocare, [ac ad] persecuciones immunes tam personales quam reales: modo velud a fidedignis asseritur quam plurimis catholicis, procurantes ac magis pro eo, quod et perfidie sue virus ad circumiacentes terras diffundere satagant toto posse, dignitati paternitatis vestre (...)« (SIGWART, Copia litere, S. 103).

71 Gedruckt in SIGWART, Copia eiusdem.

72 »Item 24. die Maii congregata fuit universitas sub pena non contradicendi ad audiendum litteram universitatis Cracoviensis universitati nostre transmissam. Et petivit universitas Cracoviensis, ut nostra universitas sibi dignaretur procurare processus et acta contra mag. Ieronimum hic per dominum officialem decretos sub expensis suis. Et conclusit nostra universitas, quod vellet hoc facere sub expensis propriis« (AFA I, S. 397). – »Item die mercurii 24a mensis maii congregata fuit universitas sub pena non contradicendi ad delibe-

Universität selbst eine Abschrift der Prozessakten besaß oder eine Kopie der Unterlagen des Passauer Offizials anfertigen ließ, ist unklar.

Am 1. Juli 1413 setzte sich Jan Hus selbst in einem direkt an Sigwart gerichteten Schreiben gegen dessen Anschuldigungen zur Wehr.[73] So sei Sigwart ein Professor der nichtsnutzigen Beschimpfungen, nicht der hl. Theologie, da er, ohne die Rechtgläubigkeit des Hieronymus zu kennen, ihn einen der schlimmsten Verbreiter ketzerischer Lehren nenne.[74]

Bereits acht Tage später, am 9. Juli 1413, folgte ein Schreiben des Rektors der Prager Universität an den Rektor und die Professoren der Wiener Universität.[75] Darin beklagte er den Schaden, welcher der Prager Universität, dem Land Böhmen im Allgemeinen und dem Magister Hieronymus im Speziellen durch den falschen Vorwurf der Ketzerei durch Johannes Sigwart zugefügt worden sei. Dem Rektor waren die Schreiben des Magister Sigwart nach Agram bekannt,[76] denn er beklagte die damit einhergehenden falschen Verdächtigungen der Prager Scholaren. Johannes Sigwart solle deshalb eine Rüge erteilt werden, ansonsten müsse man sich in dieser Sache an den Herzog von Österreich wenden.[77]

---

randum super articulis infrascriptis. Primo ad audiendum litteram per universitatem Cracoviensem missam necnon ad respondendum et complete ordinandum iuxta illud contenta si videretur expedire. Et petivit eadem universitas, ut universitas nostra dignaretur ei dirigere nedum processus excommunicacionis et declaracionis periurii contra mag. Ieronimum per dominum officialem curie Pataviensis latos, sed et acta acticata in eadem causa fidei, scripturas, attestaciones, prothocolla autentice translegare. Et quo ad istum articulum conclusum fuit, quod hec ita fierent, sicut est petitum, eciam sub expensis nostre universitatis, si dictus dominus officialis prefata gratis annunciare nollet. Et quo ad istum articulum erat conclusum, quod si ex parte Biclefistarum peramplius universitati scriberetur per dictam universitatem aut aliquem alium pro tunc priores deputati in causa fidei adhuc haberent plenum posse litteras apperiendi et responendi et ceteram circa hoc disponendi, secundum quod eis melius pro universitate videretur expedire et ad istos deputatos vocare decanum Conradum Sigelauer, si rectori placeret« (AU, fol. 54r).

73 Auf welchem Weg Jan Hus dieser Brief bekannt wurde, ist unklar. Gedruckt in PALACKÝ, Documenta, S. 63f. (nach dem ungenauen Text Wien, ÖNB, CVP 4299, fol. 231) und in HÖFLER, Geschichtsschreiber, S. 209f. (nach dem besseren Text Prag, NB, Cod. 1 G 11); vgl. LOSERTH, Ueber die Versuche, S. 104.

74 »Ecce tu professor non sacrae theologiae, sed infamationis nequitiae, de cujus fide tibi non constat et addis gloriosum mendacium, quod ipse subversionis gratia ad regem Cracoviae et ad fratrem se contulit« (HÖFLER, Geschichtsschreiber, S. 209).

75 Gedruckt in PALACKÝ, Documenta, S. 512f. (wiederum nach dem ungenauen Text Wien, ÖNB, CVP 4299, fol. 232; ein besserer Text in Prag, NB, Cod. 1 G 11, fol. 89v–91r); vgl. LOSERTH, Ueber die Versuche, S. 105.

76 Wohl über die Abschrift im Prager Kodex 1 G 11.

77 »Et quidam Mgr. Joan. Sybart, suae honestatis, sed verius legis Christi immemor, diffamationis literas ad episcopum Zagrabiae et capitulum direxit, in quibus scholares nostrae universitatis appellat perversi dogmatis sectatores, mel in ore gerentes, et venenum insanabile aspidum in corde. Nec suffecit in tam grandi infamia, sed adjecit: Per Bohemiam sunt haeresiarchae, qui conantur ad spoliationem ecclesiarum potentes seculi provocare; demum quod Mag. Hieronymus de Praga, disseminator erroris non minimus, gratia subversionis ad regem Poloniae se contulit et fratrem illius. (...) Unde hortamur Vestras Reverentias in

Interessant ist, dass nur der Angriff des Sigwart von der Prager Universität kritisiert wird, nicht der Wiener Prozess an sich, für den die Prager der Wiener Universität offenbar keine maßgebliche Verantwortung zusprach. Wäre die Wiener Universität in Prag als Hauptverantwortliche des Prozesses gegen Hieronymus wahrgenommen worden, wäre es schwer vorstellbar, dass diese schwerwiegende Kritik im Schreiben der Prager Kollegen nicht erwähnt worden wäre.

Dieses Schreiben aus Prag wurde in einer Versammlung der Wiener Universität vom 31. Juli 1413 verlesen, die weitere Beratung über die darin enthaltenen falschen Beschuldigungen jedoch auf die nächste Universitätsversammlung verschoben.[78] Offenkundig wurden Deputierte bestimmt, ein Antwortschreiben an die Prager Universität zu entwerfen, das in der Universitätsversammlung vom 6. August gehört, diskutiert und überarbeitet wurde.[79] Am 20. August beschloss die versammelte Universität, das Antwortschreiben der Prager Universität, ihrem Rektor, den Universitätsjuristen und Bürgern zu senden. Der Rektor verfasste, in Abstimmung mit zwei weiteren Magistern, zudem Briefe an zwei Prager Doktoren, von denen jeder die Vorladung des Offizials für Hieronymus von Prag nach Wien enthielt. Anton von Schlesien, der Bote der Universität, wurde am Morgen des 29. August mit einem Büchlein nach Prag gesandt, das Kopien der Schreiben an den Rektor der Prager Universität, Jan Hus und die Prager Bürger enthielt.[80] Das Antwortschreiben der

---

domino, quatenus dignemini vexationes nostrorum scholarium praescindere, et ipsi M. Sybart justam correctionem impendere, ne amplius false proximis imponat haeresim, sed discat linguam mendacem et detractionis compescere, et de perpetrato scelere efficaciter poenitere. Haec vestris amicitiis scribimus, cupientes amorem caritatis altrinsecus observari. Alias oporteret universitatem nostram super his auxilium illustris principis D. Ducis et D. Capitanei terrae Austriae implorare, et juxta conservatorium et privilegia universitatis nostrae suppositis nostris providere et remedio opportuno« (Palacký, Documenta, S. 512f.).

78 »Item ad audiendum litteram rectoris universitatis studii Pragensis universitati nostre missam. Et quia idem rector plura false universitati et eius suppositis ascripsit, prout in copiis eiusdem littere et aliarum in quodam libro copiarum contentis continetur, ideo deliberacio super isto ad proximam congregacionem suspendebatur« (AU, fol. 55v; gedruckt in AFA I, S. 400, Anm. 23).

79 »Primus ad audiendum deliberacionem deputatorum super responsione universitati Pragensi iuxta proxime commissa presentanda et ad approbandum hoc idem, addendum vel minuendum et cetera circa ipsum disponendum, secundum quod videbitur expedire. Et de isto articulo fuit conclusum, quod conceptum debet manere in suis essencialibus et abbreviari et ad debitam formam redigi iuxta consilium deputatorum cum relacione ad universitatem certis doctoribus non absentibus supervenientibus« (AU, fol. 55v; gedruckt in AFA I, S. 400, Anm. 23).

80 »(…) fuerunt relacio et minuta dominorum deputatorum iuxta proxime commissa in medium producte. Et placuit singulis, quod in eadem forma scriberetur universitati Pragensi, rectori ipsius, universitati iuristarum et civibus. Et ego scripsi ut rector duas litteras duobus doctoribus Pragensibus, uni ipsorum dirigens citacionem domini officialis, qua mag. Ie-

Universität, das erhalten ist,[81] betont, dass die Darstellung der Prager in keinster Weise zutreffe; lediglich ein Dominik aus Agram sei beim Offizial des Passauer Bischofs angeklagt worden, weil er am Tag von Christi Himmelfahrt leichtfertig wyclifsche Irrtümer behauptet hatte. Nach einem Verhör habe sich dieser jedoch belehren lassen und seinen Irrtümern abgeschworen. Hätten nicht die Universitätsmitglieder für Dominik Partei ergriffen, wäre es ihm vor dem Offizial wohl kaum so glimpflich ergangen![82]

Dieses Selbstbild der Universität ist aufschlussreich und entspricht dem Befund, der sich bereits beim Prozess gegen Hans Griesser feststellen ließ.[83] Zwar steht dahinter freilich das diplomatische Bemühen, den Magister Sigwart und die Hochschule selbst gegen die Vorwürfe der Prager Universität zu verteidigen, unverhältnismäßig harsch gegen Häresieverdächtige vorzugehen. Anstatt jedoch einen unmissverständlichen Standpunkt einzunehmen und zu betonen, dass für Dominik aus Agram als bekennendem Wyclif-Anhänger die vom Offizial angedachte Strafe angebracht gewesen sei, insistierte die Universität auf

---

ronimus ad iudicium evocaretur, et hoc feci ad consilium et consensum omnium michi condeputatorum et magistrorum mag. Gerhardi et Casparis. Et hec dirigebantur per Anthonium de Slesia nuncium universitatis ad Pragam in crastino sancti Augustini. Copie omnium per rectorem Pragensem, per Huss, cives Pragenses et nos in hoc facto scriptorum habentur in libello« (AU, fol. 56r; gedruckt in AFA I, S. 400, Anm. 23). – »Item 20. die Augusti congregata fuit universitas per iuramentum ad videndum responsum universitati Pragensi dirigendum conceptum per deputatos. Et conclusum fuit, quod sic scribi deberet, ut conceptum erat, universitati Pragensi et universitati iuristarum et consulibus de maiori civitate Pragensi, materia autem, de qua scribebatur, fuit, ut in copiis, que apud dominum rectorem habentur, continetur« (AFA I, S. 400).

81 Gedruckt in Universitas Viennensi, Copia.

82 »(...) ymmo certi sumus, quod nos bona fide certos reddimus, quod nemo de vestris aliquo nostrum conscius est hic aliquantulum molestatus preter quendam nomine Dominicum de Zagrabia, qui circa festum Dominice ascensionis propter frivolas et temerarias asserciones errorum Wycleff et eorum approbacionem domino officiali curie Pataviensis denunciatus capiebatur per eundem, non per aliquem de nostris magistris. Qui et legitime examinatus sub iuramento fatebatur se sedecim errores Wycleff tamquam veros, iustos, sanctos aut Christi evangelio consonos credidisse ac eos vel saltem aliquos a mag. Johanne Hus docente publice didicisse, contrarium eciam nonnunquam ab orthodoxe fidei doctoribus Prage predicare, legere, docere audivisse. Verum quia ad aliquorum nostre universitatis doctorum informacionem ad veritatis viam reductus elegit sponte eosdem abiurare, nequaquam reputans se passum iniurias sed agens eisdem graciarum acciones gaudebat se ab errore dampnabili salubriter revocatum. Et nisi intercedente universitate nostra eidem dictus dominus officialis graciosius pepercisset, ad graviorem utique penam fuisset de rigore iuris merito condempnatus« (Universitas Viennensi, Copia, S. 107). – Der ausdrückliche Hinweis, dass Dominik aus Agram vom Offizial, nicht von den Magistern der Universität gefangen genommen wurde, spricht dafür, dass auch Hieronymus von Prag vom Offizial, nicht den Gelehrten vor Gericht gestellt wurde. – Am 8. Oktober 1413 erreichte die Universität ein Brief des Vizerektors der Prager Universität (AU, fol. 57v), über dessen Inhalt allerdings nichts bekannt ist. Ob und wie er mit dieser Angelegenheit in Zusammenhang steht, kann nicht festgestellt werden.

83 Siehe oben, S. 92–94.

seine Bekehrung, stellte sich selbst als Verteidigerin des kroatischen Studenten dar und betonte ihr mildes Vorgehen. Dies zeigt wiederum, dass es der Wiener Universität zu diesem Zeitpunkt nicht darum ging, eine Vorreiterrolle im Kampf gegen die Anhänger Wyclifs einzunehmen. Wäre ihr daran gelegen gewesen, wäre dieser Vorwurf der Prager Universität eine gute Gelegenheit gewesen, sich deutlich klarer und entschiedener zu positionieren. Diese Episode zeigt hingegen vielmehr, dass die Universität eine Bekehrung der Verdächtigen erreichen, nicht aber ein Exempel statuieren wollte, um eine besondere anti-wyclifitische Haltung auszudrücken. Möglicherweise wurde die hussitische Gefahr auch noch nicht als besonders bedrohlich und akut empfunden.

2.3.4. Zur Auseinandersetzung mit dem Passauer Dompropst Wenzel Thiem (1412–1416)

Im Frühjahr 1412 geriet die Wiener Universität in eine Auseinandersetzung mit dem Passauer Dompropst Wenzel Thiem.[84] Hintergrund dieser Konfrontation war der Kreuzzug, der 1411 von Johannes XXIII. gegen Ladislaus, den König von Neapel, ausgerufen und von Wenzel Thiem und Pace Fantuzzi, einem Kanonisten aus Bologna, in Wien gepredigt worden war.[85] Im Archiv der Universität Wien findet sich die mit 7. April 1412 datierte Aufforderung der beiden päpstlichen Gesandten an die Universität, den Kreuzzugsaufruf zu unterstützen. In diesem aus Prag nach Wien gesandten Schreiben informieren die Gesandten den Rektor Peter von Pulkau, Kaspar Maiselstein und Lambert von Geldern über ihren Auftrag, einen Kreuzzug gegen Ladislaus von Durazzo und den häretischen und schismatischen Papst Gregor XII. zu verkünden und fordern die Universität auf, sie dabei zu unterstützen. Dazu erteilt Wenzel den Genannten den Auftrag, jene Gelder, die von den Kommissaren des Wenzel und Pax für den

---

84 Diese Kontroverse behandelt auch SOUKUP, Jan Hus und der Prager Ablassstreit. – Zu Wenzel Thiem vgl. KRICK, Das ehemalige Domstift Passau, S. 4 und S. 12; KÜHNE, Repertorium Germanicum III, S. 365f.

85 Während der römische Papst Gregor XII. den Ladislaus von Durazzo als König von Neapel unterstützte, bevorzugte der Pisaner Papst Alexander V. dessen Gegner Ludwig von Anjou. Alexander V. setzte sich durch und krönte seinen Wunschkandidaten zum König, der in der Folge auch von Alexanders Nachfolger, Johannes XXIII., unterstützt wurde. Im Sommer 1411 zwangen militärische Niederlagen Ludwig von Anjou, Italien zu verlassen. Um die Situation zu dessen Gunsten zu wenden, rief Johannes XXIII. einen Kreuzzug gegen Ladislaus aus und bestimmte Wenzel Thiem und Pace Fantuzzi zu Ablasskommissaren für Österreich, Böhmen und Meißen (vgl. SOUKUP, Několik textů, S. 134). Zur Situation in Italien vgl. auch ESCH, Das Papsttum; CUTOLO, Re Ladislao, S. 419–459. – Die Bullen Johannes' XXIII. sind gedruckt in Acta Summorum Pontificum, Bd. 6, S. 361–363 (Nr. 561) und S. 378–380 (Nr. 604).

Kreuzzug gesammelt wurden, zu beaufsichtigen.[86] Leider erzählen uns die Akten nicht, inwieweit der ursprüngliche Beschluss einer Universitätsversammlung, Wenzel könnte beliebige Männer aller Fakultäten auswählen, die als Unterstützer namens der Universität fungieren sollten,[87] realisiert wurde. Jedenfalls beschuldigte Wenzel kurze Zeit später die Universität in Briefen,[88] nicht nur nachlässig in kirchlichen Angelegenheiten zu sein und den Herzog hinsichtlich der Ablassbulle falsch informiert zu haben, sondern auch im Geheimen mit den Wyclifiten zu sympathisieren.[89] Die daraufhin am 23. Mai einberufene Universitätsversammlung beschloss, eine Kommission (bestehend aus Nikolaus von Dinkelsbühl, Peter von Pulkau, Matthias von Wallsee, Peter Deckinger und Kaspar Maiselstein) einzusetzen, welche beauftragt wurde, vor Herzog Albrecht V. und seinem Rat die Unschuld der Universität zu beteuern. Falls es nötig sein sollte, sollte der Fürst darüber hinaus den Papst über diese Angelegenheit informieren.[90] Nach zwei weiteren feindseligen Briefen der beiden Ablassprediger

---

86 Archiv der Universität Wien, Ladula V.2a; ed. in SOUKUP, Několik textů, Anhang 1. Vgl. AFA I, S. 376, Anm. 4.

87 »Et proposuit dictus dominus decanus cum suo collega, quem dominus papa Pacem appellavit in suis bullis et litteris universitati directis, quomodo dominus Ladislaus rex Appulie notorius hereticus et ecclesie sancte Romane persecutor totis viribus niteretur ecclesiam sanctam Dei molestare et suum errorium in concilio generali Pysano hereticum condempnatum ad urbem Romanam inducere, et plures alios articulos idem decanus prolixe in universitate proposuit, propter quos pretactus noster dominus papa verbum vivifice crucis contra prefatum regem predicari decrevit. Preterea idem decanus petivit, ymmo requisivit universitatem, quatenus in huiusmodi crucis predicacione universitas vellet sibi astare consilio, auxilio et favore intra se et sua supposita et erga alios, signanter tamen versus principes Austrie. Et ita placuit universitati, quod dictus decanus eligeret quoscumque vellet de quacumque facultate, qui sibi assisterent nomine universitatis, prout desideravit pro posse etc.« (AFA I, S. 373). – Vgl. KINK, Urkundliche Beilagen, S. 43f.; ASCHBACH, Geschichte, S. 255f. und S. 299; MADRE, Nikolaus von Dinkelsbühl, S. 23; GIRGENSOHN, Peter von Pulkau, S. 62 mit Anm. 354; CEKOLJ, Die Wiener Universität, S. 88f.

88 Dieser Brief ist nicht erhalten.

89 »Item feria 2ª festivitatum Penthecostes fuit per iuramentum universitas congregata. Primo ad audiendum litteram missam rectori, doctoribus et magistris a decano Pataviensi prothonotario pape et socio eius Pace licenciato in decretis. In qua, quia improperaverunt universitati nedum de negligencia, sed et de culpa, ac eciam, quia in aliis litteris ad personas singulares scripserant iam alter eorum, iam ambo, inter cetera false universitati imposita, quomodo eciam, licet occulte adhuc, tamen esset illa universitas de secta ipsius Wicleff et suorum sequacium maculata, eo quod super scriptis domini apostolici de cruce signandis contra Ladizlaum Apullie male principem et suum consilium informasset« (AFA I, S. 376; vgl. auch AU, fol. 49r und fol. 51r-v).

90 »Conclusum fuit in universitate, quod deberent huiusmodi male sonantes littere ac falsum continentes ad conspectum principis et sui consilii deportari, eo quod et ipse ac suum consilium universitatis et magistrorum suorum innocenciam de hoc scirent, ut saltem princeps super hoc dominum apostolicum, si opus fieret, informaret. Ad quod faciendum deputati fuerunt per facultatem theologye et medicine mag. Nicolaus de Dynkelspuhel et mag. Petrus de Pulka et de facultate arcium deputati fuerunt decanus, mag. Mathias de Walse

wurde der Beschluss gefasst, sich an Kardinal Zabarella und damit an den Papst zu wenden.[91] Zum weiteren Verlauf ist nichts bekannt.

Dass sich die Universität tatsächlich aktiv gegen den Kreuzzugsablass gewendet hätte, geht aus den Akten nicht hervor. Die naheliegende Interpretation, der Vorwurf des Wenzel beziehe sich auf die Ablassunruhen in Prag, die dort nach der Verkündung der Kreuzzugsbulle ausbrachen,[92] ist differenzierter zu betrachten: Die ersten Reaktionen auf den Kreuzzugsablass, die als Beginn der Ablassunruhen in Prag gelten, sind zwei Predigten des Jan Hus vom 22. und 29. Mai 1412.[93] Der Brief des Wenzel an die Universität wurde jedoch schon am 23. Mai, also einen Tag nach der ersten greifbaren Reaktion auf die Kreuzzugsbulle in Prag, in Wien verlesen. Dies könnte einerseits bedeuten, dass bereits vor dem Beginn des eigentlichen »Ablassstreits« Kritik am päpstlichen Ablass in Prag laut geworden war.[94] Da sich die beiden Ablasskommissare seit Anfang April 1412 in Prag aufhielten, könnten sie durchaus davon gewusst haben. Andererseits könnte der Vorwurf auch auf den einfachen Umstand abgezielt haben, dass jeder Kritiker anti-hussitischer Maßnahmen als indirekter Unterstützer der Häretiker erschien. Im Hintergrund dieser Episode stand jedenfalls ein schwelender Konflikt zwischen Wenzel und der Wiener Universität, der auf dem Konstanzer Konzil seine Fortsetzung finden sollte.

Aus welchem Grund aber hielt sich die Universität bei der Unterstützung des Kreuzzugsaufrufs gegen Ladislaus so auffällig zurück?[95] Ein Grund könnte die

---

et dominus vicecancellarius et per facultatem iuris dominus ordinarius datus fuit« (AFA I, S. 376).

91 AFA I, S. 382 und S. 388f.; AU, fol. 52r.

92 GIRGENSOHN, Peter von Pulkau, S. 62.

93 Vgl. SOUKUP, Mařík Rvačka's Defense, S. 84f. – Zu den Prager Ablassunruhen vgl. etwa ŠMAHEL, Die Hussitische Revolution, Bd. 2, S. 867–878; DOLEŽALOVÁ, The Reception; SOUKUP, Jan Hus, S. 131–147.

94 Für den Hinweis, dass der Widerstand gegen den Ablass in Prag wohl bereits vor dem eigentlichen »Ablassstreit« begann, danke ich Pavel Soukup, der diesen Aspekt in einer geplanten Monographie zu den anti-hussitischen Kreuzzügen ausführlich behandeln wird (vgl. dazu auch SOUKUP, Jan Hus und der Prager Ablassstreit, der darin die Flugschrift *Contra cruciatam* des Jan Hus als erste Reaktion identifiziert, die bereits vor dem Beginn der eigentlichen Ablasskampagne entstanden sein dürfte). Als Anlass für den Vorwurf des Wenzel an die Wiener Gelehrten, mit Wyclif zu sympathisieren, sieht Soukup die aufkommende Opposition der Prager Wyclifisten während der wochenlangen Vorbereitungen der Kreuzzugskampagne (ebd., S. 491).

95 Pavel Soukup kam zu dem Schluss, die Universität sei dem Kreuzzug gegenüber neutral, wenn nicht sogar positiv gesinnt gewesen, da Wenzel Thiem andernfalls die Einkünfte aus den Ablässen kaum den Gelehrten anvertraut hätte (SOUKUP, Jan Hus und der Prager Ablassstreit, S. 488). Allerdings geht aus den Quellen nicht hervor, ob dieser Auftrag des Wenzel seitens der Universität umgesetzt wurde oder nicht. So zurückhaltend, wie die Universität agierte, scheint dies zweifelhaft. Zwar übermittelte Wenzel 1413 der päpstlichen Kammer Ablassgelder aus der Kirchenprovinz Salzburg sowie den Erzdiözesen Salzburg und Prag

provokante Art gewesen sein, in der Wenzel Thiem auftrat. Aus den Texten geht zumindest hervor, dass sich dieser recht forsch gegen die Universität verhielt und die nötige Ehrfurcht vermissen ließ. Auch in Prag, wo Ablassverkündigungen keine neue Erfahrung waren, dürfte die starke Betonung der finanziellen Aspekte von Buße und Ablass zu den bekannten ablehnenden Reaktionen geführt haben. Nicht nur Wenzel Thiem selbst, auch manche seiner Unterstützer besaßen mehrere Pfründen und profitierten nicht unerheblich von der Verkündigung des Kreuzzugs.[96] In einem Brief vom 27. September 1415 sollte Peter von Pulkau seine Hochschule darüber informieren, dass Wenzel Thiem auf dem Konstanzer Konzil *propter enormes excessus, quos praedicando crucem commisit* angeklagt wurde; eine Kritik, der sich auch Herzog Albrecht anschließen sollte.[97] Möglicherweise könnte aus der reservierten Haltung der Universität auch eine gewisse Kritik am fragwürdigen Kreuzzugsaufruf an sich herausgelesen werden, der sich in erster Linie gegen politische Rivalen des Papstes, nicht gegen Feinde der Kirche richtete.

Ab dem 4. Jänner 1415 wurde die Auseinandersetzung erneut virulent. Eine Versammlung der Universität beriet über die Information der Abgesandten der Wiener Universität in Konstanz, Peter von Pulkau und Kaspar Maiselstein, Wenzel habe auf dem Konzil den Vorwurf erhoben, dass Deutschlands Universitäten lediglich Partikularschulen seien, welche aufzuheben er Papst Johannes XXIII. jederzeit veranlassen könne (und wolle).[98] Es folgte die Ernennung von

---

(ebd., S. 489), es gibt aber keinerlei Hinweise, dass diese Gelder zuvor von Wiener Gelehrten gesammelt worden wären.

96 Vgl. SOUKUP, Jan Hus, S. 145.

97 Petrus de PULKA, Epistolae, S. 33. Zu den einträglichen Pfründen Wenzel Thiems vgl. zudem SCHMID, Zur Geschichte, S. 425–431, bes. S. 430f.; KOLLER, Princeps, S. 136 mit Anm. 116. – Der Vorwurf, Wenzel habe sich bei seinen Kreuzzugspredigten ungebührlich verhalten, findet sich noch im August 1424 im Kontext des Passauer Bistumsstreites. Nachdem sich die Universität Anfang August 1424 geweigert hatte, Leonhard von Layming als neuen Passauer Bischof anzuerkennen, sandte dieser ein Schreiben an die Universität, in welchem er u. a. harsche Kritik an Wenzel Thiem übte, der das Vikariat der Passauer Kirche allein aus Ehrsucht anstrebe und nicht, um das Recht durchzusetzen. Darüber hinaus solle sich die Universität daran erinnern, so Leonhard, dass sich Wenzel bereits im Zuge der Kreuzzugspredigten gegen König Ladislaus von Neapel ähnlich ungebührlich verhalten habe (UIBLEIN, Kopialbuch, S. 34 mit Anm. 68; das Schreiben des Leonhard von Layming vom 18. August 1424 ist gedruckt ebd., Nr. 14).

98 »Item in octava sanctorum Innocentum fuit congregata universitas ad audiendam quandam litteram per nuncios universitatis de concilio Constanciensi rectori transmissam, in qua continebatur de ulteriori peccunia nunciis universitatis transmittenda, secundo, quomodo diceretur in Constancia, quod prepositus Pataviensis, scilicet Wenczeslaus, diceret se posse et velle procurare, quod dominus papa revocaret omnes universitates Alamanie, quia non forent nisi quedam scole particulares. Ad ista expedienda erant dati deputati cum relacione ad universitatem, et facultas deputavit mag. Ulricum de Patavia, mag. Theodoricum Hamelburg et decanum racione officii« (AFA I, S. 439, zum 4. Jänner 1415; vgl. AU, fol. 69r zum 11. Jänner 1415 (bei den unterschiedlichen Datierungen dieser Versammlung dürfte es sich

Deputierten, die sich der Sache annehmen sollten. Knapp zwei Wochen später, am 18. Jänner 1415, veranlasste die Universität (einer brieflichen Bitte Peters und Kaspars[99] entsprechend), die benötigten Unterlagen nach Konstanz zu senden, um sich gegen die Verleumdungen des Wenzel zur Wehr setzen zu können.[100] Dass wir für das folgende halbe Jahr keine Nachrichten zu dieser Streitsache vorliegen haben, bedeutet jedoch nicht, dass Ruhe eingekehrt wäre. In einem Brief an die Universität vom 24. August 1415[101] schildert Peter von Pulkau, dass Wenzel Thiem tags zuvor der Verleumdung angeklagt und vor die Apostolische Kammer zitiert worden war.[102] Am 6. September 1415 folgte die Beratung der Universität, wie in dieser Angelegenheit nun weiter zu verfahren sei.[103] Eine Einigung scheint schnell erfolgt zu sein, denn die entsprechende Antwort wurde bereits am 9. September nach Konstanz gesandt, wo sie am 27. September eintraf.[104] Am selben Tag sandte Peter von Pulkau erneut einen Brief nach Wien, in dem er seiner Universität über die Anklage gegen Wenzel und die vorzunehmenden Schritte berichtete.[105] Am 18. Oktober 1415 be-

---

um einen Fehler handeln, vgl. AFA I, S. 439, Anm. 28). Vgl. KINK, Urkundliche Beilagen, S. 49; MADRE, Nikolaus von Dinkelsbühl, S. 23.

99 Dieser Brief ist nicht erhalten.

100 »3us articulus fuit de iurisdictione habenda in clericos universitatis et per ambasiatores in Constancia obtinenda. Placuit universitati, quod dominus rector caperet de officialibus suis quos vellet et dominum principem accederet supplicando eidem, ut ipse dignaretur scribere sue ambasiate, ut in hoc articulo assisterent ambasiate universitatis pro dicta iurisdictione obtinenda« (AFA I, S. 440, zum 18. Jänner 1415; vgl. AU, fol. 69r-v). Vgl. KINK, Urkundliche Beilagen, S. 49f. und GIRGENSOHN, Peter von Pulkau, S. 62 und S. 195.

101 »Intellexi veridice, quod pridie missa sit citatio contra dominum Wenczezzlaum Tyem praepositum Pataviensem, quatenus ab ejus insinuatione 30ma die personaliter in curia compareat ex parte camerae apostolicae cujus est collector« (Petrus de PULKA, Epistolae, S. 29 mit Korrekturen von GIRGENSOHN, Peter von Pulkau, S. 183).

102 Petrus de PULKA, Epistolae, S. 28–30 und S. 31–33 mit Korrekturen von GIRGENSOHN, Peter von Pulkau, S. 183.

103 AU, fol. 72v; vgl. GIRGENSOHN, Peter von Pulkau, S. 198.

104 Von den von der Universität nach Konstanz gesandten Briefen ist keiner erhalten (vgl. GIRGENSOHN, Peter von Pulkau, S. 56), weshalb auch nicht mehr festgestellt werden kann, wie die Antwort der Universität im Detail ausgesehen hat.

105 »Venerabilis domine rector! Literas dominationis vestrae datas 9na die Septembris 27ma ejusdem suscepi in quibus inter cetera scribitis quod universitati incautum videatur d. Wenceslaum Thyem de suis injuriosis et detractoriis verbis deferre; fateor quidem et idipsum teste domino meo ordinario concorditer sentiebamus. Nec hoc scribendo intendebam, sed quod denunciaretur concilio super enormissimis fallaciis et deceptionibus quibus Christi fideles, praedicando crucem minime decipere formidabat, unde et me signanter hujus gratia scripsisse recolo, quod in casu, quo ipsa ejus denunciatio per me fienda foret, quod mihi mitterentur copie sue bulle, ejus declarationis doctorales et forme absolutionis qua sui commissarii utebantur, et informationes de suis excessibus quantum tamencumque autentice fieri posset. Quodque dominus noster gratiosissimus d. Albertus serenissimus dux Austrie etc. hortaretur quatenus similem denunciationem suis ambasiatoribus committere dignaretur et petitionem quatenus de sufficienti cautela deceptis per ipsum fidelibus per concilium provid020retur ne credentes se per eundem W. et ejus

schlossen die Deputierten der Universität, Unterlagen für alle weiteren Maßnahmen gegen den Passauer Offizial an Peter von Pulkau zu schicken. So wurden u. a. die Schreiben des Wenzel an die Universität nach Konstanz geschickt und zudem ein von der Juristischen Fakultät erstelltes Gutachten beigelegt, in welchem die päpstlichen Vollmachten untersucht wurden, auf deren Basis Wenzel und Pax den Kreuzzug gegen Ladislaus verkündet hatten.[106] Dies deutet darauf hin, dass nicht der Kreuzzug per se an der Universität umstritten war, sondern die Person des Wenzel Thiem im Fokus der Kritik stand. Theodor von Hammelburg, Paul von Wien, Kaspar Maiselstein, der Dekan der Theologischen Fakultät Berthold Puchhauser von Regensburg, der Dekan der Juristischen Fakultät Johannes Sindrami und der Dekan der Medizinischen Fakultät Nikolaus von Höbersdorf[107] wurden mit der Aufgabe betraut, eine weitere päpstliche Bulle sowie ein Schreiben an die Wiener Minoriten, die der Universität offenbar nicht vorlagen, zu erlangen oder festzustellen, ob die vorhandenen Unterlagen als Basis für eine Klage gegen Wenzel ausreichend seien. Dabei sollten Nikolaus von Dinkelsbühl, Heinrich von Kitzbühl, Peter Deckinger, Lambert von Geldern und weitere ungenannte Gelehrte beratend zur Seite stehen.[108] Dass die Unterlagen in

106 Die Briefe des Wenzel an die Universität und das genannte Gutachten sind nicht erhalten.
107 AU, fol. 73v; vgl. AFA I, S. 456, Anm. 8.
108 »2us fuit communis articulus super supplicacionibus et iniuriis. Et facultas arcium consideravit in predictis litteris unum punctum sonans, quomodo littere missiles alias per dominum Wenczeslaum Thyem universitati directe et bulla domini Iohannis pape XXIII., quam eciam habet universitas, domino doctori mag. Petro de Pulka mitti expediret, quod et fieri facultas pro tunc conclusit tracta ad partem ad lectorium dominorum theologorum. Consideravit eciam, quomodo expediret universitati cum predictis mittere copiam declaracionis doctorum canonici facultatis decretistarum bulle apostolice ad videndum, quam potestatem habuissent predictus Wenczeslaus Thiem et suus collega Pax de Bononia missi a domino Iohanne papa XXIII. ad predicandum crucem contra Ladislaum de Doracio regem Sicilie, pariter et copiam absolucionis predictorum, quam suis commissariis de ordine Minorum conventus in Wyenna dimiserunt, similiter eciam copiam alterius bulle, quam predicti predicatores crucis post commissionem in Wienna factam impetrarunt; et quia predictas copias universitas et secundam bullam non haberet, deputavit facultas honorabiles viros et mag. Theodoricum de Hamelburg et Paulum de Wienna, qui pro predictis copiis et bulla diligenter inquirere deberent et ipsis habitis mitti disponerent prefato domino et mag. Petro, qui omnibus sibi tunc missis diligenter inspectis de consilio dominorum mag. Nicolai Dinchkelspuhel, Henrici de Kiczpuhel, Petri Dekinger, Lamperti et aliorum mature deliberare deberent, an predicta sufficerent ad denunciandum predictos Wenczeslaum et Pacem de Bononia sacro concilio Constanciensi, ut pro suis excessibus puniret eosdem et Christi fidelibus a prefatis et ipsorum commissariis absolutis nulliter salubrius provideret. Si autem expedire non videretur sibi et aliis huiusmodi denunciacio, quod tunc omitteret eandem, ita quod in hoc facultas predicto domino doctori mag. Petro dari per universitatem conclusit plenam potestatem, et quod predicti deputati accedere

der Tat für eine Anklage ausreichen, zeigt ein Hinweis in den Rektoratsakten zu einer Versammlung vom 30. Jänner 1416, in welcher aus Konstanz die Anklage gegen Wenzel zur Kenntnis genommen wurde, die dem Konzil vorgebracht werden sollte.[109] An dieser Stelle verlieren sich die Spuren in den Akten und auch in den Briefen Peters; zur letztendlichen Entscheidung des Konzils sind uns keine Informationen überliefert.[110]

Um die Chronologie der genannten Briefe zu verdeutlichen, sollen hier kurz die parallelen Vorgänge zur Verurteilung der Hussiten in Konstanz geschildert werden:[111] Schon im November 1414 waren die *causae* Wyclif und Hus auf die Agenden des Konzils gelangt. Bereits Anfang Jänner 1415 wurden schriftliche Stellungnahmen des Hus zu den 45 Artikeln Wyclifs und zu Hussens ekklesiologischem Hauptwerk *De ecclesia* auf dem Konzil geprüft. Ab April wurde der Prozess gegen Hus vorangetrieben. Die Verurteilung Wyclifs am 4. Mai bereitete die Verurteilung des Hus vor, welche, nach öffentlichen Verhören von 5.–8. Juni, am 6. Juli 1415 erfolgte. Von April bis Juni 1415 hatte sich das Konzil zudem mit der Frage des Laienkelches zu befassen, welcher am 15. Juni vom Konzil im Dekret *Cum in nonnullis* verurteilt wurde. Ab April 1415 beschäftigten sich die versammelten Konzilsväter zudem mit dem Prozess gegen Hieronymus von Prag, welcher Mitte September 1415 seine häretischen Lehren widerrief. Unmittelbar darauf wurden bereits Zweifel an der Aufrichtigkeit des Hieronymus laut, und im Dezember 1415 drängte die Deutsche Nation bereits offen darauf, den Fall Hieronymus erneut zu verhandeln und endgültig abzuschließen. Am

---

deberent cum aliis deputatis dominum nostrum illustrem principem Albertum ducem Austrie et sibi humiliter supplicare, ut suis ambasiatoribus demandare dignaretur, ut in predictis iuvent consilio et auxilio dominum doctorem sepedictum« (AFA I, S. 455f.; AU, fol. 73v). Vgl. KINK, Urkundliche Beilagen, S. 50f.; GIRGENSOHN, Peter von Pulkau, S. 198; ASCHBACH, Geschichte, S. 307. – Auch das Schreiben an die Wiener Minoriten und der Text der zweiten päpstlichen Bulle dürften nicht erhalten sein (vgl. AFA I, S. 455 mit Anm. 3 und ebd., S. 456 mit Anm. 5–7).

109 »Item penultima die Ianuarii hora decima congregata fuit universitas per iuramentum in loco consueto ad deliberandum super articulis infrascriptis. Primo ad audiendum quasdam litteras a Constancia universitati missas et ad cogitandum de hiis, que in eisdem continentur. Et continebatur inter cetera in predictis litteris de denunciacione domini Wenczeslai Thiem fienda sacro concilio Constanciensi etc. Et placuit universitati, quod deputati deberent cogitare, quid expediat pro honore et utilitate universitatis« (AFA I, S. 467; AU, fol. 75v). Als Deputierte werden in den Rektoratsakten (AU, fol. 75v) Berthold Puchhauser von Regensburg für die Theologische Fakultät, Gerhard Vischpekch für die Juristische Fakultät, Nikolaus von Höbersdorf für die Medizinische Fakultät und Dietrich von Hammelburg sowie Paul von Wien für die Artistische Fakultät genannt (vgl. dazu auch AFA I, S. 467, Anm. 66). Vgl. GIRGENSOHN, Peter von Pulkau, S. 200.

110 Bereits GIRGENSOHN, Peter von Pulkau, S. 62 wies darauf hin, dass die von ASCHBACH, Geschichte, S. 299 geschilderte (und auch von MADRE, Nikolaus von Dinkelsbühl, S. 23 wiederholte) Darstellung einer Verurteilung des Wenzel und Pax in den Quellen nicht belegt werden kann.

111 Vgl. dazu im Detail oben, Kapitel I.

27. April 1416 wurde das Verfahren gegen Hieronymus erneut aufgenommen, welches am 26. bzw. 30. Mai 1416 mit der Verurteilung und Hinrichtung des Hieronymus seinen Abschluss fand.

2.3.5. Zur länderübergreifenden Kooperation im Kampf gegen die Hussiten

Mit der zunehmenden Ausbreitung der hussitischen Lehre über Böhmen hinaus wuchs auch die Notwendigkeit für die betroffenen Nachbarländer (insbesondere Polen und Ungarn), im Kampf gegen die Hussiten zu kooperieren. Bereits am 24. April 1413 erreichte die Universität eine Anfrage des Johannes Naso,[112] Doktor beider Rechte und Offizial des Bischofs von Olmütz, der von der Wiener Universität ein »Ernennungsschreiben« (*littera promotorialis*) an den Papst, das Kardinalskollegium und König Sigismund erbat. Als Anlass dieses Schreibens nennt Naso die wyclifitische Häresie, die in Prag erneuert worden sei und sich zum Schaden der Christgläubigen in ganz Böhmen und Mähren ausbreite. Aus diesem Grund wolle er sich, gleichsam wie ein Eiferer des christlichen Glaubens, vor dem Apostolischen Stuhl präsentieren, und bat die Universität zu diesem Zweck um genanntes Schreiben. Über den genauen Inhalt des gewünschten Schreibens berichten die Universitätsakten nichts. Offenkundig war Johannes Naso, seit 1410/1412 auch Auditor der Rota Romana, jedoch daran gelegen, eine offizielle Stellungnahme gegen die Wyclifschen Artikel, verfasst mit der Autorität der Wiener Universität, für den weiteren Kampf gegen die Anhänger des Wyclif zu erwirken. Angesichts des Umstands, dass Johannes XXIII. kurz zuvor, am 2. Februar 1413, auf einer römischen Synode Wyclifs Schriften verurteilt und angeordnet hatte, dass während der kommenden neun Monate jeder, der sich als Anhänger des Wyclif erweisen sollte, vor dem Papst oder dem Konzil zu erscheinen habe[113] – was wiederum bedeutet, dass keine Notwendigkeit bestand, bei den Adressaten dieses Schreibens »Überzeugungsarbeit« zu leisten, da deren anti-wyclifitischer Standpunkt wohl außer Zweifel stand – dürfte es hierbei in der Tat darum gegangen sein, die Hochschule in eine Kampagne gegen die Anhänger der Lehren Wyclifs einzubinden bzw. sich ihrer Haltung und Unterstützung zu vergewissern.[114] An dieser Stelle wäre es interessant, zu untersuchen,

---

112 Zu Johannes Naso vgl. AFA I, S. 534f.; Gall, Die Matrikel, S. 94; DRTA 6, S. 812 und den Lexikonartikel »Johannes Naso (Naz)«, in: BBKL 6 (1993) 462–464 (von Ansgar Frenken, mit weiteren Literaturhinweisen).

113 Vgl. nur Miethke, Mittelalterliche Theologenprozesse, S. 303 mit Anm. 118.

114 In Olmütz wurde im September 1413 zudem eine von Erzbischof Konrad von Vechta einberufene Diözesansynode abgehalten. Erstaunlicherweise bezieht sich jedoch keine der dabei beschlossenen Statuten auf den Kampf gegen die Anhänger des Wyclif (eine neue Edition der Statuten des Jahres 1413 in Krafl, Synody a statuta, S. 175–201).

ob sich für andere Universitäten wie Paris, Köln oder Heidelberg ähnliche Aufforderungen des Johannes Naso nachweisen lassen, oder ob die Wiener Hochschule hier in besonderer Weise (möglicherweise bedingt durch den Prozess gegen Hieronymus von Prag, oder die geographische Nähe zu Olmütz) in anti-wyclifitische Maßnahmen eingebunden wurde.

Zur Erledigung dieser Aufgabe wurde jedenfalls eine Deputation gebildet, die aus Lambert von Geldern, Nikolaus von Dinkelsbühl und Peter von Pulkau für die Theologische Fakultät, Johannes Aygel für die Medizinische Fakultät und Ulrich Straßwalcher von Passau, Matthias von Wallsee und Konrad von Rotemburg für die Artistische Fakultät bestand. Die Juristische Fakultät behielt sich die Nennung eines Deputierten vor. Bereits am nächsten Tag erteilte Herzog Albrecht der Deputation eine Genehmigung für ein Schreiben an Johannes Naso.[115] Zwei Tage später, am 27. März 1413, wurden dem Johannes Naso durch Rektor Dietrich von Hammelburg vier Schreiben überreicht, die an den Olmützer Erzbischof Konrad von Vechta, das Kardinalskollegium, König Sigismund und Herzog Ernst gerichtet waren und dazu dienten, sich den wyclifitischen Irrtümern in Böhmen und Mähren zu widersetzen.[116] Die Universität

---

115 »Primo in die sancti Georgii, que fuit in crastino pasce, fuit congregacio universitatis per iuramentum ad audiendum relacionem et suplicacionem cuiusdam egregii utriusque iuris doctoris, scilicet Iohannis Naaso, vicarii in spiritualibus curie Olomucensis, qui petivit litteras promotoriales universitatis ad dominum papam, collegium cardinalium, ad dominum regem Ungarie in materia fidei et contra Wiklefistas, et quod universitas apud principem nostrum similes litteras sibi impetraret ad dominum papam, et sic in toto factum est. Et notandum, quod circa eundem articulum deputavit facultas arcium decanum, mag. Mathiam de Walsee et mag. Chunradum de Rotenburk ad cogitandum ultra, quid in hac re expediat faciendum, quia res seriosa est et nimis invalescit« (AFA I, S. 395 f.). – »Item in crastino pasce videlicet ipso die sancti Georii congregata fuit universitas ad audiendum relacionem et supplicacionem magistri Johannis Nasonis utriusque iuris doctoris et ecclesie Olomoucensis officialis materiam fidei concernentes, et ad respondendum eidem. Et retulit pro tunc idem doctor qualiter error et heresis Wycleffistarum in Praga renovata, in Bohemia et Moravia multipliciter in ruinam christifidelium diffunderetur. Quapropter tamquam celator fidei christiane volens se et sua pro veritate coram sede apostolica exponere. Petivit ab universitate literas recommendatorias in eadem causa fidei ad dominum apostolicum et collegium cardinalium et aliquas de universitate, qui sibi idem a domino nostro domino Alberto duce etc. nomine universitatis obtinerent et quo ad illa fuit exauditis, et pro execucione eorundem et ad amplius cogitandum si quid universitati specialius foret in hoc agendum circa dominum ordinarium ducem prelatos Austrie circa archiepiscopum Pragensem, episcopum Cracoviensem et universitatem Cracoviensem, reges ac alios principes etc. Deputati fuerunt de facultate theologie mag. Lampertus, mag. Nicolaus Dinckelspuhel, mag. Petrus de Pulka, de facultate medicine decanus, de facultate arcium mag. Ulricus pro tunc decanus, mag. Mathias de Walse, et mag. Conradus de Rotemburg. Facultas vero iuris pro tunc non deputavit, sed postea deputabit. Item statim die sequenti priores deputati accesserunt principem ad petendum litteras iuxta supplicacionem mag. Iohannis Nasonis, et fuerunt exauditi« (AU, fol. 53r; vgl. AFA I, S. 396, Anm. 3).

116 »Item quinta feria post festum pasce presentavi mag. Johanni Nazo in causa fidei ad obviandum erroribus Wyclefistarum in Bohemia et Moravia vigentibus nomine universitatis

scheint der Bitte des Olmützer Offizials somit vollumfänglich nachgekommen zu sein, obwohl zu diesem Zeitpunkt, wie im Kontext des Prozesses gegen Hieronymus von Prag bereits festgestellt wurde, keine besondere Anhängerschaft Wyclifs in Wien bestanden haben dürfte. Vielleicht ist diese bereitwillige Unterstützung des Johannes Naso ein Indiz dafür, dass die Wiener Universität ab diesem Zeitpunkt begann, sich aktiver gegen den Hussitismus zu engagieren. Die zunehmende Ausbreitung der Hussiten wurde an der Wiener Universität am 4. März 1416 erneut zum Thema. An diesem Tag beriet die versammelte Universität über einen Brief aus Konstanz, dessen Inhalt die Frage war, welche Maßnahmen gegen die Häresie der Hussiten zu ergreifen seien, die ihre Mitglieder in alle Nachbarländer aussende, um ihre Irrtümer zu predigen.[117] Als erste Maßnahme beschloss die Universität die Einsetzung einer Deputation, bestehend aus Berthold Puchhauser von Regensburg, Johannes Sindrami, Johannes Rock und Ulrich Straßwalcher von Passau, die sich der Erörterung dieser Angelegenheit – *de remedio salubri toti Christianitati ac honesto universitati* – annehmen sollte.[118] Am 11. bzw. 12. April 1416 befahl der Rektor dem Universitätsnotar, eine konzipierte Stellungnahme dieser Deputation verlesen zu lassen; deren Inhalt wird nicht näher erläutert, jedoch wird der Beschluss gefasst, dass eine gewählte Kommission über das weitere Vorgehen beraten solle.[119] Alois Madre[120] sah den Grund für diese Aufforderung an die Wiener

---

quatuor literas ad dominum archiepiscopum, collegium cardinalium, regem romanorum et dominum ducem Ernestum« (AU, fol. 53r).

117 »Item ipso die cinerum congregata fuit universitas sub pena non contradicendi ad audiendum quandam litteram missam de Constancia, in qua quidem littera lecta consideravit universitas unum punctum de Hussitis, quod quosdam de sua secta mitterent ad omnes terras vicinas, qui ipsorum errorem predicarent, propter quod universitas deputavit doctores et magistros, qui de remedio salubri toti Christianitati ac honesto universitati possetenus cogitarent« (AFA I, S. 469; AU, fol. 76r–v). – Vgl. Kɪɴᴋ, Urkundliche Beilagen, S. 51; Fɪʀɴʜᴀʙᴇʀ, Petrus de Pulka, S. 44; Aschbach, Geschichte, S. 257; Madre, Nikolaus von Dinkelsbühl, S. 26f.; Girgensohn, Peter von Pulkau, S. 200.

118 Die Namen der Deputierten in AU, fol. 76r–v (vgl. AFA I, S. 469, Anm. 86). – Die Darstellung von Bᴇʀɴᴀʀᴅ, Jerome of Prague, S. 13, das Konzil habe nach der Verurteilung des Hieronymus einen Brief an die Wiener Universität gesandt, in dem es anordnete, Maßnahmen für einen Stopp der ständig wachsenden Flut hussitischer Lehren in Wien zu treffen, ist irreführend. Der Brief ist nicht erhalten, es dürfte sich dabei aber um einen üblichen Bericht des Peter von Pulkau, nicht um ein spezielles Schreiben des Konzils gehandelt haben, da die Eingangsformulierung mit sonstigen Briefen Peters von Pulkau übereinstimmt.

119 »Quartus fuit ad audiendum deliberata et acta per deputatos ex parte Hussitarum et an aliquid expediat ultra fieri. Et dominus rector legi fecit notarium universitatis quandam cedulam per deputatos conceptam. Sed super secunda parte articuli et precedenti universitas dedit deputatos, qui cogitare deberent, quid et qualiter fieri debeat pro comodo universitatis et honore, et fuerunt deputati de facultatibus singulis, theologie mag. Bertholdus Augustinensis, iuris canonici mag. Iohannes Syndrami, medicine mag. Iohannes [Rock], arcium mag. Paulus de Wienna et decanus« (AFA I, S. 472 (zum 11. April 1416); AU, fol. 76v (zum 12. April 1416)).

Universität in der lebhaften Tätigkeit der Hussiten nach der Verurteilung und Hinrichtung des Hieronymus von Prag. Dies ist jedoch nicht möglich, da die Verurteilung des Hieronymus erst am 26. Mai und seine Hinrichtung am 30. Mai 1416 erfolgten, während besagte Universitätsversammlung bereits am 4. März 1416 stattfand. Ein interessanter Aspekt dieser Episode ist, dass es offenkundig notwendig war, die Universität von Konstanz aus aufzufordern, Maßnahmen gegen die Hussiten zu ergreifen. Wäre die Bedrohung zu diesem Zeitpunkt in Wien bereits als eklatant empfunden worden, wäre die Hochschule wohl von sich aus tätig geworden.

Die Brisanz des Vorwurfs, mit den Hussiten zu sympathisieren, zeigt sich an einer Episode vom November 1421. So verlangte die Universität Krakau ihren Wiener Kollegen am 3. November brieflich eine Stellungnahme ab, weil die Gesandten des polnischen Königs Władysław II. Jagiełło von einem Legaten des Apostolischen Stuhles, der sich zu jener Zeit in Ungarn aufgehalten habe, das Gerücht erfahren hätten, die Wiener Universität würde König Władysław und sein Königreich der verdammenswerten Häresie des Jan Hus beschuldigen. Bei diesem Legaten dürfte es sich um Ferdinand von Lugo oder Jakob von Camplo gehandelt haben, die am 6. Februar 1419 von Martin V. zu apostolischen Nuntien für Polen und Preußen ernannt worden waren.[121] Sogleich wurde der Beschluss gefasst, dem polnischen König untertänigst eine Entschuldigung namens der Universität nebst einer Versicherung der völligen Unwissenheit und Unschuld der Universität bezüglich der vorgebrachten Verdächtigungen zuzusenden.[122]

---

120 Madre, Nikolaus von Dinkelsbühl, S. 26 f.

121 Im Juli 1418 wurde Giovanni Domenici als Legat nach Böhmen und Ungarn gesandt, jedoch nicht mit den umfassenden Vollmachten eines *legatus a latere* ausgestattet. Nach dessen Tod 1419 sandte der Papst Ferdinand von Lugo und Jacobus de Camplo als apostolische Nuntien nach Polen und Preußen. Die Aufgaben der beiden Gesandten waren begrenzt und erstreckten sich in erster Linie auf die Vermittlung zwischen König Wladislaus von Polen, dem Großfürsten von Litauen und dem Deutschen Orden (vgl. Studt, Papst Martin V., S. 443, Anm. 94). Im Frühjahr 1421 wurde Branda di Castiglioni als *legatus a latere* nach Böhmen und Ungarn gesandt (vgl. ebd., S. 500 und S. 724). Da Branda di Castiglioni am 27. Oktober 1421 nach seiner ersten Legationsreise und dem gescheiterten zweiten Kreuzzug wieder an die Kurie nach Rom zurückgekehrt war und erst am 17. März 1422 zu seiner nächsten Legationsreise aufbrach (Studt, Papst Martin V., S. 519), wird es sich bei dem genannten Legaten um Ferdinand von Lugo oder Jakob von Camplo gehandelt haben, zumal beide, im Gegensatz zu Branda, explizit mit Legationen nach Polen betraut waren.

122 »Item tercia die mensis Novembris congregata fuit universitas per iuramentum in loco consueto super duobus articulis, quorum primus fuit: Ad audiendum quandam litteram universitati transmissam de universitate Cracoviensi et ad deliberandum super contentis in eadem. Qua lecta continebat finaliter, quomodo nunccii regis Polonie in quadam causa reversi de quodam legato sedis apostolice, qui tunc in Ungaria moram trahebat, retulerint regi Polonie, quod ipse et regnum suum nephandissima heresi condempnati Iohannis Huss notati essent aput alios, et idem legatus debuit dixisse, quomodo hec fama ab universitate Wiennensi ad ipsum pervenisset etc., ut in littera. De quo conclusum fuit primo, quod regi

Details darüber, woher dieses Gerücht stammte und aus welchem Grund es sich verbreitete, enthalten die Akten nicht. Diese Episode zeigt allerdings, dass die Wiener Universität als »Informationsbörse« galt, an der man Neuigkeiten austauschte, womöglich aber auch Gerüchte produzierte und verbreitete, was mitunter zu politischen Verwicklungen der »offiziellen« Universität führen konnte. Der Vorwurf, Sympathisant der Wyclifiten oder Hussiten zu sein, war jedenfalls nicht nur eine religiöse Kategorie, sondern auch eine wirksame gesellschaftliche und politische Waffe, die den Ruf von Personen oder Institutionen empfindlich beschädigen konnte. Entsprechend alarmiert reagierten die Beschuldigten auf solche Vorwürfe.

Nicht nur als »Informationsbörse«, auch als Schiedsstelle fungierte die Wiener Universität. Konkret lässt sich dies an einer Anfrage eines anonymen ungarischen Laien zu einem Häresiefall in Ungarn zeigen, welche die Universität im Dezember 1431 erreichte. 1431 wurde das Gebiet der Zips (zu Ungarn gehörig, allerdings 1412 durch König Sigismund partiell an Polen verpfändet) von hussitischen Feldzügen heimgesucht, teilweise verwüstet bzw. dauerhaft besetzt. In besagter Versammlung wurde nun einem ungarischen Laien der briefliche Rat der Theologischen Fakultät über die Hinrichtung eines gewissen Häretikers in Ungarn übermittelt; ebenso wurden in dieser Sache Briefe an den Erzbischof von Gran, Georg von Pálócz, und den Erzbischof von Kalocsa-Bács, Johannes de Bondelmontibus, gesandt.[123] Für die Abfassung dieser Briefe sowohl auf Latein, als auch in der Landessprache – über den genauen Inhalt erzählt uns der Protokollant leider nichts – zeichnete Thomas Ebendorfer verantwortlich. Vermutlich handelte es sich bei der hier geschilderten Angelegenheit um einen heiklen Fall von Häresie, da sich der besagte ungarische Laie damit sogar an die Wiener Universität, also gleichsam an eine neutrale Schiedsstelle wandte. Dass die Universität darüber hinaus Briefe an zwei ungarische Erzbischöfe sandte,

---

Polonie esset humiliter scribendum cum recommendacione universitatis ipsam universitatem excusando, quod nunquam ad mentem eius venerit, ut in littera etc.; 2° scribendum esset legato, quod universitati nostre per universitatem Cracoviensem taliter scriptum esset, quia utique nostra universitas nichil sciret nec recordaretur, quod umquam sibi talia notificasset. 3° scribendum esset universitati Cracoviensi nostram universitatem meliori modo, quo fieri poterit excusando, quia innocens et munda prorsus a suspicione prenotata, et factum est« (AFA II, fol. 44v). – Zur Haltung der Krakauer Universität gegenüber dem Hussitismus und ihren anti-hussitischen Bemühungen vgl. insbesondere die Studien von Pawel Kras: Kʀᴀs, Polish-Czech Relations; Kʀᴀs, Wyclif's Tradition; Kʀᴀs, The Polemic, mit weiteren Literaturangaben.

123 »Anno Domini 1431 in vigilia sancte Lucie virginis et martyris habita congregacione facultatis theologie in commodo domini rectoris mag. Petri de Pirchewart quodam seculari petenti consilium super exstirpacione cuiusdam heretici in Ungaria fuit data littera ex parte facultatis ad dominum secularem de Warebre, dominum in Ungaria, et alia littera ad episcopum Strigoniensem vel Coloviecensem, et formas litterarum tam in latino quam in wlgari porrexit mag. Thomas de Hasselbach« (AFT, S. 69 f.).

zeigt zum einen, dass offenbar zwei Erzdiözesen in diesen Fall involviert waren, und zum anderen, dass sich bereits die höchste Autorität dieser beiden Diözesen mit diesem Häresiefall befasste. Die Anfrage in Wien stammte jedoch nicht von einem der beiden Erzbischöfe, sondern von einem ungenannten Laien. Möglicherweise hatte einer der beiden Bischöfe einen Prozess gegen einen Häretiker angestrengt, der zur Diözese des anderen Bischofs gehörte. Jedenfalls scheinen in diesem Fall Unstimmigkeiten oder Uneinigkeit aufgetreten zu sein, da man sich Rat von der Wiener Theologischen Fakultät erbat. Die lateinische Fassung der Briefe war wohl für die beiden Erzbischöfe, die ungarische Fassung für den ungenannten Laien bestimmt, der sich an die Universität gewandt hatte. Diese Episode zeigt wiederum, dass die Expertise der Wiener Universität im Umgang mit Häretikern auch von den Nachbarländern in Anspruch genommen wurde.

2.3.6. Zur Aufnahme böhmischer Bakkalare an die Wiener Artistenfakultät

Zwischen den Universitäten Wien und Prag bestand seit dem Beginn ihres Bestehens ein reger Austausch von Studierenden.[124] Untersucht man die Akten der Artistischen Fakultät – dem zeitlichen Rahmen dieser Arbeit entsprechend – ab 1410, finden sich zahlreiche Hinweise auf Bitten von Prager Bakkalaren, an die Wiener Universität aufgenommen zu werden. Ausnahmslos alle Ansuchen, von denen die Akten der Artistischen Fakultät zwischen dem 28. August 1410 und dem 14. April 1416 berichten, wurden ohne Einschränkung angenommen und alle Kandidaten in die Artistische Fakultät aufgenommen.[125] Der erste Vermerk, dass böhmische Studenten häresieverdächtig seien und es deshalb einer besonderen Untersuchung ihrer Rechtgläubigkeit bedürfe, findet sich zum 17. Mai 1416. So hatte die Fakultät ein Bittgesuch zweier böhmischer Bakkalare der Universität Würzburg erreicht, an der Artistischen Fakultät der Universität Wien zur *responsio* zugelassen zu werden. Einem der beiden, einem gewissen Bohuslaus, wurde die Zulassung unmittelbar gewährt; dem zweiten aber, Nikolaus Castus aus Meißen, wurde sie vorerst verweigert, da er der hussitischen Lehre verdächtig war. Um seine Unschuld nachzuweisen, wurde ihm auferlegt,

---

124 Vgl. Uiblein, Zu den Beziehungen, S. 128f., der darauf hinweist, dass in den Universitätsmatrikeln zahlreiche Böhmen als Studenten in Wien nachgewiesen werden können. Vgl. außerdem Hlaváček/Hlaváčková, Studenti, die eine Liste von Studenten aus den tschechischen Ländern und der Slowakei an der Wiener Universität zusammenstellten.

125 So zum 28. August 1410 (AFA I, S. 337); 21. Mai 1411 (ebd., S. 359); 28. August 1411 (ebd., S. 364); 9. Oktober 1411 (ebd., S. 367); 6. November 1411 (ebd., S. 368); 21. März 1412 (ebd., S. 374); 28. August 1412 (ebd., S. 381); 6. Dezember 1412 (ebd., S. 387); 3. Jänner 1413 (ebd., S. 388); 12. März 1413 (ebd., S. 392); 14. Juni 1413 (ebd., S. 397); 18. März 1414 (ebd., S. 439); 14. April 1416 (ebd., S. 472).

sich in Gegenwart des Bischofs von Würzburg vor dem Fest des hl. Michael (am 29. September), also innerhalb der folgenden sechs Monate, einer Untersuchung zu unterziehen. Kraft von Schwarzach, Doktor des kanonischen Rechts, wurde beauftragt, die Fakultät von Verlauf und Ausgang dieser Untersuchung in Kenntnis zu setzen.[126] Die Akten berichten nichts darüber, aber Nikolaus aus Meißen scheint die Bezeugung seiner Unschuld nicht gelungen zu sein: am 28. August 1416 wird diese Angelegenheit wiederum aufgenommen, wobei seine Aufnahme in die Fakultät erneut abgelehnt wurde, weil er die geforderten Briefe nicht beibringen konnte.[127]

Der nächste Hinweis findet sich zum 12. März 1419, als ein gewisser Konrad, Prager Bakkalar, um Aufnahme in die Artistische Fakultät bat. Offenkundig lag gegen diesen Kandidaten kein Häresieverdacht vor, da seine Aufnahme umgehend und ohne Einschränkung genehmigt wurde. Der Prager Konrad hatte lediglich – ein Standardvorgehen, das sich auch bei Aufnahmegesuchen von Angehörigen aller anderen Universitäten findet – den Titel seines Grades zu beeiden.[128]

---

126 »Sextus articulus ad audiendum supplicacionem duorum baccalariorum alterius universitatis petere volencium admitti ad consorcium baccalariorum nostre facultatis, quorum unus, scilicet Bohuslaus, admissus fuit ad consorcium baccalariorum nostre facultatis et iuxta statuta nostre facultatis. Sed secundus baccalarius, scilicet Nicolaus Castus de Mißna, non fuit tunc admissus, quia notatus fuit de doctrina ipsius Huss. Qui dixit aliquibus magistris de facultate ipsum fuisse examinatum publice coram episcopo Herbipolensi et aliis ibi existentibus, sed coram eisdem sufficienter se expurgaverit. Quapropter facultati placuit, quod prefatus baccalarius procuraret sibi ab episcopo prenominato litteram sue innocencie et expurgacionis; qua visa et lecta in facultate predictus baccalarius debet admitti sicud petivit. Eciam facultas scripsit mag. Chrafft de Swarcza, doctori iuris canonici, in eadem causa, ut ipse informaret facultatem de isto negocio, cum ipse presens fuerit, sicud asseruit dictus baccalarius, sue examinacioni; et hoc expedire debet baccalarius ante proximum festum Michaelis« (AFA II, fol. 1r).

127 »Secundus articulus ad cogitandum de responso dando baccalario pro admissione eiusdem. Pro quo conclusum fuit, quod se prius sufficienter expurgaret de nota, quam incidit, quia idem baccalarius scilicet Nicolaus Castus notatus fuit in episcopatu Herbipolensis dyocesis de doctrina Huss, ut dictum fuit aliquibus magistris de facultate, quamobrem prefatus baccalarius non fuit admissus ad societatem nostrorum baccalariorum post suam responsionem ad facultatem, nec littera facultati directa ex parte eiusdem per magistrum et doctorem Crafft de Swarcza eundem baccalarium sufficienter expurgavit, quamobrem pro tunc non fuit admissus« (AFA II, fol. 3r).

128 »Item quidam baccalarius Pragensis dictus Urbanus petivit admitti ad respondendum in nostra facultate, et fuit admissus ad respondendum secundum formam convenientem, et probavit tytulum sui gradus per ipsum iuramentum« (AFA II, fol. 23r). Nach dem Vornamen des Prager Studenten ist Raum für dessen Nachnamen freigelassen, der aber nicht ergänzt wurde. Insgesamt fällt auf, dass – im Gegensatz zu vergleichbaren Aufnahmegesuchen von Angehörigen anderer Universitäten – bei Prager Studenten meist das unbestimmte »quidam baccalareus (aliarum universitatum)« steht. Erst bei der endgültigen Aufnahme der betreffenden Prager Studenten findet sich dann der volle Name in den Akten. Offenkundig scheint es den Schreibern der Akten gewisse Schwierigkeiten bereitet zu

Am 1. Mai 1420 begegnet in den Akten wiederum die Warnung vor einigen Prager Studenten, die Interesse bekundet hatten, in Wien ihre Studien fortzusetzen. Um sich vom Verdacht reinzuwaschen, der Sekte der Hussiten anzugehören, sollten sich die Studenten, die offenbar bereits (ob dies vorsorglich oder aus einem konkreten Anlass heraus geschah, muss offenbleiben) vom Stadtrichter eingesperrt worden waren, einem Ermittler stellen. Befinde sie dieser für nicht schuldig, zu den Sympathisanten der Hussiten zu zählen, dürften sie sich dem universitären Schutz für Leib und Eigentum erfreuen. Die Artistische Fakultät stimmte der genauen Überprüfung von Kandidaten böhmischer Herkunft zu, insistierte aber darauf, dass in der Folge keine weitere Einmischung der Universität mehr geschehe.[129] Dieser Eintrag ist interessant, da er zeigt, dass die Universität mit den Prager Studenten großzügiger umgegangen zu sein scheint als die zivilen Autoritäten in Wien.

Die Vorsicht gegenüber Angehörigen anderer Universitäten (insbesondere der Prager) setzte sich auch in den folgenden Jahren fort. So beriet die versammelte Artistische Fakultät am 12. Juli 1422 über die Bitte eines namentlich nicht genannten Prager Magisters, in die Fakultät aufgenommen zu werden. Weil allerdings einige Absolventen derselben Universität als Angehörige der hussitischen Sekten bekannt waren, wurde er für den Moment als höchst verdächtig betrachtet, insbesondere, da er selbst auch ein Böhme war. Aus diesem Grund wurde ihm die Aufnahme in die Artistische Fakultät so lange verweigert, bis seine persönlichen Eigenschaften festgestellt worden seien.[130] Dies scheint am 2. August 1422 der Fall gewesen zu sein: Da besagter Magister Prag verlassen hatte müssen (*propter exilium persone*), wozu noch Aussagen anderer glaubwürdiger Zeugen vor dem Dekan kamen, beschloss die Fakultät, dass seiner Aufnahme nichts im Wege stehe. Jedoch musste er feierlich erklären, weder jetzt noch in der Vergangenheit schuldig gewesen zu sein, der Sekte der Hussiten und

---

haben, die tschechischen Namen korrekt zu erfassen; es ist nicht davon auszugehen, dass diese »anonyme« Erwähnung der betreffenden Personen ein Ressentiment der Universität ausdrücken sollte.

129 »Item tunc eciam propositum fuit per rectorem de quibusdam detentis circa iudicem civitatis, qui dixerunt se de recenti venire de Praga et quod animo studendi huc venerint. Placuit universitati, quod si iudex civitatis illos haberet suspectos de secta Hussitarum, quod presentaret eos, si vellet, commissario. Si autem non haberet eos suspectos de predicta secta, tunc venirent sub privilegio universitatis, quo cavetur, quod accedentes animo studendi debent gaudere plena securitate in corpore et rebus. Facultati autem simpliciter placuit prima pars et quod universitas de eis se non intromittat« (AFA II, fol. 36r; siehe auch AU, fol. 107v).

130 »Item ibidem supplicavit quidam magister Pragensis, quatenus ad respondendum in facultate admitteretur, et quia nonnulli graduati eiusdem universitatis ob Hussitarum sectarum erant pro tunc vehementer suspecti, presertim Bohemi, qualis et ipse erat, ideo admissus non fuit pro presenti quoadusque qualitas persone constaret, que erat facultati ignota« (AFA II, fol. 53v).

Wyclifiten oder anderer wie auch immer gearteter Sekten in Böhmen anzuhängen.[131]
Ein ähnlich gelagerter Fall begegnet uns zum 29. Mai 1423. Wieder bat ein
nicht namentlich genannter Prager Magister um Zulassung an die Artistische
Fakultät, erneut wurde die Entscheidung in der Schwebe gelassen, bis er dem
Dekan und dessen Beratern eine Bestätigung beibringen konnte, niemals Anhänger der Hussiten gewesen zu sein. Zudem wurde ein Nachweis gefordert,
nicht an jenen Vorkommnissen an der Prager Universität beteiligt gewesen zu
sein, bei welchen ein Doktor der Theologie von Prager Studenten gezwungen
worden war, die Lehre des Hus und dessen Anhänger zu predigen.[132]

Erneut hatte am 2. Jänner 1426 die erbetene Aufnahme eines Prager Magisters
in die Artistische Fakultät in einer Versammlung der Fakultät behandelt zu
werden. In beinahe wörtlicher Übereinstimmung mit der Schilderung der Versammlung vom Juli 1422 wird dem Böhmen wiederum die Zulassung verweigert,
da einige Absolventen der Prager Universität des Hussitismus verdächtig seien.
Erst nach Feststellung seiner persönlichen Eigenschaften sollte wieder über
seine Aufnahme befunden werden[133] – ein Standardprocedere, das bereits
mehrfach zu beobachten war.

Dass die Vorsicht bei der Aufnahme von Prager Magistern an die Wiener
Universität auch nach der Einigung mit den Hussiten anhielt, zeigt der letzte
Hinweis auf anti-hussitisches Vorgehen, den uns die Akten der Artistischen
Fakultät zum 27. Februar 1439 überliefern: es erfolgte die endgültige Aufnahme
eines Leipziger Magisters in die Fakultät – unter der Bedingung, zu schwören,
dass *nunquam tenuerit nec pro futuro tenere velit sectam Hussitarum aut Bikefistarum.*[134]

---

131 »Item pro tunc fuit articulus ad expediendum finaliter supplicacionem cuiusdam magistri
    Pragensis alias facultati porrectam. Et propter exilium persone et attestaciones personarum
    fide dignarum, quas coram decano produxit, facultas admisit ipsum ad respondendum
    dumtaxat, taliter tamen, quod iuraret, quod non teneat nec umquam tenuerit sectam
    Hussitarum et Bikeffitarum aut aliam quamcumque sectam in Bohemia pullulantem, quod
    et factum est« (AFA II, fol. 53v).
132 »Item tunc petivit quidam magister Pragensis, ut ad respondendum in facultate admitte-
    retur, et fuit sua supplicacio pro tunc suspensa propter certas causas, et fuit commissum
    decano et suis consiliariis, ut ab eo reciperent informacionem, quod numquam fuisset
    particeps secte et erroris Hussitarum nec eciam illius criminis, quod collegiati in Praga
    fecerunt compellentes quendam doctorem theologie ad predicandum errores ipsius Huzz et
    suorum sequacium« (AFA II, fol. 59v). Vgl. Uiblein, Johannes von Gmunden, S. 372.
133 »Item ibidem supplicavit unus magister Pragensis, quatenus ad respondendum ad facult-
    atem admitteretur et quia nonnulli graduati eiusdem universitatis et specialiter Bohemi, de
    quorum numero ipse unus fuit, de Hussitarum secta fuerunt suspecti, ideo admissus non
    fuit pro presenti quoadusque qualitas persone constaret« (AFA II, fol. 76r). Vgl. Kink,
    Urkundliche Beilagen, S. 22; Aschbach, Geschichte, S. 302.
134 »Alius fuit articulus ad expediendum finaliter supplicacionem cuiusdam magistri Lipcz-
    gensis alias facultati porrectam, ut habetur in precedenti congregacione facultatis et erat

Die Vorsicht gegenüber böhmischen Studenten, die in Wien ihre Studien fortsetzen wollten, blieb während der untersuchten Jahre eine Konstante. Die Wertung Aschbachs, von Prag nach Wien gekommene Magister seien mit größtem Misstrauen betrachtet und in der Regel gar nicht in den Verband der Universität aufgenommen worden,[135] kann dem Quellenbefund nach jedoch nicht bestätigt werden. Zwar ist der erste Band der Matrikel der ungarischen Nation (1414–1452) schon seit dem 16. Jahrhundert unauffindbar, dennoch ist festzumachen, dass zwischen der Prager und Wiener Universität in beiden Richtungen ein großer Austausch an Lehrern und Schülern bestand. Im Bereich der Immatrikulationen nahm zwischen 1410 und 1435 die ungarische Nation sogar den ersten Platz vor der österreichischen Nation ein.[136] Obwohl ab Mitte Mai 1416 eine erhöhte Sensibilität und Wachsamkeit der Universität vermeintlich verdächtigen Anwärtern gegenüber feststellbar ist, findet sich in den Akten nur ein Hinweis darauf, dass einem verdächtigen Anwärter nach erfolgter Prüfung die Aufnahme in die Universität tatsächlich verweigert wurde. Angesichts der Lückenhaftigkeit der Quellen ist allerdings davon auszugehen, dass wir nur zu einem Bruchteil der behandelten Fälle entsprechende Notizen vorliegen haben (darauf deutet auch der Umstand hin, dass sich die Formulierungen der entsprechenden Akteneinträge teilweise wörtlich wiederholen und damit bereits standardisiert gewesen sein dürften).[137] Festgehalten werden kann dennoch, dass ein vielfältiges Prüfungssystem auf verdächtige Kandidaten angewendet wurde: so finden sich neben Befragungen durch die Fakultät auch Untersuchungen in Gegenwart des Heimatbischofs, das Beibringen von Zeugen und Beweisen, nicht an verdächtigen Vorgängen an der Prager Universität beteiligt gewesen zu sein, sowie das Ablegen eines Eides, nicht mit der hussitischen Häresie zu sympathisieren. Eine interessante, aber nur hypothetisch zu beantwortende Frage ist, aus welchem Grund bzw. durch wessen Hinweise einzelne böhmische Studenten als häresieverdächtig eingestuft wurden. Damit hängt die Frage zusammen, wie sich die Aufzeichnungen in den Akten und die Realität zueinander verhielten bzw. wie die vorhandenen Notizen zu interpretieren sind: Wurden tatsächlich nur einzelne verdächtige Studenten im Anlassfall kritisch

---

mag. Iohannes Codaw de Elbogen. Iste magister dumtaxat erat admissus ad determinandum et respondendum secundum statuta, tamen prius dixit sub iuramento suo, quod nunquam tenuerit nec pro futuro tenere velit sectam Hussitarum aut Bikefistarum. Data eciam fuit pro tunc licencia absencie secundum communem formam magistro Stephano de Clausenburk« (AFA II, fol. 134v).

135 Aschbach, Geschichte, S. 302.

136 Vgl. Uiblein, Mittelalterliches Studium, S. 48 und Uiblein, Die Universität Wien, S. 87.

137 Hlaváček/Hlaváčková, Studenti bieten, nach Jahren geordnet, eine Liste an böhmischen und slowakischen Studenten, die in die Universität Wien aufgenommen wurden. Ob alle anderen böhmischen Studenten, deren Aufnahme in den Akten nicht behandelt wird, nicht häresieverdächtig waren oder ob die Akten lückenhaft sind, kann nicht entschieden werden.

überprüft, oder handelte es sich um eine generelle Prüfung aller Studenten, die zuvor in Prag studiert hatten? Die wenigen Hinweise in den Akten sprechen für die erste Option. Denkbar wäre allerdings auch, dass diese Überprüfungen nur in speziellen Fällen als »dokumentationswürdig« erschienen und in die Akten aufgenommen wurden; vielleicht, weil es sich um besonders heikle oder verdächtige Fälle handelte. In beiden Fällen stellt sich die Frage, woher die entsprechenden Informationen zu den einzelnen verdächtigen Anwärtern stammten? Möglicherweise dienten jene Prager Studenten, die bereits an die Wiener Universität aufgenommen worden waren, als Informationsquelle (wobei dies bedeuten würde, dass sich die Dekane auf »Gerüchte« der Studenten gestützt hätten; darüber hinaus würde dies voraussetzen, dass die betroffenen Prager Studenten ihren Kollegen in Wien bekannt waren). Eventuell stammten die Hinweise auch aus Prag selbst. Dazu müsste im Einzelfall festgestellt werden können, wie viel Zeit zwischen dem tatsächlichen Antrag der Studenten und dem entsprechenden Vermerk in den Akten verstrichen war. Auffällig ist jedenfalls, dass die meisten oben genannten »Verdächtigen« nicht beim Namen genannt, sondern anonym als »gewisse Prager Studenten« bezeichnet werden. Dies deutet nicht darauf hin, dass ihnen ein besonderer Ruf vorauseilte (wäre dies der Fall gewesen, wäre wohl auch der Name der betreffenden Person bekannt gewesen).

2.3.7. Universitätsangehörige als anti-hussitische Berater für König Sigismund (Juli 1418)

Eine interessante Episode findet sich zum 13. Juli 1418 in den Akten der Universität und der Artistischen Fakultät. Die Universität beriet über eine Anfrage König Sigismunds, der offenkundig noch in Konstanz die Bitte geäußert hatte, die Universität möge ihn bei der Ausrottung der wyclifitischen Häresie unterstützen. Die Versammlung beschloss, Deputierte zu bestimmen, die in dieser Angelegenheit zu Sigismund geschickt werden sollten. Treffpunkt sollte jener Ort sein, an dem sich Sigismund und der österreichische Herzog gerade aufhielten.[138] Das Konstanzer Konzil war am 22. April 1418 mit der 45. Generalkongregation feierlich beendet worden, Sigismund selbst am 21. Mai aus Konstanz abgereist. Obwohl ihn die magyarischen Magnaten darauf gedrängt hatten, nach Ungarn zurückzukehren, um sich der Abwehr der Türken und dem Krieg

---

138 »Item 13ᵃ die mensis Iulii fuit congregata universitas per iuramentum super articulis sequentibus. Primus ad deputandum aliquos, qui deliberent super execucione eiusdem supplicacionis facte Constancie domino regi Romanorum et ex parte errorum Wikleff. Item qui visitent eundem dominum regem et execucionem dicte supplicacionis perswadeant. Item in casu quo idem dominus rex huc non venirent qui ipsum visitent in loco, in quo cum domino nostro principe convenisset« (AFA II, fol. 25v; vgl. AU, fol. 94v–95r).

gegen Venedig zu widmen, reiste Sigismund zu Verhandlungen mit Johann Ohnefurcht nach Mömpelgard. Danach führte ihn sein Weg über Basel und Straßburg nach Hagenau, wo er sich bis Ende Juli aufhielt. Bei dieser Reise wurde Sigismund von Herzog Friedrich VI. von Österreich-Tirol begleitet, der bei dieser Gelegenheit finanzielle und sonstige Privilegien für sich erwirkte.[139] Offenkundig sollte also eine Gesandtschaft zu Sigismund und Friedrich nach Straßburg oder Hagenau gesandt werden. Die Akten der Artistischen Fakultät führen weiters aus, dass auch über die Kosten dieser Gesandtschaft und über eine vorzubereitende Stellungnahme beraten wurde. Die Behandlung dieser Punkte wurde Theodor von Hammelburg und Paul von Wien übertragen.[140] Am 16. Juli wurden – namentlich nicht genannte – Personen ausgewählt, die zu Sigismund geschickt werden sollten.[141] Danach finden sich keine weiteren Einträge in den Akten. Ob die Gesandtschaft zu Sigismund tatsächlich verwirklicht wurde, bleibt fraglich; zum einen war Sigismund zu diesem Zeitpunkt, wie Hoensch schildert, »mit städtischen Problemen, Münzangelegenheiten, Gerichtsverfahren, Nobilitierungen ausgelastet und mit unübersichtlichen Finanztransaktionen beschäftigt«,[142] weshalb zweifelhaft ist, ob er sich während seiner Reise im Frühsommer 1418 tatsächlich auch mit der Hussitenfrage befasste; Belege dafür gibt es keine. Zum anderen befand sich Sigismund Anfang August bereits wieder im Schwarzwald, wo er als Gast des Markgrafen von Baden an einer Jagd teilnahm.[143] Selbst wenn die Deputierten Mitte Juli sofort zu Sigismund aufgebrochen wären – was wiederum zweifelhaft ist, da wohl noch eine Stellungnahme gegen die Anhänger des Wyclif vorbereitet werden hätte müssen – ist fraglich, ob vor Sigismunds Abreise Richtung Schwarzwald noch Zeit für die geplante Beratung gewesen wäre. Obwohl die Universität nicht zögerte, dem Wunsch König Sigismunds zu entsprechen, ist dennoch festzuhalten, dass die Initiative zur beratenden Unterstützung des Königs gegen die Hussiten wiederum nicht von der Hochschule, sondern von Sigismund selbst ausging. Dass der Universität hierbei aber überhaupt eine wichtige Rolle eingeräumt wurde, ist jedenfalls bemerkenswert.

---

139 Vgl. Hoensch, Kaiser Sigismund, S. 275–277; zum Konflikt zwischen Sigismund und Herzog Friedrich vgl. ebd., S. 267 f.

140 »Item de expensis illorum deputatorum. Item qui circa puncta in materia illorum errorum faciant et motivis perswadeant. Item qui dominum nostrum principem super huiusmodi materia visitent et periculam incolis domini sui incumbencia proponant et consilium et auxilium ipsius super hoc requirant. Et pro expedicione omnium articulorum prescriptorum deputavit facultas mag. Theodoricum de Hamelburg et mag. Paulum de Wienna, qui cum deputatis aliarum facultatum videant, quid expediat pro bono universitatis« (AFA II, fol. 25v; vgl. AU, fol. 94v–95r).

141 AFA II, fol. 25v.

142 Hoensch, Kaiser Sigismund, S. 277.

143 Ebd.

2.3.8. Anmerkungen zur Provinzialsynode in Salzburg (November–Dezember 1418)

Nur zwei Monate später, am 29. September 1418, beriet die versammelte Universität über die Aufforderung Erzbischof Eberhards III., zu der für den 18. November 1418 einberufenen Provinzialsynode in Salzburg Vertreter der Universität zu entsenden; eine Aufforderung, der auch durch Herzog Albrecht Nachdruck verliehen worden war, wie uns die Akten der Artistischen Fakultät mitteilen.[144] Diese Provinzialsynode wird unten in Kapitel 3 ausführlich besprochen, weshalb an dieser Stelle wenige Anmerkungen genügen sollen. Am 13. Oktober 1418 ging die Universität an die konkrete Umsetzung dieser Aufforderung und beauftragte vier Vertreter, für die Erledigung dieser Angelegenheit Sorge zu tragen:[145] dies waren der Theologe Bartholomäus von Ebrach, die Juristen Johannes von Westfalen und Peter Deckinger sowie der theologische Bakkalar Theodor von Hammelburg. Am 11. Dezember 1418 wurden schließlich Magister Lambert von Geldern, Johannes Sindrami, Magister Michael Falconis, Magister Theodor von Hammelburg und Magister Christian von Grätz mit der Abfassung eines von Erzbischof Eberhard gewünschten Entwurfs für eine Vorschrift (*forma praeceptionum*) über die rechte Weise der Sakramentenspendung betraut.[146]

---

144 AFA II, fol. 26v.

145 »Primus ad audiendam voluntatem serenissimi principis et domini nostri domini Alberti ducis Austrie etc. super ambasiata ad concilium provinciale proxime Salczburge celebrandum per ipsum mittenda, et ad disponendum circa hoc, sicut videbitur expedire. Et quia dominus princeps elegit sibi quattuor de universitate scilicet mag. Bartholomeum de Ebraco, sacre pagine professorem, dominum Iohannem de Bestvalia, decretorum doctorem, mag. Petrum Dekinger, licenciatum in decretis, mag. Theodoricum de Hamelburg, baccalaureum formatum in theologia, ex parte sui sub propriis expensis ad peticionem domini Salczburgensis etc. ad prefatum concilium destinandos. Annuens cum hoc idem dominus princeps quod si universitas eisdem magistris prefatis si vellet ex parte sui tractanda posset commitere. Quare conclusum fuit, quod rector cum aliquibus sibi convinctis de predicto consensu domino principi referrat graciarum acciones. Et prefatis quatuor magistris condeputati fuerunt quatuor alii, qui simul cum eis conciperent articulos et puncta in predicto provinciali concilio proponenda« (AU, fol. 98r; vgl. auch AFA II, fol. 27v); vgl. unten Kapitel III, S. 187–211.

146 AFA II, fol. 28r; AU, fol. 98v. Vgl. DALHAM, Concilia Salisburgensia, S. 168: »Praeter Episcopos Suffraganeos, Abbates et Praelatos ad hoc concilium invitavit Archiepiscopus etiam Doctores Academiae Viennensis, rogavitque, ut sibi adessent consilio, formamque praeceptionum conficerent, qua Ecclesiarum pastores edocentur, modum, sacra mysteria e ritu catholico pie sancteque administrandi.« Vgl. KINK, Urkundliche Beilagen, S. 52; ASCHBACH, Geschichte, S. 259f. und S. 307; WAPPLER, Geschichte, S. 38; SCHRAUF, Die Geschichte, S. 12; MADRE, Nikolaus von Dinkelsbühl, S. 32 und S. 97.

2.3.9. Eine hussitisch-jüdische Verschwörung? Zur ›confederacio Iudeorum et Hussitarum ac Waldensium‹ (1419)

Dass die böhmischen Reformer auch mit anderen (vermeintlich) häretischen Bewegungen in Zusammenhang gebracht wurden, zeigt eine Versammlung der Theologischen Fakultät vom 9. Juni 1419, in der darüber beraten wurde, wie gegen ein Bündnis von Juden, Hussiten und Waldensern (*confederacio Iudeorum et Hussitarum ac Waldensium*) vorgegangen werden sollte. Während die Hussiten hier nicht näher in den Blick geraten, wird der Vorwurf gegen die Juden konkretisiert: Ihre hohe Zahl erscheint ebenso bedrohlich, wie ihr genuss-süchtiges Leben Ärgernis hervorruft. Darüber hinaus besitzen sie Bücher (gemeint ist der Talmud), die eine Beleidigung Gottes und eine Lästerung Christi darstellten.[147] Das Protokoll bringt keine weiteren Details, was der Anlass der Beratungen über diese *confederacio* war, oder wer das Thema auf die Tagesordnung setzte. Eine hohe Dringlichkeit scheinen die Anklagen aber nicht gehabt zu haben, da sich die Fakultät darüber vertagte. In diesem Zusammenhang fiel auch der Name des Priors der Kartause Gaming Leonhard Paetraer, der allerdings nicht Mitglied der theologischen Fakultät war.[148] Gleichwohl hielten

---

147 »Item in eadem congregacione mencio facta fuit de confederacione Iudeorum et Hussitarum ac Waldensium, item de multitudine Iudeorum, de delicata vita ipsorum et de quibusdam libris execrabilibus, quos habent in contumeliam creatoris et blasphemiam Christi, omnium sanctorum et maximam iniuriam omnium christianorum« (AFT, S. 36). Vgl. Kɪɴᴋ, Urkundliche Beilagen, S. 44; Mᴀᴅʀᴇ, Nikolaus von Dinkelsbühl, S. 27 (beide falsch zum 10. Juni 1419, wobei Mᴀᴅʀᴇ a. a. O. aus MGH IX, S. 517 zitiert).

148 Leonhard Paetraer, Prior in Gaming, Freudenthal, Brünn und Mauerbach sowie Beichtvater Herzog Albrechts, spielte in der Melker Klosterreform eine zentrale Rolle. Ihm übertrug der Herzog mit päpstlicher Bestätigung im Januar 1418, gemeinsam mit Abt Angelus von Rein, die Aufgabe, die Augustiner- und Benediktinerklöster des Landes zu visitieren; 1425 folgte der Auftrag, die ungarischen und böhmischen Klöster zu reformieren (vgl. Kᴏʟʟᴇʀ, Princeps, S. 89 und S. 91 sowie die weiteren Verweise im Index ebd., S. 227). Zu Leonhard von Gaming und dessen strenger Reformtätigkeit vgl. auch Gʟᴀssɴᴇʀ, Stift Melk, S. 78f.; Hᴏɢɢ, The cross, S. 14–16; Nɪᴇᴅᴇʀᴋᴏʀɴ-Bʀᴜᴄᴋ, Die Melker Reform, S. 23f.; Rᴜ̈ᴛʜɪɴɢ, Die Kartäuser, S. 50–52; Pᴀᴜʟʜᴀʀᴛ, Die Kartause Gaming, S. 52–61 sowie AFT, S. 439f., Anm. 276. – Während der besagten Versammlung der Theologischen Fakultät dürfte Leonhard von Gaming österreichische Klöster visitiert haben (Nɪᴇᴅᴇʀᴋᴏʀɴ-Bʀᴜᴄᴋ, Die Melker Reform, S. 189 weist darauf hin, dass Leonhard im Jahr 1419 als Visitator des Klosters Garsten nachgewiesen ist). – Peter von Pulkau sandte vom Konstanzer Konzil ebenfalls Briefe an Leonhard; zwei dieser Briefe sind erhalten und gedruckt in Petrus de Pᴜʟᴋᴀ, Epistolae, S. 40–43 (zum 15. Jänner 1416, nach Wien, ÖNB, CVP 5393, fol. 113r–v) und in Petrus de Pᴜʟᴋᴀ, Epistolae, S. 44–47 (zum 7. Juli 1416, nach Wien, ÖNB, CVP 5393, fol. 114r–v). Im ersten Brief informiert Peter den Prior über das Protestschreiben der böhmischen Adeligen an das Konzil nach der Verurteilung des Hus (ebd., S. 42), und im zweiten Brief teilt er diesem die Verurteilung und Hinrichtung des Hieronymus von Prag mit (ebd., S. 44). Leonhard von Gaming scheint somit nicht nur ein strikter Klosterreformer gewesen zu sein, sondern auch in der Hussitenfrage eine wichtige Rolle an der Universität gespielt zu haben.

die Professoren seine Anwesenheit für notwendig, um die Angelegenheit weiter zu erörtern. Da aber sowohl eine Reihe von anderen Professoren wie auch der Gaminger Prior selbst – er dürfte sich zu dieser Zeit auf Visitationsreise durch österreichische Klöster befunden haben – abwesend waren, wurde die Angelegenheit bis zu deren Rückkehr ausgesetzt. Prior Leonhard galt offenbar als Mittelsmann zum Herzog. Falls die Fakultät in dieser Sache weiteres beschließen sollte, würde man sich an den Prior wenden, damit dieser dem Herzog berichte oder ihm gar Vorschläge für bestimmte Maßnahmen unterbreite.[149]

Dieses angebliche Bündnis von Juden, Hussiten und Waldensern wird und wurde von Untersuchungen zur Wiener Gesera, jener grausamen Vertreibung des Wiener Judentums im Jahr 1421, die vom Herzog angeordnet wurde und bei der zahlreiche Menschen den Tod fanden, häufig als Quelle für die Vorwürfe herangezogen, mit denen sich die Juden im Wien des frühen 15. Jahrhunderts konfrontiert sahen.[150] Wie und warum das Thema zum Gegenstand der Fakultätsversammlung der Theologen im Juni 1419 wurde, lässt sich, wie gesagt, nicht mehr eruieren. Die Formulierung *mencio facta fuit* deutet darauf hin, dass die Fakultät damit einen bereits kursierenden Vorwurf aufgegriffen hat; wer diesen konkret in Umlauf brachte oder sich seiner bediente, lässt sich nicht mehr rekonstruieren. Da es sich bei der *confederacio* um eine Ansammlung von »Häretikern« handelte, erachteten sich die Theologen für zuständig. Wie unausgereift man mit der Information umging, zeigt auch die Tatsache, dass man keine konkrete Agenda entwarf und sich unsicher war, wie man weiter verfahren sollte, ob und wie diese Angelegenheit dem Fürsten zu Gehör gebracht werden sollte, usw. Art, Umfang und Ursprung der angeblichen *confederacio* werden nicht spezifiziert. Stattdessen liegt das Hauptaugenmerk dieses Akteneintrags auf den Vorwürfen gegen die Juden. Die angebliche Verschwörung mit anderen häretischen Gruppen fügte sich in die alten stereotypen Vorwürfe und bekannten Vorbehalte gegen die Juden, gerade auch seitens der Theologen, ein.[151] Dass die Juden nun verstärkt als »Häretiker« diffamiert wurden, weist zum einen auf eine

---

149 »Que tamen materia propter quorundam magistrorum absenciam fuit suspensa usque ad adventum ipsorum et domini prioris de Gemnico, qui utilis posset esse, si in casu placeret facultati aliquid loqui de hoc etc. domino principi« (AFT, S. 37).

150 Vgl. jüngst Elbel/Ziegler, Die Wiener Gesera, hier bes. S. 204–206, die den Forschungsstand zu dieser Frage ausführlich erheben und kritisch besprechen. Für einen Überblick zur Situation der Wiener Juden im Mittelalter sowie zu den Judenpogromen 1420/21 vgl. außerdem Lohrmann, Judenrecht; Hödl, Eine Suche; Keil/Lohrmann, Studien; Keil/Lappin, Studien; Keil, Studien zur Geschichte; Lohrmann, Die Wiener Juden; Keil, Geschichte der Juden in Österreich; Brugger, 2006; Brugger, Ein Thema – zwei Perspektiven; Keil, Judenschutz.

151 Auch Petr Elbel und Wolfram Ziegler deuteten den Protokolleintrag jüngst als polemische Bekräftigung vorhandener Stereotype. Elbel/Ziegler, Die Wiener Gesera, hier bes. S. 205 und S. 221.

zunehmende Unduldsamkeit seitens der Theologen hin, zum anderen sollte damit der besondere Schutzstatus, den die Juden genossen, aufgeweicht werden. Als »Häretiker« – wie verurteilte Waldenser und Hussiten – werden die Juden als Gefahr für die Gesellschaft und das Gemeinwohl gebrandmarkt.

Das Verhältnis der Wiener Universität zu den Juden bedarf einer eigenen Abhandlung. Für unsere Frage ist die Wahrnehmung der Hussiten in diesem Protokolleintrag wichtig, die ebenfalls auf den fiktiven Charakter dieses angeblichen »Bündnisses« hindeutet. Gegen einen realen Zusammenschluss spricht zum einen, dass eine solche *confederacio* nur hier erwähnt und weder in den amtlichen Quellen der Universität, noch in theologischen Abhandlungen erneut aufgegriffen wird. Zum anderen waren weder die Juden noch die Hussiten oder die Waldenser 1419 so weit organisiert, dass sie ein strategisches Bündnis eingehen hätten können (die divergierenden hussitischen Gruppierungen hatten sich 1419 noch nicht einmal auf ihr gemeinsames Forderungsprogramm der Vier Prager Artikel geeinigt). Darüber hinaus treten auch die theologischen Differenzen zwischen diesen Gruppen deutlich hervor: Schon Ruth Kestenberg-Gladstein wies darauf hin, dass zwar den Juden eine hussitenfreundliche Haltung und den Hussiten eine judenfreundliche Haltung nachgesagt wurde, dies aber wohl dem Zweck gedient habe, »die Einen mit der Bundesgenossenschaft der Anderen zu belasten«.[152] Faktisch scheint die Haltung der Katholiken und Hussiten zu den Juden sehr ähnlich, d. h. intolerant, gewesen zu sein, da beide Seiten von den Juden einforderten, sich zum »rechten christlichen Glauben« zu bekennen. Katholische und hussitische Kritik an den Juden weist Übereinstimmungen auf und erwächst aus denselben Überlegungen und Absichten. So verfasste beispielsweise Jakobell von Mies, einer der profiliertesten hussitischen Theologen, einen Traktat »Über den Wucher der Juden und Christen«, den er harsch kritisierte. Angesichts dessen dürfte es sich bei dieser angeblichen *confederacio* in der Tat um ein Gerücht handeln, das an die Universität in der Absicht herangetragen wurde, den Juden zusätzliche Bosheit und Feindschaft gegen den christlichen Glauben zu unterstellen. Dass sich drei Gruppen, die grundsätzliche theologische Differenzen trennten, tatsächlich zusammengeschlossen hätten, ist sehr zweifelhaft und äußerst unglaubwürdig. Was wäre denn der Zweck eines solchen Bündnisses gewesen? Weder militärisch noch ökonomisch noch ideologisch machte eine solche Vereinigung einen Sinn. Wäre sie – in welcher Form auch immer – trotzdem realisiert worden, so wäre es kaum vorstellbar, dass es darüber nur eine einzige, singuläre Erwähnung in den Quellen gibt. Als »Ketzerverschwörung« hat sie aber allein den Zweck, die genannten Gruppen in umso schlechteres Licht zu stellen.

---

152 Kestenberg-Gladstein, Hussitentum und Judentum, hier S. 18. Zu Folgendem vgl. ebd., S. 10–13. Weitere Beispiele dafür in Elbel – Ziegler, Die Wiener Gesera.

Für die »Hussitenpolitik« lässt sich aus dieser Stelle jedenfalls ableiten, dass Gerüchte über eine angebliche Verschwörung der Böhmen mit den Juden und Waldensern in Umlauf waren, die an die Theologische Fakultät herangetragen wurden. Der Fokus dieses Akteneintrags liegt jedoch nicht auf den Hussiten, deren angebliche Vergehen nicht näher spezifiziert werden, sondern auf den Juden. Die Hussiten werden geradezu beiläufig erwähnt, indem man ihnen eine Nähe zu den Waldensern attestiert. In den Akten tauchen in der Folge weder die Anschuldigung noch etwaige Gegenmaßnahmen erneut auf, so dass der Ausgang dieser Anklage offen bleiben muss. Ebenfalls offen muss bleiben, ob Leonhard von Gaming ein wichtiger Zeuge dieser »Verschwörungstheorie« gewesen war. Die Universitätstheologen betrachteten den Prior als Mittelsmann zum Hof und zum Herzog. Als Beichtvater Herzog Albrechts sollte offenbar seine Meinung eingeholt werden, ob die Angelegenheit wichtig und brisant genug war, um an den Herzog übermittelt zu werden. Ob es dazu kam, auch darüber kann man nur Vermutungen anstellen. Dies zeigt, dass die versammelten Theologen mit dem kursierenden Gerücht wenig Konkretes verbanden. Hätte diese Unterstellung einer *confederacio* von Hussiten, Juden und Waldensern der Realität entsprochen, hätten die theologischen Experten wohl nicht gezögert, unverzüglich den Fürsten zu informieren und weitere Schritte zu unternehmen. Der Eintrag in den Akten deutet allerdings eher auf zurückhaltendes Abwarten hin. Dass dieses Gerücht nicht als Anlass genutzt wurde, Maßnahmen gegen die Hussiten zu ergreifen, spricht jedenfalls dafür, dass die Böhmen zu diesem Zeitpunkt nicht als drängende Gefahr verstanden wurden. Andernfalls hätte man sich diese Vorlage wohl kaum entgehen lassen. Für die Aufnahme von weiteren Untersuchungen oder gar eines Prozesses scheinen die Informationen aber zu dürftig gewesen zu sein. Auf einem anderen Blatt steht, ob nicht auch durch solche Gerüchte (bewusst oder unbewusst) das Pogrom von 1421 vorbereitet oder legitimiert werden sollte.

2.3.10. ›Staciones universitatis‹ als ›pastorale‹ Maßnahmen

Dass sich die Universität ab den 1420er-Jahren verstärkt ihres Auftrags annahm, auch außerhalb der Universitätsmauern gegen die böhmischen Reformer aufzutreten, zeigt eine Universitätsversammlung vom 1. Mai 1420. Den ersten Tagesordnungspunkt – was auf die Dringlichkeit dieser Angelegenheit hindeuten könnte – bildete die Frage, welche Maßnahmen die Universität gegen die hussitische Häresie ergreifen solle, woraufhin der Beschluss gefasst wurde, eine *stacio per universitatem pro sedacione illius negocii et exterminacione illius male secte* durchzuführen. Ob diese *staciones* künftig wiederholt werden sollten, überließ die Fakultät dem Rektor und den *officiales* der Universität.[153] Wie ein weiterer Akteneintrag vom Mai 1421[154] zeigt, handelte es sich bei den *staciones* wohl um öffentliche Gottesdienste in unterschiedlichen Kirchen der Stadt. Den Universitätstheologen kam die Aufgabe zu, Predigten oder knappe katechetische Darlegungen vorzubereiten, um die Gläubigen – und vor allem den Klerus – vor den Konsequenzen der hussitischen Lehren zu warnen. Bereits in den Universitätsstatuten von 1385 finden sich Verordnungen, wichtige Feiertage – insbesondere Marienfeste – durch feierliche Gottesdienste in verschiedenen Kirchen Wiens zu begehen, an denen der Rektor und die ganze Universität teilzunehmen hatten.[155] Offenkundig wurden nicht nur zu bestimmten kirchlichen Festen im Jahreskreis, sondern auch aus aktuellen Anlässen solche *staciones* angeordnet.[156] Die Eintragungen in den Akten zeigen, dass die Praxis der *staciones* bis zum endgültigen militärischen Sieg über die Hussiten immer wieder aufgegriffen wurde.[157]

---

153 »Primo congregata fuit universitas per iuramentum prima die Maii hora XI super articulis subscriptis, quorum primus erat ad cogitandum, quid deceat universitatem facere in casu ex parte Hussitarum nunc currente. (…) De primo articulo placuit universitati, quod fieret stacio per universitatem pro sedacione illius negocii et exterminacione illius male secte, et placuit facultati, quod fieret per iuramentum. An autem tales staciones erunt multiplicande, illud facultas commisit rectori et officialibus universitatis« (zit. nach AFA II, fol. 36r; vgl. auch AU, fol. 107v). Vgl. Kink, Urkundliche Beilagen, S. 22; Häfele, Franz von Retz, S. 117; Madre, Nikolaus von Dinkelsbühl, S. 27. Madre zitiert zur Quellenangabe AFA II, fol. 36r allerdings den Wunsch Herzog Albrechts aus dem Jahr 1421, die *stationes universitatis* wieder aufzunehmen; diese Passage findet sich jedoch erst zum 16. Mai 1421 in den AFA II, fol. 41v. Die Initiative des hier geschilderten Beschlusses scheint von der Universität ausgegangen zu sein (möglicherweise als Ergebnis der Salzburger Provinzialsynode).

154 Siehe unten, Anm. 159.

155 »Item quod in omni festivitate virginis gloriose fiat missa solemnis cum offertorio presente rectore cum tota universitate. Prima fiat in festo purificacionis in ecclesia sancti Stephani, si fieri potest convenienter; secunda in annunciacione apud fratres predicatores; in assumpcione vero apud fratres ordinis beate Marie de Carmello, in nativitate in monasterio Scotorum; in concepcione in capella beate virginis in littore, virgilijs eorundem festorum universitas conveniat solemniter ad officium vesperarum. Item quod quolibet anno in commemoracione animarum fiat missa in domo predicatorum, vel in sancto Stephano, si convenienter fieri posset. Item quod facultas theologie de certis sermonibus ad clerum universitatis per annum fiendis disponat et ordinet, quantum ad loca, personas, predicaturas et dies prout magis ad Dei honorem et profectum studii iudicaverit expedire« (Kink, Statutenbuch, S. 77f.).

156 So wurde beispielsweise am 25. Juli 1414 beschlossen, dass ab nun jeden Monat eine *stacio* und eine Ermahnung des Klerus stattzufinden habe, *pro pace et tranquillitate sancte matris ecclesie* (AU, fol. 64r; AFA I, S. 427). Am 18. Jänner 1415 wurde wiederum beschlossen, für die Einheit der Kirche bis zum Ende des Konstanzer Konzils alle zwei Wochen *staciones* abzuhalten; die erste dieser *staciones* sollte am 20. Jänner 1415 stattfinden (AU, fol. 69v; AFA I, S. 440). Auch nach der Wahl Martins V. in Konstanz wurde eine feierliche *stacio* angeordnet (AU, fol. 85r).

157 Den letzten Hinweis darauf haben wir zum 15. April 1434 (siehe unten, Anm. 162).

Ein Jahr später, am 16. Mai 1421, beantragte Magister Hermann von Cassil, dass ihm die Universität erlaube, einige schlesische Fürsten vor den Schottenabt zu zitieren; es ging dabei um einen Streitwert von 40 Mark Silber. Im Anschluss an diese Passage findet sich der Hinweis, dass der Antrag wegen der gleichzeitigen Hussitenangelegenheiten nicht angenommen wurde; wenn diese nicht mehr akut seien, könne der Antrag jedoch neu eingebracht werden.[158] Mit diesen »gleichzeitigen Hussitenangelegenheiten« dürften wiederum die anti-hussitischen *staciones* gemeint sein, da Herzog Albrecht, wie der folgende Akteneintrag zeigt, zur selben Zeit den dringenden Wunsch geäußert hatte, für Frieden und Ruhe des christlichen Volkes und die Sicherheit des Vaterlandes feierliche *staciones universitatis* angesichts der Belästigungen, Lästerungen und Verwirrungen der universalen Kirche abzuhalten. Diesem Wunsch wurde umgehend entsprochen und die nächste *stacio* bereits für den darauffolgenden Sonntag, den Dreifaltigkeitssonntag, im Dominikanerkloster in der Form eines Hochamtes (*stacio sollemnis cum missa decantanda*) festgelegt. In diesem Zusammenhang sollte ein Theologe auch eine kurze Predigt über die hussitische Häresie halten. Die Fortsetzung der *staciones* wurde in der Form gewünscht, dass innerhalb von 15 Tagen immer eine *stacio* an demselben Ort – also immer bei den Dominikanern – stattfinden solle. Die Formulierung in den Akten deutet darauf hin, dass die *staciones* auch als Sühnegebet für die Beleidigungen verstanden wurden, die Gott durch die Häretiker beigefügt wurden. Ebenso waren sie Bittgebet an Gott, die Plagen zu beenden.[159] Während die regelmäßigen Universitätsgottesdienste in verschiedenen Kirchen der Stadt stattzufinden hatten, scheint das Dominikanerkloster fixer Ort für die anti-hussitischen *staciones* gewesen zu sein.

---

158 »2us articulus fuit super supplicacionibus et iniuriis. Et mag. Hermannus de Cassil supplicavit ex parte iuvenis sui, quatenus universitas sibi concederet, quod citaret quosdam principes Slesie ad abbatem Scotorum pro 40 marcis argenti. Cuius supplicacio ex casu nunc currente ex parte Hussitarum non fuit exaudita pro nunc, potest tamen postea iterum petere illo casu aliqualiter cessante« (AFA II, fol. 41v).

159 »Item die 16^a mensis Maii fuit congregacio universitatis in loco consweto super articulis infrascriptis. Primus articulus de stacionibus fiendis sollempnibus et missis celebrandis iuxta desiderium illustrissimi principis domini nostri domini Alberti quinti ducis Austrie, pro pace et tranquillitate populi christiani et securitate patrie propter molestias, blasphemias atque turbaciones universali ecclesie et ducatui Austrie imminentes; et conclusum fuit, quod sic, scilicet quod dominica proxima, que est dies festus individue trinitatis, fieret stacio in monasterio predicatorum sollempnis cum missa decantanda, ut in talibus fieri est conswetum, sub pena rectoris arbitrio commissa preter penam iuramenti, et quod tales staciones in futurum continuarentur, ita quod semper infra quindenam haberetur una in eodem loco. Eciam placuit maiori parti, quod domini theologi ad hoc hortarentur, ut disponerent se ad breves collaciones faciendas de materia nephandissimi Hussitarum erroris nunc currentis exhortativas cleri et populi christiani« (zit. nach AU, fol. 112r; vgl. AFA II, fol. 41v; gedruckt bei KOLLER, Princeps, S. 74, Anm. 163 nach AU, fol. 112r); vgl. HÄFELE, Franz von Retz, S. 117.

Am 3. Juli 1423 wurde die offenkundig zwischenzeitlich ausgesetzte Praxis der *staciones universitatis* an allen Sonntagen (!) erneut bekräftigt.[160] Zum Zweck des Friedens und der Ruhe der Kirche sollten diese wenigstens so lange durchgeführt werden, als die Sekte der Hussiten bestehe und die Verteidigung der Christgläubigen zur Ausrottung dieser Häresie andauere.[161] Wie die Praxis dieser *staciones* in der Folgezeit gehandhabt wurde, lässt sich aus den Akten nicht erschließen. Zum 15. April 1434 findet sich jedoch der Hinweis, dass auch nach dem großen Sieg über die Hussiten die *staciones universitatis* fortgesetzt werden sollten,[162] was darauf hindeutet, dass daraus eine dauerhafte Einrichtung geworden war.

Die *staciones* gegen die Hussiten griffen somit die Tradition der Universitätsgottesdienste auf, die bereits in den Statuten festgeschrieben worden war. Während diese Gottesdienste anfangs nur für bestimmte Feiertage vorgesehen waren, wurde ihre Durchführung im Laufe der Zeit, je nach Notwendigkeit und aktuellem Anlass, erweitert. Spezielle *staciones* gegen die Hussiten wurden auf Initiative der Universität hin 1420 eingeführt und ein Jahr später durch Herzog Albrecht bekräftigt. Solche öffentlichen Gottesdienste inmitten der Stadt hatten den Vorteil, weite Teile der Bevölkerung zu erreichen. Im Besonderen zielten sie jedoch auf eine Unterweisung des (universitären) Klerus ab, wie die mehrmalige Betonung der Predigten *ad clerum* in den Universitätsakten zeigt. Die vorgeschriebenen Predigten der Universitätstheologen dienten dazu, Klerus und Volk die Gefahren der hussitischen Lehre vor Augen zu führen; entsprechend verständlich und nachvollziehbar mussten sie gestaltet sein. Die anti-hussitischen *staciones* hatten offenkundig – im Gegensatz zu den sonstigen regelmäßigen Universitätsgottesdiensten – ausschließlich im Wiener Dominikanerkloster stattzufinden.

---

160 »Item tunc fuit ordinatum in universitate, quod singulis dominicis diebus deberet fieri stacio universitatis sub pena rectori placente pro pace et tranquillitate ecclesie, saltim interim, quod duraret secta Hussitarum et defensio seu invasio Christi fidelium contra eosdem pro extirpacione eiusdem heresis« (AFA II, fol. 61r). Vgl. Uiblein, Johannes von Gmunden, S. 372.
161 Ein erneuter Angriff auf Böhmen war von König Sigismund für den 24. Juni 1423 geplant. Obwohl dieser nicht verwirklicht wurde, zog Herzog Albrecht dennoch nach Mähren, befand sich aber am 4. August 1423 schon wieder in Wien. Vgl. Uiblein, Johannes von Gmunden, S. 372.
162 AFA II, fol. 120v; vgl. Kink, Urkundliche Beilagen, S. 22. – Der angesprochene Sieg dürfte sich auf die am 21. September 1433 siegreich verlaufene Schlacht bei Hiltersheim beziehen, in der Johann von Pfalz-Neumarkt die feindlichen Taboriten bezwang und damit das Ende der Hussitenkriege einläutete.

2.3.10.1. Die ›Dicta ad populum‹ des Franz von Retz

Ein Beispiel für eine Predigt, die wohl im Rahmen einer *stacio* gehalten wurde, sind die undatierten *Dicta ad populum*[163] des Wiener Dominikanertheologen Franz von Retz.[164] Diese Predigt ist unter das Thema gestellt, dass der Mensch danach streben müsse, würdig zur Eucharistie hinzutreten und sie ebenso würdig zu empfangen (*homo consequitur digne accedens et recipiens corpus dominicum*). Dazu entwickelt Franz von Retz sieben Punkte: so seien die Kommunizierenden erstens Teilhaber an allen Verdiensten und Gnaden, die Christus durch sein Leiden erwirkt habe; schwach durch die Sünde gesunden wir durch die würdige Kommunion des Sakraments. Denn die Kommunion nehme zweitens alle Sünden und Beschmutzungen hinweg, wenn wir würdig hinzutreten, da sie eine Gnade sei. Drittens mache die würdige Kommunion den Menschen geneigt, gute Werke zu tun und sie zu vergrößern. Wer würdig kommuniziere, widersage viertens allen Versuchungen und Angriffen des Teufels in der Welt. Fünftens wachse die Gnade, wenn man Gott in Liebe lobe und die Eucharistie würdig empfange.[165] Wer würdig zur Kommunion hinzutrete, dem gebe Gott sechstens Geduld in allen Anfeindungen. Siebtens erwerbe man dadurch nach diesem Leben das ewige Himmelreich. Mit dem »würdigen« Empfang war wohl die Kommunion nur in Brotgestalt gemeint, womit Franz von Retz auf die hussitische Forderung des Laienkelchs reagierte.

Darüber hinaus sei zu wissen, dass die Gestalt des Brotes »Tochter des Sakraments des Leibes Christi« genannt werde; ähnlich sei es mit dem Blut. Wenn der Priester über die Materie des Brotes mit der nötigen Intention die Konsekrationsworte spreche, dann sei die Gestalt des Brotes nicht länger Brot, sondern der wahre Leib Christi, geboren von Maria und gestorben am Kreuz. Diese Transformation bewirke der höchste Priester Christus durch die Worte des Priesters, nicht jedoch der Priester selbst. Die Kommunion enthalte nach der

---

163 Franciscus de RETZ, Dicta ad populum; zur Handschrift vgl. Tabulae Codicum III, S. 87.

164 Zu Franz von Retz vgl. HÄFELE, Franz von Retz; KAEPPELI, Kapitelsakten; FRANK, Hausstudium, S. 191f. sowie die Lexikonartikel in DSp XIII (1988), S. 436 (Isnard Wilhelm FRANK); LThK IV (²1960), S. 51f. (Georg KREUZER); VfLex II (1980), S. 834–837 (Klaus GRUBMÜLLER); BBKL 17 (2000), S. 404f. (Ekkart SAUSER); KAEPPELI, Scriptores I, S. 397f. – HÄFELE, Franz von Retz, S. 118 ordnet noch eine weitere Schrift des Franz von Retz den *stationes* zu, nämlich die *Scripta seu dicta aliqua doctoris egregij Magistri Francisci de Räcz de peccatis que fiunt publice et que sustinentur ab ecclesia ne peiora peccata fiant* (München, BSB, Clm 18294, fol. 260r–261r; Olmütz, VK, M II 55, fol. 81r–82v; Wien, ÖNB, CVP 4487, fol. 63v–65v). Dabei dürfte es sich aber nicht um eine Predigt, sondern um ein gemeinsames Werk mehrerer Theologen gegen die Vier Prager Artikel handeln, da Franz von Retz den Text mit »Articulus michi assignatus an peccata mortalia et specialiter publica...« beginnt. – Für diesen Hinweis und Einsicht in die Transkription der Münchner Abschrift des Textes danke ich Thomas Prügl.

165 Franciscus de RETZ, Dicta ad populum, fol. 169r.

Wandlung nicht nur den Leib, sondern auch die Seele Christi, und sei damit zugleich wahrer Gott und wahrer Mensch. Darüber hinaus enthalte der Leib Christi in seinen Venen auch sein wahres Blut, das für uns am Kreuz vergossen wurde. Ähnliches gelte, wenn der Priester die Konsekrationsworte über den Wein spricht; dieser bleibe dann nicht Wein, sondern werde zum Blut Christi – nicht aber so, wie es allein unter der Gestalt des Weines erscheine. Vielmehr sei das Blut in den Venen und damit im Leib Christi. Deshalb sei klar, dass am Altar in beiden Gestalten der ganze und wahre Christus, aus göttlicher und menschlicher Natur, enthalten sei. Aus diesem Grund müssen die Laien nicht schwanken und, den Hussiten folgend, das Sakrament unter beiden Gestalten kommunizieren, da unter einer Gestalt auch die anderen Teile enthalten sind.[166] Auch durch die Kommunion einer Gestalt allein befänden sich die Laien in der ganzen Gnade, Liebe und Verehrung, genauso wie durch die Kommunion unter beiden Gestalten. Sollte aber jemand fragen, warum Christus angeordnet und eingesetzt habe, seinen Leib unter der Gestalt des Brotes und sein Blut unter der Gestalt des Weines zu kommunizieren, sei darauf mit drei Gründen zu antworten: Erstens, damit sich die Menschen mit dem Glauben Verdienste erwerben. Wenn der Mensch glaube, dass unter diesen Gestalten der wahre Leib und das Blut Christi seien, erwerbe er sich Verdienste; glaube er dies nicht, erwerbe er sich keine Verdienste, da es für das Erlangen von Verdiensten notwendig sei, zu glauben und den Glauben zu haben. Der zweite Grund sei, dass die Menschen bei der Kommunion keine Übelkeit verspüren, wenn sie den Leib Christi in seiner eigenen und wahren Gestalt kommunizieren. Der dritte Grund sei, dass die Ungläubigen die Gläubigen nicht verurteilen, weil sie das Verzehren des Leibes und Fleisches eines Menschen als abscheulich empfinden würden.[167] Dass wir bei der Kommunion den wahren Leib Christi verzehren, der aus der Jungfrau Maria geboren wurde, am Kreuz starb, am dritten Tag auferstanden und in den Himmel aufgefahren ist, sei übernatürlich und ein Beispiel der göttlichen Macht, wie der brennende Dornbusch (Ex 3) oder die Teilung des Roten Meeres beim Auszug der Israeliten aus Ägypten (Ex 14). Viele Dinge seien noch zu sagen, die man jedoch in der vorhergehenden Predigt suchen könne.[168] Franz scheint also auch am Sonntag davor gepredigt zu haben.

Dieses Beispiel einer Predigt, die im Rahmen einer *stacio* gehalten worden sein dürfte, bietet einen guten Einblick in die Argumentation und Funktion antihussitischer *sermones ad populum* bzw. *ad clerum*. Die Predigt selbst ist kurz gehalten, die Argumente sind einfach und leicht verständlich formuliert, die Leitmotive wiederholen sich mehrmals. Dazu kommen praktische und spre-

---

166 Franciscus de Retz, Dicta ad populum, fol. 169v.
167 Franciscus de Retz, Dicta ad populum, fol. 170r.
168 Franciscus de Retz, Dicta ad populum, fol. 170v.

chende Beispiele, die den Zuhörern bekannt und verständlich waren. Auch die Argumentation gegen den Laienkelch spielt eine wichtige Rolle. Im Gegensatz zu den Traktaten für und gegen den Kelch, die gelehrte Theologen gegeneinander schrieben, sind die Argumente und Schwerpunkte dieser Predigt deutlich anders gewählt. Hier findet sich keine komplexe Unterscheidung zwischen substantiellen und akzidentellen Bestandteilen des Sakraments, zwischen geistlicher und sakramentaler Kommunion, zwischen der Rolle des Priesters und der Gläubigen bei der Eucharistie. Die eingeführten Beispiele zielen vielmehr darauf ab, den Vorgang der Transsubstantiation verständlich zu machen und auf dieser Basis aufzuzeigen, dass der ganze Christus unter beiden Gestalten enthalten ist. Auch die wichtigste hussitische Autorität für den Kelch, Joh 6, wird nicht, wie in Traktaten gegen den Kelch ansonsten üblich, mit einem Verweis auf die geistliche Kommunion erklärt, sondern sehr plastisch: so sei die Anordnung in Joh 6 als Hilfe zu verstehen, damit sich bei den Gläubigen keine Übelkeit und bei den Ungläubigen keine Irritation einstelle, wenn sie die Eucharistie empfangen und den wahren Leib Christi, der auch dessen Blut enthält, verzehren. Wann diese Predigt genau gehalten wurde, kann nicht festgestellt werden; der Text selbst ist nicht datiert, und sein Inhalt enthält keine konkreten Anhaltspunkte, die eine zeitliche Einordnung ermöglichen würden. Die Predigt wird daher irgendwann zwischen dem Beginn der Kontroverse 1414/15 und dem Tod des Franz im September 1427 entstanden sein.

Erstaunlich ist, dass diese Predigt keinerlei Hinweise auf die Folgen der Kommunion unter beiden Gestalten für das Heil der Gläubigen enthält. Weder argumentiert Franz von Retz mit dem nötigen Gehorsam der Römischen Kirche gegenüber, noch stellt er den Zuhörern vor Augen, dass sie durch die Kelchkommunion Gefahr laufen, ihr Heil zu verwirken. Diese (insbesondere pastoral) gewichtigen Argumente, die etwa im Konstanzer Kelchtraktat des Nikolaus von Dinkelsbühl ausführlich betont werden, fehlen hier völlig. Der Hinweis am Ende der Predigt, dass noch viel zu diesem Thema zu sagen sei, wozu jedoch die vorhergehende Predigt konsultiert werden solle, deutet darauf hin, dass Franz von Retz dem Thema der würdigen Kommunion und des Laienkelches eine ganze Predigtreihe gewidmet hat. Bislang wurden keine weiteren Predigten bekannt, es ist jedoch davon auszugehen, dass darin u. a. die angesprochenen, hier fehlenden Argumente gegen den Kelch behandelt wurden.

2.3.11. Zur Auseinandersetzung zwischen Paul von Prag und Johannes Laurinus von Račice (Juli 1421–Jänner 1422)

Ab der Mitte des Jahres 1421 musste sich die Wiener Universität mit der Angelegenheit zweier böhmischer Magister beschäftigen, die in einen Disput
miteinander geraten waren. Diese Episode ist sowohl in den Akten der Artistischen Fakultät, als auch in den Rektoratsakten geschildert, weicht in den Details
der Darstellung allerdings deutlich voneinander ab. Die Einträge zu dieser
Streitsache zeigen, dass Paul von Prag, Pfarrer in Dolan, mit dem Hussiten
Johannes Laurinus aus Račice, Domherr in Neutra, wegen ekklesiologischer
Differenzen im Streit lag. Paul von Prag bzw. von Dolan und Johannes Laurinus
von Račice verfassten bereits seit 1417 polemische Traktate zur Ekklesiologie
gegeneinander. Im Jahr 1419 kam es zu einem Prozess zwischen den beiden
Kontrahenten im ungarischen Neutra. Paul von Dolan beschuldigte den Jo-
hannes Laurinus vor der bischöflichen Kurie in Neutra, die hussitische Lehre zu
schützen, woraufhin Johannes sein Domherrenamt verlor und seinerseits einen
Prozess gegen Paul von Prag anstrengte. Kern des Streites war das hussitische
Kirchenverständnis, dem Johannes Laurinus anhing.[169] Diese *causa fidei super
articulo de ecclesia catholica*, die, wie die Rektoratsakten berichten, an vielen
Stellen in den Schriften der beiden Magister enthalten sei, wurde nun in Wien
erneut virulent. Die beiden böhmischen Magister finden sich nicht in den Ar-
tistenregistern der Wiener Universität,[170] und auch sonst gibt es keine Nachweise, dass sie der Universität angehörten oder sonstwie mit ihr in Verbindung
standen. Paul von Prag hatte offenbar dem Ferdinand von Lugo[171] sehr ausführlich Bericht erstattet und eine (aus zwei Heften bestehende) Schrift des
Johannes Laurinus präsentiert, die den Glaubensartikel der heiligen katholi-

---

169 Beispiele für die Traktate, die die beiden Kontrahenten gegeneinander verfassten, sind Paul
von Dolans Schrift *Sancti spiritus gracia invocata* (1417) in Brünn, MZA, Cerr. II 133,
fol. 139r (vgl. SOUKUP, Repertorium mit Verweis auf SPUNAR, Repertorium I, S. 350, n. 980;
ODLOŽILÍK, Z počátků, S. 65f.) sowie den Traktat *Tres sunt ecclesie* (1419) in Brünn, MZA,
Cerr. II 133, fol. 318v–352v (teilweise gedruckt in LOSERTH, Ueber die Versuche, S. 115f.;
vgl. SOUKUP, Repertorium mit Verweis auf SPUNAR, Repertorium I, S. 350, n. 981; ODLO-
ŽILÍK, Z počátků, S. 68f. und S. 105–107). Die wichtigsten Inhalte der Prozessakten, die in
Cod. 24 des Brünner Landesarchivs überliefert sind, finden sich in LOSERTH, Ueber die
Versuche, S. 110–116).
170 Vgl. MAISEL/MATSCHINEGG, Wiener Artistenregister.
171 Branda di Castiglioni hatte am 13. April 1421 den Legaten Ferdinand von Lugo abgelöst, der
keine großen Erfolge verzeichnen konnte, und machte sich am 15. April 1421 auf den Weg
zu seiner ersten Legationsreise nach Deutschland (vgl. ŠMAHEL, Die Hussitische Revolution, Bd. 2, S. 1206). Eine biographische Arbeit über Ferdinand von Lugo fehlt bislang;
einzelne knappe Hinweise finden sich in COUFAL, Polemika o kalich, S. 108, Anm. 10;
BARTOŠ, Husitská revoluce, Bd. 1, S. 54; STUDT, Papst Martin V., S. 442f.; GIRGENSOHN,
Peter von Pulkau, S. 46 mit Anm. 257.

schen Kirche behandelte. Ebenso habe er Ferdinand von Lugo um ein *consilium*, also ein Fachgutachten, ersucht, um den katholischen Glauben zu verteidigen, damit nicht noch mehr Gläubige durch diese perfide hussitische Häresie zerstreut würden. Dieser Eintrag ist in mehrfacher Hinsicht interessant: zum einen ging die Initiative für die Intervention in diesem Streit eindeutig nicht von der Universität aus, vielmehr wurde ihre – theologische und disziplinäre – Expertise von Ferdinand von Lugo in Anspruch genommen. Dieser schaltete sich auf die Bitte Pauls von Prag hin in den Streit ein, der dem Bischof eine Schrift des Johannes Laurinus vorgelegt hatte, welche angeblich dem katholischen Kirchenverständnis widersprach und auf den Wunsch Ferdinand von Lugos hin von den Experten der Wiener Universität begutachtet werden sollte. Erst nach diesem Schreiben des päpstlichen Legaten begann die Hochschule, sich mit der *causa* zu befassen. Dass die Akten der Artistischen Fakultät weder den Namen des päpstlichen Legaten, noch die Namen der beiden Magister nennen (»quidam legatus« und »quidam magister«), deutet darauf hin, dass Paul und Johannes in Wien nicht bekannt waren (gerade der Artistischen Fakultät wären ihre eigenen Magister gewiss namentlich bekannt gewesen, bzw. hätte ein Interesse bestanden, die Namen auch zu nennen). Die Universität beauftragte daraufhin Christian von Susato, Christian von Grätz und Peter von Pirchenwart sowie alle Doktoren des Kirchenrechts und der Theologie, »jene Schriften« zu untersuchen und mögliche Irrtümer, die darin enthalten seien, der Universität zur Kenntnis zu bringen.[172]

Am 10. August 1421, also bereits zwei Wochen später, sandte Bischof Ferdinand von Lugo erneut einen Brief an die Wiener Universität, der in einem Kopialbuch der Universität überliefert ist.[173] Darin erwähnt Ferdinand von Lugo

---

[172] »Item 28ma die mensis Iulii fuit congregata universitas per iuramentum in loco consweto super articulis istis. Primus ad audiendum quandam litteram universitati transmissam et ad deliberandum de contentis in eadem. Que et in eadem congregacione fuit audita et fuit littera credencie domini Fernandi dei gracia, episcopi Lucensis, in Ungaria et Bohemia sedis apostolice legati, sonans ad personam mag. Pauli de Praga, qui contendit cum quodam alio magistro in causa fidei super articulo de ecclesia katholica, ut plenius contineatur in eorum posicionibus. Et prefatus mag. Paulus fecit satis extensam relacionem in eadem materia, presentavit cum hac quandam posicionem eiusdem magistri mag. Laurini de Raticem, continentem de scriptura bene ad duos sexternos in articulo fidei de ecclesia sancta katholica, petensque sibi dari salubre consilium per universitatem in negocio antedicto pro defensione fidei nostre katholice, ne plus et pluries in populum christianum ipsa perfidia Hussitice heresis diffundatur. Et pro expedicione illius materie in causa fidei iuxta materiam in universitate propositam fuerunt dati deputati de facultate arcium mag. Christianus de Grecz et mag. Petrus de Pirchenwart, decanus facultatis medicine, omnes doctores in iure canonico similiter, et omnes doctores theologie ad videndum illas posiciones extrahendumque errores, si qui contineantur in eiusdem, cum relacione ad universitatem« (AU, fol. 112v; vgl. auch AFA II, fol. 42v). Vgl. GIRGENSOHN, Peter von Pulkau, S. 46.

[173] In Cod. 57 G des Archivs des Stiftes Seitenstetten findet sich ein Kopialbuch der Wiener Universität aus dem 15. Jahrhundert. Paul Uiblein entdeckte und besprach diesen Kodex,

gewisse Briefe, die er von der Universität erhalten habe, und dankt für die Mühe und Arbeit, die die Hochschule durch die Untersuchung jener Schriften und Artikel habe, die dem Bischof durch Paul von Prag vorgelegt worden waren. Da Ferdinand im Moment krank und sehr beschäftigt sei, könne er leider nicht selbst nach Wien kommen. Deshalb bitte er die Universität, den Magister Paul mit einem Gutachten (*consilium*) über die genannten Schriften zu ihm nach Pressburg zurückzuschicken. Eine »hohe«, also detaillierte und aufwändige Untersuchung über diese Artikel sei nicht notwendig, da der Ratschlag der Universität dafür gebraucht werde, den Paul gegen jene zu verteidigen, die diesen angreifen. Der Brief schließt mit dem Hinweis, dass sich die Universität vertrauensvoll an den Bischof wenden solle, wenn dieser ihr auch einen Gefallen erweisen könne.[174] Dieser Brief enthält mehrere wichtige Hinweise: zum einen geht daraus klar hervor, dass sich Paul von Prag zu diesem Zeitpunkt bereits in Wien aufhielt und auf das Gutachten der Universität wartete, um es Bischof Ferdinand persönlich zu überbringen. Aufgabe der Universität war es nun nicht, die besagten Schriften inhaltlich im Detail zu analysieren, sondern dem Bischof eine Einschätzung des Paul von Prag zukommen zu lassen, um diesen gegen die Angriffe seiner Gegner verteidigen zu können. Offenkundig war Paul von Johannes Laurinus verdächtigt worden, selbst unvorsichtige oder verdächtige Äußerungen getätigt zu haben. In den Quellen wird nirgends erwähnt, dass die Wiener Universität auch eine Schrift des Paul von Prag untersucht hätte; bekannt ist lediglich – aus der Universitätsversammlung vom 10. Jänner 1422, die diese Angelegenheit endgültig klärte –, dass ihr eine Schrift des Johannes Laurinus vorlag. Auf welchem Weg sich die Universität Klarheit über ein mögliches Fehlverhalten des Paul von Prag verschaffte, ist unklar. Möglicherweise zitierte Johannes Laurinus in seiner Schrift, die der Universität vorlag, Aussagen des Paul von Prag, um sie anschließend zu widerlegen.[175] Dies könnte erklären, auf

---

der mehrere wichtige, bis dahin unbekannte Texte zur Geschichte der Wiener Universität und Österreichs zur Zeit Herzog Albrechts V. enthält, und edierte die unbekannten Stücke daraus (Uiblein, Kopialbuch). Der Brief Bischof Ferdinands ist gedruckt ebd., S. 73f.

174 »Reverendis patribus et egregiis viris dominis rectori, doctoribus et magistris alme universitatis Wiennensis. Reverendi patres et egregii viri. Recepimus litteras vestras et regraciamur vobis, quia summo opere et labore examinastis scripta et articulos per mag. Paulum vobis exhibitos. Nos autem accedere illuc non possumus nec valemus gravati nimia infirmitate et in multis aliis prepediti. Ideo rogamus vos, ut dictum mag. Paulum nobis remittatis cum concilio vestro super dictis scriptis. Nec expedit altam examinacionem fieri super eisdem articulis, quia ipsum concilium vestrum requiritur pro iuvamine et defensione dicti mag. Pauli contra illos, qui ipsum impugnarunt. Et si que placent nos facturi pro eisdem paternitatibus vestris scribatis confidenter. Conservet vos feliciter Dei filius iuxta vota. Scriptum Posanii X. mensis Augusti« (Uiblein, Kopialbuch, S. 74).

175 Im ekklesiologischen Streit des Jahres 1417, in dessen Rahmen beide Kontrahenten bereits Traktate gegeneinander verfassten, fügte Johannes Laurinus in seine Schriften ebenfalls Zusammenfassungen der Traktate des Paul von Prag ein (vgl. die Anmerkung in Soukup, Repertorium, zu Paul von Prags Schrift *Sancti spiritus gracia invocata*).

welche Weise sich die Hochschule durch die Untersuchung der Schriften des Johannes Laurinus einerseits über deren hussitischen Inhalt, andererseits aber auch über gewisse »unvorsichtige« Äußerungen und Handlungen des Paul von Prag ein Bild machen konnte. Der Dank für die Arbeit und Mühe, welche die Universität bereits in die Untersuchung dieser Angelegenheit investiert habe, darf wohl als Aufforderung zu verstehen sein, dem Bischof möglichst rasch eine Stellungnahme zu übermitteln.

Bereits vier Tage später, am 14. August 1421, beriet die Universität erneut in dieser Angelegenheit; offenbar unmittelbar, nachdem der eben besprochene Brief des Ferdinand aus Pressburg in Wien eingetroffen war. Jene Deputation, die zwei Wochen zuvor in dieser Angelegenheit eingesetzt worden war, legte nun der Universitätsversammlung eine erste Stellungnahme in der Form einiger Artikel (*aliqui articuli*) vor.[176] Danach wurden die beiden Magister Peter von Pulkau und Bartholomäus von Ebrach bevollmächtigt, ein Antwortschreiben an den päpstlichen Legaten abzufassen, in dem dargelegt werden sollte, auf welche Art und Weise Magister Paul sich überaus unvorsichtig verhalten habe. Darüber hinaus wurde der Rektor bestimmt, in der Gegenwart nicht näher bestimmter anderer Personen den Paul von Prag namens der Universität zu tadeln; eine Aufgabe, die letztlich an die Theologische Fakultät delegiert wurde. Dieser Eintrag zeigt, dass die Universität dem Auftrag des Bischofs von Lugo, nur zum Verhalten des Paul von Prag eine Stellungnahme abzugeben, nicht jedoch die hussitische Schrift im Detail zu untersuchen, nachgekommen sein dürfte. Während die Schrift des Johannes Laurinus nicht zur Sprache kommt, wird das unbedachte, allerdings nicht näher spezifizierte Verhalten des Paul von Prag kritisiert, öffentlich vor der Universität getadelt und dem Legaten brieflich mitgeteilt. Dass sich ein »katholischer« Kritiker einer hussitischen Schrift selbst mit dem öffentlichen Tadel einer Universität konfrontiert sah, ist ungewöhnlich. Die folgenden Einträge in den Akten zeigen jedoch, dass Paul von Prag mit seinen Handlungen und Aussagen offenbar häufig provozierte (und auf diese Weise sogar den Passauer Offizial in Wien, Johannes Sindrami,[177] beleidigte).

---

176 »Item 14ᵃ die mensis Augusti fuit congregacio universitatis sub pena non contradicendi ad audiendum tractata per deputatos in causa mag. Pauli et Hussitarum. Et fuerunt pro tunc lecti aliqui articuli in universitate. Et facultas commisit cum pleno posse magistro Petro de Pulka et magistro Bartholomeo doctoribus in theologia, quod scriberent domino legato responsum et eciam scriberent ex parte mag. Pauli, quomodo satis incaute egisset in suis factis. Et fuit commissum domino rectori, quod in presentia aliorum nomine universitatis redargueret magistrum Paulum de hoc, quod ita incautus fuit in suis factis, sed universitas commisit illud facultati theologie« (AFA II, fol. 42v). Vgl. Firnhaber, Petrus de Pulka, S. 11; Girgensohn, Peter von Pulkau, S. 46.

177 Johannes Sindrami wurde 1406 Doktor des Kirchenrechts in Wien, war daraufhin mehrmals Dekan der Juristischen Fakultät sowie Rektor der Universität und von 1420 bis 1425 Offizial des Passauer Bischofs in Wien (vgl. AFA I, S. 538).

Obwohl keine Details zu den Verfehlungen des Paul bekannt sind, müssen seine Wortwahl und sein Verhalten überaus harsch gewesen sein, da eine deutliche und strenge Kritik an den hussitischen Häretikern in anti-hussitischen Traktaten gang und gäbe war.

Am 29. September beriet die versammelte Universität wiederum über einen Brief, den ihr Ferdinand von Lugo aus Pressburg zugesandt hatte. Einige Angehörige der Universität hätten ihm, so Ferdinand, bereits bezüglich besagter Schrift des Johannes Laurinus geschrieben, die mit großer Vorsicht und großem Wissen geprüft worden war. Nun sei jedoch auch Johannes Laurinus bei ihm vorstellig geworden und habe ihn gebeten, ein zweites Gutachten der Universität – diesmal gegen den Magister Paul – einzuholen. Um die Angelegenheit zu klären, sandte Ferdinand den Johannes Laurinus nach Wien und bat die Universität um eine weitere Untersuchung, deren Entscheidung sich die Streitparteien anschließend zu fügen hätten. Mit einem Dank im Namen des Papstes, der die Mühen der Universität in dieser Angelegenheit zu schätzen wisse, schließt das Schreiben.[178]

Bereits am 4. Oktober 1421 versammelte sich die Universität erneut, um über einen weiteren Brief des Ferdinand von Lugo zu beraten. Darin bat der Bischof die Universität, den beiden Kontrahenten eine öffentliche Anhörung zu ermöglichen, um die Auseinandersetzung zu beenden. Die Universität kam dieser Bitte nach und einigte sich darauf, eine neue Versammlung einzuberufen, in welcher die beiden Magister vor der versammelten Universität Stellung nehmen

---

178 »Primus ad audiendum quandam litteram universitati transmissam et ad deliberandum super contentis in eadem, que et tantum fuit audita cuius tenor per omnia sequitur, et est talis superscripcio: Reverendis in Christo patribus et dominis, rectori, doctoribus et magistris alme universitatis Wiennensis, subscripcio: Fernandus episcopus Lucensis, apostolice sedis nunccius, tenor littere: Reverendi patres et domini post salutacionem cum recommendacione. Alias patribus vestris scripsi super quadam posicione facta per Johannem Laurini, et vos zelatores fidei katholice in universitate vestra fecistis plene videri, et cum magna providencia et sciencia vescupsistis(!), et super hoc pro servicio Dei labores vestros interposuistis de quo teneor universitati vestre et personis atque graciarum acciones ago. Et nunc comparente dicto Laurino coram me, licet me quo ad ipsum possem secundum consilia vestra expedire, quia tamen contra mag. Paulum, idem Johannes Laurini proponit et ut ambo informentur per p. vestras, quid debeant tenere, et in quibus debeant corrigi ipsos, mag. Paulum, et Johannem Laurini mitto ad presenciam vestram. Ideo rogo quatenus pro servicio Dei et salute animarum eorum velitis laborare. Et ex quo ambo si in aliquo errarunt volunt se submitti terminacioni vestre et mandatis ecclesie obedire, ipsos illuminare et super reconciliacione eorum et absolucione committo vices meas reverendo patri domino rectori vestre alme universitatis. Offerens me pro universitate vestra et reverendis personis vestris circa dominum nostrum papam, qui vobis placent promovere, certificans quod super hiis et similibus labores vestros ponendo summe sanctitatis sue conplacebitis. Conservet Deus vestras reverendas personas et paternitates. Scriptus Posonii xxviiii septembris, sub sigillo quo utebar tempore quo auditor curia romane fui« (AU, fol. 113r–v).

sollten. Da Paul von Prag jedoch nicht anwesend war, fuhr die Universität danach in dieser Angelegenheit fort und übergab sie der Theologischen und Juristischen Fakultät. Die Medizinische Fakultät bestimmte Christian von Susato mit der weiteren Behandlung dieser Angelegenheit. Auch die Artistische Fakultät entsandte mit Christian von Grätz und Johannes von Mühldorf zwei Vertreter, da die Fakultät nicht wollte, dass diese Sache behandelt wurde, ohne dass irgend ein Magister ihrer Fakultät wisse, was dabei genau vor sich gehe.[179] Dieser Eintrag zeigt nicht nur, dass sich zu diesem Zeitpunkt Johannes Laurinus, nicht aber Paul von Prag in Wien aufhielt, sondern auch, wie intensiv die Bemühungen Bischof Ferdinands waren, den Streit der beiden Magister zu beenden. Die Universität war zu diesem Zeitpunkt offenbar ebenfalls bereit, den beiden Kontrahenten eine öffentliche Anhörung zu gewähren, bzw. konnte es sich nicht erlauben, die Bitte des Apostolischen Legaten zu ignorieren.

In den Rektoratsakten und den Akten der Artistischen Fakultät findet sich zum 16. November 1421 ein weiterer aufschlussreicher Bericht in dieser Streitsache. Wieder einmal hatte sich die Universität versammelt, um einen Bericht der Deputierten zu hören. Dabei wurde den Versammelten mitgeteilt, dass Johannes Laurinus aufgrund einer gewissen, nicht näher ausgeführten anderen Angelegenheit, welche nicht in die Zuständigkeit der Universität fiel, vom Passauer Offizial Johannes Sindrami eingekerkert worden war. Bevor diese Angelegenheit nicht geklärt sei, könne, so die Akten weiter, in jener Angelegenheit, mit der die Universität beauftragt worden war (also dem Streit der beiden Magister), nicht fortgefahren werden. Magister Paul von Prag habe seinen Gegner aus Glaubenseifer in vielen Dingen verletzt und zudem in gewissen Dingen geirrt; aus diesem Grund bestimmte der Rektor namens der Deputation, dass milder mit ihm verfahren werden solle. Im Folgenden wurde Paul vor die Versammlung der ganzen Universität gerufen und vom Rektor ermahnt, dass es sich für ihn nicht gezieme, Glaubensartikel zu entscheiden, da er nur ein Artist sei, also nicht über die notwendige theologische Kompetenz verfüge. Weiters habe er

---

179 »Item sabbato proxime post festum sancti Michahelis fuit congregacio universitatis sub pena non contradicendi ad expediendum articulos subscriptos. Primus ad audiendum litteram universitati missam et ad deliberandum super contentis in eadem. Et dominus venerabilis legatus domini pape scripsit universitati ex parte duorum magistrorum Pragensium, scilicet mag. Pauli et mag. Lawrini, quod illos audiret et dederit posse absolvendi. Rectori universitatis et facultati placuit, quod super illo articulo fieret nova congregacio universitatis per iuramentum, et quod ambo isti magistri plene audirentur in plena congregacione universitatis, et postea universitas procederet in causa, quia mag. Paulus tunc non fuit presens, sed universitas deputavit ad expediendum illum articulum facultatem theologie et facultatem iuris. Et facultas medicine condeputavit mag. Christianum de Susato, et facultas arcium condeputavit predictis mag. Cristianum de Gretz et mag. Johannem de Mueldorf, quia noluit facultas quod illa res tractaretur et quod nullus magister de facultate sciret nec facultas que ibi tractaretur, et hoc eciam conclusit universitas« (AFA II, fol. 43v–44r).

in die Schrift des Johannes Laurinus Dinge hineingetragen, die sich dort nicht fänden, in vielen Dingen geirrt und sich zudem dem Anderen gegenüber unvorsichtig verhalten. Namens der Universität wurde beschlossen, dass Paul von Prag solche Dinge künftig nicht mehr unternehmen dürfe. Weil Paul darauf erwiderte, dass es ihm aus gewissen Beweggründen nicht möglich sei, die volle Untersuchung des Falles des Magisters Johannes Laurinus abzuwarten – hier ist offenbar die Auseinandersetzung zwischen Johannes Laurinus und dem Passauer Offizial gemeint – und um Erlaubnis bat, von der Universität zu Ferdinand von Lugo zurückkehren zu dürfen, beschloss die Universität, ihm diese Erlaubnis zu gewähren, ihm jedoch zwei Einschränkungen aufzuerlegen: erstens, dass er vor dem öffentlichen Notar schwöre, dass er von der Universität ermahnt worden sei, nichts mehr in ähnlicher Weise gegen Johannes Laurinus zu unternehmen. Da er in einem gewissen Schreiben nicht näher spezifizierte Dinge geschrieben hatte, die gegen die Ehre des Herrn Offizial gerichtet waren, dürfe er zweitens nicht abreisen, bevor er sich nicht zuvor mit dem Herrn Offizial versöhnt und für diese Beleidigung Genugtuung geleistet habe.[180] Hier erfahren wir zum einen, dass Johannes Laurinus Mitte November 1421 vom Passauer Offizial eingekerkert worden war. Weshalb genau, überliefern die Akten nicht; möglicherweise war Johannes Laurinus in Wien als Anhänger des Wyclif oder Hus aufgetreten. Bevor die Universität sich weiter der Klärung des Streits zwischen den beiden Magistern zuwenden konnte, musste zuerst dieser Konflikt gelöst werden. Die Universität scheint sich hier in einer Zwickmühle befunden zu

---

180 »Item sedecima die mensis Novembris congregata fuit universitas per iuramentum in loco consueto ad deliberandum super certis articulis, quorum primus fuit ad audiendum relacionem deputatorum in causa fidei et ad demandandum execucioni si videbit expedire. Et fuit causa ex parte duorum magistrorum Pragensium sibi adversancium in certis articulis fidei, quos legatus sedis apostolice, qui tunc fuit cum rege Ungarie etc., ut supra continetur. Et fuit relatum quomodo mag. Johannes Laurini in certa alia causa, quam non habebat tractare universitas, per dominum officialem esset incarceratus. Et deputati non possent procedere in causa universitati commissa, nisi prius expedita causa domini officialis. Et licet mag. Paulus in opponendo eidem exorbitaverit sibi in multis iniuriando eciam in certis errando, tamen quia fecit zelo fidei, ideo dixit dominus rector nomine deputatorum, quod micius esset secum agendum. Et idem mag. Paulus fuit vocatus universitate plene congregata, et dictum fuit sibi per dominum rectorem nomine universitatis quod non pertineret ad eum tales articulos fidei determinare, quia purus artista <est> et quod inferret ex posicione alterius que nullomodo sequerentur et quod in multis erraverit et incurialiter se tenuisset in opponendo alteri etc. Et mandatum fuit sibi nomine universitatis, quod talia per amplius non faceret. Et quia dixit se non posse expectare ex certis motivis plenam expedicionem cause mag. Johannis Laurini, sed petiit licenciam <eundi> ab universitate ad dominum suum dominum legatum prenominatum, conclusum fuit in universitate, quod data esset sibi licencia abeundi, tali tamen moderamine: Primo, quod iuraret coram publico notario, quod sibi per universitatem iniuncta et mandata de cetero quovis modo non exerceret. Secundo, quia in certa cedula scripsit quedam que fuerunt contra honorem domini officiali, ideo non deberet recedere, nisi prius reconciliatus domino officiali et satisfecerit sibi prius de lesa maiestate« (AFA II, fol. 45r; vgl. auch AU, fol. 114r).

haben: einerseits wartete Paul von Prag offenbar bereits darauf, mit einer positiven Stellungnahme zu Ferdinand von Lugo zurückkehren zu dürfen; andererseits musste jedoch zuvor die Streitsache zwischen Johannes und dem Offizial geklärt werden. Wie dieser Eintrag zeigt, war auch Paul von Prag in einen Streit mit dem Offizial geraten, da er diesen beleidigt hatte. Zum Inhalt dieser Beleidigung wissen wir nichts, allerdings ist auch diese Episode ein Hinweis darauf, wie provokant und harsch Paul von Prag aufgetreten sein dürfte. Aufschlussreich ist darüber hinaus auch die Zurechtweisung des Paul durch die Hochschule, sich in Glaubensfragen künftig zurückzuhalten, da ihm als Artist die nötige Qualifikation für die Behandlung theologischer Themen fehle. Dies könnte ein wichtiger Hinweis auf den Inhalt der Kritik an Paul und des öffentlichen Tadels der Universität sein. Vermutlich hatte Paul dem Passauer Offizial vorgeworfen, nicht genug gegen den Hussiten Johannes Laurinus zu unternehmen. Möglicherweise war diese Beschuldigung des Offizials durch Paul von Prag auch der Auslöser dafür, dass dieser den Johannes einkerkern hatte lassen. Jedenfalls lässt sich aus den Akten nicht erschließen, dass die Universität von einer besonderen Sorge getrieben war, den Hussitismus zu verfolgen.

Am 22. Dezember 1421 trat die Universität in dieser Sache erneut zusammen. Diesmal enthalten die Akten der Artistischen Fakultät mehr Details als die entsprechende Schilderung in den Rektoratsakten.[181] Wiederum war ein Brief des Ferdinand von Lugo, der sich, wie die Akten der Artistischen Fakultät ergänzen, zu dieser Zeit in Iglau aufhielt, in Wien eingetroffen. Dieser Brief, der nicht erhalten ist, enthielt eine Aufforderung an die Universität, den Paul von

---

181 AU, fol. 114v: »Item 22ᵃ die Decembris congregata fuit universitas super articulis infrascriptis sub pena non contradicendi. Primus articulus fuit ad audiendum quandam litteram universitati directam et ad deliberandum super contentis in eadem, et fuit littera directa universitati per dominum episcopum Lucensis, sedis apostolice legatum, in qua desideravit mag. Paulum de Praga expediri in causis suis universitati comissis. Et placuit universitati, quod si mag. Paulus instaret pro expedicione, quod expediretur cicius sicut posset fieri regraciandumque esset domino legato de honore universitati inpenso et inpendendo.« – AFA II, fol. 46r: »Item 22ᵃ die Decembris congregata fuit universitas sub pena non contradicendi ad audiendum quandam litteram universitati directam et ad deliberandum super contentis, secundum quod videbitur expedire. Et audita fuit littera directa universitati per dominum Vernandum sedis apostolice legatum, qui tunc moram habebat in Yglavia et inter cetera continebat supplicacionem pro mag. Paulo de Praga, de quo supra in actis continetur, quatenus universitas pie secum ageret et sibi celerem daret expedicionem. Item continebat pro consolacione universitatis, quomodo omnes barones et domini de Moravia relicta et abiurata nephande heresis Hussitarum pravitate conversi essent in synum sancte matris universalis Romane ecclesie exceptis tribus, et quod bona esset spes de conversione dominorum de terra Boemie et quod populus communis adhuc in heretica pravitate persistens in magno staret timore et tribulacione etc. De quo nichil fuit conclusum in universitate, nisi quod deputati priores in causa fidei celerem darent secundum prius conclusa in universitate expedicionem secundum peticionem eciam domini legati.« Vgl. GIRGENSOHN, Peter von Pulkau, S. 46.

Prag zu unterstützen bzw. barmherzig mit ihm zu verfahren und die Untersuchung zu einem möglichst schnellen Ende zu bringen. Damit ist wohl die Untersuchung des Vorwurfs der Beleidigung des Passauer Offizials gemeint, vor deren Beendigung Paul nicht zu Ferdinand zurückkehren durfte, der allerdings bereits auf die angemahnte Stellungnahme zur Streitsache des Paul und Johannes durch die Universität wartete. Des weiteren schilderte Ferdinand in diesem Brief als Trost der Universität, wie beinahe alle Barone und Herrscher Mährens der verdammenswerten Häresie der Hussiten abgeschworen und sie verlassen hätten und in den Schoß der heiligen Mutter, der universalen Römischen Kirche, zurückgekehrt seien. Darüber hinaus bestehe die Hoffnung, dass sich eine ähnliche Bekehrung bald auch in Böhmen ereigne.[182] Dieser Hinweis könnte auch als indirekte Aufforderung an die Universität verstanden werden, durch die raschere Feststellung der hussitischen Häresien in der Schrift des Johannes ihren Beitrag zum anti-hussitischen Kampf zu leisten. Die Streitsache des Paul von Prag betreffend traf die versammelte Universität keine Entscheidung (und wollte sich damit offenbar nicht in den Streit zwischen Paul und dem Offizial einmischen); allein die mit der Untersuchung der häresieverdächtigen Schrift des Johannes Laurinus beauftragten Magister wurden angehalten, in der Klärung dieser Angelegenheit schneller zu verfahren, um der Bitte Ferdinands von Lugo zu entsprechen.

Im Dezember 1421 griff schließlich auch Herzog Albrecht brieflich in diese Angelegenheit ein. In einer Universitätsversammlung vom 31. Dezember 1421 wurde ein Brief des Herzogs verlesen, der diesem von Paul von Prag vorgelegt worden war. Die Akten der Artistischen Fakultät enthalten wiederum ausführlichere Informationen. Da Paul von Prag mit dem Ergebnis der vorhergehenden Untersuchung nicht zufrieden gewesen war, bat er den Fürsten, anzuordnen, dass ihm eine öffentliche Anhörung vor der Universität gewährt werde, um den Johannes Laurinus zu besiegen, der sich zu diesem Zeitpunkt noch im Kerker des Offizials befand. Sollten die Doktoren und Magister der Universität ihn auf katholische Weise zum Sieger bestimmten, dann solle Johannes Laurinus seine Schriften zurückziehen. Wenn umgekehrt der Magister Johannes zum Sieger erklärt werde, dann wolle Paul seinerseits seine Schriften widerrufen. Der Universität gefiel es jedoch nicht, den beiden Kontrahenten eine öffentliche Auseinandersetzung mit lautstarken Debatten zu ermöglichen, da daraus wahrscheinlich viele Skandale und Meineide folgen würden, seien doch beide Männer Heißsporne. Im Gegensatz dazu wurde beschlossen, die früheren Deputierten in dieser Angelegenheit mit der Entscheidung zu betrauen. Befürworteten diese angesichts dessen, was bereits früher in dieser Sache unternommen worden war, eine erneute Anhörung, solle diese im privaten Rahmen

---

182 Siehe unten, S. 148f.

erfolgen. Dem Fürsten sei mitzuteilen, dass den beiden keine öffentliche Anhörung gewährt würde, und darüber hinaus sei er auch über jene Dinge zu
informieren, die sich bezüglich der beiden Magister bislang ereignet hatten. Der
Kanzler des Fürsten goutierte diese Entscheidung, die dem Herzog nicht mitgeteilt werden müsse.[183]

Dieser Eintrag zeigt, dass sich Magister Paul angesichts der bisherigen, für ihn
nicht zufriedenstellenden Ergebnisse der Untersuchung an den Herzog gewandt
und ihn gebeten hatte, in seinem Sinn zu intervenieren und sich für eine öffentliche Disputation der beiden Kontrahenten einzusetzen. Paul von Prag
wusste gewiss um die anti-hussitische Haltung Herzog Albrechts, weshalb ihm
die Unterstützung des Fürsten sicher sein konnte. Im Gegensatz zur Versammlung am 4. Oktober 1421, in der die Universität noch Bereitschaft gezeigt
hatte, die beiden Magister öffentlich vor der versammelten Universität anzu-
hören, wurde diese Möglichkeit nun jedoch dezidiert abgelehnt. Die Universität
war nicht bereit, den beiden Kontrahenten eine Plattform für ihren Streit zu
bieten; sollte die zuständige Deputation eine erneute Debatte der beiden für
sinnvoll erachten, solle diese in privatem Rahmen stattfinden. Diese Entscheidung der Universität wurde auch dem Kanzler des Herzogs mitgeteilt, der den
Standpunkt der Universität unterstützte. Diese Passage ist auch hinsichtlich der
verteilten Kompetenzen interessant, da sie zeigt, dass der Herzog zwar brieflich
in dieser Sache intervenierte, die konkreten Beratungen vor Ort jedoch sein
Kanzler führte, der offenbar mit Entscheidungsgewalt ausgestattet war.

Am 10. Jänner 1422 konnte der Streit der beiden Magister schließlich end-

---

183 AU, fol. 114v: »Item ad audiendum desiderium principis in causa fidei, et legebatur cedula,
     quam mag. Paulus predictus presentaverat principi petens sibi dari publicam audienciam
     ad replicandum contra mag. Iohannem Laurinum. Et commissum fuit prius deputatis, qui
     exponerent domino principi prius acta in causa. Et quod non expediat eis dare publicam
     audienciam ex multis causis. Quod cum fuisset expositum domino cancellario principis,
     dicebat: bene esse factum, nec opertere principi respondere.« – AFA II, fol. 47r: »Secundus
     articulus fuit ad audiendum mentem domini principis in causa fidei currente inter ma-
     gistros Pragenses, de quibus supra in actis continetur. Et audita fuit una cedula quam mag.
     Paulus de Praga, non contentus de priori determinacione universitatis, domino principi
     presentavit. In qua petivit dominum principem, ut disponeret, quod daretur sibi in uni-
     versitate publica audiencia et replicacio contra mag. Johannem Laurini, qui adhuc in car-
     ceribus domini officialis detinebatur, inquam si vinceret eundem mag. Johannem Laurini.
     Ita quod doctores et magistri huius universitatis katholice determinarent eum esse victum,
     quod tunc revocaret scripta sua. Si autem mag. Johannes econverso ipsum vinceret, tunc
     ipse vellet sua scripta revocare. Et non placuit universitati, quod daretur eis publica dist-
     erptacio et clamorosa replicacio propter multa scandala et pericula, que verisimiliter
     possent sequi, quia ambo viri periculosi. Sed concludebatur, quod commissa sunt prioribus
     deputatis in causa fidei, quod si apparet eis, quod ultra priora acta in universitate sint
     amplius audiendi, quod fiat in privato. Et quod illi declarare debent domino principi, quod
     non expedit quod audiantur in publica, et quod dicantur sibi eciam acta universitatis cum
     illis duobus magistris.« Vgl. GIRGENSOHN, Peter von Pulkau, S. 46.

gültig beigelegt werden.[184] In dieser Universitätsversammlung legte die Deputation ihre Widerlegung und Korrektur der *articuli in posicione magistri Io-*

---

184 AU, fol. 115r: »Item decima die Ianuarii congregabatur universitas per iuramentum ad audiendum relacionem deputatorum in causa fidei et recipiendum et audiendum revocacionem, retractacionem et reparacionem aliquorum articulorum in posicione mag. Iohannis Laurini contentorum, et finaliter et totaliter expediendum dictam causam fidei per dominum legatum sedis apostolice universitati commissam iuxta dictam relacionem aut alias, ut videbitur expedire. Et presentavit rector universitati formam reparacionis in uno arcu papiri, et placuit universitati per omnia. Et mag. Johannes Laurini et mag. Paulus de Praga omnia sua dicta commiserant universitati seque eidem totaliter summiserunt presentis duobus publicis notariis. Et quia mag. Johannes Laurinus omnino obedientem se exhibuit ad dictamen universitatis, placuit, quod ibidem secundum formam prescriptam articulos ipsos revocaret, retractaret et repararet, quod sponte fecit de verbo ad verbum, addens de proprio peticionem supplicem, quatenus rector auctoritate sibi per dominum legatum commissam dignaretur <eum> rite absolvere in forma ecclesie ad cautelam, si forte sentenciam aliquam incidisset, quod et fecit. Percepto prius iuramento et premissis oracionibus ut in forma, eique per iuramentum prestitum iniuxit et sub pena periurii, quod amplius omnes et singulos errores et hereses Johannis Wykleff et Johannis Huss et quorumlibet aliorum heresiarcharum et hereticorum vitaret et Romane ac universali ecclesie obediret etc. ut in forma. Cedule autem apud notarios remanebant. – Item pro tunc eciam mag. Paulo dicebantur prius commissa per universitatem in plena congregacione coram dictis notariis et arguebatur super suis excessibus. – Item dominus officialis ibidem eciam tulit sentenciam absolutoriam dicti mag. Johannis Laurini et a carcere et ex parte denunciacionis sibi facte deficientibus probacionibus. Item ambe partes scilicet mag. Paulus et mag. Johannes Laurinus eciam compromiserunt in rectorem et certos doctores et magistros tunc [...Lücke...] sibi omnibus iniuriis et expensis et controversiis inter [...Lücke...] ...bus exortis ecclesie sanctorum articulorum et causa fidei qui [...Lücke...] renunciabant et [...Lücke...].« – AFA II, fol. 47v–48r: »Item decima die mensis Ianuarii congregata fuit universitas per iuramentum ad audiendum relacionem deputatorum in causa fidei et recipiendum et audiendum revocacionem, retractacionem et reparacionem articulorum in posicione mag. Iohannis Laurini contentorum, et finaliter et totaliter expediendum dictam causam fidei per dominum legatum sedis apostolice universitati commissam iuxta dictam relacionem aut alias, ut videbitur expedire, in stuba magna collegii ducalis. Et quia dicti magistri commiserunt se plene determinacioni, decisioni aut alias qualicumque determinacioni universitatis, secundum quod petita fuit per dominum legatum, presentata fuit presentibus duobus publicis notariis requisitis per dominum rectorem, ut super dictis mag. Iohannis Laurini unum vel plura conficerent instrumentum vel instrumenta, una cedula, quam ipse per se tenens et legens libere et sponte revocavit et retractavit plures conclusiones, proposiciones et probaciones, quas in sua posicione tenuit contra mag. Paulum de Praga, et dixit se ea corde habere, que tunc protulit ore. Et quia dominus legatus sepedictus commisit auctoritatem absolvendi domino rectori in casu, si inciderit in penas canonum, dominus rector premissis certis oracionibus absolvit eum coram tota universitate, denique prestito sibi per eum iuramento prius, quod vellet amplius esse fidelis et obediens universali Romane /48r/ ecclesie, rector districte sibi commisit per idem prestitum iuramentum, quod nunquam de cetero velit se pertinaciter opponere universali Romane ecclesie nec aliquem articulum Iohannis Hus condempnate memorie aut alicuius alterius heretice pravitatis pertinaciter defendere. Quibus et pluribus aliis actis predictus mag. Iohannes Laurini regraciabatur dominis doctoribus, magistris ac toti universitati. Item quia ex quadam accusacione et suspicione de heretica pravitate detentus fuit per dominum officialem, ipse cum humilitate et reverencia peciit dominum officialem dominum doctorem mag. Io-

hannis Laurini vor, um diese *causa fidei* endgültig und gänzlich zu klären. Der Bericht der Deputation, den der Legat des apostolischen Stuhls in Auftrag gegeben hatte, wurde gemäß der Schilderung der Akten der Artistischen Fakultät in der großen Stube des Collegium ducale vorgebracht. Beide Magister mussten sich in der Gegenwart von zwei öffentlichen Notaren nach einer bestimmten *forma reparacionis*, die der Rektor auf einem Bogen Papier mitgebracht hatte, vollständig der Schlussfolgerung, Entscheidung oder jeder beliebigen anderen Bestimmung der Universität, um die durch Ferdinand von Lugo gebeten worden war, unterwerfen. Zudem verlangte der Rektor, dass Magister Johannes Laurinus eine vorbereitete Stellungnahme vorlas. Darüber hinaus sollte er frei und aus eigenem Antrieb mehrere Schlussfolgerungen, Vorstellungen und Beweise widerrufen, die er in seiner Schrift gegen den Magister Paul von Prag vorgelegt hatte. Und weil der Legat dem Rektor für den Fall, dass kanonische Strafen verhängt werden müssen, die Autorität loszusprechen übertragen hatte, sprach ihn der Rektor, nachdem er gewisse Gebete vorausgeschickt hatte, vor der ganzen Universität frei. Diese Notiz ist interessant und zeigt wiederum, dass die beiden Magister keine Mitglieder der Wiener Universität waren. Hätten die beiden Kontrahenten der Universität angehört, wäre ohnehin dem Rektor die Strafgewalt über die beiden zugekommen, ohne dass eine besondere Intervention des Offizials nötig bzw. möglich gewesen wäre. Darüber hinaus verlangte der Rektor dem Johannes einen Eid ab, sich weder jemals hartnäckig der universalen Römischen Kirche entgegenzustellen, noch irgendeinen Artikel des John Wyclif oder des verurteilten Johannes Hus zu halten oder eine andere Häresie hartnäckig zu verteidigen. Die Streitsache dürfte u. a. in diesen Punkten bestanden haben. Auch Paul von Prag wurde wegen seiner Ausfälligkeiten kritisiert. Nachdem Johannes Laurinus den genannten Eid geschworen hatte, künftig der Römischen Kirche gehorsam zu sein, dankte er den Herren Doktoren, Magistern und der ganzen Universität. Weil er wegen der Anklage des Häresieverdachts durch den Offizial in den Kerker gesperrt worden war, bat er Johannes Sindrami demütig und ehrfürchtig, ihn aus dem Kerker zu befreien. Der Offizial verlas ein definitives Urteil, welches den Johannes lossprach und ihm die Freiheit gewährte, Wien verlassen zu können. Und weil beide Magister

---

hannem Sindrami, quatenus dignaretur sibi relaxare detencionem carceris. Et dominus officialis in quadam cedula legit quandam diffinitivam senteciam, qua ipsum absolvit et liberum, quomodo velle abire, permisit. Item quia ambo magistri scilicet mag. Paulus de Praga et mag. Iohannes Laurini compromiserunt in certas de universitate tamquam in eorum compositores, lectum fuit unum arbitramentum, in quo continebatur, quod amplius deberent esse boni amici et unus alium promovere secundum posse suum et nullus contra alium movere causam iam tractatam sub pena M florenorum et cetera. Et sic finita est ista causa fidei per Dei graciam licet cum magnis laboribus et occupacionibus. Deo gracias, qui vivit in secula.« Vgl. GIRGENSOHN, Peter von Pulkau, S. 46; UIBLEIN, Mittelalterliches Studium, S. 56.

ein Abkommen trafen, wurde ein Urteilsspruch verlesen, der enthielt, dass die beiden »bessere Freunde« sein müssten und sich bei einer Strafe von 1000 Pfund künftig zu unterstehen hätten, etwas gegen den anderen zu veranlassen.[185]

Damit endet die Behandlung dieser Streitsache in den Akten der Universität. Obwohl die beiden böhmischen Magister nicht der Wiener Universität angehörten, wandte sich Ferdinand von Lugo auf Bitte des Magisters Paul von Prag, der dem Bischof eine ekklesiologische Schrift des Johannes Laurinus vorgelegt hatte, an die Hochschule und erbat ein Gutachten (*consilium*) zu dieser Streitsache. Dieser Umstand ist sehr interessant, da die Wiener Universität hier als internationale Expertin herangezogen wurde, durch deren theologische und juristische Expertise diese Auseinandersetzung beigelegt werden sollte. Das Hauptaugenmerk der Untersuchung lag jedoch (anfangs) nicht auf der hussitischen Schrift des Johannes, sondern auf dem (ungebührlichen) Verhalten des Paul von Prag, dessen er von seinen Gegnern beschuldigt wurde. Ferdinand von Lugo war offenkundig daran gelegen, für die Unschuld des Paul eine offizielle Bestätigung der Wiener Universität zu erlangen, die von den Wiener Gelehrten jedoch nicht beigebracht wurde. Welche konkreten Vorwürfe dem Paul von Prag gemacht wurden, ist nicht im Detail bekannt. Die bruchstückhaften Hinweise in den Akten deuten jedoch darauf hin, dass er besagte Schrift des Johannes Laurinus in übertriebener, überaus harscher Weise kritisiert und mit dieser Einmischung in theologische Themen seine Kompetenzen als Artist überschritten hatte. Die Universität wies ihn entsprechend an, in theologischen Fragen künftig zurückhaltender zu agieren. Im Hintergrund des Vorwurfs an Paul von Prag, der auch von der Universität bestätigt wurde, stand somit wohl eine Kompetenzüberschreitung, die in besonders harscher und provokanter Weise vorgebracht wurde. Aus demselben Grund hatte er sich wohl auch mit dem Passauer Offizial in Wien, Johannes Sindrami, überworfen. Als es dem Bischof von Lugo nicht gelang, den Streit der beiden Magister auf diesem Weg zugunsten des Paul von Prag beizulegen, scheint er die gesamte Streitsache der Wiener Universität zur Klärung übertragen zu haben. Interessant ist auch der Umstand, dass sich Paul von Prag, nachdem die Wiener Universität seine Position nicht hinreichend unterstützte und er auch vom Offizial keine Hilfe erwarten konnte, an Herzog Albrecht wandte, dessen anti-hussitische Einstellung er für sich zu nutzen versuchte. Doch obwohl Herzog Albrecht ein öffentliches Streitgespräch der beiden Magister anmahnte, kam die Universität dieser Aufforderung nicht nach (was wiederum zeigt, dass die Wiener Hochschule gegenüber ihrem Landesfürsten im Einzelfall eine sehr selbstbewusste Haltung einnehmen konnte). Die Prüfung der Schrift des Johannes Laurinus zur Ekklesiologie erstreckte sich über den langen Zeitraum von sechs Monaten. Auffällig ist, dass innerhalb dieses

---

185 Siehe oben, Anm. 184.

Zeitraums eine gewisse Akzentverschiebung feststellbar ist: während sich die Untersuchung anfangs auf das Verhalten des Paul von Prag konzentriert zu haben scheint, wie es auch dem Auftrag Ferdinands von Lugo entsprach – keiner der Akteneinträge vor dem 10. Jänner 1422 beschäftigt sich mit der Schrift des Johannes Laurinus –, widmet sich die entscheidende Versammlung im Jänner 1422 sehr ausführlich dem Johannes Laurinus, dessen häretischer Schrift und dem Versprechen, künftig der Römischen Kirche gehorsam zu sein. Im Mittelpunkt steht die Versöhnung der beiden Kontrahenten und die klare Abkehr des Johannes Laurinus von den Lehren des Wyclif, Hus und sämtlicher anderer Häretiker. Möglicherweise wurde dieser Aspekt der Untersuchung insbesondere vom Passauer Offizial angemahnt, der den Johannes Laurinus bereits wegen Häresieverdachts in den Kerker sperren hatte lassen. Dass sich die Universität anfangs so strikt auf den Auftrag des Ferdinand von Lugo, sich auf die Verfehlungen des Paul von Prag, nicht jedoch auf die hussitische Schrift zu konzentrieren, beschränkt und sich in der Untersuchung des hussitischen Werks zurückgehalten hatte, deutet darauf hin, dass die Hochschule zu diesem Zeitpunkt noch kein Selbstverständnis als anti-hussitische Expertin für sich in Anspruch nahm. Andernfalls hätte sie sich wohl – auch ohne explizite Aufforderung durch den päpstlichen Nuntius – viel rascher und deutlicher aus eigenem Antrieb der Widerlegung der hussitischen Schrift gewidmet.

Es fällt auf, dass in den Akten nicht der geringste Hinweis auf die inhaltlichen Anschuldigungen enthalten ist. Welcher Häresie war Laurinus angeklagt? Hielt er hussitische Artikel? Wurde ihm dies nur untergeschoben? Kritisierte er die kirchliche Hierarchie? Lehrte er die Vier Prager Artikel? Dazu finden sich keinerlei Aussagen. Offenbar wollte die Universität nicht, dass Streitgespräche von Personen geführt werden, die dazu nicht kompetent sind, weshalb sie sich dies selbst vorbehielt.

2.3.12. Die Einführung eines anti-hussitischen Eides (1421)

Im August 1421 wandte sich Herzog Albrecht V. erneut an die Universität, um Vorschläge gegen die unredliche hussitische Häresie (*contra perfidiam Hussitice heresis*) zu sammeln. Damit sich die Häresie nicht in dem ihm untergebenen Volk ausbreite, war es der Wunsch des Herzogs, dass alle Universitätsangehörigen einen Eid leisten sollten. Auch der Wortlaut dieser Eidesformel, die Heinrich von Kitzbühel, der Kanzler des Herzogs, der Universität präsentierte, findet sich in den Rektoratsakten.[186] So hatten alle Universitätsmitglieder zu

---

186 AFA II, fol. 42v: »Item in die sancti Laurentii fuit congregacio universitatis per iuramentum super articulis subscriptis. Primus ad deliberandum iuxta desiderium illustrissimi prin-

schwören, den unredlichen und häretischen Hussiten fest zu widerstehen sowie deren Lehre und Werke zu meiden. Darüber hinaus war zu versprechen, dass jede Person, egal welchen Standes, welcher Würde, welcher Beschaffenheit oder welchen Geschlechts, die sich verdächtig verhielt oder dies in der Zukunft tun sollte, beim Offizial angezeigt werde. Diese Eidesformel wurde von allen Fakultäten einmütig beschlossen und approbiert. Bereits am folgenden Tag, dem 11. August 1421, hatten alle Doktoren, Magister, Adeligen, Scholaren, Lizenziaten und Bakkalaren einzeln diesen Eid in der Großen Aula bzw. in der *curia* abzulegen; als erstes leistete der Rektor den Eid. Aus dem Eintrag in den Akten lässt sich folgern, dass der anti-hussitische Zusatz zur bestehenden Formel hinzugefügt werden sollte. Somit mussten – und dies war ein Novum – alle

cipis et domini nostri graciosissimi domini Alberti ducis Austrie etc., et ad providendum de racionabilibus cautelis et remediis contra perfidiam Hussitice heresis, ne in subiectum sibi populum diffundatur. Et fuit desiderium domini principis, ut omnia supposita iurarent secundum certam formam tunc in universitate lectam. Et facultati placuit, quod proxima feria 3ᵃ rector convocaret omnia supposita universitatis, et quod doctores et magistri starent in ambitu circa aulam magnam, alia supposita in curia et quod omnia supposita iurarent erectis digitis secundum formam in universitate lectam, que et tunc deberet legi, et similiter rector postea deberet vocare ad se absentes, ut iurarent et similiter venturi de novo illud deberent iurare cum intitularentur. Sed universitas conclusit, quod feria 2ᵃ deberent fieri illa iuramenta et quod circa ianuas aule starent aliqui recipientes iuramenta et fierent iuramenta secundum communem modum iurandi servatum in universitate.« – AU, fol. 113r:»Item decima die mensis Augusti fuit congregata universitas per iuramentum in loco consweto super articulis infrasriptis. Ad deliberandum iuxta desiderium illustrissimi principis et domini nostri graciosissimi domini Alberti ducis Austrie ad providendum de racionabilibus cautelis et remediis contra perfidiam Hussitice heresis, ne in subiectum sibi populum diffundatur. Et desiderium domini principis fuit, quod omnia et singula supposita universitatis iurarent circa formam universitati per venerabilem iuris domimum doctorem mag. Hainricum Flechkl de Chiczpuchl, cancellarium eiusdem principis, presentatam cuius tenor per omnia sequitur et est talis iurabitit: Quod perfidie et heresi Hussitarum moderne firmiter velitis resistere ac eorum nephandos errores et opera vitare, tamquam veri fideles et orthodoxe fidei christiane cultores. Quodque si quicumque personam cuiuscumque status, dignitatis, condicionis aut sexus de presenti noveritis aut in futurum vos noscere contingat eiusdem Hussitarum labe respersam aut suspectam, ipsam velitis indilate denuncciare vel notificare venerabili patri domino officiali curie Pataviensis, aut inquisitori heretice pravitatis, aut alteri iudici competenti, nulli parcendo ex affeccione qualibet, neque moti posicione, precio, odio sew favore, sed in hoc fideliter agere sine dolo etc. Qui forma in predicta congregacione concorditer est conclusa et approbata placuitque omnibus facultatibus quae super hoc congreganda esset plene tota universitas doctorum, magistrorum, nobilium et scolarium et quod omnia et singula supposita eiusdem eandum formam iurarent quod et factum est quia statim sequenti die congregata fuit plene tota universitas omnium suppositorum doctorum videlicet et magistrorum, nobilium, licenciatorum, baccalarium et scolarium, qui omnes et singuli eandem formam iuraverunt, et rector primus iuravit etc.« (am Rand von selber Hand: »nota bene: iuramentum contra Hussitas«). Vgl. KINK, Urkundliche Beilagen, S. 22; ASCHBACH, Geschichte, S. 302; KOLLER, Princeps, S. 75f.; GIRGENSOHN, Peter von Pulkau, S. 46f.; MADRE, Nikolaus von Dinkelsbühl, S. 27; UIBLEIN, Die österreichischen Landesfürsten, S. 68.

Universitätsangehörigen diesen erweiterten Eid am 11. August erneut ablegen, obwohl davon ausgegangen werden kann, dass der erste Teil des Eides bereits beim Eintritt in die Universität geleistet worden war.

Interessant ist darüber hinaus, dass der erste Teil dieser Eidesformel wörtlich mit einem Immatrikulationseid übereinstimmt, der in einem Kopialbuch der Universität Wien enthalten ist.[187] Dort findet sich der anti-hussitische Zusatz als letzter von sechs Punkten, die bei der Aufnahme in die Universität geschworen werden mussten. Die anti-hussitischen Zusätze stimmen in beiden Fällen wörtlich überein, wobei im Immatrikulationseid die Verpflichtung, verdächtige Personen beim Offizial anzuzeigen, fehlt. Die Abschrift des Immatrikulationseides im Kopialbuch, Ende des 15. oder Anfang des 16. Jahrhunderts verfasst, weist keinen Hinweis auf eine Datierung der Vorlage auf. Durch die wörtliche Übereinstimmung der beiden Formeln wird jedoch auch der Immatrikulationseid zur selben Zeit vorgeschrieben worden sein. Offenkundig wurde im August 1421 also ein erweiterter Immatrikulationseid für alle Universitätsmitglieder verpflichtend, der so konsequent umgesetzt wurde, dass sogar bereits bestehende Mitglieder ihren ursprünglichen Eid in der erweiterten Form wiederholen mussten. Die Eidesformel selbst wurde nicht an der Universität formuliert, sondern der Hochschule vom Kanzler des Herzogs vorgelegt und von ihr approbiert. Die Initiative zur Einführung dieses Eides ging somit eindeutig von Herzog Albrecht aus. Auch die Formulierung der Eidesformel überließ der Landesfürst nicht der Universität, sondern seinem Kanzler. Dass der Eid für die

---

187 Kodex R 5 im ArUW, fol. 2r: »Primo iurabitis, quod servabitis privilegia et statuta universitatis et statuenda per ipsam. Secundo, quod privilegia et libertates universitatis posseterius tuebimini et defendebitis. Tercio, quod procurabitis bonum universitatis ad quemcumque statum vos contingat pervenire. Quarto, quod obedietis universitati Viennensi et rectori ipsius in licitis et honestis. Quinto, quod rectori prefate universitatis reverenciam debitam exhibebitis. Sexto iurabitis, quod perfidie et heresi Hussitarum moderne firmiter velitis resistere ac eorum nephandos errores et opera vitare, tanquam veri, fideles et orthodoxe fidei christiane cultores.« – Auch die Universität Krakau verlangte ab 1423 von ihren Studenten, in einem Immatrikulationseid den hussitischen Lehren abzuschwören: »Ego N. iuro vobis domino rectori et vestris successoribus canonice intrantibus obedienciam in omnibus licitis et honestis, et quod bonum universitatis studii Cracoviensis promovebo pro posse meo ad quemcunque statum devenero, et quod propriam iniuriam per me non vindicabo vindicta reali, utpote vulneracione, mutilacione aut armorem strepitu, sed super hoc officium rectoris implorabo. Item quod opinionem Hus heretici dampnati non servabo. Sic me deus adiuvet et hec sancta Dei ewangelia.« (Żegota Pauli (Hrsg.), Album studiosorum Universitatis Cracoviensis, Bd. 1 (Krakau 1887), S. 11); vgl. Kras, Polish-Czech Relations, S. 182 mit Anm. 34. – Noch in den Statuten der Theologischen Fakultät der Universität Tübingen von 1480 findet sich ein anti-hussitischer Zusatz im *Juramentum ad cursum admissi*: »Item non dogmatisabo dogmata Wickleff neque Johannis Hussz, dogmatisantem talia ut supra denunciabo consuetudines denique et libertates facultatis theologice iuxta vires manutenebo« (Rudolph v. Roth (Hrsg.), Urkunden zur Geschichte der Universität Tübingen aus den Jahren 1476 bis 1550 (Tübingen 1877), S. 258).

bestehenden Universitätsmitglieder die Anordnung enthielt, jedwede verdächtige Person unumgänglich beim Offizial anzuzeigen, zeigt darüber hinaus, als wie dringlich der Landesfürst die hussitische Bedrohung zu diesem Zeitpunkt bereits empfand.

Diese zunehmenden Initiativen Herzog Albrechts zur Einbindung der Universität in sein anti-hussitisches Engagement, die ab den Jahren 1420/21 in den Quellen zu beobachten sind, entsprechen den parallel verlaufenden politischen und militärischen Entwicklungen: Nachdem Papst Martin V. am 1. März 1420 mit der Bulle *Omnium plasmatoris domini* zu einem Kreuzzug gegen die böhmischen Häretiker aufgerufen hatte, begann eine Phase kriegerischer Auseinandersetzungen, die mehr als ein Jahrzehnt andauern sollte. Ab dem 20. April 1420 wurde zudem eine erste Fassung der Prager Artikel verbreitet, die als Forderungsprogramm der gemäßigten und radikalen Hussiten zur Basis der innerhussitischen und kontroverstheologischen Auseinandersetzung werden sollte.[188] Nach anfänglichen militärischen Erfolgen des Kreuzfahrerheeres im Frühjahr 1420 folgten rasche Rückschläge; die Eroberung Prags scheiterte.[189] Der zweite Kreuzzug von August bis Oktober 1421 blieb ebenso erfolglos und endete mit dem überstürzten Rückzug des Kreuzzugsheeres aus der Stadt Saaz, was harsche Kritik an König Sigismund nach sich zog.[190] Anstelle taktisch und militärisch in die Kampfhandlungen während des Saazer Stellungskrieges einzugreifen, schloss Sigismund am 28. September 1421 die sog. »Preßburger Verträge« mit Herzog Albrecht V. ab. Als Entschädigung für die finanziellen Aufwände während der Hussitenkriege trat Sigismund mehrere Pfandschaften an Albrecht ab. Im Gegenzug verpflichtete sich dieser, mit Sigismund ein ewiges militärisches Bündnis gegen die böhmischen Heere zu schließen.[191] Die Einführung des anti-hussitischen Eides für alle Universitätsmitglieder erfolgte somit etwa zwei Wochen vor dem Beginn des zweiten Kreuzzuges am 28. August 1421 und damit zu einer Zeit, in der Herzog Albrecht an die Spitze des militärischen Kampfes gegen die Hussiten gelangt war.[192]

---

188 An dieser Stelle nur wenige Stichpunkte dazu: Schon im Juni 1420 verfasste der päpstliche Legat Ferdinand von Lugo eine erste Widerlegung der Vier Prager Artikel (zur *Responsio ad quattuor articulos* vgl. MACHILEK, Ludolf von Sagan, S. 180; SOUKUP, Repertorium). Kurz nach der Niederlage der Meißener am Veitsberg am 14. Juli 1420 folgten Verhandlungen zwischen den Pragern und königlichen Vertretern auf der Kleinseite (MACHILEK, Ludolf von Sagan, S. 181). Der Tschaslauer Landtag vom 3. Juni 1421 schließlich bestätigte die Prager Artikel als Landesgesetz (KAMINSKY, A History, S. 451 f.). Vgl. ausführlich unten Kapitel IV, bes. S. 260–269.

189 Zu den ersten beiden Kreuzzügen vgl. ŠMAHEL, Die Hussitische Revolution, Bd. 2, S. 1071–1234, hier S. 1081–1085.

190 Ebd., S. 1205–1207.

191 Vgl. BRETHOLZ, Die Übergabe, S. 287–289; ŠMAHEL, Die Hussitische Revolution, Bd. 2, S. 1222 f.

192 ŠMAHEL, Die Hussitische Revolution, Bd. 2, S. 1207.

2.3.13. Zum anti-hussitischen Engagement der Passauer Bischöfe in Wien

Das Verhältnis der Wiener Hochschule zu den Passauer Bischöfen, zu deren Bistum Wien bis 1469 bzw. 1480 gehörte, war seit der Gründung der Universität konfliktträchtig. Die geistliche Jurisdiktionsgewalt über die Angehörigen der Universität, die dem Rektor bereits im Stiftsbrief Rudolfs IV. und im Privileg Albrechts III. zugestanden worden und letztlich am 27. Mai 1420 durch Papst Martin V. bestätigt worden war, stieß bereits seit 1386 auf den Widerstand der Passauer Bischöfe.[193] Die erste Nachricht, dass der Bischof von Passau im Kampf gegen die Hussiten auf die Wiener Universität zurückgriff, findet sich zum 25. November 1421 in den Akten. Georg von Hohenlohe, von 1390 bis 1423 Fürstbischof von Passau,[194] hatte am Sonntag zuvor (23. November) einen Befehl an die Türflügel der Kirche zu St. Stephan anbringen lassen, welcher besagte, dass »am frühen Morgen« – unklar ist, an welchem Tag – eine Prozession stattzufinden habe. Diese solle durch den gesamten Wiener Klerus zum Lob Gottes abgehalten werden, um der Abkehr der Herrscher und der Bevölkerung des ganzen Landes Mähren von der verurteilten Häresie des einstigen Johannes Hus, der am Konzil von Konstanz richtigerweise zum Feuertod verurteilt wurde, dankbar zu gedenken.[195] In der Tat hatte die Entscheidung König Sigismunds und Herzog Albrechts, sich zunächst auf die Eroberung Mährens zu konzentrieren, womit Albrecht in der Folge belehnt werden sollte, im Herbst 1421 Erfolg gezeitigt; Peter Strážnický, der Hauptmann der hussitischen Barone Mährens, ergab sich am 22. Oktober und musste sich neben der Aufgabe seiner Burg Helfenstein dazu verpflichten, binnen Monatsfrist zwei weitere mährische Utraquisten, Hašek von Waldstein und Milota von Tvorkov, zur Kapitulation zu bewegen. Als Konsequenz der Kapitulation Strážnickýs trat ein Großteil des mährischen Herrenstandes auf die Seite Sigismunds über. Am 13. November 1421 sah sich Strážnický schließlich gezwungen, einen demütigenden und von

---

193 UIBLEIN, Die österreichischen Landesfürsten, S. 55 f., 63 und UIBLEIN, Die Universität Wien, S. 90. Zum Privileg Albrechts III. vgl. bes. LACKNER, Möglichkeiten und Perspektiven.

194 Zu Georg von Hohenlohe vgl. SCHWEDLER, Georg von Hohenlohe; SCHMID, Georg von Hohenlohe, jeweils mit weiteren Literaturhinweisen.

195 »In die sancte Katherine fuit congregacio universitatis per iuramentum ad expediendum articulos infrascriptos, quorum primus ad deliberandum super certis causis universitatis, que in tam brevi tempore nequeunt scriptis exprimi intelligibiliter et ad plenum. Et notandum, quod articulus fuit ita obscure formatus, quoniam dominica immediate precedenti dominus episcopus Pataviensis fecit affigi unum mandatum in valvis ecclesie sancti Stephani, in quo mandavit fieri processionem in crastino solempnem per omnem clerum in opido Wiennensi constitutum ad laudem Dei regraciando sibi de conversione dominorum et tocius populi terre Moravie a condempnata heresi quondam Iohannis Huss in Constanciensi concilio iuste, sancte et racionabiliter in ignem sentenciati et condempnati« (AU, fol. 114r; AFA II, fol. 45v).

18 mährischen Baronen und Rittern bezeugten Vertrag zu akzeptieren. Binnen wenigen Tagen zwang Sigismund die mährischen Barone, vor den päpstlichen Nuntien Ferdinand von Lugo und Branda di Castiglioni den Vier Prager Artikeln abzuschwören. Unter dem Protektorat Sigismunds schloss der mährische Adel am 17. November 1421 für die Dauer von fünf Jahren ein Landfriedensbündnis, welches u. a. die Verpflichtung aller Mähren enthielt, bis zum 21. Dezember 1421 dem Hussitismus abzuschwören.[196]

Zum dankbaren Gedenken an diese Ereignisse hielt der Passauer Bischof bereits eine Woche später den Rektor sowie alle Doktoren, Magister und Scholaren der Universität Wien an, an der genannten Prozession teilzunehmen. Wie der Akteneintrag zeigt, scheint an der Universität jedoch Zweifel über diesen bischöflichen Befehl bzw. darüber bestanden zu haben, ob der Bischof überhaupt berechtigt sei, der Hochschule die Teilnahme an dieser Prozession vorzuschreiben. Um nicht den Anschein zu erwecken, die Universität folge der bischöflichen Anordnung nicht oder ignoriere sie gar, formulierte die Versammlung den Beschluss bewusst »dunkel« (*obscure*) oder uneindeutig. Darüber hinaus, so die Akten weiter, müsse dieser Artikel auch deshalb *obscure* gehalten werden, um jenen, die der Universität ungünstig gesinnt waren (*aemuli*), keine Angriffsfläche zu bieten. Der berufene Ausschuss, bestehend aus Nikolaus von Gottesprun, Johannes Angerer und dem Dekan der Artistischen Fakultät, wurde beauftragt, Lösungen zu finden, wie man sich künftig bei solchen Fällen verhalten solle.[197]

Die zurückhaltende Reaktion der Universität in dieser Angelegenheit ist interessant, da es dabei weniger um die geforderte Prozession an sich, sondern um Fragen der Autorität und universitären Unabhängigkeit gegangen sein dürfte. Sich dem Befehl Georgs von Hohenlohe völlig zu widersetzen, dürfte angesichts der Beteiligung des ganzen übrigen Wiener Klerus keine Option gewesen sein, zumal ein solches Verhalten wohl auch eine Beleidigung Herzog Albrechts dargestellt hätte (dem die Kapitulation Mährens im Besonderen zugute kam). Diese Episode ist ein sprechendes Beispiel dafür, dass die Universität angesichts

---

196 Vgl. etwa ŠMAHEL, Die Hussitische Revolution, Bd. 2, S. 1222–1225.
197 »Et in eodem mandato dominus episcopus eciam expresse mandavit rectori, doctoribus, magistris et scolaribus universitatis studii Wiennensis etc., quod eciam eidem processioni interessent. Apparuit decanis et procuratoribus per dominum rectorem convocatis, quia forte dominus episcopus non haberet taliter mandare universitati, ut tali nec forte universitas obligaretur ei parere, eciam non potuit tam repentine de processione fienda disponi nec apparuit, quod rector deberet de novo mandare, ideo conclusum fuit per eos, quod super illa causa deberet universitas congregari et articulus ita obscure formari, ne forte veniret ad emulos universitatis. Qua congregata conclusum fuit, quod essent deputati de qualibet facultate, qui deliberare deberent, quid universitati in consimili casu futura expediret. Et de nostra facultate deputati fuerunt mag. Nicolaus de Gottesprun, mag. Ioh(annes) Angrer et decanus« (AU, fol. 114r; AFA II, fol. 45v).

des kirchlich-politischen Beziehungsgeflechts, in das sie eingebettet war, um die Wichtigkeit und Notwendigkeit »politisch korrekter« Entscheidungen und Handlungen wusste. Dass die Sorge, dass eine Verweigerung dieser Anordnung gewissen Personen, die der Universität ungünstig gesinnt waren, eine Angriffsfläche bieten könnte, nicht grundlos war, hatte nicht zuletzt der Streit mit Wenzel Thiem gezeigt.[198]

Doch worin lag die zurückhaltende Reaktion der Universität begründet? Der Anlass der Prozession, die Eroberung Mährens durch Albrecht, scheidet als Grund aus, da diese zweifellos im Interesse der Wiener Universität gewesen sein musste. Möglicherweise spielten im Hintergrund die Auseinandersetzung zwischen Albrecht V. und Georg von Hohenlohe um die Klosterreformprivilegien oder grundsätzliche Zuständigkeitsstreitigkeiten eine Rolle. Georg von Hohenlohe hatte am 1. Mai 1420 bei Papst Martin V. eine Aufhebung jener Visitationsvollmachten Albrechts V. erwirkt, die sich auf Klöster bezogen, die dem Passauer Bischof unterstellt waren.[199] Der genaue Wortlaut der Aufforderung Georgs von Hohenlohe an die Universität ist nicht bekannt. Möglicherweise hätte aus ihrer Formulierung ein Zuständigkeits- oder Autoritätskonflikt mit Herzog Albrecht erwachsen können; vielleicht kollidierte diese Aufforderung auch mit dem Selbstbild der Wiener Universität, in Glaubensfragen selbst die höchste Instanz in Wien zu sein. Der konkrete Grund für die Zurückhaltung der Universität muss offen bleiben. Ihre Reaktion ist aber jedenfalls ein Indiz dafür, dass die hussitische Bedrohung im Wien der beginnenden 1420er-Jahre zwar wahrgenommen wurde, jedoch nicht den universitären Alltag dominierte. Dass sich die Universität bei der Anweisung, an einer anti-hussitischen (Dank-) Prozession teilzunehmen, primär darüber Gedanken machte, ob der Passauer Bischof überhaupt befugt sei, eine solche anzuordnen, und der Umstand, dass der entsprechende Beschluss sogar bewusst unklar formuliert wurde, zeigen, dass zu diesem Zeitpunkt kein anti-hussitischer »Ausnahmezustand« in Wien herrschte. Wäre dies der Fall gewesen, wäre ein solches Zögern wegen einer Form- und Zuständigkeitsfrage schwer vorstellbar. Hätte sich die Universität hier bereits als Vorreiterin des anti-hussitischen Engagements verstanden, hätte sie die angemahnte Prozession gewiss nachdrücklicher unterstützt und eine aktivere Rolle bei deren Umsetzung eingenommen, waren doch Prozessionen im Mittelalter immer auch symbolische Repräsentationen von Macht und Rang.

Nach dem Tod Georgs von Hohenlohe 1423 entbrannte zwischen dem von Papst Martin V. providierten bayerischen Kandidaten Leonhard von Layming und Heinrich Fleckel, dem Kanzler Albrechts V., ein Streit um den Passauer Bischofssitz, in dessen Verlauf sich die Auswirkungen des angespannten Ver-

---

198 Siehe oben, S. 101–107.
199 STUDT, Papst Martin V., S. 135; KOLLER, Princeps, S. 127–130.

hältnisses des Landesherrn und des Passauer Bischofs besonders deutlich zeigten. Obwohl Herzog Albrecht fünf Jahre lang versuchte, seinem Kandidaten vor der Kurie zur Durchsetzung zu verhelfen und dafür auch die Universität in die Pflicht nahm, ernannte Martin V. schließlich Leonhard von Layming zum Passauer Bischof.[200]

In den amtlichen Quellen der Universität findet sich ein Hinweis darauf, dass auch Leonhard von Layming im anti-hussitischen Kampf mit der Wiener Universität kooperierte. In einer Versammlung der Theologischen Fakultät vom 29. April 1431 wurden nach einer vorhergehenden Anfrage des Bischofs die Theologen Nikolaus von Dinkelsbühl und Thomas Ebendorfer zu dessen Beratern in Hussitenangelegenheiten ernannt.[201] Details zum Anlass und zur konkreten Realisierung dieser Entscheidung finden sich in den Akten nicht. Der Umstand, dass sich der Passauer Bischof um theologische Unterstützung bemühte, lässt vermuten, dass er sich wahrscheinlich auf Debatten oder Verhandlungen mit den Böhmen vorbereitet haben dürfte. Nachdem eine für den 23. April 1430 geplante Disputation mit den Hussiten in Nürnberg nicht zustande gekommen war,[202] fanden 1431 zwei Reichstage in Nürnberg (wohl ab 9. Februar 1431) und in Frankfurt (am 16. Oktober 1431) statt.[203] Möglicherweise wurde der Reichsepiskopat angehalten, teilzunehmen und Unterstützer oder Experten beizubringen. Unter Umständen könnte Bischof Leonhard die beiden Theologen auch bereits mit Blick auf das anstehende Basler Konzil als Experten hinzugezogen haben, zumal im Laufe der militärischen Niederlagen des Jahres 1431 die Notwendigkeit immer deutlicher wurde, eine Verhandlungslösung mit den Hussiten zu finden. Darüber hinaus macht dieser Hinweis deutlich, dass Thomas Ebendorfer bereits vor seiner Entsendung zum Konzil von Basel in der anti-hussitischen Auseinandersetzung als Experte herangezogen wurde. Ob der Passauer Bischof bereits zuvor auf die Beratung durch Experten der Wiener Universität gegen die Hussiten zurückgegriffen hatte, kann mangels Nachweisen nicht belegt, aber auch nicht ausgeschlossen werden. Sollte Leonhard von Layming tatsächlich erst 1431 eigene Hussitenberater ernannt haben, wäre dieser späte Zeitpunkt jedenfalls bemerkenswert; insbesondere, da Herzog Albrecht bereits 1418 anti-hussitische Berater aus dem Kreis der Uni-

---

200 Vgl. STUDT, Papst Martin V., S. 136; zum Passauer Bistumsstreit und der Rolle der Universität darin vgl. KOLLER, Princeps, S. 132–177 (mit weiterer Literatur); UIBLEIN, Dokumente, und UIBLEIN, Kopialbuch, darin v. a. den ausführlichen Überblick in der Einleitung und die neu entdeckten, edierten Texte im Anhang.

201 »Item penultima die Aprilis in congregacione facultatis primo conclusum est ex parte cuiusdam commissionis et induli in materia Hussitarum ad episcopum Pataviensem facti, ut super eadem mag. Nicolaus et Thomas de Hasselpach nomine facultatis prefato episcopo consulerent et responderent« (AFT, S. 67); vgl. MADRE, Nikolaus von Dinkelsbühl, S. 28.

202 Vgl. MACHILEK, Die hussitische Forderung, S. 522–525.

203 Vgl. dazu den hilfreichen Überblick in ANNAS, Reichsversammlungen, hier S. 14.

versität zu Rate zog. Plausibler ist jedoch, dass eine geplante Debatte mit den Hussiten Anlass dafür war, die Wiener Universität um theologische Unterstützung zu bitten.[204]

2.3.14. Zur Verpflichtung von Mitgliedern der Medizinischen Fakultät zur militärischen und finanziellen Unterstützung der Hussitenkreuzzüge (1424–1427)

Die finanziellen Aufwendungen, welche die kriegerischen Interventionen Herzog Albrechts in den Kreuzzügen gegen die Hussiten mit sich brachten, wurden Mitte der 1420er-Jahre auch für die Universität spürbar. Nachdem Herzog Albrecht im Juli 1424 große Erfolge verbuchen und die Anerkennung eines Großteils des mährischen Adels erreichen konnte, befand er sich ab September wieder in Wien. Als ihm der hussitische Feldzug zu Gehör kam, sicherte er den Verbündeten in Znaim Waffenhilfe zu; kurz nach dem 28. September 1424 startete er erneut eine militärische Operation nach Mähren. Um diese zu finanzieren, belegte er die Prälaten und Städte mit einer Steuer. Darüber hinaus verpflichtete er alle Städte und Märkte Österreichs, Truppen zu entsenden, was jedoch vielfach verweigert wurde und zu Gefangennahmen führte.[205] Mit diesem Feldzug Albrechts nach Mähren hängt nun die einzige Nachricht in den Akten der Medizinischen Fakultät zusammen, die auf die Hussiten Bezug nimmt: Am 22. Oktober 1424 wurde nämlich Heinrich Stoll aus Hammelburg zum Dekan der Medizinischen Fakultät gewählt; da er jedoch Albrecht auf seinem Kreuzzug gegen die Hussiten als Leibarzt begleitete, vertrat ihn während dieser Zeit Johann Aygel als Dekan.[206] Daraufhin entspann sich am 2. November 1424 ein Streit um

---

204 Ob die Versammlung vom 16. Mai 1431 auch mit den Hussiten in Zusammenhang gebracht werden kann, ist mangels näherer Angaben nicht mit letzter Sicherheit zu entscheiden. Die Universität trat zusammen, um über gewisse Darlegungen von Ordensoberen zu beraten; über deren Inhalt ist nichts bekannt, jedoch lehnte es die Fakultät für diesen Moment ab, sich in die besagte Angelegenheit einzumischen. Sie behielt sich allerdings vor, sich zu einem späteren Zeitpunkt damit zu beschäftigen (AFT, S. 67). Laut Uiblein in AFT, S. 454f. (Anm. 450) könnte es sich hierbei um eine Angelegenheit des Basler Konzils, der Hussiten oder um das Verhältnis zum Passauer Bischof gehandelt haben.

205 Vgl. Opll, Nachrichten, S. 127 (zu Ende September 1424).

206 »Item 22° Octobris fuit facultas congregata super articulis infrascriptis. Primus ad eligendum novum decanum facultatis, et electus fuit per maiorem partem facultatis mag. Heinricus Stoll, medicine doctor, qui protunc absens fuit cum domino principe in Moravia. Et in locum eius et vices tenentem electus est mag. Iohannes Aygel, qui extunc onus substitucionis sponte assumpsit usque ad prefati mag. Heinrici adventum« (Horn/Löffler, AFM I, S. 61f.); vgl. Aschbach, Geschichte, S. 588. Zum Feldzug nach Mähren vgl. nur Šmahel, Die Hussitische Revolution, Bd. 2, S. 1334. – Albrechts Kampf gegen die Hussiten in Mähren erwähnen auch die Akten der Artistischen Fakultät zum 21. August 1424: »Pro

die Privilegien der Universitätsmitglieder, da von zwei Doktoren der Medizin offenbar erwartet wurde, sich dem Heereszug Albrechts mit eigenen Waffen anzuschließen oder als Ausgleich zwei Bogenschützen für das herzogliche Heer zu finanzieren. Die Universität beschloss daraufhin, dass Deputierte der Fakultäten bei den Präfekten oder Kommissaren des Herzogs vorstellig werden sollten, um die beiden Doktoren von der genannten Steuerforderung zu befreien. Für den Fall, dass diesem Anliegen nicht entsprochen werde, sollte die Forderung bis zur Rückkehr des Herzogs ausgesetzt werden.[207] Die Hochschule unterstützte somit die Beschwerde der beiden Mediziner und verteidigten deren universitäre Privilegien. Interessant ist, dass diese Frage der Steuer- und Abgabenimmunität nicht die gesamte Korporation betraf, sondern nur einzelne Mitglieder.

Diese Episode wirft einige Fragen auf, da bereits der Rudolfinische Stiftsbrief von 1365 und das Privileg Albrechts III. von 1384 die Angehörigen der Universität von Steuern, Abgaben und Kriegsdienst befreit hatten.[208] Dass Herzog Albrecht V. bei diesem Feldzug auf die medizinische Unterstützung seiner Leibärzte, die Angehörige der Universität waren, zurückgriff, ist bekannt. Dass von den Medizinern jedoch auch militärisches Engagement oder finanzielle Abgaben verlangt wurden, scheint höchst ungewöhnlich zu sein. Der Umstand, dass die beiden Doktoren dem Heer ersatzweise zwei Bogenschützen finanzieren sollten, deutet jedenfalls darauf hin, dass hier in der Tat eine Verpflichtung zur – persönlichen oder finanziellen – Beteiligung am Heereszug bestand. Worin könnte eine solche Verpflichtung begründet gewesen sein? Die erste grundsätzliche Frage ist dabei, ob nur die Angehörigen der Medizinischen Fakultät mit

---

quo articulo deputati fuerunt cum pleno posse de qualibet facultate aliqui; et de faculate arcium decanus, mag. Iohannes Hymel etc. ut supra. Quibus deputatis congregatis placuit, quod prefate littere dirigerentur domino Alberto principi Austrie, qui tunc fuit in Moravia contra Hussitas« (AFA II, fol. 67r). Ob es in besagtem Brief um die Hussiten oder ein anderes Thema ging, ist nicht bekannt.

207 »In die commemoracionis omnium animarum congregata fuit universitas per iuramentum ad deliberandum super articulis infrascriptis. Primo ad obviandum quibusdam exaccionibus insolitis, quibus aliqua supposita universitatis contra privilegia universitati concessa aggravantur. Circa quem articulum proposuit pro tunc rector, quomodo duo doctores in medicina gravarentur per steuram eis impositam pro eo, quod non in propriis personis et in armis exiverunt contra Hussitas cum serenissimo principe domino Alberto duce Austrie, marchione Moravie etc., qui tamen in subsidium fidei, terre et principis duos sagittarios miserunt. De quo articulo conclusit universitas, quod deputati singularum facultatum aliqui essent et illi adire deberent dicti principis prefectos et commissarios et eis supplicare, quatenus predictos doctores ab impeticione dicte steure haberent absolutos. Quod si facere nollent, quod tunc dictam impeticionem suspenderent usque ad dicti principis adventum« (AFA II, fol. 69r).

208 Trotz wiederholter Angriffe darauf war es der Universität möglich, diese Exemtion bis zum 2. Juni 1483, dem Krieg gegen König Matthias von Ungarn, zu verteidigen. Vgl. dazu nur UIBLEIN, Die österreichischen Landesfürsten, S. 47.

dem Problem konfrontiert waren, sich vom Waffendienst freizukaufen. Dass nur die Akten der Medizinischen Fakultät von einem solchen Vorfall berichten, könnte für diese Möglichkeit sprechen; allerdings ist dies angesichts der Lückenhaftigkeit der anderen Akten nicht sicher zu entscheiden. Möglicherweise handelte es sich bei den beiden Betroffenen um Adelige, weshalb man mit dieser Forderung an sie herantrat. Dies würde jedoch wiederum bedeuten, dass adelige Universitätsangehörige grundsätzlich von den Privilegien der Universität ausgenommen gewesen wären. Dafür gibt es allerdings keinerlei Anhaltspunkte. Darüber hinaus würde dies bedeuten, dass auch die adeligen Mitglieder anderer Fakultäten für die militärische und finanzielle Unterstützung der Heereszüge Herzog Albrecht herangezogen werden hätten können, wozu sich jedoch keine Hinweise in den Akten finden. Dieses Fehlen von entsprechenden Nachrichten könnte freilich darauf zurückzuführen sein, dass die adeligen Angehörigen der Artistischen, Theologischen und Juristischen Fakultät ihren Beitrag stillschweigend leisteten, ohne dagegen zu protestieren. Dass sich diesbezüglich aber keinerlei Nachrichten (zu den Namen der Betroffenen, der Höhe der Abgaben, der Art der Einhebung, der militärischen Beteiligung von Universitätsangehörigen an den Feldzügen, dem Zeitraum ihrer Abwesenheit, deren zwischenzeitlicher Vertretung an der Universität etc.) erhalten hätten, ist unwahrscheinlich. Da die Namen der beiden betroffenen Mediziner nicht bekannt sind, kann auch die Frage nach deren sozialem Status nicht geklärt werden. Grundsätzlich dürften die Angehörigen der Medizinischen Fakultät jedoch hauptsächlich »bürgerliche Laien« gewesen sein, während der Adel das Studium an der Juristischen Fakultät als standesgemäß erachtete.[209] Ein Blick in die Akten der Medizinischen Fakultät zeigt jedenfalls den interessanten Befund, dass die Mediziner in der Tat nicht grundsätzlich von allen Abgaben befreit gewesen sein dürften, sondern – sowohl als Fakultät, als auch als einzelne Mitglieder – durchaus gewisse Steuerabgaben an Bürger der Stadt leisteten.[210] Weder an die

---

209 So zuletzt TUISL, Die medizinische Fakultät, S. 183f. mit Verweis auf die Studie von Rainer Christoph Schwinges zur Sozialgeschichte der deutschen Universitätsbesucher des 14. und 15. Jahrhunderts (SCHWINGES, Deutsche Universitätsbesucher, hier S. 481).

210 Die Akten der Artistischen Fakultät berichten zum 24. April 1417 davon, dass sich die Universität gegen einen Angriff einiger Bürger gegen das herzogliche Privileg der Abgabenbefreiung zur Wehr setzen musste; dabei ging es um Doktoren der Medizinischen Fakultät. Es wurde eine Deputation bestimmt, die bei den Bürgern darauf hinwirken sollte, diese Abgabenprivilegien der Universität zu bewahren. Sollte dieser Versuch nicht erfolgreich sein, solle der Herzog selbst aufgesucht und um die Verteidigung besagter Steuer- und Abgabenfreiheit gebeten werden. Da es den Bürgern der Stadt Wien gefiel, das Universitätsprivileg nach Gutdünken zu interpretieren, beschloss die Universitätsversammlung, Paul von Wien und Peter von Pirchenwart zum Herzog zu schicken, um von ihm eine Interpretation des Privilegs zu erbitten (AFA II, fol. 7r). – Zum 11. April 1421 schildern wiederum die Akten der Artistischen Fakultät, dass gewisse Bürger Steuern auf ein Gebäude einheben wollten, das der Medizinischen Fakultät testamentarisch vermacht worden war. In

Gesamtuniversität, noch an die anderen Fakultäten scheint mit solchen Forderungen herangetreten worden zu sein: alle Nachrichten in den Universitäts- und Fakultätsakten zwischen 1410 und 1437, die sich auf geforderte Steuerabgaben (und den Protest dagegen) beziehen, betreffen ausnahmslos die Medizinische Fakultät. Aus diesem Grund ist davon auszugehen, dass die Medizinische Fakultät hier in der Tat eine Sonderstellung innerhalb der Universität einnahm, die jedoch im Rahmen dieser Studie nicht im Detail untersucht werden kann.

Eine ähnliche Angelegenheit findet sich in einer Versammlung der Universität vom 22. Dezember 1427, von der die Akten der Artistischen Fakultät berichten.[211] Hier schilderte der Rektor den Fall gewisser, namentlich wiederum nicht genannter Doktoren der Medizin, von denen ein bestimmter Geldbetrag – ge-

---

diesem Fall wurde beschlossen, dass die Medizinische Fakultät das Privileg prüfen und verteidigen solle (AFA II, fol. 41r). – Die Akten der Medizinischen Fakultät enthalten ebenfalls Hinweise darauf, dass Steuern von ihr gefordert wurden, etwa zum 12. Februar 1422: hier ging es um Abgaben für das Fakultätsgebäude, die die *familiares civitatis* von den Bürgern eingefordert hatten. Die Fakultät beschloss, diese Angelegenheit der Universität zur Kenntnis zu bringen und diese um Verteidigung ihrer Privilegien zu bitten. Die Universität sollte beim Herzog vorstellig werden, um eine Exemtion des Gebäudes zu erreichen. Da die Angelegenheit zuerst von allen Fakultäten und der Universität diskutiert werden sollte, wurde die Behandlung dieser Frage verschoben (HORN/LÖFFLER, AFM I, S. 52). – Zum 14. April 1423 findet sich ein ähnlicher Eintrag. Nachdem Nikolaus von Herbersdorf, Leibarzt der Herzöge, der Medizinischen Fakultät testamentarisch sein Haus in der Weihburggasse vermacht hatte, forderten die Bürger eine regelmäßige Steuer dafür. Da die Universität diesem Gebäude nicht die selben steuerlichen Privilegien zugestehen wollte wie den restlichen Universitätsgebäuden, vereinbarte die Medizinische Fakultät mit den Bürgern eine jährliche Abgabe (HORN/LÖFFLER, AFM I, S. 57f.). – Zum 2. Juli 1430 ging es wiederum um Abgaben für ein Gebäude, die von der Medizinischen Fakultät zu entrichten waren. Es wurde beschlossen, Steuern in der Höhe von einem Gulden zu bezahlen; sollte dies nicht genügen, wolle man gar keine Abgaben leisten (HORN/LÖFFLER, AFM I, S. 80). – Am 17. August 1432 ging es ebenfalls um Steuern für ein Gebäude; wiederum sollte maximal ein Gulden an Abgaben bezahlt werden (HORN/LÖFFLER, AFM I, S. 84). – Zum 14. Mai 1433 findet sich der Hinweis, dass ein ungenannter Bürger im vorhergehenden Dekanat aufgrund gewisser Beschwerlichkeiten (*gravamina*) suspendiert worden war, weil die Doktoren mit »ungewohnten Abgaben« belastet wurden. Zwei Mediziner sollten sich nun an den Kanzler wenden und ihn namens der Fakultät bitten, die Fakultät beim Herzog dahingehend zu unterstützen, sie von solchen »ungewohnten Abgaben«, die nicht näher präzisiert werden, zu befreien. Die »steura communi«, die zu geben sich die Doktoren der Fakultät nicht weigern würden, sollten hingegen bestehen bleiben (HORN/LÖFFLER, AFM I, S. 86f.).

211 »Item 24ᵃ die Decembris fuit congregacio universitatis per iuramentum in loco consueto super sequentibus articulis. Primus ad audiendum proposicionem rectoris concernentem quoddam privilegium, quod sonat de exempcionibus et ceteris emunitatibus personarum universitatis et ad deliberandum, quid circa eam universitati sit expediens. Et proposuit dominus rector de quibusdam doctoribus medicine, a quibus cives petierunt certam pecuniam dandam vel mutuandam domino principi in causa fidei contra Hussitas. Et fuit conclusum in facultate, quod privilegium illud universitatis de exempcionibus in hoc casu se ad istos doctores non extenderet et idem quasi in sentencia fuit conclusum in universitate« (AFA II, fol. 89v).

schenkt oder geliehen – für den Kampf des Herzogs gegen die Hussiten erbeten wurde. Interessanterweise beschloss die Fakultät, dass sich das universitäre Privileg der Exemtion in diesem Fall nicht auf die genannten Doktoren erstrecke (*in hoc casu se ad istos doctores non extenderet*). Weitere Details zu dieser Angelegenheit sind nicht bekannt, jedoch war die Fakultät diesmal offenbar der Ansicht, dass die betroffenen Mediziner die geforderte Abgabe leisten sollten. Bei dieser Abgabe handelte es sich wohl um die sog. »zweite Hussitensteuer«, die der Reichstag in Frankfurt unter König Sigismund im Dezember 1427 zur Aufstellung eines neuen Heeres verabschiedet hatte. Zuvor war bereits 1422 eine erste Reichsabgabe zur Bekämpfung der Hussiten in Form einer Heeresmatrikel beschlossen worden. Bei der Hussitensteuer des Jahres 1427 handelte es sich um eine allgemeine Kopfsteuer, deren Verweigerung mit dem Kirchenbann bedroht war, und zudem um »die einzige direkte und allgemeine Steuer des 15. Jahrhunderts, deren zumindest partielle Einhebung eindeutig nachgewiesen ist«.[212] Weshalb die Universität nun die steuerliche Immunität der genannten medizinischen Doktoren aufhob, ist unklar; ebenso wie die Frage, weshalb diese Einschränkung der Immunität wiederum nur ausgewählte Personen betraf, nicht jedoch die Gesamtkorporation. Möglicherweise spielte hier der Umstand eine Rolle, dass die Hussitensteuer die erste allgemeine, reichsweit gültige Steuer darstellte, die sich, wie Michaela Bleicher aufzeigte, an *iglich cristenmensch* richtete, da es hier um Angelegenheiten ging, *die die heiligen gemein kirchen und die ganzen kristenheit antreffen*.[213] Hätte es die Universität jedoch tatsächlich als ihre (Glaubens-)Pflicht gesehen, die Steuerimmunität der Universitätsangehörigen zugunsten der Steuerpflicht eines »jeden Christen« auszusetzen, wären davon alle Mitglieder der Hochschule betroffen gewesen. Dafür gibt es jedoch keine Hinweise. Möglicherweise bezog sich die Entscheidung der Universität auf die Möglichkeit, den geforderten Geldbetrag leihweise (*pecuniam mutuandam*) zur Verfügung zu stellen, um Albrechts Kampf gegen die Hussiten zu unterstützen. Das Verleihen eines bestimmten Geldbetrages zur Unterstützung des Landesherrn widersprach wohl nicht grundsätzlich der Steuerimmunität der Universität. Diese Möglichkeit erklärt allerdings dennoch nicht, weshalb gerade ausgewählte Angehörige der Medizinischen Fakultät dafür in die Pflicht genommen wurden, während analoge Anfragen und Verpflichtungen für weitere Universitätsmitglieder nicht bekannt sind. Möglicherweise ist dies der lückenhaften Quellenüberlieferung geschuldet. Bemerkenswert ist dennoch, dass sich die eben besprochene Episode, die von Doktoren der Medizinischen Fakultät

---

212 Ein Überblick zu den Regelungen, der Höhe, der Einhebung und dem mäßigen Erfolg der Hussitensteuer in Lanzinner, Der Gemeine Pfennig, bes. S. 269–273, hier S. 270, und in Bleicher, Das Herzogtum Niederbayern-Straubing, S. 144–150.
213 Bleicher, Das Herzogtum Niederbayern-Straubing, S. 146.

handelt, in den Akten der Artistischen, nicht der Medizinischen Fakultät findet, dabei jedoch mit keinem Wort erwähnt, dass sich für die eigene Fakultät oder die Gesamtuniversität ähnliche Probleme ergeben hätten.

2.3.15. Zur Kooperation der Pariser und Wiener Universität im Kampf gegen die Hussiten (1429)

Ein interessantes Zeugnis für die Kooperation der Wiener und Pariser Universität im Kampf gegen die Hussiten findet sich zum 28. März 1429 in den Akten der Artistischen Fakultät.[214] In dieser Versammlung empfingen die Wiener vier Gesandte der Pariser Universität (die Theologen Robert Piry, Jacques Texier und Nicolas Midy sowie den Kanonisten Philippe de Franchelains),[215] die ein Mahnschreiben in der Hussitenfrage mit sich führten.[216] Darin informierte die Pariser Universität die Wiener Hochschule über deren Beschluss, die vier Ge-

---

214 »Quinto kalendas Aprilis congregata fuit universitas hora 6ª ante meridiem super articulis duobus. Primus ad recipiendum et audiendum ambasiatores universitatis studii Parisiensis et ad deliberandum, quid ulterius expediat. Et ibi fuit presentata quedam littera universitatis predicte exhortatoria et credencie. In qua quidem ambasiata fuerunt tres doctores theologie et unus decretorum, duo seculares scilicet et unus de ordine Minorum et quartus de ordine sancti Antonii deferens tha[u] blaveum; prelibatusque Minor habuit verbum ad nostram universitatem cum arenga. Qua expleta mag. Petrus de Pirichenbart doctor nomine universitatis eosdem suscepit cum collatione universitatem nostram universitati Parisiensi in eorum personis commendando. Postea fuit conclusum, quod deputati universitatis, scilicet decanus theologie mag. Thomas de Haselpach, dominus Iohannes Seld decretista, decanus facultatis medicine mag. Erasmus de Lantshut, de facultate arcium mag. Narcissus de Perching, mag. Nicolaus de Grecz, visitarent sepe dictos ambasiatores in eorum habitacione dicentes deliberacionem universitatis eiusdem, fuitque predictis deputatis posse datum de honorancia, si qua eis fieri deberet, quod disponeret. Venientibus igitur premissis deputatis ad domum ambasiate sepenumero memorate mag. Thomas decanus doctor ibidem fecit collacionem et ipsi viceversa responderunt« (AFA II, fol. 95r; gedruckt in UIBLEIN, Kopialbuch, S. 43, Anm. 95). Vgl. ASCHBACH, Geschichte, S. 262.

215 Der Eintrag in den Akten der Artistischen Fakultät nennt die Namen der vier Gesandten nicht, jedoch finden sie sich sowohl in genanntem Mahnschreiben, als auch in einem Brief König Sigismunds an die Universität Paris (UIBLEIN, Kopialbuch, S. 43f. mit Anm. 96; ebd., Anm. 97–100 weitere bibliographische Hinweise zu den Gesandten).

216 Das Kredenzschreiben der Pariser Universität vom 10. Februar 1429 ist gedruckt in UIBLEIN, Kopialbuch, S. 137f. Eine zweite Fassung dieses Schreibens erging an König Sigismund und ist gedruckt in: George WILLIAMS (Hrsg.), Memorials of the Reign of King Henry VI. Official correspondence of Thomas Bekynton, secretary to King Henry VI and Bishop of Bath and Wells. Edited from a MS in the Archepiscopal Library at Lambeth with an appendix of illustrative documents. Bd. 2 (London 1872), S. 124f. (vgl. MARIN, La patience, S. 110, Anm. 86). – Zu folgender Beschreibung vgl. bes. UIBLEIN, Kopialbuch, S. 42–51; MARIN, La patience, S. 108–114. – Das Mahnschreiben selbst, das, wie die Antwort der Wiener Universität zeigt, konkrete Vorschläge gegen die Hussiten enthalten zu haben scheint (wie etwa die Aufforderung der Hussiten, sich dem Urteil des Basler Konzils zu unterwerfen), scheint nicht erhalten zu sein.

sandten mit besagtem Schreiben zum römischen König, den Fürsten, Prälaten und in die wichtigsten Gemeinden Deutschlands zu senden, um die Christenheit vor der hussitischen Gefahr zu warnen.[217] Nachdem die Gesandten das Schreiben vorgelegt hatten, beauftragte die Universitätsversammlung am selben Tag die Professoren Johannes Seld, Erasmus von Landshut, Narcissus von Perching und Nikolaus von Grätz unter der Leitung von Thomas Ebendorfer, den Gesandten in deren Quartier eine Antwort vorzutragen.[218] Ebendorfer lobte darin zum einen die Pariser Universität für ihren Einsatz für den rechten Glauben, insbesondere auf dem Konstanzer Konzil. Auch Herzog Albrecht setze sich vehement gegen die Hussiten ein, ohne dabei jedoch Unterstützung zu erfahren.[219] Die Wiener Universität selbst habe sich darüber hinaus bereits auf dem Konstanzer Konzil gegen die Hussiten engagiert. Zudem hätte die Hochschule zahlreiche Doktoren und Magister nach Brünn geschickt, um dort mit den Hussiten zu verhandeln; da die Hussiten nicht erschienen seien, sondern nur einige ungebildete Leute (*clientes rustici*) geschickt hätten, mussten die Wiener jedoch unverrichteter Dinge wieder zurückkehren.[220] Auch Traktate seien verfasst und Disputationen

---

217 »Nos igitur pro vestra vocacione tantis perturbacionibus remedia cupientes ex totis precordiis adhiberi digesto consilio et deliberacione diuturna decrevimus per universum orbem Christianitatis epistolas exhortatorias transmittere ac ambasiatores nostros et nunctios, venerabiles et cirumspectos viros magistros Robertum Piri, Iacobum Textoris, Nicolaum Mydy sacre theologie professores eximios et Philipum de Franchellanis decretorum doctorem ad partes Germanie destinare diligenter instructos, qui nostra ex parte coram serenissimi regis Romanorum semper Augusti imperatoria celsitudine ceterisque principibus ac prelatis, communitatibus precipuis nostrarum exhortacionum sentencias fideliter aperiant et declarent« (UIBLEIN, Kopialbuch, S. 138). – Olivier Marin bezeichnet diese Initiative als eine »campagne diplomatique de grand style« (MARIN, La patience, S. 108).

218 Die ausführliche Antwort Thomas Ebendorfers ist als Autograph in Wien, ÖNB, CVP 4680, fol. 307r–v erhalten und in UIBLEIN, Kopialbuch, S. 174–177 ediert. Vgl. ebd., S. 45. – MARIN, La patience, S. 111 spricht irrtümlich von fünf Wiener Gelehrten, die Thomas Ebendorfer begleitet hätten (»Thomas Ebendorfer, accompagné de cinq autres Viennois, rendit visite à ses collègues (...)«).

219 »Testes denique sumus, que fecit illustrissimus princeps et dominus noster Albertus dux Austrie, Styrie, Karinthie, Carniole marchioque Moravie, ipsos usque ad Pragam insequendo, tociens quociens furtim machinati sunt offendere repellendo, quoadusque fatigatus tota belli acies in ipsum, nescio quo iusto Dei iudicio, solum conversa est, fortalicia custodiendo custodire coactus fuit rura periculis exponere, sicud in presenciarum cernimus, quia non comparet vicinorum, qui adiuvet, nemo est qui prestet auxilium« (UIBLEIN, Kopialbuch, S. 176).

220 »Nos denique hic presentes testes sumus omnium que fecit mater nostra universitas studii Wyennensis in causa sepius prelibata, suos oratores ad generale Constanciense concilium destinando, ibique ultra triennium gravibus sumptibus confovendo, ymo et per suos se collationi cum ipsorum armiductoribus offerendo (...) Rursum et vice altera ad Brunna transmissa est venerabilis caterva doctorum et magistrorum iuxta ipsorum vota et desideria ad idipsum peragendum, qui a pactis declinentes iterum minime comparuerunt, sed adveniente termino tamquam subdoli dumtaxat aliquos clientes rusticos destinare cura-

abgehalten worden, ja sogar den Papst und gewisse Fürsten habe die Universität mündlich und schriftlich ermahnt, den wahren Glauben gegen die Hussiten zu verteidigen. In dieser Sache sollen nun auch Gesandte zu König Sigismund geschickt werden, um dort mit den Pariser Gesandten zusammenzuarbeiten.[221] Zudem solle darauf hingewirkt werden, das Basler Konzil schnellstmöglich zu eröffnen, sowie die Prälaten anzuhalten, Provinzialkonzilien zu feiern, um jene Punkte zu beraten, die auf dem Generalkonzil behandelt werden sollten.[222]

Die Pariser Universität spielte nicht nur während des Konstanzer Konzils, sondern auch in der Vorbereitung des Basler Konzils eine wichtige Rolle. Der Besuch von vier Universitätsvertretern im März 1429 in Wien war Teil einer Reise in die wichtigsten Gemeinden Deutschlands, zu König Sigismund, den Fürsten und Prälaten und zielte darauf ab, auf diplomatischer Ebene ein gemeinsames Vorgehen gegen die Hussiten zu entwickeln. Die militärischen Niederlagen gegen die Böhmen hatten die Gesprächsbereitschaft auf katholischer Seite – auch bei König Sigismund – entscheidend gesteigert. Die Reise der Pariser Delegation fiel zeitlich mit den Vorbereitungen von Debatten mit den Hussiten

---

verunt, unde nostrates compulsi sunt ad propria sine fine remeare« (UIBLEIN, Kopialbuch, S. 176) (dazu unten Kapitel V, hier S. 465).

221 »Deum et quanta fecerit universitas nostra in diversorum tractatuum errores prefatos enervantium editione, publicis determinacionibus et disputatione quia apud nos sunt huiuscemodi effectus edocebit. Avisavimus dominum nostrum papam verbis et scriptis vicibus repetitis aliosque principes et proceres quantum consciencia suasit ad obviandum, sed usque modo malagnia hominum permittente iusticia non est appositum sufficienter oportunum, et nunc novissime certos iterum mittet suos universitas nostra ad serenissimum dominum nostrum regem in hac causa, qui cupiunt caritatibus vestris ad idipsum festinantibus possetenus cooperari et idipsum a dominationibus vestris prestolantur, prout de hoc fidem gerunt indubiam ad pacem et tranquillitatem ecclesie sancte Dei, cui nedum tamquam hii, quorum res agitur aut ex professione graduum, sed et initiatione sacramentorum ad id nos fatemur multipliciter obligatos, prosperum ergo iter faciat nobis Deus salutarium nostrorum hic in presenti per graciam et in futuro per gloriam« (UIBLEIN, Kopialbuch, S. 176f.). Vgl. auch ebd., S. 45f.

222 Diese Passage findet sich in den *Puncta proposita per ambasiatores universitatis coram domino duce Austrie per magistrum Robertum Piri de Normannia*, in denen Thomas Ebendorfer die Vorschläge der Pariser Gesandten zusammenfasste, die diese Herzog Albrecht unterbreitet hatten: »Primo exhortando illustrissimum dominum ducem, quatenus vellet laborare efficaciter ad hoc, quatenus Hussite prompte et plane reducerentur ad unionem et communem observanciam universalis ecclesie iuxta morem per predecessors nostros observatum et ab ecclesia universali approbatum, si esset possibile, aut saltem, quod vellent se et opiniones suas summittere determinacioni consilii generalis ecclesie in proximo celebrandi; secundo quod velit laborare per se et parentes suos et presertim per medium domini imperatoris ad accelerationem consilii generalis aut saltem ad hoc, quod consilium generale tempore et loco statutis teneatur nec amplius differatur et quod super hoc velit rescribere summo pontifici vel ambasiatores mittere ad summum pontificem; tercio quod interim velit monere prelatos suos ad hoc, quod celebrentur consilia provincialia, in quibus advisarentur puncta tractanda in consilio generali« (UIBLEIN, Kopialbuch, S. 46f.).

in Pressburg zusammen. An diesen Gesprächen im April und Juli 1429 nahmen sowohl Theologen der Pariser Universität, als auch – auf Wunsch Herzog Albrechts – der Wiener Universität teil. Rasch wurde klar, dass die Einberufung eines neuen Konzils und die Gewährung eines öffentlichen Gehörs für die Hussiten die einzige Möglichkeit war, die Auseinandersetzung zu beenden; eine Einsicht, die Sigismund veranlasste, die zügige Einberufung des Basler Konzils zu forcieren, wie auch im Schreiben der Pariser Theologen angemahnt worden war.[223] Die Pressburger Debatten mit den Hussiten werden unten in Kapitel IV im Detail besprochen; für den Moment genügt es, festzuhalten, dass im Frühjahr 1429 eine neue Phase der anti-hussitischen Auseinandersetzung begann, die von Streitgesprächen und Disputationen geprägt war. Eine breite Front drängte mittlerweile darauf, auf dem Verhandlungsweg und insbesondere durch das geplante Basler Konzil zu einer Lösung zu gelangen, darunter König Sigismund, Herzog Albrecht V., der böhmische Hochadel und die gemäßigten Utraquisten. Während die politischen Autoritäten nach jahrelangen erfolglosen Kämpfen zu theologischen Zugeständnissen an die Hussiten bereit waren, lehnte die Wiener Universität jedoch, wie die folgenden Ausführungen zeigen werden, theologische Konzessionen an die Hussiten ab.

Die Selbstdarstellung der Wiener Universität, die Thomas Ebendorfer den Pariser Kollegen im März 1429 präsentierte, ist interessant, zeigt sie doch schön, dass bereits zeitgenössisch begonnen wurde, das Bild einer Universität zu zeichnen, die schon in Konstanz führend am Kampf gegen die Hussiten beteiligt war. Vor dem Forum der vier Pariser Kollegen schilderte Ebendorfer das anti-hussitische Engagement der Hochschule, das sich auf Konzilien, Ermahnungen des Papstes und der Fürsten, die Beteiligung an Streitgesprächen, das Abfassen von Traktaten und die Kooperation mit König Sigismund erstreckte und so dem Engagement der Pariser Universität ebenbürtig sei. Die Untersuchungen dieses Kapitels haben gezeigt, dass sich in der Tat alle angesprochenen Bemühungen in den amtlichen Quellen der Universität nachweisen lassen; die Intensität des anti-hussitischen Engagements und die Unmittelbarkeit der Bedrohung variieren dabei jedoch erheblich, wie auch das vorhergehende Kapitel über das Wirken der Wiener Universitätsgelehrten auf dem Konstanzer Konzil zeigte.[224] So nachvollziehbar Ebendorfers Darstellung im Frühjahr 1429 auch ist, zeigt ein genauer Blick in die Quellen, dass eine konsequentere und sorgfältigere Differenzierung zwischen den unterschiedlichen Phasen der Auseinandersetzung möglich und notwendig ist.

---

223 Vgl. Macek, Zur Pressburger Versammlung; Machilek, Die hussitische Forderung, S. 518–526; Hoensch, Kaiser Sigismund, S. 355–370; Šmahel, Die Hussitische Revolution, Bd. 2, S. 1452–1457; Válka, Sigismund und die Hussiten, S. 42–44.
224 Siehe oben Kapitel I.

Der Besuch der Pariser Delegation stellte einen erheblichen Prestigegewinn für die Wiener Gelehrten dar, die dadurch noch leichter auf die kommende Konzilszeit eingeschworen wurden. Er stärkte darüber hinaus das »internationale« Bewusstsein der Wiener, aber auch die Einsicht, in der Opposition gegen die Böhmen nicht nachlassen zu dürfen.

2.4. Schluss und Ausblick: Die Rolle der Universität und Ebendorfers auf dem Basler Konzil und in den Hussitengesandtschaften (1433–1437)

Nach einer entsprechenden Aufforderung des Passauer Bischofs bildete die Universität am 9. November 1431 einen elfköpfigen Ausschuss, um die Angelegenheiten des nun einberufenen Basler Konzils zu erörtern.[225] Neun Tage später beschloss man, einen oder mehrere Gesandte nach Basel zu senden;[226] vor dem 16. Dezember 1431 wurde schließlich Thomas Ebendorfer zum offiziellen Universitätsvertreter für das Konzil bestimmt.[227] Rund vier Monate danach legte Thomas Ebendorfer den Eid vor der Universität ab,[228] bevor er am 6. Mai nach Basel aufbrach.[229] Ebendorfer präsentierte sich dem Basler Konzil als offizieller Gesandter der Wiener Universität[230] und beteiligte sich während des ersten Jahres seines Aufenthaltes auf vielfache Weise am Konzilsgeschehen. Anfang Juli wusste Ebendorfer seiner Universität in einem Brief davon zu berichten, dass er und Johannes Himmel, ein weiterer Wiener Magister, von dem Kardinallegaten Cesarini bereits vor ihrer offiziellen Inkorporation als Berater in der Hussitenangelegenheit herangezogen worden waren.[231] Die Ankunft einer böhmischen Delegation in Basel im Jänner 1433 stellte jedoch die Weichen für seine künftige Hauptbeschäftigung. Wohl gegen Ende Februar 1433 sandte Ebendorfer eine briefliche Anfrage nach Wien, deren Inhalt wir aus der am 16. März 1433 stattfindenden Universitätsversammlung erschließen können. In dieser wurde

---

225 AFA II, fol. 110r; vgl. KINK, Urkundliche Beilagen, S. 57f.
226 AFA II, fol. 110r; vgl. KINK, Urkundliche Beilagen, S. 58.
227 AFA II, fol. 110v; vgl. KINK, Urkundliche Beilagen, S. 58.
228 AFA II, fol. 111v; vgl. KINK, Urkundliche Beilagen, S. 59.
229 So in seiner eigenen Ansprache bei seiner Rückkehr vom Konzil in Wien, ÖNB, CVP 4680, fol. 260v.
230 Dazu im Speziellen und zur Vertretung der Wiener Universität auf dem Basler Konzil im Allgemeinen vgl. EBERSTALLER, Die Vertretung, hier S. 1f., und CEKOLJ, Die Wiener Universität, S. 91–97, der allerdings weithin wörtlich Herta Eberstaller folgt, ohne dies immer entsprechend zu deklarieren.
231 Wien, ÖNB, CVP 4954, fol. 57r–v; gedruckt in EBERSTALLER, Die Vertretung, S. 39–45, hier S. 39f.; vgl. auch ebd., S. 3. Zu folgenden Ausführungen vgl. bes. LHOTSKY, Thomas Ebendorfer, S. 17–25.

besagter Brief verlesen und zwei Punkte aus dessen Inhalt besonders behandelt. Neben der Frage, ob er als Gesandter der Universität der Wahl eines neuen Papstes zustimmen dürfe, bat Thomas Ebendorfer um Auskunft, inwieweit den Hussiten in der Frage der Kommunion unter beiderlei Gestalten entgegengekommen werden dürfe. Bezüglich der Frage des Laienkelchs verbot die versammelte Universität ihrem Gesandten strikt jegliches Zugeständnis. Sollte das Konzil den Hussiten die Kelchkommunion zugestehen, sei er aufgefordert, sein Mandat umgehend niederzulegen.[232] Am 13. April 1433 trat die Universität erneut zusammen und bekräftigte das gegenüber ihrem Abgesandten so vehement ausgesprochene Verbot, den Hussiten bei der Kommunion unter beiderlei Gestalten irgendwelche Zugeständnisse zu machen.[233]

---

232 »Item die sedecima mensis Marcii scilicet feria 2ª post dominicam Oculi hora 12ª congregata fuit universitas in loco solito per iuramentum super articulis infrascriptis. Primus ad audiendum quandam litteram universitati per eius ambasiatorem a Basilea transmissam, et ad deliberandum super certis punctis universalem statum ecclesie tangentibus, quid in hiis expediat. Et audita littera deliberavit universitas super duobus punctis in eadem littera contentis. Primus punctus erat, an dominus ambasiator consentire deberet, quod Bohemis et Moravis promitteretur communio ewkaristie sub utraque specie, et an consentire deberet in electionem novi pape, si in casu dominus Eugenius papa infra terminum a concilio sibi prefixum non compareret per se aut suos in Basilea et concilium contra eum iuxta sua decreta, ymo ad electionem novi pape procederet. 2ᵘˢ punctus: Desideravit idem ambasiator, quod dominus noster princeps super hac re visitaretur et mens eius super hoc requireretur ac sibi ambasiatori significaretur cum aphisamentis et motivis. Et placuit facultati, quod ambasiator noster nequaquam consentiret in communionem sub utraque specie Husitis concedendam, nec in electionem novi pape secundum quod prius habuit in mandatis, sed quod pro posse reclamaret, et si reclamatio sua non sufficeret aut proficeret, quod statim ad universitatem rediret. Quod et placuit universitati de articulo de communione sub utraque specie, sed de electionis novi pape consensu et de visitacione principis pro inquirenda eius voluntate super hac re placuit universitati, quod essent deputati cum pleno posse ad deliberandum, quid universitati expediat ad visitandum principem et ad inquirendum eius mentem similiter dominum episcopum Pataviensem et Frisingensem et ad concipiendum aphisamenta et motiva dirigenda nostro ambasiatori aut toti concilio Basileensi ex parte utriusque articuli et signanter de communione, prout eis videretur expedire. Et facultas condeputavit rectori ac aliis deputatis facultatum ac pro deputatis elegit magistros Narcissum de Berching, Urbanum de Mellico, Iohannem Gews de Teynningen et Stephanum de Egenburga« (AFA II, fol. 116r). Vgl. Kink, Urkundliche Beilagen, S. 61; Lhotsky, Thomas Ebendorfer, S. 22; Eberstaller, Die Vertretung, S. 5.

233 »Item die tredecima mensis Aprilis scilicet feria 2ª in festivitatibus pasce hora decima congregata fuit universitas in loco solito per iuramentum super articulis subscriptis deliberatura. Primus ad audiendum quandam bullam a sanctissimo domino nostro papa universitati transmissam et ad deliberandum super contentis in eadem, si videbitur expedire. Et in eadem bulla dominus noster papa sanctissimus desideravit ac supplicavit et mandavit, ut universitas suos oratores mitteret ad concilium Basileense, quod sua sanctitas approbavit confirmavit et eidem per se aut suos presidere wlt. Et placuit universitati, quod mag. Thomas de Haselpach, ambasiator universitatis, actu ibi existens permaneret ibidem ad desiderium et mandatum domini apostolici et ultra hoc, quod idem ambasiator non consentiret Husitis in communionem sub utraque specie sacramenti eukaristie secundum quod in precedenti immediate congregacione conclusum fuit per universitatem. Ultra hec

Die Akten der Wiener Universität und ihrer Fakultäten enthalten keine Hinweise auf die Beteiligung Thomas Ebendorfers an den fünf Gesandtschaften des Basler Konzils von 1433 bis zur endgültigen Einigung zwischen den Hussiten und der Römischen Kirche in Iglau 1437. Zum Teil kann diese Lücke jedoch durch drei Berichte geschlossen werden, die von Teilnehmern der Legations-reisen verfasst wurden. Die erste Quelle ist der *Liber de legationibus Concilii Basiliensis pro reductione Bohemorum*,[234] der (zumindest teilweise) von Gilles Charlier,[235] Pariser Professor und Beteiligter an den Hussitendebatten in Basel, verfasst und vor Februar 1436 abgeschlossen wurde. Dabei zog Charlier, der selbst Mitglied der ersten vier Legationsreisen war, auch Konzilsakten und an-dere Quellen (wie etwa Predigten) heran. Auch Jean de Tours, ebenfalls Mitglied der Konzilsdelegation, verfasste einen Bericht zu den Legationsreisen, der den Zeitraum zwischen dem 4. Jänner 1433 und dem 16. Juni 1437 umfasst.[236] Der dritte Bericht stammt von Thomas Ebendorfer selbst, der in seinem *Diarium sive Tractatus com Boemis* über die Verhandlungen zwischen 1433 und 1436 be-richtet.[237] Im Folgenden soll weder ein vollständiger Überblick über die fünf

conclusit facultas, quod per primum nunccium, qui possit haberi scribenda essent sibi ambasiatori conclusa in universitate et peticio ac mandatum pape significande« (AFA II, fol. 116r). Vgl. KINK, Urkundliche Beilagen, S. 61 f.; ASCHBACH, Geschichte, S. 265; LHOTSKY, Thomas Ebendorfer, S. 22 f.

234 Ed. in: Aegidius CARLERII, Liber de legationibus. Vgl. KALUŽA, Matériaux et remarques, und KALUŽA, Nouvelles remarques. – Harald Zimmermann wies in seiner Edition des *Diarium* des Thomas Ebendorfer (ZIMMERMANN, Einleitung, S. XXVIII, Anm. 48) darauf hin, dass laut ŠMAHEL, Die Hussitische Revolution, S. 1601, Anm. 201 (der sich wiederum auf BARTOŠ, Husitská revoluce, Bd. 2, S. 158, Anm. 43 bezog) der *Liber de legationibus* ab der Darstellung der zweiten Legationsreise (Aegidius CARLERII, Liber de legationibus, S. 446) von Jean de Tours, nicht von Gilles Charlier verfasst worden sein dürfte; eine Einschätzung, die allerdings kaum rezipiert worden zu sein scheint. Dafür spräche jeden-falls, dass in Passagen, in denen Charlier über seine eigenen Tätigkeiten sprechen würde (wie etwa bei einer Predigt vor Vertretern der Wiener Universität im Februar 1435, siehe unten, S. 169), die Darstellung in dritter Person Einzahl formuliert wurde. Dieser Frage kann im Rahmen dieser Studie nicht nachgegangen werden, allerdings wird die These von Bartoš bei künftigen Forschungen zu den Basler Legationsreisen stärker als bislang zu berücksichtigen und zu diskutieren sein.
235 Zu Gilles Charlier vgl. DOUCET, Magister Aegidius Carlerii; TOUSSAINT, Gilles Charlier (1949); TOUSSAINT, Gilles Charlier (1984).
236 Ed. in: Iohannes de TURONIS, Regestrum actorum.
237 Ed. in: Thomas EBENDORFER, Diarium. Vgl. die Einleitung zur Edition von Zimmermann (ZIMMERMANN, Einleitung) mit korrigierenden Ergänzungen in der Rezension von Martin Wagendorfer (WAGENDORFER, Rezension); SCHERBAUM, Das hussitische Böhmen (1972); UIBLEIN, Die Quellen, S. 111 f. – Der Titel *Diarium* stammt von Ernst Birk, der den Bericht Thomas Ebendorfers erstmals edierte (in: MCG I, S. 701–783). Die Handschrift CVP 4704 der ÖNB Wien, der einzige (autographe) Textzeuge dieses Berichts, ist mit *Tractatus habitus cum Boemis in generali congregacione regni Prage* (…) überschrieben, was sich jedoch nur auf die ersten beiden Legationsreisen bezieht und daher nicht als Titel für das gesamte Werk geeignet ist. Ebendorfer selbst bot keinen Titel für den gesamten Bericht (vgl. WAGEN-DORFER, Rezension, S. 424).

Legationsreisen[238] geboten, noch die Diskussionen zwischen Hussiten und Katholiken oder das Ringen um die Basler, Prager und Iglauer Kompaktaten dargestellt werden.[239] Obwohl die Universitäts- und Fakultätsakten über diese Ereignisse nichts berichten, stellen sie für alle im anti-hussitischen Kampf engagierten Instanzen, so auch die Wiener Universität, einen Meilenstein dar, konnte doch nach über 20 Jahren endlich eine Einigung mit den Hussiten erzielt werden. Daher sollen, als Abschluss dieses Kapitels und Ausblick auf künftige Untersuchungen des anti-hussitischen Wirkens Thomas Ebendorfers, die Rolle der Wiener Universität und Ebendorfers bei diesen Legationsreisen vorgestellt werden, soweit sie sich aus den drei genannten Berichten erheben lassen.

Die Debatten zwischen katholischen und hussitischen Theologen, die von 10. Januar bis 13. April 1433 auf dem Basler Konzil stattfanden, hatten keine Einigung zwischen den Streitparteien gebracht.[240] Verhandlungen mit den Hussiten in Böhmen sollten nun eine endgültige Lösung herbeiführen. Die erste Delegation – bestehend aus Philibert von Montjeu, Bischof von Coutances, zeitweiliger Präsident des Basiliense und Leiter der Hussitengesandtschaften;[241] Peter von Schaumburg, Bischof von Augsburg; Johannes Palomar, päpstlicher Auditor und Archidiakon in Barcelona; Dompropst Friedrich von Parsberg;

---

238 Ausführliche Darstellungen der fünf Legationsreisen finden sich in ŠMAHEL, Basilejská kompaktáta, S. 34–79 (= Kap. 2: »Kompaktáta, jejich zpísemnění a ratifikace«); ŠMAHEL, Die Hussitische Revolution, Bd. 3, S. 1592–1641 (= Kap. VII.6: »Die Belagerung von Pilsen und die Niederlage der Feldheere bei Lipany«) und S. 1641–1690 (= Kap. VII.7: »Die Iglauer Kompaktaten«); eine konzise Zusammenfassung bietet ZIMMERMANN, Einleitung, bes. S. XXVII–XXXII. – Zu den genannten Legationsreisen kommen noch die Beteiligung der Basler Delegation an einem Reichstag in Regensburg im August 1434 und ein Treffen mit Sigismund 1436 in Prag, die gemeinhin nicht als »offizielle« Delegationsreisen gezählt werden.

239 Zu den Diskussionen zwischen Hussiten und Katholiken im Rahmen der Legationsreisen und den Verhandlungen zu den Kompaktaten vgl. bes. PRÜGL, Die Basler Verhandlungen; ŠMAHEL, Basilejská kompaktáta, und ŠMAHEL, Pax externa et interna, bes. S. 239–255; VÁLKA, Sigismund und die Hussiten, und VÁLKA, Kompaktáta a Kapitulace; HOENSCH, Kaiser Sigismund, S. 400–428 und S. 441–464; EBERHARD, Der Weg zur Koexistenz, und EBERHARD, Nachrevolutionäre Koexistenz.

240 Zu den Hussitendebatten auf dem Basler Konzil vgl. insbesondere den Überblick zum Forschungsstand in HELMRATH, Das Basler Konzil, S. 353–372, und die Studien von JACOB, The Bohemians; KRCHŇÁK, Čechové; DE VOOGHT, La confrontation; KEJŘ, Česká otázka; PRÜGL, Die Ekklesiologie, bes. S. 55–86; STRIKA, Johannes von Ragusa; COUFAL, Polemika o kalich, und COUFAL, Der Laienkelch im Hussitentum; ergänzend auch HALLAUER, Das Glaubensgespräch, und WEIER, Christliche Existenz. – Die Basler Debatten wurden intensiv vorbereitet und ihre Teilnehmer aufgefordert, anti-hussitisches Material zu sammeln, um aus einem möglichst umfangreichen Potpourri an Argumenten schöpfen zu können (vgl. dazu etwa den *Tractatus de reductione Bohemorum* des Johannes von Ragusa in MC I, bes. S. 257f.).

241 Vgl. KLEINERT, Philibert de Montjeu, bes. S. 371–382 (Kapitel VI.2: »Leiter der Hussitengesandtschaften des Basiliense«).

Gilles Charlier, Professor der Universität Paris und Domdekan in Cambrai; Thomas Ebendorfer, Delegierter der Wiener Universität; Heinrich Tocke, Erfurter Theologe, Domherr in Magdeburg und Prokurator des Magdeburger Bischofs am Konzil; Alexander von Sparrow, Oxforder Kanonist und Archidiakon in Salisbury; Martin Berruyer, Domdekan in Tours[242] und Johannes von Gelnhausen, Abt der Zisterzienserabtei in Maulbronn[243] – brach am 14. April 1433 nach Prag auf, wo die Gesandten am 8. Mai 1433 eintrafen.[244] Thomas Ebendorfer scheint in dieser Gruppe der einzige offizielle Vertreter einer Universität auf dem Konzil gewesen zu sein. Im Gegensatz zum Konzil selbst, wo Ebendorfer eindeutig namens und als Beauftragter der Universität handelte, tritt er weder im *Liber de legationibus*, noch im *Diarium* selbst als (Interessens-)Vertreter der Wiener Hochschule auf. Auf dem Weg nach Prag ist Ebendorfer am 23. April in Nürnberg bezeugt,[245] wo Beratungen der Delegation mit Friedrich von Mähren und Johann von Bayern stattfanden. Dabei legte Ebendorfer dar, auf welche Weise auf dem Konzil mit den Böhmen verhandelt worden war, wobei keine Details zum Inhalt seiner Darlegung erwähnt werden.[246] Im Mai 1433 nahm er am Städte- und Fürstentag in Frankfurt am Main teil, und erreichte Prag – nach einer erneuten Rückkehr nach Basel, wo er am 26. Mai eintraf[247] – deshalb später als der Rest der Gesandten.[248] Ebendorfers *Diarium* setzt erst am 7. Juni ein; am 13. Juni begannen die Beratungen in Prag. Bischof Philibert von Coutances hielt die Begrüßungsrede, Juan de Palomar eine weitere Predigt, während für die Böhmen Johannes Rokycana das Wort ergriff.[249] Am 15. Juni folgte eine Rede Bischof Peters von Augsburg; im Anschluss daran legte Palomar den versam-

---

242 Zu Martin Berruyer vgl. Müller, Die Franzosen, Bd. 1, S. 306–329.

243 Vgl. Zimmermann, Einleitung, S. 22f., Anm. 5.

244 Die Liste der Legaten und das Abreisedatum in Aegidius Carlerii, Liber de legationibus, S. 361; Thomas Ebendorfer, Diarium, S. 22; Iohannes de Turonis, Regestrum actorum, S. 787f. Vgl. Šmahel, Die Hussitische Revolution, Bd. 3, S. 1573 und S. 1582–1591. – Lhotsky, Thomas Ebendorfer, S. 22 nennt (mit Verweis auf Concilium Basiliense, Bd. 5, S. 50f.) den 13. April als Abreisetag der Gesandtschaft, was zu korrigieren ist.

245 Aegidius Carlerii, Liber de legationibus, S. 362.

246 »Feria 5ª post Quasimodogeniti venimus Nurembergam, in die scilicet sancti Georgii, et altera die eramus in ostensione reliquiarum, celebrante episcopo nostro Constanciensi; ubi inuenimus dominum Fredericum marchionem cum tribus suis filiis, et dominum Johannem ducem Bauarie cum vnico suo filio. Post prandium conuenimus cum eisdem in pretorio, presentantes primo bullas sacri concilii. (…) Secundo mag. Thomas de Wienna narrauit, qualiter actum sit in concilio cum Bohemis« (ebd.).

247 Lhotsky, Thomas Ebendorfer, S. 22 mit Verweis auf DRTA, Bd. 10, S. 865, die sich wiederum auf Concilium Basiliense, Bd. 2, S. 415 berufen.

248 Lhotsky, Thomas Ebendorfer, S. 22.

249 Die Predigt Palomars in: Aegidius Carlerii, Liber de legationibus, S. 399–414; vgl. Thomas Ebendorfer, Diarium, S. 23–25. Die Rede Rokycanas ist nicht erhalten, jedoch enthält der *Liber de legationibus* (ebd., S. 367) den Hinweis, dass der Böhme darin schwere Vorwürfe gegen die Katholiken erhoben habe.

melten Böhmen die *via pacis* dar, die zu realisieren die Gesandtschaft vom Basler Konzil beauftragt worden war. Auch Thomas Ebendorfer hielt an diesem Tag vor dem Prager Landtag eine Rede. Bereits in den Reden am 13. Juni waren in den Ansprachen der Delegierten Wege der Versöhnung für Katholiken und Hussiten vorgestellt worden (*pacis, unitatis et concordie via*), die Ebendorfer in seiner Rede aufgriff.[250] Es folgten Debatten über die Vier Prager Artikel, die jedoch zu keiner Einigung führten. Im Juli 1433 kehrte die Delegation nach erfolglosem Abschluss des Landtags nach Basel zurück. Von Anfang August bis Anfang September erstatteten die Gesandten dem Konzil Bericht. Ebendorfers Schilderung dieser Vorgänge beginnt mit einer kurzen *Sentencia revocacionis lapsorum et ad fidem Hussitarum conversorum*, die wohl von Rokycana formuliert und von Ebendorfer von Prag nach Basel mitgenommen worden war.[251] Am 11. August legte die Delegation dem Konzil eine *finalis proposicio* vor.[252] In diesen Zeitraum dürfte die Abfassung zweier Gutachten Thomas Ebendorfers gegen den Laienkelch fallen, die er im Auftrag des Basler Konzils zusammengestellt und im Basler Minoritenkloster vorgetragen haben dürfte.[253]

Am 11. September 1433 begann die zweite Legationsreise nach Prag, um an dem für den 18. Oktober angesetzten, jedoch auf den 11. November verschobenen Landtag teilzunehmen.[254] An dieser Gesandtschaft war Thomas Ebendorfer nicht beteiligt.[255] Offenbar hielt es das Konzil für ausreichend, dass nur vier der ursprünglichen zehn Legaten an dieser zweiten Reise teilnahmen, in deren Rahmen ein Entwurf der Prager Kompaktaten formuliert wurde.[256] Welche Aufgaben Ebendorfer in der Zwischenzeit in Basel zukamen, ist nicht bekannt.

---

250 Thomas EBENDORFER, Diarium, S. 25: »Posterius dominus auditor <obtulit> modum et viam pacis nobis a sacro concilio commissos, videlicet incorporacionem cum eodem et summissionem suorum articulorum determinacioni eiusdem, et persuasit hanc viam certis motivis, que cum aliis supraposita sunt per me.« Die Rede Ebendorfers ist gedruckt ebd., S. 7–18; der *Liber de legationibus* enthält keinen Hinweis darauf. Vgl. ZIMMERMANN, Einleitung, S. XIX mit Anm. 27.

251 Thomas EBENDORFER, Diarium, S. 79 mit Anm. 1.

252 Thomas EBENDORFER, Diarium, S. 80–82.

253 ZIMMERMANN, Einleitung, S. XXIIf.; LHOTSKY, Thomas Ebendorfer, S. 23. Die beiden Gutachten sind gedruckt in Thomas EBENDORFER, Diarium, S. 82–93 (*Motiva Thome de Haselpach*) bzw. S. 93–100 (*Deliberacio Thome de Haselpach*). Die Untersuchung und Auswertung dieser Traktate bleibt einer eigenen Arbeit vorbehalten.

254 ŠMAHEL, Die Hussitische Revolution, Bd. 2, S. 1599f.

255 Die Gesandtschaft bestand aus Philibert von Montjeu, Johannes Palomar, Heinrich Tocke und Martin Berruyer (Thomas EBENDORFER, Diarium, S. 105; Aegidius CARLERII, Liber de legationibus, S. 446).

256 Ebendorfer gibt in seinem *Diarium* einen gekürzten Entwurf der Prager Kompaktaten wieder, der am 26. November in Prag vorgelegt und am 30. November genehmigt wurde (Thomas EBENDORFER, Diarium, S. 105–109). Ein vollständigerer Text findet sich in Aegidius CARLERII, Liber de legationibus, S. 495–499. Darüber hinaus enthält Ebendorfers *Diarium* (S. 109–113) Antworten auf die zuvor geäußerten Einwände der Hussiten (vgl.

Die dritte Konzilsdelegation, darunter auch Thomas Ebendorfer, reiste auf Bitten Kaiser Sigismunds am 6. August 1434 nach Regensburg ab.[257] Unter den neuen Mitgliedern, die an den ersten beiden Legationsreisen noch nicht teilgenommen hatten, findet sich mit Johannes Nider ein weiterer Theologe der Wiener Universität, mittlerweile allerdings Prior am Basler Dominikanerkonvent.[258] Am 22. August begannen die Verhandlungen zwischen den Böhmen und den Basler Gesandten, die auf eine Fixierung und Umsetzung der Kompaktaten abzielten.[259] Alphons Lhotsky wies darauf hin, dass Ebendorfer in seinem *Diarium* ab diesem Zeitpunkt die eigenen Schilderungen der Geschehnisse reduzierte und im Folgenden vorwiegend eine Materialsammlung bot, was jedoch nur teilweise zutrifft.[260] Weder sein *Diarium*, noch der *Liber de legationibus* enthalten Hinweise auf die konkrete Beteiligung Ebendorfers an den Regensburger Verhandlungen. Die Wiener Universität scheint jedenfalls zu diesem Zeitpunkt die Gesandtschaft Ebendorfers zum Basiliense nicht länger unterstützt zu haben, beschloss sie doch – gegen den Willen der Artistischen Fakultät, die offenbar als einzige Fakultät bereit gewesen wäre, den Aufenthalt ihres Gesandten noch länger zu finanzieren – zwischen dem 11. November und 6. Dezember 1434 seine Rückberufung nach Wien.[261] Dies ist erstaunlich, da noch am 22. Mai 1434 die Theologische Fakultät zur Unterstützung ihres Vertreters in Basel über Argumentationen gegen den Laienkelch beraten hatte, welche zusammenzustellen eine Deputation beauftragt wurde.[262] Der Anlass für diese Beratung könnte ein Schreiben des Priors Nikolaus von Solnitz aus der Kartause Dolein gewesen sein, in dem dieser die Universität darüber informierte, dass die

---

Aegidius CARLERII, Liber de legationibus, S. 499–501). Es folgt ein kurzer Bericht über den weiteren Verlauf der Verhandlungen und ein Brief des Martin Lupatsch, Calixtiner und Pfarrer in Chrudim, und des Wenzel Břeczko (Thomas EBENDORFER, Diarium, S. 113–117).

257 Thomas EBENDORFER, Diarium, S. 118; Aegidius CARLERII, Liber de legationibus, S. 505. – Das Schreiben für die Gesandten vom 7. Jänner 1435 ebd., S. 634f.

258 Weitere neue Teilnehmer waren Johannes Schele, Bischof von Lübeck, der als kaiserlicher Gesandter am Konzil teilnahm; Tilmann, Propst von St. Florin in Koblenz und Thomas von Courcelles, ein Pariser Theologe (vgl. Thomas EBENDORFER, Diarium, S. 118, Anm. 2).

259 Thomas EBENDORFER, Diarium, S. 119–145.

260 LHOTSKY, Thomas Ebendorfer, S. 23; zu Folgendem ebd., S. 23f.

261 »Et conclusa fuit revocacio ambasiatorum universitatis in concilio Basileense existentis. Tantum facultas artium libenter diucius cum aliis facultatibus pro eo contribuisset« (AFA II, fol. 122r; vgl. KINK, Urkundliche Beilagen, S. 64). – Schon am 12. September 1434 konnte in einer Versammlung der Universität kein Beschluss mehr darüber gefällt werden, ob die Gesandtschaft Ebendorfers zum Konzil verlängert werden sollte (AFA II, fol. 121r; vgl. KINK, Urkundliche Beilagen, S. 63f.). Vgl. LHOTSKY, Thomas Ebendorfer, S. 24.

262 »Item in sabbato ante festum sancte Trinitatis fuit congregata facultas theologie ad concipiendum motiva ad concilium Basiliense, ne communio calicis indulgeatur hereticis, et fuerunt certi deputati ad concipiendum ista motiva, qui et hoc fecerunt. Et pro tunc fuit dispensatum cum mag. Iudoco de Hailpr(unna) et mag. Iohanne Stedler et mag. Nicolao de Aulon super ordinibus suscipiendis usque ad festum pasce« (AFT, S. 73). Vgl. KINK, Urkundliche Beilagen, S. 63.

Gesandten des Basler Konzils den Hussiten den Kelch gewährt hätten, und in dem er die Hochschule bat, ein Schreiben an das Konzil zu verfassen, in dem die Gefahren des Laienkelchs dargelegt und der katholische Glaube so gegen Häresien verteidigt würde.[263] Möglicherweise waren finanzielle Gründe ausschlaggebend dafür, den Vertreter der Universität in Basel nach Wien zurückzurufen.[264] Aus den Akten der Universität geht nicht hervor, in welchem Umfang sie über die Legationsreisen im Auftrag des Konzils und die Rolle Ebendorfers dabei informiert war. Die wenigen Akteneinträge erwähnen keine der Gesandtschaften, sondern sprechen ausschließlich von Ebendorfer als Gesandtem am Basler Konzil. Somit gibt es auch keinen Hinweis darauf, dass der Rückruf Ebendorfers explizit auf seine Teilnahme an den Hussitenverhandlungen in Böhmen und Mähren bezogen oder darin begründet war. Da einerseits keine Details zu den Legationsreisen in Wien bekannt gewesen sein dürften und Ebendorfer darüber hinaus – nach seiner Rückkehr nach Wien – dennoch an den folgenden Legationsreisen beteiligt war, bedeutet dieser Rückruf wohl keine Kritik an den Legationsreisen selbst, sondern vielmehr, dass Ebendorfers Aufgabe als offizieller Vertreter der Universität auf dem Basler Konzil für beendet erklärt wurde (und er an den folgenden Legationsreisen nicht mehr namens der Hochschule teilnahm). Dafür spricht auch, dass Ebendorfer (erst) ab der vierten Legationsreise als wichtigster Vertrauter Herzog Albrechts auftritt, in dessen Gefolge er offenbar an den folgenden Reisen teilnahm. Auffällig ist jedenfalls, dass die Wiener Universität, die auf dem Konstanzer Konzil noch darauf beharrt hatte, dass Peter von Pulkau bis zum Konzilsende am Bodensee blieb, ihren Basler Vertreter bereits nach zweieinhalb Jahren nach Wien zurückrief. Freilich galt es in Konstanz, die Wahl des neuen Papstes Martin V. abzuwarten, was auch für die Wiener Universität von besonderer Wichtigkeit war. Möglicherweise hatte sich in Wien im Herbst 1434 eine gewisse Resignation – oder pragmatische Abwägung der Kosten und des Nutzens von Ebendorfers Aufenthalt in Basel – durchgesetzt, nachdem die Hussitendebatten und die folgenden Diskussionen in Prag und Regensburg keine Lösung mit den Böhmen gebracht hatten.

Thomas Ebendorfer kehrte nicht allein nach Wien zurück, sondern verließ Basel am 23. Jänner 1435 als Mitglied der vierten Konzilsgesandtschaft.[265] Auf die Bitte Kaiser Sigismunds hin reiste die Gesandtschaft auf ihrem Weg nach Brünn

---

263 So Uiblein in AFT, S. 457, Anm. 481. Das mit 11. Mai 1434 datierte Schreiben des Prior Nikolaus ist ediert in UIBLEIN, Kopialbuch, S. 162–166 (Nr. 45).

264 LHOTSKY, Thomas Ebendorfer, S. 24, Anm. 2 weist darauf hin, dass die finanzielle Unterstützung Ebendorfers »recht kümmerlich und zähe« erfolgt zu sein scheint.

265 Aegidius CARLERII, Liber de legationibus, S. 524; Thomas EBENDORFER, Diarium, S. 146; Iohannes de TURONIS, Regestrum actorum, S. 791. Auch die anderen Mitglieder dieser Delegation sind bereits von den vorhergehenden Gesandtschaften bekannt.

zuerst nach Wien, wo sie am 22. Februar 1435 eintraf.[266] Die Akten der Universität enthalten dazu keinerlei Einträge, obwohl nicht nur Herzog Albrecht, sondern am 25. Februar auch Vertreter der Universität – darunter der Rektor, der Mediziner Dietmar von Hinderbach[267] – bei der Gesandtschaft vorstellig wurden. Philibert von Montjeu, Gilles Charlier und Martin Berruyer hielten Predigten vor den Universitätsangehörigen und überreichten ihnen zudem ein Schreiben des Konzils.[268] Insbesondere Martin Berruyer lobte die Universität und ihre Professoren, vor allem den Thomas Ebendorfer und Johannes Himmel, die am Basler Konzil teilnahmen. Auch der Herzog sei für seine Weisheit, Klugheit und seinen Eifer zu loben, *et filie vestre, preclare universitatis Wiennensis.*[269] Die Universität bedankte sich daraufhin bei der Delegation (stellvertretend für das Basler Konzil) für die Gewogenheit, mit der die *supposita* der Wiener Hochschule auf dem Konzil behandelt wurden; darüber hinaus für die Ehre, die die Synode der Universität und insbesondere Thomas Ebendorfer entgegenbringe; drittens dafür, dass die Synode so viel Mühe für die Reform, den Frieden und die Unversehrtheit des Glaubens aufwende. Viertens bat die Hochschule die Gesandtschaft, dem Laienvolk keinesfalls die Kommunion unter beiden Gestalten zuzugestehen.[270] Während die Basler Gesandtschaft also bereits seit dem ersten Entwurf der Kompaktaten 1433 bereit war, den Hussiten unter gewissen Bedingungen den Laienkelch zuzugestehen, blieb die Wiener Universität bei ihrer klaren ablehnenden Haltung zur Kelchkommunion. Gilles Charlier antwortete der Universität, dass die Anerkennung und der Dank der Synode und dem in ihr wirkenden Heiligen Geist gebühre; dass er sich beeilen wolle, die Reform zu einem Hauptthema des Konzils zu machen; dass die heilige Synode hinsichtlich des Laienkelchs bereits vorsorglich viele Dinge angeordnet habe, und dass jeder Christ der heiligen Synode vertrauen müsse.[271] Am 2. März 1435

---

266 Die Instruktionen für die Konzilsgesandten nach Wien enthalten den Aufruf, in Wien Herzog Albrecht und dessen Berater sowie die Universität zu besuchen, um von ihr Rat und Hilfe zu erbitten (Aegidius Carlerii, Liber de legationibus, S. 619).

267 Aschbach, Geschichte, S. 582.

268 Aegidius Carlerii, Liber de legationibus, S. 525f.

269 Die Rede Martin Berruyers vor Herzog Albrecht am 24. Februar ist gedruckt in Aegidius Carlerii, Liber de legationibus, S. 624–628, dessen Rede vor der Universität am 25. Februar ebd., S. 628–632 (Zitat ebd., S. 628).

270 »Quoniam autem proponens pro universitate, facta proposicione sua, primo regraciatus est nobis nomine sancte sinodi de hoc, quod supposita sua semper caritative tractaveramus, secundo quod ipsa, et maxime mag. Thomam legacionibus honoraverat ipsa sancta sinodus, tercio quod ad reformacionem, ad pacem et ad fidei integritatem tantum laboraverat; quarto rogavit nos, ut nullatenus laicali populo concederemus communionem sub utraque specie« (Aegidius Carlerii, Liber de legationibus, S. 525).

271 »Ad hec dictus decanus, habita prius consultacione cum aliis patribus collegis, respondit primo: laudes de caritate nobis attribute utique non nobis, sed sancte sinodo conveniebant, in qua Spiritus Sanctus presidet principaliter, cuius mandato et iussu omnia fuerant per nos

erstattete Ebendorfer der versammelten Universität Bericht, zu dessen Wortlaut keine Details bekannt sind. Weil er jedoch weiterhin mit anderen Legaten des Basler Konzils nach Böhmen und Mähren gesandt werden sollte (obwohl ihn die Universität gerade nach Wien zurückgerufen hatte!), verabsäumte es die Universität nicht, umgehend auf das Verbot jeglichen Zugeständnisses bezüglich des Laienkelches zu insistieren; aus ungenannten Gründen kam es jedoch zu keinem Beschluss der Fakultät.[272] Während sich der Kaiser selbst noch in Pressburg aufhielt, blieb die Delegation bis zum 15. März 1435 in Wien und wurde dabei mehrfach von der Universität, Thomas Ebendorfer oder einem weiteren Theologieprofessor namens Petrus bewirtet.[273] Davon abgesehen tritt Thomas Ebendorfer während dieses Aufenthalts der Delegation in Wien in den Quellen nicht in Erscheinung, und auch sein *Diarium* enthält keine Hinweise zu den Vorgängen in Wien.

Am 19. März erreichte die Delegation Pressburg.[274] Die Verhandlungen scheiterten rasch, denn bereits am nächsten Tag machten sich die Legaten auf den Rückweg nach Wien, wo sie am 22. März 1435 eintrafen.[275] Am 1. Mai verließ die Gesandtschaft Wien erneut Richtung Pressburg und kam dort am 2. Mai an.[276] Am nächsten Tag erreichte ein Bote aus Wien Pressburg mit einer Nachricht Herzog Albrechts, der darum bat, sein Fernbleiben zu entschuldigen, da ihn verschiedene Dinge in Wien festhalten würden, um die er sich zuerst kümmern müsse. Der *Liber de legationibus* erwähnt an dieser Stelle, dass der Herzog nicht

---

acta. Ideo eciam supposita et oratores universitatis sacrosancta sinodus humaniter et benigne tractavit, quia digni erant viri, clari moribus, sapiencia et prudencia, viri querentes honorem sancte matris ecclesie, huius regionis Austrie, domini ducis Alberti illustrissimi, et ipsius preclare universitatis; et multa circa hoc dixit. De reformacione dixit, quod adhuc ad maiora sancta sinodus procedere festinabat. Quoad quartum dixit, quod sancta sinodus circa hoc fecerat et ordinaverat multum provide, quod nil concesserat, aut in futurum faceret, quod esset in preiudicium fidei aut honoris ecclesie, et debebat quilibet confidere christianus de sancta sinodo tamquam de ea, cui assistit specialiter Spiritus Sanctus« (Aegidius Carlerii, Liber de legationibus, S. 525f.).

272 »Congregacio universitatis ad audiendum relacionem ambasiatoris universitatis, et quia idem cum quibusdam aliis legatus fuit per concilium Basil. ad Moraviam et Boemiam, placuit facultati, quod durante ipsa legacione sua iuramentis et restriccionibus suis prioribus concernentibus non concessionem sacri calicis sit astrictus, ita quod non promoveret nec daret votum aut operam pro concessione sacri calicis ipsis laicis, sed ad oppositum conaretur. Hoc tamen in universitate non fuit conclusum« (AFA II, fol. 122v; zit. nach Kink, Urkundliche Beilagen, S. 64). Vgl. auch Eberstaller, Die Vertretung, S. 9.

273 Aegidius Carlerii, Liber de legationibus, S. 526f. Zum weiteren Aufenthalt der Delegation bis zur Abreise nach Pressburg ebd., S. 526–528.

274 Lhotsky, Thomas Ebendorfer, S. 25 schildert, die Gesandtschaft sei bereits am 19. März wieder in Wien eingetroffen. Diese Angabe ist zu korrigieren.

275 Aegidius Carlerii, Liber de legationibus, S. 529; Iohannes de Turonis, Regestrum actorum, S. 791.

276 Aegidius Carlerii, Liber de legationibus, S. 540; Iohannes de Turonis, Regestrum actorum, S. 791.

an die Delegation oder ihren Leiter Philibert von Montjeu schrieb, sondern dass einer seiner Beamten dem Thomas Ebendorfer geschrieben habe, mit der Bitte, den Herzog bei Sigismund zu entschuldigen.[277] Der Aufenthalt in Pressburg war erneut sehr kurz, denn schon am 6. Mai kehrte die Delegation nach Wien zurück.[278] Am 8. Mai sprach die Gesandtschaft bei Herzog Albrecht vor, wobei Thomas Ebendorfer *in vulgari Theotonico* das Wort führte und dem Herzog ein Schreiben Kaiser Sigismunds erläuterte.[279] Diese kurzen Einträge zeigen, dass Thomas Ebendorfer nun offenbar als direkte Verbindung zwischen den Hussitendelegationen und dem österreichischen Herzog Albrecht V. fungierte. Vermutlich nahm er, nachdem ihn seine Universität im Herbst 1434 nach Wien zurückgerufen hatte, ab Mitte März 1435 als Vertreter Albrechts V. an den Legationsreisen teil.

Zur selben Zeit entbrannte in Wien ein Streit zwischen einem Achter von St. Stephan und einem Minoriten über eine Predigt des ersteren am Palmsonntag, und eine Predigt des zweiteren am Ostertag. Der Achter von St. Stephan, dessen Name nicht bekannt ist, hatte offenbar gepredigt, dass es abergläubisch sei, bei der Eucharistie den Wein aus einem Kelch zu trinken, in dem eine Kreuzreliquie enthalten sei, um dadurch von Schwachheiten geheilt zu werden. Jene, die so gehandelt hätten, müssten sich der hl. Kommunion enthalten, solange sie nicht die Absolution durch den Bischof oder ihren Oberen empfangen hätten. Dies hätte, so der Prediger weiter, zudem in gewisser Weise den »Geschmack der böhmischen Irrtümer«. Obwohl er dies offenbar allegorisch gemeint hatte, erregte er den Widerspruch und Ärger des besagten Minoriten und des Volkes, woraufhin am 10. Mai der Offizial des Passauer Bischofs die Hussitendelegation mit der Klärung dieser Angelegenheit beauftragte. In den folgenden Tagen folgten Anhörungen der Streitparteien und Beratungen der Delegation, bevor die Angelegenheit Herzog Albrecht zur Klärung übergeben wurde. Letztlich wurden die beiden Betroffenen am 16. Mai vom Predigtamt suspendiert.[280] Im

---

277 »Die Martis, 3ᵃ eiusdem, idem nuncius sero rediit de Wienna Posonium, referens literas excusacionis domini ducis ad imperialem maiestatem eiusdem tenoris in substancia, ut priores fuerant; tamen ultra hoc rogans humiliter, ut sua serenitas haberet eum excusatum, nec moleste ferret, quod non venerat hac vice, quia erat legitime impeditus, et causas impedimenti reservaret ei, cum primo ad ipsam serenitatem accederet. Dominus dux non scripsit nobis, sed unus officiarius eius scripsit mag. Thome de Halzbach, socio nostro, quod vellemus ipsum erga dominum imperatorem excusare« (Aegidius Carlerii, Liber de legationibus, S. 540). – Die Aussage Lhotskys, dass es weder aus den eigenen Aufzeichnungen Ebendorfers, noch aus anderen Nachrichten eindeutig hervorgehe, ob Thomas Ebendorfer an den Reisen nach Pressburg teilgenommen habe (Lhotsky, Thomas Ebendorfer, S. 25), ist somit zu korrigieren. Ebendorfer wurde jedoch dennoch am 22. April 1435 erneut zum Dekan der Theologischen Fakultät gewählt.

278 Aegidius Carlerii, Liber de legationibus, S. 544.

279 Ebd.; vgl. Lhotsky, Thomas Ebendorfer, S. 25.

280 Aegidius Carlerii, Liber de legationibus, S. 544–547.

Kern dieser Auseinandersetzung scheint die Frage der Kreuzreliquien, weniger eine tatsächlich Frage hussitischer Häresie gestanden zu haben. Interessant ist jedenfalls, dass die Hussitengesandtschaft des Basiliense offenbar während ihres Aufenthaltes in Wien als – vom Offizial des Passauer Bischofs herangezogenes – Expertengremium wirkte und sich auch solcher Auseinandersetzungen vor Ort mit ihrer Expertise annahm.

Am 17. Mai verließ die Delegation, darunter wiederum Thomas Ebendorfer, Wien Richtung Brünn, wo das entscheidende Zusammentreffen zwischen den Konzilsgesandten und den Hussiten stattfand.[281] Unterwegs segnete und weihte Bischof Philibert von Montjeu zwei Altäre in der Kirche am Michelberg bei Haselbach, der Geburtsstadt Thomas Ebendorfers, und spendete die Firmung in Niederhollabrunn.[282] In Brünn selbst wurden Thomas Ebendorfer und Gilles Charlier Anfang Juni 1435 damit beauftragt, das Dominikanerkloster zu visitieren.[283] Am 12. Juni hielt Thomas Ebendorfer vor der Messe einen *sermo ad populum* und ermahnte darin das Volk, insbesondere die Frauen, sich während des Gottesdienstes nicht zu nahe an den Altar und zum Chorgestühl zu drängen, es sei denn, um durch ihren Gehorsam zu opfern, kurz zu beten und zu kommunizieren.[284] Nach der Visitation des Dominikanerklosters ermahnten Ebendorfer und Charlier die Bürger am 14. Juni (jenem Tag, an dem auch Herzog Albrecht in Brünn angekommen war), das Kloster instandsetzen zu lassen, damit durch die feste und strenge Klausur den Mönchen keine Möglichkeit zu sündigen gegeben werde.[285] Am 24. Juni teilte Thomas Ebendorfer der Delegation mit, dass Herzog Albrecht Briefe von Kaiser Sigismund erhalten habe, gemäß denen den Böhmen in seiner Abwesenheit kein Leid zugefügt werden solle, da er selbst das weitere Vorgehen bestimmen wolle, und gemäß denen die Delegation darüber hinaus keinesfalls Verhandlungen mit den Böhmen über

---

281 Aegidius CARLERII, Liber de legationibus, S. 548; Iohannes de TURONIS, Regestrum actorum, S. 791.

282 Ebd.; vgl. LHOTSKY, Thomas Ebendorfer, S. 28f.

283 Aegidius CARLERII, Liber de legationibus, S. 555–558. – Das Basler Konzil hatte am 30. Mai 1435 Philibert von Montjeu, Martin Berruyer, Pierre d'Ailly, Johannes Palomar und Tilmann Joel von Linz zu Visitatoren im Territorium Herzog Albrechts V. (also auch in Mähren) und in der Diözese Passau ernannt (vgl. STUDT, Papst Martin V., S. 139, Anm. 206). Die Vollmacht ist abgedruckt in ZEIBIG, Beiträge, S. 570–573 (= Beilage XXIV).

284 Aegidius CARLERII, Liber de legationibus, S. 560: »Eodem die ante missam mag. Thomas fecit sermonem ad populum ex nostra deliberacione, exhortando populum ipsum, ut non accederent de cetero, et maxime femine, ad altare et chorum, dum divina celebrantur, nisi pro devocione sua ad offerendum, orandum breviter, aut comunicandum; coloravit hoc auctoritatibus et persuasionibus.«

285 Aegidius CARLERII, Liber de legationibus, S. 562: »Et istos defectos declaraverunt dicti decanus et mag. Thomas deputatis ex parte civitatis, qui fuerunt cum ipsis, hortando, ut illos referant consulibus et ad reparandum eos inducant, ut sic sit firma et stricta clausura, et non habeant occasionem peccandi qualescumque moniales.«

Glaubensgegenstände beginnen dürfe, damit Sigismund, wenn er komme, die Angelegenheit schneller beenden könne. Die Konzilsdelegation einigte sich darauf, mit den Verhandlungen bis zur Ankunft des Kaisers zu warten, und beauftragte Thomas Ebendorfer und Tilmann Joel von Linz, den Propst des Florin-Stifts in Koblenz,[286] Herzog Albrecht diese Überlegungen umgehend mitzuteilen.[287] Auch in einer weiteren Angelegenheit wurden die beiden Mitglieder der Delegation beauftragt, sich mit Herzog Albrecht zu beraten, da Johannes Rokycana am 23. Juni eine skandalöse Predigt gehalten hatte. Da dies die Friedensverhandlungen zwischen Katholiken und Hussiten stören könne, sollte der Herzog (etwa durch das Postieren von Wachen in der Stadt) dafür sorgen, dass niemand mehr die Messen des Rokycana besuchen könne; ein Ansinnen, das Herzog Albrecht unterstützte.[288] Am 27. Juni überbrachte Thomas Ebendorfer der Delegation einen Brief des Passauer Bischofs, gerichtet an Herzog Albrecht, da offenkundig Unklarheiten bzgl. der genauen Durchführung der vom Basler Konzil in Auftrag gegebenen Reform der Stadt und Diözese Passau (und der Leitung der Delegation des Passauer Bischofs) bestanden. Thomas Ebendorfer regte an, die Delegation solle den Herzog in dieser Frage beraten. Auch am 13. Juli trat Ebendorfer als Bindeglied zwischen der Delegation und Herzog Albrecht auf, als er diesem über Beratungen der Delegation zur Wahl Rokycanas zum utraquistischen Bischof berichtete.[289] Am 6. August brachten einige Mitglieder der Delegation den Vorschlag ein, Thomas Ebendorfer möge wiederum einen *sermo ad populum* halten, um das Volk im wahren Glauben zu stärken, damit es nicht durch die Worte der böhmischen Priester beeinflusst werde; für den Moment wurde jedoch darauf verzichtet.[290]

Thomas Ebendorfers eigene Aufzeichnungen zur Zusammenkunft in Brünn bilden das umfangreichste »Kapitel« seines *Diarium*.[291] Im Gegensatz zum *Liber de legationibus* erwähnt er den Aufenthalt der Delegation in Wien und deren Zusammentreffen mit Herzog Albrecht und der Universität jedoch mit keinem Wort. Sein Fokus liegt ausschließlich auf den Verhandlungen mit den Böhmen in Brünn, die er sehr umfassend und unter Wiedergabe zahlreicher Beilagen (etwa den verschiedenen Fassungen der Kompaktaten samt böhmischen Änderungswünschen) schildert. Wie im ganzen *Diarium* erwähnt Ebendorfer auch hier die konkrete Art seiner Beteiligung äußerst selten. Nur zum 4. Juli 1435

---

286 Zu Tilmann von Linz vgl. HELMRATH, Lebensläufe; PODLECH, Tilmann Johel von Linz, bes. S. 20–32; RICHTER, Die kurtrierische Kanzlei, S. 28–33; ZEIBIG, Beiträge, S. 570.

287 Aegidius CARLERII, Liber de legationibus, S. 569.

288 Aegidius CARLERII, Liber de legationibus, S. 571 ff.

289 Aegidius CARLERII, Liber de legationibus, S. 597. – Rokycana wurde schließlich am 21. Oktober 1435 zum Bischof gewählt.

290 Aegidius CARLERII, Liber de legationibus, S. 616.

291 Thomas EBENDORFER, Diarium, S. 151–212.

schildert er, dass Rokycana den erbosten Vorwurf an die Gesandtschaft gerichtet habe, sich außerhalb der Kirche zu befinden und das Königreich Böhmen zu verleumden. An der folgenden Diskussion mit Rokycana habe sich auch Ebendorfer selbst beteiligt.[292] Mehr Details erfahren wir aus den Quellen nicht. Festgehalten werden kann jedenfalls, dass Ebendorfer nicht nur an den Diskussionen mit den Böhmen beteiligt war, sondern auch als Visitator in Brünn wirkte, obwohl er der dafür im Mai 1435 vom Basler Konzil bestimmten Gruppe von Visitatoren nicht angehörte. Wiederholt tritt Ebendorfer als Verbindungsperson zu Herzog Albrecht V. auf, dessen primärer Ansprechpartner in der Delegation er gewesen zu sein scheint. Im August 1435 kehrte Ebendorfer mit einem Teil der Gesandtschaft nach Wien zurück, wo sie am 11. August eintrafen. Während drei der insgesamt sechs Delegierten – nämlich Philibert von Montjeu, Martin Berruyer und Thomas Ebendorfer – in Wien blieben, wurden die anderen drei – Johannes Palomar, Tilmann von Linz und Gilles Charlier – zur Berichterstattung nach Basel gesandt, um sich mit den Konzilsvätern über die Schwierigkeiten zu beraten, die bei den Verhandlungen in Brünn aufgetreten waren.[293]

Am 2. Dezember kehrte Palomar nach Wien zurück, um gemeinsam mit Philibert von Montjeu, Martin Berruyer und Thomas Ebendorfer zum Hoftag in Stuhlweißenburg aufzubrechen, wo Kaiser Sigismund weiter mit den Böhmen verhandelte.[294] Der Hoftag begann am 20. Dezember 1435 und dauerte bis zum 31. Jänner 1436. Die persönliche Beteiligung Ebendorfers lässt sich weder aus dem *Liber de legationibus*, noch aus seinem *Diarium* erheben. Einzige Ausnahme bildet ein kurzer Hinweis zum 5. Jänner 1436 im *Liber de legationibus*, dem gemäß Herzog Albrecht nach Thomas Ebendorfer und Johannes von Palomar gesandt hatte, um den beiden von einem Treffen mit Sigismund zu berichten.[295] Zum selben Tag schildert Ebendorfer, dass er und Johannes von Palomar mit gewissen Formulierungen im Ringen um das Zugeständnis des

---

292 »Dum hec sic preponerentur, quia tempus prandii instabat, concitando dixit Rokiczana, quod hec verba intelligerent, quia eos vellemus esse extra ecclesiam et per hoc infamaremus regnum eorum. Sed non profecit, et multipliciter verbis provocabant, secum disputare ad penam, ad quam et me sibi sponte exhibui hora sibi grata et materia placente« (Thomas EBENDORFER, Diarium, S. 177).

293 Thomas EBENDORFER, Diarium, S. 212 und S. 216; Aegidius CARLERII, Liber de legationibus, S. 674.

294 Aegidius CARLERII, Liber de legationibus, S. 674; vgl. LHOTSKY, Thomas Ebendorfer, S. 31.

295 »Jouis, 5ᵃ eiusdem, dominus dux Albertus valde mane misit pro auditore et mag. Thoma et prevenit eorum responsionem, dicens, quod fuerat cum domino imperatore, qui dixit ei, quod erat paratus promittere verbo, quid legati petunt, et coram quibus vellent; et rogat, ut sint contenti promissione verbali, eo quod oportet illam literam ostendere Boemis« (Aegidius CARLERII, Liber de legationibus, S. 691 f.).

Laienkelchs nicht einverstanden gewesen seien und Änderungen angemahnt hätten.[296] Weitere Einzelheiten erfahren wir nicht.

Die endgültige Einigung mit den Böhmen konnte schließlich auf dem böhmisch-mährischen Landtag in Iglau erreicht werden, der von Juni bis August 1436 tagte. Am 5. Juni begrüßte Ebendorfer gemeinsam mit Philibert von Montjeu, Johannes von Palomar und Martin Berruyer Kaiser Sigismund und dessen Gattin Barbara von Cilli in Iglau.[297] Nach weiteren Verhandlungen einigten sich die Basler Gesandtschaft und die Böhmen schließlich, und die Kompaktaten wurden am 6. Juli 1436 feierlich proklamiert. Noch am selben Tag brachte Thomas Ebendorfer jedoch gemeinsam mit Martin Berruyer eine Beschwerde bei Kaiser Sigismund ein, da Rokycana mit seiner Spendung der Eucharistie Ärgernis erregt hatte.[298] Zwei Wochen später reiste Ebendorfer nach Wien zurück, wo er am 21. Juli eintraf.[299] An der folgenden Reise der Gesandtschaft nach Prag nahm er somit nicht mehr teil.[300] Am 20. August 1436 wurde Sigismund in Prag feierlich als König von Böhmen wieder anerkannt; am 15. Jänner 1437 schließlich ratifizierte das Basler Konzil die Kompaktaten, was am 14. Februar in Prag bekannt gemacht wurde.[301]

Fazit

Die Rolle Ebendorfers und der Wiener Universität bei den Hussitengesandtschaften der Jahre 1433 bis 1437 kann in zwei Phasen unterteilt werden. An den ersten drei Legationsreisen (nach Prag und Regensburg) nahm Ebendorfer als offizieller Vertreter der Wiener Universität auf dem Basler Konzil teil, bevor er zwischen dem 11. November und 6. Dezember 1434 nach Wien zurückgerufen wurde. Trotzdem war Ebendorfer an allen weiteren Reisen der Hussitendelegation beteiligt. Ab der vierten Legationsreise im Frühjahr 1435, die sich auf dem Weg nach Brünn mehrere Wochen in Wien aufhielt, dürfte er jedoch nicht mehr als Gesandter der Universität, sondern als Vertreter Herzog Albrechts fungiert haben (oder wenigstens eine Vermittlerrolle zwischen der Konzilsdelegation und dem österreichischen Landesherrn eingenommen haben). Da die Universität die weitere Teilnahme Ebendorfers an den Legationsreisen offenbar (möglicherweise aus finanziellen Gründen) nicht länger unterstützte, scheint Herzog Albrecht die Teilnahme Ebendorfers an den folgenden Gesandtschaften

---

296 Thomas EBENDORFER, Diarium, S. 231f.
297 Thomas EBENDORFER, Diarium, S. 241.
298 Thomas EBENDORFER, Diarium, S. 270f.; Iohannes de TURONIS, Regestrum actorum, S. 821 und S. 824f. (zum 13. Juli 1436).
299 Thomas EBENDORFER, Diarium, S. 281.
300 Iohannes de TURONIS, Regestrum actorum, S. 821.
301 Über die Ereignisse ab der Rückkehr Ebendorfers nach Wien berichtet nur das *Regestrum* des Jean de Tours (vgl. ZIMMERMANN, Einleitung, S. XXXII).

gefördert (und wohl auch seine Reisekosten getragen) zu haben. Es scheint wenig plausibel, dass Thomas Ebendorfer, obwohl ihn die Universität explizit nach Wien zurückgerufen hatte, eigenmächtig an den weiteren Reisen teilgenommen hätte, wenn dahinter nicht der ausdrückliche Wunsch und die Unterstützung des Landesfürsten gestanden hätte (zumal er kaum selbst für die nötigen finanziellen Mittel aufkommen hätte können). In den Akten der Universität und der Fakultäten finden sich keine Hinweise zu den Legationsreisen, auch nicht zum Aufenthalt der Delegation in Wien im Frühjahr 1435. Die wenigen Hinweise zeigen jedoch, dass die Wiener Universität noch 1435 eine klar ablehnende Haltung zum Laienkelch einnahm. Trotz der formelhaften Bestimmung für die Gesandten, in Wien »Hilfe und Rat« der Universität zu erbitten,[302] blieb das Aufeinandertreffen der Gesandtschaft und der Universitätsvertreter auf gegenseitiges Lob und wechselseitigen Dank beschränkt. Auf eine tatsächliche inhaltliche Diskussion über die hussitische Lehre oder den Entwurf der Prager Kompaktaten mit den Wiener Gelehrten gibt es keine Hinweise. Zwar werden die anti-hussitischen Bemühungen der Hochschule und insbesondere Thomas Ebendorfers seitens der Legaten lobend erwähnt, eine Expertise der Universität für die laufenden Debatten scheint jedoch nicht erbeten worden zu sein. Angesichts des Umstands, dass die Hussitengesandtschaft selbst bereits *das* Expertengremium schlechthin darstellte, welches mit konziliarer und kaiserlicher Autorität agierte, überrascht dies letztlich wenig. Christian Kleinert wies bereits auf die stark französische Prägung der Gesandtschaften hin (so waren die meisten Mitglieder der Delegationen Franzosen, und auch die Leitung lag ausnahmslos bei Philibert von Montjeu).[303] Wenn die Delegation die Expertise einer Hochschule benötigt und in Anspruch genommen hätte, wäre es wohl die der Universität Paris gewesen.

2.5. Fazit

Als Thomas Ebendorfer im Frühjahr 1429 vor Vertretern der Pariser Universität ein Bild der Wiener Universität zeichnete, die bereits auf dem Konstanzer Konzil, in Traktaten und Disputationen, ja sogar durch Ermahnungen des Papstes und gewisser Fürsten den wahren Glauben gegen die Hussiten verteidigte, war dies nur teilweise richtig. Eine genaue Analyse der Rektorats- und Fakultätsakten zeigt, dass das Engagement der Wiener Hochschule gegen die Hussiten differenzierter zu betrachten ist. Bis ca. 1418 lassen sich die anti-hussitischen Bemühungen primär an Initiativen einzelner Gelehrter festmachen; dem ent-

---

302 Aegidius Carlerii, Liber de legationibus, S. 619.
303 Kleinert, Philibert de Montjeu, S. 375f.

spricht auch das Bild, das sich für das Wirken der Wiener Gelehrten auf dem Konstanzer Konzil ergibt.[304] Ab ca. 1420 entwickelte sich daraus in der Tat ein zunehmend definiertes und kommuniziertes anti-hussitisches Profil der Hochschule. Auffällig ist jedoch, dass die Initiative zu beinahe allen Maßnahmen, die in den beginnenden 1420er-Jahren an der Universität umgesetzt wurden, nicht von der Universität selbst ausging, sondern vom Landesfürsten, von König Sigismund, dem Passauer Bischof, seinem Offizial oder den päpstlichen Legaten. Dass die Universität im April 1413 Schreiben an den Papst, das Kardinalskollegium und König Sigismund verfasste, in denen sie die wyclifitischen Irrtümer darlegte, ging auf die Bitte des Olmützer Offizials Johannes Naso zurück. Um die anti-hussitischen Berater, die die Universität im Juli 1418 zu Sigismund schicken wollte, hatte der König noch in Konstanz gebeten; die anti-hussitischen *staciones* wurden im Mai 1421 von Herzog Albrecht eingeschärft, so wie der Landesfürst im Jahr zuvor bereits den (von seinem Kanzler formulierten) Eid der Rechtgläubigkeit gegen die Hussiten an der Hochschule einführen hatte lassen. Als die Universität im langwierigen Streit zwischen Paul von Prag und Johannes Laurinus vermittelte, geschah dies, recht zögerlich, auf die Bitte des päpstlichen Legaten Ferdinand von Lugos hin; an der Salzburger Provinzialsynode nahmen Wiener Gelehrte nach Aufforderungen des Salzburger Bischofs und Herzog Albrechts teil. Auch in konkreten Streitfällen, in die die Universität involviert war, ist ein bemerkenswert zurückhaltender, auf Ausgleich bedachter Standpunkt der Hochschule feststellbar: als Hans Griesser 1411 als Häresieverdächtiger verurteilt werden sollte, sprach sich die Theologische Fakultät – gegen den Willen und zum Ärger des Passauer Offizials – für ein milderes Urteil aus. 1413 betont der Rektor in einem Brief an die Prager Universität, dass es einem gewissen Dominik aus Agram, der sich in Wien der Häresie verdächtig gemacht hatte, vor dem Passauer Offizial noch viel schlimmer ergangen wäre, hätte die Hochschule nicht mäßigend eingegriffen. Als im Mai 1420 ein Prager Student vom Stadtrichter eingesperrt worden war, sprach sich die Universität dafür aus, den Fall genau zu prüfen, den Kandidaten ggf. umgehend freizusprechen und ihm alle Privilegien der Universität zuzugestehen, und nahm damit eine mildere Haltung ein als die zuständigen zivilen Autoritäten.

Zum Umgang mit Prager Studenten, die in Wien ihre Studien fortsetzen wollten, ist grundsätzlich festzuhalten, dass die Wertung Aschbachs, von Prag nach Wien gekommene Magister seien mit größtem Misstrauen betrachtet und in der Regel gar nicht in den Verband der Universität aufgenommen worden,[305] dem Quellenbefund nach nicht bestätigt werden kann. Der erste Vermerk, dass

---

304 Siehe oben Kapitel I, bes. S. 76–80.
305 Aschbach, Geschichte, S. 302.

böhmische Studenten häresieverdächtig seien und es deshalb einer besonderen Untersuchung ihrer Rechtgläubigkeit bedürfe, findet sich zum 17. Mai 1416. In der Folge wurde ein vielfältiges Prüfungsverfahren auf die Prager Bakkalare angewendet, das allerdings – abgesehen von einer Ausnahme – in allen Fällen, von denen die Akten berichten, zugunsten des Kandidaten ausging.

Obwohl die Wiener Universität in den frühen 1420er-Jahren unterschiedlichste Maßnahmen gegen die Hussiten umsetzte, ging die Initiative somit nie von der Universität selbst aus. Vielmehr wurde sie sowohl vom Landesherrn, als auch von kirchlichen Autoritäten wiederholt als Expertin oder Schiedsstelle herangezogen. Die Hochschule versagte sich der erbetenen Unterstützung freilich nicht, trat in diesem Zeitraum jedoch reaktiv, nicht aktiv auf; in allen geschilderten Fällen handelte sie erst, nachdem von außen eine entsprechende Bitte an sie herangetragen wurde. Wiederholt lässt sich feststellen, dass der Universität im Umgang mit Häresieverdächtigen daran gelegen war, deren Bekehrung zu erreichen, nicht aber Exempel zu statuieren, um eine besondere anti-wyclifitische oder anti-hussitische Haltung zu kommunizieren. Insgesamt bleibt festzuhalten, dass die Wiener Universität weder zur Zeit des Konstanzer Konzils, noch in den frühen 1420er-Jahren Bemühungen unternahm, als Vorreiterin im anti-hussitischen Kampf aufzutreten. Freilich sympathisierte sie nicht, wie Wenzel Thiem ihr vorgeworfen hatte, mit den Hussiten; in ihrer grundsätzlichen Haltung und ihren zahlreichen Einzelentscheidungen war sie jedoch auf Ausgleich und Bekehrung der Häresieverdächtigen bedacht.

Deutlich anders stellt sich die Situation am Ende der 1420er- und Anfang der 1430er-Jahre dar. Zum einen nahm Thomas Ebendorfer – ein markanter Unterschied zu Konstanz – als ausgewiesener Hussiten-Experte am Basler Konzil teil und wurde bereits vor der offiziellen Eröffnung des Konzils als Berater in dieser Angelegenheit herangezogen. Dass Ebendorfer aus Basel bei seiner Hochschule anfragte, ob und wie weit er den Hussiten entgegenkommen dürfe, setzt eine einheitliche und – wie die Antwort zeigt – rigorose Haltung der Universität voraus, die für die Zeit des Konstanzer Konzils und die Folgejahre noch nicht feststellbar ist. Selbst als die politischen Autoritäten und sogar die Hussitengesandtschaft des Konzils zu theologischen Zugeständnissen bereit waren, lehnte die Wiener Universität jegliche Konzession an die böhmischen Häretiker dezidiert ab und instruierte Ebendorfer sogar, sofort aus Basel abzureisen, sollten sich entsprechende Versöhnungstendenzen des Konzils bemerkbar machen. Während sich auf dem Konstanzer Konzil noch kein besonderes Interesse an den dortigen anti-wyclifitischen und anti-hussitischen Beratungen festmachen lässt, hatte die Universität bis zum Basler Konzil ein Selbstbewusstsein als Vorreiterin im anti-hussitischen Kampf entwickelt, das dazu führte, sich in der Frage des Laienkelchs als kompetentere kirchliche Autorität als das in Basel tagende Generalkonzil zu verstehen.

Walter Rüegg zeigte in seiner Untersuchung zur *Geschichte der Universität in Europa*, dass die ursprüngliche Funktion als *studia generalia*, die etwa für die Universität Paris bis zur Mitte des 15. Jahrhunderts charakteristisch gewesen war, durch die innerkirchlichen Auseinandersetzungen kontinuierlich zu einer stärkeren Bindung der Universität an Fürsten und Städte führte.[306] Das ursprüngliche Ideal einer unabhängigen, ›zweckfreien‹ Universität trat zurück, die Landesherrn gewannen zunehmend Einfluss; die Neugründungen des 15. Jahrhunderts waren bereits primär auf politische und religiöse Zwecke ausgerichtet.[307] Verfolgt man die Entwicklung der Wiener Universität im ersten Drittel des 15. Jahrhunderts am Beispiel ihrer anti-hussitischen Haltung, zeigt sich ein ambivalentes Bild. Bis in die späten 1420er-Jahre schien sie geradezu der Prototyp einer Landesuniversität zu sein, die weithin auf die Wünsche ihres Landesherrn reagierte und kaum eigene anti-hussitische Maßnahmen setzte. Die Pariser Universität hingegen trat (angesichts ihrer längeren Geschichte nicht überraschend) selbstbewusster auf und drängte – wie bereits im Großen Abendländischen Schisma – darauf, Lösungen zu finden. Am Vorabend des Basler Konzils hingegen präsentierte sich auch die Wiener Universität als Korporation, die primär ihrer (theologischen) Überzeugung, nicht den Wünschen des Herzogs verpflichtet war. Während Herzog Albrecht bereit war, den Laienkelch zuzugestehen, um Frieden mit den Hussiten zu schließen, beharrte die Universität auf die strikte Ablehnung dieser Forderung und stellte sich damit gegen ihren Landesherrn. Darin kam ein gewachsenes Selbstbewusstsein der jungen Universität zum Ausdruck, das gewiss auch der jahrelangen Verschärfung der Hussitenproblematik und einem gesteigerten Problembewusstsein geschuldet war.

---

306 Rüegg, Geschichte der Universität, S. 104.
307 Ebd., S. 105.

3. Die Beteiligung von Wiener Universitätsgelehrten an Provinzial- und Diözesansynoden zwischen Konstanz und Basel

3.1. Zum Forschungsstand

Circa plurium praelatorum dampnosam negligenciam in pluribus, que concernunt officium suum et specialiter in visitandis ecclesiis sibi subiectis, in celebrandis provincialibus aut dyocesanis synodis pro retundendis contencionibus, pro emendandis moribus et pro constituendis hiis, que ad instructionem clericalis pertinent discipline, quarum synodorum subtractio mala multa fecit in ecclesia, schrieb Herzog Albrecht V. im Dezember 1414 an Papst Johannes XXIII.[1] Die harsche Kritik des österreichischen Landesherrn an der Nachlässigkeit der Prälaten in der Abhaltung von Partikularsynoden war in der Tat gerechtfertigt: Bereits 1215 hatte das IV. Laterankonzil die jährliche Durchführung von Partikularsynoden vorgeschrieben;[2] umgesetzt wurde diese Vorgabe allerdings nur partiell. Im Kontext der großen Reformkonzilien des 15. Jahrhunderts gewann deren Vor- und Nachbereitung auf Partikularsynoden jedoch an Wichtigkeit.[3] Wenn im Folgenden von Partikularsynoden gesprochen wird, sind damit konkret Provinzial- und Diözesansynoden und damit zwei verschiedene Teilnehmerkreise angesprochen: Während sich auf Provinzialsynoden unter der Leitung des Metropoliten die Suffraganbischöfe, Äbte, Pröpste und Domkapitel versammelten, stellte die vom Bischof geleitete Diözesansynode eine Zusammenkunft des diözesanen Klerus dar.[4] Die Stadt Wien und ihre Universität ge-

---

1 Zitat in ACC II, S. 387f.; vgl. Treiber, Die Autorität der Tradition, S. 94.
2 COD II/1, S. 170 (c. 6: *Sicut olim*). Dabei handelt es sich um die erste dezidierte Regelung des Spätmittelalters. Der Ruf nach einer regelmäßigen Durchführung von Partikularsynoden findet sich bereits auf dem Konzil von Nizäa 325. Zur Rezeption des IV. Lateranums in den Statuten der Erzbischöfe von Köln und Mainz bis zum Jahr 1310 vgl. grundsätzlich Unger, Generali concilio.
3 Vgl. nur Kruppa, Einführung, S. 19; Wiegand, Diözesansynoden, S. 36; Treiber, Die Autorität der Tradition, S. 82–102.
4 Zur Unterscheidung zwischen Provinzial- und Diözesansynoden vgl. etwa Kruppa, Einführung, S. 14–17; Helmrath, Partikularsynoden, S. 63f.; Wiegand, Diözesansynoden, S. 8–12; Treiber, Die Autorität der Tradition, S. 72–82 (jeweils mit weiterer Literatur). Helmrath

hörten bis 1469 zur Diözese Passau, welche wiederum Suffragandiözese der bayerischen Metropole Salzburg war.[5] In diesem Kapitel sind somit zum einen die Synoden der Salzburger Kirchenprovinz, zum anderen die Synoden der Diözese Passau zwischen 1418 und 1431 zu behandeln.

Kanonistische und kirchenhistorische Literatur zu mittelalterlichen Partikularkonzilien im Allgemeinen füllt Bibliotheken.[6] Die Forschungen zu den Synoden der Salzburger Kirchenprovinz im Speziellen sind hingegen deutlich überschaubarer. Die ausführlichste Untersuchung der Statutengesetzgebung der Kirchenprovinzen Mainz und Salzburg im Spätmittelalter stellt die 1978 abgeschlossene, bedauerlicherweise nie veröffentlichte Habilitation *Synodalia* von Peter Johanek dar.[7] Johanek schuf mit diesem dreibändigen Werk ein unverzichtbares Hilfsmittel zur Erforschung mittelalterlicher Partikularsynoden, das durch kritische Sichtung der handschriftlichen Überlieferung der Mainzer und Salzburger Statutentexte und deren Drucken die problematische Überlieferungslage in vielen Punkten ausglich und präzisierte. Auch Angela Treiber stellte in ihrer 1996 publizierten Dissertation *Die Autorität der Tradition* die spätmittelalterlichen Synodalstatuten der Kirchenprovinz Salzburg ins Zentrum ihrer Untersuchung der sogenannten »Volkskultur«.[8] Dabei bot Treiber ausführliche Darstellungen von Textgestalt und Inhalt der Provinzialstatuten der Kirchenprovinz Salzburg sowie der Synodalstatuten der Diözesen Salzburg, Freising, Brixen, Passau und Regensburg, ohne diese jedoch inhaltlich zu analysieren.[9] Bereits 1909 publizierte Karl Hübner einen quellenbasierten Aufsatz

---

wies a. a. O., S. 63 darauf hin, dass die eindeutige Unterscheidung zwischen diesen beiden Grundtypen von Partikularsynoden insbesondere zwischen dem IV. Lateranum und dem Tridentinum möglich ist.

5 Zur Kirchenprovinz Salzburg gehörten im Mittelalter neben Passau auch die Suffragandiözesen Regensburg, Freising, Chiemsee, Säben/Brixen, Gurk, Seckau und Lavant (HAERING, Mittelalterliche Partikularsynoden, S. 80–82).

6 Jakob Sawicki sammelte bereits 1967 etwa 3400 Titel in seiner *Bibliographia synodorum particularium* (SAWICKI, Bibliographia); Nachträge folgten in *Traditio* 24 (1968) 508–511; 25 (1970) 470–478; BMCL, n.s. 2 (1972) 91–100; 4 (1974) 87–92; 6 (1976) 95–100 sowie laufend in der Zeitschrift *Annuarium Historiae Conciliorum*, die von Walter Brandmüller begründet wurde und zur Zeit von Johannes Grohe und Thomas Prügl herausgegeben wird (vgl. dazu HELMRATH, Partikularsynoden, S. 60 mit Anm. 10). – Zahlreiche Ergänzungen bietet HELMRATH, Partikularsynoden, Anm. 11–13 und passim; vgl. auch bes. PALAZZINI, Dizionario, die Bände der Reihe *Konziliengeschichte* (begründet von Walter Brandmüller, hg. v. Peter Bruns und Thomas Prügl) sowie das von Walter Brandmüller, Peter Bruns, Nelson Minnich und Johannes Grohe herausgegebene *Lexikon der Konzilien* (in Vorbereitung). Vgl. exemplarisch auch MACHILEK, Die bischöfliche Reformtätigkeit, und SIEBEN, Die Partikularsynode. – Zur grundsätzlichen terminologischen Unterscheidung zwischen Synode und Konzil vgl. nur KRUPPA, Einführung, S. 12–14, mit weiteren Literaturhinweisen ebd., Anm. 2–6. Im Folgenden werden beide Begriffe synonym gebraucht.

7 JOHANEK, Synodalia.

8 TREIBER, Die Autorität der Tradition.

9 TREIBER, Die Autorität der Tradition, S. 116–180.

zu den *Provinzialsynoden im Erzbistum Salzburg bis zum Ende des 15. Jahrhunderts*;[10] 1911 folgte ein Beitrag zu den *Passauer Diözesansynoden*.[11] Hübner beschränkte sich dabei jedoch auf eine Auflistung des Inhalts der betreffenden Synodalstatuten, ohne konkrete (inhaltliche oder organisatorische) Untersuchungen anzustellen. Rund acht Jahrzehnte später erschien ein knapper Beitrag von Gerhard B. Winkler über *Die Salzburger Provinzialsynoden*, dessen Fokus auf der nachtridentinischen Konzilsrezeption lag, in einem kursorischen Überblick jedoch auch die mittelalterlichen Provinzialsynoden behandelte.[12] Auch Winkler intendierte keine tiefere – thematische, methodische, historische oder theologische – Analyse einzelner Synoden oder Statuten. Den jüngsten Beitrag stellt eine Studie von Stephan Haering über *Mittelalterliche Partikularsynoden in Baiern* dar,[13] die 2004 im Rahmen der Tagung »Partikularsynoden im Spätmittelalter. Deutschland, Polen und Tschechien im Vergleich« des Göttinger Max-Planck-Instituts für Geschichte vorgetragen und 2006 in dem von Nathalie Kruppa und Leszek Zygner herausgegebenen Tagungsband veröffentlicht wurde.[14] Auch Haering ließ es bei einer Liste der Synoden und knappen Hinweisen zu den dort behandelten Themen bewenden.

3.2. Zur Quellenlage

Die überschaubare Literatur und ihre Fokussierung auf Überblicksdarstellungen zu den Synoden und ihren Statuten deuten bereits auf eine Schwierigkeit hin, mit der sich die Erforschung mittelalterlicher Partikularsynoden zu befassen hat: die Quellenlage und ihre Erschließung. Die klarsten und unmittelbarsten schriftlichen Spuren von Provinzial- und Diözesansynoden stellen die Synodalstatuten dar.[15] Bislang wurden jedoch lediglich die französischen Statuten systematisch gesammelt und erfasst; eine vergleichbare Zusammenstellung für Deutschland gibt es nicht.[16] Neben Giovanni Domenico Mansis großer *Sacrorum conciliorum collectio*[17] stellen die zwischen 1759 und 1790 von Fran-

---

10 Hübner, Die Provinzialsynoden im Erzbistum Salzburg, mit Nachträgen in Hübner, Nachträgliches.
11 Hübner, Die Passauer Diözesansynoden.
12 Winkler, Die Salzburger Provinzialsynoden.
13 Haering, Mittelalterliche Partikularsynoden.
14 Kruppa/Zygner, Partikularsynoden.
15 Zum Quellentyp der Synodalstatuten vgl. allgemein Johanek, Methodisches, bes. S. 96–98; Sieben, Synodalstatuten; Wiegand, Diözesansynoden, S. 49–72; Helmrath, Partikularsynoden, S. 66, Anm. 28 mit weiterer Literatur.
16 Johanek 2006, S. 33; Helmrath, Partikularsynoden, S. 79; Wiegand, Diözesansynoden, S. 2f.; Treiber, Die Autorität der Tradition, S. 70f.
17 Mansi, hier bes. Bd. 28.

ziskus Schannat und Joseph Hartzheim herausgegebenen Bände der *Concilia Germaniae* nach wie vor die einzige Sammlung für Deutschland dar;[18] für die Salzburger Kirchenprovinz im Speziellen kann – oder muss – auf Dalhams 1788 gedruckte *Concilia Salisburgensia* zurückgegriffen werden.[19] Alle genannten Ausgaben kranken jedoch an den bekannten Schwächen unkritischer Editionen des 18. Jahrhunderts: so wurde dem gedruckten Text meist nur eine, recht willkürlich ausgewählte Handschrift zugrunde gelegt; die gebotenen Texte und ihre Datierungen sind damit weder vollständig noch verlässlich. Für die Mainzer und Salzburger Synodalstatuten stellt jedoch der dritte Band von Peter Johaneks *Synodalia* eine unverzichtbare – und für den deutschen Raum einzigartige – Ergänzung dar. Johanek erarbeitete darin ein Repertorium, das die handschriftliche Überlieferung der Statutentexte untersuchte, ihre Datierungen überprüfte und eine Konkordanz zu den Quelleneditionen bot.[20] Zahlreiche Fehler in den *Concilia Germaniae* von Schannat und Hartzheim konnten so korrigiert und eine verlässlichere Zuordnung und Textbasis geschaffen werden. Neben den großen Sammlungen finden sich auch in den *Scriptores rerum Austriacarum* des Hieronymus Pez und in der *Germania sacra* des Marcus Hansiz einzelne Passauer Statuten aus dem 13. und 15. Jahrhundert.[21] 1890 und 1893 veröffentlichte Johannes Heller darüber hinaus Akten bzw. Visitationsanweisungen dreier Passauer Diözesansynoden aus den Jahren 1435, 1437 und 1438.[22]

Neben der schmalen, nicht systematisch erfassten Quellenbasis und ihrer mit Vorsicht zu benutzenden Editionen ist auch der besondere Charakter von Partikularstatuten zu berücksichtigen: so zeigte bereits Eduard Kehrberger 1938 in seiner quellenkritischen Untersuchung der Partikularstatuten der Mainzer Kirchenprovinz, dass die Statuten nur eingeschränkt »originell« und auf die konkrete Situation bezogen waren. Weithin stellten sie eine Sammlung älterer

---

18 SCHANNAT/HARTZHEIM, Concilia Germaniae. – Der Mitte des 19. Jahrhunderts unternommene Versuch von Anton Joseph Binterim und Heinrich Floß, die *Concilia* neu herauszugeben, erweiterte zwar die Kenntnis der handschriftlichen Überlieferung der Synodalstatuten beträchtlich, eine Neuausgabe wurde jedoch nicht verwirklicht (Projektausblick in: BINTERIM/FLOSS, Prospectus; vgl. dazu GESCHER, Hartzheims Concilia Germaniae, und JOHANEK, Synodalia, Bd. 1, S. 6 und Bd. 2, Anm. 25). Das ein Jahr später veröffentlichte *Additamentum*, dessen vermeintlich einziges Exemplar der LB Darmstadt im zweiten Weltkrieg verbrannte und von Johanek a.a.O. verloren geglaubt war, findet sich in einem Exemplar des *Prospectus* der BSB München (Signatur: Conc.c. 70–5) als beigebundene Kopie (online verfügbar unter: http://opacplus.bsb-muenchen.de/title/BV020233656/ft/bsb103935 72; zuletzt abgerufen 2018-12-31). – Zur Schannat-Hartzheimschen Sammlung vgl. außerdem die ausführliche Darstellung in SIEBEN, Die Schannat-Hartzheimsche Sammlung.
19 DALHAM, Concilia Salisburgensia. Zum »Schwarm einzelner Statutendrucke« vgl. HELMRATH, Partikularsynoden, Anm. 35.
20 JOHANEK, Synodalia, Bd. 3, S. 1–55.
21 PEZ, Scriptores; HANSIZ, Germania sacra.
22 HELLER, Eine Passauer Diözesansynode; HELLER, Die Statuten; HELLER, Die Akten.

Statutenkonglomerate dar, die über lange Zeiträume und Diözesangrenzen hinweg tradiert wurden.[23] Darüber hinaus ist davon auszugehen, dass zahlreiche – insbesondere auf Diözesanebene abgehaltene – Synoden keine Statuten erlassen haben, was es schwer bis unmöglich macht, deren Ablauf zu rekonstruieren (oder überhaupt festzustellen, dass sie stattgefunden haben).[24]

Potentielle weitere Dokumentationsformen wie historiographische Nachrichten, Konvokationsschreiben, Protokolle, Präsenzlisten oder Synodalpredigten, aus denen sich Details zu den Synoden und ihren Teilnehmern erschließen lassen könnten, sind vor der Mitte des 15. Jahrhunderts kaum überliefert und für die Kirchenprovinz Salzburg nach aktuellem Kenntnisstand nicht vorhanden.[25] Für unsere konkrete Fragestellung bieten sich jedoch die Akten der Universität Wien als ergänzende Quellen an.

3.3. Forschungsfragen und untersuchte Quellen

Im Zentrum dieses Kapitels steht die Beteiligung von Wiener Universitätsgelehrten an den Provinzial- und Diözesansynoden zwischen den Konzilien von Konstanz und Basel. Der Fokus liegt dabei auf der Auseinandersetzung der Partikularsynoden mit der hussitischen Häresie. Der Untersuchungszeitraum wird auf die Jahre 1418 bis 1431 eingegrenzt, da mit dem Basler Konzil, seinem Dekret zur regelmäßigen Abhaltung von Partikularsynoden von 1433 und dessen konkreter Umsetzung eine neue Phase partikularer Synodenarbeit begann: Nicht nur dürfte die Frequenz von Partikularsynoden nach 1433 deutlich angestiegen (oder deren Dokumentation verbessert worden) sein,[26] auch scheint (nach bisherigen Forschungen) eine dezidiertere Übernahme konkreter Reformdekrete stattgefunden haben. Darüber hinaus änderten sich mit den Hussitendebatten in Basel und der schlussendlichen Einigung in den Kompaktaten die Parameter der Auseinandersetzung mit den Hussiten.

Im Untersuchungszeitraum lassen sich zwei Synoden der Kirchenprovinz

---

23 KEHRBERGER, Provinzial- und Synodalstatuten, S. 109; JOHANEK, Synodalia, Bd. 1, S. 2f.; vgl. auch HELMRATH, Partikularsynoden, S. 88–90 und TREIBER, Die Autorität der Tradition, S. 62f.

24 JOHANEK, Synodaltätigkeit, S. 37f.; HELMRATH, Partikularsynoden, S. 74, der hier davon spricht, dass wir vor allem bei den Diözesansynoden »mit einer hohen Dunkelziffer von ›Routinesynoden‹ zu rechnen haben, die keine statuarischen, ja überhaupt keine schriftlichen Spuren hinterließen«.

25 Vgl. JOHANEK, Synodaltätigkeit, S. 38; WIEGAND, Diözesansynoden, S. 3 und S. 24f.

26 Während des Basler Konzils fanden weitere Salzburger Provinzialsynoden in den Jahren 1437 und 1438 statt, von denen nur die Einladungsschreiben erhalten sind (ed. in: DALHAM, Concilia, S. 216–219). Weitere Passauer Diözesansynoden sind in den Jahren 1435 (*Passau 1435*), 1436, 1437 (*Passau 1437*) und 1438 (*Passau 1438*) nachgewiesen.

Salzburg (1418, 1431) und zwei Synoden der Diözese Passau (1419, 1420) nachweisen. Zu drei der vier Synoden liegt Quellenmaterial vor, das auf die Beteiligung von Wiener Gelehrten hin untersucht werden kann.[27] Dabei wird konkret zu fragen sein: Auf wessen Initiative hin entsandte die Wiener Universität Vertreter zu den Synoden? Welche Personen wurden aus welchen Gründen als Vertreter ausgewählt? In welcher Weise – hierfür bieten die Universitätsakten wertvolle Hinweise – wurde die Teilnahme an der Universität selbst vorbereitet? Welche Schriften oder sonstigen Vorarbeiten wurden dafür erarbeitet? Und schließlich: Welche Rolle und Aufgabe kam den Gelehrten auf den Konzilien selbst zu? Darüber hinaus soll untersucht werden, welchen Stellenwert der Kampf gegen die Hussiten auf den jeweiligen Synoden – im Vergleich mit den anderen behandelten Themen – einnahm. Die Frage der Implementierung anti-hussitischer Regelungen in die Synodalstatuten der ersten Hälfte des 15. Jahrhunderts böte sich gut für diözesanvergleichende Untersuchungen an. So wies Johannes Helmrath zurecht darauf hin, dass die diachrone Entwicklung einzelner Statutenmaterien im Ländervergleich in den Studien zu mittelalterlichen Partikularkonzilien bislang stiefmütterlich behandelt wurde.[28] So wünschenswert eine vergleichende Untersuchung anti-hussitischen Statutenbestands in den von der hussitischen Revolution betroffenen Gebieten auch wäre, kann sie im Rahmen dieser Studie nicht geleistet werden, da eine verlässliche Materialbasis dafür fehlt. Die notwendigen Vorbereitungsarbeiten für ein solches Projekt – hier seien nur die Sammlung der erhaltenen Statuten und anderer Quellen, die Sichtung und kritische Analyse des handschriftlichen Materials sowie Recherchen zur Genese der jeweiligen Statutencorpora genannt – sprengen den Rahmen dieser Studie, weshalb die Untersuchung auf die Kirchenprovinz Salzburg beschränkt bleibt.

---

27 Zur Synode der Kirchenprovinz Salzburg von 1418 liegen die Statuten vor (hier wird die Edition in MANSI 28, S. 977–1006 benutzt (im Folgenden: *Salzburg* 1418), die vollständiger ist als die parallelen Ausgaben in SCHANNAT/HARTZHEIM, Concilia, Bd. 5, S. 161 f. und S. 171–187 sowie DALHAM, Concilia, S. 167–187). Eine deutsche Übersetzung der Statuten findet sich in BINTERIM, Pragmatische Geschichte, S. 394–418. – Zur Synode von 1431 sind Reformvorschläge der Synode für eine geplante Mainzer Nationalversammlung überliefert und ediert in *Salzburg* 1431. – Die Statuten der Passauer Diözesansynode des Jahres 1419 wurden herausgegeben in *Passau* 1419. Darin wurde für den 20. November 1420 die nächste Passauer Diözesansynode angekündigt (ebd., S. 112), zu der allerdings keine Quellen vorliegen.

28 HELMRATH, Partikularsynoden, S. 58 und S. 60.

3.4. Salzburger Provinzial- und Passauer Diözesansynoden zwischen 1418 und 1431

3.4.1. Die Salzburger Provinzialsynode des Jahres 1418

Genau wie die Vorschrift des IV. Laterankonzils, einmal jährlich Provinzial-synoden abzuhalten, zeitigte auch die Mahnung des Konzils von Pisa (1409), zur Vorbereitung geplanter Generalkonzilien regelmäßige Provinzial- und Diöze-sansynoden einzuberufen,[29] keinen Erfolg. Daran änderte auch die im Mai 1412 auf einer Generalsynode in Rom erlassene Bulle Johannes XXIII. nichts, die (unter Strafandrohung bei Nichtbeachtung) die Einberufung von Provinzial-synoden in einem dreijährigen Zyklus forderte.[30] Auf dem Konstanzer Konzil wurde zwar die Intensivierung von Partikularsynoden diskutiert und in Re-formtraktaten angemahnt,[31] in die Reformdekrete oder Konkordate gingen je-doch keine expliziten Regelungen ein. Auch Martin V. fügte in seine Reform-konstitution vom 16. Mai 1425 bereits Bestimmungen zur Abhaltung von Par-tikularsynoden ein,[32] doch erst das Basler Konzil sollte mit seinem Dekret *De conciliis provincialibus et synodalibus* vom 26. November 1433 detaillierte Re-gelungen für künftige Partikularsynoden erlassen.[33]

Obwohl das Konstanzer Konzil die Abhaltung von Partikularsynoden nicht geregelt hatte, berief der Salzburger Erzbischof Eberhard III. von Neuhaus (1403–1427) bereits für den 18. November 1418, sechs Monate nach Beendigung des Konstanzer Konzils, eine Provinzialsynode in Salzburg ein. Damit war Eberhard III. der erste deutsche Metropolit, der daran ging, die Konstanzer Beschlüsse in seinem Erzbistum auf dem Weg eines Provinzialkonzils be-

---

29 »Item, idem dominus noster, eodem approbante concilio, ordinat et mandat celebrari ante concilium generale concilia provincialia, per metropolitanos et synodos, ac eorum suffra-ganeos, secundum formam juris et concilii generalis: quia ex eorum omissione multa in-convenientia sequerentur« (Mansi 26, S. 1156). Zu folgendem Überblick vgl. Treiber, Die Autorität der Tradition, S. 91–102.

30 Diese Bulle ist nur in einer Abschrift in den Akten einer Pariser Synode des Jahres 1429 erhalten und findet sich nicht in den Registern zum Pontifikat Johannes' XXIII. (Leinweber, Die Provinzialsynoden, S. 75, Anm. 37 (dort auch ein Auszug aus der Quelle)).

31 Zu nennen sind hier etwa die *Capitula agendorum* und der *Tractatus de Reformatione Ecclesiae* des Pierre d'Ailly, die *Avisamenta edita in concilio Constanciensi* des Dietrich von Niem oder die *Reformvorschläge* des Johannes Gerson, die allesamt den Provinzial- und Diözesansynoden eine zentrale Rolle in den Reformbemühungen zusprachen; vgl. etwa Treiber, Die Autorität der Tradition, S. 92–95; Leinweber, Provinzialsynode und Kir-chenreform, S. 116–119 und Stump, The reforms, bes. S. 206–231.

32 Text der Konstitution in Döllinger, Beiträge, S. 335–344, zu den Partikularsynoden S. 340f.

33 Ed. in: COD II/2, S. 912–917 (sessio 15); vgl. Leinweber, Provinzialsynode und Kirchen-reform, S. 120–125.

kanntzumachen.[34] In der Folge des Constantiense stand die Kirchenreform im Zentrum, die – *de corrigendis excessibus et reformandis moribus, praesertim in clero* – den Erlass neuer und das allgemeine Kirchenrecht ergänzender Statuten für die Kirchenprovinz Salzburg notwendig machte.[35] Die Quellenlage zu diesem Konzil ist ambivalent: einerseits verfügen wir mit den Statuten über ausführliche Informationen zu den Teilnehmern und Inhalten, andererseits ist der edierte Text fehlerhaft und unvollständig, die handschriftlichen Textzeugen sind uneinheitlich und deren Genese nicht geklärt.[36] Die erhaltene Dokumentation dieser Synode gibt jedenfalls Aufschluss darüber, dass neben den Suffraganen Albert von Regensburg, Hermann von Freising, Engilmar von Chiemsee, Ulrich von Seckau, Wolfhard von Lavant, den Bevollmächtigten der Bischöfe von Passau, Brixen und Gurk auch mehrere Prälaten an der Provinzialsynode teilnahmen.[37] Der Statutentext selbst erwähnt die Vertreter der Wiener Universität nicht; für diese Information muss auf die Akten der Universität zurückgegriffen werden, in denen sich aufschlussreiche Hinweise finden: So beriet die versammelte Hochschule am 29. September 1418 über briefliche Bitten Erzbischof Eberhards III., Vertreter zur geplanten Provinzialsynode in der Stadt Salzburg zu entsenden und diese mit den entsprechenden Vollmachten auszustatten. Die Universität bestimmte acht Personen (zwei aus jeder Fakultät), um über dieses Ansuchen zu beraten und der Universität in der Folge Bericht zu erstatten:[38] die

---

34 So STUDT, Papst Martin V., S. 130 f.

35 *Salzburg* 1418, S. 980 f.; vgl. TREIBER, Die Autorität der Tradition, S. 125.

36 Die Regensburger Handschrift, die den Editionen zugrunde lag, kann nicht mehr identifiziert werden. In den rund 40 bekannten Handschriften, die Johanek in seinem *Repertorium* auflistet, finden sich darüber hinaus Fassungen, die eine andere Reihenfolge aufweisen oder zusätzliche Kapitel enthalten, deren Untersuchung jedoch noch aussteht (vgl. dazu schon JOHANEK, Synodalia, Bd. 2, Anm. 276 und TREIBER, Die Autorität der Tradition, S. 123, Anm. 49). – Wichtige Ergänzungen zu diesen Statutendrucken bietet FRIESS, Die Diöcesan-Synode, dessen Edition der Passauer Synodalstatuten von 1419 Passagen der Salzburger Statuten von 1418 enthält, die in den hier genannten Ausgaben fehlerhaft sind oder überhaupt fehlen. Gerda Koller stellte die Zuordnung dieser Textpassagen zur Salzburger Synode von 1418 jedoch in Zweifel und plädierte dafür, sie jener von 1419 zuzuordnen (KOLLER, Princeps, S. 101, Anm. 92). Hier sind noch weitere Untersuchungen notwendig.

37 DALHAM, Concilia, S. 168 f.

38 »Item eodem anno proximo die dominico in congregacione universitatis propositus erat articulus, quod dominus Eberhardus archiepiscopus Salzeburgensis per certas suas litteras invitaret doctores et magistros universitatis ad dirigendum aliqua honesta supposita cum sufficienti mandato ad provinciale concilium in civitate Salczeburgensis in octava beati Martini proxime ventura celebrandum. Et ad expediendum illum articulum et an esset mittendum quelibet facultas deputavit: facultas arcium mag. Theodoricum de Hammelburg et mag. Ulricum de Patavia, facultas medicine decanum et mag. Michaelem Valconis, facultas iuris dominum Caspar et dominum Iohannem de Westfalia, facultas theologie mag. Lampertum et mag. Bartholomeum cum relacione ab universitate« (AU, fol. 97r). – Zu Theodor von Hammelburg vgl. AFA I, S. 564; zu Ulrich von Passau ebd., S. 567; zu Kaspar

Artistische Fakultät delegierte Theodor von Hammelburg und Ulrich von Passau, die Medizinische Fakultät deren Dekan und Michael Falconis, die Juristische Fakultät Kaspar Maiselstein und Johannes von Westfalen, und die Theologische Fakultät Lambert von Geldern sowie Bartholomäus von Ebrach.[39] Die Akten der Artistischen Fakultät enthalten darüber hinaus die ergänzende Information, dass es insbesondere die finanziellen Aufwendungen für eine Gesandtschaft nach Salzburg waren, die diskutiert und der Universität mitgeteilt werden sollten.[40]

Das Ladungsschreiben Eberhards III. an die Wiener Universität ist nicht erhalten, allerdings findet sich im *Concilium provinciale* des Andreas von Regensburg das an den Klerus der Diözese Regensburg gerichtete Schreiben.[41] Darin verbindet Eberhard seine Ladung zum Konzil mit einer Exkommunikationsandrohung, sollte seiner Aufforderung nicht Folge geleistet werden.[42] Entsprechend groß war das Gremium von acht Doktoren und Magistern, das an der Wiener Universität gebildet wurde, um über die konkrete Umsetzung des erzbischöflichen Aufrufs zu beraten. Einer der zentralen Diskussionspunkte scheint dabei die finanzielle Belastung der Universität durch diese Gesandtschaft gewesen zu sein. Angesichts der Tatsache, dass Peter von Pulkau erst wenige Monate zuvor – nach einem langen und entsprechend kostspieligen Aufenthalt am Bodensee – vom Konstanzer Konzil zurückgekehrt war, verwundern diese

---

Maiselstein ebd., S. 502; zu Johannes von Westfalen ebd., S. 541; zu Lambert von Geldern ebd., S. 543. Zu Bartholomäus von Ebrach siehe oben Kapitel I, Anm. 29.

39 Der Hinweis von Gottfried Frieß, als Teilnehmer der Salzburger Synode sei Nikolaus von Dinkelsbühl besonders hervorzuheben (FRIESS, Die Diöcesan-Synode, S. 104), lässt sich anhand der Quellen nicht bestätigen, da Dinkelsbühl nach den Angaben in den Universitätsakten weder Mitglied der Gesandtschaft Herzog Albrechts noch Mitglied jener Gruppe war, die den *libellus* konzipierte. Möglicherweise führte der einleitende Hinweis in DALHAMS Concilia, S. 168 (»Praeter Episcopos Suffraganeos, Abbates et Praelatos ad hoc concilium invitavit Archiepiscopus etiam Doctores Academiae Viennensis, rogavitque, ut sibi adessent consilio, formamque praeceptionum conficerent, qua Ecclesiarum pastores edocentur, modum, sacra mysteria e ritu catholico pie sancteque administrandi. Non defuit Universitas votis Archiepiscopi, delegitque pro conficiendo libello Magistrum Nicolaum de Dinkelspihl, & M. Joannem Sindrami«) zu diesem Missverständnis. In dieser einleitenden Passage des Herausgebers, die nicht zum Statutentext gehört, stützt sich Dalham auf HANSZIUS, Germaniae Sacrae, Bd. 2, S. 468, der sich wiederum auf die Universitätsakten bezieht. In der Tat wurden Nikolaus von Dinkelsbühl und Johannes Sindrami mit der Abfassung eines *libellus* zur rechten Sakramentenspendung betraut, allerdings erst im Frühjahr 1420 (siehe unten, S. 207 f.).

40 »(…) De isto articulo placuit facultati, quod aliqui essent mittendi, et deputavit mag. Ulricum de Patavia et mag. Theodoricum de Hamelburg, qui cum deputatis aliarum facultatum videant de modo habendi expensas mittendorum cum relacione ad facultatem« (AFA II, fol. 26v; Auszüge in KINK, Urkundliche Beilagen, S. 59).

41 ANDREAS, Concilium provinciale, S. 289–291.

42 Ebd., S. 290 f.: »Quare vos omnes et singulos supradictos et quemlibet vestrum pastoralis solicitudinis studio in domino excitamus, invitamus, requirimus et monemus attende vobisque nichilominus sub pena excommunicacionis (…).«

Überlegungen nicht. Die finanziellen Bedenken der Hochschule wurden jedoch rund zwei Wochen später durch ein Schreiben Herzog Albrechts V. zerstreut. Der Landesfürst brachte darin seinen Wunsch zum Ausdruck, vier Angehörige der Universität – er nannte ausdrücklich Bartholomäus von Ebrach, Johannes von Westfalen, Peter Deckinger und Theodor von Hammelburg – auf seine Kosten als Gesandte des Herzogs und der Universität zum Konzil nach Salzburg zu entsenden.[43] Die Gesandtschaft bestand somit aus zwei Theologen (Bartholomäus von Ebrach und Theodor von Hammelburg) und aus zwei Kanonisten (Johannes von Westfalen und Peter Deckinger). Mit Ausnahme des Johannes von Westfalen, einem der führenden Kanonisten der Wiener Universität und späterem *auditor sacri palacii*, waren alle drei Gesandten auch Teilnehmer des Konstanzer Konzils gewesen (Peter Deckinger sogar als Gesandter Herzog Albrechts).[44] Dass die Akten explizit von einem Wunsch Albrechts sprechen und die versammelte Universität zudem darüber beriet, belegt, dass die Initiative in der Tat vom Landesherrn ausging und seinem Schreiben kein Bittgesuch der Hochschule voranging, ihre Teilnahme an der Synode finanziell zu unterstützen. Die Universität nahm jedenfalls, wie uns die Rektoratsakten berichten, das Angebot ihres Landesherrn dankbar an und stellte den vier vom Herzog bestimmten Gesandten vier weitere Personen zur Seite, um gemeinsam nicht näher bestimmte »Artikel und Punkte« für das bevorstehende Provinzialkonzil zu konzipieren.[45] Obwohl die weiteren vier Gelehrten hier nicht genannt sind, dürften sie bereits in besagter Universitätsversammlung ausgewählt worden sein, wie aus einem Eintrag in den Akten der Artistischen Fakultät zum selben Datum hervorgeht, der Christian von Grätz und Johannes von Mühldorf als Deputierte nennt.[46] Kurze Zeit später – der Eintrag in den Akten ist nicht datiert – legten die Deputierten der Universität einen Bericht vor, woraufhin man

---

43 »Primus ad audiendam voluntatem serenissimi principis et domini nostri domini Alberti ducis Austrie etc. super ambasiata ad concilium provinciale proxime Salczburge celebrandum per ipsum mittenda, et ad disponendum circa hoc, sicut videbitur expedire. Et quia dominus princeps elegit sibi quattuor de universitate scilicet mag. Bartholomeum de Ebraco, sacre pagine professorem, dominum Iohannem de Bestvalia, decretorum doctorem, mag. Petrum Dekinger, licenciatum in decretis, mag. Theodoricum de Hamelburg, baccalaureum formatum in theologia, ex parte sui sub propriis expensis ad peticionem domini Salczburgensis etc. ad prefatum concilium destinandos« (AU, fol. 98r; zum 13. Oktober 1418).

44 Zu Petrus Deckinger vgl. AFA I, S. 555f. Zu den anderen Genannten siehe oben, Anm. 38.

45 »Annuens cum hoc idem dominus princeps, quod si universitas eisdem magistris prefatis si vellet ex parte sui tractanda posset conmittere. Quare conclusum fuit, quod rector cum aliquibus sibi coniunctis de predicto consensu domino principi referrat graciarum acciones. Et prefatis quatuor magistris condeputati fuerunt quatuor alii, qui simul cum eis conciperent articulos et puncta in predicto provinciali concilio proponenda« (ebd.).

46 »(...) Et ex parte facultatis arcium fuerunt deputati mag. Cristianus de Grecz et mag. Johannes Angrer de Müldorf« (AFA II, fol. 27v; ebenfalls zum 13. Oktober 1418). – Zu Christian von Grätz vgl. AFA I, S. 507f.; zu Johannes Angerer von Mühldorf ebd., S. 524f.

sich auf die Abfassung eines *libellus* einigte, um den der Salzburger Erzbischof schriftlich gebeten hatte. Für die Aufgabe, alles Nötige dafür zu sammeln und den *libellus* zu konzipieren, wurden Lambert von Geldern, Johannes Sindrami, Michael Falconis, Theodor von Hammelburg und Christian von Grätz bestimmt.[47]

Was könnte der Inhalt dieses *libellus* gewesen sein, den der Erzbischof zur Vorbereitung der Synode erbat? Oder konkreter: Könnten Teile dieses *libellus* die hussitische Bedrohung behandelt haben? Leider enthalten die Universitätsakten diesbezüglich keinerlei Hinweise. Da auch keine Akten zum Ablauf der Synode oder Synodalpredigten überliefert bzw. bekannt sind, bleiben nur die von der Synode erlassenen Statuten, die auf Hinweise befragt werden können. Insgesamt verabschiedete die Synode 34 Statuten.[48] Zwei dieser Kanones wurden in der bisherigen Forschung mit der hussitischen Häresie in Verbindung gebracht: während Kanon 32 explizite Regelungen zum Umgang mit den böhmischen Häretikern enthält, wurde auch Kanon 1 in einem anti-hussitischen Kontext interpretiert. Insbesondere die Kontextualisierung diese Kanons wird im Folgenden kritisch zu überprüfen sein.

3.4.1.1. Die anti-hussitischen Kanones 1 und 32 der Salzburger Provinzialsynode

a)   Kanon 1
Gleich der erste Kanon der Salzburger Statuten des Jahres 1418 wurde in der Forschung im Kontext der hussitischen Häresie interpretiert. Dieser Kanon trägt den Titel *De summa trinitate et fide catholica* und legt die Verbindlichkeit der kirchlichen Lehre für Laien und Kleriker fest. Alle Prälaten sollten ihre Untergebenen in den fundamentalen Glaubensartikeln treu unterrichten.[49] Besonders

---

47 »Primus ad audiendum relacionem ambasiatorum proxime ad concilium provinciale Salczburge celebratum deputatorum, et ad cogitandum circa hoc si quid videbitur expedire que relacio fuit audita. Et inter cetera tactum fuit de concepcione cuiusdam libelli etc. iuxta tenorem cuiusdam littere per episcopum Salczburgensis universitati transmisse. Ad quem libellum concipiendum sew coligendum deputati fuerunt subscripti dominus doctor mag. Lampertus, dominus Johannes Sindrami, dominus doctor mag. Michael Falconis, mag. Theodoricus de Hamelburg, et mag. Christannus de Graecz« (AU, fol. 98v). – Zu Lambert von Geldern vgl. AFA I, S. 543; zu Johannes Sindrami ebd., S. 538f.; zu Theodor von Hammelburg ebd., S. 564 und zu Christian von Grätz ebd., S. 507f.

48 Neben diesen 34 neuen Statuten bestätigte und erneuerte sie im Proömium die älteren Statuten des Guido de San Lorenzo (Wien 1267), des Johannes Boccamazza (Würzburg 1287) und der früheren Salzburger Erzbischöfe Friedrich, Konrad und Pilgrim (TREIBER, Die Autorität der Tradition, S. 123 mit Anm. 50). Vgl. dazu auch STUDT, Papst Martin V., S. 132–134 (mit Fokus auf die Klosterreformen und Visitationen).

49 »De summa Trinitate, quae propter sui exquisitissimam et probatissimam perfectionem, ac

vehement richtet sich dieser Artikel gegen alle, die öffentlich oder geheim daran festhalten, dass ein Priester, der sich in einer Todsünde befinde, nicht gültig die Messe zelebrieren, die Beichte hören und lossprechen könne. Alle, die solches behaupteten, sollten für Ketzer und Ungläubige gehalten werden. Die Sakramente als heilige Geheimnisse könnten durch die Bosheit eines Menschen weder verunreinigt noch entheiligt werden, und entsprechend könne auch der Priester, wie viele Sünden er auch auf sich geladen habe, die göttlichen Geheimnisse als Heils- und Reinigungsmittel für alle nicht beschmutzen. Aus diesem Grund sei es erlaubt, die Messe jedes Priesters, der von der Kirche geduldet wird, zu hören und von diesem die Sakramente zu empfangen.[50] Im letzten Abschnitt des Kanons wird darüber hinaus jene irrige Meinung abgelehnt, die behauptete, dass Priester, die unkeusch leben, für dieses Verbrechen weder von einem Bischof noch von einem Priester Absolution empfangen könnten.[51]

Liest man Kanon 1 im Kontext des Konstanzer Konzils, erinnert die Lehre, dass die Binde- und Lösegewalt des Priesters nicht an dessen persönlicher Würdigkeit hänge, in der Tat an den vierten Anklageartikel gegen John Wyclif und den achten Anklageartikel gegen Jan Hus in Konstanz.[52] Dass der Kanon vor diesem aktuellen Hintergrund in die Statuten aufgenommen wurde, scheint nicht ausgeschlossen. Allerdings ist zu beachten, dass dieser Kanon 1 – wie der

---

clarissimam et lucidissimam veritatem, adjectione vel declaratione ulla non indiget: ad quam in primis, tanquam principium, medium et finem salutis omnium, corda nostra, manus et oculos elevemus devoti: nihil aliud est credendum, tenendum et docendum, nisi quod Romana credit, tenet et docet ecclesia, piissima, sanctissima, et prudentissima mater nostra: ita tamen, ut omnes Praelati articulos fidei principales fideliter suos subditos laicos doceant simpliciter credere, sicut ecclesia: ecclesiasticos vero, explicite et distincte« (*Salzburg* 1418, S. 979).

50 »Item statuimus, ut si aliquis clericus, vel laicus utriusque sexus, cujuscumque dignitatis, religionis vel status existat, ausus sit praesumptione damnabili publice praedicare, aut occulte docere, credere, vel tenere, quod sacerdos in mortali peccato existens non possit conficere corpus Christi; seu, sic ligatus, non possit solvere vel ligare suos subditos a peccatis; pro haeretico et incredulo habeatur. Quem errorem hujus sacri Concilii approbatione damnamus, anathematizamus, et penitus reprobamus, cum sacrae scripturae dicat auctoritas, quod sive bonus, sive malus sit minister, per utrumque Deus effectum gratiae confert. Non enim, quae sancta, coinquinari possunt; nec ipsa sacramenta propter hominum malitiam profanari. Unde sacerdos, quantumcumque pollutus existat, divina non potest polluere sacramenta, quae purgatoria cunctarum contagionum existant. Licite ergo a quocumque sacerdote ab ecclesia tolerato divina mysteria audiantur, et alia recipiantur ecclesiastica sacramenta« (*Salzburg* 1418, S. 979f.).

51 »Damnatione simili reprobamus quorumdam opinionem erroneam, asserentem, episcopum, presbyterum seu sacerdotem curatum non posse absolvere presbyteros fornicarios a fornicationis reatu propter votum castitatis. Inhibentes, ne quisquam de caetero praedictam opinionem sub poenis praedictis docere, tenere aut dogmatizare quoquomodo praesumat publice vel occulte« (*Salzburg* 1418, S. 980).

52 COD II/1, S. 551: »Si episcopus vel sacerdos est in peccato mortali, non ordinat, non conficit, non consecrat, nec baptizat« (4. Mai 1415, c. 4 gegen Wyclif) und ebd., S. 585f. (6. Juli 1415, c. 8 gegen Hus).

Großteil aller Kanones der Salzburger Statuten von 1418 – mit Ausnahme des letzten Abschnitts wörtlich aus den Mainzer Provinzialstatuten des Jahres 1310 übernommen wurde.[53] Dass ihn die Statuten des Jahres 1418 aufgriffen, könnte freilich dessen aktuelle Relevanz zeigen. Der Umstand, dass der Kanon jedoch nicht eigens für die Salzburger Synode formuliert und dessen anti-hussitischer Gehalt auch nicht durch zusätzliche Überlegungen oder Ergänzungen spezifiziert wurde, ist allerdings ebenso ernst zu nehmen. Während zahlreiche andere Kanones die Mainzer Vorlage veränderten, erweiterten und so aktualisierten, wurde in Kanon 1 nur der letzte Passus (die radikalen Bestimmungen konkubinarisch lebende Kleriker betreffend) hinzugefügt. Obwohl das Konstanzer Konzil ausreichend Material geboten hätte, die dogmatischen Irrtümer der Hussiten zu spezifizieren und dezidiert anzusprechen – ein Verweis auf die Anklageartikel gegen Wyclif und Hus hätte hier genügt! –, begnügte sich das Konzil damit, seine Mainzer Vorlage zu übernehmen. Der darin enthaltene Lehrsatz, dass die Gültigkeit des Sakraments nicht an der Würdigkeit des Spenders hänge, kann zwar als anti-hussitische Spitze gelesen werden; wäre es der Provinzialsynode jedoch darum gegangen, diesen aktuellen Kontext zu betonen, wäre dieser Verweis gewiss deutlicher ausgefallen. Dies zeigt auch ein Blick in die Statuten anderer Provinzen: So enthielten die Mainzer Provinzialstatuten von 1423 ebenfalls einen Kanon *De summa trinitate*, verknüpften darin allerdings den Lehrsatz, dass die Lehre der Römischen Kirche zu halten sei, mit einer Klage über die aktuelle Situation, in der sich in England und Böhmen mit Wyclif, Hus und Hieronymus von Prag viele Häresien ausgebreitet hätten.[54] Der Salzburger Kanon 1 erwähnt weder Wyclif und Hus, noch präzisiert und untermauert er diesen Vorwurf durch einen Verweis auf das Konstanzer Konzil.[55]

---

53 *Mainz 1310*, S. 175. Seinen Ursprung hatte dieser Kanon auf einer Aschaffenburger Synode des Jahres 1292.

54 »Sanctam et orthodoxam fidem catholicam, quam sancta Romana, et universalis profitetur, dogmatisat, et tenet ecclesia, cum omni ritu observantie sacramentalis, prout ipsa Romana ecclesia hactenus tenuit et observat, totis cordibus devotissime credimus, et ore simpliciter confitemur. Verum, quia pridem in regnis Anglie, et post hoc Bohemie, in quibus predicta fides devotissimo quondam venerabatur affectu, nunc quedam sevissime hereses, quantum in eis est, status ecclesiastici destructive, gratiarum sacramentalium exterminative, et clavium ecclesie, nec non potestatis earundem ac ecclesiarum censurarum penitus enervative inceperunt noviter, nec adhuc desinunt, maxime in regno Bohemie pullulare: Que licet in sacro Constantiensi concilio generali cum suis auctoribus, magistris videlicet Joanne Wicleff primo, ac postmodum Joanne Husse, et Hieronymo de Praga, eorumque sequacibus et adherentibus, nec non omnibus suis erroribus, libellis, et opusculis fuerint condemnate, et synodaliter reprobate, cum inhibitione sub gravibus penis (...)« (ed. in Schannat/ Hartzheim, Concilia, Bd. 5, S. 208). Derselbe Befund gilt für die Konstanzer Diözesanstatuten desselben Jahres, die darin den Mainzer Bestimmungen folgten; vgl. Kehrberger, Provinzial- und Synodalstatuten, S. 30.

55 Die Passage »Quem errorem hujus sacri Concilii approbatione damnamus, anathematiza-

Die Salzburger Provinzialsynode des Jahres 1418 sorgte sich hingegen vor allem um die Anerkennung der priesterlichen, mit der Sakramentenspendung betrauten Autorität, um die sich der ganze Artikel dreht.[56] Die Betonung der Gewalt und Autorität der *ecclesia Romana* spiegelt auch die Ekklesiologie des IV. Lateranums und Papst Innozenz' III. wieder.[57] Letztlich drängt sich bei der Lektüre dieses Kanons die grundsätzliche Frage auf, ob damit tatsächlich die hussitische Häresie angesprochen werden sollte, oder ob der Salzburger Versammlung nicht vielmehr waldensische Gruppierungen vor Augen standen, die schon seit Jahrzehnten fest in der österreichischen Bevölkerung verankert waren und seit dem Beginn des 15. Jahrhunderts im Untergrund fortbestanden. Die Theologie dieses Kanons und die massive Kleruskritik mit ihrer Fokussierung auf die Gültigkeit der Sakramente und der Verteidigung der priesterlichen Autorität erinnert jedenfalls eher an die waldensische als an die hussitische Häresie. Offenkundig deutete die Provinzialsynode die neue böhmische Häresie im Licht älterer, bekannter Häresien.[58]

b)   Kanon 32

Der zweite Kanon, der sich (nun allerdings dezidiert) gegen die Hussiten richtet, ist Kanon 32. Dieser entspricht zwar in seinem Titel – *De haereticis* – seiner Mainzer Vorlage, der Text selbst wurde hingegen neu formuliert bzw. kompiliert.[59] Könnte diese Überarbeitung der Statutenvorlagen ein Hinweis auf jene Themen sein, die auf der Synode diskutiert wurden? Und ist es plausibel, aus diesen möglichen Diskussionsthemen während der Synode auf die Themen zu schließen, die Eberhard in besagtem *libellus* behandelt wissen wollte? Werfen wir dazu einen genaueren Blick auf Kanon 32. Dieser Kanon gehört zu den längsten Kanones der Salzburger Statuten. Seine Positionierung am Ende der Statuten ergibt sich daraus, dass diese der Systematik der Mainzer Statutenanordnung – mit ihrer dem *Liber Extra* entsprechenden Gliederung in fünf Bücher – folgten und der Titulus *De haereticis* zum fünften Buch (*crimen*) gehörte.[60] Der Anlass dieses Kanons ist klar formuliert: Einige, die von den Häresien

---

mus, et penitus reprobamus (...)« findet sich schon in der Mainzer Vorlage und ist somit kein expliziter Verweis auf das Konstanzer Konzil.

56 Vgl. IV. Laterankonzil, const. 1 (*Firmiter credimus*), ed. in: COD II/1, S. 163 f.

57 Vgl. dazu PRÜGL, The Fourth Lateran Council.

58 Vgl. dazu unten, S. 200–205.

59 Der einzige weitere Kanon der 34 Statuten, der ebenfalls völlig von der Mainzer Vorlage abweicht, ist Kanon 2 (*De constitutionibus*). Neben allgemeinen Maßnahmen zur Kirchenreform beschäftigt sich dieser mit der geplanten Reform des Augustiner- und Benediktinerordens und den dafür ernannten Visitatoren. Da darin konkrete Regelungen für die Salzburger Kirchenprovinz getroffen wurden, konnte nicht auf die entsprechende Mainzer Vorlage zurückgegriffen werden. Vgl. *Salzburg* 1418, S. 980–983.

60 Vgl. dazu TREIBER, Die Autorität der Tradition, S. 125. Zur schwierigen und verschlungenen Entwicklungsgeschichte der Mainzer Statuten von 1310 vgl. KEHRBERGER, Provinzial- und

und Irrtümern der Wyclifiten und Hussiten angesteckt worden seien oder dessen verdächtigt würden, hätten die Salzburger Kirchenprovinz heimlich (*latenter*) betreten, um geheim und öffentlich jene Irrtümer und Häresien zu predigen und zu lehren, die von der Universalkirche und dem Konstanzer Generalkonzil kürzlich als irrig und häretisch verurteilt worden waren. Der Salzburger Erzbischof solle die ihm anvertrauten Gläubigen nun vor dieser Gefahr beschützen.[61] Die Androhung ewiger Verdammnis, der Exkommunikation an die Person und des Interdikts über die betroffenen Orte zielte darauf ab, zu verhindern, dass irgendeine Person der Salzburger Kirchenprovinz, egal welchen Standes, welcher Würde und welchen Ordens, von den wyclifitischen und hussitischen Irrtümern und Häresien infiziert oder ihrer verdächtigt werde. Öffentliche und geheime Predigten und Lehren sollten verboten, das Hören derselben unterbunden werden.[62] Jegliches verdächtige Vorgehen hatte umgehend dem nächstwohnenden Oberen angezeigt zu werden; die weltlichen Obrigkeiten hatten Verdächtige auf die Aufforderung der Suffragane Eberhards, deren Vertreter oder eigens bestimmter Ketzerinquisitoren hin umgehend einzusperren und festzuhalten. Jegliche Unterstützer und Verteidiger (*receptatores, fautores et defensores*)[63] der genannten Häretiker sollten mit Exkommunikation und Interdikt belegt werden. Auch für vermeintliche, nur vorgetäuschte Bekehrungen wurde Vorsorge getroffen: um dies zu vermeiden, sollten die Ver-

---

Synodalstatuten, S. 3–29; JOHANEK, Synodalia, Bd. 1, S. 14–76; knapp auch TREIBER, Die Autorität der Tradition, S. 123 f.

61 »Cum nonnulli (quod dolenter ferimus) Vvicleffistarum et Hussitarum haeresibus et erroribus infecti, et de eisdem infamati et suspecti, terminos nostrae provinciae, sub agni specie gerendo lupum, latenter intrantes, ausu temerario praesumunt praedicare, tenere et docere occulte et publice praedictorum errores et haereses dudum ab universali ecclesia et generali Constantiensi concilio tanquam erroneos et haereticos condemnatos: nos saluti gregis Dominici nobis commissi, saluti animarum, et huic morbo periculoso pervigili cura providere volentes, ne scintilla modica in principio succrescat in flammam, et fermentum vilmodicum totam massam corrumpat, sacro approbante concilio, sub interminatione maledictionis aeternae, et sub excommunicationis sententiis in singulares personas, et interdicti in loca, si communitates aut domini locorum infrascriptis negligentes aut culpabiles fuerint, quas contra facientes ac negligentes incurrere volumus ipso facto« (*Salzburg* 1418, S. 1002 f.).

62 »Inhibemus, ut nulla ecclesia[stica] mundanave persona nostrae provinciae, cujuscumque status, conditionis aut ordinis existat, etiam si pontificali aut ducali praefulgeat dignitate, praefatis erroribus et haeresibus infectos, infamatos aut suspectos, in suis ecclesiis, monasteriis, parochiis, dominiis, terris, civitatibus, oppidis, villis, castris aut domibus, ac locis aliis quibuscumque, ad praedicandum, docendum aut dogmatizandum publice vel occulte admittant, seu assumant« (*Salzburg* 1418, S. 1003).

63 Die drei Gruppen der *receptatores, fautores* und *defensores* standen seit der Mitte des 11. Jahrhunderts neben den Häretikern selbst im Fokus der Ketzergesetzgebung. Erstmals nebeneinander genannt finden sich die drei Unterstützergruppen in der Dekretale *Ad abolendam* Lucius' III. von 1184, aufgegriffen wurden sie auch vom IV. Laterankonzil. – Vgl. dazu den Überblick in OBERSTE, Krieg gegen Ketzer, bes. S. 370–374.

dächtigen nach ihrer Bekehrung und ihrem Abschwören eingekerkert bleiben und nicht freigelassen werden, bis man von ihrer wahrhaften und ehrlichen Bekehrung überzeugt sei.[64] Gegen die weltlichen Machthaber, die es, trotz entsprechender Aufforderung, vernachlässigen, ihre Gebiete von der Häresie zu säubern, sollten die entsprechenden Rechte mit der gebotenen Vorsicht angewandt werden und auch deren Untergebene ermuntert werden, diese Rechte unverletzlich zu beachten.[65]

Dieser Artikel ist in mehrfacher Hinsicht interessant. Zum einen findet sich darin der klare Verweis auf das Konstanzer Konzil und dessen Verurteilung der »wyclifitischen und hussitischen« Häresie, die in die Gesetzgebung der Salzburger Kirchenprovinz integriert werden sollte. Doch werden hier tatsächlich Konstanzer Regelungen oder Verurteilungen rezipiert? Explizit verurteilte das Konstanzer Konzil zum einen den Laienkelch (im Dekret *Cum in nonnullis* von 1415,[66] das nur in seinen Eingangsworten an unseren Kanon erinnert, der mit *Cum nonnulli* beginnt), zum anderen spezifische theologische Aussagen, die John Wyclif, Jan Hus und Hieronymus von Prag vorgeworfen wurden; nicht jedoch die »hussitische Häresie« an sich. In Kanon 32 wird nun weder der

---

64 »Ordinamus, ut omnes Christifideles utriusque sexus memoratae nostrae provinciae, postquam audiverint, sciverint, aut eis constiterit, praefatis haeresibus et erroribus infectos, infamatos ac suspectos, in praefata nostra provincia morari, docere, dogmatizare errores praedictos, ipsos statim suis superioribus, quorum praesentiam commode adire poterunt, sine omni excusatione et negligentia, sub poenis, ut superius exprimitur, denuntiare nullatenus omittant. Omnibus ducibus, comitibus, baronibus, capitaneis, burgraviis, castellanis, magistris civium, consulibus, judicibus et officialibus aliis quibuscumque districte praecipimus et mandamus sub poenis praemissis, ut ad requisitionem suffraganeorum nostrorum, eorundem vicariorum, seu inquisitorum pravitatis haereticae, seu cujuscumque alterius praedictorum, taliter de haeresi infectos, infamatos aut suspectos incarcerare, captivare ut detinere debeant et teneantur. Et si tales se praetenderent in sacris ordinibus constitutos, nobisque ac nostris suffraganeis, archidiaconis, vicariis, et eorundem officiis, ac haereticae pravitatis inquisitoribus deputatis, pro nunc autem in nostra provincia postea deputandis, tradant et assignent taliter denuntiatos et suspectos, ut pro extirpatione tam periculosi criminis libere procedant et procedi faciant juxta canonicas sanctiones. Receptatores quoque, fautores et defensores eorundem, poenis, ut praemittitur, volumus subiacere. Et quia tales infecti, infamati et suspecti de erroribus supradictis, ut plurimum per simulatam conversionem, ad unitatem Ecclesiae redeunt fraudulenter, sacro approbante concilio ordinamus, ut ultra poenas talibus post conversionem ipsorum et errorum abjurationem a iure inflictas, per annum, postquam abjuraverint, carceribus mancipentur, nec relaxentur ab eisdem, donec de vera et sincerea ipsorum conversione verisimiliter praesumatur« (*Salzburg* 1418, S. 1003f.).

65 »Adjicientes, ut omnes et singuli nostri suffraganei ad extirpationem tanti mali viriliter assurgentes, omnia et singula jura contra haereticos ac de haeresi suspectos et infamatos, contra ipsorum receptatores, fautores et defensores, ac potestates seculares, qui requisiti legitime, neglexerint sua dominia a pravitate haeretica extirpare, promulgata provide exequantur et observent, et a suis subditis faciant inviolabiliter observari, paterne, ut tenemur, in hoc ipsorum officium excitantes« (*Salzburg* 1418, S. 1004).

66 Ed. in: COD II/1, S. 562f.

Laienkelch erwähnt, noch erfolgt eine andere inhaltliche Spezifizierung der »hussitischen Lehre« (die im Winter 1418 auch noch gar nicht vorlag). Freilich hieße es, den Charakter der Statuten zu überfordern, wollte man in diesen Rechtstexten eine theologische Spezifizierung der hussitischen Häresie finden. Aufgabe und Ziel der Synodalstatuten war es, Lücken in der bisherigen partikularen Kirchengesetzgebung zu schließen und das allgemeine Kirchenrecht an die örtlichen Verhältnisse und aktuellen Erfordernisse anzupassen. Die Ausführlichkeit der Bestimmungen und deren Neuformulierung zeigt, dass hier akuter Regelungsbedarf bestand. Interessant ist dennoch, dass Kanon 32 in keiner Weise die aktuellen Verurteilungen des Konstanzer Konzils rezipiert (oder wichtige Dekrete wie *Cum in nonnullis* wenigstens erwähnt). Darin unterscheidet sich die Vorgehensweise der Synode von der Situation nach dem Basler Konzil, wo nach bisherigem Forschungsstand eine umfassende Rezeption der Basler Dekrete – wörtlich, paraphrasierend, mit oder ohne Nennung des Kanons – in diversen Partikularstatuten festgestellt werden kann.[67] Zu berücksichtigen ist dabei freilich, dass das Basler Konzil 1433 die regelmäßige Abhaltung von Partikularsynoden und die dortige Rezeption der Konzilsdekrete dezidiert vorgeschrieben hatte, während es eine vergleichbare Regelung für Konstanz noch nicht gab.

Dieser auffällige Unterschied bietet einen guten Einblick in die Arbeitsweise der Salzburger Synode, der offenbar weniger daran gelegen war, die aktuellsten zur Verfügung stehenden Konzilsdekrete in das partikulare Kirchenrecht der Provinz zu integrieren und bekannt zu machen. Vielmehr wurden die zentralen Anliegen des Konzils – darunter der Kampf gegen die hussitischen Häretiker – aufgegriffen und recht frei und unabhängig von Konstanz in praktikable, konkrete Handlungsanweisungen gekleidet. Insgesamt ist somit Vorsicht geboten, Provinzial- und Diözesansynoden nach Konstanz primär als »Publikations- und Umsetzungsorgane für Konzilsdekrete«[68] zu interpretieren. In den untersuchten Kanones ist kein Bemühen erkennbar, dass »die *Dekrete* die ›Basis‹ erreichen sollten«;[69] tatsächlich werden die entsprechenden Dekrete weder genannt noch inhaltlich aufgegriffen oder gar zitiert. Vielmehr ging es um die Einschärfung von Verfahrensweisen, ohne dabei jedoch konkrete Konzilstexte zu tradieren. Der Fokus des Kanons liegt somit weder auf einer expliziten Rezeption der Konstanzer Dekrete, noch auf einer theologischen Spezifizierung der hussitischen Häresie, sondern auf konkreten Handlungsanweisungen an alle Christgläubigen der Kirchenprovinz Salzburg. Diese hatten häresieverdächtige Personen jedweden Standes und Ranges umgehend bei speziell bestimmten

---

67 Vgl. dazu etwa HELMRATH, Reform als Thema der Konzilien, S. 126–129 mit Anm. 190–198.
68 HELMRATH, Reform als Thema der Konzilien, S. 126.
69 Ebd., S. 127.

kirchlichen Stellen (den Suffraganen des Erzbischofs, deren Vertretern und eigenen Ketzerinquisitoren, die zu diesem Zweck eingesetzt werden sollten) zu melden. Diese wiederum hatten im Folgenden diese Informationen an den weltlichen Arm weiterzugeben, dem die Aufgabe zukam, die Verdächtigen einzukerkern. Während in diesem Kanon also die formalen Vorgehensweisen eingeschärft werden, werden die materialen Vergehen bzw. Häresien (der »Hussitismus«) nicht charakterisiert. Diese zu bestimmen überlässt man den Gerichten. Der Kanon selbst diente somit primär dazu, den kirchlichen Behörden die notwendigen Berechtigungen zu verleihen: er setzte die Bischöfe instande, ungehindert gegen die Häresie bzw. Häresieverdächtige vorzugehen.

Wenn Kanon 32 auch keine Dekrete des Konstanzer Konzils aufnahm, griff er dennoch ältere Regelungen zur Ketzerbekämpfung auf: so sind etwa deutliche Anklänge an den dritten Kanon des IV. Laterankonzils von 1215 erkennbar.[70] Aufschlussreich sind allerdings nicht nur die Gemeinsamkeiten zwischen Kanon 3 des IV. Lateranums und Kanon 32 der Salzburger Statuten, sondern insbesondere auch deren Unterschiede. Die Grundstruktur und das Anliegen beider Kanones sind identisch: beide behandeln den Umgang mit Häretikern in den Bistümern, Strafen für mögliche Unterstützer unter den Gläubigen sowie die Verantwortung der (Erz-)Bischöfe und der weltlichen Herrscher in der Ausrottung der Häresie. In den Detailregelungen finden sich jedoch aufschlussreiche Abweichungen, vor allem in der Schwere der vorgesehenen Strafen. So verfügte Kanon 3 des IV. Lateranums etwa, dass weltliche Herren, die im Kampf gegen die Häretiker nachlässig seien, exkommuniziert und nach einem Jahr – sollten sie in der Zwischenzeit keine Genugtuung geleistet haben – dem Papst gemeldet werden sollten, der die Vasallen vom Treueeid zu entbinden und das Land den rechtgläubigen Fürsten zu übergeben habe.[71] Der Salzburger Kanon nahm zwar ebenfalls alle weltlichen Herrscher der Provinz in die Pflicht und verfügte, dass jene, die in der Bekämpfung der Häretiker Nachlässigkeit zeigten, nach den Möglichkeiten des Kirchenrechts bestraft werden sollten; allerdings solle, so der unmittelbar folgende Nachsatz, dies mit der gebotenen Vorsicht geschehen. Auch der öffentliche Eid zur Verteidigung des Glaubens, zu dem die weltlichen und geistlichen Gewalten nach Kanon 3 des IV. Lateranums verpflichtet wurden,[72] findet sich in den Salzburger Statuten nicht. Ein weiteres

---

70 Ed. in: COD II/1, S. 166–168.

71 »Si vero dominus temporalis, requisitus et monitus ab ecclesia, terram suam purgare neglexerit ab hac haeretica foeditate, per metropolitanum et ceteros comprovinciales episcopos excommunicationis vinculo innodetur; et si satisfacere contempserit infra annum, significetur hoc summo pontifici, ut extunc ipse vassallos ab eius fidelitate denunciet absolutos et terram exponat catholicis occupandam (…)« (ebd., S. 233 f.).

72 »Moneantur autem et inducantur et si necesse fuerit per censuram ecclesiasticam compellantur saeculares potestates, quibuscumque fungantur officiis, ut sicut reputari cupiunt et

Beispiel ist die Bestrafung der *receptatores, fautores et defensores* der Häretiker, die in beiden Texten behandelt wird. Während der Salzburger Kanon 32 den Unterstützern »nur« mit der Strafe der Exkommunikation drohte, sah das IV. Laterankonzil darüber hinaus vor, dass, sollte der Zustand der Exkommunikation ein Jahr lang andauern, in weiterer Folge das Eigentum der Betroffenen konfisziert und sie selbst wahl- und testamentsunfähig werden sollten. Damit folgte das IV. Lateranum, nicht jedoch die Salzburger Synode der älteren Ketzergesetzgebung, die zu einer analogen Bestrafung von Häretikern und deren Unterstützern tendierte.[73] Darüber hinaus rezipierte der Salzburger Kanon 32 auch die ein- bis zweimal jährlich durchzuführenden (erz-)bischöflichen Visitationen, die das IV. Lateranum für häresieverdächtige Pfarren vorgeschrieben (und mit einem Eid für alle betroffenen Pfarrangehörigen verbunden) hatte,[74] nicht.

Die konkreten Bestimmungen des Kanons zeigen somit eine deutliche Zurückhaltung in der Anwendung der zur Verfügung stehenden Strafmaßnahmen. Obwohl sich Kanon 32 eng an den Häretikerkanon des IV. Laterankonzils anlehnte, folgte er diesem in mehreren markanten Punkten nicht. Damit schöpfte die Salzburger Provinzialsynode das Strafrepertoire, das die kanonistische Tradition gegen die Hussiten geboten hätte, bei weitem nicht aus. Diese Zurückhaltung könnte ein Hinweis darauf sein, dass man die aktuelle, vom Konstanzer Konzil vorgegebene Bedrohung der Hussiten zwar in die Kanones aufnahm, in der Kirchenprovinz selbst jedoch keine tatsächlich maßgebliche Gefahr bestand. Wäre der Kampf gegen die Hussiten eine der Prioritäten der Salzburger Synode gewesen, hätte sie wohl mit Nachdruck alle Möglichkeiten der Strafandrohung genutzt, anstatt eine zwar bestimmte, aber dennoch vergleichsweise milde Praxis einzuschärfen.

---

haberi fideles, ita pro defensione fidei praestent publice iuramentum, quod de terris suae iurisdictioni subiectis universos haereticos ab ecclesia denotatos bona fide pro viribus exterminare studebunt, ita quod amodo quandocumque quis fuerit in potestatem sive spiritualem sive temporalem assumptus, hoc teneatur capitulum iuramento firmare« (ebd.).

73　»Credentes vero, praeterea receptores, defensores et fautores haereticorum excommunicationi decernimus subiacere, firmiter statuentes ut, postquam quis talium fuerit excommunicatione notatus, si satisfacere contempserit infra annum, extunc ipso iure sit factus infamis, nec ad publica officia seu consilia, nec ad eligendos aliquos ad huiusmodi, nec ad testimonium admittatur; si etiam intestabilis, ut nec testandi liberam habeat facultatem nec ad hereditatis successionem accedat; nullus praeterea ipsi super quocumque negocio, sed ipse alii respondere cogatur« (ebd., S. 234). Vgl. auch Oberste, Krieg gegen Ketzer, bes. S. 373–376.

74　»Adicimus insuper, ut quilibet archiepiscopus vel episcopus per se aut per archidiaconum suum vel idoneas personas honestas bis aut saltem semel in anno propriam parochiam, in qua fama fuerit haereticos habitare, circumeat, et ibi tres vel plures boni testimonii viros vel etiam, si expedire videbitur, totam viciniam iurare compellat; quod si quis ibidem haereticos sciverit vel aliquos occulta conventicula celebrantes seu a communi conversatione fidelium vita et moribus dissidentes, eos episcopo studeat indicare« (ebd., S. 235).

Zur Einordnung der Hussiten in die »Häresielandschaft« Österreichs
Obwohl Bestimmungen gegen die Hussiten Eingang in die Salzburger Provin-
zialgesetzgebung fanden, fällt bei einer genauen Analyse der entsprechenden
Kanones nicht nur eine gewisse Zurückhaltung in der Anwendung der Strafbestimmungen auf, sondern auch, dass die Theologie dieser Artikel letztlich
weniger eine anti-hussitische als eine anti-katharische und anti-waldensische
Note atmet. Obwohl zwar, wie vom Konstanzer Konzil vorgegeben, Bestimmungen gegen die neue Häresie der Hussiten in die Gesetzgebung der Kirchenprovinz aufgenommen wurden, erinnert insbesondere die im ersten Kanon
geschilderte harsche Kleruskritik eher an waldensische Strömungen, die in
Österreich in den vorangegangenen zweihundert Jahren Fuß gefasst hatten.
Schon in der Mitte des 12. Jahrhunderts, spätestens aber seit der Mitte des
13. Jahrhunderts hatten sich die Waldenser in Österreich wie ein Flächenbrand
ausgebreitet.[75] Über mehrere Generationen hinweg hatte sich die waldensische
Häresie fest in der Bevölkerung verwurzelt. Kennzeichen ihrer Lehre waren etwa
ein striktes *sola scriptura*-Prinzip, radikale Armut, Wanderpredigten in der
Volkssprache und Aufrufe zur Buße. Ab 1391 setzte mit dem Wirken des Inquisitors Petrus Zwicker – im Auftrag des Passauer Bischofs Georg von Hohenlohe – eine besonders heftige und nachhaltige Verfolgung der österreichischen Waldenser ein. Bis zu seinem Tod 1403 ging Zwicker scharf gegen sie vor;
die daraus resultierenden Verluste der Bewegung waren so einschneidend, dass
der Erfolg der Bewegung gebrochen wurde und ab dem Beginn des 15. Jahrhunderts nur mehr vereinzelte Nachrichten zu waldensischen Anhängern in
Österreich vorliegen. Werner Maleczek wies jedoch darauf hin, dass nicht von
einem schlagartigen Verschwinden der Häresie in den Jahren nach 1400 auszugehen ist, sondern vielmehr davon, dass die österreichischen Waldenser in
den Untergrund gedrängt wurden.[76] Noch 10 Jahre, bevor sich die Hussiten in
Böhmen zu formieren begannen, war Österreich somit von Anhängern der
waldensischen Häresie durchdrungen.

Mit dem Aufkommen der Hussiten in Böhmen bekam die »Häresie« nun ein
neues Gesicht. Schon 1418 klagte Herzog Albrecht V. über angeblich in Österreich herumziehende hussitische Wanderprediger, die er festzunehmen und vor
Gericht zu stellen befahl.[77] Doch wie plausibel ist es, dass – zu diesem Zeitpunkt

---

75 Zur Ausbreitung und Bekämpfung der Waldenser im mittelalterlichen Österreich vgl. SEGL,
   Ketzer in Österreich; MALECZEK, Die Ketzerverfolgung, und UBL, Die österreichischen
   Ketzer; zur Bewegung der Waldenser allgemein vgl. etwa DE LANGE/UTZ TREMP, Friedrich
   Reiser; BILLER, The Waldenses; MOLNÁR, Die Waldenser; GONNET, Les Vaudois, sowie den
   Art. »Waldenser« in: TRE 35 (2003) 388–402 (Euan K. CAMERON) mit weiteren Literatur-
   hinweisen.
76 MALECZEK, Die Ketzerverfolgung, S. 35.
77 Das Regest zur entsprechenden Urkunde Albrechts V. lautet: »Herzog Albrecht V. bringt zur

oder generell – tatsächlich hussitische Missionare versuchten, in Österreich in großem Ausmaß Anhänger zu gewinnen? Ist nicht vielmehr davon auszugehen, dass es sich bei den existierenden Häretikern noch um Waldenser, nicht bereits um Hussiten handelte? Schon Maleczek konstatierte, dass die Hussiten in Österreich nie einen nennenswerten Anhang fanden, da ihre militärischen und gewaltsamen Übergriffe ab den frühen 1420er-Jahren abschreckend wirkten und die Böhmen grundsätzlich wenig Interesse an missionarischen Tätigkeiten zeigten.[78] In der Tat lässt ein Blick auf die Entwicklung der hussitischen Bewegung vor und um 1420 erhebliche Zweifel aufkommen, dass sie ihre Lehren tatsächlich strukturiert und flächendeckend in den Nachbarländern ausbreiteten. So stellen sich in diesem Zusammenhang mehrere Fragen: Welche konkrete »hussitische Lehre« hätte schon 1418 oder gar davor verbreitet werden sollen? Die überstürzten Unruhen in Böhmen im Spätherbst 1419, in denen sich die Revolution gewaltsam Bahn brach, waren unkoordiniert und spontan. Die heterogene und von der Konfliktdynamik selbst überraschte hussitische Bewegung sah sich erst im Frühsommer 1420 durch die äußere militärische Bedrohung gezwungen, sich auf das Kompromissprogramm der Vier Prager Artikel zu einigen.[79] Wenn also erst im Juli 1420 die Kernforderungen in ein – auch weiterhin von den hussitischen Teilgruppen ganz unterschiedlich gewichtetes und interpretiertes – Kompromissprogramm gegossen wurden, wie wahrscheinlich ist es dann, dass schon 1418 oder noch früher flächendeckend hussitische Missionare in die Nachbarländer Böhmens ausgesandt wurden? Zwar waren die einzelnen Forderungen (wie der Laienkelch oder ein evangeliumsgemäßes Leben des Klerus) schon vor 1420 laut geworden, allerdings nie als greifbares Programm. Zu unterschiedlich waren die Interessen des gemäßigten und radikalen Teils der Bewegung, zu unorganisiert ihr Vorgehen. Als nach dem Prager Fenstersturz im Herbst 1419 Sigismund mit Unterstützung der Kreuzfahrerheere in Prag militärisch gegen die Hussiten vorzugehen begann, fand sich die junge, sich gerade formierende Bewegung in einer existenzgefährdenden Situation. Angesichts dieser fundamentalen militärischen Bedrohung in Böhmen scheint es kaum vorstellbar, dass parallel dazu missionarische Bemühungen in den Nachbarländern vorangetrieben worden wären. Darüber hinaus stellen sich auch

---

allgemeinen Kenntnis, dass die nachvolger der keczerei des Hussen ir boten in priester und in laiengestalt in gehaim schickchen in seine Städte, Märkte und Dörfer, um seine Unterthanen dem rechten Kristenglauben zu entfremden, daraus vil irrsals und zwaiung unter dem volk aufersteen, und er befiehlt neuerdings, wo solich verweiser und abkerer von rechtem gelauben angetroffen werden, es sein phaffen oder laien, man oder weib, sie sofort zu verhaften und dem geistlichen oder weltlichen Gerichte zu überliefern« (gedruckt in: Quellen zur Geschichte der Stadt Wien, Bd. 2,2, S. 38 (Nr. 2092)); vgl. Studt, Papst Martin V., S. 67, Anm. 37 und Maleczek, Die Ketzerverfolgung, S. 33, Anm. 55.

78 Maleczek, Die Ketzerverfolgung, ebd.

79 Siehe dazu unten Kapitel IV, S. 260–269.

grundsätzliche Fragen: Wie wahrscheinlich ist es, dass es nennenswerten Gruppen böhmischer Missionare trotz der Belagerung durch die Kreuzfahrerheere möglich gewesen wäre, unbehelligt auszuschwärmen? Welchen Anklang hätten hussitische Wanderprediger angesichts der gewaltsamen Zerstörung von Kirchen, Klöstern und ganzer Orte in Österreich wohl gefunden? Wem wäre innerhalb der Bewegung überhaupt die Kompetenz zugekommen, solche Maßnahmen zu autorisieren und koordinieren? Wer käme als hussitischer »Missionar« in Frage, und wie wäre schließlich die Verständigung der böhmischen Prediger mit der österreichischen Bevölkerung praktisch vorstellbar? Darüber hinaus ist es fraglich, ob die hussitische Bewegung, die u. a. von einem stark nationalen und patriotischen Zugang geprägt war, außerhalb Böhmens überhaupt nennenswerten Erfolg hätte haben können. Wie sehr hätte eine häretische Bewegung, in der tschechisches Nationalbewusstsein eine fundamentale Rolle spielte, bei österreichischen Gläubigen Anklang gefunden, die weder mit Jan Hus noch der Bewegung selbst »emotional« verbunden waren?

Abgesehen von Hieronymus von Prag, für den eine aktive Reisetätigkeit in Länder außerhalb Böhmens nachgewiesen ist (was auch noch nicht mit einer Missionstätigkeit gleichzusetzen ist), gibt es weder auf katholischer, noch auf hussitischer Seite Belege für weitere Böhmen, die durch Missionstätigkeiten im Ausland aufgefallen wären. Die Warnung des Peter von Pulkau aus Konstanz an die Wiener Universität, die Hussiten würden ihre Anhänger in die Nachbarländer ausschicken, um ihre Lehre zu verbreiten, stammt vom März 1416 – genau jener Zeit also, in der das Konzil intensiv mit der Verurteilung des Hieronymus von Prag beschäftigt war (Hieronymus war im April 1415 vor das Konzil geladen und Ende Mai 1416 hingerichtet worden). Dass diese Warnung unter dem Eindruck des Prozesses gegen Hieronymus ausgesprochen wurde, liegt nahe. Abgesehen davon, dass es selbst für Hieronymus keinerlei Belege gibt, dass er in Österreich Anhänger (schon gar nicht in großem Stil) gewinnen wollte, bleibt diese Nachricht auch singulär. Wie folgenreich die Annahme hussitischer Missionstätigkeit bis in die aktuellste Forschung ist, zeigt sich etwa am Beispiel des Hans Griesser: so hatte Griesser jahrzehntelang als Beispiel für die angebliche Missionstätigkeit des Hieronymus von Prag in Österreich gegolten, bevor Karl Ubl durch eine Analyse der Vorwürfe gegen Griesser überzeugend aufweisen konnte, dass dieser, wenn überhaupt, Anhänger der Waldenser, nicht jedoch der Hussiten war.[80]

Charakteristisch für die Identifikation und Einordnung neuer Häresien im Mittelalter war es, diesen neuen Phänomenen die Namen alter, bekannter Häresien zu geben. Auch die Hussiten wurden von ihren Gegnern anfangs als

---

80 Siehe dazu oben Kapitel II, S. 92–94.

»Wyclifiten« bezeichnet;[81] ein sprechendes Beispiel für die Versuche, die Bewegung greifbar zu machen und in bekannte Kategorien einzuordnen. Am Übergang vom 14. zum 15. Jahrhundert beobachten wir in Österreich nun ein interessantes Phänomen: durch die Verurteilung des John Wyclif, des Jan Hus und Hieronymus von Prag durch das Konstanzer Konzil war die neue böhmische Häresie der »Wyclifiten und Hussiten« in gewisser Weise definiert, identifiziert und durch den Multiplikatoreffekt des Konzils in weiten Gebieten bekannt gemacht worden. Über Herzog Albrecht, die Provinzialsynoden und den Salzburger Erzbischof etwa gelangte das in Konstanz greifbar gewordene »Feindbild« dieser neuen Häresie in der Folge auch in die Salzburger Kirchenprovinz. Albrecht V. hatte – durch seine Beteiligung an den Kreuzzügen, aber auch durch Konfrontation mit dem Hussitenproblem auf politisch-diplomatischer Ebene – offenbar recht früh direkten Kontakt zur neuen böhmischen Häresie (oder entwickelte zumindest ein konkretes Bewusstsein ihrer Existenz). Spätestens seit dem Ende des Konstanzer Konzils standen häretische Phänomene jedweder Art nun schlagartig unter dem Generalverdacht, hussitisch zu sein. So wie sich die Waldenser in den Jahrzehnten zuvor in der Bevölkerung ausgebreitet hatten, ging der Landesherr nun von einem analogen Vorgehen der Hussiten aus.

Die Provinzialsynode des Jahres 1418 ist hingegen ein sprechendes Beispiel dafür, dass dies nicht der Realität der Salzburger Kirchenprovinz entsprochen haben dürfte. Ganz offenkundig waren die Hussiten für die Salzburger Kirchenprovinz ein neues Phänomen, das schwer greifbar war. So übernahmen sie zwar den Begriff der Hussiten in ihren Kanon, stützten sich aber auf das Vorgehen, das sie von den Waldensern her kannten und deuteten die neue Häresie im Licht früherer, »vertrauter« Häresien. In gewisser Weise bekamen die unteren kirchlichen Ebenen nun den Namen einer neuen Häresie präsentiert, die man aber in der Realität nicht als solche identifizieren konnte. Zwischen dem Zugang des Landesherrn, des Papstes oder seiner Legaten etwa, die durch ihre Reisen nach Böhmen, ihre Teilnahme am Konstanzer Konzil oder eine theologische Beschäftigung mit den hussitischen Forderungen einen Informationsvorsprung besaßen und ein Bild der Häresie entwickeln konnten, mussten die konkreten Empfänger ihrer Anweisungen auf bekannte Häresien zurückgreifen.

Diese Differenzierung ist wichtig, um sich dessen bewusst zu werden, dass von anti-hussitischen Maßnahmen in Österreich nicht automatisch auf die Existenz und Verbreitung hussitischer Anhänger in Österreich geschlossen werden darf. Diese vermeintliche Selbstverständlichkeit kann nicht genug betont werden, da sie Zugänge, Wahrnehmungen und Interpretationen der Forschung beeinflusste und nach wie vor beeinflusst. Die Arbeitsweise der Salz-

---

81 Zu den unterschiedlichen Bezeichnungen der Hussiten (durch ihre Gegner und die Böhmen selbst) vgl. die jüngst erschienene Studie von SOUKUP, The Waning.

burger Provinzialsynode ist ein sprechendes Beispiel dafür, dass im Kampf gegen die Häretiker zwei Ebenen unterschieden werden müssen: die Ebene der offiziellen, international akkordierten Maßnahmen gegen die böhmische Häresie, in der freilich auch der österreichische Landesherr seinen Platz einnahm, und die tatsächliche lokalkirchliche Realität in Österreich. In unserem konkreten Fall zeigt die genaue Untersuchung der Umsetzung der anti-hussitischen Maßnahmen auf Provinzialebene (und ihr Rückgriff auf die ältere waldensische Häresie), dass es gerade keine maßgebliche Realität von hussitischen Anhängern in Österreich gegeben haben dürfte. Dies bestätigt die oben bereits genannten Gründe, die gegen eine nennenswerte Verbreitung der hussitischen Häresie in Österreich sprechen. Bemerkenswert ist auch, dass unter Stephan Lamp, der nach dem Tod des Petrus Zwicker 1403 zum Inquisitor der Diözese Passau ernannt wurde und bis 1424 wirkte, keine einzige Verurteilung von Häresieverdächtigen in Österreich bekannt wurde und belegt ist. War Petrus Zwicker noch konsequent gegen die Waldenser vorgegangen, versiegen nach dessen Tod die Nachrichten schlagartig.[82] Hätte sich die hussitische Häresie tatsächlich in Österreich ausgebreitet, wäre die Zurückhaltung des Stephan Lamp kaum erklärbar. Auch das von der Wiener Theologischen Fakultät schon 1419 behandelte und von Thomas Ebendorfer in seiner *Chronica Austrie* erneut geschilderte Gerücht, Hussiten und Waldenser hätten sich verbündet, traf, wie Maleczek konstatierte, außerhalb Böhmens nicht zu.[83]

Angesichts dieser Punkte scheint es höchst zweifelhaft, dass es im Österreich des 15. Jahrhunderts tatsächlich eine maßgebliche Anzahl von Anhängern der hussitischen Häresie gab. Spätestens durch die Verurteilungen des Konstanzer Konzils bekam die neue böhmische Häresie einen eigenen Namen, der in der Folge auf die häretischen Phänomene der lokalkirchlichen Realität übertragen wurde (unabhängig davon, ob es sich dabei tatsächlich um genuin hussitische »Lehren« handelte).[84] Wie die Quellen zur Salzburger Provinzialsynode 1418 zeigen, übernahmen die Verantwortlichen vor Ort zwar die Bezeichnung der »Hussiten«, behalfen sich bei der konkreten Beschreibung dieses neuen Phä-

---

82 Vgl. Maleczek, Die Ketzerverfolgung, S. 33.

83 Ebd., S. 34 mit Anm. 58.

84 Im Einzelfall dürfte es auch schwer zu unterscheiden gewesen sein, ob etwa eine vorgebrachte Kleruskritik waldensisch, hussitisch oder katholisch motiviert war. Im Gegensatz zu den gelehrten theologischen Auseinandersetzungen, die sich mit ganzen Lehrsystemen befassen und entsprechend differenzieren konnten, sprachen die einfachen Gläubigen wohl besonders auf einzelne markante Forderungen an (wie etwa die Armut des Klerus oder dessen moralisches Verhalten), die eine bereits vorhandene latente Unzufriedenheit zum Ausdruck brachten. Entsprechend stellten die häresieverdächtigen Phänomene, die in Teilen der österreichischen Bevölkerung auftraten, wohl ohnedies Mischformen von innerkatholischer Kritik und äußeren Einflüssen dar, die wohl selten der bewussten Verteidigung einer konkreten Häresie entsprangen.

nomens jedoch mit Rückgriffen auf die ältere und bekannte Häresie der Waldenser. Aus den genannten Beobachtungen kann wohl geschlossen werden, dass eine tatsächlich eklatante Bedrohung des österreichischen Glaubenslebens durch hussitische Wanderprediger zu keinem Zeitpunkt bestand. Entsprechend ist dem Fazit Werner Maleczeks vollinhaltlich zuzustimmen:»Im Vergleich mit den Waldensern stellten die Hussiten des 15. Jahrhunderts weniger ein religiöses Problem für die Kirche als ein politisches Problem für den Landesherrn dar.«[85]

Zur Rolle der Wiener Gelehrten und ihres ›libellus‹

Abschließend ist der Frage nachzugehen, welchen Inhalt der *libellus* gehabt haben könnte, den Erzbischof Eberhard als Vorbereitung der Provinzialsynode von den Wiener Gelehrten erbat. Welche Themen dürften auf dem Konzil diskutiert oder im Vorfeld vorbereitet worden sein, wo lag der inhaltliche Schwerpunkt der konziliaren Arbeit? Und welche konkrete Rolle könnten die Vertreter der Wiener Universität und ihr *libellus* dabei gespielt haben? Leider liegen in unserem Fall keine Protokolle zum Konzilsablauf vor. Die Dokumentationen anderer Synoden erlauben jedoch einen guten Einblick in Gestalt und Ablauf dieser Kirchenversammlungen und die Rolle von Universitätsgelehrten darin. Peter Wiegand zeigte etwa am Beispiel des Greifswalder Juristen und Professors an der pommerschen Universität Petrus von Ravenna detailliert auf, welche Rolle Universitätsgelehrte auf Partikularsynoden spielen konnten.[86] Petrus von Ravenna hatte – vermutlich durch den Bischof oder das Domkapitel beauftragt – für eine Stettiner Diözesansynode des Jahres 1500 eine Synodalpredigt vorbereitet. Synodalpredigten spielten eine wichtige Rolle auf den Provinzialsynoden und ähnelten teilweise juristischen Gutachten, die dazu dienten, die synodale Statutengesetzgebung vorzubereiten und die Anwesenden auf die Synodenarbeit einzustimmen.[87] Auch die »Predigt« des Petrus stellte vielmehr eine Stellungnahme zu einem Statutenentwurf dar, der ihm offenbar im Vorfeld übermittelt worden war.[88] Petrus von Ravenna gab selbst zu erkennen, dass es sich bei seinem *sermo* im Kern um ein *consilium* handelte, also ein »wissenschaftliches Gutachten über eine Rechtsfrage der Praxis«.[89] Offenbar war – ob-

---

85 Ebd., S. 35.

86 WIEGAND, Diözesansynoden, S. 210–220.

87 In der Forschung behandelte Beispiele sind etwa die Synodalpredigten des Milíč von Kroměříž, deren Themen und Funktion Marie Bláhová näher untersuchte (BLÁHOVÁ, Milíč von Kroměříž). Zu weiteren Analysen von Breslauer, Kamminer, Brandenburger und Lübecker Synodalpredigten vgl. die Verweise in WIEGAND, Diözesansynoden, S. 26 f., Anm. 95 und 96.

88 Vgl. WIEGAND, Diözesansynoden, S. 212–215. So formulierte Petrus von Ravenna: »(...) novos canones non faciam, sed factos per habentes potestatem declarabo et interpretabor« (Zitat ebd., S. 213).

89 WIEGAND, Diözesansynoden, S. 213: ein *consilium* orientiert sich für gewöhnlich am Aufbau

wohl es sich hierbei um eine Diözesansynode handelte – durchaus eine Diskussion dieses Entwurfes (vermutlich durch das Domkapitel) geplant, wenn
auch die Schrift des Petrus auf der Synode letztlich nicht verlesen wurde.

a)   Der ›libellus‹ als Vorbereitung neuer Provinzialstatuten?

Analog zum geschilderten Beispiel des Petrus von Ravenna könnte auch den
Wiener Gelehrten die Aufgabe zugekommen sein, eine Vorlage für neue Synodalstatuten zu formulieren oder Vorschläge zu sammeln, in welcher Weise die
alten Statuten adaptiert und an die neue Situation angepasst werden könnten.
Der *libellus* könnte somit Textvorschläge für neue Kanones enthalten haben,
zumal der Erzbischof Interesse daran hatte, die Provinzialsynode schnell und
effizient durchzuführen. Je mehr Vorarbeiten hier durch kompetente Gelehrte
geleistet wurden, desto erfolgversprechender war die Synode selbst. Auch
Herzog Albrecht war daran gelegen, dass die Provinzialsynode abgehalten und
die Reformen realisiert wurden. Daneben legte er Wert darauf, dass seine Interessen (und sein Einfluss auf Kirchenangelegenheiten) gewahrt, berücksichtigt und nicht geschmälert wurde. Beides erwartete er sich von der Universi-
tätsgesandtschaft, deren Reise nach Salzburg er finanzierte: professionelle
Mitarbeit bei der Reformgesetzgebung und Unterstützung der herzoglichen
Politik.

Gegen diese These spricht jedoch, dass es keinerlei Hinweise gibt, dass die
Mainzer Provinzialstatuten von 1310 an der Wiener Universität gesichtet und
diskutiert wurden. Auch die Zusammenstellung jener Gruppe, die für die Abfassung des *libellus* zuständig war, lässt Zweifel aufkommen, setzte sich diese
doch aus je einem Vertreter jeder (sogar der Medizinischen) Fakultät zusammen.
Obwohl darin freilich das Korporationsdenken zum Ausdruck kam, hätte eine
Überarbeitung der Statuten dennoch primär juristische bzw. kanonistische
Kompetenzen erfordert. Angesichts der Tatsache, dass der Salzburger Erzbischof selbst Kanonisten zu seinen engsten Mitarbeitern zählte, scheint es wenig
plausibel, dass er die Prüfung und Adaptierung des älteren Statutenbestandes
der (exemten) Wiener Universität übertragen hätte; insbesondere, da davon
auszugehen ist, dass die Statuten weithin im Vorfeld ausformuliert wurden und
auf der Synode selbst höchstens minimale Änderungen erfuhren. Dies bedeutet,
dass die Provinzialsynode ganz in den Händen des Salzburger Erzbischofs lag,
dem gewiss daran gelegen war, dass die Überarbeitung der älteren Statuten in
seinem unmittelbaren Einflussbereich geschah. Dass ein für die Kirchenprovinz
so fundamentaler Text wie die Provinzialstatuten im fernen Wien, ohne Beteiligung des Erzbischofs redigiert wurden, ist kaum vorstellbar.

---

juristischer Quaestionen und besteht aus einer *causa*, dem *pro* und *contra* und einer abschließenden *solutio*.

b)   Der ›libellus‹ als Handreichung zur rechten Sakramentenspendung?

Ein Blick in die Universitätsakten der folgenden Monate eröffnet jedoch eine weitere Möglichkeit, den Inhalt des *libellus* zu identifizieren. Mitte Dezember 1418 wandte sich Eberhard III. erneut an die Wiener Universität. In einer Universitätsversammlung vom 11. Dezember berichteten die Gesandten zum kürzlich abgehaltenen Provinzialkonzil von der Bitte des Erzbischofs (die dieser der Universität auch schriftlich übermittelt hatte), ein Büchlein zur rechten Sakramentenspendung zu verfassen (*libellum de administratione sacramentorum componere*), das in der ganzen Kirchenprovinz verteilt werden sollte.[90] Dieser kurze Hinweis ist interessant, gibt er doch zum einen Aufschluss darüber, dass die nach Salzburg gesandte Abordnung bis zum 11. Dezember wieder an die Universität zurückgekehrt war. Berücksichtigt man die Rückreise nach Wien, ist von einer knapp 14-tägigen Dauer des Provinzialkonzils auszugehen (wie sie can. 2 der Statuten auch für künftige Provinzialkonzilien vorgeschrieben hatte).[91] Darüber hinaus kann der Auftrag des Erzbischofs an die Universität durchaus als Ergebnis und Schwerpunkt der nun in den Diözesen umzusetzenden Reformbestimmungen gesehen werden. Doch obwohl die Artistische Fakultät noch in derselben Sitzung Theodor von Hammelburg, Christian von Grätz und Paul von Wien mit der Erfüllung dieser Aufgabe betraute, scheint – und dieser Umstand ist erstaunlich – dem Wunsch des Erzbischofs seitens der Universität nur sehr zögerlich bzw. gar nicht nachgekommen worden zu sein. Für die folgenden 14 Monate schweigen die Akten zu dieser Angelegenheit. Erst am 24. Februar 1420 beriet die versammelte Universität wiederum über die Abfassung eines *tractatulus ad Salczburgam dirigendum* und betraute Nikolaus von Dinkelsbühl sowie Johannes Sindrami mit dieser Aufgabe. Dass anstelle der drei im Dezember 1418 von der Artistischen Fakultät benannten Gelehrten (wobei unklar bleibt, ob diese drei bereits zur Mitarbeit am *libellus* bestimmt wurden oder Teil eines Gremiums waren, das die eigentlichen Verfasser auswählen sollte) nun Dinkelsbühl und Sindrami als Beauftragte genannt werden, wird mit der Ortsabwesenheit der eigentlich Zuständigen erklärt, ohne hier

---

90 »Item 11 die mensis Decembris hora 11 congregata fuit universitas per iuramentum in loco consueto ad audiendum relacionem ambasiatorum proxime ad concilium provinciale Salczpurge celebratum deputatorum et ad cogitandum circa hoc si quid videbitur expedire. Et relacione facta inter cetera dominus archiepiscopus Salczpurgensis per ipsos ambasiatores et eciam per propriam litteram, que tunc lecta fuit, petivit, per universitatem componi quandam libellum de aministracione sacramentorum, qui omnibus curatis per provinciam communicaretur. Et ad hoc faciendum de facultate arcium condeputati fuerunt ad deputatos aliarum facultatum mag. Theodoricus de Hamelburga, mag. Cristianus de Grecz et mag. Paulus de Wyenna« (AFA II, fol. 28r).

91 Siehe oben, Anm. 59.

deren Namen oder nähere Details zu nennen.[92] Jedenfalls scheint die geforderte Schrift in der Tat noch im Frühjahr 1420 ausständig gewesen zu sein.

Die Frage, weshalb die Universität (durchaus auffällig) zögerte, den Wunsch des Erzbischofs nach einem kurzen *libellus* zur Sakramentenspendung zu erfüllen, muss anderen Untersuchungen vorbehalten bleiben.[93] Für unser Anliegen ist diese Episode dennoch wichtig: Denn könnte es sich bei dem *libellus*, den zusammenzustellen der Erzbischof die Wiener Gelehrten im Vorfeld der Provinzialsynode gebeten hatte, bereits um diese kurze Abhandlung zur rechten Sakramentenspendung gehandelt haben? Neben der übereinstimmenden Bezeichnung beider Schriften als *libellus* spricht auch die Schilderung der Universitätsakten für diese Option. Die erste Erwähnung eines vom Erzbischof erbetenen *libellus* findet sich in einem undatierten Eintrag der Rektoratsakten, der kurz nach dem 13. Oktober entstand. Fünf Personen (darunter Vertreter aller Fakultäten) wurden mit der Abfassung dieser nicht näher spezifizierten Schrift beauftragt. Unmittelbar nach ihrer Rückkehr vom Provinzialkonzil berichteten die Gesandten am 11. Dezember von der Bitte des Erzbischofs, *quandam libel-*

---

92 »Tercius articulus fuit ad deputandum aliquos qui concipiant tractatulum ad Salczburgam dirigendum, et placuit universitati quod deputati in rectoratu mag. Ulrici Brunwalder deberent hoc facere, sed loco deficientium deputati sunt mag. Nicolaus de Dinckenspühl et mag. Cristianus de Susato« (AU, fol. 106r).

93 Auch das Basler Reformdekret *De conciliis provincialibus et synodalibus*, das in der 15. Sessio am 26. November 1433 verabschiedet wurde und in umfassender Weise Aufgaben und Organisation der Partikularsynoden regelte, sollte bestimmen, dass auf Diözesansynoden nicht nur die Provinzial- und Diözesanstatuten, sondern auch ein *compendiosus tractatus* zur Sakramentenspendung sowie weitere Anweisungen an den Klerus öffentlich zu verlesen seien: »(...) Postea legantur statuta provincialia et synodalia, et inter alia aliquis compendiosus tractatus, docens quomodo sacramenta ministrari debeant, et alia utilia pro instructione sacerdotum (...)« (COD II/2, S. 913). Darüber hinaus wurde in den *Constitutiones synodales Pataviensis diocesis de modo visitandi clerum* des Jahres 1435 festgelegt, dass die Visitatoren u. a. die Kenntnisse der Seelsorger über die Sakramentenspendung zu überprüfen hätten und jeder Pfarrer im Besitz eines *summulus et tractatulus de hujusmodi materiis ab authenticis doctoribus et magistris compilatos* sein müsse (*Passau* 1435, S. 149; vgl. TREIBER, Die Autorität der Tradition, S. 162). Doch wiederum wurde auf der 1437 in Passau abgehaltenen Diözesansynode beklagt, dass der bereits 1435 versprochene *tractatulus de sacramentis* noch immer nicht zur Verfügung stünde, da *certi theologi* immer neue Ausreden fänden, sich der Ermahnung des Bischofs, eine solche Schrift abzufassen, zu entziehen: »Deinde fuit motum, quod nondum quidam tractatulus de sacramentis sit clero communicatus juxta conclusionem synode praeteritae. Super quo responsum fuit, quod hoc non steterit per dominum ordinarium, sed defectus fuit in certis theologis, qui ad exhortationem domini onus concipiendi talem tractatulum subire recursarunt. Fuit tamen clerus consolatus, quod in futurum talem esset habiturus tractatulum« (HELLER, Die Statuten, S. 552; vgl. PRÜGL, Recht – Reform – Seelsorge, S. 11 und auch HÜBNER, Beiträge, S. 166). Dass damit wiederum Theologen der Wiener Universität angesprochen waren, die in der Abfassung des Traktats noch immer säumig waren, liegt nahe. Hinsichtlich der Rolle der Wiener Gelehrten bei der (Nicht-)Abfassung besagter *tractatulus de sacramentis* besteht jedenfalls noch erheblicher Forschungsbedarf.

lum de administratione sacramentorum zu verfassen, der in der ganzen Kirchenprovinz verteilt werden sollte. Diesen *libellus*, so die Akten, habe der Bischof auch bereits in einem Schreiben an die Universität erbeten. Bei diesem genannten Schreiben kann es sich durchaus um den bereits am 13. Oktober an der Universität besprochenen Brief Erzbischof Eberhards gehandelt haben. Es scheint daher in der Tat sehr plausibel, dass der Erzbischof schon als Vorbereitung auf das Provinzialkonzil eine kurze Abhandlung zur rechten Sakramentenspendung erbeten hatte, die von den Wiener Deputierten nach Salzburg mitgebracht hätte werden sollen. Da die Wiener diesem Wunsch nicht nachgekommen waren, kehrten die Gesandten mit einer neuerlichen Aufforderung nach Wien zurück, die immer noch ausständige Schrift zu verfassen. Dieser Leitfaden, der wohl kurze Darlegungen des Glaubensbekenntnisses, der Sakramente, eine Auslegung der Grundgebete und der wichtigsten seelsorglichen Standespflichten enthalten hätte sollen,[94] sollte immerhin in der ganzen Kirchenprovinz verteilt werden. Eine Provinzialsynode hätte sich als Multiplikator für eine solche Schrift hervorragend angeboten, da dort die Bischöfe der zur Provinz gehörigen Diözesen persönlich oder durch Vertreter anwesend waren und die Handreichung auf diesem Weg leicht hätte verbreitet werden können. Dass die Wiener Gelehrten diesem Auftrag nicht nachkamen, deutet darauf hin, dass ihnen keine älteren Vorlagen vergleichbarer Schriften zur Verfügung standen, auf die sie verweisen oder auf denen sie aufbauen hätten können.[95]

Exkurs: Dinkelsbühls ›Lectura Mellicensis‹ als ›Libellus de administratione sacramentorum‹?

Alois Madre plädierte dafür, eine der Reportationen von Dinkelsbühls *Lectura Mellicensis* oder der dazugehörigen *Quaestionen* als die gesuchte Schrift zu identifizieren, nicht jedoch, ohne zuzugestehen, dass »wir von keiner dieser zahlreichen und beliebten Nachschriften mit Sicherheit behaupten (können), hier den erbetenen *Tractatulus versus Salzburgam dirigendus* vor uns zu haben«.[96] Dinkelsbühls *Lectura* enthält eine ausführliche Widerlegung des Laienkelchs und wäre somit klar im anti-hussitischen Kontext zu sehen. Madres Identifizierung geht jedoch in der Tat nicht über eine bloße Vermutung hinaus. Wie seine Inhaltsangabe des Textzeugen Clm 5193 der BSB München zeigt,

---

94 Dem Verlangen nach »pastoraltheologischer« Literatur für die Pfarrer, die durch Provinzial- und Diözesansynoden bereitgestellt werden sollte, kam zB. die Mainzer Kirchenprovinz nach 1450 nach: vgl. MEUTHEN, Thomas von Aquin, und auch THAYER, Handbook for curates; SAAK, Catechesis.

95 Es bliebe zu klären, aufgrund welcher Vorbilder Erzbischof Eberhard die Abfassung eines solchen Traktats in Auftrag gab. Dass es dafür bereits eine Tradition gab, ist anzunehmen.

96 MADRE, Nikolaus von Dinkelsbühl, S. 97.

enthält Dinkelsbühls Kommentar zum vierten Sentenzenbuch über 200 Folia.[97] Eine solche monumentale und gelehrte Darlegung zur Sakramentenlehre kann jedoch schwerlich als *libellus* oder *tractatulus* bezeichnet werden. Dass eine derartig umfangreiche, akademische Abhandlung ihren Zweck in der Unterweisung des Diözesanklerus erfüllt hätte, ist kaum vorstellbar. Da die erbetene Schrift ausdrücklich dem Zweck dienen sollte, flächendeckend als Handreichung des Klerus verbreitet zu werden, ist vielmehr an eine möglichst kurze, prägnante und niederschwellig formulierte Schrift zu denken. Eine solche Schrift – die, so sie denn verwirklicht und in der Kirchenprovinz verbreitet worden wäre, in zahlreichen Abschriften vorliegen müsste – wurde bislang jedoch nicht bekannt. Festzuhalten bleibt somit, dass es keine Anhaltspunkte gibt, dass und in welcher Form der Auftrag des Salzburger Erzbischofs erfüllt wurde. Die partiell anti-hussitisch geprägte Schrift des Nikolaus von Dinkelsbühl kann jedoch mit einiger Wahrscheinlichkeit ausgeschlossen werden.

Fazit

Welch großes Interesse der österreichische Landesfürst an der Mitgestaltung dieser Provinzialsynode hatte, zeigt schon die Größe und Zusammenstellung der Gesandtschaft, die Herzog Albrecht nach Salzburg sandte: Wäre es ihm nur darum gegangen, die Pflicht zur Teilnahme am Provinzialkonzil zu erfüllen, hätte es ausgereicht, einen Vertreter nach Salzburg zu senden. Dass der Herzog während des laufenden Semesters vier Professoren auf eigene Kosten nach Salzburg entsandte, zeigt deutlich, welche Wichtigkeit er der Synode zusprach. Zudem hatte der Herzog ein klares Interesse daran, dass die Synode auch personell gut besucht war; nicht zuletzt, um auch die Bischöfe zu einer entsprechenden Teilnahme oder Beschickung der Synode zu ermuntern. Dass unter den vier Gesandten auch zwei Kanonisten waren, deutet darüber hinaus darauf hin, dass ihm an einer aktiven Beteiligung an und Mitgestaltung der Debatten im Interesse seiner Kirchenpolitik gelegen war, zumal er die vier Vertreter explizit selbst bestimmte und nicht den Rektor oder die Fakultäten beauftragte, geeignete Gelehrte auszuwählen. Dafür spricht auch der eingangs zitierten Brief Albrechts an Johannes XXIII., in dem er – sich eines bekannten Reformmotivs bedienend – harsche Kritik an der Nachlässigkeit der Prälaten in der Abhaltung von Diözesan- und Provinzialsynoden übte und keinen Zweifel daran ließ, dass die aktuellen Missstände in der Kirche darauf zurückzuführen seien.[98]

Wenngleich auch keine konkreten Quellenbelege vorliegen, ist zudem davon auszugehen, dass sowohl bei den Provinzial-, als auch bei den Diözesansynoden jeweils ein Wiener Professor die Synodalpredigt hielt, wie es auch in anderen

---

97 Ebd., S. 98. Zur Handschrift vgl. HALM/LAUBMANN/MEYER, Catalogus, S. 272.
98 Siehe oben, Anm. 1.

Provinzen und Diözesen üblich war.[99] Dass Wiener Gelehrte sowohl in Salzburg als auch in Passau die Synoden mit ihren Predigten eröffneten, ist sehr wahrscheinlich, obwohl bislang keine der erhaltenen Predigten eindeutig als Synodalpredigt identifiziert und einer bestimmten Synode zugewiesen werden kann. Eine gezielte Sammlung der Synodalpredigten, die sich verstreut in vielen Handschriften finden, ist ein Forschungsdesiderat.

Dass der Salzburger Erzbischof von den Wiener Gelehrten zur Vorbereitung der Provinzialsynode ein pastoraltheologisches Handbuch für die Pfarrer erbeten haben dürfte, ist für die Frage nach der inhaltlichen Schwerpunktsetzung der Synode aufschlussreich. Offenkundig war es nicht die hussitische Bedrohung, sondern die Klerusreform, die im Mittelpunkt der synodalen Arbeit stand und von Erzbischof Eberhard als dringlichste Notwendigkeit betrachtet wurde. Dem entspricht auch, dass sich der größte Teil der Diözesanstatuten der Klerikerreform und dem Verhältnis von geistlicher und weltlicher Gewalt widmete. Dafür spricht nicht nur, dass der dogmatische Kanon 1 nicht mit einer explizit anti-hussitischen Stoßrichtung versehen wurde, obwohl diese Verbindung durch die Mainzer Vorlage und die aktuellen Verurteilungen des Konstanzer Konzils förmlich in der Luft lag; auch der anti-hussitische Kanon 32 zeigte sich in seinen Strafbestimmungen gegen die Häretiker und ihre Unterstützer sowie die weltlichen und geistlichen Herren auffallend zurückhaltend und blieb in seinem Vorgehen gegen die Hussiten hinter den Möglichkeiten, die die kanonistische Tradition geboten hätte, zurück. Die Untersuchung der Quellen zur Salzburger Provinzialsynode 1418 führt sogar noch einen Schritt weiter: Selbst dort, wo die Kanones ausdrücklich von den Hussiten sprechen, kommen bei einer genauen Untersuchung der Texte erhebliche Zweifel auf, ob sich diese Bestimmungen tatsächlich auf Anhänger der hussitischen Häresie, oder letztlich doch viel eher auf verstreute Waldensergruppen beziehen. Vieles spricht dagegen, dass die Böhmen in Österreich missionarisch wirkten und eine nennenswerte Anzahl an Anhängern gewannen. Im Gegenteil ist davon auszugehen, dass auch nach 1400 im Untergrund nach wie vor Waldensergruppen existierten. Die vom Konstanzer Konzil als »Wyclifiten/Hussiten« identifizierte Häretikergruppe wurde der Kirchenprovinz als neue Häresie vorgegeben, scheint für die Lokalkirche selbst jedoch schwer fassbar gewesen zu sein, weshalb man sich mit einer Anlehnung an ältere bekannte Häresien behalf.

---

99 Für Beispiele siehe oben, Anm. 87.

3.4.2. Die Passauer Diözesansynode des Jahres 1419

Die Übersetzung des allgemeinen Kirchenrechts in die Pfarren hinein endete nicht auf der Ebene der Kirchenprovinz. So legte Kanon 2 der Salzburger Provinzialstatuten von 1418 fest,[100] dass auf jede Provinzialsynode eine Diözesansynode zu folgen hatte. Diesen kam die Aufgabe zu, die Provinzialstatuten an die konkrete Situation der Diözese anzupassen, sie dem Diözesanklerus zur Kenntnis zu bringen und für deren Umsetzung im diözesanen Leben zu sorgen. Dabei wurde der Text der Provinzialstatuten meist nicht unverändert verbreitet, sondern eine Auswahl für die jeweilige Diözese getroffen und die wichtigsten Inhalte kompakt zusammengefasst. Darüber hinaus konnten Diözesansynoden durchaus auch die Promulgation einzelner von der Provinz erlassener Statuten verweigern und sie zur neuerlichen Bearbeitung an die Kirchenprovinz zurückweisen, was wiederum Einblicke in die individuelle Situation und Debatten innerhalb der einzelnen Diözesen ermöglicht. Wie Stephan Haering feststellte, ist die Quellenlage zu den Passauer Diözesansynoden insgesamt sehr spärlich. Es ist davon auszugehen, dass es aufgrund der Größe der Diözese notwendig war, individuelle Versammlungen für den östlichen und westlichen Diözesanteil (in Passau bzw. in St. Pölten) abzuhalten.[101] Fragen der Frequenz, der konkreten Realisierung, der behandelten Themen und Teilnehmer müssen jedoch weithin offen bleiben.

Einzige Ausnahme bildet die Passauer Diözesansynode des Jahres 1419, die in unmittelbarer Folge der Versammlung der Salzburger Kirchenprovinz stattfand.[102] Diese Synode ist die einzige Versammlung der Passauer Diözese zwischen 1418 und 1431, deren Akten erhalten sind.[103] Da Bischof Georg von Hohenlohe mit Reichsangelegenheiten beschäftigt war, stand die Synode, die im November 1419 zusammentrat, unter der Leitung des Generalvikars Rupert von Wels, der auch die Akten und Statuten der Synode verfasste.[104] Diese Akten enthalten neben den Salzburger Statuten Rubriken, Passauer Zusatzrecht und

---

100 *Salzburg* 1418, S. 980 f.
101 Vgl. HAERING, Mittelalterliche Partikularsynoden, S. 94. – Aufgrund seiner Größe war das Passauer Bistum bereits bald nach 1300 durch die Bildung eines Offizialats »unter der Enns« faktisch zweigeteilt worden (ZINNHOBLER, Passauer Bistumsorganisation, S. 806–809; vgl. auch OSWALD, Der organisatorische Aufbau).
102 Eine weitere Passauer Diözesansynode wurde in den Akten der Synode von 1419 für das Jahr 1420 angekündigt, allerdings sind dazu keine Quellen überliefert. Der Hinweis zeigt jedenfalls, dass zumindest am Anfang der 1420er-Jahre eine jährliche Abhaltung intendiert war, wie es auch die Salzburger Statuten von 1418 vorgeschrieben hatten.
103 Die Akten dieser Diözesansynode sind immer gemeinsam mit den Salzburger Provinzialstatuten von 1418 überliefert und nach zwei Seitenstettener Kodizes gedruckt in FRIESS, Die Diöcesan-Synode.
104 Vgl. ebd.

Ausführungsbestimmungen zu den Statuten. Darin zeigt sich, in welcher Art und Weise die Passauer Versammlung die Salzburger Partikularstatuten des Jahres 1418 auf die konkreten Bedürfnisse der Diözese zuschnitt und sie mit Handlungsanweisungen versah. Im Folgenden soll zuerst ein Blick auf die Rezeption der beiden anti-hussitischen Kanones 1 und 32 der Salzburger Statuten auf der Passauer Diözesansynode des Jahres 1419 geworfen werden, bevor danach zu fragen sein wird, ob und in welcher Form Wiener Universitätsvertreter an dieser Synode beteiligt waren.

3.4.2.1. Die Rezeption der Kanones 1 und 32 auf der Passauer Diözesansynode des Jahres 1419

a)　Kanon 32: De haereticis

Am Beispiel der Kanones 1 und 32 lässt sich gut erkennen, welch unterschiedliche Optionen der Passauer Synode für die Bearbeitung der Provinzialstatuten zur Verfügung standen, zeigen sich in der Behandlung dieser Kanones doch aufschlussreiche Differenzen. Beginnen wir mit dem anti-hussitischen Kanon 32 (*De haereticis*), den die Passauer Versammlung nicht nur ohne Einwände annahm, sondern zudem aufschlussreiche Bestimmungen zu dessen konkreter Umsetzung erließ. So verfügten die Passauer, dass alle ordentlichen Pfarrer diesen Kanon an allen Sonn- und Feiertagen dem Pfarrvolk in der Muttersprache, mit den festgelegten Strafen und den dazugehörigen Bibelstellen, zu erklären hätten.[105] Diese Passage ist ein schönes Beispiel für die konkrete Übersetzung der abstrakten, in Rechtssprache gegossenen Statuten in die diözesane Praxis hinein. Interessant ist hier, dass offenkundig allen Pfarrern die fachliche Kompetenz zugetraut wurde, dem Pfarrvolk diesen Kanon (der keine inhaltliche Bestimmung der hussitischen Häresie enthält) samt den dazugehörigen Bibelstellen eigenständig zu erläutern. Dass ihnen dafür – ähnlich dem Büchlein zur rechten Sakramentenspendung – eine Handreichung mitgegeben worden wäre, in der etwa die dem Jan Hus und Hieronymus von Prag auf dem Konstanzer Konzil vorgeworfenen Artikel oder Argumente gegen den Laienkelch gesammelt gewesen wären, ist nicht bekannt. Wie realistisch ist es daher, dass diese Anweisung tatsächlich umgesetzt wurde? Im Zentrum dieses Kanons steht die Pflicht zur Anzeige jeder Form der wyclifitischen und hussitischen

---

105 »Mandat insuper synodus autedicta omnibus, et singulis ecclesiarum parochialium rectoribus praefatae civitatis, et dioecesis, ut singuli in suis ecclesiis provinciale statutum de haereticis nuper salubriter editum in lingua materna exponant singulis diebus dominicis et festivis cum poenis et capitulis ibidem contentis suis plebibus utriusque sexus, ut et ipsi illud inviolabiliter observent et a suis plebibus ita faciant observari« (*Passau 1419*, S. 114). Vgl. Prügl, Recht – Reform – Seelsorge, S. 9; Treiber, Die Autorität der Tradition, S. 160.

Häresie. Wenn alle Pfarrangehörigen verpflichtet waren, die Predigt, Lehre oder Verteidigung hussitischer Häresien umgehend zu melden, setzt dies voraus, dass sie diese – wenn auch nicht in allen Details – doch als solche erkannten. Da es zu diesem Zeitpunkt jedoch noch keine »hussitische Lehre« gab, und auch die Vier Prager Artikel als erstes greifbares Programm der hussitischen Bewegung erst ein Jahr später formuliert werden sollten, bleibt fraglich, wie diese Anweisung in der Praxis realisiert hätte werden sollen. Der Statutentext enthält jedenfalls keinerlei inhaltliche Beschreibung oder Spezifizierung. Laut den vorliegenden Quellen scheint der Kanon *De haereticis* mit den darin enthaltenen Strafen und Bibelstellen die einzige Vorschrift gewesen zu sein, die an jedem (!) Sonn- und Feiertag dem Pfarrvolk erklärt werden sollte. Mit einem solchen Vorgehen konnte sichergestellt werden, den Inhalt des Kanons einer möglichst breiten Masse zur Kenntnis zu bringen. Zwar wissen wir nicht, über welchen Zeitraum sich diese Erklärungen erstrecken sollten, offenbar war jedoch intendiert, eine stete und wöchentlich eingeschärfte Aufmerksamkeit gegenüber der »hussitischen Häresie« in der großen Passauer Diözese zu gewährleisten.

Ähnliche Vorgaben finden sich zu keinem anderen Kanon, was ein Hinweis darauf sein könnte, dass die hussitische Bedrohung zu diesem Zeitpunkt in der Passauer Diözese als akut empfunden wurde. Für diesen frühen Zeitpunkt der Auseinandersetzung wäre dies jedoch ungewöhnlich. Die militärischen Kämpfe zwischen Hussiten und Katholiken beschränkten sich zu diesem Zeitpunkt auf Prag und das Umland; südlicher als Pilsen kamen die Truppen im Herbst 1419 nicht,[106] womit die Befürchtung einer unmittelbaren militärischen Bedrohung für die Passauer Diözese wohl ausgeschlossen werden kann. Ebenso wenig gibt es Hinweise darauf, dass es zu diesem Zeitpunkt, an dem die Hussiten selbst noch um ihr Profil und Programm rangen, eine nennenswerte Anzahl an Anhängern innerhalb der Diözese Passau gegeben hätte. Und noch ein Jahr zuvor war die Hussitenthematik auf der Salzburger Provinzialsynode zwar behandelt worden, ohne dabei jedoch eine zentrale Rolle einzunehmen oder eine akute Gefährdung erkennen zu lassen. Plausibler scheint daher, dass das Bemühen der Passauer, diesen Kanon besonders bekannt zu machen, darin begründet lag, dass er aktuelle Bestimmungen (bzw. Ideen) des Konstanzer Konzils enthielt. Im Gegensatz zu den meisten anderen Kanones, die älteres Statutenmaterial tradierten und in keinem direkten Zusammenhang zur Arbeit des Constantiense standen, nahm Kanon 32 zwar kein konkretes Dekret, aber doch einen klaren Programmpunkt des Generalkonzils auf. Mit der Bekanntmachung dieses Kanons erfüllte die Passauer Synode somit in besonderer Weise ihre fundamentale Aufgabe als Übersetzerin der Konstanzer Konzilsarbeit in die Passauer Diözese hinein. Die umfassenden Bestimmungen zur Bekanntmachung des Kanon 32

---

106 Vgl. Šmahel, Die Hussitische Revolution, Bd. 2, S. 1008–1032.

dürften somit weniger auf eine besondere Bedrohungssituation der Passauer Diözese hindeuten, als vielmehr Ausdruck des Selbstverständnisses der Passauer Väter sein, insbesondere die neuen Reformanliegen des Konstanzer Konzils in der Diözese bekannt zu machen. Dass der Fokus der Ausführungsbestimmungen weniger auf der hussitischen Häresie als unmittelbarer Bedrohung als vielmehr auf der Aktualität des Kanons als solchem und dessen Bezug zu Konstanz lag, würde auch erklären, warum keinerlei inhaltliche Spezifizierung der hussitischen Lehre erfolgte, die für ein konsequentes Vorgehen gegen die Hussiten (und eine tatsächliche Befolgung der Bestimmungen dieses Kanons) jedoch unabdingbar gewesen wäre.

b)   *Kanon 1:* De summa trinitate et fide catholica
Anders stellt sich die Situation bei Kanon 1 (*De summa trinitate et fide catholica*) dar. Während Kanon 32 von der Passauer Synode widerspruchslos akzeptiert wurde, verweigerte die Synode in ihren Ausführungsbestimmungen die Annahme des Kanon 1 (*non recepit nec recipit*). Bevor wir der Frage nachgehen, welche Gründe dieser Widerspruch gehabt haben könnte, soll dessen Textgestalt in Erinnerung gerufen werden: Während der erste Teil dieses Kanons (zur absoluten Lehrautorität der Römischen Kirche und der Lehre, dass die Würdigkeit des Priesters nicht an dessen persönlichem Lebenswandel hänge) bereits in den Mainzer Statuten von 1310 enthalten war und von dort wörtlich übernommen wurde, stellt der letzte Abschnitt zur Absolution unkeusch lebender Geistlicher einen Zusatz der Salzburger Synode von 1418 dar. Während Mansi den vollständigen Text des Kanons enthält, fehlt dieser letzte Teil auch schon in den Ausgaben von Schannat-Hartzheim und Dalham. Möglicherweise griffen Schannat-Hartzheim und Dalham auf andere Textzeugen zurück; wie Johanek feststellte, weisen die Salzburger Statuten in ihrer handschriftlichen Überlieferung teils markante Abweichungen auf.[107] Dies würde bedeuten, dass bereits ein Teil der handschriftlichen Textzeugen dieser Statuten besagte Passage nicht übernommen hatte, was auf eine frühe Kontroverse um diesen Textzusatz hindeutet. Dass sich die Salzburger Provinzialsynode veranlasst sah, die Verurteilung dieser Forderung sogar im partikularen Kirchenrecht zu verankern, zeigt jedenfalls, dass die angesprochene *opinio erronea* als ernstzunehmendes Problem gesehen wurde, das einer Reaktion von höchster provinzialer Instanz bedurfte.
Interessant ist nun, dass die Passauer Diözesansynode von 1419 die Anerkennung dieses Kanons verweigerte. Aus der Formulierung (*capitula situata sub rubrica de summa trinitate et fide catholica nuper publicata in concilio Saltz-*

---

107 Johanek, Synodalia, Bd. 2, Anm. 276. Eine Untersuchung der handschriftlichen Überlieferung steht aus.

burgensi non recepit nec recipit) geht nicht hervor, auf welche Teile dieses Kanons sich die Ablehnung bezieht. Einerseits grenzte man sich nicht von einer konkret definierten Textpassage, sondern pauschal von den *capitula* dieses Kanons ab. Dies schließt allerdings nicht aus, dass nur eine bestimmte Passage umstritten war, da der Kanon eine Einheit bildete und als solche zur nächsten Provinzialsynode zurückverwiesen wurde, wo er einer reiflicheren Überlegung unterzogen werden sollte.[108] Dass zwei der drei Druckausgaben den letzten Abschnitt des Kanons nicht enthalten, könnte ein Hinweis darauf sein, dass sich die Kontroverse auf diese Passage bezog. Doch weshalb könnte sich die Passauer Versammlung geweigert haben, der Verurteilung einer offenkundig ungewöhnlich radikalen Reformforderung zu folgen?

Bevor dieser Frage nachgegangen werden kann, muss zuvor die grundsätzlichere Frage gestellt werden, weshalb und vor welchem Hintergrund die Provinzialsynode von 1418 diesen Passus in ihre Mainzer Vorlage einfügte. Kern dieser Passage ist die Aussage, dass Priester, die unkeusch leben, für dieses Verbrechen weder von einem Bischof noch von einem Priester Absolution empfangen könnten, da dies dem Keuschheitsgelübde widerspreche.[109] Dabei handelte es sich offenkundig um eine äußerst radikale Reformforderung, die weder der Haltung des Konstanzer Konzils noch der kirchlichen Praxis entsprach. Auf dem Konstanzer Konzil hatte ein Reformausschuss einen Vorschlag zum Umgang mit unkeusch lebenden Geistlichen erarbeitet, nach dem alle Geistlichen, die mit Konkubinen zusammenlebten, diese innerhalb eines Monats verlassen müssten; andernfalls sollten ihnen alle Einkünfte entzogen werden.[110] Wie sich an Kanon 18 der Salzburger Statuten, der »dem Zusammenwohnen von Geistlichen und Frauen« gewidmet ist, ablesen lässt, folgte die Partikularsynode den Konstanzer Debatten hier sehr eng. Binnen einer zweimonatigen Frist

---

108 »Item protestatur praefata synodus, quod capitula situata sub rubrica ›De summa trinitate et fide catholica‹ nuper publicata in concilio Saltzburgensi non recepit nec recipit, sed super ipsis maturiorem vult habere deliberationem, et ipsorum determinationem reservabat, ad provinciale Saltzburgense concilium proxime celebrandum« (*Passau 1419*, S. 113). Vgl. PRÜGL, Recht – Reform – Seelsorge, S. 8f.; TREIBER, Die Autorität der Tradition, S. 160.

109 »Damnatione simili reprobamus quorumdam opinionem erroneam, asserentem, episcopum, presbyterum seu sacerdotem curatum non posse absolvere presbyteros fornicarios a fornicationis reatu propter votum castitatis. Inhibentes, ne quisquam de caetero praedictam opinionem sub poenis praedictis docere, tenere aut dogmatizare quoquomodo praesumat publice vel occulte« (*Salzburg 1418*, S. 980).

110 Dabei handelt es sich um Kanon 39 der Reformvorschläge. Weiters wurde auf dem Konzil darüber diskutiert, ob die Pfarrgläubigen weiterhin Sakramente von den betroffenen Geistlichen empfangen oder diese meiden sollten. So weit ging die Kommission letztlich nicht, sondern entschied, dass die Gläubigen die Geistlichen nur dann meiden sollten, wenn deren Obere dies ausdrücklich anordneten. Trotz dieser Vorarbeiten erließ das Konstanzer Konzil letztlich jedoch kein Dekret, das explizite Regelungen für den Konkubinat der Kleriker enthalten hätte (vgl. STUMP, The reforms, S. 140f.).

sollten die Geistlichen ihre Frauen entlassen, andernfalls würden sie ihre Benefizien, Ämter, Verwaltungen und Würden verlieren. Sollten die Geistlichen keine Benefiziaten sein und unkeusch leben, hätten sie sich *ipso iure* für jegliches Benefizium als untauglich erwiesen, wobei die übrigen kanonischen Strafen in Kraft bleiben sollten.[111] Die Salzburger Synode legte hier sogar eine noch mildere Praxis fest, als es die Debatten auf dem Konstanzer Konzil getan hatten: anstelle einer einmonatigen war nun eine zweimonatige Frist zur Entlassung der Konkubinen vorgesehen. Dass sich die Salzburger Synode von der radikalen Forderung, unkeusch lebende Kleriker könnten weder von Priestern noch von Bischöfen die Absolution empfangen, abgrenzte, überrascht daher nicht.

Doch aus welchem konkreten Anlass wurde diese Passage in die Statuten aufgenommen? Leider muss die Frage, von welchen Personen oder Kreisen diese radikale Forderung im Salzburger Raum konkret vertreten wurde, offen bleiben. Im Umfeld der Debatten um Strafbestimmungen für unkeusch lebende Kleriker waren bereits auf dem Konstanzer Konzil, aber auch in dessen Umfeld Stimmen laut geworden, die harschere Strafmaßnahmen (wie das Meiden von Messen unkeuscher Priester und die Absetzung nachlässiger Bischöfe durch den Papst oder ein Partikularkonzil) forderten.[112] Auch Jan Hus hatte bereits 1405 in seiner Synodalpredigt *Diliges Dominum Deum* im Konkubinat lebende Kleriker als Häretiker bezeichnet[113] und 1413 in seinem *Büchlein über die Simonie* gefordert, die Gläubigen sollten die Messen unzüchtig lebender Kleriker nicht besuchen (und die Schuldigen im Fall des Falles sogar vertreiben).[114] Solche radikalen

---

111　*Salzburg* 1418, S. 992f. (can. 18). Vgl. auch Kanon 1 der Diözesansynode in Salzburg 1420 (*Salzburg* 1420, S. 1008f.).

112　Wie Phillip Stump darlegte, existiert ein handschriftlich überlieferter Entwurf eines (nie verabschiedeten) Konstanzer Konzilsdekrets zum Umgang mit Konkubinariern: dieser sah vor, dass die Bischöfe unkeusch lebende Kleriker ausfindig machen und alle Gläubigen der Diözese warnen sollten, von diesen keine Messe zu hören oder Sakramente zu empfangen. Sollten die Kleriker ihr Verhalten binnen eines Monats nicht ändern (oder sollten sie zwischen verschiedenen Orten herumwandern, um der Umsetzung des Befehls auszuweichen), sollten sie von den Bischöfen ihrer Privilegien beraubt werden. Für den Fall, dass der Bischof selbst in dieser Angelegenheit nachlässig sei, sollte er vom Papst oder einem Provinzialkonzil abgesetzt werden. Wenngleich dieses Dekret auch nie veröffentlicht wurde, wird darin die Tendenz zur radikaleren Bestrafung unkeusch lebender Kleriker klar (STUMP, The reforms, S. 140f.). – Der Text wurde vermutlich von Pier Paolo Vergerio verfasst (STUMP, The reforms, S. 140f. mit Anm. 7 und S. 276 mit Anm. 8); Edition des Dekretentwurfs ebd., S. 364f. – Stump weist a.a.O. zudem darauf hin, dass das »Deutsche Konkordat« *Ad vitanda* hingegen gemäßigtere Regelungen festgelegt hatte: ein Priester sollte nur dann gemieden werden, wenn er zuvor formal durch einen Richter verurteilt worden war. Zu *Ad vitanda* vgl. ausführlich HÜBLER, Die Constanzer Reformation, S. 186–191 (Text) und S. 333–359 (Exkurs I).

113　Zu Hussens Synodalpredigt *Diliges Dominum Deum* vom 19. Oktober 1405 vgl. jüngst LUKŠOVÁ, Synodalpredigt.

114　Vgl. SOUKUP, Jan Hus, S. 74f.

Forderungen wurden von den theologischen Wortführern des Konstanzer Konzils jedoch weithin abgelehnt. Pierre d'Ailly etwa übte in seiner Synodalpredigt *Designavit Dominus* selbst strenge Kritik an der Lebensführung der Kleriker und auch explizit am Konkubinat, wandte sich aber gleichermaßen vehement gegen die Forderung, die Messe eines offenkundig im Konkubinat lebenden Klerikers zu meiden. Eine ähnliche Position vertrat auch Jean Gerson, dem ebenso daran gelegen war, extreme Reformansätze zu unterbinden.[115]

Anders als in den oben besprochenen radikalen Reformforderungen wird jedoch in der betreffenden Passage der Salzburger Statuten das unkeusche Leben von Klerikern nicht mit der Forderung verknüpft, von ihnen gefeierte Messen zu meiden. Dieser Aspekt findet sich implizit bereits im ersten Teil des Kanons, in dem sich die Synode von jenen abgrenzt, die behaupteten, ein in Todsünde befindlicher Priester könne nicht gültig die Messe zelebrieren, die Beichte hören und lossprechen. Der Fokus der zweiten Passage scheint auf einem anderen Aspekt, nämlich der Frage von hierarchischen Zuständigkeiten und Absolutionsmöglichkeiten zu liegen. Weder unkeusch lebende Bischöfe noch Priester könnten, so der Kanon, von Bischöfen oder Priestern die Absolution für dieses Verbrechen empfangen. Welche Konsequenzen sind damit impliziert? Kirchenrechtlich stellte die Absolution von offenkundig im Konkubinat lebenden Klerikern einen bischöflichen Reservatfall dar.[116] Der Hinweis, Priestern käme die Absolution anderer unkeusch lebender Priester nicht zu, ist somit kanonistisch korrekt. Dass den Bischöfen hier allerdings ebenfalls das Recht abgesprochen wird, konkubinarisch lebende Priester zu absolvieren, widerspricht den kirchenrechtlichen Regelungen. Möglicherweise haben wir hier eine Reaktion auf die milde Praxis und nachgiebige Haltung der Bischöfe im Umgang mit unkeusch lebenden Klerikern vor uns, der dadurch abgeholfen werden sollte, dass künftig höhere Instanzen – von den Erzbischöfen bis hin zum Papst – für

---

115 Vgl. SOUKUP, Jan Hus, S. 75, der diese Haltung a. a. O. als »pastoralen Realismus« charakterisiert.

116 Dies wurde noch in den Mainzer Statuten von 1310 bestätigt (*Mainz 1310*, S. 221: »Statuimus, quod Sacerdotes in satisfactionibus injungendis in religione sedeant, majora majoribus reservent, utpote (…) concubitum personarum conventualium in sacris ordinibus constitutarum (…)«). – Die ausführlichsten Untersuchungen zu bischöflichen und päpstlichen Reservatfällen stammen aus dem 19. Jahrhundert, sind jedoch nach wie vor unverzichtbar: vgl. etwa LEA, A History, S. 312–346; BUOHLER, Die Lehre, und HAUSMANN, Geschichte, der zahlreiche Beispiele sammelte und deren historische Entwicklung nachzeichnete; zur päpstlichen Pönitentiarie vgl. GÖLLER, Die päpstliche Pönitentiarie. Ein komprimierter Überblick in PLÖCHL, Geschichte, S. 374–384. Neuere Studien sind rar; die jüngste Arbeit, die sich mit bischöflichen Reservatfällen befasst, ist NEUMANN, Öffentliche Sünder (bes. S. 35–46). Vgl. auch die ebd., S. 35f., Anm. 92–95 sowie S. 40f., Anm. 118 und 119 genannte Literatur. – Neumann arbeitete zudem ein ganzes Netz von Instanzen heraus, die im 15. Jahrhundert neben dem Bischof mit den öffentlichen Reservatfällen im Bistum Konstanz befasst waren (ebd., S. 47–115).

die Bestrafung unkeuscher Geistlicher verantwortlich zeichnen sollten. Diese Forderung bringt deutlich zum Ausdruck, dass man den Bischöfen in der Bekämpfung des Konkubinats keine überzeugende Motivation oder Durchsetzungsfähigkeit attestierte.[117] Auch in zahlreichen Synodalstatuten findet sich im Zusammenhang der wiederholten Einschärfung der Bestimmungen gegen das priesterliche Konkubinat immer wieder aufs Neue die Klage, die bisherigen Regelungen seien nur halbherzig umgesetzt worden.[118]

Wenn auch keine konkrete Gruppe im Umfeld der Salzburger Kirchenprovinz identifiziert werden kann, die diese radikalen Ansichten vertrat, fügt sich diese Forderung doch in den Rahmen anderer zeitgleich kursierender radikaler Standpunkte ein. Angesichts des Umstands, dass diese Forderung in ihrer Radikalität geltendem Kirchenrecht widersprach und zudem praktisch nicht umsetzbar war, ist die Abgrenzung der Salzburger Synode verständlich. Dass sich die Synode genötigt sah, in der Form von Synodalstatuten Stellung zu nehmen, zeigt jedenfalls, dass es sich dabei um eine ernstzunehmende und als unmittelbare Bedrohung empfundene Gruppe radikaler Reformer gehandelt haben dürfte, wenngleich diese auch nicht konkret identifiziert werden kann. Obwohl auch Jan Hus zwischen 1405 und 1413 die strengere Bestrafung konkubinarischer Kleriker gefordert hatte, ist diese Passage wohl nicht primär anti-hussitisch zu verstehen, zumal ihr Fokus auf Fragen der Hierarchie und Zuständig-

---

117 Bereits auf dem Konstanzer Konzil wurden Vorwürfe gegen die Konzilsväter laut, ihre eigenen Gewohnheiten letztlich gar nicht ablegen zu wollen. Peter von Pulkau etwa beklagte, dass dem Konzil, das sich in seinen Vorschlägen und Entwürfen auf die *reformatio capitis* beschränke, der Mut fehle, die wirklich eklatanten Probleme wie Simonie und Konkubinat in Angriff zu nehmen. Peter von Pulkaus Predigt (vom 6. September 1416) ist gedruckt in ACC II, S. 463–467. Vgl. Arendt, Die Predigten, S. 247f. und Studt, Papst Martin V., S. 29 mit Anm. 21. – Zum Forschungsfeld der Konstanzer Reformen vgl. auch Machilek, Einführung, S. 53–55; Stump, The reforms; Patschovsky, Der Reformbegriff, bes. S. 18–23; Helmrath, Reform als Thema der Konzilien, jeweils mit weiterer Literaturhinweisen.

118 Ein schönes Beispiel dafür liefert ein Blick nach Köln, wo Erzbischof Dietrich 1423 auf einer Synode die zuvor in Mainz verfassten Statuten bekanntmachte und ergänzte. Als erster Punkt – ein Hinweis auf dessen Dringlichkeit – wird dort das Problem des Konkubinats angesprochen. Erzbischof Dietrich legte darin fest, dass er selbst nach sechs Monaten in Konkubinatsfällen einschreiten werde, sollten seine Bischöfe bis dahin nicht aktiv geworden sein. Diese Ankündigung löste erheblichen Widerstand unter seinen Bischöfen aus, woraufhin er sich beeilte zu betonen, dass sich diese Regelung freilich nur auf öffentliche Konkubinarier beziehe (Studt, Papst Martin V., S. 331f.). Druck der Statuten in Mansi 28, S. 1049–1054. – Helmut Flachenecker betonte darüber hinaus, dass die Bekämpfung des Konkubinats in den fränkischen Bistümern – »ein Dauerbrenner an vorderster Front« in »praktisch allen Diözesanstatuten« – häufig am Widerstand des regionalen Klerus und der Domkapitulare scheiterte (Flachenecker, Das beständige Bemühen, S. 67). Zur Dringlichkeit des Problems siehe auch *Salzburg* 1420, S. 189: »Ad exstirpandum quoque adulterii et concubinatus publica crimina, quae in dioecesi Saltzburgensi plurimum sunt frequentata (...)«.

keiten lag, was nicht dem Kern des hussitischen Anliegens entsprach. Die Kritik des Hus war nur eine Stimme im Konzert radikaler Reformansichten, die sich im Umfeld des Konstanzer Konzils ausbreiteten und offenbar auch in der Salzburger Kirchenprovinz erhebliche Anhänger fanden.

Welchen Grund könnten also die Väter der Passauer Synode von 1419 gehabt haben, den Kanon abzulehnen? Wenn wir davon ausgehen, dass sich die Ablehnung auf den letzten Abschnitt des Kanons bezog, bleibt zu klären, ob man an dessen Inhalt oder Form Anstoß nahm. Dass sich die Passauer Synode mit der radikalen Forderung dieses Passus inhaltlich identifiziert und dessen Verurteilung deshalb abgelehnt hätte, kann wohl ausgeschlossen werden, da sie den Salzburger Kanon 18, der einen vergleichsweise milden Umgang mit Konkubinariern vorschrieb, widerspruchslos annahm und mittrug. Möglicherweise waren jedoch die kirchenrechtlichen Unklarheiten in diesem Abschnitt ein Grund dafür, den Kanon zur »gründlicheren Behandlung« an die Kirchenprovinz zurückzuverweisen. Dafür spricht auch eine weitere Beobachtung: so war Kanon 1 nicht der einzige Kanon, der von der Diözesansynode nicht angenommen wurde. Auch die Kanones 16 (*De foro competenti*) und 29 (*De immunitate ecclesiarum*) stießen auf den Widerstand der Passauer Väter.[119] Kanon 16 wendet sich gegen die Vorladung Geistlicher vor weltliche Gerichte und wiederholt dabei weithin ältere Statuten. Am Ende des Kanons fügte die Salzburger Synode jedoch den Passus hinzu, dass, wenn irgendeine weltliche oder geistliche Person versuchen sollte, jemanden aus der Salzburger, Brixener, Chiemseer, Seckauer oder Lavanter Diözese vor Gericht zu ziehen und zu verurteilen, die Bezirke beider Streitparteien mit dem Interdikt belegt werden sollten, bis dem Vorgeladenen Genugtuung geleistet worden sei. Kanon 29 wurde im Vergleich zu seiner Mainzer Vorlage neu formuliert. Er verteidigt die Immunität von kirchlichen Rechten und Besitzungen und schließt mit dem Hinweis, dass schuldige Personen nicht losgesprochen würden, bis sie den betroffenen Kirchen, Klöstern und anderen frommen Orten Genugtuung geleistet hätten.[120] Wiederum kann nur vermutet werden, weshalb die Passauer Synode diese beiden Kanones ablehnte. Bei Kanon 16 fällt ins Auge, dass bei der Auflistung der Diözesen, für die diese Regelung gelten sollte, die Bistümer Passau, Regensburg, Freising und

---

119 *Passau* 1419, S. 113: »Item protestatur dominus praesidens, et sancta synodus, quod per lectionem factam statuti provincialis situati sub rubrica ›De foro competenti‹, et alterius situati sub rubrica ›De immunitate ecclesiarum‹, non recipit, nec approbat illa statuta, nec extendit illa ad civitatem et dioecesim Pataviensem; sed quod super illos consulatur reverendiss. in Christo pater et dominus noster dominus Georgius episcopus Pataviensis, et fiat relatio suae voluntatis super praemissis in proximo concilio provinciali celebrando.« – Die beiden Kanones finden sich in *Salzburg* 1418, S. 990f. (can. 16) und S. 999f. (can. 29).
120 Die entsprechenden Mainzer Vorlagen finden sich in *Mainz* 1310, S. 184 (*De foro competenti*) und S. 205–207 (*De immunitate ecclesiarum*).

Gurk nicht genannt werden. Dass die Passauer Synode den Kanon deshalb zur sorgfältigeren Überarbeitung an die Kirchenprovinz zurückverwies, ist durchaus möglich. Auch war die Verhängung eines Interdikts über ganze Orte kirchenrechtlich nicht für Vergehen von Einzelpersonen vorgesehen, sondern nur für Fälle, in denen sich der ganze Ort oder wenigstens ein Großteil einer Verfehlung schuldig gemacht hatte.[121] Darüber hinaus könnte in beiden Fällen eine Rolle gespielt haben, dass es sich jeweils um päpstliche Reservatfälle handelte.[122] Möglicherweise kam dieser Umstand in der Formulierung der Kanones, der keinerlei Hinweise darauf enthält, für die Passauer Väter nicht klar genug zum Ausdruck, weshalb sie in dieser Angelegenheit um weitere Beratung durch den Bischof baten.[123]

Die Passauer Diözesansynode des Jahres 1437 sollte jedenfalls in ihrem 10. Artikel – »auf vielfache Bitten hin« – versprechen, den Priestern eine Liste von Reservatfällen bekanntzugeben.[124] Diese sollten vom Bischof gemeinsam mit gewissen Kanonisten (*certi canonistae*) diskutiert und gesammelt werden. Es folgt eine Auflistung von 24 päpstlichen und 44 bischöflichen Reservatfällen.[125] Darüber hinaus könne sich der Bischof, so die Statuten weiter, durch die Synodalstatuten weitere Fälle im Speziellen reservieren.[126]

Interessant wäre nun zu sehen, ob und inwiefern die darauffolgende Salzburger Provinzialsynode tatsächlich Änderungen an den drei Kanones vornahm

---

121 Dies wurde etwa im Mainzer Reformdekret Kardinal Brandas di Castiglioni vom 17. Dezember 1421, das auf einer im März 1423 abgehaltenen Mainzer Provinzialsynode hätte verlesen werden sollen, dezidiert festgeschrieben (vgl. TÜCHLE, Das Mainzer Reformdekret, S. 112). Verwiesen wurde dabei auf die Extravagante *Provide attendentes* Bonifaz' VIII.: »Provide attendentes, quod, ut frequentius, quamvis non sine causa, sine culpa tamen multorum, interdicti sententiae proferuntur (...)« (V 10,2, ed. FRIEDBERG II, S. 1310). – Zur grundsätzlichen Unterscheidung zwischen Lokal- und Personalinterdikt vgl. PLÖCHL, Geschichte des Kirchenrechts, S. 394–398.
122 Vgl. HAUSMANN, Geschichte, S. 178–184 und S. 189–193. – Noch Martin V. betonte seine Zuständigkeit bei der Absolution von weltlichen Herren, die Geistliche vor weltliche Gerichte ziehen, explizit. So erließ er am 1. Februar 1428 die Bulle »Ad reprimendas«, in der festgelegt wurde, dass alle weltlichen Richter, die Geistliche belangten, *ipso facto* als exkommuniziert zu gelten hätten und nur vom Papst selbst losgesprochen werden könnten (HAUSMANN, Geschichte, S. 181f.). Druck der Bulle in MARTIN V., Ad reprimendas.
123 Die ein Jahr später stattfindende Salzburger Diözesansynode hingegen nahm diese beiden in Passau umstrittenen Kanones ohne Widerspruch an (*Salzburg 1420*, S. 1024f. und S. 1029).
124 HELLER, Die Statuten, S. 546.
125 Die Liste der Reservatfälle fehlt in der Edition von Heller, findet sich aber in den beiden a. a. O., S. 546, Anm. 2 genannten Kodizes der BSB München: Clm 18781, fol. 102r–105r und Clm 1845, fol. 15r–24v.
126 HELLER, Die Statuten, S. 51f.

oder nicht. Leider sind zwischen 1418 und 1451 keine Statuten der Salzburger Kirchenprovinz erhalten, die darüber Aufschluss geben könnten.[127]

3.4.2.2. Zur Teilnahme Wiener Universitätstheologen an der Diözesansynode des Jahres 1419

Abschließend ist die Frage zu klären, ob auch Vertreter der Wiener Universität an dieser Diözesansynode teilnahmen. Die Dokumentation der Synode enthält keinerlei Hinweise darauf, und auch in den Universitätsakten finden sich keine Einträge, die darüber Aufschluss geben würden. Über einen Umweg erfahren wir jedoch, dass durchaus Vertreter der Hochschule an Passauer Diözesanversammlungen teilgenommen haben (wenn auch nicht sicher geklärt werden kann, an welcher): 1426, mitten im Passauer Bistumsstreit, sandte die Universität eine ausführliche Supplik an die Kurie, in der sie die Haltung Herzog Albrechts im Bistumsstreit verteidigte.[128] Als eines der Argumente für die Verdienste und Bemühungen des Herzogs findet sich darin der Hinweis, Albrecht habe nicht nur eine umfangreiche Gesandtschaft zum Konstanzer Konzil finanziert, sondern habe auch vier Universitätsvertreter auf seine Kosten zu einer Synode in Salzburg und drei weitere zu einer Synode in Passau gesandt.[129] Der Text spricht hier nicht von mehreren Partikularsynoden, sondern dezidiert von je einer Synode in Salzburg und einer in Passau, die durch die jeweilige Anzahl an Universitätsgesandten zusätzlich spezifiziert werden (hätte Albrecht mehrere Partikularsynoden beschickt, wäre es nur in seinem Interesse gewesen, wenn sie alle – und nicht nur je eine Synode in Salzburg und Passau – in dem Schreiben genannt worden wären). In der Tat hatte Albrecht, wie oben besprochen, 1418 vier Universitätsvertreter, darunter zwei Theologen und zwei Kanonisten, zur Salzburger Provinzialsynode entsandt. Dieses Schreiben belegt nun, dass er auch eine Passauer Synode mit drei Universitätsvertretern beschickte. Welche Pas-

---

127 Treiber, Die Autorität der Tradition, S. 128. – Ein Blick in die Dokumentation der Passauer Diözesansynoden der Jahre 1435, 1437 und 1438 zeigt jedenfalls, dass diese Kanon 1 nicht mehr enthalten. Dieser Umstand ist allerdings nicht überzubewerten, da der Fokus dieser Synoden klar auf praktischen Fragen der Visitationen, der Klerusreform und der rechten Sakramentenspendung lag (zu diesen drei Provinzialsynoden vgl. auch Hübner, Beiträge).

128 Dieses Schreiben findet sich in Wien, ÖNB, CVP 3489, fol. 28r–38r und ist gedruckt in Koller, Princeps, S. 200–210 (Anhang XXV).

129 »Hinc enim ad sacram Constanciensem synodum direxit ambasiatam numerosa multitudine prelatorum, procerum et doctorum sperans in moribus fidelium debere fieri reformacionem. (...) Misit denique ad synodum Salczburgensem quatuor notabiles sacre theologie et iuris canonici doctores et tandem ad synodum Pataviensem tres similes doctores semper sub suis expensis propriis in finem istum, ut fideles sibi subiecti in moribus reformarentur« (Koller, Princeps, S. 208; der Hinweis darauf ebd., S. 143). – Die Interpretation Gerda Kollers, dass die angesprochene Passauer Synode »wegen der Unfähigkeit des Passauer Bischofs ohne Erfolg geblieben« sei (ebd.), wird durch den Text nicht gestützt.

sauer Synode hier angesprochen ist, kann nicht zweifelsfrei festgestellt werden. Geht man davon aus, dass es sich um eine Synode vor dem Beginn des Bistumsstreits handelte, kommen dafür die Jahre 1419 bis 1423 in Frage. Als Argument dafür, dass hier die Synode von 1419 angesprochen ist, kann angeführt werden, dass diese als einzige gesichert stattfand und in engem Zusammenhang zur Salzburger Synode von 1418 stand, die hier ebenfalls angesprochen ist; freilich könnte sich diese Aussage aber auch auf andere Synoden beziehen, die keine schriftlichen Spuren hinterlassen haben. Welche Passauer Diözesansynode hier auch konkret gemeint ist: festgehalten werden kann, dass der Herzog grundsätzlich Wert darauf legte, auch die Diözesansynoden mit Universitätsvertretern zu beschicken, und auch die finanziellen Kosten dafür trug.

Wenngleich auch keine Nachweise vorliegen, in welcher konkreten Weise die Wiener Gelehrten an der Arbeit der Diözesansynode beteiligt waren, bieten die Akten doch aufschlussreiche Einblicke in die Arbeitsweise und das Selbstverständnis der Synode, die helfen, diese Lücke zu schließen. So wurden die Statuten der Kirchenprovinz nicht unverändert übernommen und verbreitet, sondern auf Diözesanebene kritisch geprüft, ausgewählt, mit Ausführungsbestimmungen versehen oder an die nächste Provinzialsynode zur Überarbeitung zurückverwiesen. Grund für die Ablehnung der drei besprochenen Kanones scheint weniger ein inhaltlicher Dissens als vielmehr formale (insbesondere kirchenrechtliche) Mängel gewesen zu sein. Daran lässt sich gut erkennen, wie genau die Statuten von kanonistischen Experten geprüft wurden und mit welch kritischem Selbstbewusstsein die Diözesanebene ihre übergeordnete Provinz auf Mängel hinwies. Es darf davon ausgegangen werden, dass die Vertreter der Wiener Universität als theologische und kanonistische Experten zentral an der Konzilsarbeit und den damit einhergehenden Debatten beteiligt waren. Leider ist nicht bekannt, welche Gelehrten an dieser (oder einer anderen) Diözesansynode teilnahmen. Es erscheint jedoch plausibel, dass der Herzog einen Teil derselben Personen nach Passau sandte, die zuvor bereits an der Salzburger Synode teilgenommen hatten, da diese mit dem Inhalt der Statuten und den Diskussionen in Salzburg vertraut waren (dies waren Bartholomäus von Ebrach, Johannes von Westfalen, Peter Deckinger und Theodor von Hammelburg). Wie oben besprochen, hatten drei dieser vier Vertreter an der Salzburger Provinzialsynode zuvor auch am Konstanzer Konzil teilgenommen und kannten dessen Reformagenda somit aus eigener Erfahrung. Da sich die Passauer Synode nicht nur als Kontrollinstanz verstand, die die Kanones überprüfte und auswählte, sondern auch ein besonderes Interesse daran zeigte, Konstanzer Reformideen zu verbreiten, legt es sich nahe, dass der Landesfürst Gelehrte nach Passau sandte, die mit der Materie vertraut waren.

3.4.3. Zum Einfluss des Passauer Bistumsstreits auf die Partikularsynoden der Salzburger Kirchenprovinz zwischen 1423 und 1428

Für die Jahre zwischen 1419 und 1431 liegen keine Statuten oder andere Quellen vor, die Auskunft über abgehaltene Partikularsynoden, deren Teilnehmer, Themen oder Beschlüsse geben würden. Angesichts des Reformeifers Erzbischof Eberhards, der schon sechs Monate nach Beendigung des Konstanzer Konzils im November 1418 zur ersten Provinzialsynode rief, für den 28. August 1419 bereits die nächste anordnete und diesen Turnus auch für die Diözesansynoden vorschrieb, ist jedoch davon auszugehen, dass in diesem Zeitraum Provinzialsynoden stattfanden, wenngleich bislang – vorbehaltlich neuer Quellenfunde – auch keine Details rekonstruiert werden können.

Der Grundsatz, dass eine ganze Zahl von Routinesynoden ohne schriftlichen Niederschlag anzunehmen ist, gilt freilich auch für die Diözese Passau. Für den hier zu besprechenden Zeitraum ist allerdings die außergewöhnliche Situation der Diözese zu berücksichtigen, in der sie sich durch den von September 1423 bis ins Jahr 1428 andauernden Passauer Bistumsstreit befand.[130] Nach dem Tod Georgs von Hohenlohe im August 1423 war Leonhard von Layming – u.a. gegen den Willen des Papstes (der die Neubesetzung der Diözese für sich reklamierte), Herzog Albrechts V. (der seinen Wunschkandidat, den Domdekan Heinrich Fleckel, unterstützte), der Wiener Universität, der Wiener Domherren und großer Teile des österreichischen Klerus – zum Bischof von Passau gewählt worden. Über fünf Jahre zogen sich die Unklarheiten und Auseinandersetzungen bzgl. der Rechtmäßigkeit seiner Wahl hin, und insbesondere Herzog Albrecht kämpfte (mit Rückgriffen auf die Unterstützung der Wiener Universität) gegen den unliebsamen Kandidaten. So hielt etwa Nikolaus von Dinkelsbühl als Führer einer Legation des Herzogs nach Rom eine Rede vor dem Papst, in der er u.a. damit argumentierte, dass der Kritik der Hussiten (etwa an der Lebensführung des Klerus) nur durch einen unanfechtbaren, moralisch lauteren Bischof begegnet werden könne, was auf Leonhard von Layming aber nicht zutreffe. Dieser habe – neben anderen fragwürdigen Vorkommnissen – sogar die Stadt verlassen, als Branda di Castiglioni dort eintraf; ein Benehmen, das fast an einen Hussiten erinnere.[131] 1425 wurde der Bischof von Freising zum Administrator des österreichischen Teils der Diözese Passau bestimmt, bevor 1426 Nikolaus von Dinkelsbühl mit der Verwaltung des gesamten Bistums betraut wurde.[132] An einen regulären Ablauf der Diözesangeschäfte wird angesichts der

---

130 Der Passauer Bistumsstreit wird ausführlich behandelt in KOLLER, Princeps, S. 112–177; UIBLEIN, Dokumente; UIBLEIN, Kopialbuch, S. 23–42.

131 KOLLER, Princeps, S. 141.

132 UIBLEIN, Kopialbuch, S. 38 und S. 42; KOLLER, Princeps, S. 172 mit Anm. 268.

ungeklärten Leitungssituation in diesen Jahren wohl kaum zu denken gewesen sein. Es erscheint daher fraglich, ob zwischen 1423 und 1428 in Passau überhaupt Diözesansynoden einberufen und abgehalten wurden. Zum einen sah sich Bischof Leonhard erheblichen Zweifeln an der Legitimität seiner Wahl und seiner Autorität ausgesetzt; zum anderen war er mit massiver Ablehnung weiter Teile des österreichischen Klerus und des österreichischen Landesherrn konfrontiert. So verbot Herzog Albrecht nicht nur, die bischöflichen Bullen in Österreich bekanntzumachen, er verhängte auch wirtschaftliche Sanktionen gegen die Anhänger Leonhards.[133] Faktisch wurde die Diözese (oder ihr österreichischer Teil) während dieser Jahre von Administratoren geleitet, während Rom um eine Lösung des Problems und Leonhard um Anerkennung rang. Dass Leonhard von Layming in dieser Situation eine Diözesansynode einberufen hätte (und dieser Einberufung Folge geleistet worden wäre), ist schwer vorstellbar. Auch die Wiener Universität lehnte seine Anerkennung mehrfach dezidiert ab,[134] was ihr die harsche Kritik des Bischofs eintrug, die Hochschule mache sich der »Rebellion gegen die oberste kirchliche Gewalt« schuldig und sei gar die Urheberin aller gegen ihn gerichteten Intrigen.[135] Angesichts dieser Situation und des vehementen Widerstands Herzog Albrechts ist es wenig plausibel, dass sich Vertreter der Wiener Universität an Diözesansynoden zwischen 1423 und 1428 – so denn überhaupt welche stattfanden, was durchaus zweifelhaft ist – beteiligten und den Passauer Bischof auf diese Weise berieten und unterstützten.

3.4.4. Die Salzburger Provinzialsynode des Jahres 1431

Die weithin dunkle Quellensituation lichtet sich zum Jahr 1431. Parallel zum Basler Konzil, das am 29. Juli 1431 eröffnet worden war, planten die Erzbischöfe von Mainz und Köln, für den 19. November eine Nationalversammlung nach Mainz einzuberufen.[136] Dort sollte über aktuelle Fragen – die *reductio Boh-*

---

133 KOLLER, Princeps, S. 149f.
134 Im März 1424 bat Herzog Albrecht V. seine Universität, ihn bei der Abfassung einer Appellation gegen die Provision Leonhards zu unterstützen (UIBLEIN, Kopialbuch, S. 32); im Juni forderte der Landesherr die offene Unterstützung seiner Position durch die Universität ein (ebd., S. 33). Im August 1424 lehnte die Universität Leonhards Aufforderung, ihn anzuerkennen, ab (ebd., S. 34 und KOLLER, Princeps, S. 145), und noch 1426 richtete die Universität drei Schreiben an den Papst, in denen sie die Haltung Herzog Albrechts unterstützte (ebd., S. 41). Ende 1426 folgte ein Brief der Hochschule an Branda di Castiglioni, in dem sie darlegte, dass Leonhard für die Passauer Diözese untragbar sei und der Diözese, der Kirche und dem Klerus schade (ebd.).
135 Ebd., S. 34.
136 Den Plan dieser deutschen Nationalversammlung behandelt BEER, Der Plan. – Bereits am

emorum sowie die *reformatio* und *conversatio ecclesiae* – beraten und eine einheitliche Position der deutschen Nation für das Basler Konzil festgelegt werden. Diese Themen sollten zuvor durch Synoden der einzelnen Kirchenprovinzen diskutiert und vorbereitet und in der Folge in Mainz vorgestellt werden. Auch an den Salzburger Erzbischof Johann von Reisberg (1429–1441) erging am 22. September ein Einladungsschreiben,[137] der seine Suffragane daraufhin für den 5. November 1431 nach Salzburg bestellte.[138]

3.4.4.1. Der Kampf gegen die Hussiten in den Reformvorschlägen der Synode

Auch von dieser Synode sind keine Statuten oder Akten erhalten. In Cod. 68 der Universitätsbibliothek Innsbruck finden sich jedoch die Reformvorschläge, die die Synode für die geplante Mainzer Nationalversammlung ausgearbeitet hatte.[139] Diese belegen, dass der Aufforderung des Erzbischofs in der Tat Folge geleistet worden war. Wie im Einladungsschreiben an Erzbischof Johann erbeten, stellten diese Reformvorschläge eine Sammlung von insgesamt 40 geistlichen und weltlichen »Unannehmlichkeiten und Beschwerden« dar. Diese sollten auf der folgenden Versammlung in Mainz mit den anderen Erzbischöfen und Bischöfen der Deutschen Nation (insbesondere der Gebiete Deutschlands) und mit deren Abgeordneten zum Basler Konzil diskutiert, beraten, ergänzt, verändert, komprimiert und so umgesetzt werden, wie es am überlegtesten er-

---

13. Mai 1430 hatte Erzbischof Konrad von Mainz für den 8. September eine Nationalversammlung nach Koblenz einberufen, die dazu dienen sollte, zur Vorbereitung des Basler Konzils ein gemeinsames Reformprogramm der Deutschen Nation zu erarbeiten. Dieser Plan scheiterte jedoch, weshalb der 19. November als neuer Termin ins Auge gefasst wurde (ebd., S. 432).

137 Dieses Einladungsschreiben ist erhalten und teilweise gedruckt in Gudenus, Codex diplomaticus, S. 188f.: »Amicitiam vestram, quanto studiosius possumus, exhortamur in Domino et rogamus, quatenus ob zelum katholice fidei et universalis, et presertim Germanice ecclesie augmentum, ac statum pacificum ordinis clericalis ibidem, vestros venerandos suffraganeos, per se vel suos nuntios speciales, ad vestram provincialem synodum dignemini quotocius poteritis evocare. In qua discutientes et maturo consilio colligentes tam spiritualia quam temporalia incommoda et gravamina, ac cetera que statum et reformationem tam metropolis et suffraganearum ecclesiarum vestrarum, quam tocius Germanice nationis et ecclesiastici status conservationem conspicere videbuntur (...).« Vgl. Beer, Der Plan, S. 434, Anm. 1.

138 Beer, Der Plan, S. 434.

139 Diese Synode wird weder von Hübner noch von Johanek erwähnt; vgl. aber Treiber, Die Autorität der Tradition, S. 105 mit Anm. 230 (mit Verweis auf den Innsbrucker Kodex). Zur Handschrift vgl. Neuhauser, Katalog, S. 197–207. – Die Reformvorschläge sind mittlerweile gedruckt in *Salzburg 1431*. Vgl. auch Studt, Papst Martin V., S. 338–341, hier bes. S. 339f. – Neben Salzburg bereiteten sich auch die Provinzen Mainz, Bremen (Beer, Der Plan, S. 434, Anm. 5 und ebd., S. 440) sowie Aschaffenburg (Studt, Papst Martin V., S. 341–344) auf die Nationalversammlung vor.

schiene.[140] Als erste und damit drängendste Aufgabe nennt das Dokument, die ketzerischen Böhmen wieder zur Einheit der Kirche zurückzuführen. Zu diesem Zweck solle man daran gehen, einen einheitlichen Plan zu finden, der für alle Kirchenprovinzen irgendwie passend (*aliqualiter conveniens*) sei. Unterdessen solle in einer größeren Versammlung – also in Mainz – mit dem Scharfsinn vieler darüber nachgedacht werden.[141] Dass die Lösung der Hussitenfrage gleich an erster Stelle genannt wird, überrascht nicht, da die militärischen Niederlagen gegen die Hussiten eine Verhandlungslösung unumgänglich gemacht hatten. Auch das Einladungsschreiben des Mainzer und Kölner Erzbischofs hatte die Lösung des Hussitenproblems, deren Lehren sich auch auf Deutschland ausbreiteten, als vordringlichste Aufgabe genannt.[142] Die Salzburger Reformsammlung enthält keine konkreten Vorschläge, wie eine Einigung mit den Hussiten erreicht werden sollte. Diese Details sollten in größerem Rahmen in Mainz diskutiert und verhandelt werden. In der Formulierung, dass in Mainz ein einheitliches Vorgehen gefunden werden solle, das für alle Provinzen »irgendwie passend« sei, scheint eine gewisse Uneinigkeit der einzelnen Kirchenprovinzen im Kampf gegen die Hussiten anzuklingen (zumindest legt das Attribut *aliqualiter* einen Kompromiss nahe). Vermutlich gab es innerhalb der Provinz Differenzen in der Frage, ob und wie weit man den böhmischen Häretikern für das Ziel einer Beilegung des Konflikts entgegenkommen sollte und könnte. Während von manchen theologische Debatten mit den Hussiten als letzter Ausweg gesehen wurde, lehnten andere dieses Entgegenkommen vehement ab.[143]

---

140 *Salzburg 1431*, S. 164f.: »Hic annotantur collecta quedam spiritualia quam temporalia incommoda et gravamina et alia statum et reformacionem tam metropolis Salzburgensis et eius suffragancarum ecclesiarum quam tocius Germanice nacionis et ecclesiastici status conservacionem respocientia in proxima convocacione Maguntinensi referenda etc. cum aliis archiepiscopis et episcopis nacionis Germanice, presertim parcium Allemanie, scilicet eorundem oratoribus in generali concilio Basiliensi constitutis dicucienda, avisanda atque extendenda, mutanda vel restringenda et, prout consulcius visum fuerit, persequenda.« – Vgl. BEER, Der Plan, S. 433f.; KRÄMER, Konsens und Rezeption, S. 15f. – Einen Überblick und eine kurze Besprechung der Reformvorschläge bei BEER, Der Plan, S. 435–440.

141 »Primo de viis reducendi Bohemos hereticos ad sancte matris ecclesie unitatem, quibus uniformis modus singulis provinciis aliqualiter conveniens inveniatur. Interim visum est in maiori congregacione plurimorum ingeniis cogitare« (*Salzburg* 1431, S. 166f.).

142 »Noverit vestra Amicicia, lustris duobus iam peractis detestandam heresim Bohemorum in medio nostrorum quodammodo consistentem, que, postquam vulgares infecit, tandem universum regnum seduxit, devastavit sancta, et sacras polluit edes; exterminavit clerum, et omnem celibatum commercio nephando stupravit; omnemque fidei virorem errorum raumate de hominum cordibus arefecit adeo, quod suis non contenta limitibus, in perditionem etiam exteros, et armis et fraude, trahere moliatur (…) Timetur etenim, ne confortetur adeo illorum temeritas, quod tellurem Germanicam aggressura, semen illud pestiferum laribus nostris asserat, et sub melle palliatum venenum incolis nostris efficiat alimentum (…)« (GUDENUS, Codex diplomaticus, S. 185f.).

143 Vgl. etwa die Rückfrage Thomas Ebendorfers an seine Universität, wie weit er den Hussiten

Zur Realisierung eines »gesamtdeutschen« Wegs im Kampf gegen die Hussiten sollte es jedoch nicht kommen, da die geplante Mainzer Versammlung letztlich nicht zustande kam. Karl Beer wies bereits darauf hin, dass im Zeitpunkt dieser Versammlung – der mit den ersten Monaten des Basler Konzils kollidierte – der wahrscheinlichste Grund für ihren Ausfall zu sehen ist. Im September und Oktober 1431, zeitgleich zu den Vorbereitungen des deutschen Nationalkonzils, mahnte Kardinal Cesarini bereits einen stärkeren Besuch des Basler Konzils an und drohte mit strengen Strafen, sollten sich die Betreffenden nicht bis Anfang November in der Konzilsstadt einfinden. Auch stellte die gleichzeitige Verpflichtung, nach Mainz und Basel zu reisen, eine erhebliche personelle und finanzielle Belastung dar.[144] Dazu kommt, dass das Format einer Nationalversammlung (die in den Reformvorschlägen der Salzburger Kirchenprovinz ausdrücklich als *convocacio*, nicht als Konzil oder Synode bezeichnet wurde) an sich ungewöhnlich ist. Frühmittelalterliche Versuche, Kirchenversammlungen auf provinzübergreifender Ebene abzuhalten, sahen sich bald dem Widerstand Roms gegenüber und waren ab dem IV. Laterankonzil kirchenrechtlich nicht mehr vorgesehen.[145]

3.4.4.2. Zur Beteiligung Wiener Universitätsgelehrter

Dass die Hussitenfrage auf der Salzburger Provinzialsynode 1431 eine zentrale Rolle spielte, zeigt sich an den erhaltenen Quellen zweifellos. Doch waren auch Vertreter der Wiener Universität auf dieser Synode anwesend? Die Universitätsakten sprechen dagegen. Wie uns die Akten der Artistischen Fakultät berichten, forderte nämlich der Passauer Bischof die Wiener Hochschule am 9. November 1431 auf, *certa advisamenta* für das Basler Konzil, zu dem Kardinal Cesarini bereits geladen hatte, vorzubereiten und an ihn zu übermitteln. Die Fakultätsakten schildern weiter, dass daraufhin ein elfköpfiger Ausschuss (bestehend aus Nikolaus von Dinkelsbühl, Johannes Himmel, Kaspar Maiselstein, Mag. Paulus, Johannes Paumgartner, Peter Folzian, Narcissus Herz, Urban von Melk, Georg Aphenthaler, Andreas von Weitra und Johannes Angerer von Mühldorf) eingesetzt wurde, der über diesen Auftrag beraten sollte.[146] Dieser

---

in Basel entgegenkommen dürfe, und die ablehnende Reaktion seiner Hochschule; siehe oben Kapitel II, S. 161 f.

144 Beer, Der Plan, S. 441.

145 Vgl. Kruppa, Einführung, S. 16; Schmidt, Reichs- und Nationalkonzilien, S. 336f. (zur Diskussion in Deutschland); Sieben, Selbstverständnis, S. 18f. – Auf dem Basler Konzil hingegen sollte der Lübecker Bischof Johannes Schele in seinen *Avisamenta reformacionis in curia et extra*, die er 1433/34 verfasste, die künftige Abhaltung von Nationalsynoden wiederum vorschlagen, was Birgit Studt als Wiederaufgreifen der Idee der deutschen Nation interpretiert (Studt, Papst Martin V., S. 345).

146 »Item nona die Novembris fuit congregata universitas super articulis. Primo ad audiendum

Brief wurde am 9. November, vier Tage nach dem Beginn der Salzburger Provinzialsynode, bereits in Wien verlesen, dürfte also direkt am Beginn der Synode (oder sogar davor) abgeschickt worden sein. Wären die Wiener Gelehrten in Salzburg gewesen, hätte diese Angelegenheit vor Ort besprochen werden können. Interessant ist, dass der Brief nicht vom Salzburger Erzbischof, sondern vom Passauer Bischof kam, obwohl die Provinzialsynode unter der Leitung des Erzbischofs gestanden hatte. Wäre diese briefliche Anfrage an die Universität namens der Provinzialsynode nach Wien gesandt worden, wäre zum einen der Erzbischof der Absender gewesen, und zum anderen wäre gewiss auf die Mainzer Versammlung verwiesen worden, deren Vorbereitung der Anlass der Salzburger Synode war. Diese wird jedoch mit keinem Wort erwähnt; die erbetenen *advisamenta* sollten ausdrücklich für das Basler Konzil, nicht für die Mainzer Versammlung zusammengestellt werden. Möglicherweise kann daraus eine Oppositionshaltung des Passauer Bischofs gegen die geplante Nationalversammlung herausgelesen werden. Zwischen dem Beginn der Salzburger Provinzialsynode und der Verlesung des Briefes an der Wiener Universität lagen nur vier Tage. Wenn wir davon ausgehen, dass die Provinzialsynode länger als einen Tag dauerte (was angesichts des umfangreichen Reformkatalogs und der durchschnittlichen bekannten Dauer von Provinzialsynoden sehr wahrscheinlich ist), oder wenn die Universitätsversammlung nicht gleich am selben Tag einberufen wurde, an dem der Brief in Wien eintraf, spricht einiges dafür, dass der Passauer Bischof das Schreiben bereits vor der Salzburger Synode nach Wien abgeschickt hatte und damit schon zu diesem Zeitpunkt nicht mehr von einer Verwirklichung der Nationalversammlung ausging (oder sich bewusst davon distanzieren wollte). Ob er selbst an der Provinzialsynode teilnahm, kann nicht festgestellt werden. Am 18. November 1431 – also einen Tag vor der geplanten Nationalversammlung in Mainz – versammelte sich die Universität jedenfalls erneut und hörte einen Bericht der Deputierten, die beschlossen hatten, einen oder mehrere Vertreter der Universität zum Basler Konzil zu schicken.[147] Auch hier wird das

---

quandam litteram per dominum episcopum Pataviensem universitati transmissam, in qua continebatur peticio domini episcopi, ut universitas certa advisamenta et defectus conciperet et eosdem et informaciones eis transmitteret. Nam suos oratores ad concilium Basiliense, ad quod per dominum cardinalem sancti Angeli fuit vocatus, dirigere vellet« (AFA II, fol. 110r; vgl. KINK, Urkundliche Beilagen, S. 57 und LHOTSKY, Thomas Ebendorfer, S. 16). – Zu Nikolaus von Dinkelsbühl vgl. oben Kapitel I, Anm. 28; zu Johannes Himmel vgl. AFA I, S. 532; zu Kaspar Maiselstein ebd., S. 502 f.; zu Peter Folzian ebd., S. 557; zu Narcissus Herz ebd., S. 549; zu Urban von Melk ebd., S. 567 f.; zu Georg Aphenthaler ebd., S. 513; zu Andreas von Weitra ebd., S. 498; zu Johannes Angerer von Mühldorf ebd., S. 524 f.

147 »Item in octava sancti Martini fuit congregata universitas per iuramentum super articulis hiis. Primus: ad audiendum relacionem deputatorum universitatis super littera domini Pataviensis proxime in universitate lecta. Et fuit relatum, quod deputati conclusissent, quod

geplante Mainzer Treffen nicht erwähnt. Während in Salzburg Reformvorschläge zusammengestellt wurden, um in Mainz eine einheitliche Haltung der Nation für das Basler Konzil zu erreichen, trafen der Passauer Bischof und die Wiener Universität bereits konkrete Vorbereitungen für die Gesandtschaft zum Basler Konzil, was ein klares Indiz für einen Dissens innerhalb der Salzburger Kirchenprovinz darstellt. Dass eine nationale Kirchenversammlung, die in direktem Widerspruch zur Aufforderung des Konzilspräsidenten stand, sich am Generalkonzil einzufinden, Kritik hervorrief, überrascht nicht.

3.5. Fazit

Quellen zur Mitwirkung von Wiener Universitätsgelehrten an den Partikularsynoden zwischen 1418 und 1431 sind rar. Durch Einträge in den Wiener Rektoratsakten lässt sich jedoch feststellen, dass die Beteiligung Wiener Gelehrter an der Salzburger Provinzialsynode im Herbst 1418 sowohl von Erzbischof Eberhard, als auch von Herzog Albrecht V. nachdrücklich forciert wurde. Die Initiative zur Teilnahme an dieser Synode ging somit nicht von der Hochschule selbst aus, vielmehr reagierte die Universität auf entsprechende Aufforderungen des Erzbischofs und des Landesherrn. Nicht nur sandte Albrecht zwei Theologen und zwei Kanonisten auf eigene Kosten nach Salzburg, Erzbischof Eberhard beauftragte zudem die Hochschule, einen vorbereitenden *libellus* auszuarbeiten. Zur inhaltlichen Ausrichtung dieses *libellus* sind keine Details bekannt. Es ist allerdings anzunehmen, dass der Erzbischof in dieser Schrift besonders jene Themen behandelt wissen wollte, die auf der Synode selbst diskutiert werden und in die Statuten einfließen sollten. Zwei der insgesamt 34 Kanones dieser Synode – Kanon 1 und Kanon 32 – befassten sich mit der Hussitenfrage. Dabei ist beiden Kanones eine gewisse Zurückhaltung zu konstatieren. Während Kanon 32 in seinen Strafbestimmungen gegen die hussitischen Häretiker und ihre Unterstützer deutlich hinter den Möglichkeiten zurückblieb, die die kanonistische Tradition geboten hätte, verzichtete Kanon 1 darauf, das anti-hussitische Potential, das dieser Artikel schon von seiner Mainzer Vorlage her inne hatte, auszuschöpfen und die förmlich greifbare Verbindungslinie zu den Konstanzer Anklagen zu ziehen. Obwohl das Konzil die Hussitenfrage als aktuelles Problem behandelte und dazu auch einen eigenen Kanon formulierte bzw. kompilierte, scheint das Problem im Herbst 1418 noch nicht seine spätere Dringlichkeit erreicht zu haben. Da für die Abfassung des *libellus* an der Wiener Universität je ein Vertreter jeder Fakultät bestimmt wurde, dürfte es sich dabei

---

universitas unum vel plures mittere deberet ad concilium Basiliense« (ebd.; vgl. KINK, Urkundliche Beilagen, S. 58).

nicht um ein theologisches oder kanonistisches Rechtsgutachten zu einer spezifischen Frage gehandelt haben. Vielmehr könnte diese Schrift dem Zweck gedient haben, auf breiterer Basis Reformvorschläge für die Provinzialsynode zu erarbeiten. Dass die Hussitenfrage darin eine Rolle spielte, ist sehr wahrscheinlich – allerdings vermutlich keine zentrale. Zum einen finden sich unter den genannten Gelehrten keine »Hussitenexperten«, die sich (etwa auf dem Konstanzer Konzil) bereits ausführlicher mit der Hussitenfrage beschäftigt hatten (wie Peter von Pulkau und Nikolaus von Dinkelsbühl; letzterer hatte sogar als Vertreter Herzog Albrechts am Constantiense teilgenommen). Zum anderen schöpfte die Synode in ihren Bestimmungen zur Hussitenfrage die Strenge der zur Verfügung stehenden Strafmöglichkeiten bei weitem nicht aus. Die Salzburger Provinzialsynode integrierte somit Bestimmungen zur Hussitenfrage in ihre partikulare Gesetzgebung und folgte damit den aktuellen Themen, die das Konstanzer Konzil vorgegeben hatte. Die Frage der böhmischen Reformer war zu diesem Zeitpunkt jedoch noch einer von vielen, nicht der dringlichste Aspekt der vielgestaltigen Reformbedürftigkeit der Kirche.

Aufschlussreich ist darüber hinaus die konkrete Rezeption der Konstanzer Bestimmungen in den Statuten der Salzburger Kirchenprovinz. Während in der Folge des Basler Konzils dessen Konzilsbeschlüsse – zumindest unter dem Verweis auf das jeweilige Konzilsdekret, wenn nicht gar unter Wiedergabe des gesamten Textes – explizit in die Partikularstatuten übernommen und auf diese Weise bekannt gemacht wurden, trifft dies auf die anti-hussitischen Konstanzer Bestimmungen nicht zu. Interessanterweise rezipieren weder Kanon 1 noch Kanon 32 die aktuellen Verurteilungen des Wyclif, Hus oder Hieronymus von Prag durch das Konstanzer Konzil, und auch das Kelchdekret *Cum in nonnullis* wird mit keinem Wort erwähnt. Die Salzburger Synode griff somit durchaus zentrale Anliegen des Konstanzer Konzils auf, fungierte dabei aber mitnichten als »Publikationsorgan« für dessen Konzilsdekrete. Es ging der Salzburger Kirchenprovinz primär um die praktische Umsetzung der Konstanzer Reformideen, nicht um ein Tradieren der Konzilsdekrete an die ›Basis‹. Im Vorgehen der Partikularsynoden vor und nach Basel scheinen hier eklatante Unterschiede zu bestehen, die weiterer Untersuchungen bedürfen.

Die Dokumentation der einzigen bislang nachweisbaren Passauer Diözesansynode zwischen 1418 und 1431 ermöglicht interessante Einblicke, in welcher konkreten Weise die Diözesanversammlung ihre Aufgabe, die Provinzialstatuten an die konkrete Situation der Diözese anzupassen und für deren Umsetzung zu sorgen, erfüllte. Am Beispiel der Kanones 1 und 32 lässt sich gut erkennen, welch unterschiedliche Optionen der Diözesanversammlung zur Adaptierung und Rezeption der Provinzialstatuten zur Verfügung standen. Der Häretikerkanon 32 wurde von der Diözesansynode nicht nur ohne Einwände angenommen, sondern auch mit der Ausführungsbestimmung versehen, ihn dem Pfarrvolk an jedem Sonn- und Feiertag in der Muttersprache zu erklären. Da inhaltliche Spezifizierungen der hussitischen Häresie fehlen, bleibt dabei fraglich, wie diese Anordnung in der Praxis realisiert hätte werden sollen. Möglicherweise wollte man die Gläubigen generell vor klerus- und sakramentskritischen Lehren warnen, ohne dabei speziell die Hussiten vor Augen zu haben. Bereits die Kanones der Salzburger Provinzialsynode von 1418 legten nahe, dass den Vätern eher die Waldenser als die Hussiten vor Augen gestanden haben dürften. Dass sich auch hier keine inhaltliche Konkretion der hussitischen Häresie findet, deutet darauf hin, dass die aktuellen häretischen Bedrohungen zwar unter der Bezeichnung »Hussiten« subsumiert wurden, darin in der Realität aber ebenso waldensische Anhänger eingeschlossen wurden, die in der österreichischen Bevölkerung fest verankert waren. Die möglichst breite Bekanntmachung dieses Kanons dürfte jedenfalls weniger durch eine besondere Bedrohungssituation durch die hussitische Häresie, als vielmehr durch den Umstand bedingt gewesen sein, dass es sich dabei – im Gegensatz zu den meisten anderen Kanones, die älteren Statutenbestand wiederholten – um ein aktuelles Anliegen des Konstanzer Konzils handelte.

Im Gegensatz dazu verweigerte die Diözesanversammlung die Anerkennung von Kanon 1 und verwies ihn zur nächsten Provinzialsynode zurück, wo er einer reiflicheren Überlegung unterzogen werden sollte. Grund dafür scheint weniger ein inhaltlicher Dissens als vielmehr die kirchenrechtlichen Unklarheiten in der Formulierung des Kanons gewesen zu sein. Dieses Vorgehen ist auffällig und sehr ungewöhnlich, da der Diözesansynode eigentlich die Aufgabe zukam, die Beschlüsse der Provinz in den einzelnen Diözesen zu verbreiten und damit »Publikations- und Vermittlungsorgan« der Provinzialsynode zu sein.[148] Gerade in ihrer kirchenrechtlichen Natur lag schließlich die Unterscheidung der beiden Synodentypen begründet: während Provinzialsynoden legislatorische Kompetenzen innehatten, kam diese Kompetenz auf Diözesansynoden nur dem Bischof zu. Zustimmung oder Ablehnung der versammelten Diözesansynode als solcher hatte eigentlich keine Konsequenzen für die rechtliche Verbindlichkeit der von der Kirchenprovinz erlassenen Statuten. Umso auffälliger ist es, dass die Passauer Diözesansynode 1419 nicht nur für die Weitergabe und Umsetzung der Partikularstatuten verantwortlich zeichnete, sondern auch beanspruchte, als Kontrollinstanz zu fungieren, obwohl dies kirchenrechtlich nicht vorgesehen war. Leider liegen uns keine Nachrichten darüber vor, wie die Salzburger Kirchenprovinz auf die Eingabe der Passauer Diözese reagierte. Es wäre jedenfalls interessant zu sehen, ob die Provinz ihrer Diözese tatsächlich das Recht einräumte, einzelne Kanones zur Überarbeitung an sie zurückzuverweisen, und ob die Kritik der Diözese in der Folge zu einer Änderung oder Spezifizierung der

---

148 Vgl. Treiber, Die Autorität der Tradition, S. 80f.; Zitat ebd., S. 80.

betreffenden Statuten führte. Aus der diözesanen Kritik allein lässt sich zwar das Selbstverständnis der Diözesansynode ablesen, nicht jedoch, ob die Kirchenprovinz ein solches Vorgehen mittrug. Die Rolle theologischer und kanonistischer Experten in den Debatten der Diözesanynoden ist jedenfalls als sehr wichtig einzuschätzen. Dass Herzog Albrecht nicht nur Generalsynoden und Partikularsynoden, sondern auch Diözesansynoden mit Universitätsgelehrten auf seine Kosten beschickte, zeigt, wie wichtig dem Landesherrn die Umsetzung der Reformen auf allen Ebenen war.

Als im November 1431 eine Salzburger Provinzialsynode Reformvorschläge für eine geplante Nationalversammlung in Mainz zusammenstellte, hatte die Hussitenfrage deutlich an Priorität gewonnen und fand sich nun als erster (und damit wohl dringlichster) Punkt in der Liste notwendiger Reformen. Während die Provinzialsynode in Salzburg Reformvorschläge für die geplante Mainzer Nationalversammlung und eine einheitliche Haltung der deutschen Nation vorbereitete, planten der Passauer Bischof und die Wiener Universität jedoch schon die Beschickung des bereits eröffneten Basler Konzils.

4. Theologisches, diplomatisches und militärisches Ringen um eine Einigung mit den Hussiten: Wiener Gelehrte zwischen Streitgesprächen und Kreuzzugspredigt

4.1. Vorbemerkungen

Husitis sepe sit data audiencia et quam pie sunt vocati. Primo sub personis Joh. Huss et Jeronimi tempore Constanciensis consilii (...) Secundo in obsidione civitatis Pragensis (...) Et protunc tantum 4 articulos proposuerunt, quos communiter per mundum nunc mittunt; in quibus cum nostris protunc satis concordabant, preterquam in articulo de necessitate communicandi sub utraque specie. Tercio in Bruenna postmodum Hussitarum litteratis datus fuit salvus conductus tutus pro eorum audiencia in presencia doctorum universitatis Wiennensis. Quarto in Ungaria coram rege Romanorum presentibus Procopio (...) Quinto in Nuremberga, cum hoc peterent coram omni populo proclamare suam sectam (...).[1] So fasste der Dominikaner Johannes Nider 1430 die vorangegangenen Begegnungen zusammen, als das Basler Konzil eine theologische Einigung mit den Hussiten schließlich als letzte Lösung einer Situation anerkannte, der militärisch nicht beizukommen war.

In der Tat gingen zwischen 1420 und 1430 theologisch-diplomatische Verständigungsversuche und militärischer Kampf gegen die Hussiten Hand in Hand. Beide Seiten der Kontroverse verfolgten eine Doppelstrategie: die katholische Seite führte Streitgespräche[2] und Kreuzzüge, die hussitische Seite

---

1 Johannes NIDER, Attendite a falsis prophetis, UB Basel, Cod. E I 9/X, hier fol. 19r; zit. nach BARTOŠ, Husitika a bohemika, S. 61.
2 Die Termini »Streitgespräche«, »Debatten« oder »Disputationen«, die hier verwendet werden, beschreiben mündliche wie schriftliche Auseinandersetzungen zwischen hussitischen und katholischen Vertretern. Diese Begriffe wurden gewählt, um zu verdeutlichen, dass es zwar Treffen zwischen den beiden Parteien, vor dem Basler Konzil jedoch keine tatsächlichen Diskussionen oder ergebnisoffene Gespräche über die Prager Artikel gab. Die Standpunkte beider Seiten waren klar definiert, ein Kompromiss schien nicht möglich. Zwar brachten Hussiten wie Katholiken wiederholt ihre Forderungen vor, häufig auch in schriftlicher Form; Religionsgespräche im frühneuzeitlichen Sinn einer tatsächlichen Suche nach Kompromissen fanden allerdings nicht statt (zumal, wie sich früh herauszukristallisieren begann, es letztlich nur ein Allgemeines Konzil sein konnte, das den Böhmen ihre Forderungen zugestehen

forderte öffentliches Gehör und führte Verteidigungskriege, wobei sich beide Ebenen gegenseitig beeinflussten (die Gesprächsbereitschaft beider Seiten stieg oder fiel meist analog zu militärischen Niederlagen oder Erfolgen). Auch die Wiener Universität und ihre Gelehrten wirkten auf beiden Ebenen: einerseits wurden Wiener Gelehrte von König Sigismund und Herzog Albrecht V. zu Debatten mit den Hussiten hinzugezogen, um eine Einigung auf dem Verhandlungsweg zu erzielen; andererseits wurden sie von Martin V. und seinen Legaten mit der Kreuzzugspredigt gegen die böhmischen Ketzer beauftragt, um eine möglichst breite Unterstützung des militärischen und geistlichen Kampfes gegen die Hussiten sicherzustellen. In diesem Kapitel sollen daher zuerst die Beteiligung und Rolle Wiener Gelehrter an und in Streitgesprächen mit den Hussiten untersucht werden. Eine zentrale Rolle spielte dabei ab Frühsommer 1420 das innerhussitische Kompromissprogramm der Vier Prager Artikel. Da diese Forderungen zur grundlegenden Diskussionsbasis zwischen Katholiken und Hussiten wurden, sollen sie ebenfalls kurz besprochen werden. Der Untersuchungszeitraum erstreckt sich vom ersten Treffen hussitischer und katholischer Theologen im Mai 1420 bis zur Pressburger Versammlung im April 1429. Die für 1424 geplante, letztlich nicht realisierte Debatte in Brünn, als deren Vorbereitung die bisherige Forschung einen umfangreichen, im Umfeld der Wiener Universität verfassten und noch auf dem Basler Konzil als Arbeitsgrundlage verwendeten Traktat gegen die Vier Prager Artikel identifizierte, wird unten in Kapitel V gesondert behandelt.

Der zweite Teil dieses Kapitels befasst sich mit der Beauftragung des Nikolaus von Dinkelsbühl als Kreuzzugsprediger und seine Einbindung in das breite antihussitische Kreuzzugsaufruf- und Reformprogramm Papst Martins V. Während sich bei Glaubensdisputationen in erster Linie Gelehrte beider Seiten trafen, um in theologischen Spezialfragen eine Einigung zu erreichen, zielten die Kreuzzugspredigten und die damit einhergehenden Ablassbestimmungen darauf ab, die Gläubigen umfassend und regelmäßig vor den Gefahren der böhmischen Häresie zu warnen und den Kampf gegen die Hussiten nicht nur auf militärischer

---

konnte). Faktisch war es die militärische Stärke der Böhmen, die ihnen zu dem Erfolg verhalf, auf dem Basler Konzil erstmals tatsächliche theologische Debatten mit ihren katholischen Gegnern führen zu können. Gerade an den Basler Debatten zeigt sich jedoch, dass auch den Böhmen nicht an einer »Diskussion«, sondern einer *audientia* gelegen war. Wichtiger als theologische Erörterung oder Wahrheitsfindung war den Böhmen letztlich Propaganda und Rechtfertigung. Dass im Folgenden von »*Glaubens*debatten« und nicht von »*Religions*gesprächen« gesprochen wird, liegt im zeitgenössischen Verständnis dieser Kontroverse begründet, die als *causa fidei* begriffen wurde, wie die Terminologie in den Quellen zeigt. Obwohl die Hussiten mit ihren Forderungen freilich als Vorläufer der Reformatoren des 16. Jahrhunderts charakterisiert werden können, entsprachen die Debatten zwischen Hussiten und Katholiken in ihrem Selbstverständnis nicht den konfessionellen Religionsgesprächen des frühen 16. Jahrhunderts. Hussitische wie katholische Vertreter waren überzeugt, die wahre *fides catholica* zu vertreten und zu verteidigen.

und gelehrter, sondern auch auf religiöser Ebene zu führen. Bei den Kreuzzugspredigten ging es nicht nur darum, tatsächliche Kämpfer für die Kreuzzugsheere zu gewinnen. Da Kreuzzugsablässe für jedwede Unterstützung des
anti-hussitischen Kampfes – durch die Aufstellung von Heeren, Gebete, Fasten,
Teilnahme an Kreuzzugspredigten und Votivmessen – gewährt wurden, wurden
die Gläubigen auf vielfache Weise in den Kampf gegen die Hussiten einbezogen
und »mobilisiert«.

4.2. Forschungsstand und -gegenstand

Unsere Kenntnis der Verhandlungen zwischen Hussiten und Katholiken steht
dank der tschechischen Hussitismusforschung auf einer soliden Basis. Kaum ein
Werk, das sich mit der hussitischen Bewegung oder Revolution, mit König Sigismund oder Herzog Albrecht V. beschäftigt, kann umhin, wenigstens am
Rande die Treffen zwischen hussitischen und katholischen Vertretern zu behandeln. Stellvertretend für die Fülle an verfügbarer Literatur sollen hier die
zwei aktuellsten und umfassendsten Darstellungen tschechischer Forscher genannt werden, die die Grundtendenzen der Forschung zu diesem Thema ab-
bilden. Den ausführlichsten Überblick zu den hussitisch-katholischen Streitgesprächen, eingebunden in den Gesamtzusammenhang der hussitischen Revolution, bietet das dreibändige Werk *Die Hussitische Revolution* des Historikers
František Šmahel.[3] Šmahel bot eine minutiöse Übersicht über den Verlauf der
kriegerischen Auseinandersetzungen und besprach auch alle in den Quellen
greifbaren diplomatisch-theologischen Einigungsversuche. Als Historiker
stützte er sich dabei jedoch primär auf erzählende Quellen, nicht auf Details der
inhaltlichen, theologischen Auseinandersetzung. Dieses Desiderat behob weithin Dušan Coufal. In seinem Werk *Polemika o kalich mezi teologií a politikou
1414–1431: předpoklady basilejské disputace o prvním z pražských artikulů*
(Polemik um den Laienkelch zwischen Theologie und Politik 1414–1431. Die
Basler Disputationen über den ersten Prager Artikel) behandelte Coufal nicht
nur die Kelchpolemiken katholischer und hussitischer Theologen, sondern
zeichnete ein detailliertes Bild der Kontroverse und der hussitisch-katholischen
Treffen bis 1431. Coufal wertete für seine Analysen auch zahlreiche theologische
Schriften aus und war so in der Lage, die ältere Forschung in diversen Punkten
zu korrigieren und präzisieren.

Mit der konkreten Rolle und den Aufgaben der Wiener Gelehrten im Rahmen
dieser Debatten steht in diesem Kapitel eine Frage im Zentrum, die bislang noch
nicht gestellt wurde. Die Beteiligung der Wiener Gelehrten wird in der Literatur,

---

3 ŠMAHEL, Die Hussitische Revolution, Bde. 1–3; zu Folgendem COUFAL, Polemika o kalich.

auch bei Šmahel und Coufal, punktuell erwähnt oder postuliert, meist nur in einem Nebensatz. Die Hinweise selbst sind rar und wurden in der Forschung der vergangenen 100 Jahre kontinuierlich weitertradiert, ohne die konkreten Fälle auf Basis der vorhandenen Quellen zu prüfen. Diese Lücke soll in diesem Kapitel geschlossen werden. Besonderes Augenmerk wird dabei auf jenen theologischen Traktaten liegen, die in der bisherigen Forschung den Wiener Theologen zugeschrieben und angeblich im Rahmen bestimmter Treffen verfasst wurden. Dabei sollen folgende Forschungsfragen im Zentrum stehen: Welche Auskunft geben die erhaltenen theologischen Traktate – gegen den Laienkelch, gegen die Vier Prager Artikel – über eine mögliche Beteiligung Wiener Gelehrter? Sind die in der bisherigen Forschung postulierten Zuschreibungen aufrechtzuerhalten oder zu modifizieren? Welche Rolle spielten die Gelehrten bei den Treffen, welche konkreten Aufgaben kamen ihnen zu? In wessen Auftrag nahmen sie daran teil? Welches »theologische« Profil lässt sich in ihnen erkennen?

Mit der Rolle der Wiener Gelehrten in der Kreuzzugskampagne Martins V. und seiner Legaten befasste sich die bisherige Forschung nur peripher. Als wichtigstes Werk ist hier die monumentale Darstellung von Birgit Studt *Papst Martin V. (1417–1431) und die Kirchenreform in Deutschland* zu nennen.[4] Studt bespricht die 1421 erfolgte und 1427 erneuerte Beauftragung des Nikolaus von Dinkelsbühl als Kreuzzugsprediger kurz, wobei sich ihr Interesse auf die Instruktionstexte und deren Einordnung in das große Reformprogramm Martins V., weniger auf die konkrete Wiener Situation konzentriert. Alois Madre veröffentlichte die Anweisungen Kardinal Brandas di Castiglioni an Dinkelsbühl, mit dem er den Wiener 1421 zur Kreuzzugspredigt beauftragte,[5] beschränkte sich dabei jedoch auf eine knappe Inhaltsangabe zur Anweisung des Legaten. Im Folgenden sollen einerseits die Beauftragung Dinkelsbühls im Rahmen der Legatenreform untersucht und andererseits die konkreten Verordnungen der Instruktion Brandas an Nikolaus analysiert werden. Die Einbindung eines Wiener Gelehrten in die Kreuzzugsverkündigung der päpstlichen Legaten und die intendierten oder tatsächlichen Konsequenzen dieser Predigten erweitern das Bild jener anti-hussitischen Maßnahmen, die sich aus den amtlichen Quellen der Wiener Universität selbst erschließen lassen. Dieses Bild soll mit einer anti-hussitischen Predigt des Nikolaus von Dinkelsbühl abgerundet werden, die dieser im Dezember 1429 vor dem Mainzer Erzbischof Konrad von Daun in Wien hielt. Madre wies in seiner Monographie über das Schrifttum des Nikolaus von Dinkelsbühl auf die Existenz dieses nur handschriftlich vorliegenden Textes hin,[6] besprochen und analysiert wurde er jedoch noch nie. Da es sich dabei um

---

4 Studt, Papst Martin V.
5 Madre, Kardinal Branda an Nikolaus von Dinkelsbühl.
6 Madre, Nikolaus von Dinkelsbühl, S. 281 f.

die einzige bislang bekannte explizit anti-hussitische Predigt eines Wiener Gelehrten handelt, soll sie abschließend besprochen werden.

4.3. Einleitung: Innerhussitische Standortbestimmung im Frühjahr 1420

Mit dem ersten Prager Fenstersturz am 30. Juli 1419 war aus den hussitischen
Reformanliegen endgültig eine militärische Auseinandersetzung geworden.[7]
Von den gemäßigten hussitischen Reformern war dieses kriegerische Element
weder intendiert noch forciert. Schon im Ausbruch der hussitischen Revolution
zeigte sich somit die Heterogenität dieser Bewegung, die in den folgenden Jahren
zu erheblichen innerhussitischen Spannungen führen sollte. Das Bild der unterschiedlichen Strömungen und Gruppierungen innerhalb des Hussitentums
ist komplex. Im Kern können ein gemäßigter (utraquistischer) und ein radikaler
(taboritischer) Flügel unterschieden werden, die jeweils wiederum in drei Untergruppen – eine »konservative« Gruppe, den »Mainstream« und einen radikalen Teil – untergliedert werden können.[8]

Der gemäßigte Teil der hussitischen Bewegung setzte sich vorwiegend aus den
Magistern der Prager Universität, den utraquistischen Städten und Teilen des
böhmischen Adels zusammen. Ihr Hauptanliegen war die Erlaubnis der Kommunion unter beiden Gestalten für die Laien. Innerhalb dieses gemäßigten Teils
kann wiederum zwischen einem »konservativen« Flügel, dem »progressiveren«
hussitischen Zentrum um Jakobell von Mies und einem radikalen linken Rand

---

7 Die detaillierteste Darstellung des Ablaufs der hussitischen Revolution findet sich in Šmahel,
   Die Hussitische Revolution, Bd. 2, S. 1007–1366 (»Anatomie des revolutionären Konflikts«).
   In den Bänden 1 und 2 behandelt Šmahel zudem ausführlich den Weg von der Reform zur
   Revolte. Aus der Fülle an verfügbarer Literatur sei zudem nur verwiesen auf Kaminsky, A
   History; Kejř/Ployhar, Die Hussitenrevolution; Machilek, Die hussitische Revolution;
   Mohr, Die Hussiten, jeweils mit weiteren Literaturhinweisen. Einen konzisen Forschungs-
   überblick bietet Zeman, The Hussite Movement; eine laufende, umfassende Bibliographie
   findet sich im Jahrbuch *Husitský Tábor* (ab Bd. 1 (1978)).
8 Diese Gliederung soll den Überblick über die innerhussitischen Divergenzen erleichtern; die
   Realität bot freilich ein deutlich differenzierteres Bild. Aus der Fülle an Literatur sei hier auf
   folgende Studien besonders hingewiesen: Zu den Ursprüngen, chiliastischen Elementen und
   zur Theologie der Taboriten vgl. Patschovsky, Der taboritische Chiliasmus, sowie Machilek, Heilserwartung und Revolution; Šmahel, Tabor als Modell; Kaminsky, The Religion;
   Kaminsky, The Free Spirit; Kaminsky, Chiliasm; Kaminsky, Hussite Radicalism. Zur Rolle
   der Prager Universität und ihrer Magister vgl. bes. Kaminsky, The University of Prague. Zu
   den Unterschieden zwischen den hussitischen Gruppierungen vgl. darüber hinaus Fudge,
   The ›Crown‹; Kejř, Mistři pražské univerzity; Šmahel, Krise und Revolution; Kaminsky, A
   History; Molnár, Der Hussitismus; Molnár, L'Evolution. Zum Kirchen- und Sakra-
   mentsverständnis bei Jan Hus, den gemäßigten Utraquisten und den linken Taboriten vgl.
   Werner, Der Kirchenbegriff.

unterschieden werden, die in ihren Lehren und Überzeugungen teils erheblich voneinander abwichen. In Erwartung des unmittelbar bevorstehenden Weltendes wurde im Februar/März 1420 die revolutionäre taboritische Gemeinschaft gegründet, die danach strebte, ein radikales Leben gemäß der urkirchlichen Praxis zu verwirklichen. Wie Howard Kaminsky pointiert formulierte, war die Urkirche und die *lex Dei* für die Taboriten nicht länger ein Kriterium, an dem das eigene Leben ausgerichtet werden sollte, sondern wurde zum tatsächlich praktizierten Lebensmodell.[9] Die chiliastische Radikalität von Teilen der Taboriten, die sich insbesondere in radikalen liturgischen Veränderungen, Vereinfachungen und Reduktionen äußerte, sollte jedoch schon im Frühjahr 1421 zu einem Bruch im Lager der Taboriten führen.[10]

Die innerhussitischen Divergenzen brauchen hier nicht im Detail besprochen zu werden. Für unsere Frage nach den Streitgesprächen zwischen Hussiten und Katholiken ist der Umstand wichtig, dass sich innerhalb der Gruppe der Hussiten Lehren und Überzeugungen sammelten, deren Spektrum von konservativ-gemäßigt bis ultra-radikal reichte. Dies äußerte sich nicht nur an konkreten theologischen Inhalten (wie dem Verständnis der Eucharistie, des Bußsakraments, der Ekklesiologie oder dem liturgischen Gebaren), sondern auch an den grundsätzlichen Autoritäten, die man den theologischen Debatten zugrunde legte und die zu akzeptieren man bereit war: Während die Utraquisten durchaus gewillt waren, neben der hl. Schrift auch Kirchenväter, mittelalterliche Theologen, Päpste und Konzilien als Autoritäten anzuerkennen, solange diese der Schrift nicht widersprachen, vertraten die Taboriten ein radikales *sola scriptura*-Prinzip. Jegliche Traditionen und menschlichen Autoritäten außerhalb der hl. Schrift wurden abgelehnt, da die Urkirche in der Schrift bereits als suffiziente Lebens- und Glaubenswirklichkeit vor Augen stand, die keiner späteren Ergänzungen bedurfte. Spätere Interpretationen der Schrift und kirchliche Entscheidungen wurden als Gefahr verstanden, die ursprünglich reine Botschaft zu verfälschen. Für die geisterfüllten Taboriten, die sich als unmittelbar von Gott inspiriert verstanden, waren Tradition und Kirche als Vermittlungsinstanzen nicht notwendig. Diese Radikalität wurde vom breiten gemäßigten Teil der Hussiten abgelehnt und sollte in der Folge eine wichtige Rolle für die Allianz zwischen Katholiken und Utraquisten zur Bekämpfung der Taboriten spielen.[11]

---

9 KAMINSKY, The Religion, S. 218.
10 Die »gemäßigten Radikalen« um den neugewählten taboritischen Bischof Nikolaus von Pelhřimov schlossen sich im Frühjahr 1421 mit den Prager Magistern gegen die ultra-radikale »pikardische Häresie« zusammen, was zum Abzug der »Pikarden« aus Prag und zur Spaltung der Taboriten führte. Eine sehr konzise Darstellung dieser Vorgänge bietet PAT-SCHOVSKY, Der taboritische Chiliasmus; zu Nikolaus von Pelhřimov vgl. auch FUDGE, Crime.
11 Vgl. dazu DAVID, Utraquism's Liberal Ecclesiology, bes. S. 165–170; FUDGE, Hussite theo-

Nach dem Tod König Wenzels im August 1419 begannen radikale hussitische Kräfte in Prag und dem Umland umgehend, katholische Kirchen und Klöster in Besitz zu nehmen, ohne dabei einen systematischen Plan oder ein abgestimmtes Vorgehen erkennen zu lassen. Diese gewaltsamen Aktionen stießen von Anfang an auf Kritik des gemäßigten hussitischen Flügels. Die überstürzten, unkoordinierten militärischen Ereignisse im Herbst 1419 und die damit einhergehende ungeklärte innere Struktur der »hussitischen Bewegung«, die gleichsam über Nacht zum Sammelbecken für gemäßigte Reformer und den radikalen taboritischen Flügel geworden war, machten einen inneren Konsolidierungs- und Identitätsfindungsprozess unumgänglich. Mit dem Ringen um die Positionierung zum böhmischen Thronanwärter Sigismund ging nun auch die Notwendigkeit einher, sich auf einen gemeinsamen Forderungskatalog zu einigen.

4.4. Die Kuttenberger Versammlung vom Mai 1420: Ein erstes Streitgespräch zwischen Katholiken und Utraquisten mit Wiener Beteiligung?

4.4.1. Einleitung und Forschungsfragen

Überspringen wir die innerhussitischen Debatten und militärischen Auseinandersetzungen der folgenden Monate[12] und wenden uns direkt den Geschehnissen im Frühjahr 1420 zu. Hatte König Sigismund Ende 1419 den gemäßigten Hussiten noch signalisiert, ihrer Forderung des Laienkelchs grundsätzlich aufgeschlossen gegenüberzustehen, hatte sich die Situation mittlerweile gewandelt. Nicht nur die radikal ablehnende Haltung Sigismunds, der nun daran ging, hussitische Amtsträger zu entlassen und Böhmen gewaltsam zurückzuerobern, auch die im März 1420 von Papst Martin V. erlassene Bulle *Omnium plasmatoris Domini*[13] setzte die Hussiten unter Druck. Die Ablehnung Sigismunds und die äußere Bedrohung einten die heterogene hussitische Bewegung, die ihre sozialen und theologischen Forderungen für den weiteren religiösen und politischen Kampf auf eine gemeinsame Formel bringen musste. Nachdem auf einer Versammlung der Hussiten vom 18.–20. April 1420 auf der Prager Burg ein erster Kompromiss in Form einer vorläufigen Fassung der Vier Artikel erreicht und Sigismund vorgelegt worden war,[14] fand im Mai 1420 das erste Streitgespräch zwischen Katholiken und Utraquisten in Kuttenberg statt.[15]

---

logy, S. 24 f.; Fudge, Crime, S. 73 f.; Holeton, Sacramental and liturgical reform, S. 94; Werner, Der Kirchenbegriff, S. 49; Kaminsky, The Religion, S. 214 f.

12 Die Ereignisse schildert im Detail Šmahel, Die Hussitische Revolution, Bd. 2, S. 1014–1070.

13 Druck der Bulle in Palacký, Urkundliche Beiträge, Bd. 1, S. 17–20.

14 Diese Versammlung, das dort verfasste Manifest und die erste Version der Prager Artikel

Die gemäßigten Prager Utraquisten befanden sich zu diesem Zeitpunkt in einer schwierigen Lage.[16] Ende April hatte Kaiser Sigismund mit Hilfe der Kreuzfahrerheere eine Truppenstärke erreicht, mit der er in Böhmen einmarschieren und mit der Rückeroberung des Landes beginnen konnte. Königgrätz, Sazau und weitere Gebiete kapitulierten, und große Teile der Kelchanhänger im Adel wandten sich von den hussitischen Forderungen ab. Auch die böhmischen und deutschen Städte Böhmens und Mährens unterwarfen sich Sigismund. Grund dafür war nicht nur Sigismunds militärisches Eingreifen, sondern auch das Aufkommen der chiliastischen Taboriten, die unter den gemäßigten Utraquisten Verunsicherung hervorriefen. Auch der Anführer der Utraquisten, Čenek von Wartemberg, konnte für die Seite der Königlichen gewonnen werden, nachdem Sigismund ihm (mit der Zustimmung Papst Martins V.) die Praxis des Laienkelchs in seinen Gebieten zugestanden hatte. Den Pragern ließ Sigismund mitteilen, dass er auch mit ihnen zu weiteren Verhandlungen bereit sei. Mitte Mai erreichte die Prager Delegation Kuttenberg, wo Sigismund gerade auf weitere Truppenunterstützung wartete.

Mit Rückgriff auf die Forschungen von František Bartoš beschäftigte sich William Cook in einem 1974 veröffentlichten Aufsatz bislang am ausführlichsten mit diesem Treffen und wies darauf hin, dass möglicherweise auch Gelehrte der Wiener Universität daran beteiligt gewesen sein könnten, ohne dafür konkrete Belege zu nennen.[17] Bereits Dušan Coufal bezweifelte diese Einschätzung und wies darauf hin, dass eine genaue Untersuchung jener Schriften für und gegen den Laienkelch, die diesem Treffen zugeordnet werden, möglicherweise Klarheit schaffen könne.[18] Diesen Fragen soll im Folgenden nachgegangen werden: Lässt sich die Beteiligung Wiener Gelehrter aus den vorhandenen Quellen erschließen? Wenn ja, welche Gelehrten kommen dafür in Frage, welche Rolle spielten sie, und in wessen Auftrag könnten sie an diesem Treffen teilgenommen haben? Erlauben die Schriften, die diesem Treffen zugeordnet werden, konkrete Zuschreibungen?

(mit den charakteristischen Differenzen der deutschen und tschechischen Fassung) behandeln ausführlich Hruza, Die hussitischen Manifeste, S. 132–154 und Machilek, Ludolf von Sagan, S. 177–179. – Diese Fassung der Prager Artikel enthält anstelle des späteren vierten Artikels, öffentliche Todsünden öffentlich zu bestrafen, die Forderung, das Königreich Böhmen und dessen Sprache von schlechtem Ruf zu reinigen. Zudem enthält diese Fassung noch keine Belegstellen, und auch die Reihenfolge der ersten beiden Artikel (Kommunion – freie Predigt) sollte Ende Juli umgedreht werden. Der Inhalt der Prager Artikel in ihrer offiziellen Fassung wird unten, S. 260–267 im Detail besprochen.

15　Dieses Streitgespräch untersucht Cook, The Kutná Hora Meeting.
16　Vgl. zu Folgendem Šmahel, Die Hussitische Revolution, Bd. 2, S. 1078–1081.
17　Cook, The Kutná Hora Meeting, S. 187.
18　Coufal, Polemika o kalich, S. 112, Anm. 25.

4.4.2. Zur Quellensituation

Quellen zum Ablauf und zu den Teilnehmern dieser Debatte sind sehr rar. Die einzige gesicherte Quelle ist die Hussitenchronik des Laurentius von Březová, die jedoch nur spärliche Hinweise enthält.[19] Laurentius berichtet, dass sich Prager Gesandte in Kuttenberg mit dem ungarischen König Sigismund trafen, der dort mit Ferdinand von Lugo und gewissen Fürsten (insbesondere aus Schlesien) zusammengekommen war, um eine Übereinkunft zu erzielen.[20] Gelehrte oder Universitätsvertreter werden hier nicht genannt. Die Prager Gesandten drängten darauf, dass ihnen Sigismund die Kelchkommunion zugestehe; im Gegenzug, so schildert Laurentius, hätten sie ihm versprochen, ihn als böhmischen König anzuerkennen. Sigismund verweigerte den Böhmen allerdings jedes Entgegenkommen in der Kelchfrage.[21] František Bartoš ergänzte 1933 im Rückgriff auf die von Palacký herausgegebene *Staré letopisy české* (»Alte Tschechische Chronik«), dass die Prager Delegation aus sechs Personen, darunter zwei *magistri*, bestand.[22] In einer weiteren, 1957 erschienenen Untersuchung führte Bartoš aus, dass die Prager Gesandtschaft nur deshalb nach Kuttenberg gekommen sei, weil ihr eine Debatte versprochen worden war. Prag hätte zwei Männer gesandt, von denen nur Peter Payne identifiziert werden könne. Die versprochene Debatte habe allerdings nicht wirklich stattgefunden, da den hussitischen Theologen ein Memorandum übergeben worden sei, in dem der Kelch völlig abgelehnt wurde. Der Leiter der katholischen Delegation, Erzbischof Gunther von Magdeburg, habe darüber hinaus klargestellt, dass keine Diskussion über die Frage des Laienkelchs möglich sei, da dieser fünf Jahre zuvor vom Konstanzer Konzil als höchster Autorität der Kirche verurteilt worden sei.[23]

---

19 Laurentius, Hussitenchronik, S. 368f.; vgl. Cook, The Kutná Hora Meeting, S. 190, Anm. 2 und 8.

20 »Quibus malis Pragenses una cum castrensibus condolentes treugis pacis sex dierum inter se firmatis deputatis aliquibus cum domino Wenceslao de Lesstna, regni Bohemie pro tunc subcamerario, ipsos in legacione ad regem Hungarie pro tunc in Montibus Chutnis cum legato pape Fernando, episcopo Lucensi, et principibus certis et precipue de Slezia consistentem expediunt regis ipsius salvo sub conductu ad tractandum de aliquali concordia« (Laurentius, Hussitenchronik, S. 368f.).

21 Ebd.

22 Bartoš, Manifesty města Prahy, S. 258, mit Verweis auf Palacký, Staŕj letopisowé česstj, S. 36. Hier findet sich ein kurzer Hinweis zur Größe und Zusammensetzung der Prager Delegation (»dva páni z konkluov, dva mistři a dva z obce«, ebd.). – Dem schloss sich auch William Cook an, der in diesem Zusammenhang ausführte, dass die sechs Männer, aus denen die genannte Prager Delegation bestanden habe, noch nicht identifiziert worden seien. Fast sicher habe die Abordnung jedoch aus führenden Pragern und Universitätstheologen, darunter wahrscheinlich auch Peter Payne, bestanden (Cook, The Kutná Hora Meeting, S. 185).

23 Bartoš, M. Petr Engliš, S. 28: »Koncem dubna se dalo křižácké vojsko na pochod a počátkem května vjel král do Kutné Hory, po Praze největšího města, jež mu zůstalo věrno. Sem pozval pražské poselstvo pod záminkou, že tu bude provedena slíbená diskuse. Praha vyslala na ni

Cook folgt Bartoš in seiner Darstellung vollinhaltlich, ohne die einzelnen Angaben zu verifizieren.

Für unsere Fragestellung sind die detaillierten Informationen zur katholischen Delegation besonders interessant, für die sich Bartoš auf eine in Palackýs *Urkundlichen Beiträgen* abgedruckte Schrift beruft.[24] Bei diesem Text handelt es sich um ein Antwortschreiben eines anonymen Pragers auf ein von Kaspar von Lewbicz fingiertes, angeblich von Sigismund im September 1419 verfasstes antihussitisches Schreiben.[25] Um den Kontext dieses Antwortschreibens zu verdeutlichen, soll die zugrundeliegende Fälschung kurz vorgestellt werden: Die von Kaspar von Lewbicz fingierte und auf den 5. September 1419 datierte Schrift liegt in einer alttschechischen[26] und lateinischen[27] Fassung vor. Der lateinische Text trägt den Titel *Litera regis Sigismundi, qua inproperat et ironice scribit Pragensibus, eos quasi deridendo*, der alttschechische den Titel *Satirický list Krále Zikmunda*. Dessen Autor, Kaspar von Lewbicz, war von 1408 bis 1418 Registrator der königlichen Kanzlei.[28] Die Satire schildert das ideale Herrscherbild des böhmischen Adels und dessen Erwartungen an Sigismund, indem der König gerade für jene Punkte gelobt wird, in denen er scheiterte.[29] Im Zentrum der Kritik steht Sigismunds Umgang mit der hussitischen Bedrohung. Die Satireschrift gibt vor, von Sigismund verfasst und an frühere Registratoren der Prager Alt- und Neustadt gerichtet zu sein. Schon im ersten Satz des Schreibens grüßt »Sigismund« seine Ratsherren und bringt seine Hoffnung zum Ausdruck, dass diese nicht von ihrer »wyclifitischen Heiligkeit« abgebracht (*non resilire a Wyglefistica sanctitate*) würden.[30] Es folgt weiteres Lob für die »Erleuchtung« Böhmens durch die Hussiten, deren Beschneidungen der gottesdienstlichen Praxis, die Verbannungen des örtlichen Klerus sowie die Zerstörung von Klöstern. Diese Schrift stellt somit eine exakte Negativfolie von Sigismunds tatsächlichen politischen Ansichten dar, um aufzuzeigen, dass er die herkömmli-

---

dva mistry, z nichž známe jen jednoho Petra Payna. K diskusi vlastně ani nedošlo. Husitským bohoslovcům bylo odevzdáno memorandum theologů, kteří byli v králové průvodu a kalich zcela zamítli, a jejich hlava, magdeburský arcibiskup Gůnther, prohlásil, že žádná diskuse o kalichu není možná, neboť byl odsouzen již před pěti lety největší autoritou církevní, kostnickým koncilem.«

24 Bartoš, Manifesty města Prahy, S. 258, Anm. 14 mit Verweis auf Palacký, Urkundliche Beiträge, Bd. 2, S. 527.

25 Zu dieser Fälschung zuletzt ausführlich Grant, Rejecting an Emperor, S. 460–466; vgl. zudem Coufal, Polemika o kalich, S. 106f., Anm. 5; Hruza, Schrift und Rebellion, S. 94f.; Spunar, Repertorium II, Nr. 481.

26 Ed. in: Molnár, Husitské manifesty, S. 71–73.

27 Ed. in: Palacký, Urkundliche Beiträge, Bd. 2, S. 523–525.

28 Zu Kaspar von Lewbicz vgl. Tadra, Kanceláře, S. 71 und Grant, Rejecting an Emperor, S. 460.

29 Vgl. Grant, Rejecting an Emperor, S. 460f.; zu Folgendem vgl. ebd.

30 Palacký, Urkundliche Beiträge, Bd. 2, S. 523.

chen Erwartungen an einen König nicht erfüllt und damit nicht als legitimer Herrscher angesehen werden kann.[31]

Direkt im Anschluss an den lateinischen Text dieser Spottschrift findet sich in Palackýs *Urkundlichen Beiträgen* ein anonymes hussitisches Antwortschreiben.[32] Dieser Text ist für unsere Fragestellung wichtig, weil er der bisherigen Forschung als Quelle für die Kuttenberger Versammlung und die anwesende katholische Delegation diente. Die Abfassung dieser Schrift wurde zuletzt kurz nach dem 14. Juli 1420 angesetzt.[33] Der Autor[34] nimmt direkt auf die vorangehende Spottschrift Bezug und geht daran, die Hussiten gegen die darin enthaltenen Vorwürfe zu verteidigen. Sehr wohl sei erkannt worden, dass es sich bei vorliegendem Text um eine ironische Schrift handle, die feindlich und tadelnd formuliert sei.[35] All die schlechten Ereignisse in Böhmen wie Krieg, Streit oder Aufstände würden in der Spottschrift auf die Trennung der Hussiten vom Gehorsam der Römischen Kirche zurückgeführt. Deshalb solle durch diese Gegenschrift gezeigt werden, dass die Schuld nicht bei den Hussiten, sondern bei Sigismund liege. So hätten sich die Böhmen durch die vier evangelischen Artikel nicht vom Gehorsam der Römischen Kirche abgewandt, diese Artikel hätten vielmehr ihre Kraft und Grundlage in der heiligen Schrift. Die Böhmen wollten der Urkirche entsprechend leben und ihr Heil darin finden, weshalb die vier Artikel gehalten und verteidigt werden sollten. Um Sigismunds Schuld zu untermauern, werden im Folgenden Vorwürfe gegen ihn zusammengetragen: Das Panorama der hussitischen Kritik reicht von der Kreuzzugsverkündigung in Breslau im März 1420, der Verbrennung von Hussiten in Breslau und den Morden in den Kuttenberger Stollen über Sigismunds falsche Versprechungen, seine Befestigung und Belagerung der Stadt Prag und seine Einfälle nach Böhmen bis hin zu zwei versprochenen, letztlich aber erfolglosen Anhörungen in Brünn.[36] An diesem letztgenannten Treffen hätten, so der Text, eine hussitische Delegation und katholische Vertreter teilgenommen, darunter auch der Erzbischof von Magdeburg. Obwohl den Hussiten öffentliches Gehör zugesichert

---

31 So das Fazit von GRANT, Rejecting an Emperor, S. 464f.

32 Ed. in: PALACKÝ, Urkundliche Beiträge, Bd. 2, S. 525–527.

33 Zum Antwortschreiben vgl. HRUZA, Schrift und Rebellion, S. 94f.; SPUNAR, Repertorium II, Nr. 203.

34 Der Text ist in der ersten Person Plural verfasst; es könnte sich also auch um eine Gruppe von mehreren Verfassern gehandelt haben. HRUZA, Schrift und Rebellion, S. 94, Anm. 43 vermutet, dass diese Schrift von einem einzelnen Autor oder einer kleineren Gruppe, nicht aber von einer Versammlung verfasst worden sein dürfte.

35 »Ad subscriptam autem literae nobis directae copiam respondere cupientes, cognoscimus bene committi figuram ironiam, quae dicitur hostilis derisio et vituperatio, libenter ob causam fidei eam sufferimus« (PALACKÝ, Urkundliche Beiträge, Bd. 2, S. 525).

36 Einen Überblick über den Inhalt bietet HRUZA, Schrift und Rebellion, S. 95 mit Anm. 45.

worden sei, habe der Erzbischof Verhandlungen abgelehnt, da *hi articuli* bereits durch das Konstanzer Konzil verurteilt worden seien.[37]

Damit sind wir bei der entscheidenden Passage der von Bartoš für die Kuttenberger Versammlung herangezogenen Quelle und den damit verbundenen Schwierigkeiten angelangt. Obwohl der Text ausdrücklich Brünn als Versammlungsort nennt, korrigierte Bartoš ihn stillschweigend zu Kuttenberg.[38] Da die Abfassung des Schreibens in den Sommer 1420 datiert wird und im fraglichen Zeitraum keine zweite Brünner, dafür aber eine Kuttenberger Versammlung bekannt war, lag dies nahe. Die Nennung Brünns fiel jedoch bereits Josef Pekař 1930 auf. In seinem vierbändigen Werk über Jan Žižka regte er daher an, besagte Quelle eher in das Jahr 1425 zu datieren.[39] In der Tat hatte der Magdeburger Erzbischof Gunther von Schwarzburg im Mai 1425 an Verhandlungen zwischen Hussiten und katholischen Vertretern, darunter auch Ulrich von Rosenberg und Johann Švihovský von Riesenburg, in Brünn teilgenommen. Da sich, so schildert auch Šmahel, Gunther von Magdeburg jedoch – trotz entsprechender Anweisungen Kardinal Brandas – nicht bereit erklärte, die Hussiten über die Vier Prager Artikel sprechen zu lassen, führten die Verhandlungen zu keinem Ergebnis.[40] Die Parallelen sind offenkundig und werfen die Frage auf, ob hier von derselben Versammlung die Rede ist. Jaroslav Mezník schloss sich der Einschätzung Pekařs an,[41] während sich Dušan Coufal jüngst wiederum für eine Zuordnung in das Jahr 1420 aussprach. So sei es höchst unwahrscheinlich, argumentiert Coufal, dass der Autor dieser Schrift, die eindeutig auf Lewbics' Spottschrift antwortete, zuerst Ereignisse der Jahre 1419/1420 schildern und dann plötzlich in das Jahr 1425 springen sollte, zumal dies auch bedeuten würde, dass das Antwortschreiben erst sechs Jahre später verfasst worden wäre. Darüber hinaus träfe die Formulierung *in plena congregatione* auf das Brünner Treffen 1425 nicht zu. Als weiteres Argument führt Coufal an, dass Erzbischof Gunther von Magdeburg im Jänner 1420 an einem Reichstag in Breslau teilgenommen hatte und sich daher gut noch später in der Nähe Sigismunds aufgehalten haben könnte. Coufal tendiert allerdings dazu, das geschilderte Streit-

---

37 »Imo et audientia publica et pacifica, quam nobis disponere promisit postea(?) Brunnae, in plena congregatione, ubi cum eo convenire debuimus, et quam nobis instituit per principes et per archiepiscopum Mayburgensem aliosque sui consilii legatos, nobis est finaliter denegata, dicentium: nec vobis aliqua dabitur, quia hi articuli, quos vos tenere profitemini, sunt per sacrum concilium Constantiense abjudicati tamquam erronei, falsi et suspecti« (PALACKÝ, Urkundliche Beiträge, Bd. 2, S. 527).

38 Auch HRUZA, Schrift und Rebellion, S. 95, Anm. 45 emendiert die zweite genannte Brünner Versammlung stillschweigend zu besagtem Treffen in Kuttenberg im Mai 1420.

39 PEKAŘ, Žižka a jeho doba, S. 23, Anm. 3.

40 ŠMAHEL, Die Hussitische Revolution, Bd. 2, S. 1347.

41 MEZNÍK, Praha, S. 246, Anm. 114.

gespräch nicht auf die Kuttenberger Versammlung im Mai 1420, sondern auf die Verhandlungen auf der Prager Kleinseite Ende Juli 1420 zu beziehen.[42]

Es liegen also bislang drei verschiedene Datierungen der geschilderten Debatte utraquistischer und katholischer Theologen vor: Während Bartoš, Cook und Hruza trotz der Nennung Brünns für die Kuttenberger Versammlung im Mai 1420 plädieren, tendieren Pekař und Mezník zu dem 1425 in Brünn stattgefundenen Treffen. Coufal hingegen bezieht diese Passage auf die Verhandlungen auf der Prager Kleinseite Ende Juli 1420. Alle diese Überlegungen haben gemeinsam, dass die Quelle selbst jedes Mal in einem Punkt widerspricht: Gegen die Zuordnung zu den Verhandlungen in Kuttenberg und auf der Prager Kleinseite spricht die Nennung Brünns, und gegen die Zuordnung zur Brünner Versammlung 1425 spricht der Umstand, dass das Antwortschreiben dann über fünf Jahre nach seiner Vorlage entstanden sein müsste.[43]

Die sichere Einordnung dieser Quelle ist somit schwierig. Die von Coufal gegen eine Zuordnung zum Jahr 1425 vorgebrachten Argumente sind stichhaltig. Dennoch stellt sich die Frage, weshalb der Autor dieses Schreibens ausdrücklich von einer Versammlung in Brünn und nicht in Kuttenberg oder Prag spricht. Kann dies als einfacher Irrtum des Verfassers abgetan werden? Gerade wenn diese Quelle im unmittelbaren Anschluss an die Geschehnisse im Juli 1420 verfasst wurde, scheint eine solche Verwechslung schwer erklärbar zu sein. Und auch ein weiterer Aspekt erscheint bedenkenswert: So verweist das Antwortschreiben an mehreren Stellen eindeutig auf die Vier Prager Artikel, die zwar schon Ende April in einer ersten Fassung vorlagen, allerdings erst Anfang Juli 1420 in ihre offizielle Form gebracht, verbreitet und verteidigt wurden.[44] Den Schilderungen in der Hussitenchronik des Laurentius zufolge war die Kuttenberger Debatte, die einen letzten Versöhnungsversuch der Utraquisten mit Sigismund darstellte, jedoch ausschließlich dem Laienkelch gewidmet. Der Text hingegen spricht im Plural von *hi articuli*, über die Erzbischof Gunther mit dem Verweis auf das Konstanzer Konzil jede Debatte verweigert hätte. Die zeitliche Spezifizierung von Bartoš, das Konstanzer Konzil habe diese Verurteilung ›fünf Jahre zuvor‹ ausgesprochen, stellt eine Interpretation dar, findet sich im Text selbst jedoch nicht. Historisch ergibt sich hier ein weiteres Problem, da das

---

42　Coufal, Polemika o kalich, S. 106 f., Anm. 5. – Das Treffen auf der Prager Kleinseite wird unten, S. 282–284 besprochen.

43　Abgesehen von der hier relevanten Passage beziehen sich in der Tat alle geschilderten Ereignisse auf die Jahre 1419 und 1420: Erwähnt werden ein Treffen der Prager und Sigismunds im Dezember 1419 in Brünn, Sigismunds Einfall in Böhmen, die Belagerung Prags und das Massaker in Kuttenberg 1419/20 (vgl. Hruza, Schrift und Rebellion, S. 95, Anm. 45; zum Kuttenberger Massaker vgl. Laurentius, Hussitenchronik, S. 352 f.; Halama, The Martyrs, und Kejř, Právní život).

44　»Quapropter notum sit omnibus et singulis, quod propter quatuor articulos evangelicos, propter quos pacifice nos opposuimus (…)« (Palacký, Urkundliche Beiträge, S. 525 f.).

Constantiense freilich nur den Laienkelch, nicht jedoch die restlichen drei Prager Artikel verboten hatte, die zu diesem Zeitpunkt noch gar nicht formuliert waren. Karel Hruza wies bei seiner kurzen Besprechung dieses Manifests bereits auf den interessanten Aspekt hin, dass dem Autor dieses Schreibens in seiner Argumentation paradoxe Logikfehler unterliefen: jene »Untaten«, die den Pragern in dem vermeintlich von Sigismund stammenden Schreiben vorgeworfen wurden, rechtfertigt er nämlich als Reaktionen auf die »Untaten« Sigismunds. Die Vorwürfe des fingierten Sigismund-Schreibens beziehen sich allerdings auf Geschehnisse bis Anfang September 1419, als deren Grund der Autor »Untaten« Sigismunds anführt, die jedoch erst seit Jahresende 1419 vorgefallen waren.[45] Ähnliches lässt sich auch bei der Schilderung eines Treffens der Prager mit Sigismund Ende Dezember 1419 in Brünn feststellen. Hier sei, so unsere Quelle, eine Debatte über die Vier Prager Artikel vorgesehen gewesen, bei der die Hussiten freilich bereit gewesen seien, sich korrigieren zu lassen, sollten ihre Forderungen der hl. Schrift widersprechen.[46] Ende Dezember 1419 waren die Vier Prager Artikel aber noch gar nicht formuliert, und auch der Zusatz, sich bereitwillig korrigieren zu lassen, findet sich erst ab Ende Mai 1420 im Text der Artikel.[47]

Abgesehen von Hruzas kurzem Hinweis wurden diese textinhärenten Widersprüche und »Logikfehler« bislang nicht näher beachtet. Doch möglicherweise könnten diese textlichen Eigenheiten in der Frage der Datierung der Schrift weiterhelfen. Freilich könnten diese Fehler in den Kausalketten und der inneren Logik an der Ungeschicktheit des Autors liegen; der Befund könnte allerdings auch darauf hindeuten, dass der Text mit einigem zeitlichem Abstand zu den tatsächlichen Ereignissen verfasst wurde. Denn ist es wirklich plausibel, dass einem Verfasser (und möglicherweise Augenzeugen), der in unmittelbarem Anschluss an die Ereignisse schrieb, so eklatante (und zahlreiche) chronologische Fehler unterlaufen würden? Dass hingegen ein fünf oder sechs Jahre später verfasstes Schreiben einige Details zu den Geschehnissen am Beginn der Revolution vermischte und vertauschte, scheint durchaus möglich. Die Antwort auf das fingierte Sigismund-Schreiben könnte gut auch Jahre später, sei es als rhetorische Übung oder tatsächliche Antwort, konzipiert und im Rückblick auf die Frühzeit der Auseinandersetzung verfasst worden sein. Der Autor scheint zudem davon auszugehen, dass die Schmähschrift tatsächlich von Sigismund stammt; die Autorschaft des Kaspar von Lewbicz dürfte ihm nicht bekannt gewesen sein. Auch dieser Umstand spräche eher für einen zeitlichen Abstand zwischen diesen

---

45 HRUZA, Schrift und Rebellion, S. 95.
46 PALACKÝ, Urkundliche Beiträge, S. 526. Diesen Widerspruch thematisiert Hruza a. a. O. nicht. – Zum Brünner Treffen vgl. LAURENTIUS, Hussitenchronik, S. 353 f. und ŠMAHEL, Die Hussitische Revolution, Bd. 2, S. 1038 f.
47 Siehe dazu unten, S. 260–267.

beiden Schriften (dass ein Jahre später verfasstes Antwortschreiben den tatsächlichen Autor nicht kannte, wäre durchaus plausibel).

Möglicherweise handelt es sich bei dem Schreiben in seiner vorliegenden Form auch um eine um oder nach 1425 abgefasste Überarbeitung einer bereits 1420 verfassten Vorlage. Damit könnte der zeitliche Sprung von 1419/20 zu 1425 innerhalb des Textes erklärt werden. Auch das Wörtchen *postea* könnte darauf hindeuten, das sich in der Beschreibung besagter Versammlung findet.[48] Dieses könnte durchaus als Hinweis des Redaktors verstanden werden, dass – ergänzend zu den zuvor geschilderten Ereignissen um 1419/1420 – auch später, nämlich im Jahr 1425, eine Versammlung in Brünn stattgefunden hatte. Die darin zum Ausdruck kommende Beschwerde des Verfassers, den Hussiten sei auch hier das versprochene öffentliche Gehör verweigert worden, passt gut in die späten 1420er-Jahre, vielleicht sogar in die Zeit des Basler Konzils, als dieser Vorwurf in besonderer Weise laut wurde. Beweisbar ist diese These freilich nicht. Dagegen könnte etwa eingewendet werden, weshalb jemand 1425 oder noch später ein Interesse daran gehabt haben sollte, eine angebliche Schmähschrift Sigismunds von Ende 1419 zu widerlegen. Hätte dieser Text nur als Anlass gedient, Verfehlungen Sigismunds aufzuzeigen, hätte der Verfasser zu diesem Zeitpunkt bereits auf ein viel größeres Repertoire an Beispielen zurückgreifen können und sich kaum auf die Ereignisse der Jahre 1419/20 beschränkt. Andererseits könnte ein angeblich schon 1420 und damit in der Anfangszeit der Auseinandersetzung verfasstes Schreiben gegen Sigismund durchaus dazu gedient haben, dessen frühzeitige Ablehnung zu untermauern und zu verdeutlichen. Wie auch immer diese Schrift letztlich einzuordnen ist: die Nennung des Versammlungsortes Brünn, die historischen Ungenauigkeiten des Textes und der unsichere Entstehungskontext lassen stark daran zweifeln, ob die Beschreibung des hussitisch-katholischen Treffens in dieser Quelle als verlässliche Basis für das Kuttenberger Gespräch 1420 dienen kann.

Wir haben eingangs die Frage gestellt, ob sich aus den erhaltenen Quellen eine Beteiligung von Wiener Gelehrten an diesem Treffen erschließen lässt. Die einzigen erzählenden Quellen, die zur Untersuchung des Kuttenberger Treffens zur Verfügung stehen, sind ein kurzer Hinweis in der Hussitenchronik des Laurentius und die (vermeintliche) Schilderung der Versammlung im besprochenen anonymen hussitischen Schreiben gegen die von Kaspar von Lewbicz verfasste Satireschrift. Während die Hussitenchronik keine Details zu den beteiligten Personen enthält, steht die letztgenannte Antwortschrift als Quelle überhaupt in Frage. Vieles deutet darauf hin, dass sich die von Bartoš auf die Kuttenberger Versammlung bezogene Schilderung auf ein anderes, möglicher-

---

48 »Imo et audientia publica et pacifica, quam nobis disponere promisit postea Brunnae, in plena congregatione (…)« (PALACKÝ, Urkundliche Beiträge, S. 527).

weise erst 1425 stattgefundenes Treffen bezieht. Die Annahme Cooks, dass an der Kuttenberger Versammlung im Mai 1420 auch Wiener Gelehrte teilgenommen haben könnten, kann somit in zweifacher Hinsicht nicht bestätigt werden: Zum einen gibt es keinerlei konkrete Anhaltspunkte in den beiden genannten Quellen, die eine Beteiligung Wiener Gelehrter vermuten lassen würden; zum anderen ergeben sich hinsichtlich der Schilderung in der »Hauptquelle«, dem anonymen Antwortschreiben, so eklatante Unstimmigkeiten und Unsicherheiten, dass dieser Text grundsätzlich nicht als verlässliche Quelle für die Kuttenberger Versammlung im Mai 1420 herangezogen werden kann. Als Ergebnis einer genauen Quellenanalyse kann somit festgehalten werden, dass die in der bisherigen Forschung geäußerte Vermutung, Wiener Gelehrte wären Teil der katholischen Delegation des Kuttenberger Treffens gewesen, von den Quellen nicht gestützt wird.

4.4.3. Zwei anonyme Schriften gegen und für den Laienkelch als Ergebnis der Kuttenberger Versammlung?

Neben den genannten erzählenden Quellen liegen auch zwei theologische Traktate vor, die – wiederum von Bartoš – der Kuttenberger Versammlung vom Mai 1420 zugeordnet werden. Dabei handelt es sich um eine anonyme katholische Schrift gegen den Laienkelch und ihre (ebenfalls anonyme, von Bartoš aber Peter Payne zugeschriebene) Widerlegung. Für unsere Frage, ob Wiener Gelehrte als Teilnehmer dieses Treffens identifiziert werden können, ist die anonyme »katholische« Schrift besonders interessant. Bereits Dušan Coufal wies jüngst darauf hin, dass die von Cook geäußerte These, an der Abfassung dieses Traktats könnten Wiener Theologen beteiligt gewesen sein, letztlich Spekulation sei. Schließlich sei davon auszugehen, dass jene Gelehrten, die an den Verhandlungen mit den Hussiten im Juli 1420 auf der Prager Kleinseite beteiligt waren, auch in die Abfassung dieses Traktats involviert gewesen seien, was jedoch durch eine genaue Analyse der Schrift weiter spezifiziert werden müsse.[49] Cook spielte hier wohl auf den Wiener Dominikaner Franz von Retz an, der in der Literatur wiederholt als wahrscheinlicher Beteiligter an den Hussitenverhandlungen im Frühsommer 1420 genannt wird und im Folgenden noch näher zu behandeln sein wird. Bevor jedoch der Frage nachgegangen werden kann, ob der Traktat Hinweise auf eine Beteiligung Wiener Gelehrter enthalten könnte, muss zunächst geklärt werden, ob der kolportierte Kontext dieser Schriften tatsächlich gesichert ist. Dass die beiden Schriften in einem unmittelbaren Zusammenhang stehen, ist durch die direkten Bezüge im hussitischen Traktat,

---

49 COUFAL, Polemika o kalich, S. 112, Anm. 25.

der die katholische Abhandlung systematisch widerlegt, offenkundig. Doch kommt als Kontext beider Schriften wirklich nur das Kuttenberger Treffen im Mai 1420 in Frage?

a)   Zum anonymen katholischen Traktat gegen den Laienkelch
Wenden wir uns dazu zuerst dem anonymen katholischen Traktat gegen die Kommunion *sub utraque specie* zu. Beide Abhandlungen finden sich in zwei Abschriften in der Prager National- und Kapitelbibliothek.[50] Die katholische Schrift beginnt mit einem Zitat des Kanons *Violatores* des *Decretum Gratiani*, der betont, dass nicht nur die hl. Schrift, sondern auch die von den hl. Vätern erlassenen Kanones auf die Autorschaft des hl. Geistes zurückzuführen sind.[51] Damit bezieht der Traktat gleich am Anfang Position gegen das von den radikalen Hussiten vertretene *sola scriptura*-Prinzip und verteidigt die Kompetenz kirchlicher Autoritäten, verbindliche Regelungen zu erlassen. Im weiteren Verlauf gliedert sich der Traktat in vier Teile: der erste Abschnitt betont, dass die Eucharistie sehr nützlich, im Gegensatz zur Taufe aber nicht heilsnotwendig sei. Dies würde durch viele Doktoren bestätigt. Lediglich für die Priester sei die Kommunion unter beiden Gestalten verbindlich. Gälte dies auch für die Laien, wären auch getaufte Kinder, die vor dem Eucharistieempfang sterben, zahlreiche Märtyrer oder auch der mit Christus gekreuzigte Schächer verdammt. Darüber hinaus zeige die Regelung von Kanon 21 des IV. Laterankonzils (*Omnis utriusque sexus*), dass selbst die einmal jährlich vorgeschriebene Kommunion bei Vorliegen vernünftiger Gründe entfallen könne. Wenn somit die Möglichkeit bestehe, gar nicht zu kommunizieren, ohne des Heils verlustig zu gehen, dann könne auch die Kommunion unter beiden Gestalten nicht heilsnotwendig sein.[52] Gerade im Hinblick auf die Kinderkommunion sei jedoch, so der zweite Abschnitt, zu beachten, dass Kinder vor der Kommunion das Alter der Unterscheidung erreichen müssten, wie auch alle lateinischen Doktoren bestätigten. Schließlich bedürfe es der notwendigen Erkenntnis des Unterschieds zwischen leiblicher und geistlicher Speise, der nötigen Ehrfurcht und Unterscheidungsfähigkeit so-

---

50 Der katholische Traktat findet sich in Prag, Nationalbibliothek, Cod. VIII F 13, fol. 237r–240r und in Prag, Kapitelbibliothek, Cod. D 109/2, fol. 166v–170v. Die Schrift ist bislang nicht ediert; COOK, The Kutná Hora Meeting, bietet eine Zusammenfassung des Inhalts (ebd., S. 187–189) und einige kurze Textauszüge (ebd., S. 191, Anm. 19–33). – Zum Traktat vgl. auch COUFAL, Polemika o kalich, S. 112–114 und SOUKUP, Repertorium. – Paynes Traktat findet sich in denselben Kodizes: Prag, Nationalbibliothek, Cod. VIII F 13, fol. 240v–245r und Prag, Kapitelbibliothek, Cod. D 109/2, fol. 170v–177v (vgl. COOK, The Kutná Hora Meeting, S. 191, Anm. 18, dort jedoch mit falscher Signatur des ersten Kodex). – Wir benutzen im Folgenden Prag, Nationalbibliothek, Cod. VIII F 13.
51 »Violatores canonum graviter a sanctis patribus iudicantur (…)« (Prag, NB, Cod. VIII F 13, fol. 247r); vgl. Decretum Gratiani, C. 25, q. 1, c. 5 *Violatores* (ed. FRIEDBERG I, S. 1008).
52 Prag, NB, Cod. VIII F 13, fol. 237r–v.

wie eines Bekenntnisses des Kindes (*cognicio inter cibum corporalem et spiritualem; devocio; discrecio; confessio*).[53] Erst der dritte Abschnitt dieser Schrift befasst sich explizit mit der Frage des Laienkelchs. Die Argumentation ist erstaunlich knapp: So sei die Kommunion unter beiden Gestalten nicht als Vorschrift Christi zu sehen; handelte es sich nämlich um eine solche Vorschrift, wäre ihre Beachtung heilsnotwendig und alle Priester, die die Spendung der Kommunion unter beiden Gestalten unterlassen, würden eine Todsünde begehen. Dass dies offenkundig nicht der Fall sei, zeige im Umkehrschluss, dass der Laienkelch kein Gebot Christi und die Kommunion unter der Gestalt des Brotes ausreichend sei.[54] Mit diesem Argument, das letztlich einen Zirkelschluss darstellt, lässt es der Traktat bewenden. Als letzter und ausführlichster Punkt wird im Folgenden Joh 6,54, die zentrale Autorität der Debatte, behandelt. Die Argumente sind bekannt: So sei hier nicht von einer tatsächlichen, sondern von einer geistlichen Speise die Rede, da Christus nicht von den beiden Gestalten von Brot und Wein gesprochen habe. Ein Mensch, der Christus gegenüber ungehorsam sei, würde schließlich – selbst wenn er unter beiden Gestalten kommuniziere – weder den Leib Christi essen noch sein Blut trinken. Wäre Joh 6 tatsächlich sakramental zu verstehen, gäbe es für all jene, die nicht unter beiden Gestalten kommunizieren, kein Heil.[55]

Dass dieser anonyme Traktat, der keinerlei Anhaltspunkte zu seinem zeitlichen oder geographischen Kontext enthält, dem Kuttenberger Treffen von 1420 zugeordnet wird, liegt in erster Linie an den Überschriften, die sich in den Handschriften finden (*Scriptum doctorum ex Ungaria contra communionem utriusque speciei / Sequitur iterum scriptum doctorum Regis Ungarie de Montibus Cuthnis communionem calicis*).[56] Aufschlussreich sind auch die Überschriften, die die hussitische Gegenschrift trägt: während die Abschrift der Prager Kapitelbibliothek mit *Replicacio Magistri Petri Anglici contra Doctores Prefatos Regis Ungarie* überschrieben ist,[57] trägt der Textzeuge der Nationalbibliothek den Titel *Repplica contra Ungarum insulsum*.[58] Dass die beiden Überschriften nicht übereinstimmen, deutet darauf hin, dass diese Schrift ursprünglich mit keinem Titel versehen war, sondern darin eine spätere Inter-

---

53 Ebd., fol. 237v.

54 Ebd., fol. 237v–238r.

55 Ebd., fol. 238r–240r.

56 Die Überschrift der Prager Kapitelbibliothek nennt Cook, The Kutná Hora Meeting, S. 191, Anm. 18. Die von ihm ebd. wiedergegebene Überschrift zu Cod. VIII F 13 der Prager Nationalbibliothek (»Scriptum doctorum ex Ungaria contra communionem utriusque speciei«) findet sich am Ende des vorherigen Traktats auf fol. 166v.

57 So Cook, The Kutná Hora Meeting, S. 191, Anm. 18. Zu dieser Schrift und ihrer Zuschreibung an Peter Payne vgl. Bartoš, Literární činnost, S. 99 (nr. 8). Die Autorschaft Paynes gilt mittlerweile als nicht mehr gesichert (vgl. Coufal, Polemika o kalich, S. 113, Anm. 29).

58 Prag, NB, Cod. VIII F 13, fol. 240v.

pretation des Schreibers zu sehen ist. Die datierten Texte im Kodex der Prager Nationalbibliothek sind den Jahren 1445 bis 1481 zuzuordnen, weshalb wir es bei beiden Texten wohl mit späten Abschrift zu tun haben (der Kodex ist weithin von einer Hand geschrieben und stellt keine Zusammenstellung älterer Faszikel dar). Damit dürfte auch der Verweis auf die »Doktoren des ungarischen Königs« eine spätere Ergänzung des Schreibers sein, weshalb er mit entsprechender Vorsicht zu behandeln ist.

Der katholische Traktat gegen den Laienkelch erweist sich bei genauerer Betrachtung als eigentümliche Schrift. Bereits seit den Jahren 1414/1415 hatten Katholiken und Hussiten zahlreiche, teils ausführliche Traktate gegen und für den Laienkelch verfasst. Auffällig an dieser Schrift ist, dass sie deutlich hinter der Argumentation zurückbleibt, die in der Kelchkontroverse seit dem Konstanzer Konzil, also über fünf Jahre hinweg, entwickelt worden war. Nicht nur bleibt die theologische Argumentation vergleichsweise oberflächlich (allein die beiden Konstanzer Kelchtraktate des Peter von Pulkau und Nikolaus von Dinkelsbühl entwickelten eine weitaus differenziertere Sicht),[59] es fehlen darüber hinaus auch charakteristische Elemente der Kelchdebatte: Zum einen wird, und das ist für eine nach Juni 1415 verfasste Schrift gegen den Laienkelch sehr ungewöhnlich, weder das Konstanzer Konzil, noch dessen Dekret *Cum in nonnullis* erwähnt. Dies ist auch deshalb auffällig, da sich durch die Einleitung des Traktats mit ihrem Verweis auf den Kanon *Violatores* des *Decretum Gratiani* und der damit verbundenen Verteidigung neu erlassener Dekrete die Überleitung zu den Bestimmungen des Constantiense geradezu angeboten hätte.[60] Zudem finden sich keinerlei historische Beobachtungen zur Praxis der Urkirche, zur kirchlichen *consuetudo* oder ihrer Vollmacht, gewisse Praktiken abzuändern. Auffällig ist darüber hinaus auch der Umstand, dass die Kommunion *sub utraque specie* erst relativ spät – etwa in der Mitte des Traktats – ausdrücklich erwähnt wird. Auch die Auswahl der herangezogenen Autoritäten fällt erstaunlich spärlich aus, und es ist keinerlei Bemühen erkennbar, ein möglichst breites Spektrum an Gewährsleuten (seien es Kirchenväter, zeitgenössische Theologen oder die hl. Schrift) zu bieten. Die am häufigsten zitierte Autorität ist – für einen Kelchtraktat ungewöhnlich – der Sentenzenkommentar des Thomas von Straßburg,

---

59 Siehe oben Kapitel I, S. 38–47 und S. 60–75.
60 Dieser Umstand zeigt, dass sich die von Bartoš herangezogenen Quellen für dieses Treffen – die Kelchtraktate einerseits, und das Antwortschreiben der Prager an Sigismund andererseits – letztlich widersprechen. Während laut der Darstellung im Antwortschreiben Erzbischof Gunther von Magdeburg als Leiter der katholischen Delegation ausdrücklich mit Konstanz argumentiert, erwähnt der Kelchtraktat das Konzil mit keinem Wort. Dies würde aber wiederum bedeuten, dass das Hauptargument des Leiters der katholischen Delegation keinen Eingang in die Stellungnahme der Delegation gefunden hat, was wenig plausibel scheint. Auch diese Differenzen sprechen dafür, dass sich (mindestens) eine dieser beiden Quellen nicht auf das Kuttenberger Treffen 1420 bezieht.

der als einzige Autorität mit dem Attribut *famosus* versehen wird. Daneben finden sich Verweise auf Thomas von Aquin und vereinzelt auf Augustinus und Ambrosius, Nikolaus von Lyra und Johannes Chrysostomus, womit der Kanon an Autoritäten sehr schmal bleibt.

b)   Zur anonymen hussitischen Entgegnung für den Laienkelch

Die hussitische Gegenschrift ist ausführlicher, bringt mehr Argumente und zitiert eine größere Menge an Autoritäten. Ihr Autor – möglicherweise Peter Payne – zielte darauf ab, die ihm vorliegende katholische Schrift Punkt für Punkt zu widerlegen.[61] Dem programmatischen Beginn des katholischen Traktats, dass die kirchenrechtlichen Kanones dieselbe Verbindlichkeit wie die hl. Schrift besitzen, begegnet der hussitische Verfasser mit einer hierarchischen Abstufung: So dürften die Kanones zwar nicht leichtfertig verletzt werden, seien jedoch immer den Geboten Christi unterzuordnen. Bedauerlicherweise scheine heute den Kanones mehr Verbindlichkeit zugestanden zu werden als der hl. Schrift.[62] Im Gegensatz zum katholischen Text betont der hussitische Autor, dass es nicht nur ein, sondern fünf heilsnotwendige Sakramente gäbe (Taufe, Firmung, Beichte, Krankensalbung und Eucharistie), unter denen die Eucharistie jedoch eine hervorragende Stellung einnehme. Zur Untermauerung zieht er zahlreiche Autoritäten und Konzilien heran.[63] Auch für Kinder sei, so argumentiert der Verfasser mit Augustinus, die Kommunion heilsnotwendig. Da sie in Todesgefahr die Kommunion empfangen dürften, solle dies grundsätzlich für alle Kinder gelten.[64] Darüber hinaus benötigten auch die anderen Sakramente die Eucharistie, um in angemessener Weise gefeiert zu werden.[65] Den Laienkelch verteidigt der hussitische Traktat knapp, bringt jedoch bekannte Argumente in die Diskussion ein: die Heilsnotwendigkeit der Kelchkommunion betont er u. a. damit, dass Paulus den Korinthern die Kelchspendung befahl, dass die Urkirche den Kelch spendete und dass die griechische Kirche dies heute noch praktiziere.[66] Im Gegensatz zum katholischen Traktat interpretiert der hussitische Autor Joh 6,54 nicht als Aufforderung zur geistlichen, sondern zur sakramentalen Kommunion, die für alle Christen – unter beiderlei Gestalten – gleichermaßen vorgeschrieben sei.[67] Die geistliche Kommunion gehe mit der sakramentalen Kommunion einher.[68]

---

61 Wir benutzen im Folgenden Prag, NB, Cod. VIII F 13, fol. 240v–245r. – Einige inhaltliche Punkte fasste bereits Cook, The Kutná Hora Meeting, S. 187 f. zusammen.
62 Prag, NB, Cod. VIII F 13, fol. 241r.
63 Prag, NB, Cod. VIII F 13, fol. 241v.
64 Prag, NB, Cod. VIII F 13, fol. 242r und fol. 243r.
65 Prag, NB, Cod. VIII F 13, fol. 242v.
66 Prag, NB, Cod. VIII F 13, fol. 243v.
67 Prag, NB, Cod. VIII F 13, fol. 244r–v.

c) Zur Einordnung dieser beiden Schriften

Beim Vergleich dieser beiden Schriften fällt ins Auge, dass der hussitische Traktat deutlich mehr Argumente und eine breitere Vielfalt von Autoritäten heranzieht als seine katholische Vorlage, die knapp und vergleichsweise oberflächlich argumentiert. Dies ist erstaunlich, wenn man bedenkt, dass die Forderung der Prager an Sigismund, ihnen den Kelch zuzugestehen, der Dreh- und Angelpunkt dieser Debatte gewesen sein soll. Berücksichtigt man ausschließlich den vorliegenden Textbefund und klammert die Überschriften als vermutlich spätere Zusätze aus, sprächen der Aufbau und die Länge der Schrift, ihre oberflächliche Argumentation und das charakteristische Fehlen zentraler Elemente der Debatte eher dafür, sie in die Frühzeit der Auseinandersetzung einzuordnen. Dass das Thema der Kinderkommunion an zweiter Stelle behandelt wird, könnte wiederum auf eine Entstehungszeit nach 1417/18 hindeuten, als das Thema an der Prager Universität und auf hussitischen Synoden relevant und diskutiert wurde. Allerdings wurde die Kinderkommunion, wenngleich auch nicht in derselben Intensität, bereits seit 1414/15 in Prag diskutiert; schon Andreas von Brod hatte 1415 ein ganzes Kapitel gegen diese Praxis verfasst.[69] Die Behandlung der Kinderkommunion in Traktaten gegen den Laienkelch war somit kein neues Phänomen. Die entsprechende Passage könnte in der Tat nach 1417/18, allerdings ebenso gut schon in den Jahren zuvor verfasst worden sein.

Darüber hinaus stellen sich weitere Fragen: Wozu sollte die katholische Schrift in ihrer vorliegenden Form im Rahmen der Kuttenberger Versammlung dienen? Zu welchem konkreten Zweck wurde sie verfasst? Diente sie als Vorlage für die Kuttenberger Debatten oder als Zusammenfassung des eigenen Standpunkts nach dem Abschluss des Treffens? Reagierte sie auf eine konkrete Vorlage der Utraquisten – und wenn ja, auf welche? Die Schrift selbst ist, wie bereits besprochen, in fünf Teilen aufgebaut. Auf eine kurze Einleitung zum Kanon *Violatores* folgen die vier Abschnitte des Werks, die jeweils mit dem Wort *Conclusio* eingeleitet werden. Diese Formulierung legt nahe, dass zuvor irgendeine Art von Debatte oder Diskussion stattgefunden hatte, oder dass eine Schrift oder Argumente der Gegner gesichtet und diskutiert wurden und ein zusammenfassender Schluss daraus gezogen wurde. In diesem Fall wäre in diesem Traktat eine abschließende Stellungnahme zu sehen, die am Ende des Treffens oder auch erst danach verfasst wurde. Ein denkbares Szenario wäre,

---

68 Prag, NB, Cod. VIII F 13, fol. 245r.

69 So etwa in: Andreas de Broda, An sufficiat, S. 168; Andreas de Broda, Eloquenti viro, S. 366 (vgl. Traxler, Früher Antihussitismus, bes. S. 145 f.). – Am ausführlichsten befasste sich David Holeton mit der Erforschung der Kinderkommunion im hussitischen Kontext: Holeton, Infant communion; Holeton, The Communion of Infants and Hussitism; Holeton, The Basel Years; Holeton, La communion; vgl. auch Fudge, Hussite Infant Communion; Molnár, La mise; Rejchrtová, Dětská otázka v husitství.

dass die hussitischen Vertreter ihre Argumente für den Kelch mündlich vorbrachten,[70] die katholischen Vertreter sich berieten und, gleichsam als offizielle katholische Stellungnahme, die hussitischen Argumente in vier *Conclusiones* widerlegten. In diesem Fall blieben dennoch Fragen offen: So hatte allein Jakobell von Mies in den Jahren 1414/15 deutlich ausführlichere, detailliertere und theologisch tiefergehende Traktate für den Kelch verfasst, die weitaus überzeugendere Argumente enthielten als jene, auf die der katholische Traktat reagiert (wie etwa die Praxis der Urkirche).[71] Wenn wir also davon ausgehen, dass die Argumentation der katholischen Schrift von einer – vermutlich mündlichen, vielleicht aber auch schriftlichen – Vorlage der Utraquisten abhing, stellen sich folgende Fragen: Warum sollten die Utraquisten gerade im bis dahin vielleicht kritischsten Moment der jungen Bewegung – der Verhandlung mit Sigismund, die zur Erlaubnis oder zum Verbot der Kelchspendung führen musste – auf ihre überzeugendsten Argumente wie die Praxis der Urkirche verzichten? Und warum sollten andererseits die katholischen Theologen, die mit ihrer Stellungnahme offenbar die ablehnende Haltung König Sigismunds untermauerten, einen Traktat zusammenstellen, der nicht nur in seiner Argumentation und Gründlichkeit, sondern auch in seiner Länge eklatant hinter jenen Schriften zurückblieb, die die Kontroverse bereits hervorgebracht hatte? Aus welchem Grund sollte eine Schrift gegen den Kelch, die in einer so kritischen Situation verfasst wurde, ausgerechnet auf eine ihrer wichtigsten Autoritäten – das Konstanzer Konzil – verzichten und sich auch sonst in der Auswahl ihrer Autoritäten so auffällig beschränken?

4.4.4. Fazit

Die beiden vermeintlich eindeutig zur Kuttenberger Debatte des Mai 1420 gehörenden Schriften werfen somit mehr Fragen auf, als sie beantworten. Das Hauptargument für die Zuschreibung der beiden Schriften zur Kuttenberger Versammlung bildeten in der Forschung die Überschriften in den Handschriften

---

70 Da sich die hussitischen Fraktionen schon am 20. Mai auf die Vier Prager Artikel geeinigt hatten, war die Versammlung in Kuttenberg offenkundig ein Sonderweg der Utraquisten, die – trotz bereits formuliertem Konsensprogramm und ohne Einbeziehung der anderen hussitischen Forderungen – eine Einigung mit Sigismund erreichen wollten.

71 Auch im tschechischen Manifest vom 20. April 1420, in dem erstmals die Vier Prager Artikel aufgelistet waren, wurde Sigismund vorgeworfen, er habe mit seiner Verweigerung des Laienkelchs, der »von Gott eingesetzt, in der hl. Schrift niedergelegt, von den Doktoren bestätigt und von der Kirche zuerst gehalten worden« sei, den Ruf Böhmens beschädigt (MACHILEK, Ludolf von Sagan, S. 178). Dass diese Argumente einen Monat später – in einer Situation mit richtungsweisendem Charakter – nicht mehr vorgebracht worden wären, ist schwer vorstellbar.

und die thematische Behandlung des Kelchs als, wie die Hussitenchronik des Laurentius darlegt, Hauptinhalt dieses Treffens. Da jedoch die Überschriften beider Traktate in den zwei Textzeugen voneinander abweichen, dürfte es sich dabei um spätere Ergänzungen der Abschreiber handeln, die kritisch hinterfragt werden müssen. Inhaltlich weist der Kelchtraktat auffällige Eigenheiten auf, die eine Verortung im bislang angenommenen Kontext zumindest zweifelhaft machen. Berücksichtigt man nur die vorliegende Textgestalt und vor allem jene Aspekte, die darin fehlen – der Verweis auf das Konstanzer Konzil, historische Argumente, die Rolle der kirchlichen *consuetudo* usw. –, wäre es denkbar, dass die beiden Traktate in einen anderen (möglicherweise früheren) Kontext einzuordnen sind. Andererseits ist nicht notwendigerweise davon auszugehen, dass mit fortschreitender Zeit die Traktate zum Laienkelch immer detaillierter, spitzfindiger und länger wurden als es die vorherigen waren. Nicht alle Diskutanten verfügten zu jedem Zeitpunkt in gleicher Weise über alle Informationen und Argumente. Gerade spontane Anlässe und äußerer Druck (sowie der individuelle Kenntnisstand der Autoren) würden erklären, dass spätere Traktate hinter dem Argumentationsniveau früherer Schriften zurückblieben. Der Frage nach anderen möglichen Abfassungskontexten kann hier nicht weiter nachgegangen werden. Dennoch bleibt wenigstens begründeter Zweifel, ob die Schrift zur Beantwortung der Frage nach einer möglichen Beteiligung von Wiener Gelehrten an diesem Streitgespräch herangezogen werden kann.

4.4.5. Nikolaus von Dinkelsbühl als Verfasser?

Doch selbst wenn dieser Traktat dem Kuttenberger Treffen zuzuordnen wäre, ließe sich daraus dennoch kein Hinweis auf eine Wiener Beteiligung ableiten. Ganz im Gegenteil: Als mögliche Wiener Mitglieder der katholischen Delegation, die explizit auf eine Auseinandersetzung mit den Hussiten ausgelegt war, kämen wohl insbesondere jene Gelehrten in Frage, die zu diesem Zeitpunkt am ehesten als »Hussitenexperten« (bzw. »Kelchexperten«) gelten konnten. Aufgrund ihrer Konstanzer Erfahrung waren dies in erster Linie Peter von Pulkau und Nikolaus von Dinkelsbühl. Als möglicher Beteiligter an den Hussitenverhandlungen auf der Prager Kleinseite im Juli 1420 wird in der Literatur zudem der Wiener Dominikaner Franz von Retz genannt.[72] Abgesehen davon, dass es keinerlei Hinweise gibt, dass einer der Genannten tatsächlich an der Kuttenberger Versammlung teilgenommen hätte, spräche auch der Traktat selbst dagegen: zu offenkundig sind die Differenzen in Aufbau und Argumentation zu

---

72 Vgl. dazu unten, S. 282–284.

den Konstanzer Kelchtraktaten des Peter von Pulkau und des Nikolaus von Dinkelsbühl.

Coufal verwies auf den interessanten Aspekt, dass dieser Traktat mit seinen behandelten Themen eine enge Anlehnung an Dinkelsbühls Konstanzer Kelchtraktat erkennen lasse.[73] Ein genauer Blick in den Text stützt diese Annahme jedoch nicht: Dinkelsbühls Schrift *Barones regni Bohemie*, die er auf dem Konstanzer Konzil verfasste,[74] legte ihren Fokus darauf, die hussitische Forderung des Laienkelchs und dessen Heilsnotwendigkeit zu widerlegen. Beides widerspräche den Lehren der Doktoren und Heiligen, der vernünftigen Gewohnheit der Kirche (*consuetudo ecclesiae*) sowie der Festlegung des heiligen Konstanzer Generalkonzils. Schon in ihrem ersten Abschnitt bringt die Schrift des Dinkelsbühlers wichtige theologische Gründe, die im anonymen Kelchtraktat fehlen. Nicht die hl. Schrift allein reiche, so Dinkelsbühl, als Kriterium für eine fundierte Argumentation in dieser Frage aus, vielmehr sei ihre rechtmäßige Auslegung maßgeblich. Entsprechend sei auch das Leben der Urkirche nicht in allen Einzelheiten zu kopieren. In der Tat habe Christus seinen Jüngern die Kommunion unter beiden Gestalten gespendet, was jedoch keine allgemeine Verpflichtung mit sich bringe. Nach einer differenzierten Betrachtung des Sakraments an sich, das sich aus *sacramentum*, *confectio* und *consecratio* zusammensetze (diese Überlegungen stellen ein Novum dar, das Dinkelsbühl in die Debatte einbrachte), folgen Argumente zu Joh 6. Hier sei, so Dinkelsbühl, nicht die tatsächliche sakramentale Kommunion, sondern die geistliche Kommunion gemeint. Andernfalls hätten auch Kinder, die ohne Eucharistieempfang sterben, ihr Heil verwirkt. Diese Argumentation findet sich im Kern auch im anonymen Kelchtraktat, stellte jedoch bereits einen gängigen Bestandteil der Debatte dar, der sich nicht nur bei Dinkelsbühl, sondern schon seit dem Beginn der Auseinandersetzung in diversen Kelchtraktaten findet. Dinkelsbühl ging in seiner Konstanzer Schrift über dieses Grundargument hinaus, indem er ausführliche Überlegungen zur zweifachen *res sacramenti* anschloss. Am Beispiel von 1 Kor 11 zeigte er auf, dass die Urkirche die Praxis der Kommunion unter beiden Gestalten eine Weile praktiziert habe, dies jedoch kein Gebot des Herrn oder eine Vorschrift des Apostels Paulus gewesen sei. Entsprechend sei es ausreichend, wenn der zelebrierende Priester beide Gestalten konsekriere und kommuniziere, da dieser es verstehe, das Sakrament mit der nötigen Vorsicht zu behandeln. Diese Argumente finden sich auch im anonymen Traktat. Doch wiederum ergänzte Dinkelsbühl dieses Standardargument durch neue, von Bonaventura übernommene Überlegungen zur Wirkung (*efficacia*) und Bedeutung (*significatio*) des Sakraments. Während sich die Standardargumenta-

---

73 Coufal, Polemika o kalich, S. 112 mit Anm. 26.
74 Siehe oben Kapitel I, S. 60–75.

tion auch im anonymen Kelchtraktat findet, fehlt erneut das Proprium der Argumentation Dinkelsbühls. Im Folgenden referiert Dinkelsbühl fünf Gefahren, die im Kontext der Kelchspendung auftreten können, bevor er in abschließenden fünf *Solutiones* ein »Raster« entwickelt, mit dessen Hilfe die Argumente der Hussiten widerlegt werden können. Beides findet sich im anonymen Kelchtraktat nicht.

Welcher Schluss ist daraus zu ziehen? In der Tat weisen die anonyme Schrift und Dinkelsbühls Konstanzer Kelchtraktat in ihrer Argumentation einige Parallelen auf. Bei genauerer Untersuchung fällt jedoch auf, dass die beiden Schriften insbesondere in jenen Punkten übereinstimmen, die bereits gängiger Bestandteil der Debatte waren und als Standardargumente bezeichnet werden können. Alle von Dinkelsbühl neu in die Diskussion eingebrachten, theologisch differenzierteren Argumente und Aspekte fehlen hingegen in der anonymen Schrift. Darüber hinaus bleibt diese Schrift stellenweise hinter der gängigen Argumentation zurück, da darin weder die Praxis der Urkirche (im Kontext der von den Hussiten vorgebrachten Belegstelle 1 Kor 11), noch die Verurteilung des Konstanzer Konzils zur Sprache kommen. Während Dinkelsbühl am Beginn seiner Schrift auf die Wichtigkeit angemessener Schriftinterpretation hinweist, zielt der anonyme Traktat in seiner Einleitung auf die Verbindlichkeit des Kirchenrechts und neu erlassener kirchlicher Regelungen ab. Beide Schriften richten sich damit gegen ein von den radikalen Hussiten beanspruchtes »sola scriptura«-Prinzip, zielen dabei jedoch auf unterschiedliche Aspekte ab. Der Textbefund spricht somit klar dagegen, den anonymen Kelchtraktat mit Nikolaus von Dinkelsbühl in Verbindung bringen. Selbiges gilt auch für den Konstanzer Kelchtraktat des Peter von Pulkau.[75] Auch Franz von Retz kann mit einiger Sicherheit als Verfasser ausgeschlossen werden, da zum einen nicht bekannt ist, dass er sich jemals zur Kelchfrage geäußert hätte, und er zudem in keiner einzigen seiner zahlreichen bekannten Schriften den Sentenzenkommentar des Thomas von Straßburg als Autorität heranzog, der im besprochenen Kelchtraktat jedoch eine zentrale Rolle einnimmt.[76]

An dieser Stelle muss somit festgehalten werden, dass zur theologischen Auseinandersetzung in Kuttenberg im Mai 1420 noch weniger Details gesichert bekannt sind, als in der Forschung bisher angenommen wurde. Nicht nur ist die einzige Quelle, die vermeintlich Auskünfte über die Zusammenstellung der katholischen Delegation enthält und Erzbischof Gunther von Magdeburg als ihren Leiter nennt, äußerst zweifelhaft, auch die angeblich im Mai 1420 zu

---

75 Siehe dazu oben Kapitel I, S. 38–47.

76 HÄFELE, Franz von Retz, S. 168–194 stellt alle von Franz von Retz zitierten Autoritäten zusammen. Thomas von Straßburg und sein Sentenzenkommentar finden sich in dieser Liste, die alle bekannten Werke des Franz von Retz weitestgehend berücksichtigt, kein einziges Mal.

verortenden Schriften gegen und für den Laienkelch können diesem Treffen nicht zweifelsfrei zugeordnet werden. Selbst wenn sie im Rahmen dieses Treffens entstanden sein sollten, spräche ihr inhaltlicher Befund dennoch klar gegen die Zuschreibung an einen jener Wiener Theologen, die sich bis dahin mit der Frage des Laienkelchs beschäftigt hatten. Zum ganzen Themenkomplex dieses ersten Streitgesprächs zwischen Utraquisten und Katholiken sind somit weitere oder neue Quellen notwendig. Zur Beteiligung von Wiener Gelehrten kann jedenfalls festgehalten werden, dass es – entgegen anderslautenden Vermutungen in der Literatur – keinerlei Anhaltspunkte gibt, eine solche anzunehmen.

4.5. Die erste offizielle Version der Vier Prager Artikel vom Juli 1420 als Beginn einer neuen Phase katholisch-hussitischer Auseinandersetzungen

Der erste und vorläufig letzte diplomatische Versuch der Utraquisten, sich mit Sigismund zu einigen, war somit gescheitert. Am 27. Mai 1420 trafen sich daraufhin die hussitischen Fraktionen in Prag.[77] Im Rahmen dieses Treffens wurden nicht nur alle Ratsherren der Alt- und Neustadt ab- und neue Kandidaten eingesetzt, die hussitischen Flügel einigten sich auch auf eine modifizierte Fassung der Vier Prager Artikel. Im Unterschied zur vorhergehenden Version, die im April ausgearbeitet worden war, umfasste der vierte Artikel anstelle der Reinigung des Königreichs Böhmen und dessen Sprache von schlechtem Ruf nun die Bestrafung aller, insbesondere der öffentlich bekannten, Todsünden (wie das lange Herumsitzen in den Schenken an Fest- und Sonntagen, Hochmut, übertrieben wertvolle Kleider, deren Schlitze und Fransen). Die ersten drei Forderungen umfassten die Kommunion unter beiden Gestalten für die Laien, freie Predigt sowie die Einschränkung von Luxus und Pomp im Klerus.[78] Der militärische Druck und die ernüchternde Einsicht, dass eine Einigung mit Sigismund in der Kelchfrage außer Reichweite gerückt war, hatte die erneute Fokussierung auf das Einheitsprogramm der Vier Artikel notwendig gemacht. Ende Juni 1420 rückte Sigismund gegen Prag vor, und die Hussiten begannen umgehend, ihr Programm zu verbreiten. In dieser Fassung der Prager Artikel finden sich nun erstmals die bekannten Belegstellen. Abgesehen von einer Änderung in der Reihenfolge Ende Juli 1420 blieben die Artikel bis zum Basler Konzil unverändert. Deshalb sollen an dieser Stelle Inhalt und Theologie des

---

77 Von dieser Versammlung berichtet Laurentius, Hussitenchronik, S. 374f.; vgl. auch Šmahel, Die Hussitische Revolution, Bd. 2, S. 1085f.; Kaminsky, A History, S. 372–375; Machilek, Ludolf von Sagan, S. 179f.

78 Laurentius, Hussitenchronik, S. 374.

hussitischen Kompromissprogramms in der gebotenen Kürze besprochen werden.

4.5.1. Die Vier Prager Artikel als Kompromissprogramm der hussitischen Fraktionen

Die »offizielle«, fertig ausgearbeitete Fassung der Prager Artikel von Anfang Juli 1420 liegt in (mindestens) vier verschiedenen Versionen auf deutsch, lateinisch und tschechisch vor.[79] Am ausführlichsten beschreibt die deutsche Fassung den Anlass für die Verbreitung der Artikel: so sollten die Belagerer Prags durch die ausgesandten Artikel erkennen, dass sie durch die katholischen Geistlichen mit falschen und unaufrichtigen Argumenten dazu gebracht worden seien, Prag zu belagern.[80] An der Spitze der Artikel steht in der offiziellen Fassung der Ruf nach freier Predigt; darauf folgten die Forderung des Laienkelchs, des evangeliums-gemäßen Lebens des Klerus und der öffentlichen Bestrafung insbesondere öffentlicher Todsünden. Das markanteste Merkmal der finalen Fassung war, dass die knappen Forderungen nun durch Belegstellen aus der hl. Schrift und den Kirchenvätern erweitert und in dieser Form an die katholischen Gegner versandt wurden. In dieser Form bildeten die Prager Artikel auch die Grundlage der Debatten zwischen Hussiten und Katholiken und die Textbasis für schriftliche Widerlegungen.

Freie Predigt
An erster und damit prominentester Stelle findet sich die Forderung, dass das Wort Gottes im Königreich Böhmen frei und unbehindert von Priestern des

---

79 Einen Überblick über die Ausgaben der verschiedenen Fassungen bietet HRUZA, Schrift und Rebellion, S. 99, Anm. 60. – Die Beobachtung Machileks, dass nach dem Scheitern der Verhandlungen zwischen den Hussiten und königlichen Vertretern Ende Juli die Reihenfolge der ersten beiden Artikel umgedreht wurde und ab nun statt der Kelch- die Predigtforderung an erster Stelle gestanden habe (MACHILEK, Ludolf von Sagan, S. 182), trifft nicht zu. Bereits in der ersten offiziellen Fassung von Anfang Juli 1420 steht der Predigtartikel an erster und der Kelchartikel an zweiter Stelle (vgl. die lateinische Ausgabe in LAURENTIUS, Hussiten-chronik, S. 391 und die deutsche Ausgabe in BARTOŠ, Manifesty města Prahy, S. 275). – Die Prager Artikel als Programm untersuchten ŠMAHEL, Die vier Prager Artikel; ŠMAHEL, Die Hussitische Revolution, Bd. 1, S. 636–674; MALÝ, Bibel und rechtliches Denken (mit primär juristischem Interesse); ŠMAHEL, The Hussite Critique (zum Besitzartikel); LANCINGER, Čtyři artikuly; UHLIRZ, Die Genesis (die darin den (zurecht kritisierten) Versuch unternahm, die Prager Artikel ausschließlich aus den Werken Wyclifs abzuleiten und dabei den böhmischen Einfluss außer Acht ließ).
80 Ed. in: BARTOŠ, Manifesty města Prahy, S. 275; vgl. HRUZA, Schrift und Rebellion, S. 99.

Herrn geordnet verkündigt werden solle.[81] Als Belege werden vier Stellen aus der hl. Schrift genannt.[82] Nach katholischem Verständnis berechtigte nicht die Priesterweihe allein zur Predigt, es bedurfte darüber hinaus einer besonderen Beauftragung durch den Bischof.[83] Dies lehnten die Hussiten jedoch als Einschränkung ihrer – in der hl. Schrift verbürgten – Predigtfreiheit ab. Die herangezogenen Belegstellen aus dem Alten und Neuen Testament legen ihren Fokus darauf, dass die Verbreitung des Wortes Gottes nicht in irgendeiner Weise gebunden oder behindert werden dürfe.[84] Die Formulierung des Artikels ist aufschlussreich: So wird besonderer Wert auf eine geordnete, von Priestern vollzogene Verkündigung gelegt. Der Priesterstand und die auf ihn beschränkte Predigterlaubnis standen somit nicht zur Diskussion. Diese Lehre wurde sowohl von den gemäßigten, als auch von den taboritischen Hussiten weithin mitgetragen.[85] Einzig die Chiliasten und Pikarden, die radikalste Randgruppe der hussitischen Bewegung, forderten die Freiheit des Wortes Gottes nicht, da diese überzeugt waren, den hl. Geist in sich zu tragen und kirchliche (Ämter-) Strukturen grundsätzlich ablehnten.[86] Die Vorwürfe der katholischen Seite, die Hussiten würden durch ihre Predigten an profanen, ungeeigneten Orten (wie in Privathäusern, auf Straßen, in Fleischhallen, in Ställen und sogar von Misthaufen)[87] das Wort Gottes entweihen, fußten insbesondere auf der Praxis des radikalsten hussitischen Flügels, weniger auf der Haltung der utraquistischen Mehrheit. Die besondere Betonung der Predigt durch Priester könnte somit ein Hinweis darauf sein, dass sich die gemäßigten Hussiten in dieser Forderung von den Vorstellungen ihrer radikalen Randgruppe distanzieren wollten. War in der Fassung vom April desselben Jahres der Predigtartikel noch an zweiter Stelle auf den Kelchartikel gefolgt, so rückte die freie Predigt nun an die Spitze der Forderungen. Während die Hussiten (abgesehen von ihrem radikalen Flügel) die kirchliche Hierarchie grundsätzlich akzeptierten und nur dann ablehnten, wenn

---

81 Laurentius, Hussitenchronik, S. 391. Vgl. zu diesem Artikel die Überlegungen in Šmahel, Pax externa et interna, S. 226–239.

82 Eine Zusammenstellung aller Autoritätsstellen der vier Artikel findet sich in Machilek, Ludolf von Sagan, S. 184f.

83 So die Regelung des IV. Laterankonzils in can. 10 (*Inter caetera*), ed. in COD II/1, S. 239f.

84 Im Hintergrund dieser Forderung stand auch das Predigtverbot Erzbischof Zbyněk von Hasenburgs gegen Jan Hus im Juni 1410 (vgl. Šmahel, Pax externa et interna, S. 233).

85 Auch im gemäßigten Lager gab es vereinzelte Gegenstimmen: Peter Chelčický etwa lehnte den Klerikerstand als solchen ab, weil er diesen als nicht schriftgemäß erachtete. Seine Haltung wurde innerhalb der hussitischen Bewegung jedoch weithin ignoriert (vgl. Šmahel, The Hussite Critique, S. 87).

86 Vgl. Šmahel, Die vier Prager Artikel, S. 332 und Patschovsky, Der taboritische Chiliasmus. Die innerhussitischen Differenzen zum Predigtartikel sollten, wie Šmahel a. a. O. ausführt, bei den Diskussionen zum sog. »Richter von Eger« 1432 besonders eklatant aufbrechen.

87 Die genannten Beispiele stammen aus Ludolf von Sagans Traktat gegen die Vier Prager Artikel und werden beschrieben in Machilek, Ludolf von Sagan, S. 190.

sie sich durch unangemessenes Verhalten disqualifizierte und damit ihre Macht verwirkte, wurde die bischöfliche Beauftragung zur Predigt grundsätzlich, ohne Differenzierung nach der persönlichen Würdigkeit des jeweiligen Bischofs, abgelehnt. Der Hussitismus, und dieser Umstand ist auch theologisch wichtig, definierte sich von der Verkündigung des Wortes Gottes her. Der Verkündigungsauftrag überragte die Kirchenstruktur. Schließlich ging mit der Forderung, ohne besondere Beauftragung predigen zu dürfen, auch das Zugeständnis inhaltlicher und thematischer Freiheit der hussitischen Lehren einher, die den Gläubigen in den Predigten ausgelegt und eingeschärft werden sollten. Zur Diskussion stand somit nichts weniger als das wichtigste Medium zur Verbreitung der hussitischen Lehren. Wie Šmahel konstatierte, sorgte letztlich die reale machtpolitische Entwicklung für die Umsetzung dieser Forderung, als »die Wucht des Schwertes über das Maß an Freiheit der Verkündigung entschied«.[88]

Kommunion sub utraque specie

Die zweite Forderung nach der Kommunion unter beiderlei Gestalten für die Laien[89] war bereits seit dem Jahreswechsel 1414/1415 wiederholt vorgebracht worden und stellte das Hauptanliegen der Utraquisten dar. Darüber hinaus wurde der Laienkelch zum Symbol der hussitischen Bewegung schlechthin.[90] Von allen vier Artikeln wurde dieser mit den meisten (nämlich 32) Autoritäten untermauert, was nicht nur an der Wichtigkeit dieser Forderung, sondern auch daran lag, dass bereits seit 1414 Traktate zu diesem Thema geschrieben wurden und darin bereits ein breites Repertoire an Belegstellen zur Verfügung stand. Dass sich unter den herangezogenen Autoritäten auch zahlreiche Kirchenväter, mittelalterliche Theologen und Verweise auf das Kirchenrecht finden, zeigt, dass hinter diesem Artikel vor allem die gemäßigten Hussiten standen (die Taboriten lehnten Autoritäten außerhalb der hl. Schrift bekanntlich weithin ab). In welchem Ausmaß die Praxis der Kelchkommunion für die Laien zu diesem Zeitpunkt in Böhmen tatsächlich verbreitet war, ist umstritten. Es liegen jedoch sprechende Nachrichten vor, dass der Laienkelch – offenkundig recht problemlos – schon 1414/15 in die Liturgie integriert wurde.[91] Der Artikel präzisiert weiter, dass die Eucharistie nur jenen Christgläubigen gereicht werden dürfe, die

---

88 Šmahel, Die vier Prager Artikel, S. 332.
89 Laurentius, Hussitenchronik, S. 391–393.
90 Zum Laienkelch liegen zahlreiche und ausführliche Untersuchungen vor; vgl. die oben Kapitel I, Anm. 89 genannte Literatur.
91 Vgl. etwa Šmahel, Die vier Prager Artikel, S. 333, Anm. 13, der dort Notizen eines Hussitenpredigers erwähnt, der schon zum Jahr 1415 die Verwendung hölzerner Kelche und die Kelchspendung an die Laien bei der Hochzeitszeremonie erwähnt. Zur Kelchpraxis und der Entwicklung der utraquistischen Messfeier vgl. auch Graham, The evolution, und Holeton, Sacramental and liturgical reform.

durch keine Todsünde am Empfang gehindert werden. Die notwendige Reinigung von Sünden vor dem Eucharistieempfang stellte kein Novum der Hussiten dar, sondern war Bestandteil der kirchlichen Eucharistiepraxis, die zuletzt durch das IV. Laterankonzil eingeschärft worden war.[92] Wie Šmahel darstellte, wurde diese Bedingung bei den einfachen Kämpfern in den Hussitenheeren durchaus streng kontrolliert, während bei den adeligen Unterstützern der Bewegung das Bekenntnis zum Kelch – »ohne Rücksicht auf deren Vergangenheit und deren sittliches Profil« – meist ausreichte.[93] Obwohl der Kelch als Symbol der gesamten Bewegung diente, zeigten sich im Eucharistieverständnis der einzelnen hussitischen Gruppierungen eklatante Differenzen. Während die konservative Gruppe der Utraquisten der katholischen Transsubstantiationslehre folgte und keine Heilsnotwendigkeit des Laienkelches vertrat, stand die Betonung der Heilsnotwendigkeit, verbunden mit dem Festhalten an der Transsubstantiation, im Zentrum des utraquistischen Hauptlagers um Jakobell von Mies. Die gemäßigten Taboriten hingegen verstanden die Anwesenheit Christi im Sakrament als Realpräsenz, während die radikalen Pikarden die Eucharistie als bloß symbolisches Erinnerungsmahl an das Opfer Christi interpretierten, das folglich von jedem Menschen gleichermaßen gespendet werden dürfe.[94] Schon diese kurzen Andeutungen zeigen, dass sich innerhalb der hussitischen Bewegung sogar in ihrer zentralsten Forderung, der *communio sub utraque specie*, eklatante theologische Differenzen auftaten, die jedoch durch die gemeinsame Forderung des Laienkelches überdeckt wurden. Erst 1423 schlossen Prager und Taboriten einen Kompromiss zur Eucharistie.[95]

Besitz

Der dritte Prager Artikel forderte, dem Klerus jegliche weltliche Grundherrschaft über Besitztümer, die dieser gegen das Gebot Christi in Anspruch nähme, zu entziehen und ihn so zum apostolischen Leben zurückzuführen.[96] Diesem Artikel wohnte die größte soziale Sprengkraft inne, da seine Umsetzung zu gewaltsamen Säkularisationen führte.[97] Auch diese Forderung wurde mit einer großen Zahl von Autoritätszitaten (nämlich 29) ergänzt. Dass bis auf sechs

---

92 Wiederum festgelegt durch das IV. Laterankonzil in can. 21 (*Omnis utriusque sexus*), ed. in COD II/1, S. 245.
93 Šmahel, Die vier Prager Artikel, S. 333.
94 Vgl. Fudge, Hussite theology, S. 23 f.; Werner, Der Kirchenbegriff, bes. S. 33–38 und S. 50–52.
95 Vgl. Fudge, Crime, S. 75 mit Anm. 30.
96 Laurentius, Hussitenchronik, S. 393 f.
97 Zu den gewaltigen Verschiebungen im Besitz ländlichen Grundeigentums im Zuge der hussitischen Revolution vgl. Šmahel, Die Hussitische Revolution, Bd. 3, S. 1782–1818; zur hussitischen Kritik am Besitz des Klerus vgl. Šmahel, The Hussite Critique, und Šmahel, Die vier Prager Artikel, S. 334–336.

Ausnahmen alle aus der hl. Schrift stammen, zeigt, dass darin ein besonderes Anliegen der Taboriten gesehen werden darf (wobei die Menge an Autoritätsstellen für eine taboritische Forderung durchaus ungewöhnlich ist). In der Tat verfügte eine Minderheit des böhmischen Klerus über einen beachtlichen Teil des Landes und dessen Einkünfte, was wie die Besitztümer der Klöster und des Prager Erzbischofs insbesondere bei ärmeren Schichten der Aristokratie und des Adels für Irritationen und Kritik sorgte.[98] Interessant ist eine Verschiebung, die sich im Vergleich zu vorhergehenden Versionen der Prager Artikel feststellen lässt: Während in den Fassungen vom April und Mai 1420 nur Luxus und Pomp im Klerus kritisiert worden waren, lautete die Forderung an den Klerus nun, dem urkirchlichen Leben gemäß auf jeglichen Besitz zu verzichten. Daran zeigen sich die unterschiedlichen Standpunkte der hussitischen Gruppen: Während die Utraquisten auch in dieser Frage einen gemäßigten Standpunkt einnahmen und die vorherrschenden Missstände eines im Überfluss lebenden Klerus kritisierten, forderten die Taboriten einen radikalen Besitzverzicht (und setzten dieses urkirchliche Ideal einer armen Kirche durch gewaltsame Enteignungen auch um). Im Hintergrund stand zudem die grundsätzliche Ablehnung priesterlicher Herrschaft durch die Taboriten.[99] Zur konkreten Realisierung dieses Ideals gingen die Meinungen auseinander und reichten von der Haltung, dass Priester ihren Lebensunterhalt selbst verdienen sollten, über den Vorschlag, ihnen Kleidung und Lebensmittel durch die Pfarren zur Verfügung zu stellen, bis hin zu kommunistischen Experimenten chiliastischer Taboriten.[100] Theologische Detailfragen und die damit einhergehenden Differenzen innerhalb der Hussiten (wie das Verhältnis von *dominium* und *usus* usw.) wurden durch die allgemein gehaltene Formulierung jedoch nivelliert. Die geänderte Formulierung dieses Artikels zeigt jedenfalls, dass sich die Kräfteverhältnisse der hussitischen Gruppen zwischen Mitte Mai und Anfang Juli 1420 merklich verschoben hatten: mittlerweile hatten die radikalen hussitischen Kräfte an Einfluss gewonnen, die auch materiell zu den Gewinnern der Säkularisationen zählten.

Bestrafung öffentlicher Todsünden
Der letzte Artikel forderte, dass alle (insbesondere öffentlichen) Todsünden und anderen Unordnungen, die vom Gesetz Gottes abweichen, in jedem Stand ordnungsgemäß durch »jene, die es angeht« (*per eos, ad quos spectat*), verhindert und ausgetilgt werden sollten.[101] Es folgt eine detaillierte Liste an Beispielen, die von Diebstahl bis Mord und von Simonie bis zu Zorn und Streit reichen. Die

---

98 ŠMAHEL, The Hussite Critique, S. 84.
99 Vgl. ŠMAHEL, Die vier Prager Artikel, S. 334.
100 Vgl. nur LANCINGER, Čtyři artikuly, S. 19f. und S. 60.
101 LAURENTIUS, Hussitenchronik, S. 394f. Vgl. zu diesem Artikel bes. MOLNÁR, Život v dobré proměniti.

angeführten Verfehlungen gehen deutlich über den Kanon der (sieben) bekannten Todsünden hinaus und bieten ein breites Panorama gesellschaftlicher und kirchlicher Missstände. Die Forderung, für öffentliche Todsünden auch öffentlich Genugtuung zu leisten, war in der kirchlichen Bußpraxis üblich und daher keine hussitische Neuerung. Neu war allerdings zum einen die breite Liste an Verstößen gegen das Gesetz Gottes, die nun als Todsünden betrachtet wurden, und zum anderen die Auslagerung der Strafgewalt an eine nicht näher definierte Gruppe.

Ein auffälliges Charakteristikum dieses Artikels ist, dass er (abgesehen von einem kurzen Zitat aus Röm 1,32) keinerlei Autoritäten enthält. Dies spricht zum einen dafür, einen erheblichen Anteil der radikalen Taboriten an der Formulierung dieses Artikels anzunehmen, zum anderen zeigt es, dass in diesem Artikel insbesondere der soziale Aspekt, nicht dessen theologische Implikation im Mittelpunkt stand. Im Gegensatz zu den anderen drei Artikeln, die bereits in den vorherigen Fassungen enthalten waren, scheint dieser Artikel erst mit dem Erstarken der chiliastischen Strömung in das gemeinsame Programm aufgenommen worden zu sein.[102] Die Formulierung, dass die Bestrafung der Sünden jenen obliege, »die es angeht«, ist sehr vage. Dies weist zum einen auf innerhussitische Differenzen in dieser Frage hin. Gleichzeitig lässt sich daran auch ablesen, dass der theologische Gehalt, den dieser Artikel implizit transportierte, letztlich keine zentrale Rolle spielte, wie im Folgenden kurz skizziert werden soll.

Die Frage von Sünden und ihrer Bestrafung weist in den Kontext der mittelalterlichen Bußtheologie. Und in der Tat wurde das Bußsakrament als solches von keiner der hussitischen Gruppierungen völlig abgelehnt.[103] Uneinigkeit herrschte allerdings darüber, in welcher Form das Schuldbekenntnis (*confessio*) geleistet werden müsse und welche Bestandteile für eine wirksame Sündenvergebung konstitutiv seien. Für die katholische Kirche hatte das IV. Laterankonzil vorgeschrieben, dass mindestens einmal jährlich eine Ohrenbeichte beim eigenen Pfarrer abzulegen sei.[104] Die Utraquisten wichen nur geringfügig von der römischen Form ab, indem sie die Entscheidung, ob und bei wem eine Ohrenbeichte abgelegt wurde, dem individuellen Büßer überließen. Die Ohrenbeichte selbst wurde weder verboten, noch als obligatorische Notwendigkeit betrachtet. Ganz anders die Haltung der Taboriten: In dezidierter Ablehnung der Ohrenbeichte vor dem eigenen Pfarrer verteidigten sie die Überzeugung, dass eine stille *confessio* des Büßers vor Gott ausreiche, wie sie auch in der Urkirche

---

102 Vgl. Šmahel, Die Hussitische Revolution, Bd. 1, S. 644. Dass dieser Artikel innerhussitisch nicht unumstritten war, zeigt sich auch daran, dass sich in einer am 10. Juli 1420 an die Dogen von Venedig gesandten Fassung anstelle dieses Artikels wiederum die Forderung nach der Reinigung Böhmens vom schlechten Ruf findet (ebd., S. 646).

103 Vgl. dazu die konzise Darstellung in Kejř, Teaching on Repentance.

104 IV. Laterankonzil, can. 21 (*Omnis utriusque sexus*), ed. in COD II/1, S. 245.

praktiziert worden sei. Für öffentliche Sünden war hingegen von beiden Teilen eine öffentliche Beichte und Buße vorgesehen. Welche Gruppe hatte sich also in der Forderung dieses Prager Artikels durchgesetzt? Die vage Formulierung der Bestrafung der Sünden durch »jene, die es angeht«, könnte sich auf die Haltung der Utraquisten beziehen, die gewählte Ausschüsse und Kommissionen mit dieser Aufgabe betrauten. Genauso gut könnte damit aber auch die radikale taboritische Haltung angesprochen sein, der gemäß es jedem Mitglied der Taboriten zukomme, solche Sünden zu beseitigen; eine Anweisung, die sich etwa in der sog. Militärordnung Žižkas fand.[105]

Sind die vagen Formulierungen in diesem Artikel also durch die Notwendigkeit begründet, diese innerhussitischen Differenzen im Verständnis des Bußsakraments auf eine Kompromissformel zu bringen? Dies scheint hier nicht der Fall zu sein. Offenkundig war man mit der bisherigen Bußpraxis und der Bestrafung von (insbesondere, aber nicht ausschließlich öffentlichen) Sündern nicht einverstanden; andernfalls hätte sich die Frage, wem die Bestrafung der Sünder zukomme, gar nicht in dieser Form gestellt, da dafür ohnedies die kirchlichen Autoritäten verantwortlich waren. Der Artikel selbst legt seinen Fokus allerdings nur auf den Aspekt der Strafe und der damit einhergehenden Reinigung von Kirche und Gesellschaft, während die Buße selbst keine erkennbare Rolle spielt. Dies zeigen auch die fehlenden Schrift- und Autoritätszitate: Wäre man an der (sakramentalen) Buße und damit dem theologischen Gehalt dieser Forderung interessiert gewesen, wäre es ein Leichtes gewesen, Schriftzitate zu finden, die die Bedeutung von Beichte, Buße und Lossprechung verdeutlicht hätten. Dies weist darauf hin, dass hinter dieser Forderung primär eine sozialrevolutionäre Idee stand. Die innerhussitischen Differenzen zur Bußtheologie oder die Frage, wie dieser Artikel mit dem kirchlichen Bußsakrament in Einklang zu bringen ist, spielten dagegen keine erkennbare Rolle.

4.5.2. Die Vier Prager Artikel als Kompromissprogramm und Kondensat einer »hussitischen Theologie«?

Am Ende dieses kurzen Überblicks stellt sich die Frage nach der Einordnung und Charakterisierung dieses Programms. Die Interpretation der Prager Artikel als hussitisches »Kompromissprogramm« oder »kleinster gemeinsamer Nenner« gilt in der Hussitologie mittlerweile als unbestreitbar und beschreibt die Eigenheiten dieses disparaten, aus kurzen Forderungen und zahlreichen Autoritäten zusammengestellten Konvoluts treffend. In gewisser Weise handelt es

---

105 Die Militärordnung Žižkas ist ediert in Šmahel, Jan Žižka, hier S. 229; vgl. Šmahel, Die vier Prager Artikel, S. 337 und Fudge, Crime, S. 78f.

sich bei dieser Charakterisierung allerdings selbst um einen Kompromiss. So sind die Artikel in vielerlei Hinsicht ein Kompromiss: ein Kompromiss aus theologischen, philosophischen, sozialen, politischen, revolutionären Interessen; ein Kompromiss aus konservativen, gemäßigten und radikalen Ansichten; ein Kompromiss aus Verhandlungsbereitschaft und radikaler Distanz zur Römischen Kirche. Doch sind sie auch ein Kompromiss der darin enthaltenen theologischen Forderungen und damit ein Kondensat einer »hussitischen Theologie«? In der Forschung findet sich wiederholt der (mit Bedauern geäußerte) Hinweis, dass eine Gesamtdarstellung der hussitischen Theologie und Lehre bislang nicht vorliege.[106] Dass die heterogenen hussitischen Gruppierungen im Frühjahr 1420 gezwungen waren, sich auf ein gemeinsames Programm zu einigen, könnte somit als Glücksfall für den Forscher betrachtet werden: denn waren die böhmischen Reformer nun nicht genötigt, auch die Hauptinhalte ihrer theologischen Lehren auf einen gemeinsamen Nenner bzw. in ein kohärentes doktrinäres System zu bringen?

Mit dieser Frage ist ein Grundproblem der Erforschung »hussitischer Lehre« angesprochen. Die Vorstellung, dass sich die divergierenden hussitischen Gruppen in den Prager Artikeln auf einen Kompromiss ihrer theologischen Ansätze einigten, ist reizvoll, würde jedoch das Bild einer ausgearbeiteten, kohärenten hussitischen Theologie voraussetzen, in der sämtliche angesprochenen Themen – die einen breiten Bogen von den Sakramenten über liturgisches Gebaren bis hin zur Ekklesiologie spannten – wenigstens in einem systematischen Grundentwurf vorgelegen hätten. In der Praxis zeigten sich aber innerhussitisch diffuse, individuelle, spontan mit politischen und sozialen Interessen verquickte Vorstöße aus unterschiedlichen Richtungen, die zwar im Nachhinein aus den erhaltenen Schriften rekonstruiert werden können, 1420 jedoch in keinster Weise als geschlossenes System wahrgenommen wurden oder als solches intendiert waren. Mit anderen Worten: Die Schwierigkeit, eine Darstellung der »hussitischen Theologie« zu schreiben, liegt vor allem daran, dass es keine »hussitische Theologie« gab. So wenig wie »die Hussiten« im 15. Jahrhundert als einheitliche Gruppe existierten, gab es eine dazugehörige »hussitische Theologie«. Im Frühsommer 1420 herrschten in den hussitischen Lagern sogar zur Eucharistie unterschiedlichste Vorstellungen und Interpretationen vor, die erst in den Folgejahren teilweise systematisiert wurden. Die Prager Artikel selbst trugen wenig dazu bei, diese theologischen Differenzen auf einen gemeinsamen Nenner zu bringen. Ganz im Gegenteil: Die äußerst allgemein gehaltenen Formulierungen vermieden es letztlich, konkrete inhaltliche Divergenzen anzu-

---

106 So zuletzt Šmahel, Die vier Prager Artikel, S. 329, Anm. 1. Für entsprechende Ansätze vgl. etwa de Vooght, Jacobellus de Stříbro; de Vooght, Nicolas Biskupec; Molnár, L'Evolution; Molnár, Die Funktion der Kirche.

sprechen oder auszugleichen. Auf diese Weise suchten sie gerade keinen Kompromiss, sondern blieben in ihren Formulierungen in solchem Maße an der Oberfläche, dass die tieferliegenden und eigentlichen Divergenzen davon gar nicht berührt wurden. Das Ignorieren von Differenzen – oder der einfache Umstand, dass diese in jener Situation eine untergeordnete Rolle spielten – kann jedoch schwerlich als Kompromiss bezeichnet werden. Dies liegt freilich in der Natur der Artikel, deren primäres Ziel es war, in einer äußerst bedrohlichen Situation nach innen und außen hin einheitlich auftreten zu können. In den überstürzten, revolutionären Vorgängen der ersten Jahreshälfte 1420 ging es für die Hussiten darum, eine Überlebensstrategie zu entwickeln und der jungen Bewegung ein Programm zu geben; Zeit und Raum für theologische Detailfragen war hier gewiss nicht. Die Prager Artikel sind somit ein pragmatisches Kompromissprogramm, jedoch kein theologisches.

Von den katholischen Gegnern wurden die vier Artikel dennoch als einheitliches und dezidiert theologisches Programm wahrgenommen, das in den Folgejahren wiederholt widerlegt werden sollte. Interessant ist in diesem Zusammenhang die Beobachtung, dass innerhussitisch auch in den Jahren nach 1420 kaum Bedarf bestand, den diffusen theologischen Gehalt der Prager Artikel zu konkretisieren und als Gesamtprogramm differenzierter darzustellen. Während es zahlreiche katholische Traktate gegen die Prager Artikel gibt, scheinen nur wenige hussitische Traktate zur Verteidigung oder Verdeutlichung der vier Prager Artikel selbst geschrieben worden zu sein. Obwohl die Prager Artikel vorgaben, ein theologisches Programm zu sein, waren die genuin theologischen Fragen paradoxerweise genau jener Bereich, in dem die Artikel keinen Kompromiss suchten, sondern Divergenzen weithin ausklammerten und durch vage Formulierungen überdeckten. Dass die Artikel in der Rezeption durch die katholischen Gegner als theologisches Manifest interpretiert und widerlegt wurden, erfüllte die vorgegebene Intention des Dokuments, war in der Folge jedoch zugleich dessen größte Schwäche.

4.6. Die anonymen *Responsiones ad quattuor articulos datos domino duci Austrie* in Barb. lat. 663 als Traktat Wiener Theologen gegen die Prager Artikel?

Wenden wir uns den nun folgenden Entwicklungen zu: Ende Juni 1420 hatten sich die Kreuzfahrerheere zum Angriff auf Prag bereit gemacht. In der geschätzt 30 000 Mann starken Armee fanden sich auch die – mit Verspätung eingetroffenen – Truppen Herzog Albrechts V.[107] Am 9. Juli traf Albrecht in Kunratitz mit König Sigismund zusammen. Franz Machilek postulierte in Anlehnung an František Bartoš, dass er sich dabei in Begleitung des Wiener Dominikaner-theologen Franz von Retz befunden habe, der »ein ausführliches Gutachten mit sich [führte], das Theologen der Wiener Universität als Antwort auf die ihm von den Pragern zugesandten Artikel angefertigt hatten«.[108] Dieses Gutachten sei in Wien entstanden, und Franz von Retz habe, wie Übereinstimmungen mit einer kurzen Schrift gegen die *meretrices* zeigten, daran mitgearbeitet.[109] Bereits Dušan Coufal wies jüngst auf den spekulativen Charakter dieser These Bartoš' hin. Da die erste lateinische Ausgabe der Prager Artikel auf den 3. Juli datiert, müsse bezweifelt werden, dass Albrecht schon am 9. Juli eine ausgearbeitete Erwiderung bei sich gehabt hätte. Vielmehr habe er vermutlich erst in Prag eine Ausgabe der Prager Artikel erhalten und diese »früher oder später« nach Wien zur Prüfung übermittelt.[110] In der Tat scheint es höchst unwahrscheinlich, dass Albrecht eine knappe Woche nach der Veröffentlichung der Artikel schon eine ausgearbeitete Erwiderung aus Wien mitgebracht hatte. Da diese Schrift eindeutig die offizielle Version von Anfang Juli 1420 und keine ältere Version widerlegt, müssten die Artikel etwa zeitgleich mit ihrer Bekanntmachung in Prag auch schon in Wien bekannt gewesen sein. Dies ist kaum möglich. Im Folgenden soll der Traktat besprochen und dabei untersucht werden, ob sich darin tatsächlich Hinweise auf die Beteiligung von Wiener Gelehrten finden.

4.6.1. Inhaltlicher Überblick

Die anonymen *Responsiones ad quattuor articulos datos domino duci Austrie per illos de Praga* stellen eine Widerlegung aller vier Prager Artikel dar. Bislang ist nur eine Abschrift bekannt, die sich in BAV, Barb. lat. 663 auf den fol. 22r–23v findet.[111] Unmittelbar vor diesem Traktat enthält der Kodex eine Abschrift der Vier Prager Artikel nach ihrer offiziellen Fassung von Anfang Juli 1420.[112] Der Traktat beginnt mit einer knappen Einleitung, derzufolge im Rahmen dieser Schrift zwei Aspekte überprüft werden sollten: Zum einen sei zu klären, ob die

---

107 Vgl. dazu Šmahel, Die Hussitische Revolution, Bd. 2, S. 1092f.; zu den Kämpfen zwischen den Kreuzfahrerheeren und den Hussiten am Veitsberg vgl. bes. Cornej, Bitva na Vítkově. Zum österreichischen Hussitenkrieg vgl. allgemein Petrin, Der österreichische Hussitenkrieg.

108 Machilek, Ludolf von Sagan, S. 186; vgl. auch Bartoš, Manifesty města Prahy, S. 265 mit Anm. 35 und 36.

109 Ebd.

110 Coufal, Polemika o kalich, S. 141f.

111 Soukup, Repertorium. – Eine Edition dieses Traktats findet sich unten im Anhang.

112 Barb. lat. 663, fol. 21r–22r.

vier Artikel, auf die jene, »die sich Gläubige im Königreich Böhmen nennen«, beharrten und die eifrig einzufordern sie ankündigten, vernünftig und katholisch seien. Die Intention der Darlegung richtet sich somit zuerst auf die inhaltliche Überprüfung und Qualifizierung der hussitischen Forderungen. Interessant ist, dass die gegnerische Gruppe nicht direkt als Wyclifiten oder Hussiten, sondern als »vorgeblich Gläubige« bezeichnet wird. Damit rückt der Anspruch der Böhmen, die wahren Gläubigen innerhalb der Kirche zu sein, ins Zentrum. Sollten sich die Forderungen als vernünftig und katholisch herausstellen und die Böhmen zurecht darauf beharren, dann sei weiters zu überprüfen, ob die Einforderung dieser Artikel auch durch die Böhmen selbst geschehen solle.[113] Neben die inhaltliche Untersuchung der Prager Artikel traten somit Fragen der Autorität und Zuständigkeit: Kommt den Böhmen die Kompetenz zu, diese Forderungen – so sie denn zurecht erhoben werden – zu verbreiten und ihre Umsetzung selbst in die Hand zu nehmen?

Die Forderung etwa, dass Priester des Herrn das Wort Gottes im Königreich Böhmen frei und ohne Einschränkung predigen dürften, sei nur dann vernünftig (*rationabilis*), wenn die Priester über ausreichendes Schriftwissen verfügten und von ihren Oberen zur Predigt bestellt seien. Eiferer gäbe es schließlich viele, denen es aber am notwendigen Wissen und der richtigen Neigung mangle. Den Böhmen gehe es jedoch nur darum, durch diese Forderung die »kirchliche Disziplin des heilsamen Gehorsams« der Kleriker und Priester gegenüber ihren Vorgesetzten zu schwächen, wodurch sie den Heiligen und der Kirche widersprächen.[114] So vernünftig die Forderung unter den genannten Voraussetzungen sei, so wenig könne sie den Hussiten zugestanden werden, da die Intention der Böhmen nicht aufrichtig und für die Kirche schädlich sei.

Die Widerlegung des Kelchartikels beginnt mit einem bekannten Argument: Verstünde man diese Forderung ihrem Wortlaut entsprechend so, dass die sakramentale Kommunion unter beiderlei Gestalten heilsnotwendig sei, dann widerspräche dies dem katholischen Verständnis. Sollte dadurch aber das Insistieren zum Ausdruck gebracht werden, am Laienkelch gewaltsam oder durch tollkühne Predigten festzuhalten, dann wendeten sich die Böhmen mit dieser Forderung an die falsche Instanz: einzig dem Papst oder einem Konzil komme schließlich diese Entscheidung zu. Dass diese Forderung nicht katholisch sei, werde aber schon durch die Ablehnung der katholischen Kirche klar, die es seit langer Zeit als gängige Praxis betrachtete, dass die Kommunion unter beiderlei Gestalten nicht heilsnotwendig sei. Das böhmische Verständnis aber verdamme alle getauften Kinder, die nicht unter beiden Gestalten kommunizierten. Alle Autoritäten, mit denen die Hussiten ihre Argumentation untermauerten, seien

---

113 Anon., Responsiones, ed. unten im Anhang, S. 493.
114 Ebd.

auf den Brauch zu beziehen, der in der Urkirche herrschte, oder seien als geistliche Kommunion zu verstehen. Sollten aber irgendwelche Doktoren meinen, die Kommunion des Laienvolkes unter beiden Gestalten sei heilsnotwendig, dann könne man sehr viele andere Beispiele heranziehen, die offenkundig das Gegenteil hielten, wie etwa Alexander von Hales, Bonaventura, Richard von Mediavilla, Thomas von Aquin oder Nikolaus von Lyra. Darüber hinaus sei gemäß der Apostelgeschichte am Anfang der Urkirche für das Laienvolk nur der Verzehr des Leibes der Herrn erwähnt. Und selbst wenn alle Doktoren, sowohl die alten als auch die »modernen«, das Gegenteil behaupteten, hätte dennoch die Autorität der Universalkirche – die größer sei als alle anderen Kirchen, deren Glaube bis zum Ende der Zeiten niemals zugrunde gehen könne und von der auch alle Evangelien und alle Aussagen der Heiligen ihre Autorität erfahren – dies so interpretiert und so verstanden, dass es für Laien nicht heilsnotwendig sei, unter beiderlei Gestalten zu kommunizieren. Nun aber wie jene, die sich »Gläubige des Königreichs Böhmen« nennen, das Gegenteil halten und lehren zu wollen, sei nichts geringeres, als den Rest der Christenheit zu verdammen oder die griechische Kirche anzuerkennen, die diesen Brauch angeblich pflege und die lateinische Kirche verdamme.[115]

Auch der dritte Artikel zur geforderten Besitzlosigkeit sei nicht katholisch, weil dieser als Gebot auffasse, was eigentlich als Rat (*consilium*) gemeint gewesen sei. Mit dieser Forderung wären alle Heiligen, die Besitztümer und zeitliche Güter besaßen, verdammt. Die hussitischen Priester – und nun folgt ein interessantes Argument – forderten auch deshalb Predigtfreiheit ein, weil sie hofften, auf diese Weise wohlwollende Zuhörer – nämlich Laien und zeitliche Herren – zu erreichen, um die Güter der Kleriker zu rauben. Durch diesen Artikel schienen die Hussiten zwar die Mendikantenorden anzuerkennen, die sie aber in Wirklichkeit tatkräftig verfolgen. Im Anschluss daran findet sich ein interessanter Zusatz: So sei dieser Artikel, wie auch die übrigen, viel schlechter begründet und ausgeführt, als es am Vortag der Fall gewesen sei. Zuerst hätten sie nämlich nur ungeordneten herrschaftlichen Pomp und einen Überfluss zeitlicher Dinge ausgeschlossen. Daraus gehe nun hervor, dass sie in diesen Überlegungen entweder alle ausschließen wollten, die sich um ein nüchternes oder seriöses Verständnis bemühen, oder dass (ihnen zufolge) alle in einem verkehrten Verständnis gefangen seien.[116]

Auch der vierte Artikel, der die Bestrafung besonders öffentlicher Todsünden und anderer Unordnungen des Gesetzes Gottes durch »jene, die es angeht«, fordert, sei verfänglich: Denn wenn die Bestrafung der Sünden und Verfehlungen ordentlich und vernünftig durch jene, denen es zusteht, durchgeführt

---

115 Anon., Responsiones, S. 494f.
116 Anon., Responsiones, S. 495f.

werden sollte, dürften sich die Böhmen selbst nicht in diese Angelegenheiten einmischen. Zwar dürften sie mit brüderlichem Eifer die geistlichen Vorsteher zur Verbesserung und Reform der Kleriker anspornen, oder bei weltlichen Richtern auf die rechte Anleitung der Laien drängen. Die Böhmen hingegen beanspruchten leichtfertig und unbesonnen beiderlei Ämter – jene der geistlichen Vorsteher und der weltlichen Richter. Auch beachteten sie weder die Ordnung noch den Status ihrer Berufung, was sie allerdings tun müssten, wie sie selbst in diesem vierten Artikel beteuerten. In der »streitenden Kirche« dieser Welt fände sich jedoch immer eine Mischung aus Guten und Bösen, aus Spreu und Weizen. Durch diese Argumentation, so fährt der Traktat fort, sei nun nicht beabsichtigt, die kirchlichen oder weltlichen Exzesse zu verteidigen oder gar zu billigen; viel vortrefflicher und wünschenswerter wäre es aber, wenn sich auch die Böhmen, die auf eine Reform der besagten Exzesse drängten, in einer Kirche zusammenfänden und beim Papst oder bei einem künftigen Generalkonzil für die Reform des Klerus und der kirchlichen Dinge einträten, anstatt zu rebellieren. Im Augenblick sollten sie ihren natürlichen Herrn, also Sigismund, anerkennen und bei diesem eifrig auf die Reform der Laien und zeitlichen Güter drängen. Schließlich sei in der früheren Fassung dieses vierten Artikels die Rede davon gewesen, die üble Nachrede der Böhmen beharrlich ausräumen zu wollen. Um dies zu erreichen, sollten nun jene, die durch Irrtümer infiziert seien oder Häresien verteidigten, von diesen ablassen und wieder mit der Kirche versöhnt werden – nicht aber, indem sie sich dem König und ihrem Herrn widersetzten. Auf diese Weise würden sie nämlich über die Häresie hinaus das Verbrechen der Majestätsbeleidigung begehen.[117]

4.6.2. Einordnung und Interpretation

Die Argumentation dieses Traktats weist mehrere Eigenheiten auf, die ihn von den anderen frühesten bekannten Reaktionen auf die Vier Prager Artikel unterscheiden und ihm ein charakteristisches Profil geben. In seiner Widerlegung des Predigtartikels erwähnt er die notwendige Beauftragung durch die kirchlichen Oberen eher nebenbei; der Fokus liegt stattdessen auf der theologischen Bildung und persönlichen Haltung des Predigers. Zwei etwa zeitgleich entstandene Widerlegungen gegen die Prager Artikel aus der Feder des Ferdinand von Lugo und (vermutlich) des Pietro Paolo Vergerio maßen der geordneten, durch die Oberen erlaubten Predigt die entscheidende Rolle zu, erwähnten die Eignung des Predigers jedoch nicht.[118] Der Kelchartikel blieb zu Beginn im

---

117 ANON., Responsiones, S. 496f.
118 Ferdinand von Lugos Traktat ist gedruckt in Fernandus LUCENSIS, Responsio; zur Schrift

Rahmen der bekannten Argumentation, indem er die postulierte Heilsnotwendigkeit des Kelchs verneinte, eine entsprechende Praxis der Urkirche jedoch zugestand. Der besondere Fokus liegt auf der Autorität der Gesamtkirche, die die Verbindlichkeit der Doktoren bei weitem übersteige und festgelegt habe, dass die Kommunion unter beiden Gestalten nicht heilsnotwendig sei. Selbst wenn alle Doktoren das Gegenteil behauptet hätten, wäre dennoch die Autorität der Gesamtkirche entscheidend. An dieser Stelle könnte die Frage gestellt werden, was der Verfasser genau unter der Gesamtkirche versteht, die sogar dem Konsens aller Lehrer widersprechen könnte. Kurz zuvor mahnte der Verfasser an, die Forderung des Laienkelchs vor den zuständigen Stellen vorzubringen, nämlich dem Papst oder einem Konzil. Die höchste Autorität scheint somit die kirchliche Gesetzgebung zu sein, die durch den Papst oder ein Konzil festgelegt wird und nur durch diese Instanzen abgeändert werden kann. Damit ist neben dem inhaltlichen Dissens zum Prager Artikel auch zum Ausdruck gebracht, dass die Versammlung, in der die Hussiten ihre Forderung vorbrachten, keine entsprechende Entscheidungsgewalt hatte. Damit waren grundsätzliche Konsequenzen für die Debatten zwischen Hussiten und katholischen Vertretern angesprochen: Selbst wenn die katholischen Vertreter die hussitischen Forderungen unterstützt hätten, käme ihnen nicht die notwendige Kompetenz zu, die daraus resultierenden Konsequenzen auch umzusetzen, weshalb künftige Debatten dieser Art von vornherein nicht zum gewünschten Ergebnis führen könnten. In seiner Widerlegung des Besitzartikels beruft sich der Verfasser auf die kirchliche Praxis und das Beispiel diverser Heiliger, die ebenfalls Besitz gehabt hätten. Dieser Hinweis gehört zum Standardrepertoire der Argumente gegen den hussitischen Besitzartikel. Die weitere Argumentation ist hingegen auffällig und wird im Folgenden gesondert besprochen. Die Entgegnung auf den vierten Prager Artikel zielt insbesondere darauf ab, zu betonen, dass die Böhmen als Böhmen nicht diejenigen seien, denen die Bestrafung etwaiger Sünden zukomme, sondern sie diese Kompetenz unberechtigt beanspruchten. Ermahnungen der geistlichen und weltlichen Vorgesetzten seien freilich gerne gesehen, ein eigenmächtiges, ungehorsames Vorgehen könne hingegen nicht toleriert werden. Es folgt wiederum die Einladung an die Böhmen, für die geforderte Klerusreform doch in der Kirche, beim Papst oder vor einem künftigen Generalkonzil einzustehen.

Der Traktat enthält darüber hinaus interessante Aspekte, die Aufschluss über

---

vgl. Soukup, Zur Verbreitung, S. 246; Bartoš, Manifesty města Prahy, S. 259-261; Machilek, Ludolf von Sagan, S. 180-185; Soukup, Repertorium. – Pietro Paolo Vergerios Schrift ist gedruckt in Petrus Paulus Vergerius (?), Responsiones; vgl. dazu Soukup, Zur Verbreitung; Bartoš, Husitská revoluce, S. 102; Coufal, Polemika o kalich, S. 131f.; Soukup, Repertorium. – Vgl. hier Fernandus Lucensis, Responsio, S. 35; Petrus Paulus Vergerius (?), Responsiones, S. 255.

seinen Entstehungskontext geben könnten. Zum einen wird klar, dass der Verfasser nicht nur die offizielle Juli-Version der Prager Artikel kannte, sondern auch die früheren Fassungen, die im April und Mai 1420 ausgearbeitet wurden. Sowohl beim dritten Artikel zum Besitz als auch beim vierten Artikel zur Sündenbestrafung verweist er explizit auf ältere Versionen und konstatiert Differenzen bzw. Verschärfungen in der offiziellen Fassung. Es ist daher anzunehmen, dass der Verfasser im Prager Milieu oder dessen Umfeld zu suchen ist. Dafür spricht auch, dass sich im Text eine deutliche Kenntnis des konkreten Vorgehens der Hussiten und damit verbundene Vorwürfe finden, die im Vergleich mit den anderen frühesten Stellungnahmen gegen die Prager Artikel durchaus auffallen. Wenn etwa die Widerlegung des Predigtartikels mit der Klage schließt, die Böhmen wollten durch diese Forderung die »kirchliche Disziplin des heilsamen Gehorsams der Kleriker und Priester« gegenüber ihren Vorgesetzten schwächen, könnte ganz konkret an das Interdikt gedacht werden, das Ferdinand von Lugo Ende Dezember 1419 über Prag verhängte, das von den Prager Priestern jedoch nicht beachtet wurde.[119] Ungewöhnlich ist auch die Kritik, die hussitischen Prediger würden die Predigtfreiheit u. a. deshalb einfordern, um auf diese Weise wohlwollende Zuhörer (nämlich Laien und zeitliche Herren) dazu zu bringen, die Güter der Kleriker zu rauben, genauso wie der Hinweis, dass die Hussiten durch diesen Artikel die Mendikantenorden anzuerkennen schienen, sie in Wirklichkeit aber aktiv verfolgten. Der Vorwurf, die geforderte Predigtfreiheit zur Enteignung von Klerikern zu nutzen, ist auffällig polemisch. Der Verfasser verlässt damit die Ebene rein sachlicher Argumentation und kritisiert die Intention der Böhmen, und das auf eine deutlich polemische Weise. Im Hintergrund des Vorwurfs, die Hussiten würden die Mendikantenorden nur scheinbar anerkennen, in Wahrheit aber gegen sie vorgehen, dürfte die harsche Polemik gegen die Mendikantenorden stehen, die bereits John Wyclif und nach ihm auch die Hussiten vorgebracht hatten. Die Ablehnung der Bettelorden resultierte aus einer grundsätzlichen Kritik am Ordenswesen selbst.[120] Diese Kritik äußerte sich auch sehr konkret: schon Ende August 1419 hatten die Böhmen etwa den Dominikanerkonvent in Pisek sowie weitere Ordenskonvente in Pilsen, Saaz und Laun angegriffen, zahlreiche weitere folgten.[121] Dass die Widerlegung des hussitischen Besitzartikels mit einer Kritik an deren anti-mendikantischer Haltung verbunden wird, ist auffällig und ein weiterer Hinweis darauf, dass der Verfasser mit der hussitischen Lehre und ihrem – auch gewaltsamen – Vorgehen gut vertraut war, und zwar über die Forderungen der Prager Artikel hinaus. Auch im

---

119 Vgl. Šmahel, Die Hussitische Revolution, Bd. 2, S. 1039.
120 Vgl. dazu nur Szittya, The Antifraternal Tradition, S. 152–182; zur Problematik knapp auch Weigel, Reform als Paradigma, S. 301.
121 Vgl. Šmahel, Die Hussitische Revolution, Bd. 2, S. 1011.

Kontext des Kelchartikels findet sich eine Kritik an der gewaltsamen Umsetzung dieser Forderung, was wiederum auf die alltägliche Praxis in Böhmen hindeutet. Der anonyme Traktat scheint somit von einem Verfasser zu stammen, der sowohl mit den unterschiedlichen Fassungen der Prager Artikel als auch mit dem böhmischen Alltag und den gewaltsamen Versuchen der Hussiten, ihre Forderungen umzusetzen, vertraut war. Dafür spricht auch der polemische Unterton dieser Schrift, der an mehreren Stellen deutlich zutage tritt. Darüber hinaus erinnert der Autor die Böhmen, ihren *dominus naturalis*, d. h. Sigismund, anzuerkennen. Auch dies deutet auf einen Verfasser aus dem Prager Milieu oder dessen Umfeld hin.

Dieser Befund wird durch einen weiteren Aspekt gestützt. So zeigt eine genaue Analyse des Textes, dass sich zwei Passagen dieser Schrift sehr deutlich an den Traktat des Ferdinand von Lugo gegen die Prager Artikel anlehnen, der als erste katholische Widerlegung der böhmischen Forderungen gilt:

Anon., *Responsiones*	Ferdinand von Lugo, *Responsio*
Et si omnes doctores, tam antiqui quam moderni, sensissent contrarium, tamen auctoritas universalis ecclesie, que maior est omnibus et cuius fides deficere non potest usque ad finem seculi, a qua etiam omnia euuangelia et omnia dicta sanctorum receperunt auctoritatem, iuxta Augustinus contra Faustum, ita interpretata est et ita recipit, quod non sit necessaria ad salutem layco communio sub utraque specie. Velle igitur nunc tenere et docere contrarium, quod faciunt isti qui intitulant se fideles regni Boemie non est, nisi totum residuum christianitatis condempnare et in manus recipere, quod ecclesia non recipit, contra Ieronimum loquentem adversus Vigilantium hereticum in Epistola xlvii, vel velle approbare ecclesiam grecam, que morem hunc dicitur servare et condempnare latinam.[122]	Quamvis enim doctores sacrae scripturae variae in hoc senserunt, tamen auctoritas universalis ecclesiae, quae major est omnibus, et quae deficere non potest usque in finem seculi, ita interpretata est et ita recepit, ut non sit necessaria ad salutem in laico communio sub utraque specie. Quod igitur velitis nunc tenere et docere contrarium, non est, nisi totum residuum Christianitatis velle condempnare et asserere, vos solos esse salvandos, vel approbare ecclesiam Graecam, quae morem hunc servare dicitur, et condempnare Latinam.[123]

---

122 ANON., Responsiones, S. 495.
123 Fernandus LUCENSIS, Responsio, S. 36.

(Fortsetzung)

Anon., *Responsiones*	Ferdinand von Lugo, *Responsio*
Nam in quarto articulo, secundum quod primum dederunt, dicebant se instare pro expugnatione infamie lingue Boemicalis, quod ita fiet, si illi, qui sunt infecti erroribus aut hereses defendunt, desistant ab eis et reconcilientur ecclesie, non autem, ut opponant se regi et domino suo. Nam ultra infamiam heresis, qua laborant, insuper crimen lese maiestatis incurrunt. Male se expurgat, qui in eadem labe perseverat, male se expurgat, qui in sordibus sordes lavat.[124]	Tenemini quoque ad expurgationem infamiae linguae et regni Bohemiae: sed hoc modo, ut illi, qui si sint infecti erroribus aut haereses defendunt, desistant ab eis et reconcilientur ecclesiae, non autem, ut opponendo se aut etiam rebellando regi et domino suo naturali, ultra infamiam haereseos, crimen et infamiam laesae majestatis incurrant. Male autem se expurgat, qui in eadem labe perseverat, male se expurgat, qui in sordibus sordes lavat.[125]

Die weithin wörtlichen Übereinstimmungen können kein Zufall sein, sondern weisen auf eine eindeutige Abhängigkeit beider Texte hin. Welche Aufschlüsse bietet dieser Befund nun für unsere Frage nach dem Autor der anonymen Schrift?

Eine Möglichkeit wäre, Ferdinand von Lugo auch als Autor der zweiten *Responsiones* anzunehmen. Dafür sprächen nicht nur die wörtlichen Übernahmen, sondern auch der Umstand, dass Ferdinand in seiner älteren Schrift eine frühere Fassung der Prager Artikel widerlegte, die noch die Kritik von Pomp und übermäßigem Besitz der Kleriker als dritten und die Reinigung der böhmischen Zunge von Verleumdungen als vierten Artikel beinhaltete, worauf die anonymen *Responsiones* dezidiert anspielen. Als päpstlicher Legat hielt sich Ferdinand während des fraglichen Zeitraums in Böhmen auf und war mit den Bedingungen vor Ort entsprechend vertraut. Dafür spräche auch, dass sich die zweite oben zitierte wörtliche Übereinstimmung auf die frühere Fassung des vierten Artikels bezieht, obwohl der Traktat eigentlich die offizielle Juli-Fassung widerlegt, was für den Argumentationsgang somit nicht notwendig war.

Allerdings gibt es auch Faktoren, die Zweifel an dieser These wecken. Hier sind zum einen die Abweichungen in der Argumentation beider Traktate zu nennen. Abgesehen von den besprochenen Passagen finden sich einerseits Passagen, die sehr ähnlich argumentieren, daneben aber auch Teile, die ihre Argumente unterschiedlich gewichten. Während Ferdinand von Lugo etwa auf eine geordnete Predigt insistiert, betont der anonyme Traktat neben der notwendigen Beauftragung das erforderliche Wissen und die Eignung des Predigers. Ferdinands Widerlegung des Kelchartikels hingegen erinnert stark an die Argumentation des anonymen Traktats. So verneint auch Ferdinand, dass der

---

124 ANON., Responsiones, S. 496f.
125 Fernandus LUCENSIS, Responsio, S. 35.

Laienkelch auf ein generelles Gebot Christi zurückgehe oder ein evangelisches Gesetz sei, betont die Berechtigung der kirchlichen *consuetudo* und spricht sich gegen die Heilsnotwendigkeit der Kelchkommunion aus. Darauf folgt der (zum Teil bereits bekannte) Hinweis, die Hussiten sollten ihre Forderungen nicht König Sigismund vortragen, der sich um die zeitlichen Dinge zu kümmern habe, sondern sich mit diesem Anliegen an den Papst wenden, der allein die Kompetenz hätte, ihnen diese Praxis zuzugestehen. Selbst wenn der Laienkelch vollkommener und ein größeres Verdienst wäre als die Kommunion unter der Gestalt des Brotes allein, so wäre es doch angebracht, aus Demut darauf zu verzichten, da dies der Gewohnheit der Kirche und auch dem Dekret des Konstanzer Konzils widerspricht. Dem Besitzartikel, der in der widerlegten Fassung nur den Überfluss des klerikalen Besitzes kritisiert, stimmt Ferdinand ohne Widerrede zu, sofern dieser mit einer guten und vernünftigen Intention verfolgt werde. Die Widerlegung des vierten Artikels stimmt in beiden Texten weithin wörtlich überein.

Zusammenfassend kann somit festgestellt werden, dass der anonyme Traktat der Argumentation Ferdinands nie widerspricht, dessen Autor jedoch gezielt weitere, kleinere Argumente mit hinzunimmt. Dies deutet auf einen katholischen »Prager« Autor hin, der den Text des Ferdinand von Lugo seiner eigenen Widerlegung zugrunde legte und ihn behutsam anreicherte. Das intendierte Publikum war dabei ein anderes als jenes, für das Ferdinand seine Widerlegung verfasst hatte. Da die *Responsiones* für Albrecht V. geschrieben wurden und gleichsam ein theologisches »Briefing« darstellten, erfüllte der Text des Legaten auch hier seinen Zweck. Inhaltlich bestünde durchaus die Möglichkeit, auch die anonymen *Responsiones* dem päpstlichen Legaten zuzuschreiben. Doch wie plausibel ist es, dass Ferdinand tatsächlich einen weiteren Traktat gegen die Prager Artikel verfasste? Möglicherweise wurde dies durch die neue Fassung der Artikel notwendig, deren dritter und vierter Artikel nun so deutlich von den früheren Versionen abwichen, dass die ursprüngliche Widerlegung Ferdinands adaptiert werden musste, um in der Debatte weiterhin verwendet werden zu können. Genauso gut könnte allerdings auch jemand im Umfeld des Ferdinand, der ebenfalls die Entwicklung des hussitischen Programms und die Vorgänge in Böhmen mitverfolgte, Ferdinands Traktat als Vorlage verwendet, Passagen daraus übernommen und den Rest selbstständig formuliert haben. Wer könnte dafür in Frage kommen, und in welchem Kontext könnte diese Schrift entstanden sein? Hier könnte die Überschrift des Traktats – *Responsiones ad quattuor articulos datos domino duci Austrie per illos de Praga* – einen Hinweis bieten. Bemerkenswert ist zum einen der Hinweis auf Herzog Albrecht, der zeigt, dass der Verfasser in irgendeiner Form von Beziehung zum österreichischen Landesherrn gestanden haben muss, den Traktat vermutlich sogar in dessen Auftrag verfasst hat. Der Wortlaut der Überschrift erinnert stark an die wohl von

Pietro Paolo Vergerio verfasste Widerlegung der Prager Artikel, die mit den Worten *Iste sunt responsiones facte ad quatuor articulos datos per illos de Praga* beginnen.[126] Wie Pavel Soukup jüngst zeigen konnte, entstand diese Schrift im Rahmen der Verhandlungen zwischen Hussiten und Katholiken auf der Prager Kleinseite am 25. Juli 1420, die unten im Detail besprochen wird. Ihre Überschrift (*Nota quidam alii doctores reperiuntur ad dictos articulos quatuor taliter respondisse*) dürfte sich auf die *Responsio* des Ferdinand von Lugo beziehen, die wohl schon in der Vorlage eine Einheit bildeten.[127] Ein charakteristisches Merkmal der Schrift Vergerios, des Sprechers der königlichen Partei, ist es, dass sie den Hussiten hinsichtlich des Predigt-, Besitz- und Todsündenartikels – ein moderateres Verständnis vorausgesetzt – grundsätzliche Zustimmung signalisierte, während nur der Kelchartikel rigoros abgelehnt wurde. Soukup plädierte dafür, in dieser Schrift keine Tischvorlage für die Debatte, sondern eine nach den erfolglosen Verhandlungen zusammengestellte Denkschrift zu sehen.[128] Die übereinstimmenden Überschriften sowie die Kürze[129] der anonymen *Responsiones* könnten darauf hindeuten, dass auch sie im Umfeld dieser Versammlung verfasst wurden. Für eine Abfassung im Frühsommer 1420 spricht auch der Umstand, dass die älteren Versionen der Artikel noch sehr präsent waren. Vermutlich beauftragte Herzog Albrecht eines der Mitglieder dieser königlichen Delegation, für ihn eine Stellungnahme gegen die Prager Artikel zu verfassen. Dies könnte durchaus Ferdinand von Lugo gewesen sein. Ferdinand hatte zwar Sigismunds Einladung an die Hussiten zu besagtem Streitgespräch bestätigt, weigerte sich jedoch, an diesem Treffen teilzunehmen und den Hussiten entgegenzukommen.[130] Während Vergerios Traktat eine grundsätzliche Verständigungsbereitschaft bezüglich der ersten drei Artikel signalisiert, lehnten die anonymen *Responsiones* die Forderungen gänzlich ab, was für diese Konstellation und die Autorschaft des Ferdinand sprechen könnte. Genauso gut hätte allerdings auch ein anderer Autor auf die Vorlage Ferdinands von Lugo zurückgreifen und auf dieser Basis einen neuen Traktat verfassen können. Wer

126 Petrus Paulus Vergerius (?), Responsiones, S. 255.
127 Soukup, Zur Verbreitung, S. 246f.
128 Ebd., S. 247.
129 Ein charakteristisches Merkmal der frühesten katholischen Antworten auf die hussitischen Forderungen ist deren Kürze und Knappheit. Auch die weiteren ältesten bekannten Entgegnungen auf die Prager Artikel sind ähnlich knapp (Ferdinand von Lugos *Responsio* von Anfang Juli umfasst 2 folia, Pietro Paolo Vergerios Schrift von Ende Juli nur ein folium). Schon 1421 wurden (da nun die nötige Vorbereitungszeit dafür zur Verfügung stand und nicht mehr, wie am Beginn der Auseinandersetzung, binnen weniger Tage oder Wochen reagiert werden musste) deutlich umfangreichere Traktate gegen die Prager Artikel verfasst (so zB. Johann Hoffmann von Schweidnitz' Schrift *Debemus invicem diligere* mit über 100 folia). – Vgl. jedoch auch oben, S. 257. Zu allen genannten Schriften vgl. Soukup, Repertorium.
130 Šmahel, Die Hussitische Revolution, Bd. 2, S. 1095f.

dafür in Frage käme, muss durch weitere Forschungen und Textvergleiche untersucht werden, die hier nicht geleistet werden können. Dabei wird auch die (singuläre) Überlieferung des Textes im Fondo *Barberini latini* der BAV und dessen Provenienz zu berücksichtigen sein. Klar scheint jedoch, dass der gesuchte Anonymus mit der hussitischen Lehre und der böhmischen Praxis sehr vertraut war und darüber hinaus ein persönliches Interesse gehabt zu haben scheint, wie die polemischen Spitzen gegen die Hussiten zeigen. Dass es sich bei diesem »Insider« um einen Vertreter der Wiener Universität handelte, dürfte auszuschließen sein. Zum einen müsste dieser entweder über Monate die Situation und Entwicklung in Prag persönlich miterlebt haben, wofür es keinerlei Hinweise gibt, zum anderen müssten auch die alten Fassungen der Prager Artikel in Wien bekannt geworden sein (was unwahrscheinlich ist, da diese noch nicht zur Verbreitung bestimmt waren).

An dieser Stelle muss nun jene These überprüft werden, die maßgeblich dazu beigetragen hat, die anonymen *Responsiones* als Werk aus dem Umfeld der Wiener Universität zu identifizieren. Wie verhält es sich also mit der Mitarbeit des Franz von Retz an diesen anonymen *Responsiones*, die – so Bartoš und Machilek – durch Übereinstimmungen mit dessen Schrift gegen die *meretrices* belegt werden könne?

4.6.3. Belegt die Schrift ›De peccatis publicis‹ des Franz von Retz dessen Beteiligung an der Abfassung der ›Responsiones‹?

Bei der angesprochenen Schrift des Franz von Retz handelt es sich um eine bislang ungedruckte Stellungnahme gegen den vierten Prager Artikel zur Bestrafung der (Tod-)Sünden.[131] Abfassungskontext und -zeitpunkt des Textes sind bislang ungeklärt. Das Incipit der Schrift, das mit *articulus michi assignatus* beginnt, weist darauf hin, dass dieser Text Teil einer gemeinschaftlichen Widerlegung der Vier Prager Artikel war, an der offenbar auch Franz von Retz beteiligt war. Für unseren Kontext ist nun wichtig, dass Bartoš und Machilek zwischen dieser Schrift und den anonymen *Responsiones* Übereinstimmungen auszumachen glaubten, die Franz von Retz als Autor (oder Co-Autor) der *Re-*

---

131 Der Traktat ist in drei Abschriften überliefert (München, BSB, Clm 18294, fol. 260r–261r; Olmütz, VK, M II 55, fol. 81r–82v; Wien, ÖNB, CVP 4487, fol. 63v–65v). Zur Schrift vgl. Soukup, Repertorium; Häfele, Franz von Retz, S. 118; Bartoš, Manifesty města Prahy, S. 265f.; Bartoš, Husitika a bohemika, S. 81f.; Machilek, Ludolf von Sagan, S. 186; Coufal, Polemika o kalich, S. 141–143. – Die Überschrift im Münchner Kodex nennt Franz von Retz als Autor dieser Schrift (fol. 260r). Für Einsicht in die Transkription der Münchner Abschrift danke ich Thomas Prügl.

sponsiones identifizieren.[132] Bartoš führte hier insbesondere das Augustinus-Zitat in den *Responsiones* (»Tolle lupanaria…«) ins Treffen.[133]

Ein inhaltlicher Vergleich der beiden Texte zeigt jedoch, dass die Argumentationen deutlich voneinander abweichen und völlig unterschiedliche Schwerpunkte setzen.[134] Während die Widerlegung des vierten Artikels in den *Responsiones* betont, dass diese Forderung in sich schädlich sei und den Böhmen die (gewaltsame) Umsetzung dieser Reformforderung nicht zukomme, sie vielmehr vor dem Papst oder einem künftigen Generalkonzil dafür eintreten sollten, auf die einzelnen Vergehen aber mit keinem Wort eingeht, differenziert die Schrift des Franz von Retz zuerst einmal die Liste der angeführten Verfehlungen, um im Folgenden zu einzelnen Vergehen konkret Stellung zu nehmen. Dabei findet sich nicht ein Argument, das in beiden Schriften übereinstimmt (von wörtlichen Anklängen ganz zu schweigen). Auch Aufbau, Intention und Duktus der beiden Texte weichen völlig voneinander ab. Zwar enthalten beide Schriften in der Tat, wie Bartoš bemerkte, dasselbe Augustinus-Zitat, allerdings mit einem markanten Unterschied: Während die Schrift des Franz von Retz den korrekten Wortlaut »Auffer meretrices de rebus mundanis et turbaveris omnia de libidinibus« zitiert,[135] bringen die anonymen *Responsiones* die Abwandlung »Tolle lupanaria et inplebis totum mundum libidinibus«.[136] Somit ist – abgesehen von ihrem Thema – nicht nur keinerlei inhaltliche Nähe dieser beiden Schriften zu erkennen, sogar das Zitat ein und derselben Stelle aus Augustinus weist charakteristische Differenzen auf. Die These einer engen inhaltlichen Verwandtschaft dieser beiden Texte und die daraus gezogene Konsequenz, mit Franz von Retz den oder einen der Verfasser der anonymen *Responsiones* identifizieren zu können, hält damit einer Prüfung nicht stand.

Der einzige konkrete Hinweis auf die Mitwirkung eines Wiener Gelehrten an der Abfassung der anonymen *Responsiones* kann somit als gegenstandslos betrachtet werden, womit sich der Kreis zu den deutlichen textinhärenten Hinweisen schließt, die auf einen Verfasser aus dem böhmischen (bzw. Prager) Milieu hindeuten. An diesem Punkt stellt sich nun die abschließende Frage,

---

132 »Albrecht führte damals [am 9. Juli, Anm.] ein ausführliches Gutachten [i. e. die anonymen *Responsiones*, Anm.] mit sich, das Theologen der Wiener Universität als Antwort auf die ihm von den Pragern zugesandten Artikel angefertigt hatten. An diesem Gutachten, das in Wien entstand, hat Franz von Retz mitgearbeitet, wie Übereinstimmungen mit der vorerwähnten kurzen Stellungnahme gegen die meretrices nahelegen« (MACHILEK, Ludolf von Sagan, S. 186).

133 BARTOŠ, Manifesty města Prahy, S. 265, Anm. 36.

134 Zum Stil des Franz von Retz vgl. auch dessen *Dicta ad populum* (siehe oben Kapitel II, S. 128–130).

135 Franciscus de RETZ, Contra articulum de peccatis publicis, fol. 260rb; vgl. Aurelius AUGUSTINUS, De ordine, lib. 2, cap. 4, S. 151.

136 ANON., Responsiones, S. 496.

weshalb Herzog Albrecht einen böhmischen Theologen oder gar einen päpstlichen Legaten beauftragt hätte sollen, für ihn eine Widerlegung der Prager Artikel abzufassen, wo ihm doch in Wien ein ganzes Arsenal an Gelehrten zur Verfügung stand? Ein solches Vorgehen wäre durchaus ungewöhnlich, da Albrecht normalerweise nicht zögerte, auf die theologische und kanonistische Expertise seiner Universität zurückzugreifen. Erbat Albrecht, der sich seit Anfang Juli 1420 mit seinem Kreuzfahrerheer ebenfalls in Prag aufhielt, vielleicht eine »Musterargumentation« gegen die Prager Artikel, um diese nach Wien mitzunehmen? Spielte Albrecht bei dem Streitgespräch, das um den 25. Juli auf der Prager Kleinseite stattfand, vielleicht eine aktive Rolle und brauchte dafür womöglich eine katholische Stellungnahme? Wurde Albrecht somit nicht von eigenen Theologen begleitet, die diese Aufgabe für ihn erledigen hätten können? Könnten die *Responsiones* vielleicht sogar ein Gemeinschaftswerk des päpstlichen Legaten und (eines) Wiener Theologen sein?

Um Licht in diese Fragen zu bringen, soll im Folgenden die Julidisputation 1420 auf der Prager Kleinseite behandelt und die Quellen dabei insbesondere auf die postulierte Beteiligung des Franz von Retz hin untersucht werden.[137]

4.7. Zur Julidisputation 1420 vor Prag und einer möglichen Beteiligung des Wiener Dominikaners Franz von Retz

Nach zweiwöchiger Belagerung Prags kam es Mitte Juli 1420 zur ersten ernsten militärischen Auseinandersetzung zwischen den Hussiten und dem Kreuzfahrerheer auf dem Veitsberg.[138] Noch am 10. Juli hatten die Prager versucht, eine Übereinkunft mit der Seerepublik Venedig zu erreichen, und zu diesem Zweck eine leicht modifizierte Fassung der Prager Artikel nach Venedig und an das Heer des Markgrafen von Meißen gesandt.[139] Nur zwei Tage lang dauerte der militärische Zusammenstoß auf dem Veitsberg, bevor sich die Kreuzfahrer am 14. Juli erfolglos zurückziehen mussten. Die Bereitschaft der katholischen Gegner zum Dialog wuchs, wie auch in den Folgejahren, proportional zu ihren militärischen Niederlagen. Unmittelbar nach dem Scheitern des ersten Kreuzzugs ließ Sigismund den Hussiten das Angebot übermitteln, über die Vier Prager Artikel zu diskutieren, nachdem Ferdinand von Lugo den Pragern bereits zuvor angedeutet hatte, zu Verhandlungen bereit zu sein; allerdings nur unter der

---

137 Vgl. wiederum BARTOŠ, Manifesty města Prahy, S. 265, Anm. 35 und 36 sowie MACHILEK, Ludolf von Sagan, S. 186.

138 Vgl. zu Folgendem ŠMAHEL, Die Hussitische Revolution, Bd. 2, S. 1093–1095.

139 Zu diesem Manifest siehe MACHILEK, Ludolf von Sagan, S. 180 f.

Bedingung, dass die Hussiten die Prager Artikel fallen ließen und von jeglichem gewaltsamen Vorgehen gegen die Römische Kirche abließen.

Die Verhandlungen auf der Prager Kleinseite begannen wahrscheinlich am 25. Juli.[140] Jan Příbram, der Dekan der Prager Artistenfakultät, führte die Prager Delegation an, während auf katholischer Seite Ludwig II. von Teck (Patriarch von Aquileja), Simon von Ragusa (kroatischer Erzbischof), Martin Talayero aus Aragon, Pietro Paolo Vergerio (Humanist und Leibarzt Sigismunds) und Paul von Prag (als Dolmetscher) auftraten. Ferdinand von Lugo hatte zwar Sigismunds Angebot an die Hussiten gesiegelt, weigerte sich jedoch, an dieser Debatte teilzunehmen. Diese Informationen verdanken wir einem Prager Manifest vom 8. Februar 1421, das den Verlauf der Debatten schildert und die genannten Beteiligten namentlich erwähnt.[141] Über eine mögliche Teilnahme Herzog Albrechts oder von Vertretern der Wiener Universität erfahren wir nichts. Da Albrecht am 28. Juli an der Krönung Sigismunds zum böhmischen König teilnahm und sich daher zum fraglichen Zeitpunkt in Prag aufhielt, ist es gut möglich, dass er auch am Streitgespräch teilnahm oder dieses am Rande verfolgte. Der bereits erwähnte Traktat, der vermutlich aus der Feder Vergerios stammt, fasst die wichtigsten Aspekte dieses Treffens prägnant zusammen: Während Predigt-, Besitz- und Todsünden-Artikel in einem gemäßigten Verständnis akzeptiert werden könnten, sollten die Prager im Gegenzug nicht länger auf die Heilsnotwendigkeit des Laienkelchs insistieren. So hoffnungsvoll die Verhandlungen für die Böhmen begonnen hatten, so ernüchternd gingen sie zu Ende.

František Bartoš (und ihm folgend Franz Machilek) vermuteten nun, dass auch Franz von Retz an dieser Disputation aktiv beteiligt gewesen sei: Franz von Retz habe Herzog Albrecht nach Böhmen begleitet, der bereits die anonymen *Responsiones* (an denen Franz, wie die vermeintlichen Übereinstimmungen beider Texte zeigen, ebenfalls mitgearbeitet habe) bei sich gehabt hätte. Für die Debatte am 25. Juli habe Franz darüber hinaus seine Widerlegung des vierten Artikels – entweder direkt in Prag oder bereits zuvor in Wien – verfasst.[142] Diese These birgt mehrere Schwierigkeiten. Zum einen geht sie davon aus, dass die anonymen *Responsiones* bereits in Wien verfasst und dem Herzog nach Böhmen mitgegeben worden waren. Dies ist chronologisch mit einiger Sicherheit auszuschließen. Darüber hinaus sind, wie bereits gezeigt wurde, die vermeintlichen Übereinstimmungen in den beiden Schriften nicht haltbar, was bedeutet, dass es keine Hinweise gibt, dass Franz von Retz an den *Responsiones* mitgearbeitet hat.

---

140 Vgl. dazu Soukup, Zur Verbreitung, S. 246–248; Šmahel, Die Hussitische Revolution, Bd. 2, S. 1096–1098; Molnár, Zur hermeneutischen Problematik, S. 100–102; Čornej, Bitva na Vítkově, S. 135f.; Bartoš, Manifesty města Prahy, S. 265f.

141 Dieses Manifest ist gedruckt in Palacký, Urkundliche Beiträge, Bd. 2, S. 487–494.

142 Bartoš, Manifesty města Prahy, S. 265, Anm. 36; Machilek, Ludolf von Sagan, S. 186.

Die Annahme, dass Franz den Herzog nach Böhmen begleitete, beruht aber ausschließlich auf der Verknüpfung der beiden Texte und deren postulierter Kontextualisierung. Würde die These von Bartoš und Machilek zutreffen, er- gäben sich daraus mehrere Rückfragen: Wenn die Widerlegung des vierten Prager Artikels durch Franz von Retz tatsächlich für die Juli-Disputation ab- gefasst wurde, warum enthalten dann alle drei bekannten Textzeugen nur diesen Text des Franz von Retz, nicht jedoch die Widerlegungen der anderen drei Artikel? Der einleitende Hinweis »articulus michi assignatus« deutet entweder darauf hin, dass wir hier einen Teil eines Gemeinschaftswerkes vorliegen haben, oder dass der Text in einen ganz anderen Kontext gehört. Wenn, was die beiden Forscher annehmen, ersteres zutrifft und die Artikel unterschiedlichen Verfas- sern zugeteilt wurden, stellt sich die Frage, wer die anderen drei Artikel widerlegt haben könnte? Dass sich Herzog Albrecht mit mehreren Gelehrten in Prag auf- hielt und wir davon keinerlei Nachrichten (auch nicht in den Universitätsakten) haben, scheint wenig plausibel. Darüber hinaus deuten die Länge des Textes und die detaillierte Widerlegung des vierten Artikels eher in einen späteren Kontext, nicht in den Rahmen der ersten kurzen Reaktionen auf das hussitische Pro- gramm. Generell scheint die Vorgangsweise, die Widerlegung der Prager Artikel unter mehreren Personen aufzuteilen, eine spätere Entwicklung zu sein, die erst einsetzte, als die Kompilation umfangreicher Traktate gegen das hussitische Programm üblich wurde. In der Anfangszeit der literarischen Auseinanderset- zung, die von kurzen, prägnanten Stellungnahmen geprägt war, stellte sich diese Frage wohl noch nicht.

Wir können an dieser Stelle somit festhalten, dass keines der Argumente, das für eine Beteiligung des Franz von Retz an der Julidisputation vor Prag spricht, überzeugend aufrecht erhalten werden kann. Franz von Retz' Widerlegung des vierten Prager Artikels wurde mit hoher Wahrscheinlichkeit nicht für dieses Streitgespräch abgefasst, es gibt keine inhaltliche Verbindung zu den anonymen *Responsiones*, die Albrecht höchstwahrscheinlich auch nicht schon Anfang Juli aus Wien nach Prag mitbrachte, und damit keinerlei Hinweis, der dafür sprechen würde, den 1420 bereits 77-jährigen Franz von Retz im Gefolge Herzog Albrechts zu vermuten.

4.8. *Ad impediendam hanc conventionem*: Zur Debatte 1427 auf der Burg Bettlern (Žebrák)

Nach den Verhandlungen zwischen Katholiken und Hussiten auf der Prager Kleinseite 1420 sollten sieben Jahre vergehen, ehe sich die beiden Parteien er- neut zu einem in den Quellen belegten Streitgespräch trafen. Auslöser dafür war der erfolglose Verlauf des dritten Kreuzzugs, der Kardinal Heinrich Beaufort[143] dazu veranlasste, einer Debatte der Konfliktparteien in Žebrák zuzustimmen.[144] Viel ist über dieses Gespräch nicht bekannt: Als Sprecher der Hussiten nahmen Johannes Rokycana und Peter Payne, als Sprecher der Katholiken die Prager Simon von Tišnov und Prokop von Kladrau teil. Martin V. hingegen sprach sich vehement gegen diese Zusammenkunft aus und versuchte, sie zu unterbinden. In einem Schreiben an den Olmützer Bischof Johann den Eisernen, das offenbar zur weiteren Verbreitung bestimmt war,[145] betonte er, dass derartige Debatten mit Häretikern *inutilis et perverse* seien und daher in jedem Fall verhindert werden müssten.[146] Sollte das Treffen nicht unterbunden werden können, so sollten Gelehrte der Wiener Universität hinzugerufen werden, um ein Abkommen zu vereiteln (*ad impediendam hanc conventionem*) oder kompetent gegen die arglistigen Scheinargumente der Häretiker einspringen zu können.[147] Das Treffen fand dennoch und ohne Beteiligung von Wiener Gelehrten am 29. Dezember 1427 statt, scheiterte jedoch schon nach einem Tag an Fragen des Ablaufs und Verfahrens, ohne dass es tatsächlich zu Debatten gekommen wäre.

Dass Martin V. zur Verhinderung einer Einigung zwischen Katholiken und Hussiten auf Wiener Gelehrte zurückgreifen wollte, wurde in der bisherigen Forschung lediglich kurz erwähnt,[148] diesem Detail jedoch keine weitere Aufmerksamkeit geschenkt. Dies liegt vor allem an der unergiebigen Quellenlage, die im Kern nur die bereits genannten Informationen enthält. Für unsere Fragestellung sind allerdings die ablehnende Haltung Martins V. und die Rolle, die den Wiener Gelehrten bei dieser Debatte zukommen sollte, höchst aufschlussreich. Noch Ende September 1427 hatte Papst Martin V. in einem Brief an Kardinal Beaufort die Aufgabe des Legaten zur Lösung des böhmischen Problems klar festgelegt: Der militärische Kampf gegen die Hussiten sollte künftig

---

143 Zu Kardinal Beaufort vgl. STUDT, Papst Martin V., S. 636–640 (mit weiteren Literaturhinweisen); BARTOŠ, An English Cardinal; LACAZE, Philippe le Bon; SCHNITH, Kardinal Heinrich Beaufort; HOLMES, Cardinal Beaufort.

144 Diese Debatte schildern COOK, Negotiations, S. 91f.; MACHILEK, Die hussitische Forderung, S. 517f.; ŠMAHEL, Die Hussitische Revolution, Bd. 2, S. 1428f. und COUFAL, Polemika o kalich, S. 204–210, der zusätzliche Details zu den weiteren (nicht gelehrten) Teilnehmern dieser Versammlung bietet.

145 So STUDT, Zur Verknüpfung, S. 163, die auf einen vom gleichen Tag datierten, inhaltlich übereinstimmenden Brief an die Stadt Pilsen verwies (ebd., Anm. 47).

146 Das Schreiben Kardinal Beauforts an Johann den Eisernen ist gedruckt in PALACKÝ, Urkundliche Beiträge, Bd. 1, S. 555f. Ein kurzer Bericht zum Ablauf dieses Treffens ebd., S. 546f.

147 »Ideo cures omni diligentia, prout opus videris, ut haec conventio omnino impediatur, ne fiat. Ad quod, si tibi videbitur, advoces aliquos doctores et magistros Wiennenses ad impediendam hanc conventionem, vel respondendum fallaciis et captionibus haereticorum, si conventio non possit vitari« (PALACKÝ, Urkundliche Beiträge, Bd. 1, S. 555f.).

148 So in STUDT, Papst Martin V., S. 646; COOK, Negotiations, S. 92.

mit der Reform des deutschen Klerus einhergehen, um die Ursachen der hussitischen Kritik einzudämmen.[149] Völlig naiv sei es hingegen, so erfahren wir aus dem Brief Martins an Johann den Eisernen, sich von einem Gespräch mit den Hussiten eine Lösung zu erwarten. Schließlich sei es doch offenkundig, was sich die Häretiker von solchen »abergläubischen Debatten« (*superstitiosae disputationes*) erhofften, nämlich die Gläubigen durch ihre Lügen zu verwirren. Kirchenväter und Gelehrte hätten schließlich den christlichen Glauben schon so klar ausgelegt, dass keine weiteren Diskussionen darüber notwendig seien.[150] Dieser Brief ist ein sprechendes Beispiel dafür, dass eine Debatte mit den Hussiten, wie sie 1429 in Pressburg und schließlich auf dem Basler Konzil realisiert werden sollte, für Martin V. noch 1427 undenkbar schien. Trotz dreier erfolgloser Kreuzzüge hielt der Papst an einer militärischen Lösung fest, während Kardinal Beaufort, der das Scheitern des dritten Kreuzzugs hautnah miterlebt hatte, hier bereits eine realistischere Haltung angenommen hatte und bereit war, auf friedlichem Weg eine Lösung zu suchen.

Die wenigen Hinweise, die zum Ablauf dieses Gesprächs vorliegen, zeigen, dass es sich dabei um ein innerböhmisches Treffen handelte. Den beiden hussitischen Sprechern standen zwei Prager Theologen gegenüber, die Versammlung selbst fand in der Burg Bettlern, 50 Kilometer südwestlich von Prag, statt. Dass diese Debatte mit ausschließlich böhmischen Protagonisten auf böhmischem Boden anberaumt wurde, wird wenig dazu beigetragen haben, den Papst in seiner ablehnenden Haltung umzustimmen. Dass Martin V. darauf insistierte, dass auch Wiener Gelehrte an diesem Treffen teilnehmen sollten, wird zum einen darauf abgezielt haben, die ausschließlich von Böhmen bestrittene Debatte durch externe Teilnehmer kontrollierbarer zu machen. Dass der Papst die Wiener Gelehrten dezidiert als Verhinderer einer möglichen Übereinkunft hinzuziehen wollte, zeigt darüber hinaus, dass er von der streng anti-hussitischen Haltung der Universität und der sachlichen Kompetenz ihrer Gelehrten überzeugt war. Bei diesem päpstlichen Auftrag ging es schließlich darum, den katholischen Standpunkt kompromisslos zu verteidigen, wofür Martin V. die Wiener Gelehrten offenkundig als geeignet erachtete. Ob dies eher an einem besonderen anti-hussitischen Ruf der Universität oder am päpstlichen Vertrauen auf ihren grundsätzlichen Gehorsam lag, bleibe dahingestellt. Vermutlich traf eine Mischung dieser beiden Aspekte zu. Schon 1423/24 waren Gelehrte der Wiener Universität dazu bestimmt worden, den katholischen Standpunkt in einem ausführlichen Traktat gegen die Prager Artikel darzulegen, der die intensive Beschäftigung mit den böhmischen Forderungen deutlich macht.[151]

---

149 Vgl. STUDT, Papst Martin V., S. 643–645, hier S. 644.
150 PALACKÝ, Urkundliche Beiträge, Bd. 1, S. 555; vgl. STUDT, Papst Martin V., S. 646.
151 Siehe dazu unten, Kapitel V.

Ob und auf welche Weise der Auftrag Martins V. der Wiener Hochschule selbst kommuniziert wurde, ist unklar. Abgesehen von dem genannten Brief an den Olmützer Bischof, in dem der Papst seinen Wunsch äußerte, sind keine weiteren Quellen bekannt, die belegen würden, ob die päpstliche Vorgabe die Universität überhaupt erreichte bzw. in welcher Form diese darauf reagierte. Auch in den Fakultätsakten (die Rektoratsakten dieses Jahres sind verschollen) finden sich keine Hinweise darauf, dass ein entsprechendes Schreiben Martins V., dessen Legaten oder Johanns des Eisernen an der Universität verlesen worden wäre. Der Grund dafür, dass die Wiener Gelehrten der päpstlichen Aufforderung letztlich nicht nachkamen, kann somit nicht zweifelsfrei festgestellt werden. Vieles deutet jedoch darauf hin, dass der Papst der Universität seinen Wunsch letztlich nicht kommunizierte. Selbst wenn die Universität aus irgendwelchen Gründen gezögert hätte, an diesem Treffen teilzunehmen, wäre eine entsprechende Aufforderung des Papstes doch wenigstens in Universitätsversammlungen diskutiert worden (die Dokumentation in den Akten der Artistischen Fakultät, die häufig auch Protokolle der Universitätsversammlungen enthalten, ist für den fraglichen Zeitraum von September bis Dezember 1427 sehr ausführlich; größere Lücken in den Aufzeichnungen scheint es nicht zu geben). Hätte der Papst eine verbindliche Teilnahme Wiener Gelehrter an diesem Treffen vorgesehen, hätte er damit außerdem seinen Legaten beauftragt, nicht den Olmützer Bischof. Doch auch der Bischof, der nachweislich von Papst Martin instruiert worden war, scheint die Universität nicht informiert zu haben. Dafür wären mehrere Gründe denkbar: So könnte es dem Olmützer Bischof, wie auch Kardinal Beaufort, ein Anliegen gewesen sein, dass das Streitgespräch auf der Burg Bettlern eine Einigung erzielte und damit den Weg für eine friedliche Lösung der Auseinandersetzung ebnete; ohne konsequente Wiener (und damit päpstliche) Opposition dürfte die Realisierung einer Übereinkunft gewiss chancenreicher gewesen sein. Hierbei stellt sich allerdings die Frage, ob Johann der Eiserne einen dezidierten Auftrag des Papstes so einfach ignorieren hätte können. Weiters ist fraglich, ob sich die Wiener vom Olmützer Bischof ohne weiters befehligen hätten lassen. Möglicherweise hatte Johann auch geglaubt, das anvisierte Treffen doch noch verhindern zu können, wodurch eine Beteiligung Wiener Gelehrter nicht notwendig gewesen wäre. Vielleicht änderte sich zwischen September und Dezember 1427 auch die Haltung Martins V., und er setzte seinen ursprünglichen Plan zur Entsendung Wiener Gelehrter nicht in die Tat um (um vielleicht dem böhmischen Treffen nicht mehr Bedeutung beizumessen als unbedingt notwendig). Wäre ihm wirklich daran gelegen gewesen, die Wiener zur Teilnahme an diesem Treffen zu verpflichten, hätte er seinem Legaten einen effektiveren und verbindlicheren Befehl geben können. Mangels Quellen bleibt dies alles Spekulation. Festzuhalten bleibt, dass Martin V. 1427 der Wiener Universität im theologischen Kampf gegen die Hussiten eine zentrale

Rolle zuwies. Dabei ging es nicht um einen Ausgleich mit den Böhmen, sondern darum, die katholische Position zu verteidigen und eine Einigung zu verhindern. Allerdings stand der Papst in all diesen Jahren, soweit aus den Quellen bekannt, nicht in direktem Kontakt mit der Wiener Universität.

4.9. Die Beteiligung Wiener Gelehrter an der Pressburger Versammlung 1429

4.9.1. Einleitung

Zwei Jahre und einen gescheiterten Kreuzzug später stellte sich die Situation merklich anders dar. Ein militärischer Sieg über die Böhmen wurde zunehmend unwahrscheinlicher, und Sigismund erklärte sich bereit, sich mit den Hussiten zu einer Debatte zu treffen. Ende März 1429 trafen Sigismund, begleitet von einer eindrucksvollen Gruppe an Bischöfen und Theologen, und eine hussitische Abordnung in Pressburg zusammen.[152] Auf Sigismunds Seite fanden sich u. a. Herzog Albrecht von Österreich, vier Gesandte der Wiener und vier Gesandte der Pariser Universität, sowie Herzog Wilhelm von Bayern mit drei Doktoren ein. Die Differenzen zum Treffen auf der Burg Bettlern zwei Jahre zuvor springen ins Auge: Hatte es sich damals noch um einen kleinen, innerböhmischen Versuch der Konsensfindung ohne – abgesehen vom Einspruch Martins V. – merkliche Aufmerksamkeit der politischen und kirchlichen Verantwortlichen gehandelt, waren nun in Pressburg zahlreiche hochrangige Persönlichkeiten versammelt.[153] Dass anstelle eines militärischen nun ein theologischer Sieg über die Hussiten angestrebt wurde, zeigt schon die Menge an Gelehrten, die an diesem Treffen teilnahmen.

---

152 Zur Pressburger Versammlung vgl. HERRE, Die Hussitenverhandlungen; BARTOŠ, Z bratislavské schůzky; MACEK, Die Versammlung; COOK, Negotiations, S. 92 f.; MACHILEK, Die hussitische Forderung, S. 518–520; MACEK, Zur Pressburger Versammlung; ŠMAHEL, Die Hussitische Revolution, Bd. 2, S. 1452–1457; UIBLEIN, Kopialbuch, S. 47–51. – Die plausiblere Chronologie in COUFAL, Polemika o kalich, S. 220–236; ihm folgt auch MARIN, La patience, S. 112 f.

153 Einen Eindruck der hochrangigen Teilnehmerschaft gewähren etwa ŠMAHEL, Die Hussitische Revolution, Bd. 2, S. 1453; MACEK, Die Versammlung, S. 197 und HERRE, Die Hussitenverhandlungen, S. 310 mit Anm. 3.

4.9.2. Zum Ablauf des Treffens

Insgesamt liegen zu diesem Treffen drei Quellen vor, die den Gang der Ereignisse schildern. Neben einem Bericht des Wiener Theologieprofessors Thomas Ebendorfer,[154] der an den Verhandlungen beteiligt war, sind auch ein Protokoll der königlichen Kanzlei[155] und ein Schreiben der Hussitenführer an König Sigismund[156] erhalten. Die drei Quellen überlappen und ergänzen sich, widersprechen sich allerdings hinsichtlich der Chronologie der Ereignisse. Bis vor kurzem herrschte in der Forschung die Meinung vor, dass Ebendorfers Bericht als weniger zuverlässig einzustufen sei als das Protokoll der königlichen Kanzlei.[157] Dušan Coufal gelang es jedoch kürzlich, in einer detaillierten Untersuchung der drei Quellen überzeugend nachzuweisen, dass die von Thomas Ebendorfer gebotene Chronologie korrekt und Ebendorfer selbst damit ein äußerst verlässlicher Augenzeuge gewesen sein dürfte.[158]

Bedauerlicherweise sind die Namen der übrigen Mitglieder der Wiener Gesandtschaft nicht bekannt;[159] bekannt ist nur, dass es Herzog Albrecht gewesen war, der bei den Vorverhandlungen zu diesem Treffen auf der Beteiligung seiner Wiener Gelehrten bestanden hatte.[160] Unmittelbar vor dem Pressburger Treffen waren vier Vertreter der Pariser Universität – Robert Piry, Jacques Texier, Nicolas Midy und Philippe de Franchelains – nach Wien gekommen, um auf diplomatischer Ebene ein gemeinsames Vorgehen gegen die Hussiten zu entwickeln. Die Pariser Gesandten legten ein Mahnschreiben zur Hussitenfrage vor, und die Universitätsversammlung beauftragte daraufhin die Professoren Jo-

---

154 Ebendorfers Bericht ist nach dem Autograph in Wien, ÖNB, CVP 4680, fol. 309v–310v ediert in Thomas EBENDORFER, Responsio doctorum.

155 Ed. in: Colloquium publicum.

156 Ed. in: Responsio Hussitarum ad regem Romanorum. – Neben diesen drei Quellen gibt es weitere Nachrichten zum Pressburger Treffen (wie etwa einen Bericht der Breslauer Stadtboten u. a.), die jedoch so allgemein sind, dass daraus kaum konkrete Informationen gewonnen werden können (ein Überblick schon bei CHROUST, Zu den Pressburger Verhandlungen, S. 367).

157 So etwa der Herausgeber von Ebendorfers Bericht, František Bartoš (BARTOŠ, Z bratislavské schůzky, S. 193–195); vgl. zuletzt auch ŠMAHEL, Die Hussitische Revolution, Bd. 2, S. 1453f., Anm. 79.

158 COUFAL, Polemika o kalich, S. 220–236.

159 Kaspar Wandhofen, der Oberprokurator des Deutschen Ordens an der Kurie, berichtete gegen Ende April 1429 an den Hochmeister, dass vier theologische und vier kanonistische Doktoren der Wiener Universität, insgesamt also acht Gelehrte, an dem Pressburger Treffen teilgenommen hätten. Darauf wies bereits UIBLEIN, Kopialbuch, S. 49, Anm. 109 hin, bemerkte jedoch, dass es sich dabei um einen Irrtum des Prokurators gehandelt haben dürfte. Der Bericht der königlichen Kanzlei spricht von vier Wiener Gelehrten (Colloquium publicum, S. 22), Thomas Ebendorfer und das Schreiben der Hussitenführer an Sigismund nennen keine Zahlen.

160 ŠMAHEL, Die Hussitische Revolution, Bd. 2, S. 1451.

hannes Seld, Erasmus von Landshut, Narzissus von Perching und Nikolaus von Grätz unter der Leitung von Thomas Ebendorfer, den Gesandten eine Antwort vorzutragen.[161] Besagte vier Pariser Gelehrten nahmen auch an dem direkt im Anschluss stattfindenden Pressburger Treffen teil. Möglicherweise handelte es sich bei den unbekannten Mitgliedern der Wiener Gesandtschaft um drei der genannten Gelehrten. Da keine weiteren Hinweise vorliegen, muss diese Frage offen bleiben. Wenn auch nur Thomas Ebendorfer mit Sicherheit identifiziert werden kann, ist die Gruppe der Wiener Gelehrten in den Quellen dennoch als solche greifbar. Im Folgenden soll besonderes Augenmerk auf die Rolle und Aufgaben der Wiener Gelehrten bei diesem ersten großen Streitgespräch zwischen Hussiten und Katholiken gelegt werden.

Wie lief das Treffen also ab?[162] Noch bevor die Verhandlungen begannen, trat mit Thomas Ebendorfer ein Teilnehmer der Wiener Gesandtschaft prominent in Erscheinung. Schon am 30. März hielt er vor dem Olmützer Kardinal Johann dem Eisernen im Namen seiner Wiener und Pariser Kollegen eine Begrüßungsrede, in der er die Kräfte der Gelehrten für den Kampf gegen die Häretiker anbot.[163] Der Verlauf der Verhandlungen selbst kann in zwei Teile untergliedert werden. Noch am selben Tag dürfte auch ein Vertreter der Hussiten – vermutlich handelte es sich dabei um Peter Payne – eine Rede vor König Sigismund gehalten haben. Der Text der *Oratio ad Sigismundum* wurde in der Literatur bereits mehrfach besprochen.[164] Kernanliegen und Hauptziel dieser Rede waren die Anerkennung der Vier Prager Artikel als *lex Dei* und die Forderung einer rechtmäßigen Anhörung (*audientia legittima*). Bisher habe es schließlich lediglich Anschuldigungen, jedoch keinen fairen Prozess gegeben. Sollte, so der hussitische Standpunkt, Sigismund die Prager Artikel als rechtmäßige Forderungen anerkennen, so würde man ihn im Gegenzug als böhmischen König akzeptieren.[165]

---

161 Dieses Treffen Ende März 1429 in Wien ist oben in Kapitel II, S. 157–161 behandelt.

162 Die Darstellung der Ereignisse stützt sich auf COUFAL, Polemika o kalich, S. 220–236.

163 Die Rede ist ungedruckt und überliefert in Wien, ÖNB, CVP 4680, fol. 308r–309r (Collacio ad dominum cardinalem tytuli sancti Cyriaci wlgo Olomucensem). Vgl. dazu LHOTSKY, Thomas Ebendorfer, S. 91, Nr. 178; BARTOŠ, Z bratislavské schůzky, S. 195; UIBLEIN, Kopialbuch, S. 47 mit Anm. 106.

164 Nach der einzigen erhaltenen Handschrift der Prager Kapitelbibliothek ediert in Petrus PAYNE (?), Oratio. Den Inhalt referiert ausführlich MACEK, Zur Pressburger Versammlung, S. 198–205 (Verweise auf frühere Deutungen des Inhalts durch Bartoš ebd., S. 198, Anm. 66), und knapper ŠMAHEL, Die Hussitische Revolution, Bd. 2, S. 1454f.

165 Petrus PAYNE (?), Oratio, hier S. 84f. – Coufal wies auf den interessanten Aspekt hin, dass sich die hussitische Kritik an den verweigerten öffentlichen Anhörungen nun gegen die Prälaten, Priester, Legaten und Gelehrten richtete, während in den Manifesten der frühen 1420er-Jahre noch Sigismund für das Verweigern des öffentlichen Gehörs verantwortlich gemacht worden war (COUFAL, Polemika o kalich, S. 224). – Teil dieser Rede dürfte auch

Nach Beendigung dieser hussitischen Grundsatzrede rief Sigismund alle anwesenden (religiösen und politischen) Herrscher sowie die Gelehrten zu einer Sitzung zusammen, um zu klären, wie auf Basis der vorgebrachten hussitischen Forderungen nun weiter verfahren werden und das Problem am besten gelöst werden könne.[166] Offenbar zogen sich die Gelehrten anschließend zu separaten Beratungen zurück. Ihre von Thomas Ebendorfer zum 30. März als *Responsio doctorum* in seinen Bericht eingefügte Stellungnahme bietet einen schönen Einblick in die Beratungen und Haltung der anwesenden Gelehrten: eine öffentliche Anhörung sei nach kanonischem Recht verboten und außerdem als gefährlich abzulehnen. Im Privaten könne man die Böhmen hingegen *per modum amicabilis informationis* zur Liebe ermahnen und anleiten. Konkret sollte den Hussiten in solcher Art und Weise »Gehör« gewährt werden, als sie ihre *motiva* der Versammlung schriftlich vorlegen sollten; die Gelehrten würden darauf *per scripta autentica ecclesie* antworten. Schließlich entspräche es weder den Vorschriften noch der Gewohnheit der Kirche, die hl. Schrift dem eigenen Willen gemäß zu verstehen, sondern gemäß den Bestimmungen der Kirche, um keine Möglichkeit zu bieten, einen neuen Glauben gegen die Einheit des katholischen Glaubens zu erfinden.[167]

Bei dieser *Responsio* dürfte es sich um ein Gemeinschaftswerk der versammelten Theologen und Kanonisten handeln, die damit die grundsätzliche Vorgehensweise der Versammlung und die Haltung Sigismunds gegenüber den Böhmen vorgaben. Über die konkrete Beteiligung einzelner Gelehrter liegen keine Nachrichten vor. Die Überschrift des kurzen Textes gibt jedenfalls Auskunft darüber, dass die Stellungnahme König Sigismund vorgelegt wurde. Analog zum Konstanzer Konzil, bei dem ebenso noch vor der ersten Sessio ein Treffen der Gelehrten stattgefunden hatte, um organisatorische und methodische Fragen zu klären, beauftragte auch Sigismund in Pressburg die Gelehrten noch vor dem Beginn der eigentlichen Verhandlungen, die hussitischen Forderungen zu diskutieren und einen konzisen Standpunkt der Versammlung zu formulieren. Wie das Protokoll der königlichen Kanzlei zeigt, trug Sigismund

---

eine kurze Verteidigung der Prager Artikel gewesen sein. Diese finden sich fragmenthaft in Ebendorfers Sammlung in CVP 4680, fol. 311v–314v.

166 Colloquium publicum, S. 22f.

167 Thomas EBENDORFER, Responsio doctorum: »Responsio doctorum. Non possunt audiri in publico per nos aut per d. Regem audientia ista contentiosa, de qua dicunt canonica iura. In privato tamen potest cum eis fieri collatio per modum amicabilis informationis et [ad] caritatem exhortationis et instructionis (…). Item detur audientia hoc modo, ut motiva sua in scriptis assignent et eis respondeatur per scripta autentica ecclesie, quibus ecclesia Christi longissimo tempore recta est. Et dicatur eis, quod non est de statuto vel consuetudine ecclesie, quod quilibet sacram scripturam intelligat secundum voluntatem suam, sed secundum determinationem ecclesie, qualecunque sit litteratura, ne detur occasio fingendi novam fidem contra unitatem fidei catholice.«

den Böhmen den Standpunkt der Versammlung in der Tat vor und bedeutete ihnen, jederzeit für Rat und Unterweisung bereitzustehen, sofern die Böhmen zur Mutter Kirche zurückkehren wollten. Die Forderungen selbst könnten sie hingegen gerne auf dem bald stattfindenden Generalkonzil vorbringen.[168] Die Idee, die Böhmen an das bevorstehende Konzil zu verweisen, war insbesondere von Gelehrten der Pariser Universität schon im Vorfeld des Pressburger Treffens verbreitet worden und sollte letztlich zum zentralen Streitpunkt der Versammlung werden. Schon zu Beginn des Treffens war somit klar, dass Sigismund und die versammelten Herzöge, Bischöfe und Gelehrten nicht gewillt waren, einen Kompromiss mit den Böhmen einzugehen. Nicht Diskussion und Einigung, sondern Unterordnung und Bekehrung der Hussiten waren das erklärte Ziel.

Auf diese programmatische Aussage Sigismunds reagierte die hussitische Delegation zwei Tage später zurückhaltend. Grundsätzlich könne man sich durchaus vorstellen, die Prager Artikel vor einem Generalkonzil darzulegen, lautete die am 1. April vorgebrachte Antwort; allerdings nur unter der Bedingung, dass dort auch ausgewählte Laien entscheidungsberechtigt seien, nicht nur der Papst, die Kardinäle und der Klerus.[169] Die Erfahrungen der Böhmen mit Generalkonzilien – das letzte hatte immerhin zur Verbrennung des Jan Hus und des Hieronymus von Prag sowie zur Verurteilung des Laienkelchs geführt – hatte sie vorsichtig werden lassen, sich erneut dem Schiedsspruch des Papstes und den Beratungen seiner Gelehrten auszusetzen. Wie Ebendorfers Bericht zeigt, hatten die Hussiten ihre Haltung (von Ebendorfer mit *Desiderium Hussitarum* überschrieben) auch schriftlich vorgelegt.[170]

Die Gelehrten zogen sich daraufhin erneut zu Beratungen zurück. Offenbar unterteilten sie sich zuvor in kleinere Gruppen, bevor sie sich erneut zu einer gemeinschaftlichen Beratung trafen und eine abschließende Stellungnahme erarbeiteten. Darauf deuten die beiden kurzen Dokumente hin, die Ebendorfer

---

168 Colloquium publicum, S. 23. In Thomas Ebendorfer, Responsio doctorum, findet sich der Hinweis auf das Basler Konzil noch nicht.

169 Ebendorfer nahm die Stellungnahme der Hussiten als zweites Dokument in seine Sammlung auf (Thomas Ebendorfer, Desiderium Hussitarum). Coufal, Polemika o kalich, S. 226 wies darauf hin, dass die Hussiten wohl schon im Vorfeld des Pressburger Treffens von Sigismunds Plan erfahren hatten, ein Konzil einzuberufen und die Hussitenfrage dort zu behandeln, weshalb sie diese Stellungnahme schon nach Pressburg mitgebracht haben dürften.

170 Thomas Ebendorfer, Desiderium Hussitarum: »Si ex sacra scriptura aut sentencia sanctorum doctorum, veraciter et inevitabiliter fundancium se in eadem, aliquid probatum et deductum fuerit in concilio generali proximo celebrando, volo, quod id acceptetur. Et si, quod absit, aliquis, cuiuscunque status fuerit aut dignitatis, illud, ut premittitur, sic probatum et deductum acceptare noluerit, promitto nos contra ipsum velle agere toto posse.« Darauf folgt der erläuternde Zusatz Ebendorfers: »Quia eorum difficultas fuit, quis presidere deberet in concilio, an papa cum cardinalibus et clero sine laycis, quos volebant similiter habere vota in eodem.«

in seine Sammlung aufgenommen hat. Bei dem ersten abgedruckten Text handelt es sich um eine kurze *Responsio* der Gelehrten der Wiener Universität und Herzog Wilhelms von Bayern, bei dem zweiten Text um eine – wohl als abschließende Empfehlung konzipierte – *Conclusio doctorum*. Doch beginnen wir mit der *Responsio doctorum de Wienna et ducis Wilhelmi de Bavaria*:[171] Diese Stellungnahme ist sehr knapp gehalten. Die hussitische Forderung würde, so wird darin festgestellt, die Autorität des Generalkonzils beschränken, was jedoch nicht in der Macht der Gelehrten stünde. Stattdessen sollten sich die Hussiten bereiterklären, sich der Entscheidung des bald zu feiernden Generalkonzils unterzuordnen. Sollten die Böhmen dem zustimmen, würde man für die Zeit bis zum Konzil – insbesondere *in spiritualibus* – vorsichtig Vorsorge treffen, um Übel zu vermeiden und den Waffenstillstand nicht zu gefährden.[172]

Dieser Text enthält bereits die maßgeblichen Elemente der folgenden Debatte. Die Forderung, dass die Böhmen die Entscheidung über ihre Artikel dem kommenden Konzil überlassen sollten, zog sich – genau wie die Verhandlungen über einen Waffenstillstand bis zum Konzil – wie ein roter Faden durch das Pressburger Treffen. Angesichts der realen militärischen Situation kam der angebotene Waffenstillstand freilich eher den königlichen Truppen und Kreuzfahrerheeren zugute als den Böhmen, die sich ihrer militärischen Überlegenheit durchaus bewusst waren. Dass diese kurze Stellungnahme dezidiert den Gelehrten der Wiener Universität und des bayerischen Herzogs zugewiesen wird, dürfte darauf hindeuten, dass die Gelehrten ihre Standpunkte in kleineren Gruppen vorbereiteten, bevor ein gemeinsames *Consilium* verfasst wurde. Vermutlich stellten auch andere Untergruppen entsprechende Entwürfe zusammen, die von Ebendorfer nicht in seinen Bericht aufgenommen wurden. Ebendorfer selbst war als wohl wichtigster Vertreter der Wiener Gruppe gewiss an der Formulierung dieser Stellungnahme beteiligt und hatte ein besonderes Interesse daran, diesen Text in seine Dokumentation aufzunehmen. Da für die Beratungen nur wenig Zeit zur Verfügung stand, erklärt sich auch die Kürze der *Responsio*. Die ausdrückliche Bezeichnung als *Responsio* und der Umstand, dass der Text von den österreichischen und bayerischen Gelehrten gemeinsam verfasst wurde, sprechen gegen die grundsätzlich auch denkbare Möglichkeit, dass die Wiener Gelehrten diese Stellungnahme bereits aus Wien mitbrachten.

---

171 Ed. in: Thomas EBENDORFER, Responsio doctorum de Wienna et ducis Wilhelmi de Bavaria.

172 »Item articulus obviat deliberacioni prius habite, de qua inferius. Item limitat auctoritatem concilii generalis, quod non est in nostra potestate. Unde placet, quod se submittant simpliciter determinacioni sacri concilii generalis, in proximo celebrandi, faciantque super istis sufficientem cautionem. Item si acceptabunt prescripta, deliberetur et caute provideatur de modis se habendi utriusque partis tempore medio precipue in spiritualibus, ad vitandum mala et ne treuge irritentur« (ebd.).

Das folgende *Consilium doctorum, utrum vel qualiter Hussones sint recipiendi vel an sint*, das in Ebendorfers Bericht folgt, dürfte als abschließende Stellungnahme der Gelehrten und Empfehlung an Sigismund zu interpretieren sein.[173] Diese Stellungnahme ist keiner speziellen Gelehrtengruppe zugewiesen. Sollten, so das *Consilium*, die Hussiten von ihren Irrtümern ablassen, sich der Kirche unterordnen und ihr demütig gehorchen, so würden sie von der Kirche gerne empfangen. Sollten sie sich aber weigern, so solle wiederum das Schwert sprechen, wie es vor allem den weltlichen Herrschern zukomme, die, gemäß dem Kirchenrecht, die Kirche verteidigen und bewahren müssten. Eine Lösung des herrschenden Dissenses solle auf dem künftigen Generalkonzil gefunden werden. Da zu befürchten sei, dass die Böhmen die christlichen Kleriker, Laien, Kirche und deren Besitz angreifen könnten, erscheine ein Waffenstillstand bis zum Konzil als beste Lösung. Moralisch und rechtlich sei dies zu rechtfertigen, da andernfalls der kirchliche Friede erschüttert werden könnte.[174]

Dieses kurze *Consilium* scheint in der Tat die Essenz der Beratungen der Gelehrten darzustellen. Möglicherweise wurden die zuvor von Untergruppen vorbereiteten Stellungnahmen diskutiert und in einen gemeinsamen Text gegossen. Darauf könnten die thematischen Überschneidungen der Wiener *Responsio* und des *Consilium* hindeuten. Da das *Consilium* deutlich breiter argumentiert als die *Responsio*, ist gut vorstellbar, dass darin auch weitere Vorschläge einflossen. Auf das *Consilium* folgt in Ebendorfers Bericht ein kurzer Artikel über die Modalitäten bzgl. des anstehenden Generalkonzils. Dieser stellt eine Überarbeitung der hussitischen Forderung[175] dar, die nun in eine katholisch verträgliche Formulierung gebracht und offenbar, wie die Überschrift (*Articulus oblatus per d. Regem*) belegt, vom König selbst (oder seinen Beratern) eingebracht wurde: Was auch immer aus der hl. Schrift oder den Lehrsätzen der heiligen Doktoren durch das demnächst zu feiernde Generalkonzil bewiesen, abgeleitet und beschlossen werde, solle angenommen werden.[176] Darauf folgt

---

173 Thomas Ebendorfer, Consilium doctorum.

174 Ebd.: »Si dimissio vel renuncciato errore suo vellent se submittere ecclesie et ipsius mandata recipere ac humiliter obedire, recipiendi essent, quia ecclesia non claudit gremium redeunti. Item si hoc nequaquam facere vellent aut volunt, tunc via ordinaria ac regia esset, ut gladio cogerentur, quod primo et principaliter per imperatorem ac reges et principes fieri deberet, cum teneantur ecclesiam defendere ac tueri iuxta canonicas sancciones. Item si nec hoc fieri potest, sed tantum sub certo modo vellent treugas pacis observare, et quia non volunt stare diffinitioni concilii Constanciensis nec sequi informationes autenticas ecclesie orthodoxe, sed tantum diffinitioni concilii generalis de proximo celebrandi, et nisi hoc modo recipiantur, parati sunt, sicut et actu dispositi sunt, ad invasionem Christianorum clericorum, laycorum, ecclesiarum ac earumdem possessionum dissipationem et occupationem, adhuc melius videtur eos tolerare et treugas pacis cum eis inire ad tempus consili futuri, ne ex eorum turbatione pax ecclesie concutiatur, ut docent canonica iustituta (...).«

175 Siehe oben, Anm. 168.

176 »Quidquid ex sacra scriptura aut sentencia sanctorum doctorum probatum, deductum et

unmittelbar eine *Correctio* dieser Formel, welche lautet: Was auch immer aus der hl. Schrift oder den Lehrsätzen der heiligen Doktoren vom demnächst zu feiernden Generalkonzil beschlossen und abgeleitet hervortreten werde, solle angenommen werden.[177] Von wem diese beiden Formeln erarbeitet wurden, ist unklar. Sie wurden jedenfalls, wie die folgenden Aufzeichnungen zeigen, den Böhmen vorgelegt und deren Annahme gefordert. Es liegt nahe, den Pariser Gelehrten eine Führungsrolle in der Konzeption dieser Formeln zuzugestehen. Die Konzilsautorität kann gleichsam als Pariser Programm betrachtet werden. Die Wiener wie auch die anderen Gelehrten konnten gut im Hintergrund agieren, da von ihnen weder Entscheidungen noch programmatische Erörterungen oder strategische Finessen erwartet wurden.

Der weitere Verlauf der Verhandlungen kann hier kurz zusammengefasst werden. Am 3. April rief Sigismund die Hussiten zu einer Anhörung, bei der ihnen das *Consilium doctorum* und die letztgenannte Formel vorgelegt wurden. Die Böhmen verlangten zu erfahren, weshalb der von ihnen vorgelegte Text nicht akzeptiert werde, und legten ihrerseits Gründe dar, warum der katholische Textvorschlag für sie nicht annehmbar sei. Der Pariser Gelehrte Nikolaus Midi antwortete namens der Pariser und der Wiener Universität darauf, dass deren Formulierung mehrdeutig und spitzfindig (*ambigua et captiosa*) sei. Darüber hinaus sei sie gegen die Würde des Königs, weil sie alle Akten und Dekrete aller bisherigen Konzilien in Zweifel ziehen und so zerstören wolle, genauso wie es wohl auch mit dem Basler Konzil geschehen solle.[178] Am selben Tag verließ Prokop der Kahle mit einigen anderen die Stadt und zog sich zur Beratung zurück. Schon am Vortag, dem 2. April, hatten die Böhmen angeboten, die Vier Prager Artikel mit dazugehöriger Begründung schriftlich dem König und den Gelehrten vorlegen zu wollen, die sich ihrerseits bereiterklärten, darauf zu antworten.[179] Erst am 7. April kehrte die Gruppe nach Pressburg zurück und legte ein mit 6. April datiertes Schreiben dreier hussitischer Hauptleute[180] sowie *certa motiva super quatuor articulis* vor.[181] Dieses Schreiben beharrte darauf, dass auf dem anstehenden Generalkonzil auch hochrangige Laien mitentscheiden sollten, nicht nur der Papst und andere Priester. Einem Waffenstillstand

---

conclusum fuerit per concilium generale in proximo celebranda, illud acceptetur« (Thomas EBENDORFER, Articulus oblatus per d. Regem).

177 »Quidquid ex sacra scriptura aut sententia doctorum in proximo concilio celebrando conclusum et determinatum extiterit, illud acceptetur« (Thomas EBENDORFER, Correctio).

178 »Hec autem scedula est ambigua, quia condicionalis, captiosa, quia stat in ea inevitabiliter (…). Item prefata scedula est contra honorem d. Regis, quia videtur vertere in dubium omnia acta et decreta per concilia generalia usque adhuc, et quod huiusmodi veniant de novo per futurum concilium examinanda« (Thomas EBENDORFER, Relatio).

179 Ebd.

180 Responsio Hussitarum ad regem Romanorum.

181 Thomas EBENDORFER, Relatio.

könne nur zugestimmt werden, wenn zuvor eine Anhörung über die Prager Artikel stattgefunden hätte. Verbindlich könne darüber aber ohnedies nur der hussitische Landtag im Mai 1429 entscheiden. Als Nachtrag dieses Schreibens findet sich der Hinweis, dass den Böhmen zu wenige Bücher zur Verfügung gestanden hätten, um ihre Prager Artikel vollkommen zu belegen, was wiederum erklärt, warum sich die Ausarbeitung der *motiva* um einige Tage verzögerte.[182]

Die Situation war verfahren, die Fronten verhärtet. Zu groß war der Dissens in allen diskutierten Fragen – der Anhörung über die Prager Artikel, den Entscheidungsträgern auf dem Basler Konzil, den Bedingungen für einen Waffenstillstand –, als dass eine Einigung möglich gewesen wäre. Am 7. Juli endete das Pressburger Treffen ergebnislos.

4.9.3. Fazit

Das auffälligste Charakteristikum des anti-hussitischen Agierens der Wiener Gelehrten im Frühjahr 1429 ist die enge Kooperation mit der Pariser Universität. Schon auf ihrem Weg nach Pressburg hatten jene vier Pariser Gelehrten, die an dem Treffen teilnahmen, einen Zwischenstopp in Wien eingelegt, um – im Rahmen einer großangelegten diplomatischen Mission, die sich über den ganzen deutschsprachigen Raum erstreckte – der Universität und Herzog Albrecht ein Mahnschreiben mit Vorschlägen zu unterbreiten, wie die böhmische Häresie ausgerottet werden könne.[183] Bereits in seiner Begrüßungsrede an den Olmützer Bischof in Pressburg am 30. März betonte Thomas Ebendorfer die enge Verbindung zwischen den beiden Universitäten, für die er das bekannte Bild der Mutter- und Tochterbeziehung heranzog.[184] Und auch als der Pariser Theologe Nikolaus Midi am 3. April auf eine hussitische Eingabe antwortete, tat er dies *ex parte sui et doctorum universitatis Wyennensis*.[185] Wie eng die Kooperation zwischen den beiden Hochschulen war, zeigt auch die Antwort der Wiener Universität auf jenes Mahnschreiben, das die Pariser Gelehrten Ende März 1429 nach Wien mitgebracht hatten. Das Mahnschreiben selbst scheint nicht erhalten zu sein, dessen Inhalt lässt sich allerdings aus der Antwort der Wiener er-

---

182 Die *motiva* selbst finden sich in zwei Kodizes der ÖNB und einem Kodex der Stiftsbibliothek Klosterneuburg: Wien, ÖNB, CVP 4522, fol. 145r–156v; CVP 4710, fol. 37r–46v, 186r–187v; Klosterneuburg, Stiftsbibliothek, Cod. 819, fol. 69v–75v (vgl. UIBLEIN, Kopialbuch, S. 48f., Anm. 108a). Eine genauere Untersuchung dieser Quellen steht noch aus.

183 Siehe dazu oben Kapitel II, S. 157–161.

184 »Invenietis inquam pisces, viros duarum universitatum preclarissimos, matris et filie, Parysiensis videlicet et Wyennensis (...)« (Thomas EBENDORFER, Collacio, fol. 308v). Diesen Textausschnitt bringt auch UIBLEIN, Kopialbuch, S. 47, Anm. 106. Das erste Wort in Uibleins Transkription ist zu korrigieren (*invenietis* statt *invienietis*).

185 Thomas EBENDORFER, Relatio, S. 193.

schließen, die am 16. April in Wien namens des Rektors und der ganzen Universität verfasst wurde.[186] Der wichtigste Punkt in diesem Schreiben ist die Versicherung der Wiener Universität, mit dem Vorschlag, die Böhmen sollten ihre Forderungen dem kommenden Konzil vorlegen, vollumfänglich einverstanden zu sein. Sie selbst hätten diesen Vorschlag ohnedies auch schon häufiger eingebracht. Auch bei Papst Martin V. solle nun mit der Hilfe Herzog Albrechts darauf hingewirkt werden, das Konzil schnellstmöglich zu eröffnen.[187]

Die Universitäten Paris und Wien stellten somit kurz vor dem Beginn des Basler Konzils eine Doppelachse im Kampf gegen die Hussiten dar, wobei Paris eindeutig die dominierende Rolle zukam. Die Pariser waren es, die Vorschläge zur Lösung des hussitischen Problems entwickelten, diese in ein Mahnschreiben gossen und verbreiteten. Auch eines der Hauptmotive des Pressburger Treffens, der Verweis der Böhmen an das folgende Konzil, wurde von der Pariser Universität forciert. Schon bei seiner Rede vor Herzog Albrecht Ende März in Wien hatte Robert Piry darauf gedrängt, dass sich die Hussiten der Entscheidung des anstehenden Konzils unterwerfen sollten.[188] Dass dieses Motiv zur grundsätzlichen Direktive in der Pressburger Verhandlung werden sollte, zeigt den Einfluss, den die Pariser Gelehrten dort ausübten. Dass mit Nikolaus Midi ein Pariser Theologe auf die Einwände der Hussiten antworten durfte, bestätigt dieses Bild.

Bei aller Dominanz der Pariser Theologen, die einerseits einem alten Ehrenvorrang, andererseits auch den intensiven vorausgegangenen Beschäftigungen mit den Hussiten seit dem Konstanzer Konzil geschuldet war, soll jedoch nicht außer Acht gelassen werden, dass sich auch die Wiener Universität aktiv und selbstbewusst in die Pressburger Verhandlungen einbrachte. Dies zeigt etwa die bei Ebendorfer überlieferte *Responsio doctorum*, die von den Wiener und bayerischen Gelehrten verfasst wurde und einen eigenständigen Beitrag zu den Pressburger Debatten darstellt. Auch der Umstand, dass das Antwortschreiben

---

186 Das Antwortschreiben der Wiener an die Pariser Universität ist ediert in Uiblein, Kopialbuch, S. 139–142. – Uiblein a. a. O., S. 50 vermutete, dass dieses Schreiben den Pariser Gelehrten persönlich mitgegeben wurde, als sie von Pressburg über Wien nach Paris zurück reisten. Ob dies tatsächlich der Fall war, ist unsicher, da unklar ist, wann die vier Wiener Gelehrten an ihre Universität zurückkehrten. Das Pressburger Treffen endete am 7. April, das Semester in Wien begann am 14. April. Das Antwortschreiben wurde also zwei Tage nach Semesterbeginn verfasst, und es ist davon auszugehen, dass die vier Wiener Vertreter in Pressburg an der Formulierung beteiligt waren. Dies würde allerdings bedeuten, dass die Pariser Gelehrten entweder später aus Pressburg abreisten (wobei sich die Frage stellt, wieso sie nach dem Ende der Versammlung noch über eine Woche in Pressburg bleiben hätten sollen), oder dass sie in Wien auf die Fertigstellung des Schreibens warteten, um es am 16. April oder danach direkt in Empfang nehmen zu können. Beide Optionen scheinen wenig plausibel. Vielleicht wurde das Antwortschreiben auch einfach nach Paris geschickt.

187 Ebd., bes. S. 140f.

188 Robertus Piri, Puncta proposita, S. 47.

der Wiener an die Pariser Universität kein Brief einzelner Gelehrter, sondern dezidiert eine Stellungnahme der Gesamtkorporation war, die namens des Rektors und der ganzen Gemeinschaft verfasst wurde, zeigt, dass die Wiener Universität als Korporation nun einen – auch nach außen klar kommunizierten – Standpunkt in der Hussitenfrage einnahm. Nicht zuletzt sei an dieser Stelle nochmals auf die bereits besprochene Rede des Thomas Ebendorfer verwiesen, die er am 28. März in Wien im Quartier der Pariser Gesandten vorgetragen hatte. Schon darin bemühte sich Ebendorfer, das Bild einer Hochschule zu zeichnen, die sich bereits auf dem Konstanzer Konzil gegen die Hussiten engagiert habe. Auch habe sie Vertreter zu Debatten gesandt, und sogar den Papst und Fürsten habe die Universität ermahnt, gegen die Hussiten vorzugehen. Subjekt ist in allen Fällen die Universität als Korporation. Wie oben besprochen, ist zur Zeit des Konstanzer Konzils und noch in den frühen 1420er-Jahren ein solches eindeutiges Profil der Universität nicht nachzuweisen. Wenn Ebendorfer sich nun 1429 bemüht, das Bild einer Universität zu vermitteln, die bereits von Anfang an ein eindeutiges Profil ausgebildet hatte, zeigt das, dass sich mittlerweile ein entsprechendes Bewusstsein entwickelt hatte, das es nun zu untermauern und verteidigen galt. Möglicherweise wollte Ebendorfer vor den Pariser Gelehrten auch als Hardliner auftreten und die Universität Wien anti-hussitischer erscheinen lassen, als sie tatsächlich war.

Nichtsdestotrotz bleibt auch hier wiederum zu konstatieren, dass die Wiener Universität auch 1429 erst aktiv wurde, als von außen entsprechende Aufforderungen an sie herangetragen wurden. Nicht die Wiener Universität arbeitete Maßnahmen gegen die Hussiten aus und kommunizierte diese flächendeckend an Herrscher, Städte und Hochschulen, sondern die Universität Paris. Dass die im April 1429 verfasste Stellungnahme der Wiener Universität ein – wenn auch sehr energisches und zur Mitarbeit motiviertes – *Antwort*schreiben an die Pariser Kollegen war, ist symptomatisch. Wenngleich die Wiener Universität mittlerweile einen gemeinsamen, auch nach außen kommunizierten Standpunkt in der Hussitenfrage eingenommen hatte, zog sich ein Motiv nach wie vor als roter Faden durch: sie *reagierte*.

4.10. Der Prager Landtag im Mai 1429

Unmittelbar nachdem die hussitische Delegation Pressburg verlassen hatte, ging Sigismund daran, seinen Plan eines neuerlichen Feldzuges im Frühsommer 1429 bekanntzumachen. Die Böhmen beriefen nach ihrer Rückkehr nach Prag einen

Landtag ein, der von 23.–30. Mai im Karlskolleg stattfand.[189] Auch König Sigismund war eingeladen worden, Vertreter zu entsenden. Unter den Gesandten Sigismunds befand sich der Karlsteiner Burggraf Tluska von Burenice, der den Pragern erneut Sigismunds Kernforderungen für einen Friedensschluss vorlegte: die Unterordnung der Böhmen unter die Entscheidung des Basler Konzils sowie die damit einhergehende Anerkennung des Papstes als oberste Entscheidungsinstanz und die Rückgabe der konfiszierten Güter und Besitztümer. Unter dem dominierenden Einfluss Prokops des Kahlen legten die Hussiten daraufhin einen Landtagsbeschluss vor, der aus elf Punkten bestand.[190] Die Kernpunkte waren folgende: mit der Forderung, eine hussitische Abordnung zum geplanten Konzil zu senden, erklärte sich die Mehrheit des Landtags (unter Vorbehalt) bereit; Abstriche von den Prager Artikeln zu machen galt jedoch *de facto* als ausgeschlossen. Die einzige Schiedsautorität sollte die *lex Dei* sein, der Papst als oberster Entscheidungsträger wurde hingegen abgelehnt. Gefordert wurde stattdessen, dass am Basler Konzil auch die Armenier, die Griechen und vor allem der Patriarch von Konstantinopel teilnehmen sollten, da diese den Laien die Kommunion ebenso unter beiderlei Gestalten spendeten. Es folgten detaillierte Bedingungen, unter denen ein Waffenstillstand akzeptiert werden könne (u. a. mit strikten Auflagen an den österreichischen Herzog Albrecht, der etwa die alten Rechte Mährens garantieren müsse). Darüber hinaus sollten hussitische Priester nicht gehindert werden, sich auf katholischem Gebiet aufzuhalten und öffentliche Sünden ohne Einschränkung zu bestrafen.[191]

4.10.1. Die ›Reciprocacio vel glossacio doctorum‹ als mögliche Wiener Stellungnahme gegen den Prager Landtagsbeschluss

Am 15. Juni 1429 wurde Sigismund der Landtagsbeschluss zugesandt, den er in der Folge Gelehrten zur Begutachtung übergab. Dafür spricht eine kritische Stellungnahme zum Beschluss des hussitischen Landtags, die in zwei Abschriften erhalten ist. Die erste Abschrift ist in CVP 4151 der ÖNB Wien überliefert, der ursprünglich aus dem Kloster der Regensburger Augustinereremiten stammte.[192] Der zweite Textzeuge ist Clm 17543 der BSB München, der ur-

---

189 Vgl. Šmahel, Die Hussitische Revolution, Bd. 2, S. 1457–1460; Uiblein, Kopialbuch, S. 50f.
190 Einen Überblick über die Ausgaben der lateinischen, deutschen und tschechischen Fassung des Landtagsbeschlusses sowie weiterführende Literaturhinweise bietet Uiblein, Kopialbuch, S. 51, Anm. 112.
191 Vgl. zu den genannten Punkten Šmahel, Die Hussitische Revolution, Bd. 2, S. 1459f.
192 Wien, ÖNB, CVP 4151, fol. 185v–187r. Das Werk trägt darin den Titel: Narratio germanica quomodo ab Hussitis Pragae a. 1429 in articulis 11 proponendis actum sit.

sprünglich dem Augustinerchorherrenstift Schlehdorf in Oberbayern gehörte.[193] Der Text selbst nennt seine(n) Verfasser nicht. Paul Uiblein, der diesen Text im Anhang seiner Edition eines Kopialbuchs der Wiener Universität herausgab,[194] vermutete, dass es sich hierbei um ein Schreiben der Wiener Gelehrten handeln könnte. Sigismund traf sich in der zweiten Junihälfte erneut mit Prokop und einer Hussitendelegation in Pressburg zu weiteren Verhandlungen, wofür er vermutlich diese Stellungnahme benötigte. Da zwischen der Zusendung des Landtagsbeschlusses an Sigismund am 15. Juni und dem neuerlichen Pressburger Treffen nur wenige Tage lagen, ist es in der Tat gut möglich, dass Sigismund die Wiener Gelehrten, die unmittelbar greifbar waren, mit dieser Aufgabe betraute. Auch der Überlieferungskontext in den beiden Kodizes spricht für eine Entstehung in Wien (CVP 4151 enthält etwa auch den Wiener Traktat des Peter von Pulkau, Bartholomäus von Ebrach und Jacobus von Clavaro gegen die Prager Artikel, einen Text des Wiener Augustinereremiten Johann von Retz aus dem Jahr 1403 sowie Heinrich von Langensteins *Positio doctoralis de potestatibus* und seinen *Tractatus de contractibus*).[195] Darüber hinaus enthält diese in Glossenform angefertigte Widerlegung auch den Text des Landtagsbeschlusses, und zwar in deutscher Sprache. Die Verfasser der Entgegnung mussten somit in der Lage sein, die deutsche Vorlage zu verstehen und sie anschließend minutiös zu widerlegen. Alle diese Aspekte sprechen dafür, die Verfasser an oder im Umfeld der Wiener Universität zu verorten.

4.10.1.1. Inhaltlicher Überblick

Diese Stellungnahme ist nach einem bestimmten Muster konzipiert. Auf den deutschen Text jedes Artikels des Landtagsbeschlusses folgt eine lateinische *reciprocacio vel glosacio* der Doktoren, in der gegen die jeweilige hussitische Forderung argumentiert bzw. überprüft wird, inwieweit die elf Artikel annehmbar seien. Dabei finden sich sowohl Antworten auf ganze Artikel, als auch direkte Reaktionen auf einzelne Sätze oder Formulierungen. Die Intention des Werkes wird in den Eingangsworten präzise zusammengefasst: »Undecim subscriptos articulos direxerunt Hussite in eorum concilio conclusos ad cesaream maiestatem, sed per doctorum providenciam redduntur inabiles 1429«.[196] Die Schrift folgt in der Reihenfolge ihrer Widerlegung strikt ihrer Vorlage. Nach einer kurzen Einleitung zum Entstehungskontext des Landtagsbeschlusses, der

---

193 München, BSB, Clm 17543, fol. 227r–v und 234r–v.

194 Der Text ist nach der Wiener Handschrift ediert in Uiblein, Kopialbuch, S. 177–185 (Anon., Glosacio doctorum). Zur Provenienz der beiden Kodizes vgl. ebd., S. 185f.

195 Zur Handschrift vgl. Unterkircher, Die datierten Handschriften, S. 82f.; Denis, Codices Manuscripti I.2, S. 1546–1554; Tabulae codicum III, S. 183f.

196 Anon., Glosacio doctorum, S. 177.

kritisch kommentiert wird, folgt die Widerlegung der elf Artikel. Gleich die ersten beiden Artikel befassen sich mit der (bereits in Pressburg drängenden Frage) des geplanten Generalkonzils und der hussitischen Forderung, auch die Armenier, Griechen und den Patriarchen von Konstantinopel einzuladen, da diese die Kommunion unter beiderlei Gestalten spendeten. Die Glosse der Doktoren zu diesen beiden Artikeln, die gemeinsam beantwortet werden, ist die umfangreichste im ganzen Werk, was an der Dringlichkeit und Aktualität dieser Forderung lag. So seien diese Artikel nur ein Vorwand, um sich durch Täuschung und List dem Urteil des Konzils zu entziehen. Die Böhmen stellten nämlich wissentlich unmögliche Bedingungen auf: Dass das Konzil nämlich kein Urteil fälle oder keine Entscheidung treffe, sei schlichtweg unmöglich. Entsprechend sei es auch unmöglich, den Böhmen dies zuzugestehen, weshalb sie nicht zum Konzil kommen oder jemanden schicken würden.[197] Darüber hinaus postulierten sie einen Unterschied zwischen dem Gesetz Gottes und den apostolischen *statuta* und wollten, dass das Urteil nur gemäß des Gesetzes Gottes, nicht aber gemäß der apostolischen Anordnungen erlassen werde, da diese in jenen Dingen, die den Glauben beträfen, kein göttliches Gesetz seien. Überdies wollten die Hussiten das Fundament des ganzen Glaubens zurückweisen, wie die Briefe des Petrus und Paulus, Jakobus, Johannes usw. Besser jedoch wäre es, wenn sie vom Talmud und von Mohammed ablassen würden, welche den ganzen christlichen Glauben vernichteten und die Lehre der heiligen Väter gleichsam als häretisch abwiesen.[198] Noch ein zweiter Aspekt dieses Artikels sei unmöglich, und zwar allein schon aufgrund der knappen Zeit bis zum bevorstehenden Konzil: den Patriarchen von Konstantinopel, die Griechen und Armenier sowie deren Gesandte zum Konzil zu rufen würde nämlich mindestens ein Jahr, vielleicht sogar noch länger dauern. Wenn wegen der Ankunft der Griechen das jetzt bevorstehende Konzil nun für mindestens ein Jahr unterbrochen werden müsse, würde es wohl gar nicht gefeiert werden können.[199] Und weil die Hussiten vor

---

197　»Ut per mendatia et dolositates possunt fugere iudicium et per cavillaciones retrocedere, ne ad concilium veniant aut mittant, prout se dicunt missuros, addiciunt in presentibus duobus articulis condiciones et modos inpossibiles (…) et ergo illo inpossibili eis non concesso et admisso non venirent aut mitterent ad concilium« (ANON., Glosacio doctorum, S. 179).

198　»Et ponunt differenciam inter legem Dei et statuta apostolica et volunt, quod secundum legem Dei debet fieri iudicium et non secundum constituciones apostolicas, acsi constituciones apostolice saltem in hiis, que fidem concernunt, non esset lex divina. Sic enim vellent reicere fundamentum tocius fidei, scilicet epistolas Petri et Pauli, Iacobi, Iohannis et Iude et aliorum sanctorum pontificum (…). Melius enim est, quod remittantur ad Talmut et Machmet, quam quod tota fides Christiana subvertatur et doctrina sanctorum patrum tamquam heretica reiciatur« (ebd.).

199　»Nam antequam disponerentur ambasiatores ad vocandum patriarcham Constantinopolitanum, Grecos et Armenos et ipsi ambasiatores illuc venirent et patriarcha unacum Grecis et Armenis postquam vocati essent, in casu, in quo venire vellent, antequam disponerent se

dem Beginn des Konzils außerdem ein halbes Jahr Zeit haben wollten, Friedensverhandlungen zu führen, wie sie im zweiten Artikel gegen Ende festlegten, würden leicht zwei Jahre des Friedens vergehen, auch nachdem das Konzil bereits begonnen habe, wenn es gemäß der Intention und dem Modus der Hussiten gefeiert werden solle. Daraufhin würden die Hussiten aber sagen, sie wollten nicht zum Konzil kommen, da der Waffenstillstand ausgelaufen sei und sie einen neuen verhandeln wollten.[200] Wenn die Worte des zweiten Artikels aufmerksam beachtet werden, dann werde klar ersichtlich, dass sie gegenwärtig nicht nach einem Frieden verlangten, sondern nach Raub, Brandstiftung und einer Verwüstung des Landes. Wenn sie nämlich über den zu haltenden Frieden für die Zeit, bis das Konzil feststehe, übereinkommen und dann als erstes die Bedingungen des Friedens behandeln wollten, dann würden sie gegenwärtig wohl nicht beabsichtigen, sich daran zu halten. Entsprechend sei ihnen auch nicht an einem dauerhaften Frieden, sondern an Aufstand und Skandal gelegen.[201]

Die Argumentation dieser Glosse zu den ersten beiden Artikeln ist interessant. Zum einen wird daran schön ersichtlich, dass die hussitisch-katholische Debatte 1429 nicht etwa von den Vier Prager Artikeln, sondern von Fragen des vorübergehenden Waffenstillstands und den Modalitäten des anstehenden Konzils geprägt war. Zum anderen finden sich darin neue Argumente, die in die Debatte eingebracht werden. Grundsätzlich fällt auf, dass die Verfasser dieser Glosse fest von einer zeitnahen Einberufung des Basler Konzils ausgehen. Die Übergangszeit bis zum Beginn des Konzils wird nicht genau bestimmt, allerdings zeigt die Warnung vor einer Unterbrechung des Konzils für ein Jahr oder mehr, sollte man die Armenier, Griechen und den Patriarchen von Konstantinopel hinzuholen wollen, dass dessen Eröffnung als unmittelbar bevorstehend erwartet wurde. Dies ist erklärbar, da durch das Dekret *Frequens* der Beginn des Konzils für 1431, sieben Jahre nach Pavia-Siena, vorgeschrieben war. Konkrete

---

ad veniendum et venirent, transiret integer annus et ultra. Et sic propter adventum Grecorum concilium nunc instans esset suspensum plus quam per annum, ita quod celebrari non posset« (ebd.).

200 »Et quia ipsi Hussite ante inchoacionem concilii vellent eciam habere medium annum ad colloquendum et conveniendum super pace servanda (…), de facili transirent illi duo anni pacis, super quibus est de presenti tractatum, eciam antequam inciperetur concilium, si concilium iuxta intencionem et modos Hussitarum celebrari deberet. Et sic exspiratis huiusmodi annis treute iterum dicerent se nolle venire ad concilium propter pacis exspiracionem et sic tunc iterum pro colore vellent novas treugas inire« (ebd., S. 179f.).

201 »(…) quod non querunt pacem de presenti, sed rapinas et incendia et depopulaciones terrarum. Nam si super pace habenda volunt convenire ad medium annum ante concilium constat, si tunc primo tractare volunt de modo pacis, quod de presenti illa non intendunt facere aut servare. (…) prout clarissime patet, quod non querunt perpetuam pacem, sed sedicionem et scandalum« (ebd., S. 180).

Planungen für das Basler Konzil sollten jedoch erst 1431 anlaufen, als sich auch bei den anderen katholischen Fürsten die Konzilsidee durchzusetzen begann.[202] Ein weiteres Argument dieser Glosse fällt ins Auge, nämlich die Aufforderung an die Böhmen, von »Talmud und Mohammed«, welche den christlichen Glauben vernichteten und die Lehre der Väter ablehnten, abzulassen. Der Verweis auf den Talmud dürfte eine Abwandlung des gebräuchlichen Vorwurfs des *iudaizare* darstellen. Die Nennung Mohammeds zielte wohl darauf ab, die Hussiten mit der islamischen Lehre in Verbindung zu bringen, was vor dem Hintergrund der Auseinandersetzung Sigismunds mit den Osmanen zusätzliche Brisanz erhielt.[203] Dieser Vergleich ist v. a. polemisch: Die Hussiten werden mit den schlimmsten Feinden des Christentums auf dieselbe Stufe gestellt. Aktuelle Brisanz könnte dieser gängige polemische Topos vor dem Hintergrund gewonnen haben, dass die Hussiten den Patriarchen von Konstantinopel zum Konzil laden und die dort geübte Praxis übernehmen wollten. Der Tenor dieser Glosse ist jedenfalls, die Unaufrichtigkeit der böhmischen Forderungen aufzuzeigen: die von vornherein nicht realisierbaren Artikel sollten den Hussiten einen Vorwand liefern, eine Einigung abzulehnen. Da sie erst auf dem Konzil über einen dauerhaften Frieden verhandeln wollten, sei wenig glaubwürdig, dass sie den für die Übergangszeit vereinbarten Waffenstillstand tatsächlich einhalten würden.

Im Folgenden geht die *Glossacio* noch näher auf den zweiten Artikel des Landtagsbeschlusses ein, der wiederum das Basler Konzil betraf und besagte, dass dort nur das Gesetz Gottes, nicht jedoch der Papst Entscheidungsgewalt haben sollte. Nicht der Papst solle richten, sondern die ganze Christenheit. Daran zeige sich, so die Antwort, dass die (böhmischen) *magistri et presbyteri* Konzilien auf eine schlichte (*modica*) Art und Weise zu feiern und ebenso schlichte Bücher darüber zu lesen schienen. Es sei nämlich bekannt, dass in Fällen von Häresie und des Glaubens der Papst nicht allein richte, sondern die ganze Kirche, das heißt jene, die gemäß des göttlichen Gesetzes die Macht haben, so zu richten – also der Papst und die Bischöfe. Der Papst nämlich erlasse die Verordnungen in den Konzilien gemäß den Beschlüssen der Bischöfe und den Ratschlägen der Gelehrten des Konzils. Dies zu erbitten sei somit nicht notwendig, weil dies längst durch die heiligen Kanones festgeschrieben wurde.[204]

---

202 Vgl. dazu HELMRATH, Das Basler Konzil, S. 358 und STUDT, Zur Verknüpfung, S. 154 (hier in Anm. 4 weitere Literatur). Kardinal Cesarini selbst war etwa noch im Frühjahr 1431 von der Kompromisslosigkeit der Kreuzzugslösung überzeugt (ebd. und S. 164).

203 Vgl. dazu nur HOENSCH, Kaiser Sigismund, S. 338–370.

204 »Apparet ex hoc, quod magistri et presbyteri modica viderunt celebrari concilia et quod modicos libros de hoc viderunt et legerunt. Constat enim, quod in causis heresis et fidei papa non solus iudicat, sed tota ecclesia, id est hii, qui secundum legem divinam talia iudicandi habent potestatem, scilicet papa et episcopi. Papa enim facit constituciones in

Vielleicht beabsichtigten die Böhmen jedoch, dass jeder beliebige Laie oder Kleriker die Macht habe, auf dem Konzil Verordnungen zu erlassen. In dieser Hinsicht könne ihrem Wunsch nicht entsprochen werden. Würde nämlich jeder beliebige Räuber, Häretiker oder Trunkenbold zugelassen, würde nur Chaos entstehen und die Versammlung müsste eher eine Taverne für Betrunkene als ein Konzil des hl. Geistes genannt werden.[205] In diesem zweiten und auch im dritten Artikel würden die Hussiten jedoch verbergen, was sie später im elften Artikel wortreich kundtun sollten: Wenn nämlich die Hussiten in der Zeit des Friedens und Waffenstillstands weiter ihre Streitigkeiten gegen jene austragen könnten, die im ersten und dritten Artikel erwähnt sind, dann könnten sie die ganze Heimat (Österreich) zerstören, die sich dann nicht mehr gegen diese Feindseligkeiten verteidigen könnte. Besser nämlich sei es, dass die ganze Heimat einen offenen Krieg führen würde, weil sie sich so verteidigen und umgekehrt ihre Feinde angreifen könnten.[206] Dieses Motiv wird im Folgenden mehrmals wiederholt: alles deute darauf hin, dass die Böhmen nicht bereit seien, sich an einen Waffenstillstand zu halten, bevor das Konzil zusammentrete, welches sie wiederum – aus den bereits genannten Gründen – wohl ohnedies nicht besuchen würden.

Der fünfte Artikel wendet sich direkt an Herzog Albrecht von Österreich und fordert von ihm, den Mähren ihre alten Rechte zurückzugeben und zu verhindern, dass Landfremde dort Ämter einnehmen. Bezüglich des ersten Teils dieses Artikels sei, so die Antwort, zu beachten, ob die Böhmen hier von ihren *complices* sprächen, die sich vom katholischen Glauben abgewandt hatten, oder von katholischen Christen. Sollte es sich um Hussiten handeln, würde der Fürst gewiss nicht zustimmen. Wenn die Rede hingegen von katholischen Christen sei, bestehe hier die Gefahr, dass sie von den Böhmen verführt und auf ihre Seite gezogen würden. Um das zu verhindern, scheine es besser, weiterhin ausländische Hauptleute einzusetzen, da diese aufgrund der Sprachbarriere weniger gefährdet seien, von den Hussiten verführt und korrumpiert zu werden, wäh-

---

conciliis iuxta determinaciones episcoporum et consilia doctorum, sic ergo non est necessarium hoc petere, quoniam diu per sacros canones est statutum« (ebd., S. 180f.).

205 »Sed forte volunt, quod quilibet tam laycus quam clericus habeat in concilio statuendi potestatem. In hoc non habebunt quod volunt. Non enim ad hoc quilibet latro, homicida, hereticus, ebriosus admittitur, quia si sic chaos confusum et pocius dici deberet taberna ebriorum, quam Spiritus Sancti concilium etc.« (ebd., S. 181).

206 »In presenti et in tercio articulis vires abscondunt, quod in undecimo seu ultimo articulo copiose effundunt consideret quilibet. Nam si Hussite tempore pacis et treuge deberent posse movere lites istis, de quibus in primo et tercio articulis faciunt mencionem, tota patria destrui posset et tamen se defendere non deberet neque posset, quia invadendo tales in articulis descriptos destruerent circumiacentes capiendo necessaria iuxta tenorem ultimi articuli et tamen isti defendere se non deberent. Melius enim esset, quod tota patria haberet apertam gwerram, quia tunc se defendere posset et inimicos viceversa invadere (...)« (ebd., S. 182).

rend Mähren sich untereinander laufend schriftlich und mündlich austauschen könnten, um schließlich zur Häresie verführt zu werden.[207] Ähnlich sei auch bezüglich des zweiten Aspekts zu antworten: Wenn sich die Böhmen nun an König Sigismund, der nicht Herrscher über Mähren sei, wandten und ihn baten, über die Einsetzung der mährischen Hauptleute zu bestimmen (nicht jedoch an Albrecht von Österreich als eigentlichen Herrscher Mährens), dann sei dies gewiss ein Zeichen des Vertrauens und der Freundschaft gegenüber König Sigismund. Letztlich zielte dieser Wunsch jedoch nur darauf ab, durch ihre Verbündeten in Mähren die hussitische Häresie zu verbreiten.[208]

Die Forderung, »daz unser briester frey sein, wo die hin komen, aber ir priester, daz die auf den geslossernn beleyben, dazu sy die leut nicht verkeren«, wird mit der spöttischen Bemerkung »bene dicunt, quod sunt sui presbyteri, quia vere non sunt Dei« kommentiert. Würde man den böhmischen Priestern gestatten, sich frei zu bewegen, würden sie die Menschen in den Untergang führen.[209]

Erst der achte Artikel enthält nun die Forderung, den Laien die Kommunion unter beiderlei Gestalten zu spenden und den »halben zins«, also die Hälfte der Abgaben der Gläubigen zu erhalten (darauf zielt auch der neunte Artikel ab). Hier sei, so die Glosse, auf die Hinterlist der Häretiker zu achten, die auf diese Weise die Angesteckten und Infizierten nur umso stärker ködern und an sich ziehen wollten. Die Kelchforderung an sich wird in der Glosse hingegen nicht diskutiert.[210]

Der zehnte Artikel fordert schließlich die Bestrafung der öffentlichen Sünden, und dass dies den Waffenstillstand nicht beeinträchtigen solle. Die Antwort der Glosse auf diesen Artikel fällt äußerst empört aus. So solle nur einmal der von Gott gehasste und verdammte Hochmut dieser Forderung beachtet werden! Den

---

207 »Super prima parte advertendum, an Hussite loquantur de suis complicibus a fide katholica aversis vel an de aliis Christianis katholicis, si de suis complicibus dominus dux sub pena fautorie heresis consentire non debet. (…) Presumunt enim et verisimile est, quod forensis et aliene lingwe capitaneus Moravie non tam subito seduci et per eos corrumpi posset, sicut eorum conligwalis, cum quo possent continuo conversari scriptis et verbis et eum finaliter in eorum errorem seducere« (ebd., S. 183).

208 »De secunda parte eiusdem articuli satis admirandum est. Nam si dominus rex, qui non est dominus Moravie, ponere deberet capitaneum in Moravia et non dominus Albertus dux Austrie, qui est dominus Moravie, signum est confidencie ac amicicie, quas Hussite gerunt ad dominum regem, scilicet quod ipse poneret eis capitaneum ad voluntatem ipsorum, qui si non esset manifestus, tamen occultus esset eorum consectaneus et sic ad nutum eorum subicere posset, inficere et occupare totam Moraviam etc.« (ebd.).

209 »(…) quia ducunt homines ad interitum, ymo usque ad ignem et maiora inferni supplicia inclusive« (ebd., S. 184).

210 »Attende allectivam maliciam hereticorum. Promittunt enim infectis aut inficiendis per eos medietatem census remittere, ut per hoc valeant illos forcius allicere et restringere ad nutum suum« (ebd.).

Splitter im Auge der Christgläubigen wollten sie ausrotten, während sie gegen den Balken im eigenen Auge nichts unternähmen. Sie seien öffentliche Mörder, Unzüchtige, Ehebrecher, Gotteslästerer und -frevler, sie brächen in heilige Orte ein, seien Räuber und Brandstifter, verwüsteten Städte, Länder und Äcker, seien meineidig und Apostaten und mit Sicherheit Vorboten des Antichristen. Christus habe gewiss nicht solche Apostel in die Welt gesandt, wie diese es seien, sondern andere, die nach dem Beispiel der Lehrer handeln und lehren. Die Böhmen hingegen seien die von Christus prophezeiten falschen Propheten.[211]

Damit in Zusammenhang steht auch die Forderung des elften und letzten Artikels: Wenn sie auf dem Feld vorrückten, sollten sie, so die Böhmen, das dafür Notwendige empfangen, was jedoch dem Waffenstillstand nicht schaden solle. Hier zeige sich nun klar, was bereits durch den zweiten und dritten Artikel angekündigt worden war: Einerseits beabsichtigten und wollten die Hussiten einen Frieden oder Waffenstillstand, fragten aber andererseits danach, welchen Schaden sie unter dem Namen des Friedens und Waffenstillstands still und heimlich anrichten könnten.[212]

4.10.1.2. Fazit

Der Prager Landtagsbeschluss kreiste um zwei Themenbereiche, die schon bei der Pressburger Versammlung im April eine zentrale Rolle spielten: die Voraussetzungen, unter denen die Böhmen einen Schiedsspruch des geplanten Generalkonzils akzeptieren wollten, und die Bedingungen, unter denen sie bis zum Zusammentreten des Konzils einem Waffenstillstand zuzustimmen bereit waren. Auf die Frage des Konzils beziehen sich die ersten beiden Artikel, während die restlichen neun dem Waffenstillstand gewidmet sind. Die vorliegende *Glossacio doctorum* analysiert jeden dieser Artikel und legt dar, in welcher Hinsicht diese Forderungen für die katholische Seite nicht annehmbar sind. Der Tenor der Antworten ist dabei eindeutig: Obwohl die Böhmen einem Waffenstillstand vordergründig zuzustimmen schienen, zeigten doch schon die zahlreichen Bedingungen und Ausnahmen, dass sie ihr gewalttätiges Verhalten, das

---

211 »Considera ypocritas Deo odibiles. O ypocrite a Deo maledicti, conamini vos simplicibus ostendere velle vestucas de oculis Christi fidelium excipere et non curatis de oculis propriis trabes deicere, quod contra peccata publica latratis, qui omni sorde fetidiores estis. Estis enim publici homicide, fornicarii, adulteri, incendarii, depopulatores civitatum, terrarum et agrorum, periuri, fidefractores et apostate et certissimi precursores Antichristi. Dominus enim noster Ihesus Christus non misit in mundum apostolos, quales vos estis, sed alios, qui iuxta exemplum Magistri ceperunt facere et docere. Vos enim estis tales sicut Christus predixit de falsis prophetis, qui dicunt et non faciunt (...)« (ebd., S. 184f.).

212 »(...) Non enim ut hic manifestissime apparet: intendunt aut volunt pacem aut treugas, sed querunt, quatenus sub nomine pacis et treuge commodosius et quiecius possunt dampna facere et inferre« (ebd., S. 185).

ganze Landstriche verwüstete, in Wahrheit nicht einzustellen gedachten. Angesichts der schwerwiegenden Verfehlungen und des gewaltsamen Vorgehens, das den Böhmen vorgeworfen wurde, erschien etwa die Argumentation, die Bestrafung »öffentlicher Sünden« widerspräche dem vereinbarten Waffenstillstand nicht, wie blanker Hohn. Entsprechend deutlich ist die ablehnende Haltung dieser Stellungnahme, in der wiederholt ein polemischer, manchmal geradezu spöttischer Unterton deutlich wird. Die Vier Prager Artikel spielen in diesem Dokument kaum eine Rolle. Lediglich der Laienkelch und die Bestrafung der öffentlichen Vergehen werden explizit, allerdings nicht an exponierter Stelle und auch nur knapp erwähnt. Die Predigtfreiheit lässt sich indirekt aus der Forderung, dass sich die hussitischen Priester frei bewegen dürfen sollten, erschließen. Während bei den Streitgesprächen zwischen Hussiten und Katholiken und auch auf dem Basler Konzil immer der Laienkelch bzw. die Vier Prager Artikel im Zentrum standen, war die Debatte 1429 ganz von der militärischen Dominanz der Hussiten und einem erhofften Waffenstillstand geprägt. Interessanterweise zeigten auch die Böhmen zu diesem Zeitpunkt wenig Interesse, die Annahme der Prager Artikel zu einer Bedingung für einen Friedensschluss zu machen. Vermutlich bestand mittlerweile kein Zweifel mehr, dass es tatsächlich ein Konzil sein musste, vor dem sich der Streit um die Prager Artikel entscheiden sollte.[213] Selbst dort, wo die Prager Artikel kurz zur Sprache kamen – etwa die Forderung der Kommunion unter beiderlei Gestalten – geht auch die *Glossacio* selbst in keinster Weise auf die theologischen Implikationen dieser Forderungen ein. Bei dem Aufruf etwa, die Armenier, Griechen und den Patriarchen von Konstantinopel zum geplanten Konzil zu laden, da auch diese den Laienkelch spendeten, wird lediglich auf die lange Anreise der Genannten und die damit einhergehende Verzögerung verwiesen, mit keinem Wort aber die Forderung des Laienkelchs selbst kritisiert. Und beim achten Artikel, der den Laienkelch mit einer Abgabe verbindet, bezieht sich die Empörung der Doktoren auf den genannten Geldbetrag, nicht auf den Laienkelch.

Dieser Befund gilt für die ganze *Glossacio*, die, im Gegensatz zu den früheren Schriften in der Auseinandersetzung, gerade keine theologische Stellungnahme darstellt. Die Forderungen der Hussiten werden analysiert und mit Bedenken zur mangelnden Praktikabilität der Vorschläge und Verlässlichkeit der Böhmen, wie sie aus deren Praxis abgeleitet werden konnte, entkräftet. Es findet sich jedoch keinerlei theologische Argumentation. Vielmehr scheint sich der Text selbst dort, wo sich eine theologische Reaktion angeboten hätte, bewusst zurückzu-

---

213 Im Schreiben der drei hussitischen Hauptleute an König Sigismund vom April 1429 war die Annahme der Prager Artikel noch als Bedingung für einen Waffenstillstand genannt worden. Offenbar hatte sich inner-hussitisch in den folgenden Monaten eine realistischere Sicht durchgesetzt.

halten und seine Kritik dezidiert auf nicht-theologische Aspekte zu richten. Dies passt ins Gesamtbild: Die theologische Debatte, und dazu wollte man die Hussiten bewegen, sollte auf dem Basler Konzil stattfinden. Hätten die Verfasser in ihrer Stellungnahme zum Landtagsbeschluss den Böhmen erneut die tiefen theologischen Gräben zwischen beiden Seiten vor Augen geführt, wäre die Bereitschaft der Hussiten, ihre Forderungen vor dem Basler Konzil zu verteidigen und sich dessen Schiedsspruch zu stellen, wohl endgültig unrealistisch geworden, genauso wie die damit verbundene Bereitschaft, sich auf einen Waffenstillstand bis zum Konzil einzulassen.

Wer waren nun die Verfasser dieses Textes? Die explizite Nennung der *doctores* weist eindeutig auf Universitätsprofessoren hin. Obwohl damit auch Pariser Gelehrte angesprochen sein könnten (die im anti-hussitischen Vorgehen 1429 eine Führungsrolle einnahmen), ist eine Abfassung durch Gelehrte der Wiener Universität plausibler: Sowohl der Überlieferungskontext der beiden Kodizes als auch die deutsche Fassung des Landtagsbeschlusses, die räumliche Nähe und die kurze Zeit, die für die Zusammenstellung dieser Reaktion zur Verfügung stand, sprechen dafür. Auch die unmittelbare Erwartung, dass in Kürze ein Generalkonzil einberufen werde, passt zum Wiener Kontext, da die Gelehrten (gemeinsam mit ihren Pariser Kollegen) noch im April ausdrücklich dafür eingetreten waren, mit der Hilfe Herzog Albrechts auf eine möglichst baldige Einberufung des Konzils hinzuwirken.

Die Wiener Gelehrten präsentieren sich in diesem Traktat als Verteidiger des geplanten Generalkonzils, das – als Repräsentant der Universalkirche – über die böhmische Häresie zu richten habe. Diese Formulierung verdeutlicht, dass das Zusammentreffen zwischen hussitischen und katholischen Vertretern auf dem Konzil aus Sicht der Verfasser nicht auf eine theologische Debatte, sondern auf eine Verurteilung von Häretikern abzielen sollte. Die Wiener Gelehrten positionieren sich als Vertreter eines hierarchisch akzentuierten Kirchenbildes: in Fällen von Häresie habe die Kirche, d. h. der Papst und die Bischöfe, zu richten. Konkret erlasse der Papst seine Verordnungen auf Konzilien gemäß den Beschlüssen der Bischöfe und den Ratschlägen der Gelehrten. Der niedere Klerus oder gar Laien, die polemisch mit Räubern und Trunkenbolden assoziiert werden, hätten auf Konzilien hingegen keinerlei Vollmachten oder Autorität.[214] Im Hintergrund dieser Zuspitzung stand die hussitische Ablehnung der päpstlichen Autorität und die Forderung, stattdessen ausgewähltem niederem Klerus oder Laien konziliare Entscheidungskompetenzen zu übertragen. Als Reaktion

---

214 Die in Basel verabschiedete Geschäftsordnung sollte hingegen auf möglichst breite Antizipation abzielen; stimmberechtigt waren alle Personen mit Universitätsabschluss. Zur Basler Geschäftsordnung und Theologie vgl. nur PRÜGL, Geschäftsordnung und Theologie; SUDMANN, Das Basler Konzil, bes. S. 11–22, jeweils mit weiterführender Literatur.

zeichnen die Verfasser ein hierarchisch ausgerichtetes Kirchenbild, in dem die Autorität des Papstes und der Bischöfe eine konstitutive Rolle spielt.[215] Obwohl die Wiener Gelehrten in den 1440er-Jahren vehemente Anhänger der Konzils-superiorität werden sollten, bedingte die hussitische Bedrohung am Vorabend des Basiliense eine dezidierte Verteidigung der päpstlichen Autorität.[216] Betont wird darüber hinaus die Funktion der Gelehrten auf den Konzilien, die mit ihrer Expertise den Papst und die Bischöfe beim Erlass kirchlicher Verordnungen unterstützen und im Umgang mit Häretikern eine zentrale Rolle einnehmen. In der *Glossacio* selbst halten sich die Verfasser mit inhaltlich-theologischen Bewertungen des Prager Landtagsbeschlusses zurück. Neben einer knappen ekklesiologischen und konziliaristischen Standortbestimmung stehen die kriegerische Verwüstung des Landes und der angestrebte Waffenstillstand mit den Hussiten im Fokus dieses Traktats. Prägendes Element ist dabei das (tatsächliche oder vermeintliche) Taktieren der Hussiten, deren Zusicherungen, einen vereinbarten Waffenstillstand einzuhalten, von den Verfassern kein Glauben geschenkt wird. Zu eindrucksvoll war die Erfahrung einer knapp zehn Jahre andauernden militärischen Konfrontation, die spätestens ab 1425 auch auf Österreich übergegriffen hatte.

Die Verfasser nehmen somit eine klare Oppositionshaltung zu den Hussiten und ihren Forderungen ein. Zur harschen Kritik an den kriegerischen Verwüstungen durch die Böhmen gesellt sich eine strikte Verteidigung der Autorität des Konzils, des Papstes und der Bischöfe. Der hierin ausgedrückte kompromisslose Standpunkt entspricht der Haltung, die Thomas Ebendorfer und die Wiener Universität auf dem Basler Konzil einnehmen sollten: Als Ebendorfer 1433 in Wien anfragte, inwieweit den Hussiten in der Frage des Laienkelchs entgegengekommen werden dürfe, verbot die Universität strikt jegliches Zugeständnis und forderte ihren Gesandten auf, im Falle des Falles sein Mandat umgehend niederzulegen.[217]

---

215 Die zugespitzte Positionierung, die in dieser Schrift zum Ausdruck kommt, liegt an der notwendigen Abgrenzung zu den hussitischen Forderungen. Eine breitere Untersuchung konziliaristischer Schriften von Wiener Gelehrten müsste zeigen, ob hier ein realistisches Bild eines »Wiener Konziliarismus« zum Ausdruck kommt, ob also die explizit hierarchische Ekklesiologie dem kontroverstheologischen Kontext geschuldet war oder tatsächlich der Haltung der Wiener Gelehrten entsprach. Zu den ekklesiologischen Positionen an der Wiener Universität zur Zeit der Reformkonzilien vgl. Becker, Konrad von Gelnhausen; Prügl, Ekklesiologische Positionen; Helmrath, Das Basler Konzil, S. 144 mit weiterer Literatur in Anm. 256. Wichtige Anmerkungen zum Themenfeld »Universitäten und Konziliarismus« bietet Helmrath, Das Basler Konzil, S. 137–151.

216 Vgl. dazu Helmrath, Das Basler Konzil, S. 144.

217 Siehe oben Kapitel II, S. 161 f.

4.11. Nikolaus von Dinkelsbühl als Kreuzzugsprediger gegen die Hussiten

4.11.1. Einleitung

Der Zeitraum zwischen 1420 und 1430 war nicht nur ein Jahrzehnt der diplomatisch-theologischen, sondern, beginnend mit der am 1. März 1420 von Papst Martin V. erlassenen Kreuzzugsbulle *Omnium plasmatoris Domini*,[218] auch der militärischen Auseinandersetzung. Martin V. favorisierte von Anfang an den militärischen Kampf gegen die Böhmen, während er Streitgesprächen und katholisch-hussitischen Treffen und Ausgleichsversuchen skeptisch gegenüberstand. Die wichtigste Rolle in der Verbreitung und Bekanntmachung der Kreuzzugsbullen spielten die päpstlichen Legaten.[219] Zwischen 1420 und 1431 sandte Martin V. insgesamt acht Legationen nach Deutschland, Böhmen und in die Nachbarländer, um für die Kreuzzüge gegen die Hussiten zu werben. Birgit Studt betonte den wichtigen Aspekt, dass durch die Tätigkeit der päpstlichen Legaten und ihre Verbreitung der Kreuzzugsaufrufe die anti-hussitische Doppelstrategie »theologische/diplomatische Auseinandersetzung – militärischer Kampf« mit einem dritten Aspekt verknüpft wurde: der Reform. Schon auf dem Konstanzer Konzil waren die *causa fidei* und die *causa reformationis* in Angriff genommen, jedoch nicht gelöst worden. Für Martin V. waren beide Aspekte aufs engste miteinander verknüpft, weshalb er im Kampf gegen die Hussiten eine grundsätzliche Reform der Laien und des Klerus für unumgänglich hielt. Die Ausbreitung der böhmischen Häretiker wurde nicht nur als ein zu bekämpfendes Phänomen, sondern auch als Ausdruck einer zugrundeliegenden Reformbedürftigkeit der Kirche verstanden. Scharfsinnig erkannte Martin V., dass es nicht ausreichte, nur die Häresie selbst zu bekämpfen, da die Böhmen neben häretischen Lehren auch realistische Kritik an tatsächlichen Missständen vorgebracht hatten, die seit Konstanz einer Lösung harrten. Die Tätigkeit der Legaten zielte nicht nur darauf ab, die weitere Verbreitung der hussitischen Lehren einzudämmen, sondern auch die zugrundeliegenden Ursachen durch Reformmaßnahmen zu bekämpfen.[220] Das Legateninstrument bildete somit nicht nur

---

218 Die Empfängerüberlieferung der Bulle ist gedruckt in PALACKÝ, Urkundliche Beiträge, Bd. 1, S. 17–20.

219 Zu den Kreuzzugsbullen und Legatenmissionen Martins V. vgl. STUDT, Legationen als Instrumente, bes. S. 425–438; STUDT, Papst Martin V., bes. S. 440–477, mit einer Fülle weiterführender Literatur. Vgl. auch ŠMAHEL, Die Hussitische Revolution, Bd. 2, S. 1072. – Eine Sammlung einschlägiger Quellen zu den Kreuzzügen gegen die Hussiten zwischen 1418 und 1437 findet sich in englischer Übersetzung mit knappen Einführungen in FUDGE, The crusade.

220 STUDT, Zur Verknüpfung, S. 154f.

das Bindeglied zwischen den drei Ebenen anti-hussitischen Vorgehens, sondern sorgte auch dafür, dass die päpstlichen Vorgaben auf allen Ebenen – bei Bischöfen, Städten, Universitäten, Fürsten und Gläubigen – möglichst bekannt gemacht und flächendeckend umgesetzt wurden.

Die erste Kreuzzugsbulle *Omnium plasmatoris Domini*, die Martin V. im März 1420 auf die Bitte König Sigismunds hin ausgestellt hatte, enthielt bereits alle programmatischen Aspekte. Der Papst rief darin alle kirchlichen und weltlichen Würdenträger – Erzbischöfe, Bischöfe, Äbte und Prälaten sowie Könige, Fürsten, Herren und Städte – auf, bewaffnet gegen die böhmischen Häretiker und deren Helfer vorzugehen und Kreuzzugsheere zu bilden.[221] Darüber hinaus sollten die Adressaten Geistliche zu Kreuzzugspredigern bestimmen.[222] Die Gläubigen selbst sollten auf den Kampf gegen die Hussiten eingeschworen werden und als äußeres Zeichen ein angeheftetes Kreuz tragen. Weiters sei den Hörern dieser Predigten ein Ablass von 100 Tagen zu gewähren. Auch die Kreuzfahrer selbst konnten Ablässe in Anspruch nehmen, für die Martin V. genaue Regelungen erließ.[223] Schon am 17. März machte Ferdinand von Lugo, der erste päpstliche Legat für die Hussitenangelegenheiten, die Bulle auf einem Reichstag in Breslau bekannt.[224] Die weitere Verkündigung dieser Bulle oblag weitgehend König Sigismund. Schon ein Jahr später sollte die Kreuzzugsverkündigung durch den Erlass einer neuen Bulle und die Ernennung Branda di Castiglionis zum *legatus a latere* eine neue Dynamik erhalten.

4.11.2. Die erste Legationsreise des Branda di Castiglioni (1421) und die Beauftragung des Nikolaus von Dinkelsbühl als Kreuzzugsprediger: »Kreuzzug als pastorales Programm«[225]

Cum autem sicut nuper ad audienciam nostram fide dignorum insinuacione pervenit, quod huiusmodi pestifere hereses non solum regnum et marchionatus predictos infecerint, verum eciam in plerisque aliis partibus, civitatibus, terris et locis Germanie paulatim serpere et pullulare incipiunt, schrieb Martin V. am 13. April 1421.[226] Mit dieser Ausweitung des Zuständigkeitsbereichs des päpst-

---

221 Den Inhalt der Bulle referierte schon STUDT, Papst Martin V., S. 440–442.
222 Zu Amt und Aufgaben der Kreuzzugsprediger vgl. etwa MAIER, Preaching the Crusades; COLE, The preaching; PIXTON, Die Anwerbung.
223 Zu den Detailregelungen siehe unten, S. 313f.
224 Vgl. STUDT, Papst Martin V., S. 442 mit Anm. 93 (dort auch Literatur zum Breslauer Reichstag).
225 So bezeichnete Birgit Studt treffend die erste Legation Brandas (STUDT, Papst Martin V., S. 499).
226 Martin V. stellte nicht nur eine neue Kreuzzugsbulle, sondern auch eine ganze Reihe von Urkunden für Kardinal Branda aus, die seine Vollmachten regelten. Einen detaillierten

lichen Legaten schuf der Papst die Voraussetzung für die folgende breite Verkündigung der neuen Kreuzzugsbulle *Redemptoris omnium*[227] durch Branda di Castiglioni. Mit Branda übernahm ein diplomatisch, juristisch und humanistisch gelehrter Kardinal das Amt des *legatus a latere*, der auch schon König Sigismund mehrfach diplomatische Dienste geleistet hatte.[228] War mit der Publikation der ersten Kreuzzugsbulle noch Sigismund betraut gewesen, wurde durch die Beauftragung Brandas nun ein breitgefächertes Instrumentarium ins Werk gesetzt. So sah die neue Kreuzzugsbulle *Redemptoris omnium* etwa vor, dass Branda zusätzlich Bischöfe, Prälaten und Theologen auswählen sollte, um ihn in der Bekanntmachung der Bulle zu unterstützen.[229] Um eine möglichst rasche und flächendeckende Verbreitung der Bestimmungen sicherzustellen, bediente sich Branda beglaubigter Abschriften, die er in Umlauf brachte, während er selbst durch Deutschland reiste und auch persönlich den Kreuzzug predigte.

Am 15. April 1421 begann Brandas Legationsreise nach Deutschland. Nachdem er an einem Städte- und Fürstentag in Oberwesel teilgenommen und von dort die Ablassversprechen an die Städte gesandt hatte, führte ihn seine Reise Anfang Juni nach Lahnstein.[230] Von dort aus reiste er den Rhein hinab weiter nach Köln, von wo aus er am 5. Juni detaillierte Anweisungen an Bischöfe und Kreuzzugsprediger aussandte. Diese Schreiben sind der erste direkte Hinweis darauf, dass auch Wiener Gelehrte in das Kreuzzugs- und Reformprogramm Kardinal Brandas eingebunden waren. Zwei Ausfertigungen dieser Anweisung sind erhalten: Die erste Fassung war an die Bischöfe gerichtet (hiervon ist das wohl an den Bischof von Regensburg ergangene Exemplar erhalten),[231] die zweite Fassung wurde an ausgewählte Kreuzzugsprediger geschickt. Von diesem Dokument ist jenes Exemplar erhalten, das Branda an den Wiener Gelehrten Nikolaus von Dinkelsbühl sandte.[232] Die Instruktionen Brandas an Dinkelsbühl

---

Überblick über die konkreten Aufträge und Vollmachten bietet STUDT, Papst Martin V., S. 445–454; das Zitat findet sich ebd., S. 445, Anm. 104.

227 Die Bulle ist gedruckt in PALACKÝ, Urkundliche Beiträge, Bd. 1, S. 70–75.

228 Zur Karriere und dem Reformprogramm Kardinal Brandas vgl. STUDT, Papst Martin V., S. 479–499 (in Anm. 2 ist die ältere einschlägige Literatur zusammengestellt) sowie den Art. »Castiglione, Branda da« in: DBI 22 (1979), 69–75 (Dieter GIRGENSOHN). Zur besonderen Rechtsstellung der *legati a latere* vgl. den Literaturüberblick in STUDT, Legationen als Instrumente, S. 423, Anm. 7.

229 MARTINUS V., Redemptoris omnium, S. 72.

230 An diesem Treffen nahm nicht nur der Erzbischof von Mainz, sondern auch der Dominikaner Jacobus von Clavaro teil, der bei der Abfassung eines Traktats gegen die Vier Prager Artikel im Umfeld der Wiener Universität um 1424 eine wichtige Rolle spielen sollte (STUDT, Papst Martin V., S. 506); vgl. auch unten, Kapitel V.

231 Der Text des Schreibens ist in der Hussitenchronik des Andreas von Regensburg überliefert und gedruckt in PALACKÝ, Urkundliche Beiträge, Bd. 1, S. 108–116.

232 Analoge Schreiben an andere Bischöfe oder Gelehrte wurden bislang nicht bekannt. Da

sind in vier Abschriften überliefert und wurden von Alois Madre 1972 veröffentlicht.[233] In diesem Schreiben übermittelte Branda dem Nikolaus in 21 Punkten konzise und sehr detaillierte Erläuterungen jener Bestimmungen, die Martin V. in seiner Kreuzzugsbulle festgelegt hatte. Das zentrale Element dabei war der mit den Kreuzzügen und -predigten verbundene Ablass – ein (teilweiser oder vollständiger) Erlass zeitlicher Sündenstrafen, verbunden mit sakramentaler Beichte und Kommunion[234] –, der für alle Formen der Unterstützung in gestaffeltem Umfang zugesprochen wurde. So sollte etwa all jenen, die selbst an einem Kreuzzug teilnahmen oder durch finanzielle Unterstützung dafür sorgten, dass andere Personen daran teilnehmen konnten, ein vollkommener Ablass gewährt werden;[235] Zuhörern einer Kreuzzugspredigt stand ein 100-tägiger Ablass zu.[236] Allen, die etwa durch Bußübungen oder Gebete zum Gelingen der Kreuzzüge beitrugen oder sonstige Hilfe und Unterstützung leisteten, sollte hingegen ein 60-tägiger Ablass gewährt werden.[237] Auch die Menge und die unterschiedlichen Arten der Gebete wurde den Welt- und Ordensgeistlichen vorgeschrieben: So sollten die weniger Gebildeten (*indocti seu illiterati*) 50 »Vater unser« und »Ave Maria«, die Gebildeten (*docti vel litterati*) hingegen sieben Bußpsalmen, die Litanei, einige Kollekten und zusätzliche Gebete sprechen. Dazu war einmal wöchentliches Fasten vorgesehen.[238] In allen Kathedral-, Stifts- und Pfarrkirchen sollte zudem jede Woche eine Votivmesse für ein erfolgreiches Vorgehen gegen die Hussiten gefeiert werden.[239] Ebenso finden sich

---

Kardinal Branda jedoch an einer möglichst großen Breitenwirkung seiner Instruktionen gelegen war, ist davon auszugehen, dass er noch andere Gelehrte oder Prediger explizit mit der Kreuzzugspredigt beauftragte. Eine Beschränkung auf Nikolaus von Dinkelsbühl wäre für Brandas Anliegen kontraproduktiv gewesen.

233 Brandas Schreiben an Nikolaus von Dinkelsbühl ist ediert in MADRE, Kardinal Branda an Nikolaus von Dinkelsbühl, S. 90–99 (BRANDA, Bulla sive modus). Abschriften dieses Textes finden sich in der Fürstlich Fürstenbergischen Hofbibliothek Donaueschingen und den Stiftsbibliotheken Schlägl, Zwettl und Klosterneuburg (auf die ersten drei Handschriften verweist MADRE, Kardinal Branda an Nikolaus von Dinkelsbühl, S. 89; den Textzeugen Klosterneuburg, Stiftsbibliothek, Cod. 382, fol. 353–356 ergänzte STUDT, Papst Martin V., S. 511, Anm. 147). – Madre kannte die parallel an die deutschen Bischöfe gerichtete Fassung dieses Schreibens nicht (vgl. STUDT, Papst Martin V., ebd.).

234 Zur Ablasspraxis im Mittelalter vgl. etwa LAUDAGE, Das Geschäft; BYSTED, The Crusade Indulgence; HAMM, Typen spätmittelalterlicher Gnadenmentalität; SWANSON, Promissory Notes; PAULUS, Geschichte des Ablasses im Mittelalter; PAULUS, Geschichte des Ablasses am Ausgang des Mittelalters, sowie den Art. »Ablass«, in: TRE 1 (1977), 347–364, bes. 347–355 (Gustav Adolf BENRATH).

235 BRANDA, Bulla sive modus, S. 91 (Nr. 4 und 5). – Einen Überblick über den Inhalt dieser Instruktion bieten auch MADRE, Kardinal Branda an Nikolaus von Dinkelsbühl, S. 88 und STUDT, Papst Martin V., S. 508.

236 BRANDA, Bulla sive modus, S. 90 (Nr. 1).

237 Ebd., S. 91–93 (Nr. 6–11).

238 Ebd., S. 92 (Nr. 7).

239 Ebd., S. 92f. (Nr. 8).

genaue Vorgaben zur Art und Weise der Übergabe des Kreuzes: Um eine einheitliche und rasche Übergabe zu gewährleisten, solle ein Kreuzeszeichen aus rotem Stoff gefertigt und mit nur einer Nadel den Kreuzfahrern angeheftet werden. Angenäht könne das Zeichen später werden.[240] Darüber hinaus finden sich Regelungen, die speziell die Kreuzzugsprediger betrafen: Wenn diese den Kreuzfahrern die Beichte abnähmen, stünden ihnen all jene Vollmachten zu, die eigentlich Reservatsfälle des apostolischen Stuhles seien.[241] Auch etwaige Wallfahrtsgelübde ins Hl. Land sollten durch die Teilnahme an einem Hussitenkreuzzug abgegolten werden können, so wie überhaupt den Kreuzfahrern nach Böhmen dieselben Privilegien zustünden wie Kreuzfahrern ins Hl. Land.[242] Abschließend legte Branda sogar Absolutionsformeln für die Beichtväter und den Wortlaut von Formeln für die Ablassvergabe vor, genauso wie die Gebete, die beim erwähnten Anheften des Stoffkreuzes vorgesehen waren.[243]

Diese detaillierten Vorgaben und Regelungen zeigen zum einen, wie konsequent Kardinal Branda an einer einheitlichen Realisierung des Kreuzzugsprogramms gelegen war. Zum anderen lässt sich daran erkennen, dass dieses Programm eine stark pastorale Komponente hatte und es nicht nur darum ging, militärische Kämpfer gegen die böhmischen Häretiker zu rekrutieren. Tatsächlich mit den Kreuzzugsheeren nach Böhmen zu ziehen war nur eine Facette eines breitgefächerten Repertoires an Möglichkeiten, sich am Kampf gegen die Hussiten zu beteiligen. Die Abstufung der Ablasshöhe ermöglichte es, nicht nur die Kreuzfahrer selbst, sondern alle Gläubigen auf unterschiedliche Art und Weise, je nach den eigenen Möglichkeiten, in die anti-hussitischen Bemühungen einzubeziehen.[244] Im Kern sprachen die Instruktionen Brandas alle Ebenen des kirchlichen Lebens an und stellten sicher, dass die Notwendigkeit, gegen die Hussiten vorzugehen, omnipräsent blieb; wie etwa durch die Verpflichtung aller Kathedral-, Stifts- und Pfarrkirchen, einmal wöchentlich eine Votivmesse für einen guten Ausgang des Hussitenkampfes zu feiern.[245] Diese öffentlichkeits-

---

240 Ebd., S. 91 (Nr. 2 und 3).
241 Ebd., S. 94 (Nr. 13).
242 Ebd., S. 93–95 (Nr. 12 und 14).
243 Ebd., S. 95–99 (Nr. 16–21).
244 Wie STUDT, Papst Martin V., S. 441 f. zeigte, orientierten sich diese Bestimmungen an der Dekretale *Ad liberandam* Papst Innozenz' III., die dieser auf dem IV. Laterankonzil erlassen hatte. Schon Innozenz war es auf diese Weise gelungen, alle Gläubigen, unabhängig von einer tatsächlichen Teilnahme am Kreuzzug, einzubinden. Auch durch Spenden oder fromme Werke konnte ein vollkommener Ablass gewonnen werden, wodurch sich alle Gläubigen am Reformprogramm beteiligen konnten (Kreuzzug und Kirchenreform wurden als zwei Seiten einer Medaille verstanden): »Das spirituelle Konzept des Kreuzzugs als Gelegenheit zu Umkehr und Buße verband Innocenz III. im Interesse der Finanzierung des Unternehmens mit ganz praktischen Zielen, indem er Buße und Kreuzzugsopfer in einen engen Zusammenhang brachte« (ebd.).
245 Zu den Votivmessen *contra Hussones* vgl. MACHILEK, Z zavedení.

wirksame Sensibilisierung der Gläubigen für die hussitische Gefahr zeigt sich etwa auch an den öffentlichen *staciones*, die in Wien 1420 eingeführt und 1421 erneuert worden waren.[246] Die konkreten Vorgaben für Bußleistungen oder Gebete der Gläubigen zeigen, dass der Kampf gegen die Böhmen keiner ausgewählten Gruppe vorbehalten blieb, sondern als Verpflichtung jedes Gläubigen im Alltag verstanden werden musste. Durch die Ablässe sollten diese zudem zu Buße und Beichte ermuntert werden, was sich, genau wie der Aufruf zu Fasten und Gebeten, durchaus in die angestrebte Reform des Bußwesens und der kirchlichen Praxis einfügte.[247] Dass sich der päpstliche Legat ausdrücklich an Nikolaus von Dinkelsbühl wandte, lag wohl nicht nur an der engen Verbindung des Dinkelsbühlers zu Herzog Albrecht, sondern auch an seinem Engagement im Rahmen der sog. Melker Reform. Branda dürfte Nikolaus schon auf dem Konstanzer Konzil kennengelernt haben, wo der Wiener zu Beginn des Konzils eine Predigt vor Johannes XXIII. und später weitere zwei Predigten vor Martin V. hielt, in denen er die herrschenden Missstände in der Kirche scharf kritisierte und sich für die unbedingte Notwendigkeit von Reformen aussprach.[248]

Brandas Instruktion an Nikolaus von Dinkelsbühl stimmt inhaltlich mit seinen zeitgleichen Anweisungen an die Bischöfe überein. Letztgenanntes Schreiben beinhaltet lediglich eine kurze Einleitung, in der die Bischöfe ihrerseits beauftragt werden, geeignete Kreuzzugsprediger auszuwählen. Auch in Brandas Schreiben an Dinkelsbühl finden sich, im Anschluss an die eigentlichen Instruktionen, zwei Ankündigungen, die nun die Kreuzzugspredigt im eigentlichen Sinn betrafen:[249] Nikolaus sollte demnach, in Ausübung seines ihm durch den päpstlichen Legaten verliehenen Mandats, einen theologischen Magister bestimmen, der künftig in St. Stephan in Wien das Kreuz *contra haereticos praefatam perfidiam sectantes* predigen solle. Diese Predigt solle nicht nur gegen die Hussiten gerichtet sein, sondern den Gläubigen auch die damit einhergehenden Ablässe erläutern, die nicht nur für das tatsächliche Tragen von Waffen, sondern auch für Gebete und sonstige Hilfen gewährt würden. All jenen, die dieser Kreuzzugspredigt oder der anschließenden Messe beiwohnten, stünde ein 100-tägiger Ablass zu.[250] Aus besagter Messe sollte eine wöchentliche Einrich-

---

246 Vgl. dazu oben Kapitel II, S. 124–127.

247 Johannes Ragusa berichtet, dass auf dem Konzil von Pavia-Siena im November 1423 eine *Cedula* vorgelegt wurde, in der die Ermunterung der Gläubigen durch Ablässe zu Buße und Beichte sowie Fasten, Gebeten und frommen Werken als wirksames Mittel der Kirchenreform vorgestellt wurde (MC I, S. 27–30; vgl. BRANDMÜLLER, Pavia-Siena, S. 193).

248 Zu Brandas Aufenthalt in Konstanz vgl. STUDT, Papst Martin V., S. 481 f.; zu Dinkelsbühls Wirken auf dem Konzil vgl. MADRE, Nikolaus von Dinkelsbühl, S. 22–26 (zu den Predigten ebd., S. 277–281) und oben Kapitel I (passim).

249 BRANDA, Intimatio, und BRANDA, Alia intimatio.

250 »(...) cras post pulsum magnae campanae ad sanctum Stephanum quidam magister in theologia, per venerabilem dominum magistrum Nicolaum de Dinchelspuchel, professo-

tung werden,[251] wie es Brandas Instruktion für alle Kathedral-, Stifts- und Pfarrkirchen vorsah.

Dass nicht nur hinsichtlich der Votivmessen, sondern auch hinsichtlich der Kreuzzugspredigten eine regelmäßige Praxis etabliert werden sollte, wird durch die zweite Instruktion verdeutlicht, die sich direkt im Anschluss findet. *Alia intimatio, scilicet dominica sequenti post illam intimationem* lautet deren Überschrift.[252] Künftig solle morgens, zur gewohnten Predigtstunde, wiederum ein Magister der Theologie das Kreuz gegen die Anhänger der böhmischen Häresie predigen, und wiederum solle den gläubigen Zuhörern ein Ablass von hundert Tagen gewährt werden.[253] Sofern die Überschrift dieser Anordnung authentisch ist und bereits in der Vorlage enthalten war, sah Branda also wöchentliche Kreuzzugspredigten an den Sonntagen und darauf folgende Votivmessen vor. Neben einer Warnung vor den böhmischen Häretikern kam den Kreuzzugspredigern insbesondere die Aufgabe zu, den Gläubigen die genauen Ablassregelungen und ihre Möglichkeiten der Beteiligung zu erläutern. Die Prediger selbst sollten von Nikolaus von Dinkelsbühl bestimmt werden.

Die drei Instruktionen zeigen somit, dass Branda nicht nur daran gelegen war, Nikolaus von Dinkelsbühl selbst mit der Kreuzzugspredigt zu beauftragen. Genau genommen übermittelte er ihm, genau wie den deutschen Bischöfen, die ausführlichen Erklärungen zur päpstlichen Kreuzzugsbulle und beauftragte ihn – wiederum wie die deutschen Bischöfe –, geeignete Kreuzzugsprediger zu bestimmen. In gewisser Weise nahm Nikolaus von Dinkelsbühl im Kreuzzugsprogramm des Kardinal Branda jene Rolle und Aufgabe ein, die – so es einen gegeben hätte – dem Bischof von Wien zugekommen wäre. Dies ist einerseits erstaunlich, da sich Branda mit seinen Instruktionen ebenso an den Offizial des Passauer Bischofs in Wien oder den Passauer Bischof selbst hätte wenden können. Andererseits entsprach dieses Vorgehen den Bestimmungen der im

---

rem in eiusdem ac executorem mandati eiusdem reverendissimi domini legati deputatus, praedicabit ibidem crucem contra haereticos praefatam perfidiam sectantes, expositurus indulgentias, quas cruce signandi contraque ipsos pugnaturi seu tales expensantes, necnon et omnes fideles quomodolibet auxiliantes aut etiam huiusmodi armigeros et fidei ac instantem ecclesiae necessitatem commendantes misericordi Deo devotis suis orationibus consequentur. Et cuilibet fidelium confesso et contrito huiusmodi praedicationem audienti auctoritate apostolica dictique domini legati centum dies de inunctis sibi poenitentiis relaxabit« (BRANDA, Intimatio).

251 »Item immediate post praedictam praedicationem et consequenter omni hebdomada semel cantabitur devote missa pro eadem ecclesiae necessitate. Cui quicumque fidelium, qui tunc vel infra octo dies immediate sequentes erit in gratia, iuxta praefati domini legati dispositionem devote intererit, centum dies indulgentiarum similiter consequetur« (ebd.).

252 BRANDA, Alia intimatio, S. 99.

253 »(...) Cras mane, hora praedicationis consueta, quidam magister in theologia praedicabit crucem contra dictae haeresis sectatores, et cuilibet fidelium audienti confesso et contrito centum dies de iniunctis sibi poenitentiis relaxabit« (BRANDA, Alia intimatio, S. 100).

Frühjahr 1421 veröffentlichten Kreuzzugsbulle *Redemptoris omnium*, gemäß welcher Branda in der Verkündigung der Kreuzzugsbulle durch von ihm gewählte Prälaten und Theologen unterstützt werden sollte.[254]

Die Verkündigung des Kreuzzugs war somit dreistufig organisiert: Kardinal Branda wurde von Martin V. für einen klar definierten geographischen Raum – Böhmen, Mähren, Meißen und Deutschland – mit der Bekanntmachung der Kreuzzugsbullen und der Kreuzzugspredigt beauftragt (Ebene 1). Dazu erteilte ihm der Papst explizite Vollmachten. Branda übertrug in der Folge den einzelnen Bischöfen (Ebene 2) den Auftrag, in ihren (Erz-)Bistümern geeignete Kreuzzugsprediger auszuwählen (Ebene 3). Ziel war eine möglichst flächendeckende Bekanntmachung der Kreuzzugsbestimmungen. Zeitgenössische Kritiken zeigen, dass manche Bischöfe in der Umsetzung ihres Auftrags so weit gingen, alle Pfarrer ihrer Diözese pauschal zu Kreuzzugspredigern zu ernennen.[255] Rolle und Aufgabe der Bischöfe war es somit nicht nur, die Kreuzzugsbestimmungen durch ihre eigenen Predigten bekannt zu machen, sondern insbesondere auch, als Multiplikatoren zu wirken und die flächendeckende Kreuzzugspredigt im eigenen Bistum zu organisieren und durch Delegation sicherzustellen.

Während der Wirkungsbereich der Bischöfe durch ihr Diözesangebiet klar begrenzt war, stellt sich bei Nikolaus von Dinkelsbühl die interessante Frage, für welches Gebiet er zum Kreuzzugsprediger ernannt wurde. Die Beauftragung durch Kardinal Branda enthält diesbezüglich keine expliziten Regelungen. Das Kreuzzugsprogramm Martins V. war so konzipiert, dass zwar seine Legaten weite Reisen unternahmen, die mittlere Ebene – zu der neben den Bischöfen auch Dinkelsbühl zu rechnen ist – hingegen stärker durch Weitergabe der Kreuzzugsbefugnis denn durch eigene Reisetätigkeiten eine breite Bekanntmachung der Bestimmungen erreichen sollten. Anstatt selbst durch das eigene Bistum zu reisen, sollten die Bischöfe geeignete Personen vor Ort bestimmen. Inwieweit die so bestimmten Personen Wanderprediger waren und reisen mussten, hing davon ab, wie viele Prediger der einzelne Bischof für sein Bistum bestimmte (beauftragte der Bischof pauschal alle Prälaten und Pfarrer mit der Kreuzzugspredigt, war keine oder kaum Reisetätigkeit erforderlich; beauftragte er nur wenige ausgewählte Personen hingegen schon). Dazu liegen leider nur punktuelle Nachrichten vor. Reisetätigkeiten als Kreuzzugsprediger sind für

---

254 Vgl. Studt, Papst Martin V., S. 445. In der Bulle *Omnium plasmatoris Domini* vom März 1420 waren nur die Erzbischöfe, Bischöfe, Äbte und Prälaten damit beauftragt gewesen, Geistliche zur Kreuzzugspredigt auszuwählen (ebd., S. 441).

255 Job Vener hatte etwa harsche Kritik am Vorschlag der Kurfürsten geäußert, dass der Kreuzzug in jeder Pfarrkirche gepredigt werden sollte (Studt, Papst Martin V., S. 513). Auch Ludolf von Sagan äußerte Zweifel daran, ob die angebliche Verfügung des Breslauer Bischofs, alle Prälaten und Pfarrer zu Kreuzzugspredigern zu ernennen, gültig sei (ebd., S. 515).

Nikolaus von Dinkelsbühl jedenfalls nicht belegt. Sein primärer Auftrag lautete, theologische Magister zu bestimmen und zu instruieren, um an bestimmten Tagen in St. Stephan Kreuzzugspredigten zu halten. Die explizite Bezugnahme auf St. Stephan spricht dafür, dass seine Tätigkeit auf Wien beschränkt gewesen sein dürfte. Durch seine Stellung an der Wiener Universität konnte Dinkelsbühl dafür Sorge tragen, dass geeignete *magistri in theologia* mit den Predigten beauftragt wurden. Seine Aufgabe lag somit weniger in Reisetätigkeit und Wanderpredigt als in der Koordination der Kreuzzugspredigten in Wien.

Zum Frühsommer 1423 sind uns aufschlussreiche ergänzende Hinweise erhalten: So berichtet die *Kleine Klosterneuburger Chronik*, dass Kardinal Branda Anfang Juli 1423, nach einem Aufenthalt in Klosterneuburg, in Begleitung des Jacobus von Clavaro nach Wien gekommen war.[256] Dort ernannte er im Schottenkloster den Schottenabt Nikolaus von Respitz, den Melker Abt Nikolaus Seyringer und Petrus Deckinger, Dekan von St. Stephan und Universitätsgelehrter, zu Kreuzzugspredigern in Österreich. Da die entsprechende Urkunde im Archiv des Schottenklosters nicht auffindbar ist, kann der genaue Wortlaut dieser Beauftragung nicht rekonstruiert werden.[257] Wenn die Quelle tatsächlich Österreich als Wirkungsgebiet der Prediger nannte, wäre sie für die Frage nach der geographischen Zuständigkeit der Kreuzzugsprediger sehr aufschlussreich. Dass die Beauftragung für ganz Österreich galt, könnte jedoch auch eine Interpretation Hauswirths gewesen sein. Da keine Details zu den Predigten der genannten Personen bekannt sind, kann diese Frage nicht endgültig geklärt werden. Dass neben den Wienern auch der Melker Abt beauftragt wurde, deutet aber darauf hin, dass sich die Tätigkeit der Prediger nicht nur auf Wien, sondern

---

256 Zeibig, Kleine Klosterneuburger Chronik, S. 247; vgl. Studt, Papst Martin V., S. 531 mit Anm. 237 und Opll, Nachrichten, S. 124f. (falsch datiert).

257 Studt, Papst Martin V., S. 531 mit Anm. 238. – Die Beauftragung der drei Genannten schildert Ernest Hauswirth, Archivar und ab 1881 Abt des Wiener Schottenstiftes, in seinem 1858 erschienenen *Abriß einer Geschichte der Benedictiner-Abtei Unserer Lieben Frau zu den Schotten in Wien*: »Da die fanatischen Hussiten wiederholte verheerende Einfälle nach Österreich machten, wobei auch alle Stiftsbesitzungen am linken Donauufer arg mitgenommen wurden, und durch gewöhnliche Mittel denselben kein Einhalt gethan werden konnte, so wurde das Kreuz gegen sie gepredigt. Unserem Abte Nicolaus, wie auch dem Abte Nicolaus von Melk und dem Dechante zu St. Stephan Peter Deckinger übertrug als geeigneten Personen der päpstliche Legat Kardinalpriester Branda die Vollmacht zu Kreuzpredigten in Österreich zugleich mit dem Rechte, auch Andere zu substituiren, nebstdem wichtige Befugnisse bezüglich des Bußsakramentes und des Ablasses (1423)« (Hauswirth, Abriß, S. 30). Hauswirth gibt dafür keine Belege an. Dass ihm eine entsprechende Instruktion vorgelegen haben muss, zeigen jedoch die Details, die er ebd., Anm. 5 erwähnt: »Sie erhielten die Befugnisse, den Kreuzfahrern, natürlich unter Voraussetzung einer reumüthigen Beicht, alle Sünden nachzulassen und denen, die für den Erfolg des Kreuzzuges beten, 60 tägigen, und die den Predigten beiwohnen, 100 tägigen Ablass zu ertheilen.« Diese Bestimmungen entsprechen der Anweisung an Nikolaus von Dinkelsbühl (siehe oben, S. 312–314).

wenigstens bis Niederösterreich – und über das Reformnetzwerk wohl auch darüber hinaus – erstrecken sollte. Gesichert ist jedenfalls, dass neben Nikolaus von Dinkelsbühl auch zwei Reformäbte und der Wiener Domdekan von Branda in das Kreuzzugsprogramm eingebunden wurden. Es wurden also insbesondere Personen beauftragt, die sich in der (Melker) Reform bereits hervorgetan hatten. Auch dies ist ein sprechendes Beispiel für Brandas enge Verknüpfung von Kreuzzugspredigt und Kirchenreform. Die Vollmachten, die ihm Martin V. für seine Legationsreise übertragen hatten, waren zum Teil dezidiert auf Reformmaßnahmen ausgelegt.[258] Obwohl Martin V. seinem Legaten speziell Mönche des Dominikaner-, Franziskaner- und Augustinereremitenordens als Unterstützung im anti-hussitischen Kampf empfohlen hatte,[259] bevorzugte Branda die beiden reformerprobten Benediktineräbte. Auch Nikolaus von Dinkelsbühls Reformeifer wird, ebenso wie seine institutionelle Einbindung in die Wiener Universität, dazu beigetragen haben, dass ihn der päpstliche Legat zu einer wichtigen Stütze seiner groß angelegten Kreuzzugskampagne machte. Sechs Jahre später sollte es Papst Martin V. seinem Legaten gleichtun.

4.11.3. Zwischen Giordano Orsini und Henry Beaufort: Zur neuerlichen Beauftragung des Nikolaus von Dinkelsbühl mit der Kreuzzugspredigt durch Papst Martin V. (Februar 1427)

Sechs Jahre später stellte sich die Situation deutlich anders dar. Nach zwei gescheiterten Kreuzzügen wurde nicht nur die Lage in Böhmen zunehmend kritischer, auch die Motivation und das Interesse der katholischen Fürsten an den Feldzügen hatte merklich nachgelassen. Die Legatentätigkeit des römischen Kardinals Giordano Orsini 1426[260] stellte nur ein kurzes Intermezzo dar und zeitigte keine großen Erfolge. Auf Wien hatte das Wirken Orsinis dennoch direkte, allerdings nur kurze Auswirkungen, da dieser am 1. September 1426 Wilhelm von Durs,[261] den Propst von St. Stephan, zum Kreuzzugsprediger in Österreich bestimmte. Damit ging auch die Vollmacht einher, jenen Kreuzfahrern, die am Feldzug Herzog Albrechts teilnahmen, Ablässe zu gewähren.[262] Dieses Vorgehen Orsinis löste in Wien offenbar Irritationen aus, da nun unklar war, ob die Beauftragung des Nikolaus von Dinkelsbühl durch Kardinal Branda

---

258 So etwa die Vollmacht, Metropolitan-, Kathedral- und Kollegiatkirchen, Klöster und andere Kirchen zu visitieren und zu reformieren (STUDT, Papst Martin V., S. 452, Nr. 49). Eine Liste aller Aufträge und Vollmachten Brandas ebd., S. 445–452.
259 Ebd., S. 450.
260 Zur Legation Orsinis vgl. STUDT, Papst Martin V., S. 621–635.
261 Zu Wilhelm von Durs vgl. AFA I, S. 570.
262 Vgl. STUDT, Papst Martin V., S. 633f. mit Anm. 64 und 65.

1421 oder die 1426 folgende Ernennung Wilhelms von Durs zum Kreuzzugsprediger gültig sei. Daraufhin griff Papst Martin V. selber ein und schicke ein mit
6. Februar 1427 datiertes Schreiben nach Wien. Dass Branda Deutschland verlassen habe und seine Legation erloschen sei, habe Zweifel hervorgerufen, wer
das Amt des Kreuzzugspredigers nun tatsächlich innehabe, so der Papst. Klar-
zustellen sei jedoch, dass die Beauftragung Dinkelsbühls nie in irgendeiner
Weise widerrufen worden, sondern nach wie vor gültig sei. Dieser solle daher
auch künftig darauf hinwirken, durch Predigten an das Volk, Beichthören und
heilsame Bußstrafen das Seelenheil der Gläubigen zu stärken und die perfiden
hussitischen Häretiker zu zerstreuen.[263] Weshalb Giordano Orsini den Propst
von St. Stephan mit der Kreuzzugspredigt beauftragte, anstatt das Amt des
Nikolaus von Dinkelsbühl zu erneuern, ist nicht bekannt. Letztlich bleibt auch
unklar, ob Orsini beabsichtigte, Wilhelm von Durs zusätzlich zu Nikolaus von
Dinkelsbühl oder an seiner statt zum Kreuzzugsprediger zu ernennen. Es liegen
auch keine Nachrichten darüber vor, ob Martin V. die Beauftragung des Wilhelm
kassierte oder beide Prediger den Legaten gleichermaßen unterstützen sollten.

Diese kurze Episode bietet interessante Hinweise: Zum einen erfahren wir
daraus, dass die 1421 durch Branda erfolgte Beauftragung Dinkelsbühls zum
Kreuzzugsprediger offenbar auch in den folgenden Jahren Gültigkeit hatte und
Nikolaus auch als solcher gewirkt haben dürfte. Dass Martin V. den Wiener
Gelehrten 1427 persönlich ermunterte, auch weiterhin das Kreuz gegen die
Böhmen zu predigen, zeigt, welche Wichtigkeit dieser Aufgabe zukam. Darüber
hinaus wird in diesem Schreiben die enge Verbindung zwischen der Kreuz-
zugspredigt und einem grundsätzlichen pastoralen »Reformanliegen« deutlich:
Im Zentrum sollten auch weiterhin Predigt, Beichte und Buße stehen.

Über die konkreten Auswirkungen der Kreuzzugspredigten des Nikolaus von
Dinkelsbühl und die praktische Umsetzung der päpstlichen Vorgaben gibt es
leider keine Nachrichten. Obwohl anzunehmen ist, dass die Anordnung Kardinal Brandas, einmal wöchentlich in St. Stephan das Kreuz zu predigen, (wenigstens für eine gewisse Zeit) befolgt wurde, wurden bislang keine Kreuzzugspredigten von Wiener Gelehrten bekannt, die darüber Aufschluss geben
würden, wie konkret den Gläubigen die zu erlangenden Ablässe erklärt und sie
für die Hussitengefahr sensibilisiert wurden. Auch die Rezeption oder der »Erfolg« der Kreuzzugspredigten sind nicht quantifizierbar. Weder verfügen wir
über Nachrichten, wie viele Gläubige Kreuzzugsablässe in Anspruch nahmen,
noch wissen wir, inwiefern sich die Buß- und Bet-Praxis dadurch tatsächlich

---

263 Dieses Schreiben Martins V. ist nicht gedruckt und nur als Urkunde im Vatikanischen
    Archiv erhalten (das Regest in: Quellen zur Geschichte der Stadt Wien, I. Abt., Bd. 1, S. 29
    (Nr. 144); vgl. MADRE, Nikolaus von Dinkelsbühl, S. 28, Anm. 126). Den Inhalt referiert
    jedoch STUDT, Papst Martin V., S. 635, auf die sich unsere Ausführungen stützen.

änderte.[264] Festzuhalten bleibt jedenfalls, dass ab 1420/21 die anti-hussitischen Bemühungen verstärkt auch auf »pastoralem« Weg kommuniziert wurden. Schon im Mai 1420 hatte die Universität beschlossen, zur Ausrottung der Hussiten *staciones* durchzuführen, öffentliche Gottesdienste mit kurzen Predigten oder knappen katechetischen Darlegungen durch Universitätsangehörige, die die Gläubigen vor den Konsequenzen der hussitischen Lehren warnen sollten. Im Mai 1421 bekräftigte Herzog Albrecht den Wunsch, diese Praxis wieder aufzunehmen. Während die *staciones* jedoch als Idee innerhalb der Universität entstanden bzw. von Herzog Albrecht forciert wurden, kamen die Beauftragung zur Kreuzzugspredigt und sämtliche Regelungen zu deren Häufigkeit 1421 von Branda di Castiglioni, 1427 von Papst Martin V. selbst. Die Wiener Universität sah sich somit einerseits in das große Reform- und Kreuzzugsprogramm des Papstes und seiner Legaten eingebunden, verwirklichte daneben aber auch eigene, durch Herzog Albrecht geförderte Maßnahmen, die Gläubigen vor der hussitischen Häresie zu warnen. Beide Ebenen gingen Hand in Hand.

Wenngleich auch keine Kreuzzugspredigten erhalten sind, soll abschließend eine Predigt des Nikolaus von Dinkelsbühl gegen die Hussiten besprochen werden, die dieser 1429 vor dem Erzbischof von Mainz hielt.

4.11.4. Zur anti-hussitischen ›Collatio coram Maguntino episcopo‹ des Nikolaus von Dinkelsbühl (1429)

Von 4.–13. Dezember 1429 fand – wiederum in Pressburg – ein Reichstag statt. Der Ablauf des Reichstags selbst kann hier außer Acht bleiben.[265] Für unsere Fragestellung ist wichtig, dass auch Konrad III. von Daun,[266] der Erzbischof von

---

264 Job Vener, kurzpfälzischer Rat und Jurist, wollte Brandas Kreuzzugsbestimmungen etwa insofern einschränken, als nur jenen Gläubigen ein Plenarablass zustehen sollte, die mindestens einen Kämpfer ausstatteten; Branda hatte hingegen vorgesehen, dass auch die gemeinschaftliche Finanzierung eines Kämpfers für jeden der Beteiligten einen vollkommenen Ablass nach sich ziehen sollte. Darin sah Job Vener jedoch Gefahren von (auch seelsorglichen) Missbräuchen. Auch die Verordnung, in jeder Pfarrkirche den Kreuzzug predigen zu lassen, sah er kritisch, da dafür erst einmal genug geeignete Männer zur Verfügung stehen müssten. Selbiges galt für die Auswahl der Beichtväter, denen immerhin umfassende Absolutionsvollmachten zukamen. Dies deutet mögliche Szenarien (oder tatsächliche Vorkommnisse?) wenigstens an (vgl. dazu STUDT, Papst Martin V., S. 513f. mit näheren Details und Quellenhinweisen).

265 Über den Pressburger Reichstag berichten die Deutschen Reichstagsakten, Bd. 9, S. 341–371; vgl. außerdem DALDRUP, Zwischen König und Reich, S. 294–300; HOENSCH, Kaiser Sigismund, S. 358f.

266 Zu Konrad vgl. den Art. »Konrad III., Wild- und Rheingraf v. Daun«, in: Neue Deutsche Biographie 12 (1980), 512 (Anton Ph. BRÜCK); den Art. »Konrad III., Erzbischof von Mainz

Mainz, an diesem Reichstag teilnahm.[267] Auf dem Weg nach Pressburg machte Konrad offenbar in Wien Halt, wo Nikolaus von Dinkelsbühl vor ihm eine antihussitische Predigt hielt.

Die Predigt des Nikolaus ist in vier Abschriften überliefert und bislang ungedruckt.[268] Alois Madre vermutete, dass sie den Jahren 1423 oder 1427 zuzuordnen sei.[269] Paul Uiblein konnte durch das Auffinden einer weiteren Abschrift im Wiener Kodex CVP 4034 jedoch nachweisen, dass sie 1429 in Wien gehalten wurde.[270] Thema der Predigt ist die Schriftstelle 1 Thess 3,1 (*Si quis episcopatum desiderat, bonum opus desiderat*). In Anlehnung an Thomas von Aquin eröffnet Nikolaus seine Predigt mit drei grundsätzlichen Überlegungen, die hinsichtlich des Bischofsamtes zu betrachten seien.[271] Die Hauptsache und das Ziel sei es, dass die Handlungen des Bischofs auf den (geistlichen) Nutzen des Nächsten ausgerichtet seien; das zweite sei die Höhe des Ranges, da der Bischof über alle anderen gesetzt sei; das dritte sei schließlich, dass den Bischöfen Verehrung und ausreichend zeitliche Güter zustehen. Das Bischofsamt nur wegen dieser nebensächlichen Güter anzustreben, sei nicht erlaubt und ein Zeichen von Gier und Ehrgeiz. Auch die Erhabenheit des Ranges anzustreben, sei vermessen. Dem Nächsten nützlich zu sein sei hingegen löblich und tugendhaft.[272] Ganz besonders komme den Bischöfen und Prälaten zu, die Kirche gegen Häretiker und deren Irrtümer zu schützen, wie es die Kirche mit all ihren Kindern verlange.[273] Insbesondere die Fürsten und Prälaten sollten rufen: »Fangt uns die kleinen Füchschen!«, wie es im Hohelied heißt.[274] Die Füchschen, das seien die Häretiker, die mit ihren Irrtümern und falschen Lehren die

---

(† 1434)«, in: LexMA 5 (1991), 1353f. (Alois GERLICH) sowie GRAMSCH, Erfurter Juristen, S. 478A.

267 Einen Überblick über die Teilnehmer bietet ANNAS, Hoftag, Bd. 2, S. 287–291.

268 Die Predigt findet sich in Wien, ÖNB, CVP 4034, fol. 313r–314v; Graz, Universitätsbibliothek, Univ. 578, fol. 281v–283r; Klosterneuburg, Stiftsbibliothek, Cod. 82, fol. 3r–v; Trier, Bibliothek des Priesterseminars, Cod. 87, fol. 213v–214v (früher auch in Krems, Dominikanerkloster, Cod. ?, fol. 230–231). Die Handschriftenübersicht bietet MADRE, Nikolaus von Dinkelsbühl, S. 282; auf den Wiener Kodex wies UIBLEIN, Zur Lebensgeschichte, S. 322, Anm. 31 hin.

269 MADRE, Nikolaus von Dinkelsbühl, S. 282.

270 UIBLEIN, Zur Lebensgeschichte, S. 322, Anm. 31. Die Überschrift der Wiener Abschrift lautet: *Collatio M. Nicolai coram Maguntino episcopo a. d. MCCC29 Wyenne* (DINKELSBÜHL, Collatio, fol. 313r).

271 Thomas de AQUINO, STh II–II, q. 185 a. 1 resp., S. 806b.

272 DINKELSBÜHL, Collatio, fol. 313r.

273 »Ita prelati debent munire ecclesiam contra hereticos et quaslibet errores, quemadmodum ecclesia hoc requirit cum ad omnes filios suos (…)« (ebd).

274 »Et principaliter ad principaliores principes et prelatos clamat ›Capite nobis volpeculas parvulas‹« (ebd., fol. 313r–314r [fol. 313v ist leer]); vgl. Hld 2,15.

Weinberge und damit die ganze Kirche zerstören.[275] Nun wendet sich Nikolaus direkt gegen die Hussiten und übt scharfe Kritik an deren Praktiken: Diese Sekte beeile sich nicht nur, ihre geringe Lehre heimlich wie Diebe oder Füchschen im Volk zu verbreiten und die Einfachen so in einen Irrtum zu führen, sie bringe diese auch wie Räuber und öffentliche Feinde todbringend in die Kirchen Gottes. Dabei töteten sie Priester und zerstörten die Sakramente, Kirchen und den kirchlichen Ritus, der von den heiligen Vätern eingesetzt worden war. Sie verwarfen und verdammten die kirchlichen Einkünfte für eine Erhöhung des Gottesdienstes; die Kirchen in ihren Orten hätten sie praktisch vernichtet.[276] Angesichts dieser drängenden Gefahren für die Gläubigen stellt Nikolaus dem Mainzer Erzbischof im Folgenden die Notwendigkeit und dessen Verantwortung vor Augen, intensive Reformmaßnahmen zu ergreifen. Konkret solle sich Konrad von Daun mit anderen Vätern und Prälaten in Mainz treffen, um über eine Lösung des Hussitenproblems nachzudenken; als Lösungsmöglichkeiten böten sich die Rückführung der Gegner zur Kirche oder eine gewaltsame Unterdrückung an.[277] Dafür bot Nikolaus dem Erzbischof auch die Unterstützung der ganzen Wiener Universität an.[278] Da, so stehe zu hoffen, bald ein Generalkonzil einberufen werde, solle Konrad gleich nach seiner Rückkehr nach Mainz eine Provinzialsynode einberufen, um dort mit seinen Bischöfen, Prälaten und eifrigen Männern Vorüberlegungen anzustellen, welche Dinge für das kommende Generalkonzil zum Nutzen der Kirche und die Besserung der Sitten zu regeln seien.[279] Die Universität stellte sich somit in den Dienst der Gesamtkirche, auch wenn diese faktisch als Nationalkirche auftritt. Der Erzbischof von Mainz war gleichsam *primas Germaniae*.

Diese Predigt des Nikolaus vor dem Mainzer Erzbischof ist die einzige bislang

---

275 »Volpeculas parvulas, id est hereticos, qui suis erroribus et falsis doctrinis demoliuntur vineam aut universalem ecclesiam« (ebd., fol. 314r).

276 »(…) secta scilicet Hussitarum, qui non solum ut fures aut volpecule occulte aut insidiose parva sua dogmata contendunt disseminare in populo, et simplices ducere in errorem, sed eciam ut latrones et publici hostes feraliter in ecclesiam Dei se venientes, sacerdotes occidunt, sacramenta exterminant, ecclesias frangant, odiosa destruunt ecclesiasticos ritus a sanctis patribus institutos, abiciunt et contempnunt ecclesiasticos redditus pro exaltacione divini cultus; ecclesiis in suis locis de facto abstulerunt« (ebd., fol. 314r).

277 »(…) et cum aliis patribus et prelatis in hunc locum ad cogitandum unanimiter predictis malis et Dei ac ecclesie iniuriis occurendi, sive per viam reduccionis adversariorum, aut per viam cohercionis eorum (…)« (ebd.).

278 »(…) et tota universitas nostra offert se et singula supposita sua ad obsequendum in hac re (…) et eciam offert se ad omni vestre paternitatis salutem pariter et honorem« (ebd.).

279 »Et quia non post multa tempora, ut speratur, celebrandum est concilium generale, hortatur et rogat supradicta universitas studii Wyennensi, quatenus reverendissima paternitati vestra, postquam ei dominus prosperum concesserit redditum ad sanctam ecclesiam Maguntinam, velit cum vestris patribus, episcopis, prelatis et ceterorum viris ecclesiasticis celebrare concilum provinciale, ut predeliberentur et advisentur ea, que in generali concilio fuerit ordinanda pro utilitate ecclesiarum, pro morum correccionis (…)« (ebd., fol. 314v).

bekannte Predigt eines Wiener Gelehrten, die dezidiert gegen die Hussiten gerichtet ist. Dabei handelt es sich nicht um eine Kreuzzugspredigt, sondern um eine anlassbezogene Rede, an der auch der Rektor und andere *doctores et magistri* teilgenommen haben dürften.[280] Offenkundig nutzte Dinkelsbühl die Gelegenheit, als der Mainzer Erzbischof auf der Durchreise nach Pressburg einen Zwischenstopp in Wien einlegte. Wie lange sich Konrad von Daun in Wien aufhielt, ist nicht bekannt. Geschickt verbindet Dinkelsbühl in dieser Predigt die besonderen bischöflichen Pflichten mit der aktuellen hussitischen Bedrohung und appelliert an die Verpflichtung Konrads, Kirche und Gläubige von dieser Gefahr zu befreien. Das gewaltsame Vorgehen der Böhmen wird dabei mit harschen Worten und plastischen Bildern kritisiert. Auch in dieser Predigt findet sich das Motiv des anstehenden, bald erwarteten Generalkonzils, das nicht nur von der Pariser Universität gefordert wurde, sondern auch für die Wiener Gelehrten im Jahr 1429 typisch war und uns bereits bei mehreren Gelegenheiten begegnet ist. Offenkundig nahm Dinkelsbühl die im Frühjahr gegebene Zusicherung an die Pariser Gelehrten, auf die baldige Abhaltung eines Generalkonzils hinzuarbeiten, sehr ernst und nutzte sich bietende Gelegenheiten, die Notwendigkeit einer Kirchenversammlung zur Lösung des Hussitenproblems in Erinnerung zu rufen. Um das anstehende Generalkonzil vorzubereiten, ermutigte Dinkelsbühl den Mainzer Erzbischof, unmittelbar nach seiner Rückkehr nach Mainz eine Provinzialsynode abzuhalten. Dieser Aspekt ist interessant. Zum einen zeigt sich daran, dass die Notwendigkeit der Vor- und Nachbereitung von Generalkonzilien auf Provinzialebene auch an der Wiener Universität als unverzichtbares Instrument verstanden wurde. Mit dem Ruf nach einem Generalkonzil wurden auch Rufe nach Provinzialkonzilien laut. Umso überraschender und aussagekräftiger ist es, dass die Wiener selbst an der Salzburger Provinzialsynode im Herbst 1431 nicht teilnahmen.[281] Konrad von Daun sollte jedenfalls in der Tat 1431 eine Provinzialsynode in Aschaffenburg einberufen, wo zur Vorbereitung des Basler Konzils Verordnungen zur Klerusreform erlassen wurden. Obwohl Konrad auch an Hussitenkreuzzügen teilgenommen hatte, finden sich in dieser Predigt keinerlei Aufrufe, auch militärisch gegen die Böhmen vorzugehen. Der Fokus liegt ausschließlich auf den notwendigen Reformen. Nikolaus von Dinkelsbühl präsentiert sich in dieser Predigt jedenfalls als selbstbewusster Reformer und Kämpfer für den rechten Glauben, der nicht zögerte, dem Mainzer Erzbischof die Unterstützung der Wiener Universität im Kampf gegen die Hussiten zuzusichern.

---

280 Ebd., fol. 314r.
281 Siehe oben Kapitel III, S. 225–230.

4.12. Fazit

Die Nachrichten zur Beteiligung Wiener Gelehrter an Streitgesprächen mit den Hussiten sind rar. Eine genaue Untersuchung der verfügbaren Quellen konnte zeigen, dass im Hinblick auf die Treffen des Jahres 1420 noch weniger Details gesichert sind, als in der bisherigen Forschung angenommen wurde. Weder bei der Versammlung in Kuttenberg im Mai 1420, noch bei den Verhandlungen auf der Prager Kleinseite im Juli 1420 konnte die Mitwirkung Wiener Gelehrter nachgewiesen werden. Weder die historischen Quellen, noch die den jeweiligen Treffen zugeordneten theologischen Traktate halten einer Zuschreibung an Wiener Gelehrte stand. Während die beiden anonymen, dem Kuttenberger Treffen zugeschriebenen Traktate für und gegen den Laienkelch weiterer Untersuchungen bedürfen und ihre bisherige Zuordnung zu dieser Versammlung grundsätzlich zu hinterfragen ist, konnten weder die postulierte Beteiligung des Franz von Retz an der Julidisputation auf der Prager Kleinseite, noch die Abfassung der anonymen *Responsiones ad quattuor articulos datos domino duci Austrie per illos de Praga* durch Wiener Gelehrte bestätigt werden. Der Duktus dieses Schreibens, die detaillierte Kenntnis der älteren Versionen der Prager Artikel und der Prager Praxis sowie inhaltliche Übereinstimmungen mit dem kurz zuvor verfassten Text des päpstlichen Legaten Ferdinand von Lugo lassen eher vermuten, den Verfasser im Prager Umfeld zu suchen. Dass Herzog Albrecht diesen Text bei seiner Ankunft in Prag schon aus Wien mitbrachte, ist zeitlich ausgeschlossen. Die vermutete Mitwirkung des Franz von Retz an diesem Schreiben, die sich auf angebliche Übereinstimmungen mit dessen Schrift gegen die *meretrices* stützte, stellte sich ebenfalls als nicht haltbar heraus. Festzuhalten bleibt somit, dass eine Teilnahme einzelner Gelehrter an den Debatten des Jahres 1420 oder deren Mitwirkung an der Abfassung der vorliegenden theologischen Traktate nicht nachzuweisen ist.

Die Untersuchung der Jahre 1427 bis 1429 zeigte, dass die Gelehrten der Wiener Universität von verschiedenen Instanzen im anti-hussitischen Kampf in Anspruch genommen wurden. Als sieben Jahre nach den gescheiterten Verhandlungen in Kuttenberg und Prag wieder hussitische und katholische Vertreter zu einem Streitgespräch auf der Burg Bettlern zusammenkamen, insistierte Papst Martin V. darauf, jegliche Einigung zwischen den beiden Parteien zu unterbinden. Während der päpstliche Legat Henry Beaufort angesichts der militärischen Erfolglosigkeit der Kreuzzugsheere eine Einigung mit den Böhmen auf dem Verhandlungsweg forcierte, verweigerte der Papst den Diskussionsweg und plante, Wiener Gelehrte zur Verhinderung eines möglichen Kompromisses hinzuzuziehen. Wenngleich dieses Treffen letztlich ohne Wiener Beteiligung zustande kam und schon nach einem Tag erfolglos abgebrochen werden musste, zeigt sich daran schön, welche Erwartungen der Papst an die

Wiener Gelehrten hatte: kompromisslose Verteidiger der katholischen Lehre und Bollwerk gegen die böhmischen Häretiker zu sein. Schon im Februar desselben Jahres hatte Martin V. die von Branda 1421 dem Nikolaus von Dinkelsbühl erteilte Vollmacht, das Kreuz gegen die Hussiten zu predigen, erneuert. Die Wiener Gelehrten wurden somit nicht nur für Debatten herangezogen, sondern waren gleichzeitig Teil der Kreuzzugskampagne des Papstes und seiner Legaten. Diese beiden Ebenen konnten, wie im konkreten Fall, auch kollidieren: 1427 predigte Nikolaus von Dinkelsbühl in Wien im Auftrag Henry Beauforts das Kreuz, während Martin V. gleichzeitig Wiener Gelehrte als Gegenpol zu Beauforts Friedensbemühungen in Böhmen zu verpflichten gedachte.

Die Nachrichten zur Pressburger Versammlung im April 1429 zeigen, dass sich zwei Jahre vor der Einberufung des Basler Konzils eine starke Allianz zwischen Pariser und Wiener Theologen im Kampf gegen die Hussiten gebildet hatte, wobei die Initiative klar von den Pariser Gelehrten ausging. Auf den Wunsch Herzog Albrechts hin und als Berater König Sigismunds nahmen vier Wiener Gelehrte, darunter auch Thomas Ebendorfer, an diesem Treffen teil. Die vergleichsweise gute Dokumentation dieser Versammlung gibt Aufschluss darüber, dass die Wiener Gelehrten in Pressburg zum engsten Beratergremium König Sigismunds in der Hussitenfrage gehörten. Dies bestätigt auch die vermutlich an der Wiener Universität verfasste *Glossacio* zum Prager Landtagsbeschluss wenige Wochen später. Durch die militärischen Niederlagen des Kreuzzugsheeres und die Einsicht, dass letztlich nur ein Generalkonzil die strittigen Fragen klären konnte, richteten sich nun alle Bemühungen darauf, die Böhmen zu überzeugen, sich dem Spruch des Konzils zu unterwerfen und bis dahin einem Waffenstillstand zuzustimmen. Die Prager Artikel als Dreh- und Angelpunkt der Auseinandersetzung der vergangenen zehn Jahre gerieten in dieser Zwischenphase – bewusst – in den Hintergrund.

Im anti-hussitischen Kampf der 1420er-Jahre sahen sich die Wiener Gelehrten somit zugleich in die Bemühungen König Sigismunds, Herzog Albrechts V., Papst Martins V. und der päpstlichen Legaten eingebunden. Diese diplomatisch-theologisch-politischen Bemühungen wurden durch die Beauftragung des Nikolaus von Dinkelsbühl, in Wien für die Umsetzung des päpstlichen Kreuzzugsprogramms zu sorgen, auch auf pastoraler Ebene weitergeführt. In Wien wurden somit parallel anti-hussitische Maßnahmen der Universität und des Landesherrn sowie des päpstlichen Reformprogramms ins Werk gesetzt: Die ab 1421 wöchentlich vorgeschriebenen Kreuzzugspredigten ergänzten die zeitgleich eingeführten wöchentlichen *staciones* mit Predigt und Unterweisung der Gläubigen und des Klerus. Die Kombination von Kreuzzugsaufrufen und pastoralen Maßnahmen war spätestens seit Innozenz III. gängige Praxis. Durch die dezidierte Verknüpfung von Hussitenkreuzzug und (institutionalisierter) Kirchenreform – die Zentren der monastischen Reformbewegung gewannen nun

für die Rezeption der Kreuzzugsbestimmungen fundamentale Bedeutung[282] –
erreichte der pastorale Aspekt im Kreuzzugsprogramm Kardinal Brandas eine
neue Qualität.

Die Anfang der 1420er-Jahre so vielseitig ins Werk gesetzten Maßnahmen
waren am Ende des Jahrzehnts einer realistischen Einsicht gewichen. Wenn
Nikolaus von Dinkelsbühl im Dezember 1429 den Mainzer Erzbischof ermunterte, im Kampf gegen die Böhmen Provinzialsynoden zur Vorbereitung des
anstehenden Generalkonzils abzuhalten, dann fasst dies die charakteristischen
Kernpunkte der Wiener Haltung präzise zusammen, die sich am Vorabend des
Basler Konzils herausgebildet hatte: Eine Lösung in der Hussitenfrage konnte –
trotz aller Bemühungen König Sigismunds, Herzog Albrechts, Papst Martins V.,
der Legaten und Gelehrten auf diplomatischer, theologischer, politischer und
pastoraler Ebene – letztlich nur durch ein baldiges, durch Partikularsynoden
vorbereitetes Generalkonzil erreicht werden, auf dem alle genannten Parteien,
jedoch unter geänderten Vorzeichen, wieder zusammenkommen sollten. Die
forcierte *via concilii* sollte die Universitäten in gewisser Weise ihrer Verantwortung entheben und das Hussitenproblem einer gesamtkirchlichen Lösung
zuführen.

---

282 Vgl. Studt, Papst Martin V., S. 510.

5. Der Wiener *Tractatus contra quattuor articulos Hussitarum*

5.1. Einleitung: Forschungsstand und Forschungsfragen

Im letzten Kapitel dieser Studie steht das umfangreichste literarische Produkt des anti-hussitischen Engagements der Wiener Universität im Mittelpunkt: der *Tractatus contra quattuor articulos Hussitarum*. Mit dem Wiener Hussitentraktat liegt eine der längsten und am weitesten verbreiteten Stellungnahmen[1] gegen das hussitische Programm der Vier Prager Artikel vor. 56 heute bekannte Abschriften zeugen von einer sehr breiten Streuung und Rezeption dieser bislang ungedruckten Schrift, die laut einigen Kolophonen im Auftrag Brandas di Castiglioni, päpstlicher Legat für Hussitenangelegenheiten, von dem italienischen Dominikaner Giacomo da Chiavari (Jacobus de Clavaro), Sekretär und Theologe Kardinal Brandas, sowie den Wiener Theologen Peter von Pulkau und Bartholomäus von Ebrach verfasst wurde. Noch auf dem Basler Konzil diente der Text als Grundlage für die theologische Auseinandersetzung mit den Hussiten. Obwohl der Wiener Hussitentraktat von der bisherigen Forschung als eine der wichtigsten Schriften der anti-hussitischen Kontroverse bezeichnet wurde,[2] wurde er noch nie eingehender untersucht und analysiert.

Auf die Existenz dieser Schrift wiesen erstmals die tschechischen Historiker Jaroslav Prokeš und František Bartoš Anfang des 20. Jahrhunderts hin. Prokeš erwähnte den Hussitentraktat in seiner Abhandlung über Prokop von Pilsen,[3] Bartoš im Rahmen seines Überblicks zu Hussitica und Bohemica in deutschen und schweizerischen Bibliotheken.[4] Beide beschränkten sich auf eine kurze Erwähnung dieses Textes, ohne weitere Untersuchungen darüber anzustellen.

---

1 Von den 258 bislang bekannten anti-hussitischen Schriften wurden (nach aktuellem Kenntnisstand) nur der Traktat *Eloquenti viro* des Andreas von Brod und der Konstanzer Kelchtraktat des Johannes Gerson weiter verbreitet (vgl. SOUKUP, Repertorium).

2 So zuletzt COUFAL, Polemika o kalich, S. 182.

3 PROKEŠ, M. Prokop z Plzně, S. 47 und S. 203.

4 BARTOŠ, Husitika a bohemika, S. 10 (zu Kodex Cent. I,78 der Stadtbibliothek Nürnberg), S. 43 (zu Kodex A II,29 der UB Basel) und S. 51–53 (zu Kodex A VII,28 der UB Basel). Kurze

Die ersten ausführlicheren Notizen zum Hussitentraktat stammen von Franz Machilek, der in seiner 1964 vorgelegten Dissertation über *Ludolf von Sagan und seine Stellung in der Auseinandersetzung um Konziliarismus und Hussitismus* einen Überblick über »Reaktionen der Kirche«[5] auf die Vier Prager Artikel bot. In diesem Rahmen stellte Machilek nicht nur die drei Verfasser und die Reihenfolge der behandelten Prager Artikel in aller Kürze vor, er entwickelte auch die These, dass der Traktat im Auftrag Kardinal Brandas für eine Ende 1423 / Anfang 1424 geplante, letztlich jedoch nicht realisierte Debatte zwischen Katholiken und Hussiten in Brünn verfasst worden sei.[6] Weder spezifizierte Machilek jedoch diese These bzw. hinterfragte die vorliegende Form des Traktats, noch befasste er sich – dem Überblickscharakter des Kapitels entsprechend – näher mit dem Inhalt dieser Schrift.[7] Etwa zeitgleich beschäftigte sich Dieter Girgensohn in seiner Monographie über *Peter von Pulkau und die Wiedereinführung des Laienkelchs* im Rahmen einer Werkübersicht des Pulkauers mit dem Hussitentraktat. Girgensohn bot nicht nur den ersten Überblick über erhaltene Abschriften und wies auf wichtige Kolophone hin, er rezipierte auch die These Machileks zum Abfassungskontext und brachte weitere biographische Informationen zu den beteiligten Personen bei.[8] Eine Untersuchung des Textes selbst unternahm auch Girgensohn nicht, dessen Fokus auf einer Analyse des Konstanzer Kelchtraktats des Peter von Pulkau lag.

An diesem Kenntnisstand hat die Forschung der letzten 50 Jahre nur wenig geändert; die Erwähnungen des Hussitentraktats in neueren Forschungsbeiträgen erweisen sich weithin als – bis in die Wortwahl übereinstimmende – Wiederholung der Thesen und Hinweise von Girgensohn und Machilek. Birgit Studt etwa widmete sich dem Traktat in ihrer 2004 publizierten Habilitationsschrift über *Papst Martin V. (1417–1431) und die Kirchenreform in Deutschland*

Erwähnung auch in BARTOŠ, Manifesty města Prahy, S. 268, und in BARTOŠ, Kníže Zikmund Korybutovič, S. 193, Anm. 80.

5 MACHILEK, Ludolf von Sagan, S. 177–194.

6 Zum Wiener Hussitentraktat vgl. ebd., S. 193f.

7 Die inhaltliche Untersuchung des Textes beschränkte sich auf einen pauschalen Kommentar: »Im großen ganzen sind es die gleichen Argumente, die bereits in den vorausgehenden Antworten auf die Vier Artikel von den Theologen ins Feld geführt worden waren. Was dem Traktat jedoch seine Beliebtheit und Verbreitung gesichert hat, ist die Vollständigkeit der aufgeführten Autoritäten und sein offiziöser Charakter« (ebd., S. 194). – Machilek ergänzte die von Girgensohn erstellte Handschriftenliste um weitere fünf Textzeugen (ebd., S. 223, Anm. 585); weitere zwei Abschriften nannte Machilek in einem 1972 veröffentlichten Aufsatz zur Geschichte der älteren Universität Würzburg (MACHILEK, Zur Geschichte, S. 167f.). Vgl. auch MACHILEK, Die hussitische Forderung, S. 515–517, wo die Aussagen von MACHILEK, Ludolf von Sagan, im Kern wiederholt werden.

8 GIRGENSOHN, Peter von Pulkau, S. 175–178. Die Dissertationen von Girgensohn und Machilek sind zeitgleich entstanden; entsprechend verweist Girgensohn bei seiner Behandlung des Hussitentraktats auf Machilek, und Machilek auf Girgensohn (vgl. GIRGENSOHN, Peter von Pulkau, S. 176, Anm. 11 und MACHILEK, Ludolf von Sagan, S. 193, Anm. 587 u. ö.).

im Kontext der Legationen des Branda di Castiglioni. Zwar ergänzte Studt
wichtige Informationen zur Einordnung der geplanten Brünner Debatte in den
größeren Kontext der Legationsreisen Kardinal Brandas und wies auf mögliche
frühere Kontakte der beteiligten Personen auf dem Konstanzer Konzil hin, den
Traktat selbst untersuchte sie jedoch nicht.[9] 2009 erwähnte Pavel Soukup den
Text in seiner Untersuchung der *Verbreitung theologischer Streitschriften im
15. Jahrhundert*. Im Rahmen dieses Aufsatzes, der exemplarisch die Überliefe-
rungswege der heute in Berlin aufbewahrten, ehemals Erfurter Sammelhandschrift Ms. lat. q. 654 untersuchte und eine Inhaltsübersicht dieses Kodex erstellte, erwähnte Soukup auch die darin enthaltene Abschrift des Wiener Hussitentraktats, ließ es jedoch – der Intention eines Handschriftenkatalogs
entsprechend – bei einer knappen Zusammenfassung des Bekannten bewenden.[10] Die jüngste Erwähnung des Wiener Traktats stammt von Dušan Coufal,
der in seiner 2012 veröffentlichten Dissertation *Polemika o kalich mezi teologií a
politikou 1414–1431* eine umfassende Übersicht anti-hussitischer Schriften bot.
Auch Coufal wiederholte in aller Kürze den historischen Kontext der Abfassung
und wies – seinem Kernthema entsprechend – auf die umfangreiche Behandlung des Laienkelchs innerhalb dieser Schrift und die noch zu untersuchende
Rolle des Peter von Pulkau im Abfassungsprozess hin, ohne sich jedoch näher
mit dem Inhalt des Traktats zu befassen.[11]

Das Interesse der bisherigen Forschung am Wiener Hussitentraktat lag somit
primär auf dem historischen Kontext seiner Abfassung. Seit Prokeš und Bartoš
Peter von Pulkau, Bartholomäus von Ebrach und Giacomo da Chiavari als
Verfasser identifizierten und Machilek und Girgensohn das geplante Brünner
Streitgespräch als Anlass postulierten, wurden keine weiterführenden Untersuchungen dieses Textes unternommen. Obwohl dieser Traktat eine der ein-
flussreichsten Schriften gegen die Prager Artikel und damit ein Paradebeispiel
anti-hussitischer Kontroverstheologie darstellt, wurden Aufbau, Inhalt, Argumentation und Charakter dieser Stellungnahme bislang nie untersucht, die
Thesen der älteren Forschung nie hinterfragt. Allein der uneinheitliche Aufbau
des Textes und der Umstand, dass der Traktat trotz der nicht realisierten Debatte
in Brünn so weit verbreitet wurde, legen jedoch kritische Rückfragen an die
bisherigen Forschungsergebnisse nahe. Eine theologische Untersuchung und
Würdigung dieser Schrift steht bislang völlig aus. Vermutlich erwiesen sich nicht
zuletzt der erhebliche Umfang des Textes und seine weite, ausschließlich
handschriftliche Verbreitung als Hindernis für detaillierte Untersuchungen.

Diesem Desiderat soll im Folgenden begegnet werden. Nach einem knappen

---

9 STUDT, Papst Martin V., S. 535–537.
10 SOUKUP, Zur Verbreitung, S. 244 f.
11 COUFAL, Polemika o kalich, S. 182.

Überblick über die Überlieferungssituation und biographischen Hinweisen zu den drei Autoren werden Aufbau, Inhalt und Konzeption des Traktats ausführlich vorgestellt. Besonderes Augenmerk wird dabei auf einer Analyse und Interpretation der theologischen Argumentation und der inhaltlichen Besonderheiten der einzelnen Textteile liegen. – Im zweiten Teil wird auf den Abfassungs- bzw. Kompilationskontext des Traktats und die Anteile der drei Verfasser einzugehen und die bisherigen Forschungsergebnisse kritisch zu hinterfragen sein. Dabei sollen folgende Rückfragen im Mittelpunkt stehen: Welche formalen und stilistischen Unterschiede lassen sich zwischen den einzelnen Textteilen feststellen, wie sind diese zu interpretieren? Geben die Textteile selbst Aufschluss über ihre Adressaten und die Intention ihrer Abfassung? Gibt es inhaltliche Anhaltspunkte für eine direkte Konfrontation mit den hussitischen Gegnern? Wie plausibel ist die These, dass diese Schrift ein Vorbereitungsdokument für das Brünner Treffen im Frühjahr 1424 darstellt? Weshalb wurde der Text trotz des nicht realisierten Streitgesprächs so weit verbreitet? Können die Anteile des Peter von Pulkau, Bartholomäus von Ebrach und Giacomo da Chiavari und die Art ihrer Zusammenarbeit näher bestimmt werden? Bieten stilistische Eigenheiten der einzelnen Textteile oder Vergleiche mit anderen Schriften der drei Beteiligten hier möglicherweise Aufschluss? War Peter von Pulkau wirklich der Hauptverantwortliche für die Zusammenstellung dieses Traktats?[12] Und schließlich: Handelt es sich bei dieser Schrift tatsächlich um eine »offizielle« Stellungnahme,[13] gleichsam ein »Gutachten« der Wiener Universität? – Im abschließenden dritten Teil wird die besondere Rolle des Basler Konzils als Multiplikator dieser Schrift untersucht. Dabei soll nicht nur gezeigt werden, dass der Wiener Traktat als Teil der systematischen Sammlung verfügbarer anti-hussitischer Literatur auf dem Basiliense bekannt war und verbreitet wurde, sondern dass Teile dieses Textes auch direkt in die Kelchrede des Johannes von Ragusa (Jän./Feb. 1433) übernommen und so zu einer wichtigen Grundlage der Basler Hussitendebatten wurden.

---

12 So etwa Girgensohn, Peter von Pulkau, S. 175; Šmahel, Pax externa et interna, S. 242.
13 Auf den »offiziösen« Charakter dieser Schrift wiesen etwa hin: Machilek, Ludolf von Sagan, S. 194; Machilek, Die hussitische Forderung, S. 516; Studt, Papst Martin V., S. 536.

5.2. Vorbemerkungen zum Traktat und dessen Verfassern

5.2.1. Zum Traktat

Der Wiener Hussitentraktat[14] gehört mit einer durchschnittlichen Länge von 50 Folia zu den umfangreichsten Stellungnahmen gegen alle Vier Prager Artikel. 56 bislang bekannte Abschriften, die sich heute in österreichischen, deutschen, böhmischen, schweizerischen, italienischen, französischen, britischen und polnischen Bibliotheken befinden, zeugen von der intensiven und breiten Rezeption dieser Schrift. 53 dieser 56 Textzeugen stammen aus dem 15. Jahrhundert, drei aus dem 18. Jahrhundert.[15] Der Aufbau des Traktats ist in den meisten Abschriften einheitlich; es lassen sich deutlich fünf Teile unterscheiden: In 52 der 56 Textzeugen folgt auf eine Einleitung, die Vorbemerkungen zur richtigen Bibelauslegung voranschickt, die Widerlegung der Prager Artikel in der Reihenfolge Kirchenbesitz – Predigt – Todsünden, wobei deren Länge und Aufbau variieren. Als letztes folgt der Kelchteil, der sich formal und stilistisch deutlich vom übrigen Text unterscheidet. Diese Abfolge der Prager Artikel entsprach weder der offiziellen, ab 1420 verbreiteten Fassung der vier Artikel, noch der Reihenfolge der Artikel in den Basler Hussitendebatten.[16] Mit Ausnahme des Kelchteils enthalten alle Teile am Beginn den Text des entsprechenden Prager Artikel, auf den die jeweilige Widerlegung folgt. In vier Kodizes weicht die einheitliche Überlieferungsgestalt des Textes vom gängigen Schema ab. So findet sich in drei Abschriften der abweichende Aufbau Kelch – Predigt – Einleitung – Besitz – Todsünden, während ein Textzeuge die Bestandteile des Traktats nach dem Schema Kelch – Einleitung – Besitz – Predigt – Todsünden anordnet. Von einigen Abschreibern wurde der Kelchteil als eigenständige, nicht mit dem übrigen Text verbundene Schrift interpretiert.

Trotz des stringenten Aufbaus und der klaren Gliederung des Traktats weisen die einzelnen Bestandteile auffällige Differenzen und Eigenheiten auf. Nicht nur in Stil und Konzeption, auch in ihrer Länge weichen die Teile dieser Schrift teils

---

14 Eine separate Edition ist in Vorbereitung. Dort ist in der Einleitung die Überlieferungssituation detailliert dargestellt und analysiert, weshalb wir uns im Folgenden auf eine kurze Zusammenfassung beschränken.

15 Einen ersten Überblick über die bekannten Abschriften dieses Traktats bot GIRGENSOHN, Peter von Pulkau, S. 177f. Diese Liste wurde ergänzt von MACHILEK, Zur Geschichte, S. 167f.; KAEPPELI, Scriptores II, S. 318f. (Nr. 2086); GIRGENSOHN, Peter von Pulkau (1989), S. 448 und SOUKUP, Repertorium. Der Liste in SOUKUP, Repertorium sind die Abschriften Augsburg, UB, Cod. II.1.2° 21; Augsburg, UB, Cod. II.1.4° 16 und Wolfenbüttel, HAB, Cod. Guelf. 473 Helmst. hinzuzufügen. In einigen Fällen sind die bei Soukup zusammengestellten Signaturen und Folioangaben zu korrigieren (eine aktualisierte Übersicht findet sich in der Einleitung zur kritischen Edition des Traktats, vgl. oben Anm. 14).

16 Siehe dazu oben Kapitel IV, S. 260–267.

eklatant voneinander ab. Während die Einleitung und die Entgegnungen auf den hussitischen Besitz-, Predigt- und Todsündenartikel gemeinsam rund 40 % des Gesamttextes ausmachen, nimmt die Widerlegung des Kelchartikels allein etwa 60 % des gesamten Textumfangs ein und ist zudem mit einer eigenen Einleitung versehen. Im Folgenden sollen nun die einzelnen Bestandteile des Traktats im Detail vorgestellt und besprochen werden, bevor die Konzeption des Gesamttraktats und die stilistischen und formalen Auffälligkeiten der Einzelteile analysiert und interpretiert werden. Auf dieser Basis wird anschließend die Frage diskutiert, ob die einzelnen Textteile Rückschlüsse auf deren Verfasser oder den Anlass ihrer Zusammenstellung erlauben.

5.2.2. Zu den Verfassern: Giacomo da Chiavari, Bartholomäus von Ebrach und Peter von Pulkau

Dass ein anti-hussitischer Traktat des frühen 15. Jahrhunderts von mehreren Verfassern zusammengestellt wurde, stellt eine interessante Ausnahme dar. Von den aktuell 258 in Pavel Soukups Repertorium *Antihus* gesammelten Schriften werden lediglich zwei Texte mehreren Autoren zugeschrieben.[17] Der Wiener Hussitentraktat entstand laut Kolophon unter der Beteiligung des italienischen Dominikaners Giacomo da Chiavari, der von 1410 bis 1414 und 1421 bis 1425 Sekretär und Theologe des päpstlichen Hussitenlegaten Branda di Castiglioni war. Zu Giacomos Leben ist wenig bekannt. Im Zuge der Legationsreisen durch Deutschland kam er mit Branda Ende Juni 1423 nach Wien, wo er die Abfassung des *Roseum memoriale*, einer Bibel in Versform, durch den Melker Abt Petrus von Rosenheim initiierte und unterstützte. Bei einer Reise nach Ungarn im Sommer 1423 habe er, so berichtet Johannes Nider, einen häretischen Priester bekehrt.[18] 1426 wurde Giacomo Generalvikar der Dominikaner in der Lombardei, 1431 starb er. Eigene Schriften sind bislang nicht bekannt.[19]

Der Zisterzienser Bartholomäus von Ebrach stammte aus Nürnberg; im Wintersemester 1402/03 schrieb er sich an der Universität Wien ein und wurde zum *cursus biblicus* zugelassen. Zuvor hatte er wohl bereits an den Hausstudien des Ebracher Zisterzienserklosters und des Wiener Zisterzienserkollegs St. Nikolaus studiert. Über Würzburg gelangte er zurück nach Ebrach, wo er 1410 Prior wurde. 1411 wurde er an der Wiener Theologischen Fakultät als *baccala-*

---

17 Neben dem Wiener Traktat ist dies die 1430/31 an der Universität Erfurt entstandene Reaktion auf ein Taboritenmanifest von Matthias Döring und Johannes Bremer (SOUKUP, Repertorium).

18 Vgl. Iohannes NIDER, Formicarius, S. 383–388.

19 Vgl. KAEPPELI, Scriptores II, S. 318f.; STUDT, Papst Martin V., S. 506f. und S. 531–533; GIRGENSOHN, Peter von Pulkau, S. 176.

rius formatus aufgenommen und 1413 Doktor der Theologie. Nach einer Teilnahme am Konstanzer Konzil kehrte er spätestens im Sommer 1417 nach Wien zurück, wo er 1419/20 und 1424 Dekan der Theologischen Fakultät war. Von 1426 bis zu seinem Tod am 25. Juli 1430 wirkte er als Abt des Ebracher Zisterzienserklosters. Neben einem Koheletkommentar sind von Bartholomäus eine *Lectura super ›Firmiter credimus‹*, eine *Quaestio de confessione* und eine Weihnachtspredigt erhalten.[20]

Der dritte Beteiligte, Peter von Pulkau, schrieb sich im Wintersemester 1387 an der Universität Wien ein und wurde 1391 Magister. Im Anschluss war er mehrfach Dekan der Artistenfakultät und studierte Theologie; 1391 erwarb er das Lizenziat, 1410 das Doktorat in Theologie. Peter war mehrmals Dekan der Theologischen Fakultät und Rektor der Universität, 1423/24 auch deren Superintendent. Zwischen 1414 und 1418 nahm er als offizieller Vertreter der Universität am Konstanzer Konzil teil; im Anschluss daran wirkte er als Visitator für die Melker Reform der Benediktinerabteien und Chorherrenstifte. Bis zu seinem Tod am 25. April 1425 lehrte er als *professor sacre pagine*, war zudem Kanoniker im Kollegiatkapitel St. Stephan in Wien und Pfarrer von Lassee. Von seinen zahlreichen Werken ist die 1415 auf dem Konstanzer Konzil verfasste *Confutatio Iacobi de Misa* gegen die hussitische Kelchforderung für unsere Fragestellung besonders interessant.[21]

5.3. Inhaltliche Detailanalyse des Wiener Hussitentraktats

Die folgende Darstellung zielt nicht darauf ab, eine vollständige Inhaltsangabe des Traktats zu bieten, die jedes einzelne Argument wiederholt und erläutert. Der Fokus soll vielmehr auf den Kernargumenten und den formalen, inhaltlichen und stilistischen Besonderheiten der einzelnen Textteile liegen, um auf dieser Basis Abfassungs- und Kompilationskontext des Gesamttraktats und die Anteile der drei Verfasser spezifizieren zu können.

---

20 Vgl. MACHILEK, Frowein; STUDT, Papst Martin V., S. 535 f.; GIRGENSOHN, Peter von Pulkau, S. 176 f.

21 Vgl. GIRGENSOHN, Peter von Pulkau (1989); GIRGENSOHN, Peter von Pulkau, S. 9–81 (Leben) und S. 165–191 (Werk) sowie die Ergänzungen in UIBLEIN, Zur Lebensgeschichte, S. 324–328.

5.3.1. Zur Einleitung des Traktats: Hermeneutische Vorbemerkungen

Bevor sich der Traktat den vier hussitischen Forderungen zuwendet, schickt er grundlegende methodologische und hermeneutische Vorbemerkungen voraus. »Eure ehrwürdigste Väterlichkeit und furchteinflössendste Herrschaft« (*reverendissima vestra paternitas ac metuendissima dominacio*) habe nämlich, so beginnt der Traktat, »unseren Wenigkeiten« (*nostrae parvitates*) befohlen, es den vielen früheren Stellungnahmen gegen die Prager Artikel gleichzutun und die Gegenstände und Beweggründe der hussitischen Artikel zu untersuchen und zu widerlegen. Diese Forderungen seien nicht nur gegen das Gesetz Gottes gerichtet, die modernen wyklifitischen und hussitischen Häretiker arbeiteten auch daran, die Gläubigen zu verführen und die Kirche Gottes grausam zu belästigen. Die Häretiker seien deshalb besonders überzeugend, weil sie die Worte der hl. Schriften nur oberflächlich, den Buchstaben gemäß verstünden. Weil sie dadurch besonders die »Einfachen« (*simplices*) beeindrucken konnten, sollten einige allgemeine Einsichten vorangestellt werden, um die wahren Beweggründe dieser Artikel zu klären und das richtige Schriftverständnis darzulegen. Schließlich sei es überaus gefährlich, die heilige Schrift »nackt« (*nude*), allein nach ihren Begriffen gemäß dem grammatikalischen Sinn, ohne Beiziehung irgendeiner Auslegung oder Erklärung, anzunehmen oder als Beweismittel heranzuziehen.[22]

Schon der Beginn der Einleitung enthält interessante Informationen. Zum einen wird bekräftigt, dass es sich bei dieser Stellungnahme um ein Auftragswerk handelt. Zwar wird der Auftraggeber nicht namentlich genannt, mehrere Kolophone identifizieren den anonymen Würdenträger jedoch als den Hussitenlegaten Branda di Castiglioni. Lediglich die Abschrift München, UB, 2° Cod. ms. 678 erwähnt den Kardinal namentlich in einer kurzen Widmung vor dem

---

22 Die folgenden Zitate aus dem Wiener Hussitentraktat stammen aus Cod. 15/15 des Wiener Dominikanerklosters, der mit 1424 ältesten datierten Abschrift und Leithandschrift der kritischen Edition (vgl. oben Anm. 14). Zur Handschrift vgl. Czeike, Verzeichnis, S. 18f. und Zahradník, Iter Austriacum, S. 21 (Nr. 7). – »Iussit reverendissima vestra paternitas ac metuendissima dominacio talia, que negare phas non est, ut videlicet materias et motiva certorum articulorum, quibus moderni heretici wikleviste et hussite moliuntur seducere fideles et ecclesiam Dei crudeliter molestare, a multis prius multipharie tractatas, eciam nos conspicientes, contra ipsas ea, que nostris occurrerent parvitatibus, scriberemus. Et quia ipsos articulos divinarum scripturarum verbis superficietenus, ut in cortice littere sonant, intellectis perswasos simplicibus, immo iam valde impressos cernimus, idcirco ut clarius de ipsis et eorum motivis veritas eluceat cerciorque scripturarum intellectus appareat, quedam generalia censuimus prelibanda. In primis, quod periculosum nimis est sacram scripturam nude in solis suis terminis in illo sensu, quem gramaticaliter sonant, absque alicuius exposicionis aut interpretacionis admixcione accipere, vel sic eam ad probandum aliquid allegare« (Tractatus contra quattuor articulos Hussitarum, fol. 105r).

Beginn des eigentlichen Textes.[23] Auch die Verfasser werden im Text nicht namentlich erwähnt. Die Einleitung ist in der ersten Person Plural formuliert; die Beteiligten bezeichnen sich devot lediglich als »Wenigkeiten«. Für welchen konkreten Anlass Kardinal Branda diese Stellungnahme erbat, geht aus dem Text nicht hervor. Wir erfahren nur, dass der Hussitenlegat Gegenstände und Intention der hussitischen Artikel untersucht und widerlegt wissen wollte.

Die Hussiten untermauerten ihre vier Artikel mit zahlreichen Schriftstellen, interpretierten diese jedoch weithin wörtlich, ohne den jeweiligen Kontext zu berücksichtigen. Die mehrfach betonte Sorge um die *simplices* zeigt, dass der hussitische Biblizismus offenbar gerade für die Laien eine hohe Plausibilität hatte. Dies betrachteten der oder die Verfasser als fundamentale Schwäche und Gefahr der böhmischen Forderungen. Um diese grundsätzliche Problematik aufzudecken und die Gefahren eines verkürzten Schriftverständnisses aufzuzeigen, werden in der Folge fünf exegetische Regeln aufgestellt.

a) *Zur wörtlichen und »mystischen« (metaphorischen) Interpretation der Schrift*

Zu Beginn widmet sich die Einleitung der notwendigen Unterscheidung zwischen wörtlicher und »mystischer« (metaphorischer) Interpretation der Schrift. Als Beispiel wird der Sendungsauftrag Jesu an die Apostel gewählt, dessen Wortlaut bei den Synoptikern augenscheinlich voneinander abweiche. So laute der Befehl in Mk 6,8, mit Ausnahme eines Stabes nichts mit auf den Weg zu nehmen; Mt 10,10 und Lk 9,3 hingegen betonten explizit, nicht einmal einen Stab mit auf den Weg zu nehmen. Wie soll nun mit dieser Diskrepanz umgegangen werden? Das grundsätzliche Anliegen der Einleitung liegt zuallererst darauf, derartige Unterschiede innerhalb der Bibel wahr- und ernstzunehmen. Gegen das rein wörtliche Schriftverständnis der Hussiten werden Widersprüche zwischen den Synoptikern und innerhalb des Literalsinns eingebracht. Schon die Diskrepanzen bei der Aussendung der Jünger zeige, so die Einleitung, dass selbst innerhalb einer Szene gewisse Formulierungen der hl. Schrift wörtlich, andere hingegen in einem übertragenen, metaphorischen Sinn verstanden werden müssen. Im konkreten Beispiel sei der Auftrag, nichts mit auf den Weg zu nehmen, wörtlich, der als Ausnahme deklarierte Stab hingegen metaphorisch zu verstehen. Anders wäre es schließlich nicht erklärbar, dass Mk 6 unter dem »Stab« das von Christus allen Verkündern des Evangeliums gegebene Vermögen, von den Zuhörern das Notwendige zu erhalten, verstand und folgerichtig dessen Mitnahme erlaubte. Mt 10 und Lk 9 deuteten den »Stab« hingegen tatsächlich als

---

23 »Reverendissimo in Christo patri et domino domino Branda miseracione divina tituli sancti clementis sancte Romane ecclesie cardinalis Placentino wlgariter nominato sedis apostolice legato humili paternitatis vestre« (München, UB, 2° Cod. ms. 678, fol. 312ra).

Stock oder bildlich als konkrete, zum Lebensunterhalt notwendige Dinge und Gegenstände.[24] Mit einem längeren Zitat aus Augustinus' *De consensu evangelistarum* zum selben Beispiel wird bekräftigt, dass Gott freilich bestimmte Worte figürlich, andere hingegen metaphorisch verwenden könne. Der schon im ersten Beispiel aufgezeigte Widerspruch zwischen einzelnen Schriftpassagen wird im Folgenden durch weitere Beispiele verdeutlicht: Enthalte Mt 5 denn nicht den Befehl, den Feind zu lieben, während Lk 14 ermahne, sogar Vater und Mutter, Frau und Kinder, Brüder und Schwestern zu hassen? Nicht nur als widersprüchlich, sogar als gegen die Wahrheit und Vernunft gerichtet könnten sich schließlich manche Schriftworte erweisen! Die Konsequenz daraus wäre, dass der hl. Geist als Autor der Schrift in diesen Passagen nichts hätte sagen wollen, was keinesfalls denkbar sei. Ein offenkundiges Beispiel für solche Inhalte sei etwa Mt 18,8 (»Wenn Dein Fuß Dich zu Bösem verführt, dann haue ihn ab und wirf ihn weg!«). Hätten die hussitischen Gegner diese Aussage wörtlich verstanden und auch befolgt, dann – nun folgt eine polemische Spitze – wären sie alle schon Blinde, Krüppel und Stumme und damit unfähig, die Kirche zu belästigen.[25] Die erste und wichtigste Absicht der anti-hussitischen Bibelhermeneutik zielt hier also darauf ab, das Prinzip der »Wörtlichkeit« und Eindeutigkeit des Schrifttextes zu erschüttern.

Dass sich eine anti-hussitische Schrift auch hermeneutischen Grundfragen widmete, war kein Novum in der Kontroverse. Das wohl bekannteste Beispiel ist Johannes Gersons 1417 in Konstanz verfasster Traktat gegen den Laienkelch, der am Beginn zehn *regulae speculativae* zur richtigen Schriftauslegung präsentiert.[26] Auch Nikolaus von Dinkelsbühl stellte seiner Konstanzer Schrift *Barones*

---

24 »Probatur: nam in eodem contextu verborum aliqua verba accipiuntur litteraliter secundum eorum primariam significacionem gramaticalem, ut Marc. 6° (8) *Nichil tuleritis in via nisi virgam tantum*, ubi hec verba, *nichil tuleritis in via*, accipiuntur litteraliter, et sequencia, *nisi virgam tantum*, accipiuntur mistice pro potestate accipiendi victui necessaria. Similiter eadem verba in diversis passibus scripture diversimode accipiuntur, ut nomen ›virge‹ Matth. 10° (10) et Luc. 9° (3), ubi Christus loquitur de missione apostolorum, accipitur pro baculo aut rebus minimis humane sustentacioni necessariis. Sed Marc. 6° accipitur mistice pro potestate accipiendi necessaria ab auditoribus, quam Christus dedit ewangelizantibus« (Tractatus contra quattuor articulos Hussitarum, fol. 105r).

25 »Item secundum talem sensum gramaticalem aliqui passus sacre scripture essent sibi invicem contrarii, ut patet de illo Mathei et Luce *neque virgam* et Marci *nisi virgam tantum*. Similiter Matth. 5° (43) (...) et Luc. 14° (26) (...) Immo quandoque verba scripture secundum huiusmodi sensum gramaticalem primarium a veritate et *ratione discordant, ut sic ipsa littera indicet, quod in ea Spiritus Sanctus iuxta litteram nichil dicat*, ut late deducit beatus Gregorius in principio quarti *Moralium*. Et patet exemplum clarum de illo Matth. 18° (8): *Si manus tua vel pes tuus scandalizat te, abscide eum et proice abs te*. Quod si litteraliter dudum intellexissent adversarii et sic observassent, iam ceci, claudi et manci omnes essent, impotentes ecclesiam molestare« (Tractatus contra quattuor articulos Hussitarum, fol. 105v).

26 GERSON, De necessaria communione; vgl. dazu oben Kapitel I, S. 59 mit Anm. 200.

regni Bohemie hermeneutische Überlegungen voran.[27] Notwendig wurde dies, weil die Hussiten in ihren Prager Artikeln zahlreiche Passagen aus der hl. Schrift (sowie von Kirchenvätern und mittelalterlichen Theologen) als Belege heranzogen, um ihren Forderungen Nachdruck und Plausibilität zu verleihen. Der Wiener Traktat nimmt keine klassische Unterscheidung der Schriftsinne vor. Seine Differenzierung zwischen wörtlichem (d. h. die rein buchstäbliche, erste grammatikalische Bedeutung von Begriffen ohne jede metaphorische Rhetorik) und »mystischem« Sinn ist lediglich ein sehr breiter Hinweis darauf, dass die Schrift nicht selbsterklärend ist, sondern die Auslegungstradition benötigt. Dass die in der mittelalterlichen Schriftauslegung bekannten und gängigen Kategorien der vier Schriftsinne (*historia, allegoria, tropologia, anagogia*)[28] hier nicht weiter ausdifferenziert und auch im Traktat selbst nicht unterschieden werden, zeigt, dass den Verfassern der Einleitung nicht daran gelegen war, eine allen Regeln der Auslegungskunst folgende Interpretation der hussitischen Belegstellen zu bieten. Dazu wäre es auch notwendig gewesen, die hussitischen Interpretationen aufmerksam zu untersuchen (und dabei festzustellen, dass die pauschale Charakterisierung der hussitischen Schriftauslegung als ›sola scriptura‹ gar nicht der Realität entsprach, da sich die böhmischen Reformer ganz selbstverständlich innerhalb der gängigen mittelalterlichen Hermeneutik bewegten).[29] Die hermeneutischen Vorbemerkungen dienten hier primär apologetischen Zwecken: dem möglichst überzeugenden Aufweis, dass die hussitischen Belege in ihrem Grundverständnis fragwürdig und damit weder die herangezogenen Autoritäten, noch die Forderungen selbst tragfähig waren. Es ging somit nicht um eine akademische Auseinandersetzung, sondern um eine Warnung für die *simplices*, nicht der Suggestion eines wörtlichen Schriftverständnisses zu erliegen.

b)   *Gott als erster Verfasser – Auslegung als Gnadengabe*
Nach diesen Vorbemerkungen wendet sich der Traktat dem Autor der hl. Schrift zu. Gott selbst sei der erste und hauptsächliche Verfasser (*auctor principalis*) der biblischen Bücher und habe ihre Auslegung den Menschen anvertraut. Die grundsätzliche Fähigkeit, die Schriften zu interpretieren, sei den Gläubigen somit von Gott gegeben; allerdings nur jenen, die bestimmte Kriterien erfüllen,

---

27 Nicolaus de Dinkelsbühl, Barones; vgl. oben Kapitel I, S. 60–75.
28 Zu den mittelalterlichen Bibelhermeneutiken und -auslegungen vgl. nur das jüngst erschienene *Handbuch der Bibelhermeneutiken* (Wischmeyer, Handbuch, bes. S. 125–270 (mit Beiträgen von Thomas Prügl, Franklin T. Harkins, Gilbert Dahan, Marianne Schlosser, Johannes Karl Schlageter und Ian Christopher Levy zu ausgewählten Beispielen mittelalterlicher Schriftauslegung, jeweils mit reichen Hinweisen auf grundlegende Forschungsliteratur)).
29 Vgl. oben Kapitel IV, S. 260–269 und Prügl, Mittelalter, S. 130.

wie den Scharfsinn des Geistes, die Übung des Studiums oder die Geschicktheit
des Urteils, das Freisein von affektierten Lastern, die göttliche Offenbarung und
die innere Inspiration des heiligen Geistes. Der wichtigste und verlässlichste
Ausleger sei Gott selbst; die genannten Kriterien sollten sicherstellen, die biblischen Texte mit gleichsam göttlicher Autorität und in derselben Absicht auszulegen, wie Gott sie verfasst habe. Die Hussiten hingegen wollten sich – aus
kühner Neugier, um nicht zu sagen aus hochmütiger Anmaßung (*temera cu-
riositate, ne dicamus superba presumpcione*) – diese Autorität ebenfalls her-
ausnehmen, um die hl. Schrift auf unrechte Weise zu interpretieren, was jene
Gläubigen, die deren Auslegungen folgten, in verwerfliche Irrtümer stürzen
würde.[30] Die rechte Auslegung erfordere somit auch die richtige sittliche Haltung
und eine der Kirche gehorsame Intention.

c)   *Vorsicht bei der Annahme neuer Interpretationen (Kriterien für die
       Verlässlichkeit des Interpreten)*

Die Warnung der Gläubigen vor einer leichtfertigen Annahme neuer Auslegungen wird in der dritten Auslegungsregel weiter entfaltet. Um verlässliche
Auslegungen der hl. Schrift klarer zu erkennen, stellen die Verfasser eine Kriterienliste für besonders verlässliche Auslegungen zusammen. So sollten nur
jene Schriftinterpretationen angenommen werden, die entweder durch alte,
berühmte Traditionen, ein heiliges Leben der Ausleger, die Bezeugung von
Wundern, die »Reinheit aufrichtiger Wahrheit« oder die sichere Autorität der
Gesamtkirche approbiert wurden. Schließlich würde es für die Ungebildeten
bedeuten, ihr Heil zu gefährden, würden sie durch die Autorität oder einen
Irrtum ihrer Hirten oder Lehrer zu einer falschen Erkenntnis des Gesetzes Gottes
geführt werden.[31] Der Verfasser betont hier die Verantwortung der Zuhörer

---

30 »Secundo premittendum est, quod sacre scripture principalis auctor Deus, qui condens
    universum mundum, reliquit disputacioni hominum eciam sacre scripture exposicionem,
    reliquit hominum solicitudini, non tamen quorumlibet voluntati, sed eorum precipue studio
    devocionis, quos ei placuit ad hoc specialiter eligere, donans eciam eis gratiarum munera,
    videlicet acumen ingenii, exercitacionem studii, humilitatem iudicii, inmunitatem affecti
    vicii, divinam revelacionem et inspiracionem internam Spiritus Sancti (…) Et hoc ideo, ut
    ipsam sacram scripturam eadem auctoritate et intencione exponerent, qua sibi placeret, qui
    condidit, quatenus, sicut ipse eius est auctor, ita et ipsemet ipsius principalis interpres et
    certus habeatur expositor, ne de sue occultissime sapiencie misteriis umquam alicui esset
    locus rationabiliter dubitandi, sciens certissime futuros plurimos qui temera curiositate – ne
    dicamus superba presumpcione – sibi hanc auctoritatem interpretandi et exponendi sacram
    scripturam perperam usurparent, ut sic, si possibile foret, simpliciores eis consencientes
    eciam electi in errores varios et dampnabiles mitterentur« (Tractatus contra quattuor arti-
    culos Hussitarum, fol. 105v–106r).
31 »Tercio generaliter prelibamus, quod incautissimum est fidelibus accipere et sequi novas
    scripturarum exposiciones aut interpretaciones, quas non comendat famosa veterum tra-
    dicio neque novorum exponentium vite sanctitas nec miraculorum attestacio nec sincere

dafür, wem sie die Verkündigung zutrauen: der Gehorsam falschen Auslegungen gegenüber entschuldige selbst weniger gebildete Gläubige letztlich nicht.

d)   Vorrangige Autorität der Kirchenväter in der Schriftauslegung

Eine besondere Rolle und Verlässlichkeit in der Schriftauslegung komme, so die vierte Regel, jenen Kirchenvätern zu, welche die in der dritten Präambel dargelegten Bedingungen erfüllen. Diese Lehrer hätten eine so große Autorität inne, dass sie anderen Auslegern zurecht vorgezogen werden sollten.[32] Wiederum wird das Traditionsprinzip gegen »neuartige«, »revolutionäre« Auslegungen, also gegen den oberflächlichen Biblizismus der Hussiten in Stellung gebracht.

e)   Vorgehensweise bei divergierenden Auslegungen der Väter – Ermahnung der Bischöfe und der Gläubigen

Abschließend wird ein praktisches Problem angesprochen, das sich bei der Orientierung an den Auslegungen der Kirchenväter ergeben kann: Wie soll vorgegangen werden, wenn sich die Auslegungen der Väter widersprechen? In solchen Fällen dürfe nicht einer Interpretation leichtfertig zugestimmt werden, vielmehr müssten die Lehrer verglichen werden. Den Kriterienkatalog dazu liefere die dritte Präambel. Jene, von denen feststehe, dass die genannten Bedingungen auf sie zutreffen, seien konsequenterweise jenen vorzuziehen, bei denen dies nicht der Fall sei. Selbst Sünder seien, solange sie den Kriterien entsprechen, jenen vorzuziehen, die zwar vielleicht besser lebten, die definierten Bedingungen jedoch nicht erfüllten; eine Reaktion auf die hussitische Weigerung, moralisch nicht zweifelsfrei lebende Priester als Autorität (und der Sakramentenspendung fähig) anzuerkennen.[33]

Die Einleitung des *Tractatus contra quattuor articulos Hussitarum* endet mit

---

veritatis puritas nec universalis ecclesie certa approbans auctoritas. Patet, quia hoc est se exponere periculo salutis, cum ignorancia legis Dei neminem excuset in toto (…) Immo nec simplices idiote pastorum suorum seu doctorum errancium eosque seducencium auctoritate vel errore in talibus excusantur« (Tractatus contra quattuor articulos Hussitarum, fol. 106r).

32 »Quarto premittimus, quod scrutanti veritatem fidei legisve divine intelligenciam requirenti omnino cautum et securum est in exponendo et allegando sacram scripturam inniti sentenciis sanctorum antiquorum doctorum ecclesie; de quorum condicionibus et graciis in secundo preambulo dicebatur. Patet quia talium doctorum tanta est auctoritas, ut in sacrarum exposicionibus scripturarum aliis merito preponantur. Quo enim quisque magis ratione utitur, eo maioris auctoritatis eius verba esse videntur« (Tractatus contra quattuor articulos Hussitarum, fol. 106v).

33 »Quinto patet ex premissis, quod dissencientibus doctoribus in alicuius sacre scripture exposicione non est leviter assenciendum uni parti, sed comparandi sunt doctores cum doctoribus, et illi, quos constat habere condiciones in secundo preambulo expressas, preferendi sunt non habentibus, et habentes pociores habentibus minus eminentes, et habentes gracias gratis datas preferendi non habentibus tales ceteris paribus« (Tractatus contra quattuor articulos Hussitarum, fol. 106v).

einer direkten Mahnung an die katholischen Bischöfe und Gläubigen: Angesichts der geschilderten Gefahren sei es dringend notwendig, dass die Hirten der Gläubigen mit genauester Sorge wachen, aber auch die Gläubigen sorgfältig darauf achten, welche Auslegungen der heiligen Schrift sie annehmen oder zulassen. Keinesfalls dürften sie neuen Interpreten leichten Herzens Glauben schenken, damit sie nicht, gefährlich getäuscht, auf einen Irrweg geführt würden. Auch die Verfasser selbst wollten in ihrer Stellungnahme die Schriften nicht nach ihrem eigenen Sinn, sondern vorsichtiger, gemäß dem Verständnis der hl. Väter der Kirche behandeln, deren Leben und Lehre untadelig gewesen sei. Dabei wollten sie besonders jenen Interpretationen folgen, die seit langem von der Kirche anerkannt seien, und auch jenen Auslegungen berühmter Lehrer und Schriftsteller, deren Schriften als allgemeinerer und sicherer Gebrauch in den Schulen anerkannt werde.[34]

Grundsätzlich enthält die Einleitung des Wiener Traktats einige Besonderheiten, die Aufschluss über Intention und Zielgruppe dieser Schrift bieten können. So fällt auf, dass den Verfassern nicht primär die hussitischen Theologen als Adressaten vor Augen standen, sondern die katholischen Gläubigen und ihre Bischöfe. Dafür sprechen auch die geschickt gewählten, den Gläubigen bekannten und nachvollziehbaren Beispiele von widersprüchlichen (wie der »Stab« bei der Aussendung der Jünger) oder ›vernunftwidrigen‹ Passagen (wie die Aufforderung, sich Hand oder Fuß abzuschlagen, wenn diese Ärgernis bereiten) innerhalb der Schrift. Die hermeneutischen Überlegungen dienten somit nicht in erster Linie einer unmittelbaren Auseinandersetzung mit dem »Hussitismus«, einem theologischen Streitgespräch zwischen »Experten«, sondern einer Sensibilisierung der katholischen Gläubigen und kirchlichen Verantwortlichen für die Unzulänglichkeiten der hussitischen Schriftargumente. Dabei wird nicht auf geschickte polemische Spitzen gegen die hussitischen Gegner verzichtet. Die Warnung vor einer leichtfertigen Annahme der hussitischen Auslegungen durch die Gläubigen und die damit einhergehende Verantwortung der Bischöfe zieht sich jedoch als Leitmotiv durch die sechs Präambeln der

---

34 »Unde necesse est, quod fidelium pastores accuratissima sollicitudine vigilent, sed et fideles subditi diligenter attendant, quales aut quorum docencium interpretaciones aut exposiciones sacre scripture accipiant vel admittant, neque novis interpretibus levi corde cito credant, ne a via salutis regia periculose decepti ad errorum devia et precipiciorum abrupta abducantur (...) Idcirco, ut scripturas sacri canonis, quibus ipsi articuli specietenus fulciuntur, caucius tractemus, eas non ad proprium nostrum sensum, sed ad intencionem sanctorum ecclesie patrum, quorum sicut inculpabilis fuit vita, ita eciam irreprehensibilis habetur doctrina, et aliorum eius tractatorum dudum ab ecclesia approbatorum nec non et famosorum doctorum et postillatorum, quorum scriptis communior est et securior usus reputatur esse in scolis, quorum eciam verba allegabimus, quatenus ipsorum sentenciis certior adhibeatur fides, neque videamur quicquam de nostro influere aut nobis aliquid arrogare« (Tractatus contra quattuor articulos Hussitarum, fol. 106v–107r).

Einleitung. Der Leitfaden hoher intellektueller und moralischer Kriterien erinnert an die »Unterscheidung der Geister«: Unterschiedliche Ansichten können nicht nur intellektuell bewertet werden, der Ausleger muss auch den moralischen Ansprüchen genügen. Als Vorlage könnte Gersons Konstanzer Kelchtraktat gedient haben, der denselben anspruchsvollen Kriterienkatalog entwickelte. Während sich Gersons Überlegungen primär an die anderen katholischen Theologen auf dem Konstanzer Konzil wendeten, scheint der Wiener Traktat die katholischen Bischöfe bzw. die unmittelbar für die Seelsorge Verantwortlichen als maßgebliche Adressaten vor Augen zu haben.

Eine interessante Diskrepanz zwischen den beiden hermeneutischen Ansätzen zeigt sich auch in der höchsten und letztverbindlichen Instanz, der die Entscheidung in strittigen Auslegungsfragen zugestanden wird. Während Gerson die Autorität der Kirche sowie die unverzichtbare Rolle der Generalkonzilien und ihrer theologischen Experten zur Festlegung angemessener Auslegungen herausstellte, betont der Wiener Traktat die Verantwortung jedes einzelnen Gläubigen, die verfügbaren Interpretationen abzuwägen und verantwortete Entscheidungen zu treffen, weil auch die Hirten und Lehrer in Auslegungsfragen irren könnten. Bemerkenswerterweise werden weder das *magisterium*, noch die höchste Autorität des Papstes oder eines Konzils für Fälle von Interpretationskontroversen eingeführt. Die individuelle Verantwortung aller Gläubigen wird durch die Warnung, dass selbst eine gehorsame Befolgung falscher Auslegungen zum Verlust des Heiles führen könne, noch weiter verdeutlicht. Die von einfachen Gläubigen hier geforderte Vorgehensweise, die verfügbaren Auslegungen – insbesondere der Kirchenväter – nicht nur zu kennen und zu überblicken, sondern darüber hinaus auch nach den aufgestellten Kriterien zu gewichten, wäre selbst für theologische Experten herausfordernd, für Laien hingegen weithin unmöglich gewesen; ganz abgesehen davon, wie die »Berühmtheit von Traditionen«, Wunder oder die »Reinheit aufrichtiger Wahrheit« objektiv festgestellt, quantifiziert und qualifiziert werden hätten sollen. Folglich diente die ausführliche Schilderung der »Pflichten der Gläubigen« und der Konsequenzen möglicher Irreführungen durch falsche Interpretationen ihrer Hirten einerseits gewiss dem Zweck, die Gläubigen vor vorschnellen und unkritischen Annahmen der hussitischen Schriftbelege zu warnen. Vor allem zielte sie aber wohl darauf ab, den Seelsorgern ihre besondere Verantwortung und die Komplexität einer angemessenen Hermeneutik vor Augen zu führen, die, wollte man alle Bedingungen umsetzen, letztlich nur von theologischen Experten geleistet werden konnte. Auf diese Weise empfahl sich der ganze anti-hussitische Traktat (der, wie die Einleitung schildert, die aufgestellten Bedingungen selbst berücksichtigen wollte) den Bischöfen und Seelsorgern gleich zu Beginn als verlässliche, die notwendigen hermeneutischen Kriterien erfüllende Handreichung und Argu-

mentationshilfe im Kampf gegen die Hussiten, was mit einer Empfehlung der
bewährten kirchlichen Ordnungen und des Traditionsprinzips einherging.

Wird dieser Befund auch durch die folgenden Entgegnungen auf die Prager
Artikel gestützt?

5.3.2. Zur Widerlegung des hussitischen Besitzartikels

Im Anschluss an die Einleitung widmet sich der Traktat zuerst der hussitischen
Forderung, dem Klerus die weltliche Grundherrschaft (*dominium*) über umfangreiche zeitliche Güter zu entziehen, die dieser entgegen dem Gebot Christi
zum Nachteil seines (Seelsorgs)-Dienstes und zum Schaden des weltlichen
Armes in Anspruch nehme, um ihn so zur »evangelischen Lebensregel« und zum
apostolischen Leben zurückzuführen. Zur Untermauerung zieht der Prager
Artikel nicht nur zahlreiche alt- und neutestamentliche Belege, sondern auch
Kirchenväter- und Theologenzitate aus C. 12, q. 1 des *Decretum Gratiani* sowie
dem *Liber Extra* heran.[35]

Die Widerlegung des Besitzartikels ist nach dem Kelchteil der zweitlängste
Textabschnitt. Der Aufbau des Prager Artikels dient der Widerlegung als Schema, das strikt eingehalten wird. Nach einer sehr umfangreichen Entkräftung der
geforderten Besitzlosigkeit und der damit zu rechtfertigenden gewaltsamen
Enteignungen – die im Wortlaut dem Prager Artikel entspricht – werden die
beigebrachten Belegstellen der Reihe nach widerlegt, die zu diesem Zweck in
Gruppen zusammengefasst werden. Abgesehen von dem Kernaspekt, dass unterschiedliche Zeiten verschiedene Vorschriften bedingen, wiederholt der Verfasser seine Argumente kaum, sondern entwickelt eine stringente Argumentationslinie. Zusammenfassungen an zentralen Stellen des Textes sollen das
Nachvollziehen der Argumentation erleichtern.

Die Argumentation, die der Verfasser hier bot, war nicht neu. Sämtliche
Kernargumente, die im Folgenden entfaltet werden, wurden bereits in den Armutskontroversen der Bettelorden im 13. und frühen 14. Jahrhundert entwickelt
und nun gegen die Hussiten neuerlich in Stellung gebracht.[36]

---

35 Tractatus contra quattuor articulos Hussitarum, fol. 107r–v; vgl. Articuli Hussitarum,
   S. 393f. und oben Kapitel IV, S. 264f.
36 Um die Parallelität der zugrundeliegenden Debatten und Aspekte zu verdeutlichen, wird im
   Folgenden auf die entsprechenden Argumentationen der Mendikantenorden hingewiesen,
   die HORST, Evangelische Armut und Kirche, herausarbeitete. – Zu den mittelalterlichen
   Armutsbewegungen vgl. außerdem MIXSON/ROEST, A Companion; PRUDLO, The Origin;
   MIETHKE, Paradiesischer Zustand; LAMBERT, Franciscan Poverty; HORST, Evangelische
   Armut und päpstliches Lehramt; RIVINIUS, Zwischen Häresie und Orthodoxie; ISERLOH,
   Die Spiritualenbewegung; ELM, Stellung und Wirksamkeit; GRUNDMANN, Religiöse Bewe-
   gungen.

5.3.2.1. Zur Verbindlichkeit der »evangelischen Lebensregel« und des
apostolischen Lebens: drei Interpretationsmöglichkeiten von Mt 10,9

Der Rekurs der Böhmen auf die »evangelische Lebensregel« und das apostolische Leben dient der Widerlegung als Ausgangspunkt ihrer Argumentation. In
welchem Umfang sind die Gläubigen durch diese evangelische Regel und das
apostolische Leben verpflichtet? Obwohl zweifellos jede Handlung Christi den
Gläubigen als Beispiel gelte, seien nicht alle seine Lehren oder Handlungen ein
verpflichtendes Gebot. Als Beispiele werden Christi übernatürliche und wun-
dersame Werke (wie etwa die Brotvermehrung) genannt, die gewiss nicht zur
Nachahmung verpflichteten. Auch an den Lehren und Werken der Tugenden sei
dies ablesbar: So zeige etwa Mt 19,12, dass niemand zur jungfräulichen
Keuschheit verpflichtet sei, die der freiwilligen Entscheidung des Einzelnen
obliege.[37]

Selbiges gelte auch für die Armut, da diese, wie an Mt 19,21 abzulesen sei, der
via perfectionis entspreche und somit nicht verpflichtend, sondern freiwillig sei.
Schließlich seien auch nach der Passion Christi viele Gläubige hervorragende
Heilige gewesen und hätten trotzdem Besitztümer gehabt, wie etwa Martha,
Maria Magdalena, Nikodemus, Joseph von Arimathäa u. a.; Besitztümer
schlössen somit niemanden von der Jüngerschaft aus.[38] Auch viele Frauen unterstützten Jesus und seine Jünger mit ihrem Vermögen (Lk 8,3), und wir lesen
nichts davon, dass sie darauf verzichten hätten müssen.[39] Darüber hinaus habe
Bonaventura in seinem Sentenzenkommentar auf die Frage, ob sich denn Könige
bei ihrer Krönung ihrer zeitlichen Besitztümer entäußern müssten, geantwortet,
dass Christus zwar wegen des Beispiels der Demut die königlichen Ehren abgelehnt und arm und elend gelebt habe, er jedoch aus Güte Andere nicht dazu
verpflichtet habe.[40] Darauf zielt auch das nächste Argument ab, wenn – über-

---

37 »Ex quo igitur illius articuli assertores se fundant principaliter super regula evangelica et vita
    apostolica, videndum est primo, quantum hec regula evangelica vitaque apostolica fideles
    obligaverit et hodie obliget ad imitandum. Pro quo supponitur primo, quod licet ›omnis
    Christi accio nostra sit instruccio‹, non tamen quelibet eius doctrina vel operacio est obli-
    gativa fidelium precepcio (…)« (Tractatus contra quattuor articulos Hussitarum, fol. 107v).
38 »Ex quibus patet, quod non solum non omnis accio Christi vel doctrina, sed nec omnis ipsius
    personalis observancia est fidelium ad similia obligatoria. Et patet idem exemplariter de
    temporalium dereliccione: Nam ante Christi passionem fuerunt plures fideles eciam ex-
    cellentis sanctitatis, qui temporalia possidebant, ut Martha, Maria Magdalena, Ioseph ab
    Arimatia, dives discipulus Ihesu, Matth. 27° (57-61)« (Tractatus contra quattuor articulos
    Hussitarum, fol. 108r).
39 Vgl. Horst, Evangelische Armut und Kirche, S. 48.
40 Vgl. Bonaventura, In Sent., lib. 4, d. 24, art. 1, q. 3, S. 611f. Zum Armutsgedanken in der
    Theologie Bonaventuras vgl. Schalück, Armut und Heil; Horst, Evangelische Armut und
    Kirche, S. 144–167; Wittneben, Bonagratia von Bergamo, S. 107–191.

raschenderweise – die Bulle *Exiit qui seminat* Papst Nikolaus' III.[41] als Argument herangezogen wird: So seien Christi Werke in der Tat vollkommen gewesen; obwohl er der *via perfecta* folgte, habe er aber dennoch die Schwäche der unvollkommenen Menschen nicht verdammt. Indem er eine Börse (*loculus*) mit sich trug, erniedrigte er sich selbst und versuchte, auf diese Weise die Schwachen zu gewinnen.[42]

Der erste Teil der Argumentation gegen die hussitische Forderung basiert auf zwei Grundlagen: zum einen wird betont, dass ein Leben in Armut kein Gebot sei, das jeder Christ zu erfüllen habe, sondern eine besonders vollkommene Nachfolge (*via perfectionis*) ausdrücke. Diese könne freiwillig gewählt werden und sei für niemanden verpflichtend. Nicht alle Handlungen Christi seien unterschiedslos nachzuahmen, da es verschiedene Formen der Nachfolge gebe. Davon abgesehen haben selbst Christus und die Jünger, so das zweite – in Anlehnung an die franziskanische Auslegung der *condescensio Christi* entwickelte[43] – Argument, das Lebensnotwendige besessen, um auf die unvollkommenen Menschen Rücksicht zu nehmen. Gleich zu Beginn wird somit widerlegt, dass die Armutsverpflichtung ein allgemeines Gebot sei, und gleichzeitig betont, dass nicht einmal Christus immer eine vollkommene, radikale Armut lebte.

Nach diesen Vorbemerkungen wird das Hauptargument der Hussiten – nämlich das Verbot, Reichtümer zu besitzen (Mt 10,9)[44] – in den Blick genommen und ausführlich behandelt. Dazu seien aus den unterschiedlichen Interpretationen dieser Stelle bei den Kirchenvätern und mittelalterlichen Theologen drei berühmtere Auslegungen ausgewählt worden, die sich, so der Traktat, insbesondere auf den Literalsinn beziehen.[45] Diese dezidierte Beschränkung auf den Literalsinn fällt auf. Obwohl die Einleitung den Eindruck vermittelte, die in den Präambeln entfalteten Kriterien konsequent berücksichtigen zu wollen, stützt sich der Besitzteil letztlich ebenfalls auf ein rein wörtliches Verständnis ausgewählter, aus dem Zusammenhang genommener Zitate und operiert damit genau so wie der Prager Artikel selbst. Beiden Seiten gelten einzelne Sätze als

---

41 Exiit qui seminat, ed. FRIEDBERG II, S. 1112f.

42 »Pro illis facit Nicolaus papa in capitulo *Exiit qui seminat* de verborum significationibus libro sexto dicens, quod ›Christus, cuius perfecta sunt opera, sic in suis actibus viam perfectionis exercuit, quod, interdum infirmorum imperfeccionibus condescendens, viam perfeccionis extolleret, et imperfectorum infirmas semitas non dampnaret, sic infirmorum personam Christus suscepit in loculis, sic et in nonnullis infirma humane carnis assumens, (prout evangelica testatur historia), non tantum carne, sed eciam mente condescendit infirmis (…)‹« (Tractatus contra quattuor articulos Hussitarum, fol. 108r).

43 Vgl. HORST, Evangelische Armut und Kirche, S. 40f.; 81–83; 146; 161; 186f. – Zur *condescensio Christi* im Denken Bonaventuras vgl. SCHALÜCK, Armut und Heil, S. 157–162.

44 Vgl. HORST, Evangelische Armut und Kirche, S. 74–78; 159f.; 172f.

45 »Nam hec auctoritas a diversis doctoribus diversimode exponitur; et possunt ex omnibus istis tres elici famosiores exposiciones litteralem sensum magis concernentes« (Tractatus contra quattuor articulos Hussitarum, fol. 108v).

»auctoritas«, deren Auslegungs- oder Argumentationskontext hingegen kaum berücksichtigt wird. Das genannte Zitat aus der Bulle *Exiit qui seminat* Nikolaus' III. ist dafür ein besonders anschauliches Beispiel. Isoliert und ohne den Kontext der restlichen Bulle betrachtet wirkt dieses Zitat so, als würde selbst die auf dem Höhepunkt des franziskanischen Armutsstreits erlassene Bulle Nikolaus' III. keine radikale Besitzlosigkeit vorschreiben, sondern die Position des Verfassers stützen. Angesichts der Ablehnung von Eigentum in jeglicher Form (sei es *possessio*, *usufructus* oder *ius utendi*) durch die Franziskaner und der Betonung des bloßen Gebrauchs bestimmter Dinge, die *Exiit* fordert und den Franziskanerorden auf diese Weise auf ein radikales Armutsideal verpflichtet,[46] fällt die Verkürzung der eigentlichen Aussageabsicht hier besonders ins Auge. Mit Bonaventura und *Exiit qui seminat* gegen die hussitische Armutsforderung zu argumentieren konnte jedenfalls nur durch konsequente Ausblendung des historischen und textlichen Kontextes funktionieren. Dem Verfasser kommt es darauf an, zu zeigen, dass selbst so radikale Texte, die den Franziskanern absolute Armut vorschrieben, eine allgemeine Armutspflicht für den Klerus, wie sie die Hussiten forderten, ablehnten. Hier zeigt sich deutlich, dass das bei den Hussiten so scharf kritisierte verkürzte Verständnis von Autoritätszitaten auch in der Widerlegung des ersten Artikels praktiziert wurde, solange es dem eigenen Argumentationszweck diente. Dem Verfasser des Besitzteils geht es offenkundig darum, aufzuzeigen, dass metaphorische Interpretationen gar nicht bemüht werden müssen, weil die Irrtümer der Hussiten schon auf der Ebene des Wortsinns aufgezeigt und widerlegt werden können. Die Einleitung zum Traktat ist somit weniger als »methodologische Vorbemerkung« zu verstehen, die im Traktat selbst umgesetzt werden sollte, sondern eher als eine Empfehlung des Werkes, das sich in die Tradition der anerkannten und kirchlich verbürgten Schriftauslegung stellte.

1. *Zur Anpassung des Gebots an die Zeitumstände: erster (Mt 10,5–15) und zweiter (Mt 28,19) Aussendungsbefehl*

Zu der von den Gegnern bevorzugten, auf den reinen Wortlaut beschränkten Auslegung von Mt 10,9, so fährt der Verfasser fort, sei zunächst anzumerken, dass die Apostel zwei Mal von Christus ausgesandt wurden: zuerst vor Christi Passion nach Judäa (Mt 10,5–15), und ein zweites Mal nach Christi Auferstehung zu allen Menschen (Mt 28,19). Die von den Hussiten herangezogene Passage in Mt 10,9 beziehe sich nur auf die erste Mission, nicht aber auf die zweite.[47]

---

46 Zur Bulle *Exiit qui seminat* vgl. TABERRONI, Paupertas Christi, S. 23–33; HORST, Evangelische Armut und Kirche, bes. S. 189–194.

47 »Pro qua notandum, quod legimus apostolos bis missos a Christo Domino: Semel ante eius passionem ad Iudeam, tamen ipso eis personaliter presente (...) Secundo eos misit post

Christus überdachte beim letzten Abendmahl den ursprünglichen Auftrag, nichts mit auf den Weg zu nehmen, und erlaubte nun, als er die Apostel in die ganze Welt aussandte, Beutel und Tasche mitzunehmen (Lk 22,35f.). Für diese Unterschiede zwischen der ersten und zweiten Mission listet der Verfasser mehrere Gründe auf:

a) Ein Grund sei, dass Christus damals leiblich bei den Aposteln gegenwärtig war und sie mit den lebensnotwendigen Dingen unterstützte. Dies wird mit einem plastischen, aus der *Catena aurea* des Thomas von Aquin übernommenen Chrysostomus-Zitat untermauert:[48] Wie man beim Lernen des Schwimmens schrittweise zur Eigenständigkeit herangeführt werde, sei auch Christus in allem bei seinen Jüngern gegenwärtig gewesen, habe seine Gnade jedoch allmählich zurückgezogen, weil die Jünger ihre eigenen Kräfte entwickeln mussten. Selbiges gelte auch für Säckchen und Tasche, also Geld und Speisen: Mit diesem Zugeständnis schien Christus sagen zu wollen, dass die Jünger bis dahin im Überfluss gelebt hatten, nun aber auch Mangel leiden würden. Deshalb verpflichtete er sie nicht auf die Not des ersten Gesetzes, sondern erlaubte, Unterhalt mitzunehmen. Gott hätte die Jünger zwar bis zum Ende mit einer solchen Fülle ausrüsten können, die die Mitnahme von Geld und Speisen unnötig gemacht hätte; dies wollte er aber aus einem dreifachen Grund nicht: damit sie nichts sich selber zuschrieben, sondern erkannten, dass alles von Gott komme; damit sie sich zu mäßigen verstünden; und damit sie nicht von sich eingenommen wären. Daher ließ Gott die Jünger in viele Drangsale kommen und löste dafür die Strenge des früheren Gesetzes, damit ihnen das Leben nicht zu schwer und unerträglich wurde.[49] Erst als Christus den Jüngern den Befehl gegeben und die Macht übertragen hatte, Kranke zu heilen, Tote zu erwecken, Teufel auszutreiben usw., linderte er die ursprüngliche Härte des Armutsgebots, um die Jünger von dieser Sorge zu befreien und ihnen zu ermöglichen, sich ganz auf die Lehre zu konzentrieren. Der Verfasser entwickelt hier die Strategie, die *ecclesia primitiva* in zwei

---

suam resurreccionem ad omnes (…) Predicta igitur verba eis dixit precipiendo pro prima eorum missione solum, non pro secunda« (Tractatus contra quattuor articulos Hussitarum, fol. 108v).

48 Vgl. Thomas de Aquino, CA in Luc., cap. 22, lect. 10, S. 290b.

49 »Cuius quidem diversitatis plures fuerunt raciones: Una, quia Christus tunc erat cum eis corporali presencia et sufficienter in neccessariis vite assistens (…) Quam causam innuit Crysostomus super eisdem verbis dicens: ›(…) Poterat autem Deus usque in finem eos in tanta constituere copia; sed noluit ob multas causas: Primo, ut nichil sibi tribuerent, sed recognoscerent totum emanasse divinitus; secundo, ut moderari sibi sciant; tercio, ne maiora de se opinentur. Horum igitur causa permittens eos incurrere multa inopinatorum, relaxavit prioris legis rigorem, ne gravis et intollerabilis fieret vita‹« (Tractatus contra quattuor articulos Hussitarum, fol. 108v–109r); vgl. Thomas de Aquino, CA in Matth., cap. 10, lect. 3, S. 165b.

Phasen zu unterteilen, um sowohl das hussitische Kernargument als auch pauschale Verweise auf die Praxis der Urkirche zu entkräften.

b) Ein anderer Grund, weshalb Christus zuerst jeglichen Besitz verbat, später aber erlaubte, sei der, dass die Jünger bei der ersten Mission lediglich zu den Juden geschickt wurden, welche die Jünger und ihre Predigten gerne hörten und annahmen; damals herrschte Friede und die Jünger erhielten von den Zuhörern den notwendigen Lebensunterhalt. In der zweiten Mission aber sandte er sie zu den Heiden, bei denen ihnen wegen der unglaublichen Dinge, die sie von Christus predigten, Hass entgegenschlug. Auch den Juden missfiel deren Predigt später, weshalb die Jünger damals nicht immer die lebensnotwendigen Dinge erlangten.[50] Mit einem aus der *Catena aurea* entnommenen Zitat des Beda Venerabilis wird nun ein zentrales und im Folgenden vielfach variiertes Argument gegen den hussitischen Rekurs auf die Praxis der Urkirche eingeführt: die Anpassung der Regeln an die Erfordernisse der jeweiligen Zeiten. Als den Jüngern bei ihrer Mission bei den Heiden Todesgefahr drohte, gestattete ihnen Christus, die notwendigen Lebensmittel mitzunehmen, und gab auf diese Weise ein Beispiel, dass man manchmal ohne Schuld von der gewohnten Strenge nachlassen könne, wenn ein vernünftiger Grund vorliegt. Schließlich liege es in der Weisheit des Erlösungswerkes, die Gebote und Räte nach den verschiedenen Zeiten und Anforderungen zu ändern.[51]

c) Ein dritter Grund für die Unterschiede zwischen erster und zweiter Mission – der eine Variation des erstgenannten Grundes darstellt – sei, dass den Aposteln in der ersten Mission zwar bereits die Gnade der Wunder gegeben wurde, sie jedoch noch nicht unter solchem Generalverdacht (*generaliter suspecta*) standen wie bei der zweiten Mission. Angesichts dieser erschwerten Bedingungen wurde den Aposteln nun ein Teil der Lasten, nämlich das ursprüngliche Armutsgebot, wieder erlassen.[52] Alle diese Argumente wurden schon im Rahmen des zweiten »Armutsstreits« im frühen 14. Jahrhundert

---

50 »Alia racio et causa, quare prius prohibuit, post vero concessit est ista, quia in prima missione mittebantur ad Iudeos tantum, a quibus tunc libenter audiebantur, quia eis non insolita nec inaudita predicabant; unde et tunc eis fuit pax et sufficiencia victualium ab auditoribus ministrabatur. In secunda vero mittebantur eciam ad gentiles, a quibus propter incredibilia, que de Christo predicabant, odio habebantur (…)« (Tractatus contra quattuor articulos Hussitarum, fol. 109v); vgl. Thomas de AQUINO, CA in Luc., cap. 22, lect. 10, S. 290b–291a.

51 »Ex quo potest inferi illud, quod dicit Augustinus *Contra Faustum*, et subditur in glossa ubi supra: ›Nulla‹, inquit, ›ergo inconstancia precipientis, sed racione dispensantis, pro temporum diversitate precepta, vel consilia, vel permissa mutantur‹« (Tractatus contra quattuor articulos Hussitarum, fol. 109v).

52 »Alia causa: Quia in prima missione data fuit apostolis gracia miraculorum, que tunc grata fuit et non ita generaliter suspecta sicut in secunda« (Tractatus contra quattuor articulos Hussitarum, fol. 109v).

ausgearbeitet[53] und nun gegen die hussitische Armutsforderung erneut vorgebracht.

2. *Bewahrung vor übermäßiger Sorge um zeitlichen Besitz*

Als zweite mögliche Interpretation von Mt 10,9 bringt der Verfasser vor, dass Christus hier die übermäßige Sorge (*superflua sollicitudo*) um den Besitz zeitlicher Güter verboten habe, und ganz besonders jegliche damit einhergehende Behinderung der Predigt. Der Prediger müsse frei von den zeitlichen Sorgen sein; der Erwerb, und viel mehr noch der Besitz zeitlicher Güter störe nämlich die Seele und ersticke das Wort Gottes. Gott habe nicht deshalb vorgeschrieben, sich nicht um das Morgen zu sorgen (Mt 6,34), um den Heiligen den Besitz von Geld zu verbieten, sondern um zu verhindern, dass sie Gott wegen des Geldes dienten oder aus Angst vor einem Mangel die Gerechtigkeit aufgaben.[54]

Dieses Argument zeigt den »kompromisslosen« Standpunkt des Verfassers, der ihn von anderen anti-hussitischen Stellungnahmen unterscheidet. Konkret lässt sich dies an jenen Motiven festmachen, die hier gerade nicht zur Sprache kommen – wie etwa die Kritik des übermäßigen Besitzes, die mit keinem Wort erwähnt wird, obwohl sie eigentlich zum Standardrepertoire der katholischen Reaktionen auf die hussitische Armutsforderung gehörte. Weder Ferdinand von Lugo,[55] noch Ludolf von Sagan[56] oder Johannes von Frankfurt[57] – um nur einige Beispiele zu nennen – verzichteten darauf, diese Kritik am eigenen Klerus in ihre Widerlegungen der Prager Artikel einzubauen. Der Verfasser scheint somit besonders darauf bedacht, alle Argumentationen zu vermeiden, die als Zugeständnis an die Hussiten verstanden hätten werden können. Zweifellos entspräche freilich ein Leben in völliger Armut der *via perfeccionis*; der »gewöhnliche« Gläubige oder Kleriker – und darauf liegt der Fokus – sei dazu jedoch keinesfalls verpflichtet. Die konsequente Abgrenzung der unbedingt notwendigen Pflichten und Gebote von einer freiwilligen, vollkommeneren Form der Christusnachfolge zielt darauf ab, den hussitischen Gegnern keine

---

53 Vgl. Horst, Evangelische Armut und Kirche, S. 40; 87; 184.

54 »Alii exponunt dictum textum *Nolite possidere* etc. dicentes, quod per ipsum Christus prohibuerit superfluam sollicitudinem circa temporalia, et maxime evangelii predicacionem impedientem, sicut sollicitudinem de crastino prohibuit Matth. 6° (34) dicens (…) Item beatus Augustinus *Super Iohannem* parte secunda et Omelia septima: ›(…) Tunc primum ecclesiastice peccunie forma est instituta, ut intelligeremus, quod precepit, non esse cogitandum de crastino, non ad hoc fuisse preceptum, ut nichil peccunie servetur a sanctis, sed ne Deo propter ista serviatur, et ne propter inopie timorem iusticia deseratur‹« (Tractatus contra quattuor articulos Hussitarum, fol. 110r–v). – Vgl. Horst, Evangelische Armut und Kirche, S. 40; 47–49.

55 Vgl. oben Kapitel IV, S. 273 f., Anm. 118.

56 Vgl. Machilek, Ludolf von Sagan, S. 190.

57 Vgl. Iohannes de Francofordia, Contra Hussitas, S. 116.

Angriffsfläche für ihre Forderungen zu bieten. Obwohl das (teilweise durchaus berechtigte) Reformanliegen dieser Forderung bewusst nicht theologisch vertieft wird, argumentiert der Verfasser dennoch nicht oberflächlich, sondern wählt seine Argumente geschickt aus. Die kontroversiellen Themen sind nicht primär theologisch-theoretisch, sondern aszetisch und lebenspraktisch; die hl. Schrift stellt den Leitfaden für das kirchliche Leben dar. Hier zeigt sich ein praktischer Zug der spätmittelalterlichen Theologie, der aus einer biblizistischen Kirchenkritik resultierte.

3. *Verpflichtung der Gläubigen, für den Lebensunterhalt der Apostel zu sorgen*
Die dritte und letzte Möglichkeit, diese Schriftstelle auszulegen, sei schließlich, darin nicht einfach ein Verbot zu sehen, sondern einerseits die Berechtigung der Apostel, alles Notwendige von den Hörern ihrer Predigten zu empfangen, und andererseits die Pflicht der Zuhörer, die Prediger mit dem Lebensnotwendigen zu versorgen. Schließlich habe Gott nicht deshalb verboten, dass die Apostel etwas besitzen, weil er davon ausgegangen wäre, dass diese Dinge nicht lebensnotwendig seien; vielmehr sei es ihm darum gegangen, die Verpflichtung der Gläubigen aufzuzeigen, für den Unterhalt der Apostel zu sorgen. Keineswegs aber habe Gott diese Möglichkeit, für den eigenen Lebensunterhalt zu sorgen, als einzig mögliche betrachtet; andernfalls hätte auch Paulus dagegen verstoßen, der von seiner Hände Arbeit lebte. Entscheidend ist, dass Gott den Aposteln die Macht verlieh, diesen Unterhalt einzufordern. Es folgt eine grundsätzliche Unterscheidung zwischen Befehlen und Rechten: Einen Befehl des Herrn zu missachten bedeute gewiss eine Sünde; ein zugestandenes Recht hingegen könne beansprucht werden oder auch nicht. Da es sich bei Mt 10,9 nicht um ein Gebot, sondern um eine Erlaubnis handle, werde hier folglich keine Pflicht der Apostel, sondern die »Bringschuld« der Zuhörer angesprochen, den Aposteln das Notwendige zur Verfügung zu stellen.[58]

Obwohl es noch viele andere Auslegungen dieser Worte gäbe, so der Abschluss dieser ersten Interpretationsmöglichkeit von Mt 10,9, sollen diese hier außer Acht gelassen werden, da sie »mystisch« (*mystice*) seien und das Vorhaben der Verfasser sowie den vorliegenden Gegenstand weniger beträfen. Davon abgesehen könnten sich die Gegner auf keine Schriftauslegungen dieser Stelle berufen, die anerkanntermaßen oder selbst nur probehalber in der Kirche geäußert wurden. Die Hussiten erwiesen sich in ihren eigenen Schriften nicht als so

---

58 »Tercio modo exponitur predicta auctoritas, quod non sit dicta prohibitive simpliciter, sed ad demonstrandum potestatem recipiendi sumptus ab auditoribus et debitum audiencium administrandi evangelizantibus vite neccessaria (...) Ex quibus verbis patet prefata verba ›non precipiendo, sed magis permittendo‹ et auditoribus debitum ministrandi neccessaria indicendo esse dicta« (Tractatus contra quattuor articulos Hussitarum, fol. 110v–111r). – Vgl. Horst, Evangelische Armut und Kirche, S. 42f.; 150f.

bewandert, dass sie Autorität einfordern könnten; deren Auslegungen müssten daher zurückgewiesen werden.[59] Der Autor betont hier den Literalsinn, der nach Thomas von Aquin alleine eine »Argumentation« trägt.[60] Gegen die hussitische *novitas* wird die lange Auslegungstradition der Kirche ins Feld geführt. Dazu komme, dass die Hussiten insgesamt, d. h. auch in ihren anderen Schriften, nicht als theologische Schwergewichte auftraten, folglich auch keine besondere Aufmerksamkeit und Verbindlichkeit beanspruchen konnten. Mit anderen Worten: Der Verfasser zeigt auf, dass für ihn kein (theologischer) Grund vorlag, die hussitische Theologie zu akzeptieren.

5.3.2.2. Kein Verpflichtungscharakter des apostolischen Lebens – Begründungen zur Wahl der Armut

1.   Armut ex voto – ex caritatis perfeccione
Da das Leben und die Taten Christi die Kirche heute nicht zur Besitzlosigkeit verpflichten, untersucht der Verfasser im Folgenden, ob nicht die Praxis der *ecclesia primitiva* eine Norm für die spätere Kirche darstelle. Der zweite Teil des Besitzartikels argumentiert also mit der Urkirche: So könnte jemand einwenden, dass die Gläubigen der *ecclesia primitiva*, auch die Laien, ein gemeinsames Leben ohne Besitz in Armut führen mussten, weil andernfalls Petrus den Hananias und seine Frau Saphira nicht dafür getadelt hätte, dass sie einen Teil des Verkaufserlöses ihres Grundstücks für sich behielten (Apg 5,1–11). Worauf bezog sich aber der Tadel des Petrus? Auf die Nichtbeachtung der evangelischen Regel, des Beispiels Christi oder des apostolischen Lebens? Nichts von alledem: denn weder aus Mt 10,9, noch aus Lk 14,33 oder Apg 5,1–11 ließe sich eine solche Schlussfolgerung ziehen. Wäre die Urkirche als Ganze zur Armut verpflichtet gewesen, würde dies voraussetzen, dass Christus in den beigebrachten Belegstellen zur Menge der Gläubigen gesprochen hätte. Dann wäre es folgerichtig, dass auch heute nicht nur die Kleriker, sondern alle Christgläubigen in Armut leben müssten. Hier seien jedoch nicht alle Jünger Christi, sondern eine »spe-

---

59 »Et quamvis sint diverse alie predictorum verborum exposiciones, quia tamen mistice sunt et nostro proposito atque presenti materie minus pertinentes, eas duximus omittendas. Preterea, cum nullus sanctorum aut ab ecclesia approbatorum, immo nec scolasticorum expositorum scripture aliqualiter reputatus sepe dicta verba Christi ad intencionem adversariorum exposuisse reperiatur, nec ipsimet in aliis suis opusculis tantam sciencie eminenciam ostenderint, ut eorum auctoritati in aliquo standum sit, hec ipsorum exposicio nedum eadem facilitate contempnitur quam probatur, immo pocius rationabilissima discrecione tamquam proprio sensu conficta reicitur quam acceptetur« (Tractatus contra quattuor articulos Hussitarum, fol. 111v).
60 Vgl. Thomas de AQUINO, STh I, q. 1 a. 10 ad 1, S. 9b. Zum Verständnis der Schriftsinne des Aquinaten vgl. jüngst PRÜGL, Thomas von Aquin.

zielle Schülerschaft« angesprochen. Folglich sei der Verzicht auf Besitz ein Zeichen der Vollkommenheit und eine Empfehlung, aber kein Gebot.[61] Der Text unterscheidet klar zwischen einer allgemeinen Verpflichtung der Kirche auf die Armut, und einer Besitzlosigkeit, die mit einem freiwilligen Versprechen eingegangen wird. Nicht in Besitz und Verkauf des Grundstücks bestanden die Verfehlungen des Hananias, sondern im Bruch des (freiwillig) gegebenen Versprechens und der damit einhergehenden Unaufrichtigkeit gegenüber Gott und der Gemeinde.[62]

Andere Ausleger lehnten eine Verpflichtung zur Armut aufgrund eines Gelübdes (*ex voto*) ab, weil sich ein solches nicht in der Schrift finde. Wie sollte es einer so großen Menge, die täglich bekehrt wurde, auch möglich gewesen sein, zu schwören, nichts zu besitzen? Folglich resultiere die Verpflichtung zur Armut nicht aus einem Gelübde, sondern aus der Vollkommenheit der Liebe (*ex caritatis perfeccione*). Nur die Vollkommenheit der Liebe vermöge es, wie Humbert von Romans Auslegung der Augustinusregel verdeutliche, ohne Versprechen alles aufzugeben.[63]

2. Armut aufgrund künftiger Verfolgungen

Mit dem Kanon *Futuram* des *Decretum Gratiani* wird ein zweiter – praktischer – Grund eingeführt, warum viele Christen in der Urkirche ihren Besitz verkauften: die künftige Verfolgung in Judäa, aufgrund derer die vorausschauenden Apostel dort nichts besitzen wollten, damit sie weniger ortsgebunden und bei der Wahl ihres Wohnorts unabhängiger waren. Die Kirche sei, so *Futuram*, »unter Turbulenzen« gewachsen, bis sich schließlich nicht nur die Heiden, sondern sogar die römischen Fürsten zum Glauben an Christus bekannt hätten. Kaiser Konstantin habe nicht nur die Christen anerkannt, sondern auch Kirchen bauen und der Kirche Grundstücke übertragen lassen. Überhaupt habe Kon-

---

61 »Consequenter est declarandum secundo principaliter, quod nec perfeccio vite apostolice obligat clericos aut alios christifideles ad renuncciandum possessionibus ad vivendum sine proprio in paupertate. Nam si exemplaris Christi vita, que tamen prima est et principalissima vivendi norma, ad hoc non astringit, ut patet ex dictis, per locum a maiori nec apostolorum vita (...) Sed quis diceret: Fideles primitive ecclesie, eciam laici, tenebantur communem vitam sine proprio in paupertate ducere (...) Respondetur, quod ex nullo illorum (...) quia tunc hodie non solum clerici, sed eciam omnes christifideles laici ad hoc tenerentur, cum illud Christus dixerit ad turbas. Si namque verba ista intelliguntur de generali Christi discipulatu, tunc accipienda sunt de renuncciacione quantum ad affectum, quasi in istis finem constituendo. (...) Si vero de perfeccio et speciali discipulatu intelliguntur, tunc huiusmodi renuncciacio perfeccionis est et consilii, non precepti« (Tractatus contra quattuor articulos Hussitarum, fol. 111v–112r).

62 Tractatus contra quattuor articulos Hussitarum, fol. 112r–v.

63 »Aliis autem apparet hoc non fuisse ex voto, cum hoc non inveniatur scriptum. Quomodo eciam esset probabile tantam multitudinem, que cottidie convertebatur, vovisse nichil in antea possidere? (...)« (Tractatus contra quattuor articulos Hussitarum, fol. 112v).

stantin viele Geschenke zusammengetragen, den Herrscherthron verlassen und ihn dem hl. Petrus und dessen Nachfolgern zur Nutzung überlassen, spielt unser Text relativ zurückhaltend auf die Konstantinische Schenkung an.[64]

3. Größere Vollkommenheit in Judäa

Da der christliche Glaube drittens von Judäa ausging, sei es gerecht gewesen, dass die dortigen Christen ein Beispiel größerer Vollkommenheit gaben, damit der Glaube durch sie wirksamer verbreitet wurde. Wie aber die Vollkommenheit des christlichen Lebens nicht im Reichtum und im Besitz zeitlicher Güter bestehe, so bestehe sie auch nicht im Verzicht darauf; denn es fänden sich unter den besten und vollkommensten Menschen Reiche, und unter den schlechten Menschen Arme. Mit der *Summa* des Aquinaten wird bekräftigt, dass die Vollkommenheit des christlichen Lebens nicht wesentlich in der freiwilligen Armut bestehe, sondern dass die Armut *instrumentaliter* zur Vollkommenheit des Lebens mitwirke.[65]

Der Text lenkt von der Verbindlichkeit der urkirchlichen Praxis ab, wenn er betont, dass die göttliche Vorsehung die Menschen gemäß den verschiedenen Zeiten, Zuständen (*status*) und Bedingungen durch unterschiedliche Gesetze und Regeln auf das letzte Ziel hinordnen wollte. So habe Gott den Menschen zur Zeit der Urkirche gewisse Gesetze und Regeln gegeben, welche aber zu anderen Zeiten, als sich die Umstände änderten, keine uneingeschränkte Gültigkeit mehr besaßen. Dazu gehörten auch die Grundstücke und Besitztümer der Kirchen, die später akzeptiert wurden. An dieser Stelle folgt eine für die Argumentation des Traktats grundlegende Differenzierung zwischen der Entscheidung zur persönlichen Armut und der Verwaltung des kirchlichen Vermögens: Freilich könne ein Bischof seinem persönlichen Besitz entsagen, wenn er wolle; dies sei jedoch vom kirchlichen Besitz zu unterscheiden, dessen Verwaltung den Bischöfen und Klerikern obliege.[66] Davon abgesehen zeige sich die Intention von Mt 10,9 besonders aus der Autorität der Gesamtkirche, die – und nun kommt

---

64 »Alia racio, quare et multi vendiderant possessiones, fuit persecucio futura in Iudea, quam previdentes apostoli noluerunt aliquid ibi possideri a se vel suis discipulis, ut abiliores essent ad transmigrandum (…)« (Tractatus contra quattuor articulos Hussitarum, fol. 112v–113r). – Zur »Konstantinischen Schenkung« in der mittelalterlichen Rezeption und Diskussion vgl. MIETHKE, Die ›Konstantinische Schenkung‹; FRIED, Donation of Constantine; COWDREY, Eleventh-Century Reformers' Views.

65 »Tercio, quia primo fides christiana de Iudea ascendit, iustum fuit, ut ipsi maioris perfeccionis exempla preberent, ut per ipsos efficacius dilataretur (…) Sicut enim christiane vite perfeccio non consistit in diviciarum temporalium possessione, ita nec in ipsarum abdicacione; reperimus nempe aliquando optimos et perfectissimos fuisse ditissimos, et pauperiores pessimos« (Tractatus contra quattuor articulos Hussitarum, fol. 113r); vgl. Thomas de AQUINO, STh, II–II, q. 185 a. 6 ad 1, S. 812b. – Vgl. HORST, Evangelische Armut und Kirche, S. 65; 175 f.

66 Tractatus contra quattuor articulos Hussitarum, fol. 113r–114r.

eine ekklesiologische Komponente in die Argumentation – größer sei als die Autorität einzelner Kirchenväter. Die Gesamtkirche habe auf den alten Generalkonzilien, denen nach den Evangelien die größte Autorität zukomme, ausdrücklich erlaubt, dass die Kirchen Besitz annehmen und der Klerus diesen bewahren und verwalten dürfe. Das persönliche Eigentum der Bischöfe, Priester und Diakone (*res proprie episcopi*) vom Eigentum der Kirche zu unterscheiden sei schon deshalb notwendig, damit das Schicksal der kirchlichen Güter nicht am Schicksal des Geistlichen hänge, damit keiner der beiden durch den anderen einen Schaden erleide; der Bischof habe schließlich vielleicht auch eine Frau, Kinder und Diener zu versorgen. Dass der Bischof die Macht hatte, die kirchlichen Güter zu verteilen, setze jedenfalls voraus, dass es zu verteilende Güter gab.[67]

Die (marginale) Rolle, die die Kirche (verstanden als verbürgte Tradition und eigenständige Autorität) in dieser Kontroverse für den Verfasser einnimmt, ist interessant. Zwar erwähnt er, dass die Autorität der Gesamtkirche größer sei als die Autorität einzelner heiliger Doktoren; diese habe in ihren Generalkonzilien ausdrücklich erlaubt, dass die Kirchen Besitz annehme, der Klerus diesen bewahre und nützlich verteile. Der Verweis auf die früheren Konzilien stammt aus C. 12, q. 1 des *Decretum Gratiani*, die sich mit dem Besitz des Klerus befasste. Darüber hinaus zeigt der Verfasser keinerlei Interesse, das Verhältnis der Konzilien zur Gesamtkirche näher zu bestimmen. Obwohl das Konstanzer Konzil wenige Jahre zuvor einen Artikel Wyclifs verurteilt hatte, der ebenfalls die Besitzlosigkeit des Klerus forderte,[68] bringt der Verfasser dieses starke Argument einer aktuellen konziliaren Verurteilung nicht ein. Auch die Römische Kirche, der Papst und dessen Autorität werden mit keinem Wort erwähnt. Abgesehen von der pauschalen Betonung der Autorität der Gesamtkirche zeigt der Verfasser keinerlei Interesse, ekklesiologische Fragen zu behandeln. Mithin kann man sagen, dass der Besitzteil keine explizite Ekklesiologie entwickelt und diese nicht als Hauptdifferenz zu den Hussiten ins Feld führt. Möglicherweise war sich der Verfasser auch bewusst, dass das Konstanzer Konzil bei den Böhmen in sehr

---

67 »Preterea ostenditur propositum ex auctoritate universalis ecclesie, que maior est singulis sanctis doctoribus. Ipsa enim in suis generalibus conciliis, quorum post evangelia maxima est auctoritas, expresse approbat possessiones pro ecclesiis accipere, a clero conservare et quomodolibet utiliter dispensare (…) Et simile statutum est, quod legitur in canone apostolorum, ut patet ibidem, *Sint manifeste*, ubi et expressior causa adducitur in hec verba: ›Sint manifeste res proprie episcopi (si tamen habet proprias), et manifeste res dominice, ut potestatem habeat de propriis moriens episcopus, si voluerit et quibus voluerit derelinquere, ne sub occasione ecclesiasticarum rerum ea, que episcopi probantur esse, interdicantur (…)‹« (Tractatus contra quattuor articulos Hussitarum, fol. 114r–v). – Vgl. HORST, Evangelische Armut und Kirche, S. 57–60; 69f.; 73f.

68 Vgl. Articuli Wiclefi condemnati, S. 552 (Art. 10). Der Predigtteil verweist hingegen auf die Konstanzer Verurteilung des entsprechenden Wyclifschen Artikels (siehe unten, S. 367f.).

schlechtem Ansehen stand, weshalb er bevorzugte, das Thema stattdessen »biblisch« und »patristisch« zu behandeln.

Aus all diesen Argumenten werde klar, so der Verfasser weiter, dass der Klerus die weltliche Grundherrschaft über Reichtum und zeitliche Güter nicht entgegen dem Gebot Christi, nicht zum Nachteil seines Dienstes und nicht zum Schaden des weltlichen Armes in Anspruch nehme, wie die Hussiten im Prager Artikel behaupteten. Der Verzicht auf zeitliche Güter sei ein *opus supererogacionis* und kein Gebot; Besitzlosigkeit sei daher keine Pflicht des Klerus, außer man wäre durch ein besonderes Gelübde daran gebunden. Besitz beeinträchtige aber nicht die geschuldete Vollkommenheit, wie viele berühmte Beispiele zeigten. So habe etwa Gregor der Große kirchliche Besitztümer lobenswert verwaltet, und Papst Sixtus die Schätze der Kirche dem hl. Laurentius zur Verteilung überlassen. Eine gemäßigte und angemessene Sorge sei sogar lobenswert, da schließlich kein Status des Lebens völlig ohne jede Sorge sei. Überfluss hingegen sei weder beim Klerus noch bei den Laien zu billigen. Dass der Klerus zeitliche Güter auch nicht zum Schaden des weltlichen Armes besitze, werde klar, weil kirchliche Güter nicht den weltlichen Herren gehören, da diese darauf verzichteten. Die Kleriker würden infolgedessen nur ihr Recht auf die Verwaltung zeitlicher Güter wahrnehmen und damit niemanden behindern, da die Ausübung des eigenen Rechts kein Hindernis oder Unrecht sei.[69]

Die Güter der Kirchen dürften daher nicht konfisziert werden, wie die Hussiten im Prager Artikel forderten. Dies sei vielmehr ein Sakrileg, da Dinge, die Gott übertragen wurden, nicht für den profanen Gebrauch gedacht seien. Die hussitischen Enteignungen werden hier recht deutlich als Sakrileg gebrandmarkt, ohne die böhmische Praxis aber konkret zu thematisieren. Keine aktuellen böhmischen Beispiele, sondern plastische Geschichten aus Heiligenlegenden (die vermutlich einer Legendensammlung, etwa der durch Jakob von Varazzo zusammengestellten *Legenda aurea*, entnommen wurden) sollen die Kritik an den hussitischen Maßnahmen illustrieren. So erwähnt der Traktat einen römischen Bürger namens Andreas, der aus dem Kloster des hl. Andreas Schriften geraubt habe, wie die Vita des hl. Gregor berichte.[70] Dieser hatte mit einem Mönch Bücher aus dem Kloster gestohlen und an Fremde verkauft; beide wurden schwer krank und starben, nicht ohne zuvor ihre Taten gebeichtet zu

---

69 »Ex quibus patet, quod clerici bona temporalia ad eos per ecclesiarum suarum dotacionem vel legitimam donacionem aut alias iusto titulo ad ipsos vel ipsorum ecclesias devoluta non occupant contra preceptum Christi nec in preiudicium sui officii nec in dampnum brachii secularis. Primum patet ex dictis et per communem doctorum racionem et regulam, quod nullus obligatur ad opus supererogacionis, nisi ad hoc se speciali voto astringat. Abdicacio autem temporalium bonorum opus est supererogacionis, et non precepti (…)« (Tractatus contra quattuor articulos Hussitarum, fol. 115r–v).

70 Vgl. Iacobus de VORAGINE, Legenda aurea, cap. XLVI: De sancto Gregorio, S. 638.

haben. Auch der Frankenkönig Dagobert wurde, wie in der Vita des hl. Dionysius zu lesen sei,[71] nach seinem Ableben vor das göttliche Gericht geführt, wo viele Heilige wegen beraubter Kirchen gegen ihn Klage führten. Dass Dagobert letztlich durch den hl. Dionysius vor seiner Strafe bewahrt wurde, schildert unser Traktat nicht mehr. Das dritte Beispiel stammt aus der Vita des hl. Remigius:[72] König Ludwig wollte der Kirche von Reims Land schenken. Auf dem betreffenden Flecken befand sich auch eine Mühle, deren Müller sich weigerte, seinen Besitz der Kirche zu übergeben. Er vertrieb den hl. Remigius, woraufhin sich die Erde auftat und die Mühle verschlang. Die Botschaft der Legenden ist unmissverständlich: Ein Raub kirchlichen Eigentums, wie er in Böhmen gerade vonstatten ging, zieht göttliche Strafen nach sich.[73]

Reichtümer an sich seien, so der Text weiter, weder gut noch schlecht; es komme immer auf den Umgang mit ihnen an. Schlecht verwaltet behinderten sie das Gute und böten Gelegenheit für das Böse; gut verwaltet jedoch unterstützten sie die Tugend. Eine Fertigkeit (*ars*) wegen eines möglichen Missbrauchs zu verbieten, sei jedoch absurd; dies sei so, als würde man das Schwert verbieten, weil es in einer wütenden Hand eine Gefahr darstelle. Ebenso absurd sei es, einen kirchlichen Status wegen des möglichen Missbrauchs durch schlechte Menschen zu missbilligen; aus demselben Grund könnte man im Übrigen auch die Armut verwerfen. Daher müssten eher den Laien Besitztümer weggenommen werden, weil die Laien ihren Besitz viel häufiger missbrauchten als die Kleriker, wie die tägliche Erfahrung lehre.[74]

5.3.2.3. Zwischenfazit: fünf »congruencie«

Der Text fasst die bisherigen Argumente in fünf grundsätzlichen Überlegungen (*congruencie*) zusammen, aus denen hervorgehen soll, warum Besitz für den Klerus angemessen sei:[75]

---

71 Vgl. ebd., cap. CXLIX: De sancto Dionysio et sociis eius, S. 1998.
72 Vgl. ebd., cap. CXLIII: De sancto Remigio, S. 1924.
73 Tractatus contra quattuor articulos Hussitarum, fol. 115v–116r.
74 »Nec obstat, quod divicie multis sunt clericis occasio malorum, ut pompe voluptatis etc., quia licet divicie sint minus bene dispositis impedimenta bonorum et occasio malorum, bene tamen dispositis et bonis sunt adiuvamenta virtutis (…) Absurdum eciam est aliquam artem reprobare propter abusores, aut gladium prohibere, quia in manu furiosi est periculosus; similiter absurdum est statum aliquem improbare propter abusum malorum. Sic pari racione paupertas foret reprobanda, quia penalitates diversorum defectuum habet annexas, propter quas vitandas est multis occasio ruine (…) Eadem eciam racione a laicis temporalia essent aufferenda, quia laici tante vel plus quam clerici eisdem sepius abutuntur, ut docet cottidiana experiencia« (Tractatus contra quattuor articulos Hussitarum, fol. 116r).
75 »Ex hiis igitur et pluribus aliis finaliter concludendo colligi possunt plures congruencie, quare Deus voluit novi testamenti clerum presertim hiis ultimis temporibus in temporalibus

1) Gott wollte seine Diener (*ministri*) nicht nur mit dem Lebensnotwendigen versehen, sondern ihnen auch einen ehrenwerten Status unter ihren Mitmenschen geben. Deshalb habe die Kirche vernünftigerweise festgeschrieben, dass niemand zum Diakon oder Priester geweiht werden könne, der keine Pfründe besitze (*sine titulo beneficii*), mit der er seinen Lebensunterhalt sichere, oder der wenigstens auf ein Erbe zurückgreifen könne. Ein standesgemäßes Einkommen für die Kleriker sei somit angemessen.

2) Ein gewisses Vermögen sei auch deshalb notwendig, um fromme Werke (*opera pietatis*) zu tun, den Gottesdienst (*cultus Deitatis*) zu mehren, bei Gläubigen wie Ungläubigen Nützliches zu bewirken, Mängel auszugleichen und viele weitere notwendige Anliegen zu unterstützen. Ohne entsprechende Mittel könnten weder die Armen unterstützt, noch Gottesdienste gefeiert, Predigten gehalten, Bücher und andere notwendige Hilfsmittel besorgt oder Gebete für die Lebenden und die Toten verrichtet werden, weil sich ein Kleriker dann so mit Fragen des Lebensunterhalts und der Kleidung befassen müsste, dass für das Eigentliche keine Zeit mehr bliebe. Zudem sei die Zeit der Urkirche vorbei, in der die Gläubigen die Prediger reich beschenkten. Diese Betonung der Notwendigkeit finanzieller Mittel für seelsorgliche Pflichten findet sich beispielsweise auch bei Ludolf von Sagan, der u. a. eine detaillierte Liste an Büchern anführt, die ein Geistlicher benötige.[76]

3) Drittens wusste Gott, dass die Menschen nicht immer freigiebig seien und die Kirche daher für sich selbst Vorsorge treffen müsse, damit ihre Diener keinen Mangel leiden.

4) Weil von den Kirchenmännern viertens angenommen wird, dass sie die Güter der Armen zuverlässiger (*fidelius*) verteilen als die Laien (besonders deshalb, weil sie für gewöhnlich das Gesetz Gottes und ihre Verpflichtung zu frommen Werken besser kennen sollten), ergäbe sich daraus, dass sie mehr zum Mitleid bewegt würden als die Laien; insbesondere, weil sie weder für Frauen noch Nachkommenschaft sorgen müssten.

5) Die fünfte *congruencia* geht auf den sündigen Zustand dieser Welt ein: Da heute viele Böse eher durch Furcht vor Strafe als durch Liebe zur Gerechtigkeit gezügelt werden, wollte Gott dem Klerus auch deshalb Gewalt über Temporalien geben, um diese bösen Menschen zu strafen und sie von ihren Bosheiten fernhalten zu können, damit nicht andere durch sie angesteckt würden.[77]

---

non deficere, sed pocius competentem ipsis sufficienciam habere« (Tractatus contra quattuor articulos Hussitarum, fol. 116v).

76 Vgl. MACHILEK, Ludolf von Sagan, S. 190.
77 Tractatus contra quattuor articulos Hussitarum, fol. 116v–117v.

5.3.2.4. Zur Entkräftung der hussitischen Belegstellen (motiva)

Im zweiten, deutlich kürzeren Teil der Widerlegung wird auf die Schrift- und Autoritätsargumente (*motiva*) der Gegner geantwortet. Während der Prager Artikel alle Zitate hintereinander anführt, bildet die Widerlegung Untergruppen, in denen jeweils mehrere Autoritäten zusammengefasst und gemeinsam widerlegt werden.

1. *Die neutestamentlichen Autoritäten*

Während zur Kernautorität der Hussiten, Mt 10,9, aus dem Bisherigen schon alles gesagt wurde, geht der Text noch kurz auf nachrangige Bibelstellen ein, anhand derer die Gegner beweisen wollten, dass es beim Klerus keinen weltlichen Besitz und keine *iurisdiccio coactiva* geben dürfe.[78] Der buchstäbliche Kontext – wiederum beschränkt sich der Verfasser auf diese Textebene – erlaube es jedoch nicht, diese Stellen als Argument heranzuziehen (*hoc non potest haberi ex contextu littere*). Die genannten Verse richteten sich nämlich gegen die Ehrsucht, die immer sündhaft sei, und rieten zur Demut, die immer lobenswert sei. Das Verbot, in dieser tadelnswerten Weise zu herrschen, beziehe sich ohne Unterschied auf Kleriker und Laien. Wenn nun jemand behaupten würde, dass dies nur die Apostel und deren Nachfolger beträfe, könne ebenso entgegnet werden, dass dies nur für den *status* der Urkirche zu verstehen sei, und nicht allgemein, weil – das Argument ist bereits bekannt – unterschiedlichen Zuständen und Zeiten der Kirche verschiedene Vorschriften und Notwendigkeiten entsprechen. Davon abgesehen: Selbst wenn Christus diese Worte speziell zu den Aposteln gesagt hätte, hätte er dadurch weder den zeitlichen Besitz noch die

---

78 An dieser Stelle fällt die Verwendung des Begriffs der *iurisdiccio coactiva* auf, der im Prager Artikel selbst nicht vorkommt. Dieser Rechtsbegriff meint gemeinhin Zwangsgewalt oder Zwangsverwaltung. Besondere Bedeutung gewann er durch Marsilius von Paduas *Defensor pacis*, der darin mit *potestas* oder *iurisdiccio coactiva* die zwingende Kraft des Gesetzgebers meinte und argumentierte, dass kein Papst, Bischof oder Priester eine solche Zwangsgewalt (im Sinne einer zwingenden Rechtsprechung) über andere Kleriker oder gar Laien ausüben könne, weil ihnen das göttliche Gesetz eine solche Gewalt nicht verliehen habe (speziell zur Verwendung der *iurisdiccio coactiva* bei Marsilius vgl. etwa Dordett, Der geistliche Charakter, bes. S. 73–113). Jürgen Miethke wies auf die spätmittelalterliche Nachwirkung des Begriffs *potestas / iurisdiccio coactiva* des Marsilius von Padua hin: »Man könnte die Regel aufstellen, daß immer dort, wo in einem spätmittelalterlichen Text von *potestas coactiva* die Rede ist, ein Bezug auf Marsilius von Padua wahrscheinlich wird, sodaß diese Begriffsprägung heute geradezu als ein Schibboleth für eine unmittelbare Marsiliusrezeption dienen kann« (Miethke, De potestate papae, S. 215). In gewisser Weise ist die *iurisdiccio coactiva* ein Teil des *dominium*, insofern Besitzrechte auf Temporalien auch Rechtsprechungs- und Polizeigewalt über die Bewohner miteinschließen. – Die Verwendung des Begriffs der *iurisdiccio coactiva* deutet darauf hin, dass der Verfasser entweder gut mit dem Inhalt des *Defensor pacis* vertraut oder kanonistisch versiert war, was für die Verfasserfrage relevant sein könnte (vgl. dazu unten, S. 364 und S. 451).

Verwaltung der kirchlichen Güter verboten, sondern die Herrschsucht (*affectus dominandi*) und die ungeordnete Anhäufung von Besitz. Nicht die Dinge selbst, sondern deren Gebrauch und Umgang entscheide darüber, ob sie gut oder schlecht seien.[79]

In den Belegstellen 1 Tim 6,8, 1 Kor 4,16 und Phil 3,17 habe der Apostel zu allen gesprochen und eine allgemeine christliche Bescheidenheit angemahnt. Eine Verpflichtung für bestimmte Gruppen oder Amtsträger sei damit nicht intendiert gewesen. Er selbst lebte etwa ehelos, verpflichtete aber niemanden darauf.[80]

2. Zu den alttestamentlichen Autoritäten

Die von den Hussiten beigebrachten alttestamentlichen Belege bilden die zweite Gruppe. Mit deren Hilfe wollten die Böhmen belegen, dass es für den Klerus des Neuen Testaments unerlaubt sei, abgesehen von Zehent und Spenden Besitztümer zu haben, weil sie vollkommener sein müssten als die Kleriker des Alten Testaments. Alle vorgebrachten Passagen legen ihren Fokus auf dasselbe Thema: dass die Leviten im Gegensatz zu den Israeliten weder Landanteile noch Erbbesitz erhielten, weil Gott deren Erbbesitz war. Vergleiche man diese Texte nun mit anderen Passagen des Alten Testaments, zeige sich allerdings, dass sie weder die Absicht der Gegner stützten, noch als Argumente gegen den Klerus des Neuen Testaments vorgebracht werden können; ganz im Gegenteil. Was folgt, ist ein ausführlicher Exkurs zu unterschiedlichen Arten von Besitzübertragung, die der Franziskanertheologe Alexander von Hales (oder sein Schülerkreis) entwickelte.[81] Der Verfasser gibt den Text, den er in der *Summa Halensis* fand, frei

---

79 »(…) respondetur, quod hoc non potest haberi ex contextu littere. Arguit enim eos de contencione et ambicione honorum, que in omnibus sunt culpabiles, suadens humilitatem, que in omnibus est laudabilis (…) Si quis tamen contendat hoc solis apostolis et in eis suis successoribus fuisse dictum, dici potest, quod hoc intelligendum sit pro tempore et statu ecclesie primitive, et non generaliter, quia secundum prius dicta diversis statibus et temporibus ecclesie diversa congruunt (…) Aliter potest dici, quod, si Christus predicta verba specialiter apostolis loquebatur, per hec tamen eis non prohibuit temporalem potestatem nec temporalium ecclesie curam et administracionem, sed affectum dominandi, et dominium inordinate usurpandi (…)« (Tractatus contra quattuor articulos Hussitarum, fol. 117v–119r).

80 »Ad tercium principale, quo inducunt auctoritates apostoli I Tim. 6° (8), I Cor. 4° (16) et Phil. 3° (17) dicitur, quod Apostolus loquitur ad omnes. Et per hoc, quod Apostolus hortatur ad sui imitacionem, noluit eos obligare ad ea, que sunt perfeccionis, que tamen ipse servabat, ut patet de continencia, ad quam hortabatur, neminem autem obligabat, immo nec clericos« (Tractatus contra quattuor articulos Hussitarum, fol. 119r).

81 Vgl. Alexander Halensis, Summa, lib. 3, pars 2, inq. 3, tract. 2, sect. 2, q. 2, tit. 2, S. 717b–718a. – Zur Entstehung und Kompilation der *Summa Halensis* vgl. Prügl, Summa Halensis, S. 163 und die Einleitung zur 2018 erschienenen Neuedition des Traktats *De legibus et praeceptis* in: Alexander Halensis, De leg. et praecept. (Basse), bes. S. 18–21.

wieder und ergänzt ihn. Demnach konnten die Leviten[82] im Alten Testament auf vierfache Weise Besitz haben: *racione distribucionis seu divisionis*; *racione et titulo donacionis*; *racione et titulo oblacionis* oder *racione et titulo empcionis sive acquisicionis*. Priester und Leviten konnten das Land entweder nach der zweiten Art (der Teilung nach Los), der dritten Art (durch eine Weihe oder ein Almosen), oder der vierten Art (durch Kauf oder Erwerb) besitzen; nicht aber war es ihnen möglich, das Land gemäß eines Erbteils (*iure hereditario*) zu besitzen.[83]

Analog dazu könnten auch die Priester des Neuen Testaments auf vier Arten Länder, Herrschaften (*dominia*) oder *iusticias seculares* besitzen. Die Argumentation differenziert hier zwischen unterschiedlichen Besitzformen: neben dem Landbesitz werden auch das *dominium* (über Ländereien und Besitztümer)[84] und die *iusticias seculares* (allgemeine weltliche Rechte) genannt, obwohl der Prager Artikel diese Differenzierung nicht kennt. Analog zum Vorgenannten handelt es sich um Besitz *racione paterne successionis hereditarie*; *racione vel titulo empcionis aut aquisicionis*; *racione seu titulo liberalis donacionis aut oblacionis* und *racione et titulo ecclesie*. Alle Dinge, die die Kleriker im Namen der Kirche besitzen, dürften sie nur jenen Kirchen als Erbe überlassen, in deren Namen sie ihnen anvertraut wurden, nicht aber jemand anderem. All jene Dinge, die Kleriker gemäß den anderen drei Möglichkeiten besitzen, könnten sie ihren Erben oder beliebigen anderen Personen weitergeben. Dies gehe etwa aus den Definitionen der Konzilien hervor, da früher die Priester Frauen und Kinder hatten (und in den orientalischen Kirchen bis heute haben). Hätten diese nichts besessen oder das Recht der elterlichen Besitzweitergabe (oder einen anderen der ersten drei Titel) nicht gehabt, dann wären deren legitime Nachkommen von der Erbfolge ausgeschlossen und arm gewesen, was unpassend (*inconveniens*) sei.[85]

3.   Zu Autoritäten der Kirchenväter und des Kirchenrechts

Zuletzt wird pauschal auf die Verweise der Hussiten auf Hieronymus, Augustinus, Ambrosius und Bernhard geantwortet; mit Ausnahme von Bernhard alles Autoritäten, die Gratian in C. 12, q. 1 des *Decretum* sammelte, worin den Kle-

---

82 Zu den Leviten als *personae miserae* vgl. etwa OTTO, Herders theologischer Kommentar (2012), S. 993–996 (zu Deut 10,9); OTTO, Herders theologischer Kommentar (2016), S. 1312–1318, bes. S. 1315–1317 (zu Deut 14,27); ebd., S. 1489–1492 (zu Deut 18,1f.); JAPHET, Herders theologischer Kommentar, S. 170–180 (zu 1 Chr 6); GUNNEWEG, Leviten und Priester, S. 64f.

83 Tractatus contra quattuor articulos Hussitarum, fol. 119r–120r.

84 Vgl. etwa SCHULZE, Dominium.

85 Tractatus contra quattuor articulos Hussitarum, fol. 120r–121r.

rikern Besitz verboten wurde.[86] Was die Aussagen der dort angeführten Heiligen
beträfe, sei sicher, dass die Intention der Gegner nicht der Intention jener Heiligen entspräche; schließlich hätten die Heiligen selbst die zeitlichen Güter ihrer
Kirchen verwaltet.[87] Was die vorgebrachten Kanones des *Decretum Gratiani*
angehe, hätten einige ausdrücklich von Ordensleuten gesprochen. Auf dieselbe
Art hätten einige Doktoren auch die weiteren Kanones verstanden, die der In-
tention der Hussiten zu entsprechen schienen. Gemäß Alexander von Hales aber
seien, wie oben klar wurde, die Passagen aus Hieronymus und ähnliche auf alle
Kleriker zu beziehen; diese besaßen gleichsam »nicht besitzend«, da sie die
Dinge und irdischen Sorgen verdammten. So antwortete schließlich auch der hl.
Thomas auf die Frage, ob der Bischof Besitz haben dürfe, dass die Bischöfe und
Geistlichen deshalb kein Eigentum besitzen dürften, da sie aus Sorge darum den
Dienst Gottes vernachlässigen würden.[88] Dass die Hussiten für ihre Sichtweise
Kanones und Doktoren vorbrachten, die – korrekt verstanden – ausdrücklich
das Gegenteil intendierten, scheine, so der Abschluss des Besitzteils, überaus
erstaunlich.[89]

Im Kommentar des Verfassers zu den hussitischen Belegstellen werden
weithin Argumente wiederholt, die bereits im ersten Textteil entwickelt wurden.
Trotz der in der Einleitung betonten Notwendigkeit, Autoritäten und Zitate zu
vergleichen und zu gewichten, finden sich keinerlei Hinweise, dass der Verfasser
des Besitzteils dies umgesetzt hätte. Der angemahnten aufmerksamen Differenzierung stehen im Besitzteil pauschale Verweise auf »die Väter«, »die Lehrer«,
»die Kirche« und »die Tradition« gegenüber. Die Entkräftungen der Belegstellen
beschränken sich auf die Ebene der Aussageabsicht, die die Hussiten oftmals
verkannten; die grundsätzliche Verlässlichkeit der einzelnen Autoritäten wird
jedoch weder thematisiert noch gewichtet. Der angemahnte Vergleich und das
notwendige Abwägen der Kirchenväteraussagen werden im Gegenteil schon
dadurch konterkariert, dass der Verfasser die von ihm selbst beigebrachten
Zitate weithin der *Catena aurea* des Thomas von Aquin oder dem *Decretum
Gratiani* entnahm. Der ursprüngliche Kontext und die genaue Intention der
Aussagen konnten damit nicht berücksichtigt werden; abgesehen davon, dass
auch die Authentizität der Zitate nicht notwendigerweise gesichert war. Freilich

---

86 Decretum Gratiani, C. 12, q. 1, c. 9, ed. Friedberg I, S. 679.
87 Vgl. Horst, Evangelische Armut und Kirche, S. 105; 149.
88 Thomas de Aquino, STh, II–II, q. 185 a. 6 ad 3, S. 813a.
89 »Ad canones autem allegatos dicitur uno modo, quod aliqui expresse locuntur de clericis, qui
   communem vitam voverunt (…) auctoritas Ieronymi et consimiles intelliguntur de omnibus
   clericis, quia debent possidere que possident quasi non possidentes per contemptum rerum
   et sollicitudinem terrenorum (…) Satis autem mirabile videtur, quod pro se allegant canones
   et doctores, qui ex intencione oppositum senserunt, cum tamen subsequenter alii canones
   expressius ad oppositum sonent« (Tractatus contra quattuor articulos Hussitarum,
   fol. 121r–v).

hätte argumentiert werden können, dass sowohl der hl. Thomas als auch das *Decretum* so große Autoritäten sind, dass die darin getroffene Auswahl als verlässlich angesehen werden kann – die Verlässlichkeit der Quellen wird jedoch nicht thematisiert, die Auswahl nicht begründet. Die Basler Hussitenrede des Johannes von Ragusa, die dem »Richter von Eger« entsprechen musste, übernahm den »Kriterienkatalog« des Wiener Traktats und gab zudem detaillierte Auskunft darüber, auf welche Lehrer die geforderten Kriterien in besonderer Weise zutrafen oder nicht.[90]

Dennoch sind die Argumente, die der Verfasser beibrachte, gut gewählt; auch in Kenntnis einer Auslegungstradition, die aus dem Armutsstreit stammt. Die Belegstellen der Hussiten werden mithilfe bewährter Autoritäten (*Glossa ordinaria, Catena aurea*, Nikolaus von Lyra u. ä.) richtiggestellt; mehrmals beruft sich der Verfasser dabei auf Bonaventuras Sentenzenkommentar (ein Alleinstellungsmerkmal, da diese Schrift in den übrigen Textteilen nirgends zitiert wird).[91] Eine besonders wichtige Rolle spielt – sowohl für die Hussiten, als auch für den Verfasser der Widerlegung – C. 12, q. 1 des *Decretum*, die sich mit dem Eigentum der Kleriker beschäftigt. Nicht nur die Böhmen verwiesen für alle Kirchenväter- und Theologenzitate zum Besitzartikel auf diese *Causa*, auch die Entgegnung greift an zahlreichen Stellen darauf zurück. Beide Seiten kannten und nutzten diese kompakte Sammlung relevanter Belegstellen, um ihre Standpunkte zu untermauern.

Obwohl die verwendeten Argumente weithin jenen entsprachen, die im Zuge der Armutskontroverse des 13./14. Jahrhunderts entwickelt wurden, unterscheiden sich die beiden Auseinandersetzungen. Im 13. Jahrhundert diskutierten vorwiegend Angehörige der Bettelorden ihre eigenen Lebensformen und -ideale; Übereinstimmungen und Diskrepanzen im Armutsverständnis hatten unmittelbare Relevanz und Konsequenzen für die Identität der Orden und ihr Selbstverständnis. Entsprechend intensiv wurde zwischen Franziskanern und Dominikanern um Details gerungen, zwischen Besitzformen und deren Gebrauch (*usus*) unterschieden, praktische Fragen der Besitzverwaltung diskutiert und versucht, sich der Richtigkeit des je eigenen Armutsverständnisses zu versichern. Wenn im ersten Drittel des 15. Jahrhunderts ein katholischer Verfasser den hussitischen Besitzartikel widerlegte, geschah dies unter ganz anderen Voraussetzungen. Die Diskussion, wie arm die Kirche und der Klerus sein müssen, entsprang nicht primär dem Bedürfnis, eine fragwürdig gewordene Armutspraxis zu kritisieren und zu reformieren. Die Diskussion um die Armut des Klerus stellte für beide Seiten ein stellvertretendes Beispiel dar, um grundsätzliche Irrtümer der Gegenseite aufzuzeigen. Für die Hussiten diente der Be-

---

90 Vgl. unten, S. 475f.
91 Vgl. Tractatus contra quattuor articulos Hussitarum, fol. 108r; 115r–v; 116v.

sitzartikel (so gerechtfertigt die Kritik am überbordenden Luxus des Klerus auch gewesen sein mag) primär der Rechtfertigung gewaltsamer Enteignungen und Zerstörungen in Böhmen, die bereits eingesetzt hatten, bevor sie in die Forderung des Prager Artikels gegossen und auf dem Tschaslauer Landtag 1421 legalisiert wurden.[92] Dem Verfasser der Widerlegung ging es darum, die Kritik der hussitischen Gegner – unabhängig davon, ob und inwieweit sie angemessen war – zu entkräften und nicht, das Armutsthema umfassend oder ausgewogen zu behandeln. Folglich stimmten zwar die Themenbereiche und Argumente mit der Armutskontroverse des 13. Jahrhunderts überein, nicht jedoch die Intentionen und Ziele der Beteiligten. Man bediente sich bereits entwickelter Argumente, ohne mit derselben Sachbezogenheit und persönlichen Betroffenheit um das Thema zu ringen. Die Kritik kirchlichen Besitzes diente beiden Seiten dazu, aufzuweisen, dass man selbst das Evangelium besser verstand und lebte und folglich höhere Verbindlichkeit in allen strittigen Fragen beanspruchen konnte.

Abschließend ist zu fragen, ob die Widerlegung des Besitzartikels Rückschlüsse auf ihren Autor erlaubt. Grundsätzlich fällt auf, dass der Verfasser mit rechtlichen Fachtermini gut vertraut war. Souverän und selbstverständlich führt er, in Anlehnung an Alexander von Hales, die unterschiedlichen Besitztitel und die Unterscheidung zwischen Landbesitz, *dominium* und *iusticias seculares* ein, obwohl diese Differenzierungen im Prager Artikel gar nicht vorkommen. Auch die unvermittelte Verwendung der *iurisdiccio coactiva*, die entweder eine genaue Kenntnis des *Defensor pacis* des Marsilius von Padua oder (juristische/kanonistische) Erfahrung mit Jurisdiktionsfragen voraussetzt, fällt auf. Dies könnte auf einen kanonistisch geschulten Verfasser hindeuten, wobei die Besitzfrage ohnehin und vor allen anderen Forderungen nach rechtlicher Regelung rief. Eigentumsübertragungen, Schenkungen, Erbschaftsangelegenheiten, Käufe und Verkäufe sowie die unterschiedlichen Besitzarten waren per se kanonistisch dominierte Themenbereiche. Zudem handelte es sich hierbei um klerikales Allgemeinwissen, da die angesprochenen Sachverhalte jeden höheren Kleriker oder auch Professor wirtschaftlich betrafen.

Die Argumentation des Verfassers folgt einem stringenten Aufbau, vermeidet Wiederholungen und Querverweise. Mit seiner kompromisslosen Ablehnung der hussitischen Forderung und erschöpfenden Behandlung aller im Prager Artikel enthaltenen Argumente und Belegstellen stellt er ein Hilfsmittel zusammen, das geeignet war, die Notwendigkeit kirchlichen Besitzes umfassend zu verteidigen. Hinweise auf eine direkte Konfrontation mit den Hussiten finden sich nicht; auch polemische Spitzen gegen die hussitischen Gegner sind kaum enthalten. Hätte dieser Textteil wirklich der Vorbereitung einer persönlichen Debatte mit den Böhmen gedient, wäre verwunderlich, dass etwa die gewaltsa-

---

92 Vgl. Šmahel, Die Hussitische Revolution, Bd. 1, S. 655f.

men Enteignungen in Böhmen – also die praktische Umsetzung dieser Forderung – nicht dezidierter kritisiert, sondern lediglich in einem Nebensatz abgelehnt wurden. Obwohl diese Forderung jene mit den weitreichendsten gesellschaftlichen Konsequenzen (der »größten sozialen Sprengkraft«)[93] war, bleibt die Widerlegung sachlich-distanziert. Es dominiert der nüchtern theologisch-scholastische Ton; eine solche Haltung scheint einer persönlichen Konfrontation kaum zu entsprechen. Folglich dürften die primären Adressaten katholische Seelsorger oder Bischöfe gewesen sein, die mit Argumenten gegen die radikale Armutsforderung der Hussiten versorgt werden sollten.

Exkurs: Zur Rezeption des Besitzteils in Torquemadas Kommentar zum Decretum Gratiani

Dass der Wiener Hussitentraktat auch von Johannes Torquemada benutzt wurde, belegt eine lange Passage des Besitzteils, die wörtlichen Eingang in Torquemadas zwischen 1447 und 1468 entstandenen Kommentar zum *Decretum Gratiani* fand.[94] Konkret handelt es sich um die ausführliche Behandlung unterschiedlicher Besitzweisen im Alten und Neuen Testament, die in Anlehnung an Alexander von Hales entwickelt wurde.[95] Torquemada übernahm die immerhin 750 Wörter umfassende Passage wörtlich in seinen Kommentar, ohne freilich seine Quelle zu nennen. Grundsätzlich wäre es denkbar, dass sowohl die Wiener Widerlegung des Besitzartikels als auch Torquemada auf eine gemeinsame Quelle zurückgriffen, etwa eine bereits vorhandene Überarbeitung der entsprechenden Passagen des Alexander von Hales. Dass nicht Alexander von Hales selbst als Vorlage diente, belegt die sehr freie, überarbeitete Wiedergabe seines Textes zweifellos. Dafür, dass Torquemada unmittelbar auf den Wiener Traktat zurückgegriffen haben dürfte, spricht jedoch, dass er auch jene Passagen wörtlich übernahm, die der Wiener Traktat zusätzlich zu dem bei Alexander verfügbaren Text formulierte. Sehr sprechend ist etwa ein Einschub gleich am Beginn dieses Textteils, in dem die Widerlegung des Besitzartikels nach dem Hinweis, dass der Klerus im Alten Testament durch Losentscheid Besitz haben durfte, einfügte: *Et secundum hoc intelliguntur auctoritates, quas adversarii pro se allegant, Num 18° et alie consimiles.*[96] Dieselbe Passage enthält auch Torquemadas Kommentar zum *Decretum*, obwohl sich der Wiener Traktat hier dezidiert auf den Prager Artikel bezieht, der mit Num 18 argumentiert. Dieser Einschub macht es auch unwahrscheinlich, dass es eine Quelle gab, aus der beide Texte schöpften; diese hätte in jedem Fall gegen die Prager Artikel oder eine

---

93 Vgl. Šmahel, Die Hussitische Revolution, Bd. 1, S. 654f.
94 Iohannes de Turrecremata, Expositio Decreti Gratiani, Bd. 2, S. 462; vgl. SOPMA III, S. 37f. (Nr. 2731); Izbicki, Protector, S. 18f.
95 Siehe oben, S. 360f.
96 Tractatus contra quattuor articulos Hussitarum, fol. 119v.

andere hussitische Schrift gerichtet sein müssen. Dass Torquemada diese spezifische Anspielung auf eine bestimmte Gruppe von Gegnern übernahm, erklärt sich durch die Verortung des Textblocks innerhalb seines Kommentars: So fügte Torquemada das Zitat im Rahmen seiner Kommentierung von C. 12, q. 1, c. 13 (*Expedit*)[97] ein, die sich mit der Frage befasst, ob die Kirche Eigentum besitzen dürfe. Der Kommentar selbst folgt dem aus der *Summa* des Aquinaten vertrauten Schema von Frage, Einwänden, Gegenargumenten und Antwort. In seiner Antwort (*Respondeo*) auf besagte Frage bemerkt Torquemada gleich zu Beginn, dass hinsichtlich des kirchlichen Besitzes viele schmähliche Irrtümer bei Häretikern zu lesen seien, wie etwa bei den Armen von Lyon, auch Waldenser genannt, den Böhmen, oder auch bei den Fratizellen, den Spiritualen des Franziskanerordens, gegen die er seine Schlussfolgerungen vorbringen wolle.[98] Da Torquemada hier unter anderem die Hussiten als ausdrückliche Gegner vor Augen hatte, konnte er die Vorlage des Wiener Traktats unverändert übernehmen.

Dass Torquemada im Rahmen eines Kommentars zum Gratianischen Dekret auf die Argumentation eines anti-hussitischen Traktats zurückgriff, der vierzig Jahre vor der Fertigstellung seines Kommentars verfasst wurde, zeigt, dass der Wiener Traktat noch lange nach Basel bekannt war und rezipiert wurde. Das Basler Konzil diente als wichtiger Multiplikator des Wiener Traktats.[99] Da Torquemada selbst als Gesandter Juans II., des Königs von Kastilien, am Konzil teilgenommen hatte und an der Auseinandersetzung mit den Hussiten beteiligt war, könnte er dort an eine Abschrift des Wiener Traktats gelangt sein.

5.3.3. Antwort auf den hussitischen Predigtartikel

Im Anschluss an den Besitzartikel wird der kürzeste hussitische Artikel widerlegt, welcher forderte, dass das Wort Gottes im Königreich Böhmen frei und ungehindert von geweihten Priestern des Herrn verkündet werden sollte. Zur Untermauerung brachten die Hussiten vier neutestamentliche Bibelstellen bei

---

97 Ed. Friedberg II, S. 681.
98 »Respondeo: Circa hoc turpiter errasse leguntur multi; haeretici, ut pauperes Lug. Valdenses enclinestrae, Bohemi, et quidam de hordine(!) minorum fratricelli dicti. (...) Contra quos ponitur ista conclusio contraria« (Iohannes de Turrecremata, Expositio Decreti Gratiani, Bd. 2, S. 461).
99 Vgl. dazu detailliert die Einleitung zur kritischen Edition (siehe oben, Anm. 14). – Keine der erhaltenen 56 Abschriften kann direkt dem Besitz Torquemadas zugeordnet werden. Zu Torquemadas Tätigkeiten auf dem Basler Konzil vgl. Izbicki, Protector, S. 3–10. – Der spanische Kardinal verfasste auch einen Traktat zur Armutsfrage, der hier nicht berücksichtigt werden kann (zu Torquemadas Bibliothek vgl. etwa Frenken, Juan de Torquemada).

(Mk 16,15; Mt 28; 2 Thess 3,1 und 1 Kor 14,39).[100] Die Entgegnung folgt wiederum strikt dem Aufbau des Prager Artikels und widerlegt neben der Forderung an sich, die im Wortlaut enthalten ist, auch die vier Schriftzitate in ihrer ursprünglichen Reihenfolge. Den größten Raum nimmt dabei die Widerlegung von Mk 16,15 ein.

5.3.3.1. Zu Mk 16,15: ›Euntes in mundum universum predicate evangelium omni creature‹

1.   Zur Legitimation der Predigtsendung
Die Verkündigung des Wortes Gottes sei, so beginnt die Widerlegung, mit sehr großen Gefahren verbunden. Um diese zu vermeiden, dürfe sich keiner das Amt der Predigt anmaßen, ohne gesendet zu sein. Diese Sendung könne auf zwei Arten geschehen: entweder von Gott, oder von Gott durch einen Menschen. Im ersten Fall seien Beweise notwendig, um die Rechtmäßigkeit der Sendung zu belegen, wie durch Mose und Johannes den Täufer verdeutlicht wird: Diese wurden nicht durch Menschen, sondern durch einen Engel oder durch göttliche Eingebung gesandt und mussten ihre Sendung folglich beweisen – entweder durch ein Wunder (wie die Verwandlung eines Stabes in eine kleine Schlange durch Mose nach Ex 1), oder durch eine besondere Prophetie (wie bei Johannes dem Täufer nach Joh 1,23). Ohne diese Beweise dürfe man Predigern nicht glauben, selbst wenn sie vorgaben, von Gott gesandt zu sein, weil schließlich alle häretischen Prediger dasselbe behaupteten.[101]

Auch im zweiten Fall – wenn jemand von Gott durch einen Menschen gesendet wurde, wie etwa Josue durch Mose, die Bischöfe durch die Kirche oder alle anderen durch die Bischöfe –, müsse die Sendung eine kanonische Verbürgung aufweisen. Folglich dürfen weder Diakone noch Priester das Wort Gottes ohne Erlaubnis des Apostolischen Stuhls oder des katholischen Bischofs verkünden. Zur Untermauerung verweist der Verfasser auf das Konzil von Konstanz, das den Wyclifschen Artikel, dem gemäß es Diakon und Priester freistehe, das Wort

---

100   Tractatus contra quattuor articulos Hussitarum, fol. 121v; vgl. Articuli Hussitarum, S. 391 und oben Kapitel IV, S. 261–263.

101   »Sed cum incauta verbi Dei predicacio propter maxima pericula, que ex ea provenire possunt, sit vitanda, racionabiliter in lege divina et in sacris canonibus est institutum, ut nullus nisi missus sibi predicacionis officium assumere presumat (...) Eorum autem, qui mittuntur, quidam mittuntur a Deo tantum, id est non per hominem, quidam vero a Deo per hominem (...) Missi a Deo, non per hominem, ut Moises et Iohannes Bapstista, qui missi fuerunt per angelum vel per divinam inspiracionem. Et tales sic missi probare habent suam missionem, aut per miraculum sibi ad iudicium sue missionis iniunctum (...) Aliter enim non est credendum eis, licet dicerent se missos a Deo, quoniam omnes predicatores heretici idem dicunt« (Tractatus contra quattuor articulos Hussitarum, fol. 121v–122r).

Gottes ohne die notwendige Erlaubnis zu predigen, verurteilte.[102] Dieser Hinweis zeigt, dass der Verfasser mit der anti-hussitischen Kontroverse vertraut war. Die in Konstanz verurteilten Artikel Wyclifs müssen ihm vorgelegen haben, da er den 14. Artikel im Wortlaut zitiert und nicht nur sinngemäß wiedergibt. Darin unterscheidet sich der Predigt- vom oben besprochenen Besitzteil, in dem ein Verweis auf Konstanz unterblieb, obwohl auch die Armutsforderung bereits in den verurteilten Artikeln Wyclifs enthalten gewesen wäre. Weitere Überlegungen zur grundsätzlichen Autorität und Rolle der Konzilien finden sich aber auch hier nicht.

2. *Unterschiede zwischen Bischofs- und Priesteramt / Sendung durch den Papst oder die Bischöfe*

Die Notwendigkeit einer besonderen Sendung wird im Folgenden durch eine Differenzierung der bischöflichen und priesterlichen Kompetenzen verdeutlicht. Predigen gehöre zur kirchlichen Jurisdiktionsgewalt, die allgemein oder speziell verliehen werden müsse. Nun könnte der Umstand, dass Mk 16,15 bei der Weihe vorgelesen werde, zu der Annahme führen, dass dies schon durch die Weihe geschehe. Dies sei jedoch ein Irrtum, weil es sich dabei nur um einen zeremoniellen Vorgang, keine tatsächliche Aussendung zur Predigt handle. Die bei der Weihe übertragenen Vollmachten zu predigen und Sünden zu vergeben benötigten eine zusätzliche besondere Erlaubnis der Oberen. Auch den Jüngern seien die jeweiligen Predigtgebiete explizit zugewiesen worden; selbst jene, die in mehreren Gebieten predigten (wie zum Beispiel Andreas in Achaia, Thomas in Indien usw.), hatten keine Berechtigung, dies überall zu tun.[103] Da die Priester den Platz der zweiundsiebzig Jünger einnahmen, bedurften auch sie eines besonderen Sendungsauftrags. Die unterschiedlichen Kompetenzen des Bischofs- und Priesteramtes seien schließlich schon deshalb notwendig, um Verwirrung zu vermeiden. Sich unter der Gestalt der Frömmigkeit das Predigtamt anzumaßen, ziehe jedenfalls die Strafe der Exkommunikation nach sich, wenn zuvor keine Sendung durch den Apostolischen Stuhl und den katholischen Ortsbischof erfolgte. Auch die Hussiten hätten folglich keine Macht zu predigen, so lange sie nicht vom Papst oder den Bischöfen gesendet seien.

---

102 »Missi autem a Deo per hominem, sicut Iosue per Moisen, et prelati ecclesiarum per ecclesiam, et aliqui non prelati per ecclesie prelatos canonice mittuntur, id est ad regimen animarum eliguntur, probare debent suam missionem per canonica munimenta (…) Ex quo patet, quod non licet diacono nec presbytero predicare verbum Dei absque sedis apostolice sive episcopi catholici auctoritate. Patet per Concilium Constanciense, quod articulum Wicleff oppositum sonantem racionabiliter condempnavit, scilicet quod ›licet diacono vel presbytero predicare verbum Dei absque sedis apostolice auctoritate sive episcopi catholici‹« (Tractatus contra quattuor articulos Hussitarum, fol. 122r); vgl. Articuli Wiclefi condemnati, S. 552 (Nr. 14).

103 Tractatus contra quattuor articulos Hussitarum, fol. 122r–124v.

Der Auftrag Christi, in die Welt hinauszugehen und das Evangelium zu verkünden, diente den Hussiten als Kernargument für ihre Forderung der freien, unbehinderten Predigt. Im Hintergrund stand das Predigtverbot für Jan Hus aus dem Jahr 1410, das als massive Einschränkung der im Evangelium begründeten Sendung der Hussiten verstanden wurde und zu heftigen Protesten des Hus und seiner Anhänger führte.[104] Im Zentrum der Widerlegung stehen zwei Aspekte: die großen Gefahren unkontrollierter Predigt und die daraus resultierende Notwendigkeit einer speziellen Sendung durch den Papst oder die Bischöfe. Diese beiden Motive ziehen sich als roter Faden durch die gesamte Entgegnung. Predigten waren jener Weg, auf dem Lehren – ob rechtmäßig oder häretisch – am schnellsten und effizientesten unter den Gläubigen verbreitet werden konnten. Im Bewusstsein der damit verbundenen Gefahren für die Gläubigen und die Reinheit der Lehre war die besondere Einschärfung der notwendigen *licencia predicandi* eine gängige Reaktion der mittelalterlichen Kirche, häresieverdächtige Bewegungen zu kontrollieren und an ihrer Ausbreitung zu hindern. Knapp 250 Jahre zuvor waren die Waldenser aus demselben Grund in eine Auseinandersetzung mit der kirchlichen Hierarchie geraten. Waldes hatte sich um eine päpstliche Predigterlaubnis für seine Laienbewegung bemüht, die ihm mit der Einschränkung zugestanden wurde, die zusätzliche Erlaubnis des jeweiligen Ortspfarrers einzuholen; eine Auflage, die analog zur Schärfe des Konflikts zunehmend missachtet wurde.[105] Im Gegensatz zu den Waldensern wandten sich die Hussiten jedoch nicht an den Papst, um eine offizielle Predigterlaubnis zu erwirken, wie es etwa auch die Bettelorden im 13. Jahrhundert getan hatten. Stattdessen bestritten sie die Notwendigkeit einer besonderen Sendung durch die kirchliche Hierarchie und stellten sich damit gegen die gängige Praxis, die eine spezielle Beauftragung eines jeden Predigers durch den Bischof oder Papst vorsah.[106] Der Prager Artikel charakterisierte die Entscheidungsgewalt der kirchlichen Hierarchie in der Aussendung von Predigern als ungehörige Einmischung und Behinderung des Wortes Gottes, nicht als – wenigstens theoretisch – anzuerkennende Instanz. Damit forderte dieser Artikel nicht nur Predigtfreiheit, sondern stellte zudem die kirchliche Hierarchie als Kontrollinstanz und deren Kompetenzen in Frage. Die Interpretation, dass die Hussiten mit diesem Artikel die Anerkennung ihrer Lehre forderten,[107] ist deshalb differenzierter zu sehen: Die Böhmen erkannten die Kompetenzen des Papstes und der Bischöfe, die Verkündigung des Evangeliums zuzulassen, grundsätzlich nicht an (sonst hätten sie eine Predigterlaubnis erbeten und die

---

104 Vgl. SOUKUP, Augustinian Prior, S. 104–116.
105 Vgl. LAMBERT, Häresie im Mittelalter, S. 65–67; AUDISIO, Die Waldenser, S. 24–27; SELGE, Die ersten Waldenser, S. 250–253; GRUNDMANN, Religiöse Bewegungen, S. 92.
106 Vgl. MENZEL, Predigt und Predigtorganisation, mit weiterer Literatur.
107 So etwa ŠMAHEL, Die Hussitische Revolution, Bd. 1, S. 650.

Rolle der kirchlichen Entscheidungsträger nicht als ungehörige Einmischung verstanden). Für die Katholiken war der Artikel hingegen eine Gelegenheit, die Kirchenstruktur und Autorität in der Pastoral zu betonen.

Folglich sei, so fährt der Verfasser fort, der hussitische Predigtartikel nicht nur falsch und irrig, sondern überaus gefährlich und schädlich für den katholischen Glauben. Wie gefährlich wäre es schließlich, wenn ein beliebiger Priester oder Diakon – ob gut oder schlecht, ob ungläubig oder gläubig – das Wort Gottes überall ohne Hindernis verkündigen dürfte! Dies würde zweifellos zu Widersprüchlichkeiten und Aufruhr im Glauben und im Volk führen. Denn wie sollte man dann noch feststellen können, ob jemand wirklich Priester des Herrn sei oder ungeordnet predige? Jeder hätte schließlich Anhänger, die ihn unterstützten. Während die Unterstützer eines unrechtmäßigen Predigers behaupten würden, dass er gut und gläubig sei, würde ein anderer, der in Wirklichkeit gut sei, als böse und häretisch dargestellt. Ein solches Vorgehen bestätige die tägliche Praxis. Obwohl gute und böse Menschen nicht mit Sicherheit unterschieden werden könnten, gäbe es doch sieben Kriterien zur Identifizierung verlässlicher Prediger: Gut sei ein Prediger dann, wenn durch ihn die Wahrheit des Glaubens nicht verdreht, der Auftrag der Kirche nicht missachtet, keine neue Lebensweise eingeführt, die Liebe Christi nicht verachtet, die Sünde gemieden, das Wort Gottes angenehm gehört und keine weltliche Ehre gesucht werde.[108] Diese (der *Summa* des Augustinus de Ancona entnommene) Kriterienliste zur Identifizierung verlässlicher Prediger erinnert an den Katalog, den die Einleitung für die Auswahl verlässlicher Kirchenväter entwickelte.[109] Man wird dahinter gewiss eine Kritik an hussitischen Predigern sehen dürfen, die diese

---

108 »Secundo sequitur, quod articulus Hussitarum de predicacione verbi Dei secundum intencionem ipsorum est falsus et erroneus, immo nimis periculosus et fidei catholice infestus (…) Quantum autem esset periculum et fidei adversum, ut quilibet sacerdos vel diaconus, sive bonus sive malus, sive fidelis sive infidelis, verbum Dei ubique sine impedimento predicet, quilibet sane mentis perpendere potest, cum ad hoc sequeretur multiplex in fide contrarietas et contradiccio et in populo varie sediciones et fidei subversio. Nec de aliquo dici posset, quod non esset sacerdos Domini aut quod inordinate predicaret, cum quilibet haberet aliquos sibi adherentes et faventes, qui ipsum assererent bonum et fidelem sacerdotem Domini, et alium, qui in re esset bonus, malum et hereticum, sicut de facto patet in practica (…) Et quamvis per certitudinem homo bonus sive fidelis non potest cognosci a malo, per aliqua tamen signa potest cognosci bonus christianus a malo: ›Primo‹, ut dicit Augustinus de Auliona *Super Mattheum* capitulo 7, si ›per eum veritas fidei non pervertatur. Secundo, quod per eum mandatum ecclesie non condempnatur. Tercio, quod per eum novus ritus vivendi non introducatur. Quarto, quod per eum caritas Christi non spernatur. Quinto, quod per eum peccatum toto conatu fugiatur. Sexto, quod per eum Dei verbum delectabiliter audiatur. Septimo, quod per eum de operibus bonis mundi gloria non queratur‹« (Tractatus contra quattuor articulos Hussitarum, fol. 122r–123r).

109 Vgl. Augustinus de ANCONA, Summa, q. 15, art. 2, S. 100.

Kriterien nicht erfüllten. Direkte, gegen konkrete hussitische Personen oder Lehren gerichtete Vorwürfe finden sich jedoch nicht.

Einzige Ausnahme bildet der Hinweis, die Hussiten hätten nicht nur Klerikern, sondern sogar Laien und Frauen erlaubt, öffentlich zu predigen. Dieser Vorwurf war ein bekanntes Motiv der anti-hussitischen Kontroverse, das jedoch weder vom Prager Artikel, noch (vereinzelte Ausnahmen v. a. in der Anfangsphase der Bewegung ausgenommen) von der hussitischen Praxis gedeckt war. Dennoch bekräftigt der Verfasser mit Hilfe der Paulusworte in 1 Kor 14,34 f. und 1 Tim 2,12 ein striktes Predigtverbot für Frauen. Lediglich Frauen wie Maria, die mit geistlicher Gnade ausgestattet seien, dürften predigen; ähnlich sei in der Urkirche der Martha, Maria Magdalena und den vier Töchtern des Philippus erlaubt worden, öffentlich zu predigen. All dies treffe für die Hussiten aber nicht zu. Dass der Verfasser so vehement auf dem Predigtverbot für Frauen insistiert, ist auffällig, da der Prager Artikel dezidiert von freier Predigt »durch geweihte Priester des Herrn« spricht. Dies ist die einzige Stelle im Predigtteil, an der der Verfasser über den Text des Prager Artikels hinausgeht, auf den er sich sonst konsequent beschränkt. Während er die Predigt von (männlichen) Laien nur kurz erwähnt, steht ihm die Frauenpredigt offenkundig als besonderes Problem vor Augen. Doch aus welchem Grund? Ein prominenter, früh-hussitischer Verteidiger der Predigtfreiheit von Männern und Frauen war Nikolaus von Dresden, der gemeinsam mit Jakobell von Mies zu den wichtigsten hussitischen Theologen gehörte. Bereits 1411/12 argumentierte er in seiner Schrift *De quadruplici missione* gegen die notwendige bischöfliche Predigterlaubnis.[110] Nikolaus unterschied darin vier verschiedene Weisen der Sendung, die an unseren Text erinnern: die Sendung durch Gott, durch Gott und die Menschen, nur durch die Menschen oder durch sich selbst. Als einzige Voraussetzung für die Predigt betrachtete er die sittliche Qualifikation des Predigers. Da auch die Priesterweihe für Nikolaus nicht notwendig war, kam er zu dem Schluss, dass auch die Frauenpredigt berechtigt sei, die er dezidiert erörterte und befürwortete.[111] Diese radikale Überzeugung wurde jedoch nicht Teil des inner-hussitischen Konsensprogramms der Folgejahre.[112] Möglicherweise kannte unser Verfasser diese Schrift des Nikolaus von Dresden direkt oder indirekt und bezog die Problematik der Frauenpredigt deshalb in seine Widerlegung mit ein, obwohl der Prager Artikel darauf nicht abzielte. Vielleicht waren in Wien auch Gerüchte über predigende Hussitinnen im Umlauf, deren Legitimität der Verfasser be-

---

110 Vgl. dazu Soukup, Die Predigt, bes. S. 251 mit Anm. 68–72. – Zu Nikolaus von Dresden vgl. Šmahel, Nikolaus von Dresden; Kaminsky, Master Nicholas; Girgensohn, Peter von Pulkau, S. 134–138.

111 Vgl. Soukup, Die Predigt, bes. Anm. 71 mit der Quellenangabe zur Frauenpredigt bei Nikolaus.

112 Ebd., S. 251 f.

sonders entkräften wollte. Dass Frauenpredigten im Hussitismus tatsächlich ein quantifizierbares Phänomen gewesen wären, ist nicht bekannt.

5.3.3.2. Zu den übrigen neutestamentlichen Belegstellen

Abschließend wendet sich die Widerlegung den weiteren hussitischen Beleg-stellen aus dem Neuen Testament zu. Wenn 2 Tim 2,9 betone, dass das Wort Gottes nicht gebunden sei, dann sei dies so zu verstehen, dass die heiligen Prediger für die Verteidigung des Glaubens Opfer auf sich nehmen und selbst unter Gewalt(androhung) nicht von der Verkündigung ablassen. Wenn aber jemand nicht zum Predigen ausgesandt oder aus bestimmten Gründen von der Predigt ausgeschlossen werde, behindere dies das Wort Gottes nicht, im Ge-genteil: Andere gesandte und gläubige Priester verkündeten es dann unbehin-dert von Irrtümern und Häresien.[113]

In 2 Thess 3,1 hingegen habe der Apostel die Gläubigen zum Gebet aufge-fordert, damit der Herr seine Lehre in die Ohren und Herzen der Zuhörer ein-gießen konnte, ohne dabei durch ungläubige und schlechte Menschen behindert zu werden, die sich dem Wort der Wahrheit widersetzten. Folglich solle gebetet werden, damit das Evangelium, das Gott der Predigt anvertraut habe, durch alle Menschen verbreitet und nicht gänzlich von Pseudopropheten behindert würde, die Irrtümer predigten und dem Wort der Wahrheit widerstünden.[114]

Dreisterweise zögen die Hussiten auch die Mahnung in 1 Kor 14,39, die Zungenrede nicht zu verhindern, heran, um ihre Forderung zu stützen. Die Gabe der Prophetie zu erbitten habe Paulus deshalb veranlasst, weil diese – im Ge-gensatz zur Zungenrede – aufbaue. Um Zwietracht zu vermeiden, verbat er nicht, in verschiedenen Zungen zu reden, so als ob dies schlecht wäre. Beides aber, die Zungenrede und die Prophetie, müsse ehrbar, friedvoll und geordnet geschehen. Die Zungenrede sei aber von der Predigt zu unterscheiden; um die Gemeinde durch Zungenrede aufzuerbauen, sei es außerdem notwendig, das Gesprochene eifrig zu interpretieren.[115] Der Verfasser argumentiert somit nicht

---

113 »Ex quo patet, quod, si aliqui ad predicandum non admittuntur, vel si aliqui a predicacione ex certis causis suspenduntur, quod ex hoc verbum Dei non alligatur, sed magis libere per alios missos et fideles sacerdotes sine impedimento errorum et heresum predicatur et nuncciatur« (Tractatus contra quattuor articulos Hussitarum, fol. 125r).

114 »(…) respondetur, quod Apostolus ibi hortatur fratres, ut orent, ut Dominus dignetur suam doctrinam transfundere per ora apostolorum in aures et corda audiencium, sine impedi-mento infidelium et malorum hominum, qui resistunt verbo veritatis (…) Sic ergo vult, quod orandum est, ut evangelium, quod sibi Deus commisit ad predicandum, diffundatur per omnes gentes. Aliter, ut non impediatur a pseudoprophetis, qui falsa predicant, verbo veritatis resistunt, alios seducunt et insidias sibi et aliis parant« (Tractatus contra quattuor articulos Hussitarum, fol. 125r–v).

115 »(…) respondetur, quod illam auctoritatem impertinenter allegant ad suum propositum,

nur, dass 1 Kor 14,39 nicht von der Predigt spricht, sondern auch, dass die Hussiten diese Belegstelle unzureichend verstehen, weil sie deren Kontext nicht berücksichtigen.

Der Besitzteil weist in seiner Konzeption und seinen inhaltlichen Schwerpunkten Ähnlichkeiten mit der Einleitung des Traktats auf. Wie in der Einleitung spielen auch hier die Gefahren und Schäden der hussitischen Lehren für die Gläubigen eine zentrale Rolle, die sich wie ein roter Faden durch die Entgegnung ziehen. Jede der Antworten auf die vier neutestamentlichen Autoritäten betont die Gefahren einer ungehinderten und ungeordneten Predigt. Dies deutet darauf hin, dass auch der Predigtteil nicht für eine unmittelbare Konfrontation mit den Hussiten verfasst worden sein dürfte. Dafür spricht auch das Fehlen jeglicher Hinweise auf eine direkte theologische Debatte. Dem Verfasser war darüber hinaus nicht daran gelegen, zu zeigen, dass und inwiefern die Hussiten Häresien und Irrtümer predigten, obwohl sich dies im Rahmen einer Debatte über die Prager Artikel geradezu angeboten hätte. Einzige Ausnahme bildet die Frauenpredigt, die jedoch eher stereotype Kritik als tatsächlicher Missstand war. Auch verzichtet er auf den Nachweis, inwiefern die Böhmen die sieben Kriterien eines verlässlichen Predigers nicht erfüllten; ebenso fehlen konkrete Verweise auf die aktuelle böhmische Praxis. Daran, dass die Böhmen Häresien verbreiteten und damit eine Gefahr für die Gläubigen darstellten, lässt die Widerlegung freilich keinen Zweifel. Anstelle polemischer Kritik an der hussitischen Praxis legt der Verfasser seinen Fokus aber auf eine ausführliche Darlegung der formalen Predigtvoraussetzungen und der unumgänglichen Beauftragung durch Papst oder Bischof.

Die Entkräftung der Bibelzitate des Prager Artikels stützt sich vor allem auf deren Kontextualisierung. Auch hier wird die in der Einleitung angemahnte Differenzierung zwischen wörtlichem und metaphorischem Sinn nicht thematisiert. Im Gegensatz zum Besitzteil, der eine dezidierte Fokussierung auf den Wortsinn betont, spielen die unterschiedlichen Verständnisebenen des Schrifttextes im Predigtteil keine erkennbare Rolle. Der Verfasser argumentiert maßgeblich damit, dass die Hussiten ihre Belegstellen beibrachten, ohne die konkreten Kontexte zu berücksichtigen. Auf diese Weise zeigt er auf, dass aus der Beschränkung auf den bloßen Wortlaut Irrtümer und falsche Interpretationen von Schriftstellen resultieren. Obwohl die wichtige Rolle des Papstes, der Bischöfe und der Kirche bei der Sendung zur Predigt betont wird, wird nicht näher

---

quia, ut patet per Apostolum ibidem, prophecia edificat, lingua vero non (...) Ex qua Apostoli sentencia patet, quod loqui linguis in proposito non intelligitur predicacio verbi Dei, cum ipsa sit edificativa et multum utilis audientibus, saltem si debito modo fiat secundum ecclesiasticas instituciones, qualiter non est de loqui linguis sive de dono linguarum, nisi forte ille, qui loquitur linguis interpretetur, ut ecclesia edificacionem accipiat« (Tractatus contra quattuor articulos Hussitarum, fol. 125v).

entfaltet, wie sich bischöfliche, päpstliche und »kirchliche« Autorität konkret zueinander verhalten. Der Verfasser stellt keine vertiefenden ekklesiologischen Überlegungen an, sondern beschränkt sich auf die Betonung der notwendigen Sendung. Insgesamt orientiert sich der Predigtteil damit strikt am Prager Artikel und vermeidet weiterführende theologische Überlegungen, um eine möglichst fokussierte Entkräftung der hussitischen Forderung zusammenzustellen.

5.3.4. Entkräftung des hussitischen Todsündenartikels

An dritter Stelle folgt die Antwort auf die hussitische Forderung, Todsünden – insbesondere öffentlich bekannte – in jedem Stand ordnungsgemäß und vernünftig »durch jene, die es angeht« zu verhindern und zu bestrafen.[116] Dieser Textteil ist der kürzeste und konzentriert sich auf wenige Kernargumente. Der Prager Todsündenartikel enthält im Gegensatz zu den übrigen drei Forderungen nur ein Autoritätszitat und stellt vor allem eine ausführliche Liste an Vorwürfen dar. Deren Bandbreite reicht von Völlerei über Diebstahl, Unzucht, Lüge, Aberglaube, Geldgier und Wucher bis hin zu Simonie, Konkubinat, Zorn, Quälerei und Ausbeutung. Die Widerlegung wendet sich nicht gegen jeden einzelnen Vorwurf, sondern greift fünf zentrale Aspekte heraus, anhand derer sie den Artikel widerlegt.

5.3.4.1. Zum Verhältnis von Rechtsprechung und sozialem Frieden

Der Verfasser wählt einen anschaulichen Einstieg: Wie einst gegen den Propheten Elija 850 Propheten des Baal vorgingen, die unzählige Anhänger im Volk hatten, gäbe es heute die Hussiten, die durch diesen Prager Artikel vorgaben, Gott Gehorsam zu leisten. Dabei überschritten sie jedoch das angemessene Strafmaß und bemerkten nicht, dass zwar alle Todsünden vor dem Gewissen zu bestrafen seien, gewisse Sünden jedoch – aus vernünftigen Gründen – öffentlich in der Kirche durch menschliche Gesetze geahndet werden müssen.[117] Das menschliche Gesetz erlaube schließlich Dinge, die das göttliche Gesetz verbiete. Bei der Bestrafung von Sündern befänden sich drei Aspekte im Widerspruch, die in Einklang gebracht werden müssten: die Rechtsprechung, das Zusammenleben und der unversehrte Friede (also die Vorsicht, dass aus einer Bestrafung nicht ein größeres Übel resultiere). So sei in manchen Fällen keine Bestrafung

---

116 Tractatus contra quattuor articulos Hussitarum, fol. 125v–126r; vgl. Articuli Hussitarum, S. 394f. und oben Kapitel IV, S. 265–267.

117 Zur mittelalterlichen Bußpraxis vgl. Ohst, Pflichtbeichte; Firey, A new history; Neumann, Öffentliche Sünder; Laudage, Das Geschäft (jeweils mit einer Fülle an weiterführender Literatur).

möglich, obwohl ein Vergehen vorliege, etwa wenn die Betreffenden nicht den kirchlichen Gesetzen unterstehen, wie umgekehrt auch der Klerus nicht der Jurisdiktion der Laien unterliege; wenn die Verbrechen nicht durch ein offenkundiges Urteil bewiesen werden können, obwohl sie freilich bekannt seien; oder wenn die Schlechten ihrer Strafe nicht zugeführt werden können, weil daraus eine größere Gefahr resultieren würde.[118]

Zur Verdeutlichung dieser notwendigen »Güterabwägung« wählt der Verfasser ein Beispiel aus dem Prager Artikel: die Bestrafung von Vergewaltigung/ Ehebruch und Prostitution/Unzucht, die – obwohl es sich bei beiden um schwere Sünden handele – unterschiedlich ausfielen. Weil das menschliche Gesetz nicht alle Laster verbieten könne, entschuldigten die Fürsten (auch öffentliche) Prostitution und Unzucht. Zu bestrafen seien nämlich nur die schwereren Sünden und Laster, von denen es wahrscheinlich sei, dass die meisten Menschen davon abgehalten werden können. Dies beträfe insbesondere jene Laster, die Anderen zum Schaden gereichen, und ohne deren Verbot der Friede der menschlichen Gesellschaft gefährdet sei. Da es (wegen der Verderbtheit der Menschen) jedoch schwierig sei, den Großteil von menschlichen Lüsten wie der ›einfachen‹ Unzucht fernzuhalten, verbat das menschliche Gesetz Prostitution und Unzucht nicht, weil dies dem Staat letztlich mehr schaden als nützen würde.[119]

Gegen die radikale Forderung der Hussiten, Vergehen unter Klerikern und Laien unterschiedslos zu ahnden, präsentiert der Verfasser ein umsichtiges, ausgewogenes Verständnis von Vergehen und Strafen, das die Konsequenzen für die Gesellschaft mitbedenkt und für Augenmaß bei der Bestrafung plädiert. Die Rechtsprechung sei nur ein Aspekt und niemals ohne deren Folgen für das

---

118 »Sed sicut olim contra unicum Dei prophetam Helyam 850 prophete Baal sunt reperti, quibus innumerabilis populus adherebat, ita hodie sub colore illius fucati articuli multi estimantes se Deo obsequium prestare, preter viam iuris immoderatissime regulam punicionis criminum excedentes, contra unicam universalem ecclesiam in exterminium cleri ordinarii pugnant, et contra Spiritus Sancti direccionem specialem fuco practice non concordante, ut omnia peccata mortalia et specialiter publica prohibeantur et destruantur; non advertentes, quod licet omnia peccata mortalia in foro consciencie sint punienda, aliquam tamen ex racionabilibus causis in foro publico ecclesie legibus humanis racionabiliter permittuntur inpunita, ut patet per beatum Augustinum primo *De libero arbitrio* longe ante medium, ubi dicit: ›lex humana aliqua recte permittit, que iuste lege divina puniuntur‹. (…) Quoad secundum apparet, quia multis modis contingit eos sic non esse puniendos: Primo, si non sint nostri iuris, quemadmodum clerus non subest iurisdiccioni laicali (…) Secundo, si malorum crimina manifestis iudiciis probari non possunt, licet eciam nobis nota sint. Tercio, quando malis non possumus penam infligere, nisi cum periculo maiori. Sic ergo mali puniendi sunt concurrentibus tribus, scilicet iurisdiccione, conviccione et pace salva, id est caute, ne maius malum aut maior turbacio fidelium inde consurgat« (Tractatus contra quattuor articulos Hussitarum, fol. 126v).
119 Tractatus contra quattuor articulos Hussitarum, fol. 126v–127r.

Zusammenleben zu denken. Anstatt alle von den Hussiten vorgebrachten Sünden einzeln zu diskutieren, greift er ein plastisches Beispiel heraus, anhand dessen er das Zusammenspiel von Bestrafung und Aufrechterhaltung des gesellschaftlichen Friedens exemplifiziert und verdeutlicht, dass maßvolle Nachsicht in der Bestrafung größere Übel verhindern könne.

5.3.4.2. Das Gemeinwohl als höchstes, kontextabhängiges Ziel

Dieses Grundargument differenziert er im Folgenden weiter aus. Gesetze seien grundsätzlich immer auf das *bonum commune*, also das Gemeinwohl hingeordnet. Folglich seien Vergehen zeitlich begrenzt und auf eine Weise zu bestrafen, wie es für den Nutzen und das Wohl der jeweiligen Gemeinschaft angemessen sei. Dies könne durchaus variieren: was eine Gemeinschaft erwarte, erwarte eine andere nicht; was für eine Gemeinschaft jetzt wichtig sei, spiele später womöglich keine Rolle. So habe etwa die Gemeinschaft der Söhne Israels damals erwartet, dass Unzucht bestraft würde. Ihre Frauen zu entlassen war ihnen aber nur wegen ihrer Hartherzigkeit erlaubt worden, nicht hingegen, weil dies ein grundsätzlich nützliches Vorgehen der christlichen Gemeinschaft wäre.[120]

Mit der Betonung der zentralen Rolle des Gemeinwohls geht der Verfasser wiederum einen Schritt hinter die »Sündenliste« im Prager Artikel zurück. Gegen die hussitische »Generaloffensive (...) gegen das öffentliche Übel«[121] stellt er das Gemeinwohl als entscheidende Größe vor, an dem sich jedes Strafmaß orientieren müsse. Während die Hussiten im Aspekt der Öffentlichkeit besonders radikale Strafen begründet sahen, bildet für den Verfasser gerade diese Öffentlichkeit und ihr Wohl das Korrektiv, das übermäßige Härte in der Strafverfolgung verhindern sollte.

5.3.4.3. Kritik an der hussitischen Praxis

Vor diesem Hintergrund stellt der Verfasser nun kritische Rückfragen an die böhmische Praxis: Wenn alle Todsünden und besonders die öffentlichen, wie die Böhmen forderten, verboten und zerstört werden müssen, warum verboten sie diese in ihrer Sekte oder Gemeinschaft (*secta sive societate*) nicht, sondern ergingen sich selbst in Vergehen, die sogar noch größer seien als jene, die sie

---

120 »Respondetur, quod lex, cum sit ordinata ad bonum commune, vicia per legem temporaliter punienda sunt, secundum quod expedit utilitati communi. Aliqua autem expediunt uni communitati, que non expediunt alteri; et eidem communitati quedam expediunt uno tempore, que non expedirent alio (...)« (Tractatus contra quattuor articulos Hussitarum, fol. 127r–v).
121 Šmahel, Die Hussitische Revolution, Bd. 1, S. 665.

anklagten? Die Hussiten zerstörten oder raubten nämlich den äußeren Schmuck der Kirchen und alle wertvollen Gefäße, Kelche und Bilder, die für fromme Dienste und zum Gottesdienst benötigt werden. Auch Klöster und Kirchen zerstörten und brannten sie nieder, beraubten die Kleriker und begingen sogar grausame Morde an Priestern, die nicht ihrer Sekte angehörten, um deren Gottesdienst zu unterbinden.[122] Nicht nur wandten sie sich in den vier Artikeln dreist gegen die Gesamtkirche, auch Lügen, Meineide und andere Verbrechen begingen sie, angesichts derer niemand bei klarem Verstand (*sane mentis*) bezweifeln könne, dass dies viel größere Übel und schwerere Sünden seien als jene, für die sie das Volk und den Klerus tadelten![123]

Das böhmische Volk sei, fährt der Verfasser fort, früher sehr fromm, demütig und für viele Jahrhunderte in der Gemeinschaft der Gesamtkirche gewesen; die hussitischen Lehrer und Prediger hätten es jedoch dazu gebracht, sich vom Gesetz Gottes und den lobenswerten kirchlichen Gewohnheiten abzuwenden. Wie überzeugend wären die Hussiten dabei erst gewesen, wenn sie einen tadellosen Lebenswandel führen würden? Letztlich seien die Taten der Hussiten Zeichen des geschickten Betrugs und der List der Feinde des Menschengeschlechts, die es fertigbrachten, ein so großes Volk von vorbildlichen Sitten und Leben durch so geringe und wenige Menschen zu verderben.[124]

---

122 Die Literatur zur hussitischen Revolution und den damit einhergehenden Zerstörungen füllt Bibliotheken. Vgl. nur MACHILEK, Die hussitische Revolution; ŠMAHEL, Die Hussitische Revolution, Bde. 1–3; KAMINSKY, A History, und oben Kapitel IV, Anm. 7.

123 »Item si omnia peccata mortalia et specialiter publica, ut ipsi volunt, sunt prohibenda et destruenda, cur ergo ipsi in sua secta sive societate talia non prohibent, sed per se maiora mala exercent, quam sint illa, que enumerant et de quibus clerum inculpant? Tollunt enim omnem ornatum ecclesie exteriorem et eius cerimonias, et omnia eius vasa preciosa diripiunt. Calices videlicet aureos et argenteos, sed et imagines consurgentes, omne aurum et argentum omnemque lapidem preciosum de rebus sacris pie ad cultum Dei et sanctorum eius a fidelibus deputatis per violenciam sibi usurpant et rapinant; et, quod peius est, monasteria et ecclesias Dei ad Dei honorificenciam erectas et consecratas, funditus evertunt et conburunt. Insuper viros religiosos et sacerdotes proprios, suarum animarum pastores et alios ipsorum coadiutores, nisi secte eorum adhereant, quosdam turpiter membris, ne divinum exerceant officium, privant et alios crudelissime occidunt; ecclesieque universali se proterve in quattuor articulis opponentes, innumera spolia et homicidia et alia quam plura mala non desistunt perpetrare. Taceo de mendaciis periuriis et aliis criminibus per ipsos enumeratis, que nullus sane mentis dubitat esse multo maiora mala et peccata graviora, quam sint illa, de quibus ipsi populum et clerum reprehendunt« (Tractatus contra quattuor articulos Hussitarum, fol. 127v).

124 »Nam si ipsi potuerunt illum populum ante tempora piissimum et in divino cultu devotissimum ad hoc inclinare, ut ipse relictis paternis et sanctis observacionibus per plura centena annorum cum universali ecclesia tentis, ipsos in eorum adinvencionibus legi Dei et consuetudinibus laudabilibus contrariis sequeretur et imitaretur, quanto magis ipsum persuadere possent et potuissent, ne crimina superius enumerata incideret et perpetraret? (…) Certe ista non sunt signa nisi supra modum callide fraudis et astucie humani generis inimici, qui tantum populum moribus et vita ultra multos alios commendatum per tam

Im Gegensatz zu den ersten beiden Argumenten schlägt der Verfasser nun einen kritischen, geradezu polemischen Ton an. Ausführlich referiert er die hussitischen Zerstörungen in Böhmen, um die vielen Übel zu verdeutlichen, welche die Hussiten im Zuge ihres (vermeintlichen) Kampfes für eine »sündelose« Gesellschaft verschuldeten. Diese Beispiele untermauern, dass übermäßige Strafen die Situation der Gesellschaft eher verschlimmern und noch größere Übel verursachen. Im Gegensatz zum Besitz- und Predigtteil, die das Vorgehen der Hussiten in Böhmen kaum thematisieren, bietet der Todsündenteil eine detaillierte und ausführliche Liste hussitischer Zerstörungen und Verfehlungen. Darüber hinaus klagt der Verfasser auch die Verführung des einst so frommen böhmischen Volkes an, das durch Wenige und Geringe nachhaltig beschädigt wurde. Damit stellt er seinen Lesern plastisch die Konsequenzen der Prager Artikel für die einzelnen Gläubigen und die gesamte böhmische Gesellschaft vor Augen. Die tatsächliche Praxis der Hussiten in der Bestrafung sündiger Kleriker war freilich keine einheitliche. Je nach Gruppierung, Zeit und Ort wurde auf unterschiedliche Weise auf Vergehen reagiert, wobei sich neben tatsächlicher Gewalt auch erstaunlich moderate Strafen fanden.[125]

5.3.4.4. Notwendiger Respekt bei Kritik (insbesondere von Vorstehern)

Nach diesem direkten Tadel an der gewaltsamen Praxis der Hussiten in Böhmen legt der Verfasser seinen Fokus auf einen weiteren grundsätzlichen Aspekt: den notwendigen Respekt bei der Kritik von kirchlichen Vorgesetzten. Selbst wenn die Vorsteher irgendeiner Kirche kriminell oder in der Bestrafung von Vergehen nachlässig geworden seien, würde der Glaube dadurch dennoch nicht aufgegeben. Mit Mt 18,15 und einem bekannten Zitat zur *correctio fraterna* aus der *Catena aurea* des Aquinaten[126] wird die Notwendigkeit geduldiger und wiederholter Ermahnungen verdeutlicht. Niemals dürfen dabei die Rechtsordnung missachtet und die sündigen Vorsteher nach eigener Autorität verfolgt und womöglich sogar getötet werden. Die Kritik der böhmischen Praxis ist evident. Selbst wenn die Vorsteher nicht von jenen Verbrechen, derer sie die Hussiten beschuldigen, ablassen oder ihre Amtspflichten vernachlässigen würden, wäre es den Untergebenen nicht erlaubt, gewaltsam gegen sie vorzugehen. Nicht Freche und Härte, sondern Sanftmut und Ehrfurcht müssten bei Ermahnungen von Oberen walten. Wie Dionysius den Mönch Demophilus tadelte, weil er einen Priester ohne die nötige Ehrfurcht zurechtgewiesen, ihn geschlagen und aus der Kirche gejagt habe, müssten auch heute die Hussiten getadelt werden, die die

---

parvos et paucos homines corrumpere potuit« (Tractatus contra quattuor articulos Hussitarum, fol. 128r–v).
125 Vgl. Šmahel, Die Hussitische Revolution, Bd. 1, S. 673.
126 Thomas de Aquino, STh, II–II, q. 33 a. 4 co, S. 182b.

Priester nicht nur aus den Kirchen vertrieben, sondern sie auch grausam töteten und ihre Kirchen zerstörten und damit die Grenzen der brüderlichen Zurechtweisung weit überschritten. Wiederum werden die Sünden und der Hochmut der Hussiten, die als Sünder Andere verbessern wollten, getadelt. Weder Sünden, noch ein ungeordnetes Leben hebe die Autorität oder Vollmachten des geweihten Klerus auf. Folglich gebe keinerlei Verkehrtheit (*perversitas*) der Vorsteher den Laien oder Hussiten die Erlaubnis, sich gegen den Klerus zu erheben.[127]

Nach der zentralen Rolle des Gemeinwohls und einer notwendigen Güterabwägung betont der Verfasser nun das Verbot der Gläubigen, sich unter dem Deckmantel der Verbesserung gewaltsam gegen kirchliche Vorsteher zu erheben. Selbst wenn der Klerus Verfehlungen begehe, und selbst wenn die Bischöfe in der Bestrafung dieser Sünden nachlässig wären, rechtfertige dies keinesfalls ein eigenmächtiges, gewaltsames Vorgehen.[128] Die Hussiten wollten im Prager Todsündenartikel öffentliche Sünden durch »jene, die es angeht« bestraft wissen. Je nach hussitischer Gruppierung und Zeitpunkt fiel die Definition dieser Gruppe unterschiedlich aus. Die Entgegnung geht nicht darauf ein, welche konkreten kirchlichen Instanzen für die Bestrafung sündiger Kleriker zuständig sind, oder wie der Prozess von Buße, Strafe und Versöhnung konkret abzulaufen hat. Sie betont auch nicht explizit, dass der Klerus nicht dem Gericht des weltlichen Armes untersteht. Im Zentrum steht die Kritik kirchlicher Vorsteher, die nicht vor der »Laienöffentlichkeit« zu erfolgen habe.[129]

5.3.4.5. Die ›Heuchler‹ in Heinrich von Langensteins ›Lectura super Genesim‹ als Vorläufer der Hussiten

Den Abschluss der Argumentation bildet ein langes Zitat aus der monumentalen *Lectura super Genesim* des Wiener Theologen Heinrich von Langenstein. Langenstein habe darin von einer »gewissen alten Vorstellung« vorgelesen (*recitat*), die, wie der Verfasser aufzeigen will, bereits deutliche Parallelen zur hussitischen Häresie aufgewiesen habe.[130] Im mehrere Bände umfassenden Genesiskom-

---

127 Tractatus contra quattuor articulos Hussitarum, fol. 128v–129v.

128 »Ex quo patet, quod si prelati ecclesie reverenter requisiti a criminibus, de quibus eos Hussite inculpant, non desisterent, quod tamen de nullo presumendum est, vel si suum non adimpleant, ut tenentur officium, non tamen propter hoc subditis est concessum contra ipsos violenter insurgere« (Tractatus contra quattuor articulos Hussitarum, fol. 128v).

129 Alle bislang entwickelten Argumente sollten sich 1433 in der Basler Hussitenrede des Gilles Charlier wiederfinden (vgl. Smahel, Die Hussitische Revolution, Bd. 1, S. 665).

130 »Unde vehementer timendum est in presenti cleri ordinarii persecucione impleri quorundam satis antiquam imaginacionem, quam recitat venerabilis magister Hainricus de Hassia in sua Lectura super Genesim« (Tractatus contra quattuor articulos Hussitarum, fol. 129v).

mentar des Heinrich von Langenstein konnte diese Passage nicht identifiziert werden; sie findet sich aber (auch) im *Liber adversus Thelesphori eremitae vaticina*, den Langenstein 1392 gegen die Prophezeiungen zum (französischen) Papsttum des Kalabriers Telesphorus von Cosenza verfasste.[131] Darin schildert Langenstein, dass sich in der Öffentlichkeit eine Gruppe von Heuchlern erheben werde, die der Teufel aus Häretikern oder aus Gläubigen (auch Prälaten) sammle. Diese Gelegenheit ergriffen die Heuchler, in die Öffentlichkeit hinauszugehen und zu predigen, dass dem geweihten Klerus, der von Gott abgelehnt und gedemütigt werde, nicht gehorcht und geglaubt werden müsse. Sei es etwa verwunderlich, wenn das Laienvolk, das so viele *temporalia* des Klerus in Besitz nehmen wollte, hier Heuchler genannt werde? Offenkundig handelte es sich bei diesen Heuchlern um die ersten Vorläufer des Antichristen und dessen Nachfolger, die Hussiten.[132]

Langenstein griff im Folgenden auf einen Brief der Hildegard von Bingen zurück, die darin den Zustand der zukünftigen Kirche vorhergesagt habe.[133] Es folgen ausführliche Schilderungen jener Antichristen und ihres schändlichen Verhaltens, ihrer Trunksucht und Ausschweifungen, und der daraus resultierenden Gefährdung der Kirche. Gewisse Zeichen und Hinweise zeigten, dass diese Verführer jetzt buchstäblich in Böhmen herumzueilen schienen. Sie verführten durch die Täuschung der Heuchelei und verfolgten gewaltsam alle, die ihnen widerstanden. Wie über Baal – hier wird der Eingang des Todsündenteils wieder aufgenommen – werden auch über die Böhmen die Fürsten und andere *maiores* hereinbrechen und sie gleichsam wie einen tollen Wolf töten, wo immer sie sie entdecken. Dann werde sich die Morgenröte der Gerechtigkeit erheben, die Jüngeren werden besser als die Älteren sein, und gleichsam wie reinstes Gold glänzen.[134] Diese bilderreiche Schilderung kündigt ein militärisches Vorgehen

---

131 Henricus de Hassia, Liber adversus Thelesphori eremitae vaticina, cap. 35, S. 547 f.; zum Kontext vgl. Kreuzer, Telesphorus von Cosenza.

132 »»Quod tandem consurget in publicum cetus quidam ypocritarum, quos diabolus ex hereticis vel ex diversis fidelium statibus colliget; in quibus modo latitant plures mali propter potestatem prelatorum, que aliquanta est, licet parva. Isti oportunitate capta exibunt in publicum predicantes, clerum ordinarium iam a Deo reprobatum esse et abiectum, et ob hoc sibi amplius non esse obediendum, nec credendum. Quid mirum, si populus laicalis, qui iam tantum temporalia cleri sibi usurpare cupit, illos auribus attentis audiat ypocritas, excessum sanctitatis et zelum salutis omnium exterius pretendentes? Quis non videat istos primos antichristi precursores, persecucionem grandem secuturam esse, et dissencionem communis populi a prelatis ecclesiasticis?« Consideret igitur quilibet, an illa quorumdam ymaginacio presenti cursui Hussitarum conveniat et reperiet quod sic, ex modo et forma ipsorum procedendi« (Tractatus contra quattuor articulos Hussitarum, fol. 129v–130r).

133 Vgl. dazu auch Sommerfeldt, Die Prophetien, und Swanson, Universities, S. 21.

134 »»Ex quibus patet, qualiter persecucio dictorum seductorum‹, que, ut ex certis signis et indiciis ad litteram in regno Bohemie currere videtur, ›composita est ex vi et fraude, quia primo seducent per fraudem ypocrisis, deinde vero per maiores seductos violenter per-

des weltlichen Armes gegen die Hussiten an und untermauert die Notwendigkeit, sich an die bei Langenstein geschilderten Häretiker zu erinnern und
wachsam zu sein, um durch diese Erfahrung die Hussiten zu erkennen und sich
vor ihnen zu schützen.

Der Verweis auf Langensteins Genesis-Vorlesung ist interessant. Der Vermerk, Langenstein habe in seiner *Lectura* die zitierte Passage gelesen (*recitat*),
könnte darauf hindeuten, dass der Verfasser der Widerlegung diese Vorlesung in
Wien selbst gehört hat. In jedem Fall wird er die Vorlesung gekannt haben. Dafür
spricht zum einen, dass ein Genesiskommentar per se keine naheliegende Quelle
für eine Entgegnung auf den hussitischen Todsündenartikel ist; insbesondere,
da die Hussiten weder ein Zitat aus der Genesis, noch Bilder oder Anspielungen
daraus bemühten. Zum anderen ist es höchst unwahrscheinlich, in dem monumentalen, mehrere Bände und hunderte Folia umfassenden Kommentar
Langensteins auf die zitierte – und in der Tat ideal passende – Passage zu sto-
ßen, ohne genau zu wissen, wo und wonach man suchen musste. Langenstein
hielt seine Vorlesungen zur Genesis wohl zwischen 1385 und 1396.[135] Der einzige
der drei Verfasser, der diese Vorlesung selbst gehört haben könnte, ist Peter von
Pulkau, der 1391 *magister artium* wurde und anschließend Theologie studierte.
Bartholomäus von Ebrach begann seine Studien in Wien erst 1402, Giacomo da
Chiavari studierte (soweit bekannt) nie in Wien.[136] Es ist also sehr wahrscheinlich, dass Peter von Pulkau entweder für die Abfassung der Widerlegung
des Todsündenartikels verantwortlich oder wenigstens an der Zusammenstellung beteiligt war.

Ein interessanter Hinweis findet sich am Ende des Prager Artikels selbst, wo
der Verfasser einfügte: *Hec sunt motiva et scripta Hussitarum, quibus ipsi et aliis
tribus articulis totum fere turbant mundum.* Dieser Satz gehört nicht mehr zum
Text des Prager Artikels. In der offiziellen Fassung, in der die Prager Artikel ab
1420 verbreitet wurden, war der Todsündenartikel stets an letzter Stelle gereiht,
während er im Wiener Traktat an dritter Stelle behandelt wird. Ob diese Ergänzung vom Verfasser der Widerlegung stammt oder schon in jener Abschrift

---

sequentur alios sibi resistentes, verum est, quod secundum prophetissimam illam falsitas
horum ypocritarum et hereticorum finaliter reperietur, propter quod trucidabuntur a
principibus et aliis potentibus laicis, quos deceperunt; et restituetur clerus ordinarius in
pristinum gradum et honorem. Dicit enim ubi supra: Postquam ipsi in perversitatibus Baal
et in aliis pravis operibus sic inventi fuerint, principes et alii maiores in eos irruent, et quasi
rabidos lupos occident, ubicumque eos invenerint. Tunc aurora iusticie consurget, et no-
vissima vestra meliora prioribus erunt, et de omnibus preteritis memores eritis, et quasi
purissimum aurum fulgebitis«« (Tractatus contra quattuor articulos Hussitarum, fol. 130r-
v).

135 Zu Heinrich von Langenstein vgl. Knapp, Die Literatur, S. 107–125; Bautz, Heinrich von
Langenstein; Kreuzer, Heinrich von Langenstein.

136 Siehe oben, S. 334f.

der Prager Artikel, die den Beteiligten vorlag, enthalten war, ist nicht sicher festzustellen. Sie weist jedenfalls darauf hin, dass der Todsündenartikel auch in der Vorlage an letzter Stelle gestanden haben dürfte. Aus welchen Gründen die Reihenfolge in der Wiener Stellungnahme verändert wurde, wird unten im Detail zu hinterfragen sein.[137]

5.3.5. Entgegnung auf den hussitischen Kelchartikel

5.3.5.1. Vorbemerkungen

Den letzten Teil des Wiener Traktats bildet die Widerlegung der hussitischen Forderung, den Laien die Kommunion unter beiden Gestalten zu spenden.[138] Dieser Textteil nimmt innerhalb des Traktats eine deutliche Sonderstellung ein. Zum einen umfasst er rund 60 % des Gesamttextes und ist damit länger als die Einleitung und die Widerlegungen des Besitz-, Predigt- und Todsündenartikels zusammen, zum anderen weicht auch seine Konzeption erheblich von den übrigen Textteilen ab. Der Kelchteil ist mit einer separaten Einleitung versehen, die methodologische Vorbemerkungen und Hinweise zu den Adressaten enthält. Er besteht aus drei *tractatuli*, die jeweils in mehrere Kapitel unterteilt werden. Der erste Teil widerlegt die Schriftargumente der Hussiten und besteht aus 16 Kapiteln; der zweite Teil entkräftet in acht Kapiteln jene Gründe, die die Hussiten aus Theologen und Kirchenvätern anführten, bevor der dritte Teil in fünf Kapiteln Gründe darlegt, die die Forderung des Laienkelchs als irrig und gegen den christlichen Glauben gerichtet erweisen. Die einzelnen Traktate und Kapitel sind in den meisten Handschriften durch Überschriften gekennzeichnet. Auf die Einleitung folgt eine ausführliche zusammenfassende Inhaltsangabe, die alle zu widerlegenden Autoritäten und die wichtigsten Argumente prägnant zusammenstellt.

Im Folgenden werden Inhalt und Argumentation des Kelchtraktats vorgestellt und analysiert, um auf dieser Basis der Frage nach möglichen Vorlagen dieses Textteils nachzugehen. Um die Verfasserfrage des Kelchteils einzugrenzen, werden dessen Kernargumente außerdem mit Peter von Pulkaus 1415 in Konstanz verfasster *Confutatio Iacobi de Misa* verglichen. Die *Confutatio* ist die einzige bekannte Schrift der drei Beteiligten, die sich dezidiert gegen den Laienkelch richtet, weshalb sie sich für einen Textvergleich besonders anbietet. Im Folgenden werden Parallelen und markante Unterschiede zwischen dem Wiener

---

137 Siehe unten, S. 462 f.
138 Vgl. Articuli Hussitarum, S. 391 und oben Kapitel IV, S. 263 f.

Kelchtraktat und dem Kelchtraktat des Pulkauers besprochen, um dessen mögliche Autorschaft zu klären.

5.3.5.2. Einleitung des Kelchteils

1.   Intention und Adressaten der Widerlegung
Recedite a tabernaculis hominum impiorum, et nolite tangere, que ad eos pertinent, ne involvamini in peccatis eorum, lautet der programmatische Beginn der Einleitung des Kelchteils. Die harten Strafen Gottes für Korach, Datan und Abiram, die in der Wüste gegen Mose und Aaron murrten, den Gehorsam verweigerten und damit Urtypen von Schismatikern darstellen, werden den Hussiten und ihren Anhängern als mahnende Beispiele vor Augen gestellt. Unter allen Sünden – hier werden die Anbetung des Götzenbildes in der Wüste (Ex 32) und die Verbrennung der Buchrolle durch König Jojakim (Jer 36) mitsamt ihren Konsequenzen angeführt – sei nämlich das Schisma am schlimmsten, die Strafe der Schismatiker folglich am härtesten (Dt 17).[139] Diese alttestamentlichen Schilderungen verknüpft der Verfasser mit der aktuellen Situation in Böhmen: Dass die Hussiten Böhmen in eine so große Spaltung, ja sogar in eine Häresie hineinführten, hartnäckig darin verharrten und auch andere dazu verleiteten, so als ob sie das Gesetz Christi besser verstünden, sei eine große Sünde, die den Zorn Gottes errege. Während durch ihre Neuheiten viele Kirchen zerstört, Ordensleute grausam getötet, der Gottesdienst im ganzen Reich ausgelöscht und das Reich selbst durch Verführungen, Feuer, Plünderungen und unzählige Morde verwüstet wurde, versuchten sie, die Gläubigen zu belehren und zu verleiten.[140]

Im Folgenden werden die primären Adressaten des Kelchteils angesprochen: Um die einfachen Menschen in ihrem Irrtum zu halten, versicherten jene *destructores perversi*, dass ihre Lehre dem Gesetz Christi und dem Evangelium entspräche. Zu diesem Zweck sammelten sie viele Aussagen der heiligen Schrift und der Lehrer, vor allem hinsichtlich der Notwendigkeit des Volkes, unter

---

139 Tractatus contra quattuor articulos Hussitarum, fol. 131r–132r.

140 »(…) Et quia de hac materia copiosius infra tractandum est, sufficit in presenti aliqualiter ostendisse, quod nimis peccatum grave commiserunt, qui regnum Bohemie in tantum scisma, immo in hereses plurimas induxerunt, et tam pertinaciter in illis perseverant ac alios ad perseverandum sub specie pietatis fraudulenter inducunt, quasi ipsi soli melius omnibus ceteris intelligant legem Christi. Et per hunc perversum modum ipsam velint alios docere et in observanciam eius fideles inducere, cum tamen econverso per hanc ipsorum novitatem subverse sint ecclesie, persone plurime religiosissime crudeliter occise, et omnis cultus divinus in toto regno exterminatus ac ipsum regnum per sediciones, ignes, depopulaciones et innumeras hominum strages nimis desolatum (…)« (Tractatus contra quattuor articulos Hussitarum, fol. 132v).

beiderlei Gestalten zu kommunizieren. Jene, die die »Sprechweise« der hl. Schriften (*modus loquendi scripturarum*) nicht kennen, könnten dadurch leicht verführt werden. Folglich habe der Verfasser, der sich als Kleiner (*pusillus*) charakterisiert, dieses Werk für die Unterweisung der Einfachen, nicht hinlänglich in der Schriftauslegung Geübten zusammengestellt, um diese zum wahren Glauben zu bekehren. Diese sollten realisieren, wie schlecht diese »Neuheit« sei und welch allerschlechtestes Ende – nämlich die ewige Schande und Vernichtung Böhmens – drohe, und umgehend zur Einheit der Kirche zurückkehren.[141]

2.   Zum Aufbau der Widerlegung

Zusätzlich zur Untergliederung in drei *tractatuli* werde jeder dieser Traktate durch Kapitel gegliedert, denen eine knappe Zusammenfassung des ganzen Werkes vorausgehe. Ein kurzer Hinweis solle ausreichen, jeden Satz der Lehrer zu verstehen und besser festhalten zu können. Es folgt die bekannte Warnung, die Bibel nicht oberflächlich buchstäblich (*in primo verborum sono*) zu verstehen, weil daraus zahlreiche Widersprüche resultieren. Den Abschluss der Einleitung bildet die formelhafte Versicherung, sich bei Irrtümern jederzeit durch das Urteil der Römischen Kirche, Mutter und Lehrerin aller Gläubigen, verbessern zu lassen.[142]

---

141 »Verum quia illi destructores perversi, ut possint tenere simplices in errore suo, asserunt doctrinam suam esse legem Christi et evangelicam, ad quod probandum plura congregaverunt dicta scripture sacre ac doctorum, et maxime circa neccessitatem communicandi populum sub utraque specie, ex quibus, ignorantes modum loquendi scripturarum, faciliter seduci possunt. Pusillus ego in ecclesia catholica – et utinam merito sic in numero existens – tot animarum perdicioni compaciens necnon fidei christiane laceracioni, hoc opusculum ex diversis collegi, existimans hoc utile fore instruccioni simplicium, ne plures per illorum fraudes seducerent, et ut seducti comitis ipsorum erroribus ad unitatem ecclesie redire festinent. Consulo autem omnibus non sufficienter exercitatis in scripturis sacris, pro quibus principaliter hec compilata sunt, quod illorum malas persuasiones nullatenus audiant, nec inermes procedant ad prelium, sed pocius iuxta propositum Domini mandatum ab eorum communione omnio se separent, ne inculpantur peccatis eorum (...)« (Tractatus contra quattuor articulos Hussitarum, fol. 132v–133r).

142 »Ut autem unicuique id, quo magis indiget, cicius occurrat, presens opusculum in tres tractatulos divisum est: (I.) In quorum primo declarantur auctoritates sacre scripture, quas Hussite allegaverunt ad probandum prefatum communionis articulum, et solvuntur argumenta que ex eisdem auctoritatibus induxerunt. (II.) In secundo ponuntur soluciones racionum, quas ex dictis doctorum multipliciter roborare frustra conati sunt. (III.) In tercio habentur efficaces raciones, quibus evidenter ipsorum error convincitur. In quibus manifeste ostenditur, quod asserentes pertinaciter communionem sub utraque specie omnibus fidelibus esse de neccessitate salutis, errant et nichil habent de christiana fide. Porro omnes tractatus per capitula sunt distincti, quibus premittitur summula tocius operis in modum talem, ut, quibus brevior declaracio sufficit omnium dictorum sentenciam, cicius capere et melius retinere possint. Oro autem lectorem quemlibet, quod dum legit dicta sacre scripture, cordi bene fixum teneat illud apostoli: *Littera occidit, spiritus autem vivificat.*

Diese zweite Einleitung mitten im Traktat ist in mehrfacher Hinsicht aufschlussreich. Zum einen macht sie deutlich, dass die Widerlegung des Kelcharticles nicht einen von vier gleichartigen Textteilen, sondern ein eigens konzipiertes Werk darstellt. Wie in der Einleitung des Gesamttraktats stehen die Konsequenzen der hussitischen Lehren für die Gläubigen im Mittelpunkt. Alle, die sich den Lehren der Böhmen angeschlossen hätten, seien zu Schismatikern und Häretikern geworden. Der Text richtet sich dezidiert an die in der Schriftauslegung ungeübten *simplices*, um diesen die Gefahr und Falschheit des verkürzten, wörtlichen Schriftverständnisses der Hussiten vor Augen zu führen. Wie in der Einleitung am Beginn des Traktats wird dieses mit einem Verständnis *in primo verborum sono* charakterisiert. Wenn auch die Wortwahl nicht exakt übereinstimmt, findet sich die Grundidee der ersten, sehr oberflächlichen Bedeutung, also des »puren Wortsinns« als (grammatikalischer) Klang (*sonus*) in beiden Einleitungen.

Auch formal enthält diese Einleitung Auffälligkeiten: Im Gegensatz zu den übrigen Teilen des Traktats, die in der ersten Person Plural formuliert sind, spricht der Verfasser der Kelchwiderlegung von sich in der ersten Person Singular. Hinweise auf die anderen Artikel oder den Gesamtkontext finden sich nicht, was zeigt, dass die Widerlegung der Kelchforderung ursprünglich nicht als Teil eines Gemeinschaftswerks, sondern als eigenständige Schrift zusammengestellt wurde. In seiner Konzeption ist der Kelchteil darauf ausgelegt, ein möglichst einfach zu benutzendes Hilfsmittel darzustellen. Angesprochen werden vor allem die einfachen Gläubigen. Die Zusammenfassung des ganzen Werks dient einer schnellen ersten Orientierung und einem raschen Überblick über die behandelten Autoritäten und beigebrachten Argumente. Der Verfasser charakterisiert sich als »Kleiner« (*pusillus*), der über die Konsequenzen der hussitischen Lehre – den Untergang vieler Seelen und die Verletzung des christlichen Glaubens – Leid empfinde und sich jederzeit gehorsam der Korrektur durch die Römische Kirche unterwerfe. Die Römische Kirche wird hier als Mutter und Lehrerin aller Kirchen charakterisiert; ein Aspekt, der sich leitmotivisch durch den gesamten Kelchtraktat zieht. Auch die bekannten Vorwürfe an die Hussiten, für Plünderungen, Morde, Feuer und ähnliche Verbrechen in Böhmen verantwortlich zu sein und das Land dadurch zu verwüsten, werden erhoben.

Quia si quis semper exponere velit scripturam sacram et dicta doctorum secundum sensum, quem in primo verborum sono facere videntur, faciet ipsam sacram scripturam sibi pluries adversari, et unum doctorem alteri, et sibi ipsi sepe contradicere. Si quid autem in presenti opusculo positum est, quod aliter poni debuisset, totum arbitrio melius sencientis reservo, Romane presertim ecclesie, que cunctorum fidelium mater est et magistra, paratus semper omnia huiusmodi ipsius emendari iudicio« (Tractatus contra quattuor articulos Hussitarum, fol. 133r-v).

5.3.5.3. Contra communionem sub utraque specie

I.   Erster Traktat: Auflösung der Schriftargumente der Hussiten

I.1.   Zur Forderung des Laienkelchs: Joh 6,54 als Kernargument

Nach einem zusammenfassenden Überblick über die einzelnen Kapitel des Kelchteils[143] folgt die ausführliche Widerlegung der hussitischen – im Prager Kelchartikel grundgelegten – Forderung, das Sakrament der Eucharistie unter den beiden Gestalten des Brotes und des Weines allen Christgläubigen frei zu spenden.[144] Kein Katholik (*catholicus*) negiere, so der Verfasser, irgendeine Autorität der hl. Schrift, sondern bestätige ohne Zweifel, dass deren Inhalte wahr sind und in der Autorität des hl. Geistes aufgeschrieben wurden. Die Streitfrage zwischen den Hussiten und der katholischen Kirche bestehe somit nicht darin, ob ein Gebot Christi zu beachten sei oder nicht; kein Katholik bestreite, dass alle Gebote Christi gehalten werden müssen. Die Schwierigkeit dieser Streitfrage bestehe vielmehr darin, zu zeigen, wer die Worte und Gebote Christi besser verstehe: die armen Störenfriede des Königreiches Böhmen (*pauci perturbatores regni Bohemie*), die das Reich in geistlicher und weltlicher Hinsicht zerstört haben, oder die Gesamtkirche mit ihren vielen hervorragenden Lehrern, die in der Auslegung der hl. Schriften mit viel größerer Gottesfurcht ausgestattet seien als Jakobell und seine neuen Schüler (*Iacobellus cum discipulis suis novellis*)?[145] Die hier grundgelegte Kontrastierung der erfahrenen, gelehrten und damit verlässlichen katholischen Kirche mit den hussitischen Neuerern zieht sich leitmotivisch durch den ganzen Traktat. Die ausdrückliche Nennung des Jakobell von Mies und seiner »neuen Schüler« als Gegner fällt auf. Der hussitische

---

143   Die Zusammenfassung, die zwischen Einleitung und eigentlicher Widerlegung eingeschoben wurde, wird hier nicht im Detail referiert, da sie lediglich ein Exzerpt der Widerlegung darstellt, die ausführlich besprochen wird (vgl. Tractatus contra quattuor articulos Hussitarum, fol. 133v–139v).

144   Zur Eucharistietheologie und -praxis des Mittelalters und zu den im Traktat referierten sakramententheologischen Argumentationen vgl. Izbicki, The Eucharist; Browe, Die Eucharistie im Mittelalter; Kilmartin, The Eucharist, bes. Kap. 2–5; de Lubac, Corpus mysticum; Girgensohn, Peter von Pulkau, S. 82–120; Neunheuser/Schmaus, Handbuch; zum mittelalterlichen Messopfer generell Angenendt, Offertorium.

145   »Pro declaracione istius obiecionis considerandum est, quod nullus catholicus negat aliquam auctoritatem sacre scripture, sed firmiter et sine dubitacione confitetur omnes veras esse et Sancti Spiritus auctoritate conscriptas. Ideo difficultas questionis inter Hussitas et ecclesiam catholicam non consistit in hoc videlicet, utrum mandatum Christi sit servandum an non. Omnes enim catholici dicunt omnia mandata Christi servanda fore. Sed difficultas questionis consistit in hoc videlicet, quis melius intelligat verba et mandata Christi: an pauci perturbatores regni Bohemie, qui ipsum in spiritualibus et temporalibus destruxerunt; an universalis ecclesia, que tot habuit et habet eciam hodie optimos doctores, multo magis exercitatos cum timore Dei in scripturis sacris quam Iacobellus cum discipulis suis novellis?« (Tractatus contra quattuor articulos Hussitarum, fol. 139v).

Theologe hatte sich insbesondere zwischen 1414 und 1417 mit zahlreichen Schriften zum Laienkelch hervorgetan.[146] Dass in einem – vorgeblich – gegen den Prager Kelchartikel verfassten Traktat immer noch Jakobell als primärer Gegner vor Augen steht, ist durchaus ungewöhnlich und lässt Rückschlüsse auf den Ursprung dieser Schrift zu.[147]

I.2. *Leibliche und geistliche / mystische Kommunion*

Die Argumentation gegen den Laienkelch setzt bei einer fundamentalen, seit dem Beginn der Kontroverse gängigen und oftmals wiederholten Unterscheidung an: dem wörtlichen und mystischen Verständnis des Fleisches und Blutes Christi. Im wörtlichen Sinn meine es das Fleisch, das Christus durch die selige Jungfrau annahm, und das Blut, das am Kreuz für uns vergossen wurde; im geistlichen oder mystischen (*mystice*) Sinn bezeichne es die Einheit der Kirche (1 Kor 12). Fleisch und Leib bezeichnen somit dasselbe. Auch der Verzehr sei ein zweifacher: Wenn der Leib Christi wahrhaft sakramental verzehrt werde, werde er schließlich weder durch die Zähne zerrissen, noch verändere er seinen Geschmack oder verwandle sich in ein Nahrungsmittel des Körpers, wie es beim körperlichen Verzehr der Fall sei. Ähnlich offenkundig könne auch der mystische Leib Christi nicht körperlich verzehrt werden. Während bei herkömmlicher Nahrung die Speise durch den Verzehr verwandelt werde, verwandle in der Eucharistie umgekehrt Christus, wenn er würdig empfangen werde, den Kommunizierenden zur größeren Ähnlichkeit mit ihm.[148]

Dennoch gäbe es auch gewisse Ähnlichkeiten, weil ein würdiger Verzehr mit dem Mund auch im geistlichen Leben nähre und bewahre, damit der Verzehrende zu einer größeren Vollkommenheit heranwachse. Der Verzehr des wahrhaften Fleisches geschehe durch den leiblichen Mund unter den sakramentalen Gestalten; der Verzehr des mystischen Fleisches geschehe in der Einsicht (*intellectus*) durch Glaube und Liebe, durch die Christus in uns wohne und wir in ihm (Joh 4,16). Der erste, sakramentale Verzehr könne gut und würdig sein, aber auch unwürdig, wodurch sich der Kommunizierende das Gericht zuziehe; der zweite, mystische Verzehr sei hingegen immer gut. Der erste Verzehr erfordere den zweiten, damit er zum Heil gereiche; er werde sakramental genannt.

---

146 Vgl. COUFAL, Sub utraque specie, bes. S. 157–167.

147 Vgl. dazu unten, S. 432–438.

148 »Ut igitur manifeste appareat, quod ipsi verba Christi non intelligunt vel fingunt se non intelligere, sciendum est, quod caro Christi et sanguis possunt intelligi dupliciter: Uno modo illa, quam de beata virgine sumpsit, et sanguis, qui fusus fuit in cruce pro nobis (…) Alio modo intelligitur caro Christi et sanguis spiritualiter et mistice, id est corpus misticum Christi, cuius corporis caput est ipse Christus, reliqui autem fideles sunt membra (…) Secundum autem quod duplex est caro Christi, ita duplex est ipsius manducacio, videlicet carnis Christi vere et mistice (…)« (Tractatus contra quattuor articulos Hussitarum, fol. 140r–v).

Gleichwohl wurden viele Märtyrer und Heilige ohne ihn gerettet. Der zweite genüge sich selbst und sei heilsnotwendig; er werde geistlich genannt, und niemand könne ohne ihn gerettet werden. Joh 6,54 sei folglich auf den zweiten Verzehr zu beziehen, weil viele ohne den ersten, sakramentalen Verzehr das verheißene Leben erlangt hätten.[149]

Der Autor spricht hier die gängige Unterscheidung der beiden *res eucharistie* (Leib und Blut Christi in den Gestalten von Brot und Wein sowie die Gemeinschaft des Leibes Christi) an, ohne vorerst den Terminus selbst zu gebrauchen. Er parallelisiert den tatsächlichen und mystischen Leib Christi mit dem wahrhaften sakramentalen und mystischen Verzehr, wobei er besonders die Unterschiede zum ›gewöhnlichen‹ körperlichen Verzehr betont. Erst im nächsten Kapitel wendet er sich explizit den beiden *res* der Eucharistie zu.

I.3. Geistliche Kommunion als Eingliederung (incorporacio) in den Leib Christi – res contenta et significata / res significata et non contenta

Christus selbst verdeutliche das richtige Verständnis von Joh 6,54 in Joh 6,64: der Sinn des Fleisches nütze nichts, weil der Sinn des Geistes lebendig mache. Ohne den geistlichen Verzehr des Fleisches Christi habe man somit kein Leben. Mit Petrus Lombardus wird im Folgenden die zweifache *res* eingeführt, die im Altarsakrament enthalten ist: die *res contenta et significata* (die Sache, die enthalten ist und durch es bezeichnet wird), also das Fleisch Christi, das er von der Jungfrau erhalten hat, sowie das Blut, das er für uns vergossen hat; und die *res significata et non contenta* (die Sache, die bezeichnet wird und nicht enthalten ist), nämlich die Einheit der Kirche. Der Verzehr des Leibes Christi sei nichts anderes, als zu einem Glied des Leibes der Kirche gemacht zu werden. Folglich

---

149 »Similiter manifestum est, quod corpus Christi misticum non potest corporaliter manducari. Intelligitur ergo utraque carnis Christi manducacio per aliquam similitudinem ad manducacionem corporalem. Manducacio enim vere carnis Christi pro tanto manducacio dicitur, quia ore manducantis digne sumpta nutrit et conservat manducantem in vita spirituali, et augmentat in maiorem perfeccionem; per contrarium tamen modum ad manducacionem corporalem, quia cibus corporis sumptus convertitur in sumentem. Christus autem digne sumptus in sacramento non convertitur in sumentem, sed in se, id est in maiorem sui similitudinem, sumentem convertit (...) Ex hoc eciam patet, quod neutra manducacio habet veram racionem manducacionis corporalis. Hec est autem differencia inter utramque manducacionem, quia manducacio carnis vere fit ore corporali sub speciebus sacramentalibus; manducacio mistice carnis fit intellectu per fidem et caritatem, per hec enim habitat Christus in nobis et nos in ipso, tamquam membra coniuncta capiti (...) Prima manducacio potest esse bona et digna, et eciam indigna, et tunc ad iudicium; secunda autem semper est bona. Prima presupponit secundam, ut sit ad salutem; secunda est se sola sufficiens et necessaria ad salutem. Prima vocatur sacramentalis, sine qua multi martires et sancti salvati sunt; secunda vocatur spiritualis, sine qua nullus salvatur. Ideo patet, quod auctoritas predicta Ioh. 6° recte intelligitur de secunda manducacione, quia ibi dicitur *Nisi manducaveritis, non habebitis vitam*, quam multi eciam sine prima manducacione habuerunt« (Tractatus contra quattuor articulos Hussitarum, fol. 140v–141r).

erfülle dieses Gebot Christi jeder, der geistlich kommuniziert, selbst wenn er in diesem Leben die Kommunion niemals sakramental empfange.[150]

I.4.   Die Erfüllung dieses Gebotes in der Taufe

Dieses zentrale Argument – die Einwohnung Christi als lebensspendende Wirkung der Eucharistie – wird im Folgenden weiter entfaltet. Die Kommunion der bloßen Gestalten ohne Vereinigung mit Christus sei wirkungslos. Doch wie realisiert sich diese Vereinigung? Diese Frage beantwortet der Verfasser mit einem Verweis auf die Taufgnade: So bleibe Christus in jedem Menschen mit guter Disposition (*bene disposito*), sobald dieser die Taufe empfangen habe. Durch die Taufe werde der Mensch ein Glied Christi, er empfange die Gnade und folglich auch den Glauben, durch den Christus in den Seelen (*in mentibus*) der Gläubigen wohne. Folglich »kommuniziere« jeder Gläubige bereits in der Taufe, weil er die Gnade und den Glauben empfange, und damit Fleisch und Blut Christi auf dieselbe Weise verzehrt, wie es Christus vorgeschrieben habe. Der Verfasser präsentiert hier eine recht eigenwillige Auslegung der geistlichen Kommunion: Mit dem Empfang der Taufgnade sei das Gebot Christi, geistlich zu kommunizieren, erfüllt.[151]

I.5.   Die unterschiedlichen Wirkungen (effectus) von Taufe und Eucharistie

Dabei sei nun zu beachten, dass die Wirkungen (*effectus*) von Taufe und Eucharistie offenkundig unterschiedlich seien. Zum einen sei die Taufe das erste

---

150 »Et quod talis sit intellectus verborum Christi, patet per ipsius exposicionem, quam interrogatus mox subiunxit: *Verba, que ego locutus sum vobis, spiritus et vita sunt. Caro,* id est carnalis sensus, *non prodest quidquam spiritus,* id est spiritualis sensus. Videlicet intelligendo spiritualiter, id est de manducacione spirituali, est *qui vivificat*; ideo non habet vitam quisquis sic spiritualiter non manducat carnem Christi (…) Unde Magister Sentenciarum (…) sic dicit: ›Huius autem sacramenti gemina est res: Una scilicet contenta et significata, et altera significata et non contenta. Res contenta et significata est caro Christi, quam de virgine traxit, et sanguis, quem pro nobis fudit. Res autem significata et non contenta est unitas ecclesie. Hec est duplex caro Christi‹ (…) Per hec verba beati Augustini patet, quod dictum Christi *Nisi manducaveritis* etc. intelligitur de manducacione spirituali, quod et hec manducacio nichil aliud est quam esse membrum Christi; et quod quilibet existens in unitate ecclesie per graciam iam est particeps panis et calicis, nec est privatus illius sacramenti beneficio, eciam si numquam in hac vita sacramentaliter manducat« (Tractatus contra quattuor articulos Hussitarum, fol. 141r-v; vgl. Petrus LOMBARDUS, Libri Sent., lib. IV, di. 8, cap. 7, par. 1, S. 284f.).

151 »(…) et ideo imitatus est eam et expressius declaravit, manducare carnem et bibere sanguinem Domini nichil aliud est quam manere in Christo ut membrum eius, et ipsum in se manentem habere. Manet autem Christus in quolibet bene disposito, mox quando recipit baptismi sacramentum, quia baptismus confert graciam (…) Et eidem dantur graciarum virtutes et consequenter fides, per quam Christus habitat in mentibus fidelium (…) Et per consequens quilibet in baptismo, cum graciam et fidem recipit, manducat carnem et bibit sanguinem Christi eo modo, quo Christus precepit manducare et bibere« (Tractatus contra quattuor articulos Hussitarum, fol. 142r-v).

unter allen Sakramenten, zum anderen sei ihre Wirkung – Gnade und Leben – wichtiger als die der Eucharistie. Hätte der Getaufte das Fleisch Christi nicht verzehrt, hätte er kein Leben; da er aber das Leben habe, bedeute das im Umkehrschluss, dass er auch das Fleisch Christi verzehrt haben müsse (schon die Taufe impliziere somit eine »Kommunion«). Die Taufe sei ferner eine geistliche Wiedergeburt (*regeneracio*), durch die dem Getauften der heilige Geist gegeben werde. Durch die geistliche Zeugung und Geburt empfange der Mensch das geistliche Leben, wie durch die leibliche Zeugung das körperliche Leben.[152]

I.6.   ›Essen‹ und ›trinken‹ sind gleichbedeutend mit ›glauben‹

Ergänzend verweist der Verfasser auf den unmittelbaren Kontext des Johannesevangeliums. Christus habe in Joh 6,54 zu jenen Menschen gesprochen, die durch fünf Brote und zwei Fische gesättigt wurden, aber dennoch nicht an ihn glaubten, sondern ein Zeichen erbaten. Er ermahnte sie, zu Christus zu gehen und dessen lebenspendende Speise zu suchen. Zu Christus zu gehen und an ihn zu glauben sei aber dasselbe, weil man nicht durch den Leib, sondern durch den Geist (*mens*), den durch die Liebe geformten Glauben (*per fidem caritate formatam*) zu Gott gehe. Essen und trinken seien somit ein- und dasselbe, nämlich glauben. Diese Auslegung könne durch keine andere Interpretation geschwächt werden, weil andere Ausleger weniger Autorität hätten als Augustinus, Petrus Lombardus und Thomas, die in den bisherigen Kapiteln als Zeugen beigebracht wurden. Darüber hinaus sei diese Auslegung durch die heiligen Kanones und besonders durch Christus selbst gebilligt worden.[153]

An dieser Stelle legt sich ein erstes Zwischenfazit nahe: Der Kelchtraktat betont, wie auch Peter von Pulkaus *Confutatio*, die Heilsnotwendigkeit der geistlichen Kommunion. Dazu bedienen sich beide Schriften der gängigen

---

152 »Manifestum est enim alium esse effectum baptismi quam eucharistie; similiter, quod baptismus est primum inter omnia sacramenta, et similiter, quod effectus eius est prior effectu huius sacramenti. Effectus autem baptismi est gracia et vita (...) Si enim non manducasset, tunc non haberet vitam; et tamen per baptismum haberet vitam, quod implicat contradiccionem (...) Per generacionem autem et nativitatem spiritualem recipit homo vitam spiritualem, sicut per generacionem corporalem recipit homo vitam corporalem« (Tractatus contra quattuor articulos Hussitarum, fol. 143r–v).

153 »Ad cuius evidenciam sciendum est, quod Christus predicta verba dixit quibusdam, qui saturati fuerant ex quinque panibus et duobus piscibus, nec tamen credebant in eum, sed petebant signum, ut crederent; quesiverant tamen eum ut regem facerent (...) Ecce evidenter habetur modus, per quem homo debet hoc pane uti, ut non esuriat neque siciat, sed ire in Christum et credere in ipsum. Ire autem et credere in Christum idem sunt, quia non corpore, sed mente per fidem caritate formatam itur in Deum (...) Predicta autem exposicio nullatenus potest infringi per quascumque alias exposiciones, quia alii expositores, etsi aliter sentirent, non sunt tante auctoritatis in ecclesia Dei quante sunt predicti doctores. Et eciam approbata est per sacros canones et amplius per ipsum Christum« (Tractatus contra quattuor articulos Hussitarum, fol. 143v–144v).

Differenzierung zwischen den beiden *res* der Eucharistie und betonen die Vorrangstellung der Taufe. Im Detail unterscheiden sich die beiden Argumentationen jedoch in mehrfacher Hinsicht. Das Konzept der *Confutatio* ist klar: Die *res baptismi* sei die Vergebung der Sünden durch die Gnade der Wiedergeburt, die doppelte *res eucharistie* seien einerseits Leib und Blut Christi in den Gestalten von Brot und Wein, und andererseits die Gemeinschaft des Leibes Christi und seiner Glieder. So wie ohne die Gnade, mit dem Leib Christi und seinen Gliedern verbunden zu sein (also die zweite *res eucharistie*), niemand das Leben in sich habe, so werde ohne die vergebende Gnade niemand von der Sünde reingewaschen (*res baptismi*), um in das Reich Gottes eingehen zu können. Darüber hinaus sei die Taufe ein für alle heilsnotwendiges Sakrament, die Eucharistie nur für Erwachsene mit ausreichendem Vernunftgebrauch, die, sollten sie den von der Kirche gebotenen Kommunionempfang verweigern, eine Todsünde begehen. Die geforderte *communio* Christi und seiner Glieder realisiere sich in der prädestinierten, gerufenen, gerechtfertigten und verherrlichten Kirche.[154]

Der Autor des Wiener Traktats definiert die beiden *res eucharistie* zwar mit denselben Worten, argumentiert jedoch anders: Die Eingliederung in die Gemeinschaft des Leibes Christi (also die zweite *res eucharistie*) stelle die Bedingung dafür dar, dass der Verzehr der sakramentalen Gestalten (die erste *res eucharistie*) überhaupt zum Heil gereichen könne. Diese notwendige Eingliederung (*incorporacio*) in den Leib Christi geschehe aber bereits durch die Taufe, nicht erst durch die Eucharistie. Durch den Empfang der Gnade in der Taufe – also den *effectus* der Taufe – sei das Gebot Christi, geistlich zu kommunizieren, bereits erfüllt. Hier fällt zum einen auf, dass der Verfasser die Begriffe *res* und *effectus* synonym verwendet und – im Gegensatz zu Peter von Pulkau – wenig Augenmerk auf begriffliche Feinheiten und eine stringente Terminologie legt. Der *effectus baptismi* sei Gnade und Leben; der entscheidende *effectus* der Eucharistie sei die Eingliederung in Christus. Aus der starken Betonung der notwendigen Einwohnung in und das Leben durch Christus, die durch Taufe und Eucharistie gleicherweise realisiert werden, resultiert eine Gleichsetzung von *res baptismi* und zweiter *res eucharistie*. Daraus folgt, dass die heilsnotwendige geistliche Kommunion durch die Taufe bereits realisiert wurde, selbst wenn in diesem Leben die Kommunion niemals sakramental empfangen wird.[155] Nach diesem Verständnis wäre die sakramentale Kommunion für Laien somit niemals notwendig – ein markanter Unterschied zwischen den beiden Konzepten.

Die bislang besprochenen Textteile zeigen, dass die Unterteilung in Kapitel nicht notwendigerweise den Beginn neuer Gedankengänge oder Argumente

---

154 Petrus de PULKA, Confutatio, S. 239–244; vgl. oben Kapitel I, S. 41f.
155 Tractatus contra quattuor articulos Hussitarum, fol. 143v.

markiert, also weniger inhaltlich als ›organisatorisch‹ begründet ist. Häufig werden die Ausführungen eines Kapitels in den darauffolgenden Kapiteln fortgesetzt, ergänzt und erweitert. Die Unterteilung des Textes diente somit primär einer möglichst einfachen, raschen Handhabung und Orientierung.

I. 7.   Gegen die hussitische Kritik an Thomas von Aquin

Im Anschluss folgt das längste Kapitel des ersten Traktats, das sakramenten-theologische Fragen vorerst zurückstellt und sich vehement gegen den hussiti-schen Vorwurf wendet, Thomas von Aquin würde sich hinsichtlich der Kelch-kommunion widersprechen. Diese Kritik der Hussiten findet sich nicht im Prager Kelchartikel, sondern in Jakobell von Mies' Schrift *Plures tractatuli pullulant*.[156] Weil so viele wichtige Lehrer und sogar Christus selbst darlegten, dass Joh 6,54 nicht von der leiblichen Kommunion spreche, hätten »gewisse« Hussiten das Zugeständnis nicht vermeiden können, dass hier in der Tat die geistliche Kommunion gemeint sei. Deshalb versuchten sie nun mit der *Summa* des Aquinaten zu argumentieren, dass die geistliche Kommunion wenigstens den Wunsch, sakramental zu kommunizieren, voraussetze.[157] Der Verfasser zi-tiert die entsprechende Passage nicht. Er bezieht sich aber wohl auf ein Zitat aus dem dritten Teil der *Summa* des Aquinaten, das sich (u. a.) in Jakobell von Mies' Schrift *Salvator noster* findet und den Wunsch nach sakramentaler Kommunion betont.[158]

Selbst einem ungeübten Schriftausleger (*non exercitatus in litteris sacris*) zeige dies, dass die »böhmischen Betrüger« diesen Irrtum freiwillig erfänden

---

156 »Sed de istis nominatis expresse propriis nominibus doctoribus dico: (...) Thomas in uno loco nunc ad unam, nunc in alio loco ad aliam videtur declarare partem« (das Zitat in Coufal, Sub utraque specie, S. 186, Anm. 116; vgl. Tractatus contra quattuor articulos Hussitarum, fol. 146v). – Jakobell führt die konkreten, (angeblich) widersprüchlichen Stellen bei Thomas hier anschließend an.

157 »Verum quia quidam ex ipsis hereticis videntes se non posse effugere, quin confiteantur dicta verba de manducacione spirituali intelligenda fore propter magnam auctoritatem et multitudinem doctorum, amplius et Christi sic exponencium, adhuc conantur eciam ad sacramentalem sumpcionem retorquere dicentes, quod spiritualis manducacio presup-ponit votum manducandi sacramentaliter. Et ad hoc probandum inducunt sanctum Tho-mam de Aquino hoc dicentem in tercia parte *Summe* sue« (Tractatus contra quattuor articulos Hussitarum, fol. 144v–145r).

158 »Item Thomas de Aquino parte IIIa Summe sue, questione LXXXa dicit: ›Spiritualis manducacio includit votum seu desiderium percipiendi hoc sacramentum. Et ideo sine voto percipiendi hoc sacramentum non potest haberi salus. Frustra autem esset votum, nisi impleretur, quando oportunitas adesset. Et ideo manifestum est, quod homo tenetur hoc sacramentum sumere non solum ex statuto ecclesie (...)‹« (Iacobellus de Misa, Salvator noster, S. 120; vgl. Thomas de Aquino, STh, III, q. 80 a. 11 co, S. 502a). – Zur Eucharis-tietheologie des Aquinaten vgl. Tück, Gabe der Gegenwart, bes. S. 39–220; Wawrykow, The Westminster Handbook, S. 28f. (Concomitance); S. 124–126 (Real Presence); S. 133–135 (Sacrifice, Eucharistic); S. 159–161 (Transubstantiation).

und nicht etwa unwissentlich vertraten. Freilich habe Thomas die Frage, ob es erlaubt sei, den Leib Christi ohne sein Blut zu kommunizieren, negativ beantwortet. Der Verzehr des Leibes ohne Blut sei, so der Aquinat, ein unvollkommenes Sakrament und repräsentiere das Leiden Christi nicht vollständig, welches stärker im Blut als im Leib abgebildet werde.[159] Damit beziehe er sich aber auf die Kommunion der Priester, nicht der Laien. Zudem sei bei der Spendung des Sakraments höchste Vorsicht notwendig. Die folgende Warnung vor dem Verschütten des Weines und die daraus resultierende Praxis, den Laien nur das Brot zu reichen, stellt ein Standardargument in der Debatte dar und findet sich in vielen Stellungnahmen gegen den Laienkelch (auch in der *Confutatio* des Peter von Pulkau).[160] Da die Vollkommenheit des Sakraments nicht im Gebrauch durch die Gläubigen, sondern in der Weihe der Materie bestehe, könne das Volk den Leib Christi ohne Blut verzehren, solange nur der Priester beide Gestalten konsekriere und kommuniziere.

Weshalb aber betonten die Hussiten die große Autorität des Aquinaten, dem zu widersprechen unziemlich (*inconveniens*) sei, wenn sie kurz darauf bereits Widerworte gegen ihn erhoben? Wenn die Hussiten für ihre Behauptung, die geistliche Kommunion bedinge den Wunsch nach sakramentaler Kommunion, keine anderen Belege vorbringen könnten als den hl. Thomas, dann sei es sehr verwunderlich, warum sie wenig später behaupteten, er habe zu diesem Gegenstand (an anderer Stelle) so schimpflich geirrt.[161] Wie können sie sich ihm anvertrauen und seine Aussage gleichsam als heilsnotwendiges Gesetz ohne Zweifel halten, wenn sie ihn gleichzeitig in derselben Frage verurteilen, die längst und sorgfältig durch ihn geprüft wurde, und ihm vorwerfen, dass er alle Christen zur ewigen Verdammnis führe? Wenn Thomas in einer Aussage so schimpflich irrte, warum nicht auch in jener Passage, die sie selbst zur Unter-

---

159 »Et ad hoc probandum inducunt sanctum Thomam de Aquino hoc dicentem in tercia parte *Summe* sue, in qua re quilibet – eciam non exercitatus in litteris sacris – satis evidenter videre potest istos deceptores Bohemorum voluntarie et non ignoranter dictum errorem confingere« (Tractatus contra quattuor articulos Hussitarum, fol. 144v–145r); vgl. Thomas de Aquino, STh, III, q. 76 a. 2 ad 1, S. 457a; Iohannes de Jesenice, Demonstratio, S. 815: »Quamvis totus Christus sit sub utraque specie, non tamen frustra. Non quidem hoc oportet ad replicandam passionem Christi, in qua seorsum fuit separatus sanguis a corpore: Unde et in forma consecrationis sanguinis sit mentio de eius effusione: Sed hoc est conveniens huius usui sacramenti, ut seorsum exhibeatur fidelibus corpus in cibum et seorsum sanguis Christi in potum. Tertio quantum ad effectum est conveniens dare sub diversis speciebus ipsis fidelibus: Eo quod corpus Christi exhibeatur pro salute corporis, et sanguis Christi pro salute anime.«

160 Petrus de Pulka, Confutatio, S. 237–239; vgl. oben Kapitel I, S. 41.

161 Der Verfasser führt nicht an, gegen welche Passage des Aquinaten sich die Hussiten konkret wendeten bzw. welche beiden Aussagen (angeblich) widersprüchlich waren. Vermutlich bezog sich die hussitische Kritik auf Thomas' Unterscheidung zwischen geistlicher und sakramentaler Kommunion (vgl. Thomas de Aquino, STh, III, q. 80 a. 1, S. 488a–489a).

mauerung ihrer Forderung zitierten? Vielleicht würden die Hussiten darauf antworten, dass sie besagte Aussage des Aquinaten nicht wegen dessen Autorität hielten, sondern aufgrund der Beweisführungen, mit denen er seine Aussage untermauerte. In diesem Fall sollten sie diese offenlegen! Klarerweise könne es sich dabei nämlich weder um Autoritäten des Evangeliums, noch der alten Kirchenlehrer, noch um eine Entscheidung (*determinatio*) der Kirche handeln.[162]

Es folgt ein polemischer Seitenhieb auf die hussitischen Gegner: Würde man den Böhmen zustimmen, dass der Aquinat ein falscher Zeuge sei, dann würden dessen Aussagen für keine der Streitparteien etwas beweisen; ähnlich, wie auch von katholischer Seite keine Aussagen der Hussiten selbst beigebracht werden, weil diesen wegen ihrer Falschheit prinzipiell kein Wert für die Diskussion zugestanden werde. Das Urteil der Hussiten über den Aquinaten sei klar falsch, weil sie seine Aussage bezweifelten, obwohl diese durch ausreichende Gründe bewiesen, durch das Zeugnis aller nachfolgenden Lehrer bestätigt und von der Universalkirche mit ihren sehr alten Gewohnheiten und Konzilsbeschlüssen approbiert worden sei. Selbst der Ungebildetste (*rudissimus*) könne somit erkennen, dass die Hussiten entweder offenkundige Häretiker, so unwissend und grausam, dass es ihnen an Vernunftgebrauch fehle, oder aber so böse seien, dass sie nicht fürchteten, die anerkannte Wahrheit zu bekämpfen.[163]

Nach dieser ausführlichen Kritik am selektiven Vorgehen der Hussiten entfaltet der Verfasser ein wichtiges Motiv, das im dritten Teil des Traktats ausführlich behandelt wird: Thomas habe sich vielfach der Korrektur und Anerkennung des hl. Stuhles unterworfen und festgehalten, dass die Autorität der

---

162 »Nunc igitur dicant Hussite, si ita allegant sanctum Thomam quasi doctorem tante auctoritatis, cui contradicere sit inconveniens, quare ipsi mox in sequenti articulo eidem contradicunt. Si enim ipsis allegantibus dictum doctorem negaverimus dictum eius, prout ipsi contra nos faciunt, quid amplius dicere potuerunt? Nullus enim remanet eis magis autenticus doctor vel auctoritas ecclesie, per quam illud probent. Si habent producant! Ideo non producunt, quia non habent, et si haberent, idem de eis, quod de sancto Thoma esset dicendum« (Tractatus contra quattuor articulos Hussitarum, fol. 145v–146r).

163 »Illud enim sanctus Thomas non solum dicit, sed eciam sufficienti racione probat dicens, quod sanguis est eciam sub specie panis, que est racio sufficiens (…) Istud vero per ipsos allegatum non probat idem doctor, ut dictum est evidenti racione; alioquin utique ipsam posuisset. Illud, quod allegamus, est per omnes doctores sequentes confirmatum; hoc vero non, alioquin producant! Illud est per universalem ecclesiam non solum verbis, sed eciam longa consuetudine confirmatum, et tandem per sacrum concilium approbatum; istud vero nullibi per ecclesiam approbatum invenitur. Consideret ergo quilibet amator veritatis, quantum mentes istorum sint perverse et a rectitudine iudicii aliene! (…) Hoc quisquis audit, eciam rudissimus, intelligere potest evidentissime istos hereticos aut tam rudes ac bestiales esse, quod non videntur habere usum racionis, aut tam malignos, quod non timent agnitam impugnare veritatem, quod est peccatum in Spiritum Sanctum, quod nec in presenti seculo remittitur nec in futuro« (Tractatus contra quattuor articulos Hussitarum, fol. 146v–147r).

Kirche jener des Augustinus, des Hieronymus oder jedes anderen Lehrers, also auch seiner eigenen, immer vorzuziehen sei. Keine Aussage des hl. Thomas oder anderer katholischer Lehrer könne der katholischen Kirche schaden, deren *magisterium* alle Aussagen zur Korrektur anvertraut werden. Wenn die Hussiten nun die Aussage des Aquinaten nicht so verstehen wollten wie er selbst, dann brächten sie keine Aussage des Thomas bei, sondern eine Vorstellung oder Phantasie (*imaginacionem seu fantasiam*), die sie frei und ohne Grund erdichtet hätten. Die Worte der Lehrer bezeichneten nämlich nicht, was die Leser wollten, sondern nur das, was die Lehrer durch ihre Worte intendierten, wie der *studiosus lector* entdecken könne. Alle, die sich vom wahren Glauben trennten, den die Gesamtkirche immer hielt und bis heute hält, seien jedenfalls keine Glieder Christi und verzehrten weder Leib noch Blut Christi auf die vorgeschriebene Weise.[164]

Dieses siebte Kapitel verdeutlicht, weshalb der Verfasser die alleinige Notwendigkeit der geistlichen Kommunion und die Erfüllung dieses Gebots durch die Taufe so nachdrücklich betont: um die Behauptung der Hussiten, die geistliche Kommunion setze nach Thomas von Aquin den Wunsch nach sakramentaler Kommunion voraus, zu entkräften. Zugleich verteidigt der Verfasser, dass Thomas die Kommunion unter einer Gestalt vorgeschrieben habe, wie durch ausreichende Gründe bewiesen, durch das Zeugnis aller nachfolgenden Lehrer bestätigt und von der Universalkirche mit ihren sehr alten Gewohnheiten und Konzilsbeschlüssen approbiert worden sei. Der Verfasser unternimmt nichts, um die Spannung und Widersprüche, die sich zwischen diesen beiden Argumentationen ergeben, auszugleichen oder zu erklären (wie ist etwa die von der gesamten kirchlichen Tradition gestützte Forderung, unter der Gestalt des Brotes zu kommunizieren, angesichts der grundsätzlich ausreichenden Wirkung der geistlichen Kommunion zu rechtfertigen?). Für ihn stellt es keinerlei Schwierigkeit dar, die sakramentale Kommunion unter einer Gestalt – gegen die hussitische Forderung der Kommunion unter beiden Gestalten – als verpflichtende Praxis zu verteidigen, und gleichzeitig die Notwendigkeit jeglicher sakramentaler Kommunion – gegen den hussitischen Einwand, dass die geistliche Kommunion den Wunsch nach tatsächlicher Kommunion voraussetze – zu bestreiten. Peter von Pulkau hätte dieser Überzeugung wohl kaum zugestimmt, da seiner Darlegung gemäß Erwachsene zu den von der Kirche festgesetzten Zeiten oder in unmittelbarer Todesgefahr durchaus tatsächlich (oder wenigstens willentlich) kommunizieren mussten, um keine Todsünde zu begehen.[165]

Die Hinweise und Quellen, auf die der Verfasser reagiert, sind für den Ur-

---

164 Tractatus contra quattuor articulos Hussitarum, fol. 146r–148v.
165 Petrus de PULKA, Confutatio, S. 239–244; vgl. oben Kapitel I, S. 42.

sprung dieser Schrift aufschlussreich: Der hussitische Vorwurf, der Aquinat würde sich hinsichtlich der Kelchkommunion widersprechen, findet sich nicht im Prager Artikel, sondern in Jakobell von Mies' Traktat *Plures tractatuli pullulant*. Dass der Autor so umfassend darauf reagiert, belegt, dass der Prager Artikel nicht seine einzige oder direkte Vorlage gewesen sein kann. Der Umfang dieses Kapitels deutet zudem darauf hin, dass dem Verfasser die Verteidigung des Aquinaten ein Anliegen war. Im Gegensatz zu den übrigen hussitischen Autoritätszitaten, auf die im Kelchteil durch die jeweiligen Anfangsworte verwiesen wird, finden sich in diesem Kapitel keinerlei konkrete Textpassagen. Die Hinweise und Belegstellen, gegen die sich der Verfasser wendet, müssen daher aus hussitischen Schriften erschlossen werden. Dass Thomas den Wunsch nach sakramentaler Kommunion voraussetze, betont etwa Jakobell von Mies' Schrift *Salvator noster*; dass gemäß dem Aquinaten das Brot allein das Leiden Christi nicht vollständig repräsentiere, führt die *Demonstratio* des Jan von Jesenice (und auch der Prager Artikel)[166] ins Treffen. Vielleicht waren dem Verfasser diese hussitischen Schriften bekannt und er trug die darin geäußerte Kritik am Aquinaten selbstständig zusammen; möglicherweise lag ihm auch ein hussitischer Text vor, der diese Argumente bereits gesammelt enthielt.[167]

I.8.   Christus ist in Brot und Wein gleichermaßen voll enthalten

Selbst wenn Joh 6,54 von der sakramentalen Kommunion zu verstehen gewesen wäre, fährt der Verfasser im Anschluss fort, sei es dennoch falsch, dass dies die Gläubigen zur Kommunion unter beiden Gestalten verpflichtete. Dass durch die Kommunion unter einer Gestalt das Gebot Christi voll erfüllt werde, halte der katholische Glaube schließlich bis heute, da der ganze Christus unter der Gestalt des Brotes, des Weines oder unter beiden Gestalten jeweils ganz mit Leib, Blut und Göttlichkeit enthalten sei. Hierbei handelt es sich wiederum um ein Standardargument in der Debatte. Christi Leib, so fährt der Verfasser fort, könne nie ohne Seele sein, weil eine Trennung von Seele und Leib nichts anderes bedeuten würde als den Tod, was aber Röm 6,9 – *Christus resurgens ex mortuis iam non moritur* – widerspräche. Weil sich das Blut auf die Vollkommenheit beziehe, könne auch Christi Leib nicht ohne Blut sein; daher lebe der Körper natürlicherweise nicht ohne Blut. Wäre das Blut Christi außerhalb seines Körpers, oder irgendein Teil des Körpers vom restlichen Körper getrennt, dann wäre der Leib Christi unvollkommen und somit leidensfähig (*passibile*). Weil wiederholtes Leiden oder Mangel die Substanz verringere und die Natur verderbe, wäre

---

166 Articuli Hussitarum, S. 392.
167 Zur Frage der Vorlagen dieses Textteils vgl. unten, S. 432–438.

Christus folglich nach seiner Auferstehung sterblich, was ein Irrtum und offenkundig gegen den Glauben sei.[168]

I.9. Die Zunahme der Gnade (augmentum gracie) als Wirkung der Eucharistie

Danach kommt der Verfasser erneut auf die Wirkung der Eucharistie zu sprechen. Die *racio* (Sachgehalt) des Fleisches werde Speise, die *racio* des Blutes
werde Trank genannt. Da man unter einer oder beiden Gestalten zugleich Fleisch
und Blut empfange, könne man – unabhängig davon, unter wie vielen und
welchen Gestalten man kommuniziere – immer sagen, Speise und Trank zu
empfangen, das Fleisch zu essen und das Blut zu trinken. Die eigentliche und
unmittelbare Wirkung dieses Sakraments sei die Zunahme der Gnade (*augmentum gracie*), durch die Christus in uns wohne. In der körperlichen Nahrung
seien viele Aspekte zu unterscheiden, weil der Körper mit unterschiedlichen –
»trockenen und nassen« – Dingen gespeist werde, die mit ähnlichen Dingen
gemischt werden; die Seele aber werde allein von Christus genährt.[169]

Erneut kommt der Verfasser auf die Wirkung der Eucharistie zu sprechen, die
er hier mit der Zunahme der Gnade, durch die Christus in den Gläubigen wohnt,
beschreibt. Wiederum steht das bekannte Motiv der Einwohnung Christi in den
Seelen der Gläubigen und die daraus resultierende Stärkung im Zentrum. Ergänzend zur bisherigen Argumentation, dass die notwendige Gnade bereits
durch die Taufe erlangt werde, gesteht der Verfasser dem Sakrament der Eucharistie hier zu, die Taufgnade zu vermehren. Ihm ist allerdings weniger daran
gelegen, diese Wirkung der Eucharistie zu betonen oder weiter zu entfalten.
Vielmehr geht es ihm darum, aufzuzeigen, dass man unter verschiedenen Be-

---

168 »Ad cuius evidenciam illud presupponendum est, quod fides catholica semper tenuit et
tenet videlicet, quod totus Christus continetur integer sub specie panis, et totus integer sub
specie vini, ita quod sub utraque est totus, videlicet cum corpore, sanguine et divinitate, et
tantum atque idem penitus est sub una sola specie quantum sub utraque simul (…) Si igitur
sanguis Christi esset extra corpus eius, vel aliqua pars corporis esset a corpore separata,
tunc corpus Christi esset imperfectum, et consequenter posset pati defectum, et tunc esset
passibile. Et quia multiplicata passio seu defectus tollit substanciam et naturam corrumpit,
consequenter esset mortale post resurreccionem eius, quod est erroneum et manifeste
contra fidem« (Tractatus contra quattuor articulos Hussitarum, fol. 149r).

169 »Racione autem carnis dicitur cibus, et racione sanguinis illud idem dicitur potus. Sequitur
manifeste, quod quilibet recipiens ipsum sub altera specie tantum, cum recipiat carnem et
sanguinem, optime possit dici recepisse cibum et potum et manducasse carnem et bibisse
sanguinem (…) Proprius autem et immediatus effectus huius sacramenti – sive sub una
specie, sive sub utraque sumatur – est augmentum gracie; per hanc enim Christus habitat
in nobis (…) Ideo namque in nutrimento corporali hec ut plurimum sunt distincta, quia
corpus pascitur diversis rebus, videlicet siccis et humidis, que cum simul misceantur, tunc
per unam sumpcionem poterit homo sufficiens alimentum corporale suscipere. Sicut si
panis comminutus cum vino vel aqua misceatur, tunc sumens ex illo simul sumeret cibum
et potum, et nature satisfaceret. Anima autem solo Christo nutritur tamquam proprio
nutrimento« (Tractatus contra quattuor articulos Hussitarum, fol. 150r–v).

zeichnungen (Speise, Trank, Fleisch, Blut) und auf unterschiedliche Weisen (essen, trinken, unter einer oder beiden Gestalten) immer den ganzen Christus empfängt. Das Verhältnis zwischen der Taufgnade und deren Zunahme in der Eucharistie bleibt hingegen offen, die Spannung unkommentiert stehen.

I.10. Sacramentum tantum, sacramentum et res sacramenti, res et non sacramentum

Nun folgt ein weiteres katholisches Standardargument in der Debatte: die aus Petrus Lombardus übernommene Unterscheidung zwischen *sacramentum tantum, sacramentum et res sacramenti* und *res et non sacramentum*.[170] *Sacramentum et non res*, so rekapituliert der Verfasser, meine die sichtbaren Gestalten des Brotes und des Weines, *sacramentum et res* den tatsächlichen Leib und das Blut Christi, *res et non sacramentum* hingegen den mystischen Leib Christi. Diese drei hätten in sich eine bestimmte Ordnung, weil das zweite (*sacramentum et res sacramenti*) das erste (*sacramentum et non res*) bedinge, seine Ordnung aber vom dritten (*res et non sacramentum*) habe. Mit anderen Worten: Der tatsächliche Leib und das tatsächliche Blut Christi bedingen die sichtbaren Gestalten von Brot und Wein, erhalten ihre Ordnung aber vom mystischen Leib Christi. Christus habe sein Fleisch und Blut unter den Gestalten (*species*) von Brot und Wein weitergegeben, damit die Kommunizierenden den Glauben und damit ein Verdienst (*meritum*) erlangen. Unter den Gestalten nämlich, das heißt den *accidencia*, könne der wahre Leib und das wahre Blut Christi ohne Abscheu (*sine horrore*) verzehrt werden; der wahre Leib Christi werde aber verzehrt, um die Einheit des mystischen Leibes zu vollenden.[171]

Wirkung und Notwendigkeit der *species* werden daraus klar: Es brauche sie, damit Christus, die *res* dieses Sakramentes, ohne Abscheu und Verhöhnung durch die Ungläubigen (da es unüblich sei, rohes Fleisch und Blut zu verzehren) und zum Verdienst des Glaubens verzehrt werde. Es sei nicht nützlicher, unter beiden Gestalten zu kommunizieren als unter einer, seien doch Leib und Blut Christi, nicht aber die Gestalten, welche Leib und Blut Christi verhüllen, wahrhaft Speise und Trank. Das Brot könne nicht das ewige Leben geben, sondern nur das zeitliche Leben bewahren. Selbst wenn die Akzidenzien in der Lage wären, das ewige Leben mitzutragen (*conferre*), hätte es Christus nicht nötig gehabt, diese Macht unter den Akzidenzien des Brotes zu fassen. Er selbst habe nämlich unendliche göttliche Macht und übertrage das ewige Leben aus sich selbst, nicht durch die Gestalten. Man müsse sich daher nicht darum kümmern, ob dieses vorzüglichste Sakrament (*excellentissimum sacramentum*) unter einer oder

---

170 Vgl. Petrus Lombardus, Libri Sent., lib. IV, di. 8, c. 7, par. 4, S. 286. – Vgl. dazu: Macy, The Theologies, v. a. S. 106–132.

171 Tractatus contra quattuor articulos Hussitarum, fol. 151r–v.

beiden Gestalten, in großer oder kleiner Menge verzehrt werde. Der Seele nütze es schließlich nichts, wenn der Bauch mit den Gestalten von Brot und Wein angefüllt sei; vielmehr müsse der Geist mit Christus angefüllt sein, den man aber nicht weniger habe, wenn weniger von den Gestalten verzehrt werde, da in jeder Gestalt der ganze Christus vollständig enthalten sei (Konkomitanzlehre).[172]

Der Verfasser geht hier auf die Gestalten von Brot und Wein als Akzidenzien der Eucharistie ein und betont neben sehr plastischen Begründungen für deren Notwendigkeit (Vermeidung von Abscheu vor rohem Fleisch und Blut) die Wichtigkeit der sakramentalen Kommunion: Der tatsächliche Leib und das tatsächliche Blut Christi bedingen die sichtbaren Gestalten von Brot und Wein; Christus habe sein Fleisch und Blut unter den Gestalten von Brot und Wein weitergegeben, damit die Kommunizierenden den Glauben und damit ein Verdienst (*meritum*) erlangen. Durch die Kommunion von Brot und/oder Wein werde die Einheit des mystischen Leibes vollendet. Hier kommt – im Gegensatz zu den vorherigen Kapiteln – der sakramentalen Kommunion eine wichtige Rolle zu. So diene der Verzehr der sakramentalen Gestalt(en) nicht nur dazu, den Glauben und das daraus resultierende *meritum* zu erlangen, sondern stelle auch die Bedingung für die Vollendung des mystischen Leibes Christi, also der Kirche dar. Hatte der Verfasser anfangs die Notwendigkeit einer sakramentalen Kommunion gänzlich in Abrede gestellt, ihr im neunten Kapitel hingegen die Vermehrung der Taufgnade zugestanden, charakterisiert er sie nun als glaubenspendend und als Bedingung für die Vollendung der Kirche – ohne diesen Gedanken aber mit seinen anderen Ansätzen in Einklang zu bringen. Unklar bleibt, wie sich die grundsätzlich ausreichende geistliche Kommunion in der Taufe und

---

172 »Ex quibus apparet quis sit effectus, et que sit utilitas specierum in hoc sacramento: videlicet, ut Christus, qui est res huius sacramenti, mediantibus illis sine horrore et infidelium insultacione ac cum fidei merito sumeretur. Ex hiis manifeste apparet, quod nulla neccessitas est non conficientem sub utraque specie sumere. Sumens enim sub utraque specie nichil plus recipit de re contenta in hoc sacramento quam sumens sub una specie sola, quia sub utraque specie non continetur nisi una sola res, videlicet integer Christus, quem uterque illorum integrum recipit, ut dictum est, sed solum recipit plures species (...) Species autem panis, id est accidencia cum tota substancia sua, non possunt dare vitam eternam, sed solum conservare temporalem (...) Hoc autem non facit caro Christi racione specierum, quia species panis aut vini eternam vitam nec per se conferre possunt, nec virtutem conferendi, quam non habent alteri communicare; nec Christus indiget capere virtutem conferendi eternam vitam ab accidentibus panis, eciam si conferre possent (...) Patet evidenter ex dictis, quod in sumpcione huius excellentissimi sacramenti nichil curandum est, utrum sub una vel pluribus speciebus aut sub parva vel magna specierum quantitate sumatur. Nichil enim prodest anime impleri ventrem speciebus panis et vini, sed prodest plurimum mentem implere Christo que tamen non minus integrum habet, si de speciebus sumit minus, quam in qualibet specieie parte Christus integer continetur« (Tractatus contra quattuor articulos Hussitarum, fol. 151v–152v).

die sakramentale Kommunion, oder der in der Kommunion empfangene Glaube und die Taufgnade zueinander verhalten.

Auffällig ist weiters, dass der Verfasser weder die substantiellen Bestandteile der Eucharistie erwähnt, noch das Verhältnis zwischen Substanz und Akzidenzien thematisiert. Peter von Pulkau behandelte in seiner *Confutatio* Substanz und Akzidenz deutlich ausführlicher und argumentierte, dass die Substanz der Eucharistie – Materie, Form, Spender und richtige Intention – nicht verändert werden dürfe, die Akzidenzien (alles den Ritus Betreffende) hingegen schon.[173] Der Verfasser des Kelchtraktats beschränkt sich hingegen darauf, die Akzidenzien von Brot und Wein zu thematisieren, um zu betonen, dass die Wirkung des Sakraments nicht von den Gestalten, sondern dem darin enthaltenen Christus abhängt. Dieser Aspekt wird im folgenden Kapitel verdeutlicht.

I.11.　Nicht Brot und Wein spenden das ewige Leben, sondern der darin enthaltene Christus

Hier wendet sich der Verfasser zunächst der unterschiedlichen Wortwahl zu, die er in der hl. Schrift beobachten konnte: Christus habe in Joh 6 manchmal nur vom Essen allein gesprochen (etwa in den Versen 27, 32 f. und 35), da dieses Brot nicht nur den Hunger tilge und dadurch Speise sei, sondern auch den Durst stille und dadurch Trank sei. Weil er wusste, dass unter der Gestalt des Brotes beides voll enthalten sei, habe er nie zwischen Speise und Trank unterschieden. An anderen Stellen von Joh 6 (etwa in den Versen 48, 50–52 und 54–57) werden hingegen Brot und Wein erwähnt, wo Christus zuvor nur vom Brot gesprochen habe. Das Brot zu essen, das Fleisch zu essen, das Blut zu trinken und Christus selbst zu verzehren seien also dasselbe, da er zu jedem den Lohn des ewigen Lebens hinzufügte. Nicht die Gestalten von Brot und Wein könnten das ewige Leben spenden, sondern nur Christus, der darin enthalten sei. Sehr abergläubisch (*supersticiosus*) sei es aber, wenn jemand Schwierigkeiten in etwas hineinlesen wollte, das Christus durch sich selbst dargelegt habe!

Man solle sich daher beim Verzehr dieses Sakraments nicht über die Menge der Gestalten Gedanken machen, sondern darum, sie würdig zu empfangen. Die Wirkung dieses Sakraments, nämlich Gnade und Leben, werde von der Göttlichkeit Christi als *causa principalis* (ursprüngliche Ursache) hingegeben, während Leib und Blut gleichsam eine *causa instrumentalis* (instrumentelle Ursache, Vermittler) darstellen. Die Seele nehme die göttliche Macht vollkommener an als der Leib; somit hänge die Wirkung dieses Sakraments stärker von der Seele Christi als von seinem Leib oder Blut ab.[174]

---

173 Petrus de PULKA, Confutatio, S. 223–229; vgl. oben Kapitel I, S. 38 f.
174 Tractatus contra quattuor articulos Hussitarum, fol. 152v–154r.

I.12. Zur Autorität Papst Innozenz' III.

Weil aber die Hussiten gegen diese Erklärung Christi und der heiligen Lehrer Papst Innozenz III. bemühten, sei ein weiterer Kommentar nötig. Innozenz habe laut den Böhmen in seinem Messkommentar dargelegt, dass weder das Blut unter der Gestalt des Brotes, noch der Leib unter der Gestalt des Weines getrunken oder verzehrt werde.[175] Dazu sei zu beachten, dass Innozenz ein katholischer Lehrer war, und zu seiner Zeit die Kommunion nur unter der Gestalt des Brotes gereicht wurde. Die Eucharistie wurde nur unter der Gestalt des Brotes für die Kranken aufbewahrt, und am Karfreitag kommunizierte auch der Priester nur unter der Gestalt des Brotes. Diesen Ritus habe Innozenz in seinem Messkommentar gebilligt. Wenn nun aber jemand behaupten wollte, dass Innozenz so zu verstehen sei, dass unter der Gestalt des Brotes nicht so kommuniziert werde, wie Christus vorgeschrieben habe, dann wäre dies unvernünftig. In diesem Fall müsste man sie bestreiten, weil der hl. Thomas, der ein viel berühmterer Theologe als Innozenz gewesen sei, wie viele andere Lehrer das Gegenteil dargelegt hätte.[176] Darüber hinaus hätte Innozenz, wenn er sich gegen den Beschluss der Gesamtkirche gewandt hätte, ohnedies keine Autorität. Innozenz sei nämlich ein katholischer Lehrer gewesen, der dem Glauben der heiligen Römischen Kirche immer fest anhing, welcher er seine Aussagen zu korrigieren und approbieren vorlegte; den apostolischen Stuhl, den er selbst inne hatte, bezeichnete er als Mutter und Lehrerin aller Kirchen. Jeder Korrektur durch die Kirche sei fest anzuhängen, damit alle Katholiken unerschütterlich glauben, dass die Kirche vom hl. Geist gelenkt werde und in heilsnotwendigen Dingen nicht irren könne. Wenn irgendjemand aus der Aussage des Innozenz oder der eines anderen katholischen Lehrers heraus gegen die Bestimmung der Kirche argumentiere, sei dies somit lächerlich (*derisibilis*) und beweise nichts.[177]

---

175 Vgl. Innocencius III., De sacro altaris mysterio, S. 248.

176 »(…) sciendum est, quod Innocencius fuit doctor catholicus. Et suo tempore iam fiebat communio sub sola panis specie; nec reservabatur sub specie vini eucharistia pro infirmis, sed solum sub specie panis. Et in feria sexta in parasceve, quando sacerdos non conficit ipse, et tunc communicat sub sola panis specie; et hunc ritum Innocencius approbat in eadem *Summa* (…) Si quis autem voluerit contendere Innocencium intellexisse, quod sub specie panis non bibitur sanguis eo modo, quo Christus iusserat esse bibendum, iam irracionabilis erit et nimis dura eius contencio. Et tunc dictum Innocencii secundum intellectum, quem hereticus vult in ipso capere, nichil est inconveniens negare, quia sanctus Thomas, qui multo magis famosus est in theologia quam Innocencius, exponens verba Christi super Iohannem declarat, quod bibere sanguinem Christi idem est quod communicare sanguinem Christi, et quod hoc fit sub panis specie, ut supra dictum est. Et multi doctores dicunt idem« (Tractatus contra quattuor articulos Hussitarum, fol. 154r–155r).

177 »Hoc eciam considerandum et bene notandum est, quod, si dictum Innocencii esset contra universalem determinacionem ecclesie, tunc nullius esset auctoritatis, tamquam si ipse Innocencius illud retractasset. Ipse enim fuit doctor catholicus et fidei sancte Romane ecclesie semper firmiter adhesit, cui dicta sua corrigenda aut approbanda subiecit,

Dieses Argument ist interessant, da Innozenz selbst Papst war, den Messkommentar jedoch noch vor seiner Papstwahl als Lothar von Segni verfasste (was der Autor allerdings nicht gewusst haben dürfte).[178] Selbst der Papst, so die Kernaussage, muss sich der Korrektur durch die Kirche unterwerfen.

Dass alle katholischen Theologen ihre Lehren einer Überprüfung und Korrektur durch die Römische Kirche und den Papst unterziehen müssen, die vom hl. Geist gelenkt werden und folglich nicht irren können, ist ein zentrales Argument des Verfassers, das im Folgenden noch mehrfach beigebracht wird. Der Verfasser greift hier die gängige – auch in der Einleitung des Kelchtraktats vorgebrachte – Demutsversicherung und Gehorsamsverpflichtung auf, sich bei Irrtümern jederzeit der Korrektur der Kirche zu unterwerfen. Dieses Motiv des Gehorsams gegenüber der Kirche als Garantin der Rechtgläubigkeit wendet der Verfasser konsequent auf alle kirchlichen Lehrer an – sogar auf Innozenz III., der selbst Papst war –, um diese und ihre Schriften als sicherer und verlässlicher zu charakterisieren als die neuen hussitischen Lehren. Kernintention der wiederholten und eindringlichen Hinweise auf eine notwendige »Approbation« durch die kirchliche Autorität war der grundlegende Hinweis an die Hussiten, gegen den Willen und ohne Freigabe der »Kirche« – welche Instanz darunter genau zu verstehen ist, führt der Verfasser nicht aus – weder Lehren noch Schriften verbreiten zu dürfen. Das Fehlen kirchlicher Unterstützung sollte die mangelnde Verlässlichkeit der »neuen« hussitischen Lehre betonen, ohne an dieser Stelle weiterführende ekklesiologische Überlegungen zu entwickeln.

I.13.   Zu Mt 26,27, Lk 22,17, Mk 14,23 und zur Interlinearglosse[179]

Im Anschluss wendet sich der Verfasser den synoptischen Belegstellen zu, die den Empfang beider Gestalten verlangen und von den Häretikern beigebracht wurden. Eine Antwort darauf sei einfach, da diese Stellen für das Heil der

---

quemadmodum fecerunt ceteri doctores catholici (…) Ecce, quod apostolicam sedem vocat non tantum sui et omnium particularium hominum, sed amplius omnium ecclesiarum matrem et magistram (…) Retraccioni vero ecclesie firmiter adhereret eo, quod omnes catholici firmiter credunt ecclesiam regi a Spiritu Sancto et in hiis, que sunt neccessaria ad salutem, errare non posse, et ideo sua scripta eidem in omnibus emendanda seu approbanda subiciunt. Sic igitur quemadmodum, si quis aliquid probare vellet, per auctoritatem sancti Augustini, quam ipse in *Libro retractacionum* retractasset, esset merito deridendus et nichil probaret. Sic quilibet arguens ex dicto Innocencii aut alterius doctoris catholici contra determinacionem ecclesie est derisibilis et nichil probat« (Tractatus contra quattuor articulos Hussitarum, fol. 155r–v).

178 Zum Messkommentar des Lothar von Segni vgl. WRIGHT, A Medieval Commentary; EGGER, Papst Innocenz III.

179 Das hier widerlegte Zitat aus der Interlinearglosse (»Hoc facite et aliis ministrate«, vgl. Tractatus contra quattuor articulos Hussitarum, fol. 156r) ist nicht auffindbar. Dieselbe Passage findet sich auch in Ragusas Basler Hussitenrede gegen den Laienkelch (Iohannes de RAGUSIO, Oratio, S. 824).

Gläubigen aufgeschrieben wurden und ihnen – vernünftig verstanden – nicht schaden könnten. In Mt 26,27 erwähne Christus deshalb ausdrücklich den Kelch, damit wirklich jeder einen Schluck des Weines bekomme – als Vorsichtsmaßnahme, damit jeder Apostel einen Schluck Wein für die Anderen aufhebe. Hinsichtlich des Brotes war eine solche Vorsicht nicht notwendig, weil Christus das Brot selbst austeilte. Davon abgesehen seien in Mk 14,23 weder die zukünftigen Menschen, noch jene, die nicht kommunizierten, angesprochen, weil sonst der Evangelist nicht die Wahrheit gesagt hätte, als er meinte, dass *alle* aus dem konsekrierten Kelch getrunken hätten. Viele Gläubige, die gerettet wurden, hätten überhaupt nie unter der Gestalt des Weines kommuniziert. Klar sei auch, dass Christus hier nur zu den Priestern sprach, denen er mit den Worten *hoc facite in meam commemoracionem* die *potestas conficiendi* übertrug. Wollte nun jemand behaupten, dass Christus mit diesen Worten alle Gläubigen beiderlei Geschlechts ansprach, dann würde das bedeuten, dass Christus allen Gläubigen – auch den Frauen und Kindern – die Macht gab, dieses Sakrament zu spenden, und dass er folglich alle als Priester einsetzte. Dies sei ein offenkundiger Irrtum. Zudem wäre in diesem Fall der Auftrag *et aliis ministrate* überflüssig, weil sich ohnehin alle die Kommunion selbst spenden könnten.[180]

Darüber hinaus habe Christus auch nicht befohlen, hinsichtlich des Ritus dieses Sakraments alles unverändert zu bewahren (etwa die eucharistische Nüchternheit und andere zeremonielle Dinge). Die Gläubigen müssten hinsichtlich Ritus und Ordnung immer jener Lehre der Bischöfe gehorchen, wie sie zu unterschiedlichen Zeiten dem Heil der Gläubigen am besten entspreche. Hätten Christus oder die Apostel angemahnt, das Sakrament unter beiden Gestalten zu spenden, hätte gewiss niemand diese Gewohnheit geändert. Selbiges

---

180 »Hiis sic premissi facile est ad omnes alias auctoritates per hereticos allegatas respondere. Nec enim catholicis nocere possunt, que pro catholicorum salute conscripta sunt, dummodo sane et in eodem sensu capiantur quo scripta fuerunt (...) Sed magis ideo addidit omnes calicem porrigendo quantum ad litteram, quia cum solum semel consecrasset, et totum simul cuilibet porrigeretur, nisi unusquisque partem vini consecrati reservasset sequenti discipulo, non omnes potuissent bibere. Ideo oportebat eos fore premonitos, ut unusquisque sequenti discipulo partem reservaret (...) De pane vero non oportebat eos sic esse premonitos, quia ipse Christus per se fregit, et cuilibet discipulorum dedit (...) Non enim notavit futuros homines, aut eciam non communicantes pro tunc, quia tunc sanctus Marcus non dixisset veritatem, quia ex illo calice a Domino consecrato non biberunt omnes fideles, cum nondum essent. Et multi fideles, qui iam salvati sunt, numquam biberunt potum illum sacramentalem sub specie vini. Patet eciam per textum evangelii, quod non notabat per illa verba non habentes potestatem conficiendi, quia dicendo *hoc facite* dedit eis potestatem conficiendi. Sic igitur quisquis dicit Christum per illa verba notasse omnes fideles utriusque sexus, dicit consequenter, quod Christus dedit omnibus fidelibus – eciam mulieribus et parvulis – potestatem conficiendi hoc sacramentum; et consequenter omnes constituit sacerdotes, quod manifeste erroneum est« (Tractatus contra quattuor articulos Hussitarum, fol. 155v–156r).

gelte auch für alle anderen Zeremonien, die durch die Gewohnheit der Gesamtkirche approbiert wurden. Darin gründe auch, wie bereits gesagt wurde,
dass die Gewohnheit der Gesamtkirche in heilsnotwendigen Dingen der Lehre
Christi nicht entgegenstehen könne, ja sogar eine größere Autorität habe als die
übrigen Lehrer der Kirche. Der hl. Geist allein könne die hl. Schrift ausreichend
erklären, wie er sie auch alleine diktierte. Dieser habe aber alle seine *sentencia*
durch die Gesamtkirche erklärt, nicht durch die Hussiten, die mit ihrer Freiheit,
das Wort Gottes zu predigen und die Worte Gottes verdreht auszulegen, viele
Irrtümer und Sekten einführten, und das Königreich Böhmen wie die Religion
zerstörten.[181]

Im Zuge der Entgegnung auf die Synoptikerstellen kommt der Verfasser auf
den verpflichtenden Charakter der kirchlichen Gewohnheit bei Ritusfragen zu
sprechen. Auch Peter von Pulkaus *Confutatio* betonte diesen Aspekt. Beide
Schriften bringen Beispiele bei, welche rituellen Änderungen erlaubterweise
möglich seien: Der Wiener Traktat beschränkt sich dabei auf die Eucharistie und
nennt die Messfeier und die eucharistische Nüchternheit, die *Confutatio* hingegen die Besiegelung mit dem Kreuzzeichen, die Segnung des Taufbrunnens
mit Öl, die Salbung der Getauften und die Belehrung der Katechumenen. Während Peter von Pulkau betonte, dass die Beachtung der kirchlichen Gewohnheiten Ausdruck des Gehorsams gegenüber Gott sei,[182] verzichtet unser Traktat
darauf, die Idee des Gehorsams theologisch zu vertiefen und beschränkt sich
stattdessen auf wenige Beispiele für erlaubte rituelle Änderungen.

I.14.   Erinnerung an die Passion Christi durch das priesterliche Opfer

Anschließend wird ein weiterer zentraler Aspekt eingeführt, den der Verfasser
im Folgenden wiederholt aufgreift: die Erinnerung an das Leiden Christi in der
Eucharistie. Wenn die Hussiten argumentierten, dass durch die Worte *Hoc facite*
etc. befohlen werde, beim Empfang dieses Sakraments an das Leiden des Herrn
zu erinnern und folglich das Blut getrennt vom Leib zu verzehren, sei zunächst
festzuhalten, dass dieses Sakrament auch ein beständiges Opfer der Kirche sei,
das für die Lebenden und die Toten dargebracht werde; als erinnernde Vergegenwärtigung des Opfers, das Christus, der Hohepriester, am Kreuz dargebracht
habe. Den Priestern, an die die Worte *Hoc facite etc.* gerichtet waren, wurde auch
die Macht übergeben, dieses Sakrament zu feiern und anderen zu spenden. Die
Messfeier erfordere eine gewisse Ordnung, so dass die Repräsentation des Opfers Christi gewahrt bleibe. Die verwendeten Zeremonien und Zeichen müssten
dem Nutzen der Gläubigen und der Verehrung des Sakraments entsprechen, so
wie es die katholische Kirche bis heute auf eine besonders gute Weise prakti-

---

181 Tractatus contra quattuor articulos Hussitarum, fol. 156r–v.
182 Petrus de PULKA, Confutatio, S. 235 f.; vgl. oben Kapitel I, S. 39.

ziere.[183] Die Erinnerung der Passion Christi werde auch durch Kreuze, die sich etwa an heiligen Gewändern oder bei wiederholten Kreuzzeichen finden, bewahrt. Da die Gläubigen das Messopfer nicht wie die Priester darbrächten und daher das Opfer Christi nicht in gleicher Weise mitvollzogen, empfingen sie die Eucharistie nur unter der Gestalt des Brotes, weil der Wein ein besonderes Zeichen der Repräsentation des Opfers sei. Während der Priester am Altar zelebriere und dadurch das Leiden Christi vergegenwärtige, sollten sich alle anderen Teilnehmer fromm der Passion Christi erinnern. Die Erinnerung des Priesters allein genüge, um alle Gläubigen daran teilhaben zu lassen; schließlich sei es auch nicht notwendig, jedem einzelnen Menschen ein Bild des Gekreuzigten als Erinnerung an dessen Passion vorzulegen: Ein Bild, das von allen gesehen werden könne, repräsentiere für alle den gekreuzigten Christus.

Von diesem Gebot Christi entfernten sich die Hussiten allzu weit, die Kirchen verwüsteten, liturgische Kleider und Schmuck für ihre eitlen und gottlosen Zwecke verwendeten, die geordneten Zeremonien aufgaben sowie Bilder des Gekreuzigten zerstörten, damit auf diese Weise die Erinnerung an das Leiden Christi – und damit der Glaube – aus dem Denken der Gläubigen verdrängt und dem Vergessen anheim gegeben werde.[184]

---

183 »Ad illud vero, quod dicitur, quod per illa verba *Hoc facite in meam commemoracionem* suscipientes hoc sacramentum tenentur memoriam facere dominice passionis et consequenter sanguinem divisim a corpore sumere, dicendum, quod hoc sacramentum est eciam iuge sacrificium ecclesie, quod offertur pro vivis et defunctis; et est memoriale representans illius sacrificii, quod Christus summus sacerdos obtulit in cruce (...) Ex quo manifeste apparet, quod ad offerentem pertinet facere hanc representacionem passionis seu immolacionis Christi. Unde illis, quibus dictum est *Hoc facite in meam commemoracionem*, tradita fuit potestas faciendi seu conficiendi et aliis ministrandi hoc sacramentum. Quicumque igitur aliquis facit, id est conficit hoc sacramentum, tali ordine debet conficere et immolare, quod ipsa immolacio representet Christum immolatum in cruce. Et cum non possit adequate quoad omnia representari, fiat cum talibus cerimoniis et signis, que conveniant utilitati fidelium et reverencie tanti sacramenti. Hanc autem Christi doctrinam semper servavit, et usque hodie optime servat ecclesia catholica, offerens sub specie panis seorsum corpus et seorsum sanguinem sub specie vini ad representandam sanguinis Christi effusionem, quamvis sub utraque specie totus sit Christus« (Tractatus contra quattuor articulos Hussitarum, fol. 157r–158r).

184 »Similiter facit memoriam passionis Christi pluries replicando cruces tam ante quam post consecracionem, que Christum crucifixum representant. In sacris eciam vestibus et actibus persone ac in cunctis ceteris cerimoniis celebrans optime facit memoriam passionis Christi (...) Sed dum sacerdos celebrans facit in altari ea, per que Christi passio representatur, alii non celebrantes debent devote recordari passionem Christi cum compassione et graciarum accione pro redempcione recepta. Nec oportet, quod cuilibet particulariter fiat hec representacio ad reducendum quemlibet in memoriam passionis Christi, dando ei sacramentum sub specie vini, quia una representacio facta coram omnibus in altari ab offerente sacrificium sufficienter omnibus representat Christi passionem; sicut eciam non est neccesse ante oculos uniuscuiusque hominis particulariter ponere specialem imaginem crucifixi in memoriam passionis eius, sed una imago ab omnibus visa Christum crucifixum omnibus representat. Sed contra mandatum Christi nimis excesserunt Hussite, qui domos

Mit der Beschränkung des erinnernden Opfers auf die Priester zeigt der Verfasser ein markantes Proprium seiner theologischen Argumentation. Da der Wein für das Opfer Christi stehe, das nur durch die Priester dargebracht werde, komme es den Gläubigen folglich nicht zu, unter der Gestalt des Weines zu kommunizieren. Abgesehen vom theologisch unklaren Standpunkt, die Gläubigen würden das Opfer Christi nicht mitvollziehen – worin unterscheiden sich für den Verfasser die »Vergegenwärtigung des Leidens Christi« durch den Priester am Altar und die »fromme Erinnerung der Passion« der Gläubigen? – gerät der Verfasser damit in einen Widerspruch zu seiner bisherigen Argumentation, in der er ausführlich entfaltete, dass es keinerlei Unterschied mache, unter der Gestalt des Brotes, des Weines, unter beiden (oder auch keiner) Gestalt zu kommunizieren, da in Brot und Wein der ganze Christus gleichermaßen enthalten sei, und die Wirkung des Sakraments ohnedies von Christi gnadenhafter Einwohnung, nicht von den Gestalten abhänge. Während er bislang die Notwendigkeit der Kelchkommunion für die Laien bestritt, geht er hier dazu über, deren Erlaubtheit in Frage zu stellen, um die Synoptikerzitate der Hussiten zu entkräften.

I.15. Zu 1 Kor 11,28

Das von den Hussiten beigebrachte Pauluszitat in 1 Kor 11,28, dem gemäß sich jeder prüfen solle, bevor er vom Brot esse und vom Wein trinke, steht im Zentrum des nächsten Kapitels. Der Verfasser entkräftet diese Passage mithilfe ihres Kontextes. So habe es bei den Korinthern viele Unordnungen (*inordinaciones*) gegeben, die Paulus kritisierte. Im Gottesdienst habe es erstens viele Spaltungen unter ihnen gegeben, was gegen die *significatio sacramenti* sei; zweitens verzehrten sie das Sakrament am Abend nach anderen Speisen; und drittens kommunizierten sie ohne die geschuldete Ehrfurcht und Angst, weil sie gleichzeitig andere Speisen verzehrten. Für alle diese Punkte lassen sich Ermahnungen des Apostels im Text finden. Folglich habe der Apostel mit der zitierten Stelle nicht die Kommunion unter einer oder beiden Gestalten vorgeschrieben; er habe die Korinther lediglich ermahnt, die Kommunion würdig zu empfangen, um sich nicht das Gericht zuzuziehen.[185] Auch aus den Worten

---

ad hanc memoriam faciendam ordinatas funditus devastaverunt, vestes sacras et cetera ornamenta deputata ad representandum cum debita honestate Christum in passione delusum in suos vanos et sacrilegos usus converterunt, cerimonias circa celebracionem ordinatas et diutissime ab omnibus fidelibus observatas, ad perficiendam dictam passionis memoriam abiecerunt, imagines crucifixi efficaciter representantes simplicibus Christum pacientem fregerunt et combusserunt in stigmate diabolo, ut hoc modo paulatim memoriam passionis Christi de mentibus simplicium auferatur, et paulatim in oblivionem operum Christi et sanctorum procedentes, tandem totaliter obliviscantur ac demum totam fidem christianam amittant« (Tractatus contra quattuor articulos Hussitarum, fol. 158r–v).

185 »Propter quod sciendum est, quod Corinthii, quibus scribit circa sumpcionem sacramenti,

tradidi vobis ließe sich nicht folgern, dass ihnen der Apostel die Kommunion unter beiden Gestalten vorgeschrieben habe, weil sich dieses *tradidi* auf den folgenden Satzteil beziehe, nämlich *quoniam Dominus Ihesus in qua nocte tradebatur*: Hier lehrte Paulus die Korinther, auf welche Weise Christus das Sakrament beim Abendmahl einsetzte, um zu zeigen, dass dies der wahre Leib Christi sei und sie keine anderen Speisen verzehren dürfen. Paulus ging es in 1 Kor 11 somit ausschließlich um den würdigen Empfang der Kommunion. Diese Argumentation unterscheidet sich von der *Confutatio* des Pulkauers, der zum selben Schriftargument zugestand, dass es zur Zeit des Apostels Paulus gewiss üblich gewesen sei, unter beiden Gestalten zu kommunizieren.[186]

Auf die Aussage des Gegners (*adversarius*) – die Kommunion unter beiden Gestalten sei für alle bis zum Tag des Gerichts heilsnotwendig, weil der Apostel sagte: *donec veniat* – sei zu antworten, dass eine solche Schlussfolgerung ohne Fundament sei, weil sich dieses *donec veniat* auf das unmittelbar vorhergehende beziehe, nämlich *quociescumque manducabitis panem hunc, et calicem bibetis, mortem Domini anuncciabitis*. Der Apostel befahl also nur, das Sakrament als Erinnerung des Leidens Christi bis zum Tag des Gerichts immer zu feiern, was die katholische Kirche – im Gegensatz zu den Hussiten – bestmöglich (*optime*) beachte. Entsprechend ergäbe sich daraus genau das Gegenteil jener Schlussfolgerung, die die Hussiten intendierten: Alle Aussagen bezogen sich auf jede beliebige Kommunion eines beliebigen Menschen, nicht auf die Kommunion unter beiden Gestalten.[187]

Daraus folge offenkundig, dass das Brot zu essen und den Kelch zu trinken an dieser Stelle kein Gebot sein könne. Die Begründung dafür ist originell: Das Gebot selbst – den Tod des Herrn zu verkünden – schicke die Kommunion des Brotes und Kelches als Bedingung voraus (*Quociescumque enim manducabitis panem hunc, et calicem bibetis, mortem Domini annuncciabitis donec veniat*, 1 Kor 11,26). Ein Gebot, das mit irgendeiner Bedingung gegeben werde, verpflichte allerdings nur, wenn die vorausgesetzte Bedingung erfüllt werde. Die Bedingung könne folglich nicht im Gebot enthalten sein, weil sie sich sonst selbst

---

multas inordinaciones committebant, pro quibus sanctus Paulus redarguit eos. Prima enim, quando conveniebant in ecclesia, habebant inter se divisiones, quod est contra significacionem sacramenti (...) Secunda erat, quod sumebant sacramentum in cena post alios cibos, quasi volentes servare, quod Christus servaverat in institucione sacramenti. Tercia erat, quod sine debita reverencia et timore presumebant sumere tantum sacramentum, acsi alios cibos comedissent (...) Ex hiis apparet evidenter, quod Apostolus in istis verbis non precepit eis communicare sub una specie, nec sub duabus, nec simpliciter communicare, quia non erat neccesse, ex quo ipsi communicabant, sed simpliciter precepit eis, quod bene caverant a communicacione indigna; alioquin esset eis ad iudicium« (Tractatus contra quattuor articulos Hussitarum, fol. 158v–159r).

186 Petrus de PULKA, Confutatio, S. 245; vgl. oben Kapitel I, S. 42.
187 Tractatus contra quattuor articulos Hussitarum, fol. 159r–v.

voraussetzen müsste. Wenn also vom Brot zu essen und vom Kelch zu trinken ein Gebot wäre, das alle Menschen gleichermaßen verpflichte, würde daraus folgen, dass jedes Mal, wenn ein Mensch kommuniziert, alle anderen Menschen ebenso verpflichtet wären zu kommunizieren. Wenn nun jemand in seinem Leben tausend Mal kommuniziert hätte, wären – weil das Gebot für alle Gläubigen gleichermaßen verpflichtend sei – alle Gläubigen verpflichtet, auch tausend Mal zu kommunizieren. Da es aber in der Christenheit nie beachtet wurde, dass alle kommunizieren, wenn einer kommuniziert, würde daraus folgen, dass alle Christen, ob lebendig oder tot, dieses Gebot übertreten hätten. Da keiner der Lebenden oder Toten dafür jemals Buße getan habe, befänden sich folglich alle *in statu dampnacionis*, was zu glauben frevelhaft (*nepharius*), ja sogar ein furchtbarer Wahnsinn (*horrenda insania*) wäre.[188] Die Worte des Apostels, jenes Brot zu essen oder jenen Kelch zu trinken, könnten daher keinesfalls als Gebot verstanden werden. Paulus intendierte hingegen etwas gänzlich anderes: Jeder, der kommunizieren wollte, sollte zuerst überprüfen, ob er sich etwa in der Einheit des Glaubens befinde oder der Kirche gehorsam sei. Wer vom Glauben durch eine Häresie oder vom Gehorsam durch ein Schisma getrennt sei, sei nicht zur Kommunion geeignet, weil das Sakrament die Einheit der Kirche bezeichne. Wie der Leib Christi einer sei, so müssten auch die Gläubigen, die kommunizieren, als Leib Christi und Brot des Herrn eins sein. Folglich empfingen die Hussiten, die eine so große Spaltung der Kirche verursachten, dieses Sakrament immer zu ihrem Gericht.

Peter von Pulkau bestritt ebenfalls, dass es sich bei dieser Paulusstelle um ein Gebot handelt. Den allgemeinen Verpflichtungscharakter dieser Passage widerlegte er jedoch mit einem Verweis auf die unterschiedlichen Pflichten innerhalb der Kirche, weshalb etwa 1 Kor 7,2 f. – dass Mann und Frau ihre

---

188 »Dico ergo, quod ex hoc manifeste sequitur, quod edere panem et de calice bibere in hoc loco non possunt esse preceptum, nam huic precepto, quo Apostolus ex tradicione Christi precipit anuncciare mortem Domini et probare seipsum premittit illam condicionem, videlicet: *Quocienscumque manducabitis panem hunc et calicem bibetis.* Cum ergo hoc preceptum presupponat condicionem illam, sequitur, quod ipsa condicio, que est edere de pane et de calice bibere, non cadat sub precepto. Preceptum enim factum sub aliqua condicione non obligat, nisi presupposita condicione illa (…) Cum ergo istud preceptum equaliter obliget omnes fideles, prout adversarius dicit, sequitur, quod si unus communicavit milies in vita sua, omnes fideles eadem racione obligati fuerunt milies communicare, sicut ille unus obligatus fuerat. Cum ergo hoc numquam fuerat observatum in christianitate, videlicet quod uno communicante omnes communicarent, sequitur omnes christianos, tam viventes quam defunctos, fuisse transgressores huius precepti. Et cum de hoc numquam penitenciam egerint defuncti, neque viventes agant in presenti, sequitur, quod omnes sint in statu dampnacionis, quod nepharium et horrenda insania est opinari (…)« (Tractatus contra quattuor articulos Hussitarum, fol. 159v–161r).

wechselseitigen Verpflichtungen erfüllen müssen – nicht für jene gelte, die Enthaltsamkeit gelobten oder unverheiratet seien.[189]

I.16. *Zur Praxis der Urkirche*

Das letzte Kapitel des ersten Traktats widmet sich der Praxis der Urkirche, die die Hussiten für sich ins Treffen führten. Zwar gesteht der Verfasser zu, dass es in gewissen Kirchen irgendwann erlaubt war und beachtet wurde, dass das Volk unter beiden Gestalten kommunizierte. Niemals aber sei dies in irgendeiner Kirche ein Gebot Christi gewesen. Weder könne wirksam bewiesen werden, dass die Kelchkommunion generell in der ganzen Kirche gepflegt wurde, noch dass irgendein Apostel die Kommunion unter beiden Gestalten spendete, obwohl der hl. Paulus dies den Korinthern erlaubte. Bei der Auslegung von 1 Kor 11 im fünfzehnten Kapitel erwähnt der Verfasser dieses Detail nicht. Da unter der Gestalt des Brotes der ganze Christus und damit dieselbe *res* und Wirkung enthalten sei wie unter beiden Gestalten, sei es wegen der Gefahr des Verschüttens und vieler anderer Ärgernisse (*scandala*) besser gewesen, die Kelchspendung zu unterlassen, um die einfachen Gläubigen vor den Folgen einer ehrfurchtslosen Kommunion und dem gänzlichen Verlust des Glaubens zu bewahren. Durch die reduzierte Kommunionpraxis könne auch der Irrtum der einfachen Gläubigen verhindert werden, dass unter der Gestalt des Brotes nicht der ganze Christus enthalten sei. Zudem habe sich die Kirche entschieden, gesäuertes Brot zu konsekrieren, obwohl Christus ungesäuertes verwendet hatte.[190] Die Gefahr des Verschüttens und des Irrtums der einfachen Gläubigen erwähnte auch Peter von Pulkaus *Confutatio*.[191] In beiden Schriften findet sich außerdem ein Verweis auf die Häresie der Ebioniten, ein Argument, das aus Thomas von Aquins Sentenzenkommentar übernommen worden sein könnte. Während die *Confutatio* das Zitat (das belegen sollte, dass und weshalb die Kirche den sakramentalen Ritus ändern kann und dies auch tat) im Wortlaut wiedergibt, findet sich im Wiener Traktat nur eine verkürzte und missverständliche Paraphrasierung dieser Passage.[192]

---

189 Petrus de PULKA, Confutatio, S. 245; vgl. oben Kapitel I, S. 42.
190 Tractatus contra quattuor articulos Hussitarum, fol. 161r–162v.
191 Petrus de PULKA, Confutatio, S. 237–239; vgl. oben Kapitel I, S. 39.
192 »Sed, ut dicit Leo papa, imminente heresi Hebionitarum dicentium legalia esse servanda simul cum evangelio sancti patres, ne eis consentire viderentur, voluerunt ad tempus ipsum confici in fermentato ex instinctu Spiritus sancti. Et ipsa heresi eliminata Romana ecclesia ad pristinum morem rediit Grecis eundem servantibus, ymmo erronee asserentibus, quod non potest confici nisi ex fermentato« (Petrus de PULKA, Confutatio, S. 227; der Verweis auf die zugrundeliegende Passage im Sentenzenkommentar des Aquinaten ebd., S. 226f., Anm. 36). – »Sic enim insurgente error Ebionitarum dicencium, quod legalia servanda forent, ecclesia sumpsit ritum celebrandi in fermentato, quamvis Christus confecisset in azimo, ne ecclesia catholica videretur aliqualiter hereticis consentire. Et hoc nullus doctor

II.　Zweiter Traktat: Auflösung der Argumente aus den Kirchenvätern und mittelalterlichen Theologen

Im zweiten Traktat wendet sich der Verfasser in acht Kapiteln den Aussagen von Kirchenvätern und mittelalterlichen Theologen zu, die die Hussiten zur Untermauerung ihrer Forderung beibrachten. Da dieser Textteil von zahlreichen Wiederholungen und Querverweisen geprägt ist, konzentriert sich die folgende Darstellung auf die wichtigsten Argumentationslinien. Bevor der Verfasser die Belegstellen selbst entkräftet, schickt er im ersten Kapitel drei Grundüberlegungen (*notabilia*) voran, in denen er seine Kernargumente zusammenfasst. Eigentlich sei durch den ersten Traktat bereits ausführlich auf die hussitische Forderung geantwortet; damit die Gläubigen aber versichert seien, dass die alten Lehrer keine Entscheidungen vertraten, die der Meinung der Kirche entgegengesetzt seien, werde kurz auf die einzelnen Autoritäten geantwortet.[193] Die drei *notabilia* fassen die Kernargumente, die der Verfasser bereits im ersten Teil entwickelt hatte, zusammen: die Kommunion unter beiden Gestalten sei weder heilsnotwendig, noch ein immerwährendes Gebot; das Brot enthalte den ganzen Christus; nur die Taufe sei heilsnotwendig; die Kommunion unter beiden Gestalten sei nur für die Priester vorgeschrieben bzw. im geistlichen Sinn und als geistliche Kommunion zu verstehen. Wie im ersten Traktat bilden sie die Grundlage der Widerlegung aller hussitischen Belegstellen. Im Folgenden werden die Reaktionen des Verfassers auf die hussitischen Zitate nicht der Reihe nach, sondern gruppenweise (nach Argumenten geordnet) vorgestellt, um zu zeigen, wie er die einzelnen Kernargumente im Einzelfall anwendet und spezifiziert.

II.1.　Die Kommunion unter beiden Gestalten ist weder heilsnotwendig, noch ein immerwährendes Gebot – Im Brot sind Leib und Blut Christi enthalten – Taufe als heilsnotwendiges Sakrament

Die erste Gruppe von Argumenten betont, dass mit der Kommunion unter beiden Gestalten die Gewohnheit der jeweiligen Kirchen angesprochen sei, und dass diese weder heilsnotwendig, noch ein Gebot sei; für den Gnadenempfang sei die Taufe ausreichend. Anhand zahlreicher Beispiele[194] exemplifiziert der

---

ecclesie redarguit, sed omnes commendant« (Tractatus contra quattuor articulos Hussitarum, fol. 162r).

193　Tractatus contra quattuor articulos Hussitarum, fol. 162v–165v.

194　So etwa zu Damascenus, *Dominus noster Ihesus Christus, qui de celo descendit etc.* (ebd., fol. 169v–170v); Albertus Magnus, *Omnis sanctus etc.*; *Ex omnibus istis accipitur etc.*; *Cum igitur alimentum etc.*; *Cum igitur Deus etc.* (ebd., fol. 173v–174r); Hilarius, *Quicumque digne etc.*; *De veritate corporis et sangwinis etc.* (ebd., fol. 174r; 175r–v); Kanon ›*Comperimus*‹ (ebd., fol. 165v). – Die Verweisform des Traktats, Zitate anhand ihrer Anfangsworte zu identifizieren, wird hier beibehalten. Die Quellenangaben sind in den folgenden Fußnoten aufgelöst.

Verfasser diese bereits im ersten Traktat eingeführten Gegenargumente. So ruft er zum Zitat des Damascenus: *Dominus noster Ihesus Christus, qui de celo descendit etc.*[195] in Erinnerung, dass nicht alle Handlungen Christi und der Apostel nachgeahmt werden müssten, sondern Änderungen gemäß der jeweiligen Notwendigkeiten möglich seien. Auch müsse die Kommunion unter beiden Gestalten nicht bis zum Tag des Gerichts andauern. Diese Aufforderung beziehe sich lediglich auf die Ankündigung oder Vergegenwärtigung des Todes Christi in der Feier dieses Sakraments, welche die Kirche am besten bewahre. Darüber hinaus handle es sich bei den Worten *hoc facite omnipotenti eius precepto* um kein Gebot für die Apostel, sondern eine Ermächtigung derselben. Damascenus sagte schließlich ausdrücklich *omnipotenti precepto Christi*, nicht *precepto Christi*. Nur durch das allmächtige Gebot Christi könne Brot in den Leib Christi und Wein in dessen Blut verwandelt werden. Die Apostel könnten und müssten dieses Sakrament somit aus der Kraft des allmächtigen Gebotes Christi vollziehen.[196]

Auch die beigebrachte Passage aus Ambrosius (*De corpore, inquit, Christi medicina etc.*)[197] verdeutliche, dass es sich nicht um ein Gebot, sondern um eine Ermahnung handle. Davon abgesehen sage Ambrosius auch, dass die Eucharistie außerhalb der Einheit der Kirche nichts nütze. Wenn sich also die Häretiker von der Einheit der Kirche trennten, kommunizierten sie immer unwürdig und sündigten auf diese Weise. Es sei auch nicht angemessen, zu sagen, dass die Kirche jene der Prädestinierten sei, weil niemand wisse, ob er zu dieser gehöre. Befinde er sich in ihr, sei es unmöglich, von ihr getrennt zu werden; befinde er sich außerhalb von ihr, sei es nicht möglich, in die Einheit einzutreten. Als Einheit bezeichne man aber den Glauben der Kirche, der die katholische Kirche eine.[198] Peter von Pulkaus *Confutatio* widerlegt dieses Zitat mit dem Hinweis, dass die »Arznei des Blutes« auch unter der Gestalt des Brotes wahrhaft kommuniziert werde. *Significacio* und *representacio* vollziehen sich durch die Darbringung der Priester, nicht durch die Kommunion der Laien.[199]

---

195 Iohannes DAMASCENUS, De fid. orth., S. 309.
196 Tractatus contra quattuor articulos Hussitarum, fol. 169v–170v.
197 Vgl. Ambrosius MEDIOLANENSIS (dub.), De sacramentis, S. 58.
198 »Sic igitur heretici, qui se ab unitate ecclesie diviserunt, semper sumunt indigne et tantum peccant, acsi Christum interficerent, secundum doctrinam sancti Ambrosii, immo beati Pauli per ipsum allegatam. Nec valet dicere, quod ecclesia sine ista unitas sit predestinatorum, quia nemo scit se esse in illa unitate. Et quando est in ea, impossibile est, quod ab ipsa separetur, et quando est extra eam, non est possibile eum in illam intrare. Sed unitatem vocat fidei ecclesie, que facit ecclesiam catholicam esse unam, prout infra dicetur tractatu 3°, cap. 3° et cap. 5°, videant eciam Hussite, quod eadem pena sunt digni, qui sine devocione suscipiunt hoc sacramentum« (Tractatus contra quattuor articulos Hussitarum, fol. 171r–v).
199 Petrus de PULKA, Confutatio, S. 248; vgl. oben Kapitel I, S. 43.

In einer Aussage des Augustinus[200] ginge es wiederum nicht um ein Gebot, sondern um die Art und Weise, in der Christus seine Speise bereitete und die daraus resultierende Verpflichtung der Priester zur Konsekration und Kommunion.[201]

Die Hussiten brachten darüber hinaus eine Überlegung des Hieronymus[202] vor, obwohl dieser nicht einmal beurteilte, ob es gut oder schlecht sei, die Kommunion unter beiden Gestalten zu empfangen. Hieronymus habe vielmehr betont, dass jene frevelhaft handelten, die meinten, dass zur würdigen Feier dieses Opfers die Konsekrationsworte mit weiteren Gebeten und Ritualen (*solempnitates*) ausreichen, es hingegen nicht notwendig sei, ein gutes Leben zu führen. Gegen diese Verknüpfung der Wirksamkeit des Sakraments mit der persönlichen Würdigkeit des Spenders, die auch die Hussiten vertraten, argumentiert der Verfasser, dass dieses Sakrament gute und schlechte Priester gleichermaßen wirklich vollziehen können. Nicht die priesterliche Tugend, sondern Christi Tugend bewirke schließlich dieses Sakrament.[203]

Mit der Antwort auf ein Cyprian-Zitat[204] wird ein weiterer Aspekt eingeführt. Cyprian sei es nicht darum gegangen, dass der Empfang des Blutes unter der Gestalt des Weines ein Gebot Christi sei. Mit seiner Aufforderung, täglich den Kelch des Blutes zu trinken, schildere er hingegen die Art und Weise, wie die »Soldaten Christi« in ihrer Kirche für das Martyrium gerüstet wurden. Das Zitat *Quomodo docemus aut provocamus eos etc.* richte sich folglich gegen jene, die den Soldatendienst Christi ablehnten. Cyprian tadelte sowohl jene, die die Eucharistie nicht unter beiden Gestalten spenden wollten, als auch jene, die sie so nicht empfangen wollten, wenn das Martyrium bevorstand. Der Mensch solle nämlich durch die Eucharistie von der Kirche gerüstet werden, damit es ihm an nichts mangle. Durch die Erinnerung an Christi Blutvergießen werde der Mensch zum Martyrium ermutigt (*animatur*). Eine solche Erinnerung könne der Mensch aber auch ohne die Gestalt des Weines haben, etwa durch fromme

---

200 Das Zitat stammt nicht von Augustinus, sondern aus dem Ambrosius von Mailand zugeschriebenen Werk *De sacramentis* (Ambrosius Mediolanensis (dub)., De sacramentis, S. 63).

201 Tractatus contra quattuor articulos Hussitarum, fol. 170v–171r.

202 Sophronius Eusebius Hieronymus, In Sophon., S. 697.

203 »(...) dicendum, quod beatus Ieronymus non dicit, quod dividere sanguinem populis sit preceptum aut de neccessitate salutis. Immo in hiis verbis non dicit, quod sit bonum nec malum, quamvis quidam sacerdotes hoc fecerint (...) Sed dicit, quod impie agunt, si putant, quod ad istud sacrificium digne celebrandum sufficiant verba consecracionis cum ceteris oracionibus et solempnitatibus, que in celebracione fieri debent, que sanctus Ieronymus vocat ›solempnem oracionem‹, et quod non sit eis neccessarium habere bonam vitam (...) Quantum vero ad veritatem sacramenti: Ita perfectum sacramentum faciunt mali sacerdotes sicut boni, quia non virtute sacerdotis, sed Christi hoc sacramentum conficitur« (Tractatus contra quattuor articulos Hussitarum, fol. 167v).

204 Cyprianus Carthaginensis, Ep. 58, S. 320.

Erinnerung (auch ohne Sakrament), durch Vergießen des Blutes in den Mund des Priesters, oder durch den Empfang des Brotes. Cyprian habe zudem nicht gesagt, dass der Mensch weniger gerüstet werde, wenn er das Blut unter der Gestalt des Brotes verzehre. Wenn es also in seiner Kirche üblich gewesen wäre, die Eucharistie allein unter der Gestalt des Brotes zu spenden, dann hätte er dessen Empfang genauso gelobt, weil die Wirkung unter einer wie unter beiden Gestalten dieselbe sei. Darüber hinaus habe Cyprian nicht behauptet, dass die Kommunion unter beiden Gestalten ein Gebot Christi und daher heilsnotwendig sei. Die Hussiten müssen außerdem beachten, dass mit dem Bischof notwendig Friede bestehen müsse; und noch viel mehr mit dem Papst, der Autorität über die Bischöfe und alle Gläubigen habe. Dadurch sollten die Böhmen realisieren, dass sie diejenigen seien, die die Gemeinschaft der Kirche verließen und sich dem Gehorsam gegenüber dem Papst hartnäckig widersetzten.[205]

Davon abgesehen sei, wie zu einem Vers aus dem Gesang *Exsultet*[206] angemerkt wird, unter der Gestalt des Brotes allein alles enthalten, so lange der Kommunizierende nur fromm bedenke, dass er im Brot auch das Blut verzehre, das durch sich selbst, nicht durch dessen Gestalt die Seele geistlich berausche (*inebriat*). In einem alten Hochgebet werde deshalb ›Blut unseres Herrn Jesus Christus‹ gesagt, damit die Gläubigen darunter ›der das Blut Christi unter der Gestalt des Weines kommunizierte‹ verstünden, und dass jenes das wahre Blut Christi sei, ja sogar der ganze Christus, der die Kraft und Wirkung enthalte, alle Sünden zu vergeben. Nicht jedoch werde gesagt, dass das Blut Christi unter der Gestalt des Brotes weniger kraftvoll (*virtuosus*) oder wirksam für das ewige Heil sei als unter der Gestalt des Weines, oder dass es heilsnotwendig sei, unter der Gestalt des Weines zu kommunizieren.[207]

Ein Sakrament werde nämlich mit dem Aquinaten als *sacre rei signum* bezeichnet, und in sieben Sakramente der Kirche unterteilt, von denen jedes ein heiliges Geheimnis (*sacrum secretum*) darstelle.[208] Auch könne jedes verborgene Mysterium, ob in der hl. Schrift oder in anderen göttlichen Dingen, Sakrament genannt werden. Auf diese Weise scheine der hl. Augustinus hier Sakrament zu verstehen – als heiliges Geheimnis der unsichtbaren Einheit der Kirche, das sichtbar unter den Gestalten des Brotes und Weines gefeiert werde.[209]

---

205 Tractatus contra quattuor articulos Hussitarum, fol. 168r–v.
206 Der Traktat enthält keine konkrete Versangabe. Gemeint ist wohl die Passage »Non solum corpore epulemur agni, sed etiam inebriemur sanguine. Huius enim tantummodo cruor non creat periculum bibendi, sed salutem«, die auch in Iohannes de Jesenice, Demonstratio, zitiert wird (S. 819f.).
207 Tractatus contra quattuor articulos Hussitarum, fol. 174v.
208 Vgl. Thomas de Aquino, Super I Cor, S. 231; Thomas de Aquino, STh, III, q. 60 a. 1–2, S. 337a–338b; Thomas de Aquino, STh, III, q. 75 a. 1 arg. 1, S. 446a; Petrus Lombardus, Libri Sent., lib. IV, di. 10, c. 1, par. 2, S. 291.
209 Tractatus contra quattuor articulos Hussitarum, fol. 175v–176r.

Auch der bereits bekannte Vergleich zwischen Taufe und Eucharistie findet sich im zweiten Teil des Kelchtraktats. Zu behaupten, dass Nikolaus von Lyra sagte,[210] die Griechen hätten dieses Sakrament als ebenso notwendig wie die Taufe erachtet, weshalb es auch den Kindern dargereicht werden müsse, sei schlichtweg falsch, wie aus der *Summa* des Aquinaten hervorgehe.[211] Obwohl den Kindern die Eucharistie nicht zu spenden sei, würden sie dadurch ihres ewigen Lebens nicht beraubt. Auch alle anderen Kirchenlehrer sagten, dass die Taufe notwendiger sei als die Eucharistie, darunter auch Johannes Chrysostomus.[212]

Ähnlich seien auch Aussagen des hl. Augustinus[213] und Remigius von der geistlichen Kommunion, also der Einheit des mystischen Leibes Christi zu verstehen. Wollte man dieses Zitat hingegen auf die sakramentale Kommunion beziehen, dann müsse die Notwendigkeit, diese zu verzehren, als *necessitas conditionata ex parte finis* verstanden werden, ohne die das Ziel nicht vollkommen erreicht werden könne. Das Sakrament der Eucharistie vermehre die Gnade, die in der Taufe einfach vermittelt werde. Durch die Eucharistie werde das Leben vollkommener erhalten, das durch die Taufe bereits einfach empfangen wurde.[214] Auch die Worte des Remigius *Panis quem frangimus etc.*[215] als Befehl zur täglichen Kommunion zu verstehen, sei schlichtweg falsch, weil Christus den Gläubigen nie einen derartigen Befehl erteilte. Deshalb habe auch Augustinus gesagt, dass er den täglichen Kommunionempfang weder lobe noch tadle. Hätte Christus dies geboten, wäre es hingegen lobenswert, hätte er es verboten, tadelnswert.[216]

An diesen Beispielen lässt sich die Vorgehensweise des Verfassers gut erkennen. Auch im zweiten Traktat war ihm weniger daran gelegen, eine stringente Eucharistietheologie zu entfalten; im Fokus seines Bemühens stand vielmehr, jedes von den Hussiten beigebrachte Zitat für sich zu widerlegen, selbst wenn

---

210 Nicolaus de Lyra, Postilla super totam Bibliam, Bd. 4, a. v. *Nisi manducaveritis et biberitis* (Ioh 6,54).
211 Thomas de Aquino, STh, III, q. 80 a. 9 ad 3, S. 500a.
212 Tractatus contra quattuor articulos Hussitarum, fol. 172r–v.
213 Aurelius Augustinus, In Ioh., tr. 26, par. 15, S. 267.
214 »Si quis autem velit ea ad sacramentalem manducacionem referre, tunc neccessitas illa sumendi, de qua loquitur, debet intelligi de neccessitate condicionata ex parte finis, per quem modum illud dicitur neccessarium, sine quo finis non ita perfecte potest haberi, ut supra dictum est tractatu 1°, cap. 5°. Et sic tunc exponenda sunt verba Remigii: Neccessitatem sumende illius alimonie nobis indicit, ut aliter in nobis vitam habere non possimus, id est non ita perfecte aut faciliter possimus habere vitam, quia, ut supra dictum est tractatu 1°, cap. 9°, hoc sacramentum auget graciam, que simpliciter confertur in baptismo, que est vita anime. Ideo per hoc sacramentum perfectius habetur vita, quamvis per baptismum simpliciter habeatur« (Tractatus contra quattuor articulos Hussitarum, fol. 166r).
215 Heiricus Autissiodorensis, Hom. 62, S. 581.
216 Tractatus contra quattuor articulos Hussitarum, fol. 166r–v.

dies zulasten der theologischen Konsistenz und Tiefe ging. So betont der Verfasser einmal, dass es sich bei Joh 6,54 nicht um ein Gebot, sondern eine besondere Vollmacht der Apostel handle; ein anderes Mal, dass es sich nicht um ein Gebot, sondern um eine Ermahnung handle; und wieder ein anderes Mal, dass es sich sehr wohl um ein Gebot, jedoch nur für die Priester handle. Diese wenigen Beispiele zeigen, dass der Verfasser im Laufe seiner Argumentation auf keine geschlossene Eucharistielehre hinarbeitete, sondern unterschiedliche Konzepte, Termini und Vorstellungen bemühte, ohne diese zu vertiefen und in ein theologisches Gesamtbild zu bringen. Widersprüche und Spannungen, die sich auf diese Weise ergeben, bleiben unkommentiert stehen. Die Aneinanderreihung der entkräfteten Zitate wirkt weithin willkürlich, was darauf hindeutet, dass der Verfasser eine vorgegebene Liste abarbeitete.

II.2.   Die verpflichtende Kommunion unter beiden Gestalten ist auf die Priester zu beziehen

Ein weiteres, ebenfalls bereits bekanntes Kernargument sind die unterschiedlichen Pflichten und Aufgaben von Priestern und Laien. Die Notwendigkeit zu zelebrieren und kommunizieren beziehe sich, so der Verfasser, auf die Kirche allgemein, in der das Opfer beständig dargebracht werden müsse, und auf die Priester, die dazu *ex officio* verpflichtet seien. Für die Laien, die die Konsekrationsgewalt nicht hätten, bestehe diese Notwendigkeit nicht. Folglich könne keinesfalls geschlossen werden, dass es heilsnotwendig sei, unter beiden Gestalten zu kommunizieren. Dies belegten auch die Aussagen des Papstes Gelasius, Thomas von Aquin, Augustinus, Nikolaus von Lyra und Gratian.[217] Die Vergegenwärtigung des Opfers Christi müsse durch den Priester, nicht aber durch die Laien geschehen. Deshalb werde das Sakrament auch unter einer Gestalt vollkommen empfangen, weil es geistliche Speise und geistlicher Trank sei, wie Bernhard von Clairvaux verdeutliche.[218]

II.3.   Zur Verbindlichkeit der jeweiligen kirchlichen Praxis

Die Verbindlichkeit der kirchlichen Praxis wird im zweiten Traktat des Kelchteils wiederholt als Argument herangezogen. Wann immer Theologen oder Kirchenväter von der Kommunion unter beiden Gestalten sprachen, meinten sie die Gewohnheit ihrer jeweiligen Kirche, deren Praxis sie guthießen. Dennoch geht der Verfasser davon aus, dass es im Mittelalter weithin üblich war, den Laien die Kommunion allein unter der Gestalt des Brotes zu spenden.[219] So argumentiert er etwa zu einem Zitat aus dem Messkommentar des Albertus Magnus, worin es

---

217 Tractatus contra quattuor articulos Hussitarum, fol. 165v; 172v–173r; 174r–v; 176r–v.
218 Tractatus contra quattuor articulos Hussitarum, fol. 172v.
219 Zur Kommunionpraxis im Mittelalter siehe oben, Anm. 144.

heißt: *Invitati sunt ad hoc sacramentum omnes fideles*,[220] dass zu dessen Zeit im 13. Jahrhundert das Volk allein unter der Gestalt des Brotes kommunizierte. Wenn Albert also sage: *qui omnes aurea bibunt pocula*, dann sei klar, dass »das Blut des Brotes« getrunken werde. Die Wortwahl *biberitis* werfe dabei keine Schwierigkeiten auf, weil das Blut Christi auf jede erdenkliche Art kommuniziert, also »getrunken« werden könne. Dass alle zur Kommunion eingeladen waren, bedeute, dass allen Gläubigen die Fähigkeit (*facultas*) gegeben wurde, das Sakrament zu empfangen. Auf welche Weise und wann sie das Sakrament empfangen sollten, sei damals jedoch nicht festgelegt, sondern der Entscheidung der Apostel überlassen worden. Davon abgesehen habe Albert immer daran festgehalten, dass es in jenen Gebieten, in denen es keinen Wein gab, gut sei, dass die Kirche davon dispensierte und nur unter der Gestalt des Brotes kommuniziert wurde.[221] Selbiges gelte auch für die Aussagen des hl. Thomas,[222] der zur selben Zeit wie Albertus Magnus lebte und ebenfalls die gängige Praxis der Kommunion unter der Gestalt des Brotes allein verteidigte.[223]

Dass bereits im Hochmittelalter um die angemessene Kommunion der Laien gerungen wurde, verdeutlicht der Verfasser an einem Zitat des (Ps.-)Bernhard von Clairvaux (*Hoc dulcissimum memoriale etc.*),[224] durch das die Hussiten belegen wollten, dass die Aufforderung in 1 Kor 11,24 ein Gebot für die Laien darstelle. So habe Bernhard in einem Brief an die Kartäuser ausdrücklich betont, dass sich die Kelchkommunion der Laien nicht zieme, die es zu seiner Zeit – am Beginn des 12. Jahrhunderts – bereits gegeben habe. Schließlich dürfe auch nicht jeder in der Kirche konsekrieren und tun, was Christus getan habe. Jedem einzelnen werde die Offenbarung des Geistes (*manifestacio Spiritus*) zum Nutzen der Kirche gegeben, wie es in 1 Kor 12 heiße, wo Paulus die verschiedenen Gnadengaben der Kirche aufzeige. Nicht alle Gläubigen verfügten über diese Gnadengaben in derselben Weise; auch das Weihe- und Ehesakrament betreffe

---

220 Albertus MAGNUS, De corp. dom., di. 3, tr. 1, cap. 3, S. 246.

221 »Ad dictum eiusdem: ›Invitati sunt ad hoc sacramentum omnes fideles‹, dicendum, quod, sicut dictum est, tempore suo iam communicabat populus sub sola panis specie. Ideo, quando dicit: ›qui omnes aurea bibunt pocula‹, declarat evidenter, quod sanguis sub specie panis bibitur. Sequitur enim, quia in sanguine potus, qui tunc sub panis specie sumebatur, et sic tunc confirmat, quod supra dictum est, videlicet quod non est facienda difficultas in eo, quod dicit ›biberitis‹, quia sanguis Christi, qualitercumque sumatur, eiusdem est virtutis, et est verus potus; ideo auctoritas pro nobis facit. Quod vero dicit, quod cum apostolis invitabantur omnes, intelligitur, quod, dum apostolis daretur sacramentum, data fuit facultas omnibus fidelibus suscipiendi sacramentum, et ad hoc fuerunt omnes invitati. Sed per quem modum et qua hora deberent recipere, non fuit tunc declaratum, sed dimissum apostolis declarandum« (Tractatus contra quattuor articulos Hussitarum, fol. 174r).

222 Thomas de AQUINO, STh, III, q. 82 a. 3 arg. 1, S. 509a.

223 Tractatus contra quattuor articulos Hussitarum, fol. 173r.

224 (Ps.-)Bernardus CLARAEVALLENSIS, Sermo de excellentia, S. 1320.

nicht alle gleichermaßen. Folglich sei nicht alles, was der Kirche gegeben sei, von jedem Einzelnen einzuhalten.[225]

Zu dieser Autorität macht der Verfasser eine interessante Anmerkung: So liege ihm diese Aussage des hl. Bernhard nicht im Original vor, weil ihm ›hier‹ (*hic*) nicht alle Briefe des hl. Bernhard im Original zugänglich seien, weshalb er die entsprechende Passage *per unum famosum theologum* einführen müsse.[226] Er bitte daher jeden Schreiber, diesen Hinweis (*glossa*) so lange an der entsprechenden Stelle anzuhängen, bis das Zitat ausdrücklich (*expresse*) im Original identifiziert werden konnte.[227] Peter von Pulkau reagierte in seiner *Confutatio* jedenfalls deutlich anders auf ein ähnliches Zitat des (Ps.)-Bernhard: Zwar betonte er ebenso, dass 1 Kor 11,24 auf die Priester, nicht auf die Laien zu beziehen sei, ergänzte jedoch, dass auch heute im Zisterzienserorden fast alle nur unter der Gestalt des Brotes kommunizierten.[228] Abgesehen davon, dass dieses charakteristische Argument im Wiener Kelchtraktat fehlt, belegt es, dass Peter von Pulkau bereits mit diesem Zitat vertraut war. Würde der Kelchtraktat tatsächlich von ihm stammen, wäre der Hinweis, dass diese Aussage nicht im Original bekannt sei, schwer erklärbar, da sich der Pulkauer wenigstens in seiner *Confutatio* bereits mit diesem Zitat befasst hatte.

Dass der Verpflichtungscharakter der kirchlichen Gewohnheit auch bei gegenteiliger Praxis bestand, lässt sich an der Reaktion auf ein Zitat des Papstes Leo (*Huius adversarii etc.*)[229] ablesen: Leo habe hier jene getadelt, die aufgrund einer

---

225 »(...) dicendum quod sanctus Bernhardus in epistola ad Cartusienses expresse dicit, quod non oportet non conficientem sumere sub specie vini, et eius tempore iam sic fiebat. Unde idem dicendum est de eo, quod supra de sancto Thoma dictum est; verumptamen dictum eius allegatum in nullo suffragatur hereticis. Cum enim dicit: ›seorsum tradens panem et seorsum vinum‹, idem fieri precepit, declarat misterium institucionis illius sacramenti (...) Nec valet: Dimisit ecclesie, ergo quilibet de ecclesia debet consecrare et facere, que Christus fecit; quia multa dimisit ecclesie ad eius utilitatem, que tamen non competunt singulis personis, quale est sacramentum ordinis, et eciam matrimonii« (Tractatus contra quattuor articulos Hussitarum, fol. 166v–167r).

226 Um wen es sich bei dem angesprochenen »berühmten Theologen« handelt, ist unklar. Möglicherweise war Peter von Pulkau gemeint, der ebenfalls ein Zitat aus Ps.-Bernhard behandelte. Dagegen spricht jedoch, dass weder die Reaktion des Pulkauers auf dieses Zitat, noch irgendeine andere Argumentation seiner *Confutatio* in den Wiener Kelchtraktat übernommen wurde.

227 »Hanc sentenciam beati Bernhardi non habui ex originali, quia non potui hic habere omnes ipsius epistolas, sed inveni eam per unum famosum theologum allegatam. Ideo, si quis de ea vellet contendere, recipiat sequentem solucionem dicti eius, que sufficit ad tollendam difficultatem ipsius. Rogo autem quemlibet huius tractatuli scriptorem, quatenus hanc glossam apponat circa eandem sancti Bernhardi allegatam sentenciam, donec ipsam in originali expresse invenit. Hec compilator etc.« (Tractatus contra quattuor articulos Hussitarum, fol. 166v).

228 Petrus de PULKA, Confutatio, S. 246; vgl. oben Kapitel I, S. 42f.

229 LEO PAPA, Tract. 42, S. 244.

Häresie das Blut ablehnten, wo damals – im fünften Jahrhundert – die Gewohnheit bestand, es zu kommunizieren.[230]

Für den Verfasser steht außer Frage, dass die Kommunion in der Geschichte der Kirche sowohl unter einer, als auch unter beiden Gestalten gespendet wurde. Das zentrale Argument des verpflichtenden Charakters der kirchlichen Gewohnheit wird anhand praktischer Beispiele (vorwiegend durch Theologen des 12./13. Jahrhunderts, die die Praxis der Kommunion unter der Gestalt des Brotes allein bekräftigten) aufgezeigt. Weshalb der kirchlichen Gewohnheit so große Verbindlichkeit zukommt, wird allerdings nicht näher ausgeführt. Wiederum konzentriert sich der Verfasser hier auf die Widerlegung seiner konkreten Vorlagen, ohne die angesprochenen Motive einer tieferen theologischen Interpretation oder Kontextualisierung zu unterziehen. Auch Peter von Pulkau betonte in seiner *Confutatio* die Rolle der kirchlichen Gewohnheit, befasste sich jedoch deutlich ausführlicher mit ihrer theologischen Rechtfertigung und Bedeutung. Um aufzuzeigen, dass es sich dabei um verpflichtende Anordnungen für alle Gläubigen handle, stellte er heraus, dass die kirchliche *consuetudo* keine menschliche Tradition, sondern gottgegeben sei und durch Apostel, Evangelien und prophetische Schriften überliefert wurde. Eine verderbliche Gewohnheit hätte nie ohne Widerspruch in der ganzen Kirche eingeführt werden können, da dies dem Versprechen Christi, bis zum Ende der Zeiten mit seinen Gläubigen zu sein, widersprochen hätte.[231]

II.4. Manche Autoritäten erzählen bloße ›Geschichten‹ (historie)

Neben diesen inhaltlichen Kernargumenten des Verfassers, mit deren Hilfe er den Großteil der beigebrachten Autoritäten entkräftet, führt er ein weiteres – formales oder textkritisches – Kriterium ein. So müsse berücksichtigt werden, dass einige Zitate grundsätzlich nicht als Argumente herangezogen werden dürften, weil die Verfasser dort lediglich Geschichten (*historie*) erzählten, daraus aber keine Folgerungen ableiten wollten. Dies sei der Fall bei den zugunsten des Kelches aufgeführten Aussagen des hl. Gregor (*Quis nam sit sanguis agni etc.*[232] und *Eius sanguis non iam in manus fidelium etc.*),[233] des Beda Venerabilis (*Qui dilexit nos et lavit nos etc.*)[234] und des Fulgentius (*Cum diceret idem magnus*

---

230 Tractatus contra quattuor articulos Hussitarum, fol. 174v.
231 Petrus de PULKA, Confutatio, S. 229–234; vgl. oben Kapitel I, S. 39.
232 Gregorius MAGNUS, Hom. 22, S. 186; vgl. Tractatus contra quattuor articulos Hussitarum, fol. 168v.
233 Gregorius MAGNUS, Dialog., lib. 4, cap. 60, S. 202; vgl. Tractatus contra quattuor articulos Hussitarum, fol. 168v.
234 Beda VENERABILIS, Hom. evang., lib. 1, hom. 15, S. 105; vgl. Tractatus contra quattuor articulos Hussitarum, fol. 168v–169r.

pontifex etc.).[235] Auch der Hymnus des Ambrosius *Hec domus tibi rite dedicata etc.*[236] erzähle nur eine Geschichte, ebenso wie dessen Zitat *Huius sacramenti etc.*[237] Die Aussage des Thomas *Sanguis Christi dispensatur etc.* trage lediglich einen alten Brauch vor.[238] Und auch Nikolaus von Lyra (*Bibite vinum, quod miscui vobis etc.*) erzähle lediglich eine Geschichte, ohne daraus etwas argumentativ folgern zu wollen. Der Autor kritisiert an letztgenanntem Beispiel, dass die Hussiten den berühmten Theologen Nikolaus von Lyra zu ihren Gunsten ins Feld führen wollten und dabei unklare Stellen wählten. Derselbe Theologe habe sich jedoch andernorts klar gegen die Kelchkommunion geäußert.[239]

Dass der Verfasser Zitate, die er als *historia* qualifizierte, nicht immer konsequent unberücksichtigt ließ, zeigt eine Passage des Dionysius, die mit *Postea postulans fieri dignus* beginnt.[240] Hierbei handle es sich zwar ebenfalls um eine historische Erzählung. Dennoch sei festzuhalten, dass Dionysius darin nur von einer Spendung des Sakraments an eine Menge (*multitudo*) spreche, die dadurch geeint werde. Diese Einigung der Vielen geschehe aber sowohl durch die Kommunion unter einer, als auch unter beiden Gestalten, weil dieselbe einigende Kraft (*virtus unitiva*) unter einer, wie unter beiden Gestalten enthalten sei. Das Wesen des Sakraments, die *res*, von der die Einheit abhänge, sei ebenfalls nur eine: nämlich der ganze Christus. Das Volk werde nicht durch die äußeren Gestalten von Brot und Wein geeint, sondern weil die Gläubigen Christus als Speise empfangen und ihm dadurch eingegliedert werden. Somit sei Christus *unus in singulis.*[241]

---

235 Zitat bei Fulgentius nicht auffindbar. Vgl. aber Rupertus Tuitiensis, De div. off., lib. 2, S. 41; vgl. Tractatus contra quattuor articulos Hussitarum, fol. 169r.

236 Hymni S. Ambrosio attributi, S. 1219; vgl. Tractatus contra quattuor articulos Hussitarum, fol. 169v.

237 Zitat nicht auffindbar; vgl. Tractatus contra quattuor articulos Hussitarum, fol. 171v.

238 Thomas de Aquino, STh, III, q. 82 a. 3 arg. 1, S. 509a; vgl. Tractatus contra quattuor articulos Hussitarum, fol. 173r.

239 Nicolaus de Lyra, Postilla super totam Bibliam, Bd. 2, a. v. *Bibite vinum* (Prov 9,5); vgl. Tractatus contra quattuor articulos Hussitarum, fol. 174r–v: »(...) dicendum est, quod ipse narrat historiam. Ideo nichil concluditur ex eius dicto, ut supra dictum est. Sed dolendum est valde, quod isti, qui Bohemos deceperunt, non videntur timere iudicium Dei; qui non eruescunt allegare simplicibus dicta doctorum minus manifesa, que simplices non intelligunt, et tacent dicta eorumdem doctorum, ubi manifeste declarant veritatem. Idem enim doctor videlicet Nicolaus de Lyra super illud Ioh. 6° (54) *Nisi manducaveritis* etc. dicit, non est per hoc intelligendum, quod hoc sacramentum sub utraque specie sit fidelibus ministrandum, sed tamen hoc modo a sacerdote est sumendum. Licet enim in primitiva ecclesia populus sub utraque specie communicaret, tamen postea provide ordinatum est, ut non communicet sub specie vini. Ecce, quod iste doctor simpliciter est contra Hussitas in questione principali.«

240 Dionysius Areopagita, De eccl. hier., S. 1244.

241 »Ad dictum Dionysii: ›Postea postulans fieri dignus etc.‹, dicendum, quod Dionysius historiam narrat; ideo nichil concludit, ut supra dictum est. Quia autem dicit, quod per

Die Argumentation des Verfassers, dass einzelne Zitate aus zusammenhängenden Texten nicht als Argumente herangezogen werden können, weil diese Texte historische Begebenheiten schildern, ist originell. Kriterien oder Erklärungen, weshalb gewisse Zitate als *historia* charakterisiert werden, andere hingegen nicht, werden jedoch nicht beigebracht. Im Zentrum steht die Kritik an ungerechtfertigten Argumenten und die Warnung der daraus resultierenden Irreführung der einfachen Gläubigen.

II.5.   *Falsche und irreführende Interpretationen der Hussiten*

Darüber hinaus übt der Verfasser Kritik an falschen Textinterpretationen durch die Hussiten, die daraus folgten, dass die Böhmen den jeweiligen Kontext oder die eigentliche Aussageabsicht nicht berücksichtigten oder bewusst verdrehten. Die Hussiten, so die Mahnung des Autors, müssten die Theologen und Kirchenväter vernünftig (*sane*) verstehen, und nicht allein dem Klang der Worte (*sonus verborum*) nachgehen. Andernfalls würden sie oft in Widersprüche geraten.[242] Sehr deutlich fällt diese Kritik aus, wenn sich der Autor Argumenten zuwendet, die die Hussiten aus Thomas von Aquin nahmen. Ein angebliches Argument für ihre Position stamme nämlich nicht aus der Antwort (*Respondeo dicendum*) des Thomas, wie der Gegner darstelle, sondern aus den Gegenargumenten, mit denen der Aquinat die Frage einleitete. Dort wollte Thomas freilich keine Schlussfolgerung ziehen, sondern nur die Gründe *pro* und *contra* auflisten. Dies dürfe nicht mit der eigentlichen Antwort des Theologen verwechselt werden. Folglich könnten diese Worte nicht als Argument herangezogen werden.[243] Tatsächlich trifft dieser Tadel des Verfassers aber nicht zu, da die fragliche Passage durchaus dem *corpus articuli* des Aquinaten entnommen wurde.[244]

Analoges gelte für einen Text aus Origenes:[245] Richtig verstanden stütze der Kirchenvater die hussitische Forderung nicht, sondern widerspreche ihr. Nach Origenes könne es nämlich zweifach verstanden werden, das Blut Christi zu trinken: entweder als sakramentales Kommunizieren, oder als Hören der Worte

---

distribucionem sacramenti unitur multitudo, dicendum, quod ita unitur multitudo communicando sub una specie, sicut sub utraque, quia eadem est virtus unitiva sub una sicut sub utraque simul, sicut est una res, ex qua dependet unio, videlicet integer Christus. Non enim unitur populus in speciebus, cum ipse species ab invicem dividantur, nec plures possunt sumere eandem porcionem specierum; sed populus unitur ex hoc, quia quilibet sumit Christum, qui est unus in singulis, et quilibet digne sumens incorporatur eidem« (Tractatus contra quattuor articulos Hussitarum, fol. 175r).

242 »Hussite igitur deberent sane intelligere doctores, et non stare solum in sono verborum; alioquin invenirentur sepe invicem, et unus sibi ipsi contradicere« (Tractatus contra quattuor articulos Hussitarum, fol. 167v).

243 Tractatus contra quattuor articulos Hussitarum, fol. 167r–v.

244 Thomas de Aquino, STh, III, q. 80 a. 11 resp., S. 502a.

245 Origenes, In Num. hom. 16, S. 151.

Gottes. Auch durch das Hören empfange der Mensch jenen Glauben, durch den Christus in uns wohne und uns zu seinen Gliedern mache. Nach Origenes bedeute die Eingliederung in Christus somit, sein Fleisch zu essen und sein Blut zu trinken. Er sage aber nicht, dass das Volk im Sakrament auf beide Weisen kommunizieren müsse, wie es der Hussit fälschlich darlege. Vielmehr habe das Volk das Blut Christi getrunken, indem es die Worte Christi hörte.[246]

Zum hussitischen Zitat aus einem Brief des Cyprian von Karthago[247] sei zu sagen, dass Cyprian seine Bischöfe nicht deshalb tadelte, weil sie dem Volk den Kelch nicht darreichten, sondern weil sie entweder den Kelch für die Messfeier nicht so zubereiteten, wie sie es sollten, Dinge in den Kelch hineingaben, die sie nicht durften (wie etwa Trauben, Milch oder ähnliches), oder die Beigabe von Wasser verboten. Cyprian sage somit keineswegs, dass die Kommunion unter beiden Gestalten für Laien heilsnotwendig sei, sondern dass der Wein im Kelch nur mit Wasser gemischt werden dürfe, wie es auch Christus tat, und wie es im eucharistischen Opfer vollzogen werden müsse.[248] Peter von Pulkaus Argumentation in der *Confutatio* ist ähnlich: Auch er kritisiert, dass Jakobell diese Autorität falsch referiere, und dass Cyprian in Wirklichkeit rituelle Fehler bei der Messfeier tadelte, die aus der Unwissenheit oder Einfalt gewisser Bischöfe resultierten.[249]

Eine Glosse des *Archidiaconus* Guido de Baysio klinge im Original ebenfalls ganz anders als der von den Hussiten beigebrachte Text.[250] Und wenn Albertus Magnus vom »Wiederkäuen« spreche (*Unde Levitici 11° dicitur, quod animal,*

---

246 »(...) dicendum, quod si quis bene intelligit Origenem, facit contra Hussitas. Dicit enim, quod dicimur bibere sanguinem Christi non solum sacramentorum ritu, sed eciam cum sermones eius percipimus, in quibus vita consistit (...) Sic igitur dupliciter potest bibi sanguis Christi, scilicet sacramentorum ritu et audiendo verba Dei« (Tractatus contra quattuor articulos Hussitarum, fol. 169r).

247 Cyprianus Carthaginensis, Ep. 63, S. 389.

248 »(...) dicendum, quod sanctus Ciprianus non reprehendit episcopos eo, quod non porrigerent calicem plebi, sed quia non preparabant calicem, qui erat sanctificandus, ut debebant, quia vel ponebant in calice, quod non debebant, videlicet uvas aut lac aut aliquid tale, prout quidam fecerunt« (Tractatus contra quattuor articulos Hussitarum, fol. 171v–172r).

249 Petrus de Pulka, Confutatio, S. 246–248; vgl. oben Kapitel I, S. 43.

250 Tractatus contra quattuor articulos Hussitarum, fol. 175r-v. – In der Tat gab etwa der in der *Demonstratio* des Jan von Jesenice wiedergegebene Abschnitt den Text des *Rosarium decretorum* des Guido de Baysio verkürzt wieder: »Hec accepta quantum ad carnem, atque hausta quantum ad sanguinem, sacramentaliter, de altari, et de manu sacerdotis (...)« (Iohannes de Jesenice, Demonstratio, S. 811). – »Hoc accepta quantum ad carnem, hausta quantum ad sanguinem vel accepta doctrinaliter a christo sacramentum instituente, I Cor 11, Tradidi vobis, quod et accepi hec hausta sacramentaliter de altari et de manu sacerdotis (...)« (Guido de Baysio, Rosarium, zu di. 2, c. 82 de cons., ed. Friedberg I, S. 1346–1348, ohne Paginierung (im online verfügbaren Digitalisat des *Rosarium decretorum* der ULB Düsseldorf (http://digital.ub.uni-duesseldorf.de/ink/content/pageview/2175330) findet sich das Zitat auf fol. 806b (Stand 2019-01-12)).

quod non ruminat etc.),[251] dann meine er freilich, dass Leib und Blut Christi im »Mund des Herzens« durch fromme Erinnerung wiedergekäut werden müssen. Es sei nämlich klar, dass der Mensch kein tierischer Wiederkäuer sei, weshalb Albert anschaulich von der häufigen Erinnerung spreche. Hierauf tadelte er jene, die für ihr eigenes Mahl einen teuren Wein verwenden, für die Eucharistie hingegen nur billigen bereitstellen. Wenn jemand die vorherige und nachfolgende Passage im Original sehe, werde noch klarer, dass Albert darin nicht behauptete, dass die Kommunion unter beiden Gestalten ein Gebot sei. Erstaunlich sei es außerdem, dass die Hussiten Alberts Text für sich anführten, wo er doch an anderer Stelle in derselben Schrift darlege, dass es nicht notwendig sei, eine in Wein getunkte Hostie zu kommunizieren.[252]

Alle diese Autoritäten würden, so beschließt der Verfasser den zweiten Traktat, von den Häretikern beigebracht, um die Einfachen zu verführen, die diese Zitate nicht verstehen. Alle aber, die in der katholischen Wahrheit und der Sprechweise der Theologen und Kirchenväter unterrichtet seien, könnten sehen, dass aus keinem dieser Belege auf die hussitische Forderung, dass die sakramentale Kommunion unter beiden Gestalten für alle Gläubigen heilsnotwendig sei, geschlossen werden könne. Zwar könnten gewisse Aussagen auf den ersten Blick den Anschein erwecken, als würden sie die hussitische Position stützen; wenn die Worte der Theologen aber sorgfältig erwogen werden, würde man sehen, dass aus den Texten derartiges nicht notwendig geschlossen werden könne. Selbst wenn die Hussiten tatsächlich anders lautende Behauptungen vorbrächten, hätten diese dennoch weder Autorität noch Gültigkeit, wenn sie gegen so viele andere Lehrer, und besonders gegen die Entscheidung der Kirche stünden.[253] Erneut werden die Gefahren des hussitischen Schriftverständnisses für die einfachen Gläubigen betont, denen die verlässlichen Auslegungen der kirchlichen Lehrer entgegen stehen.

---

251 Albertus Magnus, De corp. dom., di. 3, tr. 2, cap. 1, S. 281.
252 Tractatus contra quattuor articulos Hussitarum, fol. 173r.
253 »Predictas auctoritates inveni allegatas pro opinione hereticorum ad seducendum simplices, qui eas non intelligunt. Sed omnes instructi in catholica veritate et modo loquendi doctorum possunt sufficienter videre, quod nichil concludunt de eo, quod intendunt Hussite; videlicet, quod communio sacramentalis sub utraque specie, scilicet panis et vini, sit cuilibet fideli de neccessitate salutis. Et si diligens lector consideraverit bene verba doctorum, nullus hoc dicit, quamvis quedam dicta aliquam apparenciam habeant in primo aspectu; sed nichil dicunt, quod cum veritate possint de neccessitate concludere. Et si quis aliquid tale diceret, quod tamen numquam inveni, non valeret eius auctoritas contra tot alios doctores, et maxime contra determinacionem ecclesie« (Tractatus contra quattuor articulos Hussitarum, fol. 176v).

III. *Dritter Traktat: Gründe, weshalb die Forderung des Laienkelchs irrig und gegen den christlichen Glauben gerichtet sei*

III.1. Konsequenzen der hussitischen Lehre: Heilsverlust der ganzen Kirche
Die Notwendigkeit eines abschließenden dritten Teils erklärt der Autor mit dem Hinweis, noch einmal kurze »wirksame Argumente« gegen die Rechtgläubigkeit der hussitischen Lehren beibringen zu wollen. Dieser dritte Traktat des Kelchteils beginnt mit einem bekannten Motiv: Wenn jeder Gläubige durch ein Gebot Christi dazu verpflichtet wäre, die Kommunion unter beiden Gestalten zu halten, hätte jeder, der nicht so kommuniziert, das Gebot Christi übertreten und befände sich im Zustand der Verdammnis. Weil aber die Gläubigen bekanntlich für lange Zeit nicht unter beiden Gestalten kommunizierten, folge daraus, dass sie alle das Gebot Christi übertreten und eine Todsünde begangen hätten. Weil sie starben, ohne Buße getan zu haben, wären sie folglich alle verdammt. Ähnliches gelte auch für die Priester, die diesen Irrtum hielten und lehrten. Folglich befände sich die Gesamtkirche seit langer Zeit im Zustand der Verdammnis, was absurd und gegen Christi Zusicherung sei, bis zum Ende der Zeiten bei seiner Kirche zu sein (Mt 28,20). Dieses Argument entwickelte auch die *Confutatio* des Peter von Pulkau.[254]

Eine solche Annahme sei auch gegen den Glaubensartikel gerichtet, dass jeder Christ gehalten sei, an die eine, heilige, katholische, das heißt universale Kirche zu glauben und sie zu bekennen. Niemand könne heilig sein, wenn er sich hinsichtlich heilsnotwendiger Dinge in einem Irrtum befinde. Auch die Unkenntnis (*ignorancia*) entschuldige nicht, die Gebote Gottes zu ignorieren, und zwar zu Zeiten, in denen jeder gehalten sei, sie zu beachten. Andernfalls könnten auch alle Sünder, egal ob es sich um Mörder, Ungläubige oder wissentlich von den Geboten der Kirche abweichende Menschen handle, durch Unwissenheit entschuldigt werden. Die Hussiten könnten auch nicht für sich anführen, dass sie die Theologen und Kirchenväter nicht verstanden hätten.[255]

Ähnliches liest man auch in der *Confutatio* des Pulkauers. Auch er betonte, dass bei glaubens- und heilsnotwendigen Dingen Unkenntnis nicht entschuldige, weil sonst auch der Unglaube vieler Juden und Heiden, oder der Unglaube und andere kleinere Sünden der Prälaten und Bischöfe entschuldigt werden könnten.[256]

Überaus verwunderlich sei, so unser Traktat weiter, die Anmaßung (*presumpcio*) dieser Häretiker, die meinten, die Worte Christi und der Heiligen besser zu verstehen als die vielen bewährten Lehrer, die es seit Jahrhunderten in

---

254 Petrus de PULKA, Confutatio, S. 229–234; vgl. oben Kapitel I, S. 39.
255 Tractatus contra quattuor articulos Hussitarum, fol. 176v–178r.
256 Petrus de PULKA, Confutatio, S. 236f.; vgl. oben Kapitel I, S. 40.

der Kirche Gottes gibt und gegeben habe. Während viele dieser Lehrer alle zeitlichen Güter wegen Christus verachteten, gäbe es unter den Hussiten nur wenige oder überhaupt keine, die irgendein Ansehen (*reputacio*) hätten. Die Ungebildeten und Einfachen (*rudes et simplices*) sollten erkennen, dass jene drei oder zehn, die das ganze Königreich Böhmen zerstörten, die Worte Christi keinesfalls besser verstanden als die vielen gebildeten christlichen Theologen, die alle darin übereinstimmten, dass Christus die Gläubigen nicht zur Kommunion unter beiden Gestalten verpflichtete.[257]

III.2. Zur größeren Autorität der Gesamtkirche und ihrer Lehrer

Im Folgenden hinterfragt der Verfasser, wie die Hussiten die Rechtmäßigkeit ihrer Forderungen begründeten. Wenn sie sagten, dass ihnen dieses Verständnis durch göttliche Offenbarung zuteil geworden sei – eine Anspielung auf Jakobell von Mies, der in seiner Schrift *Pius Iesus* den Laienkelch mit einer göttlichen Offenbarung begründete[258] –, dann müssten sie Zeichen oder Wunder als Beweis beibringen. Wenn sie behaupteten, die Worte Christi besser als die Gesamtkirche zu verstehen, dann sollten sie offenlegen, worauf sie ihre Aussagen stützten. Behaupteten sie, eine größere Begabung für oder Übung im Verständnis der Worte Christi zu haben, so zeige dies das ganze Ausmaß ihrer Überheblichkeit. Ebenso wenig könnten sie argumentieren, das Gebot Christi mehr und besser als alle anderen zu erfüllen, weil dies die Gesamtkirche auch von sich sage, die darüber hinaus die Gebote auch besser verstehe als die Hussiten. Dies könne durch die Vernunft und aus dem Glauben bewiesen werden: Wenn es etwa stimme, dass man einem Magister oder Lehrer Glauben schenken müsse, um wie viel mehr müsse man dann nicht zehn oder hundert Lehrern glauben! Und noch viel mehr sei allen Lehrern, ja sogar allen Christen zu glauben als dem Jakobell und seinen Gefährten (*socii*). Äußerst unangebracht (*inconveniencius*) sei es

---

257 »Et certe in hoc satis, immo nimis admiranda est dictorum hereticorum presumpcio, qui putant se melius intelligere dicta Christi et sanctorum quam tota multitudo tam proborum doctorum, qui fuerunt a pluribus centenis annorum in ecclesia Dei, et qui hodie sunt. Quorum multi omnia temporalia bona propter Christum contempnunt. Quidam eciam sancti sunt et coruscant miraculis, cum inter ipsos Hussitas pauci et quasi nulli sint, qui essent alicuius reputacionis, quando in aliis universitatibus erant. Hoc certe deberent eciam rudes et simplices intelligere, quod non est credendum, quod tres aut decem, qui totum regnum Bohemie cum sua libertate predicandi in spiritualibus et temporalibus destruxerunt, melius intelligant verba Christi, quando audiunt illa, quam tota multitudo doctorum populi christiani, qui audiunt sicut illi et concordant in unam senteciam – videlicet, quod Christus per illa verba, que audiunt, non intendit obligare omnes fideles ad communicandum sub utraque specie. Et quamvis alii destructores tocius religionis in regno Bohemie dicant contrarium, tamen racio debet unicuique, eciam rudi, dictare, quod plures doctores et diucius exercitati et multo magis intelligentes quam illi melius quam illi debeant intelligere verba Christi« (Tractatus contra quattuor articulos Hussitarum, fol. 178r).

258 Vgl. Iacobellus de Misa, Pius Iesus, S. 80.

daher, dass Einfache und Laien, die die hl. Schriften nicht kennen, die einmütige und klare Entscheidung aller Lehrer gegen die verpflichtende Kelchkommunion ignorierten. Den Nachfolgern des Jakobell und seinen Anhängern sei das Schicksal des Königreiches Böhmen als mahnendes Beispiel vor Augen gestellt: Dieses Land, das vor der Einführung dieser Neuerungen in geistlichen und zeitlichen Dingen so berühmt war, sei nun verloren (*perditus*), die Menschen seien erschöpft, die Städte verbrannt, die ganze Heimat verlassen. Eine apokalyptische Perspektive![259]

III.3. Die Gesamtkirche als Garantin für Glaubenssicherheit

Im dritten Kapitel legt der Verfasser seinen Fokus auf die notwendige Einheit der Kirche. Wer meine, dass die Gesamtkirche in heilsnotwendigen Dingen irren und somit zugrunde gehen könne, halte dies gegen den Glauben und die Lehre Christi. Wer nämlich einen Glaubensartikel anzweifle, der habe den festen Glauben hinsichtlich jenes Artikels nicht, sondern höchstens eine Meinung. Glaube und Zweifel gingen aber nicht zusammen. Wenn einer gar glaube, dass die Kirche irren könne, dann verliere er alle Sicherheit bezüglich seines Heiles.

---

259 »Sic igitur, si Hussite dicere volunt se melius intelligere verba Christi, quam universalis ecclesia iam diu intellexerit, dicant, in quo fundant dictum suum. Si dicunt: in revelacione divina sibi facta, nihil est eis credendum, nisi evidencia miracula faciant. Si dicunt, quod maius habent ingenium naturale ad intelligendum verba Christi, aut quod magis sint in divinis scripturis exercitati quam universalis ecclesia, et quod ipsi vident veritatem Christi, universalis autem ecclesia est ceca, videant, quante sint presumpcionis. Igitur simpliciores, qui scripturas non intelligunt, deberent utique magis credere universali ecclesie catholice quam paucis, qui regnum Bohemie destruxerunt. (...) Nec dicant ad hoc heretici informantes fraudulenter Bohemos, quod magis adimplendum sit preceptum Christi quam aliorum quorumcumque hominum, quia hoc idem dicimus nos, sed dicimus, quod universalis ecclesia melius intelligit precepta Christi quam ipsi. Et hoc racione naturali persuaderi potest, et ex fide efficaciter probari: Nam si racio naturalis iudicat uni magistro seu doctori credendum esse, multo magis iudicat credendum esse decem aut centum doctoribus, quia plures doctores plura et melius vident quam unus doctor. Et multo amplius credendum est omnibus doctoribus, immo omnibus christianis, quam Iacobello et sociis eius, quia et multo plures sunt, et multo magis in exercicio et doctrina famosi (...) Multo autem inconveniencius est, quod simplices et laici, qui divinas scripturas nesciunt, dimittant sentenciam omnium doctorum, qui nunc plurimi sunt in universa ecclesia catholica, et eciam omnium, qui fuerunt ante per plura centena annorum, qui omnes unanimiter dicunt, quod Christus per illa verba, que heretici allegaverunt non obligat, nec intendit obligare omnes fideles ad communicandum sub utraque specie. Et quod ipsi laici adhereant pocius Iacobello et paucis aliis dicentibus contrarium, qui cum hac sua novitate totum regnum Bohemie repleverunt homicidiis, periuriis, sacrilegiis, et innumerabilibus sceleribus, ita quod ipsum regnum, quod ante ipsorum novitatem in spiritualibus et temporalibus bonis tam famosum erat, nunc perditis, et spiritualibus, et temporalibus, et gladio consumptis hominibus, ac exustis civitatibus, et tota patria desolata, datum sit a Deo omnibus fidelibus in exemplum, ut nullus ab unitate ecclesie se separare presumat, quia in illa sola salus est, et recta fides« (Tractatus contra quattuor articulos Hussitarum, fol. 178r– 179v).

Könne aber die Gesamtkirche im Glauben irren, dann ein einzelner Mensch noch viel mehr. Entsprechend wäre es auch nicht möglich, den Aussagen eines einzelnen Menschen je mit festem Glauben anzuhängen, weil auch hier der Zweifel nie ganz ausgeräumt werden könne. Folglich könnten sich die Hussiten für ihre Forderung weder auf die Gesamtkirche, deren Autorität sie leugneten, noch auf andere Menschen stützen, ohne alle Heilsgewissheit aufzugeben.[260]

Welche Möglichkeiten blieben darüber hinaus, Gewissheit über die Glaubenswahrheit zu erlangen? Auf die Evangelien, die die Lehre Christi enthalten, könnten sich die Hussiten dann ebenfalls nicht mehr stützen. Denn diese sagten zwar, dass Christus dieses und jenes gesagt und getan habe, aber woher sollten sie die Gewissheit nehmen, dass jene Evangelien tatsächlich die Wahrheit sagten? Sie hätten ja Christus selbst jene Dinge nicht sagen oder tun sehen. Der Autor verweist auf die Vielzahl von Apokryphen, die aber von der Kirche als solche entlarvt wurden. Woher nehmen die Hussiten also die Gewissheit, dass gerade die vier Evangelien die Wahrheit enthalten, die anderen aber nicht? Würden die Böhmen nun notgedrungen zugestehen, dass die Gesamtkirche diese vier rezipierte, die anderen aber zurückzuweisen beschloss, dann müssten sie auch zugeben, dass die Gesamtkirche in den glaubensnotwendigen Dingen nicht irren könne. Wenn sie das nicht bedächten, bestünde schließlich Zweifel, ob sie nicht auch in der Rezeption dieser vier Evangelien irrte! Entsprechend wäre es sogar zweifelhaft, ob es sich bei Joh 6,54 um eine Aussage Christi handle oder nicht, wie überhaupt das ganze Johannesevangelium in Zweifel gezogen werden könnte. Folglich könnten die Hussiten nie Gewissheit im Glauben erlangen und müssten alles in Zweifel ziehen – auch die Kommunion unter beiden Gestalten.[261]

Darüber hinaus sei es notwendig, Christi Worte in jenem Sinn zu verstehen, den er intendierte. Andernfalls müsste man sich wie die Waldenser (*pauperes Lugdunenses*), die die Aussage Christi in Mt 18,9 rein wörtlich verstanden, die

---

260 Tractatus contra quattuor articulos Hussitarum, fol. 179v.
261 »Cum ergo omnia predicta evangelia, et ceteri libri prenominati reperiantur scripti, unde certi sunt Hussite, quod ista quatuor evangelia contineant veritatem, alia vero non? Ipsi enim, cum non viderint Christum facientem ea, que in illis quatuor evangeliis scripta sunt, magis quam illa, que in aliis evangeliis habentur, unde habent certitudinem, quod ista quatuor sint recipienda, alia vero tamquam falsa respuenda? Si dixerint, quod universalis ecclesia ista quatuor recipit, alia autem determinavit esse respuenda, quia aliud dicere non possunt, sed tunc debent considerare, quod, si universalis ecclesia non dirigitur a Spiritu Sancto in hiis, que sunt fidei et de neccessitate salutis, et potest in illis errare, dubium erit, an recipiendo illa quatuor evangelia erraverit, ex quo in talibus errare potest, ut dicunt. Et si hoc dubium eciam erit, an evangelia contineant doctrinam Christi, et tunc dubium erit, an illud, quod dicitur in evangelio Ioh. 6° (54) *Nisi manducaveritis* etc. sit dictum Christi vel non, sic eciam totum evangelium Iohannis vertetur in dubium. Et hoc modo Hussite nichil habent certum in fide, sed omnia sunt eis dubia; et eciam communio sub utraque specie« (Tractatus contra quattuor articulos Hussitarum, fol. 180r).

Augen herausreißen, wenn man mit diesen sündigte. Solche Handlungen beabsichtigte Christus freilich nie, weshalb alle, die solches taten, die Lehre Christi
offenkundig nicht verstanden. Um unzweifelhaft glauben zu können, sei die
Bestätigung der Kirche somit unumgänglich. Die »hussitischen Betrüger« sollten nicht dagegen einwenden, dass sie die Kirche als Kirche der Prädestinierten
verstünden, denn diese könne in diesem Leben nicht erkannt werden. Die Kirche
bezeichne sich selbst vielmehr als Gemeinschaft der Gläubigen im rechten
Glauben – seien sie vorherbestimmt oder nicht, seien sie gut oder schlecht.[262]

III.4. Die Gesamtkirche als Kontroll- und Approbationsinstanz[263]

Auch auf die Auslegungen der Theologen könnten die Hussiten letztlich nicht
uneingeschränkt bauen: Denn woher sollten sie Gewissheit haben, dass einige
Lehrer gut und verlässlich, andere hingegen böse und abzulehnen seien? Wer
hätte denn etwa für die Hussiten geurteilt, dass der hl. Augustinus ein heiliger
und katholischer Lehrer sei, wenn nicht die Kirche? Wenn die Hussiten nun
argumentierten, dass sie Augustinus durch dessen Leben erkannten: woher
wollten sie wissen, dass dessen Vita nicht apokryph sei, wenn nicht durch die
Billigung der Kirche? Selbst Thomas von Aquin habe sich, wie das Vorwort zur
Catena aurea zeige, der Korrektur der Kirche unterworfen – nicht aber der
Kirche der Prädestinierten, sondern der Römischen Kirche, die jetzt, in diesem
Leben Mutter und Lehrerin aller Kirchen sei.[264] Die Hussiten hingegen wollten
nach eigenem Willen ein Urteil fällen. Sie gaben zwar vor, sich Gottes Urteil zu
unterwerfen; aber Gott habe die Gesamtkirche, mit der Römischen Kirche als
Mutter und Lehrerin, als Richterin der ganzen Welt bestimmt. Sie sagten auch,
dass sie sich dem Gericht der Lehrer unterwerfen wollten; freilich nicht der
lebenden, sondern der toten. Wer könne hierüber aber richten? Etwa die bereits
verstorbenen Lehrer? Dies würde unweigerlich zu einem *processus in infinitum*
führen. Ohne das Urteil der Kirche könne jedenfalls kein Glaubenszweifel mit
Sicherheit entschieden werden. Keine Aussage irgendeines Heiligen habe Gültigkeit, wenn sie gegen die Entscheidung der Kirche vorgebracht werde, deren
Autorität immer größer sei.[265]

---

262 Tractatus contra quattuor articulos Hussitarum, fol. 180r–181v.
263 Die Leithandschrift Wien, Dominikanerkonvent, Cod. 15/15 bricht hier ab. Die folgenden
   Folio-Angaben beziehen sich auf die Handschrift Klosterneuburg, Stiftsbibliothek,
   Cod. 474 (ab fol. 325vb), die mit der Wiener Dominikanerhandschrift am engsten verwandt
   ist (wie die übereinstimmenden Varianten belegen, wurden die beiden Textzeugen entweder direkt voneinander oder von derselben Vorlage abgeschrieben). – Zur Handschrift
   vgl. Pfeiffer/Černík, Catalogus (o. J.), Bd. 3, S. 231–234; Zahradník, Iter Austriacum,
   S. 19 (Nr. 3); Fragment eines Kataloges, fol. 3r (Nr. 106); Lackner, Katalog der Streubestände, Nr. 36 (Teil II, Sigle S).
264 Tractatus contra quattuor articulos Hussitarum, fol. 326vb–327rb.
265 »Non ita dicerent Hussite presumptuose docentes, immo seducentes Bohemos, sed sec-

Im dritten Traktat hinterfragt der Verfasser die Verlässlichkeit der hussitischen Lehren vom formalen Standpunkt aus. Dabei kommt unweigerlich die gesamtkirchliche Autorität ins Spiel. Geschickt zeigt er auf, dass weder einzelne Menschen (die irren können), noch der biblische Kanon (der nicht nur »dunkle«, zu interpretierende Formulierungen enthält, sondern in seiner Zusammensetzung und Kanonizität auch begründet werden muss), noch Kirchenväter oder mittelalterliche Theologen (deren Verlässlichkeit ebenfalls durch eine übergeordnete Instanz bestätigt werden muss) als Fundament der hussitischen Lehren in Frage kommen. Nur die Gesamtkirche kann (und muss) Letztverbindlichkeit, gerade bei Glaubenszweifeln, bieten. Dies wird im abschließenden fünften Kapitel noch verdeutlicht, in dem sich der Verfasser der päpstlichen Autorität zuwendet:

III.5.   Zur Autorität des Papstes als Stellvertreter Christi

Zwar behaupteten die Böhmen, dass die Kirche nur dort sei, wo die Kommunion unter beiden Gestalten gespendet werde, dabei waren sie zwanzig Jahre zuvor selbst noch mit der Römischen Kirche vereint und reichten die Kommunion unter einer Gestalt dar. Träfe die hussitische Definition der »wahren Kirche« zu, gäbe es nirgendwo auf der Welt eine katholische Kirche, was offenkundig gegen das ganze Fundament des Glaubens und gegen die Zusage Christi an Petrus und die Kirche (Mt 16,18 und Mt 28,20) sei. Die Kirche meine ausdrücklich die Gesamtkirche mit der Römischen Kirche als Mutter und Lehrerin aller Gläubigen, sowie den Papst, der als Stellvertreter Christi und Nachfolger Petri die hauptsächliche Autorität (*principalis auctoritas*) inne habe.[266] Mit Thomas von

---

undum suam voluntatem volunt sibi iudices facere. Et dicunt, quod volunt Deum habere iudicem, quam si scirent velle in hoc publicam ferre sentenciam. Verisimile est, quod eum eciam fugerent inimici veritatis, ex quo nolunt subici iudicio illius iudicis, quem Deus statuit iudicem cunctorum in terris, videlicet ecclesie universalis, in qua Romana est mater omnium et magistra, ut supra dictum est, et eciam amplius ostendetur. Dicunt eciam, quod volunt habere iudices doctores ecclesie; non quidem viventes, sed qui ab hac migraverunt vita. Et sub hoc pretextu similant se cum magna instancia audienciam velle, cum tamen pluries habuerint, nec sic voluerint intelligere veritatem – pluries eciam oblatam spreverunt –, sed dicant: Si oriretur discordia intellectu auctoritatum, que de doctoribus in audiencia allegaretur, quis tunc erit iudex? Numquid alii doctores defuncti? Si sic, et tunc, si ulterius de intellectu auctoritatum ipsorum questio oriatur, quis iudicabit? Si ulterius alii doctores defuncti, tunc erit processus in infinitum. Si autem doctores viventes admittunt, tunc ipsi poterunt seipsos exponere, et cito erit finis. Et utinam, si iam esset audiencia talis, in qua vellent se subicere ecclesie iudicio, ut tenentur!« (Tractatus contra quattuor articulos Hussitarum, fol. 327rb-va).

266 »Sed fugientes veritatem non respondeant ad hoc, quod ecclesia sit solum inter eos, eo quod ipsi dant communionem sub utraque specie. Manifestum est enim, quod ante viginti annos ipsi erant uniti cum Romana ecclesia, et in regno Bohemie non dabatur tunc sub utraque specie. Sed universa ecclesia catholica tunc per plura tempora solum sub una specie ministrabat, et sic ecclesia catholica nullibi fuisset in terra; quod est manifeste contra totum

Aquin und einem berühmten, im *Decretum Gratiani* überlieferten Hierony-
muszitat wird die Lehrautorität der Römischen Kirche und des apostolischen
Stuhls herausgestellt.[267]

Obwohl Christus das erste und hauptsächliche Fundament der Kirche sei,
werden auch die Apostel und Propheten Fundament genannt. Der Verfasser
veranschaulicht sein Kirchenbild mit einer Metapher: Bei einem Bau bleibe,
selbst wenn die obersten Teile zerstört werden, immer das Fundament übrig.
Würde das Fundament zerstört, bräche das ganze Haus ein. So gehe auch jeder
zugrunde, der sich von der Römischen Kirche abwende, wo der Glaube stets
unbefleckt (*immaculata*) bewahrt worden sei. Folglich müssten alle Gläubigen
mit unerschütterlichem Glauben (*inconcussa fide*) jenen Glauben halten, den die
Römische Kirche und der Stuhl des hl. Petrus lehrten.[268] Würden Glaubensfragen, wie der Aquinat zeige,[269] nicht durch den Papst als Vorsteher der Gesamtkirche entschieden und seine Entscheidungen von allen gehalten, dann könnte es
nicht *einen* Glauben und *ein* Glaubensbekenntnis geben, sondern jeder würde
gemäß seiner Vorstellung und seinem Willen die Schrift auslegen, was zu un-
zähligen Häresien und Spaltungen in der Kirche Gottes führen würde. Würde
jeder seiner eigenen Vorstellung folgen, gäbe es wie bei den Philosophen viele
entgegengesetzte Meinungen, was viele Sekten hervorbrächte. Dies könne man
auch in Böhmen beobachten: Jeder, der sich gegen die Entscheidungen der
Gesamtkirche und des Papstes auflehne, werde Häretiker genannt. Bei Häretikern könne daher niemals *ein* Glaube sein, ebenso wenig wie sie im Glauben
oder in der Liebe geeint sein können. Die Kirche sei jedoch nichts anderes als die
Gemeinschaft der Gläubigen in der Einheit des rechten Glaubens.[270]

---

fidei fundamentum (…) Amplius doctores, qui se subiciunt doctrine ecclesie, expresse
intelligunt hoc de universali ecclesia, in qua Romana est cunctorum fidelium mater et
magistra, et expresse nominat papam et sedem Petri, in quo est principalis auctoritas in
dicta ecclesia« (Tractatus contra quattuor articulos Hussitarum, fol. 327vb–328ra).

267 Vgl. Thomas de AQUINO, STh, II–II, q. 11 a. 2 ad 3, S. 66a; Decretum Gratiani, C. 24, q. 1, c.
25, ed. FRIEDBERG I, S. 975f.

268 Tractatus contra quattuor articulos Hussitarum, fol. 328ra–329rb.

269 Vgl. Thomas de AQUINO, STh, II–II, q. 1 a. 10 co, S. 14b.

270 »Consideranda est eciam racio huius assignata per sanctum Thomam, quia nisi questio orta
de fide determinaretur per summum pontificem, qui preest universe ecclesie, et illa de-
terminacio ab omnibus inconcussa fide teneatur, tunc non posset esse una fides et una fidei
confessio, sed quilibet secundum suam imaginacionem et voluntatem exponeret dicta sacre
scripture, et fierent innumerabiles hereses et scismata in ecclesia Dei (…) Sic enim videmus,
quod quando unicuique permittitur sequi suam imaginacionem, sunt multe opiniones
contrarie, ut patet in philosophis et aliis, qui proprium sensum sequebantur, qui multas
sectas inter se fecerunt. Patet eciam hoc in hereticis, qui fuerunt ab inicio ecclesie usque
nunc, qui voluerunt sequi iudicium proprium, et non iudicium sedis apostolice, quod in
hereses innumerabiles inciderunt, ut notum est, quia eciam plures ex eis usque hodie in illis
perseverant. Patet eciam hoc in regno Bohemie, in quo, quia noluerunt sequi determinacionem universalis ecclesie et sedis apostolice, mox in multas sectas fuerunt divisi (…) Ideo

Aus diesem Grund müssten, so schließt der Traktat, jene Adeligen Böhmens, die Gott fürchteten, für das Heil ihrer Seelen Vorsorge treffen und zur Einheit der Kirche zurückkehren, ehe sie im Endgericht zur Rechenschaft gezogen würden. Zur größeren Betrachtung seien daher viele Autoritäten der alten heiligen Väter hinzugefügt worden, damit jeder sehen könne, auf welche Weise alle Heiligen und die Römische Kirche den wahren Glauben von Anbeginn der Kirche an bewahrt hätten.[271] Hier gibt der Verfasser seine Methode preis: Er widerlegt nicht nur die Autoritäten der Hussiten, sondern bringt darüber hinaus zahlreiche weitere Beispiele aus den Kirchenvätern bei, um die Kontinuität der kirchlichen Praxis zu zeigen.

Im dritten Traktat des Kelchteils spielt das Kirchenbild des Verfassers eine wichtige Rolle. Im Gegensatz zu den Hussiten, die die Kirche als Gemeinschaft der Prädestinierten verstanden, definiert der Verfasser die Gesamtkirche als Gemeinschaft im rechten Glauben. Die Gesamtkirche könne in heilsnotwendigen Dingen nicht irren, weil sie vom hl. Geist geleitet werde und auf Christus, den Aposteln und Propheten als Fundament gründe. Eine besondere Rolle innerhalb der Gesamtkirche nimmt die Römische Kirche als Mutter und Lehrerin aller Gläubigen ein, weil in ihr mit dem Papst als Stellvertreter Christi und Nachfolger Petri die hauptsächliche Autorität (*principalis auctoritas*) in der Kirche bestehe. Gott selbst habe die Gesamtkirche (mit der Römischen Kirche als Mutter und Lehrerin) als Richterin der ganzen Welt bestimmt, um bei Glaubenszweifeln als letztverbindliche und für die Einheit des Glaubens unerlässliche Entscheidungsinstanz zu agieren. Wenn auch viele Teile der Welt vom Glauben abfielen, wurde der Glaube in ihr immer unbefleckt (*immaculata*) bewahrt, wie der Autor v. a. mit markanten Texten aus Thomas von Aquin und einem bekannten Kanon aus dem *Decretum Gratiani* belegt. Wie verhalten sich für den Verfasser die Römische Kirche und der Papst zueinander? Die Zusage Christi an Petrus und die Kirche (Mt 16,18 und Mt 28,20) stehen für ihn untrennbar nebeneinander.

---

apud eos non potest esse una fides, et sic non uniuntur in fide, multo minus uniuntur in caritate, que presupponit fidem; et consequenter non sunt una, nec in una ecclesia, que nichil aliud est, quam congregacio fidelium in unitate recte fidei« (Tractatus contra quattuor articulos Hussitarum, fol. 329va–vb).

271 »Ideo illi barones Bohemie, qui Deum timent, deberent in hoc saluti animarum suarum providere et reverti ad unitatem ecclesie, antequam veniant ad tremendum iudicium illud. Nec debent in hoc timere verba eorum, qui seduxerunt eos et ad tot mala, que hodie paciuntur, induxerunt, quia hanc fidei unitatem et obedienciam Romane ecclesie omnes sancti patres semper timuerunt, et in ea salvati immo et gloriosissimi sancti fuerunt facti (…) Preter quorum auctoritates, quamvis ille sufficiant omnibus fidelibus amantibus veritatem, tamen ad maiorem consideracionem, consolacionem ipsorum plures auctoritates sanctorum patrum antiquorum subiunxi, in quibus quilibet videre potest, quomodo a principio ecclesie semper sancti sic tenuerunt, et in eadem fide et obediencia Romane videlicet ecclesie semper fuit gubernata ecclesia Christi etc.« (Tractatus contra quattuor articulos Hussitarum, fol. 329vb).

Römische Kirche und Papst treten beide als Garanten für die Sicherung und Tradierung des wahren Glaubens auf. Daher müssen alle Gläubigen *inconcusse* jenen Glauben halten, den die Römische Kirche und der Stuhl des hl. Petrus lehren. Die höchste Autorität kommt dem Papst als Stellvertreter Christi, Nachfolger Petri und Garant der kirchlichen Einheit zu. Konzilien – etwa das Konzil von Konstanz – spielen für den Verfasser keine erkennbare Rolle. Abgesehen von einer kurzen, zufällig wirkenden Erwähnung der konziliaren Approbation der Kommunion unter einer Gestalt zeigt der Verfasser wenig Interesse, die Rolle und Autorität der Generalkonzilien zu thematisieren. Angesichts des Umstands, dass das Konstanzer Konzil den Laienkelch zwei Mal verurteilt hatte, was sich zur Widerlegung der hussitischen Forderung in besonderer Weise anbot, erstaunt es, dass der Verfasser nicht auf dieses naheliegende Argument zurückgriff. Vielleicht wollte er nicht mit »neuen« Argumenten, sondern altbewährten theologischen Aussagen die Überlegenheit der kirchlichen Praxis und Lehre zeigen; möglicherweise ist diese Leerstelle aber auch ein Hinweis auf die Datierung dieses Textteils.[272]

In seiner Fokussierung auf die herausragende Autorität der Römischen Kirche und des Papstes unterscheidet sich der Wiener Kelchtraktat markant von der Ekklesiologie des Peter von Pulkau in seiner *Confutatio*: Für den Pulkauer ist die Gesamtkirche, verstanden als Gemeinschaft Christi und seiner Glieder und definiert als prädestinierte, gerufene, gerechtfertigte und verherrlichte Kirche, die entscheidende Größe. Daraus resultiere die Verbindlichkeit ihrer Gewohnheit, die allen Gläubigen als Richtschnur zu gelten habe. Der Römischen Kirche komme dabei keine Sonderrolle zu. Höchste Instanz und Richtschnur seien immer die Vorgaben der eigenen Rituskirche. Dies gelte für Lateiner und Griechen in gleicher Weise. Die Autorität der Kirche resultiere nicht aus einem höchsten Haupt, sondern aus der direkten Gemeinschaft Christi und seiner Glieder. Diese Gewohnheit der Kirche überragt im Verständnis des Pulkauers sogar die Autorität des Petrus und somit auch die Autorität des Papstes; die *ecclesia universalis* ist in seiner Ekklesiologie immer größer als der Papst (was wiederum nicht überraschen darf, da er die *Confutatio* auf einem Konzil verfasste, das sich der erschütterten Autorität der Römischen Kirche annahm).[273]

Trotz seines erheblichen Umfangs beschränkt sich der Kelchteil des Wiener Traktats auf wenige Kernargumente, die Standardargumente in der Debatte darstellen und in unterschiedlichen Kontexten wiederholt, eingeschärft und abgewandelt werden. Wieder und wieder äußert er seine Sorge um die einfachen, weniger gebildeten Gläubigen (*simplices*), welche die Hussiten durch ihre irreführenden, falsch verstandenen Schrift- und Autoritätszitate zu Glaubensirr-

---

272 Vgl. dazu unten, S. 432–438.
273 Petrus de PULKA, Confutatio, S. 246–248; vgl. oben Kapitel I, S. 45.

tümern verführten. Auch die Adeligen (*barones*) werden am Ende des Traktats recht unvermittelt angesprochen und ermahnt. Besonderes Augenmerk legt der Verfasser darauf, mithilfe des jeweiligen Kontextes die eigentliche und »richtige« Aussageabsicht der zitierten Belegstellen darzulegen. Darüber hinaus gilt seine Sorge, mittels einer Fülle von Argumenten und Richtigstellungen hussitischer Argumente (bzw. hussitisch gelesener Autoritäten) die verlässliche und richtige Tradition der Kirche zu zeigen. Hermeneutische Unterscheidungen zwischen wörtlichem und metaphorischem Sinn spielen dabei keine erkennbare Rolle.

Gerade in den letzten Teilen des Kelchtraktats tritt die zugrundeliegende Ekklesiologie deutlich zutage. Diese kommt v. a. als Verbürgung von Tradition und als letzter Glaubensgrund zum Ausdruck. Die Gesamtkirche trägt nicht nur die Auslegung der hl. Schrift, sondern eben auch den Glauben selbst, der sich alleine oder nur von einer kleinen Gruppe getragen als nicht verlässlich erweist. Zusammen mit der größeren Schar der Theologen und Kirchenväter erweist sich der Glaube (und die Praxis) der Gesamtkirche als der »sichere Hafen«, demgegenüber die Sonderlehren der Hussiten auf verlorenem Posten stehen. Auch der Biblizismus und die Berufung auf die Urkirche können keine höhere Autorität vor der oder über die Gesamtkirche beanspruchen.

Die Unterteilung des Gesamttextes in Kapitel dient, ebenso wie das vorgeschaltete Inhaltsverzeichnis, primär der einfacheren Handhabung des Traktats und der besseren Orientierung der Leser. Der Beginn neuer Kapitel geht nicht notwendigerweise mit inhaltlichen Zäsuren einher, sondern dient dazu, die ausführliche Darlegung zu strukturieren und zu konkreten Argumenten oder Themenfeldern gezielt nachlesen zu können. Hinweise auf eine direkte Konfrontation mit den hussitischen Gegnern finden sich auch in diesem Textteil nicht. Sowohl die Einleitung, als auch die Argumentation selbst haben deutlich die gefährdeten Gläubigen vor Augen, zu deren Unterweisung der Verfasser ein möglichst leicht und rasch zu benutzendes Kompendium – wohl für den höheren Klerus, der für Seelsorge und Unterweisung der Gläubigen verantwortlich war – zusammenstellen wollte. Hier stellt sich nun eine zentrale Frage: Von wem, wann und in welchem konkreten Kontext wurde dieser Textteil verfasst? Dazu ist zunächst nach der zeitlichen Einordnung und möglichen Vorlagen des Textes zu fragen.

5.3.5.4. Der Wiener Kelchtraktat: eine Entgegnung auf den Prager Kelchartikel?

Die erste zu klärende Frage ist: Handelt es sich bei dieser Widerlegung des Laienkelchs um eine Reaktion auf den hussitischen Kelchartikel? Diese Zuordnung scheint auf den ersten Blick wahrscheinlich, da sich die ersten drei Textteile eindeutig gegen Besitz-, Predigt- und Todsündenartikel richten, die Kernforderung des Prager Kelchartikels im Text enthalten ist, und die ganze

Schrift im Kolophon als Traktat gegen die Vier Prager Artikel charakterisiert wird. Eine genaue Analyse von Inhalt und Argumentation lassen hier jedoch Zweifel aufkommen: – 1. Der Prager Artikel enthält kaum Zitate, sondern weithin Stellenangaben zu den zitierten Werken der Kirchenväter und mittelalterlichen Theologen. Der Wiener Kelchtraktat verweist hingegen durchwegs mit den Anfangsworten von Zitaten auf seine Vorlagen, die er dort vorgefunden haben muss. – 2. Die Auswahl und Reihenfolge der Autoritätszitate im Prager Artikel und im Wiener Kelchtraktat stimmen nicht überein. Grundsätzlich entkräftet der Kelchtraktat deutlich mehr Autoritäten (52), als der Prager Artikel vorbringt (37). Dabei enthält der Prager Artikel Belege, die in der Widerlegung nicht aufgegriffen werden, während die Widerlegung Belegstellen entkräftet, die der Prager Artikel nicht enthält. Darüber hinaus weicht die Reihenfolge der Zitate in beiden Schriften deutlich voneinander ab. – 3. Die Widerlegung bezieht sich mehrmals explizit auf Argumentationsgänge eines *adversarius*, der wiederholt mit Jakobell von Mies identifiziert wird. Der Prager Artikel enthält jedoch keine Argumentationen, die Belegstellen werden unkommentiert aneinandergereiht. Auch der ausdrückliche Verweis auf Jakobell von Mies (*et sociis eius / cum discipulis suis novellis*) deutet auf eine Kontroverse außerhalb des Prager Artikels hin.

Diese Beobachtungen sprechen dagegen, dass es sich beim Kelchteil des Wiener Traktats um eine unmittelbare Widerlegung des Prager Kelchartikels handelt. Mehrere Aspekte legen nahe, dass dieser Textteil eine ursprünglich eigenständige Schrift war: Nicht nur weichen Stil und Argumentationstiefe des Kelchteils deutlich von den übrigen Textteilen ab, auch die separate Einleitung ist ein starkes Indiz für eine anfangs eigenständige Schrift. Auffällig ist zudem die Vorgehensweise des Verfassers: So fügt er keine Stellenangaben oder vollständigen Zitate ein, die er widerlegt, sondern beschränkt sich auf die Anfangsworte der jeweiligen Belegstellen. Manchmal sind diese Verweise so knapp, dass eine Identifizierung der Textstellen nicht möglich ist.[274] Dieses Vorgehen legt nahe, dass der Autor auf eine direkte schriftliche Vorlage reagierte, in der die Belegstellen vollständig zitiert waren. Er dürfte sich also mit einem Gegner auseinandergesetzt haben, dem die Zitate bekannt waren und der die abgekürzten Verweise im Kelchtraktat richtig zuzuordnen wusste. Dass diese Schrift als allgemeine Abhandlung gegen den Laienkelch konzipiert war, ist kaum vorstellbar: Denn wie hätte ein Leser die angedeuteten Zitate und die darauf reagierende Argumentation des Verfassers richtig verstehen und einordnen sollen, ohne die dazugehörige Vorlage zu kennen? Die stark abgekürzten Verweise, die nur die ersten paar Worte wiedergeben, den Inhalt der jeweiligen Passage jedoch kaum erkennen lassen, sind nur gemeinsam mit der unmittel-

---

274 Vgl. zB. Tractatus contra quattuor articulos Hussitarum, fol. 171v; 173v.

baren Vorlage verständlich. Die Argumentationsgänge des Verfassers profitierten durch die knappen Hinweise auf seine Zitatvorlagen jedenfalls nicht. Im Gegenteil wirken sie für den Leser eher irritierend, weil die Argumente der Hussiten nur angedeutet werden und unklar bleiben. Dies ist ein starkes Indiz dafür, dass wir uns hier in einer unmittelbaren Polemik eines hussitischen und eines katholischen Theologen befinden, die gegeneinander Stellungnahmen verfassten.

Vor diesem Hintergrund kann die mehrmalige ausdrückliche Nennung des Jakobell von Mies als direkter Gegner nicht überschätzt werden: Schriftliche Debatten um den Laienkelch zwischen Jakobell und seinen katholischen – weithin Prager – Kontrahenten waren in der Frühzeit der Auseinandersetzung (ab Herbst/Winter 1414/15) das maßgebliche Forum der Kontroverse. Als Beispiel ist etwa Andreas von Brod zu nennen, der mit Jakobell schon früh schriftlich diskutierte; in mehreren Runden schrieben die beiden Theologen gegeneinander an.[275] Dabei bedienten sie sich derselben Methode, die auch unser Traktat anwendet: Jakobell wie Andreas zitierten die Argumente und Belegstellen des Gegners, um sie in der Folge zu entkräften (was es möglich macht, den Diskussionsverlauf (wenigstens teilweise) zu rekonstruieren). Der Wiener Traktat lässt zudem keinerlei Bemühen erkennen, die widerlegten Autoritäten selbst in eine bestimmte Reihenfolge zu bringen; die Anordnung wirkt weithin zufällig, was darauf hindeutet, dass eine Vorlage abgearbeitet wurde.

Die Themen, die in der Frühzeit der Auseinandersetzung dominierten, waren v. a. die Rolle der Jünger beim letzten Abendmahl (waren sie Laien oder Priester?), die Bedeutung der Einsetzungsworte und die immerwährende Anordnung des Laienkelchs durch Christus;[276] genau jene Themen, die auch im Zentrum des Wiener Kelchtraktats stehen. Auch dieser argumentiert, dass die Kelchkommunion nur für Priester verbindlich sei, dass Christus den Kelch nie für Laien anordnete, und dass sämtliche Belegstellen von der geistlichen Kommunion zu verstehen seien. Damit beschränkt sich der Kelchtraktat auf jene Kernargumente, die in den ersten Jahren der Kontroverse entwickelt wurden und bleibt so deutlich hinter der breiten Palette an Argumenten zurück, die Mitte der 1420er-Jahre zur Verfügung standen. Darüber hinaus wendet sich die Widerlegung ausdrücklich gegen Positionen, die eindeutig Jakobell zugeordnet werden können: Dass sich die Hussiten auf eine »Offenbarung« berufen könnten, erklärte dieser in seinem Traktat *Pius Iesus*; dort behandelt er auch die von unserem Verfasser aufgegriffene Frage, ob Unwissenheit entschuldigen könne.[277] Die hussitische Kritik an angeblichen Widersprüchen bei Thomas von Aquin

---

275 Vgl. COUFAL, Sub utraque specie, S. 160 f.
276 Ebd.
277 Vgl. Iacobellus de MISA, Pius Iesus, S. 80; 86.

entwickelte der Böhme in seiner Schrift *Plures tractatuli pullulant*;[278] und nicht zuletzt folgen die Belegstellen, die die Widerlegung entkräftet, zum Teil genau dem Aufbau von Jakobells Traktat *Salvator noster* von 1415.[279] Die Wiener Stellungnahme passt mit ihrer thematischen Schwerpunktsetzung, Argumentation und Vorgehensweise genau in den Kontext der frühen Auseinandersetzung mit Jakobell von Mies um den Kelch. Keine der bekannten Schriften des Jakobell kommt als direkte Vorlage des Kelchteils in Frage, weil der Kanon der Belegstellen und deren Abfolge nicht übereinstimmen. Neben den genannten Schriften des Jakobell finden sich auch sprechende Übereinstimmungen mit der 1417 zusammengestellten *Demonstratio* des Jan von Jesenice. Jesenice verfasste die *Demonstratio* im Auftrag der Prager Universität, die damit ihre im März 1417 gegen das Konzil gerichtete Verteidigung des Laienkelchs untermauern wollte. Zu diesem Zweck beauftragte sie Jesenice, eine »repräsentative Auswahl« jener Autoritäten, die Jakobell und Nikolaus von Dresden zusammengetragen hatten, zu erstellen.[280] Nur zwei der 52 Zitate unseres Kelchtraktats finden sich weder in der *Demonstratio*, noch in einer der Schriften Jakobells. Dies sind starke Indizien dafür, von einem verlorenen oder bislang unbekannten Traktat des Jakobell von Mies als Vorlage des »Wiener Kelchtraktats« auszugehen.

Auffällig ist die Ähnlichkeit, die unser Kelchtraktat mit zwei weiteren antihussitischen Schriften aufweist. Dies ist einmal der Traktat *Debemus invicem diligere*, den der Leipziger Theologieprofessor Johannes Hoffmann von Schweidnitz zwischen dem 25. Mai und 19. Juli 1421 verfasste; wie Kolophone einzelner Abschriften belegen, dürfte diese Schrift an der Leipziger Universität vorgetragen worden sein.[281] Auch der Konstanzer Kelchtraktat des Nikolaus von Dinkelsbühl *Barones regni Bohemie* von 1417/18 weist starke Ähnlichkeiten auf. Beide Schriften wenden sich gegen die *Demonstratio* des Jan von Jesenice (Johannes Hoffmann selbst gibt darüber wertvolle Auskunft, wenn er erklärt, dass er in *quodam tractatu* – der als die *Demonstratio* identifiziert werden kann – »fast alle« (*fere omnes*) von ihm behandelten Belegstellen gefunden habe)[282] und stellen nach einer hermeneutischen Einleitung grundlegende *solutiones* gegen die hussitischen Belegstellen auf. Obwohl der Text damit bereits ausreichend auf alle Autoritäten der *Demonstratio* geantwortet habe – dieser Hinweis findet sich

---

278 Vgl. Coufal, Sub utraque specie, S. 186, Anm. 116 (dort das entsprechende Zitat). Zur Schrift Iacobellus de Misa, Plures tractatuli pullulant vgl. Coufal, Sub utraque specie, S. 161 mit Anm. 24.

279 Zur Schrift *Salvator noster* vgl. Coufal, Sub utraque specie, S. 161 mit Anm. 23.

280 Coufal, Sub utraque specie, S. 162.

281 Für diesen Hinweis danke ich Dušan Coufal. Vgl. bes. Coufal, Polemika o kalich, S. 143–148 (hier S. 143f. mit Anm. 12), sowie Machilek, Ludolf von Sagan, S. 186–188. Zu *Barones regni Bohemie* des Dinkelsbühl vgl. oben Kapitel I, S. 60–75.

282 Coufal, Polemika o kalich, S. 146f.; das Zitat ebd., Anm. 25.

bei Hoffmann und Dinkelsbühl –, geht er in beiden Fällen dennoch auf alle einzelnen Autoritäten ein. In beiden Texten steht zudem die Gefahr im Mittelpunkt, die Einfachen und weniger Gebildeten könnten durch die hussitischen Argumente in einen Irrtum geführt werden. Die Parallelen zu unserer Schrift sind offenkundig; möglicherweise diente der Wiener Kelchtraktat den beiden späteren Schriften als Vorlage.

Wie ist der Kelchteil also zeitlich einzuordnen? Die literarische Tätigkeit Jakobells, der als primärer Gegner vor Augen steht, erreichte zwischen 1414 und 1418 ihren Höhepunkt.[283] Danach äußerte sich der Böhme nur mehr punktuell zum Laienkelch.[284] Ab der Verbreitung der Prager Artikel 1420 standen diese vier Forderungen im Zentrum der Kontroverse, nicht mehr der hussitische Theologe der Frühzeit und dessen Schriften zum Laienkelch. Es ist also wahrscheinlich, dass der Kelchteil des Wiener Hussitentraktats aus den Jahren 1414 bis 1418 stammt und damit deutlich älter sein dürfte als die übrigen Textteile. Der Umstand, dass sich keinerlei Hinweise auf die Verurteilung des Hus, des Hieronymus von Prag oder des Laienkelchs durch das Konstanzer Konzil finden (obwohl gerade das Konstanzer Kelchdekret ein starkes Argument war, das sich in der anti-hussitischen Polemik großer Beliebtheit erfreute), spricht für eine Datierung des Textes vor dem Sommer 1415. Die detaillierte Schilderung der Verwüstungen in Böhmen, die erst im Zuge der gewaltsamen Ausschreitungen nach dem Tod des Hus virulent wurden, deutet hingegen auf eine spätere Abfassung hin; ebenso die Parallelen mit Dinkelsbühls 1417 verfasster Schrift *Barones regni Bohemie*.[285] Die Zerstörungen in Böhmen könnten möglicherweise später – etwa bei der Zusammenstellung des endgültigen Traktats 1423/24 in Wien – ergänzt worden sein.[286]

Der Verfasser scheint mit den Schriften des Jakobell und mit den Vorgängen in Böhmen jedenfalls sehr gut vertraut zu sein. Dies spricht dafür, dass es sich wohl um einen Prager Theologen handelte, der die Ereignisse vor Ort miterlebte und Jakobell als Gegner vor Augen hatte. Wer der gesuchte Autor gewesen sein könnte, kann hier nicht festgestellt werden.[287] Neben Andreas von Brod schrieben weitere »einheimische Gegner« und Prager Magister gegen Jakobell;[288] der Verfasser unseres Kelchtraktats könnte ein Theologe dieser Gruppe gewesen

---

283 Vgl. ebd., S. 158–167, bes. S. 159.
284 Vgl. die Werkübersicht in DE VOOGHT, Jacobellus de Stříbro, S. IX–XIII (und in RETM, S. 2086–2095).
285 Vgl. oben, S. 435.
286 Vgl. dazu unten, S. 460–463.
287 Detaillierte Textvergleiche mit den erhaltenen anti-hussitischen Schriften der Frühphase der Auseinandersetzung könnten helfen, den Autor zu identifizieren. Da viele dieser Texte nur handschriftlich zur Verfügung stehen (vgl. SOUKUP, Repertorium), kann diese Arbeit hier nicht geleistet werden.
288 Vgl. COUFAL, Sub utraque specie, S. 161 f.

sein. Andreas von Brod kann als Autor ausgeschlossen werden, weil sich seine Argumentation in charakteristischen Punkten vom Wiener Traktat unterscheidet.[289]

Dieser Befund ändert die bisherige Einordnung des »Wiener« Hussitentraktats grundlegend. Wenn der Kelchtraktat also eine gegen Jakobell von Mies gerichtete und wohl von einem Prager Theologen verfasste Schrift aus den Jahren 1414 bis 1418 darstellt, stellt sich die Frage, warum diese nie separat, sondern erst ab ca. 1423/24 gemeinsam mit den anderen Textteilen des »Wiener« Traktats überliefert ist? Möglicherweise existierten Abschriften, die heute nicht bekannt sind; vielleicht erhielt auch nur Jakobell ein Exemplar des Textes. Gerade in der Frühzeit der Auseinandersetzung wurden anti-hussitische Schriften nicht sehr weit verbreitet.[290] Die Debatten wurden weithin zwischen Einzelpersonen geführt und konzentrierten sich vorwiegend auf Prag; das Interesse außerhalb Böhmens war noch gering. Erst durch das Konstanzer Konzil bekam die Kontroverse größere internationale Bedeutung und erregte breitere Aufmerksamkeit. Dass eine Prager Schrift gegen Jakobell von Mies nicht verbreitet wurde, erstaunt daher nicht. Die Einleitung des Kelchtraktats, in der die Sorge um die *simplices* und die Erstellung einer möglichst einfach zu benutzenden Handreichung im Mittelpunkt stehen, könnte eine spätere »Aktualisierung« des Textes darstellen, die weitere Adressatenkreise – etwa den Prager Klerus – ansprechen wollte. Möglicherweise handelte es sich bei dem vorliegenden Text um einen Entwurf, der erst überarbeitet und für die weitere Verbreitung angepasst werden sollte (indem etwa die abgekürzt eingefügten Zitatverweise durch die vollständigen Belegstellen ersetzt wurden).

Vor diesem Hintergrund stellen sich nun zwei Fragen: Wie ist die wahrscheinliche Verortung des Kelchteils im Prag der Jahre 1414–1418 mit den in den Kolophonen genannten Verfassern Jakobus von Clavaro, Peter von Pulkau und Bartholomäus von Ebrach in Einklang zu bringen? Und wie gelangte eine Schrift aus der Frühzeit der Auseinandersetzung in einen Hussitentraktat, der (den datierten Abschriften gemäß) Mitte der 1420er-Jahre *in universitate Wiennensi* zusammengestellt wurde?

Zur Autorenfrage ist zu konstatieren, dass keine der Abschriften explizite Hinweise enthält, welchem Beteiligten welcher Anteil bei der Zusammenstellung des Hussitentraktats zukam. Um die These, dass der Kelchteil von einem anonymen Prager Verfasser stammt, zu überprüfen, muss zunächst eine mögliche

---

289 Für einen Überblick über die zentralen Argumente des Andreas von Brod vgl. TRAXLER, Früher Antihussitismus.

290 Vgl. den Gesamtüberblick in SOUKUP, Repertorium. Eine Ausnahme bildet die Schrift *Eloquenti viro* des Andreas von Brod, die zwar bereits zwischen 1409 und 1414/15 entstand, jedoch erst auf dem Basler Konzil ihre weite Verbreitung fand (vgl. TRAXLER, Früher Antihussitismus, S. 159–163).

Verfasserschaft der genannten Beteiligten untersucht werden. Im Gegensatz zu Jakobus von Clavaro, von dem bislang keine schriftlich überlieferten Werke bekannt sind, stehen von Peter von Pulkau[291] und Bartholomäus von Ebrach[292] mehrere Schriften zur Verfügung. Als besonders erfolgversprechend erwies sich ein detaillierter Textvergleich mit zwei dezidiert anti-hussitischen Werken dieser beiden Theologen: der 1415 in Konstanz verfassten *Confutatio Iacobi de Misa* des Peter von Pulkau,[293] und der 1414 in Wien vorgetragenen *Lectura super ›Firmiter credimus‹* des Bartholomäus von Ebrach.[294] Die *Confutatio* des Pulkauers wendet sich gegen die Forderung des Laienkelchs, die der hussitische Theologe Jakobell von Mies in seiner Schrift *Pius Iesus* dargelegt hatte. Die *Lectura* des Bartholomäus von Ebrach kommentiert das Glaubensbekenntnis *Firmiter credimus* des Vierten Laterankonzils (1215) und wendet sich dabei ausdrücklich gegen die Irrtümer der Waldenser, des John Wyclif und Jan Hus. Im Folgenden wird gezeigt, dass eine genaue Analyse dieser Texte, ihrer Argumentationsweisen und Stile sowie ein Vergleich mit dem Kelchtraktat Anhaltspunkte liefern, die eine Zuschreibung zwar nicht mit letzter Sicherheit ausschließen, aber unwahrscheinlich machen und somit die These eines anonymen Prager Verfassers stärken.

Peter von Pulkau als Verfasser des Kelchteils?

Ein detaillierter Vergleich zwischen dem Wiener Kelchtraktat und der *Confutatio* des Pulkauers erfolgte bereits oben im Rahmen der inhaltlichen Besprechung.[295] Dabei zeigten sich eklatante Abweichungen: Während die *Confutatio* betont, dass die Eucharistie ein für alle Erwachsenen mit ausreichendem Vernunftgebrauch heilsnotwendiges Sakrament sei, deren Empfang zu verweigern eine Todsünde darstelle, argumentiert der Wiener Kelchtraktat (gegen das hussitische Argument, dass die geistliche Kommunion den Wunsch nach sakramentaler Kommunion bedinge), dass das Gebot der geistlichen Kommunion schon durch die Taufe erfüllt und die Eucharistie damit letztlich nicht notwendig sei. Zugleich verteidigt er aber, dass zahlreiche Theologen und die

---

291 Eine Werkübersicht in Girgensohn, Peter von Pulkau, S. 165–191, mit Ergänzungen in Uiblein, Zur Lebensgeschichte, S. 324–328.
292 Dessen Werke stellte Machilek, Frowein, Bartholomäus, von Ebrach zusammen.
293 Vgl. oben Kapitel I, S. 38–47.
294 Vgl. Machilek, Frowein, Bartholomäus, von Ebrach. Die *Lectura* ist in drei von vier Abschriften dem Nikolaus von Dinkelsbühl zugeschrieben, der 1469 abgeschriebene Textzeuge Clm 16480 (fol. 318r–397v) nennt jedoch Bartholomäus als Verfasser und weist darauf hin, dass diese *Lectura* 1414 an der Wiener Juristenschule vorgetragen wurde. Die folgenden Verweise beziehen sich auf die Abschrift Prag, Nationalbibliothek, Cod. III.C.4, fol. 183r–256v.
295 Vgl. ausführlich oben, S. 382–441 (zu allen im Folgenden zusammengefassten Argumenten).

Gesamtkirche die Kommunion unter einer Gestalt vorgeschrieben haben, und wieder an anderer Stelle betont er die wichtige Rolle der sakramentalen Kommunion, da diese nicht nur dazu diene, den Glauben und das daraus entspringende *meritum* zu erlangen, sondern auch die Bedingung für die Vollendung des mystischen Leibes Christi, also der Kirche, darstelle. Versuche, diese unterschiedlichen und teilweise widersprüchlichen Zugänge zu thematisieren und in ein theologisches Gesamtkonzept zu integrieren, macht der Verfasser nicht. Schon das Grundverständnis der Eucharistie unterscheidet sich somit in diesen beiden Schriften markant. Auffällig ist weiters, dass Peter von Pulkaus *Confutatio* Substanz und Akzidenzien des Eucharistiesakraments deutlich ausführlicher behandelt und argumentiert, dass die Substanz der Eucharistie – Materie, Form, Spender und richtige Intention – nicht verändert werden dürfe, die Akzidenzien (alles den Ritus Betreffende) hingegen schon. Im Gegensatz dazu erwähnt der Verfasser des Wiener Kelchtraktats die substantiellen Bestandteile der Eucharistie mit keinem Wort. Weder Materie und Form, noch der Spender und dessen Intention, noch das Verhältnis zwischen Substanz und Akzidenz werden thematisiert.

Ein weiterer auffälliger Unterschied liegt im Kirchenbild der beiden Verfasser: Der Wiener Kelchtraktat betont wortreich die Vorrangstellung der Römischen Kirche und des Papstes als höchste Autoritäten, während er keinerlei Interesse zeigt, Rolle und Autorität der Konzilien – auch des Constantiense – zu thematisieren. Für Peter von Pulkaus *Confutatio* hingegen ist die Gesamtkirche, verstanden als Gemeinschaft Christi und seiner Glieder und definiert als prädestinierte, gerufene, gerechtfertigte und verherrlichte Kirche, die entscheidende Größe. Der Römischen Kirche und dem Papst kommt dabei keine Sonderrolle zu. Die Autorität jeder Rituskirche – im Osten wie im Westen – resultiere nicht aus einem höchsten Haupt, sondern aus der direkten, realisierten Gemeinschaft Christi und seiner Glieder. Die Autorität der *ecclesia universalis* sei somit immer größer als die des Papstes. Hier liegen zwei konkurrierende ekklesiologische Konzepte vor.

Beide Schriften betonen den verpflichtenden Charakter der kirchlichen Gewohnheit. Während sich der Wiener Kelchtraktat darauf beschränkt, praktische Beispiele beizubringen, um die Verbindlichkeit der jeweiligen kirchlichen Praxis zu verdeutlichen (etwa die wiederholte Betonung, dass die Kommunion unter einer Gestalt im Mittelalter üblich gewesen sei), befasst sich die *Confutatio* ausführlich mit einer theologischen Deutung und Erklärung der *consuetudo ecclesie*. Die kirchliche *consuetudo* ist nach dem Pulkauer keine menschliche Tradition, sondern gottgegeben und durch Apostel, Evangelien und prophetische Schriften tradiert. Eine verderbenbringende Gewohnheit hätte nie ohne Widerspruch in der ganzen Kirche eingeführt werden können, da dies dem Versprechen Christi, bis zum Ende der Zeiten mit seinen Gläubigen zu sein, widersprochen hätte. Solche grundsätzlichen Begründungen der Verbindlichkeit der kirchlichen Gewohnheit finden sich im Wiener Traktat nicht.

Neben diesen fundamentalen Differenzen sind zahlreiche Unterschiede bei Reaktionen auf konkrete Belegstellen festzumachen. Zwei charakteristische Abweichungen sollen zur Verdeutlichung genügen: Während der Wiener Kelchtraktat argumentiert, dass Paulus in 1 Kor 11,28 ausschließlich den würdigen Empfang der Eucharistie, nicht aber die Kommunion unter beiden Gestalten betonen wollte, interpretiert die *Confutatio* des Pulkauers diese Stelle als Beleg dafür, dass es zur Zeit des Apostels Paulus gewiss üblich gewesen sei, unter beiden Gestalten zu kommunizieren. Und obwohl die *Confutatio* zu einem Zitat aus einer Predigt des (Ps.-)Bernhard von Clairvaux anmerkt, dass auch heute im Orden der Zisterzienser fast alle nur unter der Gestalt des Brotes kommunizieren, betont der Wiener Kelchtraktat, dass ihm diese Aussage des hl. Bernhard nicht im Original vorliege, weil ihm ›hier‹ (*hic*) nicht alle Briefe des hl. Bernhard zugänglich seien. Abgesehen davon, dass der charakteristische Verweis auf die Praxis der Zisterzienser im Wiener Kelchtraktat fehlt, zeigt dies, dass Peter von Pulkau bereits mit diesem Zitat vertraut war. Würde der Kelchtraktat tatsächlich von ihm stammen, wäre sein Hinweis, dass er die Aussage nicht im Original kenne, schwer erklärbar, da er sich wenigstens in seiner *Confutatio* bereits mit dieser Passage befasst haben musste.

Auch methodologisch unterscheiden sich diese beiden Schriften. Während sich Peter von Pulkaus *Confutatio* einer klaren Fachterminologie bedient und stringente theologische Konzepte entwickelt, bleibt der Wiener Traktat theologisch weithin oberflächlich. Im Zentrum des Wiener Traktats stehen die Gefahren für die *simplices*, die aus der hussitischen Forderung, den beigebrachten Zitaten und deren irreführender Auslegung resultierten. Folglich konzentriert sich der Traktat darauf, den Gläubigen die Bedeutung aller Belegstellen individuell vor Augen zu führen, was gelegentlich auf Kosten der theologischen und argumentativen Konsistenz geht. Während die *Confutatio* eine ausgefeilte Argumentation mit minimalen Wiederholungen entwickelt, trägt der Wiener Traktat eine völlig andere Handschrift. Gleiche Argumente werden mehrfach wiederholt, zahlreiche Querverweise charakterisieren dessen Aufbau. Von den inhaltlichen und methodischen Differenzen abgesehen scheint es auch grundsätzlich unwahrscheinlich, dass der Pulkauer – obwohl er mit der *Confutatio* über einen fertig ausgearbeiteten und nicht verbreiteten Traktat verfügte, der sogar eine wichtige Vorarbeit für die Konstanzer Kelchverurteilung gebildet hatte – einen völlig neuen Text verfasste, der sich nicht nur hinsichtlich Aufbau, Stil und Kernargumenten nicht an der *Confutatio* orientierte, sondern ihr in zentralen Punkten sogar diametral entgegenstand. Kaum vorstellbar ist zudem, dass sich Peter von Pulkau nicht auf das Konstanzer Konzil berufen hätte. Auf der Basis dieses Befundes kann mit einiger Wahrscheinlichkeit ausgeschlossen werden, dass Peter von Pulkau für die Abfassung des Wiener Kelchtraktats verantwortlich war.

Bartholomäus von Ebrach als Verfasser des Kelchteils?

Bei der wohl 1414 an der Wiener Juristenschule vorgetragenen *Lectura* zum Bekenntnis *Firmiter credimus* des Bartholomäus von Ebrach handelt es sich nicht nur um einen theologischen Kommentar zum Symbolum des IV. Laterankonzils, sondern auch um ein dezidiert kontroverstheologisches Werk, das sich insbesondere mit zeitgenössischen Häresien auseinandersetzt. Zu jeder Passage von *Firmiter credimus* bringt Bartholomäus Widersprüche häretischer Gegner bei, die er ausführlich entkräftet. Seine Kenntnis häretischer Gruppierungen reicht dabei von frühkirchlichen Vertretern wie den Arianern bis hin zu zeitgenössischen Irrtümern der Waldenser, Wyclifiten und des Jan Hus, gegen die er sich an zahlreichen Stellen seines Kommentars direkt wendet. Besonders aufschlussreich ist die Einleitung, in der Bartholomäus allgemeine Überlegungen zur Verbindlichkeit von Glaubensartikeln voranschickt, sowie sein Kommentar zu den letzten Kapiteln des Glaubensbekenntnisses, die sich mit ekklesiologischen Fragen, der Eucharistie und Taufe sowie der Rolle der Priester befassen. Im Folgenden sollen zentrale Charakteristika der Argumentation des Ebrachers vorgestellt und mit dem Wiener Kelchtraktat verglichen werden, um eine mögliche Verfasserschaft zu hinterfragen.

Bevor sich Bartholomäus von Ebrach dem Bekenntnis *Firmiter credimus* selbst zuwendet, stellt er grundsätzliche Überlegungen zur Struktur der Kirche und zur Verbindlichkeit der Glaubensartikel voran. Im Zentrum steht dabei die Überzeugung der Gegner, dass jeder Glaubensartikel von jedem Menschen gleichermaßen gehalten werden müsse, da jeder Zweifel Unglauben bedeute (wie auch der Wiener Kelchtraktat betont). Dazu sei zunächst zu beachten, dass die Kirche – analog zur Dreifaltigkeit Gottes – aus drei Ständen (*status*) bestehe: dem Stand der Prälaten, der Religiosen und der Laien. Jeder dieser drei Stände sei wiederum dreifach unterteilt: der erste in das Papsttum, das Bischofsamt und das Priesteramt; der zweite in die Äbte oder Generalmagister, die Prioren sowie die einfachen Brüder und die Konventualen; und der dritte in die weltlichen Fürsten, die Soldaten und die gewöhnlichen Laien.[296]

Die Glaubensartikel würden nun von verschiedenen Gruppen unterschiedlich aufgefasst: die Grammatiker verstünden sie anders als die Rhetoriker, die

---

296 »Primus [status] est prelatorum, secundus religiosorum, tercius laycorum, et in quolibet illorum quedam trinitas reperitur: Nam in primo statu reperitur papatus, episcopatus et pastoralis presbyteratus; in secundo vero statu reperiuntur primo abbates vel magistri generales, secundo priores et tercio simplices et conventuales fratres; in tercio autem statu reperiuntur primo seculares principes, secundo milites, tercio layci wlgares« (Bartholomaeus de EBRACO, Lectura, fol. 184ra).

Physiker anders als die Theologen.[297] Grundsätzlich könnten die Glaubensartikel selbst – analog zur Gottheit und Menschheit Christi – in zwei Gruppen unterteilt werden: sieben Glaubensartikel behandeln die Gottheit Christi (etwa das
Verhältnis der drei göttlichen Personen und ihre Werke), sieben hingegen die
Menschheit Christi.[298] Diese insgesamt 14 Glaubensartikel müssten von den
Christgläubigen entweder ausdrücklich (*explicite*) oder einschlussweise (*implicite*) geglaubt werden. *Implicite* zu glauben bedeute, den *habitus fidei* zu
haben und zu glauben, was die Kirche glaubt (wie es etwa bei getauften Kindern
der Fall sei). *Explicite* zu glauben bedeute, *actualiter* zu glauben und die einzelnen Glaubensartikel ausdrücklich zu kennen, erklären und unterscheiden zu
können. Dies könne jedoch nicht von allen gleichermaßen verlangt werden. Um
zu verstehen, wer alle Glaubensartikel explizit glauben müsse und wer nicht, sei
zu beachten, dass die Gläubigen in drei Grade (*gradus*) unterschieden werden: in
die Schwachen, die Mittleren und die Höchsten. Zur höchsten Gruppe gehören
der Papst und die Bischöfe; zur mittleren Gruppe zählen alle, denen die *cura
animarum* anvertraut sei, die Prediger des Wortes Gottes und die Lehrer der hl.
Schrift; die dritte Gruppe umfasse hingegen alle Gläubigen, die keine besondere
Sorge oder kein besonderes Amt zu Lehren innehaben.[299] Die Gruppe der *infirmi*
müsse nur die wichtigsten Lehren der Glaubensartikel ausdrücklich glauben, die
mittlere und höchste Gruppe hingegen alle. Die Mittleren müssten freilich nicht
alle Schwierigkeiten zerschlagen und den Glauben gegen die Häretiker verteidigen können, weil sie sich in solchen Dingen an die Obersten wenden sollten,
denen die dafür notwendigen Kompetenzen zukämen.[300] Ausführlich thematisiert Bartholomäus das Verhältnis von göttlichem und natürlichem Gesetz und
widmet sich der Frage, wie der Glaube jener Menschen zu verstehen sei, die –
weil sie etwa in der Wüste aufwuchsen oder eingesperrt waren – noch nie von

---

297 »Pro cuius dubii solucione est notandum, quod aliter capitur articulus secundum grama-
    ticos, aliter apud rethoricos, aliter apud phisicos, et aliter apud theologos. Declaracionem
    illius omitto« (ebd., fol. 187ra).
298 Ebd., fol. 187rb–va.
299 »Quidam namque in gradu infirmo sunt, alii in medio, et alii in supremo. In supremo sunt
    dominus papa et episcopi, in medio omnes curam animarum habentes et predicatores verbi
    Dei et doctores scripture sacre et consimiles (…) Infimos autem voco, quibus nulla est cura
    aut officium docendi commissum« (ebd., fol. 187vb).
300 »Isto premisso dico, quod licet inferiores seu infimi ecclesie filii non teneantur explicite
    credere nisi fidei articulos maiorum doctrina et ritu ecclesie tam palam creditos, ut non
    lateant sine culpa. Ad omnes tamen explicite credendum tenentur medii et amplius sup-
    remi. (…) Medii siquidem tenentur fidei articulos alios docere, licet non teneantur omnes
    profundas difficultates discutere et contra hereticos fidem obligantur defendere, in quibus
    tamen recurrere debemus ad supremos, qui quidem supremi tenentur gregem Christi
    nutrire et multiplicare ac a lupis defendere, quod non possent nisi ultra articulos fidei eciam
    haberent noticiam scripturarum sacrarum et profundarum difficultatum. Tenentur eciam
    scire, opponere et respondere, hereticos persequi et confutare« (ebd., fol. 187vb).

Christus und seinen Lehren gehört haben.[301] Seine Argumentation braucht hier nicht im Detail besprochen zu werden: Wichtig ist, dass Bartholomäus zwar damit übereinstimmt, dass gewisse Glaubensartikel von allen gehalten werden müssen, er sich jedoch vehement gegen die Vorstellung einer allgemeinen und undifferenzierten Verpflichtung aller kirchlichen Gruppen zum expliziten Festhalten aller Glaubensartikel wendet.

In seinem Kommentar zum letzten Teil von *Firmiter credimus* wendet sich Bartholomäus zunächst der Kirche zu.[302] Dass die Gesamtkirche eine sei, sei die erste Wahrheit, die aus den hl. Schriften und anderen Glaubensbekenntnissen offenkundig werde.[303] Bartholomäus arbeitet zwei Kernpunkte heraus: Zum einen charakterisiert er die Kirche als hierarchische Gemeinschaft, die auf den Papst als ihren höchsten Leiter hingeordnet sei, von dem alle Macht in der Kirche abhänge und direkt oder indirekt weitergegeben werde.[304] Gegen diverse Häretiker, die die besondere Autorität des Papstes und der Römischen Kirche bezweifeln,[305] werden der Primat des Papstes und die Sonderrolle der *ecclesia Romana* ausführlich begründet und verteidigt. Dazu wird weithin auf die bekannten Primatsbelege der hl. Schrift (v. a. Mt 16 und Joh 21), die Heilszusage Christi an die (Römische) Kirche und deren Gründung durch Petrus zurück-

---

301 Vgl. etwa ebd., fol. 189va–b.

302 Der entsprechende Text in *Firmiter credimus* lautet: »Una vero est fidelium universalis ecclesia, extra quam nullus omnino salvatur, in qua idem ipse sacerdos et sacrificium Iesus Christus, cuius corpus et sanguis in sacramento altaris sub speciebus panis et vini veraciter continentur transsubstantiatis pane in corpus et vino in sanguinem potestate divina, ut ad perficiendum mysterium unitatis accipiamus ipsi de suo quod accepit ipse de nostro. Et hoc utique sacramentum nemo potest conficere nisi sacerdos, qui fuerit rite ordinatus secundum claves ecclesie, quas ipse concessit apostolis et eorum successoribus Iesus Christus. Sacramentum vero baptismi, quod ad invocationem individue trinitatis videlicet patris et filii et Spiritus Sancti consecratur in aqua tam parvulis quam adultis in forma ecclesie a quocunque rite collatum proficit ad salutem« (Firmiter credimus, S. 164).

303 »Prima veritas est, quod una est universalis ecclesia. Ista veritas manifesta est ex scripturis sacris et aliis symbolis« (Bartholomaeus de EBRACO, Lectura, fol. 228vb).

304 »Ecclesia est convocacio vel congregacio ierarchica actualiter vel habitualiter (…) Dicitur autem primo congregacio ierarchica, quia in ecclesia est debita et conveniens ordinacio inferiorum ad superiores usque ad unum principantem. (…) Inde est eciam quod in ecclesia militante unus supremus ponitur ecclesie ierarchia et princeps summus, scilicet universalis Christi vicarius dominus papa, a quo omnis potestas reperta in aliis ecclesie membris mediate vel immediate derivatur« (ebd., fol. 229va).

305 »Et ista sunt contra multos hereticos et scismaticos, et primo contra Grecos dicentes Romanam ecclesiam non habere primatum neque patriarchales ecclesias ei subesse neque sub eius obediencia (…) Item contra Armenos dicentes quod ipsi sint ecclesia catholica, et quod Romana ecclesia non est catholica nec apostolica. Item contra Waldenses seu pauperes de Lugduno dicentes seipsos non subesse Romano pontifici nec aliis prelatis ecclesie Romane, et quod papa eorum mandata suam sectam dimittere non debeant, ac eciam summorum pontificum canones, decretales, constituciones seu decreta (…) non valent nec ligant. Preterea predicta sunt contra errores quorundam pseudo apostolorum beginarum et abbatum Ioachim et aliorum plurimorum quisque errores (…)« (ebd., fol. 234ra–b).

gegriffen. Im Folgenden wendet sich Bartholomäus der Irrtumslosigkeit der *ecclesia Romana* und der daraus resultierenden Konsequenz zu, dass niemand außerhalb der Römischen Kirche das Heil erlangen könne. Dazu stellt er zuerst die Frage, was unter der Römischen Kirche konkret zu verstehen sei. Dies zu beantworten sei sehr schwierig:[306] Grundsätzlich könne die Kirche entweder als *congregacio omnium fidelium* oder als Gemeinschaft des Papstes und der kirchlichen Prälaten verstanden werden. Hinsichtlich der Kirche als *congregacio omnium fidelium* könne man nicht sagen, dass sie irren kann; hinsichtlich der Gemeinschaft des Papstes und der Prälaten hingegen schon.[307] Folglich könne unter der Römischen Kirche nicht der Papst als Römischer Bischof verstanden werden, der, wie Chroniken bezeugen, durchaus hinsichtlich glaubens- und heilsnotwendiger Dinge irren könne.[308] Die einzelnen Entscheidungsträger und ihre Handlungen seien von der Verlässlichkeit und Irrtumsfähigkeit der Gesamtkorporation zu trennen. Wenn sich etwa die Prälaten berieten und dann irrten, könne nicht gesagt werden, dass deshalb die ganze Kirche irre, wie auch nicht gesagt werde, dass sich eine Universität irre, wenn der Rektor in irgendeinem Punkt einem Irrtum unterliege.[309] Selbst wenn jeder einzelne Gläubige Häretiker werden könne, so doch nicht die Gesamtheit (*multitudo*) aller Gläubigen.[310] Ausdruck dessen seien die Dekrete, Konstitutionen und Entscheidungen der vom hl. Geist geleiteten Gesamtkirche – also der Konzilien –, die immer zu halten seien.[311]

---

306 »Ex quibus claret sacrosanctam ecclesiam Romanam numquam errare. Sed quomodo et in qua accepcione huius nominis ›ecclesia‹ debeat hoc intelligi est magna difficultas« (ebd., fol. 237rb).

307 »Nam uno modo potest hoc intelligi de ecclesia prout dicit congregacionem omnium fidelium; alio modo capiendo propter papa et prelatis omnibus ecclesie vel saltem principalioribus scilicet accepciones prius ultimo tactas, modo capiendo ecclesiam primo modo dicitur, quod impossibile est de lege ordinaria ecclesiam errare primo modo, sic videlicet quod quilibet viator erret in hiis que neccesaria sunt ad salutem anime vel errore qui obstet saluti. (...) Si autem capitur ecclesia pro prelatis ecclesie, ut tactum est, tunc non inconveniens est concedere tales in casu errare« (ebd., fol. 237va).

308 »Non enim videtur per ecclesiam Romanam hic debeat intelligi papa, qui est episcopus Romane ecclesie, quia, ut potest haberi ex cronicis, plures notabiliter erraverunt eciam in hiis, que sunt fidei et de neccessitate salutis (...) Eadem racione videtur, quia per ecclesiam Romanam in auctoritatibus illis non debeat intelligi papa cum cardinalibus ac eciam toto clero Romano, quia non apparet quare illos omnes errare non esset possibile« (ebd., fol. 237rb–va).

309 »Si tamen tales prelati in casu ex eorum negligencia errarent, non propter hoc deberet simpliciter ecclesiam concedi errare (...), sicud nec universitas aliqua diceretur errare, si rector ipsius cum suis deputatis erraret« (ebd., fol. 237vb).

310 »Ulterius sequitur, quod licet omnes fideles iam existentes possint errare, non tamen omnis multitudo fidelium viatorum, que est vel erit, stante lege ordinata potest errare. (...) Numquam enim deficiet fides, ut Christus dixit et promisit« (ebd., fol. 238ra).

311 »Et talium congregacio rite facta et debite celebrata spiritu sancto dirigente numquam errat in hiis que sunt fidei et que totalem concernunt communitatem christianam. Ex quo se-

Bartholomäus von Ebrach entwickelt hier ein Kirchenbild, das einerseits die Autorität und Verbindlichkeit des Papstes, der Römischen Kirche und ihrer Verordnungen betont, die *ecclesia Romana* jedoch zugleich als Gemeinschaft aller Gläubigen (über die Zeiten hinweg) definiert. Obwohl einzelne Verantwortungsträger (selbst der Papst), ja sogar alle aktuell lebenden Gläubigen irren können, stellen der hl. Geist und die Heilszusage Christi dennoch die Kontinuität des Glaubens sicher (und zwar durch die Gesamtheit, die die Summe der einzelnen Kritiker übersteigt). Zur Ekklesiologie des Bartholomäus drängen sich einige Rückfragen auf, die hier nicht behandelt werden können. Entscheidend ist, dass er wie der Wiener Kelchtraktat die Autorität des Papstes und der Römischen Kirche betont, sie gleichzeitig aber relativiert. Päpstliche Autorität und kirchliche Irrtumslosigkeit werden hier getrennt. Solange sich der Papst innerhalb des rechtmäßigen Glaubens bewege, sei er immer die höchste Autorität. Unabhängig vom Verhalten und Standpunkt des Papstes und anderer Entscheidungsträger seien die Dekrete, Konstitutionen und Entscheidungen der Kirche – verstanden als *multitudo* oder Konzil – jedoch immer verbindlich und von allen zu halten. Die Autorität der Römischen Kirche gründe somit auf der päpstlichen Autorität, erschöpfe sich aber nicht darin.

Im Anschluss befasst sich Bartholomäus von Ebrach mit Christus als Priester und Opfer, dessen Leib und Blut im Altarssakrament unter den Gestalten von Brot und Wein wahrhaft enthalten sei, also mit der Frage der Transsubstantiation. Er beginnt mit etymologischen Überlegungen: Christus sei Priester und Opfer, weil sich *sacerdos* aus *sacer* und *do* bzw. *das* zusammensetze. Darüber hinaus meine *sacerdos* auch *satis dans*, weil der Priester freigiebig sein müsse, wie uns auch der Sohn Gottes für unsere Mühsal im gegenwärtigen Leben seinen wertvollsten Leib und sein Blut gegeben habe, damit es uns in diesem Leben an nichts mangle. *Sacerdos* könne zudem mit *sacrificando* assoziiert werden, was ebenfalls ganz besonders passend dem Sohn Gottes zugeschrieben werde, weil er sich selbst für uns alle hingegeben habe; gleichsam wie ein *sacer dux*, der sich täglich opfere und das Brot in seinen Leib und den Wein in sein Blut verwandle. Die Eucharistie sei somit als Stärkung für die Reisenden (*viaticum*) oder als Nahrung zu verstehen.[312] Nur der Priester, der geordnet geweiht wurde und so die Schlüssel der Kirche übertragen bekam, könne Brot und Wein konsekrieren. Bartholomäus wendet sich direkt gegen die Waldenser, die behaupteten, dass die Laien ihrer Sekte Brot und Wein konsekrieren könnten, und zudem darauf be-

---

quitur, quod eorum decretis, constitucionibus et determinacionibus sic factis certi tenentur obedire (…)« (ebd., fol. 237vb).

312 Ebd., fol. 238ra–b; »(…) hoc sacramentum dignissimum per omnibus aliis nomen viatici meruit obtinere. Ipsum namque in hac via nos sustentat per modum nutrimenti aptissimi et ad finem vite nos perducit tutissime« (ebd., fol. 238rb).

harrten, dass heilige Laien mehr Kompetenzen hätten als schlechte Priester.[313] Gegen diesen notwendigen Zusammenhang von geistlicher Gewalt und der moralischen Disposition des Priesters, der sich auch bei Hus findet, argumentiert Bartholomäus, dass die notwendige *potestas consecrativa* in einem unauslöschlichen (*indelebilis*) *character sacerdotalis* begründet sei. Folglich könne jeder Priester – aber auch nur dieser – dieses Sakrament konsekrieren. Nur die Apostel hätten die Schlüssel des Himmelreiches (*potestas conficiendi et absolvendi*) erhalten, und nur sie und ihre Nachfolger oder die von ihnen ordnungsgemäß Ordinierten hätten folglich die Macht, das Sakrament zu konsekrieren.[314] Mit Petrus Lombardus wird betont, dass keine Häresie, Exkommunikation, sonstige Degradierung oder Schuld der Kirche diesen *character sacerdotalis* von einem ordentlich geweihten Priester wegnehmen könne; ja nicht einmal ein Verbot oder eine Verordnung (*constitucio*) des Papstes sei dazu in der Lage, weil es sich um eine *forma abolute anime impressa* handle, die unauslöschlich sei.[315]

Hinsichtlich des Eucharistiesakraments stehen Bartholomäus vor allem die Armenier, Katharer, Waldenser, Wyclifiten und Hus als Gegner vor Augen, die die Transsubstantiation bestritten und behaupteten, dass Christus das Brot nicht in seinen wahren Leib und den Wein nicht in sein Blut verwandelt habe und folglich im Sakrament nur *figurative* gegenwärtig sei.[316] Obwohl sich die Problematik der Transsubstantiation vom Laienkelch unterscheidet, sind die Überlegungen des Bartholomäus zur Eucharistie dennoch aufschlussreich. Durch das Sakrament der Eucharistie sei Christus real und wahrhaft in der Kirche gegenwärtig. Es sei sehr angemessen gewesen, dass Christus anordnete, dass seine wahre und reale Gegenwart unter gewissen sichtbaren Gestalten, nicht unter der ihm eigenen Gestalt der Glorie gegenwärtig sei, weil letzteres dem *status viatoris* nicht entspräche.[317] Bartholomäus unterscheidet zwischen drei

---

313 »Et illud est contra hereticos Waldenses, qui dicunt, quod laycus secte eorum, qui est iustus, potest hoc sacramentum conficere« (ebd., fol. 245va).

314 »Hec enim potestas consecrativa fundatur super caracterem sacerdotalem, qui in collacione ordinis sacerdotalis imprimitur (…) Sic ergo soli apostoli et eorum successores vel ab eis rite ordinati hanc potestatem consecrativam habent« (ebd., fol. 245va–b).

315 »Ex quibus patet, quod nec heresis, nec excommunicacio, nec degradacio vel quecumque alia pena ecclesiastica aufferre potest hanc potestatem consecrativam a sacerdote rite ordinato; patet, quia propter nullum illorum aufertur caracter sacerdotalis; ymo nulla prohibicione nec constitucione pape vel cuiuscumque alterius hominis (…)« (ebd., fol. 245vb–246ra).

316 Ebd., fol. 238va–b und fol. 239va.

317 »Igitur convenientissimum fuit, ut Christus, qui precise venit propter salutem hominum, ordinaret sui veram et realem presenciam quodammodo sensibilem non sub propria specie glorie, quia hoc non ita convenisset statui viatoris et modo vivendi eorum et merendi. Et ergo fieri suam presenciam sensibiliter sub alia specie racionalissime ordinavit et decrevit

Arten der Kommunion: der fleischlichen, sakramentalen und geistlichen. Die fleischliche Kommunion (*sumpcio carnalis*) bestehe im Verzehr der Gestalten; die sakramentale Kommunion füge dazu noch die Intention des Kommunizierenden hinzu, den wahren Leib Christi so zu empfangen, wie es die Kirche intendierte. Die geistliche Kommunion bedeute die Eingliederung in und Einheit mit dem mystischen Leib Christi durch die Gnade.[318] Die geistliche Speise nähre den menschlichen Geist nur, wenn er so geordnet sei, dass Christus nachgeahmt werden könne. Durch häufige Kommunion werde der Gläubige Christus gleichförmiger gemacht. Fehle die entsprechende Disposition, bewirke die Eucharistie jedoch das Gegenteil und entferne den Gläubigen von Christus.[319] In diesem Zusammenhang kritisiert Bartholomäus auch die Praxis der Griechen, die behaupteten, dass nur gesäuertes, nicht aber ungesäuertes Brot konsekriert werden könne.[320]

Abschließend sollen in aller Kürze die Darlegungen des Bartholomäus zur Taufe vorgestellt werden, da das Taufsakrament im Wiener Kelchtraktat ebenfalls eine wichtige Rolle spielt. Wiederum zeigt der Verfasser Interesse an etymologischen Überlegungen, wenn er erläutert, dass *baptizare* im Griechischen dasselbe bedeute wie *lavare* im Lateinischen.[321] Als Taufe dürfe nur das Taufen in fließendem Wasser mit der von Christus festgelegten Wortformel bezeichnet werden.[322] Bartholomäus betont die Unterscheidung zwischen Form (die Tauf-

---

in ecclesiis et locis consecratis, ut sic fieret unio et convocacio hominum et devocio augeretur« (ebd., fol. 238vb).

318 »(...) Unde quedam est sumpcio vel manducacio corporis Christi carnalis, quedam sacramentalis, quedam spiritualis. Sumpcio carnalis consistit in manducacione istarum specierum; sacramentalis vero superaddit intencionem sumendi verum corpus Christi vel saltem illud, quod ecclesia intendit accipere etc. Heretici non credentes ibi verum corpus Christi esse talem tamen intencionem habentes sumerent in casu corpus Christi realiter et sacramentaliter. Spiritualis vero manducacio dicit incorporacionem et unionem ad corpus Christi mysticum per graciam etc.« (ebd., fol. 240ra).

319 »Ita cibus iste spiritualis non nutrit spiritum hominis nisi ita dispositum ut ipsum sibi assimilare possit. Quia ergo ex frequenti usu huius cibi fit continue Christo in moribus conformior sepe hoc cibo utatur. Iste vero, qui sepe hoc alimento utitur et non fit Christo conformior, sed fortasse Christo dissimilior, sed in eadem habitudine semper manet, non videtur satis dispositus ydoneus, ut illud alimentum ipsum magis ac magis assimilet, donec eum penitus christiformem reddat« (ebd., fol. 239ra).

320 »Item sequitur 30. contra Grecos, qui solum offerunt panem fermentatum dicentem panem azimum non esse consecrabile, cm tamen hic nulla sit mencio de fermentato etc. Et quia oppositum potest haberi ex ewangeliis Mt, Mk und Lk, videlicet quod Christus in azimo confecit, ideo aliqui eorum negant illos tres ewangelistas et dicunt Iohannem eos correxisse, quod falsissimum est igitur« (ebd., fol. 245ra).

321 »(...) baptizare grece idem est in latino quod lavare (...), baptismus idem est quod lavacrum« (ebd., fol. 249ra).

322 »(...) solum unus est baptismus, scilicet baptismus fluminis, qui fit in aqua cum determinata forma verborum a Christo domino instituta. (...) Si vero aliquid aliud vocatur baptismus, hoc non est proprie sed per attribucionem, sicud urina dicitur sana, quia est signum sanitatis« (ebd.).

formel) und Materie (die sichtbaren Bestandteile, also das Wasser) im Taufsakrament. Ausführlich widmet er sich den unterschiedlichen Taufformeln und erläutert, welche Formel weshalb gültig sei. Damit setzt er sich wiederum mit Einwänden seiner Gegner auseinander. Da keine niedrigere Autorität die Verordnung einer höheren Autorität verändern könne, dürfen weder der Papst noch die Kirche die *essentialia sacramentorum* (Form und Materie) verändern, die von Christus festgelegt wurden.[323] Folglich könne niemand taufen, der gebrechlich (*mancus*) oder stumm (*mutus*) sei, weil ersterer das Untertauchen in das Wasser, zweiterer das Vorbringen der nötigen Worte nicht leisten könne, die für das Zustandekommen der Taufe notwendig seien.[324]

　　Was lässt sich nun aus der *Lectura* des Bartholomäus von Ebrach für die Verfasserfrage des Kelchtraktats erschließen? Noch bevor auf inhaltliche Details eingegangen wird, fällt der deutlich unterschiedliche Stil der beiden Schriften auf. Beide Traktate sind gegen klar definierte, zeitgenössische Gegner gerichtet: die *Lectura* v. a. gegen die Waldenser, Wyclifiten und Jan Hus, der Kelchtraktat gegen die Hussiten. Ihr Grundanliegen ist somit vergleichbar. Während der Kelchtraktat jedoch die Verbindlichkeit der Glaubensartikel, die Rolle der Kirche und des Papstes, die Sakramente der Eucharistie und der Taufe sowie die Rolle der Priester vergleichsweise oberflächlich behandelt und nicht auf eine tiefere theologische Durchdringung dieser Themen abzielt, geht die *Lectura* viel genauer und detaillierter auf die angesprochenen Themen ein, stellt etymologische Überlegungen an und thematisiert trinitätstheologische Details (was freilich naheliegt, da hier ein Glaubensbekenntnis ausgelegt und kommentiert wird). Genügte dem Kelchtraktat der Hinweis, dass der Glaubensartikel der einen heiligen Kirche von allen gehalten werden müsse, referiert die *Lectura* ausführlich die Unterschiede zwischen implizitem und explizitem Glauben und den verschiedenen kirchlichen Gruppen, an die jeweils unterschiedliche Anforderungen hinsichtlich ihrer Glaubensverpflichtung gestellt werden. Konzentrierte der Kelchtraktat sein Kirchenbild auf die höchste Autorität des Papstes und der Römischen Kirche, ohne weitere Überlegungen dazu anzustellen, entwickelt die *Lectura* ein detailliertes Schema der kirchlichen Hierarchie. Während der

---

323　»(…) verba sacramentalia sunt principalia et per ipsorum adventum ad res sensibiles complent sacramentum. Ideo ipsa dicuntur ›forma‹, et res sensibiles ›materia‹. (…) Sicut papa non potest immutare materiam sacri baptismi, ita nec formam, quia forma principalior pars est sacramenti (…) Non enim credo, quod dominus papa aut eciam tota ecclesia circumscripto summo capite, scilicet Christo, posset facere aut statuere, quod sacramentum baptismi, quando non potest dari nisi in aqua naturali, posset in vino vel aliquo alio liquore mixto vel elemento conferri, quia essencialia sacramentorum papa vel ecclesia non possunt immutare (…) Circa autem forma triplex a Christo Domino tradita est, ut patet ex dictis. Igitur auctoritate pape, qui utique inferior est Christo, non potest immutari igitur« (ebd., fol. 250ra–va).

324　Ebd., fol. 253rb.

Kelchtraktat den Papst und die Römische Kirche faktisch gleichsetzte (oder es zumindest unterließ, weitere Überlegungen anzustellen), betont die *Lectura* den Unterschied zwischen der kirchlichen Hierarchie und der irrtumslosen *ecclesia Romana*, die sich über alle Zeiten erstrecke und im Konzil einen Ausdruck finde. Gegen ein solch »abstraktes«, mit der sichtbaren Kirche nicht notwendigerweise übereinstimmendes Kirchenverständnis sprach sich der Verfasser des Kelchtraktats dezidiert aus. Während die *Lectura* u. a. gegen Jan Hus die Transsubstantiationslehre verteidigte und drei Arten zu kommunizieren (fleischlich, sakramental, geistig) thematisierte, stellt der Wiener Kelchtraktat in einigen Passagen die grundsätzliche Notwendigkeit der Eucharistie in Frage, um diesen Standpunkt im Laufe späterer Kapitel mehrmals anzupassen und abzuändern. Auch das theologische Detailinteresse an den Sakramenten der Eucharistie und Taufe ist unterschiedlich: Der Kelchtraktat unternimmt keinerlei Versuche, sich näher mit Form und Materie dieser Sakramente zu befassen. Weder erwähnt er die substantiellen Bestandteile der Eucharistie, noch thematisiert er ihr Verhältnis zu den Akzidenzien. Die *Lectura* hingegen legt einen besonderen Fokus auf die von Christus festgelegten substantiellen Bestandteile der Sakramente, die nicht einmal vom Papst verändert werden dürften. Auch der in der *Lectura* stark betonte *character indelebilis*, der in der Priesterweihe verliehen werde, wird im Wiener Kelchtraktat nicht erwähnt.

Grundsätzlich wäre freilich denkbar, dass Bartholomäus von Ebrach im Wiener Kelchtraktat bewusst einen anderen Stil wählte und thematisch eine engere Auswahl traf, um eine möglichst leicht verständliche Handreichung gegen die Hussiten zusammenzustellen. Angesichts seiner Vorgehens- und Argumentationsweise in der Auseinandersetzung mit zeitgenössischen Häresien, für die die *Lectura* ein sprechendes Beispiel liefert, ist dies jedoch kaum überzeugend. Es scheint wenig plausibel, dass ein Theologe, der in einer Schrift gegen die Waldenser, Wyclifiten und Hus konsequent auf eine detaillierte, sorgfältige Unterscheidung, Analyse und Durchdringung der theologischen Differenzen bedacht war, in einer ähnlichen Schrift gegen die Hussiten weithin an der Oberfläche bleibt und auf vergleichbare Differenzierungen verzichtet. So ausführlich und detailliert, wie sich Bartholomäus schon 1414 mit jenen Kernthemen auseinandersetzte, die später im Kelchtraktat wieder aufgegriffen wurden, scheint es sehr unwahrscheinlich, dass er keine der dort entwickelten Überlegungen und Argumente in die Kelchschrift einfließen ließ; insbesondere, da er sich auch mit den (u. a. eucharistischen) Häresien des Jan Hus auseinandergesetzt hatte. Die erheblichen inhaltlichen Diskrepanzen und der deutlich abweichende sprachliche und theologische Stil dieser beiden Schriften machen es jedenfalls höchst unwahrscheinlich, dass sie vom selben Verfasser stammen, weshalb auch Bartholomäus von Ebrach als Autor des Wiener Kelchtraktats mit einiger Wahrscheinlichkeit ausgeschlossen werden kann.

Hinweise auf Bartholomäus von Ebrach und Peter von Pulkau als Verfasser der übrigen Textteile

Im Gegensatz zum Kelchteil enthalten Besitz-, Predigt- und Todsündenteil Hinweise, die auf eine Beteiligung der Wiener Gelehrten hindeuten. Ein wichtiges Detail findet sich in der Widerlegung des Todsündenartikels, in der ausführlich aus Heinrich von Langensteins *Lectura super Genesim* zitiert wird. Oben wurde bereits darauf hingewiesen, dass der Verfasser die Vorlesung Langensteins selbst gehört, mit Sicherheit aber gekannt haben muss.[325] Obwohl die Hussiten im Prager Artikel kein Zitat aus der Genesis vorbrachten, konnte der Verfasser innerhalb des monumentalen, mehrere Bände und hunderte Folia umfassenden Schriftkommentars zielsicher eine ideal passende Passage identifizieren und in die Widerlegung einbauen. Ohne die Vorlesung gehört oder zumindest gekannt zu haben, scheint dies kaum wahrscheinlich. Nur Peter von Pulkau wird die zwischen ca. 1385 und 1396 gehaltene Vorlesung des Heinrich von Langenstein selbst in Wien gehört haben. Folglich ist davon auszugehen, dass er an der Zusammenstellung des Kommentars zum Todsündenartikel zumindest unterstützend beteiligt war.

In der Widerlegung des Besitzartikels deuten Details auf Bartholomäus von Ebrach hin, der sich bereits in seiner *Lectura super ›Firmiter credimus‹* mit Forderungen häretischer Gruppen nach absoluter Besitzlosigkeit der Kirche befasst hatte. Konkret wendete er sich dort gegen die Waldenser, Wyclifiten und Hus, die den Vorwurf vorgebracht hatten, die Kirchen hätten *contra Christi pauperimi intencionem temporalia, iura, predia et terrene possessiones* angehäuft. So habe etwa Jan Hus behauptet, Papst Silvester habe schwer gesündigt, als er die Schenkung Konstantins annahm; und auch alle weltlichen Fürsten hätten – *cuius dicti frivoli absurditas nota est manifeste!* – Gott schwer beleidigt, weil sie in ihren Kirchen zeitliche Güter behielten.[326] Gott habe jedoch nie intendiert, kirchlichen Besitz zu verringern, sondern vielmehr, den Missbrauch zeitlicher Güter zu bestrafen. Zeitliche Güter seien sogar notwendig, weil geistliche Dinge (*spiritualia*) allein nicht bestehen bleiben oder nützen können.[327] Alle diese Argumente finden sich – freilich deutlich ausführlicher und detaillierter – auch in der Widerlegung des Besitzartikels.

Auch formal und stilistisch gleichen sich diese beiden Schriften: Beide Verfasser zeigen ein besonderes Interesse an kirchenrechtlichen Fragen und sind mit rechtlichen Fachtermini gut vertraut. Bartholomäus setzte sich in seiner *Lectura* mit zahlreichen Kanonisten auseinander, widerlegte deren Darlegungen oder zog sie zur Untermauerung seiner Standpunkte heran. Dies wird bereits in

---

325 Siehe oben, S. 381.
326 Bartholomaeus de EBRACO, Lectura, fol. 233ra.
327 Ebd., fol. 233rb.

der Einleitung seiner *Lectura* deutlich, in der er die Auffassung des Johannes Teutonicus, des Glossators der Konstitutionen des IV. Laterankonzils, kritisiert.[328] Der Verfasser des Besitzartikels scheint kanonistisch ebenso kompetent. So differenziert er nicht nur zwischen unterschiedlichen Besitzformen (etwa Landbesitz, *dominium* und *iusticias seculares*), die im Prager Artikel selbst nicht vorkommen. Er fügt auch einen (recht unvermittelten und für die Besitzfrage ungewöhnlichen) Verweis auf die *iurisdiccio coactiva* ein, welche die Gegner dem Klerus absprechen wollten. Wie oben dargelegt wurde, stammt diese Definition aus Marsilius von Paduas *Defensor pacis*[329] – ein Zitat, das Bartholomäus bereits in seiner *Lectura*, ebenfalls im Kontext der geforderten Besitzlosigkeit der Kirche, entkräftet hatte.[330]

Auch das Kirchenbild, das in der Einleitung des Gesamttraktats zur Sprache kommt, erinnert an die ekklesiologischen Ausführungen des Bartholomäus von Ebrach. So hatte die Einleitung betont, dass keine kirchliche Macht, nicht einmal die päpstliche, in Auslegungsfragen immer und notwendigerweise irrtumslos sei. Da selbst »Hirten und Lehrer« irren können, könne und müsse das richtige und wahre Schriftverständnis durch die Gläubigen selbst erfasst werden. Bartholomäus von Ebrach definierte in seiner *Lectura* die *ecclesia Romana* als Gemeinschaft aller Gläubigen und betonte, dass der Papst und letztlich sogar alle aktuell lebenden Gläubigen irren können, der hl. Geist und die Heilszusage Christi aber dennoch die Kontinuität des Glaubens sicherstellen. In beiden Fällen wirke die Heilszusage an die Kirche in einzelnen Gläubigen weiter, sollten die kirchlichen Entscheidungsträger Irrtümern unterliegen.

Diese Hinweise sprechen dafür, dass die beiden Wiener Gelehrten an der Zusammenstellung des Besitz-, Predigt- und Todsündenteils beteiligt gewesen sein könnten.

Jacobus von Clavaro als Verfasser des Kelchteils?

Wenn Peter von Pulkau und Bartholomäus von Ebrach als Autoren des Kelchteils ausgeschlossen und als Verfasser der übrigen Textteile stark gemacht werden können, bleibt die Frage nach der Rolle des italienischen Dominikaners Giacomo da Chiavari (Jacobus de Clavaro) bei der Zusammenstellung des Traktats. Da bislang keine Schriften Clavaros bekannt wurden, ist eine Einschätzung aufgrund inhaltlicher oder formaler Kriterien nicht möglich. Dennoch ist ernstzunehmen, dass das Kolophon des Hussitentraktats neben den beiden

---

328 Vgl. zB. ebd., fol. 185vb.
329 Siehe oben, S. 359, Anm. 78.
330 »Similiter et ille Marsilius Paduanus in libro suo quem vocat ›Defensorium pacis‹ (…) Consequenter dicit ille doctor ymo seductor verius, quod nec beatus Petrus, nec alius aliorum apostolorum vel Romanorum pontificum ex Christi institucione aliquam habuit vim coactivam« (Bartholomaeus de Ebraco, Lectura, fol. 232va).

Wiener Theologen ausdrücklich Jacobus de Clavaro als Mitarbeiter nennt. Die Zuschreibung einer anti-hussitischen Schrift des frühen 15. Jahrhunderts an drei Personen ist sehr ungewöhnlich. Dass Peter von Pulkau eine Schrift, die sich u. a. mit dem Laienkelch befasst, zugeschrieben wird, wäre verständlich, war er doch spätestens seit Konstanz mit diesem Thema vertraut. Dass jedoch auch Bartholomäus von Ebrach und Jacobus von Clavaro als Beteiligte genannt werden, ist nur erklärbar, wenn die beiden Gelehrten tatsächlich – in welcher Form auch immer – an den Vorbereitungen beteiligt waren. Dass Jacobus an erster Stelle genannt wird, könnte darauf hindeuten, dass ihm bei der Zusammenstellung des Traktats eine wichtige Rolle zukam. Wie könnte diese ausgesehen haben?

Bevor Clavaro 1421 in den Dienst Kardinal Brandas trat, ist wenig aus seinem Leben bekannt; seine Aufenthaltsorte und Tätigkeiten liegen im Dunkeln. Dass es sich bei dem italienischen Dominikaner um den gesuchten Verfasser des Kelchteils handelt, ist jedoch nicht plausibel. Zwar sind aufgrund der inhaltlichen und stilistischen Charakteristika des Kelchteils keine Aussagen zu seiner Autorschaft möglich, da Vergleichsschriften fehlen, die Auskunft über die Arbeitsweise und Argumentationsmethoden des Jacobus geben könnten. Es ist jedoch höchst unwahrscheinlich, dass sich der italienische Dominikaner vor 1420 längere Zeit in Prag aufgehalten und sich so die nötige Kenntnis der Vorgänge angeeignet hätte, über die der Verfasser zweifellos verfügte. Plausibler scheint es, dass Jacobus im Zuge seiner Legationsreisen mit Kardinal Branda an diesen Kelchtraktat gelangt sein könnte. Der italienische Dominikaner begleitete den päpstlichen Legaten Branda di Castiglioni zwischen 1421 und 1425 als Theologe und Sekretär auf dessen beiden Legationsreisen. Am 13. April 1421 begann die erste, am 17. März 1422 die zweite Legation Brandas. Die beiden reisten mit weiterem Gefolge mehrmals quer durch Deutschland, Österreich und Ungarn, nahmen u. a. an Reichstagen teil, predigten, organisierten Kreuzzüge gegen die Hussiten und forcierten die Kloster- und Kirchenreform.[331] Im Zuge der zweiten Legationsreise hielten sich Branda und Jacobus ab Ende Juni 1423 in Wien auf. Wie Studt darstellte, traf Branda am 29. Juni in Klosterneuburg ein, nahm Unterkunft im Wiener Schottenkloster, ernannte u. a. einige Kreuzzugsprediger und gab bei dem Melker Abt Petrus von Rosenheim das *Roseum memoriale*, eine Bibel in Versform, in Auftrag, bevor er im August 1423 am königlichen Hof in Ungarn nachgewiesen ist. Bis zum Frühjahr 1425 scheint sich Branda im Umfeld Herzog Albrechts V. aufgehalten zu haben, bevor er nach Rom zurückkehrte.[332] Innerhalb dieses Zeitraums dürfte Kardinal Branda den Auftrag

---

331 Zu den beiden Legationsreisen Kardinal Brandas vgl. detailliert Studt, Papst Martin V., S. 499–576 (mit weiterer Literatur).

332 Studt, Papst Martin V., S. 530–538.

erteilt haben, den Wiener Hussitentraktat zusammenzustellen (zu welchem Zweck wird unten zu hinterfragen sein).[333] Vielleicht gelangten entweder Jacobus oder Kardinal Branda selbst auf ihren Reisen in den Besitz des Kelchtraktats und brachten ihn mit der Intention, mithilfe dieses Textes einen Traktat gegen alle Vier Prager Artikel zusammenzustellen, nach Wien mit. Auf diese Weise wäre nicht nur erklärbar, wie eine Schrift aus der Frühzeit der Auseinandersetzung nach Wien gelangte und Mitte der 1420er-Jahre in einen Hussitentraktat eingebaut wurde, der im Umfeld der Wiener Universität auf Befehl Kardinal Brandas entstand, sondern auch die prominente Nennung des Jacobus von Clavaro in den Kolophonen. Diese deutet wohl nicht nur auf eine besondere Ehrung als Sekretär Kardinal Brandas, sondern auch auf einen maßgeblichen Beitrag bei der Zusammenstellung des Traktats hin, dessen Kelchteil immerhin 60 % des Gesamttextes ausmacht.

Welche Konsequenzen haben diese Ergebnisse nun für Abfassungskontext und -ablass des Gesamttraktats?

5.4. Die geplante Brünner Debatte (Frühjahr 1424) als Anlass des Wiener Hussitentraktats?

Der Befund, dass der Kelchteil des »Wiener« Hussitentraktats bereits zwischen 1414 und 1418 von einem anonymen Prager Autor gegen Jakobell von Mies verfasst und damit außerhalb Wiens entstanden sein könnte, wirft ein neues Licht auf Entstehung und Anlass der gesamten Schrift. Die bisherige Forschung ging davon aus, dass der Traktat als Vorbereitung auf ein für Frühjahr 1424 geplantes Streitgespräch zwischen hussitischen und katholischen Vertretern in Brünn verfasst worden sei, an dem sich die Universitäten von Wien und Krakau beteiligen sollten. Das Ergebnis der Wiener Vorbereitung liege im Hussitentraktat vor, während die Krakauer Universität keine Vorbereitungen getroffen habe.[334]

Was ist zur geplanten Brünner Debatte bekannt? Nach drei gescheiterten Kreuzzügen und bürgerkriegsähnlichen Zuständen in Böhmen wurden im Laufe des Jahres 1423 vermehrt Rufe nach diplomatischen und theologischen Lösungen laut. Eine maßgebliche Initiative ging von einer Versammlung gemä-

---

333 Vgl. dazu ausführlich unten, S. 460–464.
334 Zur Vorbereitung des Brünner Gesprächs und der Rolle des Wiener Traktats vgl. STUDT, Papst Martin V., S. 534–536; BRANDMÜLLER, Pavia-Siena, S. 322f.; ŠMAHEL, Pax externa et interna, S. 242; MACHILEK, Die hussitische Forderung, S. 515–517; MACHILEK, Ludolf von Sagan, S. 192–194; HAUCK, Kirchengeschichte, S. 1106. Die ausführlichste quellenbasierte Rekonstruktion der Ereignisse bietet COUFAL, Polemika o kalich, S. 177–184 (mit weiteren Hinweisen zu tschechischer Literatur); zum Wiener Hussitentraktat ebd., S. 182.

ßigter hussitischer und katholischer Theologen im September 1423 in Kolín aus, die sich auf ein Streitgespräch Anfang 1424 in Brünn einigten. Dieser Beschluss wurde vom sog. St. Gallus-Landtag in Prag (Mitte Oktober bis Anfang November 1423) bestätigt. Der Landtagsbeschluss gibt Aufschluss darüber, dass den Hussiten sicheres Geleit zugesagt werden sollte, um an der für Neujahr oder *Laetare* 1424 geplanten Anhörung in Brünn teilnehmen zu können.[335] Wie ein Formelbuch der polnischen Königskanzlei zeigt, wollten die Hussiten nur die Entscheidung böhmischer Adeliger, Ritter und Bürger anerkennen; eine Forderung, die für Sigismund freilich nicht akzeptabel war.[336] Trotz erheblicher Zweifel am Zustandekommen des Treffens gestand er den Böhmen doch freies Geleit nach Brünn zu und verschob das Treffen auf Lichtmeß 1424, um den Hussiten entsprechende Vorbereitungen zu ermöglichen.[337]

Bis hierhin bewegt sich die Rekonstruktion der Ereignisse auf relativ gesichertem Boden. Die konkreten Vorbereitungen des Streitgesprächs – vor allem auf katholischer Seite – werden in der Forschung unterschiedlich interpretiert, was maßgeblich an den dünn gesäten Quellen liegt. Kern aller Thesen ist eine Kooperation Sigismunds mit Kardinal Branda, König Ladislaus von Polen[338] und dessen Vetter Großfürst Witold von Litauen[339] zur Vorbereitung des Treffens, bei der maßgeblich auf die Unterstützung der Krakauer und Wiener Universität zurückgegriffen worden sei. Walter Brandmüller verstand es als »Frucht« des Konzils von Pavia-Siena, dass Sigismund gemeinsam mit König Ladislaus und Herzog Witold den Versuch unternahm, die Hussiten in die Kirche zurückzuführen. Branda sei dazu bestimmt gewesen, *de proximo* in Brünn mit den hussitischen Vertretern Gespräche aufzunehmen.[340] Franz Machilek folgte dieser

---

335 Der Landtagsabschied ist gedruckt in AČ III, S. 240–245; zur geplanten Brünner Debatte ebd., S. 241 f.

336 Zur Haltung Sigismunds vgl. etwa den Liber cancellariae Stanislai Ciolek, S. 461.

337 Der Geleitbrief ist gedruckt in Liber cancellariae Stanislai Ciolek, S. 343–345. Vgl. auch den Brief in AČ I, S. 17; das Regest in PALACKÝ, Urkundliche Beiträge, Bd. 1, S. 309 (Nr. 280, zum 30. November 1423 in Belgrad). Der Geleitbrief formuliert: »(…) Et mandamus eciam quod contumelia et detraccio quecunque a nulla persona ipsis inferatur, sed quod libere ad dictam civitatem Brunensem venire poterint ibique stare et super articulis et punctis concernentibus statum ecclesiasticum et secularem racione quorum proch dolor iam a diu in regno Bohemie viguerunt et usque hodie et dissensiones et adhuc vigent, quidquid voluerint pro ipsis articulis et punctis declarandis racione informacionis loqui, dicere, audire, allegare, conferre et videre eciam magistraliter et scolastice« (ebd., S. 344). Vgl. auch MACHILEK, Ludolf von Sagan, S. 222, Anm. 569 und 570.

338 Zu Władysław II Jagiełło, bis 1434 polnischer König, sind neuere Forschungen auf Polnisch verfügbar, die jedoch nicht eingesehen werden konnten: BORKOWSKA, Dynastia Jagiellonów; KRZYŻANIAKOWA/OCHMAŃSKI, Władysław II Jagiełło.

339 Zu Witold dem Großen, bis 1430 Großfürst von Litauen, vgl. NIKODEM, Witold; MIKKŪNAITĖ, Making a Great Ruler; KIAUPA, Witowt. – Zur »polnisch-litauischen Union« vgl. nur STONE, The Polish-Lithuanian State, mit weiterer Literatur.

340 BRANDMÜLLER, Pavia-Siena, S. 322.

Darstellung und betonte, dass die Initiative des St. Gallus-Landtags »zeitlich mit den von König Sigismund und Kardinal Branda eingeleiteten Maßnahmen zur Durchführung der die böhmische Ketzerei betreffenden Beschlüsse des Konzils von Siena« zusammengefallen sei. Während Sigismund die Krakauer Universität zu beschwichtigen versuchte, dass das Brünner Treffen für die Hussiten nur eine *audientia causa pie informationis hereticorum* sei, habe Peter von Pulkau, unterstützt von Bartholomäus und Jacobus, einen umfangreichen Traktat für die Brünner Debatte vorbereitet.[341] Birgit Studt folgte den Überlegungen von Brandmüller und Machilek und wies darauf hin, dass Branda »offenbar die Vorbereitungen für die Brünner Disputation in enger Fühlungnahme mit der Wiener Universität« vorangetrieben habe.[342] Auch Coufal identifizierte den Wiener Traktat als Vorbereitungsdokument für das Brünner Treffen.[343]

Was sagen die Quellen? Dass Kardinal Branda in der Tat mit der Organisation eines Treffens in Brünn betraut war, lässt sich aus einer nicht datierten Rede Kardinal Cesarinis vor König Ladislaus von Polen schließen, in der Cesarini für eine Teilnahme an einem geplanten Kreuzzug gegen die Hussiten im Sommer 1424 warb. Dabei erwähnt der Kardinal, dass Branda gerne selbst nach Polen gekommen wäre, durch die Vorbereitung des Brünner Gesprächs jedoch verhindert sei.[344] Diese Rede enthält keine Hinweise, dass Cesarini mit dem polnischen König über das geplante Brünner Streitgespräch verhandelt hätte. Thematisiert wird lediglich ein geplanter militärischer Schlag gegen die Böhmen. Auch eine mögliche Beteiligung der Wiener oder Krakauer Universität kommt hier nicht zur Sprache.

Dass die Krakauer Universität mit der Vorbereitung des Brünner Treffens betraut war, zeigt jedoch ein Schreiben König Sigismunds an den polnischen König Ladislaus, in dem Sigismund Kritik an einem Brief übt, den er von der Krakauer Universität erhalten hatte. In diesem Schreiben der *magistri universitatis studii Cracoviensis* hätten sich diese entschuldigt, nicht an der für Maria Lichtmess in Brünn geplanten Audienz teilnehmen und auch niemanden dazu entsenden zu können. Die Krakauer Gelehrten schienen, so Sigismund, das

---

341 Machilek, Die hussitische Forderung, S. 516.
342 Studt, Papst Martin V., S. 534f. mit Anm. 251.
343 Coufal, Polemika o kalich, S. 182.
344 »Reverendissimus in Christo pater et dominus, D. meus D. Branda cardinalis Placentinus, sedis apostolice legatus, vester antiquus et devotus servitor, humillime et ex toto corde se Maiestati Vestre recommendat; qui pro tanta re, ut eciam visitaret Mai. Vestram, quam maxime videre affectat, personaliter ad eandem S. accessisset, sed quia imminet quandam audienciam causa pie informacionis hereticorum de Bohemia tenendam in Brunna, in quo loco aut prope quem ipsum necessario oportebit tunc moram trahere causa ordinandi et dirigendi ea, que ad salubrem exitum ipsius audiencie, que iudicio omnium sine ipso commode fieri non posset, propterea ex tali necessaria causa impeditus, destinavit me (...)« (ed. in Palacký, Urkundliche Beiträge, Bd. 1, S. 309–314 (Nr. 281), hier S. 309f.).

geplante Vorhaben nicht ganz verstanden zu haben. Schließlich habe er weder gesagt noch darum gebeten, über kirchlich bereits entschiedene Artikel zu disputieren, so als ob darüber noch Zweifel bestehe, sondern lediglich *hii qui lapsi sunt* zu informieren, um die Glaubensschwachen zum unversehrten Glauben zurückzuführen. Wären die Hussiten zum Konzil nach Siena gekommen, wäre diese Audienz überhaupt nicht notwendig, weil sie die Mutter Kirche dort wieder zur Wahrheit zurückgeführt hätte.[345] Abschließend richtet Sigismund den dringenden Aufruf an den polnischen König, auf seine Gelehrten einzuwirken, sich auf das geplante Treffen vorzubereiten und zur Teilnahme bereit zu sein. Auch das sichere Geleit der Gelehrten für die Reise nach Brünn wird bekräftigt.[346]

Dieser Brief ist aufschlussreich. Zum einen wird dadurch belegt, dass zuvor bereits eine entsprechende Aufforderung Sigismunds an die Universität ergangen sein dürfte, die Brünner Debatte theologisch vorzubereiten.[347] Offenkundig hegte die Krakauer Universität jedoch Zweifel am geplanten Treffen und war nicht bereit, Gelehrte nach Mähren zu entsenden. Aus der Antwort Sigismunds lässt sich schließen, dass die Krakauer als Grund für ihre zurückhaltende Reaktion angegeben hatten, kirchliche Entscheidungen zu den hussitischen Forderungen – wie etwa das Verbot des Laienkelchs durch das Konstanzer Konzil – nicht neuerlich diskutieren zu wollen. Entsprechend betonte Sigismund, dass es sich lediglich um eine *informacio* der glaubensschwachen Hussiten handeln solle, um diese in die Einheit der Kirche zurückzuführen. Bereits im Frühjahr

---

345 »Literas dileccionis vestre nobis proxime destinatas in se litteram magistrorum universitatis studii Cracoviensis in qua se excusant quod non deberent mittere vel venire ad audienciam in B(runa) super festum purificacionis virginis gloriose proxime venturum super articulis pro quibus orta est in regno Boemie et adhuc viget dissensio celebrandi continentes gratanter recepimus et intelleximus luculenter. Verum tamen ipsi magistri non senserunt plene nostre voluntatis propositum. Non enim dicimus nec petimus ut venirent tamquam disputaturi super articulis per ecclesiam determinatis tamquam dubiis, sed ad informacionem dandum hiis qui lapsi sunt, ut infirmiores in fide ad fidem integram reducantur (…) Nam si ipsi Hussite vellent se ad generale concilium Senis ut dicitur congregatum transferre hec audiencia non esset prorsus ulla necessitas. In generali enim concilio ipsa mater ecclesia ipsos ad veritatis cognicionem debitam inclinaret« (ed. in Archiv für österreichische Geschichte 52 (1875), 230f.; vgl. auch MACHILEK, Ludolf von Sagan, S. 222, Anm. 574).

346 »Idcirco dileccionem vestram affectuosius requirimus et vocamus, quatenus pro sinceri nostra complacencia et ipsorum magistrorum debita vite complenda eosdem magistros velitis inducere ut se ad hoc preparent ut veniente termino prenotato ad locum premissum pro huiusmodi audiencia et informacione dandis accedere sint parati; providebimus enim prefatis doctoribus et magistris de conductu securo veniendi standi et redeundi quod ipsi libere et secure indubii venire potuerint et reverti ac certissimam nobis in eo complaceciam facientes« (ebd., S. 231).

347 COUFAL, Polemika o kalich, S. 181 vermutet, dass dies im Kontext eines Schreibens König Sigismunds an König Ladislaus geschah, in dem er diesen über das freie Geleit für die Hussiten unterrichtete.

1421 hatte sich der Rektor der Krakauer Universität dem Wunsch des Peter Payne und Johannes Cardinalis von Bergreichenstein, eine öffentliche Anhörung und Verteidigung der Prager Artikel an der Krakauer Universität durchführen zu dürfen, widersetzt und die Böhmen an den Apostolischen Stuhl verwiesen.[348] Dass die Gelehrten der Krakauer Universität drei Jahre später ebenso zurückhaltend reagierten, entspricht somit der grundsätzlichen Haltung der Universität. Das Drängen Sigismunds, das geplante Treffen vorzubereiten und zu beschicken, zeigt, wie wichtig die theologische Unterstützung der Krakauer Universität für den König war.

Obwohl (oder weil) die Initiative zum Brünner Streitgespräch auch vom gemäßigten böhmischen Adel ausging, scheinen auch auf hussitischer Seite die Vorbereitungen nicht zur Zufriedenheit Sigismunds verlaufen zu sein. Wie ein Brief an Ulrich von Rosenberg vom 20. Jänner 1424 zeigt, hatte der König erfahren, dass die Prager das Angebot, öffentliches Gehör zu erhalten, nicht annehmen und zudem die mit dem böhmischen Adel vereinbarten Punkte nicht halten wollten. Ulrich sollte sicherstellen, die Verhandlungen mit den Pragern aufrechtzuerhalten.[349] Auch hinsichtlich des Geleitbriefs kam es erneut zu Unstimmigkeiten zwischen Sigismund und den Hussiten. Offenkundig hatten die Böhmen neue, wiederum unannehmbare Vorschläge für das anstehende Treffen an Sigismund gesandt und zudem um einen neuerlichen Aufschub des Gesprächs bis zum Pfingstfest 1424 gebeten.[350]

An dieser Stelle enden die Hinweise in den verfügbaren »amtlichen« Quellen (den Schreiben und Aufzeichnungen der beteiligten Könige und Fürsten sowie der polnischen Königskanzlei) auf die Brünner Debatte.[351] Im Gegensatz zur

---

348 Vgl. COUFAL, Polemika o kalich, S. 162–167, hier S. 163; KRAS, Wyclif's Tradition, S. 197. Zu den Hussiten in Polen im 15. Jahrhundert vgl. allgemein KRAS, Husyci; MACHILEK, Böhmen, Polen.

349 Das Schreiben an Ulrich von Rosenberg ist gedruckt in AČ I, S. 17f.; vgl. die Regesten in PALACKÝ, Urkundliche Beiträge, Bd. 1, S. 321 (Nr. 283) sowie in RI XI, S. 406 (Nr. 5750) und MACHILEK, Die hussitische Forderung, S. 517, Anm. 64.

350 Vgl. COUFAL, Polemika o kalich, S. 181.

351 Drei weitere von Walter Brandmüller dem Brünner Streitgespräch zugeordnete Schriften gehören in einen anderen Kontext (BRANDMÜLLER, Pavia-Siena, S. 322 mit Anm. 16; vgl. auch MACHILEK, Die hussitische Forderung, S. 516f. mit Anm. 63 und STUDT, Papst Martin V., S. 536 mit Anm. 257). Konkret handelt es sich dabei um einen Brief Sigismunds vom März 1424 an König Ladislaus zu dessen Bitte an Herzog Albrecht V., für die Gesandten des Polenkönigs einen Geleitbrief für eine Reise nach Mähren zu einem anstehenden *negocium* mit den Wyclifiten auszustellen (ed. in Monumenta Poloniae VI, S. 622 (Nr. 1131); vgl. BRANDMÜLLER, Pavia-Siena, S. 322, Anm. 15), den entsprechenden *salvus conductus* des Albrecht (ed. ebd., S. 622f. (Nr. 1132)), und ein Schreiben des polnischen Königs an den litauischen Großfürsten Witold Mitte April 1424, in dem er diesem Kopien der Geleitbriefe Sigismunds und Papstbriefe übermittelte (ed. ebd., S. 628 (Nr. 1135)). – Hierbei geht es jedoch nicht um die Brünner Debatte, sondern um eine geplante, von den Böhmen initiierte *audiencia* in Polen (die Vorbereitung dieses Streitgesprächs in Polen beschreibt COUFAL,

Universität Krakau, deren Teilnahme Sigismund brieflich anmahnte, kommt die
Wiener Universität in keiner dieser Quellen zur Sprache. Auch die Wiener
Universitäts- und Fakultätsakten enthalten keine Hinweise auf das Brünner
Treffen und mögliche Vorbereitungen dafür in Wien. Dass eine Wiener Betei-
ligung in der Forschung dennoch als gegeben angenommen wird, liegt maß-
geblich an zwei Gründen: der Existenz des Wiener Hussitentraktats und den
Zeugnissen des Thomas Ebendorfer, Andreas von Regensburg, Johannes Nider
und Heinrich Kalteisen. Diese sollen abschließend kritisch überprüft werden.

5.4.1. Der Wiener Hussitentraktat als Vorbereitung für das geplante Brünner Streitgespräch?

Anlass für die Annahme, dass der Wiener Hussitentraktat zur Vorbereitung des
Brünner Treffens verfasst wurde, waren zum einen dessen Einleitung und Kolophon, die darüber Aufschluss geben, dass diese Schrift gegen die hussitischen
Artikel auf Befehl Kardinal Brandas an der Universität Wien zusammengestellt
wurde.[352] Wie gezeigt wurde, hielt sich Branda zwischen Ende Juni 1423 und
Frühjahr 1425 zeitweise in Wien auf.[353] Die Vorbereitungen der Brünner Debatte
überschnitten sich somit zeitlich mit Brandas Aufenthalt in Wien und der Abfassung des Hussitentraktats, dessen älteste erhaltene Abschrift aus dem Jahr
1424 stammt.[354] Aufgrund dieser zeitlichen Übereinstimmung war sich die

---

Polemika o kalich, S. 184–189, der die Quellen richtig zuordnet, auswertet und die Ereignisse detailliert rekonstruiert). Nikolaus Zamba sollte nach Böhmen geschickt werden, um
die Modalitäten der geplanten *audiencia* zu klären. Als Treffpunkte werden mit Breslau,
Liegnitz, Schweidnitz und Kloko vier polnische Orte vorgeschlagen, von denen die Böhmen
einen auswählen sollten. Es folgen weitere Details zu den Vorkehrungen für diese Audienz,
die am Pfingstfest 1424 stattfinden sollte. Die Brünner Debatte wird in diesem Text nicht
erwähnt.

352 »Explicit tractatus contra articulos Hussitarum collectus in universitate Wiennensi ad in-
stanciam reverendissimi in Christo patris etc. domini Placentini presbyteri cardinalis
sacrosancte Romane ecclesie et apostolice legati, per egregios sacre theologie professores ac
magistros Iacobum, doctorem eiusdem cardinalis, Petrum Pulka et Bartholomeum de
Ebraco, ordinis Cisterciensis etc.« (Tractatus contra quattuor articulos Hussitarum,
fol. 90r).

353 Siehe oben, S. 452f.

354 In der ehemaligen Benediktinerabtei Anchin (vgl. dazu grundlegend GERZAGUET, L'Abbaye) dürfte sich eine Abschrift des Traktats befunden haben, dessen ausführliches Kolophon den Text auf 1423 datierte: »Explicit tractatus contra articulos principales Hussitarum
collectus in universitate Viennensi, que sita est in ducatu Austrie, et ad instantiam reverendissimi in Christo patris D. Placentini presbyteri cardinalis S. R. E. et apostolice sedis
legati per egregios sacre theologie professores ac magistros Iacobum ordinis Predicatorum
doctorem eiusdem cardinalis, Petrum Pullia (!), et Bartholomeum de Ebraco ordinis Cisterciensis anno Domini MCCCCXXIII« (zit. nach QUÉTIF/ÉCHARD, Scriptores, S. 773; vgl.
GIRGENSOHN, Peter von Pulkau, S. 176, Anm. 12a). – Nach der Säkularisation der Abtei

Forschung einig, dass Branda den drei Gelehrten den Auftrag erteilte, zur Vorbereitung des Brünner Treffens einen Traktat gegen die Vier Prager Artikel zu verfassen.

Gegen diese These sprechen jedoch mehrere Argumente. Zum einen wurde gezeigt, dass der Kelchteil bereits zwischen 1414 und 1418 in Prag verfasst und von der Hussitenlegation nach Wien mitgebracht worden sein könnte. Diese Überlegung wird dadurch gestützt, dass 1423 in Wien bereits mindestens zwei ausgearbeitete Schriften gegen den Laienkelch verfügbar waren: die *Confutatio* des Peter von Pulkau und *Barones regni Bohemie* des Nikolaus von Dinkelsbühl. Hätte Kardinal Branda erst in Wien den Auftrag erteilt, einen Traktat gegen den Laienkelch zu verfassen – noch dazu an eine Gruppe, zu der auch Peter von Pulkau gehörte –, hätte sich angeboten, eine der vorhandenen Schriften zu verwenden oder zu überarbeiten (zumal Peter von Pulkaus *Confutatio* nicht verbreitet wurde, eine wichtige Vorarbeit für das Konstanzer Dekret *Cum in nonnullis* gebildet hatte und sich somit als Grundlage für die erbetene Schrift besonders empfohlen hätte). Zudem richtet sich die Kelchwiderlegung nicht gegen die Belegstellen des Prager Artikels, sondern gegen frühe hussitische Schriften, vorwiegend aus der Feder des Jakobell von Mies. Der erhebliche Umfang, die zahlreichen Wiederholungen und Querverweise, die Konzeption (mit Einleitung und »Inhaltsverzeichnis« zur einfacheren Benutzung) und grundsätzliche Ausrichtung des Kelchteils, der sich ausdrücklich an die katholischen Gläubigen wendet, sprechen dagegen, dass dieser Text für Brünn vorbereitet wurde. Schon die Einleitung des Kelchartikels lässt an dessen Intention keinen Zweifel: Jeder, der schlecht unterrichtet sei und bislang an den hussitischen Irrtümern festgehalten habe, werde durch sorgfältige Lektüre dieses Werkes verstehen, dass die Böhmen keinerlei Grundlage für ihre Behauptung haben, sondern vom christlichen Glauben abweichen. Damit jedem das Notwendige schneller klar werde, sei das Werk in drei kleine *tractatuli* unterteilt. Jeder dieser Traktate werde durch Kapitel gegliedert, denen eine knappe Zusammenfassung des ganzen Werkes vorausgeschickt sei. Ein kurzer Hinweis solle ausreichen, jeden Satz der Lehrer verstehen zu können, um möglichst rasch zum wahren Glauben zurückzukehren.[355] Dass es sich hierbei nicht um eine »Diskussionsgrundlage« für eine direkte Konfrontation mit den Hussiten, sondern um eine möglichst einfach zu benutzende Handreichung für katholische Seelsorger handelt, liegt nahe.

Dasselbe gilt auch für die Entkräftung der übrigen drei Artikel. Auch sie haben als primäre Adressaten die katholischen Bischöfe, den höheren Klerus

---

1790 gelangte ihr Handschriftenbestand in die Stadtbibliothek Douai. Im Handschriftenkatalog der Stadtbibliothek (DUTHILLŒUL, Catalogue), der auch online zugänglich ist (http://ccfr.bnf.fr/), konnte der fragliche Kodex jedoch nicht gefunden werden.

355 Siehe oben, S. 384.

und die Gläubigen vor Augen; die Sorge um die Konsequenzen der hussitischen Lehren für das Heil der Gläubigen durchzieht weite Teile der Schrift als roter Faden. Zudem finden sich in keinem der Textteile Hinweise, dass sie für eine direkte Konfrontation mit den Hussiten verfasst worden wären. Weder gibt es »Regieanweisungen«, noch werden die böhmischen Gegner direkt angesprochen. Auch die Einleitung des Gesamttraktats enthält keinerlei Hinweise auf ein geplantes Streitgespräch. »Eure ehrwürdigste Väterlichkeit und furchteinflössendste Herrschaft« habe, so beginnt der Traktat, »unseren Wenigkeiten« befohlen, es den vielen früheren Behandlungen der Prager Artikel gleichzutun, die Gegenstände und Beweggründe der hussitischen Artikel zu untersuchen und zu widerlegen. Auch hier finden sich keinerlei Hinweise auf eine direkte Konfrontation mit den Hussiten. Im Gegenteil stellt die Einleitung den Traktat in die Tradition weiterer anti-hussitischer Stellungnahmen und wendet sich direkt an die katholischen Seelsorger und Gläubigen. So sei es angesichts der drohenden Gefahren durch die hussitische Lehre dringend geboten, dass die Hirten der Gläubigen mit genauester Sorge wachen, aber auch die untergebenen Gläubigen sorgfältig darauf achten, welche Auslegungen der heiligen Schrift sie annehmen oder zulassen.

Die plausibelste These ist somit, dass Kardinal Branda im Sommer 1423 in Wien in der Tat einen Hussitentraktat in Auftrag gab, der jedoch nicht zur Vorbereitung der Brünner Debatte, sondern als Handreichung für die katholischen Seelsorger – wohl des höheren Klerus – gedacht gewesen sein könnte. Wie könnte die Zusammenstellung des Gesamttraktats konkret organisiert und aufgeteilt worden sein, wenn wir davon ausgehen, dass der (deutlich ältere) Kelchteil von Branda oder Jacobus bereits nach Wien mitgebracht wurde? Wie dargelegt wurde, finden sich im Besitzteil Hinweise auf eine Beteiligung des Bartholomäus von Ebrach, im Todsündenteil hingegen des Peter von Pulkau.[356] Während in der Einleitung und den Widerlegungen des Predigt- und Todsündenartikels die Gefahren für die Gläubigen besonders betont werden, legt der Besitzartikel seinen Schwerpunkt auf eine kompromisslose Ablehnung der hussitischen Forderung. Möglicherweise zeichnete Bartholomäus von Ebrach (der sich immerhin bereits 1414 mit der Armutsforderung des Hus auseinandergesetzt hatte) für die Antwort auf den Besitzartikel, Peter von Pulkau für die Entgegnung auf den Predigt- und Todsündenartikel verantwortlich. Die Widerlegungen könnten aber ebenso von beiden Wiener Gelehrten gemeinsam zusammengestellt worden sein; vielleicht trugen sie gemeinschaftlich Belegstellen und Argumente zusammen. Möglicherweise sind die auffälligen dominikanischen Belegstellen im Predigtartikel – etwa Zitate aus dem Kommentar

---

356 Siehe oben, S. 460–463.

des Humbert von Romans zur Augustinusregel[357] – ein Hinweis darauf, dass auch Jacobus de Clavaro die Zusammenstellung der übrigen drei Artikel (etwa durch Hinweise auf geeignete Belegstellen) unterstützte.

Jacobus könnte auch für die Abfassung der Einleitung verantwortlich gezeichnet haben. Diese wurde offenkundig unabhängig von den übrigen Textteilen verfasst, weil sich die darin skizzierten Grundlagen und empfohlenen Vorgehensweisen in den einzelnen Textteilen selbst nicht niederschlugen. Der Kriterienkatalog etwa, der zur Identifizierung der verlässlichsten Autoritäten zusammengestellt wurde, wird in keinem anderen Textteil erwähnt oder umgesetzt. Und auch die wichtige Unterscheidung zwischen wörtlichem und »mystischem« Schriftsinn, die in der Einleitung eine zentrale Rolle spielt und angemahnt wird, wird im übrigen Text nie umgesetzt. Keiner der Textteile scheint sich an der Einleitung orientiert zu haben. Dies wäre erklärbar, wenn für die Einleitung eine andere Person (haupt)verantwortlich zeichnete als für Besitz-, Predigt- und Todsündenartikel, und diese Textteile parallel bzw. unabhängig voneinander zusammengestellt wurden. Einleitung und Besitzteil wurden in der Rezeption jedenfalls als Einheit aufgefasst; in beiden Textteilen findet sich je ein Zitat aus *De consensu evangelistarum* des Augustinus (aus demselben Abschnitt des 30. Kapitels, während im restlichen Traktat diese Schrift nicht mehr zitiert wird).[358] Andererseits erinnert das Kirchenbild der Einleitung wie besprochen an Bartholomäus von Ebrach. Vielleicht stellt auch die Einleitung ein Gemeinschaftswerk der drei Beteiligten dar. Sie dürfte jedenfalls nicht als Grundlage für die einzelnen Textteile, sondern entweder parallel zu diesen oder erst zum Schluss verfasst worden sein.

Der Kelchteil scheint in Wien nicht oder nur geringfügig überarbeitet worden zu sein. Darauf deuten die unterschiedlichen Stadien hin, in denen dieser Text abgeschrieben wurde.[359] Die Hinweise auf die Verwüstungen durch die Hussiten

---

357　Tractatus contra quattuor articulos Hussitarum, fol. 112v.

358　Vgl. Tractatus contra quattuor articulos Hussitarum, fol. 105r–v und fol. 110v.

359　Die vier Überlieferungsgruppen des Hussitentraktats bilden vier Überarbeitungsstufen des Textes ab, die in eine chronologische Ordnung gebracht werden können. Die Gruppe β stellt wohl die älteste Form dar, in der der Text abgeschrieben und verbreitet wurde. Die dazu gehörigen Textzeugen verweisen in das unmittelbare Umfeld der Wiener Universität; die weitere Verbreitung beschränkte sich weithin auf Süd- und Mitteldeutschland. Die Gruppe ε stellt eine Sonderform dar, weil drei der vier Handschriften unvollständig sind; mindestens zwei dieser vier Textzeugen gehören ebenfalls in den Kontext der Wiener Universität und spiegeln eine frühe Textform wider. Die Gruppen γ und δ sind Überarbeitungen, die wohl relativ zeitgleich entstanden und unabhängig voneinander in Umlauf kamen. Von Anfang an wurden alle drei Gruppen individuell und parallel abgeschrieben und verbreitet, wie die wenigen Überschneidungen der Gruppen und die große Menge an Abschriften belegen, auf die nur ein einziges Charakteristikum zutrifft. Ein weiterer starker Beleg für die eigenständige und weithin gleichzeitige Verbreitung der Gruppen ist, dass alle neun Textzeugen, die Charakteristika mehrerer Gruppen enthalten, entweder im Umfeld der Wiener Uniin Böhmen könnten etwa nachträgliche Ergänzungen darstellen, die im Zuge der endgültigen Zusammenstellung des Traktats oder im Rahmen einer früheren Bearbeitung (bei der auch die Einleitung ergänzt worden sein könnte) eingefügt wurden. Davon abgesehen scheint in den Text kaum eingegriffen worden zu sein: Andernfalls fänden sich wohl Überarbeitungen des Peter von Pulkau, der als Experte mit der Thematik vertraut war und die oftmals oberflächlichen Darstellungen durch Rückgriffe auf seine eigenen Arbeiten leicht verbessern hätte können. Darauf gibt es jedoch keinerlei Hinweise. Auch die verkürzten Verweise auf die hussitischen Belegstellen wurden unverändert beibehalten; wahrscheinlich, weil die direkte Vorlage des Kelchteils in Wien nicht bekannt war und die Zitate deshalb nicht ergänzt werden konnten.

Diese »Arbeitsteilung« würde auch die Reihenfolge erklären, in der die Prager Artikel im Wiener Traktat behandelt werden. In der ersten offiziellen Fassung der vier Artikel von Anfang Juli 1420 folgte auf den Predigt- der Kelch-, Besitz- und Todsündenartikel.[360] Auf dem Basler Konzil stand der Laienkelch an erster Stelle, bevor Todsünden-, Predigt- und Besitzartikel behandelt wurden.[361] 52 der 56 Abschriften des Wiener Traktats folgen hingegen der Reihenfolge Einleitung – Besitz – Predigt – öff. Todsünden – Kelch. In drei Abschriften findet sich der abweichende Aufbau Kelch – Predigt – Einleitung – Besitz – Todsünden, während ein Textzeuge die Bestandteile des Traktats nach dem Schema Kelch – Einleitung – Besitz – Predigt – Todsünden anordnet.[362] Keine dieser Abfolgen stimmt mit der offiziellen Fassung überein. Der oben besprochene Hinweis am Ende des Todsündenartikels (*Hec sunt motiva et scripta Hussitarum, quibus ipsi et aliis tribus articulis totum fere turbant mundum*)[363] deutet darauf hin, dass den Verfassern die Prager Artikel in ihrer offiziellen Reihenfolge vorgelegen haben dürften, in der der Todsündenartikel an letzter Stelle gereiht war. Daraus folgt, dass die Abfolge der Artikel im Traktat bewusst verändert wurde. Den

---

versität oder auf dem Basler Konzil abgeschrieben wurden, wo mehrere Textfassungen verfügbar waren. Das belegen auch die zahlreichen kontaminierten Abschriften, die mehrheitlich der Wiener Universität oder dem Basler Konzil zugeordnet werden können. Die Wiener Universität spielte von Anfang an eine zentrale Rolle in der Verbreitung und Rezeption dieses Traktats; unter Wiener Gelehrten kursierten Abschriften, die in ganz unterschiedlichen Stadien der Fertigstellung – tendenziell früh – angefertigt wurden. In Basel liefen die Fäden der Gruppen γ und δ zusammen, für die das Konzil als maßgeblicher Multiplikator wirkte. Häufig ist der Hussitentraktat hier entweder Teil von Sammelhandschriften, die frühe anti-hussitische Schriften zur Vorbereitung der Basler Hussitendebatten sammelten, oder Teil von Dokumentensammlungen zum Basiliense selbst und darin gemeinsam mit den vier Hussitenreden des Johannes Palomar, Johannes von Ragusa, Heinrich Kalteisen und Gilles Charlier überliefert. – Vgl. dazu im Detail die Einleitung zur kritischen Edition.

360 Zur »offiziellen« Fassung der Prager Artikel siehe oben Kapitel IV, S. 260–267.
361 Vgl. nur HELMRATH, Das Basler Konzil, S. 360f. mit Literaturhinweisen.
362 Vgl. auch dazu die Einleitung zur Edition.
363 Siehe oben, S. 381f.

ursprünglich eigenständigen Kelchteil an das Ende des Traktats zu stellen, legte
sich aufgrund seines Umfangs, seiner eigenen Einleitung und seiner Sonderstellung nahe. Dass der Besitzartikel unmittelbar nach der Einleitung behandelt
wurde, könnte am inhaltlichen Fokus der Einleitung liegen, die in ihren Beispielen, anhand derer sie die rechte Bibelauslegung verdeutlicht, ebenfalls auf
»Besitzfragen« zurückgreift (etwa die Frage, ob und was zur Mission mitgenommen, also besessen werden durfte). Dass Einleitung und Besitzteil als Einheit aufgefasst wurden, zeigt nicht nur der Umstand, dass sie in keiner Abschrift – selbst wenn die Reihenfolge der einzelnen Artikel verändert wurde –
voneinander getrennt wurden (was zu dem interessanten Befund führt, dass sich
in drei Textzeugen die Einleitung nach Kelch- und Predigtteil mitten im Text
findet). Auch das einzige bekannte Exzerpt des Traktats (Augsburg, UB, Cod.
II.1.4° 16), das Auszüge aus der Einleitung und dem Besitzteil zusammenstellte,
übernahm daraus vorwiegend Passagen, die den Besitz thematisieren. Vielleicht
stammen diese beiden Textteile auch vom selben Verfasser. Ob die übrige Reihenfolge, die den Predigt- vor dem Todsündenartikel behandelt, eine abgestufte
Relevanz dieser Problemstellungen im Wien der 1420er-Jahre widerspiegelt,
oder ob dafür schlicht praktische Gründe – etwa die zeitliche Abfolge der Fertigstellung der einzelnen Textteile – eine Rolle spielten, kann nur spekuliert
werden. Die einheitliche Überlieferung belegt jedenfalls, dass die Einzelteile des
Traktats in eine verbindliche Reihenfolge gebracht wurden, bevor mit der Verbreitung des Textes begonnen wurde.

Obwohl der Kelchteil außerhalb Wiens entstanden sein dürfte, war dem Kolophon des Gesamttraktats daran gelegen, die wichtige Rolle der Universität
Wien bei der Zusammenstellung zu betonen. 16 der 56 bekannten Abschriften
enthalten den Hinweis, dass der Text im Auftrag Kardinal Brandas an der Universität Wien zusammengestellt wurde. Die älteste datierbare Abschrift, die
diesen Hinweis enthält, findet sich in Cod. 701/220 des Landeshauptarchivs
Koblenz. Diese Handschrift gehörte dem Dominikaner Heinrich Kalteisen, die
Abschrift unseres Textes datiert mit 1428.[364] Die Betonung der prominenten
Rolle der Wiener Universität stellt also keine nachträgliche Zuschreibung, etwa
im Rahmen des Basler Konzils, dar. Auffällig ist die geringe Zahl der Abschriften,
die überhaupt Kolophone enthalten – bei 16 Kolophonen in 56 Handschriften
bleibt die erhebliche Menge von 40 Textzeugen, die anonym überliefert sind. In
besagten 16 Abschriften finden sich sieben verschiedene Varianten des Kolo-
phons. Wie ist dies zu erklären? Die Überlieferungsgeschichte des Wiener
Hussitentraktats ist komplex und wird in der Einleitung zur Edition detailliert

---

364 Ein 1432 auf dem Basler Konzil abgeschriebener Textzeuge (München, BSB, Clm 5835, hier
   fol. 61r) verweist auf eine 1427 datierte Nürnberger Vorlage, die ebenfalls bereits dieses
   Kolophon enthielt.

besprochen. Dass nur eine Handschriftengruppe Kolophone bzw. Supraskriptionen enthält, zeigt, dass der Text in unterschiedlichen Stadien seiner Fertigstellung abgeschrieben worden sein dürfte. Das Hinzufügen der Kolophone könnte dabei den letzten Überarbeitungsschritt dargestellt haben. Dass sich bei 16 Kolophonen sieben unterschiedliche Formulierungen finden, spricht jedoch dagegen, dass sie das Kennzeichen einer letztgültigen, ›offiziellen‹, zur Verbreitung vorgesehenen Fassung waren. Das wiederum wirft die Frage auf, von wem das Kolophon hinzugefügt wurde. Möglicherweise von Jacobus de Clavaro? Wer immer dafür verantwortlich war, war mit dem Abfassungskontext und den beteiligten Personen jedenfalls sehr gut vertraut und wollte dem Traktat offenbar Autorität und ein besonderes ›Qualitätssiegel‹ verleihen.

Interessant ist der Umstand, dass der Wiener Hussitentraktat auch ohne Kolophon und die dadurch garantierte Autorität verbreitet wurde, wie die vielen »anonymen« Abschriften zeigen. 40 der 56 Textzeugen enthalten keinerlei Hinweise auf Kardinal Branda, die Wiener Universität und die beteiligten Gelehrten. Abgesehen von zeitnahen Abschriften ist nicht davon auszugehen, dass der ursprüngliche Kontext dieses Textes allgemein bekannt war. Darüber hinaus wurde der Text verbreitet, obwohl das Brünner Streitgespräch als angeblicher Anlass der Abfassung scheiterte. Dies sind starke Indizien dafür, dass die Verbreitung des Textes gezielt und zentral gefördert wurde – etwa, weil der Wiener Hussitentraktat von vornherein von Kardinal Branda als Hilfsmittel für katholische Seelsorger intendiert und die Verbreitung entsprechend forciert wurde.

Diese These wird durch einen weiteren Umstand untermauert: dem Auftrag König Sigismunds an die Krakauer Universität, das geplante Brünner Treffen vorzubereiten, sowie seine drängende Reaktion auf die zögernde Haltung der polnischen Gelehrten. Bislang ging man davon aus, dass die Krakauer und Wiener Universität gleichermaßen mit der Vorbereitung der Brünner Debatte betraut wurden, woraufhin die Wiener Gelehrten den Hussitentraktat verfassten, die Krakauer Gelehrten hingegen keine Vorbereitungen trafen. Dazu stellen sich mehrere Rückfragen: Weshalb sollte es grundsätzlich notwendig gewesen sein, zwei Universitäten mit den Vorbereitungen zu beauftragen? Wie genau hätte die »Arbeitsteilung« im Vorfeld und beim Treffen selbst konkret aussehen sollen? Hätten sich die Gelehrten der Krakauer und Wiener Universität die Widerlegung der Prager Artikel aufteilen oder jede der Universitäten eine eigene Stellungnahme verfassen sollen? Weshalb mahnte Sigismund die Unterstützung und Teilnahme der Krakauer Universität beim polnischen König so vehement an, wenn mit dem Wiener Hussitentraktat doch bereits eine umfangreiche, alle vier Artikel behandelnde Stellungnahme verfügbar war? Warum war es notwendig, zusätzlich die Krakauer Gelehrten (denen extra ein Geleitbrief ausgestellt werden musste) zu überzeugen, wenn die Wiener Gelehrten offenbar nicht zögerten, dem Auftrag Brandas nachzukommen?

Offenkundig war für König Sigismund die Krakauer Universität der primäre Ansprechpartner für die theologische Vorbereitung und Beschickung des Brünner Treffens. Weder die besprochenen »amtlichen« Aufzeichnungen und Briefwechsel aus dem Umfeld Sigismunds, Brandas und Albrechts, noch die Wiener Universitäts- und Fakultätsakten enthalten Hinweise auf eine Beteiligung Wiener Gelehrter. Auch der Hussitentraktat stellte wohl eine Handreichung für den katholischen Klerus und kein Vorbereitungsdokument für Brünn dar. Welche Quellen sprechen also für eine Beteiligung der Wiener Gelehrten am Brünner Treffen, und wie sind diese zu interpretieren?

5.4.2. Thomas Ebendorfer, Andreas von Regensburg, Johannes Nider und Heinrich Kalteisen als Zeugen einer Wiener Beteiligung an der Brünner Debatte?

Während die »amtlichen« Quellen über eine mögliche Beteiligung der Wiener Universität an den Brünner Vorbereitungen schweigen, zögert Thomas Ebendorfer in seiner am 28. März 1429 vor Gesandten der Pariser Universität in Wien gehaltenen Ansprache nicht, das Engagement seiner Universität zu betonen: Nicht nur auf dem Konstanzer Konzil, in Traktaten und Disputationen, durch Ermahnungen des Papstes und gewisser Fürsten habe die Wiener Universität den wahren Glauben gegen die Hussiten verteidigt, es sei auch eine »ehrwürdige Schar« (*venerabilis caterva*) von Doktoren und Magistern gemäß dem Wunsch und Verlangen der Hussiten nach Brünn geschickt worden. Die Böhmen aber seien von der Vereinbarung abgewichen und wiederum nur in sehr geringer Anzahl erschienen; zum vereinbarten Zeitpunkt hätten sie hinterlistig (*subdolus*) nur einige weniger Gebildete (*clientes rustici*) gesandt, weshalb »die Unsrigen« (*nostrates*) gezwungen waren, ohne Ergebnis zurückzukehren.[365]

Knapp drei Wochen später, am 16. April 1429, wandten sich Johannes Angerer von Mühldorf als Rektor und seine Universität erneut an die Pariser Gesandten, erklärten ihre Unterstützung der Pariser Initiative zur Ausrottung der hussitischen Häresie und schilderten ebenfalls, dass *quidam ex nobis magistri et doctores* im Auftrag Herzog Albrechts freiwillig (*sponte*) nach Brünn gereist seien, wo für einen bestimmten Tag ein Treffen mit *heresis armiductores* vereinbart gewesen sei, um persönlich deren Artikel zu vergleichen und etwas dazu

---

[365] »Rursum et vice altera ad Brunna(!) transmissa est venerabilis caterva doctorum et magistrorum iuxta ipsorum vota et desideria ad idipsum peragendum, qui a pactis declinantes iterum minime comparuerunt, sed adveniente termino tamquam subdoli dumtaxat aliquos clientes rusticos destinare curaverunt, unde nostrates compulsi sunt ad propria sine fine remeare« (Thomas EBENDORFER, Responsio ad ambasiatorum, S. 176; vgl. COUFAL, Polemika o kalich, S. 184).

zusammenzutragen. Während die Wiener ihr von ganzem Herzen gegebenes Versprechen, bereit und freiwillig teilzunehmen, gehalten hätten und vor Ort waren, hätten sie die betrügerische Frechheit erkannt, dass die Anderen weder am vereinbarten Tag, noch später erscheinen wollten.[366]

Auch Andreas von Regensburg kommt in seiner Hussitenchronik und seinem *Dialogus de haeresi Bohemica* auf diese Situation zu sprechen. Als Randbemerkung zu einem Brief des Sigmund Korybut an König Sigismund und Herzog Albrecht vom Juli 1424 ergänzt Andreas, dass die Behauptung dieses Briefes, den Böhmen sei Gehör verweigert worden, eine große Lüge sei. Zum einen sei den *auctores ipsorum hereticorum* schon auf dem Konstanzer Konzil eine Audienz zugestanden worden, zum anderen habe Kardinal Branda mit König Sigismund für einen bestimmten Tag eine Anhörung festgesetzt, auf die sich die Wiener Magister zwar reichlich vorbereitet hätten, während die lange erwarteten Böhmen mit ihren Anhängern nicht erschienen seien.[367]

Weithin wörtlich wiederholt Andreas diese Schilderung in seinem um 1430 verfassten *Dialogus de haeresi Bohemica*, einem fiktiven Zwiegespräch zwischen Verstand (*ratio*) und Geist (*animus*): Kardinal Branda habe die von den Hussiten erbetene Audienz in Brünn im Voraus festgesetzt; während die Magister der Universität Wien sich darauf umfassend vorbereiteten, seien die Böhmen mit ihren Anhängern, obwohl sie lange erwartet wurden, nicht erschienen.[368]

---

366 »Hinc ut omnis querele supputaretur occasio quidam ex nobis magistri et doctores de mandato eciam illustrissimi principis et domini nostri domini Alberti ducis Austrie, Stirie, Karinthie, Carniole marchionisque Moravie etc. ad capitalem ipsius civitatem marchionatus Moravie Brunnam se sponte transtulerunt, in qua et presentis heresis armiductores ad certam diem constitutum se velle personaliter comparare et ad conferendum de prefatis ipsorum articulis toto cordis affectu se paratos devoverunt et spontaneos. Sed quid, preceptores dilectissimi, dum callidam sue perversitatis per nostram presenciam constantem vidissent delusam audatiam nec die statuta nec posterius comparentes irritantes pacta secundum morem sibi similimum finxerunt se longius ire ab ista hora et deinceps de collacione subticentes« (ed. UIBLEIN, Kopialbuch, S. 140f.).

367 »Item dicitur in littera [in Herzog Sigmund Korybuts Absagebrief an König Sigismund und Herzog Albrecht vom Juli 1424, Anm.], quod Bohemis sit denegata audiencia etc. In hoc facit ipse scribens grande mendacium, quia propter hoc, quod certi inter eos petiverunt se audiri, ipsos interfecerunt. Item in generali concilio Constanciensi, in quo ipsorum hereticorum auctores sunt dampnati, nulli fuit denegata audiencia. Item cum per Brandam apostolice sedis legatum assenciente Sigismundo Romanorum rege supramemorato certus dies ad eos audiendum eis fuisset constitutus et magistri Wiennenses ad hunc se plene preparassent, diucius ipse Bohemi cum suis fautoribus expectati non venerunt. Ecce ergo, quomodo mendax sicut et pater eius« (Andreas RATISPONENSIS, Chronica Husitarum, S. 421f.).

368 »Sigismundus nepos ducis Witoldi, cuius superius mencio est facta, iterum venit in Bohemiam et vocatum atque electum regem Bohemie atque marchionem Moravie se scribens et nominans Sigismundo Romanorum Augusto et Ungarorum atque Bohemie regi et Alberto duci Austrie litteras defedacionis misit, in quibus ponit causam sue defedacionis, scilicet quod lingua bohemica et moravica in 4 articulis pecierit sibi dari audienciam, quam

Die dritte und letzte Quelle sind die 1429/30 verfassten Hussitentraktate der beiden Dominikaner Johannes Nider und Heinrich Kalteisen. Ihre Schilderungen stimmen beinahe wörtlich überein: Im Gegensatz zu den Beschwerden der Böhmen sei, so Nider in seinem 1430 zusammengestellten Traktat,[369] diesen schon häufig Gehör gewährt worden. Erstens dem Jan Hus und Hieronymus auf dem Konstanzer Konzil; zweitens während der Belagerung Prags, als die vier Artikel vorgestellt und verschickt wurden; drittens in Brünn in Gegenwart von Doktoren der Wiener Universität, nachdem den Hussiten ein Geleitbrief gewährt worden sei; viertens in Ungarn vor König Sigismund und in Anwesenheit des Prokop, und fünftens schließlich in Nürnberg.[370] Heinrich Kalteisens Darlegung in seiner 1429/30 verfassten Schrift *Contra errores Hussitarum* stimmt wörtlich mit Nider überein und wurde somit von dem einen in den anderen Text übernommen.[371]

Wie sind diese Hinweise zu interpretieren? Zum einen fällt auf, dass alle diese Quellen aus den Jahren 1429 und 1430 stammen. Im Frühjahr 1429 kamen Gelehrte der Pariser Universität nach Wien, und Thomas Ebendorfer und seine Kollegen waren bestrebt, das Bild einer Universität zu zeichnen, die schon in Konstanz führend am Kampf gegen die Hussiten beteiligt und in ihrem Engagement den Pariser Kollegen ebenbürtig war. Bereits im Zusammenhang des Wiener Engagements auf dem Constantiense wurde darauf hingewiesen, dass die Schilderung Ebendorfers einer kritischen Überprüfung nur teilweise standhält. Die Realität war differenzierter als das pauschale Lob Ebendorfers: Tatsächlich entwickelte die Wiener Universität erst ab ca. 1420 ein zunehmend

---

nunquam potuit obtinere, et ob hoc ipse velit eam manutenere. (...) Nam Branda apostolice sedis legatus assenciente Sigismundo Romanorum Augusto in Brunna civitate Moravie ad audiendum eos certum diem, sicut petiverunt, prefixit. Et dum magistri universitatis Vienensis ad hanc se plene preparassent, ipsi Bohemi cum suis fautoribus diucius expectati non venerunt« (Andreas RATISPONENSIS, Dialogus, S. 669f.).

369 Vgl. SOUKUP, Repertorium.

370 »Husitis sepe sit data audiencia et quam pie sunt vocati. Primo sub personis Joh. Huss et Jeronimi tempore Constanciensis consilii (...) Secundo in obsidione civitatis Pragensis (...) Et pro tunc tantum 4 articulos proposuerunt, quos communiter per mundum nunc mittunt; in quibus cum nostris pro tunc satis concordabant, preterquam in articulo de necessitate communicandi sub utraque specie. Tercio in Bruenna postmodum Hussitarum litteratis datus fuit salvus conductus tutus pro eorum audiencia in presencia doctorum universitatis Wiennensis. Quarto in Ungaria coram rege Romanorum presentibus Procopio (...) Quinto in Nuremberga, cum hoc peterent coram omni populo proclamare suam sectam (...)« (Iohannes NIDER, Attendite a falsis prophetis, UB Basel, Cod. E I 9/X, hier fol. 19r; zit. nach BARTOŠ, Husitika a bohemika, S. 61).

371 »(...) Tercio in Brunna pos<t>modum hussitarum litteratis datus fuit salvus conductus tutus per eorum audiencia in presencia doctorum universitatis Wiennensis« (Henricus KALTEISEN, Contra errores Hussitarum, fol. 49r; für diesen Hinweis und Einsicht in die Transkription dieses Traktats danke ich Thomas Prügl). Vgl. auch PRÜGL, Die Ekklesiologie, S. 62f. und SOUKUP, Repertorium.

definiertes und kommuniziertes anti-hussitisches Profil; für die Zeit des Konstanzer Konzils lassen sich primär Initiativen einzelner Gelehrter festmachen.[372] Am Vorabend des Basler Konzils war Thomas Ebendorfer jedoch daran gelegen, seine Universität vor den Pariser Kollegen als Vorreiterin der ersten Stunde im Kampf gegen die Hussiten zu präsentieren. Bei der Interpretation seiner Darstellung ist folglich Vorsicht geboten.

Kernelement seiner Aussage ist die vorbildliche Bereitschaft der Wiener Gelehrten, an einer Brünner Debatte teilzunehmen, während die Böhmen dieses Treffen – wiederum! – verweigerten und den vereinbarten Termin weder wahr- noch ernstnahmen. Die nur drei Wochen später gebotene Schilderung des Rektors und der Universität weicht in den Details von Ebendorfers Darstellung ab: Die Wiener Gelehrten seien freiwillig im Auftrag Herzog Albrechts nach Brünn gereist, um sich mit den erwarteten *heresis armiductores* zu gewissen Artikeln auszutauschen. Allerdings sei niemand erschienen. Während Ebendorfer zu berichten weiß, dass die Hussiten nur wenige Ungebildete nach Brünn schickten, erklärt der Bericht des Rektors, dass niemand gekommen sei. Keine der beiden Schilderungen erwähnt Kardinal Branda, König Sigismund, einen dezidierten Auftrag, konkrete Vorbereitungen oder Beteiligte; die Darlegung des Rektors legt eher nahe, dass einige Wiener Gelehrte Herzog Albrecht als dessen Berater freiwillig nach Brünn begleiteten.

Obwohl die Nennung Brünns automatisch an das bereits seit Herbst 1423 geplante »große« Streitgespräch denken lässt, könnte es sich auch um einen davon unabhängigen, etwa von Herzog Albrecht initiierten Einigungsversuch mit den Hussiten gehandelt haben. In der Tat brach Herzog Albrecht Anfang Juli 1424 (in Begleitung Kardinal Brandas) zu einem Feldzug nach Mähren auf.[373] Das Heer Albrechts, das durch Soldaten Sigismunds unterstützt wurde, eroberte weite Teile Südmährens. Am 27. Juli schickte der Herzog aus seinem Feldlager einen Brief an Ulrich von Rosenberg, um in Iglau oder einer anderen mährischen Stadt mit den böhmischen Baronen Friedensverhandlungen zu führen. Die Böhmen schlugen dieses Angebot aus. Über Brünn reiste Albrecht weiter nach Olmütz, wo er Mitte August 1424 eintraf. Im September kehrte er nach Österreich zurück.[374] Die geschilderten Hinweise des Rektors und der Universität würden gut in diesen Kontext passen. Zwischen Ende Juli und Mitte August 1424 versuchte Albrecht, die Böhmen für Verhandlungen zu gewinnen, und hielt sich zu diesem Zeitpunkt u. a. in Brünn auf. Dabei handelte es sich nicht um einen neuerlichen Anlauf, das seit Herbst 1423 geplante Brünner Treffen zu realisieren,

---

372 Vgl. dazu oben Kapitel I, bes. S. 176–179.
373 Vgl. STUDT, Papst Martin V., S. 537; STÖLLER, Österreich im Kriege, S. 26; PETRIN, Der österreichische Hussitenkrieg, S. 7.
374 Vgl. STÖLLER, Österreich im Kriege, S. 26–28.

sondern um einen Vermittlungsversuch des österreichischen Herzogs im Rahmen seines Feldzuges nach Mähren. Vielleicht war Albrecht tatsächlich in Begleitung einiger Wiener Theologen, um vorbereitet zu sein, sollte es zu »Friedensverhandlungen« kommen.

Davon abgesehen liegen keine Hinweise vor, dass das Brünner Treffen nach Jänner 1424 noch weiter forciert worden wäre; Kardinal Branda deutete bereits im Mai 1424 bei Martin V. an, seine Legation abbrechen und nach Rom zurückkehren zu wollen.[375] Eine tatsächliche Realisierung der lange geplanten Brünner Debatte, die nur am Desinteresse der Hussiten scheiterte, scheint wenig plausibel. Angesichts der Vehemenz, mit der die Böhmen wiederholt öffentliches Gehör und die Präsentation ihrer vier Artikel einforderten, scheint es sehr zweifelhaft, dass sie sich eine solche Gelegenheit leichtfertig entgehen lassen hätten, zumal parallel dazu – auf Initiative der Hussiten hin! – bereits weitere Versuche unternommen wurden, ein Streitgespräch in Polen zu realisieren.[376]

Das entscheidende Motiv dieser Darstellungen ist nicht nur die Betonung des anti-hussitischen Engagements der Wiener Universität, sondern auch die Kontrastierung der Bereitschaft der katholischen Seite, den Hussiten öffentliches Gehör zu gewähren, mit dem Verweigern aller Gesprächsangebote durch die Böhmen. Auch Andreas von Regensburg, Johannes Nider und Heinrich Kalteisen wendeten sich am Vorabend des Basler Konzils mit dem Verweis auf das Brünner Treffen explizit gegen die Behauptung der Hussiten, noch nie Audienz gewährt bekommen zu haben. Sowohl bei Thomas Ebendorfer, als auch bei Johannes Nider und Heinrich Kalteisen finden sich neben Brünn Hinweise auf eine »Audienz« in Konstanz (die es in dieser Form freilich nie gegeben hat). Wir haben es hier also mit einem Narrativ zu tun, das 1429/30 bekannt und verbreitet

---

375 Vgl. STUDT, Papst Martin V., S. 537.
376 Vgl. oben S. 457f., Anm. 351. – An den dort beschriebenen Quellen lässt sich gut ablesen, dass die Initiative für die geplante *audiencia* in Polen von den Böhmen ausging, die offenkundig parallel zu Brünn auch weitere Debatten forderten. Scheinbar war den Böhmen bewusst, dass bei einer solchen *audiencia* alleine ohnedies keine entscheidenden Zugeständnisse durch die katholischen Teilnehmer gemacht werden konnten. Folglich war ihnen wohl daran gelegen, ihre Lehren geographisch breit gestreut zu verteidigen. Der Text gibt immerhin Aufschluss darüber, dass es die Böhmen waren, die auf ein Treffen in Polen drängten. Vor diesem Hintergrund ist zu hinterfragen, ob die oben besprochene Notiz, die Prager würden die angebotene Audienz in Brünn nicht wahrnehmen wollen, tatsächlich am kompromisslosen Standpunkt der Katholiken und den Beschlüssen des Konzils von Pavia-Siena lag, wie als Grund für das Scheitern des Treffens vorgebracht wurde. Im Hintergrund scheinen dort Differenzen mit dem böhmischen Adel gestanden zu haben. Dass die Böhmen Gespräche in Brünn aufgrund der kompromisslosen Haltung der katholischen Seite verweigerten, parallel dazu aber ein Treffen im deutlich weiter entfernten Polen forcierten, scheint wenig plausibel. Interessant ist auch die zeitliche Korrelation der beiden Streitgespräche in Brünn und Polen: in beiden Fällen stand letztlich das Pfingstfest 1424 als Termin im Raum.

war. Wie einflussreich dieses Narrativ gewesen sein dürfte, zeigen die besprochenen Zitate aus Andreas von Regensburg: Die Hussitenchronik des Andreas dürfte als einzige der besprochenen Quellen bereits um 1428 abgeschlossen worden sein. Bezeichnenderweise wird Brünn darin nicht erwähnt, sondern nur eine allgemeine *audiencia*. Im zwei Jahre später verfassten *Dialogus* wiederholt Andreas die Formulierung der Hussitenchronik weithin wörtlich, erwähnt nun jedoch ganz selbstverständlich Brünn. Spätestens 1430 stand somit eine Sammlung vermeintlicher »Anhörungen« als Standardargument in der Debatte fest, um erwartete oder tatsächliche hussitische Vorwürfe, in den zehn Jahren seit 1420 niemals Gehör erhalten zu haben, zu entkräften. Neben dem Hus und Hieronymus in Konstanz gewährten »Gehör« war auch Brünn fester Bestandteil dieses Narrativs, das wohl bereits mit Blick auf die anstehenden Hussitendebatten auf dem Basler Konzil forciert wurde.

5.4.3. Fazit

Welches Fazit ist somit zu ziehen? Keine der offiziellen Quellen erwähnt eine Beteiligung Wiener Gelehrter an den Vorbereitungen des Brünner Treffens; es gibt keinerlei Hinweise, dass Kardinal Branda, König Sigismund oder Herzog Albrecht die Wiener Universität mit konkreten Maßnahmen betraut hätten. Jene Quellen, die von einer Teilnahme Wiener Gelehrter an der geplanten Brünner Debatte ausgehen, wollten entweder die Vorreiterrolle der Wiener Universität im anti-hussitischen Kampf betonen (Thomas Ebendorfer) oder geben ein 1429/30 verbreitetes Narrativ wieder (Andreas von Regensburg, Johannes Nider, Heinrich Kalteisen), das der Entkräftung hussitischer Vorwürfe, kein Gehör gewährt zu bekommen, diente.

Dass tatsächlich einige Wiener Gelehrte im Gefolge oder Auftrag Herzog Albrechts V. im Rahmen des Mähren-Feldzugs im Sommer 1424 nach Brünn reisten, um ihn bei geplanten Friedensverhandlungen zu unterstützen, ist nicht auszuschließen. Herzog Albrecht griff bei unterschiedlichsten Gelegenheiten auf die Unterstützung seiner Universität zurück, und es ist gut vorstellbar, dass er auch für diesen Anlass Universitätsgelehrte als Berater und Experten hinzuzog. Möglicherweise wartete in Brünn tatsächlich eine Gruppe Wiener Gelehrter erfolglos auf eine hussitische Abordnung. Es ist jedoch wahrscheinlich, dass sich diese Situation nicht auf das lange geplante Brünner Streitgespräch, sondern auf einen Einigungsversuch Herzog Albrechts nach erfolgreicher Eroberung Südmährens bezog, der vielleicht ebenfalls in Brünn stattfinden sollte.

Der *Tractatus contra quattuor articulos Hussitarum*, den zusammenzustellen Kardinal Branda Jacobus von Clavaro, Bartholomäus von Ebrach und Peter von Pulkau beauftragte, dürfte jedenfalls nicht als Vorbereitung der Brünner oder einer anderen Debatte mit den Hussiten, sondern als Handreichung für die katholischen Bischöfe und den höheren Klerus intendiert gewesen sein, um über schlagkräftige Argumente gegen die hussitischen Forderungen zu verfügen. Die angesprochenen Adressatengruppen in der Einleitung des Gesamttraktats und des Kelchteils sowie das Fehlen jeglicher Hinweise auf eine direkte Konfrontation im Text sprechen für diese pastorale Zielsetzung. Insgesamt dominieren in dieser Schrift praktisch-disziplinarische Fragestellungen, nicht philosophisch-theologische Implikationen der Prager Artikel. Anstatt die Armutsfrage theologisch zu vertiefen, konzentriert sich der Verfasser auf die praktischen Konsequenzen einer radikalen Armutsforderung; der Predigtteil legt seinen Fokus auf die Gefahren ungeordneter Predigt für das Heil der Gläubigen. Anstelle einer Darlegung zu Sünde und Buße betont der Todsündenteil die kluge Vorsicht, den sozialen Frieden zu erhalten und rechtfertigt so ein milderes Vorgehen gegen gewisse Verfehlungen. Der Kelchteil schließlich zielt ebenfalls nicht darauf ab, sich mit theologischen Spezialfragen wie etwa der Transsubstantiation o. ä. auseinanderzusetzen, sondern betonte die Gefahren der Kelchkommunion für die Laien.

Folglich ist Vorsicht geboten, diese Schrift als »offizielles Gutachten der Wiener Universität« zu charakterisieren. Zum einen dürfte, wie gezeigt wurde, die Widerlegung des Laienkelchs – und damit der umfangreichste Textteil – weder in Wien, noch von Wiener Gelehrten zusammengestellt worden sein. Er könnte vielmehr von einem anonymen Prager Autor zwischen 1414 und 1418 gegen Jakobell von Mies verfasst und von Jacobus de Clavaro und Kardinal Branda nach Wien mitgebracht worden sein. Einen erheblichen Teil des endgültigen Traktats dürfte somit eine ursprünglich eigenständige Schrift bilden, die nicht an der Wiener Universität entstand. Dass die übrigen Textteile von Wiener Gelehrten verfasst und der Gesamttraktat in Wien zusammengestellt wurde, rechtfertigt dennoch weiterhin die Bezeichnung als »Wiener« Hussitentraktat. Was den Aspekt des »Gutachtens« betrifft, so verfolgte die Schrift nicht das Ziel, eine möglichst komplexe, gelehrte und alle Möglichkeiten theologischer Argumentation ausschöpfende Stellungnahme zu verfassen, die die Vier Artikel nach allen Regeln der Kunst entkräftet. Theologische Feinheiten und Originalität der Argumente treten (insbesondere im Kelchteil) gegenüber einer ausdrücklichen Sorge und Warnung der Gläubigen vor den Konsequenzen der hussitischen Lehre zurück. Von einem – laut Kolophon im Auftrag des päpstlichen Legaten verfassten – »offiziellen Gutachten« würde man jedoch eine umfassende, theologisch ausgefeilte Darlegung erwarten. Durch die Eigenart des Kelchteils bleibt der vorliegende Text stattdessen an vielen Stellen hinter dem zurück, was die Polemik bis 1424 bereits an Argumenten entwickelt hatte. Dabei sind die qualitativen Unterschiede zwischen den einzelnen Textteilen zu berücksichtigen: Während der Kelchteil sehr einfach und grundlegend argumentiert und viele Wiederholungen und Querverweise enthält, wählen die übrigen Textteile – insbesondere Besitz und Todsünden – ihre Argumente klug und folgen einem klaren Konzept. Der Verfasser des Besitzteils kannte die Argumentation der Armutskontroversen des 13./14. Jahrhunderts und verstand es, diese überzeugend gegen die Böhmen zu nutzen. Auch der Todsündenteil, der durch ein langes Zitat aus Heinrich von Langenstein am deutlichsten eine Wiener Handschrift trägt, reagiert geschickt auf die lange Vorwurfsliste der Hussiten im Prager Artikel. Der Predigtteil schließlich spiegelt ein klares Bewusstsein der Gefahren unkontrollierter hussitischer Predigt wider, die dem Verfasser deutlich vor Augen standen. »Roter Faden« aller vier Teile sind die Konsequenzen der hussitischen Lehre für die Gläubigen. Somit könnte der Traktat eine möglichst praktikable, gut verständliche Handreichung für die Bischöfe und den höheren Klerus darstellen, die nicht nur auf dem Basler Konzil, sondern wohl auch über das Netzwerk Kardinal Brandas weit verbreitet wurde.

5.5. Ausblick: Zur Rezeption des Wiener Hussitentraktats in der Basler Kelchrede des Johannes von Ragusa (Jan./Feb. 1433)

Im Frühjahr 1433 bekamen die Hussiten die lange geforderte Gelegenheit, die Vier Prager Artikel öffentlich zu verteidigen. Auf dem Basler Konzil versuchten hussitische und katholische Theologen in tagelangen Rededuellen, Recht- bzw. Irrgläubigkeit der hussitischen Artikel aufzuweisen. Jan Rokycana diskutierte mit Johannes von Ragusa über den Laienkelch, Nikolaus Biskupek von Pelhřimov und Gilles Charlier über die öffentliche Bestrafung der Todsünden. Ulrich von Znaim und Heinrich Kalteisen rangen um die freie Predigt, Peter Payne und Juan Palomar widmeten sich dem Besitzartikel. Der Ablauf der Disputationen ist bekannt und braucht hier nicht im Detail referiert zu werden.[377] Wichtig ist, dass die Basler Debatten intensiv vorbereitet und ihre Teilnehmer aufgefordert wurden, anti-hussitisches Material zu sammeln, um aus einem möglichst umfangreichen Potpourri an Argumenten schöpfen zu können.[378] Dass der Wiener Hussitentraktat auf dem Basler Konzil bekannt war, belegen die zahlreichen Abschriften, die am oder im Umfeld des Basler Konzils angefertigt wurden. Eine genaue Untersuchung der Kelchrede des Johannes von Ragusa zeigt darüber hinaus, dass der Hussitentraktat in Basel nicht nur abge-

---

377 Vgl. COUFAL, Polemika o kalich, und COUFAL, Der Laienkelch im Hussitentum; PRÜGL, Die Ekklesiologie, bes. S. 55–76; HELMRATH, Das Basler Konzil, bes. S. 353–372 (jeweils mit weiteren Literaturhinweisen).

378 Vgl. etwa den *Tractatus de reductione Bohemorum* des Johannes von Ragusa in MC I, bes. S. 257 f.

schrieben wurde, sondern auch zur direkten Vorbereitung der Hussitendebatten verwendet wurde.[379] Dies soll im Folgenden verdeutlicht werden.

Der Laienkelch war der erste Prager Artikel, der auf dem Basler Konzil behandelt wurde. Von 31. Jänner bis 7. Februar 1433 argumentierte Johannes von Ragusa gegen die hussitische Forderung, den Laien die Kommunion unter beiden Gestalten spenden zu dürfen.[380] Im ersten Teil seiner ausführlichen Widerlegung widmet sich Ragusa exegetischen und hermeneutischen Fragen und stellt zu diesem Zweck 16 *suppositiones* auf. Er behandelt den hl. Geist als Autor der Schrift sowie den Umstand, dass die Bibel nichts Falsches oder Irriges enthalten könne. Dass die hl. Schrift den Menschen von Gott gegeben wurde, habe der göttlichen Gutheit entsprochen und sei für das Heil der Menschen notwendig. Die folgenden *suppositiones* befassen sich ausführlich mit den unterschiedlichen Schriftsinnen und dem rechten Verständnis der Bibel.[381] In der zehnten *suppositio* des Ragusa findet sich ein bekanntes Motiv:

Wiener Hussitentraktat	Ragusa, *Oratio*
In primis, quod periculosum nimis est sacram scripturam nude in solis suis terminis in illo sensu, quem gramaticaliter sonant, absque alicuius exposicionis aut interpretacionis admixcione accipere, vel sic eam ad probandum aliquid allegare. Probatur: nam in eodem contextu verborum aliqua verba accipiuntur litteraliter secundum eorum primariam significacionem gramaticalem, ut Mc 6° (8) *Nichil tuleritis in via nisi virgam tantum*, ubi hec verba, *nichil tuleritis in via*, accipiuntur litteraliter, et sequencia, *nisi virgam tantum*, accipiuntur mistice pro potestate accipiendi victui necessaria.	Decima suppositio: Ad habendum verum sensum literalem sacrarum scripturarum, necesse est summopere cum studio et diligentia attendere varium modum procedendi earumdem.
	Nam in eodem contextu verborum sepe aliqua verba accipiuntur literaliter et pure grammaticaliter, et aliqua mystice, et sepe unum et idem verbum aliter et aliter: Nam illud Marci 6°: *Nihil tuleritis in via nisi virgam tantum*, habet predictam distinctionem, ubi hec verba, *nihil tuleritis in via*, accipiuntur literaliter, et sequentia, *nisi virgam tantum*, accipiuntur mystice pro potestate accipiendi victui necessaria.
Similiter eadem verba in diversis passibus scripture diversimode accipiuntur, ut nomen ›virge‹ Mt 10° (10) et Lc 9° (3), ubi Christus loquitur de missione apostolorum, accipitur pro baculo aut rebus minimis humane sustentacioni necessariis. Sed Mc 6° accipitur mistice	Item hoc ipsum, *nisi virgam tantum*, aliter accipitur nomine ›virge‹ Matthei 10°, Luce 9°, Marce 6°, quia in primis locis ubi Christus loquitur de missione apostolorum accipit virga pro baculo, aut rebus necessariis humane sustentationi; hic vero accipitur mystice

---

379 In den übrigen drei Hussitenreden finden sich keine Übereinstimmungen mit dem Wiener Hussitentraktat.

380 Die Rede ist ediert in Iohannes de RAGUSIO, Oratio.

381 Iohannes de RAGUSIO, Oratio, S. 715C–721E.

382 Tractatus contra quattuor articulos Hussitarum, fol. 105r–v.

383 Iohannes de RAGUSIO, Oratio, S. 721E–722C.

(Fortsetzung)

Wiener Hussitentraktat	**Ragusa,** *Oratio*
pro potestate accipiendi necessaria ab auditoribus, quam Christus dedit ewangelizantibus. Unde Augustinus in *De consensu ewangelistarum:* *Solet,* inquit, *queri quomodo Matheus et Lucas commemoraverint Dominum dixisse discipulis, ut nec virgam ferrent, cum dicat Marcus: ›Et precepit eis, ne quid tollerent nisi virgam tantum‹. Quod ita solvitur, ut sub alia significatione dictam virgam, que secundum Marcum ferenda est, et sub alia, que secundum Matheum et Lucam non est ferenda, intelligamus. Potuit enim breviter sic dici: ›Nichil necessariorum vobiscum feratis, nec virgam, nisi virgam tantum‹, ut illud quod dictum est ›nec virgam‹ intelligatur: nec minimas quidem res – quod vero adiunctum est ›nisi virgam tantum‹ intelligatur potestas, quia per potestatem a Domino acceptam, que virge nomine significata est –, eciam que non portantur, non deerunt.* Et subdit ad propositum: *Quisquis autem putat non potuisse Dominum in uno sermone quedam figurate quedam proprie ponere eloquia, cetera eius inspiciat et videbit, quoniam hoc temere ac inerudite arbitretur.* Item secundum talem sensum gramaticalem aliqui passus sacre scripture essent sibi invicem contrarii, ut patet de illo Mathei et Luce *neque virgam* et Marci *nisi virgam tantum.* Similiter Mt 5° (43) precipitur *diligi inimicus,* et Lc 14° (26) precipitur *odiri pater, mater uxor, filii, fratres et sorores.*[382]	pro potestate accipiendi necessaria ab auditoribus, quam Christus dedid evangelizantibus. Unde Augustinus *De consensu evangelistarum:* *Solet,* inquit, *queri quomodo Mattheus et Lucas commemoraverint Dominum dixisse discipulis, ut nec virgam ferrent, cum dicat Marcus: ›Et precepit eis, ne quidquam tollerent nisi virgam tantum‹. Quod ita solvitur, ut sub alia significatione dictam virgam, que secundum Marcum ferenda est, et sub alia, que secundum Mattheum et Lucam non est ferenda, intelligamus. Potuit enim breviter sic dici: ›Nihil necessarium vobiscum feratis, nec virgam, nisi virgam tantum‹, ut illud quod dictum est ›nec virgam‹ intelligatur: nec minimas quidem res – quod vero adiunctum est ›nisi virgam tantum‹ intelligatur potestas, quia per potestatem a Domino acceptam, que virge nomine significata est –, eciam que non portantur, non deerunt.* Et subdit ad propositum: *Quisquis autem putat non potuisse Dominum in uno sermone quedam figurate quedam proprie ponere eloquia, cetera eius inspiciat et videbit, quam hoc temere et inerudite arbitretur.* Similiter multi passus sacre scripture sibi invicem essent contrarii, si tantum ad grammaticalem sensum respiciamus, ut patuit in predictis locis, in quibus Mattheus et Lucas dicunt *neque virgam* et Marcus *nisi virgam tantum.* Similiter Matthei ultimo precipitur *odiri patrem, matrem, uxorem, filios, fratres et sorores.*[383]

Zur Verdeutlichung der unterschiedlichen Schriftsinne greift Ragusa – freilich ohne seine direkte Quelle zu nennen – auf die Einleitung des Hussitentraktats zurück und referiert die unterschiedlichen Darstellungen der Synoptiker in der Aussendung der Apostel. Obwohl Ragusa den Text punktuell erweiterte, zeigen die weithin wörtlichen Übereinstimmungen klar, dass ihm der Wiener Hussitentraktat als Vorlage diente. Auch für die folgenden *suppositiones* stützt sich Ragusa auf den Wiener Traktat:

Wiener Hussitentraktat	Ragusa, *Oratio*
(…) reliquit hominum solicitudini, non tamen quorumlibet voluntati, sed eorum precipue studio devocionis, quos ei placuit ad hoc specialiter eligere, donans eciam eis gratiarum munera, videlicet acumen ingenii, exercitacionem studii, humilitatem iudicii, inmunitatem affecti vicii.[384]	Duodecima suppositio: Tali ac tanta difficultate in intelligentia sacrarum scripturarum existente, necessario ipse scripture requirunt diligentes et fideles expositores, qui sint prediti ingenio, exercitati studio, humiles in iudicio, et immunes ab affectato vitio.[385]
Quinto patet ex premissis, quod dissencientibus doctoribus in alicuius sacre scripture exposicione non est leviter assenciendum uni parti, sed comparandi sunt doctores cum doctoribus,	Tertiadecima suppositio: Inter expositores et declaratores sacre scripture summa cum diligentia facienda est comparacio,
et illi, quos constat habere condiciones in secundo preambulo expressas, preferendi sunt non habentibus, et habentes pociores habentibus minus eminentes, et habentes gracias gratis datas preferendi non habentibus tales ceteris paribus.[386]	et illi, quos constat habere conditiones positas in precedenti suppositione, preferendi sunt non habentibus, similiter revelationem habentes, non habentibus eam; et dona gratis data possidentes, ceteris paribus, non possidentibus ea.[387]
Tercio generaliter prelibamus, quod incautissimum est fidelibus accipere et sequi novas scripturarum exposiciones aut interpretaciones, quas non comendat famosa veterum tradicio, neque novorum exponentium vite sanctitas, nec miraculorum attestacio, nec sincere veritatis puritas, nec universalis ecclesie certa approbans auctoritas. Patet, quia hoc est se exponere periculo salutis, cum ignorancia legis Dei neminem excuset in toto.	Sequitur ulterius, quod incautissimum est fidelibus accipere et sequi novas scripturarum expositiones aut interpretationes, quas non commendat famosa veterum traditio, neque novorum exponentium vite sanctitas, nec miraculorum attestatio, nec sincere veritatis puritas, nec universalis ecclesie certa approbans auctoritas. Patet, quia hoc est se exponere periculo salutis, cum ignorancia legis Dei neminem excuset.
Quarto premittimus, quod scrutanti veritatem fidei legisve divine intelligenciam requirenti omnino cautum et securum est in exponendo et allegando sacram scripturam inniti sentenciis sanctorum antiquorum doctorum ecclesie; de quorum condicionibus et graciis in secundo preambulo dicebatur.[388]	Et e converso omnino cautum et securum est in exponendo et allegando sacram scripturam inniti sentenciis antiquorum doctorum ecclesie; de quorum conditionibus et gratiis in precedenti dicebatur.[389]

---

384 Tractatus contra quattuor articulos Hussitarum, fol. 105v–106r.
385 Iohannes de RAGUSIO, Oratio, S. 725B.
386 Tractatus contra quattuor articulos Hussitarum, fol. 106v.
387 Iohannes de RAGUSIO, Oratio, S. 725C.
388 Tractatus contra quattuor articulos Hussitarum, fol. 106v.
389 Iohannes de RAGUSIO, Oratio, S. 726A–B.

Auch das hier geschilderte Vorgehen bei widersprüchlichen Aussagen der Kirchenväter und Theologen, das die Einleitung des Wiener Traktats entwickelt hatte, übernimmt Ragusa in seine Rede. Ein markanter Unterschied zwischen diesen beiden Texten ist, dass Ragusa die hier vorgestellten Kriterien im weiteren Textverlauf tatsächlich anwendet, während sich im Wiener Traktat keine vergleichbaren Bemühungen feststellen lassen. Thomas von Aquin etwa erfülle, so Ragusa, die geforderten Kriterien in besonderer Weise: Nicht nur sei er von vorzüglichster Begabung, eher engels- als menschengleich, von sorgfältigstem Studium, demütigstem Urteil, frei von jeglicher ungeordneter Leidenschaft und von heiligstem Leben, auch sein Wissen habe er mehr durch Gebet und Meditation, als durch Studium und Lektüre von Gott verdient.[390] Auch die vier Kirchenväter Augustinus, Hieronymus, Ambrosius und Gregor werden als besonders verlässliche Väter charakterisiert, wobei Augustinus eine Sonderrolle zukommt.[391] Bei Jakobell von Mies hingegen, dem »ersten Eindringling in die Gewohnheit der Gesamtkirche und ersten Urheber dessen Neuheit im Königreich Böhmen«, können die notwendigen Kriterien nicht festgestellt werden.[392]

Nicht nur die Einleitung, auch den Kelchteil des Wiener Traktats zog Ragusa heran. Daraus entnahm er etwa die Beschreibung des zweifachen Verständnisses des Fleisches Christi:

---

390 »Item beatus Thomas discipulus eiusdem Alberti Magni, qui fuit excellentissimi ingenii, imo potius angelici quam humani, diligentissimi studii, humillimi iudicii, et omni omnino spoliatus inordinata passione, vite sanctissime, qui scientiam suam plus oratione et meditatione, quam studio et lectione a Domino promeruit« (Iohannes de Ragusio, Oratio, S. 754E).

391 »Et dicebatur ulterius, quod doctores antiqui, qui in predictis conditionibus excelluisse reperiuntur, preferendi sunt modernis doctoribus, precipue quatuor doctores, quos tamquam quatuor columnas sustentantes ecclesiam catholicam in veritate fidei et doctrine catholica ecclesia recipit et veneratur, videlicet Augustinum, Hieronymum, Ambrosium, Gregorium, inter quos Augustinus precellit ingenio et excellentissimus habetur, preferenda est igitur auctoritas sua in expositione catholice veritatis omnibus doctoribus modernis, quantecumque auctoritatis vel ingenii fuerint« (ebd., S. 821E–822A).

392 »Comparabiturne quidam Jacobellus, primus universalis consuetudinis ecclesie effractor et primus huius novitatis in regno Bohemie inventor, in perspicuitate ingenii, in exercitatione studii, in humilitate iudicii, in immunitate vitii et passionis, in sanctitate vite, in revelationibus et inspirationibus divinis, in intellectu divinarum scripturarum, in perceptione divine voluntatis, in cognitione veri, prefatis tot et tantis sanctissimis et profundissimis doctoribus, in quorum doctrina et vita fulget ecclesia ut sol et luna: Ubi queso prefati Jacobelli miracula vite sanctitatem testantia?« (ebd., S. 761C–D).

Wiener Hussitentraktat	Ragusa, Oratio
Ut igitur manifeste appareat, quod ipsi verba Christi non intelligunt vel fingunt se non intelligere, sciendum est, quod caro Christi et sangwis possunt intelligi dupliciter: Uno modo illa, quam de beata virgine sumpsit, et sangwis, qui fusus fuit in cruce pro nobis; de hac carne dicitur Lc ultimo (24,39): *Palpate et videte, quia spiritus carnem et ossa non habet, sicut me videtis habere.* De sangwine vero dicitur Ioh 22°: *Et continuo exivit sangwis et aqua.*	Item sciendum, quod secundum predictam duplicem rem huius sacramenti est duplex caro Christi sive corpus, una, quam sumpsit et traxit de virgine, et sanguis, qui fusus fuit in cruce pro nobis; de hac carne dicitur Lc ultimo: *Palpate et videte, quia spiritus carnem et ossa non habet, sicut me videtis habere.* De sanguine vero dicitur Ioh 19°: *Et continuo exivit sanguis et aqua.*
Alio modo intelligitur caro Christi et sangwis spiritualiter et mistice, id est corpus misticum Christi, cuius corporis caput est ipse Christus, reliqui autem fideles sunt membra. De quo inquit Apostolus I Cor 2°: *sicut enim corpus unum est, et membra habet multa, omnia autem membra corporis, cum sint multa, unum corpus sunt: ita et Christus. Etenim in uno Spiritu omnes nos in unum corpus baptizati sumus, sive Iudei, sive gentiles, sive servi, sive liberi: et omnes <in> uno Spiritu potati sumus. Et infra: Vos autem estis corpus Christi et membra de membro.* Nec est facienda in hoc distinctione difficultas, quia in uno membro divisionis dicitur caro, in alio vero corpus Christi, quia nomine carnis Christi, prout est in sacramento, intelligitur corpus Christi. Unde Salvator noster in institucione sacramenti dixit: *Hoc est corpus meum*; ideo caro et corpus idem significant. Corpus eciam misticum Christi dicitur caro Christi, ut patet per Magistrum Sentenciarum in quarto, et infra patebit.	Alia vero caro et sanguis Christi est spiritualis et mystica, id est corpus Christi mysticum, cuius corporis caput est ipse Christus, reliqui vero fideles sunt membra. De quo inquit Apostolus I Cor 12°: *sicut enim corpus unum est, et membra multa habet, omnia autem membra corporis, cum sint multa, unum tamen corpus sunt: ita et Christus. Etenim in uno Spiritu omnes nos in unum corpus baptizati sumus, sive Iudei, sive gentiles, sive servi, sive liberi, et omnes in uno Spiritu potati sumus. Et infra: Vos autem estis corpus Christi et membra de membro.* Nec est vis quod in predicta distinctione in uno membro dicitur caro, in alio vero corpus; quia in hoc sacramento idem significant.
	Unde et Salvator in institutione huius sacramenti dixit: *Hoc est corpus meum*, et Ioh 6°: *Caro mea vere est cibus.* Corpus etiam mysticum Christi dicitur caro Christi, ut dicit Magister Sententiarum in quarto.
Unde beatus Augustinus in libro quarto *De Trinitate* tangens utrumque membrum distincionis dicit: *Commendavit enim Christus in hoc sacramento corpus et sangwinem suum, quod eciam fecit et nos ipsos. Namque et nos corpus ipsius facti sumus.* Et habetur *De consecracione*, di. 2, *Commendavit.*[393]	Hanc distinctionem duplicis carnis sive corporis Christi tangit Augustinus tertio *De trinitate* dicens: *Commendavit enim Christus in hoc sacramento corpus et sanguinem suum, quod etiam fecit et nos ipsos. Namque et nos ipsius corpus facti sumus.* Et habetur *De consecracione*, di. 2, *Commendavit.*[394]

---

393 Tractatus contra quattuor articulos Hussitarum, fol. 140r.
394 Iohannes de RAGUSIO, Oratio, S. 732A–D.

(Fortsetzung)

Wiener Hussitentraktat	**Ragusa, *Oratio***
Neutra vero habet veram et omnimodam racionem manducacionis corporalis,	Differentia inter predictas manducationes est, quia prima habet veram et omnimodam rationem corporalis manducationis, ut dictum est, cetere vero non;
quia caro Christi vera sumpta sacramentaliter nec laceratur dentibus, nec secundum proprium saporem gustum immutat, nec convertitur in corporale manducantis nutrimentum, que omnia conveniunt corporali manducacioni.	quia caro Christi vera sumpta sacramentaliter nec laceratur dentibus, nec secundum saporem gustum immutat, nec convertitur in corporale manducantis nutrimentum.[396]
Hec est autem differencia inter utramque manducacionem, quia manducacio carnis vere fit ore corporali sub speciebus sacramentalibus; manducacio mistice carnis fit intellectu per fidem et caritatem, per hec enim habitat Christus in nobis et nos in ipso, tamquam membra coniuncta capiti, iuxta illud I Ioh 3°: *Deus caritas est, et qui manet in caritate in Deo manet et Deus in eo.* Et Apostolus dicit Eph 3° (17): *Habitare Christum per fidem in cordibus vestris.*	Item differencia est inter manducationem sacramentalem et spiritualem, quia manducatio vere carnis fit ore corporali, ut dictum est, sub speciebus sacramentalibus; manducatio vero spiritualis fit ore anime sive intellectu et voluntate, per fidem et caritatem, per hec enim habitat Christus in nobis et nos in ipso, tamquam membra coniuncta capiti, secundum illud ad Ephes. 3°: *Habitare Christum per fidem in cordibus nostris,* et I Ioh 4°: *Deus caritas est, et qui manet in caritate, in Deo manet et Deus in eo.*
Prima manducacio potest esse bona et digna, et eciam indigna, et tunc ad iudicium; secunda autem semper est bona. Prima presupponit secundam, ut sit ad salutem; secunda est se sola sufficiens et necessaria ad salutem. Prima vocatur sacramentalis, sine qua multi martires et sancti salvati sunt; secunda vocatur spiritualis, sine qua nullus salvatur.[395]	Prima manducatio potest esse bona et digna, et etiam indigna, et tunc ad iudicium; secunda autem semper est bona. Prima exigit secundam, ut sit ad salutem; secunda est se sola sufficiens et necessaria ad salutem. Prima vocatur sacramentalis, sine qua multi martyres sancti et parvuli salvati sunt; secunda vero vocatur spiritualis sine qua nullus salvatur.[397]

Die Rückfrage des Wiener Traktats an die Hussiten, auf welcher Basis sie die Evangelien und Kirchenväter als verlässlich akzeptieren, wenn sie doch die Autorität der Römischen Kirche leugnen, fand ebenfalls Eingang in Ragusas Basler Rede:

---

395 Tractatus contra quattuor articulos Hussitarum, fol. 140r–141r.
396 Iohannes de RAGUSIO, Oratio, S. 734A–B.
397 Iohannes de RAGUSIO, Oratio, S. 734D–E.

Wiener Hussitentraktat	Ragusa, *Oratio*
Multa enim reperiuntur ewangelia et actus, qui dicuntur fuisse per apostolos compilati; unde habetur di. 15: *Actus nomine Andree apostoli, apocriphus. Actus nomine Petri apostoli, apocriphus. Actus nomine Philippi apostoli, apocriphus. Actus nomine Thome apostoli, apocriphus. Ewangelia Tadei nomine, apocripha. Ewangelia nomine Thome apostoli, quibus Manichei utuntur, apocripha. Ewangelia, que falsavit Lucianus, apocripha. Ewangelia, que falsavit Urcius, apocripha,* et infra: *Revelacio, que appellatur Pauli, apocripha. Revelacio, que appellatur Thome, apocripha. Revelacio, que appellatur Steffani, apocripha.*	Cum enim multa evangelia et actus reperiantur, que dicuntur fuisse ab apostolis compilata, sic enim legitur in decretis di. 15: *Actus nomine Andree apostoli apocryphi, actus nomine Petri apocryphi, actus nomine Philippi apostoli apocryphi, actus nomine Thome apocryphi, evangelium nomine Thaddei apostoli apocryphum, evangelia nomine Thome apostoli, quibus Manichei utuntur, apocrypha, evangelia que falsavit Lucianus apocrypha, evangelia que falsavit Hircius apocrypha,* et infra: *Revelatio que appellatur Pauli apocrypha, revelatio que appellatur Thome apocrypha, revelatio que appellatur Stephani apocrypha.*
Cum ergo omnia predicta ewangelia, et ceteri libri prenominati reperiantur scripti, unde certi sunt Hussite, quod ista quatuor ewangelia contineant veritatem, alia vero non?	Cum itaque omnia predicta evangelia, et ceteri libri prenominati reperiantur scripti, unde certi sunt adversarii, quod ista quatuor evangelia contineant veritatem, alia vero non, et quod ista scripta sunt a veris apostolis, et non illa? Quodque illa falsificata sint, et non ista, et per consequens ista quatuor sint recipienda, alia vero tamquam falsa respuenda?
Ipsi enim, cum non viderint Christum facientem ea, que in illis quatuor ewangeliis scripta sunt, magis quam illa, que in aliis ewangeliis habentur, unde habent certitudinem, quod ista quatuor sint recipienda, alia vero tamquam falsa respuenda? Si dixerint, quod universalis ecclesia ista quatuor recipit, alia autem determinavit esse respuenda, quia aliud dicere non possunt, sed tunc debent considerare, quod, si universalis ecclesia non dirigitur a Spiritu Sancto in hiis, que sunt fidei et de	Cum ipsi non audiverint Christum predicantem, nec docentem, nec viderint ipsum mirabilia facientem, nec alia dicta aut facta ipsius, a que in dictis quatuor evangeliis scripta sunt, nec ulterius viderint, hos quatuor evangelistas magis quam alios, ut possent ex doctrina, vita aut miraculis magis approbare istorum evangelia, quam aliorum, nisi quia universalis ecclesia ista quatuor recipit, illa vero respuit? Si ergo universalis ecclesia non dirigeretur a Spiritu Sancto in his que fidei sunt et de

---

398 Tractatus contra quattuor articulos Hussitarum, fol. 180r–v.
399 Tractatus contra quattuor articulos Hussitarum, fol. 326vb–327ra (Klosterneuburg, Cod. 474).
400 Tractatus contra quattuor articulos Hussitarum, fol. 327rb–327va (ebd.).
401 Iohannes de Ragusio, Oratio, S. 783D–784C.
402 Iohannes de Ragusio, Oratio, S. 784D–E.
403 Iohannes de Ragusio, Oratio, S. 786C–D.
404 Iohannes de Ragusio, Oratio, S. 787D–E.

(Fortsetzung)

Wiener Hussitentraktat	Ragusa, *Oratio*
neccessitate salutis, et potest in illis errare, dubium erit, an recipiendo illa quatuor ewangelia erraverit, ex quo in talibus errare potest, ut dicunt. Et si hoc dubium eciam erit, an ewangelia contineant doctrinam Christi, et tunc dubium erit, an illud, quod dicitur in ewangelio Ioh 6° (54) Nisi manducaveritis etc. sit dictum Christi vel non, sic eciam totum ewangelium Iohannis vertetur in dubium. Et hoc modo Hussite nichil habent certum in fide, sed omnia sunt eis dubia; et eciam communio sub utraque specie. Et consequenter nullam habent fidem, si presumunt dicere ecclesiam universalem posse errare in hiis, que sunt de neccessitate salutis.	necessitate salutis, et posset in illis errare, sequitur, quod in recipiendo illa quatuor evangelia, et alia respuendo errare potuerit, et ita vertetur in dubium, an ista quatuor evangelia contineant doctrinam, facta et miracula Christi.
Ideo sanctus Augustinus optime hoc intelligens dicit in Libro contra epistolam fundamenti: *Non crederem ewangelio, nisi me auctoritas ecclesie commoveret.*	Et ulterius, quidquid predicti adversarii affirmant ex dictis dictorum evangeliorum, totum erit dubium, et sic apud eos nihil erit certum in fide, aut securum, et consequenter nullam habebunt fidem.
	Hoc profecto intellexit Augustinus, cum dixit in libro contra epistolam Fundamenti et etiam contra Faustrum hereticum et in multis aliis locis: *Non crederem evangelio, nisi me auctoritas ecclesie commoveret.*[401]
Amplius dato, ut verum est, quod quatuor ewangelia veraciter continent facta et doctrinam Christi, tamen quicumque wlt habere rectam fidem, que in verbis Christi continetur, oportet, quod illa verba intelligat in illo sensu, in quo Christus illa dicebat.	Preterea cum hec evangelia veram Christi doctrinam, facta et mirabilia contineant, utique ad veram et certam fidem habendam, intelligentia in verbis et factis Christi opus est, ut videlicet eum sensum in verbis Christi apprehendamus, quem ipse Christus intendit.
Alioquin, si in alio sensu caperet verba Christi, non haberet doctrinam, nec fidem Christi; sicut pauperes Lugdonenses, qui legentes dictum Christi: *Si oculus tuus scandalizat te, erue eum, proice abs te,* intelligendo solum iuxta sonum littere, ut faciunt Hussite, eruebant sibi oculos, cum peccabant per oculos. Manifestum est, quod ipsi in hoc non habebant doctrinam Christi, quia Christus non intendebat illud dicere per verba illa.[398]	Alioquin non haberemus veram doctrinam eius, neque fidem, quemadmodum contingit pauperibus Lugdunensibus, qui secundum literalem sensum, sed non Christi, illud dictum intelligentes: *Si oculos tuus scandalizaverit te, erue eum et proice abs te,* oculos sibi eruebant cum contingebat eos peccare per oculos, qui utique sic facientes, non habebant sensum Christi.[402]
Quis enim iudicavit Hussitis beatum Augustinum esse sanctum et doctorem catholicum, nisi ecclesie approbacio? Et si dixerint: ex vita eius cognovimus eum, unde sciunt ipsi legendam eius non esse apocripham, nisi ex approbacione ecclesie, que secundum dicta hereticorum potuit in talibus approbacionibus errare, sicut in aliis?[399]	Quis enim adversariis iudicavit beatum Augustinum vel Hieronymum vel quemcumque alium esse sanctum et doctorem catholicum, nisi approbatio ecclesie? Et si dicat, quod ex vita ipsius, unde scis legendam ipsius non esse apocrypham, nisi ex auctoritate ecclesie, que si potuit et potest errare in aliis, utique et in hac doctorum approbatione?[403]

(Fortsetzung)

Wiener Hussitentraktat	Ragusa, *Oratio*
Dicunt eciam, quod volunt habere iudices doctores ecclesie; non quidem viventes, sed qui ab hac migraverunt vita. Et sub hoc pretextu similant se cum magna instancia audienciam velle, cum tamen pluries habuerint, nec sic voluerint intelligere veritatem – pluries eciam oblatam spreverunt –, sed dicant:	Preterea si dicunt adversarii se velle intelligere scripturas secundum expositionem doctorum et non ecclesie; tunc aut ipsi stabunt expositioni doctorum viventium, aut eorum qui ab hac vita migraverunt. Si primo modo, cum inter viventes sepenumero, imo sepissime contrarietas oriatur et dissensio, ut patet specialiter inter doctores catholicos et hereticos: Ad contrarietatem et dissensionem hanc tollendam, quis erit iudex in vita presenti nisi ecclesia? Si secundo modo, ut quidam doctorum adversariorum dicunt, tunc si discordia oriatur de intellectu auctoritatum sanctorum doctorum iam defunctorum, quis erit iudex?
Si oriretur discordia intellectu auctoritatum, que de doctoribus in audiencia allegaretur, quis tunc erit iudex? Numquid alii doctores defuncti? Si sic, et tunc, si ulterius de intellectu auctoritatum ipsorum questio oriatur, quis iudicabit? Si ulterius alii doctores defuncti, tunc erit processus in infinitum.[400]	Numquid alii doctores defuncti? Et si sic, tunc orta discordia in dictis aliorum, quis iudicabit? Si ulterius alii doctores defuncti, tunc erit processus in infinitum, quod est omnino absurdum.[404]

Die gegenübergestellten Passagen belegen zweifellos, dass Johannes von Ragusa den Wiener Hussitentraktat zur Vorbereitung seiner Rede benutzte und teilweise wörtlich in seinen Text übernahm. Eine Abschrift des Traktats im Basler Dominikanerkloster enthält eigenhändige Randbemerkungen des Ragusa;[405] dabei dürfte es sich um jenes Exemplar handeln, das Ragusa für seine Vorbereitung benutzte. Neben dem Kelchteil nutzte der kroatische Dominikaner auch die Einleitung des Traktats, die – wie seine Basler Rede – hermeneutische Überlegungen voranschickte. Aus dem Kelchteil selbst übernahm Ragusa kaum längere Argumentationsstränge, sondern vorwiegend einzelne, markante Motive, die er fließend mit seinen eigenen (oder aus anderen Traktaten entnommenen) Argumentationen verband. Dass Ragusa in seiner Rede noch andere Vorlagen verarbeitete, ist sehr wahrscheinlich und bedürfte eines genauen Textvergleichs mit weiteren bekannten Stellungnahmen gegen den Laienkelch, der hier nicht geleistet werden kann.

Der behandelte Zeitraum dieser Arbeit endet am Vorabend des Basler Konzils. Die Rezeption des Wiener Traktats in der Kelchrede des Ragusa dient als Abschluss und Ausblick zugleich: Der damit erbrachte Nachweis, dass der Traktat auf dem Konzil bekannt war und zur Vorbereitung der Hussitenreden

---

405 Basel, UB, Cod. A VII 28, hier fol. 161r–v.

gesammelt und benutzt wurde, stützt den Überlieferungsbefund und eröffnet eine Reihe anknüpfender Fragen: Lassen sich in anderen in und um Basel verfassten Schriften gegen die Vier Prager Artikel ebenfalls Spuren des »Wiener« Traktats finden? Welche Haltung nahmen die Wiener Universität und ihre Gelehrten auf dem Konzil selbst ein, welche Rolle spielten sie – und insbesondere Thomas Ebendorfer als maßgeblicher Protagonist der Ereignisse ab 1429 – auf dem Weg zur Einigung mit den Hussiten? Wie ist Ebendorfers anti-hussitisches Engagement, der u. a. zwei umfangreiche, bislang nicht edierte Traktate gegen die Prager Artikel verfasste, einzuordnen und zu charakterisieren? Die Beantwortung dieser Fragen bleibt künftigen Untersuchungen vorbehalten.

6. Fazit

Im Zentrum dieser Arbeit stand die Frage, wie die Wiener Universität und ihre Gelehrten im ersten Drittel des 15. Jahrhunderts auf die Häresie der Hussiten reagierten, die innerhalb dieses Zeitraums von einem lokalen böhmischen Phänomen zu einem europaweit relevanten Problem wurde. Die anfangs innerböhmische Kontroverse rückte insbesondere durch das Konstanzer Konzil und die gewaltsamen Reaktionen auf die Verurteilung des Jan Hus, des Hieronymus von Prag und des Laienkelchs in den Fokus der kirchlichen und weltlichen Autoritäten.

Als 1414 das Konzil am Bodensee zusammentrat, stellten die Hussiten lediglich ein Randthema dar. Im Zentrum standen die Beendigung des Schismas und die notwendige Kirchenreform. Erst mit dem Erlass von *Haec sancta* am 6. April 1415 verschärfte sich das Tempo in der Behandlung der *causa fidei*, die neben den Böhmen auch den Fall des Jean Petit sowie die Kontroverse zwischen dem Deutschen Orden und Polen umfasste. Dass nun binnen kurzer Zeit nicht nur gegen Wyclif, Hus und Hieronymus, sondern auch gegen Johannes XXIII. Häresieprozesse geführt wurden, zeigt, dass diese für das Konzil eine ideale Gelegenheit waren, nicht nur die eigene Superiorität in Glaubensfragen, sondern auch den Besitz der *plenitudo potestatis* zu demonstrieren. Die *causa fidei* wurde von Gelehrtengruppen unterschiedlicher Größe und Zusammensetzung behandelt. Mindestens 26 Wiener Doktoren und Magister hielten sich für kürzere oder längere Zeit am Konzil auf; darunter auch Peter von Pulkau und Kaspar Maiselstein als offizielle Vertreter der Universität sowie Nikolaus von Dinkelsbühl und Heinrich Fleckel von Kitzbühel als Gesandte Herzog Albrechts V. Es gibt keinerlei Hinweise, dass Wiener Gelehrte an den Spezialkommissionen, die sich mit Wyclif und Hus beschäftigten, beteiligt gewesen wären. Weder Nikolaus von Dinkelsbühl noch Bartholomäus von Ebrach, deren Beteiligung die Forschung bislang annahm, können mit Sicherheit nachgewiesen werden. Eine wichtige Rolle spielten hingegen Dinkelsbühl und Lambert von Geldern als Untersuchungsrichter im Prozess gegen Hieronymus von Prag; nicht aber, weil sie Experten für die philosophisch-theologischen Aspekte der Vorwürfe gewesen wären, sondern weil sie mit dem formalen Ablauf des vorangegangenen Wiener Prozesses gegen den Böhmen vertraut waren.

Ab der zweiten Jahreshälfte 1415 rückte die Hussitenfrage auf dem Konzil stärker in den Mittelpunkt. Die Verurteilung des Laienkelchs Mitte Juni 1415 und die Radikalisierung der Bewegung nach der Hinrichtung des Hus und Hieronymus verschärften die Kontroverse eklatant. Der Wiener Theologe Peter von Pulkau war der erste, der ein konzilsinternes Arbeitspapier gegen den Laienkelch ausarbeitete: seine *Confutatio* (Mai 1415), die wohl einen »Expertenbericht« für die *facultas theologica* darstellte. Pulkau dürfte diese Schrift am Konzil vorgetragen haben; offenbar erkannte er die Gefahr der hussitischen Forderung sehr früh. Die Folgemonate verschärften die Krise weiter; spätestens als sich im Frühjahr 1417 die Prager Universität als erste Hochschule offen gegen das Konzil stellte, hatte die Auseinandersetzung endgültig eine neue Stufe erreicht. Nachdem das Konzil die Kelchkommunion für die Laien im Juni 1417 neuerlich verboten hatte, waren die Gelehrten in Konstanz alarmiert: Fünf Theologen von vier Universitäten verfassten Stellungnahmen; darunter auch Nikolaus von Dinkelsbühl, der seine Schrift *Barones regni Bohemie* wohl als Handreichung für die katholischen Bischöfe und Seelsorger konzipierte. An dezidiert anti-hussitischen Initiativen lassen sich somit nur diese beiden Kelchschriften identifizieren, die jedoch keinem besonderen Interesse oder Auftrag der Wiener Universität, sondern der Aufmerksamkeit und dem individuellen Engagement der beiden Theologen geschuldet waren. Der Briefwechsel Peters von Pulkau mit seiner Heimatuniversität zeigt, dass für die Universität während dieser Jahre neben dem Schisma vor allem praktische Fragen wie Benefizien oder die universitäre Jurisdiktion im Vordergrund standen.

Dem entspricht das Bild, das sich aus den parallelen Ereignissen an der Wiener Universität ergibt. Auch hier sind die anti-hussitischen Bemühungen, die in den Akten der Universität und der Fakultäten nachweisbar sind, bis ca. 1418 primär an Initiativen einzelner Gelehrter festzumachen. Erst ab ca. 1420 entwickelte sich daraus ein zunehmend definiertes und kommuniziertes anti-hussitisches Profil der Hochschule. Damit korreliert auch der Befund, der sich durch die Untersuchung der Partikularkonzilien in der Kirchenprovinz Salzburg zwischen Konstanz und Basel ergab: Die Rezeption der Konstanzer Bestimmungen in den Statuten der Salzburger Kirchenprovinz des Jahres 1418 zeigt, dass die Hussitenfrage zu diesem Zeitpunkt einer von vielen, nicht aber der dringlichste Aspekt der Reformbedürftigkeit der Kirche war. Zwei der insgesamt 34 Kanones dieser Synode befassten sich mit der Hussitenfrage (Kanon 1 und 32), schöpften die Strafbestimmungen, die die kanonistische Tradition geboten hätte, aber bei weitem nicht aus. Interessanterweise wurden in diesen Kanones weder die Verurteilungen des Wyclif, Hus und Hieronymus, noch das Kelchdekret *Cum in nonnullis* erwähnt und rezipiert. Die Salzburger

Synode griff somit zentrale Anliegen des Constantiense auf, agierte aber nicht als
»Publikationsorgan« für dessen Dekrete. Die einzige bislang nachweisbare
Passauer Diözesansynode zwischen den Konzilien von Konstanz und Basel, die
1419 stattfand, ist ein sprechender Hinweis, dass die Hussiten noch nicht als
akute Bedrohung wahrgenommen wurden und sich die Bestimmungen der
Synode wohl eher auf verstreute Waldensergruppen bezogen.

Auffälligerweise ging die Initiative zu den – in der Tat vielfältigen – Maßnahmen, die an und von der Wiener Universität gegen die Hussiten umgesetzt
wurden, bis in die späten 1420er-Jahre nie von der Universität selbst, sondern
von Herzog Albrecht V., König Sigismund, den Bischöfen von Salzburg, Passau
und Olmütz und deren Offizialen, den Universitäten Prag, Paris und Krakau,
dem Papst oder päpstlichen Legaten aus, die die Universität Wien als Expertin
und Schiedsstelle anriefen. Sowohl bei Maßnahmen innerhalb der Korporation
(etwa der Einführung des anti-hussitischen Eides), als auch bei »pastoralen«
Maßnahmen (wie den *staciones* in Wien) oder der Einbindung in diplomatisch-
politische Bemühungen (etwa bei der Umsetzung des päpstlichen Kreuzzugsprogramms) kam der Impuls von außen. Die Hochschule kam der erbetenen
Unterstützung freilich nach, trat jedoch stets reaktiv, nicht aktiv auf. Weder zur
Zeit des Konstanzer Konzils, noch in den 1420er-Jahren war ihr daran gelegen,
eine Sonderrolle im anti-hussitischen Kampf einzunehmen; im Gegenteil war sie
auf Ausgleich und Bekehrung Häresieverdächtiger und ein mildes Vorgehen
bedacht. Ende der 1420er-Jahre hatte sich die Situation gänzlich gewandelt: Die
Universität vertrat nun – gemeinsam mit der Universität Paris, der die eigentliche Sonderrolle im Kampf gegen die Hussiten zukam – eine rigorose anti-
hussitische Haltung, die sich etwa an der konsequenten (den politischen Autoritäten und Hussitengesandtschaften entgegengesetzten) Weigerung zeigte, den
Hussiten in Basel den Kelch zuzugestehen. Waren die Spuren anti-hussitischer
Auseinandersetzung in den Statuten der Salzburger Provinzialsynode des Jahres
1418 noch marginal, stand die Rückführung der ketzerischen Böhmen zur
Einheit der Kirche in den Reformvorschlägen zur Provinzialsynode 1431 an
erster und wichtigster Stelle. Nicht nur manifestierte sich das Hussitenproblem
mittlerweile deutlicher – spätestens die gewaltsamen Überfälle auf Niederösterreich 1425 hatten aus dem in den Anfangsjahren nicht recht fassbaren
Phänomen ein ganz konkretes Problem gemacht –, auch die junge Theologische
Fakultät schien mittlerweile ein größeres Selbstbewusstsein entwickelt zu haben.
So distanzierte sich die Universität 1430 nicht nur vom Standpunkt des Landesherrn, sondern nahm zudem für sich in Anspruch, eine größere Autorität zu
sein als das gerade einberufene Generalkonzil in Basel. Gleichzeitig sollte die
forcierte *via concilii* die Universitäten in gewisser Weise ihrer Verantwortung
entheben und das Hussitenproblem einer gesamtkirchlichen Lösung zuführen.
Thomas Ebendorfer ist ein schönes Beispiel dafür, dass bereits 1429 begonnen

wurde, diesen Status auf die Jahre seit dem Beginn der Auseinandersetzung zurückzuprojizieren.

Vor diesem Hintergrund ist eine wichtige Differenzierung zu beachten, die in dieser Untersuchung deutlich wurde: Von nachweisbaren anti-hussitischen Maßnahmen in Österreich darf nicht automatisch auf die Existenz und Verbreitung hussitischer Anhänger geschlossen werden. Die Arbeitsweise der Salzburger Provinzialsynode 1418 ist ein aussagekräftiges Beispiel dafür, dass im Kampf gegen die Häretiker zwei Ebenen unterschieden werden müssen: die Ebene der offiziellen, international akkordierten Maßnahmen gegen die böhmische Häresie, und die tatsächliche lokalkirchliche Realität in Österreich. Es scheint höchst zweifelhaft, dass es im Österreich des 15. Jahrhunderts tatsächlich eine maßgebliche Anzahl von Anhängern der hussitischen Häresie gab. Vielmehr ist von nach wie vor existierenden waldensischen Gruppen auszugehen. Spätestens durch die Verurteilungen des Konstanzer Konzils bekam die neue böhmische Häresie einen eigenen Namen, der in der Folge auf Phänomene lokaler Häresien übertragen wurde (unabhängig davon, ob es sich dabei tatsächlich um Hussiten, Waldenser oder sonstige Häretiker handelte). Die Provinzialsynode des Jahres 1418 zeigt deutlich, dass die Hussiten für die Salzburger Kirchenprovinz ein neues Phänomen waren, das schwer greifbar war. Zwar übernahmen sie den Begriff der »Hussiten« in ihren Kanon, stützten sich aber auf das Vorgehen, das sie von den Waldensern her kannten und deuteten die neue Häresie im Licht früherer, »vertrauter« Häresien.[1] Zwischen dem Zugang des Landesherrn, des Papstes oder seiner Legaten etwa, die durch ihre Reisen nach Böhmen, ihre Teilnahme am Konstanzer Konzil oder eine theologische Beschäftigung mit den hussitischen Forderungen einen Informationsvorsprung besaßen und ein Bild der Häresie entwickeln konnten, mussten die konkreten Empfänger ihrer Anweisungen auf bekannte Häresien zurückgreifen. In der Tat scheinen die Hussiten eher ein politisches Problem für Herzog Albrecht als ein religiöses Problem für die österreichische Kirche gewesen zu sein.

Dieser Befund ist wichtig, um die Relevanz und Brisanz der Hussitenthematik und die Haltung der Wiener Universität in einen größeren Kontext einordnen zu können. Während die organisatorisch-administrativen Maßnahmen der Universität gut rekonstruierbar sind, fällt bei den konkreten Reaktionen der Hochschule auf theologische Differenzen Zurückhaltung auf. Obwohl die Uni-

---

1 Dem entspricht, dass die Universität Heidelberg, als sie sich 1425 in einem Prozess gegen Hussitenverdächtige zu engagieren hatte, »eine für Prozesse brauchbare Dokumentation der verbindlichen kirchlichen Lehre« forderte: »Denn ›die auf dem Konstanzer Konzil verdammten Artikel des Hus sind örtlich (*in partibus*) nicht unter Bulle oder sonst in authentischer Form vorhanden; und wenn sie jemand hat, dann haben die einen mehr und die anderen weniger (Artikel) und (eben) in einer Form ohne Glaubwürdigkeit‹« (vgl. HEIMPEL, Drei Inquisitions-Verfahren, S. 24).

versität, wie die Akten belegen, mehrfach mit Irrlehren oder kontroversiellen Themen konfrontiert wurde, scheint keiner dieser Anlässe dazu geführt zu haben, Stellungnahmen zu den strittigen Punkten zu verfassen, um den eigenen Standpunkt darzulegen und zu verteidigen. Weder die Konfrontation mit Hieronymus von Prag, noch die mehrfach erhaltenen Hinweise, dass sich die Universität mit Anhängern der »wyclifitischen« oder »hussitischen« Häresie befassten musste, führten dazu, dass sich Gelehrte in schriftlicher Form mit diesen Phänomenen befasst hätten. So sind – obwohl zahlreiche solche Traktate existieren[2] – aus dem Umfeld der Wiener Universität keinerlei Schriften gegen Jan Hus oder Wyclifs Irrtümer und Artikel bekannt (die Universität Paris hingegen erstellte bereits für das Konstanzer Konzil Exzerpte aus Wyclifs Werken, um sie als häretisch nachzuweisen). Die langwierige Auseinandersetzung zwischen Paul von Prag, Pfarrer in Dolan, und dem Hussiten Johannes Laurinus aus Račice, die sich um das hussitische Kirchenverständnis drehte und in der die Wiener Universität intervenieren musste, belegt, dass sie mit den ekklesiologischen Differenzen zwischen Hussiten und Katholiken in Berührung kam. Dennoch existiert kein bekannter Traktat *De ecclesia* von Wiener Gelehrten aus der Hussitenzeit. Und obwohl sich die Universität mit Wenzel Thiem auseinandersetzte, der 1412 den von Johannes XXIII. gegen den König von Neapel ausgerufenen Kreuzzug in Wien verkündete, scheint nur das harsche und respektlose Auftreten des Wenzel von Interesse gewesen zu sein. Die grundsätzliche Problematik von Kreuzzügen und deren Legitimation dürfte hingegen nicht wichtig oder brisant genug gewesen zu sein, sich dazu schriftlich zu äußern.

Die einzigen Themen, die in Traktaten behandelt wurden, sind der Laienkelch und die Vier Prager Artikel. Bei all diesen Schriften handelt es sich jedoch um Auftragswerke: Die beiden Kelchtraktate des Peter von Pulkau (*Confutatio*) und des Nikolaus von Dinkelsbühl (*Barones regni Bohemie*) wurden auf dem Konstanzer Konzil (wohl im Auftrag der *facultas theologica*) verfasst; den umfangreichen Hussitentraktat von ca. 1424 gab Kardinal Branda di Castiglioni in Auftrag. Um zu einem vollständigen Bild zu gelangen, müssten freilich alle Schriften der Wiener Gelehrten – auch ihre Vorlesungen, Quaestionen, Predigten usw. – auf anti-hussitische Argumentationen hin überprüft und analysiert werden. Im Rahmen dieser Arbeit war dies nicht möglich, da fast alle relevanten Texte nur handschriftlich vorliegen. Dennoch bleibt der Befund, dass mit Ausnahme der genannten Auftragswerke (nach bisherigem Kenntnisstand) keine eigenständigen Schriften Wiener Gelehrter zu aktuellen Themen der hussitisch-katholischen Kontroverse verfasst wurden, mit denen sie sich profiliert und zur Klärung eines drängenden Problems zu Wort gemeldet hätten.

---

2 Vgl. SOUKUP, Repertorium, mit einer Zusammenstellung aller bekannten anti-hussitischen Schriften.

Offenkundig wurden die philosophisch-theologischen Aspekte des Hussitenproblems sehr wohl zur Kenntnis genommen, eine besondere Dringlichkeit oder Wichtigkeit scheinen sie für die Wiener Gelehrten jedoch nicht gehabt zu haben. Wären diese Kontroversen als besonders brisant empfunden worden, wäre doch anzunehmen, dass – auch ohne entsprechende Aufforderung – Traktate und Stellungnahmen dazu verfasst worden wären. Wyclif und die Hussiten stellten immerhin zentrale Glaubensinhalte, das Kirchenbild, die sakramentale Praxis und letztlich die Heilsgewissheit der ganzen Kirche in Frage! Dennoch scheinen die Gelehrten nur dann aktiv geworden zu sein, wenn ein entsprechender Auftrag an sie herangetragen wurde. Der Umstand, dass kirchliche und weltliche Autoritäten auf die Unterstützung Wiener Gelehrter und der Universität zurückgriffen, ist aufschlussreich und gewiss Zeichen einer anti-hussitischen Expertise der Wiener Universität; ebenso aufschlussreich ist aber, dass die Gelehrten selbst und aus eigenem Antrieb offenbar nicht die Notwendigkeit empfanden, die philosophischen und theologischen Probleme zu behandeln.

Was dürfen wir aus diesem Befund für die tatsächliche Relevanz des Hussitenproblems im Wien der 1410- bis 1430er-Jahre schließen? Dass die böhmische Häresie – für sich betrachtet – insbesondere ab den 1420er-Jahren als immer drängenderes Problem verstanden wurde, steht außer Zweifel. Weitet man den Blick auf die breitere kirchenpolitische Entwicklung in Österreich, so scheint die Hussitenfrage jedoch nicht das zentralste Anliegen gewesen zu sein. Zweifellos blieb sie hinter der als dringlicher und notwendiger empfundenen Kirchenreform zurück. Freilich resultierten auch die Lehren des Wyclif und Hus zum Teil aus kirchlichen Missständen, die der Reform bedurften, was die *causa fidei* und die *causa reformationis* prinzipiell eng miteinander verknüpfte. Bei aller Verwobenheit dieser beiden Aspekte zeigt aber gerade ein Blick auf die kirchliche Praxis im Österreich des 15. Jahrhunderts, dass diese beiden *causae* auch individuell betrachtet werden müssen; die Hussitenthematik gänzlich unter die Reform zu subsumieren verstellt den Blick für deren tatsächliche Relevanz: Trotz aller Scharfsinnigkeit, mit der die Böhmen kirchliche Missstände anprangerten, waren Hussitenbekämpfung und konkrete Reformbestrebungen in der Praxis recht klar voneinander getrennt. Birgit Studts Untersuchung der Reformbemühungen Martins V. in Deutschland und Gerda Kollers Darstellung der Kirchenpolitik Herzog Albrechts V. zeigen schön, wie intensiv und umfassend der österreichische Landesherr die Kirchen- und Klosterreform vorantrieb und umsetzte. Das päpstliche Visitationsprivileg für Benediktiner- und Augustinerchorherrenklöster, das Albrecht 1418 von Martin V. gewährt wurde, war Grundlage eines breiten, ursprünglich auf mindestens zehn Jahre angelegten Reformprojektes. Wiener Gelehrte wurden beauftragt, Reformvorschläge und -pläne zu entwerfen; eine umfassende Visitationstätigkeit begann, Predigtzyklen für Priester und Laien wurden entworfen, volkssprachliche Kompendien zur »christlichen Laienethik« zusammengestellt.³ Die hier lediglich angedeutete Breite und Intensität der Reformbemühungen zeigt bereits, dass es sich dabei um ein organisiertes, strukturiertes, gesamtgesellschaftliches Projekt handelte, in das unterschiedlichste Akteure einbezogen wurden. Die Maßnahmen in der Hussitenfrage erreichten nie diese Kohärenz und systematische Organisation. Wäre die Hussitenthematik als ebenso dringend wie die Kirchenreform betrachtet worden, würde man etwa erwarten, dass Albrecht V. auch aus diesem Grund Klöster (oder die Universität, wie es das Basler Konzil tun sollte) visitieren ließ, um mögliche Anhänger der Hussiten aufzuspüren und zu bekehren.⁴ Im Gegensatz zur Reformbedürftigkeit, die ein gesamtkirchliches Problem war, stellte die Hussitenfrage in Österreich kein flächendeckendes Problem, sondern eher eine Herausforderung für theologische Experten und ein politisches bzw. militärisches Problem für Albrecht dar (die militärischen Aktionen Albrechts gegen die Hussiten haben wohl auch dazu beigetragen, die tatsächliche Relevanz des Hussitenproblems für das Herzogtum selbst zu überhöhen). So ist es vielleicht programmatisch, dass Erzbischof Eberhard für die Salzburger Provinzialsynode 1418 von den Wiener Gelehrten kein anti-hussitisches Kompendium, sondern eine kurze Abhandlung zur rechten Sakramentenspendung erbat.

Die theologisch prägenden Themen dieser Zeit in Österreich waren also nicht jene philosophisch-theologischen Aspekte, die sich durch die anti-hussitische Kontroverse ergaben (etwa eine Ekklesiologie in Abgrenzung zum Kirchenbild Wyclifs und Hussens, Armut und Besitz, Sünde und Buße, Predigt und Eucharistie), sondern klassische Reformthemen der pastoralen und monastischen Praxis (Lebensform, Morallehre, Gottesdienst, klösterliche Ordnung, Disziplin, kurz: die Reform an Haupt und Gliedern). Auch im umfangreichen Wiener Hussitentraktat dominierten praktische Fragestellungen, nicht die philosophisch-theologischen Aspekte der Prager Artikel.⁵

---

3 Vgl. dazu STUDT, Papst Martin V., S. 92–141.
4 Ein Beispiel dafür ist das Kloster Schlägl in Oberösterreich, das – wohl aufgrund seiner Nähe zu Böhmen –1420 visitiert wurde, weil Albrecht V. die Sorge geäußert hatte, dass sich durch die Aufnahme von hussitischen Kanonikern die Häresie im Land verbreiten könnte. Die Hussiten scheinen hier jedoch eher als Vorwand gebraucht worden zu sein, denn Albrecht diente dieser Visitationsauftrag vor allem dazu, trotz der Privilegien des exemten Klosters mehr Einfluss darauf zu gewinnen und sein eigenes, reformwilliges Personal einsetzen zu können (ebd., S. 114f.).
5 Interessant und aufschlussreich wäre ein Vergleich mit dem anti-hussitischen Engagement anderer Universitäten. Heinrich von Gorkum etwa verfasste mit seinem (bereits 1503 in Köln gedruckten) *Tractatus contra articulos Hussitarum* von 1430 eine »offizielle Stellungnahme« der Kölner Universität gegen die Hussiten (vgl. PRÜGL, Die Ekklesiologie, S. 58); auch in Heidelberg wurde unter Beteiligung der Universität 1425 ein aufsehenerregender Ketzerprozess gegen drei deutsche Hussiten geführt (vgl. HEIMPEL, Drei Inquisitions-Verfahren). Johannes von Frankfurt schrieb ebenfalls in Heidelberg 1406 eine *Propositio contra Hiero-*

Bei all dem spielte gewiss auch die besondere kirchenpolitische Situation Österreichs eine wichtige Rolle. In jenen Jahren nämlich, in denen die Hussitenfrage durch die zunehmende Gewalt akuter wurde und die Böhmen stärker in die Nachbarländer drängten, nahm der Passauer Bistumsstreit das Herzogtum in Anspruch, der selbst die Reformbestrebungen Albrechts (bis zum Basler Konzil) aussetzte und nun als drängendstes Problem im Zentrum stand.[6] Von 1423 bis 1428 zogen sich die Unklarheiten und Auseinandersetzungen bzgl. der Rechtmäßigkeit der Bischofswahl hin, und insbesondere Herzog Albrecht kämpfte (auch mit Unterstützung der Wiener Universität) gegen den vom Papst favorisierten, ihm jedoch unliebsamen Kandidaten. Diese lokalkirchliche Kontroverse bündelte die Aufmerksamkeit und wurde gewiss als dringender und unmittelbarer empfunden als die hussitische Bedrohung. Als Martin V. sich weigerte, Albrecht in der Bischofsfrage entgegenzukommen, drohte der Landesherr sogar damit, sich mit den Hussiten zusammenzuschließen, sollte seinem Wunschkandidaten weiterhin so viel Widerstand entgegengebracht werden.[7] Wie realistisch diese Drohgebärde auch gewesen sein mag, die Prioritäten des Landesherrn zeigen sich darin in zugespitzter Form: Sein Einfluss auf die Organisation der kirchlichen Institutionen im Herzogtum war ihm wichtiger als die (internationale) Häresiebekämpfung.

Weitet man den Blick auf die gesamtkirchliche Situation des 15. Jahrhunderts, ändert sich dieses Bild: hier spielte die Hussitenfrage eine deutlich wichtigere Rolle. Die Konzilien von Konstanz und Basel stellen besonders aufschlussreiche Indikatoren für die theologisch gerade akuten und kontroversen Themen dar. Während bis zum Ende des Konstanzer Konzils die Lösung des Schismas und die notwendige Kirchenreform im Mittelpunkt standen, stellten von den 1420er-Jahren bis in die ersten Jahre des Basler Konzils in der Tat die Hussiten *das* zentrale Problem für die Kirche dar. Dies ist schon an der Vielzahl der Traktate abzulesen, die in diesem Zeitraum von katholischen und hussitischen Theologen gegeneinander verfasst wurden. Das Constantiense und das Basiliense taten ihr Übriges, die ursprünglich auf Böhmen begrenzte Hussitenfrage zu einer international relevanten Kontroverse zu machen. Probleme, Differenzen, Argumente und Schriften wurden durch die Konzilien verbreitet, bekannt und gesamtkirchlich relevant. Neben der Reformarbeit, die in Basel intensiv verfolgt wurde, sticht das Hussitenproblem unter den »theologischen Sonderthemen« deutlich

---

nymum de Praga, Matthias Döring und Johannes Bremer 1430/31 eine anti-taboritische Schrift namens der Universität Erfurt (vgl. PRÜGL, Die Ekklesiologie, S. 59). Darüber hinaus findet sich eine anonyme, ebenfalls anti-taboritische Schrift (mit dem Incipit *Transfigurati Domini*) der Universität Cambridge, sowie eine um 1414 oder 1430 zu datierende *Disputatio Cracoviensis* gegen die hussitische Ekklesiologie (zu allen diesen Schriften vgl. auch SOUKUP, Repertorium). Die Erforschung und Kontextualisierung dieser Traktate ist ein Desiderat.

6 STUDT, Papst Martin V., S. 138f.
7 Vgl. KOLLER, Princeps, S. 141.

hervor.[8] Die Klärung der Hussitenfrage war prioritär und deutlich wichtiger als etwa die Union mit den Griechen, die – überschattet vom Streit zwischen den Vätern und Papst Eugen IV. – letztlich zur Spaltung des Konzils und einem neuerlichen Schisma führen sollte.[9] Die Hussitenfrage war für Basel hingegen »Existenzgrund«, gleichsam »erste große Bewährungsprobe« der Konzilsväter gegenüber Eugen IV.[10] Entsprechend wichtig war die Klärung dieses Problems, und entsprechend intensiv wurde darauf hingearbeitet.

Die hussitischen Forderungen nötigten die katholischen Gelehrten, sich intensiv mit der Eucharistie, dem Verhältnis zwischen der Urkirche und den Entwicklungen der folgenden Jahrhunderte (und damit auch mit der Rolle und Verbindlichkeit der kirchlichen Gewohnheit), einer radikalen Armuts- und Predigtforderung sowie der Bestrafung öffentlich bekannter Todsünden auseinanderzusetzen. Dabei fällt auf, dass die Theologen – obwohl diese Themen den gesamtkirchlichen Diskurs bis in die 1430er-Jahre prägten – keine Versuche unternahmen, sich diesen Fragestellungen durch »neue« Lehren oder Zugänge zu nähern oder die angesprochenen Aspekte weiter zu vertiefen. So wurde zwar das kirchliche Eucharistieverständnis durch die Hussiten herausgefordert, was aber nicht dazu führte, dass grundsätzliche Überlegungen zu den Sakramenten im Allgemeinen angestellt und die bis dahin entwickelte Sakramententheologie vertieft, nuanciert oder verändert worden wäre. Stattdessen beschränkte man sich weithin auf ein Standardrepertoire an Argumenten und Belegstellen, das nicht über die unmittelbar akute Frage der eucharistischen Gestalten hinausging. Waren die Gelehrten angesichts des Schismas am Vorabend des Constantiense noch bemüht, möglichst »kreative«, neue, gute Argumente und Lösungsvorschläge hinsichtlich der Ekklesiologie zu entwickeln, dominierte in der anti-hussitischen Auseinandersetzung das Bemühen, sich durch bekannte, alte und bewährte Argumente einer möglichst langen Tradition zu versichern, um die katholische Kirche von den hussitischen Neuerern abzugrenzen. Insgesamt scheint das Schisma als viel schwerwiegender und akuter wahrgenommen worden zu sein als der Streit mit den Böhmen, der zwar militärische Anstrengungen erforderte, auf theologischer Ebene jedoch keine vergleichbare Bedrohung für die Kirche darstellte. Dies schlägt sich in den Traktaten nieder: Meist blieben die Verfasser im Rahmen der bekannten und üblichen Standardargumente, die zwischen 1414 und 1434 vor allem quantitativ erweitert, inhaltlich aber nur wenig variiert wurden. Obwohl die Hussiten Sakramentsverständnis, Kirchenbild und päpstliche Autorität herausforderten, blieb man innerhalb des

---

8 Vgl. HELMRATH, Das Basler Konzil, S. 327–341 (zur Reform) und S. 353–407 (zu den übrigen theologischen Themen).

9 Ebd., S. 372–383.

10 Ebd., S. 353–372, hier S. 357.

Bezugsrahmens der Prager Artikel und reagierte lediglich auf konkrete Forderungen, vertiefte damit zusammenhängende theologische Fragestellungen jedoch kaum. Origineller war man hingegen in ekklesiologischen Traktaten, die
insbesondere mit dem Basler Konzil den kontroversen Kirchenbegriff ins Zentrum rückten. Neben dem Hussitenproblem, das das Konzil lösen konnte, und
dem Griechenproblem, über dem das Konzil zerbrach, befasste sich Basel mit
weiteren theologischen Themen (v. a. dem Dogma der Unbefleckten Empfängnis
Mariens und den Heiligsprechungsprozessen des Peter von Luxemburg, Bernhard von Siena und der Birgitta von Schweden),[11] die jedoch keine vergleichbare
Relevanz hatten.

Gesamtkirchlich bildete die Hussitenfrage gemeinsam mit den sie umrah-
menden Schismen und dem daraus resultierenden Ringen zwischen Konzil und
Papst (bzw. Päpsten) zweifellos *die* zentrale Herausforderung der ersten Hälfte
des 15. Jahrhunderts, wobei die Schismafrage – als fundamentale Gefährdung
der kirchlichen Ordnung – naturgemäß dominierte und die Gelehrten im Besonderen herausforderte. Die detaillierte Untersuchung des anti-hussitischen
Engagements der Wiener Universität versuchte zu zeigen, dass Vorsicht geboten
ist, diese »großen Tendenzen« auf die »unteren Ebenen« umzulegen und alle
feststellbaren Maßnahmen vor Ort aus gesamtkirchlicher Perspektive zu interpretieren, wie es bereits Thomas Ebendorfer 1429 retrospektiv getan hatte. So
wichtig und zentral das Hussitenproblem in den Jahren vor und während des
Basler Konzils war, blieb in Österreich dennoch die Kirchenreform als drängendste Herausforderung im Zentrum. Und so vielfältig die anti-hussitischen
Bemühungen der Wiener Universität und ihrer Gelehrten auch waren, blieben
sie doch bis Basel stets reaktiv und im Schatten ihres Pariser Vorbilds. Mit dem
Beginn des Basiliense trat auch an der Wiener Universität das anti-hussitische
Vorgehen in eine neue Phase ein.

---

11 Ebd., S. 383–407.

7. Anhang[1]

ANONYMUS: *Responsiones ad quattuor articulos[2] datos domino duci Austrie per illos de Praga*

Ante omnia videndum esset,[3] an illi quattuor articuli, pro quibus illi, qui se dicunt fideles in regno Boemie, instant et instare proponunt, sint rationabiles[4] et catholici; et si qui ex eis sint tales, utrum instantia fiat apud eos, apud quos merito debet instari.

Nam primus articulus, scilicet quod *verbum Dei per regnum Boemie libere et sine impedimento a sacerdotibus Domini predicetur,*[5] non est rationabilis, nisi intelligatur de talibus sacerdotibus, qui habeant sufficientem scienciam scripturarum et qui ad hoc a suis superioribus sunt deputati. Quoniam multi sunt, quibus deest sciencia, et hii fortasse habent zelum, sed non secundum scienciam. Plerique autem, etsi habent scienciam, tamen cum hoc habent perversum animum; qui non predicarent nisi iuxta proprias affectiones. Et tales non sunt deputandi ad predicandum, dicente propheta: *Peccatori autem dixit Deus: Quare tu enarras iustitias meas?*[6] et cetera. Et quod dicitur secundum Paulum: *Orandum est, ut sermo Dei currat et clarificetur ubique.*[7] Orandum quidem, sed non temerarie contra suos superiores pugnandum, quoniam aliter tales haberent velatam iustitie libertatem,[8] sicut loquitur Paulus. Et per hunc articulum volunt enervare disciplinam ecclesiasticam obedientie salutaris clericorum et sacerdotum in ordine ad suos prelatos et superiores, contra sanctos et ecclesie sancte institutionem.

---

1 Ediert nach dem einzigen Textzeugen BAV, Barb. lat. 663, fol. 22r–23v.
2 de *del.*
3 est *del.*
4 rationabiles] *corr.* aus rationales
5 verbum ... predicetur] Articuli Hussitarum, S. 391.
6 Peccatori ... meas] Ps 49,16.
7 Orandum ... ubique] 2 Thess 3,1.
8 quoniam ... libertatem] Vgl. 2 Cor 3,17–18.

Secundus articulus, scilicet quod *sacramentum divinissime eucaristie sub utraque, scilicet panis et vini, specie omnibus christifidelibus nullo peccato mortali indispositis libere ministretur.*[9] Si intelligatur, quod communio sacramentalis sub utraque specie sit de necessitate salutis, ut verba eorum sonant manifeste, non est catholicus, ut postea ostendetur. /22v/ Si autem intelligatur, quod instant hoc obtinere per vim et gladium aut temerarias predicationes, non instant apud eos apud quos opportet, sed instare debent apud summum pontificem vel apud concilium. Quod autem secundum primum intellectum non sit catholicus patet, quia catholica ecclesia illum respuit. Nam per longa tempora tenuit et ita servavit, quod communicare sub utraque specie non sit de necessitate salutis. Iste autem intellectus super illo Ioh 6 (54) *Nisi manducaveritis etc.* condempnat omnes pueros sacro fonte renatos, qui non communicarunt sub utraque specie, cum tamen auctoritates, que adduntur pro illa parte, aut intelligende sunt de observantia, que fuit in primitiva ecclesia, aut de communione spirituali, prout Augustinus expresse ponit et habetur in glosa ordinaria II ad Cor 11°, cum dicitur: *Nulli ambigendum est, tunc quemque corporis et sanguinis Domini participem fieri, quando Christi membrum efficitur, nec alienari ab illius panis calicisque consortio, et si antequam illum panem edat et calicem bibat, ab hoc seculo in unitate corporis Christi constitutus, abscedat.*[10] Item Ambrosius hoc manifeste sentit in *Libro de paradiso anime,*[11] ubi dicit, quod non est sub precepto hoc sacramentum sumere sub speciebus panis et vini. Communicare infantes est contra doctrinam Augustini, *Contra Pelagium.*[12] Item contra Gregorium in registro[13] et contra consuetudinem ecclesie.

Si autem aliqui doctores hoc senserunt, scilicet quod communicare populum laycalem sub utraque specie esset de necessitate salutis, plerique etiam senserunt contrarium manifeste, scilicet Alexander de Alis,[14] quoniam expresse determinat, quod non est de necessitate salutis sacramentum eucaristie sub utraque specie dare laycis. IIII parte Summe sue expresse[15] tenet, quod dictum Ioh 6 intelligitur de manducatione spirituali simplicis. Item dominus Bonaventura in IIII° di. xi.[16] Item Riccardus de Mediavilla eadem dis.[17] Item sanctus Tomas parte III° q. lxxxi a. xii,[18] ubi ex intentione determinat, quod licite ecclesia

---

9 sacramentum ... ministretur] Articuli Hussitarum, S. 391.
10 Nulli ... abscedat] Wohl zitiert nach Petrus LOMBARDUS, Libri Sent., lib. 4, di. 9, cap. 1, par. 3, S. 287.
11 Nicht auffindbar.
12 Vgl. Aurelius AUGUSTINUS, Contra Pelag., lib. 4, cap. 4, S. 525.
13 Nicht auffindbar.
14 Vgl. Alexander HALENSIS, Summa, lib. 4, q. 11, a. 4, S. 225rb–va.
15 expresse] ex expresse *ms.*
16 Vgl. BONAVENTURA, In Sent., lib. 4, di. 11, p. 2, art. 1, q. 3, S. 236–237.
17 Vgl. Ricardus de MEDIAVILLA, Super Sent., lib. 4, di. 11, art. 4, q. 6, S. 146–147.
18 Thomas de AQUINO, STh, III, q. 80 a. 12 co, S. 503a.

communicat laycos sub una specie[19] tantum. Item glosa Nicholay de Lira[20] super illo Iohannis sexto: *Nisi manducaveritis etc.* Cum tamen initio primitive ecclesie, ut patet in actibus apostolorum, quoad populum laycalem solum sit mentio de manducatione corporis domini, ubi legitur Act II° (42), *erant perseverantes in doctrina apostolorum et communione fractionis panis*; glosa interlinearis:[21] *communionis sive sacramenti.* Et si omnes doctores, tam antiqui quam moderni, sensissent contrarium, tamen auctoritas universalis ecclesie, que maior est omnibus et cuius fides deficere[22] non potest usque ad finem seculi, a qua etiam omnia euuangelia et omnia dicta sanctorum receperunt auctoritatem, iuxta Augustinum contra Faustum,[23] ita interpretata est et ita recipit, quod non sit necessaria ad salutem layco communio sub utraque specie. Velle igitur nunc tenere et docere contrarium, quod faciunt isti, qui intitulant se fideles regni Boemie, non est nisi totum residuum christianitatis condempnare et *in manus recipere, quod ecclesia non recipit,*[24] contra Ieronimum loquentem adversus Vigilantium hereticum in Epistola XLVII, vel velle approbare ecclesiam grecam, que morem hunc dicitur servare et condempnare latinam.

Tertius articulus, super quo dicunt se instare, est, quod *dominium seculare super divitiis et bonis temporalibus, quod contra preceptum Christi clerus occupat in preiudicium officii sui et dampnum brachii secularis, ab ipso auferatur et tollatur et ipse clerus ad regulam euuangelicam et vitam apostolicam, qua Christus vixit cum suis apostolis, reducatur.*[25] Iste articulus non est catholicus, ut per eos intelligitur, quia ea, que sunt consilii, intelligunt esse precepti, sicut patet Mt 19° (21) de salvatore /23r/ nostro dicente: *Si vis perfectus esse, vende omnia, etc.* Et sanctus Tomas in libello *De perfectione vite* tenet,[26] quod cum habundantia rerum temporalium stet perfectio euuangelica. Item dampnat omnes sanctos, qui possessiones et temporalia possiderunt, videlicet Silvestrum, Augustinum, Ambrosium et de ordinibus Basylium,[27] Benedictum et Bernardum et alios sanctos, qui omnes temporalia cum magna sufficientia possiderunt. Item ordo Leviticus in veteri lege: licet dominus esset sors et hereditas eorum,[28] tamen

---

19 sub … specie] *corr. in marg. aus* sub utraque specie.
20 Nicolaus de Lyra, Postilla super totam Bibliam, Bd. 4 (a.v. *Nisi manducaveritis* (Ioh 6,54), S. 127.
21 Biblia latina cum glossa ordinaria, Bd. 4, a.v. *in doctrina apostolorum et communione* (Act 2,42), S. 459.
22 deficere] *corr. in marg. aus* sufficere.
23 Vgl. Aurelius Augustinus, Contra ep. Man., S. 197.
24 in … recipit] Vgl. Sophronius Eusebius Hieronymus, Adversus Vigil., S. 15.
25 dominium … reducatur] Articuli Hussitarum, S. 393–394.
26 Vgl. Thomas de Aquino, De perf. spir. vit., cap. 7, S. 118–119.
27 Basylium] *corr. aus* Blasium.
28 ordo … eorum] Vgl. Num 18,20; Num 26,53–56.62; Deut 10,9; 12,12; 14,27; 18,1 f.; Jos 13,14; 1 Chr 6; Jos 14,3; Jos 18,7; Jos 21,3.8 und Ez 44,28.

melior fuit pars eorum in temporalibus, quam cuiuslibet tribi. In isto autem volunt sacerdotes eorum habere libertatem predicationis, quia sperant se habituros benivolos auditores, scilicet laycos et dominos temporales ad rapiendum[29] bona clericorum. Et per hoc approbare videntur ordines mendicantium, quos tamen facto et opere persequentur. Iste articulus sicut et ceteri est multo deterius annotatus, quam pridie fuerat. Prius enim excludebant solum pompam inordinatam dominativam in superfluitate rerum temporalium. Ex quo apparet, quod in ista deliberatione vel excludunt omnes, qui volunt sobrie sentire, vel quod omnes sunt in reprobum sensum dati.

Quartus articulus est, quod *omnia peccata mortalia et specialiter publica alieque deordinationes legi Dei contrarie in quolibet statu rite et rationabiliter per eos, ad quos spectat, prohibeantur et destruantur.*[30] Iste articulus est captiosus in se et ipsismet, qui se dicunt fideles, contrarius, quia si hoc debet fieri rite et rationabiliter per eos, ad quos spectat, ipsi non deberent se de istis intromictere, nisi instando zelo caritativo apud prelatum spiritualem super correctione et reformatione clericorum, vel apud iudicem temporalem super directione laicorum. Nunc autem utriusque officium ipsi sibi vendicant temere et inconsulte, nec stant in ordine et statu sue vocationis, quod tamen servare deberent, ut in IIII° articulo affirmant. Item iuxta doctrinam Augustini et sanctorum, quamdiu sumus in hoc seculo, ecclesia militans, que significatur per sagenam missam in mari, semper habebit mixtos bonos cum malis et paleas coniunctas granis.[31] Ita quod ecclesia, ut idem Augustinus ponit [...]:[32] *Tolle lupanaria et implebis totum mundum libidinibus.*[33] In quo dat intelligere, quod nonnulla vitia publica seu privata permictuntur in pollicia ecclesiastica seu seculari, ne graviora commictantur, sicut ipsemet expresse dicit in parabola zizaniorum. Nec per hoc volumus vel intendimus excessus ecclesiasticorum vel secularium laudare, defendere vel approbare, sed extimamus multo prestantius, ut et ipsi, qui se dicunt fideles et qui instant pro reformatione istorum excessuum, convenirent in unam ecclesiam vel apud summum pontificem, vel in futuro proxime generali concilio instarent pro reformatione cleri et rerum ecclesiasticarum, et non rebellarent, sed de presenti reciperent dominum suum naturalem et apud eum instarent pro reformatione laycorum et rerum temporalium. Nam in quarto articulo, secundum quod primum dederunt, dicebant se instare pro expugnatione infamie lingue Boemicalis. Quod ita fiet, si illi, qui sunt infecti erroribus aut hereses defendunt, desistant ab eis et[34] /23v/ reconcilientur ecclesie, non autem, ut op-

---

29　rapiendum] *corr. aus* rapienda.
30　omnia ... destruantur] Articuli Hussitarum, 394–395.
31　sagenam ... granis] Mt 13,24–30 und Mt 13,47–50.
32　Hier fehlt ein Teil des Satzes.
33　Tolle ... libidinibus] Vgl. Aurelius Augustinus, De ordine, lib. 2, cap. 4, S. 151.
34　et] et et *ms.*

ponant se regi et domino suo. Nam ultra infamiam heresis, qua laborant, insuper crimen lese maiestatis incurrunt. Male se expurgat, qui in eadem labe perseverat, male se expurgat, qui in sordibus sordes lavat.

Satis delicate se palpitat, qui vult sine labore maximo studioque continuo, vel ad virtutes ascendere vel vitia superare. Anima autem mole carnis oppressa sicut dificile ad virtutes ascendit, ita facile in vitia cadit, quia illa in yma, ista vero in supprema arce consistit.[35] Bernardus.[36]

---

35 Satis ... consistit] (Ps.-)Bernardus CLARAEVALLENSIS, De ordine vitae, cap. 11, S. 791.
36 Satis ... Bernardus] *Von anderer Hand.*

8. Abkürzungen

ACC   Acta Concilii Constantiensis
AFA   Acta Facultatis Artium
AFM   Acta Facultatis Medicae
AFT   Acta Facultatis Theologiae
ArUW   Archiv der Universität Wien
AU   Acta Universitatis seu Rectoratus
BAV   Biblioteca Apostolica Vaticana
COGD   Conciliorum oecumenicorum generaliumque decreta
DRTA   Deutsche Reichstagsakten
FRB   Fontes rerum Bohemicarum
MCG   Monumenta conciliorum generalium saeculi decimiquinti
PL   Patrologia latina
SOPMA   Scriptores ordinis Praedicatorum medii aevi

9. Bibliographie

Ungedruckte Quellen

Acta Facultatis Artium II, in: Archiv der Universität Wien, Cod. Ph 7.

Acta Universitatis seu Rectoratus II, in: Archiv der Universität Wien, Cod. R 1b.

ANONYMUS, Responsiones ad quattuor articulos datos domino duci Austrie, in: Vatikan, BAV, Barb. lat. 663, fol. 22r–23v (ed. oben im Anhang).

Bartholomaeus de EBRACO, Lectura super ›Firmiter credimus‹, in: Prag, Nationalbibliothek, Cod. III.C.4, fol. 183r–256v.

Franciscus de RETZ, Contra articulum de peccatis publicis, in: München, BSB, Clm 18294, fol. 260r–261r.

Franciscus de RETZ, Dicta Magistri Francissi ad populum, in: Wien, ÖNB, CVP 3792, fol. 169r–170v.

Iacobellus de MISA, Plures tractatuli pullulant, in: Warschau, Biblioteka Narodowa, Cod. II-3320, fol. 1r–33r.

Kopialbuch der Wiener Universität, in: Archiv der Universität Wien, Cod. R 5.

Nicolaus de DINKELSBÜHL, Collatio M. Nicolai coram Maguntino episcopo a. d. MCCCC29 Wyenne, in: Wien, ÖNB, CVP 4034, fol. 313r–314v.

Petrus de PULKA/Bartholomeus de EBRACO/Jacobus de CLAVARO: Tractatus contra quattuor articulos Hussitarum, in: Wien, Dominikanerkonvent, Cod. 15/15 und Klosterneuburg, Stiftsbibliothek, Cod. 474.

Thomas EBENDORFER, Collacio ad dominum cardinalem tytuli sancti Cyriaci wlgo Olomucensem, in: Wien, ÖNB, CVP 4680, fol. 308r–309r.

Gedruckte Quellen

Acta synodi Pataviensis Anno Domini 1419 (= *Passau* 1419). In: FRIEß, Die Diöcesan-Synode, 104–116.

Acta synodi Pataviensis Anno Domini 1438 (= *Passau* 1438). In: HELLER, Die Akten, 756–762.

Joseph ALBERIGO (u. a.) (Hrsg.), Conciliorum Oecumenicorum Generaliumque Decreta, 7 Bde. (Paderborn/Wien (u. a.) 2006-2016).

ANONYMUS, Reciprocacio doctorum vel glosacio super quemlibet articulum singulariter positum (= Glosacio doctorum). In: UIBLEIN, Kopialbuch, 177–185.

Dionysius AREOPAGITA, De ecclesiastica hierarchia. In: Dionysiaca. Recueil donnant l'ensemble des traductions latines des ouvrages attribués an Denys de L'Aréopage et synopse marquant la valeur de citations presque innombrales allant seules depuis trop longtemps; remises enfin dans leur contexte au moyen d'une nomenclature rendue d'un usage très facile. Bd. 2 (Paris 1950).

IV Articuli Hussitarum. In: Josef EMMLER (Hrsg.), Fontes rerum Bohemicarum. Bd. 5 (Prag 1893) 391–395.

Augustinus de ANCONA, Summa de potestate ecclesiastica (Rom 1584).

Thomas de AQUINO, Catena aurea in quatuor evangelia, hrsg. v. Angelico GUARIENTI, 2 Bde. (Turin/Rom 1953).

Thomas de AQUINO, De perfectione spiritualis vitae. In: Raymondo M. SPIAZZI (Hrsg.), S. Thomae Aquinatis doctoris angelici Opuscula theologica. Bd. 2 (Taurini (u. a.) 1954) 115–153.

Thomas de AQUINO, Super I Ad Corinthios I–VII Libri 2. In: Raffaele CAI (Hrsg.), Super epistolas S. Pauli lectura. Bd. 1 (Turin (u. a.) 1953) 231–299.

Thomas de AQUINO, Summa theologiae, cum textu ex recensione leonina, hrsg. v. Petrus CARAMELLO, 3 Bde. (Turin 1948–1963).

Aurelius AUGUSTINUS, Contra duas epistulas Pelagianorum, hrsg. v. Karl F. VRBA/Joseph ZYCHA (= Corpus Scriptorum Ecclesiasticorum Latinorum 60, Wien 1913) 423–570.

Aurelius AUGUSTINUS, Contra epistulam quam vocant fundamenti, hrsg. v. Joseph ZYCHA (= Corpus Scriptorum Ecclesiasticorum Latinorum 25, Wien 1891) 193–248.

Aurelius AUGUSTINUS, De ordine. In: Simone ADAM/Therese FUHRER (Hrsg.), Contra Academicos, De beata vita, De ordine (= Bibliotheca Scriptorum Graecorum et Romanorum Teubneriana, Berlin/Boston 2017) 115–184.

Aurelius AUGUSTINUS, In Iohannis evangelium tractatus, hrsg. v. Radbod WILLEMS (= Corpus Christianorum. Series Latina 36, Turnhout 1954).

Heiricus AUTISSIODORENSIS, Homiliae per circulum anni pars hiemalis (= Hom. 62), hrsg. v. Richard QUADRI (= Corpus Christianorum. Continuatio Mediaevalis 116A, Turnhout 1992) 580–591.

František M. BARTOŠ (Hrsg.), Petri Payne Anglici Positio, replica et propositio in concilio Basiliensi a. 1433 atque oratio ad Sigismundum regem a. 1429 Bratislaviae pronunciatae (Tabor 1949) 81–90.

Michael BASSE (Hrsg.), Summa theologica Halensis: De legibus et praeceptis. Lat. Text, dt. Übersetzung u. Kommentar. Teilband I (= Veröffentlichungen des Grabmann-Institutes zur Erforschung der mittelalterlichen Theologie und Philosophie 62, Berlin (u. a.) 2018).

Guido de BAYSIO, Rosarium decretorum (Venedig 1481).

Ernestus BIRK (Hrsg.), Monumenta conciliorum generalium seculi decimi quinti. Concilium Basileense, Scriptores. Bd. 1 (Wien 1857).

BONAVENTURA, Commentarius in IV libros sententiarum Petri Lombardi, hrsg. v. Collegium S. Bonaventurae (= S. Bonaventurae Opera omnia 4, Ad Claras Aquas 1889).

Andreas de BRODA, Epistola contra communionem sub utraque specie (= Eloquenti viro). In: HARDT III, 339–392.

Andreas de BRODA, Tractatus De sumptione venerabilis pretiosique corporis ac sanguinis Domini nostri Iesu Christi (= An sufficiat). In: KADLEC, Studien und Texte, 167-224.

Kaspar BRUSCH, Chronologia Monasteriorum Germaniae Praecipuorum Ac Maxime Illustrium (Sulzbach 1682).

Josef BUJNOCH (Hrsg.), Die Hussiten. Die Chronik des Laurentius von Brezová 1414-1421 (= Slavische Geschichtsschreiber 11, Graz (u. a.) 1988).

Lanfrancus CANTUARIENSIS, De corpore et sanguine Domini adversus Berengarium. In: PL 150, 407-442.

Aegidius CARLERII, Liber de legationibus Concilii Basiliensis pro reductione Bohemorum. In: MCG I, 359-700.

Cyprianus CARTHAGINENSIS, Epistula 58. In: Gerhard F. DIERCKS (Hrsg.), Sancti Cypriani Episcopi Epistularium. Epistulae 58-81 (= Corpus Christianorum. Series Latina 3C, Turnhout 1996) 319-335.

Cyprianus CARTHAGINENSIS, Epistula 63. In: Gerhard F. DIERCKS (Hrsg.), Sancti Cypriani Episcopi Epistularium. Epistulae 58-81 (= Corpus Christianorum. Series Latina 3C, Turnhout 1996) 389-417.

Branda di CASTIGLIONI, Alia intimatio, scilicet dominica sequenti post illam intimationem. In: MADRE, Kardinal Branda an Nikolaus von Dinkelsbühl, 99 f.

Branda di CASTIGLIONI, Bulla sive modus cum cruce signandi. In: MADRE, Kardinal Branda an Nikolaus von Dinkelsbühl, 90-99.

Branda di CASTIGLIONI, Intimatio ad sanctum Stephanum Wienne. In: MADRE, Kardinal Branda an Nikolaus von Dinkelsbühl, 99.

(Ps.-)Bernardus CLARAEVALLENSIS, De excellentia ss. Sacramenti et dignitate sacerdotum. In: Johannes MABILLON (Hrsg.), Sancti Bernardi abbatis Claraevallensis Opera Omnia. Bd. 2,1 (Paris 1839) 1317-1330.

(Ps.-)Bernardus CLARAEVALLENSIS, Tractatus de ordine vitae. In: Sancti Bernardi Opera omnia. Bd. 2 (Paris 1839) 763-794.

Colloquium publicum Hussistarum cum Sigismundo rege Romanorum. In: PALACKÝ, Urkundliche Beiträge, Bd. 2, 22-25.

CONCILIUM CONSTANCIENSE, Articuli Wiclefi XLV condemnati (8. Sitzung, 4. Mai 1415). In: COGD II,1, 550-554.

CONCILIUM QUARTUM LATERANENSE, Constitutio 1 (= Firmiter credimus). In: COGD II/ 1, 163 f.

Concilium Saltzburgense Provinciale (= Salzburg 1418). In: MANSI 28, 977-1006.

Conclusiones de communione plebis sub utraque specie (= Conclusiones doctorum). In: HARDT III, 586-592.

Constitutiones synodales ecclesiae Pataviensis 1437 (= Passau 1437). In: HELLER, Die Statuten, 546-552.

Constitutiones synodales Pataviensis dioecesis de modo visitandi clerum (= Passau 1435). In: HELLER, Eine Passauer Diözesansynode, 143-154 und 363-368.

Florian DALHAM, Concilia Salisburgensia Provincialia Et Dioecesana (Augustae Apud Vindelicos 1788).

Iohannes DAMASCENUS, De fide orthodoxa. In: Eligius M. BUYTAERT (Hrsg.), Saint John Damascene: De Fide Orthodoxa. Versions of Burgundio and Cerbanus (= Franciscan Institute Publications. Text series 8, Paderborn 1955).

Nicolaus de DINKELSBÜHL, Barones regni Bohemie. In: HARDT III, 826–883 / DAMERAU, Texte, 33–225.

Thomas EBENDORFER, Articulus oblatus per d. Regem. In: BARTOŠ, Z bratislavské schůzky, 193.

Thomas EBENDORFER, Consilium doctorum, utrum vel qualiter Hussones sint recipiendi vel an sint. In: BARTOŠ, Z bratislavské schůzky, 192.

Thomas EBENDORFER, Correctio. In: BARTOŠ, Z bratislavské schůzky, 193.

Thomas EBENDORFER, Decretum primum, quod d. Rex proposuit 1429 feria 4. in festis pasche (= Responsio doctorum). In: BARTOŠ, Z bratislavské schůzky, 191.

Thomas EBENDORFER, Diarium sive Tractatus cum Boemis (1433–1436), hrsg. v. Harald ZIMMERMANN (= Monumenta Germaniae Historica. Scriptores rerum Germanicarum, N.S. 25, Hannover 2010).

Thomas EBENDORFER, Desiderium Hussitarum feria 6. ante Quasimodo 1429. In: BARTOŠ, Z bratislavské schůzky, 191 f.

Thomas EBENDORFER, Relatio. In: BARTOŠ, Z bratislavské schůzky, 193.

Thomas EBENDORFER, Responsio ad ambasiatorum universitatis Parysiensis proposicionem 1429 feria 2a post festum Pasche. In: UIBLEIN, Kopialbuch, 174–177.

Thomas EBENDORFER, Responsio doctorum de Wienna et ducis Wilhelmi de Bavaria. In: BARTOŠ, Z bratislavské schůzky, 192.

Jaroslav ERŠIL (Hrsg.), Acta summorum pontificum res gestas Bohemicas aevi praehussitici et hussitici illustrantia. 1378–1417, 2 Bde. (Prag 1980).

Heinrich FINKE (u. a.) (Hrsg.), Acta concilii Constantiensis, 4 Bde. (Münster i. W. 1896–1928, ND Münster 1976–1982).

Iohannes de FRANCOFORDIA, Contra Hussitas. In: Dorothea WALZ (Hrsg.), Johannes von Frankfurt: Zwölf Werke des Heidelberger Theologen und Inquisitors (= Editiones Heidelbergenses 29, Heidelberg 2000) 101–125.

Franz GALL (Bearb.), Die Matrikel der Universität Wien. Bd. 1: 1377–1450, im Auftrag des Akademischen Senats hrsg. v. Archiv der Universität Wien (= Publikationen des Instituts für Österreichische Geschichtsforschung. Reihe 6: Quellen zur Geschichte der Universität Wien. 1. Abteilung, Graz/Köln 1956).

Henry GERLACH/Monika KÜBLE (Übers.), Augenzeuge des Konstanzer Konzils. Die Chronik des Ulrich Richental. Mit einem Nachwort von Jürgen Klöckler (Darmstadt/ Stuttgart 2014).

Iohannes GERSON, De necessaria communione laicorum sub utraque specie. In: GLORIEUX X, 55–68.

Alexander HALENSIS, Summa theologica, hrsg. v. Bernhard KLUMPER, 4 Bde. (Ad Claras Aquas 1924–1948).

Marcus HANSIZ (Hrsg.), Germaniae Sacrae Tomus I, Metropolis Lauriacensis cum episcopatu Pataviensi; II, Archiepiscopatus Salisburgensis; III, De episcopatu Ratisburgensis prodomus (…) (Augsburg/Wien 1727/1755).

Hermann von der HARDT (Hrsg.), Magnum oecumenicum Constantiense concilium de universali ecclesiae reformatione, unione et fide, 6 Bde. (Frankfurt/Leipzig 1697–1700).

Henricus de HASSIA, Liber adversus Thelesphori eremitae vaticinia De ultimis temporibus. In: Bernard PEZ, Thesaurus anecdotorum novissimus, seu veterum monumentorum, praecipue ecclesiasticorum, ex germanicis potissimum bibliothecis adornata collectio recentissima. Bd. 1 (Augustae Vindelicorum/Graecii 1721) 507–564.

Sophronius Eusebius HIERONYMUS, In Sophoniam. In: Marcus ADRIAEN (Hrsg.), Commentarii in prophetas minores (= Corpus Christianorum. Series Latina 76A, Turnhout 1969), 655–711.

Sonia HORN/Anette LÖFFLER (Hrsg.), Acta Facultatis Medicae Universitatis Vindobonensis. Bd. 1: 1399–1435, Beta-Version 2012, URL: http://www.sonia-horn.eu/wp-content/uploads/2014/03/AFM-Vol-1-Beta.pdf (Zugriff 2019-01-18).

Hymni S. Ambrosio attributi. In: Sancti Ambrosii Mediolanensis Episcopi Opera Omnia. Bd. 2 (Paris 1845) 1171–1222.

INNOCENCIUS III., Il sacrosanto mistero dell'altare (De sacro altaris mysterio), hrsg. v. Stanislao FIORAMONTI (= Monumenta, studia, instrumenta liturgica 15, Vatikanstadt 2002).

Iohannes de JESENICE, Demonstratio per testimonia scripturae, patrum atque doctorum communicationem calicis in plebe christiana esse necessariam. In: HARDT III, 805–827.

Rudolf KINK, Geschichte der kaiserlichen Universität zu Wien. Bd. 1, Teil 2: Urkundliche Beilagen (Wien 1854).

Rudolf KINK, Geschichte der kaiserlichen Universität zu Wien. Bd. 2: Statutenbuch der Universität Wien (1365–1791) (Wien 1854).

Ladislaus KLICMAN (Hrsg.), Processus iudiciarius contra Jeronimum de Praga, habitus Viennae a. 1410–1412 (= Česká akademie císaře Františka Josefa pro vědy, slovesnost a umění: Historický archiv 12, Prag 1898).

Ulrich KÜHNE (Bearb.), Repertorium Germanicum: Verzeichnis der in den päpstlichen Registern und Kameralakten vorkommenden Personen, Kirchen und Orte des Deutschen Reiches, seiner Diözesen und Territorien vom Beginn des Schismas bis zur Reformation. Bd. 3: Verzeichnis der in den Registern und Kameralakten Alexanders V., Johann's XXIII. und des Konstanzer Konzils vorkommenden Personen, Kirchen und Orte des Deutschen Reiches, seiner Diözesen und Territorien: 1409–1417 (Zürich (u. a.) 1991).

Georg LEIDINGER (Hrsg.), Andreas von Regensburg. Sämtliche Werke (= Quellen und Erörterungen zur bayerischen und deutschen Geschichte, N. F. 1, München 1903).

LEO PAPA, Tractatus 42. In: Antoine CHAVASSE (Hrsg.), Tractatus septem et nonaginta (= Corpus Christianorum. Series Latina 138A, Turnhout 1973) 238–250.

Liber cancellariae Stanislai Ciolek. In: Jakob CARO, Liber cancellariae Stanislai Ciolek. Ein Formelbuch der polnischen Königskanzlei aus der Zeit der husitischen Bewegung. In: Archiv für österreichische Geschichte 45 (1871) 319–545 und 52 (1874) 1–273.

Petrus LOMBARDUS, Sententiae in IV libris distinctae, hrsg. v. Collegium S. Bonaventurae ad Claras Aquas, 2 Bde. (= Spicilegium Bonaventurianum 4/5, Grottaferrata 1971).

Fernandus LUCENSIS, Responsio ad quatuor articulos. In: PALACKÝ, Urkundliche Beiträge, Bd. 1, 33–37.

Nicolaus de LYRA, Postilla super totam Bibliam, 4 Bde. (Straßburg 1492, ND Frankfurt a. M. 1971).

Albertus MAGNUS, De corpore Domini. In: Caesar BORGNET (Hrsg.), Opera omnia. Bd. 38 (Paris 1899) 191–463.

Gregorius MAGNUS, Dialogues. Bd. 3: Liber IV, hrsg. v. Adalbert de VOGÜE (= Sources Chrétiennes 265, Paris 1980).

Gregorius MAGNUS, Homilia 22. In: Raymond ÉTAIX (Hrsg.), Homiliae in evangelia (= Corpus Christianorum. Series Latina 141, Turnhout 1999) 180–191.

Thomas MAISEL (u. a.) (Hrsg.), Die Matrikel der Wiener Rechtswissenschaftlichen Fakultät – Matricula Facultatis Juristarum Studii Wiennensis. Bd. 2 (1442–1557) (Handschrift J2 des Archivs der Universität Wien) (= Publikationen des Instituts für Österreichische Geschichtsforschung. Reihe 6: Quellen zur Geschichte der Universität Wien. 3. Abteilung 2, Wien (u. a.) 2016).

Thomas MAISEL/Ingrid MATSCHINEGG (Bearb.), ›Wiener Artistenregister‹ 1416 bis 1447: Acta Facultatis Artium II (UAW Cod. Ph 7): Personen-Nennungen im Zusammenhang mit Prüfung, Graduierung und Verteilung der Vorlesungsthemen (1416 bis 1447), Nr. 3233 bis 9262, Textfassung von Andreas BRACHER, URL: https://phaidra.univie.ac.at/o:217 (Zugriff 2019-01-19).

Iohannes Dominicus MANSI, Sacrorum conciliorum nova et amplissima collectio. Bde. 27/ 28/29 (Venedig 1784/1785/1788).

MARTIN V., Bulle ›Ad reprimendas‹. In: Laerzio CHERUBINI (u. a.) (Hrsg.), Magnum Bullarium Romanum a beato Leone Magno usque ad S.D.N. Benedictum XIV Opus absolutissimum. Bd. 1: A b. Leone Magno, ad Paulum IV. (iuxta Exemplar Romae, Ex Typographia Reverendae Camerae Apostolicae, 1638) (Luxemburg 1727) 306 f.

MARTIN V., Bulle ›Redemptoris omnium‹. In: PALACKÝ, Urkundliche Beiträge, Bd. 1, 70–75.

Ricardus DE MEDIAVILLA, Super quatuor libros Sententiarum Petri Lombardi Quaestiones subtilissimae, 4 Bde. (Brixen 1591).

Ambrosius MEDIOLANENSIS (dub.), De sacramentis, hrsg. v. Otto FALLER (= Corpus Scriptorum Ecclesiasticorum Latinorum 73, Wien 1955) 15–85.

Ex consilio Basiliensi pro reformacione Germanice nacionis et presertim metropolis Salczburgensis et eius suffraganeorum (= Salzburg 1431). In: Jürgen MIETHKE/Lorenz WEINRICH (Hrsg.), Quellen zur Kirchenreform im Zeitalter der Großen Konzilien des 15. Jahrhunderts. Teil 2: Die Konzilien von Pavia/Siena (1423/24), Basel (1431–1449) und Ferrara/Florenz (1438–1445) (Darmstadt 2002) 164–177.

Iacobellus de MISA, Pius Iesus diligens suos fideles. In: KADLEC, Literární polemika, 80–87.

Iacobellus de MISA, Salvator noster. In: RYBA, Betlémské texty, 105–138, 209–216, 231–234.

Theodericus de MONASTERIO, Epistolae. In: Edmond MARTÈNE/Ursin DURAND (Hrsg.), Thesaurus novus anecdotorum. Bd. 2: In quo continentur urbani pape IV. epistolae LXIV., Clementis papae IV. epistolae DCCXI, Joannis XXII., Innocentii VI.; aliaque plura de Schismate Pontificum Avenionensium monumenta (Paris 1717, ND New York 1968) 1609–1712.

Kurt MÜHLBERGER (u. a.) (Hrsg.), Die Matrikel der Wiener Rechtswissenschaftlichen Fakultät – Matricula Facultatis Juristarum Studii Wiennensis. Bd. 1 (1402–1442) (Handschrift J1 des Archivs der Universität Wien) (= Publikationen des Instituts für Österreichische Geschichtsforschung. Reihe 6: Quellen zur Geschichte der Universität Wien. 3. Abteilung 1, Wien (u. a.) 2011).

NICOLAUS III., Bulle ›Exiit qui seminat‹. In: FRIEDBERG II, S. 1109–1121.

Iohannes NIDER, Formicarius (Helmstedt 1692).

ORIGENES, In Numeros homiliae XVI. In: Wilhelm A. BAEHRENS (Hrsg.), Origenes sec. translationem Rufini In Numeros homiliae (= Corpus Berolinense 30, Berlin 1921) 3–285.

František PALACKÝ (Hrsg.), Documenta Mag. Joannis Hus, vitam, doctrinam, causam in Constantiensi concilio actam et controversias de religione in Bohemia annis 1403–1418 motas (Prag 1869).

František PALACKÝ (Hrsg.), Urkundliche Beiträge zur Geschichte des Hussitenkrieges, 2 Bde. (Prag 1873).

Petrus PAYNE (?), Oratio ad Sigismundum regem a. 1429 Bratislaviae pronunciatae. In: BARTOŠ, Petri Payne Anglici Positio, 81–90.

Hieronymus PEZ (Hrsg.), Anonymi Viennensis breve Chronicon Austriacum ab anno 1402 ad 1443 (= Scriptores rerum Austriacarum 2, Leipzig 1727).

Hieronymus PEZ (Hrsg.), Scriptores rerum Austriacarum veteres ac genuini (…), Bd. 2 (Leipzig 1725).

Robertus PIRI, Puncta proposita per ambasiatores universitatis coram domino duce Austrie per magistrum Robertum Piri de Normannia. In: UIBLEIN, Kopialbuch, 46f.

Mauritius de PRAGA, Tractatus contra Hussitas de sumpcione venerabilis sacramenti ewkaristie sub utraque specie. In: HARDT III, 779–804.

Petrus de PULKA, Confutatio Jacobi de Misa. In: GIRGENSOHN, Peter von Pulkau, 217–250.

Petrus de PULKA, Epistolae. In: FIRNHABER, Petrus de Pulka, 15–47 und GIRGENSOHN, Peter von Pulkau, 186–191.

Iohannes de RAGUSIO, Oratio, qua Ioannes de Ragusio (…) respondit per octo dies in concilio Basileensi ad articulum primum Bohemorum, de communione sub utraque specie propositum a M. Joanne Rogkzana XVI. Januarii. In: MANSI 29, 699–868.

Andreas RATISPONENSIS, Chronica Husitarum. In: LEIDINGER, Andreas von Regensburg, 343–459.

Andreas RATISPONENSIS, Concilium Constantiense. In: LEIDINGER, Andreas von Regensburg, 159–286.

Andreas RATISPONENSIS, Dialogus de haeresi Bohemica. In: LEIDINGER, Andreas von Regensburg, 657–691.

Responsio Hussitarum ad regem Romanorum, cum esset in Rusinio anno domini 29°. In: CHROUST, Zu den Pressburger Verhandlungen, 369–371.

Ulrich von RICHENTAL, Chronik des Konstanzer Konzils 1414–1418, eingel. u. hrsg. v. Thomas Martin BUCK (= Konstanzer Geschichts- und Rechtsquellen 41, Ostfildern ⁴2014).

Bohumil RYBA (Hrsg.), Betlémské texty (Prag 1951).

Franziskus SCHANNAT/Joseph HARTZHEIM (Hrsg.), Concilia Germaniae, 11 Bde. (Köln 1759–1790, ND Aalen 1970–1996).

Karl SCHRAUF (Hrsg.), Acta Facultatis Medicae Universitatis Vindobonensis. Bd. 1–3 (Wien 1894–1904).

Leopold SENFELDER (Hrsg.), Acta Facultatis Medicae Universitatis Vindobonensis. Bd. 4–6 (Wien 1908–1912).

Iohannes SIGWART, Copia eiusdem ad capitulum Sagrabiensem. In: LOSERTH, Ueber die Versuche, 103f.

Iohannes SIGWART, Copia litere magistri Johannis Sybart ad episcopum Sagrabiensem. In: LOSERTH, Ueber die Versuche, 102f.

Friedrich TILLMEZ (Hrsg.), Conspectus Historiae Universitatis Viennensis ex actis, veteribusque documentis erutae. Bd. 1: A primis illius initiis, nempe ab an. 1365 usque ad an. 1465 deductae seu saeculum I (Wien 1722).

Rupertus TUITIENSIS, Liber de divinis officiis, hrsg. v. Hrabanus HAACKE (= Corpus Christianorum. Continuatio Mediaevalis 7, Turnhout 1967).

Iohannes de TURONIS, Regestrum actorum in legationibus a sacro concilio in Boemiam. In: MCG I, 785–867.

Iohannes de TURRECREMATA, Expositio Decreti Gratiani, Bd. 2 (Venedig 1578).

Paul UIBLEIN (Hrsg.), Acta Facultatis Artium Universitatis Vindobonensis 1385–1416: nach der Originalhandschrift (= Publikationen des Instituts für Österreichische Geschichtsforschung. Reihe 6, Quellen zur Geschichte der Universität Wien 2, Wien (u. a.) 1968).

Paul UIBLEIN (Hrsg.), Die Akten der Theologischen Fakultät der Universität Wien (1396–1508), 2 Bde. (Wien 1978).

Paul UIBLEIN (Hrsg.), Dokumente zum Passauer Bistumsstreit von 1423 bis 1428. Zur Kirchenpolitik Herzog Albrechts V. von Österreich (Paris, Bibl. Nat. lat. 1515) (= Fontes rerum Austriacarum. Diplomataria et acta 84, Wien (u. a.) 1984).

Paul UIBLEIN (Hrsg.), Ein Kopialbuch der Wiener Universität als Quelle zur österreichischen Kirchengeschichte unter Herzog Albrecht V.: Codex 57 G des Archivs des Stiftes Seitenstetten (= Fontes rerum Austriacarum. Diplomataria et acta 80, Wien 1973).

UNIVERSITAS VIENNENSI, Copia universitatis Wyennensis. In: LOSERTH, Ueber die Versuche, 105–110.

Beda VENERABILIS, Homiliarum evangelii libri II, hrsg. v. David HURST (= Corpus Christianorum. Series Latina 122, Turnhout 1955) 1–378.

Petrus Paulus VERGERIUS (?), Responsiones facte ad quatuor articulos datos per illos de Praga. In: SOUKUP, Zur Verbreitung, 255f.

Iacobus de VORAGINE, Legenda aurea. Goldene Legende. Einleitung, Edition, Übersetzung und Kommentar v. Bruno W. HÄUPTLI, 2 Bde. (= Fontes Christiani.Sonderband, Freiburg/Basel/Wien 2014).

Petrus de WORMDITT, Epistolae. In: Hans KOEPPEN (Bearb.), Die Berichte der Generalprokuratoren des Deutschen Ordens an der Kurie. Bd. 2: Peter von Wormditt (1403–1419) (= Veröffentlichungen der Niedersächsischen Archivverwaltung 13, Köln (u. a.) 1960).

Hartmann ZEIBIG (Hrsg.), Die kleine Klosterneuburger Chronik (1322 bis 1428) (= Monumenta Claustroneoburgensia 1, Wien 1851).

Abhandlungen

Émile AMANN, Jacobel et les debuts de la Controverse utraquiste. In: Miscellanea Francesco Ehrle. Scritti di storia e paleografia. Bd. 1: Per la storia della teologia e della filosofia (= Studi e testi 37, Rom 1924) 375–387.

Arnold ANGENENDT, Offertorium. Das mittelalterliche Meßopfer (= Liturgiewissenschaftliche Quellen und Forschungen 101, Münster ^{2}2013).

Gabriele ANNAS, Hoftag – Gemeiner Tag – Reichstag. Studien zur strukturellen Entwicklung deutscher Reichsversammlungen des späten Mittelalters (1349–1471), 2 Bde. (= Schriftenreihe der Historischen Kommission bei der Bayerischen Akademie der Wissenschaften 68, Göttingen 2004).

Gabriele ANNAS, Reichsversammlungen der Jahre 1376 bis 1485, zusammengestellt im Auftrag der Historischen Kommission bei der Bayerischen Akademie der Wissenschaften, URL: http://www.historischekommission-muenchen.de/fileadmin/user_up load/pdf/abteilungen/Versammlungen_der_Jahre_1376_bis_1485_Stand_2016-1.pdf (Zugriff 2019-01-19).

Paul ARENDT, Die Predigten des Konstanzer Konzils: ein Beitrag zur Predigt- und Kirchengeschichte des ausgehenden Mittelalters (Freiburg i. Br. 1933).

Joseph VON ASCHBACH, Geschichte der Wiener Universität. Bd. 1: Geschichte der Wiener Universität im ersten Jahrhunderte ihres Bestehens: Festschrift zu ihrer fünfhundertjährigen Gründungsfeier (Wien 1865).

Gabriel AUDISIO, Die Waldenser. Die Geschichte einer religiösen Bewegung, aus dem Franz. übers. v. Elisabeth HIRSCHBERGER (München 1996).

Georgij AVVAKUMOV, Die Entstehung des Unionsgedankens: die lateinische Theologie des Hochmittelalters in der Auseinandersetzung mit dem Ritus der Ostkirche (= Veröffentlichungen des Grabmann-Institutes zur Erforschung der Mittelalterlichen Theologie und Philosophie, N. F. 47, Berlin 2002).

František M. BARTOŠ, Z bratislavské schůzky krále Zikmunda s husitskými vůdci r. 1429. In: Časopis matice moravské 49 (1925) 171–195.

František M. BARTOŠ, Literární činnost M. Jana Rokycany, M. Jana Příbrama, M. Petra Payna (= Sbírka pramenů k poznání literárního života československého III/9, Prag 1928).

František M. BARTOŠ, Husitství a cizina (Prag 1931).

František M. BARTOŠ, Zástupci Karlovy university na koncile kostnickém. In: Václav VOJTÍŠEK (Hrsg.), Sborník prací věnovaných prof. dr. Gustavu Friedrichovi k šedesátým narozeninám 1871–1931 (Prag 1931) 1–8.

František M. BARTOŠ, Husitika a bohemika několika knihoven německých a švýcarských. In: Věstník Královské české společnosti nauk I, 5 (1931) 1–92.

František M. BARTOŠ, Manifesty města Prahy z doby husitské. In: Sborník příspěvků k dějinám hlavního města Prahy 7 (1933) 253–309 und 473–474.

František M. BARTOŠ, Praha a Heidelberk v Kostnici. In: Jihočeský sborník historický 19 (1950) 6–9.

František M. BARTOŠ, Kostnický proces M. Jeronima Pražského. In: Sborník historický 4 (1956) 56–64.

František M. BARTOŠ, M. Petr Engliš v zápase husitské revoluce. In: Josef POLIŠENSKÝ (Hrsg.), Sborník přednásek, věnovaných životu a dílu anglického husity Petra Payna-Egliše / Addresses and essays in commemoration of the life and works of the English Hussite Peter Payne-Engliš: 1456–1956 (Prag 1957) 25–48.

František M. BARTOŠ, Kníže Zikmund Korybutovič v Čechách. In: Sborník historický 6 (1959) 171–221.

František M. BARTOŠ, An English Cardinal and the Hussite Revolution. In: Communio Viatorum 6 (1963) 47–54.

František M. BARTOŠ, Husitská revoluce, 2 Bde. (Prag 1965–1966).

Remigius Bäumer (Hrsg.), Von Konstanz nach Trient. Beiträge zur Geschichte der Kirche von den Reformkonzilien bis zum Tridentinum. Festgabe für August Franzen (München 1972).

Friedrich Wilhelm Bautz, Heinrich von Langenstein. In: Biographisch-Bibliographisches Kirchenlexikon 2 (1990) 679–681.

Hans-Jürgen Becker, Konrad von Gelnhausen. Die kirchenpolitischen Schriften (= Konziliengeschichte. Reihe B, Untersuchungen, Paderborn 2018).

Karl Beer, Der Plan eines deutschen Nationalkonzils vom Jahre 1431. In: Mitteilungen des Instituts für Österreichische Geschichtsforschung. Ergänzungsband 11 (1929) 432–442.

Paul P. Bernard, Jerome of Prague, Austria and the Hussites. In: Church History 27 (1958) 3–22.

Reginald R. Betts, Jerome of Prague. In: Ders. (Hrsg.), Essays in Czech History (London 1969) 195–235.

Peter Biller, The Waldenses, 1170–1530. Between a religious order and a church (= Variorum Collected Studies Series 676, Aldershot 2001).

Anton J. Binterim, Pragmatische Geschichte der deutschen National-, Provinzial- und vorzüglichsten Diöcesanconcilien: vom vierten Jahrhundert bis auf das Concilium zu Trient; mit Bezug auf Glaubens- und Sittenlehre, Kirchendisciplin und Liturgie. Bd. 7: Geschichte der Concilien des fünfzehnten Jahrhunderts (Mainz 1848).

Anton J. Binterim / Heinrich J. Floss (Hrsg.), Prospectus. Supplementum conciliorum Germaniae, quorum collectionem primum instituit C. J. F. Schannat continuavit P. J. Hartzheim (Köln 1851).

Marie Bláhová, Milíč von Kroměříž und seine Synodalpredigten. In: Kruppa/Zygner, Partikularsynoden, 363–376.

Michaela Bleicher, Das Herzogtum Niederbayern-Straubing in den Hussitenkriegen. Kriegsalltag und Kriegsführung im Spiegel der Landschreiberrechnungen. Unveröff. Diss. (Univ. Regensburg 2004).

Urszula Borkowska, Dynastia Jagiellonów w Polsce (Warschau 2011).

Walter Brandmüller, Das Konzil von Konstanz: 1414–1418. Bd. 2: Bis zum Konzilsende (= Konziliengeschichte. Reihe A, Darstellungen, Paderborn/Wien (u. a.) 1997).

Walter Brandmüller, Das Konzil von Konstanz: 1414–1418. Bd. 1: Bis zur Abreise Sigismunds nach Narbonne (= Konziliengeschichte. Reihe A, Darstellungen, Paderborn/Wien (u. a.) ²1999).

Walter Brandmüller, Das Konzil von Pavia-Siena 1423–1424 (= Konziliengeschichte. Reihe A, Darstellungen, Paderborn (u. a.) 2002).

Berthold Bretholz, Die Übergabe Mährens an Herzog Albrecht V. von Österreich im Jahre 1423. Beiträge zur Geschichte der Hussitenkriege in Mähren. In: Archiv für österreichische Geschichte 80 (1894) 251–349.

Peter Browe, Die Kommunion an den drei letzten Kartagen. In: Jahrbuch für Liturgiewissenschaft 10 (1930) 56–76 (Wiederabdruck in: Ders., Eucharistie im Mittelalter, 309–324).

Peter Browe, Die Eucharistie im Mittelalter. Liturgiehistorische Forschungen in kulturwissenschaftlicher Absicht, hrsg. v. Hubertus Lutterbach (= Vergessene Theologen 1, Berlin (u. a.) ³2008).

Eveline Brugger (u. a.) (Hrsg.), Ein Thema – zwei Perspektiven: Juden und Christen in Mittelalter und Frühneuzeit (Innsbruck/Wien 2007).

Thomas Martin Buck, Die Riegelschen Teilnehmerlisten. Ein wissenschaftsgeschichtliches Detail der Konstanzer Konzilsforschung. In: Freiburger Diözesanarchiv 118 (1998) 347–356.

Johann Baptist Buohler, Die Lehre von den Reservatsfällen mit besonderer Berücksichtigung der Reservationen in den Diözesen Rottenburg und Würzburg (Schaffhausen 1859).

Ane L. Bysted, The Crusade Indulgence. Spiritual Rewards and the Theology of the Crusades, c. 1095–1216 (= History of warfare 103, Leiden 2015).

Zeljko Cekolj, Die Wiener Universität auf dem Konzil zu Basel. Unveröff. Dipl.-Arb. (Univ. Wien 1994).

Anton Chroust, Zu den Pressburger Verhandlungen im April 1429. In: Deutsche Zeitschrift für Geschichtswissenschaft 5 (1891) 367–371.

Penny J. Cole, The preaching of the Crusades to the Holy Land, 1095–1270 (= Medieval Academy Books 98, Cambridge/Mass. 1991).

William R. Cook, John Wyclif and Hussite Theology 1415–1436. In: Church History 42 (1973) 335–349.

William R. Cook, The Kutná Hora Meeting of May, 1420. A Last Atempt to Preserve Peace in Bohemia. In: Communio Viatorum 17 (1974) 183–191.

William R. Cook, The Eucharist in Hussite Theology. In: Archiv für Reformationsgeschichte 66 (1975) 23–35.

William R. Cook, Negotiations between the Hussites, the Holy Roman Emperor, and the Roman Church, 1427–36. In: East Central Europe 5 (1978) 90–104.

Petr Čornej, Bitva na Vítkově a zhroucení Zikmundovy křížové výpravy v létě 1420. In: Husitský Tábor 9 (1986/87) 101–152.

Dušan Coufal: Der Laienkelch im Hussitentum. Neue Quellen zu Johann Rokycanas Verteidigung des Laienkelchs auf dem Basler Konzil im Januar 1433. In: Machilek, Die hussitische Revolution, 39–56.

Dušan Coufal, Polemika o kalich mezi teologií a politikou 1414–1431. Předpoklady basilejské disputace o prvním z pražských artikulů (Prag 2012).

Dušan Coufal, Sub utraque specie: Die Theologie des Laienkelchs bei Jacobell von Mies († 1429) und den frühen Utraquisten. In: Archa Verbi 14 (2017) 157–201.

John Cowdrey, Eleventh-Century Reformers' Views of Constantine. In: Byzantinische Forschungen 24 (1997) 63–90.

Christopher M. D. Crowder, Le concile de Constance et l'édition de von der Hardt. In: Revue d'histoire ecclésiastique 57 (1962) 409–445.

Christopher M. D. Crowder, Constance Acta in English Libraries. In: Franzen/Müller, Das Konzil von Konstanz, 477–517.

Peter Csendes (Hrsg.), Die Rechtsquellen der Stadt Wien (= Fontes rerum Austriacarum. Abt. 3, Fontes iuris 9, Wien/Köln/Graz 1986).

Alessandro Cutolo, Re Ladislao d'Angiò Durazzo (Neapel 1969).

Felix Czeike, Verzeichnis der Handschriften des Dominikanerkonventes in Wien bis zum Ende des 16. Jahrhunderts (masch., Wien 1952).

Oliver DALDRUP, Zwischen König und Reich. Träger, Formen und Funktionen von Gesandtschaften zur Zeit Sigmunds von Luxemburg (1410–1437) (= Wissenschaftliche Schriften der WWU Münster. Reihe 10, 4, Münster 2010).

Rudolf DAMERAU, Der Laienkelch (= Studien zu den Grundlagen der Reformation 2, Gießen 1964).

Rudolf DAMERAU (Hrsg.), Texte zum Problem des Laienkelchs. Nikolaus von Dinkelsbühl (1360–1433): Tractatus contra Errores Hussitarum. De sub utraque (= Studien zu den Grundlagen der Reformation 6, Gießen 1969).

Zdeněk V. DAVID, Utraquism's Liberal Ecclesiology. In: The Bohemian Reformation and Religious Practice 6 (2007) 165–188.

Lorenz DAX, Die Universitäten und die Konzilien von Pisa und Konstanz. Unveröff. Diss. (Univ. Freiburg 1910).

Albert DE LANGE/Kathrin UTZ TREMP (Hrsg.), Friedrich Reiser und die waldensisch-hussitische Internationale im 15. Jahrhundert. Akten des Kolloquiums Ötisheim-Schönenberg, 2. bis 4. Oktober 2003 (= Waldenserstudien 3, Ubstadt-Weiher 2006).

Heinrich DENIFLE, Die Entstehung der Universitäten des Mittelalters bis 1400 (Berlin 1885, ND Graz 1956).

Michael DENIS, Codices Manuscripti Bibliothecae Palatinae Vindobonensis Latini Aliarumque Occidentis Linguarum. Bd. I, Teil 2 (Wien 1794).

Georg DENZLER, Bartholomäus Fröwein, Abt von Ebrach († 1430). In: Gerd ZIMMERMANN (Hrsg.), Festschrift Ebrach 1127–1977 (Volkach 1977) 147–163.

Eva DOLEŽALOVÁ (u. a.), The Reception and Criticism of Indulgences in the Late Medieval Czech Lands. In: Robert N. SWANSON (Hrsg.), Promissory Notes on the Treasury of Merits. Indulgences in Late Medieval Europe (= Brill's Companions to the Christian Tradition 5, Leiden/Boston 2006) 101–145.

Johann Joseph Ignaz von DÖLLINGER (Hrsg.), Beiträge zur politischen, kirchlichen und Cultur-Geschichte der sechs letzten Jahrhunderte. Bd. 2: Materialien zur Geschichte des fünfzehnten und sechszehnten Jahrhunderts (Regensburg 1863).

Alexander DORDETT, Der geistliche Charakter der kirchlichen Gerichtsbarkeit. Eine rechtshistorische Studie über die Bestrebungen der Antikurialisten zur Beschränkung der ›iurisdictio coactiva‹ (Wien 1954).

Victorin DOUCET, Magister Aegidius Carlerii († 1472). In: Antonianum 5 (1930) 405–426.

Dagmar DRÜLL (Hrsg.), Über Heidelberger Universitätsämter. 1386–2013 (Wiesenbach 2013).

Hippolyte-Romain DUTHILLŒUL, Catalogue descriptif et raisonné des manuscrits de la Bibliothèque de Douai (Douai 1846).

Winfried EBERHARD, Nachrevolutionäre Koexistenz und bleibende Fronten. Die Kompaktaten. In: DERS., Konfessionsbildung und Stände in Böhmen (= Veröffentlichungen des Collegium Carolinum 38, München/Wien 1981) 41–46.

Winfried EBERHARD, Der Weg zur Koexistenz. Kaiser Sigmund und das Ende der hussitischen Revolution. In: Bohemia 33 (1992) 1–43.

Winfried EBERHARD/Franz MACHILEK (Hrsg.), Kirchliche Reformimpulse des 14./15. Jahrhunderts in Ostmitteleuropa (= Forschungen und Quellen zur Kirchen- und Kulturgeschichte Ostdeutschlands 36, Köln/Weimar/Wien 2006).

Herta EBERSTALLER, Die Vertretung der Wiener Universität am Basler Konzil. Unveröff. Institutsarbeit des IfÖG (Wien 1956).

Christoph EGGER, Papst Innocenz III. ›De missarum mysteriis‹. Studien und Vorarbeiten zu einer kritischen Edition, mit besonderer Berücksichtigung der schriftstellerischen Persönlichkeit des Papstes. Unveröff. Diss. (Univ. Wien 1996).

Petr ELBEL/Wolfram ZIEGLER, »Am schwarczen suntag mardert man dieselben juden, all die zaigten vill guets an under der erden...« Die Wiener Gesera: eine Neubetrachtung. In: Helmut TEUFEL/Pavel KOCMAN/Milan ŘEPA (Hrsg.), Juden in Böhmen, Mähren und Schlesien im Mittelalter. Samuel Steinherz zum Gedenken (1857 Güssing – 1942 Theresienstadt) (Brünn/Prag/Essen 2016) 201–268.

Kaspar ELM (Hrsg.), Stellung und Wirksamkeit der Bettelorden in der städtischen Gesellschaft (Berlin 1981).

Arnold ESCH, Das Papsttum unter der Herrschaft der Neapolitaner. Die führende Gruppe Neapolitaner Familien an der Kurie während des Schismas 1378–1415. In: Festschrift für Hermann Heimpel. Zum 70. Geburtstag am 19. September 1971, hrsg. v. d. Mitarbeitern d. Max-Planck-Inst. für Geschichte, Bd. 2 (= Veröffentlichungen des Max-Planck-Instituts für Geschichte 36, Göttingen 1972) 713–800.

Otto FEGER, Die Hochschulen am Konstanzer Konzil nach der Chronik des Ulrich Richental. In: Konstanzer Blätter für Hochschulfragen 2 (1964) 73–86.

Karl August FINK, Zu den Quellen für die Geschichte des Konstanzer Konzils. In: FRANZEN/MÜLLER, Das Konzil von Konstanz, 471–476.

Abigail FIREY, A new history of penance (= Brill's Companions to the Christian Tradition 14, Leiden (u. a.) 2008).

Friedrich FIRNHABER (Hrsg.), Petrus de Pulka. Abgesandter der Wiener Universität am Concilium zu Constanz. In: Archiv für Österreichische Geschichte 15 (1856) 15–47.

Helmut FLACHENECKER, Das beständige Bemühen um Reform. Zu Synoden und Synodalstatuten in den fränkischen Bistümern des 14./15. Jahrhunderts. In: KRUPPA/ZYGNER, Partikularsynoden, 55–76.

Fragment eines Kataloges zu den Handschriften des Stiftes Klosterneuburg, Klosterneuburg, Mitte 18. Jh. (handschriftlich), URL: http://manuscripta.at/kataloge/AT/5000/kat fragm/Kat_Fragm.pdf (Zugriff 2019-01-23).

Isnard W. FRANK, Hausstudium und Universitätsstudium der Wiener Dominikaner bis 1500 (= Archiv für österreichische Geschichte 127, Wien/Köln/Graz 1968).

August FRANZEN/Wolfgang MÜLLER (Hrsg.), Das Konzil von Konstanz. Beiträge zu seiner Geschichte und Theologie (Freiburg (u. a.) 1964).

Ansgar FRENKEN, Die Erforschung des Konstanzer Konzils (1414–1418) in den letzten 100 Jahren (= Annuarium Historiae Conciliorum 25, Paderborn 1993).

Ansgar FRENKEN, Juan de Torquemada. In: Biographisch-Bibliographisches Kirchenlexikon 12 (1997) 338–342.

Ansgar FRENKEN, Theologischer Sachverstand in der Auseinandersetzung um aktuelle und grundsätzliche Fragen. Der Rückgriff der Konstanzer *facultas theologica* auf die Heilige Schrift, die Kirchenväter und die alten Konzilien. In: Annuarium Historiae Conciliorum 35 (2003) 345–362.

Ansgar FRENKEN, Gelehrte auf dem Konzil: Fallstudien zur Bedeutung und Wirksamkeit der Universitätsangehörigen auf dem Konstanzer Konzil. In: MÜLLER/HELMRATH, Die Konzilien, 107–147.

Ansgar FRENKEN, Die Rolle der Kanonisten auf dem Konstanzer Konzil: Personen, Aktivitäten, Prozesse. In: Pavel KRAFL (Hrsg.), Sacri canones servandi sunt. Ius canonicum et status ecclesiae saeculis XIII–XV (= Československá akademie věd. Historický ústav: Práce Historického Ústavu AV ČR, Řada C, Miscellanea 19, Prag 2008) 398–417.

Ansgar FRENKEN, Darstellende Quellen zum Konstanzer Konzil: kritische Anmerkungen zum Genus der ›Tagebücher Fillastres, Cerretanis und Turres‹ und ihres spezifischen Quellenwerts. In: Annuarium Historiae Conciliorum 42 (2010) 379–402.

Johannes FRIED, Donation of Constantine and Constitutum Constantini. The Misinterpretation of a Fiction and its Original Meaning (= Millenium Studien 3, Berlin/New York 2007).

Gottfried E. FRIESS, Die Diöcesan-Synode zu Passau im Jahr 1419. In: Archiv für Diöcesan-Geschichte des Bisthumssprengels St. Pölten 7 (1864) 103–116.

Gottfried E. FRIESS, Herzog Albrecht V. von Österreich und die Hussiten (Linz 1883).

Thomas FUDGE, Hussite Infant Communion. In: Lutheran Quarterly 10 (1996) 179–194 (Wiederabdruck in: DERS., Heresy and Hussites in Late Medieval Europe (= Variorum Collected Studies Series 1044, Farnham (u. a.) 2014) XIV).

Thomas FUDGE, The ›Crown‹ and the ›Red Gown‹: Hussite Popular Religion. In: Robert W. SCRIBNER (Hrsg.), Popular Religion in Germany and Central Europe, 1400–1800 (= Themes in Focus, Basingstoke (u. a.) 1996) 38–57.

Thomas FUDGE, Crime, Punishment and Pacifism in the Thought of Bishop Mikuláš of Pelhřimov. In: The Bohemian Reformation and Religious Practice 3 (2000) 69–103.

Thomas A. FUDGE (Hrsg.), The crusade against heretics in Bohemia, 1418–1437: sources and documents for the Hussite crusades (= Crusade texts in translation 9, Aldershot (u. a.) 2002).

Thomas A. FUDGE, Hussite theology and the law of God. In: David BAGCHI/David C. STEINMETZ (Hrsg.), The Cambridge Companion to Reformation Theology (= Cambridge Companions to Religion, Cambridge 2004) 22–27.

Thomas A. FUDGE, The trial of Jan Hus: medieval heresy and criminal procedure (Oxford (u. a.) 2013).

Thomas A. FUDGE, Jerome of Prague and the Foundations of the Hussite Movement (New York 2016; dt. Übersetzung: Hieronymus von Prag und die Grundlagen der hussitischen Bewegung. Eine Biographie, hrsg. v. Barbara HALLENSLEBEN (= Studia oecumenica Friburgensia 75, Münster 2019)).

Franz GALL, Alma Mater Rudolphina (1365–1965): Die Wiener Universität und ihre Studenten, hrsg. v. der Österr. Hochschülerschaft an der Universität Wien (Wien 1965).

Jean-Pierre GERZAGUET, L'Abbaye d'Anchin de sa fondation (1079) au XIVe siècle. Essor, vie et rayonnement d'une grande communauté bénédictine (Lille 1997).

Franz GESCHER, Hartzheims Concilia Germaniae und ihre Ergänzung durch Binterim und Floß. In: Annalen des Historischen Vereins für den Niederrhein 118 (1931) 154–157.

Joseph GILL, Konstanz und Basel-Florenz (= Geschichte der ökumenischen Konzilien 9, Mainz 1967).

Dieter GIRGENSOHN, Peter von Pulkau und die Wiedereinführung des Laienkelches: Leben und Wirken eines Wiener Theologen in der Zeit des großen Schismas (Veröffentlichungen des Max-Planck-Instituts für Geschichte 12, Göttingen 1964).

Dieter GIRGENSOHN, Die Universität Wien und das Konstanzer Konzil. In: FRANZEN/MÜLLER, Das Konzil von Konstanz, 252–291.

Dieter GIRGENSOHN, Peter von Pulkau. In: Verfasserlexikon 7 (1989) 443–448.

Dieter GIRGENSOHN, Von der konziliaren Theorie des späteren Mittelalters zur Praxis: Pisa 1409. In: MÜLLER/HELMRATH, Die Konzilien, 61–94.

Christine GLASSNER, Stift Melk und die Melker Reform im 15. Jahrhundert. In: Franz Xaver BISCHOF/Martin THURNER (Hrsg.), Die benediktinische Klosterreform im 15. Jahrhundert (= Veröffentlichungen des Grabmann-Institutes zur Erforschung der Mittelalterlichen Theologie und Philosophie 56, Berlin 2013).

Emil GÖLLER, Die päpstliche Pönitentiarie von ihrem Ursprung bis zu ihrer Umgestaltung unter Pius V. Bd. 1: Die päpstliche Pönitentiarie bis Eugen IV. 1. Teil: Darstellung (= Bibliothek des Königlichen Preußischen Historischen Instituts in Rom 3, Rom 1907).

Emil GÖLLER, Der Gerichtshof der päpstlichen Kammer und die Entstehung des Amtes des *Procurator fiscalis* im kirchlichen Prozessverfahren. In: Archiv für katholisches Kirchenrecht 94 (1914) 605–619.

Bernard GONNET, Les Vaudois au Moyen Age (Turin 1974).

Barry F. H. GRAHAM, The evolution of the Utraquist mass, 1420–1620. In: The Catholic Historical Review 92 (2006) 553–573.

Robert GRAMSCH, Erfurter Juristen im Spätmittelalter: die Karrieremuster und Tätigkeitsfelder einer gelehrten Elite des 14. und 15. Jahrhunderts (= Education and Society in the Middle Ages and Renaissance 17, Leiden (u. a.) 2003).

Jeanne E. GRANT, Rejecting an Emperor: Hussites and Sigismund. In: Christopher OCKER (u. a.) (Hrsg.), Politics and Reformations: Communities, Polities, Nations, and Empires. Essays in Honor of Thomas A. Brady, Jr. (= Studies in Medieval and Reformation Traditions 128, Leiden/Boston 2007) 459–470.

Herbert GRUNDMANN, Religiöse Bewegungen im Mittelalter. Untersuchungen über die geschichtlichen Zusammenhänge zwischen der Ketzerei, den Bettelorden und der religiösen Frauenbewegung im 12. und 13. Jahrhundert und über die geschichtlichen Grundlagen der deutschen Mystik. Anhang: Neue Beiträge zur Geschichte der religiösen Bewegungen im Mittelalter (Hildesheim [2]1961).

Herbert GRUNDMANN, Ketzerverhöre des Spätmittelalters als quellenkritisches Problem. In: Deutsches Archiv für Erforschung des Mittelalters 21 (1965) 519–575.

Antonius H. J. GUNNEWEG, Leviten und Priester: Hauptlinien der Traditionsbildung und Geschichte des israelitisch-jüdischen Kultpersonals (= Forschungen zur Religion und Literatur des Alten und Neuen Testaments 89, Göttingen 1965).

Stephan HAERING, Mittelalterliche Partikularsynoden in Baiern. Ein Überblick zum Raum der Bistümer Chiemsee, Freising, Passau und Regensburg. In: KRUPPA/ZYGNER, Partikularsynoden, 77–98.

Gallus M. HÄFELE, Franz von Retz: ein Beitrag zur Gelehrtengeschichte des Dominikanerordens und der Wiener Universität am Ausgange des Mittelalters (Innsbruck/Wien (u. a.) 1918).

Othmar HAGENEDER, Die geistliche Gerichtsbarkeit in Ober- und Niederösterreich von den Anfängen bis zum Beginn des 15. Jahrhunderts (= Forschungen zur Geschichte Oberösterreichs 10, Graz/Wien/Köln 1967).

Ota HALAMA, The Martyrs of Kutná Hora, 1419–1420 (transl. from the Czech by Zdeněk V. DAVID). In: The Bohemian Reformation and Religious Practice 5 (2004) 139–146.

Ota HALAMA/Pavel SOUKUP (Hrsg.), Jakoubek ze Stříbra. Texty a jejich působení (Prag 2006).

Hermann HALLAUER, Das Glaubensgespräch mit den Hussiten. In: Rudolf HAUBST (Hrsg.), Nikolaus von Kues als Promotor der Ökumene (= Mitteilungen und Forschungsbeiträge der Cusanus-Gesellschaft 9, Mainz 1971) 53–75.

Karl HALM/Georg von LAUBMANN/Wilhelm MEYER, Catalogus codicum latinorum Bibliothecae Regiae Monacensis. Bd. 1,2: Codices num. 2501–5250 compl. (München 1894).

Berndt HAMM, Typen spätmittelalterlicher Gnadenmentalität. In: DERS./Volker LEPPIN/ Gury SCHNEIDER-LUDORFF (Hrsg.), Media Salutis. Gnaden- und Heilsmedien in der abendländischen Religiosität des Mittelalters und der Frühen Neuzeit (= Spätmittelalter, Humanismus, Reformation 58, Tübingen 2011) 43–83.

Albert HAUCK, Kirchengeschichte Deutschlands. Bd. 5,2 (Berlin/Leipzig 1920).

Mathias HAUSMANN, Geschichte der päpstlichen Reservatfälle. Ein Beitrag zur Rechts- und Sittengeschichte (Regensburg 1868).

Ernest HAUSWIRTH, Abriß einer Geschichte der Benedictiner-Abtei Unserer Lieben Frau zu den Schotten in Wien (Wien 1858).

Hermann HEIMPEL (Hrsg. u. Erl.), Drei Inquisitions-Verfahren aus dem Jahre 1425. Akten der Prozesse gegen die deutschen Hussiten Johannes Drändorf und Peter Turnau sowie gegen Drändorfs Diener Martin Borchard (= Veröffentlichungen des Max-Planck-Instituts für Geschichte 24, Göttingen 1969).

Hermann HEIMPEL, Die Vener von Gmünd und Strassburg: 1162–1447. Studien und Texte zur Geschichte einer Familie sowie des gelehrten Beamtentums in der Zeit der abendländischen Kirchenspaltung und der Konzilien von Pisa, Konstanz und Basel (= Veröffentlichungen des Max-Planck-Instituts für Geschichte 52, Göttingen 1982).

Johannes HELLER, Eine Passauer Diözesansynode vom Jahre 1435. In: Zeitschrift für katholische Theologie 14 (1890) 142–154 und 362–368.

Johannes HELLER, Die Statuten der Passauer Diözesansynode von 1437. In: Zeitschrift für katholische Theologie 14 (1890) 545–552.

Johannes HELLER, Die Akten der Passauer Diözesansynode vom Jahre 1438. In: Zeitschrift für katholische Theologie 17 (1893) 755–762.

Johannes HELMRATH, Das Basler Konzil 1431–1449. Forschungsstand und Probleme (= Kölner historische Abhandlungen 32, Köln/Wien 1987).

Johannes HELMRATH, Lebensläufe kurkölnischer Kanoniker und gelehrter Räte im 15. Jahrhundert. In: Geschichte in Köln 27 (1990) 117–122.

Johannes HELMRATH, Reform als Thema der Konzilien des Spätmittelalters. In: Giuseppe ALBERIGO (Hrsg.), Christian Unity. The Council of Ferrara-Florence 1438/39–1989 (= Bibliotheca Ephemeridum theologicarum Lovaniensium 97, Leuven 1991) 75–152.

Johannes HELMRATH, Partikularsynoden und Synodalstatuten des späteren Mittelalters im europäischen Vergleich. In: Annuarium Historiae Conciliorum 34 (2002) 57–99 (geringfügig korrigierte und ergänzte Fassung des gleichlautenden Beitrags in: Michael BORGOLTE (Hrsg.), Das europäische Mittelalter im Spannungsbogen des Vergleichs. Zwanzig internationale Beiträge zu Praxis, Problemen und Perspektiven der historischen Komparatistik (= Europa im Mittelalter 1, Berlin 2001) 135–169).

Johannes HELMRATH/Heribert MÜLLER (Hrsg.), Studien zum 15. Jahrhundert. Festschrift für Erich Meuthen. Bd. 1 (München 1994).

Kamil HENNER, Beiträge zur Organisation und Competenz der päpstlichen Ketzergerichte (Leipzig 1890).

Vilém HEROLD, Prazská univerzita a Wyclif (Prag 1985).

Vilém HEROLD, Wyclifs Polemik gegen Ockhams Auffassung der platonischen Ideen und ihr Nachklang in der tschechischen hussitischen Philosophie. In: Anne HUDSON/Michael WILKS (Hrsg.), From Ockham to Wyclif (Oxford 1987) 185–215.

Vilém HEROLD, Magister Hieronymus von Prag und die Universität Köln. Ein Beitrag zur Geschichte der Differenzierung in der spätmittelalterlichen Philosophie. In: Albert ZIMMERMANN (Hrsg.), Die Kölner Universität im Mittelalter. Geistige Wurzeln und soziale Wirklichkeit (= Miscellanea mediaevalia 20, Berlin/New York 1989) 255–273.

Vilém HEROLD, Wyclif und Hieronymus von Prag. Zum Versuch einer ›praktischen‹ Umdeutung der Metaphysik in der spätmittelalterlichen Ideenlehre. In: Reijo TYÖRINOJA (u. a.) (Hrsg.), Knowledge and the Sciences in Medieval Philosophy. Proceedings of the eighth International Congress of Medieval Philosophy. Bd. 3 (Helsinki 1990) 212–223.

Vilém HEROLD, Magister Procopius von Pilsen, ein Schüler und Anhänger Hussens und seine frühen philosophischen Schriften. In: Burkhard MOJSISCH/Olaf PLUTA (Hrsg.), Historia philosophiae medii aevi. Bd. 2 (Amsterdam 1991) 363–385.

Vilém HEROLD, Der Streit zwischen Hieronymus von Prag und Johann Gerson. Eine spätmittelalterliche Diskussion mit tragischen Folgen. In: Sophie WŁODEK (Hrsg.), Société et église. Textes et discussions dans les universités de l'Europe centrale pendant le moyen âge tardif (= Rencontres de philosophie médiévale 4, Turnhout 1995) 77–89.

Hermann HERRE, Die Hussitenverhandlungen auf dem Pressburger Reichstage vom April 1429. In: Quellen und Forschungen aus italienischen Archiven und Bibliotheken 2 (1899) 307–316.

Peter HILSCH, Johannes Hus. Prediger Gottes und Ketzer (Regensburg 1999).

Ivan HLAVÁČEK/Ludmila HLAVÁČKOVÁ, Studenti z českých zemí a Slovenska na vídeňské universitě. In: Acta Universitatis Carolinae – Historia Universitatis Carolinae Pragensis II/1 (1961) 97–132.

Ivan HLAVÁČEK/Alexander PATSCHOVSKY (Hrsg.), Reform von Kirche und Reich. Zur Zeit der Konzilien von Konstanz (1414–1418) und Basel (1431–1449) (Konstanz 1995).

Sabine HÖDL, Eine Suche nach jüdischen Zeugnissen in einer Zeit ohne Juden. Zur Geschichte der Juden in Niederösterreich von 1420 bis 1555. In: Mitteilungen des Österreichischen Staatsarchivs 45 (1997) 271–296.

Jörg K. HOENSCH, Kaiser Sigismund. Herrscher an der Schwelle zur Neuzeit (1368–1437) (München 1996).

Konstantin HÖFLER (Hrsg.), Geschichtschreiber der Husitischen Bewegung in Böhmen, 3 Bde. (= Fontes rerum Austriacarum. Scriptores II/1, VI/2, VII/3, Wien 1856–1866).

James HOGG, The cross stands while the world revolves. Life in the Charterhouse of Gaming (= Analecta Cartusiana 218, Salzburg 2004).

David R. HOLETON, Infant communion – Then and Now (= Grove Liturgical Study 27, Bramcote, Notts. 1981).

David R. HOLETON, The Communion of Infants and Hussitism. In: Communio Viatorum 27 (1984) 207–225.

David R. HOLETON, The Communion of Infants: The Basel Years. In: Communio Viatorum 29 (1986) 15–40.

David R. HOLETON, Sacramental and liturgical reform in late medieval Bohemia. In: Studia Liturgica 17 (1987) 87–96.

David R. Holeton, La communion des tout-petits enfants: étude du mouvement eucharistique en Bohême vers la fin du Moyen-Âge (= Bibliotheca Ephemerides liturgicae.Subsidia 50, Rom 1989).

David R. Holeton, The Bohemian Eucharistic Movement in its European Context. In: The Bohemian Reformation and Religious Practice 1 (1996) 23–48.

Johannes Hollnsteiner, Studien zur Geschäftsordnung am Konstanzer Konzil. Ein Beitrag zur Geschichte des Parlamentarismus und der Demokratie. In: Bäumer, Das Konstanzer Konzil, 121–142.

George A. Holmes, Cardinal Beaufort and the Crusade Against the Hussites. In: The English Historical Review 88 (1973) 721–750.

Ulrich Horst, Evangelische Armut und Kirche. Thomas von Aquin und die Armutskontroversen des 13. und beginnenden 14. Jahrhunderts (= Quellen und Forschungen zur Geschichte des Dominikanerordens, N. F. 1, Berlin 1992).

Ulrich Horst, Evangelische Armut und päpstliches Lehramt. Minoritentheologen im Konflikt mit Papst Johannes XXII. (1316–34) (= Münchener kirchenhistorische Studien 8, Stuttgart (u. a.) 1996).

Karel Hruza, Die hussitischen Manifeste vom April 1420. In: Deutsches Archiv für Erforschung des Mittelalters 53 (1997) 119–177.

Karel Hruza, Schrift und Rebellion: Die hussitischen Manifeste aus Prag von 1415–1431. In: František Šmahel (Hrsg.), Geist, Gesellschaft, Kirche im 13.–16. Jahrhundert. Internationales Kolloquium, Prag, 5.–10. Oktober 1998 (= Colloquia Mediaevalia Pragensia 1, Prag 1999) 81–108.

Karel Hruza, Die Verbrennung von Jan Hus auf dem Konstanzer Konzil 1415. In: Georg Scheibelreiter (Hrsg.), Höhepunkte des Mittelalters (Darmstadt 2004) 202–220.

Bernhard Hübler, Die Constanzer Reformation und die Concordate von 1418 (Leipzig 1867).

Karl Hübner, Die Provinzialsynoden im Erzbistum Salzburg bis zum Ende des XV. Jahrhunderts. In: Deutsche Geschichtsblätter 10 (1909) 187–236.

Karl Hübner, Die Passauer Diözesansynoden. In: Gymnasial-Programm St. Pölten 48 (1911) 3–23.

Karl Hübner, Beiträge zu den Passauer Diözesansynoden. In: Jahrbuch für Landeskunde von Niederösterreich 12 (1913) 161–169.

Karl Hübner, Nachträgliches über die Salzburger Provinzialsynoden. In: Deutsche Geschichtsblätter 14 (1913) 243–248.

Erwin Iserloh, Die Spiritualenbewegung und der Armutsstreit. In: Hans-Georg Beck (Hrsg.), Die mittelalterliche Kirche. Teil 2: Vom kirchlichen Hochmittelalter bis zum Vorabend der Reformation (= Handbuch für Kirchengeschichte 3, Sonderausgabe, Freiburg (u. a.) 1985) 453–460.

Thomas M. Izbicki, Protector of the faith: Cardinal Johannes de Turrecremata and the Defense of the Institutional Church (Washington D.C. 1981).

Thomas M. Izbicki: The Eucharist in Medieval Canon Law (Cambridge 2015).

Thomas M. Izbicki, The Official Records of the Council. In: Michiel Decaluwe/Thomas M. Izbicki/Gerald Christianson (Hrsg.), A Companion to the Council of Basel (= Brill's Companions to the Christian Tradition 74, Boston 2016) 41–49.

Ernest F. Jacob, The Bohemians and the council of Basel, 1433. In: Robert W. Seton-Watson (Hrsg.), Prague Essays (Oxford 1949) 81–123.

Sara JAPHET (Ausl.), Herders theologischer Kommentar zum Alten Testament: 1 Chronik, hrsg. v. Erich ZENGER (Freiburg (u. a.) 2002).

Peter JOHANEK, Synodalia. Untersuchungen zur Statutengesetzgebung in den Kirchenprovinzen Mainz und Salzburg während des Spätmittelalters, 3 Bde. Unveröff. Habil. (Univ. Würzburg 1979).

Peter JOHANEK, Methodisches zur Verbreitung und Bekanntmachung von Gesetzen im Spätmittelalter. In: Werner PARAVICINI/Karl Ferdinand WERNER (Hrsg.), Histoire comparée de l'administration (IVe-XVIIIe siècles). Actes du XIVe Colloque historique franco-allemand, Tours, 27 mars-1er avril 1977 (Francia. Beihefte 9, Zürich/München 1980) 89-101.

Peter JOHANEK, Synodaltätigkeit im spätmittelalterlichen Reich. Ein Überblick. In: KRUPPA/ZYGNER, Partikularsynoden, 29-53.

Josef Andreas JUNGMANN, Missarum Sollemnia. Eine genetische Erklärung der römischen Messe, 2 Bde. (Wien (u. a.) 1948).

Josef Andreas JUNGMANN, Die Kommunion am Karfreitag. In: Zeitschrift für katholische Theologie 75 (1953) 465-470.

Jaroslav KADLEC, Literární polemika mistrů Jakoubka ze Stříbra a Ondřeje z Brodu o laický kalich. In: Acta Universitatis Carolinae – Historia Universitatis Carolinae Pragensis 21,2 (1981) 71-88.

Jaroslav KADLEC, Studien und Texte zum Leben und Wirken des Prager Magisters Andreas von Brod (= Beiträge zur Geschichte der Philosophie und Theologie des Mittelalters, N. F. 22, Münster 1982).

Thomas KAEPPELI, Kapitelsakten der Dominikanerprovinz Teutonia, c. 1356-71. In: Archivum Fratrum Praedicatorum 26 (1956) 314-319.

Thomas KAEPPELI, Scriptores ordinis Praedicatorum medii aevi. 4 Bde., Bd. 4 unter Mitarb. v. Emilio PANELLA (Rom 1970-1993).

Zénon KALUŽA, Matériaux et remarques sur le catalogue des œuvres de Gilles Charlier. In: Archives d'histoire doctrinale et littéraire du Moyen Âge 36 (1969) 169-185.

Zénon KALUŽA, Nouvelles remarques sur les œuvres de Gilles Charlier. In: Archives d'histoire doctrinale et littéraire du Moyen Âge 38 (1971) 149-191.

Zénon KALUŽA, Le chancelier Gerson et Jérôme de Prague. In: Archives d'histoire doctrinale et littéraire du Moyen Âge 51 (1984) 81-126.

Howard KAMINSKY, Hussite Radicalism and the Origins of Tabor 1415-1418. In: Medievalia et Humanistica 10 (1956) 102-130.

Howard KAMINSKY, Chiliasm and the Hussite Revolution. In: Church History 26 (1957) 43-71.

Howard KAMINSKY, The Free Spirit in the Hussite Revolution. In: Sylvia THRUPP (Hrsg.), Millennial Dreams in Action. Essays in comparative study (= Comparative studies in society and history.Supplement 2, The Hague 1962) 166-186.

Howard KAMINSKY, The Religion of Hussite Tabor. In: Miloslav RECHCIGL JR. (Hrsg.), The Czechoslovak Contribution to World Culture (The Hague 1964) 210-213.

Howard KAMINSKY, Master Nicholas of Dresden: The Old Color and the New. Selected works contrasting the primitive church and the Roman church. In: Transactions of the American Philosophical Society 55 (1965) 1-93.

Howard KAMINSKY, A History of the Hussite Revolution (Berkeley-Los Angeles 1967).

Howard Kaminsky, The University of Prague in the Hussite Revolution: The Role of the Masters. In: John Wesley Baldwin/Richard A. Goldthwaite (Hrsg.), Universities in politics. Case studies from the late middle ages and early modern period (= The Johns Hopkins symposia in comparative history 2, Baltimore, Md. (u.a.) 1972) 79–106.

Eduard O. Kehrberger, Provinzial- und Synodalstatuten des Spätmittelalters. Eine quellenkritische Untersuchung der Mainzer Provinzialgesetze des 14. und 15. Jahrhunderts, und der Synodalstatuten der Diözesen Bamberg, Eichstätt und Konstanz. Unveröff. Diss. (Univ. Tübingen 1938).

Martha Keil, ›… vormals bey der Judenn Zeit.‹ Studien zur Geschichte der jüdischen Gemeinde Wiener Neustadt im Spätmittelalter. Unveröff. Diss. (Univ. Wien 1998).

Martha Keil (u.a.) (Hrsg.), Geschichte der Juden in Österreich (= Österreichische Geschichte 15, Wien 2006).

Martha Keil, Judenschutz auf dem Papier? Juden im Herzogtum Österreich 1305–1421. In: Volker Gallé-Klaus/Wolf-Ralf Rothenbusch (Hrsg.), Das Wormser Passionsspiel. Versuch, die großen Bilder zu lesen (Worms 2013) 101–117.

Martha Keil/Eleonore Lappin (Hrsg.), Studien zur Geschichte der Juden in Österreich. Bd. 2 (= Handbuch zur Geschichte der Juden in Österreich. Reihe B, 3, Berlin-Bodenheim/Mainz 1998).

Martha Keil/Klaus Lohrmann (Hrsg.), Studien zur Geschichte der Juden in Österreich. Bd. 1 (= Handbuch zur Geschichte der Juden in Österreich. Reihe B, 2, Wien/Köln 1994).

Jiří Kejř, Právní život v husitské Kutné Hoře (Prag 1958).

Jiři Kejř, Deklarace pražské university z 10. brezna 1417 o príjímání podobojí a její historické pozadí. In: Sborník historický 8 (1961) 133–156.

Jiří Kejř, O některých spisech M. Jana z Jesenice. In: Listy Filosofický 86 (1963) 77–91.

Jiří Kejř, Mistři pražské univerzity a kněží táborští (Prag 1981).

Jiří Kejř, Česká otázka na basilejském koncilu. In: Husitský Tábor 8 (1985) 107–132.

Jiří Kejř, Teaching on Repentance and Confession in the Bohemian Reformation (transl. by Zdeněk V. David). In: The Bohemian Reformation and Religious Practice 5 (2004) 89–116.

Jiří Kejř, Die Causa Johannes Hus und das Prozessrecht der Kirche. Mit einem Vorw. des Erzbischofs von Prag Miloslav Kardinal Vlk (Regensburg 2005).

Jiří Kejř/Jiří Ployhar, Die Hussitenrevolution, aus dem Tschechischen v. Dagmar Bilková (Prag 1988).

Ruth Kestenberg-Gladstein, Hussitentum und Judentum. In: Jahrbuch der Gesellschaft für Geschichte der Juden in der Cechoslovakischen Republik 8 (1936) 1–26.

Hermann Keussen, Die Stellung der Universität Köln im großen Schisma und zu den Reformkonzilien des 15. Jahrhunderts. In: Annalen des Historischen Vereins für den Niederrhein 115 (1929) 225–254.

Hermann Keussen, Die alte Universität Köln. Grundzüge ihrer Verfassung und Geschichte. Festschrift zum Einzug in die neue Universität Köln (= Veröffentlichungen des Kölnischen Geschichtsvereins e.V. 10, Köln 1934).

Zigmantas Kiaupa, Witowt. In: Lexikon des Mittelalters 9 (1998) 267–269.

Edward J. Kilmartin, The Eucharist in the West: history and theology, hrsg. v. Robert J. Daly (Collegeville, MN [2]2004).

Rudolf KINK, Geschichte der kaiserlichen Universität zu Wien. Bd. 1, Teil 1: Geschichtliche Darstellung der Entstehung und Entwicklung der Universität bis zur Neuzeit (Wien 1854).

Johannes KIST, Ebracher Zisterzienser und ihr Universitätsstudium im Mittelalter. In: Würzburger Diözesangeschichtsblätter 14/15 (1952) 343–347.

Christian KLEINERT, Philibert de Montjeu, ca. 1374–1439. Ein Bischof im Zeitalter der Reformkonzilien und des Hundertjährigen Krieges (= Francia. Beihefte 59, Ostfildern 2004).

Ladislaus KLICMAN, Der Wiener Process gegen Hieronymus von Prag 1410–1412. In: Mitteilungen des Instituts für Österreichische Geschichtsforschung 21 (1900) 445–457.

Fritz Peter KNAPP, Die Literatur des Spätmittelalters in den Ländern Österreich, Steiermark, Kärnten, Salzburg und Tirol von 1273 bis 1439. Halbbd. 2: Die Literatur zur Zeit der habsburgischen Herzöge von Rudolf IV. bis Albrecht V. (1358–1439) (= Geschichte der Literatur in Österreich: von den Anfängen bis zur Gegenwart 2, Graz 2004).

Gerda KOLLER, Princeps in ecclesia. Untersuchungen zur Kirchenpolitik Herzog Albrechts V. von Österreich (= Archiv für österreichische Geschichte 124 / Schriften des Doktor-Doktor-Franz-Josef-Mayer-Gunthof-Fonds 2, Graz/Wien (u. a.) 1964).

Božena KOPIČKOVÁ/Anežka VIDMANOVÁ, Listy na Husovu obranu z let 1410–1412. Konec jedné legendy? (Prag 1999).

Pavel KRAFL, Synody a statuta olomoucké diecéze období středověku (= Práce Historického Ústavu AV ČR. Řada B. Editiones 2, Prag 2003).

Richard KRALIK, Geschichte der Stadt Wien und ihrer Kultur (Wien 1933).

Werner KRÄMER, Konsens und Rezeption. Verfassungsprinzipien der Kirche im Basler Konziliarismus. Mit Edition ausgewählter Texte (= Beiträge zur Geschichte der Philosophie und Theologie des Mittelalters, N. F. 19, Münster 1980).

Pawel KRAS, Husyci w piętnastowiecznej Polsce (Lublin 1998).

Pawel KRAS, Polish-Czech Relations in the Hussite Period – Religious Aspects. In: The Bohemian Reformation and Religious Practice 4 (2002) 177–192.

Pawel KRAS, Wyclif's Tradition in Fifteenth Century Poland. The Heresy of Master Andrew Gałka of Dobczyn. In: The Bohemian Reformation and Religious Practice 5 (2004) 191–210.

Pawel KRAS, The Polemic against the Hussite doctrine at the University of Cracow in the first half of the fifteenth century. Unveröff. Vortrag auf dem International Medieval Congress in Leeds, 13.–16. Juli 2009.

Josef KRCHŇÁK, Čechové na basilejském koncilu (Prag 1966).

Georg KREUZER, Heinrich von Langenstein. Studien zur Biographie und zu den Schismatraktaten unter besonderer Berücksichtigung der ›Epistola pacis‹ und der ›Epistola concilii pacis‹ (= Quellen und Forschungen aus dem Gebiet der Geschichte, N. F. 6, Paderborn 1987).

Georg KREUZER, Telesphorus von Cosenza. In: Biographisch-Bibliographisches Kirchenlexikon 14 (1998) 1539–1541.

Ludwig Heinrich KRICK, Das ehemalige Domstift Passau und die ehemal. Kollegiatstifte des Bistums Passau. Chronologische Reihenfolge ihrer Mitglieder von der Gründung der Stifte bis zu ihrer Aufhebung (Passau 1922).

Johannes Manfred Kritzl, Sacerdotes incorrigibiles? Die Disziplinierung des Säkularklerus durch das Passauer Offizialat unter der Enns von 1580 bis 1652 im Spiegel der Passauer Offizialatsprotokolle. Unveröff. Diss. (Univ. Wien 2011).

Helena Krmíčková, Studie a texty k počátkům kalicha v čechách (= Opera Universitatis Masarykianae, Facultas Philosophica 310, Brünn 1997).

Helena Krmíčková: The Fifteenth Century Origins of Lay Communion sub utraque in Bohemia. In: The Bohemian Reformation and Religious Practice 2 (1998) 57–65.

Helena Krmíčková, K pramenům Husovy kvestie ›De sanguine Christi sub specie vini‹. In: Sborník prací Filozofické fakulty brněnské univerzity. C, Řada historická 47 (1998) 79–101.

Helena Krmíčková, The Janovite Theory and the Renewal of the Lay Chalice. In: The Bohemian Reformation and Religious Practice 3 (2000) 63–68.

Helena Krmíčková, Utraquism in 1414. In: The Bohemian Reformation and Religious Practice 4 (2002) 99–106.

Helena Krmíčková, Jakoubkova utrakvistická díla z roku 1414. In: Halama/Soukup, Jakoubek ze Stříbra, 171–181.

Nathalie Kruppa, Einführung. In: Kruppa/Zygner, Partikularsynoden, 11–27.

Nathalie Kruppa/Leszek Zygner: Partikularsynoden im späten Mittelalter (= Veröffentlichungen des Max-Planck-Instituts für Geschichte 219, Göttingen 2006).

Jadwiga Krzyżaniakowa/Jerzy Ochmański (Hrsg.), Władysław II Jagiełło (Breslau 2006).

Franz Kurz, Oesterreich unter König Albrecht dem Zweyten, 2 Bde. (Wien 1835).

Yvon Lacaze, Philippe le Bon et le problèm hussite: un projet de croisade bourguignon en 1428–1429. In: Revue Historique 241 (1969) 69–98.

Christian Lackner, Hof und Herrschaft. Rat, Kanzlei und Regierung der österreichischen Herzoge (1365–1406) (= Mitteilungen des Instituts für Österreichische Geschichtsforschung.Ergänzungsband 41, Wien/München 2002).

Christian Lackner, Möglichkeiten und Perspektiven diplomatischer Forschung: zum Privileg Herzog Albrechts III. für die Universität Wien vom Jahre 1384 (= Stabwechsel 4, Wien (u. a.) 2013).

Franz Lackner, Katalog der Streubestände in Wien und Niederösterreich. Teil 1: Nichtarchivalische mittelalterliche Handschriften und Fragmente in Korneuburg, Mistelbach, Retz, St. Pölten, Tulln, Waidhofen an der Thaya, Weitra, Wien, Wiener Neustadt und aus Privatbesitz, unter Mitarbeit v. Alois Haidinger. Katalog-, Registerbd. und CD-ROM (= Österreichische Akademie der Wissenschaften, Philosophisch-Historische Klasse. Denkschriften / Österreichische Akademie der Wissenschaften, Veröffentlichungen der Kommission für Schrift- und Buchwesen des Mittelalters, Reihe 2, Verzeichnisse der Handschriften österreichischer Bibliotheken 5, Wien 2000).

Malcolm D. Lambert, Franciscan Poverty. The Doctrine of the Absolute Poverty of Christ and the Apostles in the Franciscan Order. 1210–1323 (revised and expanded edition, New York 1998).

Malcolm D. Lambert, Häresie im Mittelalter. Von den Katharern bis zu den Hussiten (Darmstadt 2001).

Luboš Lancinger, Čtyři artikuly pražské a podíl universitních mistrů na jejich vývoji. In: Acta Universitatis Carolinae – Historia Universitatis Carolinae Pragensis 3,2 (1962) 3–61.

Maximilian LANZINNER, Der Gemeine Pfennig, eine richtungsweisende Steuerform? Zur Entwicklung des Reichssteuersystems 1422 bis 1608. In: Peter RAUSCHER/Andrea SERLES/Thomas WINKELBAUER (Hrsg.), Das ›Blut des Staatskörpers‹. Forschungen zur Finanzgeschichte der Frühen Neuzeit (= Beihefte der historischen Zeitschrift, N. F. 56, München 2012) 261–318.

Christiane LAUDAGE, Das Geschäft mit der Sünde. Ablass und Ablasswesen im Mittelalter (Freiburg/Basel/Wien 2016).

Henry Charles LEA, A History of Auricular Confession and Indulgences in the Latin Church (Philadelphia 1896).

Josef LEINWEBER, Provinzialsynode und Kirchenreform im Spätmittelalter. In: Remigius BÄUMER (Hrsg.), Reformatio Ecclesiae. Festschrift für Erwin Iserloh (Paderborn 1980) 113–127.

Josef LEINWEBER, Die Provinzialsynoden in Frankreich vom Konzil von Vienne bis zum Konzil von Trient (1312–1545), hrsg. und eingel. v. Markus LERSCH (Freiburg/Basel/Wien 2013).

Volker LEPPIN, Weisheit und Bildung: Die Ursprünge der Theologie als universitäre Disziplin im Paris des 13. Jahrhunderts. In: Peter GEMEINHARDT/Tobias GEORGES (Hrsg.), Theologie und Bildung im Mittelalter (= Archa Verbi.Subsidia 13, Münster 2015) 65–92.

Ian Christopher LEVY, Interpreting the Intention of Christ: Roman Responses to Bohemian Utraquism from Constance to Basel. In: J. Patrick HORNBECK II/Michael VAN DUSSEN (Hrsg.), Europe after Wyclif (= Fordham Series in Medieval Studies, New York 2017) 173–195.

Alphons LHOTSKY, Thomas Ebendorfer: ein österreichischer Geschichtschreiber, Theologe und Diplomat des 15. Jahrhunderts (= Schriften der Monumenta Germaniae Historica 15, Stuttgart 1957).

Klaus LOHRMANN, Judenrecht und Judenpolitik im mittelalterlichen Österreich (= Handbuch zur Geschichte der Juden in Österreich. Reihe B, 1, Wien 1990).

Klaus LOHRMANN, Die Wiener Juden im Mittelalter (= Geschichte der Juden in Wien 1, Berlin 2000).

Johann LOSERTH, Ueber die Versuche wiclif-husitische Lehren nach Oesterreich, Polen, Ungarn und Coratien zu verpflanzen. In: Mittheilungen des Vereines für Geschichte der Deutschen in Böhmen 24 (1885/86) 97–116.

Henri de LUBAC, Corpus mysticum. Kirche und Eucharistie im Mittelalter: eine historische Studie, aus d. Franz. übers. v. Hans Urs von BALTHASAR (Einsiedeln ²1995).

Zuzana LUKŠOVÁ, Synodalpredigt von Jan Hus ›Diliges Dominum Deum‹. In: Graeco-Latina Brunensia 20 (2015) 79–93.

Josef MACEK, Die Versammlung von Pressburg 1429. In: Folia diplomatica 1 (1971) 189–207.

Josef MACEK, Zur Pressburger Versammlung im Jahre 1429. In: Josef MACEK/Ernő MAROSI/Ferdinand SEIBT (Hrsg.), Sigismund von Luxemburg. Kaiser und König in Mitteleuropa 1387–1437. Beiträge zur Herrschaft Kaiser Sigismunds und der europäischen Geschichte um 1400 (= Studien zu den Luxemburgern und ihrer Zeit 5, Warendorf 1994) 109–115.

Franz MACHILEK, Heilserwartung und Revolution der Taboriten 1419/21. In: Karl SCHNITH (Hrsg.), Festiva Lanx. Studien zum mittelalterlichen Geistesleben, Johannes Spörl dargebracht aus Anlaß seines sechzigsten Geburtstages (München 1966) 67–94.

Franz MACHILEK, Ludolf von Sagan und seine Stellung in der Auseinandersetzung um Konziliarismus und Hussitismus (= Wissenschaftliche Materialien und Beiträge zur Geschichte und Landeskunde der böhmischen Länder 8, München 1967).

Franz MACHILEK, Johannes Hoffmann aus Schweidnitz und die Hussiten. In: Archiv für schlesische Kirchengeschichte 26 (1968) 96–123.

Franz MACHILEK, Ergebnisse und Aufgaben moderner Hus-Forschung. Zu einer neuen Biographie des Johannes Hus. In: Zeitschrift für Ostforschung 22 (1973) 302–330.

Franz MACHILEK, Zur Geschichte der älteren Universität Würzburg. In: Würzburger Diözesangeschichtsblätter 34 (1972) 157–168.

Franz MACHILEK, Böhmen, Polen und die hussitische Revolution. In: Zeitschrift für Ostforschung 23 (1974) 401–430.

Franz MACHILEK, Frowein, Bartholomäus, von Ebrach. In: Verfasserlexikon 2 (1980) 982–985.

Franz MACHILEK, Hus/Hussiten. In: Theologische Realenzyklopädie 15 (1986) 710–725.

Franz MACHILEK, Z zavedení a liturgii votivních mší ›Contra Hussones‹. In: Acta Universitatis Carolinae – Historia Universitatis Carolinae Pragensis 31 (1991) 95–106.

Franz MACHILEK, Die hussitische Forderung nach öffentlichem Gehör und der Beheimsteiner Vertrag von 1430. In: PÁNEK/POLÍVKA/REJCHTEROVÁ, Husitství, Bd. 2, 503–527.

Franz MACHILEK, Die bischöfliche Reformtätigkeit. Die Diözesansynoden. In: Walter BRANDMÜLLER (Hrsg.), Handbuch der Bayerischen Kirchengeschichte. Bd. 1 (St. Ottilien 1999) 408–435.

Franz MACHILEK, Einführung: Beweggründe, Inhalte und Probleme kirchlicher Reformer des 14./15. Jahrhunderts (mit besonderer Berücksichtigung der Verhältnisse im östlichen Mitteleuropa). In: EBERHARD/MACHILEK, Kirchliche Reformimpulse, 1–121.

Franz MACHILEK (Hrsg.), Die hussitische Revolution. Religiöse, politische und regionale Aspekte (= Forschungen und Quellen zur Kirchen- und Kulturgeschichte Ostdeutschlands 44, Köln (u. a.) 2012).

Gary MACY, The Theologies of the Eucharist in the Early Scholastic Period. A Study of the Salvific Function of the Sacrament according to the Theologians c. 1080–c. 1220 (Oxford 1984).

Alois MADRE, Nikolaus von Dinkelsbühl: Leben und Schriften. Ein Beitrag zur theologischen Literaturgeschichte (= Beiträge zur Geschichte der Philosophie und Theologie des Mittelalters 40,4, Münster 1965).

Alois MADRE, Kardinal Branda an Nikolaus von Dinkelsbühl. Eine Anweisung zur Kreuzzugspredigt gegen die Hussiten. In: BÄUMER, Von Konstanz nach Trient, 87–100.

Alois MADRE, Nikolaus von Dinkelsbühl. In: Verfasserlexikon² 6 (1987) 1048–1059.

Christoph T. MAIER, Preaching the Crusades: mendicant friars and the Cross in the thirteenth century (= Cambridge Studies in Medieval Life and Thought, 4th ser. 28, New York 1994).

Werner MALECZEK, Die Ketzerverfolgung im österreichischen Hoch- und Spätmittelalter. In: Erich ZÖLLNER (Hrsg.), Wellen der Verfolgung in der österreichischen Geschichte (= Schriften des Instituts für Österreichkunde 48, Wien 1986) 18–39.

Karel MALÝ, Bibel und rechtliches Denken der Hussiten in den Vier Prager Artikeln. In: SEIBT, Jan Hus, 227–234 (überarbeiteter Wiederabdruck in: Jörn ECKERT/Hans HATTENAUER (Hrsg.), Bibel und Recht. Rechtshistorisches Kolloquium 9.–13. Juni 1992 an der Christian Albrechts-Universität zu Kiel (= Rechtshistorische Reihe 121, Frankfurt a. M. (u. a.) 1994) 149–162).

Olivier MARIN, L'archeveque, le maitre et le dévot. Genèses du mouvement réformateur pragois. Années 1360–1419 (= Études d'histoire médiévale 9, Paris 2005).

Olivier MARIN, La patience ou le zèle. Les Français devant le hussitisme (années 1400–années 1510). Unveröff. Habil. (Univ. Paris 2015).

Otto MAZAL/Franz UNTERKIRCHER (Hrsg.), Katalog der abendländischen Handschriften der Österreichischen Nationalbibliothek: Series nova (Neuerwerbungen). Teil 1: Cod. Ser. n. 1–1600 (Museion, N. F. 4,2,1, Wien 1965).

Michael MENZEL, Predigt und Predigtorganisation im Mittelalter. In: Historisches Jahrbuch 111 (1991) 337–384.

Erich MEUTHEN, Thomas von Aquin auf den Provinzialkonzilien zu Mainz und Köln 1451 und 1452. In: Hanna VOLLRATH/Stefan WEINFURTER (Hrsg.), Köln: Stadt und Bistum in Kirche und Reich des Mittelalters. Festschrift für Odilo Engels zum 65. Geburtstag (= Kölner historische Abhandlungen 39, Köln 1993) 641–658.

Jaroslav MEZNÍK, Praha před husitskou revolucí (Prag 1990).

Giedrė MICKŪNAITĖ, Making a Great Ruler. Grand Duke Vytautas of Lithuania (Budapest (u. a.) 2006).

Jürgen MIETHKE, Die Konzilien als Forum der öffentlichen Meinung im 15. Jh. In: Deutsches Archiv für Erforschung des Mittelalters 37 (1981) 736–773.

Jürgen MIETHKE, Kirchenreform auf den Konzilien des 15. Jahrhunderts. Motive – Methoden – Wirkungen. In: HELMRATH/MÜLLER, Studien, 13–42.

Jürgen MIETHKE, Die Prozesse in Konstanz gegen Jan Hus und Hieronymus von Prag – ein Konflikt unter Kirchenreformern?. In: František ŠMAHEL (Hrsg.), Häresie und vorzeitige Reformation im Spätmittelalter, hrsg. unter d. Mitarb. v. Elisabeth MÜLLER-LUCKNER (= Schriften des Historischen Kollegs.Kolloquien 39, München 1998) 147–167.

Jürgen MIETHKE, Paradiesischer Zustand – Apostolisches Zeitalter – Franziskanische Armut. Religiöses Selbstverständnis, Zeitkritik und Gesellschaftstheorie im 14. Jahrhundert. In: Franz J. FELTEN/Nikolaus JASPERT (Hrsg.), Vita Religiosa im Mittelalter. Festschrift für Kaspar Elm zum 70. Geburtstag (= Berliner historische Studien 31 / Berliner historische Studien. Ordensstudien 13, Berlin 1999) 503–532.

Jürgen MIETHKE, De potestate papae: die päpstliche Amtskompetenz im Widerstreit der politischen Theorie von Thomas von Aquin bis Wilhelm von Ockham (= Spätmittelalter und Reformation, N.R. 16, Tübingen 2000).

Jürgen MIETHKE, Die ›Konstantinische Schenkung‹ in der mittelalterlichen Diskussion. In: Andreas GOLTZ/Heinrich SCHLANGE-SCHÖNINGEN (Hrsg.), Konstantin der Große, Das Bild des Kaisers im Wandel der Zeiten (= Beihefte zum Archiv für Kulturgeschichte 66, Köln (u. a.) 2008) 35–109.

Jürgen MIETHKE, Mittelalterliche Theologenprozesse (9.–15. Jahrhundert). In: Zeitschrift der Savigny-Stiftung für Rechtsgeschichte: Kanonistische Abteilung 100 (2014) 262–311.

James D. Mixson/Bert Roest (Hrsg.), A Companion to Observant Reform in the Late Middle Ages and Beyond (= Brill's Companions to the Christian Tradition 59, Leiden (u. a.) 2015).

Lutz Mohr, Die Hussiten in der Oberlausitz unter besonderer Berücksichtigung ihrer Feldzüge in den Jahren von 1424 bis 1434 (= Geschichte und Geschichten aus Neusalza-Spremberg.Sonderausgabe 2, Greifswald/Neusalza-Spremberg 2014).

Amedeo Molnár: L'Evolution de la théologie hussite. In: Revue d'histoire et de philosophie religieuses 43 (1963) 133–171.

Amedeo Molnár, Der Hussitismus als christliche Reformbewegung. In: Ferdinand Seibt (Hrsg.), Bohemia Sacra. Das Christentum in Böhmen 973–1973 (Düsseldorf 1974) 92–109.

Amedeo Molnár, Die Funktion der Kirche in der böhmischen Reformation. In: Communio Viatorum 1–2 (1974) 15–24.

Amedeo Molnár, Die Waldenser. Geschichte und europäisches Ausmaß einer Ketzerbewegung (Göttingen 1980).

Amedeo Molnár (Hrsg.), Husitské manifesty: soubor textů shromáždil, české upravil, latinské a německe přeložil (Prag 1980).

Amedeo Molnár, ›Život v dobré proměniti‹. Nad čtvrtým pražským artikulem. In: Theologická revue CČH 16 (1983) 50–61.

Amedeo Molnár: La mise en question du baptême des enfants par les hussites radicaux. In: Communio Viatorum 29 (1986) 1–14.

Amedeo Molnár, Zur hermeneutischen Problematik des Glaubensdisputs im Hussitentum. In: Hans-Bernd Harder/Hans Rothe (Hrsg.), Studien zum Humanismus in den böhmischen Ländern. Bd. 1 (= Schriften des Komitees der Bundesrepublik Deutschland zur Förderung der Slawischen Studien 11, Köln/Wien 1988) 93–109.

Kurt Mühlberger/Marija Wakounig, Vom Konsistorialarchiv zum Zentralarchiv der Universität Wien. Die Neuorganisation und Erweiterung des Archivs der Universität Wien im 19. Jahrhundert unter der Einflußnahme Theodor von Sickels. In: Scrinium 35 (1986) 190–213.

Heribert Müller, Die Franzosen, Frankreich und das Basler Konzil (1431–1449), 2 Bde. (= Konziliengeschichte. Reihe B, Untersuchungen, Paderborn (u. a.) 1990).

Heribert Müller/Johannes Helmrath (Hrsg.), Die Konzilien von Pisa (1409), Konstanz (1414–1418) und Basel (1431–1449) (Ostfildern 2007).

Walter Neuhauser, Katalog der Handschriften der Universitätsbibliothek Innsbruck. Teil 1: Cod. 1–100 (= Österreichische Akademie der Wissenschaften. Philosophisch-Historische Klasse: Denkschriften 192 / Veröffentlichungen der Kommission für Schrift- und Buchwesen des Mittelalters II,4,1, Wien 1987).

Burkhard Neunheuser/Michael Schmaus (Hrsg.), Handbuch der Dogmengeschichte. Bd. 4: Sakramente. Fasz. 4b: Eucharistie in Mittelalter und Neuzeit (Freiburg i.Br. (u. a.) 1963).

Friederike Neumann, Öffentliche Sünder in der Kirche des späten Mittelalters. Verfahren – Sanktionen – Rituale (= Norm und Struktur 28, Köln/Weimar/Wien 2008).

Meta Niederkorn-Bruck, Die Melker Reform im Spiegel der Visitationen (= Mitteilungen des Instituts für Österreichische Geschichtsforschung.Ergänzungsband 30, Wien/München 1994).

Jarosław Nikodem, Witold. Wielki książę litewski (1354 lub 1355–27 października 1430) (Krakau 2013).

Václav Novotný, Hus v Kostnici a česká šlechta. Poznámky a dokumenty (Prag 1915).

Václav Novotný, M. Jan Hus. Život a učeni. Teil 1: Život a dilo, 2 Bde. (Prag 1919–1921).

Jörg Oberste, Krieg gegen Ketzer? Die ›defensores‹, ›receptatores‹ und ›fautores‹ von Ketzern und die ›principes catholici‹ in der kirchlichen Rechtfertigung des Albigenserkrieges. In: Andreas Holzem (Hrsg.), Krieg und Christentum. Religiöse Gewalttheorien in der Kriegserfahrung des Westens (= Krieg in der Geschichte 50, Paderborn (u. a.) 2009) 368–391.

Ludwig Oblinger, Angelus Rumpler, Abt von Formbach, und die ihm zugeschriebenen historischen Kollektaneen. In: Archivalische Zeitschrift 11 (1904) 1–99.

Otakar Odložilík, Z počátků husitství na Moravě. Šimon z Tišnova a Jan Vavřincův z Račic. In: Časopis Matice moravské 49 (1925) 1–170.

Martin Ohst, Pflichtbeichte. Untersuchungen zum Bußwesen im hohen und späten Mittelalter (= Beiträge zur historischen Theologie 89, Tübingen 1995).

Ferdinand Opll, Nachrichten aus dem mittelalterlichen Wien. Zeitgenossen berichten (Wien 1995).

Josef Oswald, Der organisatorische Aufbau des Bistums Passau im Mittelalter und in der Reformationszeit: Offizialats-, Dekanats- und Pfarreinteilung. In: Zeitschrift der Savigny-Stiftung für Rechtsgeschichte: Kanonistische Abteilung 30 (1941) 131–164.

Eckart Otto (Übers. u. Ausl.), Herders theologischer Kommentar zum Alten Testament: Deuteronomium 4,44–11,32, hrsg. v. Erich Zenger (Freiburg (u. a.) 2012).

Eckart Otto (Übers. u. Ausl.), Herders theologischer Kommentar zum Alten Testament: Deuteronomium 12–34. 1. Teilband: 12,1–23,15, hrsg. v. Erich Zenger (Freiburg (u. a.) 2016).

František Palacký (Hrsg.), Staři letopisové česstj od roku 1378 do 1527, čili pokračowánj v kronikách Přibjka Pulkawy a Benesse z Hořowic, z rukopisů starých wydané (= Scriptorum rerum Bohemicarum 3, Prag 1829; Wiederabdruck in: Jaroslav Charvát (Hrsg.), Dílo Františka Palackého. Bd. 2 (Prag ²1945)).

Pietro Palazzini (Hrsg.), Dizionario dei concili, 6 Bde. (Rom 1963–1967).

Jaroslav Pánek/Miloslav Polívka/Noemi Rejchterová (Hrsg.), Husitství – Reformace – Renesance. Sborník k 60. narozeninám Františka Šmahela, 2 Bde. (= Práce Historického Ústavu ČAV. Řada C, Miscellanea 9, Prag 1994).

Hieromonk Patapios, Sub utraque specie: The arguments of John Hus and Jacoubek of Stribro in Defense of Giving Communion to the Laity under Both Kinds. In: The Journal of Theological Studies 53 (2002) 503–522.

Alexander Patschovsky, Der Reformbegriff zur Zeit der Konzilien von Konstanz und Basel. In: Hlaváček/Patschovsky, Reform von Kirche und Reich, 7–28.

Alexander Patschovsky, Der taboritische Chiliasmus. Seine Idee, sein Bild bei den Zeitgenossen und die Interpretation der Geschichtswissenschaft. In: František Šmahel (Hrsg.), Häresie und vorzeitige Reformation im Spätmittelalter (= Schriften des Historischen Kollegs.Kolloquien 39, München 1998) 169–212.

Herbert Paulhart, Die Kartause Gaming zur Zeit des Schismas und der Reformkonzilien (= Analecta Cartusiana 5, Salzburg 1972).

Nikolaus PAULUS, Geschichte des Ablasses im Mittelalter. Vom Ursprunge bis zur Mitte des 14. Jahrhunderts, 2 Bde. (Paderborn 1922; ND mit neuer Einleitung und Bibliographie von Thomas LENTES, Darmstadt 2000).

Nikolaus PAULUS, Geschichte des Ablasses am Ausgang des Mittelalters (Paderborn 1923, ND mit neuer Einleitung und Bibliographie von Thomas LENTES, Darmstadt 2000).

Josef PEKAŘ, Žižka a jeho doba. Bd. 3 (Prag 1930).

Silvia PETRIN, Der österreichische Hussitenkrieg (1420-1434) (= Militärhistorische Schriftenreihe 44, Wien 1982).

Hermann PFEIFFER/Berthold ČERNÍK, Catalogus codicum manu scriptorum, qui in bibliotheca Canonicorum Regularium s. Augustini Claustroneoburgi asservantur. Bde. 3-6 (handschriftlich, o. J., Anfang 20. Jh.).

Isfried Hermann PICHLER, Die Verbindlichkeit der Konstanzer Dekrete. Untersuchungen zur Frage der Interpretation und Verbindlichkeit der Superioritätsdekrete ›Haec sancta‹ und ›Frequens‹ (= Wiener Beiträge zur Theologie 16, Freiburg i. Br. 1967).

Paul B. PIXTON, Die Anwerbung des Heeres Christi: Prediger des Fünften Kreuzzugs in Deutschland. In: Deutsches Archiv für Erforschung des Mittelalters 34 (1978) 166-199.

Willibald M. PLÖCHL, Geschichte des Kirchenrechts. Bd. 2: Das Kirchenrecht der abendländischen Christenheit: 1055 bis 1517 (Wien (u. a.) ²1962).

Wilfried PODLECH, Tilmann Johel von Linz († 1461). Kanzler, Rat und Gesandter rheinischer Kurfürsten (Neustadt 1988).

Aleš PORIŽKA, Listy na obranu Husovu ze 12. zaři až 2. řijna 1410. Konec druhé legendy?. In: Český časopis historický 99 (2001) 701-724.

Jaroslav PROKEŠ, M. Prokop z Plzně. Příspěvek k vývoji konservativní strany husitské (Prag 1927).

Sebastián PROVVIDENTE, Hus's Trial in Constance: Disputatio aut Inquisitio. In: ŠMAHEL, A Companion, 254-288.

Donald S. PRUDLO (Hrsg.), The Origin, Development and Refinement of Medieval Religious Mendicancies (Leiden u. a. 2011).

Thomas PRÜGL, Die Ekklesiologie Heinrich Kalteisens OP in der Auseinandersetzung mit dem Basler Konziliarismus: mit einem Textanhang (= Veröffentlichungen des Grabmann-Institutes zur Erforschung der Mittelalterlichen Theologie und Philosophie, N. F. 40, Paderborn/Wien (u. a.) 1995).

Thomas PRÜGL, Recht – Reform – Seelsorge. Synodales Leben in der Salzburger Kirchenprovinz am Ausgang des Mittelalters. Unveröff. Gastvortrag an der Universität Wien am 13. April 2006.

Thomas PRÜGL, Ekklesiologische Positionen und Reformvorstellungen an der Universität Wien zur Zeit der Reformkonzilien. Unveröff. Vortrag im Rahmen des 1. Isnard Wilhelm Frank-Kolloquiums im Wiener Dominikanerkloster am 12. Oktober 2011.

Thomas PRÜGL, Geschäftsordnung und Theologie. Synodale Verfahrensweisen als Ausdruck ekklesiologischer Positionierung auf dem Basler Konzil. In: Bernward SCHMIDT/ Hubert WOLF (Hrsg.), Ekklesiologische Alternativen? Monarchischer Papat und Formen kollegialer Kirchenleitung, 15.-20. Jahrhundert (= Symbolische Kommunikation und Gesellschaftliche Wertesysteme 42, Münster 2013) 77-99.

Thomas PRÜGL, Mittelalter: Einführung. In: WISCHMEYER, Handbuch, 125-133.

Thomas PRÜGL, Thomas von Aquin. Summa theologiae, I, 1, 9-10. In: WISCHMEYER, Handbuch, 191-206.

Thomas PRÜGL, Summa Halensis. Tractatus introductorius, qu. 1: De doctrina theologiae. In: WISCHMEYER, Handbuch, 161–176.

Thomas PRÜGL, The Fourth Lateran Council – A Turning Point in Medieval Ecclesiology?. In: Gert MELVILLE/Johannes HELMRATH (Hrsg.), The Fourth Lateran Council. Institutional Reform and Spiritual Renewal. Proceedings of the Conference Marking the Eight Hundredth Anniversary of the Council Organized by the Pontificio Comitato di Scienze Storiche (Rome, 15–17 October 2015) (Affalterbach 2017) 79–98.

Thomas PRÜGL, Die Basler Verhandlungen mit den Hussiten und die Kompaktaten als Friedensvertrag. In: Annuarium Historiae Conciliorum 49 (2017) im Druck.

Jacques QUÉTIF/Jacques ÉCHARD, Scriptores ordinis praedicatorum recensiti, notisque historicis et criticis illustrati. Bd. 1 (Paris 1719).

Hastings RASHDALL, The Universities of Europe in the Middle Ages. Neu hrsg. v. Frederick M. POWICKE/Alfred B. EMDEN, 3 Bde. (London (u. a.) 1997, Originalausgabe 1895).

Noemi REJCHRTOVÁ, Dětská otázka v husitství. In: Československý časopis historický 28 (1980) 53–77.

Ralf SCHÖNBERGER (u. a.), Repertorium edierter Texte des Mittelalters aus dem Bereich der Philosophie und angrenzender Gebiete (= RETM), 4 Bde. (Berlin ³2014).

Paul RICHTER, Die kurtrierische Kanzlei im späten Mittelalter (= Mitteilungen der K. Preussischen Archivverwaltung 17, Leipzig 1911).

Joseph RIEGEL, Die Teilnehmerlisten des Konstanzer Konzils. Ein Beitrag zur mittelalterlichen Statistik. Unveröff. Diss. (Univ. Freiburg i. Br. 1916).

Karl J. RIVINIUS, Zwischen Häresie und Orthodoxie. Die Armutsbewegungen des Mittelalters am Beispiel der Waldenser und Franziskaner (= Akademie-Vorträge 35, Schwerte 1990).

Gerhard RÖMER, Die Liturgie des Karfreitags. In: Zeitschrift für katholische Theologie 77 (1955) 39–93.

Walter RÜEGG (Hrsg.), Geschichte der Universität in Europa. Bd. 1: Mittelalter (München 1993).

Heinrich RÜTHING, Die Kartäuser und die spätmittelalterlichen Ordensreformen. In: Kaspar ELM (Hrsg.), Reformbemühungen und Observanzbestrebungen im spätmittelalterlichen Ordenswesen (= Ordensstudien 6 / Berliner historische Studien 14, Berlin 1989) 35–58.

Eric Leland SAAK (Hrsg. u. Übers.), Catechesis in the Later Middle Ages. Bd. 1: The Exposition of the Lord's Prayer of Jordan of Quedlinburg, OESA (d. 1380) (= Studies in medieval and reformation traditions 188 / Studies in medieval and reformation traditions. Texts & sources 6, Leiden (u. a.) 2015).

Jakob von SAWICKI, Bibliographia synodorum particularium (= Monumenta iuris canonici. C 2, Vatikanstadt 1967).

Hermann SCHALÜCK, Armut und Heil. Eine Untersuchung über den Armutsgedanken in der Theologie Bonaventuras (= Veröffentlichungen des Grabmann-Institutes zur Erforschung der Mittelalterlichen Theologie und Philosophie, N. F. 14, München (u. a.) 1971).

Emma SCHERBAUM, Das hussitische Böhmen bei Thomas Ebendorfer. Unveröff. Diss. (Univ. Wien 1972).

Emma SCHERBAUM, Das hussitische Böhmen bei Thomas Ebendorfer. In: Österreich in Geschichte und Literatur 17 (1973) 141–153.

Georg Schmid, Zur Geschichte von Salzburg und Tirol während des grossen Schismas. Nach Urkunden des vaticanischen Archivs. In: Römische Quartalschrift 12 (1898) 421–452.

Alois Schmid, Georg von Hohenlohe. In: Erwin Gatz (Hrsg.), Die Bischöfe des Heiligen Römischen Reichs 1198–1448. Ein biographisches Lexikon (Berlin 2001) 560f.

Hans-Joachim Schmidt, Reichs- und Nationalkonzilien. Die Kontroverse über ihre Existenzberechtigung. In: Peter Landau/Joers Mueller (Hrsg.), Proceedings of the Ninth International Congress of Medieval Canon Law, Munich, 13–18 July 1992 (= Monumenta iuris canonici. C 10, Vatikanstadt 1997) 305–338.

Karl Schnith, Kardinal Heinrich Beaufort und der Hussitenkrieg. In: Bäumer, Von Konstanz nach Trient, 119–138.

Karl Schrauf, Die Geschichte der Wiener Universität in ihren Grundzügen (Wien 1901).

Hans K. Schulze, Dominium (öffentl.-rechtl.). In: Adalbert Erler/Ekkehard Kaufmann (Hrsg.), Handwörterbuch zur deutschen Rechtsgeschichte. Bd. 1: Aachen – Haussuchung (Berlin 1971) 754f.

Gerald Schwedler, Georg von Hohenlohe († 1423). Bischof von Passau, Reichskanzler und Diplomat. In: Passauer Jahrbuch 56 (2014) 29–57.

Rainer Christoph Schwinges, Deutsche Universitätsbesucher im 14. und 15. Jahrhundert. Studien zur Sozialgeschichte des Alten Reiches (= Veröffentlichungen des Instituts für Europäische Geschichte Mainz 123 / Beiträge zur Sozial- und Verfassungsgeschichte des Alten Reiches 6, Stuttgart 1986).

Rainer Christoph Schwinges (Hrsg.), Gelehrte im Reich. Zur Sozial- und Wirkungsgeschichte akademischer Eliten des 14. bis 16. Jahrhunderts (= Zeitschrift für historische Forschung.Beiheft 18, Berlin 1996).

Jan Sedlák, Počátkové kalicha. In: Časopis katolického duchovenstva 52 (1911) 97–105, 244–250, 397–401, 496–501, 583–587, 703–708, 786–791.

Jan Sedlák, Počátkové kalicha. In: Časopis katolického duchovenstva 54 (1913) 226–232, 275–278, 404–410, 465–470, 708–713.

Jan Sedlák, Počátkové kalicha. In: Časopis katolického duchovenstva 55 (1914) 75–84, 113–120, 315–322.

Peter Segl, Ketzer in Österreich. Untersuchungen über Häresie und Inquisition im Herzogtum Österreich im 13. und beginnenden 14. Jahrhundert (= Quellen und Forschungen aus dem Gebiet der Geschichte, N. F. 5, Paderborn (u. a.) 1984).

Ferdinand Seibt, Hussitica. Zur Struktur einer Revolution (= Archiv für Kulturgeschichte.Beihefte 8, Köln/Graz 1965).

Ferdinand Seibt, Die ›revelatio‹ des Jacobellus von Mies über die Kelchkommunio. In: Deutsches Archiv für Erforschung des Mittelalters 22 (1966) 618–624.

Ferdinand Seibt, Hus in Konstanz. In: Ders. (Hrsg.), Hussitenstudien. Personen, Ereignisse, Ideen einer frühen Revolution (= Veröffentlichungen des Collegium Carolinum 60, München 1987) 229–240.

Ferdinand Seibt (Hrsg.), Jan Hus. Zwischen Zeiten, Völkern, Konfessionen. Vorträge des internationalen Symposions in Bayreuth vom 22. bis 26. September 1993 (= Veröffentlichungen des Collegium Carolinum 85, München 1997).

Kurt-Victor Selge, Die ersten Waldenser. Mit Edition des Liber antiheresis des Durandus von Osca. Bd. 1: Untersuchung und Darstellung (= Arbeiten zur Kirchengeschichte 37,1, Berlin (u. a.) 1967).

Hermann Josef SIEBEN, Selbstverständnis und römische Sicht der Partikularsynode. Einige Streiflichter auf das erste Jahrtausend. In: Hubert MÜLLER/Hermann J. POTT-MEYER (Hrsg.), Die Bischofskonferenz. Theologischer und juridischer Status (Düsseldorf 1989) 178–195.

Hermann Josef SIEBEN, Die Partikularsynode. Studien zur Geschichte der Konzilsidee (= Frankfurter theologische Studien 37, Frankfurt a.M. 1990).

Hermann Josef SIEBEN, Synodalstatuten. In: Lexikon des Mittelalters 8 (1997) 374f.

Hermann JOSEF SIEBEN, Die Schannat-Hartzheimsche Sammlung der deutschen Konzilien (1759–1790). Geschichte einer Schwer- und Spätgeburt. In: Theologie und Philosophie 76 (2001) 1–30 (Wiederabdruck in: DERS., Studien zur Gestalt und Überlieferung der Konzilien (= Konziliengeschichte. Reihe B, Untersuchungen, Paderborn (u. a.) 2005) 293–326).

František ŠMAHEL, Jeroným Pražský. Život revolučního intelektuála (Prag 1966).

František ŠMAHEL, Leben und Werk des Magisters Hieronymus von Prag. Forschung ohne Probleme und Perspektiven?. In: Historica 13 (1966) 81–111.

František ŠMAHEL, Jan Žižka z Trocnova (Prag 1969).

František ŠMAHEL, Krise und Revolution: Die Sozialfrage im vorhussitischen Böhmen. In: Ferdinand SEIBT/Winfried EBERHARD (Hrsg.), Europa 1400. Die Krise des Spätmittelalters (Stuttgart 1984) 65–81.

František ŠMAHEL, The Hussite Critique of the Clergy's Civil Dominion. In: Peter A. DYKEMA/Heiko A. OBERMAN (Hrsg.), Anticlericalism in late medieval and early Modern Europe (Leiden (u. a.) 1993) 83–90.

František ŠMAHEL, Nikolaus von Dresden. In: Lexikon des Mittelalters 6 (1993) 1179.

František ŠMAHEL, Tabor als Modell einer Gesellschaftsordnung. In: HLAVÁČEK/PATSCHOVSKY, Reform von Kirche und Reich, 191–201.

František ŠMAHEL, Pax externa et interna. Vom heiligen Krieg zur erzwungenen Toleranz im hussitischen Böhmen (1419–1485). In: Alexander PATSCHOVSKY/Harald ZIMMERMANN (Hrsg.), Toleranz im Mittelalter (= Konstanzer Arbeitskreis für Mittelalterliche Geschichte. Vorträge und Forschungen 45, Sigmaringen 1998) 221–273.

František ŠMAHEL, Die Hussitische Revolution, aus d. Tschech. übers. v. Thomas KRZENCK, red. Alexander PATSCHOVSKY, 3 Bde. (= Schriften der Monumenta Germaniae Historica 43, Hannover 2002).

František ŠMAHEL, The ›Acta‹ of the Constance Trial of Master Jerome of Prague. In: Helen BARR (Hrsg.), Text and controversy from Wyclif to Bale: essays in honour of Anne Hudson (= Medieval Church Studies 4, Turnhout 2005), 323–334.

František ŠMAHEL, Die vier Prager Artikel. Das Programm der Hussitischen Reformation. In: EBERHARD/MACHILEK, Kirchliche Reformimpulse, 329–340.

František ŠMAHEL, Die Prager Universität im Mittelalter / The Charles University in the Middle Ages. Gesammelte Aufsätze / Selected Studies (= Education and Society in the Middle Ages and Renaissance 28, Leiden/Boston 2007).

František ŠMAHEL, Mag. Hieronymus von Prag und die Heidelberger Universität. In: ŠMAHEL, Die Prager Universität, 526–538.

František ŠMAHEL, Basilejska kompaktata, jejich zpisemneni a ratifikace. In: Studia mediaevalia Bohemica 1 (2009) 187–229.

František ŠMAHEL, Život a dílo Jeronýma Pražského. Zpráva o výzkumu (= Edice Každodenní život 45, Prag 2010).

František Šmahel, Basilejská kompaktáta. Příběh deseti listin (= Knižnice Dějin a současnosti 45, Prag 2011).

František Šmahel (Hrsg.), A Companion to Jan Hus, hrsg. in Zusammenarb. mit Ota Pavlíček (= Brill's Companions to the Christian Tradition 54, Leiden/Boston 2015).

Gustav Sommerfeldt, Die Prophetien der hl. Hildegard von Bingen in einem Schreiben des Magisters Heinrich von Langenstein (1383) und Langensteins Trostbrief über den Tod eines Bruders des Wormser Bischofs Eckard von Ders (um 1384). In: Historisches Jahrbuch 30 (1909) 46–61.

Pavel Soukup, Repertorium operum antihussiticorum. Online-Datenbank, URL: www.antihus.eu (Zugriff 2019-01-18).

Pavel Soukup, Zur Verbreitung theologischer Streitschriften im 15. Jahrhundert. Eine antihussitische Sammelhandschrift aus der Erfurter Kartause. In: Studia mediaevalia Bohemica 1 (2009) 231–257.

Pavel Soukup, Die Predigt als Mittel religiöser Erneuerung: Böhmen um 1400. In: Eva Schlotheuber/Hubertus Seibert (Hrsg.), Böhmen und das Deutsche Reich. Ideen- und Kulturtransfer im Vergleich (13.–16. Jahrhundert) (= Veröffentlichungen des Collegium Carolinum 116, München 2009) 235–264.

Pavel Soukup, Mařík Rvačka's Defense of Crusading Indulgences from 1412. In: The Bohemian Reformation and Religious Practice 8 (2011) 77–97.

Pavel Soukup, Jan Hus (= Kohlhammer-Urban-Taschenbücher 737, Stuttgart 2014).

Pavel Soukup, Augustinian Prior Oswald Reinlein: A Biography of an Anti-Hussite Preacher. In: The Bohemian Reformation and Religious Practice 9 (2014) 98–110.

Pavel Soukup, Několik textů z odpustkové aféry aneb co je nového v roce 1412. In: Studia Mediaevalia Bohemica 7 (2015) 249–288.

Pavel Soukup, The Waning of the ›Wycliffites‹: Giving Names to Hussite Heresy. In: J. Patrick Hornbeck II/Michael van Dussen (Hrsg.), Europe after Wyclif (= Fordham Series in Medieval Studies, New York 2017) 196–226.

Pavel Soukup, Jan Hus und der Prager Ablassstreit von 1412. In: Andreas Rehberg (Hrsg.), Ablasskampagnen des Spätmittelalters. Luthers Thesen von 1517 im Kontext (= Bibliothek des Deutschen Historischen Instituts in Rom 132, Berlin/Boston 2017) 485–500.

Pavel Spunar, Repertorium auctorum Bohemorum provectum idearum post universitatem Pragensem conditam illustrans, 2 Bde. (= Studia Copernicana 25/35, Breslau (u. a.) 1985–1995).

Ferdinand Stöller, Österreich im Kriege gegen die Hussiten. In: Jahrbuch für Landeskunde von Niederösterreich. N. F. 22 (1929) 1–87.

Daniel Stone, The Polish-Lithuanian State, 1386–1795 (= A history of East Central Europe 4, Seattle 2001).

Zvjezdan Strika, Johannes von Ragusa († 1443). Kirchen- und Konzilsbegriff in der Auseinandersetzung mit den Hussiten und Eugen IV. (Augsburg 2000).

Alfred A. Strnad, Die Zeugen im Wiener Prozess gegen Hieronymus von Prag: Prosopographische Anmerkungen zu einem Inquisitionsverfahren im Vorfelde des Hussitismus. In: Pánek/Polívka/Rejchrtová, Husitství, Bd. 1, 331–367.

Birgit Studt, Legationen als Instrumente päpstlicher Reform- und Kreuzzugspropaganda im 15. Jahrhundert. In: Gerd Althoff (Hrsg.), Formen und Funktionen öffentlicher

Kommunikation im Mittelalter (= Konstanzer Arbeitskreis für Mittelalterliche Geschichte: Vorträge und Forschungen 51, Stuttgart 2001) 421–453.

Birgit STUDT, ›… den boesen unglauben gantz vertilgen?‹ Zur Verknüpfung der ›causa fidei‹ und der ›causa reformationis‹ in der antihussitischen Propaganda von Papsttum und Konzil. In: Karel HRUZA (Hrsg.), Propaganda, Kommunikation und Öffentlichkeit (11.–16. Jahrhundert) (= Österreichische Akademie der Wissenschaften, Philosophisch-Historische Klasse. Denkschriften 6, Wien 2002) 153–165.

Birgit STUDT, Papst Martin V. (1417–1431) und die Kirchenreform in Deutschland (= Forschungen zur Kaiser- und Papstgeschichte des Mittelalters 23, Köln (u. a.) 2004).

Friedrich STUHR, Die Organisation und Geschäftsordnung des Pisaner und Konstanzer Konzils (Schwerin 1891).

Phillip H. STUMP, The reforms of the Council of Constance (1414–1418) (= Studies in the History of Christian Thought 53, Leiden (u. a.) 1994).

Stefan SUDMANN, Das Basler Konzil. Synodale Praxis zwischen Routine und Revolution (= Tradition – Reform – Innovation 8, Bern (u. a.) 2005).

Michal SVATOŠ, Das Kuttenberger Dekret und das Wirken von Magister Jan Hus an der Prager Universität. In: Blanka MOURALOVÁ (Hrsg.), Die Prager Universität Karls IV. Von der europäischen Gründung bis zur nationalen Spaltung (= Potsdamer Bibliothek Östliches Europa. Geschichte, Potsdam 2010) 45–70.

Robert N. SWANSON, Universities, Academics and the Great Schism (= Cambridge studies in medieval life and thought, 3rd ser. 12, Cambridge 1979).

Robert N. SWANSON (Hrsg.), Promissory Notes on the Treasury of Merits. Indulgences in Late Medieval Europe (= Brill's Companions to the Christian Tradition 5, Leiden 2006).

Penn R. SZITTYA, The Antifraternal Tradition in Medieval Literature (Princeton, NJ 1986).

Andrea TABERRONI, Paupertas Christi et apostolorum: l'ideale francescano in discussione (1322–1324) (= Nuovi studi storici 5, Rom 1990).

Tabulae codicum manu scriptorum praeter graecos et orientales in Bibliotheca Palatina Vindobonensi asservatorum. Bd. 3: Cod. 3501–5000, hrsg. v. Academia Caesarea Vindobonensis (Wien 1869).

Ferdinand TADRA, Kanceláře a písaři v zemích českých za král z rodů Lucemburského Jana, Karla IV, a Václava IV (1310–1420) (Prag 1892).

Edith C. TATNALL, Die Verurteilung John Wyclifs auf dem Konzil zu Konstanz. In: BÄUMER, Das Konstanzer Konzil, 284–294.

Anne T. THAYER (Hrsg. u. Übers.), Guido of Monte Rochus: Handbook for curates: a late medieval manual on pastoral ministry (= Medieval Texts in Translation, Washington, D.C. 2011).

Otto TIMP (Hrsg.), 600 Jahre Universität Wien. Erinnerungsgabe des Bundesministeriums für Unterricht für die im Jubiläumsjahre ihr Studium abschließenden Hörerinnen und Hörer (Wien 1965).

Joseph TOUSSAINT, Gilles Charlier. In: Dictionnaire d'histoire et de géographie ecclésiastiques 11 (1949) 1046–1050.

Joseph TOUSSAINT, Gilles Charlier. In: Dictionnaire d'histoire et de géographie ecclésiastiques 20 (1984) 1361.

Christina TRAXLER, Früher Antihussitismus. Der Traktat ›Eloquenti viro‹ und sein Verfasser Andreas von Brod. In: Archa Verbi 12 (2015) 130–177.

Angela Treiber, Die Autorität der Tradition. Theoriegeschichtliche und quellenkritische Studien zur sogenannten Volkskultur am Beispiel der spätmittelalterlichen Synodalstatuten der Kirchenprovinz Salzburg (= Quellen und Forschungen zur europäischen Ethnologie 20, Dettelbach 1996).

Hermann Tüchle, Das Mainzer Reformdekret des Kardinals Branda. In: Bäumer, Von Konstanz nach Trient, 101–117.

Jan-Heiner Tück, Gabe der Gegenwart. Theologie und Dichtung der Eucharistie bei Thomas von Aquin (Freiburg (u. a.) ^{3}2014).

Elisabeth Tuisl, Die medizinische Fakultät der Universität Wien im Mittelalter. Von der Gründung der Universität 1365 bis zum Tod Kaiser Maximilians I. 1519 (= Schriften des Archivs der Universität Wien 19, Göttingen 2014).

Karl Ubl, Die österreichischen Ketzer aus der Sicht zeitgenössischer Theologen. In: Gustav Pfeifer (Hrsg.), Handschriften, Historiographie und Recht. Winfried Stelzer zum 60. Geburtstag (= Mitteilungen des Instituts für Österreichische Geschichtsforschung.Ergänzungsband 42, Wien 2002) 190–224.

Karl Ubl, Die Verbrennung Johannes Grießers am 9. September 1411. Zur Entstehung eines Klimas der Verfolgung im spätmittelalterlichen Österreich. In: Mitteilungen des Instituts für Österreichische Geschichtsforschung 119 (2011) 60–90.

Karl Ubl, Die Verbrennung Johannes Grießers am 9. September 1411. Teil 2: Edition der Predigten Nikolaus' von Dinkelsbühl und Simons von Riegersburg. In: Mitteilungen des Instituts für Österreichische Geschichtsforschung 120 (2012) 50–64.

Mathilde Uhlirz, Die Genesis der vier Prager Artikel (= Philosophisch-Historische Klasse der (Kaiserlichen) Akademie der Wissenschaften. Sitzungsberichte 175,3, Wien 1914).

Paul Uiblein, Die Quellen des Spätmittelalters. In: Erich Zöllner (Hrsg.), Die Quellen der Geschichte Österreichs (= Schriften des Instituts für Österreichkunde 40, Wien 1982) 50–113.

Paul Uiblein, Mittelalterliches Studium an der Wiener Artistenfakultät: Kommentar zu den Acta Facultatis Artium Universitatis Vindobonensis 1385–1416 (= Schriften des Archivs der Universität Wien 4, Wien ^{2}1995).

Paul Uiblein, Die Universität im Mittelalter. Beiträge und Forschungen, hrsg. v. Kurt Mühlberger (= Schriften des Archivs der Universität Wien 11, Wien 1999).

Paul Uiblein, Die österreichischen Landesfürsten und die Wiener Universität im Mittelalter. In: Uiblein, Die Universität, 45–74.

Paul Uiblein, Die Universität Wien im 14. und 15. Jahrhundert. In: Uiblein, Die Universität, 75–100.

Paul Uiblein, Zu den Beziehungen der Wiener Universität zu anderen Universitäten im Mittelalter. In: Uiblein, Die Universität, 123–142.

Paul Uiblein, Dr. Georg Läntsch von Ellingen, Domherr und Professor in Wien, Stifter der Pfarrbibliothek zu Aschbach († 1519). In: Uiblein, Die Universität, 233–286.

Paul Uiblein, Zur Lebensgeschichte einiger Wiener Theologen des Mittelalters. In: Uiblein, Die Universität, 315–328.

Paul Uiblein, Johannes von Gmunden. Seine Tätigkeit an der Wiener Universität. In: Uiblein, Die Universität, 349–400.

Paul Uiblein, Zur Quellenlage der Geschichte der Wiener Universität im Mittelalter. In: Uiblein, Die Universität, 539–545.

Stefanie UNGER, Generali concilio inhaerentes statuimus. Die Rezeption des Vierten Lateranum (1215) und des Zweiten Lugdunense (1274) in den Statuten der Erzbischöfe von Köln und Mainz bis zum Jahr 1310 (= Quellen und Abhandlungen zur mittelrheinischen Kirchengeschichte 114, Mainz 2004).

Franz UNTERKIRCHER, Die datierten Handschriften der Österreichischen Nationalbibliothek von 1401 bis 1450. 1. Teil: Text, 2. Teil: Tafeln (= Katalog der datierten Handschriften in lateinischer Schrift in Österreich 2, Wien 1971).

Josef VÁLKA, Kompaktáta a Kapitulace. Charta stavovských svobod?. In: Časopis Matice moravské 129 (2010) 19–43.

Josef VÁLKA, Sigismund und die Hussiten, oder: Wie eine Revolution beenden?. In: Karel HRUZA/Alexandra KAAR (Hrsg.), Kaiser Sigismund (1368–1437). Zur Herrschaftspraxis eines europäischen Monarchen (= Forschungen zur Kaiser- und Papstgeschichte des Mittelalters 31, Wien (u. a.) 2012) 21–56.

Max VANCSA, Geschichte Nieder- und Oberösterreichs, 2 Bde. (Gotha 1905–1927).

Paul de VOOGHT, La confrontation des theses hussites et romaines au concile de Bâle (Janvier–Avril 1433). In: Recherches de théologie ancienne et médiévale 37 (1970) 97–137, 254–291.

Paul de VOOGHT, Jacobellus de Stříbro († 1429), premier théologien du hussitisme (= Bibliothèque de la Revue d'histoire ecclésiastique 54, Louvain 1972).

Paul de VOOGHT, Nicolas Biskupec de Pelhřimov et son apport à l'évolution de la méthodologie théologique hussite. In: Recherches de théologie ancienne et médiévale 40 (1973) 175–207.

Martin WAGENDORFER, Rezension über: Harald ZIMMERMANN (Hrsg.), Thomas Ebendorfer, Diarium sive Tractatus cum Boemis (1433–1436), Hannover: Hahn 2010. In: Mitteilungen des Instituts für Österreichische Geschichtsforschung 120 (2012) 423f.

Katherine WALSH, Vom Wegestreit zur Häresie: Zur Auseinandersetzung um die Lehre John Wyclifs in Wien und Prag an der Wende zum 15. Jahrhundert. In: Mitteilungen des Instituts für Österreichische Geschichtsforschung 94 (1986) 25–47.

Anton WAPPLER, Geschichte der theologischen Facultät der K. K. Universität zu Wien. Festschrift zur Jubelfeier ihres fünfhundertjährigen Bestehens (Wien 1884).

Renee Neu WATKINS, The Death of Jerome of Prague: Divergent Views. In: Speculum 42 (1967) 104–129.

Joseph P. WAWRYKOW, The Westminster Handbook to Thomas Aquinas (= The Westminster Handbooks to Christian theology, Louisville 2005).

Reinhold WEIER, Christliche Existenz und Kirchlichkeit als Kernproblem in den Briefen des Cusanus an die Hussiten. In: Martin BODEWIG/Josef SCHMITZ/Reinhold WEIER (Hrsg.), Das Menschenbild des Nikolaus von Kues und der christliche Humanismus. Festgabe für Rudolf Haubst (= Mitteilungen und Forschungsbeiträge der Cusanus-Gesellschaft 13, Mainz 1978) 264–278.

Petra WEIGEL, Reform als Paradigma – Konzilien und Bettelorden. In: MÜLLER/HELMRATH, Die Konzilien, 289–335.

Johann WEISSENSTEINER, Die Passauer Protokolle im Diözesanarchiv Wien. In: Beiträge zur Wiener Diözesangeschichte. Beilage zum Wiener Diözesanblatt 23 (1982) 17–19.

Johann WEISSENSTEINER, Die Passauer Protokolle im Wiener Diözesanarchiv. In: Josef PAUSER/Martin SCHEUTZ/Thomas WINKELBAUER (Hrsg.), Quellenkunde der Habsburgermonarchie 16. bis 18. Jahrhundert. Ein exemplarisches Handbuch (= Mitteilungen des Instituts für Österreichische Geschichtsforschung.Ergänzungsband 44, Wien 2004) 649–662.

Ernst WERNER, Der Kirchenbegriff bei Jan Hus, Jakoubek von Mies, Jan Želivský und den linken Taboriten (= Sitzungsberichte der Deutschen Akademie der Wissenschaften zu Berlin, Klasse für Philosophie, Geschichte, Staats-, Rechts- und Wirtschaftswissenschaften 10, Berlin 1967).

Ernst WERNER, Jan Hus. Welt und Umwelt eines Prager Frühreformators (Weimar 1991).

Peter WIEGAND, Diözesansynoden und bischöfliche Statutengesetzgebung im Bistum Kammin. Zur Entwicklung des partikularen Kirchenrechts im spätmittelalterlichen Deutschland (= Veröffentlichungen der Historischen Kommission für Pommern. Reihe 5, 32, Köln (u. a.) 1998).

Gerhard B. WINKLER, Die Salzburger Provinzialsynoden. In: Rottenburger Jahrbuch für Kirchengeschichte 5 (1986) 25–32.

Oda WISCHMEYER (Hrsg.), Handbuch der Bibelhermeneutiken. Von Origenes bis zur Gegenwart, hrsg. in Verbindung mit Eve-Marie BECKER/Mark W. ELLIOTT/Hans-Peter GROSSHANS/Leonhard HELL/Karla POLLMANN/Thomas PRÜGL/Marianne SCHRÖTER/ Anselm SCHUBERT (Berlin/Boston 2016).

Eva Luise WITTNEBEN, Bonagratia von Bergamo. Franziskanerjurist und Wortführer seines Ordens im Streit mit Papst Johannes XXII. (= Studies in Medieval and Reformation Thought 90, Leiden (u. a.) 2003).

Kennerly WOODY, The Organization of the Council. In: John Hine MUNDY/Kennerly M. WOODY (Hrsg.), The Council of Constance. The Unification of the Church, übers. v. Louise ROPES LOOMIS (New York/London 1961) 52–65.

Klaus WRIEDT, Die deutschen Universitäten in der Auseinandersetzung des Schismas und der Reformkonzilien. Kirchenpolitische Ziele und korporative Interessen. Bd. 1: Vom Ausbruch des Schismas bis zu den Anfängen des Konzils von Basel (1378–1432). Masch. Habil. (Univ. Kiel 1972).

David F. WRIGHT, A Medieval Commentary on the Mass. Particulae 2–3 and 5–6 of the ›De missarum mysteriis‹ (a. 1195) of Lothar of Segni (Pope Innocent III). Unveröff. Diss. (Univ. of Notre Dame, IN 1977).

Isidor Th. ZAHRADNÍK, Iter Austriacum. Klašterní knihovny arcivévodství D. a H. Rakouských a soupis jejich bohemik. In: Vestník České akademie císaře Františka Josefa pro vědy, slovesnost a umění 11 (1902) 15–41 und 135–149.

Hartmann Joseph ZEIBIG, Beiträge zur Geschichte der Wirksamkeit des Basler Conzils in Österreich (= Sitzungsberichte. Akademie der Wissenschaften in Wien, Philosophisch-Historische Klasse, Wien 1852).

Jarold K. ZEMAN, The Hussite Movement and Reformation in Bohemia, Moravia and Slovakia (1350–1650): a bibliographical study guide (with particular reference to resources in North America) (Ann Arbor 1977).

Harald ZIMMERMANN, Einleitung. In: EBENDORFER, Diarium, VII–XLVIII.

Rudolf ZINNHOBLER, Passauer Bistumsorganisation und Bistumsreform. In: BÄUMER, Reformatio Ecclesiae, 797–810.

10. Personenregister